CURSO UNIVERSITARIO DE LINGÜÍSTICA GENERAL I:
Teoría de la gramática y sintaxis general

2.ª edición revisada y aumentada

CURSO UNIVERSITARIO DE LINGÜÍSTICA GENERAL I:
Teoría de la gramática y sintaxis general

2.ª edición revisada y aumentada

Juan Carlos Moreno Cabrera

Editorial SÍNTESIS

Primera reimpresión: septiembre 2002

Reservados todos los derechos. Está prohibido, bajo las sanciones penales y el resarcimiento civil previstos en las leyes, reproducir, registrar o transmitir esta publicación, íntegra o parcialmente, por cualquier sistema de recuperación y por cualquier medio, sea mecánico, electrónico, magnético, electroóptico, por fotocopia o por cualquier otro, sin la autorización previa por escrito de Editorial Síntesis, S. A.

© Juan Carlos Moreno Cabrera

© EDITORIAL SÍNTESIS, S. A.
    Vallehermoso, 34 - 28015 Madrid
    Teléf.: 91 593 20 98
    http://www.sintesis.com

Depósito legal: M. 34.342-2002
ISBN: 84-7738-120-8

Impreso en España - Printed in Spain

*A Julita y Pepe,
sin cuya ayuda
no habría tenido tiempo
de escribir este libro*

"¿Hay lenguas de comunicación? Sin duda alguna. ¿Y cuáles son? Todas, sin excepción. Y si algún prejudicador llegase a encontrar una lengua que no fuese, entre muchas otras cosas, un sistema de comunicación, tendríamos la obligación inexcusable de dedicarle un fastuoso monumento, porque habría descubierto un círculo perfectamente cuadrado. En el fondo, cuando una persona identificada con la mentalidad lingüística de poderes centralizadores nos proclama que su lengua es 'de comunicación', lo que nos quiere decir es que no está en absoluto dispuesta a comunicarse en otra lengua: el esfuerzo lo han de hacer los demás. Así, la cuestión de la comunicación se convierte en un problema de comodidad desequilibrada. Y todavía más. La mentalidad lingüística del poder parte de un axioma no declarado: en realidad, existe una entidad sustancial que es la lengua; las restantes no son sino un conjunto de accidentes, tal vez incluso tendencias subversivas contra la unidad."

Jesús Tusón,
Los Prejuicios Lingüísticos, pp. 108-109.

ÍNDICE

Abreviaturas, símbolos fonéticos y convenciones 15
Presentación 21
Prólogo a la segunda edición 27

1. Concepto de lingüística general. Los sentidos de "general" 29
    Concepto de lingüística general 29
    Ejercicios 31
    Clave 32
    Cuestiones propuestas 33
    Orientación bibliográfica 33

2. El Objeto de Investigación I. Características del lenguaje humano 39
    1. Introducción 39
    2. La economía 39
    3. La creatividad 40
    4. El simbolismo 41
    5. Conclusión 43
    Ejercicios 43
    Clave 44
    Cuestiones propuestas 46
    Orientación bibliográfica 46

3. El Objeto de Investigación II. Tipo, lengua, norma y habla. Competencia y actuación 49
    1. Introducción 49
    2. Tipo, lengua, norma y habla 50
    3. Gramática universal. Lengua exterior y Lengua interior. Competencia y actuación 54
    Ejercicios 55
    Clave 56
    Cuestiones propuestas 56
    Orientación bibliográfica 57

4. Adecuación, explicación y argumentación en gramática ... 59
1. Gramática como teoría de una lengua ... 59
2. Los datos empíricos ... 60
3. La gramaticalidad ... 61
4. Las adecuaciones de la gramática ... 64
5. La adecuación explicativa ... 67
6. La argumentación en gramática ... 72
Ejercicios ... 76
Clave ... 76
Cuestiones propuestas ... 79
Orientación bibliográfica ... 79

5. Reglas y representaciones I. Relaciones sintagmáticas y constituyentes inmediatos ... 83
1. Introducción ... 83
2. Relaciones sintagmáticas y relaciones de contigüidad ... 83
3. Constituyentes inmediatos (CCII) ... 85
4. Los corchetes rotulados ... 91
5. Las reglas sintagmáticas ... 92
6. Las relaciones de dependencia ... 93
Ejercicios ... 95
Clave ... 96
Cuestiones propuestas ... 98
Orientación bibliográfica ... 98

6. Reglas y representaciones II. Núcleos y complementos. Gramáticas categoriales ... 101
1. La estructuración sintagmática de las categorías gramaticales: el núcleo y los complementos. ... 101
2. Las gramáticas categoriales ... 110
Ejercicios ... 117
Clave ... 118
Cuestiones propuestas ... 120
Orientación bibliográfica ... 121

7. Reglas y representaciones III. Predicados, argumentos, operadores, variables y cuantificadores ... 125
1. Introducción ... 125
2. Predicado y argumento ... 125
3. Conectores ... 127
4. Las variables y los cuantificadores ... 127
5. Operadores ... 130
6. Las predicaciones en Gramática Funcional ... 132
7. Los operadores de los términos ... 134
8. Los satélites ... 137
Ejercicios ... 138
Clave ... 139
Cuestiones propuestas ... 140
Orientación bibliográfica ... 141

8. Reglas y representaciones IV. Transformaciones, huellas, cadenas. Afección de predicados 143
   1. Introducción 143
   2. Transformaciones, huellas, elementos nulos y cadenas 143
   3. Afección de predicados 147
   Ejercicios 149
   Clave 150
   Cuestiones propuestas 151
   Orientación bibliográfica 152

9. Estratos y niveles de representación 155
   1. Introducción 155
   2. Justificación de los niveles de análisis gramatical 156
   3. Niveles de representación en sintaxis 158
   4. El principio de proyección 162
   5. La estructuración jerárquica del enunciado según la Gramática Funcional 163
   6. Tectogramática y fenogramática 166
   Ejercicios 168
   Clave 168
   Cuestiones propuestas 170
   Orientación bibliográfica 171

10. El Sintagma nominal I. Género y número 173
   1. Introducción 173
   2. El sintagma nominal: género y número 173
   3. El género gramatical y el sexo 174
   4. El neutro y la oposición animado / inanimado 179
   5. Los clasificadores 182
   6. El número 185
   Ejercicios 189
   Clave 190
   Cuestiones propuestas 191
   Orientación bibliográfica 192

11. El Sintagma nominal II. El caso 195
   1. Introducción 195
   2. Definición y aplicabilidad del concepto de caso 195
   3. Los casos posicionales 198
   4. Los casos relacionales 199
   5. Los casos formales 202
   6. Usos derivados de los casos 208
   Ejercicios 212
   Clave 213
   Cuestiones propuestas 215
   Orientación bibliográfica 217

12. El Sintagma nominal III. Clases de nombres 219
    1. Introducción 219
    2. Clases de nombres comunes 219
    3. Nombres contables y no contables 220
    4. La recategorización 222
    5. Nombres colectivos y no colectivos 224
    6. Nombres abstractos y concretos 226
    7. Nombres comunes y propios 228
    Ejercicios 231
    Clave 232
    Cuestiones propuestas 234
    Orientación bibliográfica 234

13. Las categorías adnominales I. Los cuantificadores 237
    1. Introducción 237
    2. Tipos de categorías adnominales 237
    3. Las categorías adnominales extensionales: los cuantificadores ... 238
    Ejercicios 250
    Clave 251
    Cuestiones propuestas 253
    Orientación bibliográfica 253

14. Las categorías adnominales II. El adjetivo 255
    1. Introducción 255
    2. Tipos de adjetivos 256
    3. Grados del adjetivo 262
    4. La construcción comparativa y la estructura sintáctica de las lenguas naturales 264
    Ejercicios 268
    Clave 269
    Cuestiones propuestas 271
    Orientación bibliográfica 271

15. Deíxis, pronombres y referencialidad 273
    1. Presentación del concepto de deíxis 273
    2. El pronombre: definición y sistemas pronominales 274
    3. El pronombre: el conjunto referencial 278
    4. La persona en el verbo y en el nombre 280
    5. Deíxis y anáfora 282
    6. Demostrativos y artículos 287
    7. Funciones del artículo 291
    8. El sintagma pronominal 295
    Ejercicios 301
    Clave 302
    Cuestiones propuestas 303
    Orientación bibliográfica 304

16. El sintagma verbal I. La deíxis temporal, el aspecto, el modo de acción y la modalidad. El auxiliar 307
   1. Introducción 307
   2. La deíxis temporal 307
   3. Los tiempos pasado, presente y futuro 309
   4. El tiempo perfecto 314
   5. La formalización del tiempo verbal 318
   6. El aspecto 320
   7. El modo de acción [Aktionsart] 325
   8. La modalidad y el modo 329
   9. El auxiliar 337
   Ejercicios 341
   Clave 343
   Cuestiones propuestas 346
   Orientación bibliográfica 347

17. El sintagma verbal II. Tipos de verbo. La valencia verbal. Procesos de alteración de la valencia verbal 353
   1. Introducción 353
   2. Principios de clasificación verbal 353
   3. Caracterización morfológica de los verbos 354
   4. La clasificación sintáctica de los verbos: la valencia 355
   5. La modificación de la valencia verbal 358
   6. La clasificación semántica de los verbos y su pertinencia sintáctica 363
   7. Verbos y papeles semánticos 370
   Ejercicios 372
   Clave 373
   Cuestiones propuestas 375
   Orientación bibliográfica 376

18. Adverbios y sintagmas adverbiales 379
   1. Introducción 379
   2. Tipos de adverbios 380
   3. El alcance de los adverbios 386
   4. La cuantificación adverbial 389
   5. Las adposiciones 391
   6. Sintagmas adverbiales sin adposición 396
   Ejercicios 398
   Clave 398
   Cuestiones propuestas 399
   Orientación bibliográfica 399

19. Partes del discurso, partes de la oración y funciones sintácticas. La configuracionalidad 403
   1. Partes del discurso y partes de la oración 403
   2. Las partes del discurso y su validez interlingüística 406
   3. Partes de la oración y ordenamiento lineal de los sintagmas 422
   4. La configuracionalidad 429

Ejercicios 432
Clave 433
Cuestiones propuestas 434
Orientación bibliográfica 434

20. Relaciones sintácticas: Sujeto, predicado, nominatividad, ergatividad, actividad. Concordancia, referencia cruzada, polarización y configuracionalidad 437
1. Introducción 437
2. Los conceptos de participante y participado. El participante privilegiado 437
3. Estructuras morfosintácticas nominativas, ergativas y activas 439
4. El participante privilegiado: nominativo y absolutivo. Las nociones de sujeto, pivote y tópico 442
5. Ergatividad 450
6. Concordancia verbal y referencia cruzada 456
7. Sujeto y predicado. Excorporación e incorporación. Reconsideración de la concordancia externa. Juicios téticos y categóricos 462
8. Polarización 475
Ejercicios 480
Clave 481
Cuestiones propuestas 483
Orientación bibliográfica 484

21. Transitividad y objeto directo e indirecto. Causatividad 489
1. Introducción 489
2. La transitividad en el nivel semántico: la propuesta de Hopper y Thompson 491
3. El objeto directo y la MVO 494
4. El objeto cognado y la individuación del objeto 497
5. El doble objeto y la ditransitividad. El objeto indirecto, el complemento benefactivo y la construcción benefactiva. 499
6. Causatividad 503
Ejercicios 511
Clave 512
Cuestiones propuestas 513
Orientación bibliográfica 514

22. Intransitividad: Incorporación, reflexividad, pasividad, antipasividad, anticausatividad, impersonalidad e inacusatividad 517
1. Introducción 517
2. Incorporación 517
3. Reflexividad 524
4. Pasividad 531
5. Antipasividad 538
6. Anticausatividad 541
7. Impersonalidad 544
8. Inacusatividad 551
Ejercicios 554
Clave 555

Cuestiones propuestas	556
Orientación bibliográfica	557

23. Diátesis y voz 561
   1. Introducción 561
   2. La diátesis 561
   3. La voz 563
   4. La dinámica de la diátesis 565
   5. Relación entre diátesis y voces 571
   6. La voz en las lenguas filipinas 575
   Ejercicios 577
   Clave 578
   Cuestiones propuestas 579
   Orientación bibliográfica 579

24. La predicación no verbal. Construcciones existenciales, locativas y posesivas. Construcciones resultativas 583
   1. Predicado verbal y predicado nominal 583
   2. Las oraciones copulativas 587
   3. Predicación no verbal expandida secundaria 592
   4. Construcciones existenciales, locativas y posesivas 593
   5. Construcciones resultativas 601
   Ejercicios 604
   Clave 605
   Cuestiones propuestas 607
   Orientación bibliográfica 608

25. Tipos de oración simple. Oraciones negativas, interrogativas e imperativas   611
   1. Introducción 611
   2. Las oraciones negativas 613
   3. Las oraciones interrogativas 623
   4. Las oraciones imperativas 632
   5. Las oraciones exclamativas 640
   Ejercicios 641
   Clave 642
   Cuestiones propuestas 643
   Orientación bibliográfica 644

26. La oración compuesta: la coordinación 647
   1. Introducción tipológica a las relaciones interoracionales: coordinación, subordinación y cosubordinación. 647
   2. La coordinación 654
   3. La disyunción 661
   4. La coordinación irreversible: algunos aspectos interlingüísticos. 662
   Ejercicios 665
   Clave 666
   Cuestiones propuestas 667
   Orientación bibliográfica 668

27. La oración compleja: subordinación y cosubordinación. Diáfora y polirremia... 671
   1. Introducción 671
   2. Cláusulas completivas 672
   3. Cláusulas relativas 682
   4. Cláusulas y cocláusulas adverbiales 691
   5. Diáfora y polirremia 699
   Ejercicios 706
   Clave 707
   Cuestiones propuestas 709
   Orientación bibliográfica 710

28. Aspectos formativos e informativos del orden de palabras 715
   1. Introducción 715
   2. Aspectos formativos (estructurantes) del orden de palabras 717
   3. Aspectos informativos del orden de palabras 727
   Ejercicios 734
   Clave 735
   Cuestiones propuestas 736
   Orientación bibliográfica 737

29. Forma y sentido en sintaxis: hacia una teoría de la marcación sintáctica 741
   1. Introducción 741
   2. Las categorías ontivas y su forma sintáctica. 744
   3. Las categorías eventivas y su forma sintáctica 749
   4. Las categorías propositivas y su forma sintáctica 753
   5. Conclusión: marcación e iconicidad sintácticas 755
   Orientación bibliográfica 757

30. Sintaxis y discurso 759
   1. Introducción 759
   2. El origen discursivo de las categorías gramaticales 760
   3. La cohesión discursiva 765
   4. La dinámica sintáctica discursiva 769
   Orientación bibliográfica 771

Referencias Bibliográficas 775
Índice de nombres 787
Índice de materias 793
Índice de lenguas y familias lingüísticas 799

ABREVIATURAS, SÍMBOLOS FONÉTICOS Y CONVENCIONES

ABREVIATURAS

A = actividades
abl = ablativo
abs = absolutivo
ac = acusativo
AC = atributo del complemento
act = voz activa
ADJ = adjetivo
adv = adverbio
ag = agente
anticaus = voz anticausativa
antipasiv = voz antipasiva
aor = aoristo
art = artículo
asp = aspecto
aux = verbo auxiliar
ben = benefactivo
C" = SC
CA = complemento atributivo
CAI = cuantificación adverbial iterativa
CAM = cuantificación adverbial multiplicativa
CAS = condición del antecedente sujeto
caus = causativo
cc = condición de la clausalidad
CCII = constituyentes inmediatos
cD = cardinal del conjunto D
CE = categoría gramatical externa
CEOI = categorías externas ontivas intrínsecas

CEOR = categorías externas ontivas relacionales
CEEI = categorías externas eventivas intrínsecas
CEER = categorías externas eventivas relacionales
CEPI = categorías externas propositivas intrínsecas
CEPR = categorías externas propositivas relacionales
CI = categoría gramatical interna
CIPE = categorías internas paradigmáticas explícitas
CIPI = categorías internas paradigmáticas implícitas
CISE = categorías internas sintagmáticas explícitas
CISI = categorías internas sintagmáticas implícitas
clas = clasificador
COMP = complementante
COMPL = complemento
cond = condicional
conj = conjunción
CR = cambio referencial
cR = cardinal del conjunto R
CIO = condición de la reflexividad oracional
D = conjunto dominante
dat = dativo
DECL = operador declarativo
deic = deíctico
def = definido
DET = determinante
DET" = SDET
dir = dirección
du = dual
E = estado
EP = Estructura Profunda
erg = ergativo
ES = Estructura Superficial
ESP = especificador
exp = experimentador
F = afijo flexivo
fem = femenino
FL = forma lógica
fu = fuerza
fut = futuro
gen = genitivo
GN = grupo nominal
h = huella
HE = heterófora
HO = homófora
I" = SI
IA = índice de ambivalencia
IC = índice de conversión
IMP = operador imperativo
impfvo = aspecto imperfectivo

inc	=	incoativo
ind	=	modo indicativo
indef	=	indefinido
inf	=	infinitivo
instr	=	instrumental
INT	=	operador interrogativo
ISD	=	índice de solapamiento derivativo
ISF	=	índice de solapamiento flexivo
L	=	lugar
loc	=	locativo, localización
masc	=	masculino
mod	=	modo
MS	=	mismo sujeto
MVO	=	Marcación Variable de Objeto
N	=	nombre
N"	=	SN
NC	=	nombre común
NP	=	nombre propio
NV	=	nombre verbal
neg	=	negación
nom	=	nominativo
nomi	=	nominalizador
NUCL	=	núcleo
O	=	oración
obj	=	objeto
OD	=	objeto directo
OI	=	objeto indirecto
or	=	origen
P"	=	SP
pac	=	paciente
part	=	partícula
partiv	=	partitivo
pas	=	morfema de pasado
PAS	=	operador de pasado
pasiv	=	voz pasiva
perfvo	=	perfectivo
pl	=	plural
Po	=	posicionado
pos	=	posesivo
prep	=	preposición
pres	=	presente
Prndo	=	predicando
pron-rel	=	pronombre relativo
R	=	conjunto referencial/realización
rec	=	receptor
refl	=	reflexivo
rel	=	partícula relativizadora
SADJ	=	sintagma adjetival

SC = sintagma complementante
SD = sujeto distinto
SDET = sintagma determinante
SEC = secuencialidad
SIM = simultaneidad
sing = singular
SI = sintagma inflectivo
SN = sintagma nominal
SP = sintagma preposicional
SPron = sintagma pronominal
SUBJ = operador de subjuntivo
Suj = sujeto
SV = sintagma verbal
T = término/tema morfológico
TA = tema morfológico ambivalente
term = terminativo
topic = tópico
TPN = término de polaridad negativa
trans = transitivo
U = conjunto universal
V = verbo
VI = verbo intransitivo
VT = verbo transitivo
1sg = primera persona del singular
3sg = tercera persona del singular

CONVENCIONES FONÉTICAS

v: = vocal larga
ë = vocal. central o posterior semiabierta y no labializada (chucoto)
î = vocal central o posterior cerrada y no labializada (coreano, ruso, turco)
ô = vocal central o posterior abierta y no labializada (coreano)
ʔ = Oclusión glotal (árabe)
ᶜ = fricativa faríngea (árabe)
c' = consonante palatalizada (ruso)

Tonos del chino

à = Tono descendente
á = Tono ascendente
â = Tono descendente-ascendente
a = Tono alto-llano

Uso de asteriscos

*XYZ = La secuencia XYZ es agramatical

X*(Y)Z = La secuencia XYZ es gramatical y la secuencia XZ es agramatical

X(*Y)Z = La secuencia XZ es gramatical y la secuencia XYZ es agramatical
XY/ZW = Las secuencias XYW y XZW son gramaticales
XY/*ZW = La secuencia XYW es gramatical y la secuencia XZW es agramatical
X*Y/ZW = La secuencia XYW es agramatical y la secuencia XZW es gramatical

Ejemplos en lenguas diferentes del castellano

(Número del ejemplo)
Nombre de la lengua (Fuente del ejemplo)

Oración o locución analizada en sus componentes significativos. Correspondencia de cada morfema o palabra con el castellano. Traducción de la oración o locución al castellano.

EJEMPLO:

(58)

Vasco (Euskaltzaindia 1985: 426)

Aulki-ak mahaia-rekin batera saldu z-izki-da-te-n
silla-pl mesa-con a la vez vender pas-3pl-1sg-3pl-pas
'Me vendieron las sillas junto con la mesa'

PRESENTACIÓN

En este curso de lingüística he intentado plasmar mi dedicación de más de un decenio a la enseñanza de la lingüística general. Es un lugar común decir que faltan manuales de lingüística general detallados, puestos al día y adecuados para el estudiante y profesor españoles o hispanoamericanos, pero como casi todos los lugares comunes, es una verdad manifiesta.

Proyecté el presente libro inicialmente como un curso completo de lingüística general en un tomo más o menos voluminoso de sesenta capítulos. Sin embargo, cuando fui viendo cómo crecían las páginas dedicadas a la sintaxis, desistí de tal empeño y decidí publicar esta obra en dos tomos. El que el lector tiene entre las manos trata cuestiones de teoría de la gramática y de sintaxis general, y el que espero tenga en un plazo no muy largo tratará de la fonología, morfología, semántica y pragmática generales.

El presente libro está dividido en dos partes bien diferenciadas. La primera abarca hasta el capítulo 9 y en ella abordo algunos de los conceptos de teoría de la gramática que considero esenciales para toda persona que quiera entender la lingüística contemporánea. Creo que para poder acceder a los trabajos más avanzados en lingüística teórica y, más concretamente, en teoría de la sintaxis, es imprescindible estar familiarizado con conceptos tales como la rección, el dominio, el alcance de un operador, la cuantificación, los niveles de representación y otros muchos. He intentado en esta parte del manual definir lo más claramente posible y en un nivel elemental esos conceptos básicos de teoría de la gramática que son de uso común en las publicaciones internacionales sobre lingüística general y teórica. Es evidente que en estas páginas el lector no va a encontrar todos los conceptos que pueda necesitar y es posible que encuentre alguno que nunca vaya a usar pasiva o activamente. Pretender la exhaustividad en una disciplina tan variopinta, y a veces teóricamente heterogénea como la nuestra, es una idea del todo descabellada. Por otro lado, conseguir un manual que satisfaga todos los gustos y necesidades no es un propósito menos difícil de alcanzar. Hay que buscar un equilibrio entre ambas cosas y si el lector considera que ese equilibrio no se ha conseguido en esta primera parte del libro, no tendrá más remedio que conceder que al menos la asimilación de los conceptos explicados en ella es imprescindible para acceder a los estudios aparecidos en buena parte de las publicaciones internacionales dedicadas a los problemas de lingüística general. Creo que esta primera parte constituye por lo menos una introducción a una parcela significativa del trabajo en lingüística que se realiza en la actualidad en el mundo.

En la exposición de estos conceptos de teoría gramatical no he seguido ninguna escuela gramatical concreta. He preferido centrarme en principios y conceptos de una u otra escuela gramatical que estimo que deben ser asumidos de una u otra forma por las demás escuelas (y, de hecho, la mayor parte de las veces lo son). Lo que sí es cierto es que aunque en teorías gramaticales diferentes se asuman los mismos principios y conceptos, ocurre con mucha frecuencia que un concepto o principio que está expresado muy claramente en una de ellas, en la otra aparece definido de modo menos claro y más elusivo. Por ello, en vez de seguir una teoría gramatical determinada en todas las ocasiones, he enunciado unos conceptos o principios en los términos de determinada teoría gramatical y otros en los términos de otra teoría, pero siempre haciendo ver que las propiedades lingüísticas de que dan cuenta esos conceptos o principios son lo suficientemente generales y significativas para que tengan que ser asumidas de una u otra forma por cualquier teoría gramatical que pretenda ser adecuada. A muchos estudiosos de la lingüística esta manera de proceder puede resultarles objetable; sin embargo, creo que lo importante de las teorías gramaticales no son las teorías en sí, sino los instrumentos conceptuales que nos proporcionan para dar cuenta de las generalizaciones lingüísticas. Son esos instrumentos gramaticales los que me interesa explicar aquí y no las corrientes gramaticales que los han propuesto o adoptado. De hecho, esta primera parte del manual está dedicada a la teoría de la gramática y no a la teoría de las gramáticas o estudio de las teorías gramaticales.

En esta primera sección del libro no se adopta una perspectiva funcionalista, generativista o logicista. Simplemente se definen y enuncian instrumentos de trabajo teóricos que son útiles en un doble sentido. Porque sirven para describir propiedades relevantes de las lenguas y porque sirven para entender un número elevado de contribuciones gramaticales de la lingüística contemporánea. Ninguna de las dos utilidades me parece desdeñable.

Los capítulos de esta parte –y del resto del libro– tienen la misma estructura. Al final de ellos, se enuncian unos ejercicios y luego se proporciona su solución. Los ejercicios de esta primera parte del libro tienen un carácter puramente comprobativo de la asimilación de lo que se ha estudiado. La clave que se proporciona debe leerse después de haber pensado al menos un poco sobre las preguntas formuladas; esto ayudará al lector a estudiar con espíritu crítico las respuestas proporcionadas y, de paso, a considerar lo leído con anterioridad en el capítulo con ese mismo espíritu crítico. En la clave de los ejercicios procuro dar un visión más aplicada y concreta de cuestiones que en el texto se exponen de modo mucho más abstracto y general. Por supuesto –y esto vale para las claves de todos los ejercicios del libro– muchas de las soluciones aportadas podrían darse de otra manera. De hecho, conforme iba escribiendo algunas de las respuestas se me iban ocurriendo otras formas de solución de los problemas tratados; sin embargo, la cautela me hizo desistir de exponer esas otras posibles respuestas para no desorientar al principiante o al autodidacto y para dejar al arbitrio del profesor esas otras posibles opciones. También se incluyen al final de cada capítulo unas cuestiones propuestas sin solución. He procurado que sean del mismo nivel de dificultad que las anteriores para que el principiante o el autodidacto se sienta capaz de abordarlas sin demasiados esfuerzos. Por supuesto, en manos del profesor está el proponer otros ejercicios más adecuados al nivel concreto de sus alumnos de lingüística general.

La orientación bibliográfica es parte esencial de un manual de cualquier materia. En esta sección, el lector encontrará una sucinta selección de libros y artículos comentados brevemente. En ellos podrá obtener más información sobre las cuestiones tratadas en el capítulo. La selección bibliográfica se ha realizado sobre la base de la coherencia con lo expuesto en el capítulo. He elegido libros y artículos que de un modo u otro encajan bien con el espíritu que informa las páginas del capítulo correspondiente. No debe extrañar al alumno o principiante en la materia que la mayoría de la bibliografia esté en inglés. Conviene no engañar a los alumnos: quien quiera estudiar lingüística debe saber leer inglés. Esto puede resultar un obstáculo para muchos estudiantes, pero el esfuerzo de salvar ese obstáculo se ve recompensado con creces; sobre todo cuando uno es consciente de que muchos lingüistas alemanes, japoneses, rusos, polacos, húngaros, suecos, holandeses o belgas publican sus trabajos en inglés. Leer inglés nos abre las puertas a una inmensa bibliografía de los cinco continentes y el trabajo que ello pueda suponer parece minúsculo comparado con el esfuerzo que habría que realizar para leer los trabajos de los autores de esas nacionalidades en sus lenguas originales. El inglés es la lengua de la lingüística nos guste o no y hay que conocerlo.

La orientación bibliográfica de los nueve primeros capítulos consta fundamentalmente de capítulos de manuales en los que se puede encontrar más información sobre algún concepto teórico explicado. He procurado, en la medida de lo posible, incluir ediciones publicadas en nuestro país para facilitar así su consulta.

La segunda parte del libro empieza en el capítulo 10 y llega hasta el final. En ella, he intentado exponer del modo más sencillo posible algunos de los aspectos de una sintaxis general. Se trata de esbozar una sintaxis general descriptiva. Se van examinando por turno aspectos concretos de la sintaxis de las lenguas naturales teniendo en cuenta en lo posible una amplia base de lenguas. Precisamente se trata de una sintaxis general porque consiste en la descripción de la sintaxis de las lenguas naturales con datos del mayor número posible de lenguas. Por ello, se verá que a lo largo de estas páginas se citan continuamente ejemplos de las más diversas lenguas. Esto puede resultar extraño para algunos, pedante para otros y difícil para la mayoría de los estudiantes. No hay que olvidar, en primer lugar, que éste no es un manual de lengua española sino de lingüística general; por ello, su base empírica no puede estar reducida a una sola lengua, sino que tiene que considerar en principio todas las lenguas del mundo de las que se tengan datos fiables. Si la lingüística general se incluye en los planes de estudio de filología inglesa o filología clásica, es precisamente por esta razón: esta disciplina nos ha de proporcionar los instrumentos teóricos para analizar las similitudes y diferencias entre las lenguas y las leyes que regulan la variación lingüística. Pero es que, además, el utilizar diversas lenguas es muy beneficioso tanto teórica como pedagógicamente por las siguientes razones. Como es sabido, no todas las lenguas del mundo son iguales: unas presentan determinados fenómenos sintácticos con mucha claridad y otras presentan esos mismos fenómenos de modo menos transparente. Si, por ejemplo, queremos estudiar la categoría gramatical del caso, veremos que hay lenguas en las que el caso apenas se manifiesta morfológicamente o no se manifiesta en absoluto y que hay otros idiomas en los que la categoría de caso se expresa de modo muy evidente. Si queremos estudiar el caso, nos será más *fácil* hacerlo a partir de las lenguas en las que esta categoría gramatical se manifiesta de modo más tangible. Como resulta que las lenguas varían por el hecho de que lo que en unas se expresa de modo diáfano, en otras se expresa de modo opaco, entonces nos vemos obligados a tener en cuenta el mayor número posible de lenguas cada vez que estudiemos un fenómeno gramatical para centrarnos en aquella o aquellas que en cada caso lo presenten de modo más transparente. La segunda ventaja de la adopción de este enfoque interlingüístico viene dada por el hecho de que el estudio de un fenómeno que en una lengua se manifiesta de modo directo puede servirnos de guía u orientación para el estudio de ese mismo fenómeno en una lengua en la que éste se manifiesta solamente de modo indirecto u opaco. Si aplicamos este criterio, por ejemplo, al estudio de la lengua castellana, seremos capaces de enfocar muchas cuestiones gramaticales de nuestra lengua desde perspectivas francamente iluminadoras. En este manual realizo algunos análisis de problemas sintácticos del castellano sobre la base de estas consideraciones para mostrar esta ventaja del método interlingüístico.

A pesar de todo lo dicho, al hojear el libro se percatará el lector de que la lengua más utilizada en el mismo es el castellano. Esto no obedece a que nuestra lengua sea especialmente transparente respecto de la mayoría de las cuestiones gramaticales, ni especialmente apta para desarrollar una sintaxis general –ninguna lo es–, sino que responde a las circunstancias que rodean esta obra. En primer lugar, el público al que va dirigido podrá conocer varias lenguas y es seguro que entre ellas está el castellano. Por tanto, aquí predomina el castellano sobre el inglés, que es justo lo contrario de lo que ocurre en la mayoría de los manuales de lingüística general publicados fuera de nuestras fronteras. He procurado utilizar siempre ejemplos de nuestra lengua cuando se trata de ilustrar algún fenómeno gramatical más o menos complejo desde un punto de vista teórico, para así facilitar al estudiante de habla hispana el estudio del mismo. La otra circunstancia que hace que el castellano predomine sobre las demás lenguas en este manual es que mi lengua nativa es ésta y, por consiguiente, me ha sido mucho más fácil ilustrar mis explicaciones con ella y no con otra lengua en muchas ocasiones. Esta misma circunstancia es la que explica por qué utilizo "castellano" y no "español" en el libro. La razón es que los ejemplos de nuestra lengua aducidos y los juicios de gramaticalidad sobre los mismos son responsabilidad mía exclusivamente; por ello, no me ha parecido prudente presentar esos ejemplos y juicios como representativos del español en general, dado que pertenecen a uno de sus dialectos. Alguien podría argüir que en realidad sólo son representativos esos ejemplos y juicios del habla de Madrid, ya que yo soy natural de esta ciudad; pero, aunque también he considerado esta circunstancia, me parecía excesivo utilizar "madrileño" o "habla de Madrid" en vez de "castellano". Por todo ello, si a alguien le parece que utilizo poco el castellano a lo largo del libro, le he de confesar que, como lingüista general, siento más bien que he de pedir perdón por haberlo utilizado tanto.

Como dije antes, la sintaxis general que se expone en esta parte del libro es una sintaxis descriptiva que puede ayudar al estudioso a conocer aspectos relevantes de la hechura sintáctica de las lenguas naturales que han de ser tenidos en cuenta por las teorías gramaticales. Por supuesto, ni se han explicado todos las cuestiones relevantes –¡hay tantas cosas que aún no sabemos!– ni se agotan todos los aspectos relevantes de las tratadas. A pesar de lo voluminoso de este primer tomo, en ningún capítulo aparece una exposición completa de los temas tratados. Esto puede entenderse fácilmente si se tiene en cuenta que, por ejemplo, la orientación bibliográfica que aparece al final del capítulo 16, dedicado al tiempo, modo y aspecto, y que contiene 41 referencias no constituye sino una ínfima parte de los libros y artículos publicados sobre el tiempo, el modo y el aspecto en las lenguas del mundo. Exactamente lo mismo, a veces con muchísima más razón, vale para todos los demás capítulos. Sin embargo, el carácter incompleto de los capítulos no nos impide ver y plantear de modo global e integrado muchas cuestiones gramaticales y sus interrelaciones, cosa muy difícil si en vez de un libro como el presente tuviéramos en nuestras manos 30 gruesos tratados de cada una de las cuestiones estudiadas en cada uno de los 30 capítulos de este libro.

También cada capítulo de esta segunda parte del libro va provisto de ejercicios resueltos y propuestos. En este caso, las cuestiones planteadas en los ejercicios son mucho menos exactas que las planteadas en los ejercicios de los nueve primeros capítulos. En general, intento mostrar a través de las claves de estos ejercicios que las cosas no son tan claras como se pintan –por motivos pedagógicos– en el texto principal del capítulo al que pertenecen. Si en muchos de los ejercicios de la primera parte existen soluciones alternativas, en los de esta parte ello será la tónica general. Cuestiones de espacio me han aconsejado no tratar en cada respuesta a cada ejercicio todas las opciones que se podían desarrollar, pero el profesor, al explicar los ejercicios, tiene total libertad para hacerlo como crea más conveniente. Diferentes puntos de vista sobre una misma cuestión o problema gramaticales no pueden más que enriquecer la discusión y el planteamiento de los mismos. Como en la parte precedente, he procurado que las cuestiones propuestas tengan un nivel de dificultad similar al de las cuestiones resueltas.

Pasamos ahora a la orientación bibliográfica de esta segunda parte. En general, valen las observaciones que hice sobre la orientación bibliográfica de los capítulos de la primera parte. Otra vez cabría hacer la observación relativa a los libros y artículos en inglés, que predominan también en esta parte. Puede extrañar a más de uno el que también haya incluido bibliografía en ruso dentro de la orientación bibliográfica. No pretendo con ello que el alumno universitario consulte esta bibliografia, pero sí que la conozca. El hecho de que la lingüística anglosajona sea dominante, no quiere decir que no hayan de conocerse otras escuelas de pensamiento lingüístico. En mi caso particular, muchas de las páginas de este manual están inspiradas directa o indirectamente en la bibliografia de la escuela tipológica de Leningrado. Creo que los trabajos de esta escuela son muy estimables y que, por tanto, son dignos de ser conocidos, aunque sólo sea de referencias, por el estudiante y el profesor. Lo mismo cabría decir respecto de la bibliografia citada en alemán y francés, dos lenguas más manejadas en nuestros ámbitos universitarios. También se cita alguna bibliografía española y seguro que muchas personas echan de menos más de un trabajo realizado en nuestro país sobre determinada cuestión gramatical. Hay que tener en cuenta de nuevo que el presente manual no es un libro de lengua española, ni de filología hispánica. Como ya he dicho, el lingüista general se ocupa de las características que asemejan y diferencian todas lenguas del mundo y no de ninguna lengua en particular. Ahora bien, el lingüista general se nutre del trabajo que realizan los gramáticos de cada lengua; es más, sin este trabajo no podría hacer absolutamente nada. Por ello, si no cito muchos trabajos importantes de gramática de nuestra lengua no es porque considere que no son útiles; hay que tener en cuenta que tampoco cito todos los trabajos relevantes sobre el francés, alemán, ruso, japonés, etc.; es cometido de los gramáticos de estas lenguas el incluirlos en sus referencias bibliográficas. Pero el lingüista general ha de ser muy consciente de que necesita imperiosamente esos trabajos para poder progresar. No se puede objetar solamente, por tanto, que falta en el libro bibliografía sobre el castellano. Habría que objetar lo mismo sobre las demás lenguas que voy mencionando.

Los dos últimos capítulos del libro constituyen una especie de resumen del mismo desde dos puntos de vista determinados: las relaciones entre forma y sentido en sintaxis y las relaciones entre sintaxis y discurso. El primero de ellos es en gran medida especulativo y debe entenderse como una propuesta muy provisional y perfectible. Lo he incluido, con todo, porque opino que, a través de él, muchos lectores pueden encontrar conexiones insospechadas entre diversos aspectos estudiados en los capítulos precedentes. El segundo trata algunas cuestiones de sintaxis y discurso relacionadas con lo que hemos ido viendo en los capítulos precedentes. Si bien es cierto que se podría escribir un libro mucho más voluminoso que éste sobre las relaciones entre sintaxis y discurso, el lector comprenderá que haya preferido limitarme sólo a señalar la relevancia discursiva de algunos de los fenómenos que he ido explicando en los capítulos precedentes. Se trata, pues, de terminar el libro con dos capítulos globales mediante los que el lector pueda entrever un panorama general de las interrelaciones entre las cuestiones estudiadas. El carácter especial de estos dos capítulos me ha hecho desistir de la inclusión de ejercicios, ya que el texto mismo de que constan es un ejercicio en sí mismo. No he prescindido, sin embargo, de la bibliografía comentada, que sigue la misma tónica que la de los capítulos precedentes.

Las características de este libro lo hacen apto para el uso en la clase de lingüística general, pero también para el estudio particular y autodidacto. Lo he concebido como una modesta contribución a la expansión de la disciplina denominada "lingüística general" en nuestro país y espero que la consideración de que estos estudios tienen poca tradición en España infunda indulgencia a quienes se acerquen a sus páginas. Pero sobre todo confío en que este libro servirá para fomentar entre los estudiantes de letras y –por qué no– de ciencias, el amor por las lenguas del mundo, que no es sino la manera más noble de amar la propia lengua.

No quiero poner fin a esta presentación sin antes dar las gracias a Pedro Luis Díez Orzas tanto por el trabajo de haberse leído todo el libro varias veces como por las numerosas observaciones de fondo y forma que me ha hecho y que han contribuido a mejorar sensiblemente muchos aspectos de la presente obra. También quiero agradecer a Francisco Belloso, director de Síntesis, el interés, cariño e ilusión que puso desde el principio en este proyecto, cuyo primer producto tiene el lector entre las manos.

Juan Carlos Moreno Cabrera

PRÓLOGO A LA SEGUNDA EDICIÓN

En esta segunda edición del *Curso Universitario de Lingüística General,* se ha revisado a fondo el volumen primero. Se han corregido las erratas observadas en la primera edición, se ha reescrito la casi totalidad de los párrafos para mejorar el estilo y hacer el libro más fácil de leer y entender. Se han añadido algunos párrafos e incluso alguna sección entera con el objetivo de hacer más comprensible la argumentación de determinados puntos y de contraargumentar a propósito de algunas críticas publicadas sobre algunos de los análisis propuestos (para ello se han aprovechado también los comentarios bibliográficos del final de cada capítulo).

Se han comprobado uno a uno todos los ejemplos de las lenguas extranjeras para asegurar una fidelidad absoluta a la fuente de los que están tomados, excepto algunos pequeños cambios que ha habido que hacer para adaptarlos a las argumentaciones del Curso. En el caso del ruso, georgiano y chino, se han puesto los ejemplos además en su grafía original. Esto es particularmente interesante en el caso del chino, ya que los caracteres chinos empleados disipan cualquier tipo de duda que pueda surgir respecto de la transcripción en alfabeto latino de las palabras implicadas, máxime cuando circulan por ahí muy diversas adaptaciones de las mismas que, a veces, las hacen difícilmente identificables.

Se han modificado o sustituido algunos ejercicios y se han añadido unos cuantos nuevos para mejorar los aspectos prácticos de la obra.

La bibliografía se ha actualizado en todos y cada uno de los capítulos. Gracias a la ayuda de M.ª Victoria Pavón Lucero y de Celia Villar, he podido disponer del índice de la *Gramática Descriptiva de la Lengua Española*, dirigida por I. Bosque y V. Demonte, incluso antes de su publicación. Esta obra se ha convertido ya en una referencia inexcusable en cualquier estudio hispánico que trate de lingüística y gramática. Tomás Givón, lingüista cuyos trabajos han inspirado algunas de las páginas de este Curso, ha tenido la amabilidad de mandarme algunos de sus libros recientes, que he podido incluir también en esta edición.

Se han hecho algunos cambios también en la terminología, de acuerdo con las propuestas que aparecen en Moreno Cabrera 1998a. En la primera edición se adoptan los glotónimos (nombres de lenguas) publicados en Moreno Cabrera 1990b; sin embargo, en esta edición se han hecho cambios en consonancia con una revisión a fondo de éstos que está en curso de realización.

Son muchas las personas que, desde que salió a la luz el volumen primero, me han hecho comentarios sobre él, la mayor parte de las veces positivos. A todas ellas quiero darles las gracias desde este prólogo. Por desgracia, no puedo enumerarlas de memoria, ni creo conveniente hacerlo, ya que, inevitablemente, me olvidaría de alguna.

Deseo expresar mi agradecimiento a quienes han hecho referencia a este Curso Universitario en sus publicaciones. Primero he de mencionar a Marina Ljujić por su generosa y benévola recensión del primer volumen (*Живи Језици*, XXXIV-XXXV, 1992-1993, n.º 1-4, Belgrado, pp. 213-215). En segundo lugar y por orden cronológico de la obra citada, deseo dejar constancia de mi agradecimiento a E. Bustos Gisbert, A. Puigvert Ocal, y R. Santiago Lacuesta (1993), Ricardo Morant i Marco (1993), Jesús Olza (1994), M. L. Harto Trujillo (1994), M. Fernández Lagunilla y A. Anula Rebollo (1995), J. M. García-Miguel (1995), E. Martínez Celdrán (1995), C. Pensado (1995), A. López García (1996), C. Cabeza Pereiro (1997), E. Alcaraz Varó y M. A. Martínez Linares (1997), J. de Dios Luque Durán y A. Pamies Bertrán (1997), S. Gutiérrez Ordóñez (1997), L. Romera, V. Salcioli y J. Roselló (1997), Rosario Alonso Raya (1998), Josefa Martín García (1998), F. Marcos Marín, F. Javier Satorre Grau y M.ª Luisa Viejo Sánchez (1998), José Antonio Marina (1998), Montserrat Martínez Vázquez (1998), Helena López Palma (1999), José Luis Mendívil Giró (1999), M. Fernández Pérez (1999) y José Luis Cifuentes Honrubia (1999).

Espero que esta segunda edición, completamente revisada, corresponda a la confianza y expectativas de quienes han utilizado de modo sistemático o esporádicamente la primera versión de esta obra y de quienes se acerquen a sus páginas por primera vez.

Juan Carlos Moreno Cabrera

1

CONCEPTO DE LINGÜÍSTICA GENERAL. LOS SENTIDOS DE "GENERAL"

1. Concepto de lingüística general

La expresión "lingüística general" se emplea muy a menudo en nuestro ámbito cultural. Sin embargo, no siempre se utiliza con la precisión y el rigor que son necesarios para cualquier materia científica. Si podemos establecer que la lingüística es la ciencia que describe y explica el lenguaje humano, no está tan claro a qué se hace referencia con el término de "general". Es muy importante que especifiquemos y delimitemos coherentemente el significado de este adjetivo, ya que de esa aclaración va a depender el enfoque de las páginas que siguen. Vamos, pues, a determinar qué entendemos por "general". Podemos interpretarlo de dos maneras precisas que resultan ser complementarias. Una responde a un enfoque *teórico* de la cuestión y, la otra, a un enfoque *empírico*. En un primer sentido, "general" ha de interpretarse como "abstracto" o "conceptual" y hace referencia a los dispositivos teóricos que los lingüistas han creado para describir y explicar las lenguas humanas; tales dispositivos suelen recibir el nombre de "gramáticas" y constan de un conjunto de reglas y principios que se aplican en el estudio de las lenguas humanas. Entonces, "lingüística general" es aquella disciplina que se ocupa de estudiar esos dispositivos teóricos y, por tanto, es una metateoría: es decir, una teoría que tiene como objeto otras teorías. Viene a concebirse, pues, como *teoría general de la gramática*.

> La lingüística general en tanto que teoría general de la gramática es la disciplina que estudia aquel conjunto de instrumentos teóricos (gramáticas) que los lingüistas han ideado para dar cuenta de las lenguas humanas.

Se tratará, pues, de investigar cuáles son las características de esos instrumentos teóricos, cuáles son sus propiedades y su alcance, cómo se pueden modificar y a qué nos tenemos que remitir para utilizarlos. Fundamentalmente, habrá que establecer cómo se ajustan a los datos de que deben dar cuenta, cómo se controla su corrección y cómo han de modificarse o cómo pueden perfeccionarse, cuáles son sus limitaciones y cómo se pueden superar. Se puede resumir ese aparato teórico gramatical en tres palabras:

reglas, representaciones y principios. Es entonces tarea de la lingüística general el establecer las características, limitaciones y productividad de los diversos tipos de reglas y representaciones que se proponen en las teorías gramaticales características de la lingüística actual, así como el proponer los principios que determinan tales características y limitaciones.

El otro sentido de "general" es de carácter menos teórico y más empírico. Ahora se trata de ofrecer una lingüística en la que se estudien las lenguas y no las gramáticas. Basta ser consciente de la enorme diversidad lingüística del mundo, para ver la necesidad de una disciplina que "ordene" el gran cúmulo de datos que se obtiene al detallar toda esa variedad; una disciplina que nos haga ver qué es lo común a esa impresionante diversidad y qué es lo variable; qué fenómenos son generales y qué otros poseen un carácter más particular. Se trata entonces de una caracterización general de las lenguas humanas. Ahora ya no estamos ante una metateoría, sino ante una teoría cuyo objeto son los elementos de la realidad circundante que denominamos "lenguas".

> La lingüística general en tanto que teoría general de las lenguas es la disciplina que se ocupa de investigar la naturaleza de los fenómenos lingüísticos en lo que tienen de común y en lo que tienen de diferente, posibilitando así una teoría general de las lenguas humanas.

En este caso, se investigará el alcance interlingüístico de categorías tales como, por ejemplo, el género, el número, el caso, el sujeto o la concordancia. Se trata de ver cuál es la amplitud interlingüística de esos fenómenos y su posición en una teoría general de las lenguas humanas.

Por tanto, los dos sentidos de "lingüística general" que hemos propuesto tienen que ver no tanto con el lenguaje como fenómeno humano, como con las lenguas en tanto que manifestaciones concretas de ese fenómeno. Éstos son los dos sentidos que adoptamos en el presente libro. Esto no quiere decir que no existan otros significados posibles de la expresión "lingüística general". Concretamente, es posible concebir esta disciplina como teoría general del objeto a que nos referimos mediante "lenguaje humano". Entonces se tratará de investigar el lenguaje humano desde todos los puntos de vista posibles que puedan arrojar alguna luz sobre él. Podemos investigar el lenguaje humano desde el punto de vista de la psicología humana, con lo que nos adentramos en los terrenos de la *psicología del lenguaje* y de la *psicolingüística;* podemos estudiar el lenguaje humano desde el punto de vista de la sociedad en que aparece, se desarrolla y se pone en práctica; con ello, nos adentraremos en el terreno de la *sociología del lenguaje* o de la *sociolingüística*. También podemos estudiar el lenguaje humano en sus aspectos antropológicos, filosóficos, lógicos, neurológicos, psiquiátricos, geográficos, literarios, culturales, morales, políticos, ideológicos, planificatorios, etc. En todos estos casos estamos intentando circunscribir el lenguaje humano desde distintas perspectivas. Nos encontramos ante una concepción de la lingüística que podríamos denominar *externa,* en el sentido de que nos enfrentamos con la capacidad lingüística humana en sus relaciones con el entorno en el que esa capacidad se hereda, desarrolla y pone de manifiesto. Obtenemos, pues, la siguiente definición:

> La lingüística general externa estudia el fenómeno del lenguaje humano desde todas las perspectivas en las que éste se hereda, desarrolla y pone de manifiesto.

La distinción entre *lingüística interna* y *lingüística externa* procede de la distinción entre *lenguaje* como capacidad humana de comunicar información mediante un sistema de signos articulados jerarquizado en dos estratos o articulaciones y lengua como manifestación concreta de esa capacidad en un sistema de signos estructurado en una serie de niveles que están interrelacionados entre sí de una manera muy compleja. Este libro presenta una lingüística general interna, es decir, una lingüística general de las lenguas. La presentación de una lingüística general externa exigiría como mínimo un libro como el presente.

Obtenemos, por tanto, el siguiente cuadro:

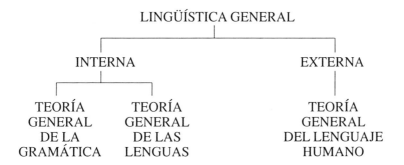

1. Determine qué sentidos puede tomar "general" en las expresiones siguientes:

   a) Su definición de "concordancia" no es suficientemente general.
   b) *Su* definición de "concordancia" es demasiado general.
   c) Los resultados de ese estudio sobre la concordancia se pueden generalizar fácilmente.
   d) Se dedica al estudio de la fonología general.

2. Determine a cuál de las tres disciplinas que hemos definido (teoría general de la gramática, teoría general de las lenguas, teoría general del lenguaje humano) correspondería estudiar cada una de las cuestiones que siguen:

   a) ¿Cómo definir el tiempo verbal para alcanzar la validez interlingüística en la precisión de tal categoría?
   b) ¿Cuál es el porcentaje de las lenguas en las que el sujeto va colocado después del verbo?
   c) ¿Mediante qué procedimientos podemos obtener una definición teóricamente válida de la oración?
   d) ¿Hasta qué grado de abstracción se puede llegar en las representaciones gramaticales?
   e) ¿Qué diferencias existen entre las lenguas humanas y los lenguajes animales?

CLAVE 1. En el caso a) se nos dice que determinada definición de la concordancia no es capaz de dar cuenta de todos los casos concretos en que se considera que se puede hablar de tal fenómeno. Se trata, pues, de una definición restrictiva en exceso. Por tanto, estamos ante un caso claro de "general" en el sentido teórico de la palabra.

En el caso b) se utiliza "general" en un sentido diferente. En esta ocasión, se trata de decir que la definición de concordancia es demasiado vaga, demasiado amplia y, por tanto, caracteriza como fenómenos de concordancia casos que no desearíamos calificar de tales.

En el caso c) se usa "generalizar" para especificar la posibilidad de ampliar la base empírica del fenómeno estudiado. Se usa, pues, "general", en el sentido de que esos resultados son susceptibles de ser aplicados al estudio de la concordancia en lenguas diferentes a las utilizadas inicialmente. Obsérvese que para que esto pueda ser así, dicho estudio debe tener un cierto grado de generalidad en el sentido teórico. Sin embargo, no se suele emplear "generalizar" en este contexto para decir que una propuesta puede ser generalizada teóricamente, sino más bien para denotar esa ampliación empírica a la que estamos haciendo referencia.

En el caso d) el adjetivo "general" se puede y debe entender en los dos sentidos. Es fonología general porque desarrolla y estudia conceptos teóricos más o menos abstractos en términos de los cuales estudiar los sistemas fónicos de las lenguas y también lo es porque no se limita a describir el sistema de una lengua sino que clasifica y analiza los sistemas fónicos de todas las lenguas (o de las que puedan estudiarse en cada momento).

2. En cuanto a la pregunta a) estamos en el terreno de la teoría general de las lenguas, ya que nos preguntamos cómo dar cuenta del tiempo verbal de modo que podamos caracterizar todas las lenguas humanas adecuadamente de acuerdo con este aspecto.

En la pregunta b) también estamos en la misma disciplina, ya que esta vez lo que nos interesa saber es el porcentaje de las lenguas humanas que poseen determinada característica sintáctica. El dato porcentual en sí no pertenece a la teoría general de las lenguas, pero sí pertenece el criterio seguido para la selección de las lenguas relevantes; por ello, ésta es una cuestión en la que se halla implicada la teoría general de las lenguas y no, como en el caso anterior, una pregunta directamente atingente a dicha teoría.

La pregunta c) plantea un problema cuyo estudio ha de abordar la teoría general de la gramática, ya que se trata de establecer los procedimientos mediante los cuales podemos llegar a una definición de oración que tenga validez para la construcción de cualquier gramática de cualquier lengua. Se trata, pues, de un problema de metateoría gramatical. Podríamos optar incluso por dar al concepto de oración un *status* axiomático; es decir, por adoptar este término como un primitivo inanalizable de la teoría gramatical, que no necesita definición.

La cuestión d) también tiene que ver con la teoría general de la gramática, ya que se trata de determinar el grado de abstracción a que se puede llegar en las representaciones gramaticales que se propongan en el estudio de las lenguas concretas.

La última pregunta está directamente relacionada con la teoría general del lenguaje humano, ya que se trata de comparar éste con las formas de comunicación que presentan los animales. Ello nos obligará a caracterizar el lenguaje humano frente a otros sistemas de comunicación reales o posibles.

CUESTIONES PROPUESTAS

1. ¿Qué relación tiene el concepto "general" con el de "universal"? ¿Es necesariamente general todo lo universal?

2. ¿Implica la generalización teórica la empírica, la empírica la teórica o se implican mutuamente? ¿Se podría hablar de generalización empírica teniendo en cuenta una sola lengua? ¿Qué condiciones ha de cumplir la investigación interlingüística empírica para que sea auténticamente generalizadora?

3. ¿A qué disciplina corresponde el estudio de las propiedades formales de las reglas gramaticales?

4. ¿Cómo se podría diferenciar la sociología del lenguaje de la sociolingüística? [Pista: la primera sería una rama de la sociología y la segunda una rama de la lingüística.]

5. ¿Pueden ciertas cuestiones de lingüística externa ser relevantes para la lingüística interna? Dé ejemplos.

6. ¿A qué disciplina corresponde el estudio de los prejuicios lingüísticos?

7. ¿Qué disciplina debe estudiar los juicios de aceptabilidad de expresiones por parte de los hablantes? ¿Se trata de la misma que la que ha de tratar las cuestiones de la pregunta anterior?

ORIENTACIÓN BIBLIOGRÁFICA

En este primer apartado de bibliografía comentada vamos a citar algunos de los manuales de lingüística general más recomendables para aquellos que quieren iniciarse en esta disciplina. Además, incluimos, en una segunda sección, una selección de diccionarios de lingüística, que ofrecen al lector una orientación muchas veces imprescindible, dada la variedad terminológica presente en este campo del saber humano. Cuando la fecha de la edición citada difiera de la fecha de la edición original, indicamos ésta entre corchetes.

I. MANUALES

AKMAJIAN, A. y otros: *Lingüística: Una introducción al lenguaje y a la comunicación,* Madrid, Alianza. 1984 [1979].
  Es una versión adaptada al español de un manual completo y pedagógico, con el que se puede uno introducir en la lingüística contemporánea. Está indicado para principiantes.

ALONSO-CORTÉS, A.: *Lingüística General,* Madrid, Cátedra, 1993.
  Es una introducción a la lingüística general externa e interna muy completa y pedagógicamente muy adecuada, con abundantes materiales didácticos. Es recomendable para principiantes y para quienes tengan ya un conocimiento elemental de la materia.

ATKINSON, M., D. KILBY e I. ROCA: *Foundations of General Linguistics,* Londres, Unwin Hyman, 1988.
  Es una introducción elemental concisa y completa, en la que se tiene en cuenta tanto la lingüística general interna como la externa. Es muy recomendable para principiantes.

BLOOMFIELD, L.: *Lenguaje,* Lima, Universidad Nacional de San Marcos, 1964 [1933].
Libro clásico que debe ser tenido en cuenta por todo estudioso del lenguaje.

COSERIU, E.: *Lecciones de Lingüística General,* Madrid, Gredos, 1981 [1973].
Es éste un manual clarísimo y elemental en el que se definen y ejemplifican algunos conceptos básicos de la lingüística estructural moderna. Muy adecuado para principiantes.

CRYSTAL, D.: *Enciclopedia del Lenguaje de la Universidad de Cambridge,* Madrid, Taurus, 1994 [1987 y 1997].
Se trata de una espléndida enciclopedia de lingüística, que abarca los aspectos internos y externos del estudio del lenguaje humano. Los artículos son claros y están desarrollados de modo muy pedagógico, con abundancia de ilustraciones de todo tipo. En la edición española, realizada por un grupo de lingüistas (José Portolés, M.ª Victoria Escandell, Manuel Leonetti, Tomás del Amo y J. Antonio Millán) bajo la dirección del autor del presente curso, se ha hecho un esfuerzo muy notable por adecuar los contenidos al público de habla hispana. En suma, es una obra completa, elemental y rigurosa en la que prácticamente no hay ningún aspecto del lenguaje que se deje sin tratar y que constituye una excelente y agradable forma de penetrar en los secretos del lenguaje y de las lenguas de la humanidad.

FERNÁNDEZ PÉREZ, M.: *Introducción a la Lingüística,* Barcelona, Ariel, 1999.
Es una recomendable introducción, fundamentalmente metodológica, a la lingüística general. Tiene numerosos ejercicios, que invitan a la reflexión, y una buena bibliografía.

GLEASON, H. A., Jr.: *Introducción a la Lingüística Descriptiva,* Madrid, Gredos, 1975 [1961].
Manual clásico de lingüística estructural no muy adecuado para principiantes.

HOCKETT, H. F.: *Curso de lingüística moderna,* Buenos Aires, EUDEBA, 1972. [1962] [traducido y adaptado al español por Emma Gregores y Jorge Alberto Suárez].
Es una adaptación sencillamente excepcional del manual clásico que Hockett publicó en 1958. Como es lógico, es un libro anticuado en algunos aspectos, pero el rigor, la profundidad y oportunidad con que trata muchas cuestiones hacen de él una fuente pedagógica nada desdeñable. El libro es didáctica y científicamente hablando una joya que abrirá al lector las puertas de muchos aspectos de la lingüística del siglo XX.

HUDSON, G.: *Essential Introductory Linguistics,* Londres, Blackwell, 2000.
Es una introducción a la lingüística externa e interna pedagógicamente orientada, en la que la claridad, los ejercicios y los abundantes ejemplos son la tónica general. Es una obra atractiva e ideal para iniciarse de un modo práctico en las ciencias del lenguaje, desde la fonología hasta la dialectología pasando por la adquisición infantil del lenguaje o la historia de la escritura.

LÓPEZ GARCÍA, A. et al.: *Lingüística General y Aplicada,* Universidad de Valencia, 1994.
Se trata de una introducción elemental a la lingüística externa e interna. Es recomendable para principiantes. Contiene, como punto destacable, un primer capítulo dedicado a dar un repaso a las lenguas del mundo.

LYONS, J.: *Introducción en la lingüística teórica,* Barcelona, Teide, 1973.
Se trata de un manual ya clásico, a pesar de que fue publicado en 1968. Es un excelente libro, muchos de cuyos capítulos conservan gran parte de su vigencia original. Especialmente relevantes son los capítulos 2, 5, 7 y 8, sin despreciar en absoluto los capítulos 9 y 10, dedicados a la semántica.

LYONS, J.: *Introducción al Lenguaje y a la Lingüística,* Barcelona, Teide, 1993 [1991].
La traducción y adaptación al español de ésta y la precedente obra se las debemos al profesor Ramón Cerdá, introductor de la obra de Lyons en España. El manual que ahora nos ocupa es una introducción elemental a la lingüística interna y externa resuelta con claridad, rigor y pedago-

gía. Por ello y por la excelente adaptación al español, es un libro muy recomendable para el principiante.

MARCOS MARÍN, F.: *Introducción a la lingüística. Historia y modelos,* Madrid, Síntesis, 1990.
Se trata de una útil y erudita introducción histórico-teórica a la lingüística.

MARTÍN VIDE, C. (ed.): *Elementos de Lingüística,* Barcelona, Octaedro, 1996.
Es un interesante volumen en cada uno de cuyos capítulos se ofrece una introducción a cada uno de los campos más actuales de la lingüística moderna, desde la lingüística histórica hasta la computacional pasando por el lenguaje infantil y la política y planificación lingüísticas. Es, pues, una buena obra de referencia tanto para la lingüística general interna como para la externa.

MARTINET, A.: *Elementos de Lingüística General,* Madrid, Gredos, 1974 [1960].
Es éste un manual clásico de carácter elemental que constituye una buena introducción a la lingüística estructural. Es adecuado para principiantes.

MORENO CABRERA, J. C.: *Introducción a la Lingüística. Enfoque Tipológico y Universalista.* Madrid, Síntesis, 1997.
Se trata de una introducción de nivel de dificultad medio en la que se esboza lo que se sabe sobre las variantes e invariantes de las lenguas humanas. Se tratan todos los niveles de la gramática e incluye una breve parte diacrónica. En algunos aspectos (sobre todo en la semántica oracional) se esbozan ideas propias del autor no necesariamente compartidas o aceptadas por la comunidad de expertos en lingüística.

NEWMEYER, F. (comp.): *Panorama de la lingüística moderna de la Universidad de Cambridge. I Teoría lingüística: Fundamentos,* Madrid, Visor, 1990 [1988].
De los cuatro tomos de esta obra monumental, es éste el que trata de cuestiones relacionadas con las que examinamos en este libro, tanto de lingüística interna como externa. Contiene una útil bibliografía.

O'GRADY, W., DOBROVOLSKY, M. y KATAMBA, F.: *Contemporary Linguistics. An Introduction.* Londres, Longman, 1997.
Es éste un manual que apareció por primera vez en 1987 y que ha ido desarrollándose en sucesivas ediciones hasta llegar al espléndido resultado de sus más de setecientas páginas. Se trata de una introducción muy completa a la lingüística interna (fonología, morfología, sintaxis y semántica tanto sincrónica como diacrónica) y a la externa (adquisición del lenguaje, psicolingüística, neurolingüística, sociolingüística, lingüística computacional) sin olvidar la clasificación de las lenguas, el lenguaje y la escritura, la comunicación animal o la adquisición de lenguas segundas. Es una obra completísima y posibilita un acceso fácil y atractivo a la lingüística contemporánea.

RADFORD, A.; ATKINSON, M.; BRITAIN, D.; CLAHSEN, H. y SPENCER, A.: *Linguistics. An introduction,* Cambridge University Press, 1999.
Es ésta una introducción a la lingüística general equilibrada entre los aspectos interno y externo. Cada nivel gramatical se expone en sus aspectos internos y en aquellos que hacen referencia a la adquisición, procesamiento y anomalías de cada uno de esos niveles. Es una obra muy meritoria por su rigor, claridad y precisión.

ROBINS, H. R.: *Lingüística General. Estudio Introductorio,* Madrid, Gredos, 1995 [1989].
Estamos ante la cuarta edición actualizada y muy aumentada de un manual clásico de la lingüística general contemporánea. Se centra en la lingüística interna y tiene un grado de dificultad intermedio. Es muy recomendable como obra de referencia.

RODRÍGUEZ ADRADOS, F.: *Lingüística Estructural,* Madrid, Gredos, 1974.
Las más de mil páginas que totalizan los dos tomos de este manual atestiguan la amplitud y pro-

fundidad con que se tratan muchos de los problemas que se exponen en este libro. Esta obra constituye un hito insoslayable en el panorama de la lingüística general española. No es recomendable para principiantes y sí lo es como obra de referencia.

SAPIR, E.: *El Lenguaje,* México, Fondo de Cultura Económica, 1974 [1921].
Añeja introducción a la lingüística que a pesar de los años transcurridos sigue conservando un enorme atractivo y frescura. Es un libro que todo estudioso del lenguaje debe leer. Además, es adecuado para principiantes. Se trata de una introducción a la lingüística tan profunda como inhabitual.

SEREBRENNIKOV, B. A. (hrsg.): *Allgemeine Sprachwissenschaft,* Múnich, Wilhelm Fink, 1973, 2 vols.
Dado que la lingüística moderna está innegablemente dominada por el mundo anglosajón, es refrescante ver otro tipo de escuelas y puntos de vista. En los dos tomos de esta lingüística general, que superan el millar de páginas, participan prestigiosos lingüistas rusos. Dado que nuestro libro está inspirado en algunas de las escuelas rusas de lingüística, su consulta puede resultar reveladora.

SIMONE, R. *Fundamentos de Lingüística,* Barcelona, Ariel, 1993 [1990].
Se trata de un excelente manual de lingüística interna que, tanto por su enfoque como por sus contenidos, es, entre los libros citados en esta sección, el más parecido a nuestro *Curso Universitario,* aunque las dos obras se escribieron de modo independiente.

TUSÓN, J.: *Lingüística. Una introducción al estudio del lenguaje con textos comentados y ejercicios,* Barcelona, Barcanova, 1984.
Es este un trabajo muy meritorio por su claridad, exactitud y sensatez. Constituye una introducción elemental con ejercicios y, por tanto, es lectura obligada para aquellos que carezcan de conocimientos básicos de nuestra materia.

YULE, G.: *El Lenguaje*, Cambridge University Press, 1998 [1996].
Se trata de una traducción española de un manual inglés que constituye una clarísima introducción a la lingüística interna y externa actuales. Es muy recomendable para conseguir un panorama amplio, riguroso y accesible de las preocupaciones, métodos y propuestas de la lingüística de la segunda mitad del siglo XX. Por ello, es una obra muy recomendable.

II. DICCIONARIOS

ABRAHAM, W.: *Diccionario de Terminología Lingüística Actual*, Madrid, Gredos 1981 [1974].
Es un buen diccionario de terminología lingüística. Es completo, preciso y tiene bibliografía y referencias cruzadas.

ALCARAZ VARÓ, E. y M. A. MARTÍNEZ LINARES: *Diccionario de Lingüística Moderna*, Barcelona, Ariel, 1997.
Sin duda, es uno de los mejores diccionarios de lingüística moderna publicados en nuestro país. Las definiciones son completas y tienen casi siempre ejemplos ilustrativos que las hacen muy útiles.

ASHER, R. E. (ed.): *The Encyclopedia of Language and Linguistics*, Oxford, Pergamon Press 1994.
Los 10 volúmenes de esta magna obra constituyen una fuente de información inagotable sobre las lenguas y la lingüística. Cada entrada ha sido redactada por un especialista de reconocido prestigio internacional.

CARDONA, G. R.: *Diccionario de Lingüística*, Barcelona, Ariel, 1991 [1988].
Es un diccionario de nivel medio, aunque sin bibliografía.

DUBOIS, J. et al.: *Diccionario de Lingüística*, Madrid, Alianza, 1986 [1973].
Es un diccionario ya clásico, con mucho rigor en las definiciones y que es un instrumento de trabajo y consulta realmente recomendable.

DUCROT, O. y J.-M- SCHAEFFER *Nuevo diccionario enciclopédico de las ciencias del lenguaje*, Madrid, Arrecife, 1998 [1995].
Se trata de una nueva edición totalmente reformulada de un diccionario de principios de los años setenta. Contiene menos términos que los diccionarios citados, pero los que están figuran desarrollados mucho más pormenorizadamente. Por ello, esta obra complementa a la perfección a dichos diccionarios y sirve como punto de profundización en algunos conceptos que en ellos se definen sólo brevemente. La adaptación española de la profesora Marta Tordesillas es ejemplar.

LÁZARO CARRETER, F.: *Diccionario de Términos Filológicos,* Madrid, Gredos, 1974.
Ésta es la tercera edición corregida de hasta hace poco el único diccionario de términos filológicos hecho en España. Hoy día sigue siendo muy útil, ya que incorpora multitud de términos de la retórica que no se encuentran en los demás diccionarios de lingüística citados aquí. Además, tiene unos útiles apéndices de términos franceses, ingleses y alemanes.

LEWANDOWSKI, TH.: *Diccionario de Lingüística*, Madrid, Cátedra, 1982.
Es un diccionario de lingüística recomendable con multitud de referencias cruzadas y una magnífica bibliografía, a la que se remite en cada uno de los artículos del libro.

MORENO CABRERA, J. C.: *Diccionario de Lingüística Neológico y Multilingüe*, Madrid, Síntesis, 1998.
Este diccionario es muy diferente a los demás incluidos en esta sección. Se recogen en él términos lingüísticos y gramaticales excepcionales, la mayoría de los cuales sólo han sido usados una vez. Contiene, pues, vocablos que no aparecen en ningún otro diccionario de lingüística. Además, hay una selección de los términos gramaticales de base no latina, entre los que están los términos gramaticales chinos, sánscritos, árabes, griegos y hebreos entre otros. No es, pues, un diccionario adecuado para principiantes y sí lo es para eruditos y curiosos.

MOUNIN, G.: *Diccionario de Lingüística,* Barcelona, Labor, 1982.
Es un completo y claro diccionario, con un excelente vocabulario final francés-español y español-francés.

POTTIER, B. (dir.): *El Lenguaje (diccionario de lingüística)*, Bilbao, Mensajero, 1985.
Es una obra muy accesible y fácil de seguir, organizada temáticamente dentro de los ámbitos de la lingüística interna y externa. Tiene abundante material gráfico, por lo que es muy atractivo y cada sección está redactada por un reconocido especialista en la materia correspondiente.

WELTE, W.: *Lingüística Moderna. Terminología y Bibliografía*. Madrid. Gredos, 1985 [1975].
Es un diccionario sobresaliente por las orientaciones bibliográficas, presentes en todas las entradas, así como por la precisión en las definiciones de los términos y por los ejemplos ilustrativos que las acompañan.

2

EL OBJETO DE INVESTIGACIÓN I
Características del lenguaje humano

1. Introducción

A continuación vamos a estudiar las características que definen el lenguaje humano y que deberán reflejarse en los dispositivos teóricos que ideemos para estudiar las lenguas humanas. Es costumbre seguir en este aspecto la caracterización del lenguaje humano frente al animal que propuso Ch. F. Hockett en 1965 (Hockett 1965). La mayoría de las propiedades de que nos habla este autor pueden agruparse en las siguientes características generales del lenguaje humano:

1. Economía.
2. Creatividad.
3. Simbolismo.

Las lenguas humanas obedecen a tres imperativos. La *economía* está determinada por las limitaciones físicas y psíquicas de los seres humanos. Sólo podemos emitir y diferenciar eficientemente un numero limitado de sonidos y además nuestra capacidad de memoria a corto y largo plazo es limitada, así como nuestra capacidad de procesamiento de información. En segundo lugar, el lenguaje humano tiene un carácter eminentemente *creativo*; somos capaces de emitir y entender expresiones totalmente nuevas gracias a que nuestro conocimiento lingüístico nos permite aplicar patrones generales a casos particulares. En tercer lugar, el lenguaje es eminentemente *simbólico* (Cassirer 1964) ya que remite a una realidad distinta de la de sí mismo.

2. La economía

La *economía* es la característica del lenguaje que determina las propiedades de *intercambiabilidad, dualidad* o *doble articulación* propuestas por Ch. F. Hockett y A. Martinet (Martinet 1960: 1-11 y 1965: cap. 1) y la de *eficiencia* definida por J. Barwise y J. Perry (1983: 32-39).

La *intercambiabilidad* es la propiedad del lenguaje humano según la cual un miembro de una comunidad lingüística puede ser indistintamente trasmisor y receptor de mensajes. Su conocimiento lingüístico es independiente de estas dos funciones y puede utilizarlo indistintamente para realizar labores de emisión o de recepción y procesamiento de mensajes. Esto elimina la necesidad de contar con unas reglas gramaticales para la emisión diferentes de unas reglas gramaticales para la recepción, lo cual aumentaría el espacio de la memoria a largo plazo, al duplicarla.

La *dualidad* (Hockett) o *doble articulación* (Martinet) es una propiedad que redunda en la economía de modo decisivo. Toda lengua se estructura en dos niveles o articulaciones. En una tenemos unidades mínimas dotadas de significado denominadas "unidades léxicas" con cuya combinación se obtienen infinitas expresiones de jerarquía superior. Pero esas unidades mínimas a su vez pueden analizarse en otras unidades más pequeñas, esta vez sin significado. Este último grupo de unidades de la segunda articulación es muy reducido y constituye el sistema fonético de una lengua. Mediante la combinación de esas dos decenas o poco más de unidades podemos obtener un número prácticamente ilimitado de expresiones que pueden servir como unidades de la primera articulación. A pesar de que las reglas fonéticas de las lenguas no permiten cualquier combinación de sonidos, basta pensar un poco para descubrir unidades posibles fonéticamente pero no utilizadas como unidades de la primera articulación; por ejemplo en español: "labo", "plojo", "dufugolo" y un sinfín más están permitidas por las reglas fonéticas de nuestra lengua y podrían utilizarse alguna vez como unidades léxicas si hubiera necesidad de ello. Sería muy difícil diferenciar, por ejemplo, los cincuenta mil sonidos necesarios que compondrían el léxico básico de una lengua, si cada unidad léxica fuera un único sonido: nuestras capacidades articulatorias y perceptivas supondrían un obstáculo insalvable en este caso.

Pasamos a la *eficiencia*. Como notó Ch. F. Hockett (1965: 21), toda lengua humana tiene una provisión de elementos que cambian su denotación según determinadas características de las situaciones de uso lingüístico. Esto es una forma de decir que toda lengua posee elementos deícticos (véase el capítulo 15, sección l). Un pronombre es una unidad léxica que puede utilizarse para hacer referencia a una cantidad infinita de individuos. Esto redunda enormemente en favor de la economía. J. Barwise y J. Perry (1983: 32 y ss.) consideran que ésta es una de las propiedades esenciales del lenguaje humano. Ellos la denominan *eficiencia lingüística*. Su esencia está en que podemos utilizar las mismas expresiones una y otra vez para decir cosas totalmente distintas. Por ejemplo "él la ve" se puede utilizar para decir cosas muy distintas según a qué personas nos refiramos al usar los dos pronombres implicados y el momento en que emitamos esa oración.

3. La creatividad

Pasamos a las propiedades que tienen que ver fundamentalmente con la *creatividad*. El lenguaje humano es eminentemente creativo, ya que nos permite utilizar una serie de reglas mediante las que es posible obtener unos resultados infinitos a partir de la combinación de elementos finitos. Por ejemplo, mediante el sencillo mecanismo de la coordinación, podemos producir un número ilimitado de oraciones compuestas sin que se pueda establecer ninguna restricción que no sea debida a las limitaciones no lingüísticas de la mente humana. Es decir, una oración coordinada compuesta por quinientos "coordinandos" sería posible, pero no aceptable por las limitaciones de memoria. La composicionalidad es una de las propiedades más características de las lenguas humanas. Consiste en que las expresiones complejas están parcial o totalmente determinadas por las expresiones más simples que las componen. La expresión "Juan vino y Pedro se fue" está sintácticamente determinada por las dos expresiones más simples "Juan vino" y "Pedro se fue" y su significado está parcialmente determinado por el de los dos constituyentes que las componen. La *recurrencia* también contribuye a la *creatividad*. Consiste en la utilización de los mismos patrones de organización para diferentes áreas de las lenguas. En los niveles fonológico, morfológico, sintáctico y semántico encontramos estructuraciones similares de diferentes unidades: igual que hay fonemas marcados frente a no marcados (/p/ está no marcado para la sonoridad y /b/ sí lo está); hay morfemas marcados y no marcados (el morfema /-o/ no está marcado para género y el morfema /-a/ sí lo está); hay sintagmas no marcados frente a sintagmas marcados ("Juan" no está marcado para agente, pero "por Juan" sí lo está); por último, hay palabras marcadas para un rasgo semántico frente a otras no marcadas para tal rasgo ("mujer" está marcado para el rasgo semántico [femenino], pero "hombre" no lo está). Éste es un ejemplo muy sencillo, pero más adelante tendremos ocasión de verificar casos más complejos y sutiles. Se comprende que la composicionalidad y la recurrencia están también justificadas por el principio de economía lingüística. *Economía* y *creatividad* están, pues, íntimamente unidas: la única forma de ser verdaderamente económico es siendo lo más creativo posible.

4. El simbolismo

Pasamos a las propiedades que tienen que ver con el carácter *simbólico* de las lenguas. Quizás la característica esencial del lenguaje humano sea la de que las expresiones que produce son símbolos o signos de una realidad diferente al propio lenguaje y están unidas a esa realidad por un lazo tan misterioso como imprescindible. Las propiedades de esta área que Hockett enuncia son: *especialización, semanticidad, arbitrariedad, desplazamiento, reflexividad* y *prevaricación*.

En el caso de la *especialización*, tenemos que las expresiones lingüísticas poseen una repercusión totalmente inconexa con el mismo acto físico que suponen. Por ejemplo, si tengo hambre puedo alcanzar una manzana y me la puedo comer: el acto de alcanzar la manzana y comerla está funcionalmente relacionado con el de saciar mi hambre, ya que me posibilita comer la manzana. Sin embargo, si tengo hambre y digo simplemente "alcánzame esa manzana, si haces el favor", ese acto físico que consiste en emitir esa ristra de sonidos en sí mismo no me quita el hambre ya que no me va a traer la manzana a la boca. Sin embargo, entre las consecuencias de ese acto lingüístico está la de que el interlocutor me dé la mazana y ese acto sí que me satisface el hambre. El acto lingüístico en sí mismo no me quita el hambre, pero sí una de sus posibles consecuencias, ello hace que las posibilidades de que vuelva a emitir una expresión semejante, cuando tenga hambre, aumenten. Ello está en la base de lo que los conductistas denominan "condicionamiento operante".

La *semanticidad* es la propiedad según la cual las expresiones lingüísticas poseen un lazo que las une con la realidad de modo convencional. Gracias a esa propiedad, podemos aludir a esa realidad sin necesidad de manejarla directamente, poniendo en su lugar las palabras necesarias. En este sentido, podemos decir que las expresiones lingüísticas "significan" algo diferente de ellas mismas y que, por tanto, están conectadas simbólicamente con elementos de la realidad. Dado que los elementos exteriores al lenguaje a que nos podemos referir son ilimitados y a que la capacidad *plástica* de los sistemas de signos que llamamos "lenguas" es muy limitada, no es posible establecer una relación *motivada* entre el signo y aquello que denota; la única relación posible es la de la *no motivacion* o *arbitrariedad*. No existe ningún rasgo común a la expresion "perro" y a determinado mamífero. El carácter simbólicamente ilimitado del lenguaje (característica que a veces se conoce como *efabilidad*) obliga, pues, a que la relación entre las palabras y la realidad sea arbitraria. Esto a su vez redunda en la economía, ya que no obliga a que haya un signo completamente distinto para cada realidad diferente, sino que es posible que dos realidades diferentes puedan ser denotadas por expresiones en las que se repitan algunos elementos significativos (compárese "estrella de mar" con "estrella fugaz"). Por otro lado, esto supone la creatividad, ya que, al tener que utilizar un número limitado de elementos significativos básicos (palabras) para denotar un número ilimitado de entidades del mundo (real o ficticio), es necesario recurrir a procesos metafóricos o metonímicos que acrecienten el número de denotaciones que puede presentar una palabra (véase el ejemplo de la "estrella" visto antes: se designan dos realidades completamente diferentes utilizando una palabra idéntica y aplicando un proceso metafórico). Vemos, pues, que la arbitrariedad surge del criterio del carácter *simbólico* del lenguaje más el requisito de *economía*: de ello resulta la necesidad de establecer mecanismos de creatividad para satisfacer el carácter tan exigente del lenguaje desde el punto de vista de las entidades que se pueden denotar.

El desplazamiento es una propiedad de las lenguas humanas según la cual los mensajes lingüísticos pueden referirse a cosas remotas en el tiempo o en el espacio. Como existe un vínculo simbólico fijo entre las expresiones y las entidades denotadas, no hace falta que éstas estén física o psíquicamente presentes para que aquéllas puedan denotarlas, ya que se explota la propiedad evocadora del significado; de aquí se obtiene esta propiedad del lenguaje humano.

Las dos propiedades restantes del lenguaje humano se derivan también directamente de su carácter simbólico y suponen dos aspectos especiales de esta característica. En el caso de la *prevaricación* tenemos que los mensajes lingüísticos pueden no coincidir con situación alguna del mundo real; es decir, pueden ser falsos. Esta posibilidad se deduce del carácter simbólico del lenguaje, ya que para que algo sea falso antes tiene que tener un significado y además supone una explotación del principio del *desplazamiento,* puesto que aquello que simbolizo puede estar alejado del mundo real en el sentido de que no se puede encontrar en él. La propiedad *simbólica* del lenguaje supone, pues, la posibilidad del uso *creativo* del lenguaje, del lenguaje como instrumento para crear mundos pasados o futuros (desplazamiento) o ficticios (prevaricación).

Por último, la propiedad de la *reflexividad* se deriva del hecho de que nada escapa a la función simbolizadora del lenguaje, ni siquiera el propio lenguaje, que se convierte en denotación de sí mismo. En efecto, podemos hacer que las expresiones lingüísticas denoten esas mismas expresiones lingüísticas; ello suele señalarse en la escritura mediante el entrecomillado de dicha expresión, de tal modo que "caballo" no denota un mamífero sino una palabra de tres sílabas. Diremos entonces que la palabra "caballo" se utiliza para denotar un determinado mamífero.

5. Conclusión

Obtenemos, pues, tres principios lingüísticos: *economía, creatividad* y *simbolismo* de los que se derivan las propiedades esenciales del lenguaje humano. La *dualidad,* la *composicionalidad,* y la *semanticidad* son las propiedades que responden directamente a estos tres requisitos funcionales; las demás tienen que ver con los tres principios en mayor o menor medida. Por ejemplo, la *recurrencia* responde tanto al principio de la *economía* como al de la *creatividad* y el *desplazamiento* responde tanto al principio de la *creatividad* como a los de la *economía y simbolismo*. De hecho, los tres principios están interrelacionados jerárquicamente del siguiente modo: la semanticidad implica creatividad y ésta está implicada por la economía. Toda lengua que tenga unos requisitos denotativos tan exigentes como las lenguas naturales necesita ser creativa y la creatividad es necesaria allí donde hay una escasez de medios tan importante como la determinada por el principio de economía. Por tanto, la *creatividad* ocupa una posición central entre los principios que regulan el lenguaje humano dado que viene exigida por las dos características "periféricas" de éste: la que está determinada por la forma de realización material (la *economía*) y la que está determinada por su carácter denotativo (el simbolismo). Obtenemos, pues, el siguiente esquema:

ESQUEMA DE LAS CARACTERÍSTICAS DEL LENGUAJE HUMANO

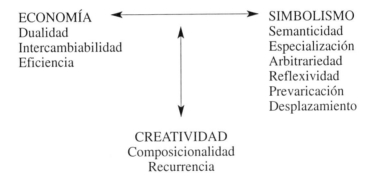

1. Indique qué propiedad del lenguaje humano predomina en cada uno de los fenómenos gramaticales que detallamos a continuación:

    a) La derivación morfológica (por ejemplo, de "donar" podemos obtener "donación").
    b) La existencia en muchas lenguas de pares de verbos como "ir/venir".
    c) El significado de una oración se deduce del significado de su sujeto y de su predicado.
    d) El uso de una lengua para redactar su gramática.
    e) Tener sed, entrar en un bar y emitir "una cerveza, por favor" para satisfacer la necesidad de beber.
    f) El uso de la ironía.
    g) La posibilidad ilimitada de expandir las oraciones mediante coordinación.

h) La hipérbole.
i) La metáfora.
j) Expresiones del tipo "es tonto con todas las letras", "Pedro, Juan y María salieron de la habitación en ese orden".

CLAVE 1. *a)* La derivación morfológica muestra claramente el carácter recurrente de las lenguas naturales. Se trata de obtener nuevas unidades léxicas a partir de otras unidades iniciales siguiendo un mismo patrón formal y semántico. Por ejemplo, de un verbo que denota una acción podemos derivar el sustantivo que denota el resultado de esa misma acción, utilizando el sufijo "ión":

elegir → elección; afligir → aflicción
remitir → remisión; admitir → admisión

b) La oposición entre verbos como "ir/venir" es de carácter claramente deíctico. El primer verbo indica un movimiento de alejamiento respecto del lugar donde está el que habla y el segundo, un movimiento de acercamiento respecto del lugar donde está el que habla (sólo puedo decir "Juan viene a España" si yo estoy en España, de lo contrario habría de proferir "Juan va a España").

Esto hace posible que "ir" o "venir" sirvan para denotar alejamiento o acercamiento a un número ilimitado de hablantes; es decir, las coordenadas que especifican tal alejamiento o acercamiento son infinitas. Esto posibilita que las situaciones concretas que puedan denotar estos verbos sean ilimitadas (o tan ilimitadas como los hablantes posibles de una lengua).

c) La propiedad a que se alude aquí es claramente la de la composicionalidad. El significado de una expresión compleja está en función del significado de sus partes constitutivas. La composicionalidad es creativa desde el momento que obliga a "casar" componentes de una expresión compleja que de otro modo no nos veríamos obligados a asociar de ninguna manera.

d) Si usamos la lengua española para escribir una gramática de la lengua española, es evidente que se hace patente la propiedad de la reflexividad, pues aquello a lo que hacemos referencia en ese trabajo es precisamente el mismo instrumento de trabajo: hacemos gramática española utilizando el español. Además, estamos ante un caso especial de reflexividad que se suele denominar *función metalingüística,* dado que construimos una lengua gramatical especial que podemos considerar como *metalengua* o lengua de segundo grado que estudia una lengua objeto o lengua de primer grado. Obsérvese que esa metalengua se va a reducir casi con toda seguridad a una mera extensión léxica de la lengua objeto (sin que se vea afectado entonces lo esencial de la sintaxis) ya que añadimos vocablos inventados por los gramáticos *(fonema, cenema, semantema)* o damos un nuevo significado a vocablos ya existentes *(generativo, transformativo, relatorio).*

e) En este caso, está claro que estamos ante la función de la especialización, ya que en sí mismo el mero acto de emitir una serie de sonidos no nos va a satisfacer una necesidad. Más bien se trata de las consecuencias que se pueden derivar de ese acto de emitir una expresión, ya que puede provocar en otros comportamientos cuyo resultado sea la satisfacción de la necesidad física del que emite esos sonidos.

f) La ironía es una figura retórica que manifiesta claramente la propiedad de la prevaricación. Podemos decir algo manifiestamente contrario a la realidad para que esa realidad quede aludida de un modo indirecto, pero claro, utilizando a la vez para ello el procedimiento de la oposición diametral. Por ejemplo, "es inteligentísimo", dicho de alguien cuyas pocas luces son más que evidentes.

g) Se trata esta vez de un caso muy claro de *recurrencia;* tal caso se suele denominar a veces *recursividad.* Un enunciado como el siguiente:

> Si tomo una oración y le añado otra oración precedida por la conjunción "y" obtengo una nueva oración.

caracterizará como oraciones infinitas secuencias, ya que podemos aplicar el enunciado a su propio resultado. Por ejemplo, supongamos que tenemos una oración simple O y formamos una nueva oración añadiendo otra oración simple O precedida de "y"; obtendríamos la secuencia "O y O" que, según el enunciado, será una oración. Por tanto, la secuencia "O y O" también podrá unirse a una nueva O precedida por una "y", con lo que se obtendría una nueva secuencia "O y O y O", que también es una oracion; y así sucesivamente. Observamos cómo se va repitiendo el mismo patrón de modo ilimitado y ésta precisamente es una de las manifestaciones más claras de la recurrencia en las lenguas naturales.

h) La hipérbole es una figura retórica que, como la ironía, manifiesta la función de la prevaricación. Decimos, en este caso también, algo manifiestamente falso por lo desmesurado.

i) La metáfora manifiesta la cualidad de la semanticidad, ya que se trata de "anestesiar" parte del contenido semántico denotativo o connotativo de un vocablo para poder aplicar ese vocablo a un objeto o entidad extraño a él y así resaltar unas determinadas cualidades del referente. Si utilizo "tus perlas" para referirme a los dientes de mi amada, elimino de "perlas" parte del contenido denotativo y me quedo con parte del connotativo: me quedo con la blancura de las perlas, su valor, su pureza y, quizás, con su forma y utilizo la palabra para resaltar esos aspectos del nuevo objeto denotado mediante ella. El resalte surge precisamente de la novedad que supone el desplazamiento denotativo; en este caso, de la palabra "perlas".

j) Las expresiones dadas muestran la capacidad reflexiva del lenguaje, que puede recurrir a aspectos de su propia configuración interna para denotar algo concreto. Por ejemplo, en "es tonto con todas las letras", se hace referencia a las letras de la palabra "tonto" como si cada una de ellas llevara una parte del significado de ese vocablo y, claro, al tener todas las letras de "tonto", la tontuna es completa y perfecta. En el otro caso, se utiliza el orden en que aparecen los tres nombres propios citados para denotar el orden real en el que salieron de la habitación los individuos correspondientes.

En los dos casos vemos que se aprovechan aspectos de la propia lengua como medios de expresión de ciertas realidades.

CUESTIONES PROPUESTAS

1. ¿Qué relación existe entre *eficiencia* y *desplazamiento*? Piense en el tiempo verbal. Como categoría deíctica contribuye grandemente a la eficiencia, pero también posibilita el desplazamiento.

   Tenga en cuenta, además, que las relaciones entre una y otra propiedad son subsidiarias de las que existen entre las dos propiedades superiores a las que pertenecen lógicamente: *economía* y *simbolismo*.

2. Sabemos que la relación entre la palabra "perro" y el animal correspondiente es arbitraria. Pero, ¿lo es también la relación que existe entre la expresión "perro" utilizada metalingüísticamente y la palabra "perro" del lenguaje objeto? Según sea la respuesta, ¿es necesariamente así?

3. ¿Qué tienen que ver las frases hechas o modismos con las propiedades de la *creatividad* y el *simbolismo*? ¿Qué propiedades del lenguaje humano hacen impensable el predominio de tales frases hechas o modismos?

4. ¿Puede ser recurrente el simbolismo? Es decir, ¿puede aparecer la propiedad simbólica en varios niveles de integración lingüística jerárquicamente dispuestos? Aporte algún ejemplo.

5. Dos gramáticos se dicen uno a otro: "yo tengo razón y tú estás equivocado" ¿Qué propiedad del lenguaje humano hace posible la utilización de exactamente la misma oración para hacer referencia a dos situaciones contradictorias? Razone la respuesta.

ORIENTACIÓN BIBLIOGRÁFICA

Vamos a dar algunas referencias en las que se analizan todas o algunas de las propiedades del lenguaje humano aquí explicadas.

AKMAJIAN, A. y otros: *Lingüística: Una introducción al lenguaje y la comunicación,* Madrid, Alianza, 1981.
   En el capítulo primero de este libro los autores establecen un contraste muy ilustrativo entre las propiedades de los lenguajes animales y de las lenguas humanas.

BENVENISTE, E.: "Comunicación animal y lenguaje humano" en E. Benveniste: *Problemas de lingüística general,* México, Siglo XXI, 1974 [1952], pp. 56-62.
   Es éste un breve esbozo, las características en las que se opone el lenguaje humano a los lenguajes animales.

CASSIRER, E.: *Filosofía de las Formas Simbólicas I. El Lenguaje,* México, Fondo de Cultura Económica, 1971 [1964].
   Es, sin duda, una obra emblemática en la que se investiga desde el punto de vista filosófico el carácter simbólico del lenguaje humano.

HOCKETT, CH. F.: "The problem of Universals in Language" en J. G. Greenberg 1965 [1961] pp. 1-30.
Es el artículo clásico sobre las características definitorias del lenguaje humano, en el que suelen basarse todas las discusiones modernas sobre la cuestión incluida la que presentamos en este libro. Es una aportación que todavía sigue siendo imprescindible.

KURYŁOWICZ, J. (1949): "La notion de l'isomorphisme" en J. Kuryłowicz, *Esquisses Linguistiques,* Wilhelm Fink, Múnich, 1973, pp. 16-26.
Éste es un importante artículo donde se pone de manifiesto la propiedad lingüística que hemos denominado aquí "recurrencia". El artículo de Kuryłowicz es un auténtico antecedente de las tipologías holísticas, que serán explicadas en el segundo tomo de la presente obra (capítulo 23).

MARTINET, A.: "La doble articulación del lenguaje" en A. Martinet, *La lingüística Sincrónica,* Madrid, Gredos, 1971 [1965], pp. 9-41.
Es un estudio clásico en el que se detalla la propiedad crucial de las lenguas humanas conocida por "doble articulación". A una sección general le sigue una explicación del concepto de articulación y un estudio sobre la relación entre arbitrariedad y doble articulación.

PARTEE, B. H.: "Compositionality" en F. Landmann, F. Veltmann (eds.), V*arieties of Formal Semantics,* Foris, Dordrecht, 1984 [1982], pp. 281-311.
La noción de composicionalidad es fundamental en la lingüística moderna, sobre todo en la semántica teórica de modelos, que explicaremos en el segundo tomo de esta obra (capítulos 2, 5, 6, 7 y 8). Aunque este artículo no es para principiantes, en él se establecen con claridad y precisión las aparentes limitaciones de este principio dentro de la construcción de una semántica para las lenguas naturales.

SKINNER, B. F.: "Comportamiento verbal", capítulo 6 de B. F. Skinner, *Sobre el conductismo,* Fontanella, Barcelona, 1977 [1974], pp. 87-97.
La característica que hemos denominado "especialización" es estudiada por Skinner desde un punto de vista conductista a través del concepto de "comportamiento operante". A nuestro juicio, es este autor quien ha sabido ver mejor cómo funciona esta propiedad del lenguaje humano y cómo surge. Dado que se trata de un capítulo de divulgación, los críticos de estas ideas harán bien en leer a fondo la siguiente cita para opinar con auténtico conocimiento de causa.

SKINNER, B. F.: *Conducta Verbal,* Trillas, México, 1981 [1957].
Es una de las obras capitales sobre el lenguaje humano que ha sido injustamente postergada y preterida; probablemente debido a la influencia negativa que tuvo la recensión de N. Chomsky de ella. Las propiedades de especialización, desplazamiento, prevaricación, reflexividad y arbitrariedad son aquí examinadas desde la perspectiva de una teoría conductista. A lo largo de las páginas de este denso y difícil libro vamos viendo cómo surgen esas propiedades de las lenguas sobre las bases de las pautas del comportamiento humano. No hay que olvidar que el lenguaje es comportamiento humano en su cien por cien.

URBAN, W. M.: *Lenguaje y Realidad. La Filosofía del Lenguaje y los Principios del Simbolismo,* México, Fondo de Cultura Económica, 1979 [1939].
Los filósofos se han preocupado por el lenguaje en su faceta simbólica y en este libro se ofrece un buen compendio de esas preocupaciones filosóficas. Además de una pormenorización filosófica de qué ha de entenderse por simbolismo lingüístico, en el libro se abordan cuestiones como la definición del simbolismo y del conocimiento simbólico en general, el simbolismo en el lenguaje literario, en el lenguaje científico, en el lenguaje religioso y en el lenguaje de la metafísica.

3

EL OBJETO DE INVESTIGACIÓN II
Tipo, lengua, norma y habla.
Competencia y actuación

1. Introducción

Establecimos en el capítulo anterior algunas de las propiedades esenciales del lenguaje humano. Está claro que toda teoría lingüística debe dar cuenta de ellas de modo adecuado.

Una cuestión esencial ahora es la de examinar cómo se manifiesta concretamente esa capacidad humana que denominamos lenguaje, ya que el objeto de investigación empírico de la lingüística no puede ser esa capacidad. La razon es que no podemos acceder directamente a ella, sino sólo a través de sus manifestaciones concretas. El japonés y el alemán son dos casos concretos de esa capacidad lingüística y a través de estos dos idiomas y de todos los demás existentes debemos aprender cosas sobre la capacidad humana que denominamos "lenguaje". Ahora bien, si examinamos las cosas más de cerca, observaremos que tampoco una lengua puede ser objeto directo de investigación empírica, ya que no podemos estudiarla de modo inmediato, sino a través de sus manifestaciones concretas en los individuos que las hablan. Estamos, pues, ahora ante el concepto de "habla japonesa" o "habla alemana": podemos estudiar las dos lenguas implicadas a través de sus manifestaciones en hablas particulares concretas que sí son susceptibles de investigación empírica directa. Hemos, pues, encontrado la base empírica que buscábamos. Ahora bien, si estudiamos un conjunto de hablas japonesas es para saber cómo es la lengua japonesa y si estudiamos varias lenguas diferentes es para saber cuáles son las características y los principios generales de las lenguas humanas. Precisamente, la *gramática* tiene como objeto una lengua y la *teoría general del lenguaje* tendrá como objeto todas las lenguas. Pero el fundamento empírico último de ambas disciplinas será el estudio de hablas particulares. Vale entonces hacer una distinción metodológica entre *lengua y habla* a la que añadiremos la distinción entre *norma y tipo*. El primer concepto ocupa un lugar intermedio entre *lengua* y *habla* y el segundo entre *lenguaje humano* y *lengua*.

2. Tipo, lengua, norma y habla

La distinción entre *lengua* y *habla* está bien delimitada en el Curso de F. de Saussure (de Saussure 1915), concretamente, en el capítulo cuarto. Allí se establece la necesidad de diferenciar entre la lengua como aquel conocimiento gramatical común que comparten los hablantes de determinada comunidad lingüística y la manera en que se manifiesta tal conocimiento en cada hablante particular, que es como ha de concebirse el habla. Está claro que es preciso abstraer de cada habla particular todo aquello que supone la impronta individual y quedarse sólo con aquellas características que comparten todos los hablantes de la misma comunidad y que hacen posible la inteligibilidad de las hablas particulares. De Saussure estableció que el objeto de la lingüística debía ser la lengua y no el habla. Más recientemente, Chomsky (Chomsky 1965: 5) hace hincapié en el concepto de *hablante-oyente ideal* que sería precisamente el hablante que obtenemos al realizar las abstracciones a que estamos haciendo referencia; es un hablante despersonalizado y, por tanto, desprovisto de cualquier peculiaridad o impronta individual. Su conocimiento gramatical será exactamente el que tienen en común todos los hablantes-oyentes de la comunidad lingüística que se estudie en cada caso.

El lingüista E. Coseriu ha completado esta dicotomía con dos términos más: el de *norma* y el de *tipo* (Coseriu 1965: 194-200; E. Coseriu 1952; E. Coseriu 1973: 316-327). La *norma* se sitúa entre el habla y la *lengua* (que corresponde a lo que Coseriu denomina *sistema*). Del conjunto de hablas individuales elegimos todo aquello en que coinciden esas hablas independientemente de si es esencial o no para definir la lengua que se investiga. Por ejemplo, en el caso del español y tomando un ejemplo de Coseriu, es la norma decir "oyente" y no "oidor" para referirse a aquellos que oyen la radio; pero esto no significa que la palabra "oidor" no se atenga al sistema de la lengua española. Cualquier descripción correcta de la misma debe caracterizar esta palabra como perfectamente posible cuyo uso se ve restringido por la norma. En el plano de la fonética, es la norma que el fonema /r/ se realice mediante un sonido alveolar y no mediante un sonido velar (como ocurre en francés); pero, dado que la oposición velar/alveolar en este caso no es relevante, nada esencial del sistema fonológico de la lengua española cambiaría si a partir de hoy ese fonema se realizase en su expresión fónica velar. De hecho, cualquier hablante puede hacerlo, aunque corre el riesgo de que tachen su habla de *anormal*.

Está claro que una misma lengua puede tener diversas normas (en diversos momentos de tiempo o en diversos ámbitos geográficos): el inglés americano, australiano y británico; el español de América, de Filipinas; el portugués de Portugal y de Brasil... En general, puede hablarse de cuatro tipos de variedades de una lengua:

(1)
Cuatro tipos de variedades de una lengua

   a) Variedades *diatópicas*. Se denominan comúnmente *dialectos*. Se trata de aquellas variedades de una lengua que se localizan en diferentes ámbitos geográficos. Por ejemplo, el español de Puerto Rico.
   b) Variedades *diastráticas*. A veces se denominan *jergas* o *sociolectos* y son diversas variedades de una lengua que se localizan en las hablas típicas de diferen-

tes ámbitos sociales, dentro de una misma comunidad lingüística. Por ejemplo, el habla de los soldados.
c) Variedades *diafásicas*. Se denominan a veces *registros* y son diversas variedades lingüísticas que se usan en distintas situaciones sociales. Por ejemplo, el habla culta frente a la coloquial.
d) Variedades *individuales*. Se denominan a veces *idiolectos* y son las hablas de individuos determinados con todas sus peculiaridades idiosincrásicas.

Claramente, las variedades diatópicas tienen que ver con diversas normas lingüísticas, y las diastráticas y diafásicas con hablas que se sitúan dentro de una misma norma, las variedades individuales o idiolectos son claramente hablas diversas. De todos modos, las variedades diastráticas ocupan un lugar intermedio entre la norma y las hablas pertenecientes a una norma, ya que determinadas jergas características de determinados colectivos pueden constituir una norma *sui géneris*. Sin embargo, las variedades diafásicas no suponen un cambio de norma, sino más bien diversas realizaciones de una misma norma. Es decir, cuando se habla en un registro coloquial no se utiliza una norma esencialmente diferente a la que se usa cuando se habla en un registro formal; las diferencias tendrán que ver con la elección de vocabulario y la simplicidad morfológica y sintáctica.

Por otra parte, el concepto de *tipo* supone una abstracción que se hace sobre la base de la comparación de diferentes sistemas lingüísticos o lenguas. Podemos extraer lo que es común a esos sistemas y definir una entidad teórica que se puede denominar *tipo* lingüístico. Podemos hablar, por ejemplo, de un tipo lingüístico indoeuropeo, frente a un tipo lingüístico túrquico. La caracterización de ambos tipos puede realizarse mediante una serie de propiedades distintivas de cada uno de los niveles de la lengua. Veamos un ejemplo de cada una de ellas a título puramente ilustrativo; a continuación de la enumeración de las características incluimos el nombre de algunas lenguas de ese tipo de cuya investigación se abstrae dicho tipo lingüístico:

(2)
Dos tipos lingüísticos

a) *Tipo lingüístico indoeuropeo:*
   1. Fonología: existencia de apofonía y metafonía.
   2. Morfología: carácter flexivo.
   3. Sintaxis: existencia de pronombres relativos.
Lenguas: ruso, latín, alemán...

b) *Tipo lingüístico túrquico:*
   1. Fonología: existencia de armonía vocálica.
   2. Morfología: carácter aglutinante.
   3. Sintaxis: ausencia de pronombres relativos.
Lenguas: turco, azerí, uzbeco...

De un modo análogo a como las lenguas se pueden realizar en diversas normas, un mismo *tipo* puede realizarse en diferentes lenguas. Por ejemplo, dentro del tipo *indoeuropeo* existen subtipos como el germánico, el céltico, el románico... y cada subtipo se puede realizar en diferentes sistemas lingüísticos. Por ejemplo, dentro del subtipo románico, tenemos diferentes lenguas, tales como el francés, el italiano, el portugués y otras. A su vez, cada uno de éstos conoce diversas normas.

Podemos, entonces, a partir de los datos que observamos empíricamente, que son de habla, ir ascendiendo por abstracción hasta llegar a la caracterización general del lenguaje humano. Este proceso está simbolizado y simplificado en el siguiente esquema:

(3)
Proceso de abstracción en la investigación lingüística:

Paso 1.º: Estudio de diversos *idiolectos* muy similares entre sí. Ejemplo: estudio de las hablas individuales de varios habitantes de Sevilla.

Paso 2.º: A partir de los rasgos comunes a una serie de idiolectos que comparten muchos rasgos lingüísticos, extraemos el concepto de *sociolecto*. Un sociolecto caracteriza una serie de idiolectos que se localizan en el mismo lugar y que comparten una serie de características lingüísticas. Ejemplo: establecimiento del sociolecto sevillano, a partir de la observación de los rasgos comunes a los idiolectos sevillanos estudiados.

Paso 3.º: A partir del estudio de los rasgos comunes a una serie de sociolectos que comparten muchas características significativas, llegamos al concepto de *dialecto*. El dialecto incluye una serie de sociolectos que se hablan en lugares incluidos en un mismo ámbito geográfico y que comparten una serie de características lingüísticas. Ejemplo: a partir del estudio de los sociolectos de diversas localidades de Andalucía, podríamos llegar a postular un dialecto andaluz.

Paso 4.º: A partir del estudio de varios dialectos que comparten muchas características, llegamos a establecer una *lengua*. La lengua incluye, pues, una serie de dialectos que se hablan en diferentes ámbitos geográficos y que tienen muchas características lingüísticas significativas en común. Cada dialecto supone una *norma* diferente de esa lengua. Una de esas normas se elabora y legisla y entonces es adoptada como "oficial" o "estándar". Ejemplo: a partir del estudio de los diversos dialectos próximos entre sí lingüísticamente hablando, que se hablan en España y en otros países, llegamos al concepto de lengua española.

Paso 5.º: A partir del estudio de varias lenguas muy próximas entre sí desde el punto de vista lingüístico, llegamos al concepto de *subtipo*. Un subtipo presenta lo que hay de común entre varias lenguas, normalmente relacionadas genéticamente entre sí. A partir del estudio de varias lenguas próximas a la española tales como el italiano o portugués, llegamos al subtipo romance.

Paso 6.º: A partir del estudio de varios subtipos que tienen una serie de rasgos comunes entre sí, llegamos al concepto de *tipo lingüístico*. El tipo incluye lo común a una serie de subtipos muy próximos entre sí. Ejemplo: confrontando el subtipo de lenguas romances con el de lenguas germánicas y eslavas, llegamos al concepto de tipo lingüístico indoeuropeo.

Paso 7.º: A partir del estudio de varios tipos lingüísticos llegamos al establecimiento de las características comunes, que serán las propiedades generales a todos los tipos y, por ende, a todas las lenguas humanas. Llegamos, pues, a una caracterización universal del lenguaje humano.

Obtenemos, en consecuencia, el siguiente esquema:

(4)
Esquema de los procesos de abstracción

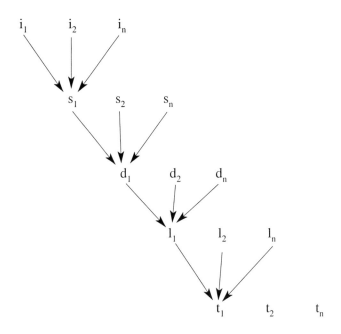

donde i = idiolecto
\ \ \ \ \ \ \ s = sociolecto
\ \ \ \ \ \ \ d = dialecto
\ \ \ \ \ \ \ l = lengua
\ \ \ \ \ \ \ t = tipo

Obsérvese que, en estas definiciones, estamos dando por supuesta una serie de principios nada fáciles de definir con exactitud y en los que son también relevantes criterios no estrictamente gramaticales (políticos, ideológicos, culturales, etc.). Hemos hablado en todas las ocasiones de que dos hablas, normas, lenguas o tipos comparten muchas características lingüísticas; sin embargo, este criterio es muy vago e indeterminado. Puede hacerse actuar con fiabilidad si introducimos siempre un *tertium comparationis*. Por ejemplo, comparemos el español con el portugués para ver si ambas lenguas pertenecen o no al mismo subtipo. Para ello es bueno introducir una tercera lengua, como el neerlandés.

Observaremos entonces con claridad que el español y el portugués comparten claramente muchas más características lingüísticas uno con otro que con el neerlandés. Tal recuento de características comunes puede realizarse en niveles tales como el léxico, el sintáctico y el morfonológico. En el nivel léxico, podemos realizar una comparación ilustrativa como la que sigue:

(5)
Comparación del léxico de tres lenguas

ESPAÑOL	PORTUGUÉS	NEERLANDÉS
pie	pé	voet
carne	carne	vlees
hombro	ombro	schouder
hablar	falar	spreken
comer	comer	eten
beber	beber	drinken

Desde el punto de vista sintáctico, tanto el orden de las palabras en la oración, como la disposición de los sintagmas, o la posición de la negación son muy similares en español y portugués y muy diferentes en neerlandés. En el nivel morfonológico el neerlandés conoce la apofonía (alternancia de distintas vocales en el tema verbal según los tiempos) con un valor morfológicamente distintivo. Por ejemplo:

(6)
Apofonía en neerlandés

bevElen 'mandar' / bevAl 'mandaba' / bevOlen 'mandado'
slApen 'dormir' / slIEp 'dormía' / geslApen 'dormido'

(en mayúscula se nota la vocal que va cambiando por apofonía según el tiempo verbal).
No se da este uso de la apofonía ni en español ni en portugués.

A la vista de la comparación léxica, sintáctica y morfonológica podemos concluir claramente que el español y el portugués deben agruparse en un mismo subtipo frente al neerlandés. Esta afinidad se traduce externamente en la propiedad de la inteligibilidad. Si nos proporcionan un texto en portugués y otro en neerlandés y desconocemos ambas lenguas, será mucho más inteligible el texto portugués que el neerlandés.

3. Gramática universal. Lengua exterior y lengua interior. Competencia y actuación

El lingüista N. Chomsky (Chomsky 1965) introdujo la dicotomía *competencia actuación* para explicar el proceso abstractivo que debe ponerse en práctica para caracterizar el objeto de la ciencia gramatical. Ese conocimiento que todos los hablantes de una comunidad lingüística poseen, y que les permite actuar lingüísticamente en esa comunidad, es lo que se puede denominar *competencia*. La *actuación* es la realización efectiva de dicho conocimiento. En dicha realización, la *competencia* gramatical no es más que uno de los factores que interactúan para obtener unos resultados que no tienen por qué reflejar fielmente esa *competencia*. Un hablante competente de una comunidad lingüística puede llegar a emitir expresiones no conformes con su competencia por limitaciones de memoria, distracciones o intervención de elementos extraños a esa competencia (condicionamientos psíquicos y sociales). Esto hace que la actuación lingüística refleje esa competencia de modo imperfecto, distorsionado y viciado, por lo que hay que desechar todo aquello que sea causado por esos factores extragramaticales. Ocurre igual con toda habilidad, tal como el saber multiplicar mentalmente: el hecho de que una persona no pueda calcular mentalmente el resultado de multiplicar 13.678 por 7.890 no significa necesariamente que esa persona no sepa multiplicar, sino simplemente que hay unos condicionantes que tienen que ver con la capacidad de memoria y procesamiento psíquico que le impiden poner en práctica su competencia aritmética.

Últimamente, N. Chomsky (Chomsky 1986: capítulo 2) ha introducido la dicotomía entre *lengua exterior* y *lengua interior*. La *lengua exterior* es la lengua entendida independientemente del conocimiento de ella que puedan tener los hablantes. Es, pues, un fenómeno objetivo y susceptible de investigación empírica que se define, siguiendo a Bloomfield, como el conjunto de expresiones que se dan en una comunidad lingüística. A este concepto de *lengua exterior* corresponde un concepto empirista de *gramática universal*: ésta sería algo así como el conjunto de propiedades comunes a todas las lenguas humanas tal como aparecen inmediatamente ante el investigador; surge, por tanto, de la observación empírica.

Frente a este enfoque empiricista de la cuestión, N. Chomsky propone un modo de ver las cosas determinado por el concepto de *lengua interior*. Un hablante competente de una comunidad lingüística posee un conocimiento de su lengua localizado en su mente. Ahora la gramática será la descripción de ese conocimiento mental del hablante que le pone en disposición de actuar eficientemente en los intercambios lingüísticos de la comunidad. La gramática universal, contendrá en esta ocasión los principios que hacen posible esa competencia y que, por tanto, nos ofrecen una identificación precisa del conjunto de lenguas interiores posibles. Precisamente, el estar provisto de estos principios de la gramática universal es lo que permite al niño adquirir la competencia que corresponda a la lengua o lenguas que se hablen en el entorno en que se desarrolla mentalmente.

Hemos visto, pues, dos conceptos diferentes de *lengua* y de *gramática*. En uno se atiende a los aspectos exteriores, empíricamente comprobables de la lengua; en el otro, se atiende a los aspectos mentales, cognitivos de la misma.

1. Determine si los siguientes fenómenos son de tipo, lengua, norma o habla:

    a) Los franceses a veces pronuncian las erres españolas como guturales.
    b) Pedro utiliza demasiado la expresión "y tal".
    c) Las lenguas incorporantes se caracterizan porque en ellas los objetos (y algunos tipos de sujetos) pueden aparecer como morfemas verbales.
    d) Juan llama "pezones" a los peces grandes.
    e) El vocablo "desapercibido" indica usualmente "inadvertido". Los puristas, sin embargo, prefieren usarlo con su significado original de "desprovisto de lo necesario".

2. Determine si en las siguientes actuaciones lingüísticas intervienen factores que tienen que ver sólo con la competencia o si intervienen otros factores extragramaticales y qué factores son ésos:

    a) Pedro rechaza la oración "Juan llegaron tarde".
    b) Pedro rechaza la expresión "¡Me cago en la puta!".

c) Pedro no entiende ese verso de César Vallejo.
d) Juan es incapaz de decir "buenos días" al revés.

CLAVE 1. El fenómeno de a) es claramente de norma, ya que, en estos casos, los franceses utilizan su norma de pronunciar las erres guturales y no la norma española. No es de habla, ya que no está circunscrito, tal como se describe, a la idiosincrasia de un determinado hablante.

El fenómeno b) es un claro hecho de habla, ya que nos describe lo que los lingüistas suelen llamar idiolecto: la forma particular de hablar de una persona determinada.

El fenómeno c) es tiene que ver con el concepto de tipo lingüístico, ya que se trata de un rasgo que comparten algunas lenguas.

El fenómeno d) es claramente de habla, pues supone la utilización de una palabra por parte de un hablante en un sentido que ese hablante ha estipulado particularmente.

El fenómeno e) es un caso claro de dos normas diferentes: la popular y la culta.

2. Es instructivo comparar los casos a) y b). En la primera situación, Pedro rechaza la expresión, no porque no pueda interpretarla, sino más bien porque incumple una regla gramatical de concordancia. Por tanto, es la competencia gramatical de Pedro lo determinante aquí. En el segundo caso, el rechazo a la expresión se debe a factores de carácter social y no gramatical. La expresión no incumple principio gramatical alguno, pero tiene unas connotaciones vulgares que son las que inducen el rechazo. En c) estamos ante un caso en el que los conocimientos gramaticales o competencia gramatical no bastan. Es necesario conocer la obra de César Vallejo, su trayectoria poética, el contexto cultural en el que crea sus poemas, la tradición que asume, etc. Estos conocimientos no son gramaticales y han de adquirirse conscientemente y son los que pueden determinar la falta de entendimiento a que se alude. En d) la incapacidad de Juan no es tal; si a Juan se le presenta la expresión escrita "said soneub", puede leerla sin muchos problemas: luego ¡Juan sí es capaz de decir "buenos días" al revés! De lo que no es capaz es de realizar mentalmente, sin ayuda exterior, la operación de reversión. Y esto se debe a una serie de condicionantes extragramaticales que intervienen en la producción del habla: por ejemplo, se podría decir de modo muy tentativo que somos capaces de emitir vocalmente y procesar con mayor eficiencia aquellas unidades complejas dotadas de sentido.

CUESTIONES PROPUESTAS

1. Si hago un estudio sobre la "lengua" de Cervantes, ¿qué es lo que estoy estudiando?

2. Relacione los conceptos de *corrección* y *aceptabilidad* con los de *norma* y *habla*.

3. ¿Implica la lengua el habla o es el habla la que implica la lengua? Razone la respuesta.

4. ¿Qué relación hay entre *tipo lingüístico* y lenguaje humano?

5. ¿Cómo caracterizar cognitivamente la lengua interior? ¿Como un saber-qué o como un saber-cómo?

6. ¿Se puede considerar que la competencia de un hablante es mejor que la de otro

o sólo puede decirse esto respecto de la actuación?

7. ¿Qué relación puede existir entre *gramática universal* y *tipo lingüístico*?

8. La capacidad de emitir las expresiones adecuadas en los momentos oportunos, ¿es de la competencia gramatical o no?

9. Cuando se dispone de dos competencias gramaticales, ¿puede una influir en la puesta en práctica de la otra?

ORIENTACIÓN BIBLIOGRÁFICA

CHOMSKY, N.: *Conocimiento del Lenguaje,* Madrid, Alianza, 1989 [1986].
Los capítulos 1 y 2 de este libro son especialmente relevantes para la segunda parte del presente capítulo, ya que en ellos se explican con profundidad los conceptos de *lengua exterior* e *interior,* así como de *gramática universal.*

CHOMSKY, N.: El *lenguaje y los problemas del conocimiento,* Madrid, Visor, 1989 [1988].
Se trata de una obra de divulgación mucho más sencilla que la precedente y que además de incluir consideraciones teóricas sobre los conceptos que hemos esbozado, contiene las respuestas de Chomsky a una serie de preguntas. Tales respuestas resultan iluminadoras respecto de la posición de este lingüista en relación con cuestiones atingentes a los problemas a que hemos aludido en este capítulo.

COSERIU, E.: "Sistema, norma y tipo", capítulo 12 de E. Coseriu 1973, pp. 316-327.
Exposición breve y transparente de los tres conceptos enunciados en el título del capítulo.

COSERIU, E. (1973): "Sistema, Norma y Habla" en E. Coseriu 1973, pp. 11-113.
Artículo fundamental en el que se examinan detenidamente los conceptos de sistema, norma y habla. Puede leerse después del anterior.

HIERRO S. PESCADOR, J.: *La teoría de las ideas innatas en Chomsky,* Barcelona, Labor, 1976.
Interesante libro en el que se pasa revista a algunas de las principales cuestiones filosóficas que se derivan del concepto de competencia lingüística y de gramática universal.

HJELMSLEV, L.: "Lengua y habla" en L. Hjelmslev 1974 [1943], pp. 90-106.
Se trata de un breve artículo donde se define con claridad la diferencia entre sistema, norma y habla.

4

ADECUACIÓN, EXPLICACIÓN Y ARGUMENTACIÓN EN GRAMÁTICA

1. Gramática como teoría de una lengua

Vamos a delimitar las tareas de la gramática. Para ello, debe quedar claro en primer lugar qué tipo de relación hay entre *teoría lingüística, teoría general de la gramática y gramática.* Algo que debemos tener en cuenta es que si una teoría lingüística tiene como objeto el lenguaje humano, una gramática tiene como objeto una manifestación particular de ese fenómeno, es decir, una lengua determinada. Pero hay que ser conscientes de que toda descripción gramatical de una lengua que realicemos presupone una teoría determinada del lenguaje humano, es decir, una teoría lingüística. No es posible hacer descripciones gramaticales neutrales, que no supongan teoría lingüística alguna. Esto significa que tenemos que ser conscientes de qué conceptos de teoría lingüística estamos dando por sentados para que podamos controlar la índole teórica de nuestra gramática. Uno de los méritos indiscutibles de la Gramática Generativa ha sido el de hacer consciente a la comunidad de lingüistas de esta conexión entre teoría lingüística y gramática.

Pongamos un ejemplo sencillo. Si hacemos una descripción gramatical de una lengua basándonos en criterios exclusivamente semánticos o nocionales e identificamos como sustantivos aquellas unidades que denoten entidades y como verbos aquellas que denoten acciones, o como adjetivos aquellas que denoten propiedades de entidades, estamos presuponiendo que la forma lingüística gramatical en las lenguas humanas refleja directamente el significado de las mismas, de modo que éste es el determinante directo de esa forma. Esta suposición pertenece a una teoría lingüística que vendría a mantener que el lenguaje humano, en parte o en todo, es semánticamente transparente. Es fácil demostrar que esto no es exactamente así. Hay sustantivos que denotan acciones (*venta, patada*), verbos que denotan estados (*tener, doler*) o propiedades (*escasear*) y adjetivos que denotan modalidades (*posible, probable, necesario*). Esta teoría lingüística está equivocada y, por tanto, las gramáticas de lenguas concretas que estén basadas en tal teoría nunca podrán ser correctas independientemente de la maestría, sagacidad o perspicacia del gramático que las proponga. No es un problema del gramático, el problema es que la teoría con la que trabaja está equivocada. De ahí la gran importancia que tiene el ser conscientes de los supuestos teóricos desde los que investiga el gramático.

Otro ejemplo puede surgir si consideramos la idea de que las lenguas humanas se identifican con un conjunto (observado y verificado) de expresiones concretas, que tuvo algún predicamento durante la etapa del estructuralismo estadounidense más radical. Si construimos la gramática de una lengua sobre tal supuesto, nunca obtendremos una teoría satisfactoria de esa lengua, por mucho ingenio y trabajo que se haya empleado en perfeccionarla y mejorarla. Lo que falla de nuevo, en este caso, es un presupuesto de la teoría lingüística, que es incorrecto.

Todo ello nos indica la gran importancia que tiene el conocer los principios lingüísticos teóricos sobre los que se basan las descripciones gramaticales y nos justifica la necesidad de estudiar las relaciones entre la teoría lingüística y la gramática entendida como descripción correcta de una lengua (o en términos generativistas, de la competencia lingüística o de la lengua interior, en una formulación más reciente).

Cuando hablamos de *teoría general de la gramática,* que es una denominación más exacta y, por tanto preferible, a la más corriente de *gramática general*, estamos hablando de todos aquellos principios teóricos que deben guiar la construcción de una gramática de una lengua determinada. Vamos a centrarnos en lo que sigue en tres aspectos que creemos importantes en una teoría general de la gramática:

(1)
Tres aspectos de la teoría general de la gramática

a) Los datos empíricos con cuya ayuda construimos una gramática. La cuestión de la gramaticalidad.
b) Adecuaciones de una gramática: observacional, descriptiva y explicativa.
c) Construcción y desarrollo de una gramática: la argumentación en gramática.

2. Los datos empíricos

Para construir una gramática necesitamos establecer sobre qué tipo de datos vamos a trabajar. Normalmente nos encontraremos con dos tipos: externos e internos. Los primeros son independientes del investigador, que éste toma de la realidad objetiva, y los segundos son las representaciones intuitivas del investigador mismo, que tienen gran uso si la lengua que pretende estudiar es la suya propia o una lengua que conoce bien. Los datos externos pueden ser teóricos o empíricos. Al primer tipo pertenecen todas aquellas descripciones de la lengua ya existentes, que contienen asunciones teóricas y son trabajos monográficos, artículos o gramáticas sobre esa lengua. Al segundo tipo pertenecen aquellos datos que provienen de lo observado directamente en la comunidad lingüística, así como de los juicios emitidos por parte de los hablantes que pertenecen a ella. Nótese que, si disponemos de una gramática de esa lengua, en ella podemos encontrar datos teóricos cuando el autor de la misma proponga una serie de conceptos gramaticales para describir la lengua en cuestión y también datos empíricos recogidos por el autor.

Sin embargo, como sabemos que de lo que se trata es de que nuestra gramática dé cuenta o haga explícita esa lengua interior o competencia que comparten todos los hablantes, no basta ni mucho menos con recoger y clasificar las expresiones efectivamente registradas como datos. Este trabajo sería incompleto en dos sentidos: el conocimiento lingüístico que intentamos caracterizar permite la creación de expresiones que no han aparecido en el *corpus* de datos recogido, por muy grande que sea éste. En segundo lugar, las expresiones efectivamente verificadas no reflejan transparentemente ese conocimiento que se intenta describir, ya que en la realización de las mismas intervienen una serie de factores extralingüísticos que distorsionan los resultados de la puesta en práctica de dicho conocimiento. Siguiendo a J. Lyons (1977) debemos recurrir a tres operaciones de abstracción respecto de los datos empíricos inmediatos: hay que regularizarlos, estandarizarlos y descontextualizarlos. En el primer caso, eliminamos todo aquello que provenga de alguna causa extralingüística y que distorsione la actuación lingüística (dudas, indecisiones, pausas, cambios de intención repentinos etcétera). En el segundo caso, debemos discriminar aquello que supone variación diatópica o geográfica, diastrática o social y diafásica o de –estilos de habla (véase el capítulo 3)–, para obtener unos datos que se acerquen a lo que se considera lengua estándar, es decir, una lengua "neutra" que no está marcada para estas variedades que señalamos. En el tercer caso, eliminamos todo aquello que esté determinado por el contexto de uso en el que tuvo lugar la actuación lingüística, para quedarnos con una expresión neutra respecto de él.

Pero, además, necesitamos recurrir a una serie de conceptos teóricos con cuya ayuda poder caracterizar la competencia o lengua interior. Por ejemplo, conceptos teóricos como "oración", "palabra", "sintagma" o "fonema" pueden sernos de mucha utilidad por más que ni siquiera seamos capaces de dar una definición exacta de los mismos enteramente satisfactoria, ya que poseen un valor intuitivo y operativo indudable.

3. La gramaticalidad

Podemos enunciar el objetivo de una gramática de esto modo: lograr la caracterización de todas las oraciones gramaticales de una lengua. El concepto de gramaticalidad ha sido y es muy debatido en la lingüística actual, sin embargo, es uno de los goznes esenciales sobre los que gira la investigación gramatical en nuestros días. Su importancia se ve con claridad si tenemos en cuenta que una forma de examinar críticamente una gramática es la de comprobar si todas las expresiones que son caracterizadas por esa gramática son o no gramaticales. Pero, ¿cómo determinar si una expresión es gramatical o no? ¿Cómo definir la gramaticalidad?

Es importante darse cuenta de que la gramaticalidad es un concepto teórico y, por tanto, un concepto que está ligado a una construcción teórica determinada, es decir, a una gramática. Gramatical será todo aquello que es caracterizado como tal por una gramática. Por tanto, una expresión no es gramatical en sí misma, sino respecto de una gramática determinada. De este modo, una oración como "el niño asusta a la oscuridad" es caracterizada como gramatical si utilizamos la gramática propuesta por N. Chomsky en *Estructuras Sintácticas* (Chomsky 1957), pero es agramatical si partimos de la gramática propuesta por este mismo autor en *Aspectos de la Teoría de la Sintaxis* (Chomsky 1965).

Una forma de decidir con qué gramaticalidad hemos de quedarnos depende, por un lado, de la propia gramática: la gramática que mejor describa los fenómenos lingüísticos, será aquella a la que nos remitiremos para utilizar una u otra especificación de gramaticalidad. Pero, por otro lado, podemos también corroborar la gramaticalidad de una forma más empírica. En este caso, podemos recurrir a los juicios de gramaticalidad que hacen los hablantes. Sobre estos juicios podemos basarnos para confirmar que un determinado concepto teórico de gramaticalidad es el correcto, pero en modo alguno determinan dichos juicios la gramaticalidad, en cuanto tal, de modo directo. Y esto porque, los juicios que hacen los hablantes son el resultado no sólo de su competencia lingüística, sino también de otro tipo de habilidades de carácter extralingüístico. Estadísticamente, podríamos decir que si el cien por cien de los hablantes de una comunidad lingüística, rechaza determinada secuencia, es casi seguro que una gramática adecuada debe caracterizarla como agramatical. Sin embargo, esto sólo se da en casos obvios que suelen tener poco interés teórico. Los casos interesantes como "el niño asusta a la oscuridad" probablemente presenten una variación mucho mayor. Muchos hablantes pueden tener en cuenta para determinar la gramaticalidad cosas como: fácil interpretación, adecuación a una determinada norma (literaria, social, cultural, lógica), transparencia semántica, frecuencia de aparición etc. Ninguno de estos factores son propiamente característicos de lo que hemos denominado lengua interior o competencia lingüística, sino que responden a condicionantes externos de esa lengua interior. De hecho, determinan lo que puede denominarse *aceptabilidad* lingüística, que en modo alguno puede identificarse con la gramaticalidad. Una oración agramatical puede ser aceptada por muchos hablantes. Piénsese, por ejemplo, en expresiones como "es mucha la gente que hablan mal" o "se vende pisos" o "el que lo hago soy yo", "me se cayó el niño".

Sólo los hablantes muy conscientes de los hechos lingüísticos (es decir, normalmente los gramáticos) pueden intentar anular o contrarrestar estos factores.

Por otro lado, es frecuente oír hablar de grados de gramaticalidad para hacer referencia a ciertos casos límite de gramaticalidad que pueden ser teóricamente pertinentes. Esto implica que dos expresiones pueden poseer la propiedad de la gramaticalidad en mayor o menor grado. ¿De qué depende el grado de gramaticalidad? Chomsky propuso hace ya tiempo una serie de ideas teóricas sobre los grados de gramaticalidad (Chomsky 1961); nos inspiramos en este artículo en lo que sigue.

Hemos dicho antes que el concepto de gramaticalidad es un puramente teórico. Esto significa que los grados de gramaticalidad serán determinados por una gramática. Supongamos que construimos una gramática que tiene un número determinado de niveles de representación –pongamos cuatro– en cada uno de los cuales caracterizamos como gramaticales una serie de secuencias mediante una serie de enunciados específicos de cada uno de ellos. Las diferencias entre los niveles de representación están en que cada nivel sucesivo consta de enunciados de condiciones cada vez más restrictivas, precisas y afinadas, que constituyen gramáticas sucesivamente mejoradas. De modo que para cada expresión obtendremos cuatro representaciones diferentes, cada una de las cuales es más precisa que la anterior. Supongamos, por ejemplo, que en el primer nivel de representación, caracterizamos como gramatical cualquier secuencia de elementos léxicos del español; en el segundo nivel, admitimos como gramaticales aquellas secuencias que consten de un nombre propio seguido de un verbo, la preposición "a" y otro nombre propio; en el nivel tercero, serán gramaticales las secuencias constituidas por un nombre propio seguido de un verbo transitivo, la preposición "a" y otro nombre propio; por último, en el nivel cuarto, será gramatical una secuencia constituida por un nombre propio, un verbo transitivo de percepción más la preposición "a" seguida de otro nombre propio. Esquemáticamente, podemos proponer el cuadro siguiente:

NIVEL	SECUENCIA			
1	EL_1	EL_2	EL_3	EL_4
2	NP	V	a	NP
3	NP	VT	a	NP
4	NPH	VTP	a	NP

donde: EL   = Elemento Léxico
          NP   = Nombre Propio
        NPH = Nombre Propio Humano
           V   = Verbo
         VT   = Verbo Transitivo
       VTP = Verbo Transitivo de Percepción

Esta minúscula gramática, propuesta sólo para fines de ilustración pedagógica, nos asigna tantos grados de gramaticalidad como niveles contiene. Es decir, nos da cuatro niveles de gramaticalidad.

Consideremos las siguientes expresiones:

(2)
Castellano

a) Pedro ve a Juan
b) Pedro encuaderna a Juan
c) Pedro camina a Juan
d) Pedro lápiz dentro compromete

Es fácil ver que cada una de estas expresiones posee un grado de gramaticalidad determinado por el nivel de la gramática propuesta en el que es excluida. Por ejemplo, la expresión (2a) es gramatical en el nivel 4 y, por tanto, en todos los niveles anteriores, pues está constituida por un nombre propio (Pedro) seguido de un verbo transitivo de percepción (ve), de la preposición "a" y de otro nombre propio (Juan). La expresión (2b) es gramatical en los tres primeros niveles, pero no en el cuarto, ya que "encuadernar" es un verbo transitivo pero no de percepción. Por tanto, tendrá un grado 3 de gramaticalidad. En tercer lugar, la expresión (2c) es sólo gramatical en los niveles 1 y 2, ya que en el tercero se exige un verbo transitivo y "caminar" no lo es; tiene, pues, una gramaticalidad 2. Por último, la expresión (2d) sólo es gramatical en el nivel 1, ya que no cumple ninguno de los requisitos de los demás niveles.

Podemos decir, por consiguiente, que en una gramática de *n* niveles como la propuesta, las expresiones gramaticales son las que son caracterizadas como tales en todos los niveles, es decir, son gramaticales en el nivel *n*- y las agramaticales son aquellas que sólo son gramaticales en el primer nivel –es decir, son gramaticales en el nivel 1–. Como se ve, el nivel primero caracteriza únicamente el conjunto de secuencias que están constituidas por elementos léxicos de la lengua española sin ningún tipo de restricción ulterior.

Lo presentado es simplemente un ejemplo, y, para caracterizar la gramaticalidad en español de una manera conveniente, habría que proponer un buen número de cosas más; pero la filosofía de la empresa seguiría siendo la misma que se desprende del ejemplo elemental propuesto.

Se podría incluso replantear a la vista de esto la relación entre el concepto de gramaticalidad y su comprobación empírica mediante los juicios de gramaticalidad de los hablantes. Parece claro que cuantos más niveles de caracterización exhaustiva de las expresiones gramaticales tenga una gramática, más sutiles, precisos y complejos se harán los criterios de gramaticalidad –obsérvese si no la diferencia de precisión entre hablar de *verbo transitivo* y *verbo transitivo de percepción*–; y precisamente cuanto más sutiles sean estos criterios más problemático será confiar en los juicios de gramaticalidad emitidos por los hablantes. Si seguimos el sencillísimo ejemplo anterior, podremos comprobar en seguida que cualquier hablante del español estará de acuerdo en calificar la expresión "Pedro camina a Juan", donde "a" es el signo de objeto directo y no una preposición de lugar a donde, como agramatical. Sin embargo la expresión "Pedro encuaderna a Juan" tendrá una variabilidad mucho mayor en cuanto a los juicios, ya que los hablantes pueden intentar descubrir algún tipo de matiz semántico en "encuadernar" que haga interpretable la oración (por ejemplo, hablamos de dos autores llamados Juan y Pablo y decimos que el encuadernador Pedro sólo encuaderna los libros escritos por Juan y no los escritos por Pablo). Si seguimos afinando los niveles de análisis, nos encontraremos con problemas aún más difíciles de contrastar empíricamente. ¿Significa esto que cuanto más precisa sea la gramática será más difícil de justificar empíricamente de modo más o menos directo? En absoluto, si las abstracciones y principios que llevan a esa precisión son los correctos, estaremos cada vez más cerca de esa *lengua interior* o *competencia lingüística* que intentamos caracterizar; con ello, estamos circunscribiéndonos únicamente a esa capacidad lingüística eliminando todo aquello que no pertenece a la misma. Ahora bien, como ya hemos dicho antes que la competencia lingüística o lengua interior no es lo único que determina la actuación lingüística o lengua exterior, no debe extrañarnos que las verificaciones empíricas directas sean difíciles en estos casos. Aunque parezca paradójico, esta dificultad de confirmación empírica directa nos muestra, en ciertas circunstancias, la corrección de nuestra estrategia.

Téngase en cuenta que, por ejemplo, cuando un estudiante resuelve un determinado problema de física, habrá de eliminar, según los casos, un cúmulo de factores que en la realidad que le circunda están necesariamente presentes: la irregularidad de los cuerpos, la curvatura de la tierra, la resistencia del aire, la impureza de los elementos implicados, etc.

4. Las adecuaciones de la gramática

Una de las tareas básicas de toda teoría gramatical es la de clarificar las relaciones que han de existir entre ese *corpus* de conceptos teóricos que se propone y que se denomina *gramática* y el objeto del que se intenta dar cuenta: esa lengua interior o competencia lingüística. Existen tres formas en las que tradicionalmente se conceptúan estas relaciones: *observación, descripción* y *explicación*. Las gramáticas han de ser, pues, observacionalmente adecuadas, descriptivamente adecuadas y explicativamente adecuadas. Son tres objetivos que todo gramático debe proponerse y que podrá alcanzar en mayor o menor medida.

Decimos que una gramática es *observacionalmente adecuada* si caracteriza de forma exacta y veraz los datos lingüísticos. Supongamos que construimos nuestra gramática mediante una serie de listas de tipos de oraciones en que vamos agrupando las expresiones que vamos registrando en una comunidad lingüística determinada. Supongamos que establecemos, entre otros, los siguientes tipos:

(3)
Tipo 1: Expresiones que constan de:
el + Nms + Vs + la + Nfs
Tipo 2: Expresiones que constan de:
las + Nfp + Vp + los + Nmp
Tipo 3: Expresiones que constan de:
la + Nfs + Vs + el + Nms
Tipo 4: Expresiones que constan de:
él + Vs + a + NP
Tipo 5: Expresiones que constan de:
NP + y + NP + Vp + las + Nfp

Donde: "Nms" significa "nombre masculino singular"; "Nfs", "nombre femenino singular"; "Nfp", "nombre femenino plural" y "Vs/p", "verbo en singular o plural".

Como es lógico, para que esta gramática sea completa hace falta introducir un número mucho mayor de tipos de oración; pero basten éstos para la ilustración pedagógica que intentamos realizar. Esta gramática será observacionalmente adecuada en la medida en que no contenga tipos como éste: "el + Nfp + Vs + las + Nms", que no corresponde a ninguna expresión gramatical de la lengua. Obtenemos, pues, una gramática completa y *observacionalmente* adecuada.

La *adecuación descriptiva* se alcanza de un modo mucho más complejo, ya que lo que ahora se exige es que los instrumentos teóricos de la gramática nos permitan enunciar de modo correcto *todas las generalizaciones lingüísticamente significativas* que sobrepasan el mero registro de los datos verificados. Más aún, ese "corpus" de instrumentos teóricos o conceptuales debe tener carácter predictivo: debe ser capaz de especificarnos para una expresión no registrada en nuestro estudio empírico si es gramatical o no. Por tanto, dos son las características esenciales de una gramática descriptivamente adecuada: debe tener *poder generalizador* y *poder predictivo*.

Si nos fijamos en la rudimentaria gramática taxonómica de tipos oracionales que hemos propuesto antes, veremos que carece de adecuación descriptiva, dado que no posee suficiente poder generalizador y tiene sólo un mínimo poder predictivo.

Sea, por ejemplo, un fenómeno tan sencillo como el de la concordancia entre sujeto y verbo. En la lengua española, se trata de un fenómeno unitario que ha de describirse mediante una única generalización que establezca algo así como que el sintagma nominal sujeto de una oración induce concordancia de número y persona en el verbo. Pero esto es imposible enunciarlo de modo unitario en la gramática propuesta, ya que nos vemos obligados a establecer una regla diferente de concordancia para diversos tipos de oración, sin que, en momento alguno, podamos expresar la generalización de que el verbo concuerda con su sujeto en una oración. En efecto, podríamos formular una regla de concordancia para los tipos 1, 2 y 3 del siguiente modo:

(4)
Regla de concordancia para los tipos 1, 2 y 3

En los tipos 1/2/3 $Nxy\ Vz$ si, y sólo si, $y = z$, donde y y z son marcadores de número.

Pero tendríamos que formular otra regla de concordancia para el tipo 4:

(5)
Regla de concordancia para el tipo 4

él + Vy es gramatical si, y sólo si, $y = s$; donde s = singular.

Para el tipo 5 habría que formular una nueva regla de concordancia:

(6)
Regla de concordancia para el tipo 5

NP y NP + Vy es gramatical si, y sólo si, $y = p$; donde p = plural.

Y así sucesivamente. Como vemos, estas reglas no tienen casi nada en común y son incapaces de hacernos ver que existe un fenómeno o generalización única de concordancia que los hablantes aplican en muy diversos casos y nos sugieren que los hablantes han de formular una regla diferente para cada caso, lo cual es intuitivamente claro que no se corresponde con la realidad.

Para alcanzar el nivel de adecuación descriptiva en este caso, debemos proponer conceptos más abstractos, tales como *sintagma nominal*. *Si* decimos que tanto "el + Nms" como "las + Nfp", "la + Nfs", "él" o "NP + y + NP" son *sintagmas nominales* a pesar de que su apariencia inmediata es bien diferente, estamos enunciado un hecho gramaticalmente relevante, ya que esas secuencias se comportan sintácticamente de modo similar y además podemos enunciar la regla de concordancia de una manera única: *el SN sujeto induce concordancia de número y persona con el verbo principal de la oración*. Además, se hace la predicción de que cualquier secuencia que funcione como sintagma nominal en esa posición inducirá concordancia en el verbo si está provista de la propiedad inductora (es decir, si tiene distinción de número y persona). Pero, además, este concepto de *sintagma nominal (SN)* puede ayudarnos a enunciar otras muchas generalizaciones que nada tienen que ver con la concordancia. Por ejemplo, la inversión sujeto/verbo en las interrogativas se puede enunciar diciendo que el SN sujeto se pospone al verbo (o en una formulación opcional que el verbo se antepone al SN sujeto). Obtendremos así cosas como "¿vino Juan?", "¿vinieron las chicas?", "¿llegó el hombre?" a partir de "Juan vino", "las chicas vinieron" y "el hombre llegó". Con la gramática taxonómica de tipos de oraciones que vimos al principio, habría que enunciar una regla de inversión para cada tipo de oración y, por tanto, no podríamos proponer una generalización gramatical unitaria. Otros muchos procesos implican un sintagma nominal, como veremos más adelante.

Por consiguiente, una gramática que opere sobre el concepto teórico de sintagma nominal (e igualmente sobre el de sintagma verbal) será más adecuada descriptivamente que una gramática más taxonómica como la presentada antes. En la descripción no sólo se da cuenta de datos, como ocurre en la observación, sino de hechos generales o generalizaciones sobre los datos y, por tanto, de predicciones sobre los mismos. Está claro, por otro lado, que dos gramáticas pueden ser observacionalmente adecuadas, y que una puede ser además descriptivamente adecuada y la otra no adecuada descriptivamente.

En estos casos, se suele decir que ambas gramáticas poseen igual *capacidad generativa débil* pero distinta *capacidad generativa fuerte*. La *capacidad generativa débil* viene dada por el número de secuencias que una gramática es capaz de caracterizar como gramaticales. Por su parte, la *capacidad generativa fuerte* está determinada por la forma en que esas secuencias son analizadas o estructuradas. Por tanto, dos gramáticas pueden tener idéntica *capacidad generativa débil;* es decir, caracterizar como gramaticales exactamente las mismas secuencias, pero diferente *capacidad generativa fuerte*; es decir, caracterizar de modo diferente cada una de esas secuencias.

5. La adecuación explicativa

Uno de los objetivos más ambiciosos de cualquier gramática es alcanzar una adecuación explicativa. Sin embargo, bajo el término "explicación" pueden esconderse cosas muy diversas que conviene poner en claro a continuación. En dos manuales importantes, se dedica un capítulo a explicar este concepto (Botha 1981: capítulo 7 y Wunderlich 1974: capítulo 7). Un problema inicial es qué se entiende normalmente por "explicación en gramática".

Un fenómeno gramatical cualquiera podemos explicarlo de diversas maneras. Veamos algunas de ellas.

(7)
Formas de explicación lingüística

1. Proponer una causa o condición de la que ese fenómeno gramatical es un caso particular. Tal causa o condición puede ser otro fenómeno gramatical más amplio, con lo que obtenemos una explicación *interna* o bien puede ser un fenómeno no gramatical sino extragramatical; con lo que tendremos una explicación *externa*.

    EJEMPLO:
    El hecho de que en una oración como "come carne" el sustantivo no necesite determinación alguna (frente a, por ejemplo, "*ve película") se debe a que pertenece a un subtipo gramatical denominado "nombres de materia" o "continuos" que poseen esa propiedad gramatical.

    Una explicación externa vendría dada por el hecho de que las palabras que denotan sustancias y no entidades no necesitan ser individualizadas en el discurso.

2. Establecer el origen o génesis de ese fenómeno gramatical. También podemos usar aquí la división interno/externo. En el primer caso, describimos un proceso que surge de la interacción de varios otros fenómenos gramaticales y cuyo resultado es el que vamos a explicar. En el segundo caso, describimos el proceso extralingüístico que produce como resultado el fenómeno que se quiere explicar.

    El primer caso definido es el de la *explicación sincrónica* o de un estado concreto de una lengua. En el caso de la explicación *diacrónica,* describimos el proceso lingüístico histórico a través del cual se produce un fenómeno determinado en una lengua. En este caso, tendríamos un explicación *externa* al sistema lingüístico estudiado, ya que describimos un fenómeno de un estado de lengua a través de otros estados anteriores de esa lengua.

EJEMPLO:
En la oración "Pedro vio a Juan salir", aparece "Juan" precedido de "a" a pesar de ser el sujeto de "salir" porque existe un proceso gramatical que convierte los sujetos de algunos verbos subordinados en objetos del verbo principal, que se puede denominar "elevación de sujeto a objeto". Esta regla opera con verbos principales de un tipo al que pertenece "ver".

Una explicación externa viene dada por el hecho de que el proceso denotado por "ver" se aplica prototípicamente a entidades y no a hechos; es decir, vemos cosas o personas, pero no vemos hechos. Esto hace que tendamos a elegir la entidad que participa en el hecho ("Juan" en este caso) como objeto del proceso en cuestión.

3. Establecer una comparación con otro fenómeno ya explicado y suponer que de tal comparación puede surgir una explicación similar para el fenómeno que se investiga, ya que suponemos que las mismas estructuraciones pueden ser compartidas por diversos fenómenos. Sería un tipo de explicación *analógica*. En su aspecto interno, utilizamos un fenómeno gramatical ya explicado y aplicamos el mismo tipo de argumentación para la explicación de otro que suponemos de estructuración similar. En su aspecto externo, utilizamos como modelos analógicos otros fenómenos no lingüísticos (por ejemplo, de la psicología o la lógica) para dar la explicación de un determinado fenómeno gramatical.

No debe confundirse este concepto de *analogía* con el mecanismo lingüístico de la analogía, que regula el cambio y el funcionamiento de las lenguas humanas.

EJEMPLO:
Está clara la estructuración espacial que denota parte del subsistema preposicional de la lengua española. Tal estructuración supone un "lugar de donde", un "lugar donde" y un "lugar adonde". Esto puede simbolizarse mediante esta sencilla estructura:

$$\text{DE DONDE} \rightarrow \text{(EN) DONDE} \rightarrow \text{ADONDE}$$

Se observa también que una de las características de esta estructuración es que se puede neutralizar la distinción "donde/a donde", de modo que podemos oír frecuentemente, por ejemplo, "¿Dónde vas?" por "¿Adónde vas?"; sin embargo, la distinción *de donde/donde* no se neutraliza nunca, ya que no se oye habitualmente "¿Dónde vienes?" (que es agramatical).

Pues bien, podemos suponer que el tiempo verbal se estructura de la misma manera: el pasado corresponde al lugar de donde, el presente al lugar donde y el futuro al lugar adonde. Tendríamos este esquema vectorial isomórfico:

$$\text{PASADO} \rightarrow \text{PRESENTE} \rightarrow \text{FUTURO}$$

Del mismo modo que el lugar *en donde* y el lugar *adonde* se pueden neutralizar, también se puede neutralizar el presente y el futuro y podemos decir "¿Adónde vas mañana por la tarde?"; sin embargo –y de modo totalmente idéntico al caso anterior– la neutralización presente/pasado es inusual y sólo posible en ciertos contextos muy específicos; no podemos decir, por tanto: "¿Adónde vas ayer por la tarde?".

Desde el punto de vista externo, se puede proponer que el hecho de que se puedan neutralizar las oposiciones "donde / adonde" o "presente / futuro" y no las oposiciones "de donde / donde" y "pasado / futuro" se debe a que, en la realidad exterior, el lugar de donde venimos o el pasado no se pueden modificar, mientras que el lugar adonde vamos o el futuro sí está más sujeto a nuestro control.

4. Por último, si describimos un fenómeno gramatical de tal manera que esa descripción sea coherente o encaje teóricamente con otras descripciones consideradas correctas, aunque no estén directamente relacionada con ellas, obtenemos un tipo de explicación que podríamos denominar *estructural*. Logramos *asimilar teóricamente* un fenómeno a un *corpus* teórico gramatical que se considera correcto. En este caso, sólo tenemos el aspecto que hemos llamado *interno*.

EJEMPLO:
Este tipo de explicación es muy frecuente en las investigaciones de la Gramática Generativa en sus distintas etapas de desarrollo. Por ejemplo, si decimos que en las oraciones interrogativas como "¿A quién vio Juan?" "a quién" es un objeto directo que se ha visto desplazado de su lugar originario postverbal mediante un proceso sintáctico que tiene que ver con la focalización o puesta de relieve de un elemento de la oración; estamos "integrando" este tipo de oraciones, por un lado, en la estructuración admitida del sintagma verbal español, que requiere que el objeto vaya en construcción con el verbo y después de éste, pero además *integramos* el proceso que da origen a este tipo de oraciones en otro más general que se puede denominar "focalización" o "puesta de relieve" y que consiste en marcar de una manera especial un constituyente de una oración que se interpretará como foco de la misma. Efectos de este proceso más general se pueden ver en expresiones como "A Pedro fue al que vio Juan" o "A ése vio Juan", etc.

Se habrá observado que, excepto en el último caso, hemos establecido una diferenciación entre un enfoque externo y otro interno del tipo de explicación que en cada ocasión hemos propuesto. Realmente, la explicación interna es lo que antes hemos denominado *adecuación descriptiva*. Lo que mucha gente llamaría *explicación* se situaría en lo que hemos denominado aspecto externo de la cuestión. Existen dos puntos de vista dominantes en la lingüística de hoy día sobre este tipo de explicación *última* o *externa* de los fenómenos gramaticales. Estos dos puntos de vista no son necesariamente contradictorios, aunque en muchos aspectos son contrarios. Uno de ellos es el *mentalista* y el otro se puede denominar como *funcionalista*. El primero está representado fundamentalmente por la escuela de Chomsky y el segundo por muy diversas escuelas e investigadores de relevancia mundial, tales como H. Seiler, S. C. Dik, B. Comrie, T. Givón y otros muchos.

Para N. Chomsky (1986: 53, 70 y 72) se alcanza el nivel explicativo en gramática cuando somos capaces de formular principios muy generales que restringen los fenómenos gramaticales que se encuentran en las diversas lenguas y que, por tanto, determinan de una manera muy restrictiva el conjunto de lenguas interiores posibles. Tal conjunto de principios caracterizan el estado inicial en el que se encuentra la mente del ser humano cuando empieza a construir la gramática de su lengua o, dicho de otro modo, empieza a adquirir esa lengua interior. De hecho, son esos principios los que guían la mente humana para la construcción del conocimiento lingüístico que se requiera en cada lengua. Como ningún ser humano nace predispuesto a aprender una lengua particular, esos principios han de ser universales y han de constituir una *Gramática Universal*. Las descripciones de las lenguas serán explicativas en la medida, pues, en que estén enunciadas sobre la base de esos principios generales universales que caracterizan el componente innato de la capacidad lingüística humana. En la Gramática Generativa moderna se están proponiendo algunos de estos principios universales. Veremos más adelante los más relevantes para entender la lingüística generativa moderna.

La *explicación de carácter funcional* parte de unos supuestos muy simples que surgen del hecho de que las lenguas humanas son soluciones diferentes a una serie de problemas que tienen que ver fundamentalmente con la conceptualización y la comunicación de la realidad circundante. El lenguaje se concibe como una serie de soluciones a un conjunto de problemas de representación y comunicación. El lingüista suizo H. Seiler (1972: 11) se expresa del siguiente modo respecto de estas consideraciones:

> Las lenguas pueden ser concebidas como las soluciones de las tareas que permanentemente se plantean en la comunicación. Lo que se observa en las lenguas son las soluciones. ¿Cuáles son los problemas que les corresponden? No son accesibles a nuestra observación directa. Pero son reconstruibles en un proceso inductivo.

De modo análogo, S. C. Dik (1986) nos ofrece los requisitos funcionales que constriñen las posibles lenguas humanas y, por tanto, las caracterizan de modo general. Estos requisitos funcionales son los siguientes:

(8)
Requisitos funcionales

a) Los objetivos y propósitos para los que se usan las expresiones lingüísticas.
b) Los medios mediante los cuales se realizan las lenguas humanas.
c) Las circunstancias en las que las lenguas humanas se utilizan.

S. C. Dik, en el artículo citado, nos ofrece algunos ejemplos de motivación funcional en el nivel morfosintáctico. A modo de ilustración podemos referirnos a lo que este autor denomina *estructuración*. Está claro que si imponemos una determinada estructuración sobre una serie de elementos particulares su memorización y percepción resultarán más fáciles. La estructuración supone cualquier organización coherente que es impuesta a los elementos lingüísticos. De este modo, no es extraño que, por ejemplo, las lenguas elijan uno de los órdenes *modificado + modificador* o *modificador + modificado* y que sean bastante consistentes en este sentido. Así, por ejemplo, el inglés se decanta por el orden *modificador + modificado*, de modo que, por ejemplo, en "pen drawing", el elemento "pen" 'pluma' se interpreta como modificador y "drawing" 'dibujo' como modificado; el significado resultante es "dibujo hecho con pluma"; sin embargo, en "drawing pen" es "drawing" (participio de "draw" 'dibujar') lo que se interpreta como modificador y obtenemos, por tanto, el significado "pluma para dibujar". En español tenemos la situación opuesta: como el modificador tiende a ir detrás, decimos "dibujo con pluma" en el primer caso y "pluma de dibujo", en el segundo. Estamos diciendo que se trata de una tendencia y no de una ley inexorable, ya que en español es posible tener un modificador delante del modificado: véase el ejemplo de los adjetivos antepuestos. Pero este particular no sólo no contradice la idea de que la estructuración dominante en español impone el orden *modificado + modificador,* sino que la confirma. En efecto, si este orden se contraviene, esa posición adquiere un significado especial y pasa a ser un orden marcado tanto semántica como sintácticamente. El hecho de que la posición prenominal está más marcada en el caso del adjetivo que la postnominal es evidente: no todos los adjetivos que aparecen en posición postnominal pueden aparecer en posición prenominal (por ejemplo 'ministerial' y otros muchos) y sólo un grupo reducidísimo de adjetivos sólo pueden ocupar la posición prenominal. Obsérvese que, además, el adjetivo prenominal puede tener una función semántica no restrictiva que se manifiesta en el adjetivo epíteto y no es esa la función típica de un modificador. Cuando estudiemos el orden de palabras (capítulo 28) veremos también que las lenguas suelen elegir un orden como el propio o caracterizador, sobre todo en el caso de las lenguas de orden rígido de palabras. Por ejemplo, las lenguas celtas exigen que el orden no marcado de todas las oraciones sea el siguiente: Verbo + sintagma nominal sujeto + sintagma nominal objeto directo (VSO).

En estos casos, estamos ante una estructuración que se puede denominar *arbitraria,* ya que los fenómenos de orden a que aludimos no parecen estar motivados por ningún aspecto del significado de lo transmitido (véase J. C. Moreno 1989a para la explicación de una posible motivación).

Existen también múltiples casos de *estructuración icónica* o *motivada,* en los que la estructuración de los elementos lingüísticos está determinada por algún aspecto del contenido de los mismos. Por ejemplo, en ciertas lenguas (malayo, japonés) la duplicación de un sustantivo puede significar "plural". Es frecuentísimo también que el orden en que se emiten las oraciones refleje el orden real en el que sucedieron los acontecimientos que denotan o el orden en que se procesan las informaciones que transmiten. Por ejemplo, si comparamos "Juan salió corriendo y se cayó" con "Juan se cayó y salió corriendo" nos daremos cuenta de que el orden en el que se suceden los dos sucesos referidos es el mismo que el orden de las cláusulas coordinadas que los denotan. Otro principio de estructuración icónica o motivada está en los casos de marcación: en las lenguas, los elementos del contenido que poseen una preeminencia especial suelen estar marcados de una forma preeminente en la expresión: el caso del foco que veremos posteriormente (véase el capítulo 28) es particularmente claro. Cuando el foco de atención se centra en un participante concreto en una acción, podemos señalar la palabra que lo denota acentuándola de un modo que sobresalga prosódicamente del resto de lo enunciado: "vieron ayer a MARÍA" (y no a Pedro), en donde las mayúsculas quieren reflejar este fenómeno de carácter prosódico.

El concepto de explicación funcional no tiene, sin embargo, un carácter tan sencillo como podría desprenderse de lo visto hasta ahora. Esto es porque, como recalca S. C. Dik (1986: 46), la observancia de diversos principios funcionales puede llevarnos a exigencias contradictorias: un requisito funcional puede exigir algo cuyo cumplimiento suponga una violación de otro requisito funcional. Por ejemplo, el hecho de que los participantes animados (sobre todo los humanos) tengan una tendencia clara a funcionar como sujetos (cuando éstos se interpretan como agentes), hace que su posición como objetos directos sea marcada funcionalmente. Esto se refleja en lenguas como el español en el hecho de que los pronombres, que se utilizan preferentemente para participantes animados, conserven una forma marcada para objeto directo (es decir, un caso acusativo). Pero esto crea una asimetría con el sistema morfosintáctico del español, ya que no existe en esta lengua el caso morfológico más que en los pronombres. Esta asimetría va en detrimento de la estructuración en términos de caso morfológico de las unidades léxicas de una lengua. La lengua está llena de puntos conflictivos en este sentido, por lo que las explicaciones funcionales nunca pueden ser simples, sino que deben basarse en la interacción de varios principios y en el predominio de unos sobre otros en determinados casos. Esto, además, supone la asunción de que en toda lengua hay puntos de fricción y no es precisamente sorprendente comprobar cómo la variación en el predominio de un principio sobre otro puede ocasionar un cambio lingüístico y comprender cómo en este "conflicto" entre requisitos funcionales puede encontrarse el mecanismo último que puede dar lugar tanto al cambio como a la variación lingüísticos.

6. La argumentación en gramática

Un aspecto fundamental del que tiene que ocuparse la teoría general de la gramática, es el de establecer cómo se debe argumentar correctamente en gramática, cómo construir un argumento gramatical en defensa de determinada hipótesis de análisis gramatical o en contra de ella.

Según el filósofo S. Toulmin, una argumentación en general consta de las siguientes partes:

(9)
Estructura de una argumentación

1. *Datos:* se trata de los hechos que se proveen para apoyar o contradecir un enunciado-conclusión.
2. *Enunciado-conclusión:* es el enunciado de un dato o hecho del que se afirma o niega su corrección o incorrección.
3. *Garantizador:* un enunciado hipotético de la forma "si X, entonces Y". Es precisamente lo que autoriza la inferencia de 2 a partir de 1.
4. *Cualificador:* especifica el grado de fuerza que los datos confieren al enunciado-conclusión en virtud del garantizador.
5. *Condiciones de refutación:* especifican las condiciones bajo las cuales el garantizador no es válido, en las que su autoridad ha de ser desatendida y, por tanto, en las que no sería lícito pasar de 1 a 2.
6. *Retorno:* establece la validez general del garantizador. Se trata de un principio universal del que el garantizador sería un caso particular.

Hay que hacer, ante todo, algunas observaciones imprescindibles. En primer lugar, en un argumento casi nunca aparecen explícitamente enunciadas estas seis partes que hemos visto; normalmente el autor que propone un argumento enuncia 1 y 2 y, si acaso, 3. Esto es así porque, en el caso de 3, por ejemplo, se utiliza un garantizador de sobra conocido en la comunidad científica a la que va dirigida el argumento. En los demás casos, podemos estar ante aspectos también conocidos de sobra y que no hace falta enunciar cada vez que se argumente. En segundo lugar, para defender una hipótesis, no basta con un solo argumento, hay que proporcionar un número lo suficientemente estimable de ellos; además, cuanto más heterogéneos sean esos argumentos, es decir, cuanto más diferentes sean con respecto a las áreas de la materia a la que pertenezca la argumentación (o dicho con la terminología que manejamos, cuanto más diferentes sean los garantizadores y los retornos), más fuertemente establecida estará la hipótesis y más difícil será atacarla. Las hipótesis para las que sólo se pueda encontrar un argumento son muy inestables, ya que basta que se logre demostrar que es falso uno solo de los eslabones del mismo para que la hipótesis se venga abajo. Por otro lado, si una hipótesis está defendida en una multiplicidad de argumentos, entonces el hecho de que se demuestre que uno de ellos es incorrecto en alguno de sus puntos, no lleva en modo alguno a desechar la hipótesis automáticamente. El carácter cualitativamente distinto de esa multiplicidad de argumentos (es decir, que reposen sobre retornos diferentes y no siempre sobre el mismo, por ejemplo) es vital, ya que si todos los argumentos se basan en el mismo retorno (es decir, en la misma ley general) y resulta que dicha ley es falsa, entonces se derrumba la hipótesis por muchos argumentos que tuviese a su favor.

Podemos aplicar lo dicho hasta aquí a la argumentación gramatical sin mayores problemas. Por ello vamos a pasar a la ilustración de la estructura de la argumentación examinando tres argumentos gramaticales concretos, presentando las partes de que constan y desentrañando los principios generales sobre los que se basan.

Empezaremos por un argumento aportado por M. Luján en su libro sobre el adjetivo (Luján, 1980: 117-120). Esta autora defiende la hipótesis de que en sintagmas como "el bueno" o "la buena" el adjetivo no ha pasado a ser un sustantivo por acción del artículo: es decir, que no ha habido ningún proceso de "sustantivación" entendida ésta como el paso de un lexema que inicialmente pertenece a una categoría diferente de la de sustantivo, a la categoría de sustantivo.

Uno de los argumentos que apoyan esta hipótesis es el siguiente: la categoría de los sustantivos se caracteriza porque un subgrupo de la misma –el de los femeninos que comienzan por una "a" tónica– toma la forma masculina del artículo a pesar de ser femeninos. Tenemos, por ejemplo "el ala" y no *"la ala" o "el ama de llaves" y no *"la ama de llaves". Esta ley es tan fuerte que incluso se generaliza con frecuencia hoy día a la clase de los determinantes; no es inusual oír cosas como "este agua", "este aula", en vez de las formas normativas "esta agua" o "esta aula". Ello da una idea de la generalidad que tiene este fenómeno. Ahora bien, si los adjetivos precedidos de artículo se convirtieran en sustantivos, es decir, se sustantivaran, estos adjetivos originarios devenidos en nombres deberían atenerse al comportamiento observado. Pero ello no es así: decimos "la ágil" para referirnos a una chica ágil y nunca "el ágil" para referirnos a esa misma chica; de igual modo decimos "la alta" (la chica alta) y nunca "el alta" (la chica alta). Por tanto, los adjetivos pretendidamente sustantivados no se comportan como tales sustantivos, por lo menos en este aspecto.

La estructura del argumento es la siguiente:

(10)
Estructura del primer argumento

1. *Datos:* cuando un adjetivo singular comienza por "a" tónica puede ir precedido tanto por el artículo "el" como por el artículo "la". Cuando un sustantivo femenino singular empieza por "a" tónica sólo puede ser precedido inmediatamente por "el".
2. *Enunciado-conclusión:* en la secuencia *artículo + adjetivo* el adjetivo no pasa a la categoría de sustantivo, sino que sigue siendo adjetivo.

3. *Garantizador:* si un elemento léxico pertenece a la categoría de sustantivo, entonces todos los procesos morfosintácticos propios de esa categoría deben poder ser experimentados por tal elemento léxico.
4. *Cualificador:* en este caso, se puede decir que el argumento no requiere cualificación alguna.
5. *Condiciones de refutación:* el garantizador perdería mucha fuerza si el fenómeno morfosintáctico observado tuviera algunas excepciones en la misma clase en la que es válido (la de los sustantivos).
6. *Retorno:* las categorías gramaticales se definen por el conjunto de propiedades morfosintácticas que comparten *todos* los elementos léxicos que pertenecen a ellas.

Como se habrá visto ya, los datos han de ser observacionalmente adecuados y, como se puede comprobar por lo dicho antes, lo son en efecto. El enunciado conclusión supone una afirmación contra la sustantivación de los adjetivos cuando van precedidos de un artículo. Varios argumentos más con el mismo enunciado conclusión puede llevar al rechazo de la propuesta de la sustantivación de los adjetivos cuando van inmediatamente precedidos por el artículo. El *garantizador* es un enunciado hipotético sobre la categoría de sustantivo, que autoriza la inferencia del *enunciado-conclusión* a partir de los datos iniciales. Es un caso concreto del *retorno*, que es una ley general de la teoría del lenguaje según la cual las categorías gramaticales se definen por el conjunto de propiedades morfosintácticas que comparten una serie de elementos léxicos. Obsérvese que esta ley supone una teoría lingüística muy inductivista en la que partimos de unos datos concretos y los clasificamos según sus propiedades comunes. Otra forma de enfocar la cuestión más deductivista sería la de establecer unas categorías gramaticales axiomáticas con una serie de propiedades predefinidas y establecer la medida en que una unidad léxica pertenece a una de esas categorías, con lo que obtendríamos una teoría que se podría definir como *prototípica* en la que no todos los elementos léxicos pertenecen en la misma medida a una categoría gramatical determinada. Este tipo de opciones hay que discutirlas en una teoría general del lenguaje humano, ya que exceden el ámbito de la gramática de una lengua particular. Por tanto, los retornos son enunciados que dependen directamente de una determinada teoría lingüística y que "controlan" los argumentos gramaticales formulados dentro de esa teoría determinada.

Veamos a continuación un argumento sintáctico extraído de V. Demonte (1977: 84 y ss.). Se trata de demostrar que las conjunciones como "que" forman un constituyente con la oración que introducen. Es decir, de igual modo que artículo y nombre forman un constituyente único que denominamos sintagma nominal, la conjunción "que" seguida de la oración forman un constituyente que se podría denominar cláusula completiva.

Para mostrar esto, simplemente hay que observar que la conjunción y la oración se comportan como una unidad sintácticamente similar al determinante seguido de nombre. Por ejemplo, igual que no podemos mover de su sitio solamente el determinante o el nombre (es decir, podemos obtener "a este hombre vi ayer" pero no "a hombre vi ayer este" ni "a este vi ayer hombre"), tampoco podemos mover de su sitio una oración sin su conjunción: no podemos obtener nunca "no vengas es mala cosa que" sino sólo "que no vengas es mala cosa" o "intentó probar que, pero no lo consiguió, la tierra es plana" sino sólo "intentó probar, pero no lo consiguió, que la tierra es plana".

La estructura del argumento es la siguiente:

(11)
Estructura del segundo argumento

1. *Datos:* cuando una subordinada se "mueve" de su lugar habitual se *lleva* consigo la conjunción subordinante.
2. *Enunciado-conclusión:* la conjunción y la subordinada forman un constituyente sintáctico.
3. *Garantizador:* si dos elementos sintácticos se comportan como uno solo respecto de determinados procesos o propiedades sintácticos pertenecientes a un nivel de análisis gramatical determinado, forman un constituyente sintáctico en ese nivel en el que esos procesos actúan o en el que esas propiedades se enuncian.
4. *Retorno:* las expresiones complejas se tratan como constituyentes de un solo elemento superior en cualquier nivel del análisis gramatical si son atómicas en ese nivel, es decir, si no se pueden segmentar respecto de los procesos que caracterizan ese nivel.

Como se habrá ya visto, el garantizador hace referencia al nivel sintáctico, mientras que el retorno es una ley general que regula todos los niveles de la gramática de cualquier lengua y, por tanto, pertenece a la teoría general del lenguaje humano. En el retorno, el adjetivo "atómicas" se emplea en sentido etimológico, es decir, hace referencia al hecho de que esas expresiones no se pueden segmentar respecto de los procesos relevantes.

Veamos, por último, un argumento de carácter semántico. Se debe originariamente a J. E. Janucci (1952: 26, *apud* I. Bosque 1983a: 86) y sirve para determinar cuándo un sustantivo es colectivo o no. El criterio es el siguiente: un sustantivo será colectivo si en el caso en que vaya con un adjetivo de tamaño, éste afecta al tamaño de todo el colectivo, no al de los elementos de que consta. Sea, por ejemplo, la palabra "ejército": si decimos "ejército grande" queremos decir "ejército de gran número de soldados" y no "ejército de soldados grandes"; es, por tanto, colectivo. No ocurre así con "gente", ya que "gente grande" no significa "mucha gente" sino "gente de gran tamaño"; este vocablo no es colectivo, por consiguiente. Frente a él, "gentío" sí cumple el requisito de colectividad, ya que "gentío grande" significa "mucha gente" y no "gente grande". El vocablo "ropa" tampoco sería colectivo, ya que "ropa grande" no significa "mucha ropa" sino "ropa de gran tamaño".

La estructura del argumento es ésta:

(12)
Estructura del tercer argumento

1. *Datos:* "gente grande" no significa "mucha gente" sino "gente de tamaño grande".
2. *Enunciado-conclusión:* "gente" no es un sustantivo colectivo.
3. *Garantizador:* si un adjetivo de tamaño afecta a los elementos componentes de un conjunto de entidades denotado por un sustantivo, éste no es colectivo.
4. *Retorno:* las entidades incluidas en el conjunto de referencia de los colectivos son "impermeables" a las modificaciones semánticas de las atribuciones que se predican de tal colectivo.

Vemos, pues, que los argumentos gramaticales están basados en una serie de supuestos generales que tienen que ver con la teoría lingüística que en cada caso se asuma. Estos supuestos, que hemos llamado *retornos,* muestran las relaciones existentes entre teoría del lenguaje y gramática. En efecto, si todo argumento gramatical está basado sobre un principio lingüístico de carácter general, entonces los primeros presuponen los segundos tal como afirma, por ejemplo, H. Heinrich Lieb (1976: 207).

1. Ordene estas oraciones por grados de gramaticalidad y justifique tal ordenación:

   (13)
   Castellano

   a) *En las casas es que viven los ciudadanos*
   b) *En las casas es donde viven los ciudadanos*
   c) *En las casas son donde viven los ciudadanos*
   d) *Las casas es en donde viven los ciudadanos*
   e) *Las casas son que viven los ciudadanos*
   f) *En las casas es en donde viven los ciudadanos*

2. Diga cuál de los dos enunciados sobre la pasiva en español es más adecuado descriptivamente:

   (14)
   a) Hay oraciones en las que el objeto induce concordancia con el verbo (que tiene una forma verbal especial) y el sujeto se pospone al verbo y va precedido de la preposición "por".
   b) En un determinado tipo de oraciones, el verbo adopta una forma especial, concuerda con el sujeto y, además, admite un complemento opcional encabezado por "por" que puede denotar el agente.

3. Construya un argumento para mostrar que sintagmas como *uno contra otro* son preposicionales.

CLAVE 1. Hay primero que establecer algunos criterios en virtud de los cuales realizaremos la ordenación por grados de gramaticalidad. Las construcciones enumeradas en (13) responden a un tipo de oración denominada *perífrasis de relativo*. Características de estas construcciones son las siguientes:

   a) El sintagma que aparece a la izquierda de la cópula debe ir precedido de la misma preposición que el sintagma que contiene el pronombre relativo a la derecha de la cópula.
   b) La subordinada a la derecha de la cópula debe ir encabezada por un pronombre relativo.

   Clasificaremos las oraciones según se atengan o no a estas dos características de la *perífrasis de relativo*. Consideremos, además, que el segundo requisito es más importante que el primero. Por otra parte, cuando las oraciones fallen respecto de uno de los dos criterios, estableceremos como criterio clasificador el de la concordancia de la cópula con el sintagma que aparece a la izquierda.

Siguiendo estos criterios obtenemos la siguiente ordenación:

(13f) En las casas es en donde viven los ciudadanos
(En este caso se cumplen los requisitos *a* y *b*)
(13b) En las casas es donde viven los ciduadanos
(Se cumple el requisito *b*, pero no el *a* y la concordancia es correcta)
(13d) Las casas es en donde viven los ciudadanos
(Esta expresión incumple el principio *a* pero no el *b* y la concordancia es correcta)
(13c) En las casas son donde viven los ciudadanos
(Se cumple el requisito *b*, pero no se cumple *a* y la concordancia es anómala, ya que la cópula concuerda con un sintagma preposicional y no nominal)
(13a) En las casas es que viven los ciudadanos
(En este caso, se incumple el principio *b* que consideramos más importante que el principio *a*; este último se incumple en parte)
(13e) Las casas son que viven los ciudadanos
(Se incumplen los principios *a* y *b* y, aunque la concordancia es correcta, consideramos esta expresión como la más agramatical o desviada respecto de las *perífrasis de relativo*, que es la construcción considerada aquí)

Por supuesto, pueden proponerse otras ordenaciones siguiendo criterios parcial o totalmente diferentes a los aquí manejados.

2. Está claro que la segunda propuesta es descriptivamente más adecuada que la primera. Si adoptamos la primera, entonces tendremos que complicar varias reglas de la gramática: por ejemplo, tendríamos que decir que el objeto puede concordar con el verbo en número y persona en ciertos casos. Por otro lado, tendríamos que decir que hay sujetos encabezados por "por" que pueden eliminarse a pesar de que no inducen concordancia con el verbo. Todo ello complicaría en exceso la gramática.

La segunda propuesta es más consistente con lo que sabemos sobre la gramática española. Primero, el elemento que induce concordancia con el verbo pasivo es un sujeto y no un objeto [el hecho de que denote un paciente no supone inconveniente alguno, ya que el sujeto de verbos como "recibir" o "acusar" (en "Juan acusó el cansancio") también lo son]. Por otro lado, el complemento agente considerado como un complemento opcional es consistente con el hecho de que puede o no aparecer en la oración pasiva; y, por otro lado, decir que no se trata en modo alguno de un sujeto también nos evita complicar la regla gramatical de concordancia al no tener que excluir este sujeto de esa regla.

Se pueden pensar más argumentos en este sentido, pero los señalados bastan para dar una idea clara.

3. No es difícil construir un argumento para demostrar que el sintagma "uno contra otro" es un sintagma preposicional. Un argumento posible es el siguiente. Sólo se pueden coordinar sintagmas de igual naturaleza. Por ejemplo, las coordinaciones siguientes son correctas:

(15)
a) rápida y alegremente
b) bueno y alegre

c) este y aquel
d) la mujer y el hombre

pero no lo son:

(16)
a) rápidamente y el hombre
b) la mujer y alegremente
c) bueno y aquel
d) este y alegre

Pues bien, "uno contra otro" puede coordinarse libremente con cualquier sintagma preposicional:

(17)
a) entre sí y uno contra otro
b) contra ellos y uno contra otro

La estructura del argumento es la siguiente:

1. *Datos:* "uno contra otro" se puede coordinar con cualquier otro sintagma preposicional.
2. *Enunciado-conclusión:* "uno contra otro" es un sintagma preposicional.
3. *Garantizador:* si un sintagma cualquiera acepta la coordinación con un sintagma preposicional y además contiene una preposición, entonces es un sintagma preposicional.
4. *Condiciones de refutación:* el garantizador no es válido cuando el sintagma que se investiga no posee ningún elemento identificable como preposición.
5. *Retorno:* sólo se pueden coordinar sintagmas en determinado nivel cuando posean la misma naturaleza sintagmática en ese nivel.

OBSERVACIONES:
Los datos en realidad son un enunciado extraído como generalización de muchas observaciones particulares como ésta: "uno contra otro y entre sí" es gramatical.

El garantizador es una ley hipotética que se aplica a los datos iniciales para justificar el enunciado-conclusión concreto que se presenta. Obsérvese que se especifica que el sintagma evaluado debe tener un elemento identificable como preposición, pero que esto no basta para que valga el garantizador: por ejemplo, "hombre de principios" contiene una preposición pero no se puede identificar como sintagma preposicional, ya que no podemos decir, por ejemplo, "contra Juan y hombre de principios".

Las condiciones de refutación impiden que "enfurecidamente" sea considerado como un sintagma preposicional, ya que aunque "enfurecidamente y con saña" esté bien formada, el adverbio no posee ningún elemento que se pueda identificar como preposición. Esta exigencia está de hecho en el garantizador, pero se incluye también en las condiciones de refutación, ya que, de esa manera, se garantiza que, en caso de duda, haya que demostrar que un determinado elemento es, de hecho, una preposición.

El retorno es una ley genérica de la que el garantizador es sólo un caso particular. Es importante señalar que puede demostrarse que el garantizador es falso, sin que ello implique que el retorno deba serlo también. En todo caso, habría que buscar una formulación ligeramente diferente.

Cuestiones propuestas

1. Determine los grados de gramaticalidad de las siguientes secuencias:

   (18)
   a) Los ministros habla de política
   b) El ministro habla a política
   c) El ministro habla política
   d) El ministro habla de política
   e) El ministro habla qué política
   f) El ministro hablan de políticas
   g) Ministro habláis de política

2. ¿Qué regla gramatical incumple cada una de las secuencias siguientes?:

   (19)
   a) Se ladran a los perros
   b) Juan vio María
   c) Le pegó querer
   d) Compraré el sello el sobre
   e) Estornudó que no lo sabía

3. Evalúe, según su poder observacional o descriptivo, los siguientes enunciados:

   (20)
   a) Sólo los verbos llevan complementos regidos
   b) El nombre propio puede constituir un sintagma nominal
   c) La sílaba [la] realiza el artículo determinado femenino
   d) El objeto indirecto se puede manifestar mediante "a" o mediante "para" y ambos modos son equivalentes
   e) El "que" relativo sólo puede tener la función sintáctica de sujeto

4. Construya al menos un argumento para mostrar que el análisis correcto de "Juan dice que él no lo sabe" es éste:

   (21)
   [Juan [dice [que [él no lo sabe]]]]

   y no este otro:

   (22)
   [Juan [[dice que] [él no lo sabe]]]

5. Proponga al menos un argumento para mostrar que en:

   (23)
   El hombre caminaba cabizbajo

   existe una relación de atribución entre "el hombre" y "cabizbajo"

6. Aduzca más argumentos para mostrar que sintagmas como "uno del otro" son sintagmas preposicionales.

ORIENTACIÓN BIBLIOGRÁFICA

Dado que las cuestiones que hemos tratado brevemente en este capítulo son de vital importancia, hemos preferido ofrecer una breve selección comentada de libros que tratan más en profundidad los problemas que aquí hemos simplemente esbozado.

ABAD, F. y otros: *Metodología y Gramática Generativa*, Madrid, SGEL, 1979.
Es una de las pocas antologías hechas íntegramente en nuestro país sobre problemas metodológicos de la gramática. La parte metodológica propiamente dicha contiene artículos de F. Abad, Ángel Manteca, M. A. Quintanilla y Violeta Demonte, y se refieren a la Gramática Generativa de la época, aunque siguen teniendo validez en lo esencial. La segunda parte del libro recoge artículos aplicados a diversos ámbitos. Sobresalen los de I. Bosque, sobre la lingüística no discreta y V. Sánchez de Zavala, sobre Gramática Cognoscitiva.

ALCARAZ VARÓ, E.: *Tres paradigmas de investigación lingüística,* Alcoy, 1990.
Exposición clara y documentada de las metodologías y metateoría gramaticales. Recomendable para profundizar en lo tratado en este capítulo.

BORGER, R. y F. CIOFFI: *La Explicación en las Ciencias de la Conducta,* Madrid, Alianza, 1974 [1970].
Recopilación de artículos que consideran los problemas típicos de la noción de explicación cuando se aplica ésta a las ciencias de la conducta: sociología, antropología, lingüística, etología, etc. En este libro figura el trabajo de Chomsky "La Explicación en Lingüística" (pp. 265-326). Un aspecto interesante del libro es que cada contribución va seguida de observaciones críticas por parte de los demás investigadores que intervienen en el libro y de las contestaciones dadas por el autor.

BOSSUYT, A. (ed.): "Functional Explanations in Linguistics" en *Belgian Journal of Linguistics,* 1, 1986.
Importante recopilación de artículos sobre el concepto de explicación funcional en lingüística; destaca entre ellos el trabajo de S. C. Dik (*On the notion 'Functional Explanation'*).

BOTHA, R. P.: *The Methodological Status of Grammatical Argumentation,* La Haya, Mouton, 1970.
Éste es un libro breve pero muy útil por su claridad y sencillez. En la parte tercera, se estudia la estructura lógica de los argumentos gramaticales, tal y como la hemos expuesto aquí. Es un libro de imprescindible lectura para cualquier gramático.

BOTHA, R. P.: *The Conduct of Linguistic Inquiry. A Systematic Introduction to the Methodology of Generative Grammar,* La Haya, Mouton, 1981.
Este manual de casi quinientas páginas contiene una detalladísima explicación con ejercicios y bibliografía de cómo se formulan los problemas gramaticales, cómo se llega a generalizaciones descriptivas, cómo se comprueban las hipótesis y cómo se justifican, cómo se critican las hipótesis lingüísticas y cómo se defienden. Todo ello se va ejemplificando con problemas gramaticales concretos. A pesar de que la versión de la Gramática Generativa que se usa está ya superada, la obra conserva plenamente su vigencia teórica, ya que el modelo gramatical empleado se toma como mera ilustración. Es, por tanto, una obra de obligado estudio.

BUTTERWORTH, B., y otros: *Explanations for Language Universals,* Mouton, 1984.
Recopilación de artículos en los que se intentan formular explicaciones diferentes a las chomskyanas para las regularidades interlingüísticas.

DOUGHERTY, R.: "A survey of linguistic methods and arguments" en *Foundations of Language,* 1973, 10, pp. 423-490.
Artículo de gran utilidad para el gramático y el lingüista interesado por las cuestiones metodológicas de su disciplina.

HAWKINS, J. A. (ed.): *Explaining Language Universals,* Oxford, Basil Blackwell, 1988.
Importante recopilación de artículos en los que se examinan los diversos enfoques para conseguir una adecuación explicativa de la lingüística universalística actual. Los tipos de explicación que se consideran van desde la innatista a la cognitiva pasando por las explicaciones semánticas y pragmáticas, todo ello sin descuidar las perspectivas diacrónicas. No es un libro adecuado para el principiante.

HEMPEL, C. G.: *Filosofía de la Ciencia Natural,* Madrid, Alianza, 1973 [1966].
Para entender las cuestiones que hemos planteado en este capítulo, es necesario tener una idea, aunque sea somera, de conceptos esenciales de filosofía de la ciencia, tales como contrastación de una hipótesis, ley científica, explicación teórica y otros similares. Este librito de Hempel puede ayudar al no entendido en estas cuestiones a partir de una base fiable.

HEMPEL, C. G.: *La Explicación Científica. Estudios sobre la filosofía de la ciencia,* Buenos Aires, Paidós, 1979 [1965].
Se trata de una recopilación de ensayos del profesor Hempel sobre filosofia de la ciencia. Es especialmente interesante para el gramático, ya que se trata en diversos lugares el concepto de explicación en ciencias humanas. Especialmente útil es el capítulo 7 titulado "Métodos tipológicos en las ciencias naturales y sociales", así como la cuarta parte, dedicada al concepto de explicación científica.

ITKONEN, E.: *Causality in Linguistic Theory. A Critical Investigation into the philosophical and methodological foundations of 'noun-autonomous' linguistics,* Londres, Croom Helm, 1983.
¿Se puede hablar de causalidad en lingüística? ¿Qué sentido tiene buscar las causas de los fenómenos gramaticales? Este libro pasa revista al concepto de causalidad en lingüística. De la aclaración de qué se entiende por "causa" en esta ciencia depende precisamente la posición que se le ha de asignar respecto de otras ciencias como las naturales. No es un libro recomendable para principiantes.

MILNER, J. C.: *Arguments Linguistiques,* Maison, París, 1973.
En este libro, Milner recoge algunos estudios suyos sobre fenómenos sintácticos del francés para ilustrar diversas argumentaciones gramaticales.

PERRY, TH. A. (ed.): *Evidence and Argumentation in Linguistics,* Walter de Gruyter, Berlín, 1980.
Contiene bastantes artículos sobre metateoría gramatical y sobre la argumentación en gramática. Es recomendable como lectura complementaria más que como lectura básica.

SOAMES, S. y D. M. PERLMUTTER: *Syntactic Argumentation and the Structure of English,* University of California Press, 1979.
Pocas son las introduciones a la sintaxis que presentan esta disciplina no como un *corpus* más o menos completo de análisis y caracterizaciones que se dan como válidas, sino como una serie de argumentaciones a favor o en contra de esos análisis o caracterizaciones. Aunque, desde un punto de vista teórico, está en gran medida superado, el libro es utilísimo para la demostración práctica de cómo se construyen los argumentos gramaticales.

WIRTH, J. (ed.): *Assessing Linguistic Arguments,* Washington, Hemisphere Publishing Corporation, 1976.
Recopilación de artículos sobre la argumentación en gramática. Incluye estudios de R. Botha, F. R. Eckman, M. B. Kac y R. C. Dougherty sobre argumentación, generalización empírica y construcciones hipotéticas en gramática.

WUNDERLICH, D.: *Foundations of Linguistics,* Cambridge University Press, 1979 [1974].
Éste es un libro importante, ya que en él se pasa revista a los fundamentos teóricos de la descripción, explicación y argumentación gramaticales. Constituye esta obra una clara explicación de los fundamentos teóricos de la actividad gramatical.

WUNDERLICH, D. (hrsg.): *Wissenschaftstheorie der Linguistik,* Kronberg, Athenäum, 1976.
Se trata de una de las escasas antologías de artículos que consideran cuestiones de metateoría, tales como el carácter empírico de la lingüística o las relaciones entre teoría lingüística y teoría de la gramática.

5

REGLAS Y REPRESENTACIONES I
Relaciones sintagmáticas y constituyentes inmediatos

1. Introducción

En este capítulo vamos a estudiar una serie de conceptos teóricos que se utilizan con profusión en la lingüística actual y que constituyen parte de una teoría general de la gramática, ya que se emplean en la construcción de gramáticas de lenguas concretas. Los conceptos básicos que estudiaremos son los de *constituyente inmediato, relaciones de dominio* y *relaciones de dependencia*. Todos tienen que ver con el concepto de *relaciones sintagmáticas,* de modo que empezaremos con su definición y ejemplificación.

2. Relaciones sintagmáticas y relaciones de contigüidad

Por *relaciones sintagmáticas* debemos entender las que contraen los elementos que coaparecen en las expresiones lingüísticas. Sabemos que las expresiones lingüísticas se componen de elementos más simples que se asocian entre sí. Pues bien, esos elementos pueden contraer una serie de relaciones relevantes lingüísticamente que denominamos *sintagmáticas*. Pero no todos los elementos que coaparecen en una misma expresión contraen necesariamente estas relaciones, sólo algunos de ellos. Para clarificar esto, veamos un par de ejemplos de la fonología y de la sintaxis.

Consideremos las dos secuencias siguientes:

(1)
a) /kapáθdetódo/
b) llegó el presidente

El primer caso es una representación fonológica que corresponde a la secuencia escrita "capaz de todo". Desde el punto de vista de la estructura silábica, observamos que hay elementos que aparecen juntos y que están dentro de una misma sílaba, como

/ka/ o /to/, y otros que aparecen juntos pero que no pertenecen a la misma sílaba, tales como /θd/, /et/ o /od/. La diferencia entre los primeros y los segundos es que los primeros contraen una determinada relación sintagmática, que en este caso es la de cabeza y núcleo silábicos, y los segundos no contraen tal relación. Este ejemplo nos sirve, además, para ampliar el término "sintagmático", ya que muchas veces se confunde con el término "sintáctico". Como vemos, hay relaciones de coaparición que no son sintácticas, aunque sí sintagmáticas.

Pasemos ahora al ejemplo (1b). En este caso, observamos que existen elementos contiguos que contraen relación sintagmática y otros elementos contiguos que no la contraen. Un ejemplo del primer caso es "el presidente" y otro del segundo, "llegó el". En efecto, se dice que "el" y "presidente" contraen una determinada relación sintagmática dentro del sintagma nominal; pero en "llegó el" no existe relación sintagmática alguna entre el verbo "llegó" y el artículo "el".

Los dos ejemplos nos sirven para distinguir entre relaciones de contigüidad y relaciones sintagmáticas. No todos los elementos que aparecen contiguos en el discurso mantienen entre sí relaciones sintagmáticas, ni todos los elementos que mantienen relaciones sintagmáticas aparecen contiguos en el discurso. Un caso de esto último podemos verlo en las frases siguientes:

(2)
a) De ese asunto nunca podrá hablarse
b) ¿A quién dices que vio Juan?

En la frase (2a) existe una relación sintagmática entre "de ese asunto" y "hablarse", ya que la primera expresión es un complemento regido por la segunda; sin embargo, esos dos elementos no aparecen contiguos en la oración. De igual modo, en (2b) "a quién" y "vio" están en relación sintagmática, ya que la primera expresión es un complemento de la segunda y, sin embargo, no aparecen contiguas.

A pesar de todo, existe una tendencia en las lenguas del mundo a realizar las relaciones de dependencia mediante relaciones de contigüidad; cuando esto no ocurre así, tenemos estructuras marcadas o especiales. Este principio se puede denominar *principio de la contigüidad sintagmática* y se puede enunciar como sigue:

(3)
Principio de la contigüidad sintagmática

> Los elementos relacionados sintagmáticamente presentan una acusada tendencia en las lenguas del mundo a aparecer contiguos.

Cuando no se observa este principio, como en las oraciones de (2a) y (2b), solemos obtener estructuras marcadas. En efecto, (2a) es una forma enfática de decir "Nunca se podrá hablar de ese asunto", que sería la forma normal o no marcada. Por otro lado, (2b) es una oración especial llamada "interrogativa" (véase el capítulo 25, sección 3), que presenta un tipo particular de pronombre denominado "pronombre interrogativo"; es, por tanto, una oración marcada para un fin concreto: el de formular preguntas.

Por otro lado, debe tenerse en cuenta que lo que este principio dice es que si dos elementos contraen una relación sintagmática, entonces existe una tendencia a que aparezcan inmediatamente uno al lado del otro. No establece nada sobre los elementos que están en relación de contigüidad. Como hemos visto, hay elementos contiguos que no contraen relación sintagmática alguna.

Aparte de esto, conviene distinguir entre *contigüidad* y *sucesión*. Aunque, por las características de las expresiones lingüísticas, la contigüidad supone casi siempre sucesión, esto no es así en todos los casos. Existe una relación sintagmática entre la entonación de una oración y la oración misma, ya que, según entonemos "Juan viene mañana", podemos emitir una pregunta o una aseveración; en este caso, la entonación indica qué tipo de oración aparece: interrogativa o enunciativa. La relación entre la entonación y la oración es sintagmática y contigua pero no sucesiva, ya que aquélla se emite simultáneamente y no sucesivamente a ésta.

En lenguas tonales, como el chino, existe relación sintagmática no sucesiva entre las palabras y la entonación. Por ejemplo, "mài" (pronunciado con tono descendente) significa "vender ", "mâi" (pronunciado con tono descendente-ascendente) significa "comprar" y "mái" (pronunciado con tono ascendente), significa "enterrar". Veamos unos ejemplos más del chino y del castellano:

(4)
Ejemplos de relación sintagmática no sucesiva

a) *Castellano:*
Yà (con entonación semidescendente): Asentimiento
Yà (con entonación descendente): Disentimiento
Yá (con entonación ascendente): Petición de confirmación
b) *Chino:*
没 méi (con entonación ascendente): no
母 mêi (con entonación descendente-ascendente): cada
妹 mèi (con entonación descendente): hermana menor

Como conclusión, diremos que hay que diferenciar entre relaciones de contigüidad y relaciones sintagmáticas, aunque ambas están estrechamente unidas por el principio que acabamos de establecer.

3. Constituyentes inmediatos (CCII)

Entendemos por *constituyentes* aquellas agrupaciones de elementos o aquellos elementos simples que contraen una relación sintagmática dentro de una expresión compleja, ya sea fonológica, morfológica, sintáctica o semántica. Vamos a ver dos ejemplos: uno de fonología y otro de sintaxis. Consideremos las dos expresiones complejas siguientes:

(5)
a) /pren/
b) Ese hombre sabe de todo

En el primer caso tenemos una expresión compuesta de cuatro elementos: /p/, /r/, /e/ y /n/; ahora bien, éstos forman una unidad fonética que se denomina "sílaba". Esta unidad compleja determina una serie de relaciones sintagmáticas entre los elementos que la constituyen; estas relaciones son las que explican por qué sólo es aceptable la agrupación que mostramos en cuarto lugar:

(6)
/p/ + /r/ + /en/

(7)
/pre/ + /n/

(8)
/p/ + /re/ + /n/

(9)
/pr/ + /e/ + /n/

En efecto, la sílaba puede constar de una *cabeza,* un *núcleo* y *una coda.* El primer elemento es, a su vez, complejo (/pr/), el segundo, es una vocal (/e/) y el tercero, una consonante (/n/). Obsérvese que cada uno de estos *constituyentes* de la sílaba debe cumplir una serie de leyes muy estrictas. Por ejemplo, las cabezas silábicas españolas pueden constar de un número limitado de combinaciones: /br/, /bl/, /pr/, /pl/, /kl/, /kr/ (estos dos últimos escritos como cl y cr) /fl/, /fr/ y no, por ejemplo, de /dl/, /ml/ o /fs/ que pueden aparecer como cabeza silábica en ruso. Los núcleos silábicos españoles deben contener una vocal, aunque, en otras lenguas, pueden funcionar como tales /l/ y /r/ (en checo, por ejemplo); por último, la coda silábica también posee una serie de severas constricciones: puede presentar /ns/, pero no, por ejemplo, /ls/, que sí puede darse en catalán. Por tanto, los constituyentes de /pren/ son los que se especifican en el diagrama siguiente:

(10)

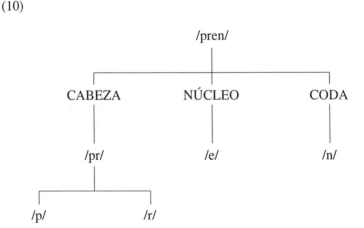

Decimos que /pr/, /e/ y /n/ son constituyentes de la sílaba /pren/; dado que son elementos simples o complejos que contraen una determinada relación sintagmática dentro de esa sílaba. Esas relaciones sintagmáticas, en este caso, se denominan *cabeza, núcleo* y *coda*. De esta manera, /pr/ tiene la relación *cabeza*-de con /pren/, /e/ tiene la relación *núcleo*-de con /pren/ y /n/ tiene la relación *coda*-de con /pren/. Por otro lado, ni /pre/ ni /re/ mantienen relación sintagmática alguna con /pren/, por lo que las segmentaciones (6), (7) y (8) no son las adecuadas.

Pasamos ahora al ejemplo sintáctico de (5b) *(Ese hombre sabe de todo)*. En este caso, observamos también que los elementos han de agruparse en constituyentes según las relaciones que mantienen con toda la expresión compleja. Por consiguiente, podemos proponer el diagrama siguiente:

(11)

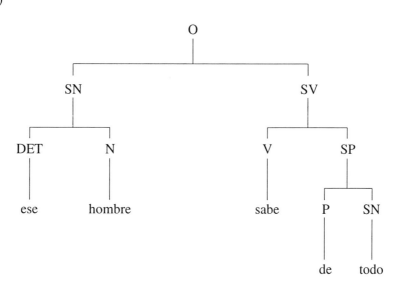

Como se ve, "ese hombre" forma un constituyente de la oración (O) y ese constituyente se denomina Sintagma Nominal (SN). Por tanto, "ese hombre" es el SN de la O. Por otro lado, "sabe de todo" forma otro constituyente, que denominamos Sintagma Verbal (SV); decimos, entonces, que "sabe de todo" es el SV de la O "ese hombre sabe de todo". A su vez, "sabe" y "de todo" son constituyentes del SV "sabe de todo"; el primero es el verbo (V) de esa agrupación que llamamos "sintagma verbal" y el segundo es el sintagma preposicional (SP) "de todo", que complementa ese verbo. Por su parte, el SN "ese hombre" tiene dos constituyentes: un determinante (DET) "ese" y un nombre (N) "hombre" y el SP consta de otros dos constituyentes: la preposición "de" y el pronombre "todo", que forma aquí un sintagma nominal.

Los constituyentes de la O no tienen por qué ser complejos, como ocurre en este caso; pueden ser simples. En "Juan habla", el SN de la oración "Juan habla" es "Juan" y el sintagma verbal de esa misma oración es "habla".

Está claro que "hombre sabe" no es un constituyente de O en (11), ya que estos dos elementos no forman un complejo que tenga relación alguna con la oración completa. De igual modo, "sabe de" no es un constituyente del sintagma verbal "sabe de todo", ya que no contrae relación alguna con el SV en su totalidad. Obsérvese que tanto en "hombre sabe" como en "sabe de", los dos elementos están contiguos, pero no contraen relación sintagmática alguna.

Pasamos ahora a una noción esencial: es la de *constituyente inmediato*. Esta noción se define a partir de la de constituyente, que ya conocemos, del siguiente modo:

(12)
Constituyente inmediato

Un elemento simple o compuesto x es un constituyente inmediato (CI) de otro elemento complejo y, si x es un constituyente de y, y además no existe ningún otro elemento complejo z tal que z es constituyente de y o constituyente de algún constituyente de y, y además x es constituyente de z. En caso contrario, x será, como mucho, un *constituyente mediato* de y.

Veamos esta definición respecto de los ejemplos (10) y (11).

En (10) nos damos cuenta, por ejemplo, que /p/ no es un constituyente inmediato (CI) de /pren/. Veamos cómo se aplica la definición. En efecto, en este caso x es /p/ que, según el esquema (10), es un constituyente de /pren/, que es lo que equivale ahora a y (es uno de los elementos que constituyen la cabeza de la sílaba); ahora bien, existe un constituyente z, que, en este caso, es /pr/ del que, a su vez, /p/ es constituyente y que, por su lado, es constituyente de y, es decir, de /pren/. Por ello, según la definición, /p/ es un constituyente mediato de /pren/.

Por su parte, /pr/ sí es un CI de /pren/, ya que /pr/ es un constituyente de /pren/ y no hay ningún elemento intermedio entre el primero y el segundo; es decir, no hay ningún constituyente complejo de /pren/ que tenga /pr/ como constituyente (que no sea el mismo /pr/), tal como se puede observar en el árbol (10).

Pasemos ahora al ejemplo de (11). Allí podemos comprobar que "de" no es un CI de "ese hombre sabe de todo", sino un constituyente mediato. Esto porque, si bien "de" es un constituyente de "ese hombre sabe de todo", ya que es el elemento que introduce el complemento del verbo que constituye el SV de dicha oración, existe un constituyente SP ("de todo") del que "de" es constituyente que a su vez es constituyente de otro (el SV "sabe de todo"), que lo es también (además inmediato) de O ("ese hombre sabe de todo").

De un modo más sencillo, podríamos decir que si A es CI de B y B es CI de C, entonces A es constituyente mediato de C. Según ello, "de" es CI de "de todo" y constituyente mediato de "sabe de todo"; como este último es a su vez constituyente inmediato de "ese hombre sabe de todo", se deduce que "de" es constituyente mediato de esa oración.

Por otro lado, "hombre sabe" no es constituyente ni mediato ni inmediato de "ese hombre sabe de todo". En efecto, no existe ningún constituyente en (11) del que "hombre" y "sabe" sean constituyentes inmediatos, ya que "hombre" es CI de "este hombre" y "sabe" es CI de "sabe de todo". Tampoco "hombre sabe" es constituyente mediato del mismo constituyente complejo. En efecto, "hombre" es constituyente mediato de "este hombre sabe de todo" y "sabe" es constituyente mediato de la misma oración, pero "hombre sabe" son sólo dos palabras que aparecen contiguas en la oración.

También suele hablarse en la lingüística actual de relaciones de *dominio*, para referirse a los constituyentes. Se dice que un constituyente complejo *domina* a los elementos que son sus constituyentes (in)mediatos y que éstos son *dominados* por aquél. Por ejemplo, en (11) "este hombre" domina a "este" y a "hombre" y "este hombre sabe de todo" domina a "este hombre" y a "sabe de todo". El *dominio inmediato* se corresponde a la noción de constituyente inmediato y el dominio *mediato* a la de constituyente mediato. Decimos entonces que "de" está dominado inmediatamente por "de todo" y mediatamente por "sabe de todo". De modo análogo, "este" está dominado inmediatamente por "este hombre" y mediatamente por "este hombre sabe de todo".

Se utiliza con frecuencia también la noción de *mando de constituyentes* (mando-c), que se enuncia en términos de los conceptos hasta ahora explicados. Es una noción extremadamente útil y fructífera para enunciar muchas generalizaciones lingüísticamente pertinentes. La definición que expondremos aquí se debe a la lingüista estadounidense T. Reinhart.

(13)
Mando-c

> Un elemento x manda-c a otro elemento, y si y sólo si, y es un constituyente del elemento del que x es constituyente inmediato y ni x domina a y ni y domina a x. Estos elementos han de ser *ramificantes*; es decir, han de tener al menos dos constituyentes inmediatos.

En efecto, obsérvese el diagrama de (11). Se verá, por ejemplo, que "este hombre" manda-c a "todo". En efecto, x es "este hombre" e y es "todo". La primera condición es que "todo" debe estar dominado por el elemento que domina inmediatamente a "este hombre": es decir, "todo" debe ser un constituyente (mediato o inmediato) del elemento del que "ese hombre" es constituyente inmediato. En efecto, ese elemento es la oración completa "ese hombre sabe de todo" y "ese hombre" es constituyente inmediato de dicha oración y "todo", constituyente mediato de ella. Por tanto, se cumple la condición de que "todo" es constituyente del elemento del que "ese hombre" es constituyente inmediato. La segunda condición es la de que "ese hombre" no debe dominar a "todo" o, en otros términos, la de que "todo" no debe ser constituyente ni mediato ni inmediato de "ese hombre". Así ocurre, en efecto. La tercera y última condición también se cumplen, ya que "todo" no domina a "ese hombre"; es decir, "ese hombre" no es constituyente mediato ni inmediato de "todo". Por tanto, "ese hombre" manda-c a "todo".

Comprobemos ahora si se da la relación en sentido inverso; es decir, si "todo" manda-c a "ese hombre". Veamos si se cumple el primer requisito. Éste exige que "ese hombre" esté dominado inmediata o mediatamente (o en la otra formulación, sea constituyente mediato o inmediato) por el elemento que domina inmediatamente a "todo" (o, en la otra formulación, del que "todo" es constituyente inmediato). Ese elemento complejo es precisamente "de todo". Pero está claro que "de todo" no domina ni inmediata ni mediatamente a "ese hombre" (es decir, "ese hombre" no es constituyente mediato ni inmediato de "de todo"). Como éste es un requisito imprescindible, entonces no puede darse que "todo" mande-c a "ese hombre".

Como hemos dicho, esta relación de mando-c es sumamente útil para enunciar determinadas generalizaciones gramaticales. Veamos un ejemplo muy sencillo para ilustrar esta utilidad.

En español, es muy corriente que algunos sustantivos lleven como complementos cláusulas de infinitivo precedidas por la preposición "para". Así, se dice: "libros para aprender inglés"; "planes para reconstruir la ciudad" etc. Ahora bien, para que la secuencia "para + INF" pueda complementar al sustantivo, éste debe mandar-c a aquélla en la estructura de constituyentes. Consideremos, en este sentido, las dos oraciones siguientes:

(14)
Juan lee libros para aprender a estudiar

(15)
Para aprender a estudiar, Juan lee libros

Podemos proponer las siguientes estructuraciones para cada una de ellas:

(16)

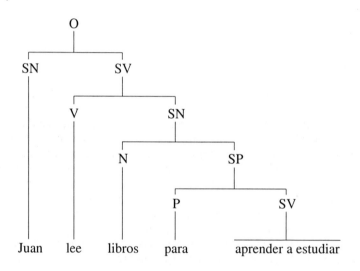

(17)

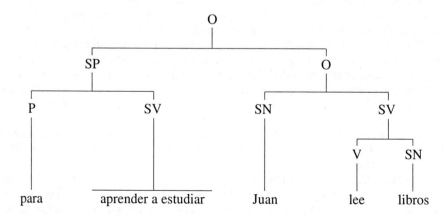

Existe una clara diferencia entre (14) y (15). En el primer caso, se dice que Juan lee libros en los que se enseña metodología del estudio, cómo estudiar; en el segundo caso, sin embargo, se nos dice que Juan lee libros sin especificar, para así aprender a estudiar. Esto significa que en (14) "para aprender a estudiar" se puede interpretar como complemento de "libros", pero en (15) no es posible. Esto puede deberse a que "libros" manda-c a "para aprender a estudiar" en (16), que es la estructura de constituyentes de (14), y no en (17), que es la estructura de constituyentes de (15).

En efecto, en (16) "libros" manda-c a "para aprender a estudiar", ya que el elemento que domina inmediatamente a "libros" (es decir, el SN) domina, en este caso mediatamente, a "para aprender a estudiar" y, además, ni "libro" domina a "para aprender a estudiar" ni "para aprender a estudiar" domina a "libros". Por consiguiente, "para aprender a estudiar" sí puede ser complemento de "libros", ya que éste manda-c a aquél.

Veamos ahora el caso de (17). Allí, "libros" no manda-c a "para aprender a estudiar", pues el elemento que domina inmediatamente a "libros", que es el SV, no domina de ningún modo a "para aprender a estudiar" y, por tanto, "libros" no manda-c a "para aprender a estudiar". Por consiguiente, "para aprender a estudiar" no puede ser complemento de "libros" en (17).

Utilizando este concepto de mando-c, podemos definir otro concepto clave en la lingüística general contemporánea: se trata del concepto de *rección*. Tal definición la daremos en el capítulo siguiente, ya que necesitamos conocer otros conceptos que aún no hemos explicado.

4. Los corchetes rotulados

Existe una forma más cómoda de mostrar la estructura en constituyentes de una secuencia, que la de dibujar un árbol. Manejar árboles es a veces muy engorroso y se hace bastante complicado. Hay, sin embargo, una manera mucho más sencilla y práctica de mostrar las relaciones sintagmáticas sin necesidad de recurrir a gráficos en dos dimensiones. Se trata de los corchetes rotulados. Sean los ejemplos que vimos antes.

(18)
/pren/

(19)
Ese hombre sabe de todo

La nueva notación consiste en agrupar los elementos que son constituyentes inmediatos, encerrándolos entre corchetes y poniendo como subíndices de esos corchetes, la categoría que domina inmediatamente a tales constituyentes inmediatos. Por ejemplo, la siguiente fórmula:

(20)
$[_C A\ B]_C$

nos indica que los elementos A y B son constituyentes inmediatos de la categoría C. Por supuesto, este constituyente complejo puede formar parte, en concepto de constituyente inmediato, de otra categoría superior. Primero, introducimos otro constituyente complejo y luego la fórmula resultante.

(21)
$[_D \text{ F G}]_D$

(22)
$[_E [_C \text{A B}]_C [_D \text{ F G}]_D]_E$

La expresión (22) significa que la categoría E tiene como constituyentes inmediatos a los dos constituyentes complejos C y D. A su vez, D tiene como constituyentes inmediatos F y G y C tiene como constituyentes inmediatos A y B.
Si aplicamos esta notación a (18) y (19) obtenemos las siguientes representaciones:

(23)
$[_S [_C \text{[p r]}]_C [_N \text{e}]_N [_{CO} \text{n}]_{CO}]_S$

(24)
$[_O [_{SN} [_{Det} \text{ese}]_{Det} [_N \text{hombre}]_N]_{SN} [_{SV} [_V \text{sabe}]_V [_{SP} [_P \text{de}]_P [_{SN} [_N \text{todo}]_N]_{SN}]_{SP}]_{SV}]_O$

5. Las reglas sintagmáticas

Podemos formular las relaciones sintagmáticas que hemos estado viendo hasta ahora mediante una serie de enunciados formales, que suelen denominarse *reglas sintagmáticas*. Estas reglas sintagmáticas sirven para caracterizar y restringir las relaciones sintagmáticas que pueden darse entre las expresiones lingüísticas. Tales reglas se pueden enunciar de diversas maneras. Las dos formas más usuales se muestran a continuación:

(25)

a) $A \Rightarrow B + C$

   i) $B \Rightarrow b$
   ii) $C \Rightarrow c$

b) Si *b* es un elemento que pertenece a la categoría *B* y *c* es un elemento que pertenece a la categoría *C*, entonces *b* + *c* es un elemento complejo que pertenece a la categoría *A*.

La primera regla (25a) nos dice que una categoría de tipo *A* consta de, o domina inmediatamente a, las categorías *B* y *C*, que aparecen concatenadas en el orden establecido. Además (25ai) nos dice que el elemento *b* pertenece a la categoría *B* y (25aii), que el elemento *c* pertenece a la categoría *C*.
La segunda formulación (25b) es mucho más sencilla de comprender y se verá que es formalmente equivalente a la primera. Ambas caracterizan estructuras de constituyentes como la que mostramos a continuación:

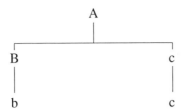

Las reglas de tipo (25a) son más fácilmente manejables que las de tipo (25b), pero éstas son más explícitas que aquéllas. En realidad, tanto (25a) como (25b) caracterizan dos cosas diferentes: una de ellas es la expresión de la relación sintagmática entre los elementos b y c y la otra, la relación de contigüidad entre esos dos elementos. Si queremos separar ambas cosas, ya que se trata de dos fenómenos diferentes (aunque relacionados, tal como acabamos de ver), tendremos que modificar (25a) en el sentido de no especificar en esa regla que B se concatena con C, sino dejar esto sin determinar y luego, en otra regla posterior, especificar el orden lineal en el que aparecen los dos elementos que contraen la relación sintagmática definida por la regla. La coma que separa a B y C en (26a) indica que no se exige ordenación alguna lineal de los dos elementos.

(26)
a) $A \Rightarrow B, C$
 i) $B \Rightarrow b$
 ii) $C \Rightarrow c$
 iii) $B > C$

La enunciación de (26aiii) significa que cualquier elemento de la categoría B debe ir antes o preceder a cualquier elemento de la categoría C. Esto caracteriza como permisible únicamente la secuencia $b + c$.

En (25b) habría que introducir una especificación adicional para establecer esta diferenciación entre relación sintagmática y precedencia lineal. Hay que proponer una operación sintáctica de concatenación, que ha de ser mencionada en esa regla sintáctica específica. Tal regla se basa en un operador de concatenación +, que opera sobre b y c para obtener la secuencia [bc].

(27)
Si b es un elemento que pertenece a la categoría B y c es un elemento que pertenece a la categoría C, entonces + $(b, c) = [bc]$ es un elemento complejo que pertenece a la categoría A.

Esta regla (27) es la regla anterior (25b) reformulada.

6. Las relaciones de dependencia

Hasta ahora hemos visto cómo las relaciones sintagmáticas entre los elementos se expresaban en términos de la noción de *constituyente inmediato*. Esta noción es puramente estructural; hemos visto cómo las relaciones de dependencia se expresaban en términos de la noción estructural de dominio inmediato y de otras más complejas, como la de *mando de constituyentes* o *mando-c*.

Ahora bien, podemos elegir la representación directa de estas relaciones de dominio sin que en la misma intervenga para nada la noción de constituyente inmediato. De esta manera, un diagrama como el siguiente significa que los elementos *B* y *C* son dependientes o están subordinados al constituyente *A*.

(28)

En este caso, las líneas que unen a *B* y *C* con *A* no indican que los dos primeros elementos sean constituyentes inmediatos del segundo, sino que entre éstos existe una relación de dependencia.

Por ejemplo, en una notación de este tipo, la oración *Juan sabe inglés* se representaría del modo que se muestra en (29):

(29)

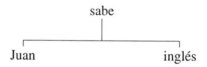

En efecto, el elemento nuclear desde el punto de vista de la dependencia sintáctica, es el verbo *sabe*, ya que *Juan* e *inglés* poseen una determinada relación sintáctica respecto de *sabe* y no al revés. Es decir, *Juan* es el sujeto de *sabe* e *inglés* es el objeto de *sabe*. Sin embargo, no tendría sentido decir que *sabe* es algo respecto de *Juan* o que *sabe* es algo respecto de *inglés*. Se dice, es verdad, que *sabe inglés* es el predicado de *Juan* o que *sabe* es el verbo del que *inglés* es objeto. Pero, mientras que está claro que un verbo requiere un nombre o dos como sujeto o sujeto y objeto, respectivamente, la mayoría de los nombres no requieren habitualmente nada. En este sentido, decimos que un verbo es una *expresión relatoria* y un nombre, no. Las expresiones relatorias introducen relaciones de dependencia, ya que requieren elementos. Otro caso de expresión relatoria que introduce una relación de dominio es la preposición: una preposición puede requerir un sustantivo, pero éste no exige una preposición. En este sentido, en *con Juan*, *Juan* dependería de *con*.

Veamos un análisis de dependencias de una oración algo más compleja: *tu joven hermana ha regalado un perfume caro a su devoto novio*.

Las relaciones de dependencia, cuando se representan directamente, se investigan independientemente de las estructuras de constituyentes que las realizan. Sin embargo, hoy día todavía no se ha desarrollado una teoría de la dependencia que goce de cierto acuerdo en la comunidad lingüística. Por ello, los estudios enunciados en esta corriente no son tan conocidos y citados como los que utilizan la que maneja constituyentes. Sin embargo, la estructuración de las relaciones sintagmáticas a base de predicados y argumentos, que veremos en el capítulo 7, es una concreción de la gramática de dependencias basada en una notación lógica.

1. Analice en sus constituyentes morfológicos inmediatos la palabra *desvergonzadamente*.

2. Dé dos análisis posibles en constituyentes inmediatos de la expresión *Juan conoce a su mejor amigo desde niño*.

3. Determine si *ese hombre* manda-c a *trabaja* en *el amigo de ese hombre trabaja en la fábrica;* verifique, además, si *el amigo de ese hombre* manda-c a *la fábrica*.

4. Ponga en corchetes rotulados el siguiente árbol:

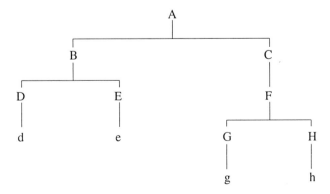

5. Proponga las reglas sintagmáticas precisas para caracterizar formalmente la estructura del ejercicio anterior. Formúlelas de las dos maneras explicadas.

6. Analice en un diagrama de dependencias la oración: *el alumno aplicado ha hecho un trabajo excepcionalmente bueno.*

CLAVE **1.** Para *desvergonzadamente* podemos proponer el siguiente diagrama arbóreo:

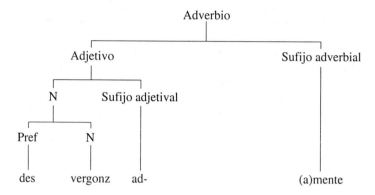

2. *Juan conoce a su mejor amigo desde niño* posee dos lecturas bien diferenciadas, según nos refiramos al hecho de que, desde que era niño, Juan conoce a Pedro, o bien digamos que Juan conoce a Pedro desde que éste (su mejor amigo) era niño.

Podemos decir, entonces, que en el segundo caso *desde niño* es un constituyente del sintagma verbal "conoce a su mejor amigo" y, en el primero, de toda la oración. Los dos análisis serían, pues, los siguientes:

a)

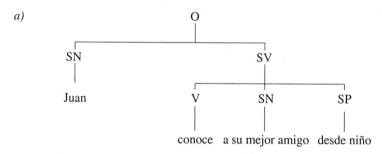

b)

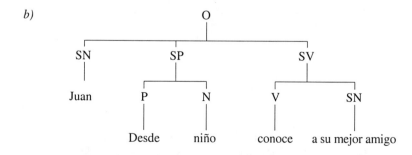

Merece la pena hacer notar que en a) "su mejor amigo" manda-c a "desde niño" y que en b) "Juan" manda-c a "desde niño" y "su mejor amigo" no lo manda-c. En a) también se da la circunstancia de que "Juan" manda-c a "desde niño". Si decimos que para que un complemento afecte a un núcleo, éste debe mandar-c a aquél, entonces predecimos que "Juan conoce a su mejor amigo desde niño" será ambigua, ya que tanto "Juan" como "su mejor amigo" mandan-c a "desde niño". Por otro lado, si asignamos a "desde niño, Juan conoce a su mejor arnigo" solamente la estructura de b), entonces sólo se obtiene la acepción en la que "desde niño" es complemento de "Juan", ya que "su mejor amigo" no manda-c a "desde niño"; y, en efecto, esta oración parece tener sólo la acepción predicha.

3. La estructura de *el amigo de ese hombre trabaja en la fábrica* tiene el siguiente posible análisis en constituyentes inmediatos:

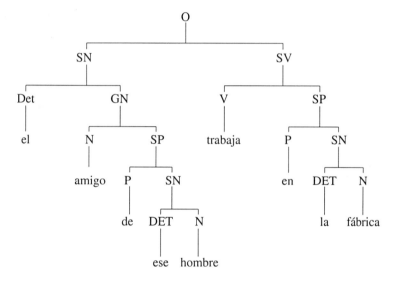

Está claro que *ese hombre* no manda-c a *trabaja*. Ello porque *trabaja* no es un constituyente del elemento del que es constituyente inmediato *ese hombre* ; es decir, no es constituyente de *de ese hombre*.

Por otro lado, *el amigo de ese hombre* sí manda-c a *la fábrica,* dado que *la fábrica* es constituyente del elemento del que es constituyente inmediato *el amigo de ese hombre,* es decir, de O; además, ni *el amigo de ese hombre* domina a *la fábrica* ni *la fábrica* domina a *el amigo de ese hombre,* como puede comprobarse por inspección inmediata.

4. A esta estructura arbórea le corresponde la siguiente estructura de corchetes:

(30)
$[_A[_B[_D d]_D[_E e]_E]_B[_C[_F[_G g]_G[_H h]_H]_F]_C]_A$

5. Damos las dos reglas sintagmáticas en sus dos formulaciones:

(31)
a) A ⇒ B + C
b) C ⇒ F

(32)
Si concatenamos cualquier elemento de la categoría B con cualquier otro de la categoría C, obtendremos una frase compleja de la categoría A.
Cualquier elemento de la categoría F forma un constituyente de la categoría C.

6. La estructura de dependencias de la oración *el alumno aplicado ha hecho un trabajo excepcionalmente bueno* que se pide es la siguiente:

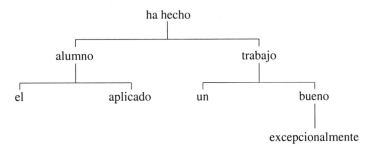

CUESTIONES PROPUESTAS

1. Proponga una estructuración en CCII para:

   (33)
   a) retransmisiones
   b) interposiciones

2. Proponga al menos dos estructuraciones en constituyentes inmediatos para las siguientes oraciones:

   (34)
   a) Compran periódicos y libros viejos
   b) Vieron a los zorros cazando

3. En la estructura del ejercicio tercero, ¿manda-c *fábrica* a *en*? ¿manda-c GN a SP?

4. Ponga en corchetes rotulados la estructura arbórea del ejercicio anterior.

5. Dé las demás reglas que hacen falta para caracterizar la estructura del ejercicio 4.

6. Proponga un análisis de dependencias de la siguiente oración: *los buenos amigos nunca niegan su ayuda*.

ORIENTACIÓN BIBLIOGRÁFICA

BÁEZ SAN JOSÉ, V.: *Fundamentos Críticos de la Gramática de Dependencias,* Madrid, Síntesis, 1988.
   Introducción a la gramática de dependencias. No es muy recomendable para principiantes, ya que la mayoría de los ejemplos ilustrativos son del alemán.

HOCKETT, H. F.: *Curso de Lingüística Moderna,* Buenos Aires, EUDEBA 1971 [1958], capítulo 17. "Constituyentes Inmediatos", pp. 149-158.
Exposición clara y precisa sobre el concepto de constituyente inmediato. Los capítulos siguientes hasta el 31 son muy útiles como ilustración de las virtudes y limitaciones del análisis en CCII.

HUDSON, R. A.: "Constituency and Dependency" en *Linguistics,* 18, 1980, pp. 179-198.
Artículo en que se analizan las relaciones entre dos de las cuestiones que hemos tratado en este capítulo: relaciones de dominio y de dependencia.

LYONS, J.: *Introducción en la Lingüística Teórica,* Barcelona, Teide 1973 [1968], sección 6.1.
Se trata de una introducción muy clara a la noción de constituyente inmediato.

MARCOS MARÍN, F.: "Aspectos de la gramática de dependencias" en F. Marcos Marín (1990), pp. 148-157.
Útil exposición del modelo de Tesnière.

PENADÉS MARTÍNEZ, I: "Sintaxis funcional" en A. López García *et al.,* 1990, capítulo 6, pp. 161-178.
En esta breve exposición se explican con claridad conceptos básicos de las gramáticas de dependencias.

POSTAL, P. M. (1964): *Constituent Structure,* Indiana University, 1964.
Obra clásica en la que se analiza la noción de la estructura en constituyentes y sus diversas variantes notacionales y terminológicas, en el ámbito de la lingüística estadounidense.

ROJO, G. y T. JIMÉNEZ JULIÁ: *Fundamentos del Análisis Sintáctico Funcional,* Universidad de Santiago de Compostela, 1989.
Es un compendio claro y conciso de los diversos modelos actuales de descripción de las relaciones sintagmáticas. Interesan especialmente, en conexión con lo explicado aquí, los capítulos segundo y tercero. Incluye también una exposición breve del modelo de dependencias. Es un libro adecuado para principiantes.

TESNIÈRE, L. (1959): *Elementos de Sintaxis estructural,* Madrid, Gredos, 1994 [1959].
Es la obra donde se expone con más detenimiento y afán generalizador el método de análisis en dependencias. Es un hito importantísimo en la lingüística de nuestro siglo y constituye una fuente inagotable de ejemplos y análisis sugerentes y fructíferos. No es adecuado para principiantes.

TUSÓN, J.: *Teorías Gramaticales y Análisis Sintáctico,* Barcelona, Teide, 1980.
Libro claro y pedagógico en el que se exponen accesiblemente algunos de los conceptos aquí explicados. Nos interesa ahora especialmente la sección 2.2, dedicada a los métodos distribucionalistas y al análisis en constituyentes inmediatos y la sección 2.3, donde se introduce el concepto de regla gramatical. La sección 3.2, de carácter más práctico, también puede ser de mucha utilidad en conexión con lo visto en este capítulo. Es una obra adecuada para principiantes.

WELLS, R. S.: "Immediate Constituents" en *Language,* 23, 1947, pp. 81-117.
Artículo ya clásico sobre la noción de constituyente inmediato.

6

REGLAS Y REPRESENTACIONES II
Núcleos y complementos.
Gramáticas categoriales

1. La estructuración sintagmática de las categorías gramaticales: el núcleo y los complementos

Si observamos cómo se estructuran o contraen relaciones sintagmáticas distintas frases complejas, veremos en seguida una serie de propiedades comunes que merece la pena resaltar. Comparemos, por ejemplo, los siguientes sintagmas:

(1)
Muy fácil de hacer

(2)
Algún cesto de mimbre

(3)
Poco rápido para él

(4)
Ha visto a Juan

Como vemos, cada uno de ellos es un tipo de sintagma diferente desde el punto de vista gramatical. El (1) es un sintagma adjetival y, como tal, tendrá todas las funciones y todas las características de los adjetivos. El (2) es un sintagma nominal. El (3) es un sintagma adverbial y el (4), un sintagma verbal. Entendemos por *sintagma* cualquier secuencia de palabras menor que la oración entre las que existe una relación gramatical.

Ahora bien, estas cuatro expresiones se estructuran de una manera muy similar. Primero, en las cuatro hay un elemento que determina las características de todo el sintagma. En efecto, si (1) es un sintagma adjetivo es porque hay una palabra en él que es un adjetivo ("fácil") y ella determina el *status* de todo el sintagma. A esa palabra que determina las características de todo el sintagma, se la puede denominar *núcleo*. Los núcleos de (1), (2), (3) y (4) serán respectivamente: "fácil", "cesto", "rápido", y "visto". Por su parte, todos esos núcleos poseen un complemento; en el caso de (1) el complemento de "fácil" es "de hacer"; en el caso de (2) el complemento de "cesto" es "de mimbre" y en el caso de (4), el complemento de "visto" es "a Juan". Los complementos son sintagmas que modifican directamente el núcleo de la construcción y cuya aparición y forma están determinadas en mayor o menor medida por él. Dos casos de determinación total son los de "fácil" y "visto", cuyos complementos son "de hacer" y "a Juan", respectivamente. El adjetivo no admite complementos encabezados por "con" o "sobre"; el verbo requiere un complemento encabezado por "a" cuando éste es un nombre propio, como ocurre en el ejemplo. Antes de seguir adelante, conviene señalar algunas de las características que nos hacen identificar un elemento como núcleo de un sintagma. Siguiendo a Zwicky (1985) podemos establecer las siguientes características de los núcleos:

(5)
Características de los núcleos

a) *Semántica:* en un sintagma, el complemento nos especifica un subtipo de entidades de las denotadas por el núcleo. Se dice entonces que el complemento restringe semánticamente al núcleo.
b) *Sintaxis:* el núcleo puede exigir una posición sintáctica subcategorizada, que es el complemento. Un núcleo puede estar subcategorizado para un complemento.
c) *Morfología:* el núcleo es el elemento que manifiesta y controla las propiedades morfológicas de todo el sintagma. Por tanto, es el elemento que puede inducir concordancia con otros constituyentes internos del sintagma.

Desde el punto de vista distribucional se puede definir el núcleo como sigue:

(6)
Criterio distribucional

Un sintagma posee la misma distribución gramatical que su núcleo. Es decir, un sintagma complejo "hereda" las propiedades distribucionales de su núcleo.

Como ejemplo del criterio distribucional, sea el sintagma "muy enfermo". La distribución gramatical de tal sintagma –es decir, el conjunto de posiciones sintácticamente significativas en que puede funcionar– es idéntica a la de su núcleo, que es el adjetivo "enfermo".
Vamos a ver un ejemplo con un tipo de sintagmas tales como los siguientes:

(7)
a) Hermano mayor
b) Hermano de Juan
c) Hermanas mayores

Como se ve, identificamos en "hermano" el núcleo de (7a) y (7b) y en "hermanas" el núcleo de (7c). En efecto, desde el punto de vista semántico, "hermano mayor" es un tipo de hermano y en "hermano de Juan", "de Juan" restringe el número posible de referentes que pueda tener "hermano". Desde el punto de vista sintáctico, vemos que el núcleo "hermano" puede tener un complemento subcategorizado: ello se ve en (7b), donde "de Juan" es un complemento subcategorizado por "hermano". Por último, se observa que "hermano" es el portador de los rasgos morfológicos de género y número en (7b); por otro lado, en (7a) y (7b), el género y número en que está "mayor" y "mayores" está determinado por el género y número en que están "hermano" y "hermanas", respectivamente, y no al revés. Podemos denominar a los sintagmas de (7) *sintagmas nominales.* Nos desviamos un poco de la terminología tradicional, ya que, como se ve, no está incluido el artículo o determinante en estos sintagmas. Más adelante hablaremos de un *sintagma determinante* que incluye un sintagma nominal como complemento suyo.

Por último, y volviendo a los ejemplos (1), (2), (3) y (4), los cuatro sintagmas disponen de otro elemento que afecta a todo el conjunto formado por el núcleo y el complemento y que podemos denominar *especificador.* Este elemento posee una función más gramaticalizada que la de los complementos; sirve para delimitar semánticamente la participación sintagmática del conjunto "núcleo + complemento". Esta delimitación puede hacerse en forma de cuantificación o gradación (casos de "muy", "poco", o "algún") o en forma de especificación temporal/aspectual (caso de "ha") que, en realidad, es un tipo de cuantificación (en este caso, sobre momentos). Vemos, pues, que el complemento restringe semánticamente al núcleo dándole una propiedad que lo concreta. Por su lado, el especificador nos da el alcance o delimitación en que la unidad formada por núcleo y complemento participa dentro del evento denotado.

Por tanto, observamos que existe una estructura común a los cuatro casos; la que presentamos a continuación:

(8)

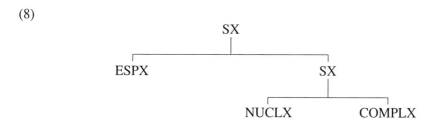

La "S" significa sintagma y la variable "X" podrá sustituirse por una de las categorías "ADJ" (adjetivo), "N" (nombre), "ADV" (adverbio) o "V" (verbo). Por ejemplo, para el caso (1) tendremos, el siguiente esquema:

(9)

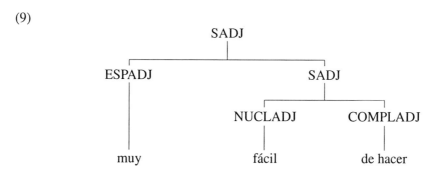

Pero este esquema tiene el inconveniente de que no refleja el hecho de que hay dos niveles dentro del sintagma adjetival (SADJ) cualitativamente diferentes: el que se compone directamente del núcleo y el complemento y el que se compone del especificador más la unidad formada por el núcleo y el complemento. Está claro que la relación sintagmática primera no se da entre "muy fácil", por un lado, y "de hacer", por otro, sino entre "muy", por un lado, y "fácil de hacer", por otro. Además, se ve fácilmente que "de hacer" complementa a "fácil" y que "muy" intensifica a "fácil de hacer". De modo similar, en (4) la relación sintagmática primera se daría entre "ha" y "visto a Juan" y no entre "ha visto", por un lado, y "a Juan", por otro, pues lo que "ha" sitúa temporal y aspectualmente es todo el sintagma "visto a Juan" y no simplemente "visto" y "a Juan" es un complemento de "visto" (esto no es opinión común entre los gramáticos del español, pero nos sirve para ilustrar e introducir con claridad el asunto que tenemos que explicar ahora).

Para solucionar esta deficiencia, podemos partir del elemento que hemos identificado como núcleo y distinguir dos niveles de afección de ese núcleo. El primer nivel se puede notar como X' siendo X el núcleo y en él aparece el núcleo con su complemento; el segundo nivel se puede anotar como X'' y consta del especificador más el sintagma Y. Por tanto, para los cuatro casos examinados tenemos el siguiente esquema:

(10)

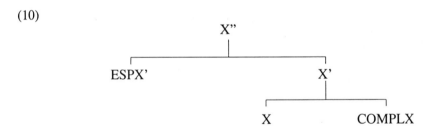

De este modo, los sintagmas de (1), (2), (3) y (4) serán respectivamente ADJ'', N'', ADV'' y V''. Por ejemplo, la estructura de (2) será la siguiente:

(11)

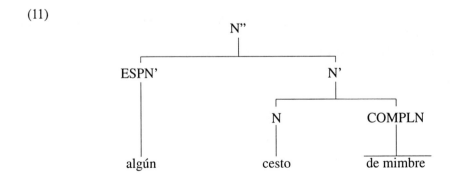

Modificaremos en seguida este análisis para "algún cesto de mimbre" de acuerdo con la idea de *sintagma determinante*.

Estos sintagmas que incluyen en su interior un elemento léxico nuclear se denominan *endocéntricos*. Los sintagmas ninguno de cuyos elementos constituye un núcleo, ya que no determina el carácter de todo el sintagma, se denominan *exocéntricos*. Por ejemplo, suele decirse que los sintagmas prepositivos como, por ejemplo, *en casa* son exocéntricos, pues *en* es una preposición y *casa*, un sustantivo, y *en casa* no es ni una cosa ni otra. Por ello, no puede decirse que el sintagma prepositivo tenga un núcleo. De todos modos, existe la propuesta de que un sintagma preposicional tiene como núcleo la preposición, por lo que se trataría también, en tal caso, de un sintagma endocéntrico y no exocéntrico.

Si suponemos que el número máximo de comillas que puede llevar una categoría X es de dos, entonces denominamos a X" *proyección máxima* de esa categoría. Según los autores, se establece como proyección máxima de las categorías dos o tres comillas. Por tanto, la proyección máxima de N es N" o N"' y la de V es V" o V"'. El núcleo léxico de esa proyección máxima será, respectivamente, N y V.

Vamos a introducir ahora un concepto importante en los estudios sintácticos actuales; se trata del concepto de *rección*.

La rección es una de las ideas-clave de la lingüística general contemporánea y se ha manejado y desarrollado con profusión en la Gramática Generativa. Para definir esta noción-clave de la teoría gramatical, vamos a recurrir a los conceptos de *mando-c*, explicado en el capítulo anterior y *proyección máxima* que acabamos de ver. La definición que vamos a dar está propuesta por N. Chomsky (1986: 162):

(12)
Definición de rección

> Una categoría A RIGE una proyección máxima X" si A y X" se mandan-c uno a otro. Si A rige a X" en este sentido, entonces rige el especificador y el núcleo X de X".

Según esta definición, el núcleo rige a sus complementos y sólo las categorías léxicas pueden ser rectoras: N, V, A, P, SN.

Por ejemplo, en la siguiente estructura:

(13)

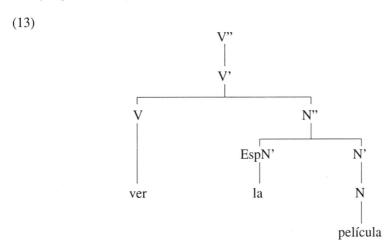

El verbo V rige a N", a EspN' y a N (núcleo de N'). En efecto, *ver* manda-c a los tres elementos, ya que, en primer lugar, V manda-c a N" y viceversa, pues la categoría que domina inmediatamente a V, V" también domina inmediatamente a N". Como se da esto, entonces V rige al especificador y al núcleo de N", es decir, a EspN' y a N.

De modo análogo, una preposición rige al sintagma nominal que introduce, dado que N" es una proyección máxima y P, es decir, la preposición, es una categoría léxica tal como Nombre, Verbo o Adjetivo. Las proyecciones máximas son *barreras* para la rección. Esto significa que si un elemento rector rige una proyección máxima X", no rige las proyecciones máximas que estén incluidas en X". Pero la investigación gramatical contemporánea, sobre todo la que se ha desarrollado dentro del modelo teórico generativista, ha puesto de manifiesto cada vez con mayor claridad que es necesario también postular proyecciones máximas de al menos dos núcleos no léxicos: el complementante y la flexión verbal. El complementante es una categoría gramatical que se suele manifestar mediante conjunciones subordinativas o exclamativas tales como "que" o "cuando". Se suele decir que la oración encabezada por una conjunción de éstas es una proyección de O y que por tanto es O', tal como vemos en el siguiente esquema:

(14)
$[_{O'} [_{comp} que]_{comp} [_O \text{él había venido}]_O]_{O'}$.

Esta posición de COMP(lementante) es particularmente importante, ya que se postula que los pronombres interrogativos son colocados precisamente en ella.

Una novedad importante es considerar que el núcleo de (14) no es la oración, sino el propio complementante, por lo que tendríamos que la oración no es más que un complemento de COMP y la proyección máxima que la domina es precisamente un sintagma COMP abreviado como SC o, utilizando, la notación del apóstrofo C'. Por otro lado, se podría proponer que los elementos que aparecen antes que el complementante, por ejemplo, preposiciones como "a", "por", "con" o "en", son especificadores del mismo; si ello es así, entonces obtenemos un nuevo ejemplo de la estructuración sintagmática del esquema general que vimos en (8), en el que el complementante tiene una proyección máxima de dos niveles. A modo de ejemplo, la cláusula de (15) tendrá la estructura que se muestra en (16):

(15)
Ya que Juan ha venido

(16)
$[_{C"} [_{ESP} Ya] [_{C'} [_C que] [_O \text{Juan ha venido}]]]$

Como se ve, la oración es el complemento de la conjunción "que" y "ya" es el especificador del sintagma complementante "que Juan no lo sabe". En términos semánticamente más intuitivos, se podría decir que la conjunción no es una mera palabra que sirve para unir cláusulas, como su propio nombre da a entender, sino más bien un indicador gramatical comodín de la existencia de una predicación completa: de qué predicación se trata es precisamente lo que se hace explícito en el complemento. Es algo similar a lo que ocurre con las oraciones copulativas: en "Juan es alto", el verbo "ser" indica que hay una atribución respecto de "Juan" y el adjetivo "alto" nos especifica de qué atribución se trata. Por otro lado, el especificador del sintagma complementante C' nos hace explícita una determinada relación semántica que tal sintagma contrae. En este caso, una relación explicativa.

Por otro lado, se ha querido razonar de un modo análogo respecto de la oración; se ha considerado que la proyección máxima de la oración en realidad lo es de la flexión verbal; por ello tendríamos un sintagma inflectivo (SI o I'') como sustituto de lo que hasta ahora se ha venido denominando *oración*. Para comprenderlo, analicemos el ejemplo siguiente:

(17)
Juan ha venido

Habitualmente, "ha" se denomina "auxiliar" y se concibe como un mero soporte gramatical de los morfemas de persona, número, tiempo y aspecto. Pero, igual que hemos razonado para la conjunción, podemos hacerlo respecto del auxiliar. El auxiliar "ha" es un elemento gramatical que denota un tipo de predicado y "venido" es el complemento que nos hace explícito el predicado en cuestión. El hecho de que sea en el auxiliar y no en "venido" donde aparecen las categorías gramaticales esenciales que caracterizan un predicado, hace sospechar, por el criterio morfológico, que el núcleo gramatical de "ha venido" es "ha" y no "venido". Por tanto, "ha" es el núcleo desde el punto de vista gramatical y "venido" es el núcleo desde el punto de vista semántico (recuérdese la noción de Tesniére de *núcleo disociado*). Pero para establecer las construcciones sintagmáticas es precisamente el núcleo gramatical lo que nos interesa y no el núcleo semántico. Por tanto, podemos decir que en "ha venido" tenemos una proyección del núcleo I (inflexión), encarnado en "ha" y el complemento "venido". Utilizaremos esta caracterización en el capítulo 20, al estudiar la configuracionalidad y la polarización. Ahora, simplemente basta generalizar esta propuesta a los casos en que no hay verbo auxiliar, de modo que se dice que toda oración es proyección de la I (inflexión) aparezca ésta en el verbo auxiliar o simplemente en forma flexiva dentro del mismo verbo principal. Obtenemos, entonces, la estructura de (18) para "ha venido":

(18)
[$_{I'}$ [$_I$ ha] [$_{SV}$ venido]$_{SV}$]$_{I'}$

Por último, para hacer concordar la oración de (14) con el esquema de (10), hay que buscar el especificador de I' y éste puede encontrarse en el sintagma nominal que hace las funciones de sujeto. Normalmente, este sintagma denota el agente o el paciente de la acción o proceso; como se trata del participante considerado como más relevante, ya que ofrece el punto de referencia a partir del cual se sitúan los demás participantes, no es extraño denominarle "especificador de I'". Es decir, estamos ante el elemento que determina esa situación o puesta en escena de los demás participantes que están incluidos en el sintagma I'. Con ello, entonces, obtenemos la siguiente estructuración para la oración de (17):

(19)
[$_{I''}$ [$_{ESP}$ [$_{SN}$ Juan]]$_{ESP}$ [$_{I'}$ [I ha]$_I$ [$_{SV}$ venido]$_{SV}$]$_{I'}$]$_{I''}$

Una propuesta explícita en este sentido ha sido expresada por Hudson (1987).

Con lo dicho hasta ahora, podemos entonces analizar la oración (15) del siguiente modo (utilizamos un árbol para hacer más fácil el seguimiento de los diversos niveles de incrustación de las proyecciones de C y de I):

(20)

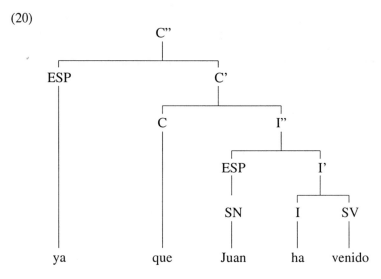

De un modo análogo, podemos razonar también para el caso de sintagmas como los siguientes:

(21)
a) El mejor amigo de Juan
b) Toda la buena gente de este pueblo

Podríamos ver el núcleo de (2a) no en "amigo", sino en el artículo "el" y, por tanto, decir que (21a) es una proyección máxima de DET y no de N'; es decir, que es un DET" y no un N". Por otro lado, podemos proponer que "mejor amigo de Juan" es un N". Pero vayamos por partes. Lo que posibilita que (21a) pueda funcionar en una oración como sujeto o como objeto es precisamente la determinación que presenta mediante el artículo, dado que las dos expresiones siguientes son agramaticales:

(22)
a) *Mejor amigo de Juan es Pedro
b) *Ayer vi a mejor amigo de Juan

Por otro lado, si consideramos, tal como se ha hecho en nuestra tradición gramatical más señera, que en realidad el artículo "el" no es más que una versión clítica del pronombre "él", entonces, basándonos en la gramaticalidad de las oraciones siguientes, en las que hemos eliminado todo menos el pronombre:

(23)
a) Él es Pedro
b) Ayer le vi a él

podríamos postular que el núcleo de (21a) y (21b) es la versión clítica del pronombre "él", que podemos denominar "determinante" para acomodarnos a la tradición gramatical. Veamos cómo se puede razonar esto de acuerdo con los criterios de núcleo que hemos establecido con anterioridad:

(24)
  a) *Semántica:* el determinante "el" denota un individuo variable que hay que determinar unívocamente en el contexto. El complemento "mejor amigo de Juan" nos da una característica que ha de cumplir ese individuo. Por tanto, el complemento "mejor amigo de Juan" *restringe* el conjunto de referentes posibles de ese individuo variable. En este sentido, el complemento restringe semánticamente al núcleo.
  b) *Sintaxis:* el núcleo, que es el determinante "el", subcategoriza obligatoriamente el complemento, ya que, como determinante (aunque sí como pronombre), no puede contraer ninguna función gramatical oracional: sujeto, objeto, complemento, etc.
  c) *Morfología:* el núcleo, en este caso el determinante, es el portador de los morfemas de género y número siempre. Por ejemplo en "la mujer", "la" manifiesta morfológicamente el género, pero "mujer" no. Más claro aún se ve en "la que viene", donde el único elemento que expresa el género es el determinante "la".

Por tanto, podemos considerar que en (21a) tenemos una proyección máxima de DET; es decir, un DET"'. Si consideramos que "mejor amigo de Juan" es un SN cuyo especificador es "mejor", entonces nos resulta la siguiente estructuración para (21a):

(25)
$[_{DET"}[_{DET'}[_{DET}el]] [_{N"} [_{Esp} mejor][_{N'}[_{N} amigo][_{P"} de Juan]]]]$

Donde P" es la proyección máxima de la preposición y equivale a lo que se denomina "sintagma preposicional".

En el ejemplo de (21b), vemos que el DET" puede tener un especificador, como las demás proyecciones máximas; en este caso, es "toda". El análisis para (21b), será el siguiente:

(26)
$[_{DET"} [_{Esp} toda][_{DET'}[_{DET} la][_{N"} [_{Esp} buena][_{N'} [_{N} gente]$
$[_{P"} de este pueblo] _{N'}] _{N"}] _{DET'}] _{DET"}$

Vemos, por tanto, que existen dos tipos de organizaciones sintagmáticas: aquellas que son proyecciones máximas de núcleos léxicos y aquellas que son proyecciones máximas de núcleos gramaticales no léxicos. Un ejemplo de lo primero es un sintagma adverbial o adjetival y un ejemplo de lo segundo es el sintagma complementante o el sintagma inflectivo. Es evidente que ambos tipos de proyecciones máximas presentan diferencias muy claras. En general, el número de complementos y especificadores de una proyección léxica es más variado y tiene menos restricciones que el de una proyección gramatical no léxica. Los especificadores del complementante son sólo unos pocos elementos como, por ejemplo, algunas preposiciones. El sintagma adjetival admite un número mayor de elementos como especificadores: adverbios o frases de intensidad ("muy", "extremadamente", "tan", "demasiado"), valorativos ("ciertamente", "presuntamente"), etc.

2. Las gramáticas categoriales

Otra forma de dar cuenta de las relaciones sintagmáticas entre los elementos de cada categoría compleja es definir estas categorías complejas por su función respecto de las categorías que las constituyen y respecto de otras categorías superiores. En este sentido, se ha desarrollado de una forma espectacular un formalismo categorial para dar cuenta de las categorías gramaticales. Vamos a explicar a continuación este formalismo.

En primer lugar, se definen las categorías sintagmáticas como conjuntos de elementos simples o complejos que tienen la misma función sintagmática. De este modo, la categoría de término (T) incluirá no sólo elementos simples, tales como "Juan" o "él", sino también elementos complejos, tales como "ese hombre" o "muchas mujeres" o incluso "aquel hombre que conociste en el bar". De la clase de T habrá que distinguir la clase de NC, formada por elementos simples como "hombre" o "mujer" o complejos como "hombre alto", "mujer que vi ayer" o "libro de matemáticas". Por otro lado, distinguimos, la clase de las Oraciones (O), que sólo tiene elementos complejos. La idea central de las gramáticas categoriales es la de definir todas las demás categorías gramaticales en términos de las categorías primitivas señaladas, es decir, T, NC y O.

Por ejemplo, la categoría de Verbo Intransitivo (VI) se define de la siguiente manera: un verbo intransitivo es aquella palabra simple o aquel grupo de palabras que combinados con un T nos produce una oración. Definimos entonces el VI en términos del sintagma con el que contrae una relación sintagmática y de la categoría a la que pertenece la expresión compleja resultante de esa construcción sintáctica. Podemos notar esto utilizando un quebrado: en el denominador pondremos la categoría a la que pertenece el sintagma que se une con el verbo intransitivo y en el numerador, la categoría a la que pertenece el sintagma complejo resultante. Definimos, por consiguiente, el verbo intransitivo de la siguiente manera:

(27)
$VI = O/T$

El VI es, pues, una categoría derivada que se define en términos de las categorías primitivas O y T. Obsérvese que como VI se definirá cualquier palabra o grupo de palabras que agrupadas sintagmáticamente con un T nos produzcan una oración: esto ocurre con "corre", "anda" o "vuela", pero también con "lee una revista" o "ve una película del oeste". Esto significa que "lee una revista" pertenece a la categoría de VI como frase compleja (no elemento atómico) de esa categoría, de modo análogo a como "hombre de paja" o "mujer que vi ayer" pertenecen a la clase de los NC en calidad de sintagmas complejos de esa categoría.

Los verbos transitivos (VT) se podrán definir, aplicando el mismo método, como aquellos elementos simples o complejos que, al entrar en relación sintagmática con un T, nos dan una frase compleja de categoría VI; con ello, tenemos la siguiente definición:

(28)
VT = VI/T

Como, a su vez, VI es una categoría derivada y no primitiva, podemos sustituir ese símbolo por su definición compleja, con lo que obtenemos la igualdad siguiente:

(29)
VT = O/T//T

Es decir, un VT es aquel elemento que unido a un T nos proporciona una frase compleja que, unida a otro T, nos da como resultado una O. Ponemos dos barras después de T para señalar que el elemento perteneciente a VT se combina primero con un T para resultar en una categoría de tipo O/T y evitar así la ambigüedad que supondría escribir O/T/T, en donde no sabríamos si se trata de un elemento que combinado con T nos da una expresión de categoría O/T o de un elemento que, combinado con otro elemento de categoría T/T, nos da una expresión compleja de categoría O.

Los determinantes se podrán definir, siguiendo el mismo método, como aquellos elementos que, unidos a un elemento simple o complejo de la categoría NC nos producen uno nuevo elemento de la categoría T; la definición, por tanto, es la siguiente:

(30)
DET = T/NC

Podemos definir cualquier categoría sintagmática que deseemos siguiendo, pues, la siguiente regla general:

(31)
Regla de generación de categorías

Si x es un elemento de categoría X e y es un elemento de categoría Y/X, entonces yx es un elemento complejo de categoría Y.

Diremos que Y/X es la categoría funcional y X es la categoría argumental. Pueden darse dos situaciones respecto del orden de la categoría argumental y la categoría funcional:

(32)
a) La categoría funcional precede a la argumental:
   Y/X + x (yx)
   En este caso, utilizamos la barra "/" inclinada hacia la derecha.
b) La categoría argumental precede a la funcional:
   X + Y\X (xy)

En este segundo caso, utilizamos la barra "\" inclinada a la izquierda en la definición de la categoría funcional correspondiente.

A su vez, podemos crear todas las categorías que queramos utilizando la siguiente regla muy sencilla:

(33)
Si A es una categoría primitiva o derivada y B es una categoría primitiva o derivada, entonces A/B o A\B es una nueva categoría derivada.

Por su puesto, A y B pueden ser la misma categoría. Éste es el caso si queremos definir ADJETIVO (ADJ). Un ADJ es aquel elemento simple o complejo que, combinado con un NC, nos da un sintagma complejo que pertenece también a la categoría de NC. Por ejemplo, "bueno" aplicado a "hombre", que es un NC, nos da un sintagma complejo de tipo NC, que es "hombre bueno". Por tanto, la definición de ADJ será la siguiente:

(34)
ADJ = NC\NC

Con todo esto, podemos pasar a analizar una frase sencilla como "aquel hombre alto escucha la radio":

(35)

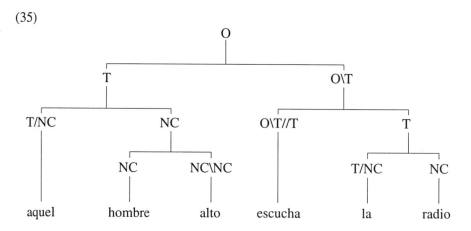

Esta visión de las categorías sintagmáticas reduce toda su naturaleza a dos conceptos:

Función
Argumento

Una categoría-función es aquella que se define por el tipo de argumento que toma y por el resultado de aplicarla a tal argumento. Todas las categorías derivadas son categorías-función. Las primitivas (es decir, T, NC y O) no lo son. Categorías-argumento son aquellas que pueden servir de argumento a una categoría-función: las primitivas lo son, así como las derivadas. Obsérvese que obtenemos una dicotomía equiparable a la propuesta por la gramática de dependencias, en donde se distingue entre *elemento-dependedor* y *elemento-dependiente*.

Con este tipo de nociones, podemos dar cuenta de algunas importantes generalizaciones gramaticales. Una de ellas es el *principio funcional* propuesto por E. L. Keenan (1974) en estos términos:

(36)
El principio funcional

I. La referencia de la categoría-argumento debe ser determinable *independientemente* del significado o referencia de la categoría-función.
II. Las categorías-función que se aplican al argumento pueden variar con la elección del argumento.

En primer lugar, (I) significa que los argumentos son independientes de la función. Un argumento puede existir independientemente de lo denotado por la función; de hecho, un requisito de la función es que haya argumentos a los que puede aplicarse. De este modo, si tenemos en cuenta que el verbo "mover" es una función, está claro que difícilmente podremos concebir esta función sin que exista algo que mover, es decir, un argumento. Por otro lado, podemos concebir un argumento posible de "mover" como, por ejemplo, "piedra" independientemente de un movimiento como el designado por el verbo en cuestión.

El principio (II) nos dice que las funciones se ven afectadas por el argumento que toman. Esto puede verse tanto en la forma como en el contenido. Por ejemplo, la función "cortar" tendrá un significado diferente según el argumento a que se aplique: por ejemplo, "cortar la carne", "cortar la circulación", "cortar la hemorragia", "cortar la corriente", "cortar la cara", etc. Por otro lado, la función puede cambiar de acuerdo con el argumento. Una manifestación de esto es la concordancia: el verbo intransitivo, que es una función, concuerda con su argumento en español. En vasco, el verbo transitivo concuerda con el equivalente a nuestros sujeto, objeto directo y objeto indirecto.

Recientemente, se han aplicado algunas de las propiedades formales de este tipo de gramáticas para dar cuenta de muy variados fenómenos de las lenguas naturales. Vamos a ver dos de estas propiedades y a ilustrar brevemente esas aplicaciones.

Primero, introduciremos el concepto formal de *ascenso de categoría*.

(37)
Ascenso de categoría

Si tenemos un elemento de categoría simple o compleja X y otro elemento de categoría Y/X, entonces podemos elevar el elemento de X a la categoría compleja Y//Y/X: es decir, una categoría que toma como argumento un elemento de categoría Y/X para obtener un elemento complejo de categoría Y.

Un ejemplo práctico es el siguiente: como sabemos, el verbo intransitivo se define como O\T; pues bien, podemos definir el T que es argumento de un verbo intransitivo (sujeto en la terminología más tradicional), por ascenso de categoría, del siguiente modo: O//O\T; es decir, como aquel elemento que, combinado con un verbo intransitivo, nos da una oración. Ahora no es el argumento de la categoría funcional que es el verbo intransitivo, sino que ocurre al revés: el verbo intransitivo es el argumento de la categoría funcional en que se ha convertido el sintagma nominal sujeto. Para comparar el análisis con ascenso y sin ascenso, ofrecemos los esquemas de (38) en (39) y (40).

(38)
Juan habla

(39)
[$_O$ [$_T$Juan]   [$_{O\backslash T}$ habla]] (sin ascenso de "Juan")
   argumento   función

(40)
[$_O$ [$_{O//O\backslash T}$ Juan] [$_{O\backslash T}$ habla] (con ascenso de "Juan")
     función   argumento

En (39) "Juan" es un argumento de "habla", predicamos "habla" de "Juan"; pero en (40) ocurre al revés "habla" es un argumento de "Juan"; es decir, predicamos "Juan" de "habla". Esto último puede parecer extraño, pero se justifica intuitivamente del siguiente modo: en (40) "Juan" no denota un individuo, sino más bien el conjunto de propiedades o acciones que ese individuo tiene o realiza. Entonces decimos que la acción denotada por "habla" es una de esas acciones que el individuo en cuestión realiza. Por esta razón, en (40) predicamos "Juan" de habla. Las paráfrasis que convienen a (39) y (40) son respectivamente (41) y (42).

(41)
Juan realiza la acción de hablar

(42)
Hablar es una de las acciones realizadas por Juan

Es claro que la interpretación (41) es equivalente a la de (42) y que, por tanto, los análisis de (41) y (42) son equivalentes semánticamente. Ahora bien, a veces es muy conveniente disponer de este mecanismo de elevación de la categoría. Vamos a ver ahora un ejemplo que muestra esto claramente. Considérense las oraciones de (43):

(43)
a) Juan y Pedro fuman
b) Juan y Pedro son altos

La forma en que se entienden estas oraciones no es exactamente la predicha si mantenemos que "Juan y Pedro" son los argumentos de "fuman" y "son altos" respectivamente. El problema está en que, si bien "Juan" y "Pedro" son individuos cada uno por su parte, "Juan y Pedro" no es un individuo unitario del que podamos predicar una acción. Por ejemplo (43a) no significa que la acción de fumar la realice un conjunto de individuos, ya que un conjunto no puede fumar, porque no es un individuo; un razonamiento análogo se puede hacer respecto de (43b). Por ello, muchas veces se ha dicho que, en realidad, las oraciones de (43) no son más que versiones "abreviadas" de las de (44).

(44)
a) Juan fuma y Pedro fuma
b) Juan es alto y Pedro es alto

Esta reducción de (43) a (44) es sintácticamente contraintuitiva, pues hace desaparecer "Juan y Pedro" como un constituyente complejo y parece claro que debe ser reconocido como tal.

Utilizando el procedimiento de la elevación de tipo, podemos realizar un análisis sintáctico adecuado de las oraciones de (43), en el que se reconoce "Juan y Pedro" como un constituyente, a la vez que expresamos la equivalencia semántica entre las oraciones de (43) y las de (44).

Lo que hay que hacer es elevar de tipo a "Juan" y a "Pedro" así como, consiguientemente, a todo el constituyente complejo que forman. Tenemos, entonces, los siguientes análisis para (43a) y (43b):

(45)
a) [$_O$ [$_{O//O\T}$ [$_{O//O\T}$ Juan] y [$_{O//O\T}$ Pedro]] [$_{O\T}$ fuman]]
b) [$_O$ [$_{O//O\T}$ [$_{O//O\T}$ Juan] y [$_{O//O\T}$ Pedro]] [$_{O\T}$ son altos]]

Ahora "Juan y Pedro" no son argumentos de "fuman" y "son altos", respectivamente, sino que ocurre al revés: "fuman" y "son altos" son argumentos de "Juan y Pedro" o, dicho en términos tradicionales, predicamos "Juan y Pedro" de "fuman" y "son altos". Para que esto sea posible, "Juan y Pedro" habrá de significar algo así como:

(46)
Significado de "Juan y Pedro"

Las propiedades o acciones tales que Juan tiene esas propiedades y Pedro tiene esas propiedades o Juan realiza esas acciones y Pedro realiza esas acciones.

Por todo esto, los significados de (43a) y (43b) son los que se dan en (47):

(47)
a) Fumar es una de las acciones tales que Juan realiza esa acción y Pedro realiza esa acción.
b) Ser alto es una de las propiedades tales que Juan tiene esa propiedad y Pedro tiene esa propiedad.

Es claro que (47a), el significado de (43a), es lógicamente equivalente al significado de (44a) y el significado (43b), que es el que se muestra en (47b), es lógicamente equivalente al de (44b). Obtenemos, pues, la equivalencia semántica que creíamos intuitivamente correcta.

Podemos aplicar el principio funcional ya visto con anterioridad a este caso para ver si se produce la dependencia referencial de la categoría función respecto de la categoría argumento. Así ocurre, en efecto; en su versión elevada "Juan y Pedro" denota las propiedades o acciones que tiene o realiza Juan y que tiene o realiza Pedro. Sólo el tipo de argumento (verbo o sintagma adjetival) determinará si se trata de acciones o de propiedades lo que está en la denotación de "Juan y Pedro". Por otro lado, la forma de la categoría función puede variar según la del argumento; en efecto, si el verbo argumento aparece en singular no se admite como argumento "Juan y Pedro", sino sólo "Juan" o "Pedro" por separado.

El otro concepto formal que se ha aplicado recientemente en el estudio de la sintaxis de las lenguas naturales mediante una gramática categorial es el de la *composición de funciones*. Veamos una definición:

(48)
Composición de funciones

Dadas dos categorías funcionales X/Y e Y/Z, podemos unir ambas categorías mediante composición funcional para obtener la categoría compuesta X/Z.

Vamos a ver un caso muy sencillo de aplicación de este principio. Como es sabido, en español la preposición "de" puede contraerse con el artículo "el" para obtener la palabra "del". Esto no se puede hacer en principio en sintaxis, ya que "del" no forma nunca un constituyente. Consideremos la oración (49):

(49)
Juan viene del mar

El análisis tradicional de (49) es el que se da en (50):

(50)

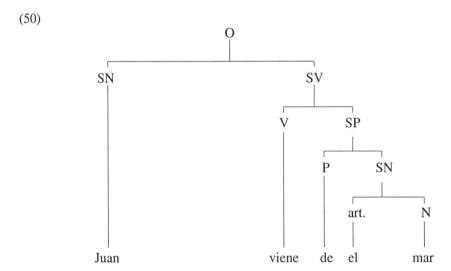

Como puede apreciarse, la secuencia "de" más "el" no forma ningún constituyente; es decir, no existe ningún nudo en el árbol de (50) que tenga como constituyentes inmediatos a "de" y a "el".

Supongamos, en términos de gramática categorial, que la preposición "de" se define como aquella que toma un sintagma nominal como argumento para proporcionarnos una categoría compleja que denominamos *adverbial*. Por tanto, este "de" se define de la siguiente manera:

(51)
de = ADV/T

Como ya sabemos, el artículo se define como la categoría compleja que exige un NC para producir un sintagma nominal:

(52)
el = T/NC

Entonces, el sintagma "del mar" se puede analizar como sigue:

(53)
[$_{ADV}$ [$_{ADV/T}$ de] [$_T$ [$_{T/NC}$ el] [$_{NC}$ mar]]]

Dada la definición de composición de funciones que hemos visto en (48), podemos unir "de" con "el", del modo en que se indica en (54):

(54)
$$\begin{array}{cc} \text{de} & \text{el} \\ \text{ADV/T} & \text{T/NC} \\ \multicolumn{2}{c}{\text{COMPOSICIÓN}} \\ \multicolumn{2}{c}{\text{ADV/NC}} \\ \multicolumn{2}{c}{\text{del}} \end{array}$$

Es decir, el elemento obtenido "del" se combinará con un nombre común para así obtenerse un adverbio. El análisis da resultados idénticos al obtenido sin composición, con la diferencia de que ahora sí que podemos hacer de "del" un constituyente. La elevación de categorías junto con la composición funcional constituyen, sobre todo combinados, una potente herramienta para la descripción de un sinfín de fenómenos sintácticos y morfológicos de las lenguas naturales. Aquí simplemente hemos aducido unos sencillos ejemplos para ilustrar estos dos mecanismos descriptivos que, en la investigación lingüística actual, poseen un lugar destacado.

1. Aplique la noción de rección estudiada para comprobar si la preposición rige a su nombre dentro de un sintagma preposicional.

2. Analice el sintagma:

    (55)
    Mucho antes del martes próximo

    indicando qué tipo de proyección máxima es y analizando la estructura interna de tal proyección.

3. Realice un análisis categorial de la siguiente oración:

(56)
Lamentablemente, nadie sabe bien que él es así

4. Eleve el tipo de "Juan" y "una manzana" en la siguiente estructura:

(57)
[$_O$[$_T$ Juan] [$_{O\backslash T}$ [$_{O\backslash T/T}$ comió] [$_T$ una manzana]]]

Muestre el análisis obtenido.

5. A partir de la resolución del ejercicio anterior muestre cómo, mediante la composición funcional, puede obtenerse un análisis para:

(58)
Pedro una pera comió

considerando "Pedro una pera" como un constituyente (que puede aparecer en oraciones tales como "Juan comió una manzana y Pedro una pera").

CLAVE 1. Según la definición de rección vista, en un sintagma preposicional como el siguiente:

(59)
[$_{SP}$ [$_P$ con] [$_{SN}$ [$_{Det}$ su] [$_N$ hijo]]]

se da que la preposición "con" manda-c al SN "su hijo", pues son constituyentes inmediatos del mismo constituyente complejo (SP); por la misma razón, "su hijo" manda-c a "con". Téngase en cuenta que ni "con" domina a "su hijo" ni "su hijo" domina a "con". Se sigue, entonces, que "con" rige tanto a "su" como a "hijo". Obsérvese, además, que SN es una proyección máxima de N y que, por tanto, se puede aplicar el concepto de rección estipulado.

2. Vamos a partir de la idea de que "mucho antes del martes próximo" es una proyección del adverbio "antes". Por tanto, se trata de un sintagma adverbial o ADV". El especificador será "mucho" y el ADV' será "antes del martes próximo". A su vez, este ADV' consta de un núcleo ADV, que es "antes", y "del martes próximo" es el complemento, que es un P" que consta, a su vez, de un P y de un complemento, que es un DET". El DET" consta a su vez de un Det "el" y un N", que es "martes próximo"; por último, éste consta de un núcleo N y de un complemento: "próximo". El análisis, por lo tanto, es el siguiente:

(60)
[$_{ADV"}$ [$_{ESP}$ mucho][$_{ADV'}$ [$_{ADV}$ antes][$_{P"}$ [$_P$ de][$_{DET"}$ [$_{DET'}$ el]
[$_{N"}$ [$_N$ martes] [$_{ADJ}$ próximo]]$_{N"}$]$_{DET"}$]$_{P"}$]$_{ADV'}$]$_{ADV"}$

3. Primero realizaremos el análisis de la oración:

(61)
él es así

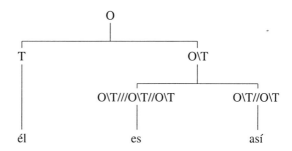

Téngase en cuenta que "así" es un adverbio que modifica verbos o sintagmas de verbo intransitivo; por ello se une a un verbo intransitivo para obtener un nuevo verbo intransitivo: su definición es, por consiguiente, O\T//O\T si tenemos en cuenta que un verbo intransitivo se define como O\T.

Por tanto, el verbo "es", en este caso, convierte un adverbio de verbos intransitivos en un verbo intransitivo.

Pasemos ahora a "que él es así". Este sintagma funciona como un término, ya que es el objeto del verbo "saber". Por ello, la conjunción "que" sirve para convertir una oración en un sintagma nominal: T/O.

(62)

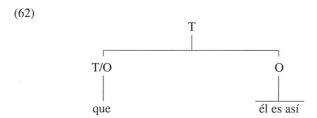

Por otro lado, "bien" es un adverbio de verbo transitivo; por ello se une a un verbo transitivo para producir un nuevo verbo transitivo: será, pues, VT\VT.

(63)

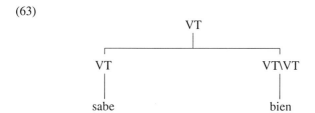

"Nadie" es un T y, por tanto, obtenemos "nadie sabe que él es así" como una oración. Por último, "lamentablemente" es un adverbio oracional. Por ello, se aplica a una oración para obtener una nueva; su categoría ha de ser O/O.

4. Al elevar "Juan" de tipo le asignamos a la categoría:

(64)
O//O\T

Por otro lado, al elevar "una manzana" de categoría en la estructura propuesta, obtenemos:

(65)
O\T\\\O\T//T

Para entender este tipo basta con analizar su estructura. Las tres barras inclinadas nos dicen dónde están el denominador y el numerador principales: se trata de una categoría que combinada con un verbo transitivo (*i. e.,* O\T//T) nos da un verbo intransitivo (es decir, un O\T). Obsérvese que, como el argumento, que esta vez es el verbo transitivo, aparece a la izquierda de la categoría función, las barras están inclinadas a la izquierda. Es decir, hacemos que "una manzana" tome como argumento a "comió", hacemos que "una manzana" se convierta en una categoría funcional que toma como argumento un verbo transitivo. Esto significa que "Juan" se define como O//O\T cuando es sujeto y como O\T\\\O\T//T cuando es objeto directo, por lo cual la elevación de tipo se corresponde con la función gramatical de caso (nominativo y acusativo, respectivamente). De este modo, hemos encontrado una definición categorial de dicha función gramatical.

5. Si "Pedro" es de categoría:

(66)
O//O\T

y "una pera" es de categoría:

(67)
O\T///O\T//T

podemos obtener la categoría a que pertenece "Pedro una pera" mediante composición funcional, ya que la parte izquierda de la definición de "una pera" es idéntica a la parte derecha de la categoría de "Pedro". Por tanto, por composición funcional, el tipo de "Pedro una pera" será:

(68)
O///O\T//T

Es decir, aquella categoría que, unida a un verbo transitivo, nos da una oración. En efecto, si uno "Pedro una pera" con "comió", obtengo la oración correcta "Pedro una pera comió".

Cuestiones propuestas

1. Determine si en "quiere que Juan venga" el verbo "quiere" rige a "que Juan venga" y si este mismo verbo rige a "Juan".

2. Analice el sintagma:

(69)
Muy aficionados a jugar a la lotería

Especifique de qué proyección máxima se trata y cuál es su estructura interna.

3. Para terminar el ejercicio tercero, puede ahora proponerse la estructura completa de la oración analizada. Para seguir practicando, puede realizar un análisis categorial de la oración siguiente:

(70)
Ese hombre es muy alto

4. Mediante ascenso de categoría haga que los argumentos de los siguiente sintagmas pasen a ser funciones.

Defina cada tipo elevado:

(71)
a) Habla lentamente
b) El hombre
c) Muy rápidamente
d) Sin el casco
e) Probablemente, Juan ha venido

5. Mediante composición funcional, intente establecer la categoría a que pertenece la secuencia: "insistir en".

ORIENTACIÓN BIBLIOGRÁFICA

COOK, V. J. y M. NEWSON: *Chomsky's Universal Grammar. An introduction*, Londres, Blackwell, 1996.
Es ésta una obra de fácil lectura que introduce al lector en una de las versiones más recientes del modelo chomskyano de análisis sintáctico. El capítulo 4 (pp. 133-158) trata de la teoría de la X con comillas y de la teoría del caso abstracto. Los papeles semánticos y las categorías funcionales son objeto del siguiente capítulo.

CHOMSKY, N.: *Barreras,* Barcelona, Paidós, 1990 [1986].
En este texto breve, pero avanzado, se explora la teoría de la X con comillas así como el concepto de rección. No es aconsejable para principiantes.

DEMONTE, V.: *Teoría Sintáctica: de las estructuras a la rección,* Madrid, Síntesis, 1989.
Es una introducción bastante avanzada del modelo de la Rección y el Ligamiento. Son relevantes, para esta sección, el capítulo 2, donde se trata de la estructura sintagmática y el capítulo 5, donde se trata de las nociones de mando-c y de rección.

DEMONTE, V. y M. F. LAGUNILLA: "Introducción General" en V. Demonte y M. F. Lagunilla (eds.) *Sintaxis de las Lenguas Romances,* Madrid, El Arquero, 1987, pp. 10-30.
Breve introducción donde se define el concepto de rección y el de rección propia.

FERNÁNDEZ LAGUNILLA, M. y A. ANULA REBOLLO: *Sintaxis y Cognición. Introducción al conocimiento, el procesamiento y los déficits sintácticos*, Madrid, Síntesis, 1995.
Es un libro muy valioso e interesante además de una aportación de primer orden al panorama bibliográfico español. Interesa aquí el capítulo 4 (107-1.302), donde se explican de modo claro y preciso la teoría de la X comillas y las nociones de mando-c y rección. Interesa también el capítulo 7, en el que se analiza el sintagma nominal y se estudia el sintagma determinante, además del sintagma adjetivo, pronominal y preposicional.

GUTIÉRREZ ORDÓÑEZ, S.: *Principios de Sintaxis Funcional,* Madrid, Arco, 1997.
Se trata de una oportuna y útil recopilación de excelentes artículos que tratan de una forma clara, rigurosa y razonada de las principales nociones de la teoría sintáctica actual: articulación lingüística, función sintáctica, determinación, categorías sintácticas, transposición, elipsis, interdependencia, núcleo y funcionalismo sintáctico. Para este capítulo, hay dos trabajos muy relevantes.

Se trata del capítulo 10 ("El artículo sí sustantiva", pp. 229-253, publicado originalmente en 1991), y del capítulo 15 ("Criterios en la determinación del núcleo", pp. 351-380, publicado en 1997). En el primero, el profesor Gutiérrez argumenta en contra de la idea defendida aquí de que el artículo es una variante átona del pronombre. Nos recuerda el autor pares como "cómpralos nuevos" frente a " compra los nuevos", en donde el artículo *los* parece contrastar con el pronombre *los* en la misma posición sintáctica. Pero este contraste es sólo aparente, ya que se trata de dos construcciones sintácticas distintas, en las que los elementos implicados tienen posiciones y funciones distintas. En "cómpralos nuevos" tenemos una construcción de atributo del complemento (como en, por ejemplo *los trajo rotos*), en la que *nuevos* es un atributo del complemento directo *los*. En "compra los nuevos", tenemos que *los nuevos* desempeña la función de objeto directo de *compra*. Por tanto, claramente no pueden contrastar respecto de la posición sintáctica y función sintáctica de *los*. Por si esto fuera poco, la semántica de las dos oraciones es totalmente diferente. En "cómpralos nuevos" tenemos identificados unos objetos que se pueden gastar con el uso, supongamos, y se nos pide que esos elementos que tenemos identificados los compremos todos antes de que se deterioren. En "compra los nuevos", existen unos elementos que se dividen en nuevos y viejos y se pide que se elija una parte de ellos: sólo los que están nuevos. Esta diferencia semántica se asocia con las diferencias sintácticas de posición y función que hemos notado antes. En la solución del ejercicio segundo del capítulo 19, se muestran los diferentes análisis asociados a las dos construcciones. Por ello, estos dos ejemplos y los demás del mismo tenor que se citan son incapaces de mostrarnos que el artículo y el pronombre pueden aparecer en la misma posición. Tampoco vale el par "él mismo" / "el mismo", aducido por el profesor Gutiérrez Ordóñez, ya que hay dos "mismos" diferentes implicados. El primer "mismo" es enfático y puede aparecer con nombres personales ("yo mismo") y el segundo es anafórico ("el mismo de antes"). Por supuesto, "*yo mismo de antes" es imposible, porque "yo" sólo admite el primer "mismo". En el capítulo 15 se argumenta en contra de la idea que hemos defendido aquí de que la flexión, la conjunción o el artículo son los núcleos de sus respectivos sintagmas. Salvador Gutiérrez argumenta que la conjunción no puede nunca ser núcleo porque no puede contraer función, ni aparecer sola. En *que vendría* hemos dicho que el núcleo es *que* y no *vendría*. Esta secuencia puede ser, por ejemplo, objeto directo en *dijo que vendría*. ¿Cuál de los dos elementos hace posible esta función? "Vendría" nunca puede funcionar como objeto directo, ya que *dijo vendría* es agramatical, pero *que* sí, ya que podemos decir ¿*Qué dijo?* Se contraargumentará que *que* y *qué* nada tienen que ver, pero un análisis en el que se selecciona la versión tónica de *que* cuando aparece solo, no sólo es consistente con la idea de que el artículo es una versión clítica del pronombre, sino que también es consistente con el fenómeno diacrónico repetido cientos de veces en la historia de las lenguas de que los artículos y las conjunciones proceden de los pronombres.

HAEGEMAN, L.: *Introduction to Government and Binding Theory*, Londres, Blackwell, 1994.
Es una introducción avanzada y muy completa y competente al modelo generativista de la Rección y el Ligamiento. Interesa ahora el capítulo 2 (pp. 71-138), donde se expone el modelo de la X con comillas y las proyecciones de las categorías funcionales: flexión y complementante, además de las nociones de mando de constituyentes y de rección. El libro trata en los dos últimos capítulos cuestiones relativas a las lenguas germánicas y romances, respectivamente.

HERNANZ, M. L. y J. M. BRUCART: *La Sintaxis. 1 Principios Teóricos. La Oración Simple,* Barcelona, Crítica, 1987.
De este libro nos interesa ahora el capítulo primero, donde se explican de modo accesible y pedagógico conceptos esenciales de la estructuración sintagmática en la sintaxis. En las pp. 193 y siguientes, los autores argumentan en contra de la idea de que los artículos puedan concebirse como variantes de los pronombres personales, que se ha esbozado en este capítulo. Se argumenta, primero, que proponer *el* como variante átona de *él* lleva aparejado "duplicar el sistema de los pronombres personales" (p. 194). A esto se puede contestar que ese desdoblamiento existe ya (no se propone sólo para este caso), si se considera que *lo* es una variante de *él* o *la* una variante de *ella*. En segundo lugar, se dice que los pronombres son incompatibles con un complemento especificativo (*yo enfermo, por ejemplo). Pero es notorio que los llamados "pronombres de

primera y segunda persona" no son pronombres, sino nombres personales (véase el capítulo 15, sección 2). Los pronombres de tercera persona sí que admiten especificación, contrariamente a lo que dicen los autores. En la secuencia *la que vivió en África* estamos realizando, sin lugar a ninguna duda, una referencia deíctica que sólo puede provenir de *la* y, desde luego, no de un nombre común elidido, ya que los nombres comunes no son referenciales. En esa secuencia, *la* no puede ser otra cosa que una versión clítica de *ella*, que pasa a ser tónica cuando el complemento es explicativo, como en *ella, que vive en África*. Si afirmamos que *la* es una versión átona de *ella* en *la vio*, no se ve por qué no puede proponerse lo mismo dentro del sintagma nominal. Si decimos que *la* es artículo y no pronombre, queda sin contestación la pregunta: ¿de dónde surge el carácter referencial, anafórico y catafórico del sintagma?

HUDSON, R. A.: "Zwicky on heads", *Journal of Linguistics,* 23, 1987, pp. 109-132.
En este artículo, Hudson examina algunos de los análisis que hace Zwicky en el artículo que citamos después. En este trabajo, Hudson establece explícitamente que el complementante, el determinante y el auxiliar son núcleos de sus proyecciones máximas, tal como hemos propuesto nosotros en esta parte del libro.

JACKENDOFF, R.: *X Syntax: A Study of Phrase Structure*, The MIT Press, 1977.
Es la obra que desarrolla en profundidad por primera vez la sintaxis de la X con comillas (con barras, en su notación). Debe conocerla todo aquel que quiera ahondar en los supuestos de esta sintaxis.

LORENZO, G. y V. M. LONGA: *Introducción a la Sintaxis Generativa*, Madrid, Alianza, 1996.
Breve y sólida introducción a los modelos más recientes de la Gramática Generativa. Nos interesa ahora el capítulo 2, dedicado a la sintaxis de la X' con comillas (47-72) y el capítulo 6 (158-184), donde se define el concepto de *categoría rectora*.

LYONS, J.: *Introducción en la Lingüística Teórica,* Barcelona, Teide, 1973 [1968].
Las páginas 237 a 242 de este libro siguen siendo una buena introducción elemental a las gramáticas categoriales.

MORENO CABRERA, J. C.: "Algunas aplicaciones recientes de las Gramáticas Categoriales" en Carlos Martín Vide (ed.), *VI Congreso de Lenguajes Naturales y Lenguajes Formales,* Barcelona, 1991.
En este artículo, se podrán encontrar más ejemplos de análisis de estructuras sintagmáticas del español en los que se usan los mecanismos de elevación de tipo y composición funcional, así como una introducción general a la cuestión.

OEHRLE, R. T. *et al.* (eds.): *Categorial Grammars and Natural Language Structures,* Dordrecht, Reidel, 1988.
Se trata de una colección de 16 artículos dedicados, en su mayoría, a explorar las posibilidades que para el análisis de muy variados fenómenos de las lenguas naturales ofrece la combinación de la elevación de categoría y la composición funcional. Es un libro para lectores ya avezados en gramáticas categoriales.

RADFORD, A.: *Introducción a la Sintaxis Transformativa,* Barcelona, Teide, 1988 [1981].
Introducción a la lingüística generativa. El capítulo 3, habla de la sintaxis de la X con comillas que hemos explicado. En el capítulo 10 se estudia el concepto de rección.

RADFORD, A.: *Transformational Grammar. A first Course,* Cambridge Textbooks in Linguistics, 1990 [1988].
Ésta es una versión aumentada y reformada del libro anterior. Son relevantes, para esta parte, los capítulos 4 y 5. Es un libro clarísimo y de gran utilidad pedagógica. Se centra exclusivamente en la lengua inglesa, por lo que es de menor interés para el lingüista general.

RIEMSDIJK, H. VAN y E. WILLIAMS (1986): *Introducción a la Teoría Gramatical*, Madrid, Cátedra, 1990.
Buena introducción al modelo de la Rección y el Ligamiento. Interesa ahora el capítulo 14, en donde se introduce la noción de rección. En el capítulo 3 se describe la estructuración sintagmática de X con comillas que hemos explicado en la primera sección del presente capítulo.

SELLS, P.: *Teorías Sintácticas Actuales*, Barcelona, Teide, 1989 [1985].
El capítulo segundo de este libro es una exposición rápida de la teoría de la Rección y el Ligamiento; incluye una presentación de la teoría de la X con comillas, así como del concepto de rección.

SOLÍAS ARÍS, M.ª T.: *Gramáticas Categoriales. Modelos y Aplicaciones*. Madrid, Síntesis, 1996.
Es la única introducción a las Gramáticas Categoriales de que disponemos en España. Tiene un capítulo introductorio y otros dos más avanzados en los que se exponen con gran solvencia y conocimiento algunas de las aplicaciones y ampliaciones más interesantes de este mecanismo de análisis sintáctico. Imprescindible para quien desee profundizar en la materia.

ZWICKY, A. M.: "Heads" en *Journal of Linguistics,* 21, 1985, pp. 129.
Importante artículo en el que se analiza el concepto de núcleo.

7

REGLAS Y REPRESENTACIONES III
Predicados, argumentos, operadores, variables y cuantificadores

1. Introducción

En este capítulo, vamos a explicar otro enfoque de las relaciones sintagmáticas que ha sido adoptado por muchos investigadores. Se trata de un punto de vista que utiliza las herramientas desarrolladas por la lógica simbólica del presente siglo y que las adapta a la descripción de la estructura de las lenguas naturales.

2. Predicado y argumento

En toda lengua existen dos tipos de elementos según la función que desempeñan: hay unidades léxicas que se utilizan para hacer referencia a entidades del mundo y otras que se utilizan para atribuir propiedades de esas entidades o para describir estados o acciones en los que éstas se encuentran o intervienen. No existe ninguna lengua humana que no responda a esta doble necesidad de una manera o de otra.

Las palabras que se usan para denotar estados o acciones en las que se ven envueltas las entidades del mundo suelen ser los verbos. Según el tipo de estado o acción que se denote, el verbo requerirá la intervención de uno o más elementos pronominales o nominales, que son los que se utilizan para denotar o caracterizar entidades. Por ejemplo, el verbo "hacer" requiere al menos dos entidades: la que hace y la que resulta de la acción denotada. Esto significa que el verbo "hacer" requiere dos argumentos, que pueden expresarse mediante pronombres o sintagmas nominales.

Si bien los predicados suelen ser verbos, esa noción es más amplia que la de verbo, ya que son también predicados sintagmas como "está de pie", "es hombre". Estos dos últimos predicados requieren únicamente un argumento.

En lógica, se suele utilizar para el esquema *predicado-argumento* la siguiente fórmula:

(1)
P (arg$_1$, arg$_2$, arg$_n$)

En este caso, la expresión predicativa aparece a la izquierda y a la derecha, entre paréntesis, aparecen los argumentos que son requeridos por ese predicado.

Veamos, por ejemplo, la fórmula que correspondería a la oración (2):

(2)
Pedro hace la maleta

(3)
H (p, m)

En la fórmula de (3), *H* simboliza el predicado, que es el verbo "hace"; *p*, el argumento, que es "Pedro" y *m*, el que constituye la expresión "la maleta". Los predicados se suelen notar con letras mayúsculas, y los argumentos, con letras minúsculas.

Obsérvese que la estructura de la fórmula (3) no coincide con la estructura sintáctica de (2). En este último caso, la segmentación adecuada es la que aparece en (4) y en el caso de (3), la que aparece en (5).

(4)

[[Pedro] [[hace] [[la] maleta]]].

(5)
[[H] [[p] [m]]]

Es decir, en (4) tenemos la división tradicional entre sujeto y predicado, pero en (5) obtenemos una agrupación en predicado y argumentos.

Para solucionar este desajuste, podemos hacer lo siguiente. Sabemos que el predicado "hace" es de dos lugares, es decir, necesita dos argumentos para poder obtenerse una oración. Esos dos argumentos se toman simultáneamente. Sin embargo esto no refleja la sintaxis de (2), que consiste en aplicar primero el verbo al objeto y luego aplicar el resultado al sujeto. Podemos, de igual modo, hacer esto utilizando las nociones de predicado y argumento. Establecemos que *H* es un predicado que toma un argumento y después que el resultado de esa aplicación es un nuevo predicado que toma un nuevo argumento. De esta manera, *H* se aplica primero a *m* y se obtiene *H(m)*. Por su parte, < *H(m)* > es un nuevo predicado que exige un argumento; con ello, obtenemos < *H(m)* > (*p*). Si establecemos que *H* funciona de esta manera, entonces la fórmula que obtenemos es equivalente a la vista en (3), pero su estructura es diferente y vemos que coincide con la que tiene la oración (2), que se muestra en (4).

(6)
< H(m) > (p)

(7)
[[[H] [m]] [p]]

Como es fácil ver, la estructura de (7) es perfectamente paralela a la de (4), ya que tenemos también dos constituyentes inmediatos: p y $H(m)$ que coinciden con el sujeto ("Pedro") y el predicado ("hace la maleta").

Por otro lado, la fórmula de (6) es equivalente a la de (3); se trata simplemente de dos variantes notacionales.

3. Conectores

Una vez que obtenemos dos fórmulas de predicado y argumentos completas, podemos, por ejemplo, unirlas para obtener una fórmula más compleja. Los conectores son elementos que muestran esa operación de ensamblaje de las fórmulas. Hay diversos tipos. Veremos la conjunción, la disyunción y el condicional.

Sean las siguientes oraciones:

(8)
a) Pedro hace la maleta y Antonio prepara el coche
b) Pedro hace la maleta o Antonio prepara el coche
c) Si Pedro hace la maleta, Antonio prepara el coche

Supongamos que simbolizamos "Antonio prepara el coche" del siguiente modo: $P(a, c)$ (podríamos también hacerlo como $< P(c) > (a)$, pero utilizaremos la primera forma, ya que es más manejable). Ahora tenemos que ver que en (8) aparecen ambas oraciones, y lo que varía es la forma en la que están conectadas. Tal forma está señalada por las conectivas *y*, *o* y *si*. Vamos a entender dichas conexiones en el modo que se indica a continuación:

(9)
i) *y*: se trata de una conjunción. Ambas oraciones deben ser verdaderas para que la conjunción lo sea.
ii) *o*: se trata de la disyunción no excluyente. Basta con que una de las oraciones sea verdadera para que toda la disyunción lo sea.
iii) *si*: es el condicional; la prótasis enuncia una condición suficiente, pero no necesaria, de la apódosis.

Si simbolizamos estas tres operaciones como $\&$, $\vee$ y $\Rightarrow$, respectivamente, tendremos, para (8), las siguientes representaciones lógicas:

(10)
i) $H(p, m) \& P(a, c)$
ii) $H(p, m) \vee P(a, c)$
iii) $H(p, m) \Rightarrow P(a, c)$

donde: p = Pedro; a = Antonio; m = la maleta; c = el coche.

4. Las variables y los cuantificadores

Si intentamos dar cuenta de la estructura en argumentos y predicados de una oración como "todo hombre busca una mujer", nos encontramos en seguida con una dificultad: ¿a qué corresponde "hombre" y "mujer"? ¿a un argumento o a un predicado? Si nos fijamos en el funcionamiento de estas palabras, veremos que tienen las propiedades de un predicado y no las de un argumento: para funcionar como argumentos necesitan un determinante ("todo" o "un"); sin embargo, pueden funcionar libremente como predicados "considero hombre/mujer a Juan" o "Juan es hombre/mujer". Realmente, ni "hombre" ni "mujer" denotan un individuo determinado, sino más bien una condición o propiedad de algunos individuos.

Pero consideremos cómo habría que estructurar, en los términos que estamos viendo, el sintagma "todo hombre"; está claro que no denota un individuo o entidad. Lo que se quiere dar a entender mediante "todo hombre" es que elegimos todos los individuos que tienen la propiedad de ser hombre: "hombre" nos indica una propiedad que han de cumplir los individuos y "todo" nos indica cuántos individuos de esos tenemos que elegir: en este caso, la totalidad; por ello una palabra como "todo" se denomina *cuantificador*. Pero, precisamente, nos queda otro elemento que sea el que denota las entidades que son hombres y que a la vez sea cuantificable por "todo". Para encontrar ese elemento, recurrimos a la noción de *variable*. Vamos a utilizar el símbolo x para indicar un individuo cualquiera. La diferencia entre la constante individual p de Pedro y la variable x es que esa x pudiera ser "Pedro" o cualquier otro individuo perteneciente al universo del discurso. La referencia de las variables es, pues, variable o cambiante, si se quiere. Se llama *rango* de la variable a ese conjunto de referencias potenciales de la misma.

De este modo, la fórmula

(11)
P(x)

significa que x es P sin que se especifique de qué individuo se trata; decimos, entonces, que la variable x está libre. Ahora bien, podemos cuantificar esa variable: seguimos sin especificar qué individuos son P, pero decimos si son todos o sólo algunos. Para ello, podemos utilizar un cuantificador como "todo" en la fórmula siguiente:

(12)
todo x [P(x)]

la fórmula (12) significa que todos los individuos son P.

Podemos utilizar otro cuantificador como "un", con lo que obtenemos:

(13)
un x [P(x)]

que significa que hay un individuo que es P.

Pues bien, ahora podemos dar la fórmula que corresponde a "todo hombre" y "una mujer", en, por ejemplo, "todo hombre piensa" y "toda mujer piensa"; si decimos que "hombre" y "mujer" son los predicados H y M, respectivamente, obtendremos (14a) y (14b):

(14)
a) todo x [H(x)]
b) un x [M(x)]

En realidad, ambas fórmulas se corresponden en el lenguaje natural con algo así como "todos son hombres" y "una es mujer".

Con "todo hombre" queremos denotar en la lengua natural el conjunto de los individuos que tienen la propiedad de ser hombres. Es decir, todos los x, tales que esos x son hombres. De modo análogo, "una mujer" denota una entidad que tiene la propiedad de ser mujer. Estamos ante lo que podríamos denominar *cuantificación restringida,* al cuantificar sobre el *rango* de x seleccionamos únicamente los individuos que cumplen determinada propiedad (en este caso, "ser hombre" o "ser mujer"). Por tanto, consideramos como relevante en esa cuantificación solamente un subconjunto del rango de la variable implicada.

Pues bien, "todo hombre ama a una mujer", se puede representar, en términos de argumentos y predicados, de la siguiente manera:

(15)
todo x un y [[H(x) & M(y)] $\Rightarrow$ A(x, y)]
$\quad\quad\quad\quad\quad\quad\quad\quad\quad\quad\quad\quad$ a
$\quad\quad\quad\quad\quad\quad\quad\quad\quad\quad\quad\quad\quad\;$ b

En la fórmula de (15) se nos indica que para todo individuo x que sea hombre existe un individuo y que es mujer, tal que el primero ama a la segunda.

En esta fórmula, se dice que las variables x e y están *ligadas* por los cuantificadores "todo" y "un", respectivamente. Además, se dice que el *alcance* del cuantificador "todo" abarca el cuantificador "un"; es decir, que el cuantificador "uno" está bajo el alcance de "todo". En (15), la raya *a* muestra el alcance del cuantificador "un" y la raya *b,* el del cuantificador "todo". Si fuera al contrario, tendríamos la fórmula de (16).

(16)
un y todo x [[H(x) & M(y)] $\Rightarrow$ A(x, y)]
$\quad\quad\quad\quad\quad\quad\quad\quad\quad\quad\quad\quad$ b
$\quad\quad\quad\quad\quad\quad\quad\quad\quad\quad\quad\quad\quad\;$ a

En este caso, se dice que el cuantificador "todo" está en el alcance del cuantificador "un". Tal cosa se puede comprobar fácilmente comparando las rayas *a* y *b*. Esta diferencia de alcance de los cuantificadores posee una pertinencia semántica clara. Ya que, en el segundo caso, lo que se dice es que existe una mujer (siempre la misma) a la que todos los hombres aman. En el primero, se señala, simplemente, que todo hombre ama a una mujer que puede ser diferente en cada caso.

Tenemos definidos, pues, los siguientes conceptos:

(17)
a) Variable
b) Rango de una variable
c) Variable libre
d) Cuantificador
e) Cuantificación restringida
f) Variable ligada
g) Alcance del cuantificador

Utilizando estas nociones, pueden llegar a definirse los determinantes como cuantificadores. Sea, por ejemplo, el artículo "el"; cuando decimos, por ejemplo, "el niño", lo que queremos dar a entender es que en el contexto en el que usamos la expresión sólo hay una única entidad que tiene la propiedad de ser niño. Por tanto, estamos cuantificando individuos: decimos que en el contexto relevante hay sólo un individuo con esa propiedad. Entonces, se ha dado el caso de que la restricción de la cuantificación que se realiza mediante el predicado "niño", deja reducido el rango de la variable a tan solo un elemento. Por ello, la representación lógica (en notación informal) de "el niño" podría ser la siguiente:

(18)
el único x [N(x)]

donde "el único" es la expresión explícita de la cuantificación realizada por el artículo definido "el" y N es el predicado "niño". Pero este cuantificador se diferencia de los dos vistos anteriormente por el hecho de que nunca está incluido dentro del alcance de ningún otro cuantificador. Por ejemplo, si decimos "el niño leyó todos los cuentos", sólo podremos obtener la acepción en la que un determinado niño se leyó todos los cuentos y nunca la acepción en la que todos los cuentos tuvieron como lector a un niño específico, no necesariamente el mismo. Por tanto, la única representación posible es la de (19a) y no la de (19b).

(19)
a) el único x todo y [N(x) & C(y) $\Rightarrow$ L(x, y)]
b) todo y el único x [N(x) & C(y) $\Rightarrow$ L(x, y)]

Por tanto, habrá dos tipos de cuantificadores. Los de alcance variable, como "todo" o "un" y los de alcance mayor como "el" o "determinado". Como ejemplo de este último, téngase en cuenta que en "determinado niño leyó todos los cuentos", "determinado" desempeña el mismo papel que "el": es un cuantificador que tiene mayor alcance que cualquier otro cuantificador que aparezca en la oración.

5. Operadores

Los operadores son modificadores que actúan sobre predicados u oraciones para obtener nuevos predicados u oraciones. Veamos, en primer lugar, un modificador oracional. Se trata del operador de negación "no". Si tenemos una predicación como:

(20)
P(j)

que podría simbolizar "Juan piensa", podemos aplicar el operador de negación, que notaremos como "~" a esa predicación para obtener la fórmula de (21):

(21)
~[P(j)]

Esta fórmula es la que corresponde a la oración "Juan no piensa". Es una nueva predicación obtenida a partir de la predicación primera.

Veamos ahora un modificador que afecta a un predicado. Por ejemplo, sea el verbo "pensar", que se simboliza como el predicado *P*. A partir de este predicado, podemos obtener un nuevo predicado si utilizamos el adverbio "mal" y lo aplicamos al verbo "pensar"; si simbolizamos ese adverbio mediante *M*, obtenemos la expresión siguiente:

(22)
M(P)

La nueva fórmula se corresponde con el sintagma "pensar mal" y se trata de un nuevo predicado que toma, como el anterior, un argumento para producir una predicación. Tendremos, entonces, la fórmula siguiente:

(23)
[M(P)](j)]

que es una formalización de la oración "Juan piensa mal". Por otro lado, es perfectamente posible negar esta oración: "Juan no piensa mal". La fórmula correspondiente será, pues, la de (24):

(24)
~[[M(P)](j)]

Como hemos dicho antes que los nombres comunes son predicados, desde el punto de vista de la estructura en predicados y argumentos, también es esperable encontrar operadores sobre estos predicados. Se suelen denominar en las gramáticas usuales *adjetivos*. De este modo, a partir de "hombre" obtenemos el nuevo predicado complejo "hombre estúpido" aplicando el operador "estúpido" a "hombre"; si simbolizamos ese operador mediante la letra *E*, obtenemos la fórmula de (25):

(25)
E(H)

Ese complejo se comportará entonces como un predicado análogo al más simple *H*. Por tanto, la fórmula de "el hombre estúpido" será la que se muestra en (26):

(26)
el único x [[E(H)](x)]

Los operadores pueden seguir aplicándose a los predicados o predicaciones derivadas, ya que éstos también son predicados o predicaciones. Por ejemplo, podemos decir "siempre piensa mal", que obtenemos aplicando "siempre" a un predicado que ya es derivado. Si simbolizamos "siempre" mediante *S*, tendremos esta fórmula:

(27)
[S(M(P))]

Ahora podemos obtener fácilmente la fórmula que corresponde a "el hombre estúpido siempre piensa mal", que es la que se muestra en (28):

(28)
para todo x [[E(H)](x) $\Rightarrow$ [S(M(P))](x)]

Esta representación es inadecuada en varios aspectos, pero sirve para ejemplificar de modo inmediato los conceptos de *operador* y predicado derivado que hemos explicado hasta ahora.

6. Las predicaciones en Gramática Funcional

Ahora podemos pasar revista a un tipo de representación gramatical que se basa en la notación de predicado y argumento y que ha sido desarrollada por S. C. Dik y sus colaboradores (véase la orientación bibliográfica), en lo que se denomina *Gramática Funcional*.

El nivel de representación de la predicación nuclear consta de estructuras formuladas en términos de un predicado y de una serie de argumentos exigidos por ese predicado. Cada predicado va asociado con un *armazón predicativo*. El armazón predicativo consta de los siguientes elementos, entre otros que no nos interesan ahora:

(29)
a) Una pieza léxica predicativa con un índice que nos especifica su categoría sintáctica.
b) Una serie de huecos argumentales que constan de una variable y un subíndice que nos especifica el papel semántico que tal variable desempeña en la predicación.

A modo de ejemplo, el armazón predicativo que se asocia al verbo "dar" es el siguiente:

(30)
$dar_V (x_1)_{Ag} (x_2)_{Pac} (x_3)_{Rec}$

Expliquemos brevemente la fórmula de (30). Se indica primero que "dar" es un predicado que pertenece a la categoría sintáctica de "verbo" (V). En segundo lugar, se proponen tres argumentos requeridos por este verbo; cada uno de ellos está ocupado por una variable con un subíndice diferente, para dar a entender que no tienen por qué ser tres argumentos idénticos; por otro lado, cada argumento va provisto de un índice que nos indica la función semántica que desempeña en la predicación, según la siguiente correspondencia:

(31)
a) Ag = agente
b) Pac = paciente
c) Rec = receptor

Obsérvese que en (30), no tenemos una proposición lógica, ya que las variables están libres y no ligadas. Es decir, (30) no es ni verdadero ni falso, depende de qué entidades denoten las variables en cada caso para que podamos decidir si se expresa una proposición verdadera o falsa.

Para convertir (30) en una predicación que exprese una proposición lógica (es decir, un enunciado susceptible de ser verdadero o falso), recurrimos a dos procedimientos, el segundo de los cuales solamente complementa al primero y, por tanto, no es imprescindible.

(32)
a) Ligado de variables mediante cuantificadores
b) Restricción del rango de las variables

En este modelo, los cuantificadores se conciben como operadores que actúan sobre las variables. Si consideramos que los artículos determinado e indeterminado se traducen como los operadores d e i, respectivamente, éstos actuarán sobre las variables para obtener una cuantificación. Por otro lado, esa cuantificación es restringida: es decir, tal como acabamos de explicar, sólo un subconjunto del rango de la variable es relevante en cada caso. Para expresar esto, se predica una condición de la variable y esto se anota del siguiente modo:

(33)
$(x_{n:}\ N/Adj\ (x_n))$

El esquema de (33) significa que cualquier elemento que sustituya a la variable debe satisfacer un predicado expresado mediante un nombre o un adjetivo.

Un argumento al que se ha aplicado la cuantificación restringida se denomina *término*.

Con estas explicaciones, podemos ahora dar una predicación posible que se ajuste al armazón predicativo que hemos visto en (30); la que se muestra en (34), que es una representación gramatical abstracta de la oración española de (35):

(34)
$\text{Presdar}_V\ (d1x_1:\ \text{hombre}(x_1))_{Ag}\ (i1x_2:\ \text{regalo}(x_2))_{Pac}\ (d1x_3:\ \text{María}\ (x_3))_{Rec}$

(35)
El hombre da un regalo a María

Conviene hacer varios comentarios sobre la estructura de (34). Primero, el numeral 1 que aparece modificando a las tres variables, da cuenta del número singular. En segundo lugar, conviene tener en cuenta que "Pres" es un operador temporal que actúa sobre el predicado "dar" y le sitúa temporalmente; veremos más adelante que en realidad las cosas son algo más complejas respecto de este operador "Pres". En tercer lugar, se ve que incluso los nombres propios (y los pronombres también) se expresan en forma de cuantificación restringida sobre variables. Por ejemplo, el término

(36)
$(d1x_3:\ \text{María}\ (x_3))_{Rec}$

Se concibe como aquella entidad definida (d) y singular (1) que tiene la propiedad denotada por "María"; es decir, la propiedad de llamarse María. Esto puede parecer contraintuitivo, pero la verdad es que es bastante conveniente, ya que en distintos contextos "María" puede denotar diferentes personas que tienen el mismo nombre. La propiedad de llamarse *María* es una propiedad especial, de tipo metalingüístico.

Por último, existe una serie de *desajustes* entre la estructura abstracta de (34) y su expresión *superficial* (35). Primero, el operador verbal "Pres" se manifestará mediante la flexión verbal y no mediante un elemento autónomo, como ocurriría en lenguas que desconocen la flexión verbal temporal. En segundo lugar, el papel semántico de receptor que desempeña en x_3, ocasionará la inserción de la preposición "a", que no aparece en la predicación abstracta de (34). En tercer lugar (34) no presenta una estructura en constituyentes inmediatos; no hay, por ejemplo, un sintagma verbal que agrupe en un solo constituyente el verbo y el paciente y el receptor, cosa que sí ocurre en caso de la estructura superficial de (35).

Estos desajustes son intencionados, ya que se pretende que las estructuras predicativas abstractas tengan validez interlingüística y, por tanto, sirvan para establecer las bases de una gramática interlingüísticamente relevante. Si traducimos la oración de (35) a diversos idiomas tipológicamente diferentes, veremos que podemos seguir asociándolas todas a una estructura semántica como la de (34), aunque difieran acusadamente de la estructura *superficial* de (35). Esas diferencias se van a localizar precisamente en aquellos aspectos que no están reflejados en la predicación abstracta de (34).

En efecto, respecto a la realización de "Pres" hay muchas lenguas en las que los morfemas de tiempo o aspecto se realizan mediante palabras independientes y no mediante afijos verbales flexivos: esto ocurre en la lengua chádica hausa, entre muchas otras. Respecto de la aparición de la preposición "a" ante María, hay lenguas en las que esta palabra no lleva preposición alguna sino que aparece en un determinado caso, por ejemplo el dativo : ello ocurre en latín y en húngaro, entre otras muchas lenguas. Por último, respecto de ese constituyente de sintagma verbal que no aparece en (34), hay lenguas para las que difícilmente se puede postular tal constituyente (véase el capítulo 19), ya que presentan como básico o no marcado el orden verbo-sujeto-objeto.

7. Los operadores de los términos

Hasta ahora, hemos visto que las variables denotaban individuos o, dicho más técnicamente, el rango de las variables era un conjunto de individuos. Sin embargo, hay un enfoque muy interesante, que se ha adoptado en el modelo de la Gramática Funcional, según el cual el rango de esas variables no es un conjunto de individuos sino una familia de conjuntos. Ahora, por ejemplo, "María" no denota un individuo, sino un conjunto unitario, es decir, que contiene un solo elemento. En general, por ejemplo, podemos coordinar un sintagma que denota un individuo con otro que denota un conjunto:

(37)
María y sus tres hermanos fueron al cine

Si decimos que "María" denota un individuo y que, como es de esperar, "sus tres hermanos" denota un conjunto, entonces tendríamos que "unir" un elemento con un conjunto, cosa que parece problemática, ya que se trata de elementos de diferente naturaleza. Ahora bien, si decimos que "María" denota un conjunto unitario, entonces sí podemos interpretar "María y sus tres hermanos" como la unión de dos conjuntos, de donde resultará un nuevo conjunto que tiene cuatro elementos.

Pues bien, podemos dar cuenta de la cuantificación en las lenguas naturales de un modo amplio y natural, si estipulamos que los términos denotan conjuntos de entidades y no entidades. Podemos, entonces, decir que los cuantificadores que se aplican en los términos nos establecen la medida de esos conjuntos. Tal medida se puede concebir como una función que asocia un conjunto con un número natural; a ese número asociado le podemos denominar *cardinal* del conjunto. Si la letra c simboliza esa función, X es una variable sobre conjuntos y n un número natural, entonces tendremos la siguiente fórmula:

(38)
$c(X) = n$

En la cuantificación que se da en las lenguas naturales, hay tres conjuntos que pueden ser relevantes según el tipo de cuantificación. Los señalamos en (39):

(39)
a) Conjunto Referencial (R):
Es el conjunto al que nos referimos al usar un término cualquiera.
b) Conjunto Dominante (D):
Es el conjunto que contiene R como subconjunto suyo.
c) Conjunto Universal (U):
Es el conjunto que contiene todas las entidades que tienen las propiedades especificadas en el término.

Para ilustrar esto, veamos un ejemplo (tomado de Dik 1997a: 171):

(40)
a) A Juan le gustan los libros.
Aquí "los libros" denota al conjunto que contiene los elementos que caracterizamos como "libro"; por tanto, estamos ante U ($R = D = U$). Téngase en cuenta que esto no significa que a Juan le gusten todos los libros, sino que uno de los conjuntos de elementos en los que Juan encuentra cosas que le gustan es el de los libros: se ve implicado el conjunto entero, por tanto.
b) Ayer compró Juan cinco libros.
Aquí "cinco libros" se refiere a un subconjunto de U. Se trata de los cinco libros comprados (conjunto $R \subset D = U$).
c) Hoy ha leído ya tres de los libros.
Ahora "tres de los libros" denota un conjunto de libros R, incluido dentro de un conjunto de libros D (el conjunto de libros comprados) que a su vez está incluido en el conjunto universal de libros U ($R \subset D \subset U$).

Como se ve, en el primer caso, los conjuntos R, D y U son idénticos; en el segundo, los conjuntos D y U son idénticos y R está incluido en ellos y, por último, en el tercero, los conjuntos R, D y U están incluidos uno en otro.

Utilizando estas nociones podemos establecer muy fácilmente cuál es la interpretación de los diversos operadores de los términos, es decir, de los diversos tipos de cuantificadores. Vamos a distinguir, siguiendo a Dik (1997a: 171-176), los siguientes:

(41)
Tipología de los cuantificadores

a) No proporcionales:
   i) absolutos: *quince, dos.*
   ii) relativos: *muchos, pocos.*
b) Proporcionales:
   i) absolutos: *cinco de los cuatro, tres de los.*
   ii) relativos: *muchos de los, algunos de los.*
c) Universales: *todos.*

Vamos a ver cómo se puede dar el significado de cada tipo de cuantificador, utilizando los conjuntos *R, D* y *U*.

Empecemos por los cuantificadores no proporcionales absolutos. Sea la oración de (42a); su formalización será (42b) y el significado del cuantificador se da en (42c):

(42)
a) vienen diez niños
b) Pres venir$_V$ (i10X$_i$: niño$_N$(X$_i$))$_{Ag}$
c) cR = 10

En efecto, *R* es el conjunto de los niños que vienen y el cuantificador nos indica que ese conjunto tiene diez elementos.

Ahora veremos un caso de cuantificador no proporcional relativo. Daremos, como antes, la oración, la formalización y el significado del cuantificador.

(43)
a) vienen muchos niños
b) Pres venir$_V$ (imuchoX$_i$: niño$_N$(X$_i$))$_{Ag}$
c) cR > norma[mucho]

En este caso, se dice que el conjunto de los niños que vienen tiene más elementos que una norma que varía según las situaciones lingüísticas y que hay que determinar en cada caso. Por ejemplo, si lo normal es que vengan diez niños y hoy vienen cuarenta, entonces podemos emitir (43a); la norma vendría dada por (42c) y es, como decimos, dependiente del contexto de emisión.

Pasemos a los cuantificadores proporcionales. Empecemos por los absolutos; ahora habrá que tener en cuenta los conjuntos *R* y *D*:

(44)
a) vienen tres de los diez niños
b) Pres venir$_V$ (i3/d10X$_i$: niño$_N$(X$_i$))$_{Ag}$
c) cR = 3 < cD = 10

Como se ve, el cuantificador complejo "tres de los diez" se formaliza mediante la expresión "i3/d10", que es transparente respecto de la interpretación semántica dada en (44c), en la que se expresa la idea de que el conjunto de niños a que hacemos referencia (R) contiene tres elementos y de que ese conjunto está incluido en otro mayor, el dominante (D), que contiene exactamente diez niños.

El caso de los cuantificadores proporcionales relativos es similar al de los no proporcionales relativos.

(45)
a) vienen muchos de los diez niños
b) Pres venir$_V$ [imuchos/d10X$_i$: niño$_N$ (X$_i$)]$_{Ag}$
c) cR > norma[mucho] < cD = 10

En este caso, el conjunto de los niños que vienen es superior al de una norma relativa preestablecida, pero inferior al conjunto dominante de los diez niños que constituyen el dominio de la cuantificación.

Por último, veamos un caso de cuantificación universal.

(46)
a) Vienen todos los niños
b) Pres venir$_V$ (todo/dX$_i$: niño$_N$ (X$_i$))$_{Ag}$
c) cR = cD

Es decir, en este caso el conjunto de los niños que vienen es igual al conjunto de niños en el que se establece la cuantificación (D), que constituye el dominio de la misma. Dicho dominio, a su vez, se encuentra incluido en el conjunto universal de los niños. Cuando decimos *vienen todos los niños* no estamos usualmente diciendo que vienen todos los niños que existen, sino simplemente que vienen todos los niños que están en un conjunto dominante determinado por el contexto y que no suele coincidir con el conjunto universal de la totalidad de los niños.

8. Los satélites

Las predicaciones que hemos visto hasta ahora pueden ser modificadas por términos que desempeñan una función semántica respecto de toda esa predicación. Esa función semántica suele estar determinada por las circunstancias espacio-temporales en que se localiza el estado de hechos denotado por la predicación. Los satélites equivalen a los llamados tradicionalmente *complementos circunstanciales* y ocupan una posición extrapredicativa. El ejemplo de (47a), se puede formalizar mediante (47b):

(47)
a) Juan ve a Pedro en la película
b) [Presver$_V$ (dx$_1$: Juan (x$_1$) (dx$_1$: Pedro (x$_1$)$_{Pac}$] (d1x$_3$: película (x$_3$))$_{Loc}$

En (47b), "Loc" denota la función semántica de localización espacial. Se ve que el satélite "Loc" afecta a toda la predicación, tal como indican los corchetes que la abarcan. Estos corchetes delimitan el alcance de ese complemento. El resultado es una predicación ampliada con un satélite.

EJERCICIOS

1. Proponga una representación en términos de funciones y argumentos de las siguientes oraciones:

   (48)
   a) Juan habla bien
   b) Probablemente, Juan habla bien
   c) Pedro dio una manzana a Antonio

   ¿Habría algún modo de ofrecer una representación argumento-predicado de (48c), de forma que se observe una posición jerárquica de los diversos complementos?

2. Proponga una formalización en términos de predicado-argumento para la oración siguiente:

   (49)
   Todo alumno que estudie aprobará

3. En la siguiente fórmula:

   (50)
   Para todo x [E (x) & P (y) $\Rightarrow$ S (y x)]

   donde E es "estudiante", P es "profesor" y S es "suspende", determine:

   a) las variables
   b) el rango de las variables
   c) las variables libres
   d) los cuantificadores
   e) las variables ligadas
   f) el alcance de los cuantificadores

4. Cuantifique, en la fórmula del ejercicio anterior, la variable y mediante un cuantificador existencial cuyo alcance sea mayor que el del universal. Describa una situación en que la oración sea falsa y sea verdadera la resultante de hacer que el cuantificador existencial tenga menor alcance que el universal.

5. Proponga el armazón predicativo que se asocia al verbo "poner".

6. Analice en el modelo de la Gramática Funcional la siguiente oración:

   (51)
   El obrero trabaja para un patrón

7. Dé la formalización de la siguiente oración utilizando los diversos conceptos de cuantificación explicados:

   (52)
   Vendrán cinco de los más de cien alumnos

CLAVE 1. Si simbolizamos "Juan" como "j", "habla" como "H" y "bien" como "B", obtenemos para a), la representación a'):

   a') [B(H)] (j)

   téngase en cuenta que B es un operador que modifica a un predicado de un lugar para producir un nuevo predicado también de un lugar. En términos intuitivos, "hablar bien" es una forma determinada de "hablar".
   Si simbolizamos "probablemente" como P y tenemos en cuenta que se trata de un operador de ámbito oracional, en el sentido de que este adverbio no modifica a "hablar bien", ya que "hablar bien probablemente" no es una forma concreta de hablar, sino a toda la proposición, tendremos entonces la siguiente representación:

   b') P([B(H)] (j))

   Por último, si simbolizamos "Pedro" como p, "dio" como D, "una manzana" como m y "Antonio" como a, obtendremos la siguiente representación:

   c') D (p, m, a)

   Obsérvese que c') es una estructura plana, en el sentido de que las diversas funciones de los argumentos se expresan solamente mediante el orden de esos argumentos; por ejemplo, si lo que queremos formalizar es "Antonio dio una manzana a Pedro", entonces tendríamos la fórmula de C).

   c") D (a, m, p)

   Para responder la pregunta que se hace al final de este ejercicio, podríamos dar una estructura lógica jerárquica a esta representación de la siguiente forma: consideramos que "dar" es un verbo que toma un argumento para formar un predicado transitivo; de este modo, el complemento indirecto, es el primer argumento que toma "dar", para así obtener el predicado transitivo "dar a Antonio" que, como tal, toma un argumento más para originar un predicado intransitivo (es decir, de un solo argumento). Siguiendo esta idea, se puede proponer, entonces, la siguiente representación para c):

   d) [[D(a)] (m)] (p)

   téngase en cuenta que esta representación de d) sería lógicamente equivalente a la de c').

2. Para formalizar adecuadamente la oración propuesta, podemos hacer la siguiente paráfrasis: "para todo x, si x es alumno y x estudia, entonces x aprueba". Dada la paráfrasis, es fácil ver que la formalización que corresponde es la que sigue (donde A simboliza a "alumno", E a "estudia" y "Ap", aprueba):

   (53)
   Para todo x (A(x) & E(x) $\Rightarrow$ Ap (x))

3. Las variables son los elementos x e y de la fórmula; su rango será el conjunto de individuos de los que se habla o, si se quiere, el conjunto de las entidades que

son seres humanos. Variables libres sólo hay una: *y*. Cuantificadores sólo hay uno: "para todo"; variables ligadas sólo hay una: *x* (ligada por el cuantificador "para todo") y el alcance del único cuantificador que hay es toda la fórmula.

4. Obtenemos la siguiente fórmula:

(54)
Existe un y tal que para todo x [E (x) & P (y) $\Rightarrow$ S (y x)]

Supongamos que existen dos profesores (P_1 y P_2) y dos alumnos (A_1 y A_2) de ambos profesores. Si se da que P_1 suspende a A_1 y P_2 suspende a A_2, entonces la oración es falsa, ya que no hay ningún profesor que suspenda a los dos alumnos. Si hacemos que el ámbito de "todo", sea mayor que el de "un", tal como vemos a continuación:

(55)
Para todo x existe un y [E (x) & P (y) $\Rightarrow$ S (y x)]

sí que tenemos una oración verdadera, ya que todo alumno (A_1 y A_2) tiene un profesor que le suspende (P_1 y P_2, respectivamente).

5. Al verbo "poner" puede asociársele el siguiente armazón predicativo:

(56)
poner$_V$ $(x_1)_{Ag}$ $(x_2)_{Pac}$ $(x_3)_{Loc}$

6. Podemos proponer la siguiente representación:

[Pres trabajar$_V$ (d1x_1: obrero $(x_1)_{Ag}$)] (i1x_2: patrón $(x_2)_{ben}$)

donde "ben" denota la función semántica de "beneficiario".

7. Podemos proponer la siguiente representación:

Fut venir$_V$ (5/> 100X_1: alumno(X_1))$_{Ag}$

donde: $cR < cD$; $cR = 5$, y $cD > 100$; hemos introducido el operador > que se aplica a operadores numerales para obtener expresiones como "más de 100".

CUESTIONES PROPUESTAS

1. Haga una formalización en términos de argumento y predicado de:

(57)
a) Juan es muy inteligente
b) Juan dice que Pedro habla muy bien
c) Juan habla y Pedro escucha
d) Seguramente, Juan trabaja en Madrid

2. ¿Por qué no es adecuada la siguiente formalización de la oración del ejercicio segundo?:

(58)
Para todo x (A(x) & E(x) & Ap (x))

3. Explique la ambigüedad de:

(59)
Todos los alumnos están enamorados de una alumna

4. Proponga armazones predicativos para:

hacer, ver, comer, distar, hablar, insultar, avisar, recibir

5. Proponga una representación en Gramática Funcional de:

(60)
a) Pedro hace una tarta para María
b) María vio la corrida
c) El niño comerá
d) La ciudad dista 10 km del pueblo
e) El locutor habla para los oyentes
f) Juan insultará a Pedro
g) El cartero avisó a la policía
h) Juan recibió una carta para Pedro desde Sevilla

6. Proponga una formalización en Gramática Funcional de:

(61)
Se presentaron al examen menos de 30 de los más de 200 alumnos.

ORIENTACIÓN BIBLIOGRÁFICA

ALLWOOD, J., L. G. ANDERSSON, Ö. DAHL: *Lógica para lingüistas,* Madrid, Paraninfo, 1977.
    Manual elemental que puede ser sustituido por el de Garrido, recomendado más adelante. Nos interesan ahora los capítulos 4 y 5.

BROWN, D. R.: "Term Operators" en A. M. Bolkestein, C. de Groot y J. L. Mackenzie (eds.), *Predicate and Terms in Functional Grammar,* Dordrecht, Foris, 1985, pp. 127-147.
    Este artículo está indicado para profundizar en el análisis de los operadores de los términos dentro de la Gramática Funcional, que hemos esbozado en este capítulo.

DIK, S. C.: *Gramática Funcional,* Madrid, SGEL, 1981 [1978].
    En este libro se contiene la formalización inicial de la Gramática Funcional de Dik. Interesan ahora los capítulos 3 y 4.

DIK, S. C.: *The Theory of Functional Grammar,* vol. 1: *The structure of the Clause,* Berlín, Mouton de Gruyter, 1997, vol. 2: *Complex and Derived Constructions*, Berlín, Mouton de Gruyter, 1997.
    Este libro constituye la propuesta más sistemática y completa que hay sobre el modelo de S. C. Dik que, a la muerte del autor, ha sido compilado por Kees Hengeveld. En los capítulos 4, 6 y 7 y 9 del primer volumen encontrará el lector una detallada exposición de los principios de la Gramática Funcional que hemos esbozado. El capítulo 4 nos detalla la estructura de la predicación nuclear. El capítulo 6 analiza detenidamente los términos y su estructura. El capítulo 7 explica los cuantificadores vistos como operadores de los términos. En el capítulo 9 se explica, entre otras cuestiones, la naturaleza de los satélites.

FALGUERA LÓPEZ, J. L. y C. MARTÍNEZ VIDAL: *Lógica Clásica de Primer Orden. Estrategias de deducción, formalización y evaluación semántica*, Madrid, Trotta, 1999.
    Esta introducción a la lógica es especialmente interesante para los lingüistas porque se explica con detenimiento y claridad cómo formalizar diversos enunciados de las lenguas naturales utilizando la lógica de predicados. En especial, interesan los capítulos 4, 5, 7 y 9. Contiene un buen

número de ejercicios cuya resolución se da en un volumen aparte. Es, por consiguiente, una obra de la que el lingüista puede sacar mucho provecho.

GARRIDO MEDINA, J.: *Lógica y Lingüística,* Madrid, Síntesis, 1988.
Es éste un manual imprescindible para entender buena parte de la lingüística contemporánea. Es muy recomendable por su claridad y amplitud. Nos interesan ahora los capítulos 2 y 3. Contiene ejercicios resueltos.

HORNSTEIN, N.: *Logic as Grammar. An approach to Meaning in Natural Language,* MIT Press, 1986 [1984].
Este libro es un estudio detenido de los cuantificadores en las lenguas naturales. Establece una clasificación de los cuantificadores de éstas y, por tanto, puede utilizarse para ampliar y profundizar lo expuesto en este capítulo.

McCAWLEY, J. D.: *Everything that Linguists have always wanted to know about Logic, but were ashamed to ask.* The University of Chicago Press, 1981.
Manual avanzado que debe estudiarse después del de Garrido. Es muy interesante porque analiza de modo muy fructífero muchas nociones lógicas que se pueden utilizar en lingüística, así como los puntos de divergencia y convergencia entre conceptos lógicos y lingüísticos. Nos interesan ahora los capítulos 2, 3, y 14.

PARTEE, B. H.; A. TER MEULEN y R. E. WALL: *Mathematical Methods in Linguistics.* Dordrecht, Kluwer, 1989.
Manual avanzado notabilísimo tanto por su amplitud como por su claridad. Interesan ahora los capítulos 5, 6 y 7, 13 y 14. Puede estudiarse después del libro de Garrido.

REICHENBACH, H.: *Elements of Symbolic Logic,* Nueva York, Dover, 1975 [1947].
El capítulo 7 de este libro titulado "Analysis of Conversational Language" (251-354) es una de las aportaciones más interesantes al estudio de las relaciones entre lógica y lingüística; debe ser conocido por todo estudioso de la lingüística formal.

VAN VALIN, J. R., R. D. y R. LaPOLLA: *Syntax. Structure, Meaning and Function*, Cambridge University Press, 1997.
Es la exposición más completa y razonada del modelo de análisis sintáctico denominado *Role and Reference Grammar*. Esta propuesta es muy similar, en muchos aspectos, a la de la Gramática Funcional de Dik y, como ella, está interlingüísticamente orientada. En este modelo, se utiliza también la estructura de predicados y argumentos y, como aportación más sobresaliente, se explica con todo detalle y de forma muy explícita cómo se ponen en conexión esas formulaciones lógicas en términos de predicados y argumentos con las estructuras sintácticas de las diferentes lenguas naturales (capítulos 7 y 9). El libro contiene multitud de ejemplos y ejercicios, que le dan un valor añadido. En suma, es una obra imprescindible para profundizar en los conceptos que hemos estudiado y en otros que explicaremos en los capítulos sucesivos del Curso.

8

REGLAS Y REPRESENTACIONES IV
Transformaciones, huellas, cadenas.
Afección de predicados

1. Introducción

En este apartado vamos a estudiar una serie de conceptos algo más complejos, que se utilizan con cierta frecuencia en las diversas teorías gramaticales actuales.

Concretamente, abordaremos el estudio de las transformaciones, huellas y cadenas. Después, estudiaremos la representación lógica de la afección de predicados; ello complementará el capítulo anterior, en el que hemos visto la modificación de predicados.

2. Transformaciones, huellas, elementos nulos y cadenas

Comparemos, para empezar, las dos oraciones siguientes:

(1)
a) Juan hizo las maletas
b) ¿Hizo Juan las maletas?

Aparte de la diferencia en la entonación, (1a) y (1b) poseen una diferencia en el orden de las palabras. Mientras que en (1a) el sujeto va delante del verbo, en (1b) aparece inmediatamente detrás. Es posible razonar que la posición postverbal es una posición derivada y no primitiva del sintagma que tiene la función de sujeto. ¿Cómo relacionar de esta manera las dos oraciones? Obsérvese que si analizamos la estructura en constituyentes inmediatos de (1a), obtenemos (2).

(2)
$[_O [_{SN} \text{Juan}] [_{SV} [_V \text{hizo}] [_{SN} \text{las maletas}]]]$

Ahora bien, si analizamos la estructura de constituyentes inmediatos de (1b) obtenemos lo que sigue:

(3)
[$_O$ [$_V$ hizo] [$_{SN}$ Juan] [$_{SN}$ las maletas]]

Este esquema deshace el nudo categorial SV y ocasiona que tanto "las maletas" como "Juan" sean constituyentes inmediatos de O. Perdemos así la posibilidad de distinguir el objeto del verbo como aquel SN directamente dominado por SV y el sujeto como aquel SN inmediatamente dominado por O. Si a esto unimos el hecho de que la oración (1b) se siente como derivada o desviada respecto de la oración (1a), entonces surge la siguiente pregunta: ¿no podríamos expresar este hecho de que las dos oraciones poseen diverso *status* en cuanto a que una es marcada frente a la otra y preservar además la idea de que el objeto del verbo es constituyente inmediato de SV y no de O?

Una solución está en decir que la estructura (3) surge de una *transformación* de la estructura (2), con lo cual damos cuenta del carácter derivado o marcado de esta última y además preservamos el constituyente SV, pues en un nivel de análisis más abstracto, la oración (1b) tendría también la representación (2) y en ese nivel se enunciarían todas las generalizaciones que tienen que ver con el constituyente SV.

Existe un mecanismo formal denominado *transformación* que puede llevar a cabo conversiones como la que deseamos. Este mecanismo supone una proyección de unas estructuras en otras. Toda transformación tiene condiciones de entrada y de salida. Las primeras las debe satisfacer la estructura de origen para que pueda ser afectada por esa *transformación,* las segundas son las que debe cumplir la estructura resultante de la aplicación de ese proceso.

Podemos, entonces, enunciar la *transformación de inversión* del SN sujeto del siguiente modo:

(4)
Transformación de inversión del sujeto

Condición de entrada:[$_O$ W [$_{SN}$ x] Z[$_{SV}$ [$_V$ y] X]]
Condición de salida: [$_O$ Z [$_V$ y] [$_{SN}$ x] X]]

En la condición de entrada, se nos dice que debemos partir de una estructura en la que un SN x esté inmediatamente dominado por O y que tenga un verbo y más una serie de otros posibles elementos inespecificados representados por X, W y Z. La condición de salida especifica que el SN inmediatamente dominado por O se coloca detrás del V y, a continuación, lo que hubiese en ese SV además del verbo.

Si utilizamos este mecanismo, decimos que la oración (1b) posee la estructura (2) en un determinado nivel de representación y la estructura (3) en otro nivel más superficial; esto es debido a que sobre (1b) ha actuado la transformación de inversión del sujeto que hemos enunciado en (4).

De modo análogo, podríamos actuar ante las oraciones interrogativas, en las que el pronombre interrogativo no ocupa el lugar que debiera, dada su función, en la estructura de constituyentes. Por ejemplo, en (5) el objeto del verbo "hacer" no aparece como constituyente inmediato del SV que contiene al verbo en cuestión.

(5)
¿Qué quiere hacer?

Por otro lado, podemos recurrir al mismo procedimiento para dar cuenta del hecho de que en (6) "Juan" es el sujeto de "soñar" aunque no aparezca como constituyente inmediato dominado por la oración reducida que contiene el SV de infinitivo:

(6)
Juan parece soñar

Podríamos decir que, en un nivel abstracto, (5) y (6) poseen las estructuras de constituyentes inmediatos de (7) y (8):

(7)
[$_O$[$_{SN}$] [$_{SV}$ quiere [$_O$ [$_{SN}$] [$_{SV}$ [$_V$ hacer] [$_{SN}$ qué]]]]

(8)
[$_O$ [$_{SN}$] [$_{SV}$ [$_V$ parece] [$_O$ [$_{SN}$ Juan] [$_{SV}$ soñar]]]]

Como se puede apreciar, en (7) el pronombre interrogativo "qué" aparece en su posición canónica como objeto del verbo "hacer" y, en (8), el sintagma nominal "Juan" aparece como sujeto del verbo "soñar". Las oraciones (5) y (6) poseerán otra estructura más próxima a su forma manifiesta en la que ha operado una transformación de *anteposición del interrogativo* y otra de *anteposición del sintagma nominal*. Ahora bien, en el nivel de la gramática en que operan las reglas que reconocen el objeto y el sujeto de una oración, estas dos oraciones tendrían una representación como (7) y (8), respectivamente.

En la Gramática Generativa, que, durante su primer momento de desarrollo, utilizó profusamente el mecanismo de las transformaciones, se produjo una innovación consistente en decir que el *sintagma movido* deja en su lugar de origen un elemento vacío llamado *huella* o *traza*, que está en la representación que hemos llamado superficial, de oraciones como (5) y (6). Si señalamos ese elemento nulo fonéticamente como *h*, las estructuras superficiales de (5) y (6) serán ahora:

(9)
[$_{C'}$ [$_C$ qué][$_O$[$_{SV}$ quiere [$_O$ [$_{SN}$][$_{SV}$ [$_V$ hacer] [$_{SN}$ h]]]]]]

(10)
[$_O$ [$_{SN}$ Juan] [$_{SV}$ [$_V$ parece] [$_O$[$_{SN}$ h] [$_{SV}$ soñar]]]]

Obsérvese que en (9) "qué" se ha colocado en una posicion especial denominada "C", es decir *complementante,* que suele ocupar el núcleo del sintagma complementante (véase el capítulo 6, sección primera).

Por otro lado, en (10) "Juan" ha sido colocado en la posición del sujeto de "parecer". Pero, por otra parte, hay una huella o traza en la posición primigenia de cada uno de estos dos elementos. Tal huella está asociada con cada uno de ellos, de modo que de esta manera se pueden *recuperar* los rasgos nominales de uno y otro a través de dicha asociación.

Este enriquecimiento de la estructura más evidente o accesible a la observación puede llevarnos a plantear la necesidad de si hace falta realmente recurrir al dispositivo de las transformaciones que muevan los elementos de sitio. Se podría decir que la estructura de (5) y (7) es siempre y únicamente la de (9) y (10), si la enriquecemos con el concepto de esa asociación de la que acabamos de hablar entre el elemento nulo y su antecedente.

Se podría decir, en el caso de (9), que "qué" es en realidad un operador que liga variables tal como un cuantificador y que h se comporta como una variable ligada por ese operador. De tal modo que (9) se podría parafrasear como (11):

(11)
para qué x (quiere alguien hacer x)

Esta representación contiene variables como las que hemos visto en el capítulo anterior y se podría postular en un nivel denominado *forma lógica*, en el que se pone de manifiesto toda la estructura en argumento/predicado que hemos explicado en ese mismo capítulo anterior.

Pasemos ahora a la estructura (10); para dar cuenta de estos casos propuso Chomsky el concepto de *cadena* (véase Chomsky 1986: 95 y ss.). Una cadena es una representación abstracta del sintagma que la encabeza. De esta manera, en (10) tenemos la cadena de (12):

(12)
(Juan, h)

El sintagma que encabeza esta cadena es "Juan". Hay estrictas restricciones sobre las cadenas. Por ejemplo, sólo uno de sus elementos puede tener una relación gramatical como la de sujeto u objeto e, igualmente, sólo uno de ellos puede tener un papel semántico asignado.

Veamos lo que esto implica para la cadena de (12); es decir, (Juan, h). En este caso, "Juan" tiene la función de sujeto asignada por el verbo finito "parece". Como "soñar" es un verbo en forma infinita, no puede asignar esa función a h y, por tanto, h no la tiene (la cosa es en realidad algo más compleja, pero esto es suficiente para ilustrar las restricciones sobre las cadenas). Sin embargo, "Juan" no tiene asignado papel semántico alguno; es decir, "Juan" no recibe el papel semántico de agente de "parecer", ya que este verbo es incapaz de asignar tal papel semántico a su sujeto (téngase en cuenta que "Juan parece soñar" no significa que Juan parezca algo como en el caso de "Juan parece un ángel", sino más bien algo así como "Según parece, Juan sueña", oración en la que se ve claramente que no hay relación semántica alguna entre "parece" y "Juan"). Por otro lado, la huella h, aunque no desempeña función sintáctica alguna, sí que posee ese papel semántico de agente, proporcionado por el verbo "soñar". Por tanto, tenemos que la cadena (12) presenta las siguientes características:

(13)
(Juan , h)
[Sujeto] [Agente]

Con ello, la cadena está completa y es correcta. Ninguna cadena puede tener, por ejemplo, dos relaciones sintácticas o semánticas. Cada cadena está limitada a solo una de cada una de estas dos asignaciones. Puede denominarse también esta representación como *argumento discontinuo*, ya que dos de las propiedades del argumento (función sintáctica y papel semántico) que normalmente se hallan asociadas, aparecen aquí disociadas.

3. Afección de predicados

A continuación, vamos a ver algunos de los mecanismos que podemos proponer si adoptamos los análisis en predicado y argumento, para describir fenómenos análogos a los vistos en la sección anterior.

Como sabemos, la estructura de la oración se concibe en términos de un predicado y una serie de argumentos que requiere ese predicado. Ahora bien, podemos modificar esa estructura inicial de diversos modos para obtener así fenómenos que se dan con mucha frecuencia en las lenguas naturales.

Partamos, por ejemplo de un predicado C correspondiente al verbo español "canta". Vamos a suponer que este predicado exige dos argumentos. De este modo, la oración (14) se representa mediante (15):

(14)
Pedro canta esa canción

(15)
$C(p, ec)$

donde: ec = esa canción.

Ahora bien, estos verbos biargumentales se diferencian de otros verbos transitivos como "hacer", en que pueden experimentar una transformación que consiste en la desaparición de uno de los lugares de argumento; más en concreto del lugar del segundo argumento. Si llamamos *valencia* al número de lugares para argumentos que el verbo proporciona, entonces diremos que "cantar" es un verbo con valencia dos: esto significa que se representa mediante un predicado que exige dos argumentos. Pues bien, el proceso a que estamos haciendo referencia consiste en reducir la valencia dos de "cantar" a valencia uno; esto significa que convertimos el predicado C de dos argumentos en un nuevo predicado C^* de un solo argumento, que está relacionado con el anterior del modo que veremos a continuación. Tenemos una transformación de *reducción de valencia* que opera sobre el predicado para producir un nuevo predicado relacionado con el anterior de un determinado modo. Este tipo de cambio del predicado lo vamos a denominar *afección* del predicado, para distinguirlo de la modificación vista en el capítulo anterior, que no cambia la naturaleza argumental del predicado, sino, que simplemente, lo restringe.

Obsérvese que "Pedro canta" presenta una estructura derivada respecto de oraciones como "Pedro canta una canción", pues, en el primer caso, denotamos la misma acción que en el segundo, pero sin especificar el segundo argumento como canción, himno, copla o lo que sea. Cuando no interesa decir o no se sabe decir cuál es ese segundo argumento, simplemente, no se menciona. Pero la acción que denota "Pedro canta" incluye un argumento segundo inespecificado, por más que esté ausente en la expresión material.

Podemos definir la transformación de eliminación del objeto de la manera que sigue:

(16)
Regla de eliminación del argumento segundo

Sea *P* un predicado de dos argumentos y *x* e *y* dos argumentos, siendo *x* el primero e *y* el segundo. Entonces podemos obtener un nuevo predicado *P** derivado de un solo argumento, de tal modo que se obtiene esta interpretación:

$$P^*(x) = \text{existe un y tal que } P(x, y)$$

Esta regla habrá que restringirla de modo que sólo determinado tipo de predicados como "cantar", "comer", "beber" etc., puedan experimentarla en español. Si *P** es un predicado de dos lugares que se pueden *llenar* con, por ejemplo, *p* (Pedro) y *c* (esta canción), entonces *C** es un predicado de un lugar que se puede aplicar, por ejemplo, sobre *p*. Con ello, obtenemos como representación de (17), (18):

(17)
Pedro canta

(18)
C*(p)

Ahora bien, la regla que hemos establecido como *reducción del argumento segundo* nos especifica que la fórmula de (18) será equivalente a la más explícita de (19):

(19)
Existe un y tal que C (p, y)

En la representación de (19), lógicamente equivalente a (18), por la regla vista, se establece el carácter derivado de la predicación $P^*(x)$, ya que se nos indica que existe un argumento más no especificado que nos hace recordar que tal predicado de un argumento ha sido derivado de un predicado de dos argumentos.

En este caso, hemos visto que el carácter derivado de este "cantar" de un solo argumento no se manifiesta morfológicamente en modo alguno: tenemos la misma forma que antes de "cantar".

Sin embargo, esto no es lo más frecuente; lo normal es que cuando un predicado se modifica mediante algún proceso de este tipo, el verbo que representa ese predicado derivado esté marcado de una forma u otra (morfológica o sintácticamente).

Vamos a ver un caso sintomático. Se trata de la aplicación de otra regla de transformación de predicados. En este caso, el proceso de *eliminación del argumento primero*. A partir de un predicado con dos argumentos *x* e *y*, podemos tener un nuevo predicado con un solo argumento, pero, en este caso, sólo el segundo y no el primero. La regla en cuestión puede formularse del modo que sigue:

(20)
Regla de eliminación del argumento primero

Si *P* es un predicado de dos lugares y *x* e *y* son, respectivamente, los argumentos primero y segundo, entonces *P es un predicado de un solo argumento tal que:

*P(y) = existe un x tal que P(x, y)

Supongamos que la oración (21) tiene la estructura en predicado/argumentos que se muestra en (22).

(21)
Pedro ve el árbol

(22)
V(p, a)

Pues bien, si aplicamos al predicado de (22), *V* la regla de eliminación del argumento primero, obtenemos la predicación de (23):

(23)
*V(a)

Esta predicación de (23) es equivalente, según la regla que acabamos de presentar, a la de (24):

(24)
Existe un x tal que V(x, a)

Veamos cómo se manifiesta en español la predicación de (23). Una forma posible es la que contiene el verbo en voz pasiva:

(25) el árbol es visto

Está claro, además, que "es visto" es una forma derivada morfológicamente del verbo "ver". Esta relación flexiva entre el tema "ver" y la forma "es visto" refleja el hecho de que el predicado *V es derivado respecto del predicado V, ya que, como en el caso anterior, *V "recuerda" semánticamente el argumento que exigía V. Por otro lado, está claro que la fórmula (24) refleja con bastante justeza el significado de (25), ya que esta oración no significa en modo alguno que el árbol experimente un proceso fisiológico para el que no está capacitado, sino que hay alguien que lo ha experimentado, sin que se especifique de quién se trata.

1. Diga qué transformación puede haber dado lugar a una oración como la siguiente:

   (26)
   Juan creyó a Pedro en la escuela

¿Cómo se podría formular esa transformación? ¿Dónde estaría situada la huella del elemento movido?

2. ¿Para qué estructuras, además de para la pasiva, sería necesario postular un proceso de eliminación del argumento primero?

3. Utilice una regla de afección de predicados para dar cuenta de la relación argumental existente entre "admitir" y "admisible".

CLAVE 1. Primero, hay que partir del hecho de que "Juan creyó a Pedro en la escuela" es una estructura derivada y no primaria. Si fuera primaria, "a Pedro" sería el objeto directo de "creyó"; pero "a Pedro" no se comporta como tal desde el punto de vista semántico, pues lo que Juan cree no es una persona sino el hecho de que esa persona estuviese en un determinado lugar. La función semántica de "Pedro" en esta oración es análoga a la que tiene en la oración de significado similar "Juan creyó que Pedro estaba en la escuela". Es decir, "Pedro" es el sujeto de una predicación y no el objeto del verbo "creyó". Por otro lado, si "Pedro" va precedido por "a" y no es un complemento circunstancial, es porque es complemento directo. Pero acabamos de ver que no parece comportarse como un complemento directo genuino. Para salir de este atolladero, podemos recurrir al mecanismo de la transformación; podemos decir que la oración en cuestión es derivada, es marcada; se ha producido de modo especial mediante una regla de transformación. Tal regla movería el SN "Pedro" del lugar de sujeto de la predicación subordinada al lugar de objeto de la predicación principal (la del verbo "creyó"). Por tanto, tendremos esta estructura:

(27)
[$_O$ [$_{SN}$ Juan] [$_{SV}$ [$_V$ creyó] [$_{SN}$ Pedro] [$_O$ [$_{SN}$ h][$_{SV}$ [$_{SP}$ en la escuela]]]]]

Obsérvese que la huella h está en la posición de sujeto de la predicación subordinada, que carece, en este caso, de verbo. El movimiento va, pues, desde esta posición a la de complemento directo del verbo de la oración principal. Tenemos, como representación abstracta del argumento "Pedro", la siguiente cadena:

(Pedro ,   h)
[objeto] [predicando]

la asignación de caso gramatical proviene de la posición como objeto del verbo "creyó", pero su papel semántico proviene del predicado "en la escuela" y no del mismo verbo "creyó". Por esta razón, este elemento, a pesar de ser objeto directo, se comporta semánticamente de una manera diferente a la de un objeto directo: "Pedro" no es el que recibe la acción del verbo o se ve afectado por ella, como la mayoría de los objetos, sino aquel del que se predica una localización determinada.

2. La regla de eliminación del argumento primero también sirve para generar ciertas estructuras con "se". Por ejemplo, las siguientes:

(28)
a) Transportaron los muebles ayer ⇒
Los muebles se transportaron ayer

b) Detuvieron a los delincuentes ayer ⇒
      Se detuvo a los delincuentes ayer

   En el primer caso, como la interpretación reflexiva se descarta, entonces hay que colegir que existió un agente tal que transportó los muebles ayer. En el segundo caso, sí podría caber una interpretación reflexiva o recíproca pero ésta está descartada porque el posible candidato para sujeto aparece como objeto.

3. Si nos fijamos en el significado de la siguiente oración:

   (29)
   Esto no es admisible

   seguramente llegaremos a la conclusión de que en realidad no estamos negando que aquello a lo que nos referimos mediante "esto" tenga determinada propiedad, sino más bien que alguien admita aquello a lo cual nos referimos mediante "esto". Es decir, una paráfrasis adecuada de (29), parecer ser (30).

   (30)
   No hay nadie que admita o pueda admitir esto

   Si convenimos en que "admisible" se deriva del verbo "admitir" y tenemos en cuenta que el verbo "admitir" tiene dos argumentos, entonces podemos postular que este proceso de derivación morfológica va acompañado de una reducción del argumento primero, de modo que "admisible" podría caracterizarse del siguiente modo:

   (31)
   Admisible = conjunto de entidades x para las que existe alguna entidad y tal que y admite x.

   Si este análisis se demuestra adecuado, entonces pondrá de manifiesto que estas reglas de afección de predicados no sólo son relevantes en la sintaxis, sino también en la morfología.

CUESTIONES PROPUESTAS

1. ¿A qué transformaciones se podría recurrir para describir oraciones como las siguientes?:

   (32)
   a) Juan se cree muy listo
   b) Juan hizo toser a Pedro
   c) Juan se hizo odiar por todos
   d) Vio al vecino robando

2. ¿Qué tipo de regla de afección de predicados se podría proponer para dar cuenta de perífrasis causativas, tales como: "hacer ver", "hacer andar", etc.?:

   Intente la formulación de una regla de afección de predicados adecuada.

ORIENTACIÓN BIBLIOGRÁFICA

COOK, V. J. y NEWSON, M.: *Chomsky's Universal Grammar. An introduction*, Londres, Blackwell, 1996.
El capítulo 6 de este libro nos presenta una exposición sencilla y precisa de las transformaciones de movimiento en el marco de la Gramática Generativa chomskyana reciente.

CHOMSKY, N.: *Conocimiento del Lenguaje,* Madrid, Alianza, 1989 [1986].
Este libro contiene desarrollos avanzados de conceptos como los de transformación, huella y cadena que hemos visto aquí. No es recomendable para principiantes.

DEMONTE, V.: *Teoría Sintáctica: De las estructuras a la Rección,* Madrid, Síntesis, 1989.
El capítulo 4 de este libro nos presenta algunas concepciones recientes sobre las transformaciones en Gramática Generativa, así como, sobre los tipos de éstas y las condiciones que las delimitan. El capítulo 7 está dedicado a explicar el concepto de huella y categoría vacía dentro de la Gramática Generativa.

FERNÁNDEZ LAGUNILLA, M. y A. ANULA REBOLLO: *Sintaxis y Cognición. Introducción al conocimiento, el procesamiento y los déficit sintácticos*, Madrid, Síntesis, 1995.
Interesa ahora el capítulo 5 (pp. 133-158), dedicado por entero a las transformaciones y a sus restricciones. A partir de él se puede profundizar en algunas de las cosas vistas en nuestro capítulo.

HAEGEMAN, L.: *Introduction to Government and Binding Theory*, Londres, Blackwell, 1994.
Los capítulos 6 y 7 de este completo tratado están dedicados a las transformaciones. El primero se ocupa de las transformaciones de movimiento de sintagmas nominales y, el segundo, de las transformaciones interrogativas.

HERNANZ, M. L. y J. M. BRUCART: *La Sintaxis. 1. Principios Teóricos. La oración Simple,* Barcelona, Crítica, 1987.
El capítulo cuarto de este libro contiene una explicación clara de algunos de los tipos de categorías vacías que se suelen postular en Gramática Generativa, entre las cuales se incluyen las huellas vistas en este capítulo; concretamente, las huellas se tratan en las pp. 43, 85, 91 y 117.

KEENAN, E.: *Universal Grammar. 15 Essays,* Londres, Croom Helm, 1987.
Este libro recoge una serie de importantes artículos de E. Keenan, realizados desde una óptica que podríamos denominar "lógico-tipológica". La parte tercera lleva por título "Relation-changing Rules in Universal Grammar" y contiene cuatro artículos dedicados a las operaciones de cambio de valencia predicativa, tanto de reducción como de ampliación. Pueden, por consiguiente, estudiarse para profundizar en lo expuesto sobre estas cuestiones en este capítulo.

LORENZO, G. y V. M. LONGA: *Introducción a la Sintaxis Generativa*, Madrid, Alianza, 1996.
El capítulo 5 de este libro (pp. 117-156) está dedicado por entero a las motivaciones y restricciones de las operaciones de movimiento sintáctico. Por ello, se puede estudiar para saber más sobre lo que hemos dicho aquí a propósito de estas cuestiones.

RADFORD, A.: *Introducción a la sintaxis transformativa,* Barcelona, Teide, 1988 (1981).
Los capítulos 5, 6, 7 y 8 de este libro están dedicados a diversos aspectos de las transformaciones en algunos modelos de la Gramática Generativa.

RADFORD, A.: *Transformational Grammar. A first Course,* Cambridge Textbooks in Linguistics, 1990 [1988].
Los capítulos 8, 9 y 10 de esta importante obra están por completo dedicados a las transformaciones en sus diversos tipos y variedades. Tiene muchos ejercicios. Tanto los ejemplos como los ejercicios se centran exclusivamente en la lengua inglesa.

VAN RIEMSDIJK, H. y E. WILLIAMS: *Introducción a la Teoría Gramatical,* Madrid, Cátedra, 1990 [1986].
Nos ofrecen estos autores una visión de cómo ha ido evolucionando el concepto de transformación en Gramática Generativa y la importancia que ha tenido en su desarrollo. Interesan ahora especialmente los capítulos 2, 3, 4, 6 y 7. El capítulo 9 explica el concepto de huella o traza y establece una tipología de los elementos vacíos.

9

ESTRATOS Y NIVELES DE REPRESENTACIÓN

1. Introducción

Hasta ahora, hemos visto algunos de los dispositivos que los lingüistas han ideado para dar cuenta de las relaciones y procesos gramaticales. Es el momento de estudiar cómo se pueden integrar de una manera global esa serie de dispositivos teóricos, para ofrecernos así un esquema teórico integral de la gramática de las lenguas naturales.

Como es lógico, el esquema que la teoría de la gramática debe imponer a cualquier gramática determinada de cualquier lengua concreta se deriva directamente de las propiedades universales de las lenguas humanas. Por tanto, habrá que diferenciar dos estratos correspondientes a las dos articulaciones lingüísticas: el de las unidades significativas y el de las unidades de las que se componen las anteriores. Esto da pie a la distinción entre el estrato *fonológico,* por un lado, y lo que se podría denominar estrato *morfosintáctico,* por otro. Cualquier gramática de cualquier lengua debe, pues, atenerse a esta división.

Un estrato de representación gramatical consta, fundamentalmente, de dos cosas:

a) Unidades primitivas y derivadas que se dan en ese estrato.
b) Reglas de formación de unidades derivadas a partir de unidades primitivas de ese estrato.

Ambas cosas permiten realizar generalizaciones en dicho estrato y, por tanto, describir propiedades relevantes de una lengua concreta considerada desde él.

De aquí se deduce que, en el estrato fonológico, habrá unidades y reglas de formación fonológicas y que, en el estrato morfosintáctico, habrá unidades y reglas de formación morfosintácticas.

Podemos también considerar, aunque esto está sujeto a disputas y controversias mucho mayores, que existe un tercer estrato de representación; se trata del estrato *semántico.* Si aceptamos esto, también habría unidades y reglas de formación semánticas. Como las unidades del estrato morfosintáctico poseen una asociación con las del estrato semántico, que no tienen las del estrato fonológico, podemos representar nuestro esquema teórico del siguiente modo:

```
┌─────────────────────────────────────┐
│   ┌───────────────────────────┐     │
│   │    Estrato semántico      │     │
│   │    Estrato morfosintáctico│     │
│   └───────────────────────────┘     │
│   ┌───────────────────────────┐     │
│   │    Estrato fonológico     │     │
│   └───────────────────────────┘     │
└─────────────────────────────────────┘
```

Esta disposición en estratos tiene, por supuesto, únicamente valor metodológico; no se pretende indicar cómo está hecha una lengua en realidad, ni cómo los hablantes conocen esa lengua, ni menos aún, cómo los hablantes construyen expresiones. Su valor metodológico está en que nos permite estudiar determinados aspectos de una lengua determinada aislándolos de otros que no se consideran directamente relevantes. Para estudiar los fonemas de una lengua, podemos circunscribirnos a una serie de propiedades que no tienen que ver ni con la sintaxis ni con la semántica. De igual modo, podemos plantear un problema sintáctico sin tener en cuenta cuestiones fonológicas. De esa manera, simplificamos artificialmente los datos lingüísticos y podemos aislar así problemas específicos y descubrir propiedades características que, de otro modo, quedarían encerradas en la oscuridad de unos datos que recogieran a la vez todos los aspectos que se manifiestan en cualquier proferimiento lingüístico.

Podemos aislar un problema o estudiar una propiedad respecto de un estrato determinado y estudiarlo en él: es decir, con los conceptos y procedimiento metodológicos aceptados en dicho estrato. También podemos estudiar la interrelación de estratos. El número de estratos que deban postularse, las unidades de cada uno de ellos que deban asumirse y los procesos que tengan que formularse es una cuestión empírica. Es la capacidad generalizadora de los estratos y de la interacción entre ellos lo que debe guiar el establecimiento, perfeccionamiento o sustitución de un estrato de representación determinado. Un principio que cobra cada día más fuerza es el que dicta que se han de proponer únicamente los estratos de análisis imprescindibles, sin multiplicarlos de modo generalizado. En principio, sólo aquellos que se consideren esencialmente necesarios deberían admitirse.

La necesidad de postular además diversos niveles de representación gramatical tanto en fonología como en morfosintaxis o semántica (es decir, dentro de cada estrato), se deriva del hecho de que las lenguas naturales no son completamente explícitas respecto de sus propiedades gramaticalmente relevantes. A esto dedicaremos la segunda sección de este capítulo.

2. Justificación de los niveles de análisis gramatical

Supongamos que establecemos un solo nivel de representación en sintaxis: en ese nivel se muestran las estructuras sintagmáticas que se deducen de las oraciones gramaticales de una lengua.

Consideremos en este sentido, las dos oraciones siguientes:

(1)
Juan es fácil de espiar

(2)
Juan es partidario de espiar

La estructura inmediata de estas dos oraciones es idéntica y se puede representar, en corchetes, del modo que se ve en (3):

(3)
[$_O$ [$_{SN}$ Juan] [$_{SV}$ [$_V$ es] [$_{SADJ}$ [$_{ADJ}$ part. /fac.] [$_{SP}$ [$_P$ de] [$_{INF}$ espiar]]]]]

Sin embargo, la igualdad estructural de estas oraciones esconde diferencias muy importantes y relevantes en el estrato sintáctico. Concretamente, en (1) se entiende que la relación sintáctica entre "Juan" y "espiar" es la de objeto directo. Pero la relación sintáctica entre los mismos elementos en el ejemplo (2), no es la de objeto directo. Este hecho tiene consecuencias semánticas claras: mientras que en (1) se nos dice que es fácil espiar a Juan, en (2) no se nos dice que Juan sea partidario de espiar a Juan, sino más bien que Juan es partidario de que se espíe. Por otro lado, hay otra consecuencia semántica: mientras que en (2) se nos dice que Juan tiene la propiedad denotada por "partidario de espiar", en (1) no se nos dice que Juan tenga la propiedad de ser fácil; es decir, "fácil" aquí no se predica de Juan, sino de todo el hecho denotado por "espiar a Juan". De ahí que "espiar a Juan es fácil" sea una paráfrasis de (1) y que no exista una paráfrasis análoga para (2).

Cualquier gramática del español debe dar cuenta de este hecho si quiere expresar una serie de relaciones gramaticales que se dan, pero que no se manifiestan de modo explícito.

Podemos recurrir a los niveles de representación para hacer en ellos explícito lo que se da implícitamente en los datos. Podemos decir que (1) y (2) poseen la misma estructura en un nivel de representación, pero diferente estructura en otro nivel de representación más abstracto. Ese nivel de representación más abstracto no debe ser arbitrario ni construirse *ad hoc*, es decir, para dar cuenta de un único problema. Una restricción posible es la de que sea lo más parecido al nivel menos abstracto en el sentido de que las representaciones que allí se enuncien sean fácilmente relacionables con las estructuras ya establecidas e incluso sean, en muchos aspectos, idénticas a éstas.

Por tanto, en ese nivel más abstracto, no vamos a introducir unas nuevas relaciones sintagmáticas, ni unos nuevos elementos sintácticos, sino que vamos a recurrir a los ya establecidos en el nivel menos abstracto y vamos a idear algunos elementos nuevos sólo cuando esto sea absolutamente imprescindible. Esto sigue la tónica restrictiva a la que hemos aludido antes al hablar de los estratos.

Podemos dar cuenta de la diferencia observada entre (1) y (2) postulando que en un nivel abstracto poseen representaciones diferentes; concretamente, podemos postular, a modo ilustrativo, las representaciones de (4) y (5):

(4)
[$_O$ [$_{SV}$ [es] [$_{SADJ}$ fácil]] [$_{SN}$ [$_{SV}$ [$_V$ espiar] [$_{SP}$ a Juan]]]]]

(5)
[$_O$ [$_{SN}$ Juan] [$_{SV}$ [es] [$_{SADJ}$ [$_{ADJ}$ part.] [$_{SP}$ [$_P$ de] [$_{INF}$ espiar]]]]]

Consideremos primero (4). En este caso, se propone una nueva estructura similar a la estructura menos abstracta de una oración como "espiar a Juan es fácil". En ella, el SV de infinitivo actúa como sujeto del otro sintagma verbal finito de la cópula. En esta estructura está *explícitamente* representado el hecho de que "Juan" es objeto directo de "espiar", tal como necesitábamos.

Veamos, en segundo lugar, (5). Ahora estamos ante un estructura típica de las oraciones copulativas; en ella el sujeto de la atribución es "Juan", cosa que, como acabamos de ver, deseábamos preservar y, además, este SN no aparece como objeto directo de "espiar", tal como ya habíamos previsto.

Aun teniendo en cuenta que las estructuras abstractas (4) y (5) dejan algunas cosas sin expresar –y lo hacemos así intencionadamente para facilitar el argumento–, son lo suficientemente explícitas respecto de las propiedades gramaticales que nos interesaba formular como para que sirvan de representación adecuada de las oraciones (1) y (2). Obsérvese que estas dos nuevas representaciones son totalmente conservadoras respecto a innovaciones: nada aparece en ellas que no haga falta postular en las representaciones más inmediatas de otro tipo de oraciones.

Es necesario hacer la observación de que fenómenos como el que hemos visto no son en modo algunos excepcionales en una lengua; al contrario, son de lo más frecuente y característico en las lenguas naturales.

Esto nos lleva a plantear la necesidad de establecer niveles de representación en la gramática dentro de los estratos de análisis ya propuestos. Se puede hablar, entonces, de niveles de representación en el estrato fonológico, en el estrato morfosintáctico o en el estrato semántico.

Surgen en seguida dos cuestiones obvias:

a) ¿Cuántos niveles hay que proponer en cada estrato?
b) ¿Cómo se relacionan unos niveles con otros dentro del mismo estrato?

A ambas preguntas intentaremos responder en las secciones siguientes del presente capítulo.

3. Niveles de representación en sintaxis

Aunque sabemos que se han propuesto diferentes niveles de representación en fonología, en morfología y aun en semántica, es en la sintaxis donde más se ha desarrollado este concepto y, por tanto, en este campo en donde encontramos las propuestas más elaboradas.

Desde la difusión de *Aspectos de la Teoría de la Sintaxis* (Chomsky 1965) se ha extendido enormemente la idea de dos niveles de representación en sintaxis: los llamados *estructura profunda* y *estructura superficial*. Ambos son niveles abstractos de representación sintáctica. En el capítulo 4, hemos visto que es necesario proponer al menos dos niveles de análisis para *normalizar* estructuras sintácticas que se desvían de las estructuras usuales. Recordemos, por ejemplo, que en "¿Qué quiere hacer Juan?", "qué" es el objeto directo de "hacer" aunque no aparezca en la posición estructural canónica en la que deberíamos encontrarlo. La estrategia para solucionar esto sin renunciar a la idea de que los objetos directos están directamente dominados por el nudo SV, consiste en decir que, en un nivel más abstracto, la oración "¿Qué quiere hacer Juan?" presenta el "qué" en la posición normal de objeto directo de "hacer" y que luego esta estructura se proyecta en otra estructura menos abstracta que presenta ya el "qué" en su posición definitiva.

En esta propuesta inicial de *Estructura Profunda* (EP) y *Estructura Superficial* (ES), se suponía que las funciones semánticas se asignaban sobre la base de las posiciones estructurales canónicas y que, por tanto, la interpretación semántica de las oraciones debía hacerse sobre la base de la EP. De este modo, en la EP de la oración que estamos considerando, "qué" está directamente dominado por el nudo SV que domina también a "hacer" y se le asigna el papel semántico que corresponde al objeto directo de este verbo en particular. Por otro lado, es a partir de la ES a partir de lo que se ha de obtener la interpretación fonética de la oración, puesto que en ella el elemento "qué" aparece en su lugar desplazado a la izquierda.

Por tanto, la EP y la ES son representaciones abstractas de las oraciones mediante las cuales se pueden enunciar generalizaciones sintácticas. En muchos casos, estas representaciones son similares, pero en otros pueden diferir de modo apreciable, tal como ocurre con el ejemplo que acabamos de comentar.

Conviene advertir contra una mala interpretación de los términos "profundo" y "superficial"; estos términos tienen la evidente desventaja de que despiertan una serie de asociaciones indeseables y totalmente ajenas a la intención con los que se propusieron. Por ello, es muy conveniente hablar de EP y ES como dos tipos de niveles de representación sintáctica y olvidarse por completo de lo que abrevian las letras "P" y "S". En una sección posterior, veremos dos términos que no presentan esas asociaciones contraproducentes.

Sin embargo, investigaciones y desarrollos posteriores mostraron que la EP no era la base sobre la que se realizaba la interpretación semántica, ya que existían muchos fenómenos que había que enunciar en la ES y que determinaban decisivamente esa interpretación semántica. Por ejemplo, comparemos las dos oraciones siguientes:

(6)
a) Todo estudiante habla dos lenguas solamente
b) Solamente dos lenguas son habladas por todo estudiante

Si suponemos que las oraciones (6a) y (6b) poseen la misma EP, que sería la de (7):

(7)
$[_O [_{SN} \text{todo estudiante}][_{SV} [_{SV} [_V \text{habla}][_{SN} \text{dos lenguas}]] [_{ADV} \text{solamente}]]]$

y que la ES de (6b) se obtiene a partir de la estructura (7) mediante una transformación de pasivización; y además mantenemos que la interpretación semántica de (6b) se realiza, igual que la de (6a), sobre la base de EP (7), entonces no podemos dar cuenta de la diferencia en el significado de (6a) y (6b). En efecto, en (6a) se nos dice que todo estudiante habla únicamente dos lenguas cualesquiera (francés e inglés; ruso y alemán, etc.); pero (6b) se interpreta en el sentido de que sólo hay dos lenguas concretas (inglés y francés, por ejemplo) que habla todo estudiante. Imaginemos, para comprender esto, una situación como la siguiente; existen cuatro estudiantes, enumeramos los nombres y las lenguas que cada uno habla:

Juan: inglés, francés, italiano.
Pedro: alemán, francés, italiano.
Antonio: ruso, italiano, francés, alemán.
Fernando: francés, italiano.

En este caso, la oración (6a) no es verdadera, ya que no es cierto que todos los estudiantes hablen solamente dos lenguas; eso sólo es verdad de Fernando, todos los demás hablan más de dos. Pero (6b) sí es verdadera, ya que sólo existen dos lenguas (francés e italiano) que hablan todos los estudiantes.

Si (6a) y (6b) poseen la misma EP [*i. e.* (7)] y ésta determina la interpretación semántica, no se podría dar cuenta de esta diferencia de interpretación semántica entre (6a) y (6b).

Si a esto le sumamos la innovación de las huellas o trazas, que aparecen típicamente en la ES, ya explicada en el capítulo anterior, más la interpretación de algunas de esas huellas como variables ligadas en un nuevo nivel de análisis denominado *forma lógica* (FL), se ve con claridad que la ES determina aspectos muy importantes de la interpretación semántica. Por ello, se han postulado en la Gramática Generativa no dos, sino tres niveles de representación en sintaxis: la EP, la ES y la FL. La FL se construye a partir de la ES y la ES se construye a partir de la EP. O, dicho de manera más técnica, las EP se proyectan sobre las estructuras ES y éstas se proyectan sobre las estructuras de FL.

Una cuestión que se suscita es mediante qué procedimientos se proyectan unas estructuras en otras. Ya hemos visto en el capítulo anterior que existe el mecanismo formal de la transformación para dar cuenta de la proyección de unas estructuras en otras. Esto es válido para la proyección de las EP en ES.

La regla transformativa que se asume es la de *movimiento de* α, donde α es una variable sobre cualquiera de las categorías. Además, esta transformación está restringida de modo muy severo, por lo que sólo puede aplicarse de una manera muy constreñida.

Esto supone una restricción significativa a las proyecciones posibles entre EP y ES. Por ejemplo, sugerimos en el capítulo anterior que la EP de "Juan parece soñar" contiene un SN vacío, al que se mueve "Juan", que aparece en esa estructura como sujeto de "soñar". La proyección de esa EP en la ES correspondiente en la que "Juan" aparece ya como sujeto de "parece" se realiza mediante la regla de movimiento de α. Pero esta regla sólo se puede aplicar en estos casos cuando el verbo tiene la propiedad léxica de que no asigna ningún papel semántico a su sujeto. "Parecer" tiene justo esa propiedad; es decir, el sujeto de "parecer" no es, por ejemplo, agente, ni tiene papel semántico alguno asignado por ese verbo (sí tiene uno, pero asignado por el verbo "soñar"). Eso no ocurre con "poder" que sí asigna papel semántico a su sujeto. Por ello, la EP de (8a) no puede ser (8b):

(8)
a) Juan puede soñar.
b) [$_O$ [$_{SN}$] [$_{SV}$ [puede] [$_O$ [$_{SN}$ Juan] [$_{SV}$ soñar]]]]

Obsérvese que igual que "parece que Juan sueña" es una perífrasis adecuada para "Juan parece soñar", "puede que Juan sueñe" no es en modo alguno una perífrasis adecuada para "Juan puede soñar"; en efecto, en (8a) no se nos dice que es posible que Juan sueñe, sino que Juan tiene la capacidad de soñar. Por otro lado, en "Juan parece soñar" se nos dice precisamente que parece que se da el que sueñe Juan y en modo alguno que Juan sea un soñador aparente. La razón es que "poder" sí asigna un papel semántico a su sujeto y "parecer" no lo asigna. Por tanto, (8b) no puede ser la EP de (8a) o, dicho de otro modo, la EP (8b) no se puede proyectar en la ES de (8a) mediante la regla de movimiento de α aplicada a "Juan". Es decir, las restricciones a esta regla impiden esa proyección.

Repárese en que, con el concepto de cadena introducido en el capítulo anterior, podemos dar cuenta de esta restricción a partir de las restricciones a las cadenas, que hemos explicado.

En la ES de "Juan parece soñar" tendríamos la cadena (Juan, h), en la que "Juan" tiene la función sintáctica de sujeto, asignada por "parecer", que, como forma finita, tiene esta capacidad y h tendría asignado el papel semántico de "agente" (supongamos) tal como lo determina el verbo "soñar" que rige a esa huella. Por otro lado, el verbo no asigna función sintáctica a esa huella, dado que es un verbo infinito que, por serlo, está despojado de esa capacidad. Por tanto, esta cadena está bien formada y se permite la proyección de esa EP en esa ES.

Pero supongamos que tenemos ahora la cadena (Juan, h) en la ES que habría de corresponder a (8b). Esta cadena estaría mal formada, ya que "Juan" tiene el papel semántico que le asigna "puede" y además h tiene el papel semántico que le asigna "soñar" y, por tanto, la cadena tiene dos papeles semánticos asignados y, en consecuencia, no puede estar bien formada. La proyección de esa EP en esa ES está, pues, prohibida.

Por otro lado, hay que tener también unos procedimientos que proyecten las ES en las estructuras de la Forma Lógica; estos procedimientos se pueden denominar *reglas de construcción*. Para poder relacionar la ES de la oración "qué quiere hacer" con su correspondiente forma lógica, tendremos que aplicar una serie de reglas de construcción bien definidas.

Supongamos que la ES en cuestión es la que se representa en (9):

(9)
$[_{C'} [_C qué] [_O [_{SV} quiere [_O [_{SN}] [_{SV} [_V hacer] [_{SN} h]]]]]]$

Entonces, para obtener la representación parcial en FL de (10):

(10)
para qué x (alguien quiere hacer x)

tendremos que hacer las siguientes cosas:

a) Sustituir el pronombre "qué" por el operador "para qué" seguido de una variable x.
b) Sustituir la huella de "qué" por la variable x ligada por el operador propuesto en el paso anterior.

Vemos que la relación entre la huella y su antecedente se interpreta en la forma lógica como una relación entre un cuantificador y la variable que liga ese cuantificador.

Visto todo esto, tenemos el siguiente esquema de niveles en algunas de las versiones de la Gramática Generativa de finales de siglo:

(11)
Niveles de representación sintáctica en la Gramática Generativa

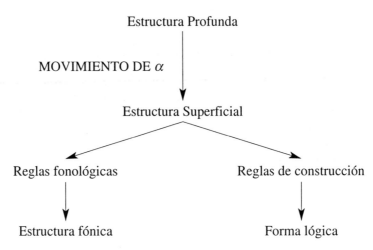

4. El principio de proyección

Existe un importante principio que regula la proyección de unos niveles en otros y que supone una fuerte restricción general a la estructuración en niveles.

Siguiendo a Chomsky (1986: 84) podemos formular este principio, que denominaremos *principio de la proyección* de la siguiente manera:

(12)
Principio de la proyección

La estructura léxica debe ser representada categorialmente en todos los niveles sintácticos.

Por ejemplo, supongamos que el verbo "ver" se caracteriza léxicamente como requeridor de un complemento directo en el SV del que es núcleo. Entonces, según este principio, tal elemento *tiene* que aparecer en todos los niveles de análisis: EP, ES y FL. Esto obliga a que cuando no aparece un elemento en el SV que sirva de complemento directo, tenemos que proponer la existencia de un elemento fonéticamente nulo. Ya hemos visto ese elemento en las páginas anteriores: se trata de la huella.

¿Qué características de las unidades léxicas son las pertinentes para este principio de proyección? Fundamentalmente son las siguientes:

1. Propiedades de selección semántica.
2. Propiedades de selección categorial.
3. Propiedades de asignación de papeles semánticos a funciones sintácticas.

Veamos las primeras. Un verbo como "hacer" selecciona semánticamente un agente y un objeto efectuado [es decir, una entidad que surge como consecuencia de la acción denotada por el verbo]; un sustantivo como "producción" selecciona un objeto efectuado (véase el capítulo 17, sección 6); un adjetivo como "propenso" selecciona un objetivo, etc. Estos conceptos semánticos tales como "agente", "objeto efectuado" u "objetivo" se denominan normalmente *papeles semánticos* (véase el capítulo 17, sección 7).

Las propiedades de selección categorial se refieren a los complementos que rige un determinado elemento léxico: "hacer" requiere un sujeto y un complemento directo; "propenso" requiere un complemento preposicional encabezado por "a" (véase el capítulo 17, sección 4).

Por último, cada elemento determina una asociación entre papeles semánticos y los complementos requeridos. Por ejemplo, "hacer" exige que el sujeto tenga el papel semántico de agente y el objeto directo, tenga el papel de objeto efectuado (véase el capítulo 23).

Pues bien, estas tres características deben ser preservadas en todos los niveles de análisis sintáctico, según el principio de proyección. Está claro que, si se sigue al pie de la letra, este principio restringe enormemente las posibilidades de proyección entre estructuras de niveles diferentes y, por tanto, limita severamente esos diferentes niveles de análisis sintáctico que hemos estado viendo.

5. La estructura jerárquica del enunciado según la Gramática Funcional

Dentro del modelo de análisis de la Gramática Funcional, que expusimos en el capítulo 7 (sección 5), se ha propuesto, desde los años 90, que los proferimientos de oraciones han de analizarse en una serie de capas jerárquicamente organizadas, en la más incrustada de las cuales se halla la oración tal como la hemos venido analizando hasta ahora. Siguiendo a Hengeveld (1990), partimos de un armazón predicativo como el que se muestra en (13).

(13)
$\text{pred}_c (x_1) \ldots (x_n)$

Tenemos un predicado que pertenece a determinada categoría sintáctica C, normalmente, un verbo, con una serie de argumentos *x*.

Esto denota un tipo determinado de estado de hechos. Ese estado de hechos podemos localizarlo espacio-temporalmente de diversas maneras. Por ejemplo, podemos decir que tuvo lugar en un momento pasado. Hasta ahora, hemos utilizado un operador de tiempo que actuaba directamente sobre el predicado. Pero, mediante el tiempo verbal, lo que hacemos es situar *la totalidad del evento* denotado por un armazón como (13) en el presente, futuro o pasado, no sólo lo denotado por el predicado. Para dar cuenta de esto, podemos utilizar una paráfrasis como la que se muestra en (14).

(14)
En el pasado se ha dado un evento *e* que se caracteriza como (13)

Podemos ahora introducir una variable sobre eventos *e* y concebir (13) como una especificación del tipo de evento que está implicado; lo hacemos echando mano del mismo mecanismo que utilizamos para especificar individuos; por tanto, podemos rescribir (13) como (15):

(15)
$(e_1: [pred_c (x_1) ... (x_n)] (e_1))$

Es decir, hay un evento "e_1" que es del tipo de evento denotado por (13).
En consecuencia, podemos establecer ahora que el operador de tiempo afecta a esa variable de eventos; de modo que si queremos situar (13) en el pasado, obtendremos la representación de (16).

(16)
$(PAS\ e_1: [pred_c (x_1) ... (x_n)] (e_1))$

Y si queremos especificar ese momento pasado en el que se sitúa el evento, podemos introducir una restricción temporal en forma de especificación mediante un adverbio de tiempo:

(17)
$(PAS\ e_1: [pred_c (x_1) ... (x_n)] (e_1): ayer_{ADV}(e_1))$

(17) se puede parafrasear del siguiente modo:

(18)
Paráfrasis de (17)
Existe un evento localizado en el pasado que es del tipo de (13) y que tuvo lugar en el momento denotado por "ayer".

Además, hay un nivel jerárquicamente superior a éste, en el que se tiene en cuenta, no el evento denotado por (13), sino el contenido proposicional correspondiente. El contenido proposicional surge cuando relacionamos un evento con la realidad. Por ejemplo, cuando decimos que una oración es verdadera, estamos diciendo que el evento denotado por esa oración se da en la realidad; cuando dudamos, dudamos acerca del contenido proposicional de una oración, no del evento denotado por ella. El modo subjuntivo suele utilizarse para no comprometerse a que lo denotado por la oración en tal modo se dé en la realidad; por ejemplo, cuando decimos "probablemente haya venido ya", utilizamos el subjuntivo para dar a entender que no afirmamos que el evento denotado coincida necesariamente con la realidad. Ahora lo que está en juego es el contenido proposicional de la oración. Por ello, introducimos una nueva variable sobre proposiciones π y hacemos que la estructura (17) nos especifique esa variable. Por tanto, obtenemos la fórmula de (19):

(19)
$(\pi_1: [(PAS\ e_1: [pred_c (x_1)...(x_n)] (e_1): ayer_{ADV} (e_1))] (\pi_1))$

Podemos entonces decir que el modo es un operador que afecta a la variable π de contenido proposicional. Si abreviamos mediante SUBJ el operador de subjuntivo, podremos tener, entonces, el esquema de (20):

(20)
$(SUBJ\ \pi_1: [(PAS\ e_1: [pred_c (x_1)...(x_n)] (e_1): ayer_{ADV} (e_1))] (\pi_1))$

Por último, tenemos un nivel inmediatamente superior al del contenido proposicional. Se trata del nivel del acto de enunciación, mediante el cual un hablante transmite a un oyente el contenido proposicional de una oración con una determinada intención comunicativa: una declaración, una interrogación, un mandato. Ahora utilizamos E como variable sobre actos de enunciación o habla y especificamos tal acto mediante un esquema de contenido proposicional como el que se muestra en (21). Este esquema de contenido proposicional es aseverado o declarado (DECL) por un hablante (H) para dar información a un oyente (O). Por tanto, la especificación de un acto de enunciación o acto de habla consta de un predicado abstracto como, por ejemplo, DECL, que tiene tres argumentos: H, O y un contenido proposicional. Por ello, obtenemos la estructura de (21):

(21)
(E_1: [DECL (H) (O) (INDπ_1: [(PAS e_1: [pred$_C$ (x_1) ... (x_n)] (e_1): ayer$_{ADV}$ (e_1))] (π_1))] (E_1)

Por tanto, una representación completa del acto enunciativo en términos de la estructuración en predicados y argumentos nos lleva a la utilización de tres capas o niveles jerárquicamente relacionados que esquematizamos como sigue:

(22)
Niveles de organización de la enunciación

a) Nivel del acto de enunciación:
   Variables sobre actos de enunciación: E_1 ..., E_n.
b) Nivel del contenido proposicional:
   Variables de proposiciones: π_1, ..., π_n.
c) Nivel de la denotación de eventos:
   Variables sobre eventos: e_1, ..., e_n.

Veamos ahora una representación del acto enunciativo en que aparece la oración:

(23)
Juan avisó a Pedro ayer

según esta estructuración y la formalización de las predicaciones en Gramática Funcional vista en el capítulo 7.

(24)
(E_1: [DECL (H) (O) (IND π_1: [(PAS e_1:
[avisar$_V$ (d1x_1: Juan (x_1))$_{Ag}$ (d1x_2: Pedro (x_2))$_{Pac}$] (e_1): ayer$_{ADV}$ (e_1))] (π_1))] (E_1)

Utilizaremos esta propuesta de las diversas capas en las que se organizan las enunciaciones en el tomo II, en la sección 2.3 del capítulo 11, en la que analizaremos el sistema de afijos verbales enunciativos de la lengua coreana.

6. Tectogramática y fenogramática

Hemos visto, en los capítulos anteriores, otra forma de expresar las relaciones sintagmáticas entre los elementos. Esto se realizaba mediante las nociones de *predicado* y *argumento*. Recordemos, por ejemplo, que "Pedro hace la maleta" se simboliza, dentro de esta perspectiva, como "$H(p, m)$". Podemos pensar que ésta es una representación abstracta de la oración en cuestión. Pero tenemos que determinar cómo se obtiene una representación más cercana a la forma en la que aparece tal oración, a lo que, en términos de lo establecido en la sección 3, podríamos denominar *estructura superficial*.

¿Qué transformaciones hay que realizar en "$H(p, m)$" para obtener una estructura menos abstracta y más cercana a la apariencia fónica de la oración?

Primero, hay que determinar cuál es el sujeto de la oración y cuál es el predicado y, dentro del predicado, hay que distinguir el verbo y el objeto directo. Esto se puede determinar directamente a partir de la variante de "$H(p, m)$" que vimos, es decir, "$[< H(m) >](p)$". En efecto, el primer elemento $[< H(m) >]$ será el predicado y el segundo será el sujeto. Dentro del predicado, H será el verbo y m será el objeto directo.

Además de determinar las relaciones sintácticas, habrá que establecer el orden en el que han de aparecer los elementos. En español, el orden no marcado es Sujeto-Verbo-Objeto (*i. e., Pedro hace la maleta*).

Obsérvese que, en otras lenguas, el orden habría de ser otro; por ejemplo, en japonés sería SOV: *Pedro la maleta hace*. Además, los elementos que contraen determinadas relaciones gramaticales llevan, en algunas lenguas, un indicador de las mismas: forma flexiva, adposición o afines. Así, en japonés, el sujeto lleva la posposición *-ga* y el objeto directo, la posposición *-o*. Por tanto, si el español se atuviera a las realizaciones del japonés, la forma en que se manifestaría "$[< H(m) >](p)$" sería algo así como:

(25)
Pedro-ga maleta-o hace

Estas transformaciones que hemos estado viendo son, pues, diferentes según la lengua de que se trate.

El lógico H. Curry, en un importante artículo sobre la estructura lógica de la gramática (Curry 1961), propuso la distinción entre *tectogramática* y *fenogramática*. Aunque estos términos no gozan de mucha popularidad, sirven para distinguir dos aspectos de las gramáticas de las lenguas naturales que conviene diferenciar adecuadamente. Además, evitan las asociaciones indeseables que se suelen hacer cuando se utilizan términos como *profundo* y *superficial*.

La estructuración en predicado/argumento que hemos estudiado en los dos capítulos precedentes es universal y expresa la hechura común a las gramáticas de todas las lenguas. Vemos que podemos caracterizar las estructuras de cualquier lengua natural en términos de *funciones* (predicados) y argumentos a los que se aplican esas funciones. Como ya hemos visto, en el caso de un predicado de dos lugares P y de los argumentos a y b, P es una función que, aplicada al argumento a nos da $P(a)$, que es, a su vez, una nueva función que toma otro argumento, dando $[< P(a) >](b)$. Ésta es una caracterización universalmente válida para un verbo transitivo en toda lengua humana posible. Estamos en el nivel de la *tectogramática*.

Pero aquello en lo que difieren las lenguas es en cómo se realizan esas estructuras de función-argumento: aquí la variedad es enorme. En unas lenguas los sintagmas que representan los dos argumentos llevan flexión de caso; en otras, es el verbo, que representa la función, el que lleva una marca especial que indica el sujeto y el objeto. En unas lenguas, el argumento de P está marcado morfológicamente y el de $[< P(a) >]$ no lo está (lenguas nominativo-acusativas); en otras, ocurre exactamente al revés (lenguas ergativas). En unas lenguas, el sintagma que realiza el argumento a va inmediatamente seguido por el que realiza la función, el verbo en muchos casos; pero en otras ocurre al revés. Como veremos en páginas posteriores, la variación es muy grande. Pues bien, estos aspectos morfosintácticos que ayudan a caracterizar la estructura predicado/argumento en una lengua determinada y sólo en ella, o en un grupo de lenguas determinado y sólo en él, pertenecen al nivel de la *fenogramática*.

Los prefijos *tecto* y *feno* nos recuerdan que, en el primer caso, estamos ante la parte de la gramática que construye las representaciones lingüísticas universales y, en el segundo, ante la que especifica cómo se realizan en las lenguas esas representaciones lógicas universales.

Por tanto, obtenemos el siguiente cuadro de estructuración de los niveles en sintaxis:

TECTOGRAMÁTICA

- Predicados y su valencia. Predicados modificados.
- Argumentos.
- Argumentos modificados.
- Asignación de papeles semánticos a los argumentos, determinada por los predicados.

FENOGRAMÁTICA

- Asignación de los predicados a verbos o clases morfológicas similares (por ejemplo, adjetivos).
- Asignación de los argumentos a nombres o a clases morfológicas similares (por ejemplo, adjetivos).
- Asignación de relaciones sintácticas a los argumentos.
- Manifestación morfológico-sintáctica de los argumentos según sus relaciones sintácticas asignadas.
- Establecimiento del orden lineal de los sintagmas que realizan los argumentos entre sí y respecto de los que realizan los predicados.

Consideramos como pertenecientes a la tectogramática el establecimiento de la valencia de los predicados (es decir, del número de argumentos que tienen) así como la asignación de papeles semánticos, como los ya vistos, de los predicados a sus argumentos. Por otro lado, la modificación de predicados (mediante adverbios, por ejemplo) y la de argumentos (mediante determinantes, por ejemplo) también entra dentro de la tectogramática.

En la fenogramática se ven incluidos los aspectos que hemos mencionado anteriormente.

¿Qué papel desempeña el léxico en todo esto? Está claro que el léxico pertenece a la fenogramática, ya que es un componente que varía enormemente de lengua a lengua. A un verbo en una lengua determinada se le asignará un predicado de un determinado tipo (monovalente, bivalente o trivalente) que inducirá una determinada asignación de papeles semánticos a los argumentos. Es opinión común que el conjunto de estos papeles semánticos es limitado y de carácter universal (incluye conceptos tales como "agente", "paciente", "locación") y que está determinado por el tipo de hecho o estado que denote el predicado. Estos tipos también están limitados y forman un conjunto universal. Aquello en lo que pueden diferir las lenguas es en el tipo de predicado que se asigna, por ejemplo, a determinado verbo. Lo que en una lengua es un verbo transitivo, en otra, puede ser intransitivo (es decir, si bien en una lengua determinado verbo realiza un predicado de dos lugares, en otra puede expresar un predicado de un lugar); lo que en una lengua es un predicado estativo, en otra puede ser un predicado activo, etc. Está claro, entonces, que el léxico es el puente principal entre *la tecto* y *la fenogramática*. Es, concretamente, lo que pone en contacto las estructuras funcionales universales con las estructuras lingüísticas peculiares de cada lengua en particular. En el tomo II, en la sección primera del capítulo 1, volveremos a tratar la posición del léxico en la gramática.

Obtenemos, pues, el siguiente esquema:

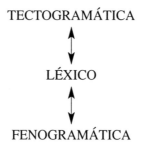

1. Establezca los niveles de representación que habría que postular para dar cuenta de las relaciones sintácticas existentes en la oración siguiente:

    (26) Juan se cree muy inteligente

    Especifique cómo habría que representar esa frase en cada uno de los niveles propuestos.

2. Proponga un análisis jerárquico de una enunciación de la siguiente oración:

    (27) ¡Que se lo hagas mañana!

CLAVE 1. Está claro que la oración oscurece superficialmente una serie de relaciones sintácticas evidentes. Es palmario que el sujeto sintáctico de *cree* es *Juan*, pero no parece tan inmediato determinar cuál es el sujeto de *inteligente*; de hecho, hay aquí una predicación en la cual se predica *inteligente* de *Juan*, pero esto no es evidente en absoluto si consideramos la estructura inmediata de la oración. Por otro lado, *cree* requiere un objeto y este objeto no es *muy inteligente*, ya que no es lo creído por Juan, sino más bien el *se*. Pero si el *se* es el objeto de *cree* y *Juan* es su sujeto, entonces ¿qué función sintáctica desempeña *muy inteligente*? Por otro lado, hemos dicho que el objeto de *cree* es *se*, pero esto, desde el punto de vista semántico, no es satisfactorio, ya que lo que Juan cree no es *se*, es decir, no cree una persona, sino mas bien un hecho: que él mismo es muy inteligente. El pronombre *se* aquí es claramente reflexivo, ya que denota exactamente la misma persona que *Juan*; se puede decir perfectamente: *Juan se cree a sí mismo muy inteligente*. Por tanto, no hemos de confundir este *se* con el del verbo *creerse algo* que no es reflexivo, sino un morfema integrado.

Nos hace falta enunciar una serie de generalizaciones necesarias pero que no quedan claras a partir de la estructura inmediata:

a) Qué relación hay entre *"creer"*, *se* y *muy inteligente*.
b) Qué relación hay entre *Juan"* y *se*.
c) Qué relación hay entre *Juan* y *muy inteligente*.

Vamos a postular un nivel de análisis más profundo en el que esta oración tuviese la siguiente estructura:

(28)
[$_O$ [$_{SN}$ Juan$_i$] [$_{SV}$ cree[$_O$ [$_{SN}$ él$_i$][$_{SADJ}$ muy inteligente]]]]

Es decir, tenemos una estructura en la cual el objeto de *cree* es una oración completa que consta de un sujeto pronominal con la misma referencia que Juan (*él*) y un sintagma predicativo compuesto por un adjetivo con su adverbio. Esta estructura es perfectamente normal en la lengua española y subyace a oraciones como: *Juan cree que él es muy inteligente*. Esta estructura subyacente aclara muy bien la relación entre *cree* y *él* y *muy inteligente*: *él* es el sujeto de *muy inteligente* y *él es muy inteligente* es el objeto de *cree*. Veremos ahora cómo relacionamos ese *él* con el *se* que aparece.

A continuación, postulamos un proceso que hace que el pronombre sujeto de *muy inteligente* pase a ser objeto directo de *cree*; se conoce como *elevación* o *promoción*. Si se da esto, entonces, el pronombre, que tiene la misma referencia que *Juan*, debe transformarse obligatoriamente en un pronombre reflexivo, ya que una situación como:

(29)
*Juan$_i$ le$_i$ vio

es imposible en español: *i. e., le* no puede denotar el mismo individuo que *Juan*.

Lo que se obtiene, entonce, es la expresión *Juan se cree muy inteligente*, que es la oración que estábamos analizando.

La relación entre *Juan* y *se* es la misma que se da entre *Juan* y *Pedro* en una oración como *Juan creyó a Pedro* y, por último, la relación entre *Juan* y *muy inteligente* es puramente semántica, ya que *muy inteligente* se atribuye a *se* y, como este pronombre posee igual referencia que *Juan*, resulta que, por vía semántica, obtenemos una atribución a *Juan*. La falta de relación sintáctica entre *Juan* y *muy inteligente* se puede comprobar en el hecho añadido de que en ningún nivel de representación forman un constituyente.

2. Como se ve, es un acto de mandato, es una orden. Por tanto, en el nivel superior del acto enunciativo podemos proponer un predicado abstracto IMP que tomará como argumento un H, un O y un contenido proposicional. En el nivel más alto, tendremos entonces esta estructuración:

(30)
$(E_1: [IMP (H) (O) proposición] (E_1))$

A continuación, hemos de determinar el contenido proposicional, para concretar la representación. Como se ve, el contenido proposicional es afectado por el operador de subjuntivo, que, en este caso, sirve para indicar que la proposición no se considera como necesariamente verdadera en el futuro localizado mediante el adverbio *mañana*. Tendremos, la siguiente estructura para la proposición:

(31)
$(SUB\ \pi_1: predicación (\pi_1))$

Si insertamos esta representación en el lugar que le corresponde en la anterior obtenemos:

(32)
$(E_1: [IMP (H) (O)(SUBJ\ \pi_1: predicación (\pi_1))] (E_1))$

Ya solamente nos queda representar la predicación. Para ello, tenemos que tener en cuenta que se trata de un evento que se localiza en un momento denotado por *mañana*; siguiendo el análisis tradicional, vamos a proponer que estamos ante un operador temporal de presente (PRES) que justifica la idea de analizar el verbo como conjugado para el presente de subjuntivo. Obtenemos el siguiente esquema:

(33)
$(PRES\ e_1: [hacer_V (d1x_1: tú (x_1)_{Ag} (d1x_2: ello (x_2))_{Pac}$
$(d1x_3: él (x_3))_{Ben}] (e_1) : mañana_{ADV} (e_1))$

Por último, ya sólo falta introducir esta representación en el hueco apropiado de la anterior; obtenemos, entonces:

(34)
$(E_1: [IMP (H) (O)(SUBJ\ \pi_1: (PRES\ e_1: [hacer_V (d1x_1: tú (x_1)_{Ag}$
$(d1x_2: ello (x_2))_{Pac} (d1x_3: él (x_3))_{Ben}] (e_1) : mañana_{ADV} (e_1)) (\pi_1))] (E_1))$

que es la representación completa que se pedía.

CUESTIONES PROPUESTAS

1. Establezca los niveles de análisis sintáctico que habría que proponer para dar cuenta de las relaciones sintácticas en las siguientes oraciones:

(35)
a) ¿A quién dijo tu primo a Pedro que mataron? [Tu primo le dijo a Pedro que mataron a alguien]
b) ¿Cuándo la quieres mañana?

2. Proponga un análisis jerárquico de una enunciación de las siguientes oraciones:

(36)
a) El niño entró en la tienda el día pasado
b) ¿A que Juan llegó tarde ayer?

ORIENTACIÓN BIBLIOGRÁFICA

CURRY, H.: "Some Logical Aspects of Grammatical Structure" en R. Jakobson (ed.) *Structure of Language and its Mathematical* Aspects, Providence, 1961, pp. 56-58.
Es éste un artículo clave de un autor que ha ejercido y está ejerciendo una gran influencia en la lingüística contemporánea. En él se introduce la dicotomía entre *tectogramática* y *fenogramática*.

CHOMSKY, N. (1966): *Lingüística Cartesiana. Un capítulo de la historia del pensamiento racionalista,* Madrid, Gredos, 1972.
En este libro, Chomsky muestra que en la historia de la lingüística y de la gramática son muchos los autores que han llamado la atención sobre la necesidad de diferenciar diversos niveles de análisis a la hora de estudiar los fenómenos gramaticales. Entre las pp. 75 y 110, Chomsky nos descubre los antecedentes remotos de su distinción entre una estructura profunda y una estructura superficial; tales antecedentes aparecen en la Gramática de Port-Royal y en la correspondiente Lógica, de una forma bastante explícita. Curiosamente, Chomsky pasa por alto los antecedentes más cercanos a su ambiente cultural que están representados por los trabajos de Whorf y Hockett que citamos aquí. Para tener una visión actual de la dicotomía entre EP y ES pueden consultarse las referencias bibliográficas de los capítulos precedentes.

CHOMSKY, N.: *El programa minimalista*, Madrid, Alianza, 1999 [1995].
En este libro se recogen tres artículos-clave del lingüista estadounidense que exponen detalladamente el programa minimalista, en el que se intentan reducir los niveles de análisis gramatical al mínimo absolutamente necesario, y en el que las interfases fónica y semántica son los únicos niveles de representación lingüística existentes. No es un libro adecuado para principiantes.

COOK, V. J. y M. NEWSON: *Chomsky's Universal Grammar. An introduction*, Londres, Blackwell, 1996.
El capítulo 9 de esta excelente introducción nos presenta un breve y claro esbozo del programa minimalista chomskyano.

HOCKETT, CH. F.: *Curso de lingüística moderna,* Buenos Aires, EUDEBA, 1972 [1958].
Nos interesa ahora el capítulo 19, titulado "Gramática Interna y Gramática Externa". Se trata de una presentación muy clara de la necesidad de diferenciar diversos niveles de análisis en la gramática.

FERNÁNDEZ LAGUNILLA, M. y A. ANULA REBOLLO: *Sintaxis y Cognición. Introducción al conocimiento, el procesamiento y los déficits sintácticos*, Madrid, Síntesis, 1995.
El capítulo 3 de este libro trata sobre la posición del léxico en la gramática y explica y analiza el principio de proyección. El capítulo 12, escrito por V. Demonte, presenta una serie de interesantes consideraciones teóricas sobre la Gramática Generativa y esboza el programa minimalista.

HAEGEMAN, L.: *Introduction to Government and Binding Theory*, Londres, Blackwell, 1994.
El capítulo primero de esta obra trata sobre la relación entre el léxico y la estructura sintáctica y analiza detenidamente el principio de la proyección. Contiene también un capítulo que esboza el programa minimalista chomskyano.

LORENZO, G. y V. M. LONGA: *Introducción a la Sintaxis Generativa*, Madrid, Alianza, 1996.
El capítulo 8 de esta breve y clara introducción nos presenta los fundamentos de la propuesta minimalista chomskyana.

NUYTS, L. A.; M. BOLKESTEIN y C. VET (eds.) (1990): *Layers and levels of representation in language theory. A functional view,* Amsterdam, John Benjamins, 1990.
Contiene varios artículos en donde se expone con detalle la estructura jerárquica de la enunciación que hemos visto en la sección quinta de este capítulo.

OUHALLA, J.: *Introducing Transformational Grammar. From Principles and Parameters to Minimalism*, Londres, Arnold, 1999.
Es un buen manual introductorio, que contiene una introducción muy accesible al programa minimalista, así como a los conceptos-clave de la Gramática Generativa contemporánea, algunos de los cuales hemos esbozado en este capítulo y en los precedentes.

RADFORD, A.: *Syntactic Theory and the Structure of English. A Minimalist Approach*, Cambridge University Press, 1997.
Éste es el primer manual que expone con detenimiento las propuestas de análisis sintáctico realizadas dentro del programa minimalista. Es un libro avanzado imprescindible para conocer la última versión de la Gramática Generativa.

RADFORD, A.: *Syntax. A Minimalist Approach*, Cambridge University Press, 1997.
Se trata de una versión reducida y más accesible del libro anterior. Contiene ejercicios y un glosario que explica los conceptos fundamentales del enfoque minimalista.

URIAGEREKA, J.: *Rhyme and Reason. An introduction to Minimalist Syntax*, Cambridge, The MIT Press, 1998.
Es la exposición de conjunto más completa y detallada de la sintaxis minimalista propuesta por N. Chomsky en los años 90 y que marca el generativismo del fin de siglo.

WHORF, B. L.: "Grammatical Categories" en B. L. Whorf, *Language, Thought and Reality,* The MIT Press, 1979 [1956], pp. 87-101.
Se trata de un artículo escrito en 1954 en el que se introducen los conceptos de clase manifiesta, clase encubierta y se establece la oposición entre criptotipo y fenotipo. A pesar de su brevedad, es uno de los artículos más lúcidos y reveladores que se han escrito en favor de la idea de la distinción de varios niveles de análisis gramatical. Existe traducción española, pero no es aconsejable.

10

EL SINTAGMA NOMINAL I
Género y número

1. Introducción

En esta parte del libro vamos a introducir las nociones fundamentales que en el marco de la lingüística general contemporánea se utilizan en el estudio de la sintaxis de las lenguas naturales.

Dividiremos esta sección en tres partes: la dedicada al sintagma nominal, la dedicada al sintagma verbal y la dedicada a la oración.

Partimos de dos conceptos básicos: *sintagma nominal* y *sintagma verbal*; y luego estudiamos el resultante de la relación de predicación que se establece entre ellos; es decir, la *oración*.

2. El sintagma nominal: género y número

Entendemos por *sintagma nominal* todas aquellas construcciones que se basan en un elemento léxico perteneciente a la categoría de nombre o sustantivo. Dicho de otro modo, cuyo núcleo es un nombre o sustantivo.

Esto significa que esa categoría de nombre es la que aporta las características morfosintácticas a todo el sintagma nominal: así, un sintagma nominal cuyo núcleo sea un nombre el plural y en masculino será todo él plural y masculino. Por ejemplo en "mujeres hermosas", tenemos un sintagma nominal femenino y plural y esto está determinado por "mujeres". Esto significa que el determinante a que ese sintagma complementa sólo puede ser un determinante femenino plural: *esas/estas/aquellas/ las mujeres hermosas*. Aunque ningún otro elemento del sintagma nominal lleve marca de género y número, como ocurre en "mujeres de ese pueblo", todo el sintagma nominal seguirá siendo femenino plural: "esas/estas/aquellas mujeres de ese pueblo".

Esto no ocurre con un sintagma preposicional tal como "con esas mujeres"; este sintagma no es femenino plural, ya que no es un sintagma nominal y, por tanto, nunca podría provocar la concordancia que hemos visto.

Vamos a estudiar, en las páginas que siguen, algunos de los conceptos que se suelen emplear asociados a *sintagma nominal*, cuyo origen está en el núcleo de los mismos: los nombres sustantivos y adjetivos.

Primero, examinaremos conceptos tales como *género, clase nominal, animación, contable/no contable, nombre propio/común, colectivos/individuales, tipos de adjetivos*.

En estos casos, se trata de propiedades inherentes a las diversas subclases en que se pueden agrupar los diversos sustantivos y adjetivos en una lengua particular.

En un capítulo posterior, se explicarán conceptos tales como *determinación, referencia, definidad, cuantificación, deíxis pronominal*. Estos conceptos están asociados al *sintagma determinante*, del que el *sintagma nominal* es complemento. Estos últimos son, por tanto, conceptos que hacen referencia a procesos y propiedades sintácticas que experimentan o adquieren los pronombres y determinantes cuando se emplean en el discurso o, si se quiere, cuando contraen relaciones sintagmáticas con otros elementos en un determinado texto y se ponen en relación con elementos extralingüísticos de los que se quiere hablar en ese discurso.

3. El género gramatical y el sexo

Una forma de agrupar los sustantivos en clases es mediante la asignación de cada uno de ellos a un género determinado dentro de un sistema de géneros tales como, por ejemplo, *masculino/femenino*. Estas agrupaciones sólo interesan si poseen pertinencia lingüística, es decir, si existe una manifestación directa o indirecta de esta pertenencia.

Los adjetivos se suelen distinguir porque no poseen una asignación a una clase de género. Es decir, *triste* no se asigna a ningun genero, pero *hombre* sí: *hombre* es masculino en español, pero *triste* no es ni masculino ni femenino. Vamos a decir que *triste* tiene género *adherente* y que *hombre* tiene género *inherente*. Algunos adjetivos españoles van provistos de un indicador de género masculino o femenino: "alto/alta". Esto indica que el adjetivo no es inherentemente masculino o femenino, lo es *adherentemente*; por ello tiene sentido decir: *pongamos 'alta' en género masculino*, pero no tiene sentido decir: *pongamos 'puerta' en género masculino*, ya que *puerta* es inherentemente femenino. Una manifestación del género a que pertenece *puerta* se da cuando comprobamos que exige la forma *alta* y no admite *alto*. Éste es un fenómeno estrictamente gramatical, que muestra la existencia de esta categoría en español.

Para comprobar la existencia de una categoría como la del género, que sirve para subcategorizar los elementos de una misma categoría léxica, habrá que tener en cuenta los dos tipos de clases gramaticales siguientes atendiendo a cómo se expresan [seguimos en este caso a B. L. Whorf (1945)]:

(1)
Clases gramaticales encubiertas y manifiestas

a) *Clases gramaticales manifiestas:*
La manifestación de estas clases en cada miembro de esa categoría se lleva a cabo mediante una marca explícita.
b) *Clases gramaticales encubiertas:*
La manifestación implícita de ellas se lleva a cabo a través de hechos de selección: el hecho de pertenecer a determinada clase gramatical hace que un ele-

mento léxico exija una determinada forma explícita en algún otro elemento léxico relacionado sintagmáticamente con él.

Hemos visto que el género de *puerta* se manifiesta indirectamente a través de formas controladas por este elemento, como *alta* o de otros elementos con los que entra en construcción sintáctica. Otras veces, el género se manifiesta morfológicamente en el sustantivo de modo adherente: ocurre en español con el par *niño/niña*.

Una lengua como el inglés, en la que no se distingue género ni en el artículo (*the* para todos los géneros y todos los números), ni en el adjetivo y en la que los sustantivos no llevan elemento formal alguno que nos delate a qué género pertenecen, puede llevarnos a deducir la no existencia de género gramatical en esta lengua. Sin embargo, el inglés sí conoce el género, aunque se manifieste sólo indirectamente, ya que es una categoría gramatical encubierta. El inglés conoce la diferencia entre los pronombres *he* 'él', *she* 'ella' e *it* 'ello': son respectivamente los pronombres masculino, femenino y neutro, y constituyen los únicos casos en los que el género está manifiestamente señalado. Cuando hemos utilizado un sustantivo determinado en el discurso y queremos referirnos a la misma realidad denotada por él, sin repetirlo, podemos utilizar uno de esos tres pronombres; pero no arbitrariamente: si hemos utilizado la palabra *man* 'hombre', sólo podremos hacer uso posteriormente en este caso, del pronombre *he* 'él'; si hemos usado la palabra *woman*, sólo podremos hacer uso de *she* 'ella' y, por fin, si hemos utilizado la palabra *table* 'mesa', sólo podremos usar el pronombre *it* 'ello'. Esto significa que existe un *lazo de unión gramatical* entre todos los sustantivos ingleses y uno de los tres pronombres "he", "she", "it". Esta selección es una manifestación indirecta de la categoría de género en inglés. Deducimos, entonces, que en inglés sí hay género gramatical, aunque sólo se manifiesta de forma indirecta y que, por tanto, el género en inglés, con la excepción del caso del pronombre personal de tercera persona, es una categoría gramatical encubierta (este enfoque del género inglés se lo debemos al famoso lingüista estadounidense B. L. Whorf 1945: 90).

Con todo, existen lenguas en las que no hay género gramatical de ningún tipo; entre ellas el turco y el húngaro. En estas lenguas, ni siquiera hay pronombres personales de tercera persona que indiquen el género. En turco, por ejemplo, *o* significa *él* y *ella* o, mejor dicho, señala una entidad de tercera persona sin especificar para nada género alguno. Aun así, en estas lenguas existe al menos la distinción entre humano y no humano en los pronombres. En húngaro, por ejemplo, *ő* significa tanto *él* como *ella*, pero si queremos hacer referencia a una cosa utilizaremos los pronombres demostrativos *ez*, *az* ('esto', 'aquello').

En contraste con ello, veremos en seguida que hay lenguas con muchos más géneros que los tres hasta ahora mencionados (masculino, femenino y neutro).

Es fundamental distinguir entre categorías gramaticales como agrupaciones de elementos léxicos y clasificaciones de entidades del mundo real que pueden denotarse mediante esos elementos léxicos.

Por ejemplo, podemos clasificar las entidades en sexuadas y asexuadas y las primeras en machos y hembras. Pero ésta no es una agrupación gramatical, sino zoológica. Está claro que lo que se denota mediante "puerta" tiene que caer necesariamente en el segundo grupo y no en el primero. Sin embargo, desde el punto de vista gramatical, *puerta* es de género femenino. De aquí se deduce que la división natural entre machos y hembras es algo diferente de la división gramatical entre masculino y femenino. La palabra *puerta* es de género femenino, pero lo que designa esa palabra no es hembra, ni siquiera es un ser sexuado. Por esta razón, decimos que la palabra en cuestión muestra género gramatical formal. Tanto *mujer* como *puerta* son de género femenino, pero en el primer caso diremos que estamos ante género gramatical natural, pues hay correspondencia entre el género *femenino* y el sexo *hembra*. Pero, en última instancia, estamos en ambos casos ante género gramatical, dado que lo relevante aquí son las selecciones gramaticales relacionadas. Es decir, *mujer* es femenino, no porque denote una hembra, sino porque selecciona una forma adjetival como *alta*; ahora podemos decir que *puerta* es femenino por la misma razón y que su adscripción a esta clase gramatical nada tiene que ver con los objetos que se designen mediante esa palabra.

De aquí se deduce que las categorías gramaticales son formales y no naturales: se usan para conformar las relaciones lingüísticas y no para clasificar el mundo real. Esto no significa que, en su origen, estas clases gramaticales no tuvieran como motivación la clasificación natural de las cosas, de hecho veremos que los sistemas de clases nominales presentan pruebas en este sentido, pero una cosa es estudiar el origen de las clases gramaticales y otra estudiar su forma y funcionamiento sintácticos. En efecto, existe una tendencia entre las lenguas que distinguen masculino de femenino a asignar al género masculino con palabras que se utilizan para denotar entidades que son machos y al género femenino las palabras que se usan para denotar entidades que son hembras. Esto es algo comprensible, pero no es el fundamento sobre el que se asienta la categoría de género como tal categoría gramatical. En el caso de los objetos, la asignación de género no posee motivación clara alguna y en muchos casos se producen discrepancias significativas de una lengua a otra; por ejemplo, en español *cuchara* es femenino y *tenedor* es masculino, pero en alemán *Löffel* 'cuchara' es masculino y *Gabel* 'tenedor', es femenino; de modo similar, *sol* es masculino en español, frente a *luna*, que es femenino y en alemán ocurre exactamente lo contrario: *Sonne* 'sol' es femenino y *Mond* 'luna' es masculino. De todos modos, en una cultura determinada, pueden concebirse como sexuados objetos que no lo son si sus funciones se consideran las propias de determinado sexo. Por ello, se podría explicar por qué suele ser femenina la palabra que significa "tierra" en las lenguas indoeuropeas, ya que se conceptúa como la madre que da origen a y sustenta la vida.

Cuando no se puede justificar en términos referenciales la adscripción de una palabra a un determinado género, ya que se designa un objeto, entonces la integración en un género u otro suele estar determinada por factores de carácter puramente lingüístico. Estos factores pueden ser de los siguientes tipos:

(2)
Factores determinantes del género gramatical

a) Forma de las palabras.
b) Integración morfológica de palabras relacionadas semánticamente.
c) Ciertas propiedades denotativas de las palabras.

El primer factor es muy claro. Si determinado morfema es exponente de un género gramatical, las palabras parte de cuya forma pueda ser identificada como manifestación fónica de ese morfema, tenderán a ser integradas en tal género gramatical. Esta tendencia se ve en el paso del latín al español, donde los plurales neutros en *-a* se reinterpretaron como singulares femeninos: por ejemplo, latín *folia*, castellano *hoja*.

El segundo factor supone la actuación de la tendencia a la integración morfológica de elementos que forman parte de subsistemas léxicos cerrados y muy bien estructurados. Pensemos en los días de la semana: las palabras que los designan están fuertemente unidas semánticamente y esta unión es la que hace que exista la tendencia a la igualación en cuanto a criterios morfológicos. Así, en francés, *été* 'verano' era en principio de género femenino, pero pasó a considerarse de género masculino por influencia de los nombres de las restantes estaciones, que son masculinos.

Por último, si los objetos que designan varias palabras comparten una misma característica más o menos sobresaliente, entonces se sentirán fuertemente relacionadas desde el punto de vista semántico y, por tanto, tenderán a compartir las especificaciones para las categorías gramaticales correspondientes. Es un caso similar al anterior, con la diferencia de que ahora son las propiedades denotativas de las palabras lo que cuenta y no sus características puramente semánticas. Por ejemplo, en árabe clásico puede verse una correlación casi total entre el género femenino y partes del cuerpo dobles (*ojo*, *oído*, *brazo*, *mano* y *pie*) y entre género masculino y partes del cuerpo simples (*cabeza*, *garganta*, *boca*, *corazón*, *lengua*). Aunque hay excepciones, no puede pasarse por alto esta tendencia.

Vemos, pues, que el género puede no estar *justificado* por el sexo de lo que denotan las palabras que tienen tal categoría gramatical. Una confirmación más en este sentido nos la proporciona lo que Jespersen denominó *género común*. Una palabra puede denotar seres sexuados y, sin embargo, no hacer referencia para nada al sexo de los seres denotados.

Cuando utilizamos, por ejemplo, la palabra alemana *Mensch*, que es de género masculino, nos estamos refiriendo al género humano y no a los machos de la especie, igual que cuando utilizamos la palabra del griego antiguo *ánthropos*, que también es de género masculino. En español podemos utilizar *el hombre* (en, por ejemplo, *uno de los primeros descubrimientos del hombre fue el fuego*) exactamente en el mismo sentido que tiene *Mensch* en alemán. Los sustantivos del llamado *género epiceno* como *delfín*, *águila*, *caballa* poseen un género determinado, pero lo que designan es sexuado y puede ser varón o hembra. Casos de género común frecuentes son aquellos de palabras como pronombres indeterminados o interrogativos: *alguien*, *quien*, *cuál*. En estos casos, las palabras son de género masculino. Las palabras en plural masculino suelen ser también de género común cuando se refieren a seres sexuados: *los abuelos*, *los tíos*, *los primos*. Todo esto indica que la oposición gramatical *masculino/femenino* es una oposición privativa.

Como veremos en el segundo tomo de este libro, en fonología, una oposición privativa es aquella en la que dos elementos se oponen por el hecho de que un rasgo presente en uno está ausente en otro. En este sentido, podemos hablar de dos rasgos [– fem.], [+ fem]. Esto es porque el género femenino es marcado frente al masculino; y ello significa que no existe el género masculino, sino sólo el femenino y el primero es simplemente la ausencia del segundo. De esta manera, una palabra como *hombre* es [– femenino], es decir, está no marcado para femenino y una palabra como *mujer* es [+ femenino], es decir, está marcada positivamente para el rasgo [femenino]. Esto se manifiesta también en la forma: la mayoría de las palabras masculinas que pueden adoptar forma femenina llevan una marca específica de femenino pero no de masculino; por ejemplo, de *director* obtenemos *directora* o de *triunfador*, *triunfadora*. El elemento marcado morfológicamente, es decir, el que es [+ femenino] lleva una marca específica (la terminación -*a*). Podemos establecer la siguiente ley respecto de la relación entre género y sexo:

(3)
Relación entre género y sexo

Se usa un género marcado para referirnos a entidades haciendo referencia explícita a la propiedad extralingüística que se asocia con ese género, si es que tal propiedad existe efectivamente.

Esta ley significa que si utilizamos un sustantivo positivamente especificado para [femenino], entonces, si la entidad denotada es hembra, no podemos evitar hacer referencia a este hecho; pero que si utilizamos un sustantivo negativamente especificado para [femenino], entonces podemos evitar hacer referencia al hecho en cuestión aunque en lo que denotemos esté presente la propiedad de ser hembra. Como *hombre* es un sintagma negativamente especificado para [femenino], entonces se evita hacer referencia explícita al carácter de hembra de los elementos denotados y, por tanto, puede haber varones entre ellos. Por consiguiente, lingüísticamente hablando, no es que *hombre* pueda hacer referencia a "hembras", sino más bien que esta expresión *puede denotar varones*. Esta ley interactúa de modo muy claro con la correlación que hemos visto antes entre el género gramatical y el sexo. Por ejemplo, no hay inconveniente en que un elemento no marcado para femenino (*el ministro* o *el ingeniero*) designe varones; ahora bien, como, en una sociedad en la que predomina el varón, lo normal es contrario a lo que se establece en la lengua (no hay inconveniente para que una mujer desempeñe esos cargos, y no al revés), entonces se ve necesario marcar explícitamente estas profesiones para denotar mujeres, cambiándolas de género: *la ministro*, *la ingeniero*. En este caso, vemos que la tendencia a agrupar género y sexo interactúa con la que acabamos de ver y, entonces, no se produce con *ministro* e *ingeniero*, lo que puede producirse con *hombre*, en el sentido *ser humano*.

Una muestra de que el género masculino es no marcado frente al femenino se obtiene cuando consideramos la concordancia con adjetivo modificador o atributo en los casos en los que aparece un sintagma nominal femenino y masculino unidos mediante conjunción: siempre se recurre al adjetivo en género masculino. Decimos, por ejemplo, *los actores y las actrices experimentados* y no *los actores y las actrices experimentadas*, que significa que sólo las actrices son experimentadas. Los casos de anáfora pronominal también presentan el mismo comportamiento. Si decimos *los jugadores y las jugadoras tienen espíritu deportivo* y luego queremos hacer referencia al conjunto formado por ambos, utilizaremos siempre *ellos*, si usamos *ellas* sólo nos referiremos a las jugadoras. Así, tenemos el siguiente texto: *los jugadores y las jugadoras tienen espíritu deportivo. El entrenador no tendrá ningún problema con ellos*. Si decimos *...el entrenador no tendrá ningún problema con ellas*, entonces nos referimos únicamente a las jugadoras. Por último, la concordancia con el adjetivo atributivo vuelve a mostrarnos lo mismo: *los jugadores y las jugadoras son altos* frente a **los jugadores y las jugadoras son altas*, que es claramente agramatical.

Por otro lado, hay palabras que denotan objetos y que pueden ser adscritos a dos géneros gramaticales; esto ocurre en español con *mar, calor, fantasma*, etc. Se dice entonces que son de género *ambiguo*. Ello puede ocurrir también en el caso de palabras que denotan seres sexuados: en este caso, la variación de asignación de género se emplea para indicar la diferencia de sexo; por ejemplo, en español *el ministro, la ministro*.

Como resumen de esta sección, incluimos un cuadro sobre las diversas categorías de género que hay en español.

TIPOS DE GÉNERO GRAMATICAL

1. *Género adherente:*

   a) Natural: *niño/niña, abuelo/abuela.*
   b) Formal: *rubio/rubia redondo/redonda.*

2. *Género inherente:*

   a) Natural:

   i) Léxico: *hombre/mujer, caballo/yegua.*
   ii) Morfemático:

   - Diferenciado: *gallo/gallina, poeta/poetisa; actor/actriz.*
   - Epiceno: *águila, delfín, quien, alguien, nadie.*

   b) Formal:

   i) Constante: *casa, puerta, libro.*
   ii) Variable: *mar, calor.*

4. El neutro y la oposición animado/inanimado

Las lenguas que conocen la categoría gramatical de género a veces oponen un neutro al masculino y al femenino. La oposición es *masculino/femenino,* por un lado, y *neutro,* por otro. En realidad, esta oposición que enfrenta los dos primeros géneros al tercero es la manifestación de otra más primitiva o básica que se establece entre un género *animado y otro inanimado.* Esta oposición entre animado/no animado se da en muchas lenguas que conocen la división de géneros en masculino/femenino y neutro, y también en otras muchas lenguas que no poseen distinción gramatical entre estos tres géneros.

Esta oposición animado/no animado se ve muy bien, por ejemplo, en los pronombres: en español tenemos un interrogativo *quién* animado (humano), frente a un interrogativo *qué* inanimado. Las formas objetivas del pronombre *lo* y *le* en función de objeto directo también manifiestan esta oposición: *lo vi* se puede utilizar para cosas, pero no así *le vi,* que sólo es válido para seres animados (*le vi* utilizado para inanimados sería un caso de leísmo). Esta sustitución de la forma dativa por la acusativa para establecer la distinción animado/inanimado no es exclusiva del español, en inglés antiguo, las formas acusativas de los pronombres fueron sustituidas por las dativas. Por tanto, es un fenómeno que apunta en la misma dirección.

En inglés hay pronombres animados e inanimados: *it* 'ello', *what* 'qué', *which* 'cual', *something* 'algo' y *anything* 'cualquier cosa', son pronombres inanimados: nótese que algunos de ellos llevan el elemento *thing* 'cosa'; por otra parte, *he* 'el', *who* 'quien', o *somebody* 'alguien' son pronombres animados.

La expresión de la posesión en inglés varía según el posesor sea animado o inanimado: si es animado se emplea la fórmula conocida como *genitivo sajón,* en la que el posesor lleva una *-s* afijada: *the man's foot* 'el pie del hombre'; cuando el posesor es inanimado se prefiere la construcción con la preposicion *of* 'de': *the foot of the mountain* 'el pie de la montaña'.

De modo análogo, en francés se emplea el clítico *en* 'de ello' para denotar un posesor inanimado y el adjetivo posesivo para denotar el posesor animado; por ejemplo, se diferencia, en esta lengua, entre:

(4)
Francés

a) j´en connais la précision
yo-de ello conozco la precisión
'conozco la precisión de ello'
b) je connais sa precision
yo conozco su precisión
'conozco su precisión (de una persona)'

En alemán, los sintagmas preposicionales varían si contienen un pronombre animado o inanimado. Cuando el pronombre se refiere a un ser animado, la preposición le precede: *mit ihm* 'con él', *mit wem* 'con quién', pero cuando se hace referencia a un ser inanimado, entonces a la preposición se le antepone un elemento pronominal deíctico o interrogativo, según el caso: *damit* 'con ello' o *womit* 'con qué'.

La oposición animado/no animado se da también característicamente en las lenguas eslavas. En ruso, los nombres animados señalan el acusativo y el genitivo en la declinación nominal masculina con la misma terminación; pero, en los inanimados el acusativo es diferente al genitivo e idéntico al nominativo:

(5)
Ruso

a) я увидел стол
ya uvidel stol
yo vi mesa (ac)
'he visto la mesa'
b) ножка стола
nozhka stolá
patita mesa (gen)
'la pata de la mesa'
c) я увидел Ивана
ya uvidel Ivana
yo vi Iván (ac)
'he visto a Iván'
d) стол Ивана
stol Ivana
mesa Iván (gen)
'la mesa de Iván'

Como puede verse, la forma de acusativo de Иван Iván es idéntica a su forma de genitivo; cosa que no ocurre con el sustantivo inanimado стол *stol* 'mesa'.

Podemos proponer, además, una jerarquía de animación según la preferencia que se establezca respecto a qué se considera animado o no animado en las lenguas. La jerarquía tiene el siguiente aspecto:

(6)
Jerarquía de animación

hablante/oyente > pronombres personales de 3.ª persona >
> nombres propios humanos > nombres comunes humanos masculinos >
> nombres humanos > nombres animados > nombres inanimados

Téngase en cuenta que, cuando se habla en la jerarquía de *nombres animados,* por ejemplo, se estan señalando sustantivos que denotan seres animados. De igual modo, cabe razonar para *nombres comunes humanos masculinos,* que son aquellos sustantivos de género masculino que designan seres humanos.

Esta jerarquía indica lo siguiente: si una lengua distingue, a efectos de la oposición animado/inanimado, entre nombres humanos, de un lado y nombres inanimados, de otro, entonces considerará como animados todos los nombres que se encuentren más arriba de la jerarquía respecto del primer grupo de nombres y como inanimados todos aquellos nombres que se encuentren más abajo que el segundo de los nombres en la jerarquía.

Veamos el ejemplo del castellano. En nuestra lengua, podemos decir que los sustantivos se oponen, con relación al parámetro de la animación, respecto del rasgo [± humano]; esto significa que los sustantivos [+ humano] son animados y los [– humano] son inanimados. Supongamos que esto se manifiesta cuando el sustantivo es el objeto directo: si es [+ humano] debe ir precedido de la preposición *a* y si no lo es, no le precede tal preposición. Según la jerarquía de la animación que acabamos de ver, deben ir marcados con *a*, en función de objeto directo, todos aquellos nombres que estén por encima de los nombres humanos en la jerarquía y deben rechazar esa *a* los que estén por debajo de los nombres humanos. En efecto, obsérvense los ejemplos que siguen:

(7)
Castellano

a) Juan vio a la mujer (nombre humano)
b) Juan vio al poeta (nombre humano masculino)
c) Juan vio a Pedro (nombre propio humano)
d) Juan le vio a él (pronombre de tercera persona)
e) Juan te vio a ti (pronombre de segunda persona)
f) Juan me vio a mí (pronombre de primera persona)

Esto se puede contrastar en los siguientes ejemplos:

(8)
Castellano

a) Juan vio el caballo (nombre animado)
b) Juan vio el árbol (nombre inanimado)

Nótese que los hablantes que acepten *Juan vio al caballo* han desplazado la oposición de humano/no humano a animado/no animado. En este caso, se sigue respetando la jerarquía, ya que estos hablantes utilizarán también la preposición *a* exactamente en esos casos reseñados antes.

Según esta jerarquía, no es posible una lengua que marque los nombres humanos como animados y los pronombres personales de tercera persona como inanimados: ello iría contra la jerarquía de animación que suponemos universal. La importancia de esta jerarquia es grande, ya que se ha demostrado que controla muchos fenómenos gramaticales en un gran número de lenguas. La demostración de esto fue llevada a cabo por M. Silverstein en un famoso trabajo (Silverstein 1976).

5. Los clasificadores

Hasta ahora, hemos visto cómo las lenguas presentan una clasificación de los sintagmas nominales en géneros. Pero hay muchas lenguas naturales que tienen unos sistemas de clasificación nominal más complejos. Se trata de las lenguas que conocen los *clasificadores* nominales. En este caso, los sustantivos también se agrupan en clases gramaticales y tales clases se pueden manifestar de dos maneras:

(9)
a) mediante un afijo que lleva el sustantivo en cuestión según la clase a la que pertenezca.
b) mediante la selección gramatical de una determinada pieza léxica cuando se produce la determinación del sustantivo.

El caso más frecuente es el *b*. En muchas lenguas, los sustantivos no llevan morfema alguno que señale la clase a la que pertenecen; esta indicación formal de clase se manifiesta mediante la selección, por parte del sustantivo, de un elemento léxico adicional que aparece cuando ese sustantivo es complemento de un sintagma determinante. Sea el caso de la lengua china. Si queremos decir en chino *este hombre*, no podemos simplemente unir las palabras para *este*, 这 "zhè" y para *hombre*, 人 *rén*; es decir, no podemos emitir simplemente *zhè rén*. Hace falta introducir un clasificador, que es un elemento léxico, perteneciente a una serie restringida de elementos, que estará determinado por el sustantivo en cuestión. Así, al sustantivo 人 *rén* le corresponde el clasificador 个 *ge* 'persona'. Diremos, entonces, 这个人 *zhéi ge rén*, cuya traducción es 'este hombre'. Si cambiamos el sustantivo, también habrá que cambiar el clasificador. Si queremos decir *este libro*, tenemos que elegir la palabra 书 *shu* 'libro', que exige como clasificador 本 *bên:* 这书本 *zhéi bên shu* 'este libro'.

El clasificador está a medio camino entre el morfema y el elemento léxico; esto es porque cumple, por una parte, una función puramente formal: la de unión del determinante y el nombre; pero, por otro lado, tiene cierto contenido léxico; de hecho, como veremos, un elemento léxico puede, en algunas lenguas, clasificarse a sí mismo. Además, los clasificadores suelen tener, en ciertas lenguas, un valor deíctico, ya que, por sí mismos, pueden referirse a una determinada entidad, sin que necesiten la presencia de un sustantivo. Por ejemplo, en jacalteco (lengua maya) tenemos ejemplos como éstos (extraídos de Givón 1984: 384).

(10)
Jacalteco

a) xul naj   Pel
vino persona Pedro
'ha venido Pedro'

b) xul naj
vino él
'ha venido'

donde *naj* es el clasificador nominal para personas en esta lengua.

Veamos, a continuación, los tipos más importantes de clasificación en las lenguas naturales.

(11)
Clasificadores numerales

Los tienen aquellas lenguas que exigen un clasificador cuando el sustantivo es determinado por un adjetivo numeral.

Por ejemplo, en tai (Allan 1977: 286), decimos:

(12)
Tai

khru   lâj   khon
profesor   tres   persona
'tres profesores'

En este caso, parece haber un principio universal según el cual el clasificador forma una unidad con el determinante (adjetivo numeral, artículo, etc.), de modo que tal unidad no puede deshacerse interponiendo un sustantivo entre ambos. Por consiguiente, sólo los siguientes órdenes son admisibles (*D* es el determinante, *C*, es el clasificador y *N* es el sustantivo):

(13)
Posiciones de los clasificadores (Allan 1977: 288)

D C N   ej.: bengalí, chino, lenguas semitas, vietnamita.
N D C   ej.: birmano, japonés, tai.
C D N   ej.: quirivina (Oceanía).
N C D   ej.: algunas lenguas oceánicas.

(14)
Clasificadores predicativos

Hay lenguas en las que el morfema clasificatorio no aparece en el sintagma determinante o en el sintagma nominal, sino en el sintagma verbal. Esto ocurre, por ejemplo, en navajo. En este idioma, el verbo *estar* lleva distintos morfemas clasificatorios según el tipo de cosa que el sujeto designe. Veamos un ejemplo:

(15)
Navajo (Barron 1982)

a) béésò si - ʔá
   dinero está - cosa redonda
   'Hay ahí una moneda'
b) béésò sì - nìl
   dinero está - colección de cosas
   'Algún dinero hay ahí'
c) béésò sì - ltsòòz
   dinero está - cosa flexible
   'El billete está ahí'

(16)
Clasificadores de concordancia

Son típicos de las lenguas bantúes. En estas lenguas, los sustantivos poseen un prefijo para el singular y otro para el plural, según la clase a la que pertenezcan. Lo interesante es que todos los elementos que están relacionados con ese sustantivo deben llevar exactamente el mismo prefijo: los determinantes, los adjetivos e, incluso, el verbo. Veamos un ejemplo significativo del suahilí, la lengua bantú más conocida:

(17)
Suahilí

ki-su   ki-moya   ki-litosha
cuchillo   uno   fue suficiente
'Un cuchillo ha sido suficiente'

Se puede apreciar que todas las palabras de la oración van precedidas de *ki*, el prefijo de la clase a la que pertenece la palabra *kisu* 'cuchillo'.

El suahilí posee ocho clases nominales, cada una con su prefijo para el singular y el plural.

Tiene gran interés el fenómeno de la *clasificación transitoria*. Consiste en el hecho de que un sustantivo puede ser asignado a una u otra clase, según el aspecto que se quiera resaltar del objeto que denote. Un ejemplo clásico es el del birmano, lengua en la que *un río* se puede decir, entre otras, de las siguientes formas, dependiendo del aspecto del río que se quiera designar:

(18)
Birmano (G. Corbett 1991: 136)

a) myiʔ tə yaʔ
   río un lugar
b) myiʔ tə tan
   río una línea (de mapa)

c) myiʔ tə zue
   río una conexión
d) myiʔ tə pa
   río un objeto sagrado
e) myiʔ tə myiʔ
   río un río

El último caso, ejemplifica el fenómeno que hemos señalado antes de que una palabra se puede clasificar a sí misma. Es el caso no marcado de clasificación y, si se integra en el sistema de las posibilidades de clasificación que acabamos de ver, lejos de ser un caso tautológico, supone precisamente el elemento neutro del sistema: lo usamos para cuando queremos hacer referencia a un río sin especificar aspecto adicional alguno; podríamos incluso obtener estas paráfrasis: 'río en cuanto a lugar', 'río en cuanto a línea trazada', 'río en cuanto a conexión entre dos lugares' 'río en cuanto que cosa sagrada' y 'río en cuanto a río'.

Éste no es fenómeno excepcional. De hecho, el ejemplo de clasificación predicativa que hemos visto antes es otro caso de clasificación transitoria, ya que la forma verbal del navajo nos dice qué aspecto de lo denotado por el sujeto es el que se enfoca en cada caso. Veamos, por último, un ejemplo más de clasificación transitoria. Es de la lengua manán de Nueva Guinea (Lichtenberk 1983: 158).

(19)
Manán

a) paŋana - gu
   cabeza- mi
   'mi cabeza'
b) paŋana ʔana -gu
   cabeza alimento mi
   'mi cabeza'
c) paŋana ne -gu
   cabeza objeto mi
   'mi cabeza'

En los tres casos, el significado es 'mi cabeza'. Pero en el primer ejemplo, cuando no hay clasificador (caso no marcado), se entiende la cabeza que llevo sobre los hombros. En el segundo caso, se habla de la cabeza que poseo como alimento (por tanto, no puede ser mi propia cabeza, sino la de algún animal) y, en el tercer caso, de la cabeza como objeto exterior a mí (no es la mía); es una cabeza que encontré y que me pertenece. En los dos casos, antes del sufijo posesivo existe un afijo clasificatorio.

6. El número

Es ésta una categoría gramatical que afecta al sustantivo y al verbo y que se da en algunas lenguas del mundo y se manifiesta en el sustantivo de una de las siguientes formas:

(20)
Formas de expresión de la categoría gramatical de número

  a) Mediante una palabra especial, un numeral que modifica un sustantivo.
  b) Mediante un morfema especial o flexión concreta que adquiere el sustantivo que se pone el plural.
  c) Mediante la repetición de todo o parte de un sustantivo.

Un ejemplo del primer procedimiento lo podemos ver en cualquier lengua natural: en español *dos casas*. El segundo caso, lo vemos también en español: *casa-s* es el plural de *casas*; en árabe, existe el *plural fracto,* que se obtiene mediante una modificación interna de la palabra: de *kita:b* 'libro', obtenemos *kutub*, libros; en este caso, se podría decir que el morfema discontinuo *u ... u* es lo que indica el plural; de ahí, la denominación de *plural fracto*. El tercer caso de formación de plural lo tenemos en muy diversas lenguas del mundo. Por ejemplo, en malayo se utiliza el método de la reduplicación de la palabra para obtener el plural: *suratjabar-suratjabar* 'periódicos'. También se da este procedimiento de pluralización en japonés, chino, coreano y javanés. Todas ellas repiten el sustantivo. Otras lenguas como el nahua, tarahumara o hausa utilizan la repetición de ciertas sílabas del sustantivo para indicar el plural.

Como en el caso anterior, conviene distinguir entre número como categoría gramatical y la cantidad real de los objetos implicados referencialmente. Como vimos antes con el género y el sexo, el número gramatical no tiene por qué coincidir con la cantidad real. Vemos este fenómeno en el caso de los llamados *pluralia tantum*, que son palabras morfológicamente plurales pero que pueden utilizarse para hacer referencia a un solo objeto: en español *tijeras*, *pantalones*, *tenazas*... Que estos elementos son auténticos plurales morfológicos se muestra mediante la prueba de la concordancia:

(21)
Castellano

   estas tenazas son/*es muy útiles/*útil

A veces, incluso hay vacilación: *gafas*/*gafa*; *pantalón* /*pantalones*. Esto muestra la misma tendencia que pudimos comprobar en el caso del género: la pluralidad se tiende a relacionar con la cantidad real, si esto es posible. Sin embargo, como en el caso del género, podemos pluralizar palabras que denotan objetos que no se pueden contar: *aguas*, *carnes*, *aires*. En estos casos, el plural tiene un significado que no es necesariamente de cantidad estricta: puede ser de abundancia, diversidad o fuerza. Véanse los siguientes ejemplos:

(22)
Castellano

  a) Fue tirado por las aguas *(fuerza)*
  b) Está entrado en carnes *(abundancia)*
  c) Quiere cambiar de aires *(diversidad)*

Por otro lado, hay lenguas en que el singular denota una cantidad superior a uno. Por ejemplo, en húngaro *cipő* significa 'un par de zapatos'; para decir *un zapato* se emplea la palabra *mitad* (fél) como prefijo a ese sustantivo: *félcipő*, 'un zapato'. Igual ocurre con *szem* 'los dos ojos'; un *ojo* se denotaría mediante *félszem*. Es éste un caso de singular morfológico con una denotación de más de un elemento.

Además, en muchas lenguas, una palabra en sigular morfológico puede indicar plural si va precedida de un numeral. Eso ocurre también en húngaro donde *két ház*, literalmente se traduciría como *dos casa*. Lo mismo se da en vasco: *lau lagun* significa 'cuatro amigos' (literalmente 'cuatro amigo') y *bost urte* significa 'cinco años' (literalmente 'cinco año'). En español, sin embargo, es necesaria la concordancia de número en estos casos: *dos casas, cuatro amigos, cinco años*.

Por otro lado, el plural morfológico puede utilizarse para denotar una clase única. Cuando decimos, por ejemplo *los perros abundan en este barrio*, está claro que *abundar* no se predica de cada perro en particular, sino de toda la clase de los perros. Lo que se dice concretamente es que el conjunto de los perros que tienen la propiedad de vivir en este barrio es bastante grande. Por tanto, se habla sobre una sola cosa (el conjunto de los perros) y no sobre varias cosas. Es interesante comparar esta expresión con otra análoga en la que aparece el singular y no el plural: *el perro abunda en este barrio*. En este caso, también el singular denota una clase y no un individuo. ¿Qué diferencia hay aquí, entonces, entre el uso del singular y el del plural? Está claro que, en el segundo caso, cuando se dice *el perro abunda en este barrio,* se nos dice que el perro, frente a otras especies como gatos o pájaros posee muchos representantes en este barrio. Por tanto, la oposición singular/plural aquí es la que hay entre una clase de elementos como diferente de otras clases de elementos por sus propiedades intrínsecas (*definición intensional*) frente a clase de elementos como compuesta de una serie de individuos (*definición extensional*). Vemos aquí que la oposición singular/plural no se refiere a lo único frente a la múltiple, sino a una distinción muy diferente de ésta. Ello viene a confirmar, una vez más, la independencia entre número gramatical y número real a la que nos estamos refiriendo.

Existe otro uso del plural que tampoco tiene que ver con la cantidad y que aparece recurrentemente en muy diversas lenguas; se trata del uso de un pronombre o nombre plural para expresar respeto o distancia social: esto ocurre en lenguas tan diferentes como el persa, el tagalo, el telugú, el rumano o el español. Por ejemplo, en rumano distinguimos, por ejemplo: *dumneata* 'tu señoría' de *dumneavoastra* 'vuestra señoría'. En el primer caso, se utiliza un posesivo de segunda persona del singular y, en el segundo, el de segunda persona del plural y éste expresa más respeto o distancia social que aquél.

Podemos distinguir los siguientes tipos dentro de la categoría de número:

(23)
Tipos de número gramatical

1. Singular.
2. Dual.
3. Trial.
4. Cuadral.
5. Plural.
    5.1. Paucal.
    5.2. De abundancia.
    5.3. Aproximativo.

6. Omnial.
7. Común.

El número dual sirve para indicar dos elementos y se encuentra en lenguas clásicas como el griego antiguo, el sánscrito o el árabe. El número dual puede aparecer en tres ámbitos:

(24)
Integración gramatical del número dual

1. Sólo en el sistema de pronombres personales. Es decir, hay, por ejemplo, un pronombre personal de segunda persona que indica 'tú y yo'.
2. También en el sistema de sustantivos.
3. En todo el sistema morfológico: sustantivo, adjetivo, verbo, determinantes.

Precisamente, el griego clásico pertenece a este tercer grupo, ya que conoce artículos, adjetivos y verbos en forma dual. Por ejemplo, en griego clásico *no:* significa 'nosotros dos' y *sfo:* 'vosotros dos'; *to:de* 'estos dos' y *lueto* 'vosotros dos desatáis'.

El trial indica tres elementos y se encuentra en los sistemas pronominales de algunas lenguas. En fiyiano, hablado en las islas Fiji, por ejemplo, el pronombre *kedatou* significa 'nosotros tres incluyéndote a ti'.

El cuadral es más raro aún que el trial e indica cuatro elementos. Se encuentra en los sistemas pronominales de algunas lenguas. Por ejemplo, en sursurunga, una lengua austronésica hablada por unas dos mil setecientas personas en Nueva Guinea Papúa (D. Hutchisson 1986), el pronombre *gimat* significa 'nosotros cuatro'. Curiosamente, este cuadral posee también un uso exhortativo para romper el hielo y animar a la gente a unirse a algo. Por lo demás, el uso del pronombre cuadral está bastante restringido y no es el de un pronombre típico, lo que indica su carácter muy marcado: esto se reflejará en el lugar que ocupa en la jerarquía que vamos a proponer a continuación. Esta lengua conoce también un trial y un dual. De hecho, podríamos establecer la siguiente jerarquía:

(25)
Jerarquía del número gramatical

dual > trial > cuadral

Significa esta jerarquía que si una lengua tiene trial también tendrá dual y que si una lengua tiene cuadral, tendrá también trial y dual. También se especifica que una lengua puede tener dual sin tener trial o cuadral, o trial sin tener cuadral.

Dentro del plural, encontramos, como ya hemos visto, muchas variedades. Hay lenguas que distinguen un plural de pequeño número o paucal, de otro de gran número o de abundancia. Esto ocurre en árabe clásico donde *aqla:m* 'plumas' es un paucal de *qalam* 'pluma', y *kutub* 'libros' es un plural de abundancia de *kita:b* 'libros'. En árabe clásico, el paucal indica de tres a diez elementos.

El plural aproximativo puede comprobarse en expresiones como *los sesenta* o en inglés *the sixties*: no se denota una pluralidad de sesentas sino la serie de la decena de sesenta; es decir, del sesenta al sesenta y nueve. Es un plural aproximativo, pues todos los elementos poseen algo en común, pero también algo de diferente. Este mismo plural aproximativo es el de *los Pérez* que no suele significar una pluralidad de *Pérez*, sino la familia que comparte directa o indirectamente ese apellido. También se da este plural en los pronombres: *nosotros* no es una pluralidad de yoes, sino un conjunto en el que estoy yo con otras personas.

El omnial sirve para denotar la totalidad de los elementos de un conjunto y puede manifestarse tanto con el singular como con el plural: *todo hombre, cada hombre, todos los hombres*.

Igual que existe un género común, también se da un número común en palabras interrogativas tales como el inglés *who* 'quien/es' o el español 'qué'. Como el número común siempre se manifiesta mediante el singular, podemos también suponer que, en la oposición de número, el singular es no marcado frente al plural. Estamos, pues, ante una oposición privativa [± plural]. Como en el caso anterior, es el término marcado el que tenderá a recibir una marca morfológica positiva, mientras que el término no marcado no recibirá marca alguna. Esto parece ocurrir en las lenguas del mundo: siempre es el plural el que se marca específicamente frente al singular, que no se marca.

1. Examine los siguientes datos del húngaro:

    (26)
    Húngaro

    hím 'macho'; nöstény 'hembra'
    orvos 'médico' / orvosnő 'médica' / orvosné 'mujer del médico'
    tanító 'maestro' / tanítónő 'maestra' / tanítóné 'mujer del maestro'
    farkas 'lobo' / nöstényfarkas 'loba'
    király 'rey' / királynő 'reina' / királyné 'reina'
    róka 'zorro' / hímróka 'el zorro' / nöstenyróka 'la zorra'
    zongoraművész 'pianista' / zongoraművésznő 'la pianista' / nő 'mujer, señora'
    galamb 'paloma'/ hímgalamb 'palomo'

    Explique, a la vista de los ejemplos, cómo se forma la oposición de género en húngaro.

2. Helmut Lüdtke (1977: 174) nos proporciona estos curiosísimos datos sobre el dialecto italiano hablado en la ciudad de Ripatransone, situada a medio camino entre Ancona y Pescara, en la zona centrooriental de Italia:

    (27)
    Habla de Ripatransone

    a) L-u frəki cha fam-u
    el-masc niño tiene hambre-masc
    'El niño tiene hambre'

b) L-e frəkin-e cha fam-e
el-fem niñ- a tiene hambre-fem
'La niña tiene hambre'
c) L-ifrəki cha fam-i
art-masc niño tiene hambre-masc pl
'Los niños tienen hambre'
d) Lə frəkin- a cha fam- a
art-fem-pl nifi- as tiene hambre-fem-pl
'Las niñas tienen hambre
e) L-ufrəki é it- u a rom-a
art-masc niño es id-masc a Roma-masc
'El niño se ha ido a Roma'
f) L-e frəkin - e é it- e a rom- e
art-fem niñ- a es id- a a Roma-fem
'La niña se ha ido a Roma'

Coméntelo a la luz de lo estudiado en este capítulo.

CLAVE 1. De los ejemplos aducidos, puede verse que, en húngaro, la distinción de género se realiza mediante composición de palabras. Existe una palabra , *nő*, que significa 'mujer' y otras dos, *hím* y *nöstény*, que significan 'macho' y 'hembra', respectivamente. La primera, como se desprende de los ejemplos, se usa para seres humanos y las otras dos se usan para animales. Por tanto, este proceso de derivación es sensible a la distinción entre humano y no humano.

De los ejemplos, además, se desprende que algunos nombres de animales como *roka* 'zorro' no están especificados en absoluto para género, ya que tenemos las dos formas derivadas masculina y femenina. Esto asemeja el húngaro al español que, por ejemplo, distingue una *tortuga macho* de una *tortuga hembra*. Con los nombres de persona, sólo se produce la forma derivada femenina. En español, no existe, de modo paralelo un *trompetista macho* frente a un *trompetista hembra*.

El único atisbo de morfema de femenino que hay es el sufijo *né* que, por su forma, se ve que procede claramente de la palabra *nő*. Sin embargo, el significado de este sufijo no es flexivo, sino derivativo, ya que significa *la mujer de*. Como curiosidad, se habrá observado que *király* 'rey' tiene las dos formas *királynő* y *királyné* y ambas significan lo mismo. Esto se debe a un hecho extralingüístico, ya que la mujer del rey suele ser la reina. Como hipótesis, podríamos aventurar que *királynő* habría de emplearse cuando una mujer accede a reina sin necesidad de haber sido la mujer del rey y *királyné*, cuando ocurre lo contrario. Se recomienda buscar un hablante nativo de húngaro para confirmar esta sospecha.

2. Como se puede comprobar, estos ejemplos constituyen una curiosidad lingüística nada desdeñable. Como vemos, los participios, los objetos e, incluso, los circunstanciales concuerdan en género con el sustantivo sujeto. Esta extraña situación viene a ponernos en contacto los sistemas de género en las lenguas europeas con el sistema de clasificación nominal de lenguas como las bantúes. Como hemos visto, estas lenguas han desarrollado unos clasificadores de concordancia que se identifican mediante unos determinados afijos que, a su vez, se expanden por toda la oración. Los ejemplos del dialecto de Ripatransone, muestran que las marcas de género conservan una impronta inequívoca de clases nominales de concordancia. El femenino en *Roma*, por ejemplo, no denota que esta palabra sea feme-

nina sino que está relacionada indirectamente con una palabra que lo es. Entonces, los marcadores de género señalan la pertenencia de un sustantivo a una clase formal y las relaciones de otras palabras con dicho sustantivo. Vemos, una vez más, que el género es definible por una serie de relaciones sintagmáticas y no sólo por cuestiones inherentes a la palabra clasificada.

Este mismo fenómeno de uso de marcas de género como clasificadores de concordancia es verificable en otras lenguas romances. He aquí un ejemplo del rumano (extraído de Greenberg 1978: 76):

(28)
Rumano

femeí- le ce-le frumoase a-le satu- lui
mujeres-las aquellas-las hermosas de-las pueblo-el
'Aquellas hermosas mujeres del pueblo'

Greenberg postula que los marcadores de género proceden de clasificadores nominales de concordancia y que las lenguas con marcadores de género tuvieron un estadio parecido al que muestran las lenguas con clasificadores de concordancia. En este sentido, el dialecto de Ripatransone y el rumano son comprobaciones de que al menos existe esa relación entre clasificadores de concordancia y marcadores de género.

CUESTIONES PROPUESTAS

1. Determine las relaciones entre el género y el tamaño teniendo en cuenta los siguientes datos extraídos de Royen 1929: 455-460:

(29)
Castellano

cesta/cesto; canasta/canasto; cántara/cántaro; bolsa/bolso

(30)
Latín

puer 'chico/puella 'chica'/puellula 'muchachita'
adulescens 'el adolescente'/adulescentula 'la adolescente'
cella 'despensa'/cellula 'alacena'

(31)
Irlandés antiguo

cú 'perro'/cuán 'perrito' o 'perra'

(32)
Cachemir

katuru (masc) 'tiesto grande'/katürü (fem) 'tiesto pequeño'
wo:lu (masc) 'anillo grande'/wöyü (fem) 'anillo pequeño'
photu (masc) 'cesto'/photar (fem) 'cesto pequeño'
wothsu (masc) 'ternero'/watshar (fem) 'ternera'

(33)
Masái

ol-tungani (masc) 'hombre'/en-dungani (fem) 'hombrecito'
ol-alem 'espada'/en-galem 'cuchillo'
ol-dia 'mastín'/en-dia 'perra'

(34)
Nama

/úi- b (masc) 'montaña' / /úi- s (fem) 'rocas'

góu-b 'vulva de vaca'/góu-s 'vulva'
sam-i (masc) 'pechos de mujer'/sam-s 'pecho de hombre'

(35)
Chinuco

ichinon 'águila'/il- chinon (dim) 'pájaro'

2. ¿Qué funciones desempeña el número en las siguientes expresiones?:

a) Todavía no me han salido oros jugando a las cartas)/*oro.
b) Sabe muchas matemáticas/mucha matemática
c) No sabe nada de ordenadores/*ordenador
d) Nunca trabaja en casa/casas
e) No ha hecho aún los deberes/*el deber
f) No me han notificado aún el abono de haberes/*haber
g) No tiene ganas de hacerlo/no tiene gana de hacerlo
h) No me da la gana/*No me dan las ganas
i) No tiene gracia/gracias
j) No me dio las gracias/*la gracia

ORIENTACIÓN BIBLIOGRÁFICA

La bibliografía sobre lenguaje y sexo es amplísima, pero aquí no vamos a incluirla, ya que se trata de una cuestión de lingüística externa. Sólo tendremos en cuenta estudios propiamente gramaticales y tipológicos.

ALLAN, K. (1977): "Classifiers" en *Language*, 53, n.º 2, pp. 285-311.
Es este un artículo ya clásico que por su claridad, amplitud y contenido empírico resulta una excelente introducción a esta cuestión.

COMRIE, B.: *Universales del Lenguaje y Tipología Lingüística*, Madrid, Gredos, 1989 [1981].
El capítulo noveno de este libro está íntegramente dedicado a describir la importancia del concepto y de la jerarquía de la animación en las lenguas del mundo. Puede utilizarse para profundizar en lo visto aquí.

CORBETT, G.: *Gender*, Cambridge University Press, 1991.
Excelente libro que compendia las principales cuestiones relativas al género gramatical teniendo en cuenta su variedad interlingüística, aunque se tratan con más detenimiento las lenguas eslavas, muchas de las cuales poseen tres géneros (masculino, femenino y neutro).
Es un libro imprescindible para profundizar en lo que hemos visto aquí.

CORRIENTE, F.: *Problemática de la pluralidad en semítico. El plural fracto*, Madrid, CSIC, 1971.
Se trata de un estudio sincrónico y diacrónico del plural fracto de las lenguas afroasiáticas. Debe ser consultado por quien desee saber más sobre esta manera de formación de plural que hemos mencionado de pasada en el presente capítulo.

CRAIG, C. (ed.): *Noun Classes and Categorization,* Amsterdam, John Benjamins, 1986.
Es una colección de veinte artículos dividida en cinco apartados. El primero trata de cuestiones teóricas, sobre todo del análisis cognitivo de las clases y categorías nominales; contiene artículos de G. Lakoff, M. Posner, B. Tversky y T. Givón. El segundo trata sobre las clases nominales en diversas lenguas; entre otros, hay artículos de R. M. W. Dixon, N. Rude y D. Payne. El tercero trata sobre la semántica de los clasificadores en lenguas bantúes, en jacalteco y en las lenguas austroasiáticas. El cuarto se ocupa de las funciones semánticas y pragmáticas de los cla-

sificadores. Por último, el quinto apartado trata de cuestiones diacrónicas relacionadas con los clasificadores nominales en diversas familias lingüísticas,

DIXON, R. M. W.: *Where have all the adjectives gone? and other essays in Semantics and Syntax,* La Haya, Mouton, 1982.
Se trata de una importante colección de artículos de este autor, especialista en lenguas australianas. Los capítulos 5 a 8 (pp. 157-234) contienen estudios teóricos sobre las clases nominales y su evolución diacrónica, así como un trabajo sobre las clases nominales en la lengua australiana yidín.

IBRAHIM, M. (1973): *Grammatical Gender. Its origin and development,* La Haya, Mouton.
Es un interesante estudio sobre el género y las clases nominales, así como sobre la evolución histórica de ambos fenómenos. Contiene datos de diversas lenguas.

PLANK, F. (ed.): *Noun Phrase Structure in the Languages of Europe*, Berlín, Mouton de Gruyter 2001.
Impresionante recopilación de estudios sobre la estructura del sintagma nominal en las lenguas de Europa. Es una obra imprescindible para conocer la naturaleza morfológica y sintáctica del sustantivo y del sintagma nominal en las lenguas de nuestro continente.

POTT, A. F.: *Doppelung (Reduplikation, Gemination) als eines der wichtigsten Bildungsmittel der Sprache beleuchtet aus Sprachen aller Welttheile*, Meyer, Lemgo & Detmold, 1862.
En este capítulo, hemos visto que la reduplicación es uno de los métodos mediante los cuales las lenguas expresan la pluralidad nominal. Este añejo libro es la única monografía existente sobre la reduplicación orientada tipológicamente. La mitad del libro se dedica a la pluralidad verbal por reduplicación. Sobre la pluralidad verbal hablaremos en el capítulo 16.

ROYEN, G.: *Die nominalen Klassifikations-Systeme in den Sprachen der Erde. Historisch-Kritische Studie, mit besonderer Berücksichtigung des Indogermanischen,* Viena, 1929.
Esta monumental obra de más de un millar de páginas contiene multitud de datos interesantes sobre las clases nominales en distintas lenguas del mundo. La presentación de los datos que se realiza es histórico-bibliográfica, lo que hace la lectura poco ágil. Sin embargo, sigue siendo un punto de referencia de inexcusable consulta aun hoy día.

SEILER, H. y C. LEHMANN (eds.): *Apprehension. Das sprachliche Erfassen von Gegenständen. Teil I Bereich und Ordnung der Phänomene,* Tubinga, Gunter Narr, 1982.
En este libro se examinan los clasificadores desde la perspectiva teórica del modelo del UNITYP. En las partes cuarta y quinta, hay diversos artículos en los que se analizan los clasificadores nominales y los clasificadores de concordancia, respectivamente. Se estudia también la categoría de número. Hay datos de muy diversas lenguas: tai, vietnamita, chino, navajo, lutuamí, jacalteco, celdala, toba, indonesio, lenguas bantúes, koisanas, cusitas y algunas otras más. Es, pues, imprescindible para estudiar la tipología de estos fenómenos.

SEILER, H. y F. J. STACHOWIAK (eds.): *Apprehension. Das sprachliche Erfassen von Gegenständen. Teil II Die Techniken und ihr Zusammenhang in Einzelsprachen,* Tubinga, Gunter Narr., 1982.
En este segundo tomo se recogen artículos que, desde la misma perspectiva, estudian los clasificadores en diversas lenguas: lenguas siu, indonesio, tolái, lenguas caucásicas orientales, lenguas cusitas orientales, finés, lenguas koisanas. Es, pues, un complemento valioso del tomo anterior.

SEILER, H.: *Apprehension. Language, Object, and Order. Part III. The Universal Dimension of Apprehension.* Tubinga, Gunter Narr., 1986.
En este libro se sistematizan y presentan de modo coherente los resultados y puntos de vista que aparecen en los dos tomos anteriores. Interesan ahora las secciones 4.5, 4.6 y 4.7, pp. 77-126.

WHALEY, L. J.: *Introduction to Typology. The Unity and Diversity of Language*, Londres, SAGE, 1997.
El capítulo décimo de este libro, titulado "Animacy, Definiteness, and Gender", es una exposición accesible e ilustrativa del alcance interlingüístico de la jerarquía de la animación.

11

EL SINTAGMA NOMINAL II
El caso

1. Introducción

La categoría gramatical de caso es una de las que más ha captado la atención ya desde la antigüedad clásica, pues tanto el griego como el latín poseían dicha categoría con un desarrollo notable y complejo. Pero, incluso hoy día, el caso gramatical está en plena vigencia y su estudio se encuentra también en la vanguardia de las investigaciones gramaticales actuales. Sobre la señera historia de la investigación en esta categoría, puede consultarse el panorama que se nos ofrece en Agud 1980. Aquí vamos a ofrecer lo que consideramos elementos imprescindibles para poder acercarse al complejo mundo del caso gramatical en sus aspectos intra e interlingüísticos.

2. Definición y aplicabilidad del concepto de caso

Se puede empezar diciendo que las relaciones sintáctico-semánticas que una palabra o sintagma mantiene con otra u otro en una determinada oración pueden ser expresadas de uno de los tres modos que siguen:

(1)
Formas de expresión de las relaciones sintácticas

  a) Mediante el orden de unas palabras o sintagmas respecto de otros. Por ejemplo, en chino tenemos una oración como la siguiente:

(2)
Chino

先生 教 我 中文

Xiansheng jiao wô zhongwén

profesor enseña yo chino
'El profesor me enseña chino'

En este caso, el sintagma sujeto es el que aparece inmediatamente delante del verbo, el objeto indirecto es la palabra que aparece inmediatamente detrás del verbo y el objeto directo es la palabra o sintagma que sigue al objeto indirecto. No existe indicación alguna, diferente del orden, que nos señale la función que desempeña cada elemento dentro de la frase: no hay indicio morfológico alguno, ni en el verbo *jiao* ni en los demás sustantivos, que nos delate cada una de esas funciones. Algo similar ocurre en inglés, donde la posición sirve para distinguir el sujeto del objeto directo:

(3)
Inglés

a) John saw Bill
Juan vio Roberto
'Juan ha visto a Roberto'
b) Bill saw John
Roberto vio Juan
'Roberto ha visto a Juan'

(1)
b) Mediante una partícula especial cuya función específica es la de señalar la relación sintáctica contraída por cada palabra o sintagma en la oración. Por ejemplo, en coreano existe una posposición diferente para cada relación gramatical. Sea el siguiente ejemplo:

(4)
Coreano

chobun i yonp'ir ûl sanungunyo
él SUJ lápiz OBJ está comprando
'¡Él está comprando lápices!'

Como se puede apreciar, el pronombre lleva la partícula pospositiva *i*, que es el marcador de sujeto y el sustantivo 'lápiz' lleva el marcador pospositivo *ûl*, que indica objeto directo.

(1)
c) Mediante una modificación de las palabras o sintagmas, que indica su función gramatical en la frase. Tal modificación suele suponer la afijación o sufijación de un morfema que forma parte de la misma palabra.

Éste es el caso de lenguas como el ruso y el alemán o como el griego clásico o el latín. Estos idiomas se consideran flexivos. También se suele hablar de *caso* en las lenguas aglutinantes. En ellas, los casos se manifiestan mediante determinados afijos que, aunque forman parte de la palabra a la que modifican, poseen una forma constante o perfectamente identificable y no se "confunden" ni con otros afijos que pueda llevar la palabra ni con la raíz de la misma. Un ejemplo de esto lo vemos si comparamos la forma latina *homines* 'a los hombres' (acusativo plural de *homo* 'hombre') con la forma húngara correspondiente *embereket*. En la forma latina, la terminación *-es* expresa, a la vez, el carácter de plural y el de acusativo; pero en la forma húngara estas dos cosas se señalan mediante afijos perfectamente diferenciados e identificables: *ek* es el afijo de plural y *-et* es el afijo de acusativo.

Lo que normalmente se llama *caso* suele ser la manifestación de las relaciones gramaticales que hemos mencionado en último lugar y también puede extenderse este concepto –así suele hacerse en la lingüística moderna– para que abarque lo que hemos mencionado en segundo lugar. Se excluiría, entonces, el chino, lengua de la que se podría decir que no tiene casos en el sentido morfológico de la palabra. Sin embargo, nada nos impide extender el concepto de caso a la primera situación y decir que el chino tiene casos que se manifiestan mediante el orden de palabras: un método tan genuino lingüísticamente como el del uso de adposiciones o afijos. Ello, sin embargo, nos alejaría en muchos aspectos de lo que, tradicionalmente, se entiende por caso en lingüística general, aunque no en todos, como vamos a ver a continuación. De todos modos, adoptaremos un enfoque bastante conservador en el sentido de considerar fundamentalmente las lenguas que tienen caso morfológico (expresado mediante adposición o afijo) como punto de partida, aunque las extensiones son, como acabamos de sugerir, posibles y aun deseables.

A continuación, vamos a distinguir, siguiendo investigaciones recientes sobre esta categoría gramatical, tres conceptos de caso que conviene discriminar desde el principio para hacer la exposición lo más ordenada posible. Son los que enumeramos seguidamente:

(5)
Tipos de casos

 a) Caso formal
 b) Caso relacional
 c) Caso posicional

Empezaremos por definir el tercer tipo de caso. El caso posicional sirve para hacer que el sustantivo o sintagma, en ese caso, denote un lugar o posición en el que se da un estado o tiene lugar una acción. Es, pues, un caso locativo: puede indicar "lugar en donde", "lugar por donde", "lugar a donde", "lugar desde donde", etc. El caso típico es el ablativo latino; pero vamos a ver que otras lenguas poseen muchos casos de esta clase. La teoría locativa de los casos consiste el intentar tratar los otros dos tipos de casos utilizando los conceptos expresados por los posicionales.

El caso relacional sirve fundamentalmente para establecer una relación entre dos sintagmas nominales o entre un sintagma nominal y un verbo: por ejemplo, la relación posesiva entre lo que denotan dos sintagmas nominales (expresada por el caso genitivo, normalmente) o la relación de afección entre la acción o estado que denota un verbo y la entidad que denota un sintagma nominal (el caso típico es el dativo).

Por último, tenemos el caso formal; se trata, esta vez, de expresar una relación puramente sintáctica entre el predicado y los sintagmas nominales. Suelen ser las relaciones de sujeto y objeto directo y, como se habrá ya adivinado, los casos típicos son el nominativo y el acusativo. Obsérvese que no se debe deducir que esos casos expresen únicamente esas relaciones; pueden realizar otras: el nominativo puede expresar la relación de atribución y el acusativo la de sujeto en latín, por ejemplo.

Si tenemos en mente los casos del latín, establecemos la siguiente clasificación:

(6)
Clasificación de los casos del latín

- Casos formales:
  Nominativo: *homo.*
  Acusativo: *hominem.*
- Casos relacionales:
  Genitivo: *hominis.*
  Dativo: *homini.*
- Casos posicionales:
  Ablativo: *homine.*

No hemos mencionado el llamado *caso vocativo*; se trata de una forma nominal que posee un uso pragmático especial y que, por tanto, no es un caso más. Sirve para apelar o llamar la atención de nuestro interlocutor y, por consiguiente, no expresa una relación sintáctica en la oración. Sobre este caso puede consultarse Alonso-Cortés 1999: 133-157.

El sistema latino de casos es muy pobre si lo comparamos con los de otras lenguas más ricas en esta categoría formal. Veremos, en la sección siguiente, sistemas casuales mucho más ricos y desarrollados.

Por otro lado, hay que diferenciar entre *usos primarios* y *secundarios* de los casos. Por ejemplo, un caso posicional puede usarse como un caso relacional de modo derivado y un caso relacional puede usarse derivadamente como caso formal. Veremos este fenómeno, que denominamos *recategorización casual,* con más detenimiento al final de esta sección.

3. Los casos posicionales

Lenguas como el vasco, finés o húngaro poseen un sistema más desarrollado que el latín de casos posicionales. Sin embargo, podemos adoptar la estrategia que llevó a cabo Hjelmslev (1935-1937) en uno de los estudios más importantes y menos aprovechados realizados sobre la materia, desde un punto de vista interlingüístico. Consiste en utilizar aquellas lenguas en las que se ve desarrollado al máximo el sistema de casos posicionales. Eso ocurre en varios idiomas del Cáucaso. El propio Hjelmslev recurre a la lengua daguestánica tabasarán y nosotros vamos a utilizar los datos de ella para explicar un sistema de casos posicionales, aunque seguiremos la revisión que de la clasificación de Hjelmslev nos dio Tagliavini (1969: 231-240). El tabasarán tiene, según las cuentas de Tagliavini, cincuenta y dos casos, la mayoría de ellos posicionales. Para bautizar estos casos se suelen adoptar nombres latinos. Veamos algunos de los casos posicionales del tabasarán:

(7)
Tabasarán: casos posicionales

1. Inlativo: indica movimiento hacia dentro de algo (ej.: *furi-fina* 'hacia adentro del carruaje').

2. Elativo: indica movimiento desde dentro de algo (ej.: *fur-ʔan* 'desde el interior del carruaje').
3. Ablativo: indica movimiento desde las cercanías de algo o alguien (ej.: *armiri-han* 'desde el hombre').
4. Adlativo: indica movimiento hacia las cercanías de algo o alguien (ej.: *armiri-hna* 'hacia el hombre').
5. Sublativo: indica movimiento hacia debajo de algo (ej.: *furi-kna* 'hacia debajo del carruaje').
6. Delativo: indica movimiento desde encima de algo (ej.: *fur-ʔilan* 'desde encima del carruaje').
7. Supralativo: indica dirección hacia arriba de algo (ej.: *fur-ʔinna* 'hacia encima del carruaje').
8. Postlativo: indica movimiento hacia detrás de algo o alguien (ej.: *furi-q'na* 'hacia detrás del carruaje').
9. Interlativo: indica movimiento hacia un lugar situado entre dos cosas.
10. Inesivo: indica lugar en donde (ej.: *furi-f* 'dentro del carruaje').
11. Adesivo: indica cercanía a algún lugar o persona (ej.: *armiri-h* 'cerca del hombre').
12. Subesivo: indica situación debajo de algo (ej.: *furi-k* 'debajo del carruaje').
13. Interesivo: corresponde a nuestro "entre" (ej.: *harari-g* 'entre los árboles').
14. Postesivo: indica lugar detrás de algo o alguien (ej.: *fyiri-q'* 'detrás del carruaje').
15. Superesivo: indica "sobre" (ej.: *fur-ʔil* 'sobre el carruaje').

Éstos no son más que quince de los cincuenta dos casos del tabasarán, la mayoría de ellos posicionales, como hemos dicho. Es fácil agrupar estos quince casos en dos clases:

(8)
Tipos de casos posicionales

a) La clase del movimiento (1-9): casos posicionales dinámicos (1-9).
b) La clase del reposo (10-15): casos posicionales estáticos (10-15).

En efecto, estos dos conceptos de movimiento y reposo son dos de las ideas esenciales del análisis locativo de los casos gramaticales que propone, por ejemplo, Hjelmslev, en el estudio citado antes. Obsérvese que, en la denominación, los casos de reposo llevan la raíz latina *essere* 'ser' y los de movimiento la raíz *lat* 'llevar'; si comprendemos el significado de la preposición latina que se antepone, nos es fácil deducir el caso por su significado o viceversa. Así, como *in* significa 'dentro', entonces *inesivo* significa el estar dentro, e *inlativo* significa el llevar dentro.

4. Los casos relacionales

El caso relacional típico es el genitivo, que conocían tanto el griego clásico como el latín. Sirve para indicar una relación, normalmente la de posesión, entre dos sustantivos; pero también se puede utilizar para expresar una relación entre un verbo y un sustantivo. Veremos casos de ambos tipos a continuación.

En vasco hay dos genitivos, uno locativo cuya terminación es *-ko* y otro relacional cuya terminación es *-(r)en*.

Veamos dos ejemplos del primer caso (extraídos de Euskaltzaindia 1985: 371). En el primero, se expresa una relación propiamente locativa y en el segundo una relación temporal:

(9)
Vasco

a) herri-ko zuhaitza
   pueblo árbol
   'el árbol del pueblo'
b) atzo-ko ogia
   ayer pan
   'el pan de ayer'

El genitivo relacional se utiliza frecuentemente para denotar una relación de posesión: Sea el siguiente ejemplo (tomado de Euskaltzaindia 1985: 415):

(10)
Vasco

Fernando-ren zapatak berriak dira
'Los zapatos de Fernando son nuevos'

El genitivo no existe en todas las lenguas que tienen un sistema desarrollado de casos. El húngaro, que tiene más de veinte casos, no conoce ningún caso genitivo, pero, además de un número apreciable de casos posicionales, posee bastantes casos relacionales. Veamos algunos. El dativo, que es otro de los casos relacionales del vasco y de otras muchas lenguas, puede usarse –aunque sólo es obligatorio en ciertas circunstancias–, para indicar la posesión (véase Bencédy *et al.*, 1985: 197 y Tompa 1972: 121; el siguiente ejemplo está tomado de la primera fuente). El afijo de dativo es *nak* o *nek*, según las leyes de la armonía vocálica (véase la sección 4.3 del capítulo 18 del segundo tomo de la presente obra); el siguiente es un ejemplo ilustrativo:

(11)
Húngaro

A ház- nak az ablaka nagy
art. casa-dat art. ventana grande
'La ventana de la casa es grande'

El dativo también sirve para denotar la relación de afección a la que antes hacíamos referencia:

(12)
Húngaro (Bencédy *et al.*, 1985: 198)

A ház -nak erős alapot építettek
art casa fuerte cimiento construyeron
'Le construyeron a la casa unos cimientos fuertes'

Hay otros casos relacionales en húngaro; por ejemplo, el instrumental-comitativo, que posee dos usos: el indicar que una acción se realiza con algún instrumento o con alguna compañía. Su afijo es *val* o *vel* según las leyes de la armonía vocálica. Un ejemplo de cada uno de los dos usos lo vemos en los dos sintagmas siguientes (tomados de Tompa 1972: 120).

(13)
Húngaro

a) kés- sel vágni
    cuchillo cortar
    'cortar con cuchillo'
b) valaki- vel beszélni
    alguien hablar
    'hablar con alguien'

Nótese que, en el primer caso, la *v* del afijo de instrumental comitativo se asimila a la última consonante de la palabra a la que afecta morfológicamente.

Otro ejemplo es el del caso translativo-factitivo, que sirve para indicar el resultado final que se obtiene al aplicar la acción denotada por un verbo a una entidad denotada por el sustantivo que se pone en ese caso. El sufijo utilizado es *vá/vé*, según la armonía vocálica, y, cuando la palabra termina en vocal; si termina en consonante, esa *v* se cambia por dicha consonante. Veamos tres ejemplos (tomados de Bánhidi *et al.*, 1980: 354).

(14)
Húngaro

a) Semmi- vé valt
    nada en se convirtió
    'Se convirtió en nada'
b) A vér nem válik víz-zé
    art. sangre no se convierte agua-en
    'La sangre no se hace agua'
c) A sport kitartó-vá teszi az embert
    art. deporte tenaz-en hace art. hombre
    'El deporte hace tenaz al hombre'

Veamos un último caso relacional del húngaro: el *causalis-finalis* expresa a la vez causa y finalidad. La terminación es en este caso el afijo *ért*. Veamos un ejemplo de cada uso, tomado de Tompa 1972: 121.

(15)
Húngaro

a) A haladás - ért küzdeni is kell
   art progreso-por luchar también hay
   'hay que luchar también por el progreso' [FINAL]
b) A mérnököt találmányai -ért többször kitüntették
   art ingeniero sus hallazgos varias veces premiaron
   'El ingeniero fue varias veces premiado por sus hallazgos' [CAUSAL]

Curiosamente, en español los sintagmas preposicionales encabezados por *por* también tienen estas dos acepciones causal y final. La siguiente oración

(16)
Castellano

Va al banco por dinero

puede significar dos cosas: 'viene aquí por el dinero que le dan' o bien 'viene aquí a recoger dinero'; lo primero puede darse en el caso de un banco de semen (va a donar semen a causa del dinero que le dan; acepción causal) y lo segundo, en el de un banco pecuniario (viene aquí con el fin de sacar dinero; acepción final). Para distinguir ambas acepciones con verbos de movimiento se suele introducir la preposición adicional *a* en el caso del matiz final:

(17)
Castellano

Va al banco a por dinero

La presentación anterior no agota todos los casos relacionales de la lengua húngara pero nos da una idea de su riqueza en este ámbito.

5. Los casos formales

Como hemos dicho antes, los casos formales sirven para manifestar las relaciones sintagmáticas entre los elementos de la oración. En general, las dos relaciones que se suelen especificar con estos casos formales son la de sujeto y la de objeto directo. El sujeto suele denotar el individuo que realiza la acción denotada por el verbo, pero esto no tiene que ser necesariamente así; igual ocurre con el objeto directo, que suele expresar la entidad afectada inmediatamente por la acción del verbo, aunque esto tampoco tiene por qué ser necesariamente así. El nominativo y el acusativo son dos casos formales típicos de las lenguas indoeuropeas. Frente al nominativo, el acusativo es un caso marcado morfológicamente y aquél es el caso no marcado por excelencia. Así, en latín y en griego clásico, el nominativo suele estar representado por un tema "neutral" y el acusativo, por un tema especial: véase la diferencia entre el latín *homo* 'hombre' y *hominem* 'al hombre'. Precisamente, el vocativo, por ser un caso no integrado respecto de los demás, está representado por una forma idéntica o muy similar a la del nominativo, tanto en griego clásico como en latín: es decir, se elige para este menester el caso no marcado, que es el nominativo.

En las lenguas no indoeuropeas pasa algo similar: en turco y en húngaro el nominativo no lleva marca morfológica, frente al acusativo, que la lleva obligatoriamente en húngaro o puede llevarla en ciertas circunstancias (cuando el objeto es definido), en turco.

El nominativo es el caso en el que se ponen los sujetos de los verbos transitivos e intransitivos y el acusativo aquel en el que se ponen los objetos de los verbos transitivos.

Hay que tener en cuenta que esta relación entre sujeto y caso no marcado y objeto directo y caso marcado y las estructuras transitivas e intransitivas no es en modo alguno universal; hay lenguas en las que el caso no marcado corresponde unas veces a nuestro nominativo y otras a nuestro acusativo. Para plantear este problema de un modo interlingüísticamente válido, vamos a utilizar una perspectiva semántica tal como ha sido propuesta por el lingüista ruso A. Kibrik (1979). Este autor parte de dos conceptos semánticos esenciales: *agente* y *paciente* más el concepto sintáctico de *transitividad*. Estos conceptos sirven de punto de partida para caracterizar los tipos posibles de casos formales. En efecto, en una lengua que utiliza el nominativo como caso no marcado, y el acusativo como caso marcado, el primero se suele emplear cuando el verbo tiene sólo un elemento participante: es decir, se utiliza el nominativo con verbos intransitivos. Como el sujeto de los verbos intransitivos puede ser un agente o un paciente, el nominativo, como caso no marcado, puede expresar tanto el agente y el paciente en verbos intransitivos como el agente en verbos transitivos. Por su parte, el acusativo puede expresar el paciente en los verbos transitivos pero no en los verbos intransitivos.

Sin embargo, ésta es una posibilidad lógica entre muchas otras. Las posibilidades existentes en este sentido son las que se dan en el esquema de (19), en el cual cada número romano expresa un caso diferente y en el que la siguiente notación:

(18)
1. A
2. A P
3. P

expresa, en la primera situación, el único participante de un verbo intransitivo que es además el agente (por ejemplo, *Juan habla*), en la tercera, el único participante de un verbo intransitivo que es además el paciente (por ejemplo, *Juan fue visto* o *Juan sufre*); por último, la segunda situación expresa un verbo transitivo cuyo primer participante es un agente y cuyo segundo participante es un paciente (por ejemplo, *Juan ha hecho la mesa*).

(19)
Sistemas casuales teóricamente posibles

1. CONTRASTIVO:

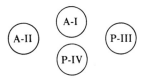

2. ACTIVO:

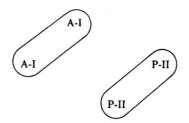

3. CONTRASTIVO-ACTIVO-P:

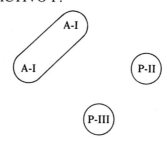

4. CONTRASTIVO-ACTIVO-A:

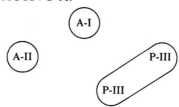

5.

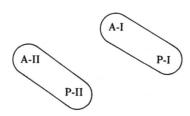

6.

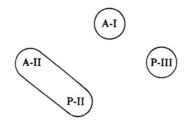

7.

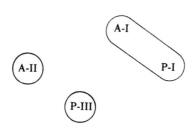

8.

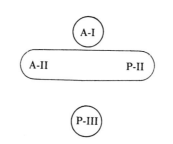

9.

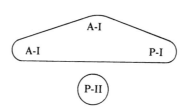

10.

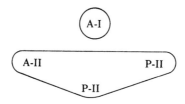

11. CONTRASTIVO PARCIAL:

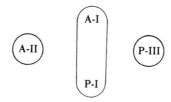

12. NOMINATIVO-ACUSATIVO:

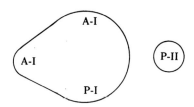

13. ERGATIVO-ABSOLUTIVO:

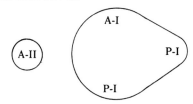

14.

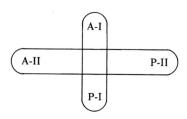

15. NEUTRO:

                    A-I

        A-I   P-I

                    P-I

Para interpretar correctamente estos diagramas, hay que tener en cuenta que, por ejemplo, el siguiente esquema:

                    A-I

        A-I   P-II

                    P-III

significa que el agente de un verbo intransitivo lleva una marca de caso que es idéntica al agente de un verbo transitivo (A-I) y que el paciente de un verbo transitivo (P-II) lleva una marca diferente al paciente de un verbo intransitivo (P-III). Los números romanos sirven para indicar precisamente si estamos ante un mismo caso o casos diferentes. Los círculos expresan exactamente lo mismo, pero se aportan para hacer visualmente más reconocibles los patrones casuales enumerados.

Como vemos, el sistema de casos formales nominativo-acusativo no es más que una de quince posibilidades teóricamente existentes. Una manera de restringir las posibilidades de que se dé un sistema sobre el otro es la de establecer tres constricciones funcionales sobre los sistemas de casos formales.

(20)
Constricciones funcionales sobre casos formales

1. Motivación semántica.
2. Distinción entre sintagmas nominales que coaparecen con diferente caso formal.
3. Economía en el sistema de casos.

Examinemos estas quince posibilidades de acuerdo con estas tres restricciones.

La posibilidad primera y la última, la contrastiva y la neutral son poco favorecidas, ya que la primera carece de economía, pues supone cuatro casos diferentes y no está totalmente justificada semánticamente, ya que al agente se le dan dos casos diferentes igual que al paciente.

Por otro lado, diferencia excesivamente entre sintagmas nominales, ya que establece dos casos distintos para el sujeto de un verbo intransitivo, cuando ahí no hace falta diferenciar entre los sintagmas nominales, ya que no coaparecen. Por otro lado, el sistema neutro es económico, no tiene más que un caso, pero no está motivado semánticamente ni ofrece posibilidad de diferenciación de sintagmas nominales concurrentes en una oración.

El sistema activo posee una sólida justificación semántica, ya que hay un caso para el agente y otro para el paciente y también una diferenciación entre sintagmas nominales concurrentes; su economía es también notable, pues sólo tiene dos casos. Éste es un sistema muy poco marcado y, en efecto, hay lenguas llamadas activas que poseen ese sistema (véase Klimov 1977, quien postula este sistema para determinadas lenguas de América de las familias tupí-guaraní, siu, muscógana y na-dené).

Los sistemas acusativo y ergativo también son evaluados de modo favorable respecto de estos criterios. En el primero, no hay motivación semántica pero sí economía y diferenciación y, en el segundo, no hay motivación semántica pero sí hay diferenciación y economía. En las lenguas ergativas, entonces, hay dos casos diferentes: el caso no marcado se denomina absolutivo y sirve como sujeto del verbo intransitivo y como objeto del transitivo y el caso marcado es el ergativo, que aparece como sujeto del verbo transitivo. Veremos dos ejemplos del vasco donde el absolutivo, como caso no marcado, no lleva ningún morfema y el ergativo, como caso marcado, lleva un morfema especial.

Veamos primero dos ejemplos del uso del caso absolutivo como sujeto de un verbo intransitivo, extraídos de Euskaltzaindia 1985: 332.

(21)
Vasco

a) Gizon-a dator
   hombre-el viene
   'Viene el hombre'
b) Gizon -a sartu da
   hombre- el entrado es
   'El hombre ha entrado'

Obsérvese que *gizona* 'el hombre' no lleva ningún afijo casual.

El caso ergativo está marcado mediante el sufijo -*k* y es el caso en el que se pone el sujeto de los verbos transitivos; el objeto va exactamente en el caso no marcado, es decir, en absolutivo y, por tanto, el elemento que sea el objeto directo no llevará ninguna marca de caso. Veamos dos ejemplos extraídos también de Euskaltzaindia 1985: 336-338.

(22)
Vasco

a) Zu-re neba- k eramango du ama etxe- ra
   tu-de hermano-erg llevará lo-ha mamá casa-a
   'Tu hermano llevará a mamá a casa'
b) Andre horre- k bazterrak txukuntzen ditu
   mujer esa- erg rincones suele limpiar los-ha
   'Esa mujer suele limpiar los rincones'

Como se puede comprobar, en ambas oraciones, los sujetos van provistos del afijo de ergativo y los objetos *ama* en el primer caso y *bazterrak* en el segundo van en caso absolutivo que es el no marcado, como ya sabemos (la terminación *k* de *bazterrak* indica plural). Hay que notar que ahora no tiene mucho sentido identificar la función que se corresponde con nuestro sujeto con un caso en particular, ya que el caso absolutivo realiza la función de sujeto en verbos intransitivos pero la que se corresponde con nuestro objeto directo en verbos transitivos.

6. Usos derivados de los casos

Siguiendo la opinión de algunos autores, como, por ejemplo, Kuryłowicz (1949), los casos poseen usos primitivos y usos derivados que este autor denominaba *funciones primarias* y *funciones secundarias*. En efecto, siguiendo nuestra terminología, un caso posicional puede funcionar como caso relacional y viceversa, un caso relacional como posicional; también un caso relacional puede funcionar como formal, al igual que un caso posicional y viceversa. Existe, pues, una dinámica de los usos de los diversos tipos de casos que se podría denominar *recategorización* casual. Esta recategorización sirve para añadir algún matiz suplementario al caso que se usa traslaticiamente y así poder expresar una serie de significados específicos muy precisos y determinados y, las más de las veces, difíciles de explicar. Veremos a continuación las principales situaciones de recategorización casual teniendo en cuenta siempre el siguiente principio:

(23)
Principio de la recategorización

Es posible pasar un elemento de una categoría a otra. Con ello, se obtiene un elemento de uso derivado que poseerá una nota distintiva respecto de cualquier otro uso primario de esa categoría.

Empecemos por las recategorizaciones extremas:

1. *Caso posicional* ⇒ *Caso formal:*

Es posible encontrar en las lenguas el uso de un caso posicional como si fuera un caso formal. Esto se da frecuentemente en las lenguas en las que existe un sistema de casos posicionales muy desarrollado. Por ejemplo, en húngaro puede utilizarse el adlativo en función de objeto regido por un verbo. La terminación de adlativo es *hoz/hez* según la armonía vocálica, por ejemplo:

(24)
Húngaro

a táblá- hoz
art encerado- hacia
'hacia el encerado'

Pues bien, este caso puede estar regido como complemento por un verbo; esto ocurre con el verbo *ért* en su acepción de " saber" " entender de algo "; el objeto va en adlativo; por ejemplo:

(25)
Húngaro

ért a geometriá -hoz
sabe art geometría - hacia
'sabe de geometría'

En esta ocasión, el matiz que se añade al uso formal de un caso adlativo es el de que el entendimiento se acerca más o menos a una materia, pero nunca llega a penetrarla totalmente (para dar a entender esto se hubiera utilizado, por ejemplo, el inlativo). En español, se produce algo similar cuando decimos *entiende de geometría*; el complemento preposicional con *de* nos introduce el objeto, pero tomado sólo en una parte y no en su totalidad (ésta es la teoría de Jakobson sobre el genitivo en ruso; véase Jakobson 1936: 255-264).

2. *Caso formal* ⇒ *Caso posicional:*

Un ejemplo de esto nos lo propone Kuryłowicz (1949: 137) cuando se refiere al uso del acusativo latino como caso locativo: *Romam ire* 'ir a Roma' o *triginta annos vivere* 'vivir treinta años' donde *Romam* y *triginta annos* son acusativos singular y plural, respectivamente. En este caso, el significado adicional es el de proporcionar una mayor cohesión entre el verbo y el complemento circunstancial. No es lo mismo decir en español *vivir durante treinta años* que *vivir treinta años*; en el segundo ejemplo, los treinta años se especifican más próximos a la acción de *vivir* que en el primero.

3. *Caso relacional* ⇒ *Caso formal*

Este proceso se da también con bastante frecuencia en las lenguas. Por ejemplo, el caso instrumental en ruso puede convertirse en el caso del objeto directo con ciertos verbos, así como el caso genitivo. Jakobson (1936: 268), nos ofrece el siguiente ejemplo del ruso:

(26)
Ruso

увлечься спортом
uvliechsia sportom
entusiasmarse deporte (instrumental)
'Entusiasmarse con el deporte'

donde спортом *sportom* es la palabra спорт *sport* 'deporte' en caso instrumental. El significado adicional, en este ejemplo, es que se hace énfasis sobre el estado denotado por el verbo (el sentimiento de entusiasmo) siendo el objeto un medio por el que se alcanza ese estado, tal como se espera de su significado originariamente instrumental.

Con el genitivo, otro caso relacional del ruso, pasa lo mismo. Por ejemplo, tenemos en esta lengua ejemplos como:

(27)
Ruso

поел хлеба
poyel jlieba
comió pan (genitivo)
'Ha comido del pan'

Donde хлеба *jlieba* es el genitivo de хлеб *jlieb* 'pan'. El significado adicional es en este caso también claro. La acción de comer no afecta a todo el pan sino sólo a una parte.

4. *Caso formal* ⇒ *Caso relacional*

Un ejemplo de esta conversión se da en húngaro, donde el nominativo puede servir para indicar la posesión. Sea el siguiente ejemplo tomado de Biermann 1985: 13.

(28)
Húngaro

a férfi ház-a
art hombre casa-su
'casa del hombre'

En este sintagma, *férfi* se encuentra en nominativo singular y funciona como posesor. Esto sólo ocurre cuando *ház* no lleva artículo; si lo llevase, *férfi* ha de ponerse en el caso que en húngaro indica posesor, es decir, el dativo (recuérdese que en esta lengua no existe el genitivo):

(29)
Húngaro

a férfi-nak a ház-a
art hombre-dat art casa-su
'la casa del hombre' (Biermann 1985: 13)

Como se puede ver, ahora el uso del nominativo para indicar el posesor señala una menor determinación de la relación posesor-poseído.

Podemos disponer los tres tipos de casos que se ha visto hasta ahora en la siguiente jerarquía:

(30)
Jerarquía de los casos

CASO FORMAL > CASO RELACIONAL > CASO POSICIONAL

El caso situado más bajo en la jerarquía posee una determinación semántica precisa, el caso relacional tiene un contenido semántico más desdibujado y, en él, la función sintáctica y la expresión de contenido semántico se encuentran en un cierto equilibrio; por último, el caso formal, posee una gran indeterminación semántica y, en él, predomina de modo total la pura función sintáctica. Si suponemos que la relación entre un elemento predominantemente formal y otro predominantemente semántico va de este último al primero: es decir, es una relación unidireccional (y esto se puede justificar diacrónicamente, ya que es frecuente que elementos con contenido semántico pleno vayan convirtiéndose en meros marcadores formales de carácter sintáctico), entonces dicha dirección explica que sea lo más frecuente que un caso posicional pase a funcionar como formal y no al revés, o que se produzca con más frecuencia que un caso relacional pase a funcionar como formal y no al revés.

EJERCICIOS

1. Evalúe, de acuerdo con los criterios de motivación semántica, diferenciación y economía, los esquemas 5 y 9, incluidos en el ejemplo (19).

2. Dados los siguientes ejemplos del ruso, extraídos de A. Wierzbicka 1980: 147-152, en los que se utiliza una palabra en el caso instrumental (señalado mediante "instr"), explique cuáles son los usos de este caso en ruso indicando las diversas recategorizaciones que se observen.

   (31)
   Ruso

   a) Иван резал мясо ножом
      Ivan rezal miaso nozhom
      Iván cortó carne cuchillo (instr-masc-sing)
      'Iván cortó la carne con un cuchillo'
   b) Иван швырял камнями
      Ivan shvyrial kamniami
      Iván arrojó piedras (instr-pl)
      'Iván arrojó piedras'
   c) Иван пожал плечами
      Ivan pozhal plechami
      Iván encogió hombros (instr-pl)
      'Iván encogió los hombros'
   d) Дети объелись сливами
      Deti ob'yelis' slivami
      niños comiéronse ciruelas (instr-pl)
      'Los niños se atiborraron de ciruelas'
   e) Иван восхищался Машей
      Ivan vosjishchalsia Mashei
      Iván admiróse María (instr-fem-sing)
      'Iván se admiró de María'
   f) Ивана придавило сосной
      Ivana pridavilo sosnoi
      Iván (ac) aplastó pino (instr-fem-sing)
      'A Iván le aplastó un pino'
   g) Окно было разбито детьми
      Okno bylo razbito det'mi
      ventana fue rota niños (instr-pl)
      'La ventana fue rota por los niños'
   h) Иван нагрузил телегу сеном
      Ivan nagruzil telegu senom
      Iván cargó carro heno (instr-sing)
      'Iván cargó el carro con heno'
   i) Иван харкал кровью
      Ivan jarkal krov'iu
      Iván escupió sangre (instr-fem-sing)
      'Iván escupió sangre'

j) Он был волком
On vyl volkom
Él aulló lobo (instr-sing)
'Aulló como un lobo'

k) Он говорил резкими словами
On govoril rezkimi slovami
Él habló agudas (instr-pl) palabras (instr- pl)
'Él habló con agudas palabras'

l) Он шел лесом
On shiol lesom
él caminó bosque (instr-sing)
'Caminó por el bosque'

m) Он пришел ночью
On prishiol noch'yu
Él llegó de noche (instr-sing)
'Llegó de noche'

n) Он часами возился с радиоприемником
On chasami vozilsia s radiopriyomnikom
Él hora (instr-pl) trajinó con aparato de radio
'Estuvo trajinando con el aparato de radio durante horas'

o) Они приехали автомашиной
Oni priyejali avtomashinoi
Ellos llegaron coche (instr-sing-fem)
'Llegaron en coche'

p) Она была бледна лицом
Ona byla bledna litsom
Ella era pálida cara (instr-masc-sing)
'Tenía la cara pálida'

q) Он был тогда титулярным советником
On byl togda titularnym sovetnikom
Él era entonces titular (instr-masc) consejero (instr-masc)
'Era entonces consejero titular'

CLAVE 1. El esquema 5 contiene únicamente dos casos: uno se emplea para señalar el agente de los verbos intransitivos y el paciente de los transitivos y el otro, para marcar al agente de los transitivos y el paciente de los intransitivos. Desde el punto de vista de la economía, el sistema es bien valorado. Desde el punto de vista de la diferenciación, se produce una distinción deseable entre el agente y el paciente de los transitivos, pero el argumento de los intransitivos se señala mediante dos casos diferentes, según sea agente o paciente, lo que no es estrictamente necesario. Desde el punto de vista semántico, no se diferencia entre agente y paciente, ya que el caso I puede llevarlo un A o un P y lo mismo ocurre con el caso II. Por tanto, desde el punto de vista semántico, el sistema es antiintuitivo.

El esquema 9 muestra dos casos: uno no marcado en el que se pone el agente de los verbos intransitivos y el agente y paciente de los transitivos, y otro marcado, que señala el paciente de los intransitivos. El sistema es económico en cuanto al número de casos. Desde la perspectiva de la diferenciación entre argumentos coocurrentes, el sistema no es eficiente, porque no diferencia entre el agente y el paciente en las estructuras transitivas. Semánticamente hablando, tampoco lo es, porque no diferencia entre agentes y pacientes.

2. Si partimos del uso instrumental que se muestra en (31a) como uso no derivado de este caso, entonces decimos que se trata de un caso relacional en su uso recto. En este uso instrumental puede haber una recategorización como caso formal. Esto lo vemos en b) y c), donde existe un sentido relacional similar al instrumental, pero además la palabra viene a ser un argumento del verbo. El sentido instrumental todavía persiste, pues en b): las piedras se usan para realizar la acción de arrojar y en c) son los hombros la parte de nuestro cuerpo elegida para encogernos. El caso d) también sería un ejemplo de recategorización de este uso del instrumental como caso formal: los niños utilizaron las ciruelas para atiborrarse. Algo similar cabe aplicar a e); en este caso, el instrumental pasa a ser un argumento que conserva en cierta medida su significado originario, ya que el objeto de admiración es el causante de ese estado de entusiasmo, pero desaparece el control del sujeto sobre el instrumento. Este uso del instrumental se caracteriza entonces por el rasgo [-control]. En f) volvemos a encontrarnos con un uso del instrumental que, en esta ocasión, no pasa a ser recategorizado como caso formal, pero que también está caracterizado por el rasgo [- control]. Tal rasgo afecta también al ejemplo g) en donde el instrumental se usa para denotar al agente de la pasiva; es claro que en esta situación tampoco ejerce el sujeto de la oración ningún control sobre el instrumental. Estamos ante un caso relacional que no expresa el instrumento sino el agente; se podría decir que el agente ha sido *rebajado* a instrumento. En las situaciones h) e i) tenemos un uso relacional del instrumental en el que se especifica la materia implicada directamente en una determinada acción. El ejemplo j) nos muestra un uso del instrumental como elemento que indica un término de comparación; es también relacional y no formal. El ejemplo k) nos ilustra también un uso relacional, pero ahora el instrumental indica el modo; está más relacionado con los ejemplos h) e i) que con el de j); la diferencia con los ejemplos h) e i) es que el instrumental no expresa la materia que interviene en una acción, sino la que produce una determinada acción, la llamaremos *materia efectuada* y a la que interviene en h) e i) *materia afectada*. Los usos l), n) y m) suponen una recategorización como caso posicional: las recategorizaciones correspondientes a dos usos temporales y uno espacial. El uso o) es relacional con el matiz semántico de medio de transporte. El uso p) supone también una recategorización de carácter locativo que, a su vez, se ha recategorizado como caso formal, ya que no se puede prescindir del sintagma locativo: y es, por tanto, un sintagma regido en la construcción. Tendríamos aquí un ejemplo, pues, de doble recategorización. Por último, el uso q) es una recategorización del instrumental como caso formal; en esta ocasión, se trata del atributo. Ahora, el matiz es que tal atributo no es inherente sino que se ha adquirido: indica un estado sobrevenido o alcanzado.

En esquema tenemos, entonces, los siguientes resultados:

a) uso recto,
b), c) y d) recategorización a caso formal: instrumental controlado,
e) recategorización como caso formal: instrumental no controlado,
f) g) caso relacional: instrumental no controlado,
h) i) caso relacional: instrumental de materia afectada,
k) caso relacional: instrumental de materia efectuada,
j) caso relacional: instrumental de modo,
m) n) recategorización a caso posicional: instrumental de tiempo,
l) recategorización como caso posicional: instrumental de lugar,
o) caso relacional: instrumental de medio de transporte,

p) recategorización como caso posicional (instrumental locativo) recategorizado a su vez como caso formal (argumento): instrumental de caracterización personal, y
q) recategorización como caso formal: instrumental atributivo.

CUESTIONES PROPUESTAS

1. Evalúe, de acuerdo con los criterios de motivación semántica, diferenciación y economía, los esquemas 6, 11 y 14, incluidos en el ejemplo (19).

2. Sean los siguientes datos de la lengua turca:

   (32)
   Turco

   a) Istanbul-u gezdim
      'He visitado Estambul'
   b) Bu vapur, Istanbul-dan Ankara-ya gidiyor
      'Este barco va de Estambul a Ankara'
   c) Top - u çocug-a veriyorum
      pelota- niño- doy
      'Le doy la pelota al niño'
   d) Bahçe -de bir çocuk görüyorum
      jardín- un niño veo
      'Veo un niño en el jardín'
   e) Kahvey-i kîz-dan aliyoru
      café- chica- cogí
      'Le cogí el café a la chica'
   f) Türkiye-nin sehirleri
      'Las ciudades de Turquía'

   Determine, a partir de este pequeño *corpus*, el sistema casual del turco y su estructuración en casos formales, relacionales y posicionales.

3. En vasco, el caso instrumental se expresa mediante la terminación *-(e)z*. A la vista de los ejemplos que se dan a continuación (en los que se subraya la palabra en instrumental), determine los usos del instrumental en vasco y la relación que hay entre ellos, de forma análoga a como hemos planteado el ejercicio del ruso. Los ejemplos se extraen de Aguirre Berezibar 1991: 19-229 y las traducciones son puramente orientativas:

   1. Baleak, *arpoiz* zauritu ondoren, *tatarrez* eroaten zituen ontzi oneik 'Ese barco llevó arrastrando a las ballenas después de haberlas herido con un arpón'.
   2. Or dator norbait eskopeta ta *txakurraz* 'Ahí viene alguien con escopeta y perro'.
   3. Biotza zazpi *ezpataz* zulatua zeukalarik 'Teniendo el corazón atravesado por siete espadas'.
   4. *Onez* edo *txarrez* bazterretan harrapatu ohi zituen neskatilak desloratuak uzten zituen 'Para bien o para mal, a las chicas que solía coger en las esquinas las dejaba desfloradas'.
   5. Eguraldi *onaz* goizean pozik, arratsaldean negarrak 'Alegres con buen tiempo por la mañana, por la tarde, tristes'.
   6. Gu berriz argia gabe lanera eta *gauaz*-gau etxera 'De nuevo al trabajo sin luz y de noche noche a casa'.
   7. Ahaztea, ahalik eta denbora *luzenez* ahaztea 'Olvidar, olvidar durante el mayor tiempo posible'.
   8. Besetasunaren ezaguera *guztiz* galtzen dute 'Han perdido totalmente el conocimiento del otro'.
   9. Elgarri hitz eman ziren *ezkontzaz* 'Se dieron la palabra de casarse'.
   10. Hire *buruaz* aski segur haiza? '¿Estás seguro de ti mismo?'
   11. Jesusek, *ordainez*, zeruko aterik ederrenak ideki zizkion 'Como pago, Jesús les abrió las puertas maravillosas del cielo'.
   12. *Oiñez* eta asto gain ara leiatzen dira guztiak 'Todos se apresuran hacia allá a pie y en burro'.

13. Euskozaletu gaituzu *buruz* eta *biotzez* 'Nos haces amar lo vasco de pensamiento y de corazón'.
14. Ez *hitzez* ez *indarrez* ez nauzu izutuko gaurgero 'De ahora en adelante no me asustarás ni mediante la palabra ni mediante la violencia'.
15. Ibilli ere atzera begira ibiltzin da hori, eta *kontuz*, astiro-astiro 'Ése va mirando hacia atrás y con cuidado, despacio despacio'.
16. Bazekien halakok norekin beharko zuen, *gogoz* edo gogo kontra 'Sabía con quién se las tendría que ver, le gustase o no le gustase'.
17. Ez naiz bakarra *beldurrez* 'No soy el único con miedo'.
18. *Familiaz* maiz ni gaizki esaka ari 'Siempre estoy hablando mal de la familia'.
19. Beti menderatu ahal izan ditugu *denboraz* 'Siempre los podemos dominar con el tiempo'.
20. Eraman lezake, baina ez *halabeharrez*, *konbentzimenduz* edo *fedez* baizik 'Puede llevarlo, pero no a la fuerza, sino convencido o por la fe sólo'.
21. *Pazientziaz* itxaron 'Espera con paciencia'.
22. Uste *zuzenez* nahiz *okerrez*, etxeko erropa zikina nahiago dut etxean garbitu 'Con razón o sin ella, prefiero limpiar la ropa sucia en casa'.
23. Donamartineko kontseiluak juan ziren *aphezez* 'Los consejos de Donamartin iban ayudados por el obispo'.
24. Ez dakit *berbaz* edo zeinuz zer erantzun deutsen 'No sé lo que les contestó de palabra o por señas.'
25. Zer *eskubidez* berdin daitezke goikoak eta behekoak? ¿Con qué derecho pueden ser iguales los de arriba y los de abajo?'.
26. *Betikoz* elkarren etsai izanik 'Siendo enemigos mutuos para siempre'.
27. Boz desafinatuxe *batez* kantatzen 'Canta con una voz desafinada'.
28. *Zaldiaz* agertu zan 'Apareció en caballo'.
29. Arima galdua ibili da bart hor, teilaturik teilatu *intziriz* eta *negarrez* 'Un ánima perdida anduvo anoche ahí de tejado en tejado gimiendo y llorando'.
30. Antoni herriko *gazteez* zaluzka izan zen 'Antoni fue aceptado por los jóvenes del pueblo rápidamente'.
31. Hori zen biziko ontasunik haundiena, bere haurren maitatzea eta *heietaz* maitatua izaitea 'Ése era el bien más preciado de mi vida, el amor a los niños y ser amado por ellos'.
32. *Neurriz* eta *sakonez* bardiñak 'De medidas y de profundidad son iguales'.
33. Ez nuen ene burua *indarrez* aski bere okerra zuzentzeko 'No tenía fuerza suficiente en mí mismo para arreglar su error'.
34. Gehienak, ordea, pozaren *pozez* lehertuko dira 'Los demás, sin embargo, explotarán de pura alegría'.
35. Batzutan lokatzaren *irristakortasunaz* eror ez gintezen, eskua ematen genion elkarri 'A veces, para no caernos debido a lo resbaladizo del barro, nos dimos la mano'.
36. *Jainkoaz* ez dadila odolik izan 'Que no haya sangre, por Dios'.
37. Ezkontzeko *asmoaz* etorri zan mutilla 'Vino el chico con intención de casarse'.
38. *Eguraldiaz* hasi zan barriketea 'Empezó a hablar del tiempo'.
39. *Gizonaz* mintzatu baino lehen, erran dezagun mutikoaz azken hitz bat 'Antes de hablar del hombre, digamos lo último sobre el chico'.
40. Hire gizona ziur al zegok bere *testigutzaz*? '¿Tu hombre está seguro sobre su testimonio?'
41. Zu nire hitz *soilaz* fidatu behar bait zara 'Porque debes fiarte de mis palabras sólo'.
42. *Gizonez* maite det; *idazlez*, ederresten; abertzalez, goratzarre dagiot 'Le amo como hombre, le admiro como escritor; le hago homenaje como patriota'.
43. Kolorezko kristal *haundiz* osaturiko sabai altua du galeriak, hormak ere kristalezkoak direla 'La galería tiene un techo alto terminado con un gran cristal de colores, las paredes también son de cristal'.

44. *Gorputzez* argala, *samaz* luzia, *arpegiz* estua 'delgado de cuerpo, largo de cuello, estrecho de cara'.
45. Bi gizonak *aurrez* aurre geldi ziren 'Los dos hombres se quedaron cara a cara'.
46. Ederki itzulia dago, *hitzez* hitz ia 'Está muy bien traducido casi palabra a palabra'.
47. Frantziaraino *kosterres* heldu zan 'Se acercó hasta Francia por la costa'.
48. *Lagunez* lagun eskeanasi dedin 'Que empiece a pedir de amigo en amigo'.
49. Amak arreta *onez* hartu ninduen 'La madre me tomó con buen cuidado'.
50. Badakizue gure jauna asarre dana. *Errazoiz* gainera! 'Sabéis que nuestro señor está enfadado. ¡Con razón, además!'

ORIENTACIÓN BIBLIOGRÁFICA

AGUD, A.: *Historia y Teoría de los casos,* Madrid, Gredos, 1980.
Se trata de una visión muy detenida sobre las diversas concepciones del caso desde los griegos hasta nuestro días. Es un estudio más a fondo que el de Serbat.

ANDERSON, J. M.: *The Grammar of Case. Towards a Localistic Theory,* Cambridge University Press, 1971.
Es ésta una obra teóricamente superada, pero que contiene muchos análisis y datos de interés sobre los casos; se fundamenta en un tipo de gramática propuesta por el lingüista estadounidense Ch. J. Fillmore y denominada *Gramática de Casos*.

BLAKE, B. J.: *Case*, Cambridge, Cambridge University Press, 1994.
Este libro es un excelente compendio sobre la variedad interlingüística que entraña la categoría de caso. Analiza las teorías modernas más importantes y nos da un resumen de los diversos tipos de sistema casuales de las lenguas del mundo. El libro se cierra con un interesante capítulo sobre el cambio histórico de los sistemas casuales.

FERNÁNDEZ LAGUNILLA, M. y A. ANULA REBOLLO: *Sintaxis y Cognición. Introducción al conocimiento, el procesamiento y los déficits sintácticos*, Madrid, Síntesis 1995.
La sección segunda del capítulo 6 (pp. 167-176) es una presentación resumida de la teoría del caso abstracto en la Gramática Generativa.

HAEGEMAN, L.: *Introduction to Government and Binding Theory*, Londres, Blackwell, 1994.
El capítulo tercero de este libro nos presenta detalladamente la teoría generativista del caso abstracto.

HJELMSLEV, L.: *La Categoría de los Casos. Estudio de Gramática General,* Madrid, Gredos, 1978 [1935].
Este volumen recoge dos libros sobre la teoría general de los casos que constituyen una de las cumbres del análisis estructural y quizás la obra más perfecta y acabada de Hjelmslev. En la primera parte, se pasa revista a las principales teorías casuales conocidas en su época. En ella, se establece también el sistema de análisis teórico. En la segunda parte, se analizan los sistemas casuales de varias lenguas del Cáucaso amén del esquimal. No es una obra apta para principiantes.

JAKOBSON, R.: "Contribución a la teoría general de los casos" en R. Jakobson, *Ensayos de Lingüística General,* Barcelona, Seix Barral, 1975 [1936], pp. 235-306.

Artículo clásico que, aunque sólo trata de los casos en ruso, es aún hoy un punto de partida inexcusable para el estudio de los casos en las lenguas naturales.

KURYŁOWICZ, J. : "Le problème du classement des cas" en J. Kuryłowicz, *Esquisses Linguistiques I,* Múnich, Wilhelm Fink, 1973 [1949], pp. 131-150.
Otro artículo clásico sobre el caso. Está más orientado tipológicamente que el de Jakobson; algunos puntos de vista explicados en este capítulo están inspirados en las ideas de este genial lingüista polaco.

LORENZO, G. y V. M. LONGA: *Introducción a la Sintaxis Generativa,* Madrid, Alianza, 1996.
El capítulo cuarto de esta obra (pp. 95-116) explica la teoría del caso abstracto de la Gramática Generativa.

PLANK, F.: *Double Case. Agreement by Suffixaufnahme,* Oxford, Oxford University Press, 1995.
Es ésta la única obra de conjunto que trata la concordancia de caso (entre nombre y adjetivo, por ejemplo). Por su profundidad y amplitud empírica es un libro valiosísimo, que ha de tener en cuenta todo estudioso del caso. El artículo inicial de Plank tiene cien páginas y constituye un estudio completísimo y muy recomendable. Además, en el libro se estudian las siguientes lenguas: hurrita y urartiano, georgiano, lenguas daguestánicas, indoeuropeo, cachemir, chucoto y lenguas australianas.

VAN RIEMSDIJK, H. y E. WILLIAMS: *Introducción a la teoría gramatical,* Madrid, Cátedra, 1990 [1986].
El capítulo 14 de esta obra (pp. 307 a 325 de la edición española) proporciona una idea de lo que se llama en la actualidad "Teoría de caso" en Gramática Generativa. Es una nueva aparición de este término dentro del dominio de influencia de esta teoría. El concepto de caso de la Gramática Generativa difiere marcadamente del que hemos utilizado en este capítulo.

SERBAT, G.: *Casos y Funciones (Estudio de las principales doctrinas casuales, de la Edad Media a nuestros días),* Madrid, Gredos, 1989.
Como el subtítulo de la obra indica, se trata de un repaso a las principales teorías sobre los casos a lo largo de la historia de la gramática.

VARIOS AUTORES: *Case and Grammatical Relations across languages*, Amsterdam, John Benjamins, 1994.
Se trata de una interesante serie de monografías sobre la categoría de caso en las lenguas actuales. El primer volumen es de 1994; está confeccionado por P. Campe (*Case, Semantic Roles and Grammatical Relations. A Comprehensive Bibliography*) y es una utilísima bibliografía, guía imprescindible en un ámbito cuyo volumen bibliográfico es literalmente inabarcable. El siguiente tomo está editado por W. Van Belle y W. van Langendonck y está dedicado al caso dativo (*The Dative: Descriptive Studies*, 1996); en él, se estudia el dativo en latín, francés, español, portugués, alemán, neerlandés, africano, inglés, polaco, pasto y nahua. Está prevista la publicación en esta serie de otro volumen sobre el dativo y volúmenes monográficos sobre el genitivo, el nominativo y el acusativo y los casos no nucleares. Cuando la colección esté completa, será un punto de referencia imprescindible en los estudios sobre el caso.

12

EL SINTAGMA NOMINAL III
Clases de nombres

1. Introducción

En este apartado vamos a estudiar algunos de los conceptos básicos que se utilizan para agrupar los sustantivos de un idioma en diversas clases según su comportamiento sintáctico.

Puede realizarse una primera distinción entre nombre propio y nombre común.

Vamos a empezar por el segundo y dejamos la última parte de este capítulo para el primero.

2. Clases de nombres comunes

Es frecuente utilizar una variante de la propuesta de N. Chomsky (1965: 82) para establecer subclases de nombres. La propuesta de Chomsky es la siguiente:

(1)
a) N $\Rightarrow$ [+ N, ± Común]
b) [+ Común] $\Rightarrow$ [± Contable]
c) [+ Contable] $\Rightarrow$ [± Animado]
d) [– Común] $\Rightarrow$ [± Animado]
e) [+ Animado] $\Rightarrow$ [± Humano]
f) [– Contable] $\Rightarrow$ [± Abstracto]

Estas sencillas reglas originan *haces* o *complejos* de rasgos que caracterizan un determinado nombre. Veamos cómo. La regla (1a) nos dice que cualquier elemento léxico de la categoría de *N* (nombre) debe ser positiva o negativamente especificado para el rasgo [común]; además, debe estar positivamente especificado para el rasgo [nombre] que, en este caso, es el nombre de una categoría que también se utiliza como rasgo. La regla (1b), nos dice que cualquier elemento positivamente especificado para el rasgo [común] debe estar especificado positiva o negativamente para el rasgo [contable]; esto es una manera algo sofisticada de decir que los nombres comunes pueden ser contables o no contables. Las demás reglas de (1) se deben interpretar de modo análogo. Como vemos, cada regla añade una especificación más a las especificaciones anteriores. Veamos un ejemplo de aplicación de estas reglas. Por ejemplo, aquí vemos el haz que corresponde a las palabras "perro" y "agua":

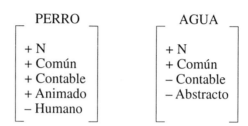

3. Nombres contables y no contables

A continuación, vamos a ver estos y otros criterios de subclasificación y cómo se manifiestan en las lenguas. Empezamos por el criterio [± Contable]; en general, los sustantivos [+contables] son aquellos que se conciben como denotadores de entidades discretas que se presentan en la realidad en términos de individuos aislables que, por tanto, se pueden contar. Éste es el caso de un sustantivo como "coche". Por otro lado, los nombres no contables denotan sustancias que no se presentan en la realidad en forma de individuos aislables y constantes; por ello, no se pueden contar. Esto se ve en sustantivos como *agua* o *azúcar*. Esta dicotomía también se suele enunciar del siguiente modo: nombres de materia/individuales o nombres continuos/discontinuos. En general, en español y otras lenguas, estos dos tipos de sustantivos se diferencian por su diverso comportamiento sintáctico:

(2)
Nombres contables y no contables

    a) Los contables exigen en español un artículo en la posición de objeto directo; pero no así los no contables:

    compró un coche/*compró coche
    quiero agua/*un agua

    b) Los contables pueden llevar un adjetivo numeral, frente a los no contables, que no lo llevan:

    compró dos coches
    *se bebió dos aguas

    c) Los contables pueden llevar ciertos determinantes en plural y no en singular y los nombres no contables se comportan al revés:

Tiene muchos coches/*tiene mucho coche
*Bebió muchas aguas/bebió mucha agua

Así, se podrían seguir enumerando más contextos en los que sintácticamente contrastan un nombre continuo frente a otro no continuo. H. Seiler (1986) propone que la distinción continuo-no continuo o contable-no contable supone una manifestación de una oposición más profunda, enraizada cognitivamente, entre *materia* y *medida*. En el primer caso, predomina la cuestión de la *cualidad*: se trata de concebir los objetos en cuanto a sus cualidades; en el segundo caso, se trata de la cantidad: se conciben los objetos desde el punto de vista del número, de la cantidad. Por tanto, las categorías lógicas de cantidad y cualidad se reflejan en la oposición entre sustantivos contables [cantidad] y no contables [cualidad].

Podemos realizar ahora dos operaciones: una disociativa y otra asociativa. En el primer caso, establecemos una cantidad de elementos que individualizan ese material:

(3)
Castellano

Una ONZA de oro
Un LITRO de agua
Un TIPO de oro

En estos sintagmas, se desgaja de la materia, concebida como cualidad, un trozo que presenta esa cualidad, ya sea en términos de una medida preestablecida ("onza" y "litro") o de una clase que se especifica ("tipo"). En el primer caso, tenemos una *construcción disociativa mensurativa* y, en el segundo, una *construcción disociativa tipificativa*.

La operación asociativa consiste en relacionar una materia continua con un recipiente o una forma determinada para así poder obtener una unidad discreta:

(4)
Castellano

a) Un vaso con vino
b) Un vaso de vino
c) Un vino

Observamos tres grados de explicitud: en el primer caso –(4a)– se establece un correlato inmediato de la asociación: asociamos una materia con una forma determinada (que, al ser limitada, puede suponer también una medida, aunque indeterminada, ya que depende de cómo sea de grande el vaso; en este sentido, el término *caña* en *una caña de vino* es una construcción disociativa, ya que *caña* supone una medida específica); en el segundo caso –(4b)– esa asociación se marca menos explícitamente, mediante un nexo –*de*– falto de contenido semántico y, en el último caso –(4c)–, obtenemos la forma menos explícita de las tres, donde sólo el contexto puede especificar de qué tipo de asociación se trata.

Como vemos, los nombres no contables o de materia lo son porque han de especificarse para la "medida" o, si se prefiere, para el *quantum*; por otro lado, los nombres discontinuos o contables lo son porque han de especificarse para denotar "materia", es decir, para establecer su aspecto cualitativo independientemente de su cantidad. Esto significa que un nombre contable es tal porque, a no ser que se especifique lo contrario, se piensa en términos de cantidad, y un nombre no contable lo será porque, a no ser que se especifique lo contrario, se pensará en su cualidad y no en su cantidad. Al ver la recategorización, podremos comprobar cómo un nombre contable pasa a recategorizarse como no contable.

Se podría pensar que si en español *hombre* es contable y *agua* es no contable es porque tiene que ser necesariamente así, dado el tipo de entidades que designan estas palabras. Esto equivaldría a decir que en todas las lenguas "hombre" tiene que ser un nombre contable y "agua" uno no contable. Que esto no es así demuestra que estamos ante un fenómeno puramente lingüístico.

Hay lenguas en las que *todos* los sustantivos son no contables. Dos casos particularmente claros nos los ofrecen la lengua africana hablada en Nigeria yoruba y el chino mandarín.

En yoruba, todos los sustantivos son no contables, es decir, se comportan como nuestros sustantivos *agua* y *vino*.

Por ejemplo, en esta lengua dicen cosas como éstas (E. C. Rowlands 1969: 40-41):

(5)
Yoruba

mo maa rà wàrà àti òbe
yo voy comprar leche y cuchillo
'Voy a comprar leche y un cuchillo'

Obsérvese que, en la traducción española, hay que decir *un cuchillo* y *leche*: en yoruba vemos que *cuchillo* se comporta como *leche*, es decir, no se necesita especificar la cantidad, porque se hace referencia únicamente a la cualidad de las sustancias a las que se alude.

Igual ocurre en chino mandarín, donde *hombre* o *libro* son nombres no contables. Para cuantificarlos, hace falta acudir a un elemento que hemos denominado *clasificador;* hemos de recurrir a una construcción asociativa de clase "tipificadora" como la que hemos visto antes. Así, se dice 一个人 *yi ge rén* 'una persona hombre', o 二本书 *èr ben shu* 'dos tomos libro' y no se puede decir: *yi rén, ni *èr shu, como en español. Esto nos indica a las claras que en ambas lenguas todos los sustantivos son no contables.

4. La recategorización

Pasamos ahora al concepto de *recategorización*. Se trata de una operación que consiste en hacer que un sustantivo no contable se use como contable, o viceversa. De hecho, todo sustantivo contable puede usarse habitualmente como no contable, y viceversa. Por ejemplo, *coche* es claramente contable, pero se puede usar como no contable, tal cual vemos en las siguientes oraciones:

(6)
Castellano

a) Es mucho coche para él
b) Había más coche que garaje
c) Tiene coche para rato
d) Mejor metro que coche

En cada caso, *coche* aparece en contextos que sólo admiten los sustantivos no contables; compárese:

(7)
Castellano

a) Es mucho vino para él
b) Había más vino que agua
c) Tiene vino para rato
d) Mejor agua que vino

Como ya hemos dicho, el nombre contable se piensa en términos de *quantum* y el no contable, en términos de cualidad. El hecho es que "coche" en español y en las lenguas indoeuropeas, en general, es contable y puede usarse como no contable. Esto indica que los usos no contables son derivados o marcados, respecto de los contables. Este carácter marcado se puede ver muy fácilmente si consideramos que los usos de nombres contables como no contables son de significado variable, ya que es el contexto el que determinada a qué cualidad de coche se está haciendo referencia. Por ejemplo, en (6a) se puede hacer referencia a la potencia o tamaño del coche; en (6b), al tamaño del coche; en (6c), a la resistencia al uso del vehículo y en (6d), al coche como medio de locomoción. Nada de eso ocurre con los usos de vino en las frases de (7); en los cuatro casos, se está hablando del vino considerado como sustancia, ya que esa palabra en su uso no marcado es no contable. Pero, como hemos dicho antes, también puede recategorizarse un nombre no contable como contable mediante construcciones asociativas o disociativas. En estos casos, ocurrirá que el uso de estos sustantivos como contables estará también sujeto a una gran variabilidad semántica. Sean las siguientes oraciones:

(8)
Castellano

a) Dame un vino
b) Vendemos dos vinos
c) Se olvidó el vino en la barra
d) Tiene el vino en la bodega

En el primer caso, estamos ante un uso asociativo de vino, ya que se quiere decir normalmente *una copa de vino*; en el segundo caso, se trata de una construcción disociativa tipificadora, ya que se está hablando de dos tipos de vino; en el tercer caso, tendremos también una construcción asociativa aunque más general, ya que podría tratarse de una copa, una botella o una garrafa; en el último caso, tenemos de nuevo una construcción disociativa que puede ser tipificadora (cfr. *tiene el vino en la bodega y el cava en la nevera*).

Como en el caso anterior, si introducimos *coche* en contextos similares no encontraremos variación alguna en la interpretación, dado que este vocablo es primariamente contable:

(9)
Castellano

   a) Dame un coche
   b) Vendemos dos coches
   c) Se olvidó el coche en el aparcamiento
   d) Tiene el coche en el garaje

Por tanto, la *recategorización* es una operación mediante la cual un sustantivo que posee un uso primario como no contable o contable, pasa a adquirir la propiedad opuesta. Este uso secundario, al ser marcado, presenta una variabilidad e inestabilidad denotativas mayores que el uso primario: *dos coches* posee una invariabilidad interpretativa que no es característica de *dos vinos*.

5. Nombres colectivos y no colectivos

Otra dicotomía importante entre sustantivos es la que opone los nombres colectivos a los no colectivos (ya vimos en el capítulo 4 sección 6 una argumentación gramatical en este sentido).
En el caso de los sustantivos colectivos, tenemos elementos que se comportan como denotadores de un conjunto como una unidad; por ello, los sustantivos que denotan una pluralidad de individuos no son colectivos, sino que tratan dicha pluralidad como un elemento único. Un ejemplo de ello es el que vimos en la discusión del caso de los sustantivos colectivos en el capítulo sobre la argumentación lingüística. Como dijimos, *gentío* es un colectivo y *gente* es no colectivo; *orquesta*, *tripulación*, *arboleda* y *archipiélago* son también colectivos. Cualquier predicación que se haga de éstos se realiza del conjunto en su totalidad y no de sus miembros.

(10)
Castellano

   a) La orquesta decidió disolverse
   b) La tripulación permaneció junta
   c) La arboleda es rectangular
   d) El archipiélago está muy alejado de la civilización

En efecto, si Juan pertenece a la orquesta, no es correcto decir que Juan decidiera disolverse; si pertenece a la tripulación, tampoco podemos decir que permaneció junto. Si un cedro pertenece a la arboleda, no podemos decir que sea rectangular y si una isla pertenece a ese archipiélago, no podemos decir que esté muy lejos de la civilización, pues puede estar cerca de otras islas del archipiélago que tengan civilización.
Para conseguir que un nombre no colectivo tenga denotación colectiva, tenemos, como hemos visto en el caso anterior, dos posibilidades. Una es utilizar una *construcción asociativa* como las siguientes:

(11)
Castellano

a) Un rebaño de ovejas
b) Una jauría de perros
c) Una escuadra de motoristas
d) Un enjambre de mosquitos
e) Un racimo de uvas

Hay construcciones disociativas o individuativas que se utilizan para que un nombre colectivo posea una denotación individual:

(12)
Castellano

a) Un miembro de la tripulación
b) Un militante del partido
c) Un profesor de la orquesta
d) Un diputado del congreso
e) Una cabeza del rebaño

Es conveniente, pues, distinguir entre nombre plural y nombre colectivo. Por ejemplo, *dos miembros de la tripulación* no es una construcción colectiva a pesar de que denote más de un individuo, exactamente igual que *dos cabezas de ganado*. Por otro lado, un nombre colectivo puede denotar un solo individuo: *la tripulación constaba sólo de un piloto*. Existen modificadores que sólo pueden aparecer con sustantivos o sintagmas colectivos, como, por ejemplo, *en pleno, completo, íntegro*:

(13)
Castellano

a) El congreso en pleno dijo que sí
b) La orquesta en pleno se levantó
c) Está la orquesta completa
d) Ha llegado el rebaño íntegro

Cuando estos adjetivos y complementos van con sustantivos no colectivos, obtenemos secuencias agramaticales o interpretaciones diferentes de los mismos:

(14)
Castellano

a) *Los tres profesores en pleno
b) Las tres cabezas completas
c) Los veinte diputados íntegros

Un nombre no colectivo se puede recategorizar como colectivo. Un caso frecuentísimo lo constituye el uso de una localidad para denotar el conjunto de personas que habitan en ella:

(15)
Castellano

a) El teatro en pleno aplaudió
b) Se marchó el auditorio completo
c) Tiene el redil íntegro

6. Nombres abstractos y concretos

El concepto de sustantivo *abstracto* frente a *concreto* se usa de un modo ciertamente arbitrario, ya que se tienen en cuenta las propiedades objetivas de lo designado y no las propiedades lingüísticas de la palabra que ha de calificarse como tal. Se dice, por ejemplo, que *amor* es abstracto porque no es algo tangible, frente a *mesa*, que es concreto, porque es algo tangible. Sin embargo, si intentamos aplicar este criterio, no obtendremos una clasificación mínimamente coherente: *puñetazo* no es algo tangible y, por tanto, habría de ser abstracto y *localidad* parece que debería ser abstracto por su sufijo, pero solemos utilizar esta palabra para denotar algo concreto. No es en las propiedades que designan las cosas que denotan las palabras en lo que hay que fundamentar una subcategorización lingüística de esas palabras, sino en las propiedades de las palabras mismas. Lo hemos visto en el caso de los sustantivos no contables y contables, los no contables poseen la propiedad de ser modificados por *mucho* y los contables por *muchos*: decimos *mucha agua* pero no **mucha libreta*; por otro lado, decimos *muchas libretas* pero no **muchas aguas*. Éstas son propiedades combinatorias de las palabras, de carácter puramente sintáctico, que justifican una clasificación estrictamente gramatical de los sustantivos.

En este sentido, dice H. Seiler (1986: 28): "el contraste entre abstracto y concreto está mal definido, no tiene realidad alguna en las lenguas. No hemos encontrado pruebas empíricas algunas que sustenten la opinión de que las lenguas muestran mecanismos semántico-formales especiales para marcar lo que es sensorialmente perceptible o tangible, ni para marcar lo no perceptible e intangible".

Un escepticismo similar muestra un investigador español refiriéndose exactamente a la misma cuestión (I. Bosque 1983a: 84).

La escuela de UNITYP, de la que Seiler es el máximo representante, propone reservar el concepto de *abstracción* para denotar el fenómeno de nominalización de predicados. Si partimos de un predicado como *donar* y vamos eliminando los diversos argumentos que se requieren, lo que vamos haciendo es abstraer la acción en sí, independizándola de los individuos entre los que se produce para obtener así un sustantivo que, por un lado, individualiza una acción y, por otro lado, la abstrae de los elementos que intervienen en ella para llevarla a cabo, es decir, la generaliza. Siguiendo con el ejemplo del verbo *donar*, supongamos que este verbo requiere los argumentos que vemos en la siguiente oración:

(16)
Castellano

Juan donó sus posesiones a la Fundación

Podemos *abstraer* la acción de *donar* de los elementos que intervienen en ella y referirnos únicamente a la acción en sí, como si se tratase de un objeto; obtenemos, pues, la nominalización que representa la palabra *donación*. Se ha producido un proceso de generalización e individualización de la acción. Empecemos por el segundo; el proceso de generalización supone una indeterminación sobre los participantes que intervienen en esa acción; por ello, se pueden especificar esos participantes mediante un complemento nominal:

(17)
Castellano

a) La donación de Juan
b) La donación de sus posesiones
c) La donación de/a la Fundación

En estos tres casos, el complemento nominal encabezado por la preposición "de" nos especifica uno de esos participantes: en el primer caso, el agente, en el segundo, el objeto donado y, en el tercero, el beneficiario de esa donación; incluso podríamos especificar todos estos participantes a la vez:

(18)
Castellano

La donación de sus posesiones a la Fundación por parte de Juan

Esto es algo similar a lo que ocurre cuando determinamos un nombre no contable para que designe un realidad discontinua, como ya hemos visto antes.

Obsérvese que en los casos similares como el del latín *amor Dei*, que puede indicar tanto el amor de los individuos hacia Dios como el amor de éste hacia aquellos, se suele hablar de que existe un genitivo objetivo y un genitivo subjetivo. Pero esto es adjudicar al genitivo dos propiedades que proceden de la palabra *amor*; en efecto, esta palabra, igual que la homógrafa española, supone un proceso de abstracción a partir de un verbo, aunque esta vez no haya un sufijo o derivativo como el del caso anterior. Esto es frecuentísimo en las lenguas y, en español, podemos ver muchos nombres que se obtienen mediante este procedimiento de abstracción aplicado a verbos: no es algo arbitrario que *canción* provenga de *cantar*, ni que *atención* provenga de *atender* o *presunción*, de *presumir*, mientras que *piedra* no proceda de *apedrear*, ni *coche* de *cochear*, ni *anilla*, de *anillar*, sino al contrario. En todos los primeros casos observamos palabras que se obtienen mediante la aplicación a verbos de la operación de abstracción.

La otra de las consecuencias que dijimos sufría la palabra objeto de abstracción, es la de la individualización, que se opone a la generalización vista, consistente en la independización de la acción de los elementos que la crean. En la individualización que se experimenta, se tiende a identificar la acción con el elemento que interviene normalmente en ella de modo más directo (el paciente u objeto inmediatamente afectado por la acción); así, si seguimos utilizando el ejemplo anterior, *donación* puede pasar a denotar el paciente: aquello que se dona. Por ello, podemos decir cosas como:

(19)
Castellano

Su donación fueron 100.000.000 de pesetas

Esto no es posible, respecto de los otros dos argumentos: el sujeto o el beneficiario. Nunca podríamos decir:

(20)
Castellano

La donación se llama Juan Pérez
La donación está en la calle Ferraz

en los sentidos de que quien donó se llama Juan Pérez, o la Fundación a la que se donó está situada en la calle Ferraz.

Por tanto, vemos que en la operación de la *abstracción* se ven implicadas dos transformaciones: una de *generalización* de una acción o estado y otra de *individualización*, que consiste en la identificación de una acción con el participante *interno* que interviene en ella.

7. Nombres comunes y propios

Según Seiler (1986: 128-147), los nombres propios son una manifestación de una operación que podría llamarse *denominación,* mediante la cual etiquetamos directamente un entidad utilizando una palabra sin predicar nada de ella. Se trata de un etiquetado directo e inmediato. Esto indica que estos nombres carecen de toda relación sistemática con otros nombres salvo que son diferentes: para individuos diferentes, nombres diferentes. Los nombres propios carecen de significado o, más exactamente, sólo poseen significado metalingüístico, tal como propuso Jakobson (1956: 309): la única forma de definir un nombre propio es estableciendo en el código, y no en el mensaje, a qué individuo estamos haciendo referencia ("la significación general de un nombre propio no puede definirse sin referencia al código" Jakobson 1956: 309). La diferencia, pues, entre *el hombre* y *Juan* es muy clara en este sentido. Para saber a quién estamos haciendo referencia mediante *el hombre* tenemos que considerar el mensaje concreto en el que aparece ese sintagma y el contexto en que ese mensaje se emite; sin embargo, para saber a quién nos referimos mediante *Juan* no tenemos que esperar al mensaje, sino que ya en el propio código, es decir, en nuestro conocimiento léxico, tenemos asignado un individuo a esa palabra y en el mensaje en que aparezca *Juan* simplemente tenemos que recurrir a esa asociación independientemente del contexto del mensaje y del mensaje mismo. Puede darse el caso de que un nombre propio sea multívoco (cfr. E. Coseriu 1955: 267-268), es decir, que muchas personas lo compartan. Supongamos que eso es lo que ocurre con *Juan*; pues bien, incluso en este caso, el comportamiento de *Juan* y de *el hombre* es completamente distinto y se ajusta al mismo razonamiento anterior. En efecto, podemos asociar de antemano *Juan* a diferentes individuos, siempre en número muy limitado; supongamos diez personas. Esa asociación existe en nuestro conocimiento léxico y, como tal, puede ser expandida (podemos conocer a más personas llamadas así) o restringida (puedo saber que tal persona ha cambiado el nombre); sin embargo, no podemos asociar *el hombre* (en sentido no general) léxicamente con todos los individuos a que podemos hacer referencia así, ya que el número de éstos es ilimitado y nuestra capacidad de memoria es limitada. Por ello, sintagmas como *el hombre* no son en modo alguno multívocos. Como hemos dicho antes, el individuo al que nos referimos mediante *el hombre* se habrá de determinar en el contexto en el que aparece ese sintagma: hay que buscar la entidad unívocamente determinada por ese contexto que sea caracterizable mediante *hombre*; lo que se hace no se puede caracterizar en modo alguno diciendo que examinamos uno por uno los individuos que asociamos léxicamente a *el hombre* hasta dar con el individuo en cuestión; esto sería un disparate total. Pero justo esto es lo que ocurre cuando aparece, en un contexto determinado, un nombre propio multívoco: damos un repaso a los individuos que nuestro conocimiento conecta con *Juan* y determinamos cuál de ellos es, según los datos del contexto. En este caso, sería absurdo decir que buscamos en el contexto el único individuo que tiene la propiedad denotada por *Juan*, ya que esta palabra no denota propiedad alguna ni podemos identificar a nadie sabiendo que se llama *Juan* (sin embargo, veremos, al hablar de la recategorización de un nombre propio como común, que puede haber una propiedad relacionada con el nombre propio).

La caracterización de un nombre propio como elemento lingüístico en el que prevalece el carácter extensional, de asociación directa con entidades, de etiquetado, frente al carácter predicativo del nombre común, que caracteriza las entidades de modo indirecto, a través de una atribución de una propiedad o conjunto de propiedades, entraña que, cuando se utilizan nombres comunes como nombres propios, éstos tienden inmediatamente a ser despojados de sus propiedades atributivas.

Un ejemplo semántico lo vemos en las personas que, por ejemplo, se apellidan Calvo o Sastre sin ser ni una cosa ni la otra. Pero esta tendencia se manifiesta de modo morfológico muy claramente en muchas lenguas. Cuando un sustantivo común pasa a usarse como propio, pierde la sistematicidad y la semanticidad que tenía como nombre común: se extrae del sistema nominal y refleja así la idiosincrasia de uso referidor de un solo individuo.

Siguiendo ejemplos de W. Kuhn y F. Serzisko (1981: 291), observamos que en kiñarruanda, una lengua con clases nominales, los nombres comunes que se usan como nombres propios, *no llevan un anteprefijo de clase nominal*.

(21)
kiñarruanda

u-muhuuungu 'chico' Muhuuungu (nombre propio)
a-mabuye 'piedras' Mabuye (nombre propio)

Por otro lado, en zulú, cuando un nombre común se usa como propio, se marca con un prefijo especial exclusivo de los nombres propios:

(22)
zulú

intombi 'chica' uNtombi (nombre propio)
igugu 'tesoro'   uGugu (nombre propio)

En kiñarruanda y en zulú vemos, pues, los dos procedimientos morfológicos que indican que individualizamos y desemantizamos el sustantivo (es decir, lo sacamos del sistema de sustantivos): la segregación morfológica de esos sustantivos o su marcación como palabras especiales.

Un caso especial de este último procedimiento es marcar para sexo un nombre común cuando se utiliza como propio, cuando en esa lengua no existe la categoría de género para los sustantivos: es lo que ocurre en celdala.

El carácter idiosincrásico del nombre propio frente al nombre común lo encontramos también en el fenómeno de las formas llamadas *hipocorísticas,* que no son sino las formas que corresponden al diminutivo en los nombres comunes (J. Kuryłowicz 1956: 189). En este caso, no existe la sistematicidad y regularidad que se da en la formación de los diminutivos en los nombres comunes. El *hipocorístico* muchas veces se forma de una raíz especial, en muchas lenguas. Por ejemplo, en inglés, de Edward obtenemos Eddie a partir de la raíz hipocorística *Ed*; en español formamos *Merche* como diminutivo de *Mercedes*, a partir posiblemente de la raíz hipocorística *Merc*; en polaco (ejemplo de Kuryłowicz 1956: 189) obtenemos *Kasia* como diminutivo de *Katarzyna*, a partir de la raíz hipocorística *Ka*. En otros casos, existe suplencia en la raíz: en español *Pepe*, de *José* o *Paco* de *Francisco*; en ruso Саша *Sasha* de Александр *Aleksandr*. Como vemos, impera la irregularidad y la asistematicidad en el caso de esta categoría del diminutivo en el nombre propio. De hecho, se puede utilizar incluso el sufijo canónico de diminutivo para denotar *hijo de*; así, en polaco tenemos *Kowalczyk* 'herrerito = hijo del herrero' como nombre propio.

Por último, conviene tratar la cuestión de la recategorización de un nombre propio como nombre común. Una característica clara del nombre propio frente al común es que no se puede pluralizar o singularizar según sea el caso. No es posible pluralizar *España* o singularizar *Alpes* para obtener un nuevo nombre propio. Sin embargo, no es infrecuente hablar de *las dos Españas* o pedir que levanten el brazo los *Juanes* que hay en una clase. En estos casos, lo que se observa es que un nombre propio se recategoriza como nombre común. El caso más claro en este sentido es el de los nombres propios de persona. El *Juanes de ¿Cuántos Juanes hay aquí?* no es en modo alguno un nombre propio, sino un nombre común: se denota un conjunto de individuos que tienen una propiedad en común: la de llamarse *Juan*, exactamente igual que cuando decimos *los altos* denotamos un conjunto de entidades que tienen algo en común: el ser altos. Algo similar ocurre cuando decimos algo como *la clase está llena de Einsteines*; el nombre propio se utiliza como común para denotar, seguramente con ironía, el conjunto de personas que tienen propiedades análogas a las que tenía el gran físico: ser sabio y distraído y tocar el violín, etc. El nombre propio también se puede utilizar como común, es decir, recategorizar como común, cuando se utiliza en singular. Es lo que ocurre en oraciones como las siguientes:

(23)
Castellano

a) Está cansado de ver tanto Velázquez
b) Sigue aún sediento de Mao
c) Hay Gorbachov para rato

Como ya hemos observado antes, el uso secundario recategorizado supone una significación inestable y determinada por el contexto. En el primer caso, nos referiremos, por ejemplo, a cuadros de Velázquez, pero podría ser una película en la que se habla demasiado sobre la obra de este pintor. En el segundo caso, podríamos estar haciendo referencia a las doctrinas de Mao y, en el tercero, al período de mandato de una persona desempeñando determinado cargo. Algo similar ocurre cuando anteponemos un artículo al nombre propio: un Velázquez, el Gorbachov casero o el Mao desconocido. En el primer caso, nos podemos referir a una obra de Velázquez, en el segundo, a una faceta de la vida de Gorbachov y, en el tercero, a un aspecto de Mao poco conocido.

Estos casos de pluralización de un nombre propio gracias a su recategorización como común son diferentes a los de plurales tales como *Los Martínez*. Este sintagma es un nombre tan propio como *Martínez*; su referencia es el conjunto de la familia algunos de cuyos miembros llevan ese apellido. Por tanto, no hay aquí recategorización alguna. Esto se ve aún más claro en otras lenguas. En húngaro, de *Szábó* obtenemos como expresión de 'los Szábó' la palabra *Szábóék*, literalmente 'los de Szábó'. En efecto, *Szábóék* es el plural de *Szábóé* (-k es el morfema de plural), que significa literalmente "el de Szábó" y no el plural de *Szábó*, que debería ser simplemente *Szábók*. Siguiendo a W. Kuhn y F. Serzisko (1981: 281), vemos que en tagalo existen un plural para el caso de que el nombre propio se recategorice como común y otro distinto para indicar una familia; de *Santos* obtenemos, por tanto, dos plurales:

(24)
Tagalo

ang mga Santos (Los [que se llaman] Santos)
sina Santos (Los [de la familia] Santos)

1. Considere los siguientes vocablos:

   a) mobiliario
   b) equipamiento
   c) artillería
   d) grifería
   e) chiquillería

   desde el punto de vista de los rasgos contable/no contable y colectivo/individual. Ponga de manifiesto las peculiaridades de estas palabras respecto de otros miembros de su misma clase.

2. Clasifique, según su grado de abstracción, las siguientes palabras:

   a) pregunta
   b) anillo
   c) patada
   d) impresión

e) función (de teatro)
f) función (matemática)
g) uña
h) gato (instrumento)
i) gato (animal)

CLAVE 1. Desde el punto de vista de la distinción entre contable/no contable o continuo/discontinuo, todos los sustantivos de este ejemplo son no contables o continuos. En efecto, aparecen en los contextos típicos de los sustantivos continuos o no contables:

a) Este local está falto de mobiliario
b) Tiene mucho equipamiento
c) El enemigo tiene poca artillería
d) No se ve mucha chiquillería por ahí

Por otro lado, para disociar estos sustantivos necesitamos una palabra especial:

e) Dos piezas de mobiliario
f) Tres toneladas de equipamiento
g) Siete piezas de artillería
h) Doscientos niños de chiquillería

Tales construcciones son tipificadoras (*e* y *g*) y mensurativas (*f* y *h*), tal como podemos comprobar.
Por otro lado, estos sustantivos se pueden recategorizar como discontinuos; veamos algunos casos:

i) Dos mobiliarios pasados de moda
j) Siete equipamientos completos
k) Cuatro artillerías enemigas
l) Las siete chiquillerías del barrio

Pero la diferencia con otros nombres continuos está en que, a diferencia del caso de *carne* o *agua*, estos sustantivos no denotan una realidad continua, sino discreta. Un *mobiliario* consta habitualmente de muebles y los muebles son elementos discretos aislables y bien diferenciados entre sí, no partes continuas de un todo. Igual se puede decir de las otras tres palabras. Por ejemplo, *chiquillería* denota un conjunto de elementos discretos y no partes indiferenciadas de un todo superior.
Si decimos que *mobiliario*, *equipamiento*, *artillería*, y *chiquillería* son nombres colectivos, entonces deducimos que algunos colectivos se comportan gramaticalmente como nombres continuos, pero no semántica o referencialmente. Diremos que los nombres colectivos son aquellos que sólo son gramaticalmente continuos y no realmente continuos. De todo ello, se sigue que, por ejemplo, *agua* no es un sustantivo colectivo porque lo denotado no consta de partes individuales y, por tanto, aislables y discretas. Decimos que es gramatical y referencialmente continuo. Por su parte, *mobiliario* se comporta como un sustantivo continuo desde el punto de vista gramatical, pero no desde el punto de vista

referencial o semántico, ya que la denotación de este sustantivo sí que se compone de entidades individuales bien aislables. Diremos que *agua* es un sustantivo continuo de materia y que *mobiliario* es un sustantivo continuo colectivo.

En general, tendremos el siguiente esquema:

NOMBRES CONTINUOS	DE MATERIA	COLECTIVOS
Gramaticalmente	+	+
Referencialmente	+	−

De aquí se desprende que los nombres de materia son aquellos nombres gramatical y referencialmente continuos y los colectivos continuos son aquellos nombres gramaticalmente continuos pero no referencialmente. Obsérvese que estas consideraciones no excluyen la posibilidad de que haya nombres colectivos que no sean gramaticalmente continuos; un ejemplo de colectivo no continuo podría ser *orquesta*.

Esto viene a incidir, de nuevo, en la idea de que no es conveniente confundir la continuidad gramatical con la referencial.

2. Siguiendo el concepto de abstracción empleado en este libro, las palabras más concretas son: *gato* (animal e instrumento), *anillo*, y *uña*. Son abstractos los restantes vocablos, ya que denotan, como si fueran objetos, resultados de una acción (*pregunta*, *patada*), o de un proceso (*impresión*), una acción (*función teatral*) o una relación (*función matemática*). No se podría decir que *patada* es menos abstracto que *pregunta* debido a que una es una acción física y la otra, una acción semiótica. En ambos casos, se nombra una acción como si fuera un objeto, ya que eliminamos los participantes que intervienen en ella y la hacemos aparecer como algo aislable, independiente de los individuos que la hacen posible. Por eso, el sentido que utilizamos aquí de abstracción es diferente, e incluso opuesto, al que tradicionalmente suele manejarse. Más de uno sería partidario de decir que en *patada* no tenemos un caso de abstracción, sino de concreción, ya que se convierte una acción en un objeto y se considera que una acción es más abstracta que un objeto; sin embargo, nosotros lo vemos como una abstracción a partir de una acción y no como una concreción de la acción, ya que la única forma de concretar una acción es especificando al máximo los participantes en ella así como sus circunstancias espacio-temporales y modales. En efecto, es imposible concebir una patada sin alguien que la dé y alguien o algo que la reciba; pero podemos eliminar los participantes y quedarnos con la acción en sí; este proceso de eliminación es lo que se denomina aquí abstracción. De igual modo podríamos razonar respecto a *función matemática* y *función teatral*; se trata de dos palabras igualmente abstractas, ya que se obtienen a partir de la eliminación de los agentes que realizan la función teatral o los elementos que relaciona la función matemática. Si alguien arguyera que *función teatral* es más concreta que *función matemática* porque podemos decir: *Interrumpieron la función teatral* pero no *Interrumpieron la función matemática*, tendría que habérselas con la corrección de *Escribieron la función matemática* pero también con la imposibilidad de *Escribieron la función teatral*, ya que las funciones teatrales no pueden escribirse, se ejecutan.

CUESTIONES PROPUESTAS

1. Examine el vocablo *ropa* a la luz de la distinción entre continuo/discontinuo y colectivo/individual.

2. ¿Qué relación existe entre la clase de sustantivos continuos y la de sustantivos discretos en plural?

3. Especifique el grado de abstracción que se manifiesta en las siguientes palabras:

   a) tirachinas
   b) destornillador
   c) sacacorchos
   d) chincheta
   e) felicitación
   f) apisonadora
   g) tijeras

4. Describa el proceso que da origen al uso de las palabras que aparecen subrayadas:

   a) Cómprale unos <u>dodotis</u> al niño
   b) Dame un <u>kleenex</u>
   c) Dame un <u>Tipp-Ex</u>

ORIENTACIÓN BIBLIOGRÁFICA

AIKHENVALD, A.: *Classifiers. A typology of Noun Classification Devices*, Oxford, Oxford University Press, 1999.
Excelente compendio de los sistemas de clasificación de las lenguas del mundo. Es un libro de obligada lectura para quienes quieran profundizar en este importante aspecto de las lenguas naturales.

ALGEO, J.: *On defining the Proper Name,* Florida, University of Florida Press. 1973.
Estudio sobre el nombre propio que habrán de tener en cuenta quienes deseen profundizar en la cuestión.

BOSQUE, I.: "Clases de nombres comunes" en *Serta Philológica. F. Lázaro Carreter,* Madrid, Cátedra, 1983, pp. 75-88.
Excelente planteamiento de los problemas que suscita la clasificación de los nombres comunes.

BOSQUE, I. y V. DEMONTE (dirs.): *Gramática Descriptiva de la Lengua Española*, Madrid, Espasa-Calpe, 1999.
Interesan ahora el capítulo primero, hecho por I. Bosque y dedicado al nombre común (3-75) y el capítulo segundo, redactado por M.ª J. Fernández Leborans y dedicado al nombre propio (77-128).

BUNT, H. C.: *Mass-therms and model-theoretic semantics,* Cambridge University Press, 1985.
Es éste un libro muy importante por su detallada exposición de la semántica de los nombres no contables. Ofrece una semántica para los diversos tipos de nombres más cercana a las lenguas naturales que las que suelen usar los lógicos habitualmente. Es un libro no apto para principiantes y exige conocimientos de lógica y teoría de conjuntos. La distinción que hemos realizado entre continuidad gramatical y referencial está tomada de esta obra fundamental.

COSERIU, E.: "El plural de los nombres propios" en E. Coseriu, *Teoría del Lenguaje y Lingüística General,* Madrid, Gredos, 1973 [1955], pp. 261-281.
Artículo muy recomendable para iniciarse en los problemas que supone la pluralización de los nombres propios.

GARDINER, A.: *The theory of Proper Names. A Controversial Essay.* Londres, Oxford University Press, 1954.
Libro clásico sobre los problemas filosóficos de los nombres propios.

KUHN, W. y F. SERZISKO: "Eigennamen im Rahmen der Dimension der Apprehension" en H. Seiler y C. Lehmann (eds.) *Apprehension. Das sprachliche Erfassen von Gegenständen. Teil I Bereich und Ordnung der Phenomene,* Tubinga, Gunter Narr, 1982, pp. 277-294.
Importante trabajo sobre las particularidades lingüísticas de los nombres propios con datos sobre diversas lenguas. Incluye también un sección sobre el alemán.

KURYŁOWICZ, J. (1956): "La position linguistique du nom propre" en J. Kuryłowicz *Esquisses Linguistiques I,* Múnich, Wilhelm Fink, pp. 182-192.
Artículo clásico sobre la lingüística general del nombre propio, que hemos seguido en nuestra exposición.

LÓPEZ GARCÍA, A.: "Lo propio del nombre propio" en *Lingüística Española Actual,* VII, 1985, pp. 39-54.
Reciente estudio sobre el nombre propio que deben consultar quienes quieran profundizar en la cuestión.

LÓPEZ GARCÍA, A.: *Gramática del Español III. Las partes de la oración*, Madrid, Arco, 1998.
El capítulo 24 de esta gramática está dedicado al examen detenido de las clases de nombres. En especial nos interesan ahora las secciones 24.2, y 24.3. Recomendable para profundizar en lo que aquí hemos visto.

OJEDA, A.: *Linguistic Individuals*, Stanford, CSLI, 1993.
En este libro se nos ofrece una explicación mereológica de la distinción entre nombres contables y no contables. Los capítulos 3 y 4 se dedican a la semántica de los nombres contables y el 5, a la semántica de los nombres no contables. El capítulo 7 está dedicado íntegramente a estudiar la semántica del pronombre neutro en español. Es una obra avanzada, que necesita un estudio detenido y reflexivo.

PELLETIER, F. J.: *Mass Terms,* Reidel, Dordrecht, 1979.
Se trata de una colección de artículos de carácter filosófico-lógico sobre los nombres no contables; es importante para todo lingüista y gramático conocer las aportaciones que han hecho filósofos y lógicos sobre este problema. No es un libro adecuado para principiantes.

UNTERBECK, B. y M. RISSANEN (eds.): *Gender in Grammar and Cognition*, Berlín, Walter de Gruyter, 2000.
Esta obra de más de 800 páginas nos presenta un panorama muy completo de los diversos sistemas de género existentes en las lenguas del mundo, así como de sus aspectos históricos, tipológicos y cognoscitivos. Es un libro absolutamente fundamental para profundizar en este interesante aspecto de las lenguas naturales.

13

LAS CATEGORÍAS ADNOMINALES I
Los cuantificadores

1. Introducción

En este capítulo, vamos a estudiar aquellas categorías y construcciones complejas que, tradicionalmente, se conciben como afectadoras del nombre o sintagma nominal. Unas de las más conocidas son los determinantes y a esta categoría lingüística y a sus características más sobresalientes dedicaremos la mayor parte del presente capítulo.

2. Tipos de categorías adnominales

Como modificadores del nombre, suelen incluirse ciertos determinantes tales como los demostrativos, cuantificadores y la clase de los adjetivos, así como todos aquellos sintagmas que afecten al nombre y que, por tanto, posean una función análoga a la del adjetivo: sintagmas preposicionales como *de piedra* o *con hielo* tienen la función típica de un elemento adnominal en sintagmas como "agua con hielo" o "casa de piedra". Por otro lado, sintagmas complejos tales como *las tres cuartas partes de* o *gran parte de* poseen una función típica de la categoría adnominal de determinante, concretamente de cuantificador, en sintagmas tales como *las tres cuartas partes de la población* o *gran parte de la población*.

Desde un punto de vista semántico, si un sustantivo suele denotar un tipo de entidad, un adjetivo o frase adnominal puede denotar una propiedad de ese tipo de entidad: *casa* denota un tipo de entidad y *grande* denota una propiedad. Obsérvese que las categorías adnominales determinantes, como los artículos o cuantificadores, nos dan una propiedad que podríamos denominar extensional o externa de las entidades. Por ejemplo, en *cuatro casas* se nos ofrece una propiedad extensional o externa de un conjunto de casas y no ninguna propiedad o características de las mismas; de modo análogo, tenemos *algunas casas*, donde *algunas* no nos da ninguna propiedad característica de *casas*. Vamos a ver, en primer lugar, algunas de las categorías adnominales determinantes (las no deícticas, las deícticas las estudiaremos en el capítulo 15) y, a continuación, estudiaremos las categorías adnominales intensionales tales como los adjetivos y palabras o expresiones de funcionamiento similar.

3. Las categorías adnominales extensionales: los cuantificadores

Dentro de las categorías adnominales extensionales, las mas características, aparte de las deícticas, son los cuantificadores. La cuantificación es una operación dentro de la determinación (véase el capítulo 15).

Los cuantificadores existen en todas las lenguas y son categorías adnominales extensionales típicas. Vamos a dar un repaso a los tipos de cuantificadores que existen en las lenguas del mundo. Para ello, vamos a seguir en parte la completa exposición de K. Döhmann (1974).

Primero, tenemos los *cuantificadores universales* tales como *todos* o *cada* en español o *alle* o *jede* en alemán. Los primeros son colectivos y los segundos, distributivos. Como sintagmas tenemos *la totalidad de* para el caso de un cuantificador universal colectivo y *cada uno de* para el caso de un sintagma cuantificador universal distributivo. El distinto funcionamiento semántico de estos dos cuantificadores universales se puede apreciar en las siguientes frases:

(1)
Castellano

a) Todos cantaron al unísono
b) *Cada uno cantó al unísono

Cantar al unísono sólo puede hacerlo un conjunto de personas, no la totalidad de cada una de las personas por su parte. De modo análogo:

(2)
Castellano

a) Cada uno cantó después del otro
b) *Todos cantaron después del otro

En este caso, ocurre lo contrario. *Cantar después del otro* sólo se puede predicar de cada miembro por separado, pero no de todos los miembros en conjunto.

El cuantificador distributivo puede reforzar al cuantificador colectivo, pero no al revés:

(3)
Castellano

a) Todos y cada uno de los manifestantes
b) *Cada uno y todos los manifestantes

La dicotomía colectivo/distributivo se da también en otras lenguas, además de en las señaladas.

A veces, en una lengua el colectivo es el determinante en plural y el distributivo el mismo determinante en singular: en latín *omnes* frente a *omnis*.

El ruso recurre a dos palabras diferentes para el colectivo (весь *vies*) y el distributivo (каждый *kazhdîi*). En árabe, no hay distinción; el mismo determinante sirve para los dos usos.

El inglés distingue, dentro de los distributivos, uno de número indeterminado *every* y otro de número determinado *each*, frente a *all*, que sería colectivo. En inglés, tenemos este sistema, pues:

(4)
Cuantificadores universales del inglés

Colectivo: *all*
Distributivo:
  definido: *each*
  indefinido: *every*

R. Quirk, S. Greenbaum, G. Leech, y J. Svartvik (1985: 383) ofrecen la siguiente explicación sobre la diferencia entre las tres siguientes oraciones inglesas:

(5)
Inglés

a) All (of) the girls received a magnificient prize
   'Todas las chicas recibieron un espléndido premio'
b) Each one of the girls received a magnificient prize
   'Cada una de las chicas recibió un espléndido premio'
c) Every one of the girls received a magnificient prize
   'Cada una de las chicas recibió un espléndido premio'

En el primer caso, como lectura colectiva, se puede decir que las chicas en su conjunto recibieron ese premio. Frente a ella, las dos siguientes sólo pueden significar que se dio un premio a cada chica. La diferencia entre *each* y *every* es que sólo el primero puede denotar un conjunto de dos chicas. Esto nos indica que *each* denota un conjunto definido, mientras que *every* presenta un conjunto indefinido.

Los cuantificadores existenciales son determinantes como *un*, *algún* en español. Es muy frecuente que el cuantificador existencial se manifieste en las lenguas naturales mediante una negación; así, en latín, tenemos *nonnihil* 'algo' (literalmente 'no nada') o, en polaco, *niejeden* ('no uno') para 'algunos' o, en checo, *některý* ('no cuales') para 'algunos'.

Estos existenciales también pueden llamarse "indefinidos". El alemán distingue muy bien varios grupos (aparte del artículo indeterminado *ein*):

(6)
Cuantificadores existenciales del alemán

  a) *Cuantificador existencial delimitativo:* Expresa un número delimitado; se trata de *einiger.*

EJEMPLO: *Einige besondere Stücke*
unas determinadas piezas (U. Engel 1988: 542)

b) *Cuantificador existencial contraventivo:* Se trata de *etlicher*, un cuantificador algo en desuso pero que, según Engel (1988: 543), indica una cantidad mayor de lo esperado.

EJEMPLO: *Etliche besondere Stücke*
unas determinadas piezas (más de las esperadas)

c) *Cuantificador existencial individuativo:* Se trata de *irgendein* y expresa un elemento individual de un conjunto. Supone una indeterminación más fuerte que la del artículo indeterminado (Engel, 1988: 543).

EJEMPLO: Irgendeine Schwierigkeit
alguna dificultad

d) *Cuantificador existencial agrupativo:* Es el caso de *manche*, que indica, según Engel (1988: 545-546), un subconjunto de elementos que forma parte de un conjunto mayor.

EJEMPLO: Manche Überlegung
más de una consideración

Existen, además, en todas las lenguas cuantificadores *multales* tales como el inglés *many* 'muchos', *most* 'la mayoría', *more* 'más' o *paucales* como los del inglés *a few* 'pocos' o alemán *weniger* 'pocos'. En español, los cuantificadores multales y paucales *muchos*, *más* o *pocos* poseen al menos una función más, además de la propiamente cuantificadora. Fijémonos en las siguientes oraciones:

(7)
Castellano

a) Pocos/muchos lo saben
b) Los pocos/muchos que lo saben no lo dicen

En el primer caso, tenemos los cuantificadores paucal y multal, que funcionan como pronombres. Pero, en el segundo, estamos ante dos ejemplos de adjetivos que no cuantifican, sino que caracterizan un conjunto. En efecto, en la primera oración, cuantificamos el sujeto de *lo saben* y decimos, según el caso, que hay muchos o pocos individuos que poseen ese conocimiento al que se alude. Pero, en la segunda, decimos que el conjunto de los que lo saben es pequeño o grande según el caso; por ello, se puede parafrasear la oración mediante otra como la siguiente:

(8)
Castellano

Los que lo saben, que son muchos/pocos, no lo dicen

aquí se ve claramente que no cuantificamos, sino que caracterizamos un conjunto de personas como grande o pequeño, exactamente igual que cuando decimos *los que lo saben son muchos /pocos*.

Cuantificar no es atribuir una propiedad, sino restringir el conjunto de entidades sobre las que vamos a hablar. Si decimos *pocos hombres lo saben* predicamos *lo saben* sólo de un conjunto de hombres que no es muy numeroso: *hombre* representa una propiedad que ha de cumplir todo elemento al que se haga referencia mediante la cuantificación paucal "poco"; por ello el sustantivo restringe el alcance del cuantificador. Cuando decimos *los hombres que lo saben son pocos,* estamos predicando una propiedad del conjunto de hombres que lo saben: se trata de un conjunto de pocos elementos. Por tanto, *hombre* no restringe el dominio de *poco* en este caso, ya que esta palabra no es ahora un cuantificador, sino un adjetivo.

El hecho de que *muchos* y *pocos* se vean, en el caso de *muchos hombres* o *pocas mujeres*, como cuantificadores y no como adjetivos explica por qué *muchos* y *pocos* pueden funcionar solos como sujetos sin necesidad de artículo alguno: *muchos hombres/pocas mujeres*. También explica por qué cuando estas palabras funcionan como adjetivos dentro del sintagma nominal, exigen artículo (ya que no son cuantificadores): se dice *los muchos hombres que lo saben*, pero no **muchos hombres que lo saben*.

En general, las palabras y sintagmas que funcionan como cuantificadores poseen carácter pronominal y, por tanto, pueden funcionar sin artículo como sujetos:

(9)
Castellano

a) Todos lo saben
b) Algunos lo saben
c) Muchos lo saben
d) Pocos lo saben

Existen también cuantificadores numéricos tales como *dos*, *tres*, *cuatro,* etc. Éstos también tienen carácter pronominal y pueden desempeñar las funciones de un sintagma nominal:

(10)
Castellano

a) Tres hombres no lo saben aún
b) Cuatro niños se asustaron
c) Cinco concursantes se llevaron el primer premio

Obsérvese que, cuando se dice *los dos niños se asustaron*, estamos ante un uso adjetival de *dos* y no ante el *dos* cuantificador, tal como hemos visto en los casos anteriores de los cuantificadores multales y paucales.

Un tipo especial de cuantificador numérico es el cuantificador dual, que denota un conjunto de dos elementos. Es el caso del *ambos* español o del *beide* alemán, o del *both* inglés.

En español, *ambos* sólo puede funcionar como cuantificador; esto explica el hecho de que repugne el artículo dentro del sintagma nominal y de que sólo admita sustantivos que restrinjan su rango: decimos, por ejemplo, *ambas hijas* y no *las ambas hijas*. De igual modo, *ambos*, al no poder funcionar como adjetivo, no se puede atribuir: *las hijas son ambas* es agramatical. Es curioso notar la expresion redundante *ambos dos*, donde *dos* se utiliza como adjetivo y no como cuantificador, mientras que es imposible *dos ambos*, ya que *ambos* no se puede utilizar como adjetivo, tal como estamos diciendo.

Pero, en alemán, *beide* se puede comportar igual que *dos* o *muchos* en español: como cuantificador o como adjetivo. Podemos decir en alemán (Engel 1988: 541) *beide Schwestern* 'ambas hermanas' o *die beiden Schwestern* 'las ambas hermanas'. En el uso adjetivo, puede coaparecer con el pronombre *wir* 'nosotros'; se puede decir en alemán *wir beiden* 'nosotros ambos' (es decir, *nosotros dos*) lo cual es imposible en español, por lo antes dicho.

En húngaro, el cuantificador que corresponde a *ambos* es *mindkettő*, formado por las palabras *mind* 'todo' y *kettő* 'dos'. Como ocurre en español, sólo se puede usar como cuantificador. Por ello, si se quiere utilizar el artículo, entonces se deshace la palabra y se analiza en sus dos palabras originarias, de tal modo que el alemán *die beiden* (lit. 'los ambos') se ha de traducir al húngaro como *mind a kettő* (lit. 'todos los dos', que es la expresión usada en francés: *tous les deux*), donde *a* es el artículo determinado. Es decir, desaparece la palabra *ambos* como tal y aparecen los dos elementos que la componían, uno de los cuales (el numeral *dos*) es el que recibe el artículo. De modo similar, la expresión alemana *wir beide* 'nosotros ambos' se traduce al húngaro como *mi ketten*, donde *ketten* es el caso adverbial de *kettő* 'dos'; por tanto, algo así como 'nosotros en dos'.

Los cuantificadores universales negativos se suelen expresar en las lenguas mediante una negación: español "ninguno", ruso никто *nikto* 'nadie', de ни *ni* 'no' y кто *kto* 'quién'. En otros casos, tenemos palabras que probablemente provengan de giros negativos pero que no contienen negación; es el caso del alemán *kein* y del neerlandés *geen*. Estos cuantificadores pueden ser traducidos como *ningún/os* en español:

(11)
Alemán

Ein Pferd / kein Pferd
un caballo / ningún caballo

Este cuantificador se emplea en oraciones copulativas:

(12)
Alemán

Er ist kein Tunichgut
él es ningún tunante
'No es un tunante'

Ahora bien, cuando el atributo lleva un artículo determinado, entonces hay que emplear la negación *nicht* (Engel 1988: 550):

(13)
Alemán

a) Otto ist der Chef
   'Otto es el chef
b) Otto ist nicht der Chef
   'Otto no es el chef'

La negación de un cuantificador universal positivo no equivale a un cuantificador universal negativo. Sean, por ejemplo, las dos oraciones siguientes:

(14)
Castellano

a) Ninguno lo sabe
b) No todos lo saben

En el primer caso, se nos dice que respecto de todos los que lo podrían saber, se da que no lo sabe ni uno solo; pero, en el segundo, se nos dice que los que lo saben no son todos los individuos que podrían saberlo.

En términos de lógica, a la primera oración le corresponde la primera fórmula, y a la segunda, la segunda fórmula:

(15)
FORMAS LÓGICAS DE (14a), (14b)

a) Para todo x (no sabe (x, l))
b) No para todo x (sabe (x, l))

donde *l* es la constante que corresponde a *lo* y *x* es una variable.

Por otro lado, la oposición "nadie/ninguno" lo es entre un cuantificador universal colectivo y distributivo.

(16)
Castellano

a) *Nadie está enfadado con el otro
b) Ninguno está enfadado con el otro
c) Nadie cantó al unísono
d) *Ninguno cantó al unísono

Siguiendo parcialmente a Barwise y Cooper (1981) (véase también Moreno 1987b), los cuantificadores de las lenguas naturales poseen algunas propiedades intrínsecas muy interesantes.

Una primera propiedad opone los cuantificadores fuertes a los débiles. Los fuertes como *todo* o *ninguno* o *los dos* implican siempre la totalidad de los elementos que se caracterizan mediante el nombre común o adjetivo que restringe su rango:

(17)
Cuantificadores fuertes

a) "Todo hombre" *involucra* a todos los hombres que hay
b) "Ningún gato" *involucra* a todos los gatos que hay
c) "Los dos gatos" *involucra* a todos los gatos que hay

Las oraciones que presenten los sintagmas cuantificadores de (17) serán ciertas en todos los contextos en los que haya alguna entidad que se pueda caracterizar como *hombre* o como *gato*, o en los contextos en que haya exactamente dos entidades que se puedan caracterizar como gatos.

Los cuantificadores débiles no involucran la totalidad de los elementos que se caracterizan mediante ese nombre común o adjetivo: *muchos* o *algunos* son determinantes débiles:

(18)
Cuantificadores débiles

a) "Muchos hombres" *no involucra* todos los hombres que hay
b) "Algunos gatos" *no involucra* todos los gatos que hay
c) "Pocos gatos" *no involucra* todos los gatos que hay

Cuando se dice *muchos hombres* no se implican todos los hombres que se pueden determinar en el contexto discursivo; ni tampoco se implican todos los gatos cuando se dice *algunos gatos*, ni tampoco cuando se dice *pocos gatos*.

Si concebimos como un conjunto de entidades lo denotado por *hombre* o *gato* y decimos que *todo* se aplica a un conjunto de entidades para obtener una familia de conjuntos de entidades; entonces diremos que el conjunto denotado por *hombre* debe pertenecer al denotado por *todo hombre*, pero esto no ocurre con *muchos hombres*, ya que este sintagma denota una familia de conjuntos de entidades que tienen en común elementos con *hombre* pero que no agotan este conjunto. Es decir, *muchos hombres* denota todos aquellos conjuntos de entidades en los que haya muchos seres humanos, pero no todas las entidades que se pueden caracterizar como hombre. En el segundo tomo, veremos esto de forma más precisa (en la sección tercera del capítulo 5).

Otra clase de oposición se da entre cuantificadores de monotonía creciente o decreciente frente a cuantificadores no monótonos.

Supongamos que tenemos un predicado compuesto como *llegar tarde*; decimos que el predicado *llegar tarde* está propiamente incluido en *llegar*: todo el que ha llegado tarde ha llegado, aunque no todo el que ha llegado ha llegado tarde, necesariamente. Un cuantificador es monótonamente creciente si, a partir de una predicación en la que intervenga como sujeto, se puede deducir la predicación que contiene a la primera.

Por ejemplo, a partir de

(19)
Castellano

Muchos hombres llegaron tarde

se puede deducir:

(20)
Castellano

Muchos hombres llegaron

pero no al contrario. Es decir, de *muchos hombres llegaron* no se puede deducir *muchos hombres llegaron tarde*.

Un cuantificador será monótonamente decreciente cuando, a partir de una predicación en la que intervenga como sujeto, se puede deducir una predicación que esté contenida en ella.

Por ejemplo, de

(21)
Castellano

Ningún hombre llegó

se puede deducir:

(22)
Castellano

Ningún hombre llegó tarde

pero no al revés. De "*ningún hombre llegó tarde*", no se puede deducir *ningún hombre llegó*.

Un cuantificador no monótono será aquel que no se comporta de ninguna de las dos formas anteriores. Un ejemplo puede ser *exactamente dos*.

De

(23)
Castellano

Exactamente dos hombres llegaron tarde

no se deduce

(24)
Castellano

Exactamente dos hombres llegaron

ni de esta última oración se puede deducir la primera. En la sección tercera del capítulo 5 del segundo tomo volveremos a explicar esto de modo más técnico.

Aparte de estas propiedades, que podríamos denominar internas, podemos comprobar otra propiedad de los cuantificadores, que es posible calificar como externa. Nos referimos al alcance del cuantificador. El alcance de los cuantificadores interacciona cuando aparecen dos cuantificadores en una oración. Por ejemplo, sea la siguiente oración:

(25)
Castellano

Todo estudiante habla una lengua extranjera

Esta oración tiene dos interpretaciones:

(26)
Dos interpretaciones de 25

a) Cada estudiante habla una lengua extranjera (no necesariamente la misma)
b) Cada estudiante habla una misma lengua extranjera

En la primera acepción, el cuantificador *una* está dentro del alcance de *todo*, pero en la segunda es al revés, es *todo* el que está dentro del alcance de *una*. En el nivel denominado en el capítulo 9 "forma lógica", podemos representar cada una de estas acepciones mediante la posición del cuantificador. El cuantificador que está más a la izquierda es precisamente el que posee mayor alcance. Tendríamos, entonces, las siguientes dos representaciones simplificadas en ese nivel de la forma lógica:

(27)
Representaciones en forma lógica de (26a) y (26b)

a) para todo x hay un y (estudiante(x) & lengua(y) habla(x, y))
b) hay un y para todo x (estudiante(x) & lengua(y) habla (x, y))

Obsérvese que la pasiva de la oración (25) favorece la segunda interpretación del alcance de los cuantificadores:

(28)
Castellano

Una lengua extranjera es hablada por todo estudiante

Otro caso de interacción lo vemos en la oración siguiente:

(29)
Castellano

Dos policías detuvieron a tres manifestantes

Esta oración se puede interpretar de las siguientes formas:

(30)
Dos interpretaciones de (29)

a) Dos policías conjuntamente detuvieron a tres manifestantes
b) Cada uno de dos policías detuvo a tres manifestantes

En el primer caso, se hallan implicados sólo tres manifestantes, pero, en el segundo, se hallan implicados seis manifestantes (tres por cada policía).

Obsérvese que *dos policías* en (30a) posee un uso colectivo y no distributivo, igual que *tres manifestantes* en esa misma oración. Sin embargo, en (30b) *dos policías* posee un uso distributivo y *tres manifestantes* posee un uso colectivo.

Pero, si tomamos *dos policías* en sentido colectivo y *tres manifestantes* en sentido distributivo, obtendremos una tercera acepción, que se podría parafrasear así:

c) De tres manifestantes se predica que hubo dos policías que conjuntamente los detuvieron.

En este último caso, se hallan implicados exactamente tres manifestantes y seis policías: dos para cada uno de ellos.

De todo ello se deduce que los cuantificadores distributivos poseen siempre mayor alcance que los cuantificadores colectivos.

Por ejemplo, en la oración (extraída de López Palma, 1985: 58).

(31)
Castellano

Cada invitado ha roto una copa

cada tiene mayor alcance que *una* necesariamente, ya que aquél es un cuantificador intrínsecamente distributivo.

Existen, además, formas de dar a una frase cuantificada mayor alcance que a cualquier otra frase. Por ejemplo si a *un/dos estudiante/s* le añadimos el adjetivo *cierto/s* o *determinado/s* éste tendrá siempre mayor alcance que cualquier otro cuantificador que aparezca en la oración (cfr. Hornstein, 1986: 21).

Por ejemplo:

(32)
Castellano

Todo profesor suspendió a un estudiante

si *un estudiante* posee menor alcance que *todo profesor*, entonces se puede interpretar que no se trata siempre del mismo estudiante. Sin embargo, si añadimos *cierto* o *determinado* se dice que se trata siempre del mismo estudiante y, por tanto, ese cuantificador tiene siempre mayor alcance:

(33)
Castellano

Todo profesor suspendió a cierto/determinado estudiante

esta oración sólo puede significar que todos los profesores suspendieron al mismo alumno y, por tanto, *cierto estudiante* posee mayor alcance que *todo profesor*.

Es interesante estudiar los factores que provocan que un cuantificador tenga mayor alcance que otro. Un factor que parece importante es el de la función sintáctica que desempeñe el sintagma nominal que contiene el cuantificador: el cuantificador del SN con función de sujeto tiende a interpretarse como de mayor alcance que el cuantificador que aparece en el SN con función de objeto (*vid.* Ioup, 1974: 43). Compárese, por ejemplo:

(34)
Castellano

a) Todos los coches tienen un garaje
b) Un garaje tiene todos los coches

En el primer caso, el cuantificador *todos* posee mayor alcance que *un* en la interpretación más inmediata: cada coche está en un garaje diferente. En el segundo caso, se tiende a interpretar que todos los coches están en el mismo garaje. En ambos casos, el cuantificador que está en el sintagma con función de sujeto es el que tiene mayor alcance.

Otro factor que también parece ser determinante del mayor alcance de un cuantificador, es el de la estructuración de la oración en *tema* y *rema* (véase capítulo 28). Los cuantificadores contenidos en la parte de la oración que tiene más contenido informativo, el rema, tienden a interpretarse como cuantificadores de mayor alcance que los demás. Normalmente, los complementos circunstanciales suelen ocupar las posiciones remáticas. Veamos un ejemplo:

(35)
Castellano

Dos personas fueron heridas en una manifestación

Esta oración significa normalmente que en la misma manifestación se hirió a dos personas, no que existen dos manifestaciones en cada una de las cuales se hirió a dos personas. Por tanto, *una* posee mayor alcance que *dos*. De modo análogo, considérese la siguiente oración:

(36)
Castellano

Vi dos asesinatos desde una ventana

Esto significa normalmente que presencié los dos crímenes desde la misma ventana, no que existen dos ventanas desde las cuales vi un asesinato. Por tanto, *una* posee mayor alcance que *dos* en esta oración. Veamos un último ejemplo:

(37)
Castellano

Dos hombres murieron a causa de una bomba

La interpretación más inmediata de esta oración consiste en decir que la misma bomba mató a dos hombres, no que dos bombas mataran a un hombre cada una. Por tanto, *una* tiene mayor alcance que *dos* también en este caso.

De todas maneras, obsérvese que es posible obtener, en los tres casos, la acepción que hemos descartado si el complemento circunstancial deja de interpretarse como información remática. Por ejemplo, fijémonos en el último caso. Supongamos que hacemos una estadística sobre la forma en que murieron una serie de personas; por explosión de bomba sólo encontramos dos personas y, por accidente de coche, encontramos diez. Entonces podemos decir:

(38)
Castellano

Dos hombres murieron a causa de una bomba y diez a causa de un accidente de tráfico

En estos caso, ni *a causa de una bomba* ni *a causa de un accidente de tráfico* contienen información nueva; más bien la aportan *dos hombres* y *diez hombres,* pues estamos haciendo una estadística sobre el número de gente que murió de determinada forma. Sólo en estos casos se puede dar una interpretación en la que *dos hombres* tiene mayor alcance que *una bomba* y, por tanto, se trata de dos bombas diferentes las que acabaron con la vida de dos hombres determinados. La determinación de la información remática depende del contexto discursivo y, por tanto, no es de extrañar esta variación.

Lo que sí es cierto es que la interpretación no marcada parece ser la que hemos dado en primer lugar, ya que, en el discurso, es más frecuente que los complementos lleven el peso remático o más informativo de la oración.

Podemos establecer una jerarquía respecto de los tres criterios que hemos considerado pertinentes para la determinación del alcance de los cuantificadores. Los criterios son: alcance determinado intrínsecamente (por las propiedades del cuantificador) y alcance determinado extrínsecamente por el contenido remático y por la función sintáctica. La jerarquía se puede establecer del siguiente modo:

(39)
Jerarquía del alcance de la cuantificación

        alcance intrínseco > contenido remático > función sintáctica

Esto significa que el primer factor es superior al segundo y el segundo es superior al tercero. Por ejemplo, sea la siguiente oración:

(40)
Castellano

Dos estudiantes fueron suspendidos en un determinado examen

Como existe la expresión *un determinado examen* que tiene intrínsecamente un alcance superior, no se entra en más consideraciones y se le asigna el mayor alcance a este cuantificador.

En la oración:

(41)
Castellano

Dos estudiantes fueron suspendidos en un examen

entra en juego el segundo factor y se asigna a *un* mayor alcance, ya que se concede mayor contenido informativo al sintagma en el que aparece.

Por último, en la oración:

(42)
Castellano

A dos estudiantes les suspendió un profesor

parece ser el último criterio el que entra en juego y es el cuantificador que está en el sintagma con función de sujeto el que posee mayor alcance.

1. ¿Son cuantificadores sintagmas como:

    (43)
    a) La tira de estudiantes
    b) Un montón de estudiantes
    c) La repanocha de estudiantes
    d) La intemerata de estudiantes

2. ¿Hay cuantificación en *más hombres que mujeres, tantos profesores como alumnos, un tercio más de profesores que de alumnos*?

3. ¿Qué diferencias existen en español entre *alguien* y *alguno*?

4. Diga si los siguientes sintagmas cuantificados contienen un cuantificador fuerte o débil:

    (44)
    a) Los dos hombres
    b) La mitad de los hombres
    c) La tira de hombres
    d) Exactamente cuatro mujeres
    e) Las cuatro mujeres

5. Dé algunas de las interpretaciones posibles de la oración:

    Dos grúas subieron tres coches

CLAVE 1. Para comprobar que, en efecto, se trata de sintagmas cuantificados basta ver que existe un dominio de cuantificación que, en el caso que nos ocupa, está representado por *estudiantes* y que tienen un alcance que puede interactuar con el de otros cuantificadores. Por ejemplo, si comparamos las dos oraciones siguientes:

   (45)
   a) La tira de estudiantes aprobó tres exámenes
   b) Tres exámenes fueron aprobados por la tira de estudiantes

   En el caso primero, el cuantificador *la tira* tiene mayor alcance que el cuantificador *tres* y, en el caso segundo, ocurre al contrario, *tres* tiene mayor alcance que *la tira*. Es decir, la interpretación normal de la segunda oración es que hubo tres exámenes determinados que fueron aprobados por un número ingente de estudiantes y la de la primera es que fue un número grande de estudiantes el que aprobó al menos tres exámenes, aunque no necesariamente los mismos.

2. Se puede decir que *más... que*, *tantos... como* o *un tercio más de... que de*, son cuantificadores transitivos; es decir, cuantificadores que cuantifican sobre dos dominios y no sobre uno. En efecto, sea la siguiente oración:

   Han asistido a la conferencia más profesores que alumnos

   Lo que hacemos aquí es comparar el número de alumnos que asistieron a la conferencia con el de profesores que lo hicieron y decimos que el primer número es menor que el segundo; estamos ante una cuantificación comparativa y como tal es transitiva, ya que se ven involucrados dos conjuntos diferentes. Los cuantificadores transitivos se estudian en el tomo segundo, sección 3 del capítulo 5.

3. Los cuantificadores *alguien* y *alguno* son ambos existenciales, débiles y crecientes. ¿Dónde está, pues, la diferencia? Al parecer, la diferencia entre:

   (46)
   a) Alguien lo hará
   b) Alguno lo hará

   está en que, en general, en el segundo caso se está pensado en un dominio de cuantificación determinado y en el primero no ocurre tal cosa. Es decir, cuando se dice *alguno lo hará*, parece que se da por sentada la existencia de un grupo más o menos determinado por el contexto en el que podrá estar la denotación de ese "alguno". Por otro lado, cuando se dice *alguien lo hará* parece que no se da por sentada la existencia de tal grupo determinado. Podemos decir que *alguien* es un cuantificador existencial de dominio abierto y *alguno* es un cuantificador existencial de dominio cerrado.

4. Los cuantificadores de (44a) y (44e) son fuertes y los demás son débiles. Para comprender por qué *los dos* es un cuantificador fuerte, basta con hacer la siguiente consideración. El sintagma cuantificado *los dos hombres* sólo puede usarse propiamente en aquellos contextos en los que se ha establecido un miniuniverso de referencia en el que sólo hay dos hombres; en esos contextos, es claro que *los dos* involucra la totalidad de las entidades que están caracterizadas como *hombres*. Por otro lado, *uno de los dos* sería un cuantificador débil en esos mismos contextos.

5. Las interpretaciones que pueden hacerse son, por lo menos, las siguientes:

(47)
a) Cada grúa subió tres coches por separado (hay seis coches elevados).
b) Cada grúa subió a la vez tres coches (hay también seis coches elevados).
c) Las dos grúas conjuntamente subieron tres coches por separado (hay tres coches subidos).
d) Las dos grúas conjuntamente subieron tres coches a la vez (hay tres coches subidos).

Los siguientes diagramas ayudan a ver las diferentes acepciones:

a)

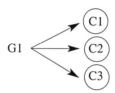

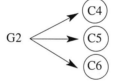

b)

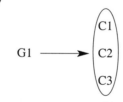

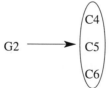

c)

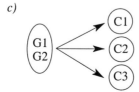

d)

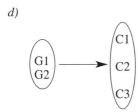

G1 y G2 simbolizan las grúas y C1, C2, C3, los coches subidos.

CUESTIONES PROPUESTAS

1. ¿Qué tipo de cuantificación encontramos en los siguientes sintagmas nominales?:

    (48)
    a) Pocos estudiantes
    b) Los pocos estudiantes que quedan
    c) La totalidad de los estudiantes
    d) Los más estudiantes
    e) Relativamente más estudiantes que profesores
    f) La mayor parte de los estudiantes
    g) Uno de cada quince estudiantes
    h) Aproximadamente tres cuartas partes de los más de quinientos estudiantes

2. ¿Qué factores intervienen en la determinación del alcance relativo de los cuantificadores en las siguientes oraciones?:

    (49)
    a) Un hombre ha muerto en dos hospitales
    b) Un médico ha operado en dos hospitales
    c) Han identificado a tres malhechores en tres bares de tres ciudades

3. Establezca las interpretaciones posibles de:

    (50)
    Dos editores han publicado tres poemarios

ORIENTACIÓN BIBLIOGRÁFICA

BENTHEM, J. van y A. Ter MEULEN: *Generalized Quantifiers in Natural Language,* Foris, Dordrecht, 1985.
Este libro es una recopilación de artículos sobre la teoría de los cuantificadores generalizados. El nivel de estos artículos es muy elevado y, por tanto, sólo podrán acceder a ellos quienes hayan asimilado los fundamentos de la teoría, tal como se exponen en B. Partee, Ter Meulen y R. Wall 1990, que citamos más abajo.

BOSQUE, I. y V. DEMONTE (dirs.): *Gramática Descriptiva de la Lengua Española*, Madrid, Espasa-Calpe, 1999.
En este magna obra hay dos capítulos dedicados a los cuantificadores. El dieciséis es de Cristina Sánchez López y en él se analizan las clases de cuantificadores y las estructuras cuantificativas (1.025-1.128). El dieciocho es de F. Marcos Marín y está dedicado por entero a los numerales (1.189-1.208).

COOPER, R.: *Quantification and Syntactic Theory,* Reidel, Dordrecht. 1983.
Importante estudio sobre la sintaxis de la cuantificación en las lenguas naturales, hecho desde el punto de vista de la gramática de Montague. Es un libro muy avanzado y no apto para principiantes. Se trata de uno de los máximos exponentes de la utilización de métodos lógicos en lingüística.

COYAUD, M.: "Conectores y cuantificadores en las lenguas documentales y en las lenguas naturales" en B. Pottier *Semántica y Lógica,* Madrid, Gredos, 1983 [1976], pp. 274-310.
Se trata de un estudio interlingüístico sobre los cuantificadores respecto de su relación con los pronombres interrogativos y la negación. También se analizan algunos tipos de conjunciones en diversas lenguas.

DEMONTE, V. y M. FERNÁNDEZ LAGUNILLA (eds.): "Cuantificadores visibles e invisibles y forma lógica de las oraciones", capítulo 5 de V. Demonte y M. Fernández Lagunilla (eds.), *Sintaxis de las Lenguas Romances,* Madrid, El Arquero, 1987, pp. 371- 416.
En este capítulo del libro citado se recogen dos artículos sobre cuantificadores en la teoría de la rección y el ligamiento y un tercero sobre cuantificadores generalizados, de carácter introductorio.

DÖHMANN, K.: "Die sprachliche Darstellung der Quantifikatoren" en A. Menne y G. Frey (hrsg.), *Logik und Sprache,* München, Francke, 1974, pp. 92-118.
Es éste un estudio interlingüístico utilísimo, en el que se muestra cómo se realizan los distintos cuantificadores lógicos en las lenguas naturales. Hay datos de muy diversas lenguas. Por ello es un artículo muy interesante.

GÄRDENFORS, P.: *Generalized Quantifiers,* Reidel, Dordrecht, 1987.
En este libro, se recogen una serie de ensayos sobre la teoría de los cuantificadores generalizados. Tales ensayos tienen cierto grado de dificultad y, por tanto, no son adecuados para el principiante.

LÓPEZ PALMA, H.: *La interpretación de los cuantificadores. Aspectos sintácticos y semánticos*, Madrid, Visor Libros, 1999.
Excelente obra de conjunto en la que se examinan con detalle los cuantificadores del español, utilizando los conceptos que aquí hemos explicado. La cuestión del ámbito de los cuantificadores se trata en profundidad. Es un libro muy recomendable para profundizar en muchas de las cosas que nosotros hemos sólo esbozado.

MCCAWLEY, J. D.: *Everything that linguists have always wanted to know about Logic,* The University of Chicago Press, 1981.
En las pp. 87-103 y 425-460 se analizan los cuantificadores de las lenguas naturales desde una perspectiva lógica. Constituyen una introducción excelente a algunos problemas clásicos de la cuantificación en las lenguas naturales.

PARTEE, B., A. TER MEULEN, R. WALL (1990): "Generalized Quantifiers", capítulo 14 de B. Partee, A. ter Meulen y R. Wall *Mathematical Methods in Linguistics,* Reidel, Dordrecht, 1990, pp. 373-401.
Exposición elemental y clarísima de la teoría de los cuantificadores generalizados. La lectura de este capítulo permite acceder a bibliografía más especializada sobre el tema.

VAN RIEMSDIJK, H. y E. WILLIAMS (1986): "Cuantificación", capítulo 13 de H. van Riemsdijk y E. Williams *Introducción a la teoría gramatical,* Madrid, Cátedra, 1990, pp. 285-306.
Los problemas relacionados con la cuantificación han sido siempre claves en el desarrollo de la Gramática Generativa. En este capítulo, se analiza cómo han influido algunos de esos problemas en el desarrollo de dicha Gramática Generativa.

14
LAS CATEGORÍAS ADNOMINALES II
El adjetivo

1. Introducción

El adjetivo es una parte del discurso que funciona fundamentalmente como modificador intensional del nombre. En las lenguas en las que existe una categoría morfológicamente aislable de adjetivo, éste posee unas características de tinte nominal. Por ejemplo, en muchas lenguas con número y género el adjetivo puede especificarse también para ambas cosas. Ahora bien, el adjetivo es secundario en cuanto a este asunto respecto del nombre. Esto significa que, si en una lengua el adjetivo posee determinación de género y número, entonces también los poseerá el nombre, pero no viceversa; es decir, en una lengua el sustantivo puede tener morfemas de género o número sin que los tenga el adjetivo. Por ejemplo, en inglés el nombre posee género (inherente) y número (morfemático): *man* es masculino (pues se asocia al pronombre *he* 'él') y singular (frente *men*); pero el adjetivo no posee ni una cosa ni otra. En español, tenemos un adjetivo con número y género y, por tanto, el sustantivo también conocerá ambas cosas. Así, *altos* está especificado para género (masculino) y número (plural), y un sustantivo como *hombres* también está determinado gramaticalmente para ambas cosas: género (es compatible con el artículo *los* y no con *las*) y número (que opone *hombre* a *hombres*).

De aquí, se puede establecer que el adjetivo es una categoría nominal derivada o, si se quiere, marcada, respecto a la de nombre. Esto supone varias implicaciones universales. En primer lugar, si una lengua conoce el adjetivo también deberá conocer el nombre:

(1)
Ley universal sobre la relación adjetivo-nombre

Adjetivo ⇒ Nombre

Es decir, la categoría de adjetivo implica a la de nombre pero no al revés; en efecto, hay muchas lenguas que conocen el nombre pero no el adjetivo.

En segundo lugar, si en una lengua existe el adjetivo, entonces, las determinaciones gramaticales nominales que posea las presentará también el nombre, pero no necesariamente viceversa:

(2)
Ley universal sobre las categorías gramaticales que afectan a nombre y adjetivo

$RG/N_{adj} \Rightarrow RG/N_{nom}$

donde: RG/N = rasgo gramatical nominal (género, número, caso, persona); adj = adjetivo; nom = nombre.

Es decir, si en una lengua el adjetivo está determinado para una serie de rasgos gramaticales nominales, entonces el sustantivo también habrá de estarlo, pero no viceversa.

En efecto, los adjetivos poseen determinación de género, número y caso en latín y griego antiguo; de acuerdo con la implicación vista, esto significa que, en estas lenguas, los sustantivos tendrán también estas determinaciones.

En árabe, el adjetivo tiene determinación de número, género, caso y definidad que, según la misma implicación, también tienen los sustantivos. Sea el siguiente ejemplo (Lecomte 1968: 103):

(3)
Árabe clásico

'aja:fu min al-kalb-i   l-qabi:h-i
temo al   el-perro-obj el-malvado-obj
'Temo al perro malo'

donde *l-qabihi* concuerda con *kalb*, 'perro', en género, número, caso y definidad: *l-* es el artículo definido e *-i* es la terminación de caso oblicuo.

En turco, al adjetivo no presenta determinación gramatical de número y caso aunque sí las presenta el sustantivo.

Estudiaremos en las secciones sucesivas los tipos de adjetivos en las lenguas, la extensión de esta categoría y, por último, una determinación gramatical que se suele asociar al adjetivo, que es el concepto de *grado*.

2. Tipos de adjetivos

Existe un importante estudio de R. M. W. Dixon (1977), en donde se analiza el adjetivo como categoría gramatical desde un punto de vista interlingüístico. Vamos a seguir en este apartado las ideas de este lingüista.

Después de un estudio interlingüístico amplio, Dixon llega a la conclusión de que no todas las lenguas conocen la categoría de adjetivo y de que hay muchas que, aun conociéndola, poseen un inventario muy restringido de adjetivos.

Dixon propone una serie de conceptos básicos que son típicamente representados por adjetivos en las lenguas que conocen esta parte del discurso; son los siete siguientes:

(4)
Conceptos básicos expresados por los adjetivos

1. *Dimensión:* grande, pequeño, largo, corto.
2. *Propiedad física:* pesado, liviano, suave, áspero.
3. *Color:* blanco, negro, amarillo.
4. *Propensión humana:* celoso, feliz, amable, listo.
5. *Edad:* joven, viejo, anciano.
6. *Valor:* bueno, malo, limpio, perfecto, pobre.
7. *Velocidad:* rápido, lento.

La idea es que, por pocos adjetivos que tenga una lengua, éstos expresarán alguno de estos siete significados. Por ejemplo, el ibo, lengua africana, sólo tiene ocho adjetivos: *grande/pequeño, nuevo/viejo, blanco/negro* y *bueno/malo.* Como se ve, son todos conceptos pertenecientes a una de estas siete clases semánticas.

Otra lengua africana, el hausa, tiene unos doce adjetivos y todos sus significados pertenecen a una de estas siete clases.

Si una lengua posee una clase grande de adjetivos, entonces tendrá un adjetivo para todas y cada una de estas clases semánticas.

Está claro que si el adjetivo es una palabra que nos indica propiedades de las entidades a que nos referimos mediante los sustantivos, entonces, las propiedades físicas (1, 2, 3, 5, 7) y las evaluativas (4, 6) serán las más recurrentes en el significado de esta parte del discurso.

En caso de una lengua con pocos adjetivos, algunos de estos conceptos se expresan mediante otras clases de palabras como nombres o verbos. Por ejemplo, en lenguas con una serie muy restringida de adjetivos, se emplea el verbo para denotar la *propiedad física y la velocidad.*

Por ejemplo, en la lengua bantú bemba (Dixon 1977: 37) sólo hay veinte adjetivos; muchos conceptos de propiedad física se expresan mediante verbos y la mayoría de *propensión humana,* mediante nombres abstractos.

Según Dixon, estos contenidos semánticos pueden servir para establecer el orden no marcado de los adjetivos entre sí. Dixon (1977: 24) propone la siguiente ordenación de mayor a menor lejanía respecto del sustantivo:

(5)
Orden relativo de los adjetivos respecto del concepto básico que expresan

1. Valor.
2. Dimensión.
3. Propiedad Física.
4. Velocidad.
5. Propensión Humana.
6. Edad.
7. Color.

Este orden se ve ejemplificado en los dos casos siguientes (tomados de R. Hetzron 1978: 170):

(6)
Ejemplos de ordenación relativa de adjetivos

a) *Inglés:*
   beautiful (1) big (2) red (7) ball
b) *Húngaro:*
   szép (1) nagy (2) piros (7) labda
c) *Castellano:*
   bonita pelota roja grande

Obsérvese que, en español, los adjetivos de valor se suelen anteponer y el orden más normal de los dos pospuestos es, en efecto, aquel en el que el adjetivo de color va más cerca que el adjetivo de dimensión. Obsérvese que la siguiente secuencia:

(7)
Castellano

roja pelota grande bonita

es una expresión ciertamente inusual y muy marcada, si no agramatical. Esto indica que la posicion prenominal está más *alejada* del sustantivo que la postnominal.

En las lenguas en las que el adjetivo puede aparecer tanto detrás como delante del nombre, existe la clara tendencia a convertir el adjetivo de edad en adjetivo de *valor*, cuando va pospuesto. Esto ocurre en francés y español. Se da en pares tan conocidos como *viejo amigo* frente a *amigo viejo* o *buen hombre* frente a *hombre bueno*. En *hombre bueno* vemos un adjetivo que denota propensión humana y en *buen hombre* vemos una valoración afectiva de hombre.

Esto tiene que ver con el distinto valor semántico del adjetivo pospuesto y antepuesto. El adjetivo pospuesto nos sirve para identificar el referente extensionalmente, es decir, nos da una propiedad del referente al que aludimos mediante el nombre. Sin embargo, el adjetivo antepuesto nos modifica semánticamente el sustantivo desde el punto de vista intensional, no extensional. Así, en *un amigo viejo* nos referimos normalmente a una persona caracterizada como *amigo* y le atribuimos la propiedad de tener una edad avanzada; pero en *un viejo amigo*, el adjetivo modifica semánticamente el concepto de *amigo*. En este caso, se nos dice que se trata de una amistad que surgió hace tiempo: aquí es la amistad lo que tiene avanzada edad y no necesariamente la persona objeto de esa amistad. Por tanto, el adjetivo antepuesto modifica el propio concepto expresado por *amigo*. Consiguientemente, *un viejo amigo* es un tipo de amigo.

En el caso del *adjetivo epíteto: la blanca nieve*, lo que ocurre es que el adjetivo no añade nada nuevo semánticamente al sustantivo y, entonces, lo que tenemos no es la denotación de un subtipo de lo referido por el sustantivo, sino simplemente de un énfasis sobre alguna nota característica del concepto encerrado en tal sustantivo: *las mansas ovejas*, *los enormes gigantes*, etc. Comparemos, para dar otro ejemplo, los dos sintagmas siguientes:

(8)
Castellano

a) Un inteligente estudiante
b) Un estudiante inteligente

En el primer caso, *inteligente* modifica el concepto de *estudiante* y lo que obtenemos es un tipo específico de estudiante. También se podría parafrasear esta acepción como *el que es inteligente como estudiante*. En el segundo caso, se nos denota una persona mediante *un estudiante* y se nos dice de ella que es inteligente; aquí *inteligente* no afecta al concepto de estudiante, no nos referimos a un tipo de estudiante sino a un tipo de persona, la forma de parafrasear sería algo así como *uno que es estudiante y que es inteligente*. De igual modo, *un viejo amigo* se puede parafrasear como *uno que es viejo como amigo* y *un amigo viejo*, como *uno que es amigo y que es viejo*.

Aparecen típicamente antepuestos aquellos adjetivos que realizan una cualificación epistémica sobre la o las cualidades denotadas por el sustantivo al que modifican. Adjetivos de cualificación epistémica son, por ejemplo: *supuesto*, *posible*, *dudoso*, *mero*, *pretendido*, *equívoco*, *indudable*, y sintagmas adjetivales como *mal llamado*. En algunos casos, sólo se admite la posición prenominal. Cuando se dan ambas las diferencias son claras. Por ejemplo, en:

(9)
Castellano

a) La supuesta valentía del soldado
b) La valentía supuesta del soldado

En el primer sintagma, se valora epistémicamente el nombre de valentía, ya que nos estamos refiriendo a unas propiedades del soldado aparentemente características de la valentía, pero que en realidad no la manifiestan. En el segundo sintagma, hablamos de la valentía del soldado como algo que éste no ha probado aún. En el primer caso, el soldado se ha comportado de una manera que parece valiente, pero que no lo es y, en el segundo, todavía no hemos observado el comportamiento relevante.

El carácter de valoración epistémica de estos adjetivos antepuestos concuerda con la hipótesis aquí defendida, ya que se trata de establecer si el concepto de valentía conviene o no al referente. En el caso de estos mismos adjetivos pospuestos –si es que se pueden posponer– remitimos directamente al referente sin valorar todavía la adecuación del concepto al mismo.

Esta distinción se manifiesta de otras maneras en las lenguas con orden fijo de adjetivos. Por ejemplo, en ruso todo adjetivo posee una forma corta y una forma larga (la primera sólo se utiliza como predicado y no como modificador del nombre). Por ejemplo, sean las dos oraciones siguientes (M. Siegel 1976: 297):

(10)
Ruso

a) Студентка умна
    Studiéntk-a úmn-a
    estudiante-fem-sing inteligente-fem-sing
    'La estudiante es inteligente'
b) Студентка умная
    Studiéntk-a únm-aya
    estudiante-fem-sing inteligente -fem-sing
    'La estudiante es inteligente'

Ambas oraciones significan lo mismo: 'la estudiante es inteligente' pero la primera tiene el adjetivo *inteligente* en forma corta y la segunda, en forma larga. El adjetivo en forma corta equivale a nuestro adjetivo pospuesto y, entonces, tenemos una estudiante inteligente como persona. En el segundo caso, se utiliza la forma larga del adjetivo y tenemos un significado correspondiente al adjetivo antepuesto: es inteligente como estudiante.

Además, podemos tener, esta diferencia incluso con nombres propios (M. Siegel 1976: 297-298). La diferencia entre:

(11)
Ruso

a) Иван умен
Iván úmen
Iván inteligente-masc-sing
'Iván es inteligente'

b) Иван умный
Iván úmnïi
Iván inteligente-masc-sing
'Iván es inteligente'

donde tenemos la forma masculina corta y larga del mismo adjetivo, estriba en que, en el primer caso, Iván es inteligente como persona (basta con mirarle para darse cuenta), pero, en el segundo caso, se nos dice que Iván es inteligente en tanto que desarrolla con inteligencia alguna actividad inespecificada; esta actividad o habilidad no se expresa en la sintaxis pero sí que se extrae del contexto.

Una subclase muy característica de adjetivos que denotan dimensión física y de los valorativos es la de los llamados *adjetivos relativos* (véase J. J. Katz 1974: 254-261). Estos adjetivos relativizan la propiedad que denotan a una clase de objetos o entidades. Si decimos

(12)
Castellano

Esta montaña es más alta que aquel edificio

no podemos deducir:

(13)
Castellano

Esta montaña es alta

Lo primero puede ser verdad sin serlo lo segundo. Sin embargo, esto no ocurre con un adjetivo absoluto. Si decimos

(14)
Castellano

Esta montaña es más volcánica que aquel montículo

sí podemos deducir:

(15)
Castellano

esta montaña es volcánica

Esto se debe a que *volcánico* es un adjetivo absoluto y no relativo.

Cuando decimos *los rascacielos son altos* no podemos afirmar que sea falsa la afirmación alegando que, comparados con las montañas, los rascacielos no son altos, sino bajos. Esto es porque lo que queremos decir es que los rascacielos son altos para edificios, teniendo como clase de comparación la clase de los edificios. Cuando decimos *este rascacielos es alto* tomamos como clase de comparación la clase de los rascacielos. En general, *tomaremos como clase de comparacion la clase en la que está incluida inmediatamente la entidad considerada.* Veamos otro ejemplo:

(16)
Castellano

a) Las ballenas son grandes
b) Esa ballena es grande

En el primer caso, decimos que las ballenas son animales grandes y, en el segundo, que determinada ballena es grande en cuanto a ballena, es una ballena grande.

Hasta ahora, hemos visto adjetivos que denotan propiedades intrínsecas de las entidades. En las lenguas con muchos adjetivos, como el español, existen también adjetivos *relacionales,* que sirven para relacionar un objeto con otro. Por ejemplo: *ministerial, espacial, nacional, económico*. Como puede comprobarse, estos adjetivos se derivan de sustantivos y, por tanto, se pueden parafrasear mediante un sintagma encabezado por *de* que contiene ese sustantivo:

(17)
Castellano

a) Informe ministerial = informe del ministerio.
b) Viaje espacial = viaje al espacio.
c) Asunto nacional = asunto de la nación.
d) Problema económico = problema de la economía.

Estos adjetivos no suelen admitir la anteposición al sustantivo y esto encaja también con la visión de la cuestión que acabamos de esbozar, ya que se trata de establecer una relación entre dos referentes. A diferencia de los sustantivos, los adjetivos pueden requerir complementos, igual que los verbos: así, en español, *propenso* requiere un sustantivo precedido por *a*, *oriundo*, un sintagma precedido por *de* o *apto*, otro precedido por *para* (para más ejemplos, véase Bosque 1983b). De igual modo, en inglés (R. Quirk *et al.*, 1985: 1.221 y ss.) tenemos el adjetivo *averse*: *I am averse to* 'siento repugnancia por', que exige un sintagma preposicional encabezado por *to* 'a', *fond* 'aficionado', que exige otro encabezado por *of* 'de', *contingent* 'contingente', que requiere un sintagma encabezado por *on* o *upon* 'sobre'. En alemán (Engel 1988: 593) *tragbar* 'llevadero' exige un sintagma preposicional encabezado por *für* 'para', *blind* 'ciego', la preposición *gegen* 'hacia', *fertig* 'listo, preparado', la preposición *mit* 'con' o *bitter* 'amargo', que requiere *für* 'para'.

3. Grados del adjetivo

La categoría gramatical típica del adjetivo es la de grado. Dentro de ella, podemos comprobar las siguientes distinciones:

(18)
Grados del adjetivo

a) Positivo
b) Comparativo
c) Superlativo

A su vez, el comparativo puede ser:

(19)
Tipos de comparativo

a) De igualdad
b) De inferioridad
c) De superioridad

La forma positiva es la no marcada y la comparativa y superlativa son las marcadas en las lenguas.
Ambas formas son sintéticas en inglés y en ruso y analíticas en español.

(20)
Inglés

a) POSITIVO
old 'viejo'
b) COMPARATIVO
older 'más viejo'
c) SUPERLATIVO
oldest 'el más viejo'

(21)
Ruso

a) POSITIVO
старый stáríĭ 'viejo'

b) COMPARATIVO
старее stáreye 'más viejo'
c) SUPERLATIVO
старший stárshiï 'el más viejo'

(22)
Húngaro (Tompa 1972: 131)

a) POSITIVO
erős 'fuerte'
b) COMPARATIVO
erősebb 'más fuerte'
c) SUPERLATIVO
legerősebb 'el más fuerte'
d) EXCESIVO
legeslegerősebb 'el más extremadamente fuerte'

En realidad, las formas superlativas mencionadas son comparativas identificativas (una idea parecida la expresa Jespersen 1924: 292), que no necesariamente indican que una propiedad se tenga en el grado absolutamente más alto.

En efecto, en español mismo podemos ver que *el más viejo* es la forma comparativa con el artículo determinado, frente a *más viejo*. Si comparamos las dos oraciones siguientes:

(23)
Castellano

a) Juan es más viejo que todos
b) Juan es el más viejo de todos

veremos que en ambos casos hay una comparación: en el primer caso se predica o atribuye la cualidad graduada de Juan, pero, en el segundo, se identifica a Juan mediante esa cualidad graduada. Por tanto, estamos ante una forma comparativa identificativa y no ante una forma superlativa.

Conviene diferenciar entre los *grados del adjetivo y la graduación de un adjetivo*. Un adjetivo, además de presentarse en construcciones comparativas y superlativas, puede intensificarse o graduarse echando mano de determinados adverbios intensificadores o de determinados afijos. En castellano, decimos *muy viejo, poco viejo* o *viejísimo*; en inglés, *very old* 'muy viejo' o *extremely old* 'extremadamente viejo'; en ruso, очень старый *ochen' starîi* 'muy viejo' o довольно старый *dovol'no starîi* 'bastante viejo'.

En español, tenemos una construcción intensificadora analítica y otra sintética: *muy alto* frente a *altísimo*. La forma sintética supone un grado de posesión de la cualidad mayor que la analítica:

(24)
Castellano

a) Juan es muy alto, pero no altísimo
b) Juan no será altísimo, pero sí es muy alto

c) *Juan es altísimo, pero no muy alto
d) *Juan no será muy alto, pero sí es altísimo

Volvamos a los grados del adjetivo. Los comparativos de superioridad pueden ser sintéticos, como hemos visto en inglés y ruso, pero los de igualdad e inferioridad suelen ser analíticos. Por ejemplo, en inglés.

(25)
Inglés

a) COMPARATIVO DE IGUALDAD
   As old as 'tan viejo como'
b) COMPARATIVO DE INFERIORIDAD
   Less old than 'menos viejo que'

En general, se puede decir que la forma sintética en el comparativo de igualdad e inferioridad implica la forma sintética en el comparativo de superioridad. Es decir, si una lengua expresa sintéticamente el comparativo de igualdad o inferioridad, también expresará el de superioridad, pero no al revés. Esto significa que la forma no marcada es la del comparativo de superioridad frente al de igualdad e inferioridad.

4. La construcción comparativa y la estructura sintáctica de las lenguas naturales

La forma en que las lenguas construyen las oraciones comparativas posee gran importancia a la hora de establecer las características tipológicas de las mismas, tal como ha demostrado L. Stassen (1985) a quien seguiremos a partir de ahora. La construcción comparativa consta de los siguientes elementos:

(26)
Elementos constitutivos de la construccion comparativa

a) Primer término de comparación.
b) Segundo término de comparación.
c) Propiedad comparada.
d) Grado de la propiedad.

Podemos identificar estos elementos en la siguiente oración española:

(27)
Castellano

Juan es más alto que Pedro

Juan es el primer término de la comparación, *Pedro* es el segundo término de la comparación, *que* es el introductor o señalador de este segundo término, *alta* indica la propiedad comparada y *más*, el grado de la misma.

Una pregunta que surge inmediatamente es la de si la expresión de todos estos elementos es necesaria para la obtención de las estructuras comparativas en todas las lenguas. La conclusión a que se llega una vez analizadas algunas lenguas (J. C. Moreno 1987d: 22) es que sólo es imprescindible distinguir el segundo término de comparación del primero y expresar la propiedad; el grado no se indica en muchas de ellas. Por ejemplo, en coreano, no se marca formalmente más que el segundo término de la comparación, el resto es idéntico a una oración no comparativa:

(28)
Coreano

yong'o poda hangugmar-i oriowoyo
inglés que coreano-suj es difícil
'el coreano es más difícil que el inglés'

donde *poda* señala el segundo término de comparación y lo demás es idéntico a una oración copulativa no comparativa; *i* es el sufijo que indica sujeto:

(29)
Coreano

hangugmar-i oriowoyo
el coreano-suj es difícil
'el coreano es difícil'

Algo análogo ocurre en chino (J. C. Moreno 1987d: 22) y en otras lenguas.

Según Stassen (1985: 39-44) las lenguas se pueden clasificar de acuerdo con el tipo de construcción comparativa que empleen. Tal tipo se puede determinar según la forma de expresar el segundo término de la comparación, que hemos visto que es de expresión obligada en una construcción comparativa.

Según este criterio, las clases son las siguientes:

(30)
Tipos de estructuras comparativas

a) *Comparativas de alejamiento:* El segundo término de la comparación es indicado mediante una forma locativa de alejamiento:

Mundarí: sadom-ete hati mananga-i
    caballo-de elefante grande-es
    'El elefante es más grande que el caballo'

b) *Comparativas de acercamiento:* El segundo término de la comparación es indicado mediante una forma locativa de acercamiento:

Bretón: Jazo bras-ox wid-on
    él grande para mi
    'Él es más grande que yo'

c) *Comparativas locativas:* El segundo término de la comparación es indicado mediante un forma locativa:

Chucoto (Skorik 1961: 375):   Rərkə umqe-k arma-ng valən
morsa oso-loc fuerte-más es
'La morsa es más fuerte que el oso blanco'

d) *Comparativas de exceso:* El segundo término de la comparación es el objeto de un verbo que significa 'exceder', 'sobrepasar':

Vietnamita: Vang qui hon bac
oro valioso exceder plata
'El oro es más valioso que la plata'

e) *Comparativas de coordinación:* Se produce la conjunción adversativa de dos oraciones; una de ellas contiene el primer término y la otra, el segundo término de comparación:

Hixcariana: Kaw-ohra naha Waraka, kaw naha Kaywere
alto-no él-es W. alto él-es K.
'Waywere es más alto que Waraka'

Stassen pone en contacto estos tipos de comparativas con los mecanismos que usan las lenguas para expresar relaciones entre sucesos. Entre dos acontecimientos, puede haber dos relaciones temporales:

(31)
Dos tipos de relaciones entre sucesos

a) *Simultaneidad:*
P   Juan habla y fuma
H   Juan fuma hablando
b) *Consecución:*
P   Juan se cayó y se levantó
H   Caído Juan, se levantó

La *P* significa 'paratáctica' y la *H*, 'hipotáctica'; esto quiere decir que, en los casos *P* las oraciones o predicados que denotan los dos estados de hechos o acciones están en pie de igualdad sintáctica; pero en los casos de *H* uno de los predicados o proposiciones está subordinado al otro: es una proposición subordinada. Las dos acciones o estados de hechos se representan, pues, de modo desequilibrado. En este sentido, existen tres tipos de lenguas, según Stassen (1985: 100-101):

(32)
Tres tipos de lenguas según la expresión de las relaciones entre eventos

a) *Lenguas paratácticas:* Poseen construcciones paratácticas para la simultaneidad y para la consecución.
b) *Lenguas hipotácticas condicionales:* Poseen construcciones de simultaneidad y consecución en la que uno de los predicados es hipotáctico (es decir, puesto en forma subordinada) cuando los sujetos de ambos son idénticos. Serán posteriores o anteriores según sea el primero o segundo predicado el subordinado.

c) Lenguas hipotácticas absolutas: Son iguales a las anteriores, pero en ellas no actúa la condición de que los sujetos sean idénticos.

De esta manera, podemos tener una clasificación en términos como los siguientes:

(33)
Ejemplos de clasificación

a) Lenguas hipotácticas absolutas simultáneas e hipotácticas anteriores absolutas consecutivas: En estas lenguas, en las oraciones complejas en que se expresa consecución es la primera proposición la que será subordinada.
b) Lenguas con hipotácticas absolutas simultáneas e hipotácticas posteriores absolutas consecutivas: En estas lenguas, en las oraciones complejas que denotan consecución, es la segunda de las oraciones la que será subordinada.

Pues bien, Stassen (1985: 107) nos da las siguientes leyes universales que hacen depender los tipos de comparación de los tipos de lenguas que acabamos de esbozar.

(34)
Leyes universales sobre las construcciones comparativas

- Universal I: Si una lengua tiene una comparativa de alejamiento, entonces debe tener una construcción hipotáctica consecutiva anterior absoluta.
- Universal II: Si una lengua tiene una comparativa de acercamiento, debe tener también una construcción hipotáctica consecutiva posterior absoluta.
- Universal III: Si una lengua tiene una comparativa locativa, entonces debe también tener una construcción hipotáctica simultánea absoluta.

Veamos un ejemplo de uno de estos universales.
Un caso del universal I, lo vemos en tibetano (Stassen 1985: 115). En esta lengua existe una comparativa de alejamiento:

(35)
Tibetano

Rta-nas khyi chun-ba yin
caballo-desde perro pequeño es
'Un perro es más pequeño que un caballo'

pues bien, según predice el universal I, tendrá una construcción hipotáctica anterior consecutiva absoluta. En efecto, consideremos la siguiente oración:

(36)
Tibetano

Nam langs-nas athon-te-son
noche levantar-desde fuera-ir
'Después de que cayera la noche, él se fue'

Se observa que el verbo sin tiempo *langs* recibe la posposicion *desde*, con lo que *nam langsnas* es una proposición subordinada (hipotáctica), es anterior a la principal, es consecutiva, ya que indica un estado de hechos anterior al que indica la principal, y, además, es absoluta, ya que no se requiere que su sujeto sea el mismo que el de la oración principal.

1. Proponga principios que ordenen como más o menos marcados los siguientes sintagmas nominales:

   a) desmesurada crónica negra
   b) negra crónica desmesurada
   c) crónica desmesurada negra
   d) rápida revolución mental
   e) mental revolución rápida
   f) impresionante revolución mental rápida
   g) rápida revolución mental impresionante
   h) impresionante revolución rápida mental
   i) paradisíaca isla famosa
   j) famosa isla paradisíaca

2. Explique la diferencia de significado de estos sintagmas nominales de acuerdo con las consideraciones realizadas en el ejercicio anterior:

   k) gran libro / libro grande
   l) pequeña contribución / contribución pequeña
   m) negros augurios / augurios negros
   n) puro café / café puro

3. Analice las construcciones comparativas siguientes:

   (37)
   a) Turco (Stassen 1985: 121)
   Sen gül-den güzel-sin
   tú rosa -desde bonita- tú
   'Eres más bonita que una rosa'
   b) Nuer (Stassen 1985: 140)
   Dii ne gän ke ji
   grande soy yo a ti
   'Soy más grande que tú'
   c) Ibo (Stassen 1985: 167)
   Naja-ga mdia-da de dzegamkur
   él-suj excede-me con altura
   'Es más alto que yo'
   d) Kobón (Stassen 1985: 185)
   U kub u pro
   eso grande eso pequeño
   'Esto es más grande que eso'

e) Ñandía (Kent Andersen 1983: 109)
madzi ni cakudia konio cakudia
agua y comida buena comida
'La comida es mejor que el agua'

CLAVE 1. De estos ejemplos pueden deducirse fácilmente una serie de tendencias bien definidas. En primer lugar, los adjetivos que se usan o pueden usarse para expresar una evaluación tales como *rápido, impresionante, enorme* y *desmesurado*, en su uso evaluativo, tienen como posición no marcada la prenominal inmediata. De ahí que los sintagmas a), d), f) y j) sean preferibles. Hay, con todo algunos aspectos dignos de señalar aquí. Por ejemplo, respecto de f), g) y h) observamos que se puede establecer una gradación adjetival respecto a lo valorativo. Está claro que *impresionante* es más valorativo que *rápido*; por otro lado, *mental* es un adjetivo especificativo y no valorativo. La posición no marcada para los adjetivos valorativos es la prenominal inmediata y la no marcada para los adjetivos especificativos es la postverbal inmediata. Ello da cuenta de la buena formación de d) y la mala formación de e). Ya hemos observado que *impresionante* es más valorativo que *rápido*, por tanto, cuando coaparezcan ambos. la opción menos marcada será la que coloque *impresionante* en la posición prenominal inmediata; *rápido* habrá de ir en otro lugar. Como interviene el adjetivo especificativo *mental*, cuyo lugar es el postnominal inmediato, no queda más que el lugar postnominal siguiente y, por tanto, de f), g) y h) la forma menos marcada es f). El sintagma g) contradice la idea de que *rápido* es menos valorativo que *impresionante,* y h) incumple la regla de que los adjetivos especificativos deben ocupar la posición postverbal inmediata.

Viendo i) y j) podemos percatarnos de que *paradisíaco* es menos valorativo que *famosa*, por lo que el orden de j) es menos marcado. Por último, consideremos los casos a), b) y c). Observamos que la forma menos marcada es la de a). El adjetivo *desmesurado* es claramente evaluativo y, por tanto, tiende a aparecer en posición prenominal cuando hay más adjetivos implicados. Pero es curioso observar que *negra* se emplea aquí en un sentido valorativo, ya que no hace referencia al color sino a una valoración negativa de los hechos relatados en la crónica. Sin embargo, *crónica negra* no es una evaluación de la crónica (no es una crónica malvada sino una crónica sobre hechos delictivos), sino una especificación de un tipo de crónica. Por tanto, aquí tenemos un caso de un adjetivo inicialmente evaluativo pero que se utiliza con una función claramente especificativa: en este caso, pues, su posición no marcada será la postnominal inmediata. Por tanto, igual que tenemos *revolución mental impresionante* podríamos tener *crónica negra desmesurada*, pues, como hemos visto, *negra* funciona aquí como *mental*.

2. Según lo razonado anteriormente, la posición prenominal es la posición de la evaluación y la postnominal, la de especificación. Esto significa que los adjetivos prenominales tendrán una tendencia a desarrollar un matiz evaluativo distinto al que tienen cuando aparecen en posición postnominal. Esto lo comprobamos claramente en k). Un libro grande no tiene por qué ser un gran libro. Vemos un sentido de *grande* claramente evaluativo. Considerar el ejemplo de l) puede, a primera vista, parecer problemático, ya que *pequeña contribución* tiene un sentido claramente positivo y *contribución pequeña* tiene un sentido más bien negativo. La razón está en que, en el segundo caso, se especifica la contribución como pequeña en sentido objetivo: es decir, es mensurable físicamente y la medida de la misma no es muy grande. Como se trata de una contribución,

presumiblemente a una buena causa, el sintagma tiene una connotación negativa. Pero, en el caso de *pequeña contribución*, lo que tenemos es una evaluación subjetiva de la contribución como *pequeña*; por tanto, no se trata de una pequeñez físicamente mensurable, sino de una pequeñez asumida anímicamente. En este caso, la valoración como *pequeña* no tiene que ver con la cantidad, sino con actitudes como *deseos* o *expectativas*. Si uno dice de una donación propia que es una *pequeña contribución* no está diciendo necesariamente, pues, que se trata de una contribución físicamente pequeña, sino que uno valora como pequeña cualquier contribución por grande que sea, pues la causa es más grande aún: empequeñeciendo valorativamente la contribución se engrandece la causa. Respecto a m) podemos remitir a lo dicho sobre el adjetivo *negro* en la solución del ejercicio anterior.

Por último, las diferencias de significado entre *puro café* y *café puro* también pueden acomodarse fácilmente a las consideraciones precedentes. *Café puro* denota un café que es objetivamente *puro*, es decir, que no se ha mezclado con ninguna otra sustancia; pero no nos dice nada sobre su calidad. Sin embargo, *puro café* nos habla sobre un café de buena calidad. El hecho de que, normalmente, *puro café* deba ser *café puro* no nos debe confundir, ya que el *puro café* no sería más que una subclase propia de lo que podemos denominar *café puro*; es decir, puede haber *café puro* que no pueda ser evaluado fácilmente como "puro café".

3. La comparativa del turco a) es un caso claro de *comparativa de alejamiento*. Partimos del segundo término de la comparación, en este caso güzel 'rosa' y enunciamos la adscripción de la propiedad al primer término de la comparación, es decir, *sen* 'tú'. Podría parafrasearse como, por ejemplo: "desde (el punto de vista de) la rosa, tú eres bonita".

El caso de b) es un ejemplo típico de comparativa de acercamiento. Ahora, el segundo término de la comparación está señalado mediante una adposición que indica acercamiento o lugar adónde. Se atribuye una propiedad a una entidad desde el punto de vista del enfoque de una segunda entidad que sirve de punto de referencia. Se podría parafrasear así: soy grande (mirando) hacia ti.

En c) tenemos un caso en el que se hace mucho más explícita la diferencia de la propiedad en cuestión. Es una *comparativa de exceso*. La paráfrasis es muy clara: él me excede en cuanto a su altura. Se expresa de modo explícito la diferencia del grado en que se posee determinada propiedad y la propiedad no es más que una especificación más o menos circunstancial de la propiedad cuya diferencia de grado se enfoca.

En d) la diferencia se muestra a través de la atribución de dos propiedades antonímicas a dos entidades: esto es grande y eso es pequeño. Como estos adjetivos se predican siempre respecto de una clase implícita de comparación, es decir, son relativos, entonces si ambos objetos comparten esa clase de comparación implícita, se obtiene automáticamente que uno tiene la propiedad implicada en mayor grado que el otro. Se trata de un subtipo de *comparativa coordinativa*.

La estrategia e) consiste en señalar los dos términos de la comparación y atribuir una propiedad a uno solo de ellos, dando a entender que ése al que se atribuye la propiedad es el que la tiene. Se podría parafrasear como sigue: (Entre) la comida y el agua, la comida es buena. De nuevo es un subtipo de *comparativa coordinativa*.

Por tanto, hemos visto estas estrategias en el ejercicio:

- Enfoque en los términos de comparación. Este enfoque puede ser unilateral y bilateral. En el caso del enfoque unilateral, se marca el segundo término de la comparación (ejemplos a y b) y, en el caso del enfoque bilateral, se ponen los dos términos de la comparación en pie de igualdad (ejemplos d y e).
- Enfoque en la diferencia del grado en que se posee la propiedad implicada: ejemplo c).

CUESTIONES PROPUESTAS

1. Hay adjetivos como *presunto, mero, consabido, supuesto, susodicho, inefable, sempiterno, malhadado, desafortunado* que, o bien sólo pueden aparecer en posición prenominal o que tienden a usarse sólo en esa posición. Explique el porqué de esta tendencia o exclusividad.

2. Sobre la base de los ejemplos que siguen, determine si se confirman los universales de la comparación vistos en la última sección de este capítulo:

(38)
a) Mundarí (Stassen 1985: 116)
  i) Sadom-ete hati mananga-i
     caballo-desde elefante grande-3sg
     'El elefante es más grande que el caballo'
  ii) Sena- ing - ete hiju -a -i
     ir- 1 seg-desde comer-fut-3sg
     'Después de haberme ido, él vendrá'
b) Tupí (Stassen 1985: 129)
  i) Xe-catu ete nde-cui
     yo-bueno realmente tú-desde
     'Soy mejor que tú'
  ii) O-co-rire xe-eu
     su-ir-después yo-llorar
     'Lloré después de que se fue'
c) Mandinka (Stassen 1985: 149)
  i) A ka gya ni ma
     él es mayir me en
     'Es mayor que yo'
  ii) A tara-to kongo-la sangyi berahali
     él ir-particip. país-a lluvia cayó mucho
     'Cuando fue al país, diluviaba'

ORIENTACIÓN BIBLIOGRÁFICA

BIERWISCH, M. (hrsg.): *Grammatische und konzeptuelle Aspekte von Dimensionsadjektiven.* Berlín, Akademie Verlag, 1987.
En este grueso libro de setecientas páginas hay trabajos muy detallados sobre diversos aspectos de semántica, sintaxis y morfología de los adjetivos.

BOLINGER, D.: "Adjectives in English: Attribution and predication", *Language,* 18, 1967, pp. 1-34.
Este artículo tiene mucha importancia teórica, ya que en él se establecen algunas de las ideas de que se emplearán posteriormente en la explicación del funcionamiento de los adjetivos en las lenguas naturales.

BOSQUE, I.: "Usos figurados de los adjetivos que denotan dimensiones físicas" en *Philologica Hispaniensia. In Honorem Manuel Alvar, vol. II, Lingüística,* Madrid, Gredos, 1985, pp. 63-80.

Notable estudio interlingüístico sobre los usos figurados de adjetivos como *alto, bajo, profundo,* etc. Se analizan el serviocroata, inglés, finés, alemán, chino, ruso, francés, rumano, catalán, urdú, vasco, neerlandés, italiano, turco, japonés, árabe, acano y enchumurú. Por tanto, constituye una aportación muy estimable al estudio interlingüístico de esta categoría gramatical.

BOSQUE, I. y V. DEMONTE (dirs.): *Gramática Descriptiva de la Lengua Española*, Madrid, Espasa-Calpe, 1999.
Son pertinentes ahora los siguientes capítulos de esta gramática. El tercero, escrito por V. Demonte, está dedicado a la descripción de las clases y usos de los adjetivos, así como al estudio de su posición en el sintagma nominal (129-216). El capítulo cuarto es de I. Bosque y se ocupa del sintagma adjetival, incluyendo los modificadores y complementos del adjetivo (217-310). Los capítulos quinto (311-362) y sexto (363-393) escritos por, respectivamente, por G. Rigau y C. Picallo tratan de los complementos del nombre y de las nominalizaciones. Relevante también es el capítulo diecisiete, escrito por L. A. Sáez (1.129-1.188), que se ocupa de las construcciones comparativas y superlativas. Por último, hay que mencionar el capítulo ocho (523-564), dedicado a la aposición y otras relaciones de predicación en el sintagma nominal, escrito por A. Suñer.

CALVO, J.: *Adjetivos Puros. Estructura Léxica y Topología,* Valencia, Cuadernos de Filología, Anejo 2, 1986.
Concienzudo estudio sobre los adjetivos españoles, que contiene observaciones interesantes tanto teóricas como prácticas. El modelo abstracto que se utiliza hace, en algunos casos, críptica la presentación. No es adecuado para principiantes.

DIXON, R. M. W.: " Where have all the adjectives gone?" en R. M. W. Dixon, *Where have all the Adjectives Gone? and Other Essays in Semantics and Syntax,* La Haya, Mouton, 1982 [1977], pp. 1-62.
Importante estudio interlingüístico sobre los adjetivos, que abre nuevas perspectivas para la investigación tipológica de esta categoría. De imprescindible conocimiento para todo lingüista general.

LÓPEZ GARCÍA, A: *Gramática del Español III. Las partes de la oración*, Madrid, Arco, 1998.
El capítulo 25 de esta gramática está dedicado por entero al adjetivo. El lector podrá encontrar una completa tipología del adjetivo y explicaciones detalladas y razonadas de sus propiedades y funcionamiento, incluyendo el problema de la posición del adjetivo.

LUJÁN, M.: *Sintaxis y Semántica del Adjetivo,* Madrid, Cátedra, 1980.
Trabajo ya teóricamente superado, pero lleno de datos y sugerencias interesantes para el análisis de esta categoría gramatical.

PRICE, S.: *Comparative constructions in Spanish and French Syntax,* Londres, Routledge, 1990.
Interesante estudio interlingüístico sobre las construcciones comparativas, que tiene en cuenta datos del italiano, portugués, rumano, catalán, gallego, friulano, occitano. Es imprescindible para el estudio de las comparativas en las lenguas romances y muy útil para conocer la tipología de este tipo de estructuras.

SIEGEL, M. (1976): "Capturing the Russian adjective" en B. H. Partee (ed.), *Montague Grammar,* Nueva York, Academic Press, 1976, pp. 293-309.
En este importante trabajo, se establece una teoría para dar cuenta de la diferencia entre las formas cortas y largas del adjetivo ruso. La base semántica de tal teoría es general, tal como hemos visto en el presente capítulo. El hecho de estar formulada en el modelo de Montague, hace que el artículo no sea accesible a quien no conozca este modelo de análisis semántico de las lenguas naturales.

STASSEN, L.: *Comparison and Universal Grammar*, Londres, Basil Blackwell, 1985.
Importante trabajo sobre la tipología y universales de las estructuras comparativas, que debe consultar el lector interesado en profundizar en las propuestas de este autor, que hemos recogido, de forma muy resumida, en este capítulo del Curso.

15

DEÍXIS, PRONOMBRE Y REFERENCIALIDAD

1. Presentación del concepto de deíxis

En este capítulo vamos a ocuparnos de dos conceptos-clave de las lenguas naturales: el de deíxis y el de referencialidad.

Uno de los actos lingüísticos esenciales es el de referirse a una entidad. Mediante tal acto señalamos una determinada entidad del mundo (real o imaginario) para, en la mayoría de los casos, decir algo de ella: atribuirle alguna propiedad y especificar que interviene en una determinada acción o que se encuentra en un determinado estado.

Una forma de lograr de modo eficaz ese acto de referencia es el de poner en contacto la entidad a que nos referimos con *las circunstancias de ese mismo acto de referencia.*

El acto de referencia, como cualquier otro acto comunicativo, consta de una serie de coordenadas fijas; a saber:

(1)
Coordenadas del acto comunicativo

a) El emisor del mensaje.
b) El lugar en el que se halla el emisor.
c) El momento en que se produce.
d) El o los destinatarios del mensaje.
e) El lugar que ocupa u ocupan ese o esos destinatarios.

Todas las lenguas del mundo poseen palabras o morfemas deícticos, es decir, elementos que remiten directamente a esas coordenadas.

La deíxis es, pues, el proceso lingüístico mediante el cual determinadas partes de un mensaje remiten directamente o, si se quiere, están asociadas directamente, con las coordenadas del acto comunicativo.

Los pronombres personales son manifestación universal de este procedimiento lingüístico. El pronombre *yo* está indisociablemente unido a aquella persona que emite el mensaje en el que aparece esa palabra. Obsérvese que la persona verbal es igualmente deíctica: *vengo* se refiere a la persona que emite esa expresión y no a otra. Tanto los pronombres como las marcas verbales de persona caen dentro de la categoría gramatical de persona.

Como veremos a continuación, las lenguas suelen distinguir al menos, mediante pronombres, entre una primera y una segunda persona. La segunda persona es la que se obtiene al relacionar determinada expresión lingüística con el o los destinatarios del mensaje.

Hay unidades lingüísticas que denotan esas coordenadas del acto comunicativo directamente. Por ejemplo, el adverbio *aquí* denota el lugar donde se halla el hablante y *ahí*, el lugar donde se halla el oyente. Mediante *allí* se denota un lugar no ocupado ni por uno ni por otro. De modo análogo, el pronombre de tercera persona está ligado a todo aquel que no es ni hablante ni oyente. Los demostrativos como *éste*, *ése*, *aquél* denotan entidades que se hallan cerca del hablante, del oyente o alejadas de ambos, respectivamente.

Hay parejas de verbos como *ir* y *venir*, que forman oposiciones deícticas: *venir* se emplea para denotar movimiento hacia el hablante o hacia algún lugar relacionado con éste; por su parte, *ir* denota un movimiento de alejamiento del hablante.

El tiempo verbal es también una categoría deíctica. Cuando alguien dice "*estoy comiendo verdura*" quiere decir que el acto de comer verdura coincide temporalmente, se solapa, con el acto de emitir la expresión en cuestión: el tiempo, el presente en este caso, relaciona el momento en que se produce una acción o estado y el momento en el que se emite la expresión o expresiones que denotan esa acción o estado.

Como se ve, la deíxis es un procedimiento muy amplio, que abarca toda la estructura gramatical y que se manifiesta fundamentalmente en los pronombres y en el tiempo verbal.

2. El pronombre: definición y sistemas pronominales

A veces, se define el pronombre como aquella parte del discurso que sustituye al nombre (de ahí le viene precisamente ese calificativo: lo que está por -*pro*- el nombre). Esta definición es equivocada si pensamos en los pronombres de primera y segunda persona. Los deícticos *yo* y *tu* no sustituyen a ningún nombre; más bien, ocurre al revés, ambos pueden sustituirse por nombres o perífrasis tales como *un servidor*, *el que esto escribe*, *a quien me dirijo*, *el que esto escucha*, etc.

Pero, en estos casos, estamos ante expresiones derivadas, complejas y sería antiintuitivo decir que *yo* las sustituye. De hecho, en el mensaje:

(2)
Castellano

Yo escribo

se verá que, por muchas vueltas que se le dé, *yo* no puede sustituirse por nombre alguno y seguir manteniendo la forma de primera persona *escribo*.

A veces se ha propuesto que en el caso de los pronombres de tercera persona *él*, *ella*, se puede pensar que realmente sustituyen a un nombre; por ejemplo, *él llegó ayer* podría ser una forma de decir *Juan llegó ayer*. Sin embargo, esto no deja de ser forzado o antiintuitivo, pues vendría a significar que *él llegó ayer* es una forma derivada de otra en la que figura el nombre de la persona a que nos referimos en cada caso mediante *él*. Esto sería igual que decir que *yo* es un sustituto del nombre de la persona que emite el mensaje. La lengua nos permite referirnos a entidades sin necesidad de darles un nombre que las caracterice y los pronombres sirven precisamente para este fin. Podemos referirnos a una persona, sin conocer su nombre, y decir *él llegó*, y si decimos *Juan llegó* podemos afirmar inmediatamente que *él llegó*, pero no al revés; por tanto, *él llegó* es la forma menos marcada, por tener menos contenido comunicativo, y, según este criterio, la forma primigenia: la que contiene un nombre propio se podría entender como una especificación de la primera. Por ello, lejos de ser el pronombre de tercera persona un sustituto de nombre alguno, se puede entender, también en este caso, justamente lo contrario.

Podemos distinguir, en primer lugar, entre dos tipos de pronombres: los de primera y segunda persona los vamos a denominar *nombres personales* y los de tercera persona los denominaremos *pronombres* propiamente dichos.

Una característica que diferencia claramente ambos tipos es que los nombres personales no poseen capacidad anafórica y sí los pronombres. Por ejemplo, compárense:

(3)
Castellano

a) Juan entró en la habitación; él pensaba que estaba vacía
b) Juan entró en la habitación; yo pensaba que estaba vacía

En el primer caso, *él* puede referirse a la misma persona que *Juan*, pero, en el segundo caso, es evidente que *yo* no puede usarse para hacer referencia a la misma persona que denotamos mediante *Juan*. Esto significa que *yo* no tiene capacidad anafórica y *él* sí la tiene. Igual razonamiento puede hacerse respecto del pronombre *tú*. Obsérvese, además, que en la primera oración, *él* puede referirse a una persona distinta de Juan; pero *yo* no tiene más posibilidad referencial que la de la persona que emite el mensaje en el que aparece. Los nombres personales, pues, denotan dos individuos fijos: el que emite la oración y aquel al que va dirigida. Los pronombres pueden utilizarse para hacer referencia a cualquier entidad del discurso, excluyendo precisamente las dos a que hacen referencia los pronombres *yo* y *tú*.

Esta observación fue realizada por E. Benveniste (1946) en el siguiente pasaje revelador: "...una característica de las personas 'yo' y 'tú' es su unicidad específica: el 'yo' que enuncia, el 'tú' a quien 'yo' se dirige son cada vez únicos. Pero 'él' puede ser una infinidad de sujetos o ninguno" (p. 166).

Más claro aún es J. Lyons (1977), quien afirma: "El término 'tercera persona' queda negativamente definido con respecto a la 'primera' y a la 'segunda', pues no está en correlación con ningún oficio positivo de integrante. Los llamados pronombres de tercera persona son muy distintos, a este respecto, de los pronombres de primera y segunda personas. *Nunca se insistirá bastante en que hay una diferencia fundamental e indeleble entre pronombres de primera y segunda persona, por una parte, y pronombres de tercera persona, por otra*" [J. Lyons (1977: 575, subrayado nuestro)].

Es esta diferencia fundamental e indeleble lo que nos ha de llevar a clasificar los pronombres de primera y segunda persona y de tercera en dos clases diferentes: nombres y pronombres personales, respectivamente. Las consideraciones que vamos a hacer a continuación no vienen más que a confirmar esta propuesta.

Como vamos a ver, en los sistemas pronominales de las lenguas, los pronombres suelen estar integrados morfológicamente en el sistema nominal normal, mientras que los nombres personales no necesariamente lo están: ello es un reflejo de su idiosincrasia denotadora similar, en algunos aspectos, a la típica de los nombres propios. De hecho, se podría decir que los nombres personales son dos nombres propios muy especiales cuya referencia está determinada totalmente por el esquema comunicativo.

El sistema pronominal más sencillo es aquel que distingue seis pronombres: tres para el singular y otros tres para el plural. Tal sistema es, por ejemplo, el del húngaro:

(4)
Sistema pronominal del húngaro

én 'yo'
te 'tú'
ő 'él/ella'
mi 'nosotros'
ti 'vosotros'
ők 'ellos'

Observamos que el pronombre de tercera persona hace el plural como un sustantivo normal (añadiendo una *-k* plural), pero los nombres personales hacen el plural de una manera supletiva. Esto es una comprobación de lo que decíamos sobre que los pronombres personales están más integrados morfológicamente que los nombres personales. Lo que muestra, una vez más, su distinta naturaleza semántica, morfológica y sintáctica. S. Gutiérrez Ordóñez (1991: 250-251) argumenta, contra la opinión de J. A. de Molina (1991), que coincide con la que defendemos aquí, en contra de esta distinción entre nombres o sustantivos personales y pronombres. Aduce que el paradigma de los pronombres personales en español está perfectamente integrado morfológicamente. Sin embargo, es claro que esto no es así. Primero, los nombres de primera y segunda persona son las únicas unidades léxicas del español que forman el plural mediante composición con *otros*: *nosotros*/*vosotros* (esto se explica por razones históricas, ya que *nos* y *vos* se usaron, en una determinada época, como nombres personales singulares; en el español de Sudamérica, aún quedan restos de esta situación). El pronombre de tercera persona forma el plural, añadiendo *-s*, que es la forma canónica de formación de plural en español (*ella* / *ellas*).

En segundo lugar, mientras que el pronombre de tercera persona distingue formas clíticas acusativas y dativas (*lo*/*le*), por ejemplo, los nombres personales solamente distinguen una forma oblicua idéntica para el dativo y el acusativo (*me* / *te*). En tercer lugar, los nombres personales no presentan una forma reflexiva distinta de la oblicua, cosa que sí ocurre con los pronombres personales: *yo me peino*/*él se peina*. El clítico *me* es idéntico a la forma oblicua mencionada en el punto anterior; por su parte, el clítico *se* es diferente tanto de la forma clítica de acusativo, como de la de dativo. En conclusión, la integración en los paradigmas morfológicos pronominales del español es mayor en el caso de los pronombres de tercera persona, que en los de primera y segunda.

Podemos proponer la siguiente regla:

(5)
Regla de marcación de los pronombres personales

Si, en una lengua, un nombre personal se ve afectado por determinada categoría gramatical de la clase nominal, también se verá afectado por ella un pronombre de esa lengua, pero no al revés. Es decir, si en una lengua un pronombre se flexiona para determinada categoría nominal, de aquí no se deduce nada sobre si los nombres personales también se flexionan para esta categoría nominal.

Este principio se deduce claramente del hecho, comprobado antes en húngaro y en español, de que los pronombres están siempre más integrados morfológicamente en el sistema lingüístico que los nombres personales.

Ello implica que, si un nombre personal se halla integrado en determinado grado en el sistema lingüístico nominal, entonces los pronombres propiamente dichos también lo estarán en por lo menos igual grado.

Veamos un ejemplo de ello. En árabe clásico, el nombre personal de segunda persona está flexionado para género (y el género en árabe es una categoría flexiva nominal): se distingue *anta* 'tú (masc)' de *anti* 'tú (fem)'; y *antum* 'vosotros' de *antunna* 'vosotras'.

Esto ocurre exactamente igual en el pronombre de tercera persona, donde se distingue *huwa* 'él' de *hiyya* 'ella' y *hum* 'ellos' de *hunna* 'ellas'. Con el número pasa igual; se distingue una forma dual en la segunda persona (*antuma* 'vosotros dos') y también la hay en la tercera persona (*huma* 'ellos dos'). Se da que el nombre persona de primera persona no distingue el género.

Por ello, el árabe apoya la idea de que los nombres personales de segunda persona se integran *antes* que los de primera, por lo que éstos están más marcados y, por tanto, menos integrados aún que aquellos. Por todo ello, se puede establecer la siguiente jerarquía:

(6)
Jerarquía de los nombres personales

Nombre de primera < Nombre de segunda < Pronombre

Si en una lengua los nombres de primera persona poseen un determinado grado de integración en el sistema morfológico, se predice que ese mismo grado, como mínimo, lo presentarán los nombres de segunda y los pronombres.

Un caso opuesto al del árabe se da en español y en polaco, donde la distinción de género sólo se realiza en el pronombre: *on* 'él', *ona* 'ella' y *ono* 'ello'; pero *ty* 'tú' y *ja* 'yo' no distinguen el género. Esto constituye una ilustración más de lo que acabamos de explicar.

Un sistema pronominal muy complejo es el que nos ofrecen Anderson & Keenan (1985: 263). Se trata del sistema del fiyiano, que distingue cuatro números: singular, dual, trial y plural. Por otro lado, dentro del dual, trial y plural se diferencia una forma inclusiva (que incluye al oyente y otra exclusiva, que lo excluye). El sistema es el siguiente:

(7)
Sistema pronominal del fiyiano

Persona	Singular	Dual	Trial	Plural
1.ª	au	kedaru/ keiru	kedatou/ keitou	keda/ keimami
2.ª	iko	kemudrau	kemudou	kemuni
3.ª	koya	rau	iratou	ira

Cuando se dan dos formas, la primera es inclusiva y la segunda, exclusiva.

Siguiendo las ideas precedentes y las opiniones de Benveniste (1946) sobre las personas, puede decirse que la oposición entre tercera persona y primera y segunda es privativa. Es decir, la tercera persona es la no persona y la primera y la segunda son personas. A su vez, siguiendo también al lingüista francés, dentro de los nombres personales, positivamente especificados para el rasgo persona, hay un elemento no marcado que es *tú*, conceptuado como no-yo y un elemento marcado, que es *yo*. Esto encaja a la perfección con la idea de que la segunda persona es menos marcada que la primera y ambas más marcadas que la tercera, con lo que se justifica la jerarquía pronominal vista antes. Recientemente, en el marco de la Gramática Funcional de Dik se ha asumido en parte esta descripción de los pronombres de persona. Concretamente, C. de Groot y M. Limburg (1986) han propuesto los rasgos *H* (hablante), *O* (oyente) para caracterizar los pronombres personales del siguiente modo:

(8)
Caracterización deíctica de los pronombres

yo [+H –O]
tú [–H +O]
él [–H –O]

En este caso, se pone de manifiesto el carácter absolutamente no marcado del pronombre de tercera persona. Podríamos definir, entonces, el nombre personal como aquel elemento deíctico positivamente marcado para uno de los rasgos *H* u *O* y el pronombre propiamente dicho como aquel elemento deíctico negativamente especificado para los rasgos *H* y *O*.

3. El pronombre: el conjunto referencial

El conjunto referencial de un pronombre está constituido por la entidad o entidades a que nos referimos al usarlo. Vamos a identificar al hablante mediante 1, al oyente mediante 2 y al que no es ni una cosa ni otra, mediante 3. Está claro que los conjuntos referenciales de *yo*, *tú* y *él* son, respectivamente, {1}, {2} y {3}.

Pero una cuestión que se plantea ahora es cómo asignar conjuntos referenciales complejos tales como {1, 2, 2, 3} o {2, 3, 3}, a los pronombres y nombres personales plurales. Parece que hay unos principios universales que dan cuenta de esa asignación; Zwicky (1977) propone los que veremos a continuación.

Primero, explicaremos brevemente los conjuntos referenciales complejos.

(9)
Ejemplos de conjuntos referenciales complejos

{1, 2}   = conjunto referencial que incluye un hablante y un destinatario,
{2, 2, 3} = conjunto referencial con dos destinatarios y una entidad que no es hablante ni destinatario, y
{1, 2, 3} = conjunto referencial con un hablante, un destinatario y una entidad que no es ni una cosa ni otra.

Por ejemplo, el nombre personal *nosotros* puede tener infinitos conjuntos de referencia, entre ellos:

(10)
Algunos de los conjuntos de referencia de "nosotros"

{1, 2} ; {1, 3} ; {1, 2, 2} ; {1, 2, 3} ; {1, 3, 3}

pero no puede tener conjuntos de referencia como los siguientes:

(11)
Conjuntos de referencia no asociables con "nosotros"

{2, 2} ; {2, 3} ; {2, 2, 2} ; {2, 3, 3}

Estos últimos conjuntos de referencia pueden ser adscritos al pronombre "vosotros".
Si designamos ahora mediante I, II y III la primera, segunda y tercera persona gramaticales (que no hay que confundir con 1, 2 y 3 que son entidades del mundo real y no personas gramaticales: de hecho, *un servidor* puede denotar el conjunto referencial {1}, pero es tercera persona), podemos establecer un principio de asociación de las personas gramaticales con las entidades reales, de la siguiente manera:

(12)
Ley de asignación de conjuntos de referencia a las personas gramaticales

a) I se asigna a {1}
b) II se asigna a {2}
c) III se asigna a {3}

A continuación, se establece una jerarquía de prepotencia de las personas reales, del siguiente modo:

(13)
Jerarquía de las personas reales

1 > 2 > 3

La determinación de qué pronombre puede tener asignado un conjunto referencial se establece conjuntamente mediante estos dos principios. Se examina el conjunto referencial, se busca la persona real más alta en la jerarquía y entonces se asigna a la persona gramatical correspondiente. Así, sabemos, por ejemplo, que el conjunto referencial {2, 3, 3, 3} se asignará a un pronombre de segunda persona del plural, ya que hay que tener en cuenta el elemento 2, que se asociará a la segunda persona gramatical. De modo análogo, el conjunto referencial {1, 3, 3, 2} se asignará a un pronombre de primera persona del plural, ya que contiene un elemento 1, el más alto en la jerarquía, que se asociará a la primera persona gramatical. Aunque hay algunas dudas al respecto, parece que esa jerarquía es universal o, al menos, válida para un gran número de lenguas.

4. La persona en el verbo y en el nombre

El verbo también puede ser flexionado para la categoría de persona. Es lo que ocurre en español. Pero esto no es necesariamente así, ya que en muchas lenguas el verbo no indica persona y son los pronombres personales los que la señalan únicamente. En chino pequinés, decimos: 我 学习 *wô xuéxí* 'yo estudio'; 我们 学习 "*wômen xuéxí*" 'nosotros estudiamos'; 他 学习 "*ta xuéxí*" 'él estudia'. En algunas lenguas europeas tenemos una situación similar. Por ejemplo, en sueco el presente de indicativo del verbo "*köpa*" 'comprar' se conjuga de esta manera muy sencilla:

(14)
Presente de indicativo del verbo sueco "köpa"

jag 'yo' köper
du 'tú' köper
han 'él' köper
vi 'nosotros' köper
ni 'vosotros' köper
de 'ellos' köper

Una prueba evidente de que la tercera persona es el miembro no marcado de la oposición de persona, tal como hemos dicho en la sección anterior, es que, en muchas lenguas, la tercera persona en el verbo *carece de desinencia* frente a la primera y la segunda persona; es decir, en aquélla, el verbo aparece desprovisto de morfema personal alguno. Por ejemplo, en turco encontramos la oposición *seviyor-um* 'amo', *sevi-yor-sun* 'amas' y *sevi-yor* 'ama', donde *yor* es un infijo aspectual. Se ve que la forma de tercera persona carece de *afijo personal* alguno. En húngaro ocurre lo mismo: *lat-ok* 'veo', *lát-sz* 'ves' frente a *lát* 've', que es el tema verbal puro. En esta misma lengua existe una forma verbal que marca el sujeto de primera persona y el objeto de segunda persona: *szeret-lek* 'yo te amo' frente a *szeretek* 'yo amo' o *vár-lak* 'yo te espero' frente a *vár-ok* 'espero'.

Por otro lado, en húngaro, el pronombre de tercera persona, cuando es objeto, exige la conjugación definida en el verbo, mientras que los pronombres de primera y segunda persona, en función de objeto, inducen la conjugación indefinida en el verbo. Esto indica que el pronombre de tercera persona está integrado morfológicamente como un sustantivo definido más, cosa que no ocurre con los nombres personales, que se tratan como si fueran indefinidos; de este modo, distinguimos entre:

(15)
Húngaro

a) Péter engem (acusativo) akar (conj indefinida)
Pedro a mí quiere
'Pedro me quiere a mí'
b) Péter őt (acusativo) akarja (conj definida)
Pedro a él quiere
'Pedro le quiere a él'

En este aspecto, el inglés es peculiar, ya que marca la tercera persona (mediante una -*s*) en el verbo, pero no se marcan la primera y la segunda: *he likes* 'quiere' frente a *I/you like* 'yo/tú quier-o/-es'. Primero, en el inglés se vuelve a confirmar la idea de que la tercera persona se opone a la primera y a la segunda. Lo extraño es que el elemento morfológicamente no marcado (la tercera persona) sea el marcado morfológicamente y los elementos marcados (la primera y segunda personas) no se marquen morfológicamente. Éste es un caso excepcional, que no se conoce en ninguna otra lengua.

El nombre puede flexionarse también para persona en muchas lenguas. Esta flexión indica posesión. En turco, distinguimos *gözüm* 'mi ojo' de *gözün* 'tu ojo' y de *göz* 'su ojo'. Se ve en seguida que estamos en el mismo caso que el anterior: la primera y segunda persona están marcadas y la tercera no lo está. En húngaro se marcan las tres personas: *könyvem* 'mi libro', *könyved* 'tu libro' y *könyve* 'su libro' de *könyv* 'libro'. En árabe también tenemos un caso similar: *kita:b-i:* 'mi libro', *kita:bika* 'tu (masc) libro', *kitabi-hu* 'su (masc) libro', *kita:buna:* 'nuestro libro', etc. Merece la pena observar que las terminaciones del turco y húngaro también se dan como indicadores de morfemas de persona en el verbo. En otras lenguas, el nombre no posee terminaciones de persona que indiquen posesión pero sí llevan los llamados adjetivos posesivos. En español tenemos *mi, tu, su*, en inglés *my, your* 'mi, tu', *his* 'de él', *her*" 'de ella', *its* 'de ello', *their* 'de ellos'. El pronombre posesivo es el equivalente de un pronombre de tercera persona que indica lo poseído de modo variable más un nombre personal que indica el posesor. En inglés ambas cosas se realizan sintéticamente en un pronombre posesivo especial: *mine* 'el mío', *yours* 'el tuyo', *his* 'el suyo' (masc), *hers* 'el suyo' (fem). En español, los dos elementos señalados se realizan separadamente: *el mío, el tuyo, el suyo, el nuestro* etc. El segundo elemento puede aparecer solo. Compárense las dos posibilidades en el siguiente contexto:

(16)
Castellano

a) Este libro es mío
b) Este libro es el mío

En el primer caso, se nos dice que el libro en cuestión es de mi propiedad; en el segundo, decimos que el libro aludido es idéntico al libro al que me refiero mediante *el mío* (es la distinción entre copulativa atributiva y ecuativa; véase el capítulo 24). Es decir, *mío* denota una propiedad y *el mío*, una determinada entidad de mi propiedad.

En modo alguno debe pensarse que la posesión es inseparable, en las lenguas, de la persona. En ruso, por ejemplo, además de los adjetivos posesivos personales, hay un adjetivo posesivo no personal. Se trata de свой "svoĭ"; veamos algunos ejemplos:

(17)
Ruso

a) Я кончаю свою работу
Ya oncháyu svoyú (ac) rabótu (ac)
yo termino mi trabajo
'Termino mi trabajo'
b) Ты кончаешь свою работу
Ty oncháyesh svoyú rabótu
tú terminas tu trabajo
'Terminas tu trabajo'
c) Он кончает свою работу
On oncháyet svoyú rabótu
él termina su trabajo
'Termina su trabajo'

Como se ve, este adjetivo no varía con la persona.

5. Deíxis y anáfora

Como hemos visto, una de las características esenciales de los pronombres propiamente dichos es que tienen propiedades anafóricas –frente a los nombres personales, que carecen de ellas–. Vamos a partir, a modo de ilustración, de dos oraciones:

(18)
Castellano

a) Mi amigo me saludó cuando él entró
b) Cuando mi amigo entró, él me saludó

En ambos casos, *él* se puede utilizar para hacer referencia al mismo individuo que designamos mediante *mi amigo*. Se dice, entonces, que el pronombre *él* es *anafórico* y que, en ambos casos, *mi amigo* es su *antecedente*. Decimos que el pronombre nos remite hacia atrás, hacia un sintagma nominal que ha aparecido antes que él en la oración, o en el texto.

A veces, puede darse una situación en la que el pronombre aparece *antes* que aquel sintagma nominal al que está remitiendo. Podemos ver ahora un ejemplo de esto.

(19)
Castellano

Cuando él entró, mi amigo me saludó

Decimos entonces que el pronombre *él* es *catafórico*. Remite a un sintagma nominal que aparece después que él.

Podemos definir la anáfora y la catáfora como un caso especial de deíxis, que podríamos denominar *deíxis textual* o *endofórica* frente a la deíxis no textual o *exofórica*. En la deíxis que veíamos en el apartado primero, los elementos denotaban deícticamente entidades del mundo exterior al mensaje lingüístico; por ello, adoptamos el término *exófora* (literalmente, llevar hacia fuera). En los casos de la catáfora y de la anáfora, el elemento pronominal nos remite a una entidad interna al mensaje lingüístico; por ello hablamos de *endófora* (literalmente, llevar hacia dentro). Si designamos mediante *fora* la remisión de un elemento pronominal a otro elemento (interno o externo al mismo mensaje), podemos proponer el siguiente esquema:

(20)
Tipos de relaciones fóricas

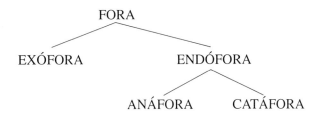

Surgen dos preguntas:

(21)
Dos cuestiones sobre las relaciones fóricas

a) ¿Qué relación hay entre la endófora y la exófora?
b) ¿Qué condiciones permiten los dos tipos de endófora?

Empecemos por la primera pregunta. Por ejemplo, según Lyons (1977: capítulo 15), la endófora y la exófora se relacionan de la siguiente manera: el pronombre endofórico no se refiere a su antecedente, sino al referente de la expresión que sirve de antecedente, por lo que ha de hablarse de correferencialidad entre el pronombre y el antecedente. Se trata, pues, en el caso de la endófora, de un tipo especial de exófora sensible al contexto lingüístico. Esta idea se podría indicar poniendo un mismo subíndice referencial bajo la expresión antecedente y el pronombre endofórico:

(22)
Castellano

Mi amigo$_i$ me saludó cuando él$_i$ entró

Como esta oración también se puede interpretar en sentido no correferencial, en el que el pronombre es exofórico y no endofórico, existe también la posibilidad siguiente:

(23)
Castellano

Mi amigo$_i$ me saludó cuando él$_j$ entró

en la que cada elemento implicado lleva distinto índice referencial y, por tanto, no hay correferencia. Cuando no aparece el pronombre sujeto: *mi amigo me saludó cuando entró*, la correferencia entre *mi amigo* y el sujeto de *entró* es obligatoria. Esto se podría describir diciendo que un elemento pronominal no realizado fonéticamente y que denotamos mediante *pro*, aparece en la posición de sujeto; o bien, que el morfema de persona del verbo posee potencial referencial (tal como propondremos en el capítulo 20, secciones 6 y 7):

(24)
Castellano

a) Mi amigo$_i$ me saludó cuando pro$_i$ entró
b) Mi amigo$_i$ me saludo cuando entró$_i$

La endófora presupone, en general, que el referente posee ya un lugar en el universo del discurso, mientras que la exófora es uno de los medios principales de hacer entrar entidades en ese universo del discurso. De ahí que la deíxis tenga una función más básica o elemental que la de la endófora (cfr. Lyons 1977: 602 y ss.).

Pero no en todos los casos se puede mantener esta visión de la endófora. Una de las circunstancias en las que dicha concepción no es adecuada se da en lo que podríamos denominar *deíxis metalingüística,* que aparece en la conversación siguiente:

(25)
Castellano

– Esto es un hipogrifo
– Un ¡¿qué?! Deletréamelo

Es evidente que el *lo* que aparece en la respuesta no hace referencia a lo denotado por *hipogrifo*; es decir, *hipogrifo* y *lo* no son correferenciales. A lo que nos referimos mediante *lo* no es a un animal mitológico (no se puede deletrear un animal real o imaginario) sino a la palabra *hipogrifo* que ya había aparecido antes en la conversación (sí podemos deletrear el nombre de un animal). Estamos, pues, ante un caso especial de exófora en el que se alude a un elemento del discurso visto independientemente de ese discurso, es decir, como entidad aislada del léxico. Es un ejemplo de deíxis metalingüística exofórica y no de deíxis textual endofórica.

Los fenómenos que hemos ido viendo han llevado a algunos lingüistas a pensar que, en realidad, el pronombre endofórico no es más que un sustituto del sintagma nominal al que remite anafórica o catafóricamente. De este modo, la oración (22) sería en realidad una abreviatura de *mi amigo me saludó cuando mi amigo entró*, en la que se sustituye la segunda aparición de *mi amigo* por *él*. Pero esta visión del asunto es palmariamente inadecuada si consideramos una oración como la siguiente:

(26)
Castellano

[el hombre que la$_i$ busca]$_j$ tendrá [la vida que él$_j$ desea]$_i$

Se ve que *la* y *la vida que él desea* poseen el mismo referente y que *el hombre que la busca* y *él* son igualmente correferenciales. Según puntualizaron Bach & Peters (de ahí que este fenómeno se denomine *paradoja de Bach y Peters*), si seguimos el análisis propuesto, en el que hay sustituciones, la oración vista se obtendría de otra en la que *la* se sustituye por *la vida que él desea* y *él* por *el hombre que la busca*. Obtenemos, pues, la siguiente estructura:

(27)
Estructura sintáctica de la oración (26)

[el hombre que busca [la vida que $él_j$ desea$]_i]_j$ tendrá [la vida que [el hombre que la_i busca$]_j$ desea$]_i$

Pero con esto no hemos agotado los pronombres, pues tendríamos que sustituir en este caso *él* por *el hombre que la busca* y *la* por *la vida que él desea*; con ello, se obtiene:

(28)
Castellano

[El hombre que busca [la vida que [el hombre que la_i busca$]_j$ desea$]_i$ $]_j$
tendrá [la vida que [el hombre que busca [la vida que $él_j$ desea$]_i]_j$ desea$]_i$

Es fácil ver que nunca se agotarán los pronombres y, por tanto, que el proceso no tiene fin: estaríamos ante una cadena infinita de correferencias. Este fenómeno, que desacredita el análisis de la sustitución del pronombre por su antecedente es una de las llamadas *paradojas de la pronominalización*.

Hay más casos que hacen inviable una teoría de la sustitución. Consideremos las siguientes oraciones: *todo el mundo piensa que él es inteligente, un estudiante piensa que él aprobará, pocos estudiantes piensan que ellos aprobarán*. Si, en su acepción correferencial, decimos que el pronombre sustituye al antecedente, obtendríamos: *todo el mundo piensa que todo el mundo es inteligente, un estudiante piensa que un estudiante aprobará y pocos estudiantes piensan que pocos estudiantes aprobarán*. Pero estas oraciones significan algo muy diferente de lo que denotan las primeras. En efecto, *todo el mundo piensa que él es inteligente* puede significar que todos piensan de sí mismos que son inteligentes, pero esto no es lo que significa *todo el mundo piensa que todo el mundo es inteligente*. Lo mismo cabe razonar *mutatis mutandis* respecto a las otras dos oraciones.

Ahora bien, este análisis de la sustitución es adecuado al menos en un caso: el de los llamados *pronombres de pereza*. Sea, por ejemplo, la oración siguiente:

(29)
Castellano

Juan le da todo su sueldo a su mujer, pero Pedro no se LO da a la suya

Es evidente que *su sueldo* y *lo* no tiene el mismo referente: en un caso, es el sueldo de Juan y en el otro, es el de Pedro. El *lo*, aquí es un medio para no repetir la expresión *su sueldo*. De ahí la denominación de *pronombre de pereza* o *indolencia*.

Vamos a ver ahora cuándo es posible la catáfora y cuándo no. Por ejemplo, en la oración:

(30)
Castellano

Él entró, cuando mi amigo me saludó

no es posible interpretar catafóricamente el pronombre *él*; es decir, no puede remitir a *mi amigo*.

Establecer las condiciones en las que son posibles la catáfora y la anáfora es harto difícil y durante gran parte de las pasadas décadas se han dedicado serios esfuerzos para lograrlo. La cuestión no puede resolverse en términos del orden inmediato o superficial de los elementos, ya que, por ejemplo, no podemos decir que la anáfora sea siempre posible. Considérese, si no, el siguiente ejemplo:

(31)
Castellano

Detrás de Pedro, él ha visto una serpiente

En este caso, *él* no puede ser una anáfora cuyo antecedente sea *Pedro*.

Como la posición superficial no parece ser lo relevante, debemos recurrir a la posición estructural del antecedente respecto de la anáfora. En este sentido, T. Reinhart (1983) propuso el siguiente principio:

(32)
Principio de correferencialidad

Un pronombre no puede ser correferencial con un sintagma nominal si ese pronombre manda-c a ese sintagma nominal.

Sobre el concepto de mando-c se debe consultar el capítulo 6.
Sea, por ejemplo, el siguiente análisis estructural de la oración (31):

(33)
Castellano

$[_O [_{Sprep}[_{Prep}$detrás de$][_{SN}$ Pedro$]] [_{SN}$él$] [_{sv}$ vio una serpiente$]]$

Está claro, si se recuerda la definición de mando-c, que *él* manda-c a *Pedro*, ya que el constituyente que domina inmediatamente a *él*, domina también a *Pedro*. Por ello, no es posible la correferencia y, por tanto, no hay relación anafórica posible.

Veamos ahora el análisis en constituyentes de (23):

(34)
$[_{O2}[_{SN}$ Mi amigo$][_{SV}$me saludó$] [_{SADV}[_{Conj}$cuando$][_{O1}$ él entró$]]]$

En este caso, el pronombre *él* no manda-c al antecedente *mi amigo* porque el constituyente del que es constituyente inmediato *él*, que es O_1, no domina al antecedente *mi amigo*.

Veamos ahora la estructura que cabe asignar a (30). Es la siguiente:

(30)
Estructura sintáctica de (30)

$[_{O2}[_{SN}él][_{SV}[_V entró][_{SADV}[_{Conj} cuando][_{O1}[_{SN}mi amigo][_{SV}me saludó]]]]]$

En este caso, el pronombre *él* sí manda-c a *mi amigo* y, por tanto, no puede haber relación catafórica entre ellos. En efecto, se da esta circunstancia porque el constituyente que domina inmediatamente a *él*, que es O_2, domina también a *mi amigo* mediatamente.

La preeminencia semántica del pronombre sobre otros tipos de sintagmas nominales se refleja, pues, en este requisito. El pronombre sólo puede tener una lectura correferencial (ana o catafórica) cuando está estructuralmente dominado por el sintagma nominal al que se remite para la referencia. Es decir, el sintagma nominal no pronominal *domina* semánticamente al pronombre sólo cuando lo domina también sintácticamente. En todas las demás circunstancias, es el pronombre el que goza de independencia semántica (es decir, referencial).

6. Demostrativos y artículos

Todas las lenguas poseen un sistema de pronombres demostrativos basados en la deíxis espacial. Se pueden distinguir al menos dos lugares deícticamente determinados: el que ocupa el hablante y el ocupado por el no-hablante. En este caso, obtenemos sistemas de dos pronombres demostrativos como el del inglés *this* 'éste' y *that* 'ése/aquél', que denotan las entidades situadas en uno u otro lugar. También tenemos dos demostrativos adverbiales que denotan esos lugares mismos: *here* 'aquí' y *there* 'ahí/allí'. El mismo sistema lo encontramos en lenguas como el neerlandés: *deze, die*; alemán: *dieser, jener*; francés *celui-ci, celui-lá*; húngaro: *ez, az*; ruso: Этот, тот "ètot, tot".

En otras lenguas, como el español, se distinguen tres demostrativos que se asocian al lugar cercano al hablante, cercano al oyente y el alejado tanto de uno como de otro: *éste, ése, aquél*; griego antiguo: *hóde, houtos, ekeinos*; italiano: *questo, cotesto, quello*. También pueden distinguirse más distancias aún. Por ejemplo en la lengua túrquica quirguiso (Maitinskaya 1969: 73), se distinguen cuatro distancias:

(36)
Demostrativos del quirguiso

bul 'éste'
ushu 'ése'
oshol 'aquél'
tigil 'aquél más lejano'

Pero pueden distinguirse más demostrativos aún. En esquimal, por ejemplo (Maitinskaya 1969: 67), hay veinte demostrativos. He aquí algunos de ellos:

(37)
Demostrativos del esquimal

a) Demostrativos que indican distancia:
   una 'este' / *igna* 'ese/aquel'
b) Demostrativos que indican dirección:
   agna 'ese/aquel que se aleja del hablante' / *ukna* 'ese/aquel que se acerca al hablante'
c) Demostrativos que indican visibilidad:
   tamna 'ese/aquel no visible' / *imna* 'ese/ aquel no visible'
d) Demostrativos que indican conocimiento:
   tamna 'ese/aquel conocido pero no visible'/ *imna* 'ese/aquel no conocido y no visible'

El artículo es una categoría lingüística que surge en las lenguas, la mayor parte de las veces de un demostrativo. Hay lenguas que no conocen el artículo (latín, ruso) pero no hay lenguas que desconozcan los demostrativos. Por ello, el artículo es una categoría derivada desde el punto de vista interlingüístico. Por otro lado, el hecho de que el artículo se haya desarrollado, en general, como una especialización de determinado demostrativo avala la idea de que el artículo es una categoría gramatical derivada.

En muchas lenguas, el artículo posee usos claramente pronominales. Por ejemplo, en alemán, los pronombres relativos *der*, *die*, *das*, son idénticos al artículo definido. En húngaro, el artículo tiene la misma forma, en algunas ocasiones que el pronombre; de tal modo que tenemos un sintagma nominal como *az az író* 'aquel escritor' (lit. aquel el escritor). En lo que a la diacronía se refiere, el artículo pospuesto que ha desarrollado el búlgaro procede claramente de un demostrativo y nuestro artículo *él* no es más que una versión fonológicamente debilitada del pronombre demostrativo latino *ille* 'aquél'. El artículo se presenta entonces como un uso especial del demostrativo, en el que se debilita su carácter deíctico y se convierte en una determinación morfológica del nombre: se pierde la noción de lejanía del *ille* pero se conserva la denotación de la tercera persona. Si examinamos este proceso en español, veremos que en castellano antiguo no fue *ille* el único demostrativo que se usó en forma de artículo, también concurrieron otros en este uso; en una oración del Poema de Mío Cid como *Mio cid aguijo con estos cavalleros quel sirven*, *estos cavalleros* se usa de modo equivalente a como hoy usamos *los cavalleros*.

Precisamente esta situación es la que esperamos encontrar en las lenguas que en la actualidad carecen de artículo. Un ejemplo típico lo constituyen las lenguas eslavas. En ellas –a excepción hecha del recién mencionado búlgaro y del macedonio– no existe artículo, pero sí se dan usos de los demostrativos similares al uso que acabamos de ver de éstos en castellano medieval. Según Krámský (1972: 62), la traducción al checo de la oración española *dame el libro* sería:

(38)
Checo

dej mi tu knihu
da me ese libro
'Dame ese libro'

donde *tu* es un demostrativo que posee, en este ejemplo, una función similar a la de nuestro artículo: es decir, no tiene por qué denotar lejanía. De modo análogo, tenemos en polaco expresiones como *te najporzadniejsze* que se puede traducir como 'las más limpias', donde *te* también es un demostrativo plural. En finés, lengua no eslava, pero que tampoco conoce el artículo, encontramos usos del demostrativo *se* próximos al artículo:

(39)
Finés

Annoin si-lle tytö - lle se kirja
di   esa-a chica-a ese libro
'Di el libro a la chica'

Según Ultan (1978: 261-262), de quien hemos tomado prestado el ejemplo finés anterior, los demostrativos pasan a convertirse en artículos a través de los siguientes pasos:

(40)
Proceso de evolución de los demostrativos al artículo

1. Un pronombre demostrativo o anafórico se usa para reforzar o clarificar un contraste de definitud.
2. En el proceso, el pronombre viene a usarse como un modificador del nombre.
3. Pasa a ser clítico y se reduce en su forma, diferenciándose así del pronombre original.
4. En el caso de los pronombres demostrativos, pierde gradualmente su función deíctica y se hace anafórico.
5. Se convierte en marcador obligatorio de definitud.

Veremos en la sección siguiente el concepto de definitud. Justamente cuando se alcancen los estadios de desarrollo números 4 y 5 podemos ya hablar de un artículo desarrollado.

Pero hay autores que van aún más lejos; sostienen que el proceso no acaba con el surgimiento del artículo, que es un paso intermedio, sino que sigue desarrollándose hasta cuando el artículo aparece siempre obligatoriamente con el nombre, se integra morfológicamente en éste y pierde toda conexión con la definitud: se convierte así en un mero marcador de la clase o género a que pertenece el nombre (ésta es la hipótesis de Greenberg 1978).

Según Greenberg, esto es precisamente lo que ha ocurrido en las lenguas bantúes, donde los sustantivos llevan unos determinados prefijos o sufijos que indican la clase a la que pertenecen y que tienen un origen deíctico. Considérese la siguiente expresión del suahilí:

(41)
Suahilí

wa - tu   wa- refu   wa -wili
hombre   alto   dos
'dos hombres altos'

En las lenguas en las que el artículo se ha integrado en el nombre como un morfema más existe la misma tendencia a convertir el artículo en un marcador de género gramatical; Greenberg (1978: 76) nos cita el siguiente ejemplo del rumano, lengua en la que se da precisamente esta tendencia:

(42)
Rumano

femei -le ce - le frumoase a-le satu- lui
mujeres-las estas-las hermosas de-las pueblo-el
'Estas hermosas mujeres del pueblo'

Greenberg nota la semejanza con lo que ocurre en suahilí y recuerda que el eminente romanista italiano Tagliavini llamó, a principios de siglo, la atención sobre este hecho en su gramática del rumano.

Como estamos viendo, el artículo puede estar más o menos integrado con el nombre que lo acompaña. Las posibilidades son muy grandes. En un extremo de la escala están las lenguas que permiten que gran cantidad de material separe el artículo del sustantivo que determina. Por ejemplo, en alemán hemos encontrado el siguiente sintagma nominal, que no se puede considerar en modo alguno excepcional:

(43)
Alemán

ein im Deutschen in der Regel nur an weiblichen Personen vergebener *Name*
un en alemán en la regla sólo a femeninas personas dado nombre
'Un nombre que en alemán se da por lo general solamente a las mujeres'

Obsérvese la gran cantidad de material que existe entre *ein* 'un' y el sustantivo con el que está relacionado, que es *Name*.

En castellano tenemos casos similares aunque menos espectaculares, tales como el siguiente:

(44)
Castellano

El muy querido, amado y respetado señor Pérez

En el otro extremo de la escala, se sitúan lenguas como el árabe, en la que el artículo definido *al* aparece unido como prefijo asimilando, en algunos casos, la *l* final con la consonante inicial del nombre al que modifica: de *al* + *darsu* 'la lección' obtenemos *addarsu*; de *al* + *zaytu*, obtenemos *azzaytu*. Además, en el sintagma nominal, el artículo se afija al nombre y al adjetivo. Por ejemplo, 'la lengua árabe' se dice *al* + *luga al* + *ᶜarabiya*, es decir, literalmente 'la lengua la árabe'. Esto explica el hecho de que un vendedor ambulante de alfombras de origen árabe proclamara su mercancía gritando: ¡alfombra al barata! Por otro lado, en la misma lengua, el artículo indeterminado es un sufijo nominal: de *kita:b* 'libro' obtenemos *kita:b-un* 'un libro'. Existen incluso lenguas indoeuropeas en las que el artículo aparece sufijado al nombre. En sueco, tenemos, por ejemplo, *bok-en* 'el libro', *blomma-n* 'la flor'; en rumano: *profesor-ul* 'el profesor', *om-ul* 'el hombre', *ceai-ul* 'el té'; en búlgaro: *pisalka-ta* 'la pluma'.

7. Funciones del artículo

Como ya hemos subrayado, la naturaleza del artículo es de la misma índole que la del pronombre: tanto uno como otro se usan para hacer referencia a una entidad o conjunto de entidades. Pero existe un uso del artículo que según Krámský (1972: 62) es exclusivo de éste y no pueden tenerlo los demostrativos usados de forma similar a como se usan los artículos. Si tenemos en cuenta los ejemplos vistos antes, en los que un demostrativo se usa en una función similar a la del artículo, observaremos que hay un uso del artículo que no puede realizarse mediante demostrativo alguno. Se trata del uso que se ha venido a llamar *generalizador*, en el que el sintagma nominal que lo contiene denota una clase y no un individuo concreto. Por ejemplo, en la oración española *el caballo es un animal* vemos que *el caballo* se usa para hacer referencia a una clase de seres vivos y no a un ser vivo concreto; pues bien, en lenguas como el checo, que desconocen el artículo, pero que pueden utilizar los demostrativos de modo similar a como se usa un artículo, no es posible traducir la oración española que acabamos de presentar como *ten kůň je zviře*, sino como *kůň je zviře*; es decir, en esta acepción, no puede introducirse el demostrativo *ten*: la única traducción posible es la que corresponde a 'caballo es animal'. Pero en búlgaro sí hay un artículo plenamente desarrollado y, por tanto, esperamos encontrar una situación similar a la del español; es decir, aquella en la que existe un uso generalizador del artículo. En efecto, si partimos de la expresión búlgara "*pisalka-ta*" 'la pluma' que aparece en una oración como *dai mi pisalkata* 'dame la pluma', podemos encontrar *pisalka-ta* 'pluma' también en una oración como la siguiente: *pisalka-ta e úred za pisánie* 'la pluma es un instrumento para la escritura', donde no nos referimos a ninguna pluma concreta sino a la clase de instrumentos de escritura que son las plumas. Tenemos aquí también, por consiguiente, un ejemplo del llamado *artículo generalizador*.

Que lo importante no es aquí tanto el artículo como un determinado uso de un sintagma se ve muy bien cuando observamos que, en otras lenguas como el inglés, no se usa en estos casos artículo alguno:

(45)
a) *Castellano*
   Los perros ladran
b) *Inglés*
   Dogs bark

En inglés se usa el plural de *dog* 'perro' para denotar la clase de estos animales.

Una de las oposiciones más extendidas entre las lenguas es la de definitud e indefinitud. Se dice que el artículo *el* es definido y el artículo *un* es indefinido. La definición de ambos conceptos que adoptamos aquí es la siguiente:

(46)
Definitud

Un sintagma nominal es definido cuando, al usarlo, el hablante da a entender que aquella entidad a la que se está refiriendo es perfectamente identificable en el contexto de uso. Si no se da a entender esto, estamos ante un sintagma nominal indefinido.

Una forma de expresar lingüísticamente esta actitud es la de usar los artículos definidos e indefinidos. Definitud e indefinitud no tienen nada que ver con exactitud y vaguedad. En efecto, si comparamos:

(47)
Castellano

a) El hombre llamó a la puerta
b) Un hombre llamó a la puerta

veremos que, en ambos casos, nos referimos a un individuo determinado con igual exactitud. La única diferencia estriba en que, en el primer caso, damos a entender que, dado el contexto en el que aparece esa emisión, el individuo en cuestión es identificable de modo unívoco; en el segundo caso, no damos a entender esto. Por esta razón, es por lo que la referencia indefinida se usa para introducir entidades nuevas en un contexto; es decir, entidades que no son identificables en ese contexto, pero que pasan o pueden pasar a serlo, ya que el contexto se modifica por ese acto de introducción. De ahí que tengamos casos como éstos:

(48)
Castellano

a) Un hombre llamó a la puerta. El hombre le deseó buenos días
b) El hombre llamó a la puerta. Un hombre le deseó buenos días

En el primer caso, introducimos en el discurso una nueva entidad, de tal manera que se vuelve identificable de modo unívoco; a partir de ahí y gracias a ese acto de introducción, dicha entidad se vuelve perfectamente identificable y podemos usar ya el artículo definido.

En el segundo caso, por el contrario, partimos de un individuo ya identificable en el contexto discursivo e introducimos uno nuevo, hasta ese momento no identificable. De ahí que ese *un hombre* no pueda denotar al mismo individuo que *el hombre* pues, de lo contrario, se incurriría en una incoherencia discursiva: se trataría como no identificable alguien que se acaba de proponer identificable.

Como en el caso anterior, tampoco es muy conveniente hablar de artículo definido o indefinido cuando lo que cuenta es el uso que se haga del sintagma nominal entero. Sin artículo, se deja abierta la posibilidad de un uso definido o indefinido y, por tanto, ambos usos son lícitos:

(49)
Castellano

a) Padre e hija se sentían incómodos en aquella situación
b) No sé si tiene coche

En el primer caso, tenemos un uso claramente definido y en el segundo, un uso claramente indefinido.

Una segunda oposición importante es la que opone un uso específico frente a un uso inespecífico del sintagma nominal. Veamos un definición antes que nada:

(50)
Especificidad

Un sintagma nominal es específico cuando el que lo usa menciona o menta aquello a lo que se está refiriendo con dicho sintagma. Cuando no se dé este caso, estamos ante un uso inespecífico de ese sintagma nominal.

Veamos primero un ejemplo ambiguo:

(51)
Castellano

Busco a una persona llamada Clodoviro

Esta oración puede significar dos cosas dependiendo de que el sintagma nominal *una persona llamada Clodoviro* se entienda como específico o como no específico. En el primer caso, busco una determinada persona que conozco y que responde a ese nombre. En el segundo caso, busco a alguien que tenga ese nombre, lo conozca con anterioridad (puede que lo conozca con otro nombre y no sepa que ése es el verdadero, por ejemplo) o no.

La diferencia estriba en que el primer caso, estoy mentando aquella entidad a la que me refiero, pero en el segundo caso, no. Si se menciona una entidad es porque uno está en condiciones de asumirla en el discurso; si no se menciona, ello puede ser indicio de que no se está en condiciones de asumirla o no se desea asumirla por alguna razón.

Ambas acepciones pueden aparecer también en sintagmas nominales que tienen artículo definido. Veamos otro ejemplo:

(52)
Castellano

Busca al asesino de Pedro

Existen dos acepciones posibles; en una de ellas, se asume la existencia de la persona a la que denoto como el asesino de Pedro, ya que la miento: supongamos que lo he visto asesinar. Pero, en la otra, no se menciona a persona alguna, sólo se dice que un individuo simplemente busca a alguien que responde a esa descripción, lo haya o no; es decir, no se asume, en esa aserción, la existencia de la persona.

Que la definitud y la especificidad son fenómenos diferentes se ve, pues, por el hecho de que tanto el artículo definido como el no definido posean ambas acepciones.

En otras lenguas, se usa un afijo especial para la especificidad que concurre con el de la definitud. Esto ocurre, por ejemplo, en persa actual. En esta lengua, el uso definido no presenta un afijo y sí lo presenta el uso indefinido:

(53)
Persa

a) ketab
  'el libro' (uso definido e inespecífico)
b) ketab-i
  'un libro' (uso indefinido e inespecífico)

Pues bien, hay un sufijo *ra* que marca la especificidad sobre todo en función de objeto y que puede añadirse a cualquiera de las dos formas anteriores:

(54)
Persa

a) ketab -ra
  'el libro' (uso def y específico)
b) ketab-i-ra
  'un libro' (uso indef y específico)

Veamos un ejemplo de cada forma del sintagma nominal en persa (extraído de Lazard 1984: 277- 278):

(55)
Persa

a) Ketab mijanam
  libro leí
  'leí el libro' (inespecífico)
b) Ketab-ra mijanam
  libro-esp. leí
  'leí el libro' (específico)
c) Ketab-i jand
  libro-un leyó
  'leyó un libro' (inespecífico)
d) Ketab-i-ra jand ke..
  libro-un-esp leyó que
  'leyó un libro que...' (específ.)

En el primer caso, nos referimos al libro leído pero sin mencionarlo, ya que no se considera pertinente para el discurso siguiente (el no mencionar algo no tiene que tener siempre como causa la ignorancia). Esto es una forma de eliminar para la relevancia del discurso una determinada entidad. En el segundo caso, se trata de un libro que se considera identificable y que mencionamos en el discurso. En el tercer caso, se trata de un libro que tratamos como no identificable y que no mencionamos y, por último, en el cuarto caso, se trata de un libro que no se considera identificable unívocamente pero que se menciona. Obsérvese que es la actitud del que usa el sintagma nominal lo que cuenta y no la del sujeto de la lectura. En los dos primeros casos, se trata de la misma persona (el que lee es el que usa las palabras) pero en los dos casos restantes se trata de personas diferentes: entonces lo relevante es la actitud del que usa el sintagma *libro* no del que lee.

En algunas lenguas europeas existe un tipo de artículo que puede denominarse *partitivo*. Se dan estos artículos en francés e italiano. En francés, existen como forma de artículo partitivo *du, de l', de la* y *des*. Se usa para indicar que una determinada entidad participa parcialmente en una actividad o estado:

(56)
Francés

a) Manger du pain
   comer del pan
   'comer pan'
b) Boir de la biére
   beber de la cerveza
   'beber cerveza'

Como los Le Bidois (1971, I:80) han observado, el plural *des* ha perdido casi por completo su sentido partitivo y expresa solamente la indefinitud. Como se ve, en español no se utiliza artículo alguno. De hecho, lo que se marca mediante el artículo definido es que la totalidad de la entidad participa de la acción. Comparemos los siguientes ejemplos:

(57)
Castellano

a) Juan no comió de la tarta
b) Juan no se comió la tarta
c) *Juan no se comió de la tarta

La expresión española *de la tarta* indica que la tarta no interviene totalmente en la acción de comer de Juan; sin embargo, con el *se*, el verbo *comer* adquiere un valor de modo de acción (véase capítulo 16, sección *7)* diferente, ya que denota que la *acción de comer se ha aplicado sobre lo comido en su totalidad* [compárese: A Juan le dieron una tarta y comió (de ella) con A Juan le dieron una tarta y se la comió (entera)]. Es evidente que esta última circunstancia es incompatible con un sintagma nominal partitivo en función de objeto y, por ello, la última expresión es totalmente agramatical.

8. El sintagma pronominal

Es sabido que, en español, los demostrativos *este, ese* y *aquel* pueden funcionar como demostrativos propiamente dichos o como pronombres. Podemos decir tanto *dame este lápiz* como *dame éste*. El significado de la primera oración es de la misma naturaleza que el de la segunda, aunque es más específico. En efecto, *dame este lápiz* significa que pido que se me dé un lápiz que se encuentra cercano al lugar donde está el que habla y *dame éste* significa que se me dé un objeto que se encuentra cercano al lugar donde está el que habla. Es claro que *este lápiz* y *éste* tienen la misma naturaleza sintáctica y semántica. Lo que interesa señalar es que *este* en *este lápiz* aporta al sintagma en el que se encuentra exactamente la misma información que *éste*. En ambos casos, señalamos un objeto y en uno de ellos, damos, además, una propiedad suya. Si *este lápiz* es idéntico a *éste*, sólo que más específico, podemos decir que el núcleo de *este lápiz* es *este* y que *lápiz* es un modificador opcional. Es decir, podemos proponer la siguiente estructura para *este lápiz*:

(58)
Estructura de 'este lápiz'

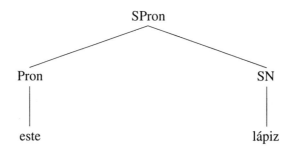

Por consiguiente, *este lápiz* no es un sintagma nominal (SN), sino un sintagma pronominal (SPron), cuyo núcleo es el pronombre demostrativo *éste*.

La única diferencia entre el *este* de *este lápiz* y de *éste* es que el primero es átono y el segundo lleva acento. A diferencia de los nombres comunes, los pronombres personales (junto con las preposiciones y conjunciones) no van provistos de acento en el léxico: el acento lo reciben cuando pasan a formar parte de un constituyente, es decir, reciben acento sintagmático. Esto significa que cuando *éste* aparece solo en el SPron, recibe acento sintagmático principal y, cuando aparece con un complemento, es el complemento el que recibe ese acento principal. De igual modo, el pronombre de tercera persona recibe acento cuando aparece solo en función de sujeto y se queda sin él cuando aparece solo en función de objeto directo: por ello, decimos que *la* es una variante átona de *ella*.

Decimos que en *este lápiz*, el nombre común modifica o especifica lo denotado por *este*. Es claro que lo que denota *este* es una entidad única. Entonces, ¿cómo podemos especificar algo que ya es único? El pronombre *éste* tiene como referentes potenciales todas aquellas entidades que se hallan próximas al hablante. Cuando decimos *este lápiz* damos una característica de esos referentes potenciales y, así, restringimos ese conjunto. El singular nos dice que sólo hay uno de esos elementos, pero, en el plural, *estos lápices* vemos que puede haber más de uno.

Pero el sintagma nominal no es el único constituyente que puede complementar a un pronombre. Otras posibilidades las vemos en la siguiente lista:

(59)
a) este azul
b) este de colores
c) este que está en la mesa

En el primer caso, el complemento es un adjetivo, en el segundo caso, es un sintagma preposicional y, en el tercero, es una relativa. En los tres casos, el modificador restringe el rango de referentes potenciales de *este*. En *este azul* el objeto próximo al hablante ha de tener la propiedad de ser azul o en *este que está en la mesa*, ha de tener la propiedad de estar en la mesa. Si analizamos los sintagmas de (59) como sintagmas pronominales, nos evitamos, además, tener que decir que, en ellos, hay un sustantivo elidido. El pronombre es el elemento referencial mediante el cual denotamos deícticamente una entidad. Es él el que permite que esos sintagmas funcionen como sujeto u objeto de una oración. En efecto, *lápiz, azul, de colores* y *que está en la mesa* ni son referenciales, ni pueden contraer relación de sujeto u objeto: *Lápiz es mío/*He cogido lápiz; *Azul es mío/ *He cogido azul; *De colores es mío/* He cogido de colores; *Que está en la mesa es mío/ *He cogido que está en la mesa.

Ha de tenerse en cuenta que *azul, de colores* y *que está en la mesa* pueden ser también complemento de *lápiz: lápiz azul, lápiz de colores, lápiz que está en la mesa*. De modo que en *este lápiz azul, este lápiz de colores* y *este lápiz que está en la mesa*, el complemento opcional del pronombre *éste* es, respectivamente, *lápiz azul, lápiz de colores, lápiz que está en la mesa*. En efecto, *lápiz azul* tiene la misma categoría sintáctica que *lápiz*, es un sintagma nominal con núcleo en *lápiz*, igual que *lápiz de colores* y *lápiz que está en la mesa*. Esto no ocurre con *lápiz*, que no puede ser complemento de *azul*: *azul lápiz. El nombre común se diferencia del adjetivo, sintagma preposicional con *de* y oración de relativo, en que sólo puede complementar (sin preposición) al pronombre: *este, ese, aquel hombre*. Sin embargo, los adjetivos o relativas pueden complementar tanto al pronombre como al nombre común.

Hemos mostrado que *ese lápiz, ese azul, ese de colores o ese que está en la mesa* no son sintagmas nominales, sino sintagmas pronominales, cuyo significado y función gramatical son los de un pronombre (como *ése*) y que *lápiz azul, lápiz de colores* y *lápiz que está en la mesa* son sintagmas nominales cuyo núcleo es *lápiz* que, por sí solo puede constituir un sintagma nominal. Por tanto, si decimos que un sintagma nominal es el complemento opcional de un pronombre demostrativo, podemos analizar expresiones como *este azul* o *este que está encima de la mesa* sin necesidad de postular un proceso de elisión nominal, que no tiene justificación alguna, sobre todo, si pensamos que podemos usar *este que está en la mesa*, sin necesidad de que, en el discurso anterior, se haya mencionado para nada el nombre de aquello que se señala que, por otra parte, puede ser incluso desconocido para el que habla. Por ejemplo, hoy día, en las pastelerías abundan todo tipo de dulces, la mayoría de cuyos nombres desconocemos. Pero eso no impide a nadie decir *deme éste de nata* sin tener la menor idea de cómo se llama el dulce en cuestión, por estar ausente la etiqueta correspondiente. ¿Tiene sentido, en estos casos, decir que se ha elidido un nombre? No hace falta recurrir a este mecanismo en el caso que nos ocupa.

Consideremos, a la luz de las observaciones precedentes, la relación que hay entre los siguientes pares de sintagmas:

(60)
a) con el lápiz / con él
b) con el azul/ con él
c) con el de colores/ con él
d) con el que está en la mesa/ con él

Es fácil percatarse de que la relación entre *el/él* es exactamente la misma que la que se da entre *este/éste*. En efecto, el núcleo de *el lápiz, el azul, el de colores* y *el que está en la mesa*, no puede ser otro que el pronombre *él*, que da carácter referencial y argumental a esos sintagmas. Esto nos lleva a analizar el sintagma *el lápiz* de la siguiente manera:

(61)
Estructura sintáctica de 'el lápiz'

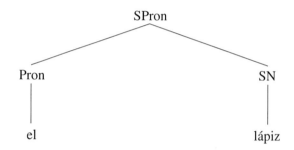

Todo lo que hemos dicho respecto de la relación entre *este lápiz* y *éste* puede aplicarse sin ninguna dificultad a la que se da entre *el lápiz* y *él*. Esto nos lleva a afirmar que el artículo es una variante átona del pronombre, tal como dijo A. Bello (1860: 252): "...parece, pues, natural que miremos las formas *el, la, los, los, las* como abreviaciones de *él, ella, ellos, ellas*, y estas últimas como las formas primitivas del artículo."

Contra esta idea se ha pronunciado S. Gutiérrez Ordóñez (1991: 251-253). Sus argumentos son los siguientes. Desde el punto de vista morfológico, el artículo y el pronombre tienen paradigmas diferentes: *él/el; ella/la; ello/lo; ellos/los; ellas/las*. Estamos diciendo aquí que el artículo es una variedad átona del pronombre: ¿cuáles son las variedades átonas de los pronombres? Enumeremos las que son relevantes aquí: *él/lo; ella/la; ello/lo; ellos/los; ellas/las*. Encontramos precisamente que los pronombres personales tienen como variedades átonas formas idénticas a las de los artículos, con una única diferencia: *él/lo* no coincide con *él/el*. Pero, si nos fijamos en *él/el*, nos damos cuenta de que es exactamente la misma alternancia que encontramos en los demostrativos, sobre cuyo carácter pronominal no se puede dudar: *éste/este; ése/ese; aquél/aquel*. Por tanto, la alternancia *él/el* no sólo no demuestra que el artículo masculino no es una variante del pronombre correspondiente, sino que prueba lo contrario: aquí se ha producido una regularización respecto del paradigma de las alternancias tónicas y átonas que tienen los demás pronombres. Por tanto, la morfología de los pronombres personales puede considerarse como uno de los argumentos más consistentes y definitivos que demuestran que el artículo es una variante clítica del pronombre.

En segundo lugar, aduce S. Gutiérrez Ordóñez que los pronombres son autónomos y los artículos no. Pero es que las variedades átonas de los pronombres no son tampoco autónomas. Y lo que estamos diciendo es que el artículo es una variante átona del pronombre. Con ello, vuelve este argumento a apoyar nuestra tesis, pues se descubre un nuevo paralelismo entre artículo y pronombre.

En tercer lugar, aduce S. Gutiérrez Ordóñez la opinión de J. Garrido de que el artículo es parte del sintagma nominal y el pronombre es, por sí solo, sintagma nominal. En efecto, el artículo es parte del sintagma nominal, de hecho, es el núcleo. Por ello, nosotros no lo denominamos *sintagma nominal* sino *sintagma pronominal*. Esta observación se reformula, pues, del siguiente modo: el artículo es la parte nuclear del sintagma pronominal y, por tanto, puede aparecer como único constituyente del mismo. Es precisamente eso lo que esperábamos.

En cuarto lugar, dice S. Gutiérrez Ordóñez que el pronombre conmuta con sustantivos y que el artículo, nunca. Pero esta afirmación es incorrecta. El pronombre *él* o *éste*, por ejemplo, no conmuta nunca con un sustantivo: él vino/ *chico vino; éste canta/ *mujer canta; la vio/ *vio chica; vive con él/ *vive con padre; sale con éste/ *sale con novio. El pronombre sólo conmuta con sintagmas pronominales. Esto se debe al hecho de que los pronombres son referenciales y los sustantivos no lo son. El hecho de que un sustantivo tenga género y número no basta para hacerlo referencial. Es conveniente no olvidar las palabras al respecto de John Lyons (1977: 574): "los pronombres son expresiones sintácticamente equivalentes a nominales y *no a nombres.*"

En quinto lugar, dice S. Gutiérrez Ordóñez que el pronombre puede incluir dentro de su campo de referencia al artículo: *las de Félix las instalan el martes*, en donde *las* hace referencia a *las de Félix*. Nosotros decimos que *las de Félix* no es otra cosa que **Ellas de Félix* (que se hace gramatical en cuanto sustituimos *ellas* por *las*, su variante átona) y, por tanto, que no tenemos aquí más que la relación entre *ellas* y *las (cfr. a ellas las instalan el martes*, que es impecable desde el punto de vista sintáctico, aunque, desde el punto de vista semántico, sólo se suelen focalizar pronombres átonos cuando se refieren a personas). Si el núcleo de *las de Félix*, es *las* (variante átona de *ellas*), lo que esperamos es que el clítico correspondiente sea *las*, como ocurre, en efecto. Éste, pues, es un argumento a favor de nuestro análisis y no en contra de él.

En sexto lugar, S. Gutiérrez Ordóñez dice que la consideración del artículo como pronombre significaría admitir que tiene complementos especificativos y esto no es posible porque los pronombres no los admiten. Como hemos visto antes, podemos concebir los complementos especificativos como especificadores del rango de un pronombre, es decir, del conjunto de sus referentes potenciales. En efecto, como *éste* puede denotar cualquier entidad cercana al hablante, al decir *este hombre* estamos restringiendo el conjunto de referentes potenciales del pronombre: debe ser una entidad que tenga la propiedad de ser *hombre*. Lo mismo vale para *éste de rojo* o *éste que lleva sombrero*. El pronombre no es un nombre propio y, por tanto, se puede especificar. Hay que recordar ahora que los nombres personales (*yo, tú, nosotros, vosotros*) no son pronombres y que, por tanto, no se pueden especificar; en esto, también se parecen a los nombres propios.

Por último, S. Gutiérrez Ordóñez aduce que los referentes pronominales átonos incluyen en su campo de designación todos los elementos que forman un constituyente oracional por amplio que sea. Pone el ejemplo siguiente: *llamad a la hermosa muchacha rubia que nos ha saludado* ⇒ *llamadla*. No sería adecuado decir que *la= la hermosa muchacha rubia que nos ha saludado*, porque sintácticamente no son idénticos (aunque sí son sintácticamente equivalentes, ya que *la* es el núcleo del sintagma complejo) igual que *él* no es idéntico a *el hombre*, por más que *el* sea su núcleo. Lo único que podemos decir es que el pronombre *la* puede ser correferencial con el sintagma complejo *la hermosa muchacha rubia que nos ha saludado* y ¿por qué puede serlo? Pues, en este caso, porque tanto el sintagma pronominal *la* como el, para S. Gutiérrez, sintagma nominal *la hermosa muchacha rubia que nos ha saludado*, tienen exactamente el mismo núcleo pronominal *ella* y su variante átona *la*. Si no es así, ¿cómo se explica esa correferencia? ¿Por qué *la hermosa muchacha rubia que nos ha saludado* y *la* pueden referirse a la misma entidad si, según S. Gutiérrez y otros gramáticos, no tienen ninguna categoría léxica en común? y si tienen algo en común, ¿qué es? ¿Hay algo en *la hermosa muchacha rubia que nos ha saludado* que funcione de modo parecido a un pronombre, es decir, que sea referencial y también que esté determinado para número, persona y definitud y cuya forma sea parecida a la de un pronombre?

Los sintagmas con *lo* son la demostración más evidente de que tenemos un sintagma pronominal, ya que *lo* no es otra cosa que una variante átona de *ello*. Veamos los siguientes ejemplos:

(62)
a) lo azul
b) lo de colores
c) lo que está en la mesa

Vemos que el pronombre *lo* admite todos los complementos que tomaban los pronombres anteriores, excepto un nombre común. La razón es clara, pues, como acertadamente afirma S. Gutiérrez Ordóñez (1991: 253), el español no conoce nombres neutros. Sin embargo, este autor cita algunos ejemplos aducidos por el profesor C. Hernández (1985: 124-125), en los que el *lo* parece concurrir con *el*: *el infinito/ lo infinito*, *el asado / lo asado*, *el bordado/ lo bordado*. Es claro que *el infinito* y *lo infinito* denotan cosas diferentes. El primer sintagma denota una entidad única que tiene la propiedad denotada por *infinito* y el segundo, denota aquello que tiene la propiedad de ser infinito y podemos hacer referencia a una parte de algo que es infinita. Por ejemplo, podemos decir *su actitud muestra lo infinito de su bondad*, aquí *el infinito* no sería adecuado. Lo mismo cabe aplicar a los demás ejemplos: *el asado* se refiere a un plato asado y *lo asado* se refiere a la parte asada de algo; *el bordado* se refiere a un trabajo completo, *lo bordado* se refiere a una parte bordada de algo. Pues bien, estas diferencias son idénticas a las que oponen *él* a *ello*: el primer pronombre hace referencia a una entidad singular completa y el segundo hace referencia, entre otras cosas, a una parte o aspecto simple o complejo de una entidad. Por ejemplo, *me gusta el colorido y la perspectiva de ese cuadro. Me pasaría horas junto a él/ Además de ello/ *ellos, el cuadro es sorprendentemente audaz*. En la primera de las continuaciones de la oración, *junto a él* hace referencia al cuadro mencionado como una entidad completa, pero en la segunda *ello* se refiere a los aspectos del colorido y la perspectiva del cuadro, aquí *ellos* está descartado (sólo se admite si hacemos referencia al colorido y la perspectiva en sí mismos, no como parte del cuadro). Una exposición más detallada en esta línea puede encontrarse en I. Bosque y J. C. Moreno 1990.

La ventaja de este análisis es que en los sintagmas con *lo* no hay que postular un nombre neutro vacío, pues, como decimos, en estos casos el *lo* también es una variante átona del pronombre *ello*, que funciona como núcleo de todo el sintagma pronominal.

Como conclusión de todo esto, hay que decir que A. Bello sigue teniendo razón.

Ejercicios

1. Sea la siguiente lista de pronombres de la lengua australiana lardil (extraídos de Dixon 1980: 276):

   pi-rri "ellos (él y su hermano o el abuelo y su nieto o el nieto y su abuelo) dos"
   ña-anki "él y yo (mi padre y yo o mi hijo y yo o mi bisabuelo y yo o mi biznieto y yo)"
   ngaku-rri "tú y yo (mi hermano y yo o mi abuelo y yo o mi nieto y yo)"
   rni-inki "ellos (su padre y él o su hijo y él o su bisabuelo y él o su biznieto y él) dos"
   ki-rri "vosotros (tu hermano y tú o tu abuelo y tú o tu nieto y tú) dos"
   ña-rri "él y yo (mi hermano y yo o mi abuelo y yo o mi nieto y yo)"
   ngaku-ni "tú y yo (mi padre y yo o mi hijo y yo o mi biznieto y yo o mi bisabuelo y yo)"
   ñi-inki "vosotros dos (tu padre y tú o tu hijo y tú o tu biznieto y tú o tu bisabuelo y tú)"

   Sobre la base de estos ejemplos determine las variables que estructuran el sistema pronominal del lardil.

2. ¿A qué pronombres se asignarán los siguientes conjuntos referenciales?

   a) {1, 3}
   b) {2, 3}
   c) {1, 2, 3}
   d) {1, 2}
   e) {2, 2, 3}
   f) {1, 3, 3, 2}

3. Diga por qué o por qué no son posibles las relaciones anafóricas señaladas en los siguientes ejemplos:

   (63)
   a) *Él$_i$ dice que Pedro$_i$ no lo sabe
   b) Pedro$_i$ dice que él$_i$ no lo sabe
   c) El policía que le$_i$ interrogó, le pegó a Pedro$_i$
   d) El hombre que interrogó a Pedro$_i$, le$_i$ pegó
   e) *Juan$_i$ le$_i$ quiere
   f) Juan$_i$ se$_i$ quiere

4. Determine el grado de especificidad de los sintagmas nominales en función de objeto de las oraciones siguientes y los factores que contribuyen a la interpretación inespecífica y la relación de todo ello con la posibilidad o no de aparición de la preposición *a* ante el objeto directo:

   (64)
   a) Juan llamó *(a) una secretaria
   b) Juan interrogó *(a) una secretaria
   c) Juan quiso (a) una secretaria
   d) Juan buscó (a) una secretaria
   e) Juan anheló (*a) una secretaria
   f) Juan se inventó (*a) una secretaria

CLAVE 1. En primer lugar, puede comprobarse que existe una diferencia entre primera persona del dual inclusivo y exclusivo. En el primer caso, *ngakurri* y *ngakuni*, se incluye al hablante y al oyente y, en el segundo, *ñarri* y *ñaanki*, se incluye al hablante y a un no-oyente.

Pero la diferencia que salta a la vista con mayor relieve es la que existe entre los pronombres acabados en *-rri.* y los acabados en *a/inki*. Como se habrá observado por las traducciones, los primeros se usan entre personas del mismo nivel generacional (hermanos y hermanas) o personas situadas a dos niveles generacionales de distancia (abuelo y nieto). Por su parte, los pronombres acabados en *-in* o *i/anki* se utilizan en caso de que las personas implicadas se hallen en niveles generacionales contiguos (padres e hijos) o a tres niveles generacionales de distancia (bisabuelos y biznietos). Como vemos, entonces, las relaciones de parentesco pueden ser pertinentes a la hora de dar cuenta del funcionamiento de los sistemas pronominales de algunas de las lenguas del mundo.

2. A a) se le asignará un pronombre dual exclusivo de primera persona; a b) un pronombre dual de segunda persona; a c), un pronombre trial o plural de primera persona; a d), un pronombre dual inclusivo de primer persona; a e), un pronombre trial o plural de segunda persona, y a f), un pronombre cuadral o plural de primera persona.

3. Veamos las oraciones a) y b) en primer lugar. La estructura que les corresponde es la siguiente:

a') $[_O[_{PRON}\text{él}]_i \ [_{SV}[_V\text{dice}] \ [_{SC}[_C\text{que}][_O[_{SN}\text{Pedro}_i][_{SV}\text{no lo sabe}]]]]]$
b') $[_O[\text{Pedro}_i] \ [_{SV}[_V\text{dice}] \ [_{SC}[_C\text{que}][_O[_{SN}\text{él}_i][_{SV}\text{no lo sabe}]]]]]$

Se ve que en a') el pronombre *él* manda-c a su poscedente *Pedro*, por lo que, según lo visto en este capítulo, no puede ser correferencial con él. Por su parte, en b'), el pronombre *él* no manda-c a *Pedro*, su antecedente y, por tanto, es posible la correferencia.

Veamos las estructuras de c) y d) a continuación:

c') $[_O[_{SPRON}[_{SPRON}\text{ el policía}] \ [_{SC}[_C\text{que}]][_O \ \text{le}_i \ \text{interrogó}]]][_{SV} \ \text{(le) pegó a Pedro}_i]]]$
d') $[_O[_{SPRON}[_{SPRON}\text{ el hombre }] \ [_{SC}[_C\text{que}]][_O \ \text{interrogó a Pedro}_i]]] \ [_{SV} \ \text{le}_i \ \text{pegó}]]$

Se puede comprobar que en c') el pronombre *le* no manda-c a su poscedente *Pedro* y, por tanto, podrá ser correferencial con él. Por otro lado, en d') el pronombre *le* tampoco manda-c a su antecedente, ya que el primer nudo ramificante del que depende, que es SV, no domina a Pedro. Por tanto, la correferencia es posible en ambas oraciones.

El caso de e) y f) es curioso. En el primero, el pronombre no manda-c a su antecedente y, sin embargo, la correferencia no es posible. En realidad, tal como vemos en f), en esa posición, sí que es posible la correferencia con el sujeto, sólo que ha de utilizarse un pronombre especial que se denomina reflexivo. Para que esta correferencialidad con pronombre reflexivo sea posible, el antecedente y el reflexivo deben estar en la misma proyección máxima, los casos en los que no ocurre así son precisamente aquellos en los que se utiliza el pronombre no reflexivo.

4. A partir de los ejemplos proporcionados, se observa que la preposición *a* como marca de objeto directo es obligatoria cuando el objeto es específico y no se admite cuando el objeto es inespecífico. Obsérvese que todos los objetos de estas

oraciones son indefinidos, ya que van provistos del artículo *una*. En los casos a) y b) tenemos verbos transitivos afectadores, es decir, verbos transitivos que afectan a una entidad ya existente. En este caso, se describen acciones que afectan al individuo preexistente. Estamos, pues, ante un contexto que favorece la interpretación específica por el significado afectador del verbo, ya que hay que prever la existencia de ese individuo concreto sobre el que recae la acción del verbo afectador.

Consideremos ahora las oraciones de e) y f). En estos casos, el verbo transitivo es claramente efectuativo; es decir, no describe una acción que se ejerce sobre alguna entidad previamente existente, sino una acción que crea una entidad; se trata de una creación volitiva (*anhelar*) o imaginativa (*se inventó*). El hablante no está, pues, en condiciones de mentar el individuo creado. El uso inespecífico será aquí el favorecido y, por tanto, la preposicion *a* no podrá aparecer.

Consideremos, por último, las oraciones de c) y d). En este caso, existe la posibilidad de aparición de la preposición *a* y, por tanto, ésta no es obligatoria. Obsérvese que, según aparezca o no esa preposición, obtendremos un significado verbal claramente distinto. En c), *quiso* puede expresar un anhelo o una relación afectiva; en el primer caso, estamos ante un verbo efectuativo y, por tanto, el uso inespecífico estará claramente favorecido; en el segundo caso, expresa una relación de tipo afectador y, por tanto, el uso específico estará claramente favorecido. Lo importante es darse cuenta de que la aparición de la preposición *a* se liga al uso afectivo de *quiso* y la no aparición de la preposición, al uso volitivo de *quiso*, con lo cual se ve confirmado el análisis mantenido.

Un razonamiento análogo puede realizarse respecto de d). Puede llevarlo a cabo el lector como ejercicio.

CUESTIONES PROPUESTAS

1. En sundanés, los nombres personales *yo* y *tú* pueden traducirse de las siguientes formas (Maitinskaya 1969: 160-161); determínense sus usos según las traducciones aducidas:

    kuring "yo" (utilizado por un jefe a su subordinado).
    abdi "yo" (utilizado por un hijo que habla a su padre).
    kami "yo" (utilizado por un padre que habla a su hijo).
    dewek "yo" (utilizado por una señora que habla a su criado, no a su criada).
    aing "yo" (utilizado por una persona que quiere ofender a otra).
    maneh "tú" (utilizado por un niño que habla con un compañero de colegio).
    andjeun "tú" (utilizado por un estudiante dirigiéndose a otro a quien admira).
    hidep "tú" (utilizado por un padre que trabaja como empleado en la fábrica que dirige su hijo).
    gamparan "tú" (utilizado por un empleado dirigiéndose a su jefe).
    silaing "tú" (niño que habla con un compañero de colegio con el que tiene confianza).
    dia "tú" (utilizado por una persona que quiere ofender a otra).

2. Teniendo en cuenta el ejercicio tercero y su clave correspondiente especifique por qué o por qué no es posible la correferencia en los siguientes casos:

    (65)
    a) Ir él$_i$ solo, le asusta a Pedro$_i$
    b) Ir Pedro$_i$ solo, le asusta a él$_i$
    c) *Con Pedro$_i$, él$_i$ no tiene problemas
    d) Con él$_i$, Pedro$_i$ no tiene problemas

e) Juan quiere que el niño$_i$ se$_i$ vista solo
f) *El niño$_i$ quiere que Juan se$_i$ vista solo
g) El niño$_i$ quiere que Juan le$_i$ vista
h) *Juan quiere que el niño$_i$ le$_i$ vista

3. Investigue la relación que existe entre tiempo, aspecto, modo y especificidad sobre la base de ejemplos como los que siguen:

(66)
a) Una persona es atropellada cada cinco minutos en el país
b) Cuando metemos un cubo de hielo en agua caliente, se deshace
c) Todos los días ponen un policía en la puerta del banco
d) Pusieron ayer un policía en la puerta del banco
e) En todo caso, hablaría con un ministro
f) Como último recurso habló con un ministro
g) ¡Habla con un ministro!
h) Ese médico reconoce a un paciente en dos minutos
i) Ese médico reconoció a un paciente en dos minutos
j) Ese médico reconocería a un paciente en dos minutos, si pudiera

ORIENTACIÓN BIBLIOGRÁFICA

BOSQUE, I. (ed.): *El sustantivo sin determinación. La ausencia de determinante en la lengua española*, Madrid, Visor, 1996.
Este libro ofrece una panorámica muy útil sobre la cuestión de la ausencia de determinante en los sustantivos españoles. A un excelente estado de la cuestión de Ignacio Bosque (de casi cien páginas) le siguen estudios de R. Lapesa, H. Contreras, P. J. Masullo, X. Lois, B. Laca, J. Garrido y J. L. Iturrioz. Es un libro imprescindible para conocer y profundizar en los casos en los que el sustantivo no lleva determinante en español.

BOSQUE, I. y V. DEMONTE (dirs.): *Gramática Descriptiva de la Lengua Española*, Madrid, Espasa-Calpe, 1999.
El capítulo 12 de esta gramática (787- 890) se dedica al artículo y está escrito por M. Leonetti. El capítulo siguiente (891-928), dedicado al estudio de la presencia y la ausencia del determinante, es de B. Laca. Los adverbios y pronombres demostrativos son objeto del siguiente capítulo (929-972), a cargo de Luis Eguren. El capítulo quince (973-1024) se dedica al posesivo y a las relaciones posesivas y está escrito por M.ª Carmen Picallo y G. Rigau. El capítulo 19 (1.209-1.274), de O. Fernández Soriano, se ocupa del estudio de las formas y distribuciones de los pronombres tónicos y átonos. La expresión y omisión del pronombre personal es descrita detalladamente por Marta Luján en el capítulo 20 (1.275-1.316). Los sistemas pronominales de tratamiento son objeto del capítulo 22 (1.399-1.426), compuesto por M.ª Beatriz Fontanella de Weinberg. El leísmo, loísmo y laísmo se analizan en el capítulo 21 (1.317-1.398), hecho por I. Fernández Ordóñez. El capítulo 23 (1.427-1.518) se ocupa de los pronombres reflexivos y recíprocos, y es de C. Peregrín Otero.

CARBONERO CANO, P.: *Deíxis temporal y espacial en el sistema lingüístico,* Sevilla, 1979.
Estudio sucinto sobre la deíxis especial y temporal que puede utilizarse para ampliar lo estudiado en este capítulo.

CIFUENTES HONRUBIA, L.: *Lenguaje y Espacio,* Universidad de Alicante, 1989.
Es un estudio sobre la deíxis espacial en español. Puede ser útil para profundizar sobre algunas de las cuestiones aquí examinadas.

FAUCONNIER, G.: *La Coréférence: syntaxe ou sémantique?* París, Seuil, 1974.
Concienzudo estudio de las relaciones anafóricas y correferenciales. El capítulo 3 está completamente dedicado al estudio de las paradojas de la pronominalización, una de las cuales hemos visto en este capítulo.

FERNÁNDEZ LAGUNILLA y A. ANULA REBOLLO: *Sintaxis y Cognición. Introducción al conocimiento, el procesamiento y los déficits sintácticos*, Madrid, Síntesis, 1995.
Las secciones 7.3 y 7.5 de este libro tratan, respectivamente, sobre el sintagma determinante y el sintagma pronominal. Son muy pertinentes para ampliar y dar otros enfoques de lo que hemos visto en este capítulo.

FIENGO, R. y R. MAY: *Indices and Identity*, Cambridge, The MIT Press, 1994.
Sin duda, es el estudio más completo y profundo que hay sobre los índices correferenciales de los sintagmas pronominales. Debe ser leído por quien desee profundizar en cuestiones que aquí hemos simplemente esbozado.

GIVÓN, T.: "Definiteness and Referentiality" en T. Givón, *Syntax, vol. 1,* Amsterdam, Benjamins, 1984, pp. 384-436.
Detallado y valioso estudio sobre la definitud y la referencia desde un punto de vista funcional-tipológico.

HASPELMATH, M.: *Indefinite Pronouns*, Oxford, Oxford University Press, 1997.
Detallado estudio tipológico de los pronombres indefinidos, de los que no hemos dicho nada en este capítulo. Incluye dos interesantes capítulos históricos sobre la procedencia de los pronombres indefinidos en diferentes lenguas y otro sobre los diversos enfoques teóricos de su análisis.

HAWKINS, J. A.: *Definiteness and Indefiniteness,* Londres, Croom Helm, 1978.
Importante estudio sobre el contraste definido-indefinido.

LASNIK, H.: *Essays on anaphora,* Dordrecht, Kluwer, 1989.
Recopilación de trabajos sobre la anáfora imprescindibles para profundizar en la cuestión.

LEONETTI JUNGL, M.: *El artículo y la referencia,* Madrid, Taurus, 1990.
Interesante estudio donde se aborda el problema de la especificidad y la opacidad referencial. Es muy útil para ampliar la parte correspondiente del presente capítulo.

LÓPEZ GARCÍA, A.: *Gramática española. III. Las partes de la oración*, Madrid, Arco, 1998.
El capítulo 27 de esta obra está por entero dedicado al estudio de los determinantes y cuantificadores en español. Se analizan los demostrativos, el artículo, el *lo* y los indefinidos, amén de los numerales.

LYONS, J.: *Semántica*, Barcelona, Teide, 1980 [1977].
El capítulo 15 de este libro, titulado "Deíxis, espacio y tiempo" (pp. 573-658, de la excelente versión española de Ramón Cerdà), sigue siendo una lectura imprescindible, cuya asimilación puede ahorrar muchas confusiones en un ámbito harto resbaladizo y elusivo.

LYONS, CH.: *Definiteness*, Cambridge, Cambridge University Press, 1999.
Excelente estudio de conjunto sobre la definitud en las lenguas naturales. No se descuida la interacción de la definitud con otros aspectos de la gramática, tales como la concordancia, marcación de objeto, la elisión. También hay un capítulo dedicado a los aspectos diacrónicos. Se recogen y analizan ejemplos de lenguas de diferentes familias.

MAITINSKAYA, K. E. Майтинская. К Е (1969): *Местоимения в языках разных систем Miestoimeniya v yazykaj raznij sistiem* [Los pronombres en lenguas de diferente tipo], Moscú, Naúka, 1969.

Estudio sobre los sistemas pronominales en el que se examinan más de doscientas cuarenta lenguas. Es, pues, una fuente inagotable de datos para el tipólogo interesado en los pronombres y sistemas pronominales de las lenguas del mundo.

MARCOS MARÍN, F.: *Estudios sobre el pronombre,* Madrid, Gredos, 1978.
Este libro contiene algunos estudios históricos sobre el sistema pronominal español. Atesora datos sobre la llamada "redundancia pronominal" en castellano, árabe, vasco, lenguas celtas y latín vulgar y en algunas lenguas romances.

MÜHLHÄUSLER, P. y R. HARRÉ: *Pronouns and People: The Linguistic Construction of Social and Personal Identity,* Londres, Basil Blackwell, 1990.
Interesante estudio de los pronombres desde un punto de vista funcional y tipológico. Ofrece datos muy diversos sobre muy diferentes lenguas y, además, nos proporciona conocimientos sobre las funciones inter e intrapersonales de los pronombres.

OLZA ZUBIRI, J.: *El pronombre. Naturaleza, historia y ámbito de una categoría gramatical,* Caracas, 1973.
Estudio sobre diversos aspectos teóricos e históricos del pronombre, que puede utilizarse para ampliar diversos aspectos de los tratados en el presente capítulo.

REINHART, T.: *Anaphora and Semantic Interpretation,* Londres, Croom Helm, 1983.
Este libro es una exposición detallada de un análisis generativista de las relaciones anafóricas, tal como las determinan las posiciones estructurales. Se define y desarrolla la aplicación de la relación de mando-c a las relaciones anafóricas.

RIGAU i OLIVER, G.: *Gramática del discurs,* Universidad Autónoma de Barcelona, 1981.
El capítulo quinto de este trabajo es una espléndida panorámica de las relaciones anafóricas dentro del marco de la Gramática Generativa. Se muestran también las insuficiencias de una sintaxis puramente oracional para dar cuenta de todos los aspectos relevantes de la anáfora.

WASOW, T.: *Anaphora in generative Grammar,* Gantes, E., Story-Scientia, 1979.
Estudio clásico sobre las relaciones anafóricas en el modelo de la teoría estándar generativista. Contiene un apéndice sobre las paradojas de la pronominalización.

WIESEMANN, U. (ed.): *Pronominal Systems,* Tubinga, Gunter Narr., 1986.
Este voluminoso libro contiene veinte capítulos en los que se describen minuciosamente los sistemas pronominales de muy diferentes lenguas: toabaita, guimira, lenguas chádicas, concimé, mundaní, yauré, liele, godié, otí, chipeva, quechua y maxacalí, entre otras.

16

EL SINTAGMA VERBAL I. LA DEÍXIS TEMPORAL, EL ASPECTO, EL MODO DE ACCIÓN Y LA MODALIDAD. EL AUXILIAR

1. Introducción

Vamos a estudiar, a continuación, las características del sintagma verbal; tales características son proporcionadas por el elemento central del sintagma verbal: el verbo. De todas formas, vamos a empezar, antes de estudiar el verbo en sí mismo, por aclarar algunos conceptos que se pueden manifestar tanto en el propio verbo como en el sintagma verbal. De hecho, la mayoría de los fenómenos que vamos a tratar aquí deben considerarse como característicos de todo el sintagma verbal y no solamente del verbo, por más que a veces sólo se manifiestan directamente mediante alguna modificación morfológica de éste.

2. La deíxis temporal

Hemos visto en el capítulo anterior la naturaleza de las categorías deícticas de persona y espaciales; incluso, vimos cómo se manifestaba la persona en el verbo. Sin embargo, la categoría deíctica típica del verbo y del sintagma verbal es el tiempo. Veamos cómo se determina deícticamente esta categoría gramatical.

Hay que partir del momento en el que tiene lugar el acto comunicativo y considerar ese momento como eje en torno al cual se van a situar los diversos momentos denotados por los sintagmas verbales. El punto de referencia en cuestión se puede denotar como 0 y se puede uno referir a él con un adverbio como *ahora*. Si el acontecimiento denotado por la oración en la que se encuentra un sintagma verbal coincide en alguno de sus momentos con ese punto 0, entonces usamos el tiempo presente:

(1)
Castellano

Ahora veo un coche rojo

El acontecimiento denotado por esta oración coincide en todo o en parte con la emisión de la misma por el que habla. Por ello, el tiempo verbal siempre es deíctico, ya que sitúa las acciones o estados respecto del momento en el que el hablante emite la oración en cuestión.

De este modo, exactamente igual que *yo* puede denotar muy diferentes personas dependiendo del emisor de tal palabra, *tengo frío* denotará una infinidad de momentos dependiendo del momento en que se emita esa frase. Tanto en un caso como en otro, las posibilidades referenciales son ilimitadas. El tiempo pasado se utiliza cuando el acontecimiento o hecho descrito es anterior al momento en el que se emite la oración:

(2)
Castellano

Ayer vi un coche

Por último, el tiempo futuro denota un acontecimiento que es posterior al momento en que se emite la oración que contenga esa forma temporal:

(3)
Castellano

Mañana veré un coche

Podemos, por supuesto, prescindir de los adverbios para obtener un sentido esencialmente idéntico: *veo un coche*, *vi un coche*, *veré un coche*.

Es posible representar sencillamente estas tres referencias temporales como sigue:

(4)
Representación de las referencias temporales primarias

PASADO   PRESENTE   FUTURO

⟹   0   ⟹

Las cosas pueden complicarse si tenemos en cuenta que ese momento 0 puede trasladarse metafóricamente a un momento diferente al instante en el que se emite la expresión: con ello, situamos en el pasado o en el futuro un punto 0 derivado para poder tener un pasado, un presente y un futuro del pasado y un pasado, un presente y un futuro del futuro.

Vamos a partir de un ejemplo muy sencillo para ilustrar este punto:

(5)
Castellano

a) Había visto un coche cuando llegué
b) Iba a ver un coche cuando llegué
c) Habré visto un coche cuando llegue
d) Veré un coche cuando llegue

En (5a) situamos una acción en el pasado respecto del momento 0 real (*cuando llegué*), pero además situamos un acontecimiento en el pasado de ese pasado (*había visto*). *Había visto* es, pues, un pasado relativo al momento 0 derivado que coincide con la acción denotada por *llegué*. En (5b) tenemos que, en el pasado, se sitúa un acontecimiento posterior a un suceso pasado (*iba a ver* denota un acontecimiento pasado posterior al acontecimiento que también es pasado).

En (5c) observamos un acontecimiento pasado (*habré visto*) situado en el futuro y en (5d) estamos ante un acontecimiento futuro (*veré*) en el futuro (*cuando llegue*).

Cuando usamos los tiempos verbales de esta forma, decimos que estamos ante usos relativos. Por ejemplo, el *veré* de (5d) es un uso relativo del futuro. Por otro lado, existen formas verbales temporales que denotan siempre tiempos relativos, es el caso de la forma *habré visto* de (5c).

Frente al uso relativo de los tiempos, hablaremos del uso absoluto cuando se empleen como hemos visto al principio, es decir, cuando no hay un punto 0 derivado en el pasado o en el futuro.

Podemos obtener, entonces, el siguiente esquema:

(6)
Esquema de las referencias temporales

REFERENCIAS ABSOLUTAS

REFERENCIAS RELATIVAS

Aunque hemos usado indistintamente *tiempo* y *referencia temporal* conviene no confundir ambas cosas. El tiempo se concibe como una categoría morfológica cuya misión principal es la de hacer posibles las referencias temporales. El concepto de referencia temporal es más amplio, ya que hay adverbios de tiempo mediante los que se llevan a cabo referencias temporales, o formas verbales sin morfemas temporales que, en su uso, tienen una referencia temporal precisa.

3. Los tiempos pasado, presente y futuro

El tiempo pasado absoluto suele tener en las lenguas una sola forma verbal. Por ejemplo, en inglés *wrote* 'escribió/escribía' denota una acción que tiene lugar en un momento anterior al momento en el que se utiliza esa expresión. En español, se distinguen dos formas de pasado: *escribía* y *escribió* cuya diferencia veremos cuando tratemos el aspecto verbal. A veces, hay una forma para el pasado cercano al presente; por ejemplo, la perífrasis francesa *je viens d'écrire* 'acabo de escribir' que hay que traducir al español mediante una perífrasis.

Los usos relativos del pasado y los tiempos pasados relativos son los siguientes:

(7)
Usos del pasado

a) *Pasado en el pasado.* Hay lenguas que poseen una forma verbal sintética para expresar el pasado en el pasado. El latín poseía la forma *scripseram* 'había escrito'. El inglés tiene, como el castellano, una forma analítica: *had written* 'había escrito'.
b) *Futuro en el pasado.* No parece haber ninguna lengua que tenga una forma sintética para este tiempo relativo. En inglés existe la perífrasis *was to*, similar a la del español *iba a*. Veamos un ejemplo del francés:

> Quand J. donna á l'elécteur Frédéric, sa fille qui *devait être* la tige des rois actuels de l'Angleterre 'Cuando J. dio al elector Federico su hija, que iba a ser el tronco de los reyes actuales de Inglaterra'.

El tiempo presente, como ya hemos visto, se establece de acuerdo con un *ahora* que se considera un punto de referencia de partida. Es muy normal que el presente se use para denotar sucesos o propiedades que se dan siempre o habitualmente. Estamos ante lo que, a veces, se denomina *presente gnómico*. Este presente es muy frecuente al enunciar leyes de la naturaleza o de las matemáticas:

(8)
Castellano

a) El platino es un metal
b) La raíz cuadrada de cuatro es dos

En realidad, éste uso del presente es perfectamente explicable si tenemos en cuenta que las verdades generales son verdades en todos los instantes y, por tanto, necesariamente, entre esos instantes está el denotado por el *ahora*.

Este punto de vista se podría incluso aplicar a la definición misma del presente, ya que se ha sostenido en muchas ocasiones que el presente es el tiempo no marcado por excelencia; es decir, se caracteriza por la ausencia de especificación temporal. Como tal término no marcado, puede usarse para denotar tanto un pasado como un futuro. Un ejemplo típico del primer caso es el llamado *presente histórico*. Consiste en relatar un acontecimiento pasado como si fuera presente, para dar más viveza a dicho relato. Veamos un ejemplo de este uso del presente:

> Neoptólemo, al verse vencido, *se refugia* junto a Antípatro, al que *empuja* a que ataque de improviso a Eumenes; suponiendo que iba a pasar esto, *encierra* con emboscadas a los que le *emboscaban* (Orosio, *Historias,* libro III 23.20).

El presente puede usarse también para denotar un acontecimiento futuro con el matiz temporal de un futuro cercano o un matiz modal (una exigencia u orden que ha de cumplirse en un futuro lejano o cercano).

(9)
Castellano

a) Esta tarde nos vamos al cine (futuro inmediato)
b) Esto lo haces el año que viene (futuro exigido)

Como hemos dicho, el presente sitúa el acontecimiento o hecho al que hacemos referencia respecto del punto deíctico del ahora (es decir, del momento en que se emite la oracion que contiene esa determinación temporal). El acontecimiento relatado puede extenderse en el tiempo de modo indeterminado, pero lo importante es que esa extensión temporal debe incluir obligadamente el momento de referencia del *ahora* deíctico. Consideremos, por ejemplo, la siguiente oración:

(10)
Castellano

Vivo en el número 50 de la Calle de Alcalá

Este *vivo* puede denotar un período de tiempo muy largo o muy corto; lo único que se requiere es que ese período de tiempo incluya el *ahora* de la enunciación de la oración en cuestión.

El futuro es el tiempo verbal más marcado e inestable: posee un *status* diferente al de los tiempos que hemos visto hasta ahora. Es un tiempo que siempre conlleva un matiz modal de posibilidad, necesidad o voluntad. Desde el punto de vista interlingüístico, esto se puede comprobar fácilmente si tenemos en cuenta que muchas lenguas poseen formas verbales para el presente y el pasado pero no para el futuro. Varias lenguas que poseen una forma sintética para el presente y el pasado, tienden a denotar el futuro mediante una forma analítica en la que interviene un verbo auxiliar de marcado carácter modal. Esto ocurre, por ejemplo, en inglés donde frente a *I come* 'vengo' y *I came* 'vine' se opone la perífrasis *I will come* 'vendré', en la que interviene un verbo auxiliar que posee un matiz modal (expresa deseo); este uso lo vemos no sólo en inglés, sino también en alemán y castellano:

(11)
Alemán

Es scheint regnen zu wollen
ello parece llover a querer
'Parece que quiere llover'

En ambos casos, se usa un verbo que significa 'querer' (= *wollen* en alemán) para denotar un futuro muy cercano y previsible. Esto es lógico, ya que el futuro es algo abierto, al contrario de lo que ocurre con el pasado, y ello significa que la voluntad puede alterar el curso previsible de los acontecimientos: el futuro se halla o puede hallarse bajo el control de la voluntad, cosa que no ocurre evidentemente con el pasado. Téngase en cuenta que ésta es una explicación *externa* (véase el capítulo 4, sección 5 del presente libro) de estas formas de expresión del futuro.

Otras veces, el futuro se emplea utilizando la idea modal de obligación: en efecto, lo que se considera obligado se prevé que ocurrirá tarde o temprano. Este matiz modal posee auxiliares, como el inglés *shall*, neerlandés *zullen* o castellano *deber*, que pueden utilizarse para denotar el futuro. Considérese el siguiente enunciado neerlandés de uno de los diez mandamientos:

(12)
Neerlandés

Gij zult niet doodslaan
tu debes no matar
'No matarás'

En castellano, este futuro es claramente modal e indica obligación; pues bien, en neerlandés el futuro *siempre* se forma con el verbo 'deber' *zullen*:

(13)
Neerlandés

a) Ik zal zijn
   yo debo ser
   'Seré'
b) Jij zult zijn
   tú debes ser
   'Serás'
c) Hij zal zijn
   él debe ser
   'Será'

de *zijn* 'ser'.

Un sentido próximo a éste tuvo el verbo latino *habere* 'tener' precedido de infinitivo: *scribere habeo* da en italiano *scriveró*, en francés *écrirai* y en castellano *escribiré* (i. e., *escribir he*). Obsérvese que un sentido muy similar se desarrolló en el sustituto del *habere* latino en castellano, es decir, *tener: tengo que escribir*.

Hemos visto que existe una tendencia, en las lenguas indoeuropeas y también en otras familias, a expresar el futuro de modo sintagmático (perifrástico) y no paradigmático (sintético): ello indica que el tiempo futuro no está integrado morfológicamente del mismo modo que los demás tiempos, ya que no posee formas simples, sino que hay que *construirlas* en la enunciación. De todas maneras, la presión morfológica que lleva a integrar todas las formas temporales del mismo modo, lleva a que estas construcciones sintagmáticas se fosilicen e incluso lleguen a converger en una forma sintética, tal como ha ocurrido en italiano, inglés y castellano.

Otra forma de concebir el futuro es la locativa; se considera el futuro como un movimiento hacia adelante y, por ello, se emplean verbos de movimiento para expresarlo. La perífrasis española tiene su correspondencia en muchas lenguas:

(14)
Expresión locativa del futuro

a) Francés: je vais écrire
              yo voy escribir
b) Inglés: I am going to write
              Yo estoy yendo a escribir
c) Sueco: jag kommer att skriva
              yo vengo a escribir

Existen usos relativos del futuro, tal como ocurre con el pasado. Podemos indicar, por ejemplo, momentos que son posteriores al presente pero que preceden al futuro: esto es lo que denota una forma latina del verbo 'escribir' como *scripsero*. En inglés, este tiempo exige una doble perífrasis: *I shall have written* 'habré escrito'. Podemos también denotar un momento posterior al futuro; en inglés, se utiliza de nuevo una doble perífrasis: *I shall be going to write*, es decir, 'me iré a poner a escribir'.

En todas estas explicaciones, debe quedar clara la distinción entre *tiempo gramatical* y *real*. Como hemos visto, no coinciden necesariamente: un presente gramatical puede denotar un acontecimiento pasado, presente o futuro reales. Precisamente, el futuro posee muchos usos que no indican un tiempo real futuro, ni siquiera determinación temporal alguna.

En efecto, el futuro puede usarse para:

(15)
Usos del futuro

a) *Expresión de una suposición el presente:*
   Castellano: Seguro que dormirá ya.
   Francés: Il dormirà déjà.
   Alemán: Er wird schon schlafen.

b) *Expresión de una orden:*
   Se da en inglés, alemán, francés, español, esquimal, japonés. Ej: *no matarás* (no indica que no se condene una acción de matar en el pasado).

c) *Expresión de una modalidad:*
   Castellano: Lo haré (propósito).
                Lo veremos (probabilidad).
                ¿Me amará o no me amará? (incertidumbre).

Por otro lado, el pasado no tiene por qué denotar siempre algo ya ocurrido, puede usarse para denotar también algo irrealizable o imposible. Veamos algunos ejemplos:

(16)
Inglés

I wish he had money enough
yo deseo él tenía dinero bastante
'Deseo que tenga dinero bastante'

(17)
Francés

S'il avait assez d'argent
si-él tenía bastante de-dinero
'Si tuviera suficiente dinero'

El pasado puede denotar también obligación o conveniencia, como en este otro ejemplo del inglés:

(18)
Inglés

It is high time the boy went to bed
ello es alto tiempo el chico fue a cama
'Va siendo hora de que el chico se vaya a la cama'

4. El tiempo perfecto

Se trata el perfecto de un tiempo verbal muy peculiar que no debe confundirse con el aspecto perfectivo (véase la sección 6 del presente capítulo). Es un presente de permanencia o, como decía muy acertadamente el gramático Andrés Bello, un *ante-presente*. Expresa una situación del presente a la que se llega como resultado de un acontecimiento pasado: se trata de una variedad retrospectiva del presente.

El perfecto abarca, entonces, cualquier intervalo pasado, sea lo remoto que sea cuyo término sea inmediatamente anterior al presente. Es un tiempo abierto hacia el pasado: puede extenderse en el pasado de modo indefinido; pero cerrado hacia el presente: debe obligatoriamente haber concluido en los límites del presente. Veamos los ejemplos castellanos e ingleses siguientes:

(19)
Castellano e *Inglés*

a) i) Now I have eaten enough
    ahora yo he comido suficiente
  ii) 'Ya he comido bastante'

b) i) Have you written the letter?
    has tú escrito la carta
  ii) '¿Has escrito la carta?'

En ambos casos y en las dos lenguas, la acción de escribir la carta o de comer se desarrolla en un intervalo temporal que termina justo donde se sitúa el presente.

Como éste es un tiempo limítrofe entre el presente y el pasado, puede ocurrir que se pierda el matiz retrospectivo, con lo que se convierte en un presente sin más, como pasa en las siguientes expresiones inglesas:

(20)
Inglés

a) I have got no time
  yo he conseguido ningún tiempo
  'No tengo tiempo'
b) You have got to do it
  tú tienes conseguido a hacer lo
  'Tienes que hacerlo'

Puede ocurrir también que pierda su relación con el presente y pase a tener solamente contenido retrospectivo:

(21)
Inglés

Have you been in Berlin?
has tu estado en Berlín
'¿Has estado en Berlín?'

En castellano, la diferencia entre *vi* y *he visto* se encuentra precisamente en la oposición entre tiempo perfecto y tiempo pasado (perfectivo). En *vi* el hablante se sitúa fuera de las inmediaciones del momento en que se localiza la acción de ver. Ello se debe a que es un pasado sin más y, por tanto, es anterior al momento de enunciación. Pero en *he visto*, el hablante se considera en las inmediaciones del intervalo temporal en el que se produce la visión: ello es así porque es un pasado que denota un acontecimiento cuyo término se da en un intervalo inmediato al presente, a ese momento cero de la enunciación. Este tiempo está íntimamente conectado con el presente, de ahí la genial terminología de Bello, quien habla de *antepresente*.

Por todo ello, el perfecto denota un acontecimiento que se desarrolla dentro de un intervalo temporal cuyo final coincide con el presente. Como hemos dicho antes, este intervalo temporal no posee limitaciones en cuanto a su longitud; puede ir, por ejemplo, desde una parte del día, hasta una edad geológica:

(22)
Castellano

a) *Esta tarde* he visto a mi primo
b) *Hoy* he estado en el cine
c) *Esta semana* he visitado a mi cuñado
d) *Este mes* he ido al médico
e) *Este año* me han ido bien las cosas
f) *Este siglo* no ha habido muchos desastres
g) En *este milenio* se han desarrollado tres civilizaciones

Los diversos intervalos están señalados por los sintagmas que hemos resaltado en cada una de las oraciones de (22). Lo que tienen en común tales intervalos es que denotan un lapso de tiempo que va desde un momento en el pasado hasta el mismo momento en el que se produce el acto de enunciación, que es ese momento cero. En cada sintagma, se establece dónde comienza ese lapso, lapso que termina justo en el instante en el que emitimos la oración. Por ello, si decimos *esta semana he visitado a mi cuñado*, lo que queremos decir es que, en lo que va de semana, desde el comienzo hasta el momento en el que emitimos la oración, se ha realizado la acción a que se alude.

Puede ocurrir que no se especifique ese lapso y digamos simplemente:

(23)
Castellano

No he visitado a mi cuñado

Entonces, decimos que hay un lapso cuyo comienzo se podrá deducir del contexto de enunciación y cuyo final tiene lugar precisamente cuando se enuncia la oración en cuestión. En ese lapso, ha tenido lugar la visita a mi cuñado y puede ir de unas pocas horas a varios años.

Podemos visualizar el significado del perfecto mediante el siguiente esquema, que denota un determinado *intervalo temporal i* que consta de *n* momentos. Para poder usar el tiempo perfecto, el acto de enunciación debe realizarse en el momento inmediatamente posterior al último momento de ese intervalo, es decir, en el momento $n + 1$, pero el acontecimiento descrito puede abarcar cualquier subintervalo de ese lapso (sea contiguo o no al acto de enunciación):

(24)
Esquema del tiempo perfecto

```
       INTERVALO                    MOMENTO DE LA ENUNCIACIÓN
    ─────────────────────────────▶ 0
    i_1, i_2, ..................., i_n, i_{n+1}
```

En efecto, se puede usar el perfecto cuando se quiere denotar un acontecimiento pasado no necesariamente contiguo al momento de enunciación, pero que se sitúa en un intervalo o lapso cuyo final sí que está contiguo a él. Para ver esto, supongamos que decimos *esta semana he visitado a mi cuñado* el sábado, cuando fue el martes el día en el que se hizo la visita. Es evidente que la realización de la visita no se produce en un momento contiguo al acto de enunciación, pero el intervalo o lapso de tiempo en el que está situada esa acción, la semana actual transcurrida, sí que está delimitado por el momento en el que se produce la enunciación, en este caso, por el sábado.

Si tenemos en cuenta la negación, veremos que lo que se niega es justamente lo que cabe esperar según lo dicho:

(25)
Castellano

En mi vida he estado aquí

Estamos considerando el lapso denotado por *mi vida*, que se desarrolla hasta el momento mismo de la enunciación. Se nos informa que, dentro de ese lapso, no se ha dado la circunstancia a que se alude. No se nos está negando que esa circunstancia se haya producido en un momento contiguo al de enunciación, sino que se dice que no se ha dado en momento alguno comprendido en ese lapso.

Nótese que el pasado *vi* es no marcado frente al perfecto *he visto*; ello significa que no está especificado para la circunstancia de la relación de contigüidad que se da entre el término del intervalo denotado y el momento del acto de enunciación. Esto implica que los intervalos denotados por el perfecto están incluidos en los intervalos denotados por el pasado. No es de extrañar, entonces que, a veces, se neutralice esta oposición entre perfecto y pasado y se utilice el pasado por el perfecto. En el español actual, es frecuente oír: *hoy estuve muy ocupado*, donde el pasado asume la función del perfecto.

Por todo ello, no es inesperable que el perfecto pueda denotar un resultado de una acción pasada, o una situación que persiste hasta el presente. Estos usos se derivan de modo natural de la definición que acabamos de ver.

En general y siguiendo a Comrie (1976a), el perfecto puede tener además otros usos. Puede indicar el resultado: un estado presente que se ve como resultado de una acción pasada.

(26)
Castellano

He comido demasiado

Puede indicar también un acontecimiento que se ha dado en la experiencia de un individuo; se trata del perfecto de experiencia:

(27)
Castellano

¿Has visto alguna vez cosa igual?

En tercer lugar, se puede usar para indicar una situación persistente. Una situación que empezó en el pasado pero que continúa en el presente. Se trata del perfecto de persistencia:

(28)
Castellano

El museo ha estado aquí desde el siglo XIX

En último lugar, podemos usar el perfecto para indicar un pasado muy reciente; se podría denominar este uso *retrospectivo*:

(29)
Castellano

Me he enterado de que has estado enfermo

Estos cuatro usos se pueden derivar muy fácilmente de la visión que hemos proporcionado del tiempo perfecto. En efecto, el elemento clave es el de la *contigüidad*. La contigüidad temporal del intervalo en el que se produce lo relatado con el momento de emisión, puede interpretarse *cognitivamente*: obtenemos entonces el perfecto de experiencia. La interpretación puramente temporal puede enfocarse hacia el momento pasado dentro del intervalo contiguo; tendremos entonces el uso retrospectivo del perfecto. Por otro lado, podemos enfocar la parte que limita el intervalo contiguo con el momento de emisión: tendremos, entonces, unos usos *prospectivos* del perfecto. El primero de esos usos enfoca el estado o la situación alcanzada: es el uso resultativo del perfecto; el segundo de esos usos enfoca el acontecimiento en su desarrollo en el presente: es el uso persistente del perfecto. Tenemos, por tanto, este esquema de usos del perfecto:

5. La formalización del tiempo verbal

El estudio de los tiempos verbales en las lenguas naturales ha hecho necesaria la formulación de una notación algebraica precisa y manejable. Recientemente, se va extendiendo el uso de una notación propuesta inicialmente por el lógico H. Reichenbach. Esta notación parece ser lo suficientemente flexible y precisa como para poder ser aprovechada en los estudios sobre el tiempo verbal en las lenguas naturales. Seguiremos aquí la versión de esta notación que presenta Comrie (1985).

Se parte de tres elementos primitivos: E denota la situación o el acontecimiento que se relata; H denota el momento en el que se produce la emisión de la expresión lingüística y, por último, R denota un punto de referencia. Además establecemos tres tipos de relaciones entre esos tres elementos:

(31)
Relaciones entre los elementos temporales primitivos

a) Simultaneidad (simul).
b) Anterioridad (ant).
c) Posterioridad (post).

Estamos ya en condiciones de construir los tres tiempos absolutos:

(32)
Formalización de los tres tiempos absolutos

a) Presente: E simul H.
b) Pasado: E ant H.
c) Futuro: E post H.

Existen lenguas en las que hay tiempos como el no-pasado, que incluye momentos presentes y futuros, o como el no-futuro, que incluye momentos presentes y pasados. Mediante esta notación, podemos fácilmente definir esos tiempos *negativos:*

(33)
Formalización de los dos tiempos negativos

a) No-pasado: E no-ant H.
b) No-futuro: E no-post H.

En (33a) se excluyen, por ejemplo, todos aquellos acontecimientos que se dan antes del acto de habla *H* y ninguno de los que se dan simultánea o posteriormente a éste. Se puede razonar *mutatis mutandis* igualmente respecto de (33b).

Para expresar las referencias temporales relativas, hay que echar mano del punto de referencia. Primero, tenemos los usos relativos del presente, pasado y futuro:

(34)
Formalización de las referencias temporales relativas

a) Presente relativo: E simul R.
b) Pasado relativo: E ant R.
c) Futuro relativo: E post R.

La localización del punto *R* será determinada por el contexto: tal punto puede estar en el presente, en el pasado o en el futuro. Por ejemplo, los gerundios poseen una referencia temporal relativa. Un gerundio puede indicar un momento presente, pasado en el pasado o futuro en el pasado, según el contexto:

(35)
Usos temporales relativos del gerundio

a) E simul R simul H:
   Sale disparando su escopeta.
b) E ant R ant H:
   Aun haciéndolo así, no obtuvo los resultados apetecidos.
c) E post R ant H:
   Lo hizo así obteniendo posteriormente los resultados apetecidos.

Como se ve, es el contexto el que nos especifica dónde ha de colocarse el punto *R*.

Veamos cómo dar cuenta de los tres tiempos perfectos, para comprobar el poder de esta notación.

El perfecto se anota haciendo evidente que el punto de referencia es el mismo momento de habla: esto se notará como R simul H. En efecto, el momento de habla se toma como punto de referencia principal, ya que, como hemos visto, es precisamente el punto hasta donde llega el intervalo en el que se sitúa el momento en el que tiene lugar el acontecimiento relatado. Por otro lado, se especificará la anterioridad de E respecto de R. Esto se ve en el siguiente esquema:

(36)
Esquema del tiempo perfecto

E ant R simul H

A diferencia de las referencias temporales relativas, ahora la misma forma temporal es la que nos especifica dónde hay que colocar el punto R, no el contexto.

El pluscuamperfecto supone situar R como algo anterior a H:

(37)
Esquema del tiempo pluscuamperfecto

E ant R ant H

El futuro perfecto supone situar R posteriormente a H y E como anterior a R:

(38)
Esquema del tiempo futuro perfecto

E ant R post H

Tenemos el siguiente esquema de los tiempos perfectos:

(39)
Esquema de los tiempos perfectos

a) Pretérito perfecto:
   E ant R simul H 'he cantado'.
b) Pluscuamperfecto:
   E ant R ant H 'había cantado'.
c) Futuro perfecto:
   E ant R post H 'habré cantado'.

6. El aspecto

A diferencia del tiempo, que es una categoría deíctica, ya que conecta los discursos con aquellos que intervienen en él, el aspecto no nos relaciona el acontecimiento descrito con los participantes del discurso. En esta categoría, se especifica la estructura interna de ese acontecimiento en sí mismo, de modo independiente. La oposición esencial se da entre dos aspectos: *perfectivo* e *imperfectivo*. En el aspecto imperfectivo, se enfoca la estructura interna de la acción, mientras que, con el perfectivo, se enfoca la acción como un todo monolítico, sin decir nada sobre sus propiedades internas. En general, el perfectivo indica la acción tomada en su totalidad, es decir, ya acabada o perfecta; esto no quiere decir que el perfectivo indique siempre el final de la acción; puede indicar una acción en su totalidad pero enfocada desde el momento inicial. En ruso, por ejemplo, la forma заснул *zasnul* 'se durmió' es perfectiva, pero enfoca la acción considerada en su totalidad en el momento del comienzo; por otro lado, проснулся *prosnulsia* 'se despertó', es una forma perfectiva que enfoca la acción justo en el momento final (ya que procede del mismo verbo que заснул *zasnul*): el proceso de dormir ha llegado a su punto final. En esta misma lengua, se obtiene de un verbo imperfectivo, otro perfectivo, frecuentemente mediante la adición de un prefijo determinado. El hecho de que el aspecto domina en ella al tiempo se ve en el fenómeno siguiente: la forma presente del verbo perfectivo se utiliza como la forma de futuro. Por ejemplo de читаю *chitáyu* 'yo leo', que es el presente imperfectivo, se obtiene прочитаю *prochitáyu*, que es el presente perfectivo; ahora bien, esta forma se utiliza para indicar un futuro. Como la acción denotada perfectivamente se indica mediante la forma presente, entonces, en la forma perfectiva, el presente indica que la acción coincide parcialmente con el momento de emisión, pero que sigue hasta completarse en el futuro: de ahí que el presente perfectivo señale un momento futuro. En el pasado, tenemos читал *chitál* frente a прочитал *prochitál*. En el primer caso, se nos habla sobre que la acción de leer se produjo en el pasado, pero, en el segundo caso, se nos especifica que la acción se llevó a cabo completamente; de ahí que la diferencia entre las dos oraciones siguientes del ruso:

(40)
a) Вчера я читал книгу
Vcherá ya chitál knigu
ayer yo leía (impfvo) libro
'Ayer estuve leyendo el libro'
b) Вчера я прочитал книгу
Vcherá ya prochitál knigu
yo leí (perfvo) libro ayer
'Ayer me leí el libro'

estribe en que, en el primer caso, no se especifica si se leyó el libro entero o no, mientras que, en el segundo caso, se leyó el libro completamente, se terminó de leer el libro.

El imperfectivo, por tanto, nos presenta la acción en su desarrollo interno, en su estructura interna. El imperfectivo puede ser habitual: en este caso, la acción se repite un número indeterminado de veces; las lenguas pueden utilizar una perífrasis como ocurre en castellano y en inglés:

(41)
Castellano e *inglés*

a) Juan *solía trabajar* aquí
b) John *used to work* here

En otras lenguas, existe una forma verbal habitual sintética; pongamos, por ejemplo, el lituano:

(42)
Lituano

Atsikeldavon anksti
solía levantarse temprano

El imperfectivo progresivo nos indica una acción en el curso de su desarrollo. De hecho, situamos a la persona que se ve implicada en dicha acción dentro del progreso de la misma y, por ello, no es extraño que se empleen, en la expresión de la progresividad, estructuras claramente locativas. Veamos ejemplos de algunas lenguas:

(43)
Construcción locativa del imperfectivo progresivo

   a) Islandés: Jón er ATH syngja
                         Juan está en cantar
                         'Juan está cantando'

   b) Irlandés: Tá Sean AG canadh
                         Está Juan en cantar
                         'Juan está cantando'

   c) Neerlandés: Hij is AAN het tunieren
                         él está en el cantar
                         'Está cantando'

   d) Francés: Il est EN TRAIN DE chanter
                        Él está en curso de cantar
                         'Está cantando'

   e) Galés: Y mae hi'n gweithio
                        está en caminando
                        'Está caminando'

   f) Yoruba: ó si lo
                        él en i
                        'Está yendo'

   g) Ibo: ó nà àgá
                    él en ir
                    'Está yendo'

En los casos que acabamos de enumerar se emplea una preposición locativa: *ath, ag, aan, en, hi'n, si* o *nà*, que podría traducirse *grosso modo* como 'en'. A veces, las lenguas restringen las distinciones aspectuales a determinados tiempos, con lo cual hay subordinación del aspecto al tiempo. Por ejemplo, en español la distinción aspectual es relevante en pasado: *hablaba / habló* y en perfecto: *había hablado / hubo hablado*. La primera forma de cada par es imperfectiva y la segunda, perfectiva. Esto nos puede llevar a ver la diferencia entre el tiempo perfecto y el pasado perfectivo, que conviene no confundir. La forma *habló* es un pasado perfectivo; indica una acción situada en el pasado y vista en su totalidad o globalidad; por su parte, la forma *hablaba* es un pasado de una acción vista en su desarrollo interno. Como tal forma imperfectiva, puede tener un uso habitual o progresivo:

(44)
Castellano

a) Juan desayunaba huevos fritos
b) Juan desayunó huevos fritos

La primera oración se puede interpretar en el sentido de que Juan solía desayunar huevos fritos habitualmente en un intervalo pasado indeterminado; en el segundo caso, se suele interpretar que hubo un momento o intervalo concreto en el pasado en el que Juan desayunó huevos fritos o bien que hubo un intervalo preciso, acabado, perfecto de momentos pasados en el que se realizaba habitualmente la acción de desayunar. Es decir, en la interpretación *iterativa* del perfectivo, se traslada el concepto de acabado o perfecto al conjunto de intervalos implicados. En el primer caso, se puede denotar también un momento preciso en el pasado:

(45)
Castellano

Juan desayunaba huevos fritos cuando entró la policía

pero, en este caso, se pierde el sentido habitual y se pasa a denotar el desarrollo de la acción de desayunar; es decir, se pasa al sentido progresivo.

Algo similar puede verse en la lengua chádica hausa; en ella, se distingue un aspecto habitual (imperfectivo) y un aspecto iterativo (perfectivo):

(46)
Hausa

a) ya nà: shâ:
   bebe habitualmente
b) yaka:n shâ:
   bebe de vez en cuando

En el primer caso, se trata de un hábito y, en el segundo caso, de una acción que se repite sin que llegue a constituir hábito.

Por tanto, el aspecto imperfectivo se asocia con la *habitualidad* y *la progresividad,* y el aspecto perfectivo, con la *iteratividad* y *la completud*.

En lenguas como el ruso o el árabe la estructuración del paradigma verbal se realiza sobre la base del aspecto y no del tiempo: el tiempo se obtiene a partir del aspecto. Vamos a ver ahora el caso del árabe. Una forma verbal como *kataba* es perfectiva y *yaktubu*, imperfectiva. La primera se traduce como *escribió* y la segunda como *escribe* o *está escribiendo*. Pero, morfológicamente, la primera forma es no marcada frente a la segunda; como la forma perfectiva indica una acción vista en su totalidad, es lógico que esta forma corresponda normalmente a un pasado. Como hemos visto, el presente perfectivo es difícil de concebir, ya que no se puede ver una acción en su totalidad y, a la vez, verla como desarrollándose en un intervalo coincidente en parte con el momento de enunciación: el árabe debe recurrir a una perífrasis para denotar este presente perfectivo: *qad kataba* que, a falta de otra forma mejor, se puede traducir mediante un perfecto español (*ha escrito*). Vemos, pues, que el presente perfectivo es marcado frente al pasado perfectivo. Es justo lo contrario de lo que ocurre en un sistema en el que el tiempo domina al aspecto, donde es el presente la forma no marcada. Si, por otro lado, queremos obtener una forma imperfectiva en el pasado, debemos recurrir a otra perífrasis en árabe: *kana yaktubu* 'escribía': ello es porque, en un sistema basado en el aspecto, es más fácil ver las acciones pasadas como perfectivas, ya que se ven en su totalidad, y no en el decurso de su producción.

Podemos ahora proponer un breve esquema en el que incluimos los matices aspectuales más comunes en las lenguas del mundo.

(47)
Algunos tipos de significaciones aspectuales

a) ASPECTOS EPISÓDICOS:

Especifican la estructura interna de una acción, estado o proceso.

i) *Simples:* especifican la estructura interna de una acción, estado o proceso singular.

1. *Inceptivo* o *incoativo:* enfoca el comienzo de una acción o proceso. Ejemplo: *echar a andar*.
2. *Progresivo:* enfoca la acción o proceso en su desarrollo. Ejemplo: *está andando*.
3. *Terminativo:* enfoca la acción o proceso en la última fase de su desarrollo. Ejemplo: *acaba de andar*.

ii) *Complejos* o *multiplicativos:* especifican una determinada repetición de una acción o proceso en un intervalo temporal.

1. *Semelfactivo:* enfoca una acción o proceso que pertenece a una serie de acciones o procesos. Ejemplo: *asestar un golpe* frente a *golpear*.
2. *Raritivo:* enfoca una acción o proceso perteneciente a una serie de acciones o procesos que se producen en unos intervalos más separados de lo normal. Ejemplo: *el enfermo tose de vez en cuando*.
3. *Sepetivo:* enfoca una acción o proceso perteneciente a una serie de acciones o procesos que se producen en unos intervalos menos separados de lo normal. Ejemplo: *el enfermo tose mucho, muy a menudo*.
4. *Durativo:* enfoca una acción o proceso perteneciente a una serie de acciones o procesos que se producen en unos intervalos muy poco separados y muy frecuentes. Ejemplo: *El enfermo no deja de toser*.

b) ASPECTOS PERIÓDICOS:

Especifican la estructuración de distintas realizaciones de una acción o proceso.

i) Iterativo: denota una acción o proceso que se repite en intervalos temporales diversos.

   1. *Discontinuativo:* enfoca aquellas acciones o procesos que se repiten en intervalos temporales distantes entre sí. Ejemplo: *de vez en cuando voy al cine.*
   2. *Frecuentativo:* enfoca aquellas acciones o procesos que se repiten en intervalos temporales próximos entre sí. Ejemplo: *a menudo voy al cine.*

ii) Habitual o *usitativo:* enfoca aquellas acciones o procesos que se repiten siguiendo una periodicidad determinable. Ejemplo: *la reunión se viene celebrande los jueves.*

Hay que hacer dos observaciones. La primera es que cada uno de estos significados aspectuales puede cristalizar en una forma aspectual perfectiva o imperfectiva y, en segundo lugar, que las diversas lenguas realizarán estos significados aspectuales mediante morfemas aspectuales o, como en el caso del castellano, mediante perífrasis con valor aspectual o modificadores adverbiales.

7. El modo de acción [Aktionsart]

La expresión *modo de acción* es traducción del vocablo alemán *Aktionsart*. Los sintagmas verbales y los verbos se pueden clasificar de acuerdo con la cualidad aspectual del suceso o estado que denotan. Esta cualidad aspectual hace referencia a las propiedades intrínsecas de los estados de hechos denotados, pero no hay gramaticalización, como ocurre con el aspecto: no hay morfema que indique el modo de acción; se trata de un propiedad semántica asociada a los elementos léxicos verbales o a los sintagmas en que éstos intervienen. Pero esta cualidad semántica tiene consecuencias gramaticales importantes, como vamos a ver ahora mismo.

La clasificación de sintagmas verbales y verbos de acuerdo con su modo de acción más comúnmente aceptada es la propuesta por Vendler (1967); aquí vamos a seguir dicha clasificación. Se distinguen, según ella, cuatro modos de acción (damos entre corchetes la denominaciones originales de Vendler):

(48)
Modos de acción

1. ESTADOS [*States*] (*E*): *saber existir, estar, permanecer.*
2. ACTIVIDADES [*Activities*] (*A*): *correr, caminar, nadar, leer.*
3. REALIZACIONES [*Accomplishments*] (*R*): *pintar un cuadro, correr cien metros, leer dos libros.*
4. LOGROS [*Achievements*] (*L*): *reconocer, encontrar, alcanzar, morir.*

Los E denotan situaciones que se mantienen a través de un intervalo de tiempo más o menos dilatado; se diferencian de las ARL en que son estáticas y, por tanto, no admiten perífrasis progresivas:

(49)
Castellano

a) *Está permaneciendo aquí
b) *Está existiendo
c) *Está sabiendo mucho

No admiten fácilmente imperativos:

(50)
Castellano

a) *¡Sabe la respuesta!
b) *¡Existe!
c) *¡Sabe mucho!

Si comparamos esto con los verbos de A, veremos que sí admiten formas progresivas e imperativas: *Juan está corriendo mucho*, *¡Corre mucho!*

Las actividades son acciones que se van desarrollando a lo largo de un intervalo pero, y esto es lo importante, que si se dejan de efectuar en cualquier momento de ese intervalo, se han producido. Esto las diferencia de las R y los L, que son acciones que van dirigidas a un objetivo y que, si se interrumpen antes de llegar a ese objetivo, no se ven realizadas. En efecto, *correr* es una actividad que se realiza en un intervalo; si en cualquier momento se interrumpe, la acción ha sido realizada hasta ese momento: de *Juan empezó a correr y lo dejó a los cinco minutos* se deduce que Juan corrió de hecho. Cuando un verbo de actividad tiene un objeto definido, entonces se convierte en una realización: *correr los cien metros vallas* ya no es un actividad sino una realización. Por ello, si Juan empieza a correr los cien metros vallas y lo deja antes de acabar, no se deduce que Juan corrió los cien metros vallas, sino sólo que los estuvo corriendo.

Cuando el objeto no es definido, entonces, se obtiene normalmente una actividad y no una realización. Compárese:

(51)
Castellano

a) Juan hizo sillas
b) Juan hizo las sillas

El primer sintagma verbal es una actividad y el segundo, es una realización. Una manera de distinguir ambas cosas es la de exponer los sintagma afectados a una modificación adverbial que implique un intervalo temporal. Sea, por ejemplo, la locución adverbial *por dos horas* y la locución *en dos horas*: la primera es adecuada para actividades y la segunda lo es para realizaciones. Podemos comprobar esto en los ejemplos que siguen:

(52)
Castellano

a) Juan hizo sillas por/*en dos horas
b) Juan hizo las sillas *por/en dos horas

El mismo comportamiento se ve con los sintagmas antes mencionados:

(53)
Castellano

a) Juan corrió por/*en dos horas
b) Juan corrió los cien metros vallas *por/en dos horas

Obsérvese que, si queremos dar sentido a *Juan corrió en dos horas*, tendremos que interpretar *corrió* como una realización y no como una acción. En efecto, podríamos entender la oración en el sentido de que Juan consiguió ponerse a correr pasadas dos horas de esfuerzo intentándolo.

Algo similar puede hacerse con *Juan corrió los cien metros vallas por dos horas*, en donde *corrió los cien metros vallas* se reinterpreta como la actividad continuada de correr los cien metros vallas.

Está claro que *por dos horas* indica el intervalo a lo largo del cual se realiza una actividad y *en dos horas* indica el intervalo que tiene que pasar para que se lleve a cabo una realización.

Los logros denotan una accion dirigida a un objetivo, se trata, pues, también de acciones télicas, igual que las realizaciones, pero con la diferencia de que el objetivo final se alcanza de modo instantáneo, en un momento y no en un intervalo. Sea, por ejemplo, *reconocer*, en el sentido de darse cuenta de quién es una persona. Esta acción es un logro que se produce de modo instantáneo; por ello, no se admiten las perífrasis progresivas:

(54)
Castellano

a) *Juan está reconociendo a Pedro
b) Juan está corriendo
c) Juan está corriendo los cien metros vallas

Como vemos, las actividades y las realizaciones admiten la perífrasis progresiva, pero no los logros.

La única manera de interpretar *Juan está reconociendo a Pedro* es si se considera *reconocer* como una realización; por ejemplo, en el sentido de revisar médicamente.

Con otras locuciones adverbiales, el comportamiento semántico de las realizaciones es diferente. Consideremos la locución adverbial *en ese momento* cuando modifica a un sintagma verbal de logro y de realización:

(55)
Castellano

a) Juan corrió los cien metros vallas en ese momento
b) Juan reconoció a Pedro en ese momento

En el primer caso y en la primera acepción de la locución, obtenemos el significado: Juan *empezó* en ese momento a correr los cien metros vallas y los terminó de correr después.

En la segunda oración, obtenemos la interpretación siguiente: Juan reconoció a Pedro en ese momento; en ese momento ya se había llevado a cabo ese proceso. Como vemos, la locución adverbial *en ese momento* supone un enfoque del comienzo de la acción en una realización y del final, en un logro.

Es evidente que aspecto y modo de acción son cosas diferentes. El aspecto es una categoría gramatical que afecta a todos los verbos y el modo de acción es una propiedad semántica intrínseca de determinados verbos o sintagmas verbales. Por ejemplo, un verbo como *correr*, que es una actividad puede aparecer en varios aspectos diferentes: *corrió* (perfectivo), *corría* (imperfectivo). También puede aparecer en diversas perífrasis, que, a veces, se denominan aspectuales:

(56)
Castellano

a) Se puso a correr
b) Terminó de correr
c) Continuó corriendo
d) Fue a correr

Las dos primeras perífrasis convierten la acción *correr* en un sintagma que denota un logro: *ponerse a correr* y *terminar de correr* son logros. En efecto, *Juan terminó de correr en ese momento* significa que se completó la acción, que terminó su carrera en tal momento, pero no significa que, en dicho momento, se comenzara a terminar de correr (por ello, no es una realización). Obsérvese que la perífrasis *terminar de correr* puede ponerse en dos aspectos: *terminó de correr* (perfectivo) y *terminaba de correr* (imperfectivo) y que, en ambos casos, existe un significado aspectual *terminativo*. Por tanto, estas perífrasis no están determinadas aspectualmente, sino que suponen un cambio concreto en el modo de acción; no son perífrasis aspectuales, pues, en sentido estricto, sino más bien perífrasis que cambian el modo de acción y que están asociadas a determinado significado aspectual.

Tenemos, pues, el siguiente esquema:

(57)
Análisis aspectual de' terminó de correr'

Modo de acción: LOGRO.
Aspecto: PERFECTIVO.
Significado aspectual: TERMINATIVO.

En lenguas como el ruso, que disponen de un sistema verbal claramente aspectual, podemos ver muy bien la relación entre aspecto y modo de acción. Vamos a ver que el aspecto tiene que ver con la flexión verbal, pero el modo tiene que ver claramente con la derivación verbal. Lo interesante es que se utilizan los mismos prefijos para una y otra cosa, lo que viene a sugerir que, tal vez, los afijos aspectuales gramaticalizados se derivan diacrónicamente de afijos que indican el modo de acción. Veamos, pues, brevemente la situación en la lengua rusa.

Normalmente, en ruso, como ya hemos visto, la forma perfectiva se obtiene de la imperfectiva mediante la afijación de un prefijo. Por ejemplo, los prefijos вы *vî* y про *pro* se pueden utilizar para obtener formas verbales perfectivas de formas verbales imperfectivas. Veamos algunos ejemplos:

(58)
Ruso

a) держать derzhat' 'sostener' (impfvo) / выдержать vî-derzhat' (perfvo)
b) ступать stupat' 'dar un paso' (impfvo) / выступать *vî-stupat'* (perfvo)
c) валить valit' 'derribar' (impfvo)/ провалить pro-valit' (perfvo)
d) голодать golodat' 'tener hambre' (impfvo)/ проголодать pro-golodat' (perfvo)

Ahora bien, mediante estos mismos prefijos se pueden formar, en ocasiones, nuevos verbos a partir de verbos base, con diferente significado y con un modo de acción diferente. Vamos a ver un caso concreto de los muchos que hay en ruso:

(59)
Ruso

a) играть igrát' 'jugar' (impfvo) [ACTIVIDAD]
b) выиграть 'ganar' (perfvo) [LOGRO]
c) проиграть pro-igrát' 'perder' (perfvo) [LOGRO]

Vemos que los prefijos sirven para derivar dos nuevos verbos a partir del verbo original y para cambiar el modo de acción asociado a ese verbo original. Como, en este caso, no es el aspecto lo que indican los prefijos, sino el modo de acción, el ruso, para el que es fundamental la oposición de aspecto, se sirve de una forma imperfectiva en ambos casos: выигрывать *vî-igrîvat'* es el imperfectivo de выиграть vî-igrát' y проигрывать *proígrîvat'* es el imperfectivo de проиграть pro-igrát'. Se ve que la diferencia de aspecto se realiza ahora mediante una modificación flexiva del tema verbal, lo que pone de manifiesto, en este caso, que el aspecto verbal es una cuestión flexiva y el modo de acción tiene que ver con la derivación verbal. Lo interesante del ruso es que se ha utilizado un proceso de derivación verbal para realizar la categoría flexiva del aspecto verbal. Ello puede poner de manifiesto que la noción de modo de acción es más básica que la de aspecto y que, por tanto, si no todas las lenguas gramaticalizan el aspecto, todas realizan léxicamente la categoría de modo de acción.

8. La modalidad y el modo

La modalidad es una relación entre los hablantes y lo que éstos dicen. Esta actitud puede ser, por ejemplo, una creencia, una suposición, un deseo, una orden. Por ejemplo, en las lenguas existe una forma verbal imperativa mediante la cual el hablante expresa su intención de que el oyente se sienta obligado a realizar una acción determinada. El modo gramatical es una categorización de la modalidad; de hecho, existe en las lenguas el modo verbal imperativo. Es conveniente no confundir modalidad de la enunciación con modo gramatical. El modo imperativo es utilizado frecuentemente para realizar una enunciación directiva: *ven aquí*; pero también puede servir para expresar una enunciación admonitoria: *haz esto y verás lo que ocurre* o una enunciación deóntica: *perdonad y seréis perdonados*. Estos conceptos serán detalladamente explicados en el tomo segundo, capítulo 13.

Por otro lado, se puede usar el modo indicativo para realizar un acto enunciativo directivo: *no fumar* o *harás lo que yo te diga*. Las reglas que determinan estos usos se estudiarán en la parte de este manual dedicada a la pragmática (en el mencionado capítulo 13 del tomo segundo).

Por tanto, igual que los tiempos verbales son formas gramaticales cuyo principal uso es el de hacer referencias temporales, los modos verbales son formas del verbo uno de cuyos principales usos es el de establecer una modalidad determinada. Si el tiempo verbal es una gramaticalización de la referencia temporal, el modo es una gramaticalización de la modalidad.

Las modalidades son muchas, pero los modos gramaticales son pocos y forzosamente ha de haber un uso múltiple de estos modos para expresar las distintas modalidades.

Además del imperativo, los modos más usuales son el indicativo y el subjuntivo.

El imperativo es un modo que suele tener en las lenguas pocas formas flexivas; las lenguas clásicas son ricas, sin embargo, en imperativos. Por ejemplo, el griego clásico tenía tres imperativos: uno para el presente, otro para el aoristo y otro para el perfecto. El latín distingue un imperativo presente *fac* 'haz', que se usa para una orden de cumplimiento inmediato, y un imperativo futuro *facito* 'harás', para órdenes de realización no tan inmediata.

El sistema imperativo puede variar de una extrema sencillez hasta una complicación mucho mayor. En inglés, tenemos un caso sencillo, ya que sólo existe una forma de imperativo morfológica: *open* 'abre'; las demás formas de imperativo inglesas se obtienen mediante perífrasis verbales con el verbo *let*:

(60)
Inglés (R. Quirk, S. Greenbaum, G. Leech y J. Svartvik 1985: 830)

a) Open the door
abre la puerta
'¡Abre la puerta!
b) Let me open the door
deja me abra la puerta
'Deja que abra la puerta'

La última expresión del inglés podría interpretarse como un imperativo de primera persona: el hecho de que este tipo de imperativos está marcado se manifiesta porque hay que recurrir a una forma perifrástica para formarlo.

Un paradigma flexivo más elaborado lo encontramos en árabe o en esquimal (Jrakovskiï-Volodin 1986: 83); he aquí el ejemplo del esquimal:

(61)
Esquimal

a) tagui - 'ven tú'
b) taguityk - 'vengan ustedes'
c) taguili - 'que venga él'
d) taguilik - 'que vengan ellos dos'
e) taguilit - 'que vengan ellos'
f) taguilltung - 'vengamos tú y yo'
g) taguillta - 'vengamos vosotros y yo'
h) taguilianga - 'venga yo'.

La enunciación directiva negativa se expresa mediante el modo prohibitivo. En general, las lenguas recurren a un modo no indicativo para indicar una orden negativa, como pasa en español: *hazlo* frente a *no lo hagas*; o bien niegan directamente la forma imperativa, como ocurre en ruso: пой *poi* 'canta (impfvo)', спой *spoi* 'canta' (perfvo), не пой *nie poi* 'no cantes'. En esta lengua, existe, sin embargo, la restricción de que sólo el imperativo imperfectivo puede aparecer negado. En otras lenguas como las túrquicas, el modo prohibitivo se obtiene haciendo uso del mismo afijo negativo que se usa para el modo indicativo. Veamos un ejemplo del azerí.

(62)
Azerí (Jrakovskiï-Volodin 1986: 103)

a) al / alma
    'toma' 'no tomes'
b) alyn / almayin
    'tomad' 'no toméis'
c) alsyn/ almasyn
    'que tome él' 'que no tome él'
d) alsynlar / almasynlar
    'que tomen ellos' 'que no tomen ellos'

La enunciación directiva tiene otra manifestación en el nombre en la forma de vocativo. En este caso, se trata de atraer la atención del que escucha y, por tanto, la relación entre el que enuncia el vocativo y la palabra en vocativo es la de expresar esa intención de llamar la antención. En griego antiguo y en latín existía una forma especial para el vocativo; por ejemplo, en griego antiguo, el vocativo de *Periklé:s 'Pericles'* es *Perí-kleis*. En algunas lenguas indoeuropeas actuales, se conserva el vocativo; es el caso de algunas lenguas eslavas como el polaco o el servio-croata. Para más información sobre el imperativo puede consultarse el capítulo 25, sección 4.

La oposición indicativo/subjuntivo aparece en diversas lenguas y puede realizar la oposición entre varias modalidades. Podemos distinguir entre una modalidad *realis* y una modalidad *irrealis*. Se pueden realizar, respectivamente, mediante los modos indicativo y subjuntivo. La modalidad *realis* suele consistir en una actitud del hablante ante lo que enuncia de asunción de la verdad o de presunción de realidad o bien una actitud positiva ante un hecho posible. El indicativo suele realizar esta modalidad y, mediante él, el hablante se compromete a asumir como verdadero o como real aquello que él enuncia. La modalidad *irrealis* se suele expresar mediante el subjuntivo; ahora, la actitud del hablante no es la anterior, sino es algo más variada, ya que hay muchos modos de irrealidad pero sólo uno de realidad. Puede tratarse de que el hablante no asuma que lo que dice está en consonancia con la realidad o que asuma que es poco probable, o que se trate de algo no asumido por hipotético o, simplemente, que se trate de algo falso, o que se trate de una actitud negativa ante un hecho; puede también tratarse de una orden, consejo o prohibición. En estos casos y en algunos otros, la modalidad adecuada sería una modalidad *irrealis* y suele emplearse el modo subjuntivo para expresar todas estas actitudes.

En ruso está muy clara esta oposición entre un modo que realiza las modalidades reales y otro que realiza las modalidades irreales.

Éstos son algunos de los usos del indicativo en ruso:

(63)
Ruso (Uso del indicativo)

a) Я говорю что Борис придет
Ya govoriú chto Borís pridiot
yo digo que B. vendrá (Aserción)
'Digo que Borís vendrá'

b) Я думаю что Борис придет
Ya dúmayu chto Borís pridiot (Aserción)
yo creo que B. vendrá
'Creo que Borís vendrá'

c) Он говорил что Борис придет
On govoril chto Borís pridiot
él dijo que B. vendrá (Referencia a una aserción)
'Dijo que Borís vendrá'

d) Я люблю что Борис придет
Ya liubliú chto Borís pridiot
yo quiero que B. vendrá (Actitud positiva)
'Quiero que Borís venga'

Veamos ahora los usos del subjuntivo:

(64)
Ruso (Uso del subjuntivo)

a) Я сомневаюсь чтобы Борис пришел
Ya somnieváyus chtobî Borís prishol
yo dudo que B. venga (Actitud negativa)
'Dudo que Borís venga'

b) Я не верю чтобы Борис пришел
Ya nie veriu chtobî B. prishol
yo no creo que B. venga (Actitud negativa)
'No creo que Borís venga'

c) Я приказал чтобы Борис пришел
Ya prikazal chtobî Borís prishol

yo ordené que B. venga (Orden)
'Ordené que Borís viniese'

d) Нужно чтобы Борис пришел
Nuzhno chtobî Borís prishol
hace falta que B. venga (Necesidad)
'Es necesario que Borís venga'

Además de la diferencia en el modo del verbo, la conjunción es diferente: что *chto* se usa para los contextos *reales* y чтобы chtobî para los contextos *irreales*.

En castellano, parece que la oposición entre indicativo y subjuntivo se establece basándose en la distinción entre aserción y no aserción. Esto se ve claro si traducimos el ejemplo (63d) del ruso a nuestra lengua. La traducción que conviene es:

(65)
Castellano

Quiero que Borís venga

y es imposible:

(66)
Castellano

*Quiero que Borís viene

Es decir, se emplea el subjuntivo cuando la modalidad no es la de una relación de aserción sobre lo que se dice, sino de deseo: no me comprometo a mantener que es verdadera, simplemente lo deseo; tengo una actitud de deseo ante lo que enuncio.

En general, cuando algo se da por supuesto, no se asevera. De ahí, que con verbos que exigen que lo denotado por el complemento se haya producido con anterioridad se exija en español el modo subjuntivo. Un ejemplo es el de la oración siguiente:

(67)
Castellano

Lamento que Juan salga esta noche

El hecho de salir esta noche es algo cuya verdad se da por supuesta y que, por tanto, no se asevera. Por ello, hay que emplear el subjuntivo, que es el modo de no aserción. En ruso, sin embargo, se emplea el indicativo:

(68)
Ruso

Сожалею что Иван уедет сегодня вечером
Sozhaléyu chto Iván uyédet segodnia vécherom
lamento que Iván se marcha hoy por la tarde
'Lamento que Iván se marche esta tarde'

En esta oración el verbo está en indicativo; ello es así porque, en ruso, el indicativo es el modo *realis* y, por tanto, al enunciar algo que se da o ha dado en la realidad se debe utilizar dicho modo.

En castellano la oposición tan conocida entre las dos oraciones siguientes:

(69)
Castellano

a) Busca una secretaria que sepa árabe
b) Busca a una secretaria que sabe árabe

es justamente una oposición entre aserción y no aserción. En el primer caso, no se asume que exista una secretaria que sepa árabe; la verdad de esta proposición está abierta y, por ello, no se aserta. Pero, en el segundo caso, sí que se aserta que existe una secretaria que sabe árabe: es decir se asume como verdadera la proposición de que existe una secretaria que sabe árabe.

Un caso similar es el siguiente:

(70)
Castellano

No lo hace porque le haya engañado.

En esta oración, tenemos que no se aserta que le ha engañado, ya que es un hecho que se da por supuesto. Es importante hacer hincapié en que el subjuntivo no se utiliza sólo cuando no podemos hacer una aserción por desconocimiento o por irrealidad, también podemos no hacer una aserción porque damos por supuesto un hecho, como ocurre en los dos casos anteriores.

En otras lenguas, se distingue un subjuntivo de un optativo. En griego clásico, el optativo podía expresar posibilidad y deseo:

(71)
Griego clásico

a) Eithe phílos hemîn génoio
ojalá amigo nuestro seas
'¡Ojalá seas nuestro amigo!'
b) Toûto gígnoito
'Esto podría ser'

En castellano, existe también un modo potencial. Este modo sirve para realizar una aserción pero dentro de un contexto diferente al real; se trata de una aserción en la irrealidad. Si queremos aseverar algo dentro de una situación que se aparta en mayor o menor medida de la realidad, utilizamos el modo potencial. El funcionamiento del subjuntivo y el potencial lo vemos muy bien en las oraciones condicionales contrafactuales (véase el capítulo 27, sección 4), tales como la siguiente:

(72)
Castellano

Si yo tuviera dinero, me compraría un coche

En la prótasis, se introduce un hecho que no puedo asertar, en este caso, porque no coincide con la realidad. Por tanto, se pone en el modo subjuntivo. Pero, en la apódosis, realizo la aserción de que en el supuesto de que se dé lo deseado en la prótasis, es decir, en unas condiciones diferentes a las reales, me compro un coche. Por tanto, el potencial no indica algo inseguro o probable en sí mismo, sino que es el contexto que presupone el que puede denotar tal cosa, ya que se trata de un contexto distinto al real.

El potencial se puede utilizar también para asertar un hecho en un contexto pasado que se reconstruye. En efecto, comparemos las dos oraciones siguientes:

(73)
Castellano

a) Eran las ocho cuando vi el accidente
b) Serían las ocho cuando vi el accidente

La diferencia está en que en el primer caso soy capaz de acordarme de las circunstancias reales y afirmo la hora en que, según yo, sucedieron los hechos realmente. En el segundo caso, doy a entender que tengo que reconstruir mentalmente el hecho y que no me fío de mi memoria respecto a la hora exacta; pero la aseveración es exactamente la misma. Simplemente, dejo abierta la posibilidad de que mi reconstrucción de los hechos no coincida con lo que fue la realidad, pero, en esa reconstrucción, son las ocho cuando ocurre el accidente; es decir, afirmo que en esa reconstrucción insegura hay un hecho seguro.

Otro caso de potencial es el siguiente:

(74)
Castellano

Me vendrían bien ahora cien mil pesetas

Es evidente que no se dice que el hecho real de recibir ahora cien mil pesetas es algo más o menos bueno: se asevera, más bien, que, en un contexto opcional igual al real en todo excepto en el hecho de que yo recibo cien mil pesetas, ese hecho me vendría muy bien. Es decir, se indica que en este momento no se dan las condiciones que hacen real esa donación de cien mil pesetas y se afirma algo respecto de un contexto en el que sí se dan tales condiciones.

Por ello, esta forma posee muchas veces un carácter desiderativo: se expresa un deseo hacia una circunstancia mencionándola como una opción a la situación real, que es menos satisfactoria.

Autores como Palmer (1986) distinguen dos modalidades principales: *epistémica y deóntica;* la primera tiene que ver con los modos de conocer la realidad (evidencia directa, suposición, sospecha, incertidumbre) y la segunda tiene que ver con los modos de actuar sobre la realidad o cambiarla (órdenes, obligaciones, permisos). Lo curioso es comprobar que los auxiliares verbales suelen ser ambiguos entre los dos tipos de modalidad:

(75)
Castellano
Modalidades asociadas a *poder:*

¿Puedes venir mañana?

a) Modalidad epistémica: ¿tienes la posibilidad física de venir mañana?
b) Modalidad deóntica: ¿tienes permiso para venir mañana?

Con *deber* tenemos las mismas posibilidades:

(76)
Castellano
Modalidades asociadas a *deber*:

Debe venir mañana

a) Modalidad epistémica: probablemente llegará mañana.
b) Modalidad deóntica: está obligado a venir mañana.

Obsérvese que, en castellano, el primer sentido se reserva a *deber de* aunque esta fórmula se utiliza poco y, a veces, en las dos intepretaciones.

En otras lenguas, las interpretaciones epistémica y deóntica de *poder* se expresan de modo distinto.

En húngaro, el *poder* deóntico se señala mediante el infijo verbal *ha*; el *poder* epistémico se realiza con una perífrasis verbal que hace uso del verbo *tudni* 'saber'; compárese (Bánhidi *et al.,* 1980: 328):

(77)
Húngaro
Modalidades epistémica y deóntica

a) Meg- csinál-hat-om
    Perfvo-hacer-poder-isg
    'Puedo hacerlo (nadie me lo impide)'
b) Meg tud-om csinálni
    Perfvo sab-isg hacer
    'Puedo hacerlo (soy capaz de ello)'

Las lenguas pueden tener sistemas de modalidad epistémica muy complejos. Veamos, como ejemplo, el del nambicuara (Brasil) (Palmer 1986: 77).

En esta lengua hay una forma modal para denotar cada uno de estos tipos de acontecimiento:

(78)
Modalidades de los modos del nambicuara

a) Lo observado que se comunica al oyente
b) Lo deducido que se comunica al oyente
c) Lo que sé porque me lo han contado
d) Lo que el oyente y yo hemos observado
e) Lo deducido por el oyente y hablante
f) Aquello que el hablante y oyente saben porque se lo han contado

A diferencia del nambicuara, el castellano tiene que expresar la mayoría de estas modalidades mediante perífrasis:

(79)
Castellano

a) Él trabajó
b) Él debe de haber trabajado
c) Me han dicho que el trabajó
d) Tú y yo vimos que él trabajó
e) Él trabajó, según deduzco de lo que vimos
f) Se nos dijo que él trabajó

9. El auxiliar

Es frecuente, en las lenguas del mundo, que los verbos se vean provistos de una forma verbal que es lo que se denomina un *verbo auxiliar*. Cuando esto es así, es precisamente ese verbo auxiliar el que lleva algunas o todas las determinaciones gramaticales: persona, número, tiempo, aspecto y modo. El verbo auxiliar es fundamentalmente un marcador gramatical y el verbo léxico aporta el contenido preciso de la acción o estado que se está denotando mediante todo el sintagma verbal.

En inglés, observamos esta característica perfectamente. En esta lengua, existe el verbo auxiliar *do* 'hacer', que aparece obligatoriamente en las oraciones negadas e interrogativas:

(80)
Inglés

a) He does not speak well
 él hace no hablar bien
 'No habla bien'
b) Does he speak well?
 Hace él hablar bien
 '¿Habla bien él?'

Obsérvese que el verbo de contenido léxico *speak* 'hablar' se hace invariable, no recibe determinación gramatical alguna de tiempo, aspecto, persona, número o modo. Es el verbo auxiliar *do* el que se pone en tercera persona y en presente de indicativo. La forma con auxiliar puede utilizarse incluso en oraciones afirmativas, cuando se quiere poner especial énfasis en la acción o estado denotado por el verbo:

(81)
Inglés

He does speak well
él hace hablar bien
'Él sí que habla bien'

frente a la forma no enfática o neutra:

(82)
Inglés

He speaks well
él habla bien
'Habla bien'

Este comportamiento del verbo llamado *principal,* es decir, el que se haga invariable y no presente ninguna de las especificaciones flexivas típicas de los verbos, llevó a Tesnière a mantener que se trataba de un *adverbio de quiddidad* (Tesnière 1966: 77 y el capítulo 18, sección l).

La idea es la siguiente: en una oración como (81), el llamado verbo auxiliar *does* 'hace' nos dice que el agente realiza una acción indeterminada y la forma *speak*, que ahora es invariable, nos especifica el *quid* de esa acción, es decir, nos indica de qué acción se trata.

El auxiliar está muy desarrollado y generalizado en algunas lenguas australianas como el volmera o en la lengua vasca. En este último idioma, las formas verbales analíticas que constan de un verbo auxiliar más un verbo en forma invariable son las más generalizadas.

En ellas, el auxiliar lleva las especificaciones de tiempo y las de persona y número de los argumentos. Veamos la siguiente oración del vasco:

(83)
Vasco

ni-k jan d-u-t udare bat
yo-erg comido lo-tener-yo pera una
'Yo me he comido una pera'

La forma *dut* 'lo tengo' nos dice que un agente de primera persona ha realizado una acción sobre una tercera persona del singular y la forma invariable *jan* 'comido' nos especifica de qué acción concreta se trata. Obsérvese que, en vasco, existe además otro verbo auxiliar, el verbo *ser* con el que se construyen estas formas analíticas en el caso de otros verbos: el verbo *joan* 'ir' se construye con *ser* y se dice: *ni joan naiz* 'yo he ido' (lit. yo ido soy); por otro lado, el verbo *ireki* 'abrir', se construye con *tener* : *nik atea ireki dut* 'He abierto la puerta' (lit. yo la puerta la tengo abierta). Es importante observar que estos auxiliares *tener* y *ser* vascos pueden aparecen solos como verbos principales:

(84)
Vasco

a) Ni-k d-u-t
   yo-erg lo-tener-yo
   'Lo tengo'
b) Ni naiz
   yo soy
   'Soy'

Esta utilización de dos auxiliares diferentes se puede comprobar también en muchas otras lenguas europeas. Por ejemplo, en alemán, neerlandés o italiano. En italiano, *andare* 'ir' construye su perfecto con el verbo auxiliar *ser* y *mangiare* 'comer', con el verbo auxiliar *haber*:

(85)
Italiano

a) Ho mangiato una mela
   he comido una manzana
   'Me he comido una manzana'
b) Sono andato al cinema
   soy ido al cine
   'Me he ido al cine'

En alemán, el verbo *schreiben* 'escribir' construye su perfecto con *haber* y el verbo *einschlafen* 'dormirse' construye su perfecto con *ser*:

(86)
Alemán

a) Ich habe gestern einen Brief geschrieben
   yo he ayer una carta escrito
   'Escribí una carta ayer'
b) Er ist gestern spät eingeschlafen
   él es ayer tarde dormido
   'Ayer se durmió tarde'

Ello significa que los verbos *ser* y *haber* señalan dos categorías gramaticales en las que se han de clasificar todos los verbos en vasco, italiano o alemán. Por ello, estos verbos no tienen contenido léxico, sino gramatical. Los verbos en estas lenguas se agrupan en dos clases: verbos-ser y verbos-haber. El correlato sintáctico-semántico de estas dos clases no parece muy oscuro. Un verbo pertenece a la clase *ser* cuando su sujeto es la entidad afectada por la acción, no el agente, o el sujeto tiene ambos papeles semánticos: agente y entidad afectada (véase el capítulo 12, sección 7). Un verbo pertenecerá a la clase de *haber* cuando el sujeto sea el agente y el objeto directo sea la entidad afectada.

En italiano, *andare* es un verbo-ser porque el sujeto es, a la vez, agente y entidad afectada: cuando decimos *Juan anda* es Juan el que realiza la acción de andar, pero también el que se mueve (entidad afectada). En el verbo *comer* tenemos un agente como sujeto y, como objeto, una entidad afectada por el acción del verbo; por tanto, se trata de un verbo-haber. Un mismo verbo puede estar en una clase o en otra según su significado. El caso italiano es particularmente claro:

(87)
Italiano

a) Ho terminato il mio lavoro
he terminado mi trabajo
'He terminado mi trabajo'
b) Lo spettacolo è terminato
el espectáculo es terminado
'El espectáculo ha terminado'

En el primer caso, el sujeto es el agente y el objeto directo es la entidad afectada o efectuada, como en este caso, por la acción del verbo; por ello, se emplea el auxiliar *haber*. En el segundo caso, el sujeto es la entidad afectada por la acción de terminar y, por tanto, se construye el verbo con el auxiliar *ser*.

En vasco, es muy frecuente esta situación. Compárense las dos oraciones siguientes:

(88)
Vasco

a) Ni kotxe-an sartu naiz
yo coche-en entrar soy
'He entrado en el coche'
b) Ni-k kotxea garaje-an sartu d- u - t
yo-erg coche garaje-en entrar lo-tener-yo
'He metido el coche en el garaje'

Obsérvese que, según el tipo de auxiliar que lleve, *sartu* se traducirá como *entrar* o *meter*.

Podemos caracterizar el verbo auxiliar de la siguiente manera:

(89)
Caracterización del verbo auxiliar

a) Los auxiliares forman un sistema cerrado que contiene unos pocos verbos.
b) Esos verbos denotan otras tantas clases gramaticales en las que se clasifican los demás verbos plenamente léxicos de la lengua.
c) Esos verbos son los que reciben las especificaciones gramaticales que sean típicas de los verbos en cada lengua particular: tiempo, persona, número, etc.
d) Los verbos a los que determinan los auxiliares permanecen invariables y se limitan a especificar la acción o estado que se denota genéricamente mediante el verbo auxiliar.

Estas características son típicas de los verbos auxiliares en todas las lenguas que hemos mencionado. En español, los auxiliares *ser* y *estar* se usan en las estructuras pasivas (véase el capítulo 22, sección 4) y resultativas (véase el capítulo 24, sección 6) y el auxiliar *haber* se utiliza para construir perfectos en todos los casos:

(90)
Castellano

a) Juan lo ha hecho
b) Esto fue hecho por Juan
c) Esto ya está hecho

Se puede añadir el auxiliar *tener* (+ participio). Este verbo, como auxiliar, sólo se puede utilizar con ciertos verbos; con otros, se usan otros verbos plenos en uso auxiliar, como *llevar*.

(91)
Castellano

a) Juan tiene escritos tres libros
b) *Juan tiene bebidas tres botellas de vino
c) Juan lleva bebidas tres botellas de vino

1. Considere los siguientes datos de las lengua papú daní (Foley 1986: 163):

    (92)
    a) Wat-h-i
       matar -h-Isg.ag.
       'Le maté, le he matado ciertamente, le mato de verdad'
    b) was-Φ-ik
       matar Φ Isg.ag.
       'Le mataré probablemente; le mato a lo mejor'
    c) wa?-l-e
       matar-l-Isg.ag.
       'Le puedo matar; puede que lo mate; le mataré posiblemente'
    d) wat-h-ik-i
       matar-h-1sg.ag.
       'Le maté hace ya tiempo'
    e) was-Φ-ikin
       matar-Φ-ikin
       'Alguien le matará pronto probablemente; alguien está a punto de matarle'
    f) war-Φ-hvp
       matar-Φ-hvp
       'Alguien le matará probablemente alguna vez; alguien le matará probablemente dentro de mucho tiempo'

Sobre la base de las traducciones proporcionadas, intente dar los significados de los morfemas que no se glosan y establezca así el sistema temporal del daní.

2. En galés (Rhys Jones 1977: 228) existen diversas formas de expresar el futuro:

(93)
Galés
Tres formas de expresar el futuro en galés

   a) Fe fydda i'n darllen y papur 'ma heno
      Sí estaré yo leer el periódico esta noche
   b) Rydw i'n mynd i ddarllen y papur 'ma heno
      soy yo ir a leer el periódico esta noche
   c) Fe ddarllena i'r papur 'ma heno
      sí leeré yo-el periódico esta noche

donde *fe* es un marcador de afirmación.

La diferencia entre ellas es como sigue. Se usa (93a) para expresar un futuro simple neutral; (93b) se usa para expresar un futuro intencional, y (93c) para expresar algo intermedio entre la intencionalidad y el futuro neutral: vendría a querer decir algo así como *esta noche leeré el periódico no porque lo tuviera planeado de antemano sino porque no tengo nada mejor que hacer*. En otros contextos, este giro expresa una respuesta espontánea a una orden o sugerencia de otra persona.

Examine estas formas de formar el futuro a la luz de lo explicado en el capítulo y proponga las traducciones castellanas más exactas posibles.

3. Indique y explique las referencias temporales relativas del siguiente texto:

Una vez hubo llegado Juan, todos se habían sentado ya alrededor de la mesa cuando entró el espiritista. No habían convocado todavía al primer difunto, cuando irrumpió en la habitación la persona que iba a ser convocada varios días después en esa misma mesa.

4. Proporcione una explicación para la gramaticalidad o agramaticalidad de las siguientes oraciones:

(94)
Castellano

   a) *Juan desayunaba huevos fritos hasta la vejez / toda la vida
   b) Juan desayunó huevos fritos hasta la vejez / toda la vida
   c) Juan desayunaba huevos fritos al ir al trabajo
   d) *Juan desayunó huevos fritos al ir al trabajo

5. Determine el modo de acción de los siguientes verbos y sintagmas verbales:

(95)
Castellano

   a) Hablar inglés
   b) Decir mentiras
   c) Decir la mentira
   d) Cerrar la discusión
   e) Dictar la sentencia

6. Sean los siguientes ejemplos del bicol (lengua filipina):

(96)
Bicol (Givón 1984: 309-310)

a) Nag-bakál ang-lalake ning-líbro
comprar tópico-hombre ac-libro
'El hombre compró un libro'
b) Nag-ba-bakál ang-lalake ning-líbro
"El hombre está comprando un libro'
c) Mag-bakál ang-lalake ning-libro
"El hombre comprará un libro'
d) Muyá na mag-bakál ang-lalake ning-líbro
quiere que
'El hombre quiere comprar el libro'
e) Nag-sabí ang-laláke sa-babaye na mag-bakál ning-líbro
dijo tópico-hombre dat-mujer que
'El hombre le dijo a la mujer que comprara el libro'

Mediante las traducciones, intente determinar el significado de los afijos verbales *nag*, *mag* y *ba*.

CLAVE 1. Si comparamos las formas de (92a) y (92d) veremos que en (92d) hay un morfema más; según las paráfrasis, podemos deducir que el morfema extra que aparece en (92d) denota tiempo pasado remoto (*hace ya tiempo*), mientras que el morfema de (92a) no indica exactamente tiempo sino que más bien tiene un matiz modal, en el sentido de que se denota una acción que se verifica en realidad, una acción real; esto lo vemos por las paráfrasis de (92a), en donde hay tres tiempos verbales diferentes y en las que se añaden adverbios modales. Deducimos, entonces, que el infijo *-h-* denota modalidad real y que el infijo *-ik-* denota tiempo pasado remoto. La forma de (92d) denotará, entonces, una acción verificada en la realidad y ocurrida en un pasado remoto.

Comparemos ahora (92b) con (92e). Podemos comprobar que la forma (92e) tiene un matiz temporal de futuro inmediato del que carece (92b); por tanto, podemos deducir que el sufijo *-ikin-* denota un tiempo futuro inmediato. El morfema cero que aparece en (92b), tal como se ve por la paráfrasis, tiene un claro matiz de probabilidad, tal como se desprende de las locuciones adverbiales *probablemente* y *a lo mejor*. Por ello, podemos aventurar que es un morfema que indica probabilidad. De aquí se deduce que (92e) denota un acontecimiento probable en un futuro cercano. Si analizamos ahora el ejemplo de (92f), veremos que el sufijo *-hvp* denota un futuro lejano y que, por tanto, la forma verbal implicada denota un acontecimiento que ocurrirá con probabilidad en un futuro lejano.

Por último, en (92c), vemos un nuevo afijo que, por la glosa, claramente denota posibilidad.

Con todo esto, podemos establecer el siguiente esquema del sistema temporal-modal del daní (cfr. Foley: 1986, 163):

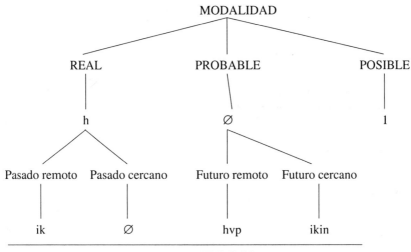

2. Primero observamos que existen una forma analítica de formación del futuro (93b) y dos formas sintéticas (93a, c). La primera de ellas es claramente locativa en (93b), pues presenta un verbo de movimiento seguido de la preposición *i* que denota lugar adónde, así como intencionalidad; este verbo de movimiento es una forma nominalizada y el tiempo está indicado por la forma del verbo *estar* que aparece en presente. En español, se puede usar una perífrasis con verbo de movimiento para indicar un futuro intencional: *esta noche voy a ir al cine*, aunque éste no es un uso exclusivo. Por otro lado, en la forma de (93a) tenemos un verbo que indica localización espacial 'estar' seguido de una forma verbal nominalizada que indica la acción que se realizará. En español tenemos una forma parecida como *estaré leyendo el periódico esta noche*. Por último, el galés hace uso de una construcción sintética en la que el verbo *leer* se conjuga para el tiempo futuro directamente, sin intervención de un verbo auxiliar como *estar*, que se corresponde con la forma española canónica *leeré el periódico esta noche*. Si observamos las tres traducciones españolas: *voy a leer el periódico esta noche*, *estaré leyendo el periódico esta noche* y *leeré el periódico esta noche*, vemos que se ajustan bastante bien a los matices de las correspondientes oraciones galesas. En efecto, *estaré leyendo el periódico esta noche* es bastante neutral, ya que puede indicar tanto empeño en leerlo esta noche, como la constatación de un hecho futuro. Por otro lado, *voy a leer el periódico esta noche* tiene un claro matiz volitivo, como el de su contrapartida galesa. Por último, *leeré el periódico esta noche* está a medio camino entre las dos anteriores, ya que tiene un claro componente de intencionalidad, pero no tan marcado como el de la construcción precedente.

3. Todo lo narrado tiene lugar en el pasado. Por tanto, las referencias temporales se sitúan teniendo como referencia un punto pasado. En primer lugar, *hubo llegado* denota una acción pasada respecto de la acción denotada por *se habían sentado*, que, a su vez, es pasada respecto de *entró*. Tenemos aquí dos grados de alejamiento respecto del momento pasado denotado por *entró*. A continuación, hay otro momento pasado, posterior al denotado por *entró*, que es el denotado por *irrumpió*; existe un momento posterior a este último que es el denotado por

no habían convocado todavía pero que es anterior al momento denotado por *iba a ser convocada,* que es posterior en varios días al denotado por *no había convocado todavía.* El momento denotado por *irrumpió* se sitúa en la anterioridad más o menos inmediata del momento de la convocatoria del primer difunto. Obsérvese, además, que es la propia sucesión de la narración lo que nos hace colegir que el momento denotado por *irrumpió* es posterior al momento denotado por *entró* y no la morfología verbal. Ésta nos dice que ambos momentos denotados son anteriores a *H*, pero no nos especifica el orden relativo de esos momentos, que sólo el contexto puede hacernos ver.

4. Si comparamos (94a) y (94b) nos damos cuenta de que con los complementos *toda la vida* y *hasta la vejez* sólo podemos obtener oraciones gramaticales cuando utilizamos el pasado perfectivo. Lo que ocurre en estos casos es que se señala un intervalo temporal y se enuncia que, durante todo ese intervalo, la acción denotada por *desayunar* se realizó cíclica o repetidamente a intervalos regulares. Es decir, la acción de desayunar huevos fritos se realiza a intervalos regulares en ese período de tiempo. Tal período puede ser mucho más corto (por ejemplo, en *Juan desayunó huevos fritos ayer*) y en él se denota una sucesión completa y acabada de actos de desayunar. En estos casos, no encaja el pretérito imperfectivo *desayunaba,* ya que, como tal imperfectivo, no se ven implicados los límites de la repetición de la acción y, por tanto, no se pueden especificar mediante un sintagma adverbial. En el caso de (94c), se denota que el acto de desayunar huevos fritos se producía a intervalos, pero esos intervalos no constituyen una totalidad perfectamente definida y acabada; por ello, en este caso, no sería acertado utilizar el pretérito perfectivo *desayunó,* tal como se ve en (94d). Esta última oración no puede interpretarse en la acepción iterativa, sino solamente en la acepción puntual en la que se dice que existe un intervalo en el pasado en el que Juan fue al trabajo y que, en ese intervalo, Juan realizó una vez la acción de desayunar huevos fritos.

5. Los sintagmas (95a) y (95b) son claramente *actividades,* mientras que los de (95c), (95d) y (95e) son logros. El carácter de logros de estos sintagmas se ve si aplicamos la prueba de la modificación mediante *en ese momento*. Por ejemplo, la interpretación normal o no marcada de:

   (97)
   El juez dictó la sentencia en ese momento

es aquella en la que *en ese momento* denota el instante en el que se finalizó el dictamen de la sentencia y no el momento en el que se inició tal dictamen. De igual modo, se puede razonar respecto de (95c) y (95d).

6. Está claro que, a partir de (96a), se ve que el afijo *ba* indica aspecto progresivo. Es claro que hay que determinar el significado de *nag* oponiéndolo al significado de *mag.* ¿Qué tienen en común las oraciones de (96c), (96d) y (96e) que justifique el uso del mismo prefijo verbal *mag*? Se trata, en todos los casos, de acciones no verificadas, acciones no existentes en este momento pero que pudieran existir en un momento posterior, ya sea sin especificar el origen como en (96c), ya sea especificando que la causa de que esa acción se produzca está en un deseo (96d) o en una orden o petición (96d). Por otro lado, en las oraciones de (96a) y (96b) estamos ante acciones ya verificadas porque se dieron en el pasado (96a) o acciones que se están verificando en este momento (96b). Está

claro que el afijo *mag* se usa para denotar una modalidad de no verificación en la realidad y *nag*, una modalidad de verificación en la realidad. Esta oposición modal a veces se denomina *realis/ irrealis* y, como vemos, algunas lenguas pueden denotar los diversos tiempos sobre la base de las mismas.

CUESTIONES PROPUESTAS

1. Determine el sistema temporal del bemba sobre la base de los siguientes ejemplos (extraídos de Givón 1984: 301):

    (98)
    Bemba

    a) a-à-boombele
       él trabaja
       'Trabajó antes de ayer'
    b) a-á-boombele
       'Trabajó ayer'
    c) a-àcí-boomba
       'Trabajó hoy temprano'
    d) a-á-boomba
       'Trabajó hace unas tres o cuatro horas'
    e) a-áláa-boomba
       'Trabajará dentro de tres o cuatro horas'
    f) a-léé-boomba
       'Trabajará hoy tarde'
    g) a-kà-boomba
       'Trabajará mañana'
    h) a-ká-boomba
       'Trabajará después de mañana'

2. Determine el sistema aspectual del mokilés sobre la base de los siguientes ejemplos extraídos de Chung y Timberlake 1985: 235- 239:

    (99)
    Mokilés

    a) Ngoah raprapahki ih me
       Yo buscando le aquí
       'Le estoy buscando aquí'
    b) Ngoah raprapahki-ih aio ayer
       'Le estuve buscando ayer'
    c) Ngoah nen (= futuro) raprapahki ih lakapw (= mañana)
       'Le estaré buscando mañana'

    d) Ngoah rapahkihda ih aio
       'Le busqué (y encontré) ayer'
    e) Ngoah rapahki ih me
       'Le busco aquí'
    f) Ngoah rapahki ih aio
       'Le buscaba ayer'

3. Estudie la interacción entre modo de acción y aspecto utilizando los ejemplos del ejercicio quinto. Explique el efecto que tiene la oposición pretérito perfectivo / imperfectivo en los verbos de estado, en las actividades, en las realizaciones y en los logros.

4. Determine el sistema de modalidades del kogui (lengua chibcha de Colombia) sobre la base de los ejemplos que siguen (extraídos de Palmer 1986: 76):

    (100)
    Kogui

    a) ni-gukua 'como sabes, lo hice hace poco'
    b) na-gungú 'te digo que lo hizo hace poco'
    c) shi-ná '¿es como parece que es?
    d) skan-gú 'quién sabe si lo hizo ahora'
    e) né hangna 'pensó si acaso...'

5. Explique algunos de los usos del subjuntivo castellano teniendo en cuenta estos ejemplos:

    (101)
    Castellano

    a) Aunque esté casada, no me rechazará
    b) Haga lo que haga, me rechazará
    c) No les hace ninguna gracia que lo haga tan deprisa

d) No te digo que lo hagas, simplemente que lo pienses
e) Depende del frío que haga
f) Lamento que te vayas tan pronto
g) No dice que no sepa nada, dice que no lo sabe expresar
h) No permitas que rehaga su vida
i) Ordénale que lo haga mañana
j) ¡Ojalá venga pronto!

ORIENTACIÓN BIBLIOGRÁFICA

ABRAHAM, W. y T. JANSSEN (eds.): *Tempus - Aspekt - Modus. Die lexicalischen und grammatischen Formen in den germanischen Sprachen.* Tubinga, Niemeyer, 1989.
En esta recopilación de trabajos se estudian el aspecto, modo de acción, tiempo y modo en las lenguas germánicas. También hay dos contribuciones dedicadas a su tipología.

BINNICK, R. I.: *Time and the Verb. A guide to Tense & Aspect*, Oxford, Oxford University Press, 1991.
Es una auténtica enciclopedia del tiempo y el aspecto en las lenguas naturales, que tiene en cuenta las teorías más importantes desde la antigüedad hasta el siglo XX. Es un libro imprescindible para adentrarse en la cuestión. Su nivel, en general, es avanzado, por lo que puede considerarse como una excelente guía para el investigador del tiempo y del aspecto.

BOSQUE, I. (ed.): *Tiempo y Aspecto en español,* Madrid, Cátedra, 1990.
A pesar de ser un libro sobre el español, lo incluimos en esta bibliografla porque se contienen en él estudios de alcance general, tales como el de J. José Acero sobre la formalización del tiempo verbal que propuso Reichenbach, que es la exposición más completa sobre la cuestión que ha aparecido en nuestra lengua.

BOSQUE, I. (ed.): *Indicativo y Subjuntivo*, Madrid, Taurus, 1990.
Utilísimo volumen de recopilación sobre el modo. Se centran casi todos los trabajos sobre el español, pero hay también un estudio sobre el catalán de Carme Picallo y otro de Kempchinsky que estudia varias lenguas romances, incluido el rumano. Los artículos se organizan por enfoques: el modo se estudia desde los puntos de vista de la flexión verbal, las subordinadas sustantivas y relativas, desde una perspectiva discursiva y desde una perspectiva diacrónica. Incluye también un utilísimo trabajo de R. Navas Ruiz con bibliografia comentada.

BOSQUE, I. y V. DEMONTE (dirs.): *Gramática Descriptiva de la Lengua Española*, Madrid, Espasa-Calpe, 1999.
El capítulo 44 (2.867-2.934) de esta gramática, escrito por G. Rojo y A. Veiga, describe detalladamente los tiempos simples del español. El capítulo 45 (2.935-2.976), redactado por N. Cartagena, está dedicado a los tiempos compuestos. El capítulo 47 (3.061-3.128), hecho por A. Carrasco Gutiérrez, describe los aspectos sintácticos del tiempo verbal. El aspecto ocupa todo el capítulo 46 (2.977-3.060), escrito por E. de Miguel. El modo y la modalidad es el tema del capítulo 49 (3.209-3.252), compuesto por E. Ridruejo. Los aspectos sintácticos del modo se analizan en el capítulo 50 (3.253-3.322), escrito por M. Pérez Saldanya. Los capítulos 51 (3.323-3.390), 52 (3.391-3.442) y 53 (3.443-3.506) se ocupan de las perífrasis verbales. El primero, de L. Gómez Torrego, describe las perífrasis de infinitivo; el segundo, de A. Yllera, trata de las perífrasis de gerundio y participio; el tercero, de M. Fernández Lagunilla, trata de las construcciones de gerundio.

CHATTERJEE, R.: *Aspect and Meaning in Slavic and Indic,* Amsterdam, John Benjamins, 1988.
Es éste uno de los pocos estudios que hay de comparación entre el aspecto y el modo de acción

en las lengua eslavas (ruso, polaco, checo) y lenguas de la india (bengalí, hindí). Es interesante porque pueden verse los puntos de contacto y divergencia en la sistematización del aspecto verbal en dos familias lingüísticas indoeuropeas.

CHUNG, S. y A. TIMBERLAKE: "Tense, Aspect, and mood" en T. Shopen (ed.), *Language Typology and Syntactic Description, vol. III. Grammatical Categories and the Lexicon,* Londres, Cambridge University Press, 1985, pp. 202-258.
Interesante visión global de estas tres categorías gramaticales desde un punto de vista tipológico. Es una lectura muy recomendable.

COHEN, D.: *L'aspect verbal,* París, Presses Universitaires de France, 1989.
Interesante estudio interlingüístico del aspecto verbal. Se analizan lenguas como el ugarítico, árabe, arameo, amárico, fulaní, inglés, latín y ruso. Es muy claro y trata también aspectos diacrónicos.

COMRIE, B.: *Aspect,* Londres, Cambridge University Press, 1981 [1976].
Libro ideal para iniciarse en el estudio tipológico del aspecto. Muy recomendable para interesados en este aspecto de la gramática de las lenguas naturales.

COMRIE, B.: *Tense,* Londres, Cambridge University Press, 1985.
Librito muy útil para iniciarse en el estudio tipológico del tiempo verbal. Este libro y el anterior se complementan muy bien. Es muy recomendable realizar, pues, ambas lecturas.

DAHL, Ö.: *Tense and Aspect Systems,* Oxford, Basil Blackwell, 1985.
Este libro constituye un hito en el estudio tipológico del tiempo y aspecto. Es un obra imprescindible.

DAHL, Ö.: *Tense and Aspect in the Languages of Europe*, Berlín, Walter de Gruyter, 2000.
Este volumen, de casi mil páginas, ha surgido del proyecto EUROTYP y contiene una descripción exhaustiva de los sistemas temporales y aspectuales de las lenguas de Europa. Tiene una parte dedicada al tiempo futuro, otra dedicada al perfecto, y otra al progresivo. Es una obra de consulta imprescindible.

DIETRICH, W.: *El aspecto verbal perifrástico en las lenguas románicas. Estudios sobre el actual sistema verbal de las lenguas románicas y sobre el origen del aspecto verbal perifrástico,* Madrid, Gredos, 1983 [1973].
Concienzudo trabajo en el que además de examinar con detenimiento las perífrasis verbales en francés, portugués, español, italiano y rumano, se estudia el sistema aspectual del griego antiguo. No es apto para principiantes.

DOWTY, D.: "The semantics of Aspectual Classes of Verbs in English" en D. Dowty, *Word Meaning and Montague Grammar. The Semantics of Verbs and Times in Generative Semantics and Montague's PTQ,* Dordrecht, Reidel, 1979, pp. 37-132.
Importante trabajo sobre la semántica del modo de acción en inglés. Requiere su lectura un cierto nivel de especialización.

EHRICH, V. y H. VATER (eds.): *Temporalsemantik. Beiträge zur Linguistik der Zeitreferenz,* Tubinga, Niemeyer, 1988.
Recoge esta compilación ocho ensayos sobre cuestiones de semántica de la deíxis temporal, del aspecto y del modo de acción. Se analizan desde este punto de vista el hebreo, el neerlandés y el alemán. Es un libro avanzado.

FUCHS, V. y A. M. LÉONARD: *Vers une Théorie des aspects: Les systémes du français et de l'anglais,* París, Mouton-Hess, 1985.
Es un estudio monográfico sobre el tiempo, aspecto y modo de acción en francés e inglés. Tam-

bién se tratan en él cuestiones de voz y deíxis personal. Contiene además datos sueltos del árabe, bambara, alemán, ruso, chino y español.

GIORGI, A, y F. PIANESI: *Tense and Aspect. From Semantics to Morphosyntax*, Oxford, Oxford University Press, 1998.
Recopilación de trabajos sobre el tiempo y el aspecto en las lenguas germánicas y romances en los que se utiliza la propuesta minimalista de la sintaxis generativa de finales de los años noventa.

GIVÓN, T.: "Tense, Aspect, Modality", capítulo 8 de T. Givón *Syntax. A Functional Typological Introduction, vol. I,* Amsterdam, John Benjamins, pp. 269-320.
Este capítulo contiene muchos datos de interés tipológico sobre los sistemas de tiempo, modalidad y aspecto de diversas lenguas del mundo. La virtud de este libro consiste en que nos ofrece una visión bastante integradora de estos fenómenos, al tiempo que presenta una notable cobertura empírica.

GROOT, C. DE y H. TOMMOLA (eds.): *Aspect bound; a voyage into the realm of Germanic, Slavonic and Finno-Ugrian aspectology,* Dordrecht, Foris, 1984.
Colección de artículos imprescindible para el estudio interlingüístico del aspecto. No es adecuado para iniciarse en la cuestión.

HEINE, B.: *Auxiliaries. Cognitive forces and grammaticalization*, Oxford, Oxford University Press, 1993.
Excelente estudio sobre el surgimiento del verbo auxiliar desde el punto de vista de la teoría de la gramaticalización. Tiene en cuenta lenguas de diversas familias y de los cinco continentes.

HOPPER, P. (ed.): *Tense-Aspect: Between Semantics & Pragmatics,* Amsterdam, John Benjamins, 1982.
Contiene este libro trece trabajos sobre el tiempo y el aspecto en chino, inuí, indonesio, lenguas criollas, turco, inglés, ruso y algunas otras lenguas. El interés de estos trabajos está en que abordan el tratamiento del aspecto y el tiempo desde diversas perspectivas: cognitiva, semántica, discursiva y genética.

HORNSTEIN, N.: "The study of meaning in natural language: three approaches to tense" en N. Hornstein y D. Lightfood (eds.) *Functional Explanations in Linguistics. The Logical Problem of Language Acquisition.* Londres, Longman, 1981, pp. 116-151.
Clarificador trabajo en el que se intenta valorar cómo puede integrarse en la gramática contemporánea el análisis de Reichenbach de los tiempos verbales y cuáles son las ventajas de tal análisis.
Es una buena introducción a otros trabajos del autor más especializados sobre la misma cuestión.

HORNSTEIN, N.: *As time goes by. Tense and Universal Grammar*, Cambridge, The MIT Press, 1990.
En este libro, el autor nos presenta *in extenso* su teoría reichenbachiana del tiempo verbal. Hay varios capítulos dedicados a las secuencias de tiempos verbales en el discurso analizadas desde el punto de vista de la propuesta de Reichenbach. Imprescindible para profundizar en una teoría que sólo hemos podido esbozar en este libro.

KRIFKA, M.: *Nominalreferenz und Zeitkonstitution. Zur Semantik von Massentermen, Pluraltermen und Aspektklassen,* Múnich, W. Fink, 1989.
Importante estudio integrador sobre la semántica del tiempo, el aspecto y el modo de acción. Las propuestas de análisis semántico se integran con las del tratamiento de los nombres de materia y plurales.
Por ello, este libro constituye una referencia importante para una semántica integradora del sintagma nominal y verbal. Es un libro no apto para principiantes.

LARSSON, L. G.: *Proceedings of the Second Scandinavian Symposium on Aspectology,* Estocolmo, 1989.
Contiene una decena de artículos sobre el aspecto en diversas lenguas: finés, lenguas criollas, húngaro, ruso, alemán y griego.

LÓPEZ GARCÍA, A.: *Gramática del Español. III. Las partes de la oración*, Madrid, Arco, 1998.
El capítulo 28 de este libro explica con detalle el tiempo, el modo y el aspecto en español. Puede utilizarse para profundizar en lo visto aquí.

MANTECA, A.: *Gramática del Subjuntivo,* Madrid, Cátedra, 1981.
Aunque es un estudio centrado en el español, existen en él datos de otras lenguas (italiano, islandés, francés). También se abordan en este trabajo cuestiones generales de carácter más teórico.

MARKUS, M.: *Tempus und Aspekt,* Múnich, Wilhelm Fink, 1977.
Se trata de un estudio descriptivo sobre el aspecto y el tiempo en alemán e inglés, con algunos intentos de sistematización de las relaciones entre ambas categorías gramaticales.

MASLOV, Y. S. (ed.): *Contrastive Studies in Verbal Aspect in Russian, English, French and German,* Heidelberg, J. Groos, 1985.
Recopilación de estudios sobre el aspecto en cuatro lenguas europeas de diferentes familias.

PALMER, F. R.: *Mood and Modality,* Londres, Cambridge University Press, 1988 [1986].
Este libro nos ofrece una visión muy rica sobre la tipología del modo. Es una obra fundamental en este terreno.

SÁNCHEZ RUIPÉREZ, M.: *Estructura del sistema de aspectos y tiempos del verbo griego antiguo,* Madrid, Fundación Pastor, 1991 [1954].
Importante trabajo ya clásico que debe conocer no sólo todo estudioso de la filología clásica, sino también el lingüista general. Constituye esta obra una brillante aportación al enfoque estructural de la descripción del tiempo y del aspecto.

SINGLER, J. V. (ed.): *Pidgin and Creole Tense-Mood-Aspect Systems,* Amsterdam, Benjamins, 1990.
La transformación de los sistemas aspectuales, temporales y modales de las lenguas europeas en los sistemas criollos siempre ha sido reveladora, tanto sincrónica como diacrónicamente. En este libro, se pueden encontrar diez trabajos sobre los sistemas aspecto-temporales y modales de diversos sabires y lenguas criollas.

SMITH, C.: *The parameter of aspect*, Dordrecht, Foris, 1991.
Estudio muy interesante sobre el aspecto verbal y su relación con el tiempo, analizado desde la perspectiva de la teoría de la representación del discurso (que será esbozada en el tomo segundo, capítulo 8, sección 2). Contiene capítulos monográficos dedicados a analizar el aspecto en inglés, francés, ruso, chino mandarín y navajo. Es una obra muy útil y sobresaliente por su penetración teórica y por su amplitud empírica.

STEGU, M.: *Contrastive Untersuchungen zu den Vergangenheitstempora im Russischen, Französischen und Bulgarischen.* Frankfurt, P. Lang, 1985.
Estudio particular sobre los tiempos pasados en ruso, francés y búlgaro.

TEDESCHI, P. J. y A. ZAENEN (eds.): *Syntax and Semantics. 14. Tense and Aspect,* Nueva York, Academic Press, 1981.
Recopilación de catorce artículos sobre el estudio del aspecto y del modo de acción. Se aborda la relación entre aspecto y cuantificación, aspecto y voz, así como el modo de acción y el tiempo verbal. Se analizan datos del georgiano, inglés, lenguas australianas, alemán y otros idiomas.

VERKUYL, H. J.: *On the compositional nature of the aspects,* Dordrecht, Reidel, 1972.
Libro importante para el estudio teórico del aspecto y del modo de acción.

VERKUYL, H. J.: *A theory of aspectuality. The interaction between temporal and atemporal structure*, Cambridge, Cambridge University Press, 1993.
   Esta obra absolutamente excepcional, nos detalla una teoría sobre la interacción entre tiempo y aspecto, explícitamente formulada y sólidamente argumentada, en la que se formaliza la relación sintaxis-semántica de modo riguroso dentro de este ámbito gramatical. El nivel de la obra es muy alto y su comprensión exige un esfuerzo notable. Es una aportación de primer orden que no puede ser preterida por ningún estudioso de la materia. No es adecuada para iniciarse en la cuestión, pero es imprescindible para profundizar en ella.

VET, C.: *Temps, aspects, et adverbes de temps en français contemporain,* Ginebra, Droz, 1980.
   A pesar de tratar sobre una sola lengua, este libro tiene importancia teórica, ya que supone una conciliación entre la lógica temporal clásica y la teoría de Reichenbach del tiempo verbal en las lenguas naturales.

VEYRENC, J.: *Etudes sur le Verbe Russe,* París, Institute d'etudes slaves, 1980.
   Incluimos este libro aquí, ya que contiene doce artículos sobre el aspecto y modo verbal en ruso, lengua que hemos utilizado varias veces en este capítulo. Para conocer cómo funciona el aspecto en las lenguas naturales es muy conveniente el estudiar lenguas que presentan un sistema verbal totalmente enfocado desde el aspecto, como ocurre, por ejemplo, en ruso o en árabe.

VAN VOORST, J.: *Event Structure,* Amsterdam, John Benjamins, 1988.
   Es éste un libro claro y pedagógico donde se desarrolla una teoría del modo de acción similar a la expuesta en este capítulo. Se estudia el neerlandés y el inglés y se exploran las implicaciones sintácticas de largo alcance del modo de acción, a través del estudio de la diátesis y de la transitividad; también se analiza la teoría reichenbachiana de la deíxis temporal.

WEINRICH, H.: *Estructura y Función de los tiempos en el lenguaje,* Madrid, Gredos, 1974 [1964].
   Trabajo clásico en el que se intenta describir la función discursiva de los tiempos verbales en varias lenguas europeas, incluido el español. Es un estudio pionero de otros más recientes que enfocan el estudio del tiempo y aspecto desde una perspectiva discursiva. No es recomendable para iniciarse en la cuestión, pero sí lo es para profundizar en ella.

17

EL SINTAGMA VERBAL II.
TIPOS DE VERBO. LA VALENCIA VERBAL.
PROCESOS DE ALTERACIÓN
DE LA VALENCIA VERBAL

1. Introducción

En este capítulo, vamos a examinar los diversas clases en las que se pueden distribuir los verbos de una lengua. Prestaremos especial atención a la clasificacion verbal en términos de los argumentos que requieren los verbos, dado que, sobre esta base, se han de estudiar fenómenos sintácticos importantes tales como la transitividad o las operaciones de alteración del régimen verbal.

Este capítulo sentará las bases sobre las que se fundamentará el dedicado a las relaciones oracionales.

2. Principios de clasificación verbal

La clasificación de los verbos se puede realizar desde dos puntos de vista: aislada o combinadamente. Los criterios esenciales son los siguientes:

(1)
Criterios de clasificación de los verbos

   a) *Punto de vista morfológico:* Los verbos se agrupan según una clase morfológica. Por ejemplo, en español se pueden clasificar en tres conjugaciones: *-ar*, *-er* e *-ir*. Dichos grupos se caracterizan por una serie de comportamientos morfológicos que diferencian una clase de otra. Por ejemplo, los verbos en *-ar* hacen el imperfecto en *-aba*, pero los verbos en *-er* lo hacen en *ía*. Este diferente comportamiento morfológico obedece, entre otras, a razones de carácter histórico o diacrónico. Hay lenguas sin morfología flexiva en las que no es posible clasificar los verbos siguiendo este criterio. Ello ocurre, por ejemplo, en chino e, incluso, en lenguas con morfología verbal flexiva, como el húngaro y el turco; en todas estas lenguas los verbos se comportan morfológicamente de una manera similar, con excepciones debidas, no a criterios morfológicos, sino de otra índole.

b) *Punto de vista sintáctico:* ahora se establece como criterio el comportamiento sintáctico de los verbos. Éste se hace evidente si nos fijamos en los sintagmas nominales que requiere el verbo para funcionar en la oración. Por ejemplo, el verbo "conseguir" requiere un sintagma nominal objeto, pero el verbo "caminar" no lo requiere. Podemos clasificar, pues, los verbos caracterizando las clases mediante propiedades sintácticas como la mencionada. Este procedimiento sí es aplicable a lenguas como el chino o el húngaro, mencionadas en el punto anterior.

c) *Punto de vista semántico:* en este caso, se establece una tipología de los verbos según su significado léxico. Se habla, entonces, de verbos de estado, de percepción, de acción, de afección, de proceso, de pertenencia, meteorológicos, etcétera. Esta clasificación, al igual que la anterior, tiene la posibilidad de ser aplicada a las lenguas en general sin importar si las lenguas en cuestión tienen morfología verbal flexiva o no.

3. Caracterización morfológica de los verbos

En general, podemos distinguir diversos tipos de verbos según sus atributos morfológicos. Hemos visto, en el capítulo anterior, el concepto de verbo *auxiliar*. El verbo auxiliar tiene predominantemente contenido gramatical: expresa tiempo, modo, persona, número, clase verbal; su contenido léxico está reducido al mínimo. Los verbos auxiliares forman un conjunto reducido en cada lengua y, mediante ellos, se expresan diversos tipos de construcciones sintácticas específicas tales como:

(2)
Principales tipos de estructuras sintácticas que pueden expresarse mediante un verbo auxiliar

a) Construcciones copulativas (véase el capítulo 24).
b) Construcciones posesivas (véase el capítulo 24).
c) Construcciones resultativas (véase el capítulo 24).
d) Construcciones pasivas (véase el capítulo 22).
e) Construcciones causativas (véase el capítulo 21).

Por tanto, se pueden considerar los verbos auxiliares como los exponentes morfológicos de estas construcciones en muchas lenguas europeas y no europeas.

Estamos ahora ante una clasificación morfológico-sintáctica de los verbos en *auxiliares* y *plenos*. Los *verbos plenos* se caracterizan por poder ser regidos por los auxiliares, por tener un contenido léxico específico y por constituir una clase abierta y no cerrada; es decir, una clase que se puede ver aumentada continuamente sin que cambie la gramática. Por contra, no podemos crear un verbo auxiliar nuevo en español sin modificar alguna parte de nuestra gramática.

De todas formas, un verbo pleno puede utilizarse como auxiliar, y viceversa. Por ejemplo, en español *querer* es un verbo pleno, pero puede utilizarse como auxiliar en *quiere llover*. Por otro lado, *ser* es un verbo auxiliar, pero puede utilizarse como verbo pleno en *Dios es*. Es evidente que no todo verbo pleno puede ser utilizado como auxiliar; por ello, dentro de los verbos plenos habría que distinguir aquellos que son potencialmente utilizables como auxiliares y aquellos que no lo son. Por ejemplo, *desenroscar* no parece que pueda usarse como verbo auxiliar. En general, los verbos plenos que tienen como parte de su significado algún concepto que es gramaticalmente relevante son candidatos potenciales para un uso de carácter auxiliar. Entre estos conceptos se encuentran los de atribución, posesión, pertenencia, medición, acción, etc. o conceptos modales tales como posibilidad, intención, realidad, existencia, percepción, volición, etc.

4. La clasificación sintáctica de los verbos: la valencia

Por *valencia verbal* hay que entender la propiedad que tienen los verbos de requerir un número determinado de sintagmas nominales o preposicionales como argumentos. Se dice que un verbo tiene *valencia dos* si requiere dos argumentos y *valencia tres* si requiere tres argumentos. Por ejemplo, el verbo "decir" requiere dos argumentos: un agente que realiza la acción y otro argumento que denota el resultado de la realización de esa actividad.

Desde este punto de vista, se pueden clasificar los verbos según su valencia. Habrá entonces:

(3)
Clasificación de los verbos según su valencia

a) Verbos monovalentes.
b) Verbos bivalentes.
c) Verbos trivalentes.
d) Verbos tetravalentes.

Un verbo *monovalente* requiere únicamente un argumento. Los verbos intransitivos como *andar* o *callar* son monovalentes: solamente requieren un argumento, que es realizado como sintagma nominal sujeto o como flexión verbal de persona, según las lenguas (véase el capítulo 20, sección 7). Se podría pensar que los verbos meteorológicos son cerovalentes. Pero esto, en realidad, no es así. Véase la sección del capítulo 22 dedicada a la impersonalidad para comprenderlo.

Un verbo *bivalente* requiere dos argumentos. Los verbos transitivos son típicamente bivalentes. Ejemplos pueden ser verbos como *hacer* o *redactar*, que requieren dos sintagmas nominales: uno denotará el agente y el otro aquella entidad, individuo u objeto afectado o creado por esa acción. Téngase en cuenta que los verbos bivalentes pueden requerir un sintagma preposicional y no nominal. Por ejemplo, el verbo *carecer* es bivalente y requiere un sintagma nominal como sujeto y otro sintagma nominal precedido por *de* como complemento.

Los verbos *trivalentes* requieren tres sintagmas nominales. Un ejemplo es el verbo *dar*, que requiere un sintagma sujeto, otro objeto y otro más que denota el receptor.

Los verbos *tetravalentes* son más raros. Un posible ejemplo lo constituyen pares como el de *comprar/vender*, donde tenemos cuatro argumentos requeridos:

(4)
Argumentos requeridos por un verbo tetravalente

　　a) Un agente.
　　b) Un objeto.
　　c) Un destinatario.
　　d) Un precio.

Un ejemplo relevante es el siguiente:

(5)
Castellano

Juan vendió a Pedro un coche por 100.000 pesetas

Juan es el primer argumento, *un coche* es el segundo argumento, *Pedro* es el tercer argumento y *100.000 pesetas* es el cuarto argumento. Este orden argumental puede ser justificado en los siguientes términos.
　　La presencia del tercer argumento presupone la del segundo, pero no viceversa; por ello, es gramatical:

(6)
Castellano

Juan vendió un coche

pero es agramatical o incompleta:

(7)
Castellano

Juan vendió a Pedro

cuando *a Pedro* se interpreta como el destinatario y no como la entidad que se vende. Es decir, *Juan vendió a Pedro* no puede nunca significar 'Juan vendió algo a Pedro'.
　　Por otro lado, la presencia del cuarto argumento presupone también la del segundo, pero no viceversa. Por ello, es gramatical:

(8)
Castellano

Juan vendió un coche

y, por otro lado:

(9)
Castellano

Juan vendió por 100.000 pesetas

sólo puede significar que Juan vendió algo porque le dieron 100.000 pesetas (posiblemente por el solo hecho de vender) y no que Juan vendió algo por 100.000 pesetas.

No está tan clara la ordenación relativa del tercer y del cuarto argumentos. La razón de la ordenación que se ha propuesto se debe a que los complementos que indican el receptor son más básicos sintácticamente que los que indican cantidad. En general, son muchos los verbos que requieren un sintagma que indica el receptor, pero pocos los que requieren un sintagma que denote cantidad.

Se habrá observado que decimos que un verbo bivalente requiere dos argumentos y no que *rige* dos argumentos. Lo primero se puede denominar *valencia argumental* y lo segundo *rección argumental*. Distinguimos estas dos cosas porque, si adoptamos el concepto de *rección* estudiado y ejemplificado en el capítulo 6, entonces está claro que un verbo no rige a su sujeto, sino sólo a su objeto. Ahora bien, esto no significa que no exista ninguna vinculación entre el verbo y su sujeto. El verbo sigue requiriendo el sujeto e impone sobre él restricciones semánticas precisas, aunque esto no se realice a través de la configuración estructural en virtud de la que hemos definido el concepto de rección. Es claro que no todos los argumentos requeridos por el verbo tienen igual *status* sintáctico. Existe una evidente asimetría entre el comportamiento sintáctico del sujeto y el del objeto (véanse los capítulos 19 y 21 para la ejemplificación y matización de este aserto).

Es conveniente distinguir también la *valencia* y *la rección* argumentales de la *obligatoriedad* argumental. Un verbo puede requerir un argumento, pero esto no quiere decir que este argumento sea obligatorio. Por ejemplo, es evidente que *comer* es un verbo bivalente que requiere dos argumentos y rige uno (el objeto directo). Pero el verbo *comer* puede aparecer sin la presencia de ese argumento requerido y regido: *Juan come mal*. La confirmación de que, a pesar de ello, hay bivalencia es que esa oración sin segundo argumento lleva un argumento semánticamente implícito. En efecto *Juan come mal* significa normalmente que Juan come poca comida o que come mucha comida poco nutritiva: en ambos casos, aparece el argumento requerido en el significado de la oración. Esto no ocurre con un verbo como *correr*, ya que *Juan corre mal* no significa que Juan corre pocas carreras o que corra muchas carreras malas, sino que realiza mal la acción de correr. Obsérvese que *correr* es un verbo monovalente a pesar de que puede regir un argumento no exigido: *Juan corrió los cien metros vallas*. Está claro que "los cien metros vallas" no está requerido por la valencia del verbo y, sin embargo, es un argumento regido por éste. Algo análogo se puede decir respecto de verbos como *morir* o *vivir*, que pueden regir un objeto no requerido: *Juan vive mal* no significa que vive poco, sino simplemente que organiza mal su vida, por ejemplo.

Todo ello se debe, tal como acabamos de hacer notar, a que *rección* es un concepto que tiene que ver con la estructura jerárquica de la oración y no con los argumentos que el verbo requiera. El caso que acabamos de ver es uno en el que el verbo no requiere un argumento pero lo rige.

Por tanto, la valencia no implica obligatoriedad sintáctica aunque sí una obligatoriedad semántica. Por supuesto, hay verbos como "carecer" que requieren y obligan a expresar el argumento objeto, en este caso decimos que ese argumento es *exigido* por el verbo. La rección, por otro lado, no implica necesariamente valencia, tal como acabamos de ver.

La valencia sirve para clasificar los verbos, pero la rección sirve para clasificar estructuras sintácticas.

Hemos establecido, pues, la siguiente casuística:

(10)
Relaciones entre valencia, obligatoriedad y rección

a) La *valencia* verbal se define sobre la base del requerimiento argumental. Los verbos serán clasificados como mono, bi, tri o tetravalentes.
b) La *obligatoriedad* de los argumentos exigidos. Los verbos *n*-valentes pueden, a su vez, clasificarse en diversos grupos según sea obligada u opcional la expresión material de cada uno de los *n* argumentos requeridos. Es decir, sobre la base de si cada uno de los *n* argumentos requeridos son exigidos o no.
c) La *Rección* verbal es una relación sintáctica que puede establecerse entre determinados sintagmas y los verbos. El sintagma regido puede ser requerido por la valencia del verbo. Los verbos se clasificarán por el hecho de si permiten que haya argumentos regidos que no sean argumentos requeridos.

Veamos ejemplos de cada caso:

(11)
Ejemplos de las relaciones entre valencia, obligatoriedad y rección

a) Verbos bivalentes con el segundo argumento requerido pero no exigido: comer, beber, escuchar, oír, creer, comprender.
b) Verbos bivalentes con el segundo argumento exigido: decir, carecer, hacer, encontrar, encender.
c) Verbos que no pueden regir argumentos no requeridos: llover, regresar, distraerse, palidecer.
d) Verbos que pueden regir argumentos no requeridos valencialmente: vivir, correr, morir, respirar, dormir.

5. La modificación de la valencia verbal

Hasta ahora, hemos visto cómo se pueden clasificar los verbos según su valencia y hemos diferenciado el concepto de valencia de otros fenómenos como la obligatoriedad argumental y la rección sintáctica.

En las lenguas del mundo, existen procesos para modificar la valencia de un verbo.

Estos procesos originan la obtención de verbos derivados tanto en su significado como en su morfología o sintaxis. Veremos ahora las formas en que actúan estos procesos.

Teóricamente, existen sólo dos maneras de modificar la valencia del un verbo. Son las siguientes:

(12)
Formas de modificación de la valencia verbal

a) Modificación recesiva: De un verbo *n*-valente obtenemos un nuevo verbo *n*-1-valente.
b) Modificación accesiva: De un verbo *n*-valente obtenemos un nuevo verbo *n* + 1-valente.

Es decir, podemos reducir la valencia del verbo o aumentarla. Cuando esto ocurre obtenemos una forma derivada del verbo originario y esto se reflejará tanto en el significado del nuevo verbo como en su morfología y sintaxis.

Vamos a ver ejemplos de modificaciones recesivas. Uno típico es el de la conversión de un verbo bivalente en un verbo monovalente. En castellano esto puede hacerse en muchos casos:

(13)
Castellano

a) abrir - bivalente
b) abrirse - monovalente

En efecto, decimos *Juan abrió la puerta* frente a *la puerta se abrió*. Está claro que *abrirse* se deriva de *abrir* y que, por tanto, ha habido una reducción de valencia. Ha de advertirse que el morfema *se* no siempre indica en español reducción de valencia; por ejemplo, en el caso de *morir / morirse* tenemos dos verbos con igual valencia y con una diferencia aspectual. En otras lenguas, como el inglés, la derivación no siempre se refleja morfológicamente en el verbo:

(14)
Inglés

a) John opened the door
Juan abrió la puerta
'Juan ha abierto la puerta'
b) The door opened
La puerta abrió
'La puerta se ha abierto'

Ahora bien, el segundo *opened* se diferencia sintácticamente del primero en que no requiere un objeto y en que su sujeto es justo el sintagma que es objeto en el caso del verbo originario.

Un medio típico de reducir la valencia es el proceso de pasivización. Un verbo bivalente que se transforma en pasivo pasa a ser monovalente. Por ejemplo, en turco el verbo *kormak* es bivalente y significa 'defender'; de este verbo, se deriva una forma pasiva añadiendo el infijo *-un*, es decir, *korunmak*, que es monovalente y significa 'defenderse'. De modo análogo, en coreano, si *poda* es un verbo bivalente que significa 'ver', entonces *poida* es un verbo monovalente que significa 'ser visto'; de igual manera, de *nanuda* 'dividir', que es bivalente, obtenemos *nanuida* 'dividirse', que es monovalente. Sobre la pasiva, véase el capítulo 22, sección 4.

Por tanto, hemos visto que la reducción valencial puede manifestarse morfológicamente en el verbo o no manifestarse, pero, sintácticamente, siempre se produce una modificación, ya que el verbo derivado requerirá menos argumentos que el verbo originario.

Un verbo monovalente puede también sufrir este proceso; con ello, obtendremos un verbo cero-valente derivado. Por ejemplo, sea el verbo monovalente *reflexionar*. Podemos eliminar el argumento que requiere y obtener así el verbo cero-valente *reflexionarse*. Se utiliza este verbo derivado para aquellos casos en los que no interesa mencionar a agente alguno:

(15)
Castellano

Aquí se reflexiona mucho

El neerlandés, presenta la particularidad de que utiliza con bastante profusión la construcción pasiva y el pronombre *er* para obtener verbos cero-valentes a partir de verbos monovalentes. Por ejemplo, podemos decir en neerlandés:

(18)
Neerlandés

a) Er wordt gehoest
   ello fue tosido
   'Se tosió'
b) Er wordt geblaft
   Ello fue ladrado
   'Se ladró'
c) Er werd gefallen
   Ello fue caído
   'Hubo caídas'

Véase, además, el capítulo 22, sección 7 para el estudio de éstas y otras oraciones impersonales.

Pasamos a las modificaciones *accesivas*. En este caso, partimos de un verbo *n*-valente para obtener un verbo derivado de valencia igual a *n* + 1.

Podemos ver este proceso fácilmente en lenguas como el turco. A partir del verbo monovalente *ölmek* 'morir' podemos obtener, introduciendo el afijo causativo *dür*, la forma *öldürmek*, que es bivalente y significa 'matar'; podemos continuar el proceso y añadir un nuevo afijo causativo para obtener *öldürtmek*, que es trivalente y significa 'hacer matar'. Para comprobar esto, veamos el siguiente ejemplo:

(19)
Turco (Zimmer 1976: 410)

Ahmet Hasan-a rakibin-i ölldürt-tü
Ahmet Hasan-dat rival-ac matar-pas
'Ahmet hizo a Hasan matar a su rival'

Como se puede comprobar, *Ahmet* es el primer argumento del verbo *öldürttü* y *Hasana* y *rakibini* son, respectivamente, el segundo y tercer argumento de este verbo.

En georgiano (Nedialkov-Sil'nitskiï 1973: 13), del verbo bivalente წერს ts'*ers* 'escribir' obtenemos el verbo trivalente აწერინებს "*ats'erinebs*". Veamos un ejemplo relevante:

(20)
Georgiano

a) შვილი წერილს წერს
   shvili ts'erils ts'ers
   hijo carta escribe
   'El hijo escribe la carta'
b) მამა შვილს წერილს აწერინებს
   mama shvil-s ts'erils ats'erinebs
   padre hijo-dat carta hacer escribir
   'El padre hace escribir una carta al hijo'

Un ejemplo espectacular de incremento de valencia lo vemos en chuvacho.

(21)
Chuvacho (Nedialkov-Sil'nitskiï 1973: 30)

a) lar- 'estar sentado' (monovalente)
b) lar-t- 'sentar a alguien' (bivalente)
c) lar-t-tar 'hacer a alguien sentar a alguien' (trivalente)
d) lar-t-tar-tar 'ordenar a alguien que haga que alguien siente a alguien' (tetravalente)

Hay que decir que el último ejemplo no es ni mucho menos la norma, es algo aislado, excepcional, pero posible. Para un estudio de este tipo de estructuras en diferentes lenguas, véase el capítulo 21, sección 5.

Hay lenguas que tienen muy desarrollado morfológicamente un sistema de modificaciones de la valencia verbal. El caso más claro de esto es el del árabe. En esta lengua, de cada verbo se pueden teóricamente obtener diez formas que suponen una modificación de la valencia del verbo; si bien no todos los verbos conocen realmente esas diez formas, teóricamente sí que se podrían obtener sin desvirtuar la gramática del árabe. Vamos a echar un vistazo a estas formas desde el punto de vista de la modificación de la valencia. Podemos dividirlas en dos grandes grupos:

(22)
Árabe clásico (Formas verbales)

a) *Grupo de formas recesivas:*

   i) La forma quinta se obtiene prefijando *ta-* al verbo y reduplicando la segunda consonante de la raíz: de *faᶜala* 'hacer' obtenemos *tafaᶜᶜala*. Esta forma tiene un sentido pasivo-reflexivo. Por ejemplo, de *kasara* 'romper' se obtiene *takassara* 'romperse'.
   ii) La forma sexta se obtiene prefijando *ta-* al verbo y alargando la primera vocal de la raíz: de *faᶜala* 'hacer' obtenemos *tafa:ᶜala*. Tiene un sentido recí-

proco normalmente. Por ejemplo, de *ta:ba^{c}a* 'seguir al alguien' obtenemos *tata:ba^{c}a* 'seguirse uno a otro'.

iii) La forma séptima se obtiene prefijando *in* al verbo: de *fa^{c}ala* 'hacer' obtenemos *infa^{c}ala*. Tiene también un sentido reflexivo-pasivo. Por ejemplo, de *qaTa^{c}a* 'romper' obtenemos *inqaTa^{c}a* 'romperse'.

iv) La forma octava se obtiene prefijando *i* e introduciendo una *t* a continuación de la primera consonante de la raíz: de *fa^{c}ala* 'hacer' obtenemos, mediante este procedimiento, *ifta^{c}ala*. El significado es también reflexivo-pasivo. Por ejemplo, de *zhama^{c}a* 'reunir' obtenemos *izhtama^{c}a* 'reunirse'.

v) La forma décima se obtiene prefijando *ista* al verbo: de *fa^{c}ala* 'hacer' obtenemos *istaf^{c}ala*. Tiene un sentido reflexivo-pasivo. Por ejemplo, de *ajrazha* 'hacer salir' se obtiene *istajrazha* 'intentar sacar'.

b) *Grupo de formas accesivas:*

i) La forma segunda se obtiene de la raíz reduplicando la segunda consonante: de *fa^{c}ala* 'hacer' obtenemos *fa^{cc}ala*. El significado es causativo o intensivo. De *qadima* 'estar delante' obtenemos *qaddama* 'poner delante'.

ii) La forma tercera se obtiene alargando la primera vocal de la raíz: de *fa^{c}ala* 'hacer' obtenemos *fa:^{c}ala*. El significado se podría denominar *directivo*. Por ejemplo, de *kataba* 'escribir' obtenemos *ka:taba* 'escribir a alguien'.

iii) La forma cuarta se obtiene prefijando *a* a la forma radical. De *fa^{c}ala* 'hacer' se obtiene *af^{c}ala*. Tiene un sentido causativo. Por ejemplo, de *^{c}alima* 'saber' obtenemos *a^{c}lama* 'informar'.

Se ve que existe una relación derivativa evidente entre la forma quinta y la forma segunda, la sexta y la tercera y, por último, la décima y la cuarta. Los prefijos *ta* e *ista* sirven para reducir la valencia de formas verbales que han visto aumentada su valencia mediante un proceso de modificación interna de la raíz. Por tanto, lo que observamos aquí es un ciclo de *ampliación-reducción* de la valencia, y los prefijos en cuestión están especializados en señalar el proceso de recesión valencial de verbos derivados por modificación valencial accesiva. En el esquema siguiente, se muestran estos procesos cíclicos de modo gráfico:

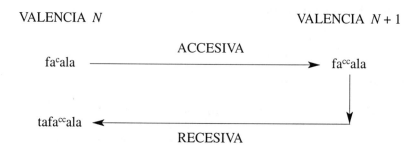

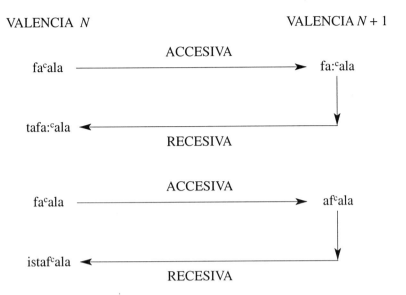

Para la formalización gramatical de la modificación de la valencia de los predicados puede consultarse el capítulo 8, sección 2.

6. La clasificación semántica de los verbos y su pertinencia sintáctica

Los verbos pueden clasificarse según el tipo de acción, proceso o estado (en general, el tipo de *suceso*) que denoten; esta clasificación tendrá consecuencias sintácticas y morfológicas, tal como veremos a continuación.

En primer lugar, podemos hacer una gran división entre verbos que denotan una acción y verbos que no la denotan. Una característica de los primeros es que requieren un sujeto humano o animado. Dentro de los verbos que no indican acción, podemos distinguir, como primer grupo, los verbos que denotan un estado, propiedad o relación. He aquí algunos ejemplos:

(23)
Castellano
Verbos que no indican acción

Permanecer, estar, distar, morar, medir, pesar, costar, relucir, durar

Estos verbos suelen ser verbos bivalentes: uno de los argumentos denota la entidad que está en el estado o mantiene la relación, y el segundo argumento denota una circunstancia de lugar, tiempo, o medida en donde se da el estado, momento a lo largo del cual se da el estado o relación y medida de ese estado o relación, si es mensurable. Los verbos *medir*, *pesar*, además, pueden tener una interpretación de acción: en efecto, pueden indicar que alguien verifica una medida o un peso. Compárese, por ejemplo:

(24)
Castellano

a) La torre mide diez metros (propiedad)
b) El aparejador midió la torre (acción)

Una tercera interpretación es la de un resultado:

(25)
Castellano

El aparejador midió diez metros (resultado)

es decir, el aparejador midió alguna cosa y la medida que resultó fue de diez metros.
Otro grupo importante dentro de los verbos que no indican acción es el de aquellos que denotan estados perceptivos, cognoscitivos y afectivos de los seres humanos:

(26)
Castellano
Verbos que denotan estados humanos

Ver, comprender, gustar, amar, querer, saber, reconocer, sentir, oler, oír, faltar, necesitar, ansiar, creer...

Estos verbos tienen unas características muy definidas en muy diversas lenguas del mundo. Se pueden observar algunas regularidades como las siguientes. En el plano semántico, los verbos de percepción física suelen desarrollar sentidos cognitivos o intelectivos abstractos:

(27)
Castellano

a) No ve que están equivocados
b) Esa calle no me suena

En el primer caso, la visión se reinterpreta como comprensión y, en el segundo, la audición, como familiaridad.
Esta característica tiene como consecuencia, para la sintaxis, que muchos de estos verbos puedan tener una subordinada completiva en función de objeto:

(28)
Castellano

a) Ve que...
b) Sabe que...
c) Siente que...
d) Quiere que...

Otra característica es que la palabra que denota la persona que experimenta el proceso perceptivo o cognitivo no se realiza como el argumento primero del verbo sino como un argumento segundo o tercero. Veamos ejemplos de este fenómeno en varias lenguas del mundo.

(29)
Castellano

Me gusta el cine

(30)
Alemán

Mich dürstet
yo-ac hace sed
'Tengo sed'

(31)
Quechua Imbabura

a) ñukata yaku-naya-wanmi
    yo-ac agua-desear-pres
    'Tengo sed'
b) ñukata chiriwarkarni
    yo-ac frío-tener
    'Tengo frío'

(32)
Georgiano

მამას უყვარს შვილი
Mama-s u-qvar-s shvili
padre-dat 3sg-amar-pres hijo-nom
'El padre ama al hijo'

(33)
Malabar

Manage avalu ishta adalu
yo-ac ella querido se hizo
'Yo la quería'

(34)
Hindí

Ramesh ko kaafii pasand nahii
Ramesh dat café gustar no
'A Ramesh no le gusta el café'

Estos verbos de percepción también pueden aparecer en estructuras sintácticas peculiares; una de ellas es la siguiente:

(35)
Castellano

a) Vio a Juan firmar el contrato
b) Oí a Pedro cerrar la puerta

que son formas opcionales respecto de:

(36)
Castellano

a) Vio que Juan firmaba el contrato
b) Oí que Pedro cerraba la puerta

La diferencia semántica entre estas dos estructuras es la siguiente; en el primer caso, (*vio a Juan firmar el contrato*) el hablante dice que una persona vio a un individuo realizando una acción sin que necesariamente esa persona entendiera lo que Juan estaba haciendo; así, podemos decir:

(37)
Castellano

Vio a Juan firmando el contrato, pero no se dio cuenta de que estaba firmando un contrato

En el segundo caso, se nos dice que esa persona, basándose en lo que vio, comprendió que Juan estaba firmando un contrato; por ello, no podremos decir:

(38)
Castellano

*Vio que Juan estaba firmando el contrato, pero no se dio cuenta de que Juan estaba firmando el contrato

El primer uso es un uso *perceptivo* de *ver* y el segundo, un uso *epistémico*. Esta diferencia semántica, típica de los verbos de percepción, se materializa en las dos estructuras diversas en que puede aparecer el verbo. En el caso de la interpretación perceptiva, el objeto de la percepción es un sintagma nominal que denota una persona que actúa, es decir, algo que se puede procesar mediante los sentidos, sin una elaboración epistémica ulterior. En el caso de la interpretación epistémica, el objeto de la comprensión es toda una proposición, es decir, una entidad más abstracta y elaborada. En efecto, *vio que Juan estaba firmando el contrato* se podría parafrasear de la siguiente manera:

(39)
Castellano

Vio que la proposición expresada por 'Juan está firmando el contrato' era verdadera en ese momento

Es decir, se trata del procesamiento mental de una entidad abstracta que corresponde a todo un estado de hechos que se da en la realidad. Por tanto, no interviene aquí puramente la cuestión sensorial sino un nivel de procesamiento cognitivo más alto.

Obsérvese que este tipo de paráfrasis no conviene en absoluto a la oración *vio a Juan firmar el contrato*. Esta oración se podría parafrasear del siguiente modo:

(40)
Castellano

Vio a Juan en el momento de realizar una acción que yo (quien emite la oración) califico como la firma de un contrato

De igual modo, de esta oración podemos deducir *vio a Juan*, pero no de la anterior, en la que *ve* tiene un sentido epistémico. Así, se ve una clara diferencia entre:

(41)
Castellano

a) *Vio a Juan firmar el contraro, pero no vio a Juan
b) Vio que Juan estaba firmando el contrato [por las noticias que recibió en aquel momento], pero no vio a Juan

Dentro de los verbos que denotan una acción, podemos considerar, en primer lugar, los verbos de movimiento:

(42)
Verbos de movimiento

Correr, poner, dar, recibir, enviar, comprar, vender, subir, elevar, levantar, llevar, atravesar, rodear.

Indican un movimiento de alguna entidad. Este movimiento puede ser controlado por la entidad misma o por otra.

En el primer caso, tenemos verbos monovalentes y en el segundo, bi o trivalentes. Si son monovalentes, el único argumento ha de ser animado, pues denota aquello que se mueve y que, a la vez, controla ese movimiento: *Juan corre*; a veces, puede extenderse el sentido hasta incluir objetos en movimiento que estrictamente no lo controlan: *este coche corre*. El argumento esencial de estos verbos es, pues, el que denota aquello que se mueve. Por ejemplo, en *comprar* es lo comprado, que es lo que pasa de un propietario al otro: tenemos aquí un caso derivado de movimiento, ya que estamos ante un cambio de una posición de posesión en relación con un individuo (el que vende) a otra posición de posesión por parte de otro (el que compra).

Podemos dividir estos verbos en dos subgrupos: aquellos bivalentes que también pueden ser monovalentes y aquellos bivalentes que no pueden ser monovalentes, a no ser de una forma derivada. Un ejemplo lo vemos en *subir* y *levantar*. En el primer caso, podemos tener:

(43)
Castellano

a) La cámara de comercio subió los precios
b) Los precios subieron

en el segundo caso:

(44)
Castellano

a) El comité disciplinario levantó todas las sanciones
b) *Todas las sanciones levantaron

La única forma de obtener una oración correcta es produciendo la forma derivada *levantarse* o la forma pasiva correspondiente *ser levantado*.

Como los movimientos suelen ser reversibles, estos verbos suelen agruparse en parejas que designan las dos direcciones posibles: *ir / venir; comprar / vender; enviar /recibir; subir / bajar; llevar / traer*, etc.

Un segundo grupo importante de los verbos de acción es el de los que denotan una acción de creación o modificación de una entidad: hablamos de verbos de *acción efectuadora* y de verbos de *acción afectadora*. Los primeros denotan una acción que tiene como resultado la creación de una entidad y los segundos denotan una acción que tiene como resultado la modificación de una entidad ya existente con anterioridad a la acción.

(45)
Verbos de acción efectuadora

Hacer, crear, dibujar, armar, construir, fabricar, diseñar, realizar, originar, producir, formar, constituir, sintetizar (una sustancia), componer, redactar...

Estos verbos no admiten generalmente una oración completiva encabezada por *que* ni una completiva en infinitivo. Tampoco admiten la posibilidad de ser monovalentes, a no ser que se utilicen formas derivadas:

(46)
Castellano

a) Hicieron el campo de fútbol
b) El campo de futbol *hizo / se hizo / fue hecho

Por razones obvias, estos verbos son bivalentes, ya que requieren un argumento que se refiera a aquello que resulta de la acción denotada por el verbo.

(47)
Verbos de acción afectadora

Romper, destruir, limpiar, alegrar, preocupar, agrandar, estirar, corregir, arreglar, elegir, situar, destapar, cubrir, ensuciar, reforzar, debilitar, vigilar, etc.

En este caso, el objeto o individuo sobre el que recae la acción del verbo resulta afectado de un modo u otro por esa acción. Es lógico que estos verbos sean también bivalentes.

Se diferencian del grupo anterior en la posibilidad de paráfrasis como las siguientes, que son anormales con los verbos de acción efectuadora:

(48)
Castellano

a) Lo que Juan hizo con la estatua fue pintarla
b) *Lo que Juan hizo con la estatua fue esculpirla

Un tipo muy interesante de verbos de acción, lo constituyen aquellos que expresan *acciones ilocutivas*. Veamos algunos ejemplos:

(49)
Verbos ilocutivos

Jurar, pedir, prometer, ordenar, bendecir, prohibir, decir, enunciar, pronunciar, aconsejar...

Las características especiales de cada una de los actos ilocutivos denotados tendrán una serie de consecuencias sintácticas. Esto se ve muy bien en el caso de los verbos *ordenar* y *prometer*; denotan diferentes actos ilocutivos: en el primer caso, una persona dirige determinada expresión a otra para que esta última lleve a cabo una acción; en el segundo caso, una persona dirige determinada expresión a otra para manifestar la intención de la primera de hacer algo. Por ello, cuando llevan ambos verbos un complemento infinitivo, los sujetos de esos verbos en infinitivo son distintos:

(50)
Castellano

a) Juan ordenó a Pedro hacerlo
b) Juan prometió a Pedro hacerlo

En el primer caso, el sujeto, de *hacerlo* es *Pedro* y en el segundo caso, el sujeto de *hacerlo* es *Juan*. Como la estructura sintáctica es en principio la misma, la diferente interpretación del sujeto del infinitivo se deriva precisamente de los diferentes actos ilocutivos denotados por los verbos.

No hemos realizado una clasificación exhaustiva de los verbos, pero sí hemos visto algunos de los criterios sobre los que tal clasificación puede establecerse.

7. Verbos y papeles semánticos

Sabemos que los verbos tienen una determinada valencia. También sabemos que diversos tipos de verbos denotan diversos tipos de eventos. Pues bien, existe una relación importante entre los diversos tipos de eventos denotados por los verbos y los argumentos requeridos por su valencia. Los *papeles* o *funciones* semánticas que tenga cada uno de los argumentos de un verbo van a estar parcialmente determinados por el tipo de suceso o evento designado.

Siguiendo parcialmente a S. Dik (1978, 1989 y 1997), podemos clasificar los eventos de acuerdo con dos parámetros: *dinamismo* (din) y *control* (con). El parámetro del dinamismo diferencia los eventos en los que tiene lugar un acontecimiento (+din) y aquellos que denotan una situación estable (-din); por otra parte, el parámetro del control opone los eventos controlados por una entidad (+con) y aquellos espontáneos (-con). Siguiendo este criterio obtenemos el siguiente cuadro:

(51)
Tipos de evento

a) *Acciones* (+din, +con):
   Son eventos dinámicos y controlados: *Juan lleva la maleta.*
b) *Procesos* (+din, -con):
   Son eventos dinámicos no controlados: *Me duele la cabeza.*
c) *Posiciones* (–din, +con):
   Son eventos estáticos y controlados: *Juan está de pie.*
d) *Estados* (-din, -con):
   Son eventos estáticos y no controlados: *Juan es alto.*

El hecho de que un verbo exprese uno de estos tipos de evento va a tener dos consecuencias importantes respecto de las relaciones valenciales: el número de argumentos que tendrá y el papel semántico de cada argumento.

En general, podemos establecer las siguientes generalizaciones respecto del primer punto:

(52)
Relación típica entre tipo de evento y valencia

a) Los verbos que denotan una *acción* son de modo no marcado bivalentes.
b) Los verbos que denotan típicamente un *proceso* son de modo no marcado monovalentes.
c) Los verbos que expresan una *posición* son típicamente bivalentes.
d) Los verbos que expresan un *estado* son típicamente monovalentes.

De lo anterior, puede deducirse que la *monovalencia* es una manifestación del rasgo no controlado de los eventos y la *bivalencia,* una manifestación del control de los eventos.

Los papeles semánticos que se suelen asignar a los argumentos de un predicado verbal son habitualmente los siguientes.

(53)
Algunos papeles semánticos de los argumentos

a) *Agente* (Ag): Denota la entidad que controla una *acción.*
b) *Paciente* (Pac): Denota la entidad afectada o efectuada por la acción de algún controlador.
c) *Receptor* (Rec): Denota la entidad que recibe alguna otra entidad.
d) *Posicionado* (Po): Denota la entidad que controla una posición.
e) *Fuerza* (Fu): Denota una entidad que origina un evento pero que no lo controla.
f) *Experimentador* (Exp): Denota la entidad que sufre un proceso.
g) *Locación* (Loc): Denota el lugar donde se ubica algo.
h) *Dirección* (Dir): Denota la entidad hacia la que se mueve algo.
i) *Origen* (Or): Denota la entidad de la que se mueve algo.
j) *Predicando* (Prndo): Entidad a la que se le atribuye una propiedad o que se localiza en un lugar.

Cada verbo asociará uno de estos papeles o funciones semánticas a los argumentos que requiera. Esta asignación no es arbitraria, sino que está mediatizada por el tipo de evento denotado por el verbo. La relación entre el tipo de evento y la asociación de un papel semántico a un argumento se puede esquematizar del modo siguiente:

(54)
Asociación de papeles semánticos a los argumentos

a) *Acciones:*

　　i) Verbos monovalentes: Ag 'Juan se fue'.
　　ii) Verbos bivalentes: Ag Pac 'Juan saludó a Pedro'.
　　iii) Verbos trivalentes:

　　　　a) Ag Pac Rec　'Juan dio un libro a Pedro'.
　　　　b) Ag Pac Dir　'Juan envió la carta a Londres'.
　　　　c) Ag Pac Or　'Juan quitó el libro de la mesa'.

b) *Procesos:*

　　i) Verbos monovalentes:

　　　　a) Exp　'Juan se resfrió', 'Juan tose', 'Juan tiembla'.
　　　　b) Fu　'Soplaba el viento'.

　　ii) Verbos bivalentes: Fu Pac 'El viento abrió la puerta'.
　　iii) Verbos trivalentes:

　　　　a) Fu Pac Rec　'El ambiente dio nuevos bríos a Juan'.
　　　　b) Fu Pac Dir　'El viento llevó las hojas al suelo'.
　　　　c) Fu Pac Or　'El viento se llevó las hojas del árbol'.

c) *Posiciones:*

   i) Verbos monovalentes: Po 'Juan está'.
   ii) Verbos bivalentes:

   a) Po Loc   'Juan habita en esta casa'.
   b) Po Pac   'Juan guarda el dinero'.

   iii) Verbos trivalentes: Po Pac Loc 'Juan guarda el dinero en la caja'.

d) *Estados:*

   i) Verbos monovalentes: Prndo 'Juan es alto'.
   ii) Verbos bivalentes:

   a) Prndo Prndo   'Juan es el asesino'.
   b) Prndo Loc   'La taza está en la mesa'.

En la construcción ecuacional de a) los dos argumentos (*Juan* y *el asesino*) tienen el papel semántico Prndo, ya que decimos de Juan que es el asesino y del asesino que es Juan.

EJERCICIOS

1. Diga cuáles de los verbos señalados funciona como auxiliar y explique la relación de su uso léxico con su uso como auxiliar:

   (55)
   Castellano

   a) Juan *acaba* el trabajo mañana
   b) Juan *acaba* de marcharse
   c) Juan *iba* a Madrid
   d) Juan *iba* a irse a Madrid
   e) Juan *estaba* en la portería
   f) Juan *estaba* de portero

2. Clasifique, según su valencia, los siguientes verbos:

   (56)
   Acarrear, sacar, leer, bucear, distar, atentar, relacionar

3. Establezca las condiciones de obligatoriedad argumental para los verbos del ejercicio anterior.

4. La forma reflexiva de los verbos ¿reduce la valencia de los mismos? ¿y la recíproca?

5. Especifique el tipo de evento denotado por cada uno de estos verbos y los papeles semánticos que se asignan a cada uno de sus argumentos:

(57) Parecer, entregar, destinar, permanecer

CLAVE

1. En cada par, el verbo señalado de la primera oración es léxico y el de la segunda, auxiliar. El *acaba* de (55b), se utiliza para denotar que la acción de marcharse se ha producido muy recientemente. La relación que tiene este uso con el uso pleno del verbo que se muestra en (55a) es más o menos clara. El verbo *acabar* denota el conjunto de acciones que llevan aparejadas la consecución final de una tarea. Este matiz de consecución final que presenta léxicamente este verbo es el que se explota en su utilización como auxiliar para indicar la fase final de una acción.

   En (55c) estamos ante el verbo *ir,* que expresa un movimiento de alejamiento. En el uso auxiliar que vemos en (55d), se denota la inminencia de una determinada acción anticipando el movimiento que conlleva.

   Por último, en (55f) tenemos un uso claramente auxiliar del verbo *estar*, frente al uso léxico que puede observarse en (55e). En efecto, en su uso léxico, *estar* denota la situación de una entidad en un determinado lugar; tal situación indica una presencia permanente o estable. En su uso como auxiliar, *estar* ya no denota esa localización espacial, sino más bien ese matiz de presencia permanente.

   Vemos que, en los tres casos, se eliminan los aspectos más específicos del significado léxico (acción, movimiento físico, localización espacial) y se explotan los matices aspectuales y de modo de acción (finalización de una acción, comienzo inminente de una acción, permanencia o continuidad de un estado).

2. El verbo *acarrear* es trivalente, ya que suele aparecer con un argumento sujeto, otro objeto, y un tercer argumento receptor. Por ejemplo: *Esta situación les acarreó muchos problemas*. El verbo *sacar* es también trivalente, ya que, además del sujeto y el objeto, lleva un complemento que denota el origen o lugar de dónde: *Juan sacó el dinero del banco*. El verbo *leer* es claramente bivalente. El verbo *bucear* es monovalente. El verbo *distar* es trivalente, ya que subcategoriza un complemento de cantidad y otro locativo: *el pueblo dista tres kilómetros de la capital*. El verbo *atentar* es bivalente: *El ladrón atentó contra su vida*. Por último, el verbo *relacionar* es trivalente: *Juan relacionó la huida con su posible culpabilidad*.

3. El verbo trivalente *acarrear* exige como obligatorios los argumentos primero y segundo; el tercero, es opcional; es decir, es requerido pero no es exigido.

   (58)
   Castellano

   a) *La situación acarreó (primer argumento sólo)
   b) *La situación les acarreó (primer y tercer argumentos)
   c) La situación les acarreó problemas (los tres argumentos)
   d) La situación acarreó problemas (primer y segundo argumento)

   El verbo trivalente *sacar* se comporta igual que *acarrear* como puede comprobar el lector:

(59)
Castellano

a) *El hombre sacó
b) *El hombre sacó del bolsillo
c) El hombre sacó la pistola del bolsillo
d) El hombre sacó la pistola

El verbo bivalente *leer* sólo exige el primer argumento:

(60)
Castellano

a) El hombre leía
b) El hombre leía el periódico

El verbo *bucear* exige su primer argumento. El verbo *distar* exige todos sus argumentos:

(61)
Castellano

a) *El pueblo dista
b) *El pueblo dista tres kilómetros
c) *El pueblo dista de la capital
d) El pueblo dista tres kilómetros de la capital

Obsérvese que se puede decir *el pueblo dista de la capital* en el sentido de *dista mucho de la capital*; si aceptamos este uso, entonces el argumento de cantidad sería opcional, aunque, por supuesto, sería requerido por la estructura argumental asociada al verbo en cuestión.

Por último, *atentar* y *relacionar* exigen sus dos argumentos requeridos.

4. La forma reflexiva de los verbos no reduce la valencia semántica de los mismos, pero sí la sintáctica ya que, por ejemplo, *peinarse* es monovalente. Lo mismo cabe decir de la recíproca.

   Comparemos *Juan se afeita* con un caso de *se* impersonal: *Aquí se afeita*. En el primer caso, existe un agente y un paciente definidos: Juan, en los dos casos. Es un verbo sintácticamente monovalente (si no consideramos que el *se* es un argumento de *afeitar*), pero semánticamente bivalente. Sin embargo, en la segunda oración no existe un agente mencionado explícitamente, por lo que tenemos un uso semántica y sintácticamente cero-valente.

5. El verbo *parecer* denota un proceso, en este caso, un proceso mental. Se trata, pues, de un evento dinámico pero no controlado. Su primer argumento tendrá el papel semántico de Pac, ya que denota aquello que es el objeto representado mentalmente y su segundo argumento tiene el papel semántico de Exp:

(62)
Castellano

a) A Juan (Exp) no le parece bien el proceso (Pac)
b) A Juan (Exp) no le parece bien que nos vayamos (Pac)

Obsérvese que, ya que se trata de un proceso mental, el paciente puede ser un suceso (por ejemplo, *que nos vayamos*).

El verbo *entregar* denota una acción. Es un verbo trivalente que asigna al primer argumento el papel semántico de Ag, al segundo, el de Pac y al tercero, el de Rec:

(63)
Castellano

Juan (Ag) entregó el dinero (Pac) a Pedro (Rec)

El verbo *destinar* es también trivalente. Denota igualmente una acción que tiene un Ag, un Pac y una Dir:

(64)
Castellano

Juan (Ag) destinó a Pedro (Pac) a Madrid (Dir)

Por último, *permanecer* denota una posición. Es un verbo bivalente cuyo primer argumento es Po y cuyo segundo argumento es Loc:

(65)
Castellano

Juan (Po) permanecía en la habitación (Loc)

CUESTIONES PROPUESTAS

1. Relacione los usos léxicos y auxiliares de los siguientes verbos sobre la base de los ejemplos proporcionados:

(66)
Castellano

a) Juan *pasó* por la calle
b) Juan *pasó* a realizar los cálculos

(67)
Castellano

a) Juan *tiene* la gripe
b) Juan *tiene* que venir

(68)
Castellano

a) Juan *se echó* al agua
b) Juan *se echó* a reír

(69)
Castellano

a) Juan *viene* de Madrid
b) Juan *viene* a decir lo mismo que Pedro

2. Clasifique, según su valencia, los siguientes verbos:

(70)
Clasificar, deambular, alcanzar, dormir, aburrir, estudiar, insertar, claudicar, convidar, interponer, intervenir, autorizar.

3. Establezca las condiciones de obligatoriedad de los argumentos de los verbos del ejercicio anterior.

4. Determine las modificaciones accesivas y recesivas de la valencia del verbo *sustituir* teniendo en cuenta las siguientes oraciones:

(71)
Castellano

a) Juan sustituyó la mesa
b) La mesa sustituyó a la silla
c) Se sustituirá esta ley por aquélla
d) La mesa será sustituida por la silla
e) Esta ley será sustituida por aquélla

5. Especifique el tipo de suceso denotado por cada uno de los verbos del segundo ejercicio propuesto y los papeles semánticos que se asignan a cada uno de sus argumentos.

ORIENTACIÓN BIBLIOGRÁFICA

BÁEZ SAN JOSÉ, V.: *Fundamentos Críticos de la Gramática de Dependencias,* Madrid, Síntesis, 1988.
La mayor parte de este libro está dedicada a la teoría de la valencia verbal y sus aplicaciones semánticas y lexicográficas. Es, por tanto, un libro relevante para ampliar lo visto en este capítulo.

DEMONTE, V.: "La representación de la estructura semántica de la oración: la teoría de los papeles temáticos" en V. Demonte, *Teoría Sintáctica: De las estructuras a la rección,* Madrid, Síntesis, 1989, capítulo 3.
Presentación clara y razonada de la teoría generativista de los papeles semánticos.

DIK, S. C.: "States of Affairs and Semantic Functions" en S. C., Dik *The Theory of Functional Grammar. Part I. The Structure of the Clause,* Berlín, Mouton de Gruyter, 1997, capítulo 5, pp. 105-126.
En este capítulo del libro ya citado anteriormente, Dik esboza una teoría de los tipos de eventos con relación a los papeles semánticos de los argumentos. Es una presentación breve pero clarificadora.

FEUILLET, J. (ed.): *Actance et Valence dans les langues de l'Europe*, Berlín, Mouton de Gruyter, 1998.
Las casi mil páginas de este volumen indican ya que estamos ante el estudio más completo y extenso de las relaciones valenciales en las lenguas europeas. En los diversos trabajos de este libro se encontrarán cientos y cientos de análisis y datos de mucha utilidad para el lingüista y el gramático de las lenguas europeas. Se tratan *in extenso* la definición de los argumentos o actantes, sus diversas marcaciones morfológicas, las construcciones impersonales, las oposiciones diatéticas, la expresión de la posesión, entre otras muchas cuestiones relevantes.

GRÁCIA I SOLÉ, L.: *La Teoría Temática,* Bellaterra, Universidad Autónoma de Barcelona, 1989.
Exposición sistemática de la teoría generativista de los papeles semánticos. Se hace un estudio detenido de las funciones sintácticas de sujeto y objeto en relación con los papeles semánticos de los argumentos que las contraen.

LAZARD, G.: *L'Actance*, París, PUF, 1994.
Obra que ofrece una panorámica muy interesante de la tipología de las relaciones entre el verbo y sus argumentos. Es muy recomendable para completar lo aquí explicado al respecto.

LAZARD, G.: *Actancy*, Berlín, Mouton de Gruyter, 1998.
Versión en inglés del libro anterior.

RAUH, G.: *Tiefenkasus, thematische Relationen und Theta-Rollen,* Tubinga, Narr, 1988.
En este voluminoso libro se desarrolla una teoría de los papeles semánticos dentro del marco del modelo de rección y ligamiento de Chomsky. Es una obra avanzada apta para profundizar en la cuestión.

ROCA, I. (ed.): *Thematic Structure. Its role in the Grammar*, Dordrecht, Foris, 1992.
Recopilación de trabajos sobre los papeles semánticos, que se puede consultar para profundizar en lo que aquí hemos expuesto.

VAN RIEMSDIJK, H. y E. WILLIAMS (1986): "La Teoría-θ" en H. van Riemsdijk y E. Williams, *Introducción a la Teoría Gramatical,* Madrid, Cátedra, 1990, capítulo 15.
En este capítulo, se exponen algunas de las generalizaciones gramaticales que pueden enunciarse con la teoría de los papeles temáticos o semánticos utilizada en la Gramática Generativa.

VAN VALIN, Jr., R. D. y R. J. LaPOLLA: *Syntax. Structure, Meaning and Function*, Cambridge, Cambridge University Press, 1997.
El capítulo tercero de este libro trata sobre el verbo y sus argumentos, y en él se estudia la tipología de los sucesos y la representación léxica de los verbos y sus argumentos. El capítulo cuarto está dedicado a los papeles semánticos y es, sin duda, una de las exposiciones más completas que existen hoy en día sobre la cuestión. Esta lectura es hoy por hoy imprescindible para profundizar en los problemas de los papeles semánticos y de la valencia verbal.

18

ADVERBIOS Y SINTAGMAS ADVERBIALES

1. Introducción

En todas las lenguas hay palabras o expresiones complejas que modifican el sentido del verbo, del sintagma verbal o de toda la oración. Hemos visto, al estudiar el sintagma nominal, que los adjetivos denotan propiedades de las entidades que denotan los nombres.

De igual modo, se puede hablar de propiedades de las acciones o estados que denotan los verbos, los sintagmas verbales o las oraciones en su totalidad. Existe una parte del discurso (véase el capítulo 19, secciones 1 y 2 para este concepto) que, normalmente, se utiliza en las lenguas para denotar estas propiedades de las acciones, procesos o estados; se trata del adverbio. También hay en las lenguas sintagmas que desempeñan esta función de modificar los verbos, sintagmas verbales u oraciones; son los sintagmas adverbiales.

Los adverbios, como operadores, poseen distintos *alcances,* es decir, pueden modificar distintas partes de la oración (véase, para este concepto, el capítulo 19, sección 3). Vamos a ver un ejemplo práctico de esto. Comparemos las dos oraciones siguientes:

(1)
Castellano

a) Juan archiva los expedientes *cuidadosamente*
b) Juan archiva los expedientes *alfabéticamente*

Tenemos, en ambos casos, un adverbio; sin embargo, estos adverbios tienen diferente alcance en cada oración. En efecto, el adverbio *cuidadosamente* incluye en su alcance el sintagma verbal y también el sintagma nominal sujeto; ello se puede comprobar si tenemos en cuenta la siguiente paráfrasis de (1a):

(2)
Castellano

Juan es cuidadoso al archivar los expedientes

Es decir, *cuidadosamente* nos dice cómo el que realiza la acción lleva a cabo la misma y, por tanto, pone en relación esa acción denotada por el sintagma verbal *archiva los expedientes* con el individuo al que nos referimos mediante *Juan*. El caso de la oración (1b) es diferente; aquí *alfabéticamente* nos especifica una forma en que se lleva a cabo el archivado de los expedientes; su alcance es únicamente el sintagma verbal. Por ello, no podemos encontrar una paráfrasis para (1b) similar a la que proporcionábamos para (1a); es decir, no podemos obtener (3) como paráfrasis de (1b):

(3)
Castellano

Juan es alfabético archivando los expedientes

Ello se debe a que, a diferencia de *cuidadosamente*, el adverbio *alfabéticamente* no establece una relación entre el que realiza la acción y la acción misma, sino a que este adverbio nos da una característica que relaciona la acción del verbo con aquello sobre lo que recae esa acción y deja fuera el agente que provoca o controla dicha acción. Este adverbio tiene, pues, como alcance los elementos que están dentro del sintagma verbal.

2. Tipos de adverbios

Para establecer los tipos de adverbios, podemos partir de la consideración de las clases de atributo que puede tener una acción, proceso o estado. Podemos pensar en dos tipos fundamentales de atributos:

(4)
Tipos de atributos de un evento

1. Intrínsecos

    a) Externos:

    i) Locativos: Localizan en el espacio la acción, proceso o estado.
    ii) Temporales: Localizan en el tiempo el proceso, acción o estado.
    iii) Iterativos: Especifican en cuántos momentos diferentes se realiza una misma acción.

    b) Internos:

    i) De modo: Especifican el modo de realización de una acción, de desarrollo de un proceso.
    ii) Multiplicativos: Especifican el número de veces que se realiza una acción o que tiene lugar un proceso, o la cantidad de entidades implicadas en una acción o proceso.

iii) De quiddidad: Especifican la esencia de una acción, proceso o evento.

2. Extrínsecos

   a) Relatorios: Especifican las relaciones entre los procesos, acciones o estados o de los eventos con otras entidades que no participan en él directamente (receptores, instrumentos, etc.).
   b) Modales: Especifican la actitud del hablante hacia el evento expresado en la oración.
   c) Evaluativos: Expresan una evaluación del evento denotado por la oración.
   d) Ilocutivos: Especifican una condición del acto locutivo asociado a la oración.

Los atributos eventivos intrínsecos son aquellos que necesariamente se hallan asociados a un evento. Los externos se refieren a aquellas circunstancias en las que se sitúa necesariamente un evento; por ejemplo, todo evento tiene lugar en el espacio y en el tiempo. Los internos se refieren a propiedades necesarias que definen el mismo evento, por ejemplo, el modo en que tiene lugar el evento. Los atributos eventivos extrínsecos no son necesarios para definir el evento y se refieren a algunas delimitaciones o evaluaciones de los eventos en sí mismos y de su relación con otros eventos.

A cada uno de estos tipos de atributos eventivos, se le puede asignar un tipo de adverbio. Habrá, pues, adverbios locativos, temporales, modales, de *quiddidad* y relatorios, entre otros. Veamos algunos ejemplos de cada uno:

(5)
Tipos de adverbios y locuciones adverbiales

   a) Adverbios locativos: *aquí, allí, cerca.*
   b) Adverbios temporales: *hoy, ayer, mañana.*
   c) Adverbios iterativos: *siempre, a veces.*
   d) Adverbios de modo: *así, lentamente, rápidamente.*
   e) Adverbios multiplicativos: *mucho, poco, dos veces.*
   f) Adverbios de *quiddidad*: *hecho, visto, caminando.*
   g) Adverbios relatorios: *también, además, por esa razón.*
   h) Adverbios modales: *posiblemente, ciertamente, necesariamente.*
   i) Adverbios evaluativos: *bien, mal, estupendamente, lamentablemente.*
   j) Adverbios ilocutivos: *sinceramente.*

Los adverbios o sintagmas adverbiales locativos se pueden denotar utilizando (como hace Tesnière) los cuatro adverbios interrogativos-relativos latinos siguientes:

(6)
Tipos de adverbios locativos

   a) Adverbios UBI: denotan el lugar en dónde.
   b) Adverbios QUO: denotan el lugar adónde.
   c) Adverbios UNDE: denotan el lugar de dónde.
   d) Adverbios QUA: denotan el lugar por dónde.

La oposición *ubi / quo* se establece explícitamente en lenguas como el alemán, donde el pronombre interrogativo *wo* 'en dónde' se diferencia del pronombre *wohin* 'adónde'. En otras lenguas, se neutraliza; por ejemplo, en francés *où* sirve tanto para el *ubi* como para el *quo:*

(7)
Francés

a) Où vas-tu
   dónde vas-tú
   '¿Adónde vas?'
b) Où est tu
   dónde estás tú
   '¿Dónde estás?'

En castellano *dónde* es el término no marcado, que indica tanto lugar *ubi,* como lugar *quo.* Los términos marcados, son respectivamente, *en dónde* y *adónde*. Todo ello lo podemos comprobar en los siguientes ejemplos:

(8)
Castellano

a) Nos veremos en / *adonde digas
b) Iremos a / *en donde digas

A veces, *ubi* y *quo* se distinguen por el distinto régimen inducido por la misma preposición. La preposición *in* más ablativo denota lugar *ubi* y más acusativo, lugar *quo.*

(9)
Latín

a) Ambulat in horto
   pasea en jardín (abl)
   'Pasea en el jardín'
b) In urbe-m ingressus est
   En ciudad-ac entrado es
   'Ha entrado en la ciudad'

De modo análogo, en alemán se utiliza *in* más dativo para el lugar *ubi* e *in* más acusativo, para el lugar *quo.*

(10)
Alemán

a) Im (= in dem) Garten
   en-el jardin (dat)
   'En el jardín'
b) In den Garten
   en el (ac) jardín (ac)
   'Al jardín'

Nótese que en alemán, en estos ejemplos, el nombre no cambia con el caso, pero sí el artículo: en dativo es *dem*, pero en acusativo es *den*.

Esta estructuración locativa se puede superponer fácilmente a la de los tiempos verbales absolutos que vimos en el capítulo 16. En efecto, se puede postular que el *ubi* corresponde al *ahora* (presente), el *quo*, al *después* (futuro) y el *unde,* al *antes* (pasado). Es decir, podemos proponer que la estructuración del tiempo verbal está modelada sobre las relaciones locativas esenciales. Esto nos remite entonces a lo visto en el capítulo 4, donde dábamos cuenta de la explicación analógica. Tendremos, pues, el siguiente esquema de adverbios temporales:

(11)
Adverbios temporales

UBI ⟹ Hoy
QUO ⟹ Mañana
UNDE ⟹ Ayer
QUA ⟹ (a lo largo de) Hoy

La hipótesis locativa se ve reforzada por el hecho de que se emplean, para denotar las relaciones temporales, preposiciones de carácter inequívocamente locativo:

(12)
Castellano

a) Lo hizo *en* dos días (QUA)
b) Lo hará *dentro* de dos días (QUO)
c) Durará *alrededor* de dos días (QUA)
d) Lo hicieron *a lo largo* de dos días (QUA)
e) Lo hizo *en* aquel instante (UBI)
f) Lo empezará a hacer *a partir* del martes (UNDE)

Otras lenguas disponen de terminaciones de caso para indicar estas localizaciones temporales. Un ejemplo ilustrativo nos lo ofrece el húngaro; véase el siguiente cuadro:

(13)
Húngaro (Casos temporales)

UBI	-kor	két órá-kor	a las dos (= két)
QUO	-ig	vasárnap-ig	hasta el domingo (= vasarnap)
UNDE	-tól	hat órá-tól	desde las seis (= hat)
QUA	át/ közben	előadás át / közben	durante la función (= előadás)

Lo interesante del caso es que el sufijo *-tól* es originariamente locativo; es el sufijo de ablativo visto en el capítulo 9.

Por otro lado, las posposiciones *át* y *közben* son, igualmente, inequívocamente locativas.

Podemos ampliar aún más esta forma de razonar. Siguiendo a Tesnière, podemos realizar la siguiente reflexión. Hemos dicho que los adverbios denotan atributos de la acción, proceso o estado. Vimos precisamente en el capítulo 16 que el aspecto verbal nos especifica la forma en que la acción o proceso se van realizando o se han realizado. Esperamos, pues, que el aspecto verbal posea una estructuración locativa; de hecho, como ya hemos visto (capítulo 16, sección 6) muchas formas aspectuales son inequívocamente locativas. Pero antes de ver la estructuración locativa del aspecto verbal, realizaremos un pequeño excurso que nos servirá para dar sentido a una propuesta que pudiera parecer, en principio, algo forzada.

Los atributos del sustantivo pueden expresarse analíticamente, mediante la modificación de un adjetivo, o sintéticamente, mediante un afijo derivativo. Por ejemplo, tenemos las dos posibilidades que vemos en expresiones como *casa pequeña* y *casa grande* frente a *casita* y *casona*. En ambos casos, se denota una propiedad de una casa: por un medio analítico (modificación adjetival) y por un medio sintético (derivación nominal).

En el caso del verbo, hemos visto el medio analítico, pero nuestro razonamiento de ver los adverbios como denotadores de propiedades del verbo nos hace esperar la expresión sintética de algunas de las propiedades del proceso o acción denotado por el verbo. Esto lo vemos precisamente en las lenguas en las que existe una morfología verbal aspectual. Siguiendo a Tesnière, el aspecto perfectivo, en el que, como hemos dicho, se enfoca una acción o proceso en su totalidad, es el *ubi* de las especificaciones aspectuales; al *quo* le corresponde el aspecto terminativo: se enfoca la acción en su desarrollo hacia un punto terminal; al *unde* le correspondería el aspecto incoativo, que enfoca la acción desde su momento de origen, desde el momento en el que comienza. Por último, al *qua* le corresponde el aspecto imperfectivo, ya que la acción se enfoca en su desarrollo progresivo.

Como ejemplo de esto, se puede mencionar el ruso, lengua en la que los diversos, aspectos se marcan mediante un prefijo flexivo.

Veamos unos ejemplos de esta lengua:

(14)
Ruso

a) Упал
   U- pal
   perfvo-caer
   'Me caí' perfvo = ubi (u-)

b) Проснулся
   pro -snulsia
   term-dormir
   'Me desperté' term = quo (pro-)

c) Заснул
   za - snul
   inc-dormir
   'me puse a dormir' inc = unde (za-)

d) Спал
   spal
   dormía (impfvo)
   'Dormía' impfvo = qua (sin prefijo)

Vemos aquí, pues, cómo las especificaciones aspectuales también se pueden concebir como parcialmente organizadas de acuerdo con la misma estructura que la locatividad.

Los adverbios internos y extrínsecos también pueden concebirse como parcialmente organizados siguiendo una estructura claramente locativa.

Según Tesnière, al *ubi* le corresponderán los adverbios de *quiddidad*. Estos adverbios indican en qué consiste un proceso o acción que es meramente señalado por un verbo llamado auxiliar, que está vacío de contenido semántico. De acuerdo con Tesnière, en una forma como *ha dicho*, el verbo auxiliar *ha* indica que se ha llevado a cabo una acción y *dicho* sería un adverbio de *quiddidad* o esencia, especifica de qué acción se trata.

En vasco, por ejemplo *egin du* significa *él ha hecho* y, como en español, el verbo auxiliar *du* nos indica que se trata de una acción y el adverbio *egin* nos especifica de qué acción se trata. Tanto *dicho* como *egin* se comportan, en efecto, como adverbios, ya que son palabras invariables que no conocen determinación alguna de persona o número; el llamado auxiliar, por contra, recibe todas los morfemas de persona y número y se comporta, a efectos morfológicos, como un verbo pleno.

El inglés conoce estos adverbios de *quiddidad* en formas enfáticas como *I do speak* 'yo sí que hablo' o en la forma interrogativa *does he speak?*, en donde *do* es un verbo que recibe las terminaciones de persona y *speak* aparece como un elemento invariable que funciona como un modificador de ese *do*.

Al *quo* le corresponderían los adverbios de finalidad y a *unde,* los de causa. Por último, a *qua* le corresponderían los de comparación y cantidad.

Hay que observar que algunas lenguas utilizan formas claramente locativas para expresar la causa. El húngaro utiliza el caso ablativo (cuya terminación es -*tól*) que indica alejamiento de las proximidades de algo, para expresar una causa. Véase el ejemplo siguiente:

(15)
Húngaro

Nem fél a munká-tól
no teme el trabajo-desde
'No le teme al trabajo, no tiene temor por causa del trabajo'

Por otro lado, el caso adlativo, que expresa un acercamiento a las proximidades de algo y que se anota mediante el sufijo "*hoz/hez*", puede indicar también el objeto de una acción:

(16)
Húngaro

ez- hez én nem értek
esto- hacia yo no entiendo
'No entiendo de esto'

Podemos finalizar esta sección proponiendo el siguiente esquema de los tipos de adverbios desde una perspectiva localista:

(17)
Clasificación localista de los adverbios

	UBI	UNDE	QUO	QUA
Espacio	Dónde	Desde dónde	Adónde	Por dónde
Tiempo	Cuándo	Desde cuándo	Para cuándo	Cuánto
Intr./Rel.	Cómo	Por qué	Para qué	Cuánto

Intr. = adverbios internos
Rel. = adverbios relatorios

3. El alcance de los adverbios

El alcance de los adverbios está determinado por el constituyente que modifican. Hay adverbios que afectan a un verbo, otros que afectan a un sintagma verbal, otros, a una oración e incluso otros a una enunciación. Como veremos, un mismo adverbio puede tener varios de esos alcances con diferentes consecuencias semánticas.

Los adverbios de *quiddidad* o los multiplicativos afectan o tienen en su alcance típicamente a un verbo: *mucho* y *demasiado* son dos ejemplos típicos. Dichos adverbios no pueden tener como alcance todo un sintagma verbal ya que no decimos:

(18)
Castellano

a) *Juan come manzanas mucho
b) *Juan come mucho manzanas
c) Juan come mucho

(19)
Castellano

a) *Pedro lee libros demasiado
b) *Pedro lee demasiado libros
c) Pedro lee demasiado

Otros adverbios de este tipo son *bien* o *mal*. Podemos decir que estos adverbios tienen alcance verbal y podemos notarlos como Adv-V.

El segundo alcance posible de los adverbios es el de todo un sintagma verbal, que incluye un verbo junto con los complementos requeridos. Adverbios de modo como *rápidamente*, y locuciones de lugar o tiempo, como *en el jardín,* o de instrumento, como *con el cuchillo,* pueden funcionar como adverbios cuyo alcance es todo el sintagma verbal. Por ejemplo, en

(20)
Castellano

El avión *llegó a Turín* rápidamente

lo subrayado corresponde al alcance del adverbio, que es todo el sintagma verbal. Otro ejemplo es el siguiente:

(21)
Castellano

Juan *partió el pan* con el cuchillo

El sintagma preposicional *con el cuchillo* tiene como alcance la parte subrayada en la oración (21). Estos adverbios se llamarán *adverbios del sintagma verbal* y se notarán como Av-SV.

Vamos a considerar ahora adverbios y locuciones adverbiales de lugar para ejemplificar un caso en el que el adverbio relaciona el SN sujeto con el SV predicado; son los adverbios de alcance SN-SV que notaremos como Adv-SN-SV. Partimos del siguiente ejemplo en

(22)
Castellano

Juan vio a Pedro en el jardín

La locución adverbial *en el jardín* puede tener como alcance el SV *vio a Pedro*: en este caso, (22) significa que Juan vio a Pedro y que éste estaba en el jardín. Pero (22) también puede tener otra acepción, que se podría explicar de este modo: El hecho de que Juan vio a Pedro se dio en el jardín; aquí se sitúa en el jardín el hecho de que Juan viera a Pedro. En la primera interpretación no se nos dice dónde estaba Juan y se nos especifica que Pedro estaba en el jardín; en la segunda se nos dice que Juan estaba en el jardín, ya que el acontecimiento de ver a Pedro por parte de Juan tiene lugar en ese lugar. Diremos, entonces, que, en este segundo caso, el alcance del adverbio es la estructura constituida por el sintagma nominal sujeto y el sintagma verbal predicado; por tanto, que se trata de una locución adverbial Adv-SN-SV.

En general, los adverbios de modo, como *cuidadosamente, temerosamente, interesadamente,* son Adv-SN-SV. Otros, como *rápidamente* pueden ser Adv-SV y Adv-SN-SV. Considérese, por ejemplo, *rápidamente*. Sea la oración siguiente:

(23)
Castellano

Juan cerró la puerta rápidamente

La oración tendrá dos acepciones, según el alcance del adverbio; estas dos acepciones son las siguientes:

(24)
Dos acepciones de (23)

a) Juan acudió rápido a cerrar la puerta, aunque la cerrara despacio. Es decir, la acción de cerrar la puerta por parte de Juan fue llevada a cabo con prontitud (Adv-SN-SV).
b) Juan cerró la puerta con un movimiento rápido, aunque tardara en acudir a hacerlo. Es decir, Juan realizó la acción de cerrar la puerta rápidamente (Adv-SV).

Otro alcance posible de los adverbios es el de todo el contenido proposicional de la oración. A los adverbios que tengan ese alcance los vamos a llamar Adv-O. Los adverbios modales tienen este alcance, ya que, en general, expresan la valoración conceptual que se hace del contenido de la oración:

(25)
Castellano (Adv-O)

a) Posiblemente, Juan venga.
b) Extrañamente, Juan no lo sabía.
c) Seguramente, lo ha visto ya.
d) Probablemente, lo tiene en su casa.

Estos adverbios nos dan la actitud del que habla hacia la proposición expresada por la oración; normalmente, estas oraciones pueden parafrasearse por otras en las que tenemos el adjetivo correspondiente al adverbio:

(26)
Castellano [Paráfrasis posibles de (25)]

a) Es posible que Juan venga.
b) Es extraño que Juan no lo supiera.
c) Es seguro que lo ha visto ya.
d) Es probable que lo tenga en su casa.

Por último, hay adverbios que pueden tener un alcance aún mayor; se trata de los adverbios o locuciones adverbiales que caracterizan el acto de enunciación (véase el capítulo 13 del segundo tomo del presente curso) que produce una oración concreta. Los llamaremos adverbios ilocutivos o Adv-I. Veamos unos ejemplos:

(27)
Castellano (Adv-I)

a) Francamente, no tienes razón.
b) Por si no lo sabes, mañana viene Luis.
c) A decir verdad, no se lo compré a él.

Estos adverbios y locuciones adverbiales no caracterizan el contenido proposicional de la oración que sigue. En efecto, no podemos tener una paráfrasis para (27a) como la de (28).

(28)
Castellano

*Que no tienes razón es franco

En (27a), *francamente* nos dice que lo que es franco es el acto de enunciar la oración que sigue; en (27b) se nos advierte que enunciamos la oración sobre la base de nuestra duda sobre el conocimiento por parte del oyente del estado de los hechos denotado por dicha oración; por último, en (27c) decimos que nuestra enunciación de la oración es un acto sincero, es decir, que creemos en la verdad de lo expresado en dicha oración.

Podemos constatar una regularidad en la ordenación de los adverbios según su alcance: los adverbios de mayor alcance se colocarán más en la periferia de la oración que los de menor alcance. Esto se puede manifestar en el siguiente esquema:

(29)
Posición jerárquica de los advervios

$$\text{Adv-I} > \text{Adv-O} > \text{Adv-SN-SV} > \text{Adv-SV} > \text{Adv-V}$$

El esquema dice que un Adv-I aparecerá antes que un Adv-O y antes que un Adv-SN-SV, que el segundo aparecerá antes que el tercero y así sucesivamente. Vamos a comprobarlo con unos ejemplos:

(30)
Castellano

a) Por si no lo sabes (Adv-I), extrañamente (Adv-O) Juan le hirió cruelmente (Adv-SN-SV)
b) *Extrañamente (Adv-O), por si no lo sabes (Adv-I), Juan le hirió cruelmente
c) *Cruelmente (Adv-SN-SV) extrañamente (Adv-O), por si no lo sabes (adv-I), Juan le hirió

Esta precedencia obligatoria es un reflejo icónico (véase capítulo 29 del presente libro) del mayor alcance de unos adverbios respecto de otros. Si el alcance de un adverbio es mayor que el de otro, el primero aparecerá antes que el segundo y tendrá a este último dentro de su alcance.

4. La cuantificación adverbial

En el capítulo 13 estudiamos la cuantificación nominal. También es posible realizar cuantificaciones dentro del sintagma verbal. Si en el sintagma nominal se cuantifican conjuntos de individuos, en el sintagma verbal se cuantifican eventos. Vamos a denominar esta cuantificación "cuantificación adverbial" y antes de ver cómo se manifiesta vamos a intentar aclarar qué es lo que se cuantifica en este tipo de cuantificación. Resolver esta cuestión supone responder lo más exactamente posible la siguiente pregunta: ¿Qué se cuantifica cuando se cuantifica un evento?

Primero, hay que distinguir entre *tipos de eventos* y *eventos*. Tomemos un sintagma verbal sin ninguna especificación de tiempo, aspecto o persona: *leer el periódico*. Mediante este sintagma verbal no denotamos un evento concreto, sino más bien un tipo de evento que podrá ejemplificarse en infinidad de actos concretos de leer un periódico determinado. Para obtener la denotación de un evento concreto, debemos dar al sintagma verbal en cuestión un tiempo y un aspecto. Consideremos, por ejemplo, la siguiente posibilidad:

(31)
Castellano

Juan leía tres veces el periódico todos los días

En (31) tenemos dos especificaciones concretas del tipo de evento denotado por *leer el periódico*: una es la correspondiente a *tres veces*. Se nos especifica mediante ella cuántos eventos del tipo denotado se producen; en este caso, tres. Esta cuantificación en la que se detalla cuántos eventos concretos de un mismo tipo eventivo se realizan, la vamos a denominar *Cuantificación Adverbial Multiplicativa* (CAM). Por otro lado, se nos especifica también en (31) los momentos en los cuales tiene lugar esa triple ejemplificación del tipo de evento implicado; tal especificación se realiza mediante la locucion adverbial *todos los días*. Ahora estamos ante una cuantificación sobre los momentos en los que se da la triple realización del tipo de evento denotado por *leer el periódico*. Podemos denominar este tipo de cuantificación adverbial *Cuantificación Adverbial Iterativa* (CAI). Por tanto, podemos ofrecer la siguiente paráfrasis de (31):

(32)
Cada uno de los días (CAI) se realizaban tres ejemplificaciones concretas del tipo de evento denotado por *leer el periódico*, por parte de Juan.

En castellano, las locuciones adverbiales obtenidas mediante la cuantificación directa de la palabra *vez* poseen las dos acepciones: la iterativa y la multiplicativa. Veamos dos ejemplos:

(33)
Castellano

a) Una vez (CAI), Juan lo hizo mal
b) Juan lo hizo mal una vez (CAM)

Ambos tipos de cuantificación adverbial pueden darse a la vez, tal como hemos podido comprobar en (31). Veamos dos ejemplos más en los que aparecen dos locuciones adverbiales obtenidas mediante la cuantificación de *vez*:

(34)
Castellano

a) Una vez (CAI), Juan lo hizo mal dos veces seguidas (CAM)
b) Dos veces (CAI), Juan lo hizo mal una sola vez (CAM)

Como vemos, en castellano, la cuantificación adverbial se manifiesta mediante un sintagma aparte autónomo morfológicamente. En otras lenguas se utiliza un afijo verbal que sirve para expresar estos dos tipos de cuantificación adverbial. Veamos unos ejemplos:

(35)
Aleuta (Golovko 1989: 56, 60, 61)

a) Tayaqum tugakuu
   hombre dar un puñetazo
   'El hombre le da un puñetazo'
b) Tayaqum tuga-mijta-kuu
   hombre   CAM
   'El hombre le da puñetazos'
c) Uchiguil slu-za-naq
   verano bañar-CAI-me
   'En verano solía bañarme'
d) Angalim huzungis adaq laan tuga-mijta-za-q
   todos - días padre hijo puñetazo s-CAM -CAI-dar
   'Todos los días el padre da puñetazos a su hijo'

En la sección 6 del capítulo 7 del segundo tomo, estudiaremos la semántica de la pluralidad eventiva.

5. Las adposiciones

Las adposiciones son partes del discurso que se pueden definir fundamentalmente por la función que desempeñan en las expresiones en las que aparecen. Se distinguen de los morfemas porque tienen un autonomía morfológica respecto de la palabra que rigen. En principio, una adposición sirve para relacionar dos o más palabras o sintagmas entre sí, de modo que uno esté subordinado al otro. En español, vemos que las adposiciones relacionan palabras y sintagmas de diversa naturaleza:

(36)
Castellano

a) La casa DE mi hermano (nombre y sintagma nominal)
b) Hombre SIN principios (nombre y nombre)
c) Habla DE política (verbo y nombre)
d) Fácil DE hacer (adjetivo y verbo)
e) Muy DE agradecer (adverbio y verbo)

Las adposiciones funcionan en el plano sintagmático y en el paradigmático, ya que poseen fundamentalmente dos aspectos bien diferenciados:

(37)
Dos aspectos de las adposiciones

a) *El aspecto relatorio:* la adposición relaciona dos palabras o sintagmas. Esto pertenece al plano de las relaciones sintagmáticas.
b) *El aspecto funcional:* la adposición hace posible que se use una palabra o sintagma en una función que no es la propia de dicha palabra o sintagma. Esto pertenece al plano de las relaciones paradigmáticas.

Podemos ver estos dos casos en cada uno de los ejemplos (36). Por ejemplo, en el caso de (36a), la preposición *de* pone en relación el sustantivo *casa* con el sintagma *mi hermano*; en este caso concreto, esa relación puede interpretarse, entre otras posibilidades que se determinarán por el contexto de uso, como la de posesión. Por otro lado, la preposición *de* permite que el sintagma nominal *mi hermano* tenga una función de modificador análoga a la que tiene un adjetivo; esto supone un cambio de las funciones propias del sintagma nominal a las propias del adjetivo y, por tanto, en el plano sintáctico, gracias a esa preposición, *mi hermano* pasa a estar en contraste paradigmático con adjetivos que pueden incluso denotar un significado análogo, por ejemplo, *fraterna*.

Una de las funciones típicas de la adposición es la de hacer que un sintagma nominal funcione como adverbio; ésta es la razón por la que tratamos aquí esta cuestión y no, por ejemplo, en la parte del sintagma nominal (cosa que podríamos haber hecho basándonos en ejemplos de modificación nominal que acabamos de explicar). Veamos algunos ejemplos sencillos:

(38)
Castellano

a) Trabaja EN esa fábrica.
b) Hace eso POR dinero.
c) Viene aquí DESDE la semana pasada.
d) Lo hizo SIN darse cuenta.

En todos estos casos, la adposición hace posible que los sintagmas que siguen funcionen como adverbios.

Las adposiciones se pueden clasificar en tres tipos, según en lugar que ocupen respecto de los elementos que relacionan:

(39)
Tipos de adposiciones

a) *Preposiciones:* aparecen antes que el sintagma o palabra al que rigen.
b) *Posposiciones:* aparecen después que el sintagma o palabra al que rigen.
c) *Circumposiciones:* aparecen delante y detrás de la palabra o sintagma al que rigen.

Los casos que hemos visto hasta ahora son de preposiciones. Veamos dos ejemplos más: *ante la casa* y *bajo la casa*. Esto mismo se da en la mayoría de las lenguas europeas, pero no en todas. Por ejemplo, en húngaro tenemos posposiciones; veamos los dos ejemplos españoles traducidos a esta lengua:

(40)
Húngaro

a) A ház előtt
   la casa ante
   'Ante la casa'
b) A ház alatt
   la casa bajo
   'Bajo la casa'

En las lenguas que usan preposiciones a veces son posibles giros posposicionales. Por ejemplo, en alemán, que es una lengua preposicional, encontramos casos como:

(41)
Alemán

a) Mir gegenüber
   a mí hacia
   'Hacia mí'
b) Meiner Meinung nach
   mi opinión según
   'Según mi opinión'

En latín se puede recordar la locución *honoris causa* 'por causa del honor'.

Las circumposiciones son mucho menos frecuentes en las lenguas; pero pueden encontrarse algunos casos más o menos genuinos de este tipo de adposiciones. Hagège (1975: 228) cita el siguiente ejemplo del chino:

(42)
Chino

除了...以外
chúle... yîwài
'además y aparte de'

donde el lugar denotado por la línea de puntos indica dónde va el sintagma al que rige esa circumposición. Veamos un ejemplo concreto de su uso Hagège (1975: 228):

(43)
Chino

除了   小山   以外   还有   一个湖
chúle xiáoshan yîwái háiyóu yige hú
además pequeño montaña aparte también haber un clas lago
'Además de la colina, hay también un lago'

Como se ve, el elemento 除了 *chúle* de la circumposición indica la noción de "añadidura" y 以外 *yîwái*, la noción de exclusión.

Las adposiciones pueden, a veces, combinarse entre sí para dar origen a relaciones complejas. Por ejemplo, en ruso es muy frecuente combinar la preposición из *iz* 'desde' con la preposición за *za* 'detrás de'; veamos dos ejemplos:

(44)
Ruso
Combinación de adposiciones

a) Из-за дома
   Iz-za doma
   de-detrás casa-gen
   'de detrás de la casa'

b) Из-за границы
Iz-za granítsy
de-detrás frontera-gen
'del extranjero'

Esta combinación de preposiciones ha desarrollado curiosamente en ruso un sentido causal:

(45)
Ruso (Reinterpretación relatoria de la combinación adpositiva locativa)

a) Из-за бури
Iz-za búri
de-detrás tempestad-gen
'a causa de la tempestad'
b) Из-за него
Iz-za nievó
de-detrás él-gen
'por culpa de él'

La relación entre adverbios y adposiciones es muy estrecha en muchas lenguas. Los adverbios españoles *delante, detrás, debajo, al lado, encima* pueden funcionar como preposiciones añadiéndoles *de*: *delante de*, *detrás de*, *encima de*. Incluso los adverbios *arriba* y *abajo* pueden funcionar en español como posposiciones en sintagmas como *río arriba, carretera abajo*. En otras lenguas no existe esta relación adverbio-preposición y obtenemos casos de suplencia léxica. Por ejemplo, en inglés *below* equivale a nuestro adverbio *debajo* y *under* a nuestra preposición compleja *debajo de*: *under the table* se traduce como "debajo de la mesa".

Además de con el adverbio, en algunas lenguas la adposición está íntimamente relacionada con la conjunción. En japonés, por ejemplo, la posposición *to*, que significa 'con' (en el sentido de compañía, no de instrumento) es idéntica a la conjunción copulativa *to*, que puede unir tanto nombres como oraciones.

Existe, en general, una conexión en las lenguas entre adverbios, adposiciones y conjunciones. En castellano, de algunos adverbios se puede derivar un complejo preposicional añadiendo *de* y un complejo conjuntivo, añadiendo *que*. He aquí, algunos ejemplos:

(46)
Castellano (Relación entre adverbio, preposición y conjunción):

ADVERBIO	PREPOSICIÓN	CONJUNCIÓN
antes	antes de	antes que
después	después de	después que
además	además de	además de que
en contra	en contra de	en contra de que
encima	encima de	encima de que

En otras lenguas podemos ver esta misma relación sin salir de la morfología derivativa. En húngaro tenemos, por ejemplo, la siguiente situación:

(47)
Húngaro
Relación entre adverbio, posposición y conjunción:

POSPOSICIÓN	ADVERBIO	CONJUNCIÓN
után	utána	miután
detrás de	detrás	después que
elõtt	elõtte	mielõtt
ante	delante	antes que
mellett	mellette	amellett hogy
al lado de	al lado	además de que

En este caso, son los adverbios los que se derivan de las posposiciones, ya que éstas son formas personales de tercera persona de aquéllos. De hecho las posposiciones en húngaro pueden llevar terminaciones de persona. De *nélkül* 'sin' podemos obtener:

(48)
Húngaro
Flexión personal de las posposicones

a) Nélkül-em
   sin- 1 sg
   'Sin mí'
b) Nélkül-ed
   sin-2sg
   'Sin ti'
c) Nélkül-e
   sin-3sg
   'Sin él/ello'
d) Nélkül-ünk
   sin-1pl
   'Sin nosotros'
e) Nélkül-etek
   sin-2pl
   'Sin vosotros'
f) Nélkül-ük
   sin-3pl
   'Sin ellos'

No es de extrañar que, por ejemplo, *nélküle* 'sin ello' funcione como un adverbio, ya que *sin ello* es una locución adverbial. Las adposiciones tienen orígenes muy diversos; históricamente, suelen derivarse de sustantivos. Veamos algunos ejemplos: alemán *wegen* 'a causa de', de *Weg* camino; en francés *chez* de 'casa'; en inglés *between* 'entre', literalmente, 'estar entre dos', *because* 'porque' (literalmente 'por causa'), *beside* 'al lado de' de *side* 'lado' y *be* 'por'.

Otras veces se derivan de formas verbales: en español *durante*, *no obstante*; en francés *pendant* 'durante', etc.

En la lengua china se ve con mucha claridad la relación existente entre adposiciones y verbos, ya que aquéllas son idénticas a éstos. Así, el verbo 给 *gêi* 'dar' puede utilizarse de forma preposicional con el significado de "para". Comparemos las dos oraciones siguientes:

(49)
Chino

a) 他 给 我 钱
Ta gêi wô qián
él dar yo dinero
'Él me da dinero'
b) 钱 给 他 作饭
Wô gêi ta zuò fàn
yo dar él hacer comida
'Cocino para él'

Incluso es posible tener los dos usos de 给 *gêi* en una misma oración:

(50) *Chino*

他 给 钱 给 我
Ta gêi qián gêi wô
él dar dinero dar yo
'Él me da dinero a mí'

Véase, para un estudio detenido de este fenómeno, Hagège 1975.

6. Sintagmas adverbiales sin adposición

En las lenguas en las que las locuciones adverbiales deben ir introducidas por una adposición, existe a veces la posibilidad de que un sintagma nominal sin adposición alguna pueda desempeñar esa función adverbial. Vamos a comparar respecto de esta cuestión el inglés y el castellano:

(51)
a) Castellano (Modificación Adverbial sin Preposición; ejemplos de Martínez, 1981)

  i) Llegaron el lunes
  ii) Me alejé varios pasos
  iii) Vienen por aquí pocas veces
  iv) Los visitó algunas veces

b) *Inglés* (Modificación Adverbial sin Preposición (ejemplos de Larson 1985)

  i) John arrived that year
  Juan llegó ese año
  'Juan llegó ese año'
  ii) You have lived some place warm and sunny
  tú has vivido algún lugar cálido y soleado
  'Has vivido en algún lugar cálido y soleado'
  iii) We were headed that direction
  nosotros fuimos conducidos esa dirección
  'Fuimos conducidos hacia esa dirección'
  iv) You pronounced my name that way
  tú pronunciaste mi nombre esa manera
  'Pronunciaste mi nombre de ese modo'
  v) John did it three times
  Juan hizo lo tres veces
  'Juan lo ha hecho tres veces'

Podemos observar que el inglés y el castellano no coinciden respecto del tipo de sintagma nominal adverbial que puede aparecer sin preposición. En inglés, hemos visto que los sintagmas nominales sin preposición pueden funcionar con más o menos restricciones como adverbios de tiempo (51bi), de lugar (51bii) y (51biii), de modo (51biv) y multiplicativos-iterativos (51bv). En castellano, según lo visto en (51a), pueden funcionar estos sintagmas como adverbios de tiempo (51ai) y multiplicativos-iterativos (51aiii-iv).

En general, parece que esta posibilidad está limitada a los adverbios que denotan atributos intrínsecos de un evento. Las propiedades eventivas extrínsecas, es decir, las relatorias, modales, evaluativas e ilocutivas están muy marcadas respecto de su realización mediante un sintagma nominal sin preposición. Veamos cómo quedarían las oraciones castellanas si tal realización fuese posible:

(52)
Castellano (Realización de locuciones adverbiales extrínsecas mediante sintagmas nominales sin preposición):

  a) Lo abrieron *(con) esa llave (relatorio: instrumento).
  b) Trabaja *(para) Juan (relatorio: receptor).
  c) Lo hizo *(por) esa razón (relatorio: causa).
  d) Ocurrirá *(con) esa probabilidad (modal).

La restricción que se establece del hecho de que un sintagma nominal denote una atribución adverbial sin tener adposición o aparecer en un caso distinto del nominativo es la de que esa denotación adverbial sea intrínseca y, por tanto, se refleje icónicamente ese carácter intrínseco de la relación mediante una adjunción inmediata sin adposición o elemento mediador alguno. Cada lengua variará respecto de para qué atribuciones adverbiales intrínsecas se produce esta posibilidad.

1. ¿Qué propiedades de los eventos denotan los sintagmas que van en letra cursiva?:

   (53)
   Castellano

   a) Cada viernes van a comer a casa de sus padres *a mediodía*.
   b) Tiene *hechos* tres problemas.
   c) *Lamentablemente*, Juan no lo sabe aún.
   d) Juan salió *varias veces de la habitación* sin decir nada.
   e) *A pesar de todo*, Juan no consiguió el empleo.

2. Establezca el alcance relativo de los adverbios o locuciones adverbiales señalados:

   (54)
   Castellano

   a) Todos los días Juan *incomprensiblemente* dejaba las gafas *descuidadamente en el suelo de la habitación*.
   b) Juan entró *repetidas veces muy apresuradamente en la habitación*.
   c) *Por si fuera poco*, Juan leyó *en voz alta* el periódico *durante diez minutos*.

3. Diga qué tipo de cuantificación adverbial se da en cada uno de los ejemplos:

   (55)
   Castellano

   a) Juan sale de vez en cuando de copas.
   b) Tómese la medicina cada tres horas.
   c) Apriete el botón dos veces para que se abra la puerta.
   d) Viene cada vez más deprisa.
   e) Tómeselo dos veces al día.

CLAVE 1. En primer lugar, *cada viernes* denota una propiedad iterativa del evento denotado; por otro lado, *a mediodía* hace referencia a una propiedad temporal de ese mismo evento.
   En segundo lugar, *hechos* es un adverbio de *quiddidad*. Nótese que la forma *hechos* no es morfológicamente un adverbio, pero sí tiene una función adverbial, ya que modifica al verbo *tiene*. *Lamentablemente* denota una propiedad evaluativa del evento. En la siguiente oración tenemos *varias veces*, que denota una propiedad multiplicativa del evento al que nos referimos mediante *Juan salió* y *de la habitación,* que denota una propiedad locativa del mismo. Por último, la locución *a pesar de todo*, denota una propiedad relatoria del evento, ya que se pone en relación ese evento con otros que constituyen el contexto del discurso en el que se inserta la oración correspondiente.

2. Veamos la primera oración. La locución adverbial *en el suelo de la habitación* es un Adv-SV, *descuidadamente* es un Adv-SV-SN, *incomprensiblemente* es un

Adv-O y *todos los días* es un Adv-SV. La segunda oración contiene el Adv-V *repetidas veces*, el Adv-SV-SN, *muy apresuradamente* y el Adv-SV *en la habitación*. Por último, en la tercera oración tenemos el Adv-O *por si fuera poco*, el Adv-SV *en voz alta* y el Adv-SV *durante diez minutos*.

3. En el primer caso, *de vez en cuando* es una CAI. La segunda oración presenta una CAI denotada por *cada tres horas*. La tercera oración presenta una CAM dada por *dos veces*. La cuarta oración es ambigua entre CAI y CAM; en efecto, puede significar: 'cada vez que viene lo hace más deprisa (CAI)' o bien 'viene con determinada aceleración (CAM)'. Por último, en la quinta oración *dos veces* es una CAM y *al día* es una CAI.

CUESTIONES PROPUESTAS

1. ¿Qué propiedades de los eventos denotan los sintagmas que aparecen destacados en letra cursiva?:

   (56)
   Castellano

   a) *Dos veces a la semana* van al cine
   b) Tiene *publicada* la novela *tres veces*
   c) *Por fortuna,* Juan no lo sabe aún
   d) Juan sacó dinero *varias veces fraudulentamente*
   e) Lo hacen todo *en favor de la paz*

2. Determine el alcance relativo de los adverbios o locuciones adverbiales señalados en letra cursiva:

   (57)
   Castellano

   a) *De vez en cuando* Juan *afortunadamente* guardaba el dinero *cuidadosamente en la caja fuerte*

   b) Juan pegó *varias veces con saña* a Pedro
   c) Juan claveteó *varias veces con un martillo* el mueble del comedor

3. Diga qué tipo de cuantificación adverbial se da en cada uno de los ejemplos:

   (58)
   Castellano

   a) Juan sale todos los jueves por la tarde de paseo
   b) Abre y cierra su oficina tres veces el mismo día
   c) Lo hacen tres veces seguidas cada vez más frecuentemente
   d) El astro aparece un par de veces cada mes
   e) Siempre se come las uñas los lunes por la tarde
   f) Vaya siempre derecho hasta que encuentre la calle a la derecha

ORIENTACIÓN BIBLIOGRÁFICA

AUWERA, J. van der (ed.): *Adverbial Constructions in the Languages of Europe*, Berlín, Mouton de Gruyter, 1998.
En este amplio volumen, se recogen estudios sobre varios tipos de adverbios en las lenguas europeas: los adverbios fásicos (*todavía, ya...*), la cuantificación adverbial, los adverbios oraciona-

les, la subordinación adverbial, las formas adverbiales de los verbos, las construcciones concesivas, entre otros. Además, se incluye un amplio capítulo de casi doscientas páginas sobre los adverbios en las lenguas de Asia Oriental. En conjunto, una aportación de primer orden al conocimiento de esta difícil y elusiva categoría gramatical.

BARTSCH, R.: *The Semantics of Adverbials,* Amsterdam, North Holland, 1978.
Se trata de un estudio muy detenido sobre la semántica formal de los adverbios. Aunque trata el alemán, contiene bastantes explicaciones teóricas importantes sobre la naturaleza y clasificación de los adverbios.

BOSQUE, I.: *Las Categorías Gramaticales,* Madrid, Síntesis, 1989.
Nos interesan el capítulo 6, dedicado a la delimitación entre adverbios y adjetivos y el capítulo 10, dedicado a la discusión de las relaciones y diferencias entre preposiciones, conjunciones y adverbios. Dada la confusión que existe habitualmente sobre el *status* gramatical del adverbio, estas claras y sensatas páginas pueden ayudarnos mucho en este sentido. Es una lectura muy recomendable también para el principiante.

BRUYN, J. de.: "Las preposiciones" en I. Bosque y V. Demonte (dirs.), *Gramática Descriptiva de la Lengua Española*, Madrid, Espasa-Calpe, 1999, capítulo 10, pp. 657-704.
Completísima panorámica de las preposiciones del español.

CRESSWELL, M. J.: *Adverbial Modification,* Reidel, Dordrecht, 1985.
En este libro se recogen siete artículos sobre la semántica formal de los adverbios y preposiciones. Se trata de una aportación de primerísimo orden, que debe ser tenida en cuenta por toda persona que quiera estudiar en profundidad estas cuestiones. La claridad y profundidad de estos ensayos los hacen una lectura imprescindible. No es apto para principiantes.

DRESSLER, W. U.: *Studien zur verbalen Pluralität. Iterativum, Distributivum, Durativum, Intensivum in der allgemeinen Grammatik, im Lateinischen und Hethitischen.* Viena, Österreichische Akademie der Wissenschaften, 1968.
En este libro, se establece la fundamentación teórica y tipológica de la cuantificación adverbial. Se hace una propuesta de clasificación de las posibles cuantificaciones verbales y su manifestación en diversas lenguas de varios lugares del mundo. Además del estudio detenido del hitita y del latín, se recogen datos del eslovaco, ruso, lutuamí, lituano, tubatulabal, quileutés, navajo, sierra popoluca, celdala, candochí, hausa y algunas otras lenguas. Es una obra imprescindible para estudiar este tipo de cuantificación.

HAGÈGE, C.: *Le problème linguistique des préposition et la solution chinoise (avec un essai de typologie à travers plusieurs groupes de langues),* París, Peeters, 1975.
Impresionante estudio sobre las preposiciones y verbos en chino clásico y moderno. Este trabajo es importante porque ya hemos visto que, en esta lengua, no hay distinción formal entre preposiciones y verbos. Además del detenido estudio del chino, encontramos datos sobre diversas lenguas: hindí, quiché, arahuaco, vasco, coreano, francés, georgiano, hebreo, húngaro, japonés, latín, malayo, navajo, ruso, lenguas sélicas, suahilí, tabasarán, vietnamita y muchas más. No es un libro adecuado para iniciarse en el tema.

HUANG, S. F.: *A Study of Adverbs,* La Haya, Mouton, 1975.
Breve y claro estudio sobre los adverbios, en el que se analizan cuestiones teóricas de clasificación así como datos de diversas lenguas: turco, maorí, aranda, esquimal, malayo, árabe, japonés, chino, luganda. Es un libro claro y muy recomendable para iniciarse en los problemas planteados por los adverbios y locuciones adverbiales.

JRAKOVSKIĬ, V. S. Храковский (ot. red.): Типология итеративных конструкций *Tipológiya iterativnîj konstruktsiï* [Tipología de las construcciones iterativas], Leningrado, Nauka, 1989.
Con el libro de Dressler, es una obra capital para el estudio tipológico y teórico de la cuantifi-

cación adverbial. En la parte empírica se analiza detenidamente la cuantificación adverbial en aleuta, evenquí, itelmeno, chamal, lutuamí, esquimal, ebe, lenguas túrquicas, lituano, lenguas eslavas, hausa, árabe clásico, inglés, alemán, armenio, hindí-urdú, japonés, francés, indonesio, kemer, vietnamita y chino. Hay también cuatro estudios teóricos sobre la semántica de la cuantificación adverbial.

KOKTOVÁ, E.: *Sentence Adverbials in a Functional Description,* John Benjamins, Amsterdam, 1986.
Estudio dedicado a los adverbios oracionales y su alcance. Contiene ejemplos del inglés y del checo.

KOVACCI, O.: *"El adverbio"* en I. Bosque y V. Demonte (dirs.), *Gramática Descriptiva de la Lengua Española,* Madrid, Espasa-Calpe, 1999, capítulo 11, pp. 705-786.
Descripción exhaustiva y documentada del adverbio en la lengua española, que debe ser tenida en cuenta por todo estudioso de la materia.

LARSON, R. K.: "Bare-NP Adverbs" *Linguistic Inquiry,* 16, 1985, pp. 595-621.
Estudio de los sintagmas nominales ingleses sin preposición con función adverbial. Está hecho desde la perspectiva de la Gramática Generativa.

LEWIS, D.: "Adverbs of Quantification" en E. L. Keenan (ed.), *Formal Semantics of Natural Language,* Cambridge University Press, 1975, pp. 3-15.
Artículo sobre el tratamiento lógico de la cuantificación adverbial.

LÓPEZ GARCÍA, A.: *Gramática del Español. III. Las partes de la oración,* Madrid, Arco, 1998.
El capítulo 30 de esta obra está dedicado a los adverbios y a la preposición. Es muy recomendable para profundizar en lo que hemos visto.

McCAWLEY, J. D.: "Adverbial NPs: Bare or Clad in See-through Garb?", *Language* 64, 1988, pp. 583-589.
En principio, este artículo es una crítica del de Larson, pero además nos proporciona algunas pistas importantes para el estudio de la cuantificación adverbial, por lo cual es un trabajo muy importante.

MARTÍNEZ, J. A.: "Acerca de la transposición y el aditamento sin preposición" en J. A. Martínez, *Funciones, Categorías y Transposición,* Madrid, Istmo, 1994, pp. 97-156.
Estudio sobre los sintagmas nominales españoles sin preposición y con función adverbial. Es útil para profundizar en lo visto en la última sección de este capítulo.

MORENO CABRERA, J. C.: "Adverbial Quantification in the languages of Europe: theory and typology" en J. van der Auwera (ed.), 1998, pp. 147-186.
En este artículo exponemos detalladamente la morfosintaxis de la cuantificación adverbial en las lenguas europeas y proponemos algunas generalizaciones tipológicamente significativas sobre ella. Se puede consultar para saber más sobre esta cuestión.

PAVÓN, M. V.: "Clases de partículas" en I. Bosque y V. Demonte (dirs.), *Gramática Descriptiva de la Lengua Española,* Madrid, Espasa-Calpe, 1999, capítulo 9, pp. 565-656.
Completo repaso a las diversas partículas de la lengua española.

POTTIER, B.: *Systématique des Éléments de Relation. Etude de Morphosyntaxe structural Romane,* París, Klincksiek, 1962.
Estudio sobre preposiciones y conjunciones en latín, español y francés. Por su claridad, puede ser una buena lectura para iniciarse en la problemática planteada por las preposiciones en las lenguas romances.

19

PARTES DEL DISCURSO. PARTES DE LA ORACIÓN Y FUNCIONES SINTÁCTICAS. LA CONFIGURACIONALIDAD

1. Partes del discurso y partes de la oración

En primer lugar, vamos a hablar de la distinción que hay que realizar entre los conceptos de *partes del discurso y partes de la oración* y de su validez interlingüística.

A veces, se habla indistintamente de partes del discurso y partes de la oración. Sin embargo es muy conveniente distinguir mediante estas dos expresiones, dos aspectos de la sintaxis completamente distintos aunque relacionados íntimamente entre sí. De hecho, los alemanes distinguen las *Redeteile* o partes del discurso y las *Satzteile* o partes de la oración.

En el *Diccionario de términos filológicos* de Fernando Lázaro, dentro del artículo dedicado a *categoría lingüística* se dan como sinónimas las expresiones *categorías funcionales*, *partes de la oración* y *partes del discurso*. En un diccionario más reciente, el de Lewandowski (1982) bajo el epígrafe de *partes de la oración* se remite tanto a *partes del discurso* como al artículo *miembros de la frase*.

Para explicar qué son las partes del discurso hay que partir de la propiedad universal de las lenguas humanas que denominamos *dualidad o doble articulación* en el capítulo II. Según esta propiedad los mensajes de las lenguas humanas, se pueden analizar en una serie de unidades discretas mínimas dotadas de significado. Así, una secuencia como:

(1)
Castellano

Mi hijo llegó tarde

puede segmentarse en los elementos mínimos significativos *mi*, *hijo*, *llegó* y *tarde*.

El lingüista francés A. Martinet habla, en este caso, de la *primera articulacion del lenguaje* (Martinet 1960: 20; 1965: 28-41; 1985: 33-35). A las unidades mínimas dotadas de significado las denomina *monemas* (1985: 47-60): según el autor, este término es preferible al de *palabra* (Martinet 1985: 102). Introduce, asimismo, el término *sintema* para designar a la unidad significativa no mínima, pero que se comporta en relación con los monemas como una unidad indivisible (Martinet 1985: 52). Así, por ejemplo, *casita* es un *sintema*, dado que se puede segmentar en dos unidades significativas mínimas *cas-* e *-ita*, pero se comporta como una unidad indivisible a todos los efectos.

Estos elementos mínimos –ya se llamen monemas o palabras– se han de agrupar en clases léxicas que presentan diferentes características morfológicas. En efecto, *hijo* y *llegó* pertenecen a dos tipos diferentes de palabras que denominamos *nombre* y *verbo*; de igual modo, *mi* y *tarde* pertenecen a otros dos tipos que denominamos, respectivamente, *determinante* y *adverbio*. Estas clases de palabras se definen, pues, por los caracteres morfológicos intrínsecos que presentan los vocablos que pertenecen a ellas. En el ejemplo visto antes, podemos sustituir cada palabra por el nombre de la clase a la que pertenece, con lo que obtenemos la secuencia:

(2)
DET + N + V + ADV

Esto constituye un esquema formal a partir del cual podremos obtener otras secuencias gramaticales del español, si sustituimos los símbolos de cada clase por otro elemento o palabra que pertenezca a las clases gramaticales que designan. Podemos obtener, por ejemplo, secuencias gramaticales como las siguientes:

(3)
Castellano

a) Su hermano vendrá tarde
b) El niño ve mal
c) Todo hombre actúa inteligentemente

(4)
Definición de PARTES DEL DISCURSO

> Denominamos *partes del discurso* a aquellas clases formales de unidades dotadas de significado que comparten una serie de propiedades morfológicas, sintácticas y semánticas en que pueden agruparse las palabras de una lengua natural.

La oración *mi hijo llegó tarde* puede también segmentarse de maneras menos evidentes, aunque no menos importantes. Una primera segmentación es la que separa el bloque de *mi hijo* del bloque de *llegó tarde*; otras dos segmentaciones *naturales* se imponen: *mi hijo* se segmenta en *mi* e *hijo* y *llegó tarde* en *llegó* y *tarde*. Esto puede parecer trivial, pero si comparamos esta segmentación jerarquizada con otras teóricamente posibles, nos daremos cuenta de que no hay nada de trivial ni de inmediato. En efecto, de entre las cuatro segmentaciones que siguen, es demostrable que sólo la última es la correcta:

(5)
a) [Mi] [hijo llegó tarde]
b) [Mi hijo llegó] [tarde]
c) [Mi] [hijo llegó] [tarde]
d) [Mi hijo] [llegó tarde]

Está claro que *mi hijo llegó tarde* es una oración y que sus dos constituyentes inmediatos son *mi hijo* y *llegó tarde*; el primero es un *Sintagma pronominal* (Spron) y el segundo es un *Sintagma Verbal (SV)*. Estas dos categorías no son léxicas como las ya vistas N y V; es decir, no pertenecen a ellas necesariamente elementos léxicos simples, sino que también incluyen unidades complejas mayores que las palabras; de este modo, *el niño mimado, la gran pintura vaguardista, el hombre delgado que conociste ayer*, pertenecen a la categoría de Spron y, por tanto, pueden ser un constituyente inmediato de la oración. En el caso de la oración que nos ocupa, el núcleo de *mi hijo llegó tarde* es el pronombre posesivo *mi*, que es una variante átona de *el mío,* compuesto de un núcleo *el* más el complemento *mío* (por ello, la oración es equivalente a *el hijo mío llegó tarde*).

Análogo razonamiento vale para el sintagma verbal (SV): *llamó a un taxi, hizo la silla, se sitúa en el monte, vendrá* son todos elementos que pertenecen a la clase del SV. Estas dos clases (SN/SPron y SV) son los *constituyentes inmediatos* o *partes inmediatas* de la oración; véase el capítulo 5, sección 3.

Estas partes de la oración están jerarquizadas en estructuras complejas. Así, el Spron, que puede ser constituyente inmediato de la oración, también puede ser un constituyente inmediato de SV. Por ejemplo, en *el médico busca una solución* vemos la siguiente estructura jerárquica de constituyentes:

(6)

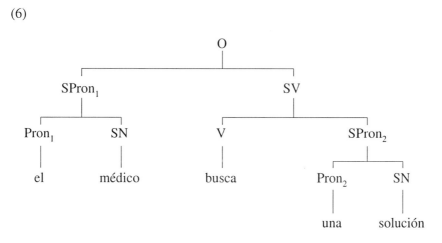

El SPron$_2$ *una solución* ocupa la *posición estructural* de constituyente inmediato de SV que, a su vez, es un constituyente inmediato de O. Vemos, pues, que una misma parte de la oración puede ocupar dos *posiciones estructurales* diferentes. Si mediante la notación (A: B) queremos decir que la parte de la oración A es un constituyente inmediato de la parte de la oración B, entonces podemos denotar las dos posiciones estructurales en que puede aparecer el SPron del siguiente modo: (SPron: O) y (SPron: SV: O). Como veremos ahora, a cada posición estructural se le asigna una *Función Sintáctica (FS)*. Concretamente, a (SPron: O) se le asigna la función de *sujeto* y a (SPron: SV: O), la de *objeto directo*.

De lo dicho hasta aquí, podemos establecer la siguiente relación entre *partes del discurso, partes de la oración, posiciones estructurales* y *funciones sintácticas*. Determinadas secuencias de partes del discurso –a veces solas y otras veces modificadas por otras partes del discurso– podrán aparecer como representantes de ciertas partes de la oración a las que se asignará una función sintáctica, dependiendo de la posición estructural que ocupen en la jerarquía de las partes de la oración. Como esquema se puede proponer el siguiente cuadro:

(7)
Relación entre las partes del discurso, las partes de la oración y las funciones sintácticas

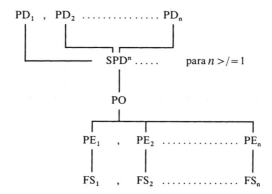

donde: PD = Parte del discurso, SPD = Secuencia de representantes de partes del discurso, PO = Parte de la oración, PE = Posición estructural, y FS = Función sintáctica.

2. Las partes del discurso y su validez interlingüística

Existen muchos intentos, desde Dionisio de Tracia hasta nuestros días, de ofrecer una clasificación de las partes del discurso. Estas clasificaciones suelen estar sesgadas por dos factores:

(8)
Factores que sesgan la definición de las partes del discurso

   a) Se toma como base de referencia una sola lengua y se intenta transplantar la clasificación obtenida a todas las lenguas posibles.
   b) Se adopta un punto de partida lógico, psicológico y no puramente lingüístico. Se opina que, si ciertas categorías lógicas o psicológicas son universales, tam-

bién habrá de serlo la clasificación de las partes del discurso obtenida sobre la bases de ese tipo de criterios.

Dentro de los criterios puramente lingüísticos, podemos distinguir, en primer lugar, dos tipos: el genético y el sincrónico.

El criterio *genético* busca ver cuáles son las partes primigenias del discurso y cuáles otras han ido apareciendo a lo largo de la historia de las lenguas. Encontraremos las partes primigenias cuando logremos dar con elementos radicales que no se pueden derivar de raíz alguna que se asigne a otra parte del discurso. Este método fue adoptado en el siglo XIX; un representante fue F. Misteli.

El criterio *sincrónico* puede, a su vez, dividirse en tres aspectos en los que se considera una lengua dentro de un momento histórico determinado. Estos tres aspectos son los siguientes:

(9)
Criterios sincrónicos para el establecimiento de una tipología de las partes del discurso

   a) *Criterio semántico:*
     Se definen las partes del discurso atendiendo a los aspectos de la realidad denotados por los elementos léxicos que pertenecen a ellas.
   b) *Criterio funcional:*
     Se definen las partes del discurso por las funciones que pueden desempeñar los elementos léxicos pertenecientes a esas clases.
   c) *Criterio morfológico:*
     Se definen las partes del discurso por las características morfológicas de los elementos léxicos que pertenecen a ellas.

El criterio semántico es muy inseguro, pues el terreno de la semántica es muy poco fiable. Si decimos, por ejemplo, que un sustantivo expresa estados y un verbo expresa acciones, no podemos explicar por qué *puñetazo* es un nombre y *pertenecer*, un verbo.

El criterio morfológico es más fiable, pero tiene el inconveniente de estar demasiado limitado a la lengua concreta que se estudie, sin que sea fácil mediante él llegar a generalizaciones interlingüísticas totalmente válidas, ya que la morfología es uno de los aspectos más variables entre las lenguas. Si, por ejemplo, utilizamos la categoría de género para definir el adjetivo, resulta que, en húngaro, los adjetivos no poseen género (ni los sustantivos ni los artículos); por otro lado, en árabe el género también está presente como morfema en el verbo.

Incluso hay casos más dramáticos y extremos. En malgache, no existe morfología flexiva para los lexemas, por lo que resulta inútil acudir a criterios morfológicos para distinguir las partes del discurso; además, éstas son difíciles de determinar fuera del contexto en el que se usan los lexemas. Sean los siguientes ejemplos:

(10)
Malgache (Dez 1980: 1)

   a) Tsara ny trano
      bonito art casa
      'La casa es bonita'

b) Ny trano tsara
   art casa bonito
   'La casa bonita'
c) Ny tsara trano
   art bonito casa
   'El/los que tienen una casa bonita'
d) Trano ny tsara
   casa art bonito
   'Lo que es bonito es la casa'

Ny funciona como un artículo en (10a) y (10b), pero es un pronombre en (10c) y una partícula enfática en (10d).

El criterio funcional es el más susceptible de ser generalizado interlingüísticamente, pues no se limita a establecer determinadas categorías morfológicas, sino que amplía su radio de acción a *las funciones que* pueden o no reflejarse en la morfología de la palabra. Dos lenguas pueden tener una misma función que en una se manifiesta en la morfología de las palabras y, en otras, mediante otros medios, como el orden de palabras, determinadas adposiciones o palabras auxiliares, medios prosódicos, etc.

Examinemos, en primer lugar, el criterio genético-formal. F. Misteli (1893) parte del concepto de *forma de habla,* que abarca todos aquellos aspectos o medios que constituyen el plano gramatical o, al menos, contribuyen a la indicación lógica o al matiz subjetivo de la materia lingüística. En principio, *sustantivo, adjetivo* o *verbo* designan originariamente las impresiones sensoriales que se corresponden a *objeto, propiedad* y *actividad.* Pero estas diferencias materiales, no lingüísticas, pueden emplearse con valor puramente *formal.* De este modo, el vocablo *belleza* es un sustantivo sólo lingüísticamente, ya que designativamente es una propiedad. De igual manera, algo que designativamente es una propiedad puede pasar formalmente a ser un sustantivo. Por ejemplo, en español tenemos cosas como *el desconocido*, *la querida* o, en alemán, *der Geliebte* 'el querido'.

De igual modo, la forma se manifiesta en el paso de un sustantivo a un verbo, como en los casos siguientes:

(11)
Transformación de sustantivos en verbos

a) *Alemán:*
   i) Zahn 'diente' ⟹ zahnen 'endentecer'
   ii) Mund 'boca' ⟹ munden 'ser grato al paladar'
   iii) Knie 'rodilla' ⟹ knieen 'arrodillarse'
b) *Inglés:*
   i) Head 'cabeza' ⟹ to head 'encabezar'
   ii) Shoulder 'hombro' ⟹ to shoulder 'llevar al hombro'
   iii) Skin 'piel' ⟹ to skin 'quitar la piel'.
c) *Latín:*
   i) Os 'boca' ⟹ orare 'orar'
   ii) Osculum 'beso' ⟹ osculari 'besar'

También están perfectamente atestiguados otros cambios de forma gramatical entre otras partes del discurso. En (12a), vemos casos de paso de un numeral a un verbo, a un adverbio y a un sustantivo. En (12b), los pronombres pasan a verbos y en (12c), algunos verbos pasan a adverbios:

(12)
Otras transformaciones de partes del discurso

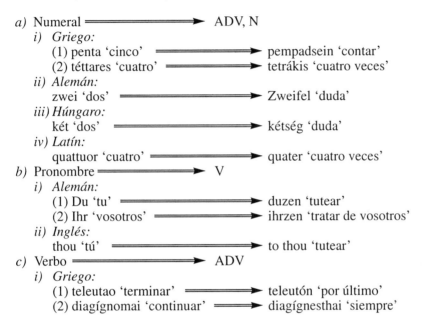

Como se ve, lo esencial es que las diversas partes del discurso son independientes del tipo de conceptuación cognitiva de la realidad que se designe y realizan de modo cambiante éstas.

Ahora bien, surge la siguiente pregunta: ¿Cuáles son las partes originarias o primitivas del discurso? Según Misteli, serán aquellas cuyas raíces sean formalmente primitivas: es decir, aquellas que presenten raíces que no se pueden considerar derivadas de otras raíces asignadas a otras partes del dicurso. Por ejemplo, supongamos que se muestra que todos los adverbios de una lengua provienen de raíces nominales. Si esto se diera en todas las lenguas, entonces el adverbio no sería una parte primitiva u original del discurso. Por tanto, lo que intenta mostrar Misteli es que, para cada clase presuntamente originaria, hay al menos una raíz con el inequívoco carácter de esa clase; es decir, que sólo pueda ser concebida como representante de esa clase y que, por tanto, no se ha derivado de un uso anejo o secundario de otra raíz asignada originariamente a una parte del discurso diferente.

En efecto, Misteli muestra muchas raíces originariamente adverbiales en las lenguas indoeuropeas y no indoeuropeas. Así, los adverbios *heri* (latín), *khthés* (griego), o *hjas* (sánscrito), que significan 'ayer' son raíces adverbiales. En las lenguas finoúgricas tenemos también raíces adverbiales como la del finés *eilen* 'ayer' o la del húngaro *ma* 'hoy'.

También encuentra Misteli raíces originariamente pronominales y numerales. En árabe, por ejemplo, las raíces *jms* y *sds* son raíces sólo numerales que denotan el cinco y el seis, respectivamente. En las preposiciones, también encontramos raíces únicamente adposicionales, tales como las del alemán *auf, an, ab, zu,* las del latín *sub, ob, ab, ex, in*. Pero también es frecuente el caso de que una preposición provenga de un sustantivo: alemán *anstatt* 'en vez de', francés *chez* 'en casa de' o inglés *because* 'a causa de'; o de un verbo, como en griego antiguo *ekhon* 'con' o español *durante*. Con todo, hay lenguas que no distinguen entre preposición y verbo, como, por ejemplo, el chino: 跟 *gen* puede significar tanto 'seguir' como 'con' (véase el capítulo 18, sección 4).

Un número de conjunciones bastante grande también parece estar constituido de raíces inequívocamente conjuntivas. Por ejemplo, el francés *que*, italiano *che*, húngaro *hogy*, árabe *an* o persa *ki*.

Siguiendo este criterio, Misteli concluye que existen las siguientes partes originarias del discurso:

(13)
Partes del discurso según el criterio genético-Jormal

a) Sustantivo.
b) Adjetivo.
c) Verbo.
d) Adverbio.
e) Relatores (adposiciones).
f) Pronombres.
g) Numerales.
h) Negación.
i) Partículas.
j) Conjunciones.

Esto no significa, por supuesto, que esta lista sea universal. Sólo significa que en una lengua puede haber como máximo diez tipos de raíces originarias de partes del discurso. De todas formas, en la lista no está clara la diferencia entre *relatores* y *partículas,* por ejemplo. En muchas lenguas puede no existir la diferencia verbo/adverbio o verbo/relator. De todos modos, este criterio nos justifica algunas de las partes del discurso que habíamos supuesto.

Pasemos ahora al examen del *criterio semántico-funcional*. Fue L. Tesnière (1959) uno de los autores que propuso una clasificación de las partes del discurso basada en una serie de criterios que podemos denominar semántico-funcionales. Vamos a partir de la propuesta de Tesnière para plantear una serie de cuestiones encaminadas a examinar la validez interlingüística de las partes del discurso que se consideran tradicionalmente válidas.

Podemos partir, en primer lugar, de una dicotomía según la cual existen dos tipos fundamentales de partes del discurso:

(14)
Dos tipos de partes del discurso según el criterio semántico-funcional

a) La correspondiente a las *palabras llenas o léxicas.*
b) La correspondiente a las *palabras vacías o gramaticales.*

Las primeras tienen un contenido léxico definido en el diccionario de cada lengua; las segundas no tienen un contenido léxico enciclopédico, sino que, simplemente, indican una determinada relación sintáctica. Tienen estas últimas un papel subsidiario respecto de las palabras llenas, ya que son las que las relacionan, les dan una función gramatical y, en general, como veremos en el último apartado de esta sección, las que hacen posible que estas palabras llenas pueden funcionar como partes de la oración. Consideremos, por ejemplo, la diferencia entre la palabra *coche* y la palabra *de*; la primera tiene un contenido léxico enciclopédico y la segunda, no. La preposición sirve para unir sintácticamente varias palabras o, dicho de un modo más exacto, como señalamiento de una determinada relación sintáctica entre dos palabras o sintagmas.

Hay lenguas, como el chino, en las que no es muy difícil distinguir ambos tipos de palabras. Veamos la siguiente oración china:

(15)
Chino

我 在 书店里 买了 一本 新 字典 了
Wô zài shudiàn li mâi le yi ben xin zìdiân le
Yo en librería en comprar asp un clas nuevo diccionario mod
'He comprado un nuevo diccionario en la librería'

Las palabras 书店 *shudiàn* (librería), 买 *mâi* (comprar), 新 *xin* (nuevo) y 字典 *zìdiân* (diccionario) son palabras llenas cuyo significado corresponde al diccionario. Sin embargo, las demás palabras son vacías y la descripción de su función debe hacerse en la gramática. Por ejemplo, 我 *wô* es el pronombre personal de primera persona del singular, 在 *zái* y 里 *li* son dos partículas que indican locatividad; la primera es, además, idéntica con una de las cópulas del chino. El 了 *le* posfijo de 买 *mâi* (comprar), es un morfema aspectual; *yi* es el artículo indeterminado, 本 *ben* es un clasificador y el 了 *le* final es una partícula modal que afecta el sentido de toda la oración. Estos elementos no son léxicamente significativos, sino gramaticalmente significativos. Son un marca de determinadas funciones gramaticales de la lengua china. Dado que en chino no se conoce la flexión típica de las lenguas europeas, lo que muchas veces en estas últimas es un morfema flexivo aparece en chino como una palabra más o menos aislable y, de ahí, la facilidad de separar en estas lenguas las palabras *llenas* de las palabras *vacías*. Además, las primeras tienden a ser polisilábicas y las segundas, monosilábicas.

Dentro de la clase de las palabras llenas, Tesnière distingue entre palabras: llenas particulares y generales. Las primeras expresan un concepto particular a la vez que una categoría gramatical. Así, *caballo* tiene un significado enciclopédico, pero además incluye la categoría gramatical de sustantivo. Las palabras llenas generales sólo tienen este último aspecto: es decir, expresan únicamente conceptos gramaticales, no enciclopédicos. Así, *alguno* expresa la categoría de sustantivo y una determinada relación gramatical de cuantificación. Téngase en cuenta que este tipo está muy cercano al de las palabras vacías. De hecho, sólo se diferencian de ellas en que actúan autónomamente como palabras llenas puras; si consideramos, sin embargo, la palabra vacía *algún* nos convenceremos de esa vecindad a la que hacemos referencia.

Para Tesnière se pueden delimitar cuatro tipos de palabras llenas que se corresponden con otras tantas nociones semánticas:

(16)
Categorías semánticas que fundamentan la clasificación de las palabras llenas

a) Entidad.
b) Acción.
c) Atributo de la entidad.
d) Atributo de la acción.

El nombre se corresponde con la primera noción, el verbo con la segunda, el adjetivo con la tercera y el adverbio, con la cuarta. Obtenemos cuatro partes del discurso. Lo primero que vamos a hacer ahora es determinar la validez interlingüística de la oposición entre las dos primeras partes del discurso: es decir N(ombre) y V(erbo).

Hay algunos estudios que recientemente han propuesto que esta distinción no es universal. Vamos a abordar este problema desde diversos ángulos. Primero, examinaremos los criterios para determinar los grados de distinción de estas dos categorías en diversas lenguas, luego veremos cómo establecer criterios evaluativos de distinción N/V así como algunos aspectos universales de la misma y, por último, veremos la justificación lingüística de esta diferenciación entre nombre y verbo.

Siguiendo a J. Broschart (1991), partimos de la dicotomía entre *participado* y *participantes* (véase la sección 5 del capítulo 20). Se trata de dos conceptos gramaticales que sirven para conceptuar la realidad en el sentido de que toda información lingüística está estructurada sobre la diferenciación entre acciones o procesos (*participado*) y las entidades que intervienen en ellas o ellos (*participantes*). En todas las lenguas se realizará esa dicotomía de forma más o menos estricta. De hecho, las dos categorías V y N son la respuesta categorial a esa necesidad conceptual. Un *participante* será una entidad que está implicada en una acción y que es independiente de la misma. Un *participado* es una acción o un estado dinámico que es central en un acontecimiento e implica participantes y que se concibe como algo que surge a partir de esos participantes.

Si N y V realizan esos dos conceptos podemos retratar un N prototípico y un verbo prototípico de la siguiente manera:

(17)
Especificación prototípica de N y V

a) El N: caracteriza una entidad:
    esa entidad está implicada en una acción determinada, y
    es percibida como una entidad dada que existe con anterioridad a la acción.
b) El V: caracteriza una acción:
    esa acción es central al acontecimiento e implica participantes, y
    es percibida como un fenómeno dependiente de los participantes implicados.

Éstos son requisitos de prototipicalidad; ello significa que una palabra será tanto más N cuanto más se acerque al modelo prototípico y tanto menos N cuanto más se aleje de él.

Siguiendo a H. Walter (1981), se pueden establecer los tres puntos siguientes:

(18)
Supuestos de la distinción entre N y V

a) La distinción N/V se basa en una serie múltiple de factores. El número de tales factores puede variar de lengua a lengua.
b) El carácter nominal o verbal de los lexemas es presentado en mayor o menor grado por éstos. Hay una oposición gradual entre nombre y verbo.
c) Si una lengua no posee una distinción entre N/V, entonces la clase resultante no sería ni N ni V. Tal distinción carecería de sentido.

Veamos cada uno de estos factores en diferentes lenguas en las que hay diversos grados de distancia entre N y V.

Empecemos por la lengua alemana. Un factor que hay que tener en cuenta es la derivación; los N prototípicos como *Mann* no se derivan de verbo alguno. Pero hay otros N menos típicos como *Zerstörung* 'destrucción' de *zerstören* 'destruir', que son derivados respecto de los verbos. Cuando se pasa de un verbo a un nombre, no sólo se cambia de paradigma sino que, muchas veces, cambia también el tema: *backen* 'cocer' ⇒ *Bäker* 'panadero'. El género deja de ser inherente cuando se obtiene un sustantivo de un verbo: *Das Backen* 'el cocer': los sustantivos en infinitivo siempre son neutros.

Los verbos deben someterse a una derivación nominalizadora si quieren recibir marcas de caso o preposiciones (típicas de la clase de los N). Así, se dice en alemán *zum Backen* 'para el cocer'. Los verbos aparecen con complementos que indican los participantes en la acción; un N no puede llevar otros N como participantes, del mismo modo que ocurre con los verbos. Sólo con nombres derivados como *Zerstörung* 'destrucción' pueden aparecer sintagmas nominales que indiquen participantes: *Die Zerstörung der Stadt* 'la destrucción de la ciudad'. Con todo, esta construcción no constituye un enunciado completo y se parece mucho a una construcción posesiva como *Der Kopf des Mannes* 'la cabeza del hombre'. Cuando queremos que un nombre funcione como un verbo, necesitamos añadir un elemento que introduzca la predicación *ist ein Mann* 'es un hombre'.

Pasemos revista ahora a una lengua en la que la distinción entre N y V es algo más débil que en alemán; se trata de la lengua inglesa. El inglés presenta una mayor indiferenciación entre N y V. No caracteriza al N con morfema de género ni de caso; pero al V sí lo caracteriza para el aspecto. Con todo, hay muchas palabras que pueden usarse tanto como verbos como nombres (*man*, *cook* y *move*):

(19)
Nombres y verbos en inglés

a) The man   he manned (the boat)
    El hombre   él tripuló (la barca)
b) The cook   he cooked
    El cocinero   él cocinó
c) The move   he moved
    El movimiento   él se mudó

Sin embargo, no puede decirse que exista un contenido idéntico entre cada par de palabras que justifique la afirmación de que aquí no hay distinción alguna entre nombre y verbo. Tenemos que admitir que, en cada caso, estamos ante dos tipos distintos de lexema y no frente al mismo tipo. Las raíces pueden no diferenciarse, pero sí lo están los respectivos temas.

Examinemos ahora una nueva lengua indoeuropea, el ruso. Aunque hay buena diferenciación en esta lengua entre N y V, hay un aspecto donde confluyen ambos de modo significativo. Los nombres pueden aparecer como predicados sin cópula alguna: он мальчик *on malchik* 'él (es) (un) chico'. Sin embargo, sólo el verbo puede llevar concordancia de persona o número con el sujeto y, por otro lado, el verbo siempre aparece como predicado, mientras que el nombre sólo puede aparecer como atributo. Por otra parte, los verbos tienen que ser derivados morfológicamente para poder llevar caso. Sin embargo, en las frases copulativas como la antes vista, cuando hace falta que aparezca un afijo que indica tiempo/aspecto, éste no puede realizarse como morfema nominal, sino que tiene que darse una forma de la cópula: он был мальчик *on bîl mal'chik* 'él fue (un) chico'.

Pasemos ahora a una lengua semítica, el hebreo. En hebreo, se produce un grado de indistinción algo mayor. En el tiempo presente se usan participios en vez de verbos. Sea, por ejemplo (Broschart 1991: 82): *ani ͨovedet* 'estoy trabajando' comparado con *ha ͨovedet* 'la trabajadora'. Pero esto sólo ocurre con los participios; estos participios, al contrario que los nombres, no tienen género inherente.

La lengua que examinamos a continuación es el turco. Presenta una distinción indefinida entre N y V. El N puede usarse predicativamente sin una cópula; el N usado como predicado puede tener terminaciones de concordancia personal. El nombre en función predicativa puede llevar morfemas de tiempo y aspecto. El número en el nombre es similar a la concordancia de número en el verbo. Veamos algunos ejemplos (Broschart 1991: 84):

(20)
Turco

a) Asker-di
   soldado-pas
   'él era soldado'
b) Sair-di-m
   poeta-pas- 1 sg
   'Yo era poeta'
c) Adam-sa
   hombre-cond
   'Si era un hombre'

Después tenemos paralelismos reveladores como éste (Broschart 1991: 85):

(21)
Turco

a) Sevdim 'amé'/ babam 'mi papá'
b) Sevdin 'amaste' / baban 'tu papá'
c) Sevdî 'amó' / babasî 'su papá'.
d) Severler 'aman' / evler 'casas'

Pero hay rasgos diferenciadores, ya que un V nunca puede aparecer con un demostrativo ni tampoco puede llevar caso. Sólo los verbos admiten derivaciones de participios o infinitivos. Examinemos ahora el esquimal. En esta lengua, encontramos que la relación sujeto/verbo corre perfectamente paralela a la relación entre el poseedor y lo poseído:

(22)
Esquimal (H. Walter 1981: 12)

a) Ajuqi-p   aki-va-a
   catequista-erg responde-trans-3sg
   'el catequista le responde'
b) Ajuqi-p   nuna-a
   catequista-gen tierra-3sg
   'La tierra del catequista'

Observamos estas coincidencias entre los paradigmas nominal y verbal (H. Walter 1981: 10-11 y 37-38):

(23)
Esquimal

a) Akivar-a 'le contesto' / qaqar-a 'mi montaña'
b) Akivar-put 'le contestamos' / Qaqar-put 'nuestra montaña'
c) Akivar-se 'le contestáis' / Qaqar-se ' vuestra montaña'
d) Tikipo-q 'viene' / uvdlo-q 'día'
e) Tikipu-k 'vienen los dos' / uvdlu-k 'dos días'
f) Tikipu-t 'vienen' / uvdlu-t 'días'
g) Akigu-ma ' si yo contesto' / igdlu-ma 'de mi casa'
h) Akigu-vit 'si tú contestas' / igdlu-vit 'de tu casa', etc.

A pesar de todo ello, no cabe la identificación entre nombre y verbo, ya que los sustantivos llevan terminaciones de caso que no admiten los verbos y éstos llevan unos afijos modales que nunca aparecen con los nombres. Además, hay un sufijo nominalizador *-neq* y otro claramente verbalizador *-u*. Examinamos ahora un grupo de lenguas que parecen no atenerse a la distinción entre N y V; se trata de las lenguas sélicas. Las lenguas sélicas de la Colombia Británica presentan muchos problemas en cuanto a la distinción entre nombre y verbo. En sélico los nombres pueden funcionar como predicados:

(24)
Esquihuamés (Broschart 1991: 86)

a) Chn sui ʔqa
   1 sg. hombre
   'Soy un hombre'
b) Chn lliq
   1 sg. venir
   'Tengo'

Pero las formas verbales pueden aparecer en función de argumentos sin ser derivadas en modo alguno. Así podemos decir, por ejemplo en calispel, otra lengua sélica:

(25)
Calispel (Broschart 1991: 86)

Hoi es-ácex səmxéichən lli'é che-n-ecsu.sh-étk^u
adv asp-mirar oso pardo deic loc-en-estar-agua
'El oso pardo estaba mirando al hombre que estaba en el agua'

Comparemos esta frase con la oración siguiente:

(26)
Calispel (Broschart 1991: 87)

N-ecsu.sh-étk^u
en-estar-agua
'Él estaba en el agua'

Los verbos, además, pueden aparecen con otros deícticos y tampoco se nominalizan; aquí vemos un caso de afección de un afijo posesivo a un verbo:

(27)
Calispel (Broschart 1991:89)

Tám in-xaménch
no es 1 sgpos-amor
'No es mi amor, no lo quiero'

Por otro lado, el mismo elemento deíctico puede funcionar unas veces como indicador de tiempo y otras como artículo:

(28)
Calispel (Broschart 1991: 90)

She'i llu-x^{u}tip llu'-sq^{u}áq^{u}ci'
entonces deíc-correr deíc-conejo
'Fue entonces cuando se escapó el conejo'

Ahora bien, cuando se usa el V para designar un argumento de un predicado sólo identifica una entidad *temporalmente*. Cuando hay una asociación estable, entonces tenemos que *derivar* un nombre de agente:

(29)
Calispel (Broschart 1991: 90)

Sx^u-(e)minem
nomang-pintar
'Pintor'

Algo parecido pasa con la caracterización semántica de una expresión española como *el que pinta*, este tipo de expresiones nominalizadas nunca se emplean para denotar la acción misma sino más bien para denotar un individuo que realiza o experimenta la acción. Parece, entonces, que en sélico el verbo denotará una acción no percibida en sí misma sino siempre en conexión con algún individuo u objeto; es como si se tratara de un participio, con la diferencia de que la forma no es en absoluto derivada. Como los sustantivos se conciben exactamente de la misma manera, se puede decir que verbos y nombres pertenecen a la misma clase, en la que cada palabra, dependiendo del contexto, pueda señalar algo caracterizado con determinada propiedad o esa propiedad misma; lo que caracterizamos en esta lengua como nombre o verbo básico dependerá de cuál de las dos interpretaciones sea la menos marcada. Comparemos las dos oraciones siguientes:

(30)
Chusvapo (Broschart 1991: 91-92)

a) Taʔ k qʷənímǝqll
no es art mosquito
'No hay mosquitos'
b) Taʔ k s- qʷənímǝqll -s
no es art nomi-mosquito-3sgpos
'No es un mosquito' (no se da su *mosquitez*)

Obsérvese que cuando se denota la propiedad y no la entidad, el elemento *mosquito* va provisto de un prefijo nominalizador *s*.

Por tanto, en las lenguas sélicas todas las palabras son compatibles con el significado "propiedad + *x*"; ahora bien, habrá unas propiedades más estables e inherentes que otras. Cuando el hablante quiera construir una expresión para un concepto de propiedad relativamente concreto, entonces utiliza el prefijo *s*-, con lo que vemos un fenómeno abstracto tratado como si fuera concreto. Si se utiliza con un demostrativo, entonces automáticamente se denotará el individuo implicado. De todos modos, la misma palabra puede referirse a cosas reales a veces:

(31)
Esquihuamés (Broschart 1991: 94)

s-taqʷ
'acto de beber' o 'agua'

el agua está inherentemente asociada al acto de beber. ¿Cuál es la función de este prefijo cuando aparece con verbos? La de convertir una propiedad originariamente no estable de un objeto en una propiedad estable y esencial. Con ello, se puede utilizar la nueva forma para denotar el acto concreto.

Todo, pues, depende del contexto: con un artículo, la palabra debe significar un objeto, ya que ese artículo marca un señalamiento de algo en ese acto o propiedad. Esto implica que el artículo está mucho más desarrollado en este idioma que en cualquier otro idioma indoeuropeo, pues tiene carácter desambiguador.

Examinemos ahora el caso del tongano. En esta lengua, tenemos también una muy débil distinción entre nombre y verbo:

(32)
Tongano (Broschart 1991: 97)

a) Na'e lele 'a Sione
   pas correr mod Sione
   'Sione corrió'
b) Na'e tu'i 'a Sione
   pas rey mod Sione
   'Sione fue rey'

Por otro lado, cualquier verbo tongano puede funcionar como argumento sin tener que ser derivado, tal como podemos comprobar en las dos oraciones que siguen:

(33)
Tongano (Broschart 1991:98)

a) 'Oku ne lele
   pres 3sg-ag correr
   'Está corriendo'
b) 'Oku vave ('a) 'ene lelé
   pres rápido mod 3sg-pos correr-def-ac
   'Su correr es rápido'

Estamos, pues, ante una situación similar a la de las lenguas sélicas.

Siguiendo a H. Walter (1981), se pueden establecer los siguientes criterios para determinar el grado de distinción entre N y V en una lengua:

(34)
Criterios de distinción entre N y V

a) *Potencial flexivo:*
   El número de afijos flexivos que comparten las categorías de N y V. Así calcularemos el *Índice de Solapamiento Flexivo* (ISF):

$$ISF = \frac{F(n/v)}{F}$$

donde: F(n/v) es el número de afijos comunes al nombre y al verbo, y F es el número de afijos totales de la lengua. Los datos para tres lenguas representativas son éstos: esquimal = 0,7; húngaro = 0,3; turco = 0,2.

b) *Ambivalencia radical:*
   Habrá que ver cuál es el número de raíces que pueden interpretarse tanto nominal como verbalmente. Los temas ambivalentes (TA) se habrán de dividir por la totalidad de temas nominales y verbales, para obtener el *Índice de Ambivalencia* (IA):

$$IA = \frac{TA}{T}$$

Esquimal = 0,1; turco = 0.

c) *Flexión nominal predicativa:*
Este índice se obtiene dividiendo el número de afijos verbales que pueden aplicarse al nombre, por la totalidad de los afijos verbales:

$$IC = \frac{F(V \Rightarrow N)}{F(V)}$$

donde: IC es el Índice de Conversión. Turco = 0,6; húngaro y esquimal = 0.

d) *Solapamiento del potencial derivativo:*
El Índice de Solapamiento Derivativo (ISD) se obtiene al dividir el número de afijos derivativos comunes al nombre y al verbo por la totalidad de afijos derivativos:

$$ISD = \frac{D(N/V)}{D}$$

Esquimal = 0,1; húngaro y turco = 0,01.

A continuación, vamos a enunciar algunas de las implicaciones universales que H. Walter (1981: 111-119) propone y que regulan la distinción entre nombre y verbo en las diversas lenguas del orbe.

(35)
Universales de la distinción entre N y V

a) Si la marca del número es igual para el nombre y el verbo de primera y segunda persona, entonces la marca del número en la tercera persona nominal y verbal será idéntica también.
Esta primera implicación supone que la tercera persona está integrada de modo más sistemático que la primera y la segunda, lo que viene a confirmar lo ya dicho sobre el asunto en el capítulo 14 sobre los nombres personales frente a los pronombres; es decir, que actúa más como la forma no marcada que se dará si tal comportamiento se observa también en formas marcadas.
b) Si se marca de modo idéntico la persona en el nombre poseído y en el verbo intransitivo, entonces se marca de igual modo la persona en el nombre poseído y en el verbo transitivo.
El verbo transitivo constituiría la forma no marcada como verbo típico y, por tanto, si en éste se da la igualdad personal respecto de la marca de persona con

el sustantivo que indica lo poseído, ocurrirá lo mismo con los verbos menos típicos, como los intransitivos.
c) La misma marca de persona en el nombre poseído y en las formas verbales no perfectivas de los verbos intransitivos implica idéntica marca de persona para los nombres poseídos y las formas intransitivas perfectivas.
Esto significa que las formas temporales perfectivas en las lenguas que tienen poca distinción N-V son las formas no marcadas, frente a las imperfectivas.
d) La misma marcación de persona en nombres poseídos y formas verbales de los modos imperativo, interrogativo y optativo implica la misma marcación de persona en los nombres poseídos y las formas verbales del modo indicativo.
Como en casos anteriores, el modo indicativo será no marcado frente a los demás modos.
e) La misma marca personal en nombres poseídos y formas verbales no subordinadas implica la misma marca de persona en los nombres poseídos y las formas subordinadas.
Esto implica que las formas subordinadas son no marcadas para este parámetro respecto de las formas principales.

Estas generalizaciones vienen a resaltar que, para los efectos de la misma marcación de persona para nombre y verbo, los elementos verbales no marcados son los siguientes:

(36)
Rasgos no marcados para la distinción entre N y V

a) Tercera persona.
b) Carácter transitivo.
c) Aspecto perfectivo.
d) Modo indicativo.
e) Formas subordinadas.

Precisamente estos rasgos son los que comparten la relación posesiva entre una persona y una cosa poseída y la relación entre una persona y un hecho. En primer lugar, se suele poseer de forma no marcada algo inanimado y, por tanto, la tercera persona, que es la persona dominante para la denotación de seres inanimados, será la no marcada en esta relación de posesión. En segundo lugar, la relación es binaria: el verbo transitivo es, pues, el no marcado para la misma. En tercer lugar, la relación es perfecta o acabada: de ahí que el perfectivo sea la forma no marcada; en cuarto lugar, la relación es afirmada y no supuesta: de ahí el carácter no marcado del modo indicativo. Por último, la relación es de subordinación de un elemento a otro: por ello, las formas subordinadas son las no marcadas.

Por tanto, podemos identificar cinco propiedades semánticas que son comunes a la relación entre posesor/poseído, por un lado, y la de persona/hecho, por otro:

(37)
Propiedades comunes a la posesión y a la acción

a) Animación:
Lo poseído suele ser inanimado, los participantes en la acción distintos al agente suelen ser inanimados.

b) Binariedad:
La posesión es una relación binaria, al igual que la acción.
c) Perfección:
La posesion es un estado acabado y la acción es una relación acabada.
d) Aserción:
La posesión y la acción se afirman.
e) Subordinación:
La posesión incluye un elemento subordinado (poseído) a otro (posesor). La acción incluye un elemento subordinado (paciente) y otro dominante (agente).

En la medida en que las lenguas basen la categorización N/V en este paralelismo, obtendremos unos sistemas de muy débil distinción entre nombre y verbo.

A continuación, veremos cómo P. J. Hopper y S. Thompson (1984) establecen para la distinción N/V una base de carácter discursivo. La noción de estos autores sobre estas categorías es *prototípica,* tal como ya hemos explicado antes. Pero no consideran tal o cual elemento léxico como un prototipo de un nombre o un verbo, sino tal o cual *uso discursivo* de un determinado elemento léxico. Así *maté a aquel zorro* contiene un nombre en uso prototípico como *zorro*, pero en la oración *el zorro es un animal astuto* tenemos un uso menos prototípico de la palabra *zorro*, ya que ésta no se utiliza para denotar una entidad determinada, sino más bien una clase de entidades. El uso prototípico de un N será, según estos autores, el de introducir en el discurso entidades o individuos concretos.

Con los verbos pasa algo similar; el uso prototípico de un verbo consiste en aseverar la existencia de un acontecimiento en el discurso; el verbo *arrojar* tiene un uso prototípico, por ejemplo, en *Juan arrojó la lanza*, pero su uso es menos prototípico en *arrojar bien una lanza no es fácil* o en *el guerrero que no arroja lanzas no merece tal nombre*.

La hipótesis de Hopper y Thompson es que cuanto menos prototípico sea el uso discursivo de un N o un V menos propiedades de N o V tendrán las unidades léxicas implicadas. Veamos un ejemplo de cada caso.

Cuando un sustantivo se utiliza para atribuir alguna propiedad a una entidad y no para caracterizarla, pierde la mayoría de las características morfológicas que definen el tipo de N. En castellano, por ejemplo, sólo hay atribución cuando el N va desprovisto de determinantes como *el, este* o *aquel*: *Juan es hombre*. Oraciones como *Juan es el/este/aquel hombre* no son construcciones atributivas, sino ecuativas. En un contexto como: *eligieron a su padre alcalde*, *alcalde* no puede ser complemento de determinante alguno.

En japonés, los predicados nominales no poseen las posposiciones de caso típicas de los nombres; en francés e indonesio tampoco pueden adoptar determinantes ni casos; en húngaro pasa igual:

(38)
Húngaro

a bátyá-m   katona
art hermano-sg soldado
'Mi hermano es soldado'

En cuanto a los verbos, en casos como *arrojar lanzas es difícil* podemos ver que el uso no prototípico del verbo *arrojar* le impide tener morfemas de persona, tiempo o modo, como un verbo prototípico. En chino, cuando una oración expresa existencia general, no se pueden añadir los afijos de aspecto:

(39)
Chino

有（*了／ *着 ／ * 过）玛蚁 在 抽屉里
Yôu (*le/*zhe/*guo) mâyî zài chouti li
hay hormiga estar cajón-en
'Hay una hormiga en el cajón'

Distinguimos, pues, un aspecto *icónico* y otro *discursivo*. El aspecto icónico puede definirse así:

(40)
Determinación icónica de la distinción N/V

Cuanto menos se requiera en el discurso que un elemento o bien caracterice una entidad o bien refiera un acontecimiento, menos marcado estará ese elemento como perteneciente a la categoría que las lenguas designan para llevar a cabo esa función.

El aspecto *discursivo* es evidente si se basa uno en la hipótesis de que las formas lingüísticas no tienen categorialidad en sí mismas hasta que tal categoricidad es *forzada* o *impuesta* por el funcionamiento en el discurso. La categorialidad surge del discurso. Sobre la determinación discursiva de las partes del discurso puede consultarse también la sección 2 del capítulo 30.

3. Partes de la oración y ordenamiento lineal de los sintagmas

Vamos a examinar a continuación si la jerarquía de partes de la oración que se representa en el esquema que sigue es válida intra e interlingüísticamente:

(41)

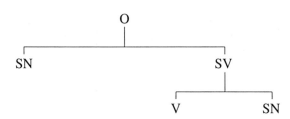

El examen de tal validez se realizará de acuerdo con dos criterios básicos: primero, comprobaremos si esta organización jerárquica caracteriza o puede caracterizar unívocamente todas las posiciones estructurales a que deben asignarse las funciones sintácticas básicas. En segundo lugar, veremos si esta estructuración es compatible con las secuencias lineales de elementos en que se manifiestan tales estructuras. A continuación, prestaremos atención al problema de si este tipo de estructuración está justificado o no en todas las lenguas; con ello, entraremos de lleno en el problema del carácter configuracional de las lenguas del mundo.

Un primer problema que surge es el de cómo distinguir dos posiciones estructurales asociadas a las funciones sintácticas de *objeto indirecto* y *complemento regido*. No podremos decir, por ejemplo, que será OI aquel SP directamente dominado por SV, ya que habrá muchos complementos regidos, que deben estar, por tanto, dentro del SV y que van en un SP, sin ser objetos indirectos. Por ejemplo, *de dinero* en *carece de dinero* es un SP dominado por SV y, sin embargo, no es complemento indirecto. Por otro lado, si suponemos que *en la mesa* es un complemento regido en *Juan puso el libro en la mesa a Pedro*, entonces tendremos dos SSPP directamente dominados por SV sin que se pueda determinar cuál de los dos es el objeto indirecto utilizando sólo este criterio.

En general, encontraremos en castellano este problema siempre que tengamos verbos que requieren un objeto indirecto y un sintagma preposicional. Sean, por ejemplo, las siguientes oraciones:

(42)
Castellano

a) Juan despojó *a Pedro de su dinero*
b) El problema enfrentó *a Pedro con Juan*
c) Mis amigos informaron *a Pedro del accidente*

Casos como éstos son la norma en lenguas como el japonés, donde todos los elementos de la oración van provistos de una posposición, es decir, son sintagmas adposicionales:

(43)
Japonés

John-   ga   Max-   ni   hon- o   ataeta
SUJ   OI   OD   dio
'John ha dado a Max un libro'

En casos como éste no haría falta recurrir a las posiciones estructurales para identificar las funciones, ya que éstas están indicadas morfológicamente mediante posposiciones.

Esto nos puede hacer pensar, por otro lado, que las funciones sintácticas no se asignan universalmente a posiciones estructurales en las lenguas del mundo.

Nos planteamos un segundo problema: ¿Hasta qué punto es compatible esta estructuración en partes de la oración con el orden lineal que los elementos presentan en las diversas lenguas?

Primero, hay que tener en cuenta que si bien esta estructuración en partes de la oración representa la forma en que procesamos lingüísticamente las oraciones, la emisión de las mismas supone un proceso de linearización de los elementos a lo largo de la secuencia fónica (esto está determinado por la propiedad del signo lingüístico que se denomina *carácter lineal del significante* desde Saussure).

El paso de un nivel de estructuración jerárquica a otro de estructuración lineal se denomina *linealización* y fue llamado por Tesnière *transposición del orden estructural al orden lineal* (1959 capítulos 6 y 7).

Esta relación es problemática porque mientras que, en la estructuración jerárquica, se expresan dos tipos de relaciones, ya que dicha estructuración es bidimensional, en la estructuración lineal solamente se puede expresar directamente un tipo de relación, debido a que dicha estructuración es unidimensional.

Vamos a poner un ejemplo concreto para aclarar este punto. Sea la siguiente estructura sintáctica:

(44)
[$_{SV}$ [$_V$construir]$_V$ [$_{SN}$la casa]$_{SN}$]$_{SV}$

En esta estructura hay expresadas dos tipos de relaciones:

(45)
Relaciones expresadas en la estructura (44)

a) *Relaciones de dependencia:* en este caso, el constituyente V depende del constituyente SV y el constituyente SN también depende de SV. Esto está expresado por el hecho de que el constituyente V está dentro de unos corchetes etiquetados como SV. De modo análogo, se puede razonar respecto del constituyente SN. Como vemos, se trata de una relación claramente *vertical*; se da entre un constituyente *superior* o dominante, el SV en este caso, y un constituyente *inferior* o dominado, el V o el SN, en este caso.

b) *Relaciones de co-dependencia:* los constituyentes V y SN son co-dependientes del constituyente SV. Esta relación es expresada mediante la inclusión de ambos entre los corchetes exteriores etiquetados mediante SV. Es decir, existe relación de co-dependencia, porque están incluidos en los corchetes etiquetados como SV y exactamente en el mismo nivel de incrustación. Se trata de una relación *horizontal-vertical,* ya que supone inspeccionar los constituyentes que comparten la propiedad de estar directamente dominados o, en otros términos, inmediatamente incrustados, en otro constituyente superior.

En general, en la estructuración de partes de la oración que hemos visto hasta ahora hay dos tipos de relaciones entre elementos: la de co-dependencia, que señalamos mediante una flecha horizontal y la de dependencia, que señalamos mediante las rayas verticales:

(46)

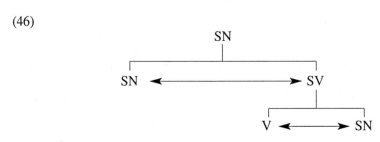

A la hora de linearizar la estructura de (44) tropezamos con un problema. En la secuencia lineal, sólo puede haber dos disposiciones de los elementos implicados, basados en la relación unidimensional de sucesividad; a saber:

(47)
Disposiciones lineales posibles de los dos constituyentes principales de (44)

a) V + SN
b) SN + V

Esto es esperable si tenemos en cuenta que sólo los constituyentes terminales se manifiestan y nunca los constituyentes superiores de la organización estructural vista. Por ello, las relaciones de dependencia son implícitas y nunca explícitas, ya que nunca se expresa sintácticamente el elemento dominante. Pero está claro que esas relaciones de dependencia son reconstruibles fácilmente, dado que existe un grado acusado de redundancia en la estructura gramatical de las lenguas. Por ejemplo, en la oración *mi querido amigo me estima*, nunca podría interpretarse la secuencia *amigo me* como una realización de la co-dependencia, ya que estos dos elementos nunca están dominados por un constituyente superior inmediato. En español no existen sintagmas que agrupen un adjetivo y un pronombre acusativo. Esto aumenta la redundancia del sistema gramatical y facilita la reconstrucción de las estructuras de dependencia.

Volviendo al ejemplo de (44), es fácil ver que no es posible expresar sintácticamente la relación de dependencia entre SV y cada uno de estos dos elementos, ya que el constituyente SV con el que la mantienen es simultáneo respecto de V y SN, y no sucesivo. Por tanto y tal como acabamos de decir, esa relación hay que reconstruirla a partir de la secuencia lineal de las palabras y frases en el discurso. Esa reconstrucción será posible en la medida en que existan algunas restricciones que guíen la linearización de las estructuras jerarquizadas. Precisamente, ahora vamos a intentar enunciar una de esas posibles restricciones.

Uno de esos criterios o restricciones, además de otros que veremos luego, puede ser el siguiente:

(48)
Principio de la contigüidad

La relación de contigüidad en la realización lineal se utiliza para expresar una relación de co-dependencia estructural.

Esto significa que, cuando dos elementos están en relación de dependencia estructural inmediata respecto de algún otro del que son constituyentes inmediatos, esos elementos deben realizarse en la cadena hablada de modo contiguo, es decir, uno al lado del otro. En efecto, el V y el Obj, es decir, el sintagma nominal que es objeto directo, son, como hemos visto, co-dependientes y, por tanto, deben aparecer juntos, no ocurre así con el Suj (es decir, el sintagma nominal que funciona como sujeto) y el Obj, que, al no ser co-dependientes, no tienen por qué aparecer juntos. Las lenguas SujObjV y SujVObj respetan este principio. Pero las lenguas VSujObj no lo respetan, ya que, si suponemos que el esquema de las partes de la oración es universal, entonces estas lenguas no se atendrían al principio de linearización que hemos enunciado antes, pues el V y el Obj, que son co-dependientes, no aparecen contiguos.

A propósito del principio de linearización, merece la pena citar la propuesta de Maxwell (1984) quien enuncia un principio que rige la disposición lineal de los elementos no sólo respecto de la contigüidad como hemos hecho antes, sino respecto de la precedencia, sobre la base de una jerarquía de elementos relatorios como ésta:

(49)
Jerarquía de elementos relatorios

I	II	III
CASO /ADPOSICIÓN		
CONJ <	VT <	O
AUX	ADJT	SN
PRONREL		SV

donde: "A < B" significa 'A tiene menos significado léxico y, por tanto, más efecto relatorio que B'.

El principio en cuestión establece lo siguiente:

(50)
Principio de linealización de Maxwell

Dada una estructura jerárquica $[a[bc]]$ tal que:

i) a, b y c son categorías de esa estructura
ii) se da $a > b < c$
   entonces esta estructura se debe linealizar como:

$$a + b + c \quad \text{o como} \quad c + b + a$$

y no como

$$a + c + b \quad \text{o} \quad b + c + a$$

Es decir, el elemento que una a a y a c, que es b, debe aparecer entre a y c.
Veamos un ejemplo:
El principio que hemos visto predice que la marca adposicional de caso del objeto irá después del nombre en las lenguas ObjV y antes del nombre en las lenguas VObj. En efecto, las lenguas ObjV, como el japonés, indican el caso de objeto mediante una posposición (Obj + p + V) y lenguas VObj, como el español, utilizan preposiciones (V + p + Obj). Se excluyen, pues, lenguas ObjV con preposiciones (p + Obj + V) y lenguas VObj con posposiciones (V + Obj + p).
Para otra serie de constricciones en este sentido véase Dik (1997-I: capítulo 16).
El problema más importante para el principio de linealización antes visto es el que presentan las lenguas cuyo orden de palabras no marcado es el orden VSujObj. Hay bastantes: árabe, irlandés, galés, bretón, arameo, cebuano, chinuco, fox, escocés, gueez, hawayano, jacalteco, maorí, nutca, antiguo eslavo eclesiástico, rarotongano, huisteco,

samoano, tagalo, tamazigt, tongano, tuareg, zapoteco, entre otras muchas. El paso de la jerarquía estructural de las partes de la oración y ese orden lineal viola el principio que hemos visto de correspondencia co-dependencia/contigüidad.

Hay dos posibles soluciones: renunciar a esa estructuración de las partes de la oración vista o renunciar a la universalidad del principio de linealización explicado.

Si renunciamos a lo primero, tendremos que eliminar el constituyente SV y la estructuración de las partes de la oración quedará como sigue:

(51)
Partes de la oración sin constituyente SV

$[_O[_{SN}]_{SN} [_V]_V [_{SN}]\, _{SN}]_O$

Es decir, el SN sujeto y el SN objeto pasarían a estar en el mismo nivel de incrustación y dependerían inmediatamente de O, sin que quepa un constituyente SV que agrupe al V y al SN objeto.

Un criterio para optar por esta solución o por la otra, que supone abandonar o matizar el principio de linealización visto puede ser el siguiente. Si se logra demostrar que algunas lenguas VSObj poseen, a pesar de todo, un constituyente SV, entonces, por lo menos para esas lenguas, habría que relativizar o restringir el principio de contigüidad. Vamos a ver precisamente un caso de éstos.

Recientemente, se han hecho investigaciones en esta línea con lenguas célticas VSujObj. McCloskey (1983) ha estudiado desde este punto de vista el irlandés, que es una lengua VSujObjX (la X indica un lugar donde aparecen otros constituyentes) estricta en la que, por ejemplo, no se puede decir (52a) sino sólo (52b).

(52)
Irlandés

a) *Mo mháthair chonaic mé
   mi madre vio a mí
   'Mi madre me ha visto'
b) Chonaic mo mháthair mé
   vio mi madre a mí
   'Mi madre me ha visto'

Un ejemplo con un verbo que presenta un complemento indirecto es el siguiente:

(53)
Irlandés

Thug sé dom inné é
dio el a mi ayer lo
'Me lo dio ayer'

Según este autor, existe una construcción que muestra un constituyente que tiene el *status* de sintagma verbal (es decir, una constituyente que agrupa el V y su objeto). Se trata de una construcción verbal progresiva. Su estructura es como sigue:

(54)
Construcción progresiva del irlandés

SER +	SUJETO +	FVERBALPROG +	OBJ +	SP
Tá	sé	ag tógáil	thithe	in nDoire
está	él	en construir	casa	en Derry

'Está construyendo la casa en Derry'

La secuencia *ag + nombre, verbal + (OD) + (SP) + (ADV)* forma una unidad que puede focalizarse y puede aparecer en construcciones absolutas. McCloskey, demuestra que casos como *ag tógáil* constituyen el núcleo de ese constituyente y que tal núcleo tiene carácter verbal a pesar de la preposición. Tendríamos la siguiente estructura, por tanto:

(55)
Estructura de (54)

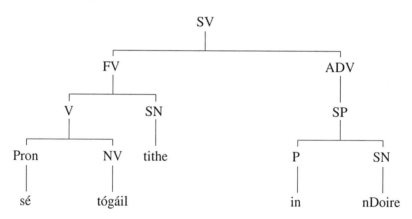

Una argumentación similar nos la proporciona Sproat (1985) para el galés. En esta lengua, que es también VSujObj, existen oraciones como las siguientes:

(56)
Galés

a) Gwnaeth Sion weld draig
   AUX3sg. Juan ver dragón
   'Juan ha visto el dragón'
b) Y mae Sion yn gweld draig
   AUX Juan prep ver dragón
   'Juan está viendo el dragón'

En ambos casos *gweld* es una forma verbal nominalizada e *yn* es una partícula que indica el aspecto progresivo y es morfológicamente idéntica a la preposición de lugar *en*. Según demuestra Sproat, la secuencia *weld draig* o *yn gweld draig* tiene el *status* de un sintagma verbal. Además mantiene este autor que el galés se atendrá profundamente a la estructura jerárquica vista y, luego, el verbo se antepondrá en esta lengua originándose el orden superficial VSObj. Esto se debe, según Sproat, a que en las lenguas celtas la flexión del verbo, que se refiere al sujeto debe aparecer antes que el sujeto. Se trata, pues, de una restricción idiosincrásica de las lenguas celtas. Esto, unido al hecho de que se prefiera pragmáticamente el orden SObj antes que el orden ObjS, nos produce el orden VSObj. Una predicción importante de este análisis es que, cuando el verbo está en forma no personal, no hará falta anteponerlo, ya que no hay concordancia con el sujeto y se obtiene el orden SVObj. Así ocurre, en efecto, en galés:

(57)
Galés (Sproat 1985: 205)

Cyn i Sion laddu draig y mae rhaid iddo brynu llaeth i'r gath
antes Juan matar dragón aux necesario a él comprar leche para-el gato
'Tiene que comprar leche al gato antes de que Juan mate al dragón'

Se ve claro que en la subordinada el orden es SVObj y no VSObj.

Todo ello indica que la orientación o precedencia de los SSNN que van con el verbo es relevante a la hora de relacionar las partes de la oración con los fenómenos de la alotaxis interlingüística, es decir, de la variación del orden lineal de las palabras en cada lengua. En este caso, se hace evidente que el principio de la contigüidad puede ser contradicho en una lengua concreta cuando en esa lengua hay una restricción particular idiosincrásica que hace imposible su cumplimiento y en las circunstancias precisas en las que actúa esa restricción particular. Como acabamos de ver en el caso del galés, el principio de contigüidad era violado únicamente en los casos en los que actúa la restricción particular que obliga en esta lengua a que la flexión verbal que se refiere al sujeto preceda a éste; cuando no se aplica esa restricción, hemos visto que el galés sí parece atenerse al principio de la contigüidad. Ello nos indica que tal principio parece tener validez universal, aunque con el matiz de que pueden existir en las lenguas propiedades idiosincrásicas que puedan interactuar con dicho principio para anular sus efectos. Pero ello no significa que dicho principio no se aplica necesariamente en esa lengua.

4. La configuracionalidad

Vamos a considerar ahora el problema de la configuracionalidad. Las lenguas serán configuracionales en la medida en que hagan uso de las relaciones jerárquicas de las partes de la oración que hemos estudiado, para asignar las diversas relaciones gramaticales. Ahora bien, parece que hay lenguas para las que dicha estructuración jerárquica no es válida.

Hale (1983) ha llamado la atención sobre el hecho de que existen lenguas que presentan, entre otras, las siguientes características:

(58)
Rasgos de las lenguas no-configuracionales

a) Orden de palabras libre.
b) Expresiones sintácticas discontinuas.
c) Anáfora nula.

La lengua australiana valpirí tiene estas características:

(59)
Características del valpirí

a) Orden de palabras libre:
   i) Ngarrka-ngku ka wawirri panti-rni
      hombre-erg Aux canguro alancear-pres
      El hombre está alanceando al canguro'

Se puede decir igualmente:

   ii) Wawirri ka pantirni ngarrkangu
   iii) Pantirni ka ngarrkangu wawirri

La única restricción es que el auxiliar *ka* aparezca en *segundo lugar* de la expresión. Obsérvese que esta restricción no está determinada por la estructuración jerárquica de la oración, sino únicamente por su *disposición lineal*. Una restricción similar se ha observado en algunas lenguas indoeuropeas.

b) Expresiones discontinuas:
   <u>Wawirri</u> kapi-rna pantirni <u>yalumpu</u>
   AUX-1sg. ese
   'Alanceó a ese canguro'

Aquí *yalumpu* modifica a *wawirri*, serían ambos co-dependientes del SN, pero no aparecen *contiguos;* se viola aparentemente el principio de la contigüidad (no se viola si suponemos que esta lengua no tiene partes de la oración o, al menos, esas partes de la oración).

c) Anáfora nula:
   i) Ngarrka-ngku ka pantirni
      hombre-erg aux alancear
      'El hombre lo está alanceando'
   ii) Wawirri ka pantirni
      canguro aux alancear
      'Él está alanceando al canguro'
   iii) Pantirni ka
      alancear aux
      'Él lo está alanceando'

Esto son indicios de que en valpirí no existe una estructuración jerárquica de la oración como la que hemos supuesto. Ello significa que no hay partes de la oración en tanto que posiciones estructurales; pero, ¿hay relaciones gramaticales? Hale mantiene que sí las hay. Estas relaciones controlan, entre otras muchas cosas, la morfología verbal de los afijos pronominales. Así:

(60)
Valpirí

Ngayu ka-rna-ngku parda-rni nyuntu-ku
yo AUX-suj-obj esperar tu-dat
'Te estoy esperando'

El primer afijo del auxiliar concuerda con el sujeto y el segundo, con el objeto.

Aunque la asignación de relaciones gramaticales a nombres no está mediatizada por las posiciones estructurales, no se realiza de modo caprichoso; hay leyes como estas dos:

(61)
Asignación de relaciones gramaticales a sintagmas nominales en valpirí:

a) La relación de sujeto se asigna al sustantivo en ergativo, y si no hay, al que esté en absolutivo.
b) La relación de objeto se asigna al argumento que esté en dativo y, si no hay, al que esté en absolutivo.

La asociación de relaciones gramaticales a los sustantivos estará determinada por los verbos directamente sin pasar por estructura jerárquica alguna. Precisamente esta suposición nos muestra el acierto de la constricción de contigüidad que supone la estructura jerárquica; al no existir tal estructura jerárquica, no tienen efecto esas constricciones y, por consiguiente, en valpirí nos encontramos, por ejemplo, con elementos que habrían de ser co-dependientes pero que no aparecen contiguos.

Con todo, los hechos que acabamos de ver en la lengua valpirí, que, desde un punto de vista interlingüístico no son en modo alguno excepcionales, nos hacen sospechar que posiblemente la estructura de partes de la oración no suponga la bipartición entre un SN y un SV que se correspondería con las funciones de sujeto y predicado, sino una bipartición diferente entre un verbo que señala autónomamente todo el estado de hechos denotado y una serie de sintagmas nominales que especifican los participantes que se señalan en esa forma verbal. Tendríamos una estructuración de las partes de la oración como sigue:

(62)

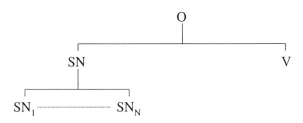

Es decir, la relación entre SN y V no es la de sujeto y predicado, ya que la forma verbal señala de por sí la acción y los participantes; es la de especificantes y especificado. Los sintagmas nominales especifican las entidades que intervienen en la acción y que son señaladas deícticamente en la forma verbal. Tendríamos en el SN una especie de expansión opcional del núcleo oracional que constituye V.

Ésta parece ser la situación en muchas lenguas del mundo no relacionadas entre sí genéticamente. Esta idea la veremos más desarrollada en el capítulo siguiente, en la sección 8.

1. ¿Coincide la dicotomía entre *partes del discurso y partes de la oración* con la dicotomía entre *sintagma y clase de palabras*?

2. Haga una segmentación en partes del discurso y partes de la oración de: *Juan quiere el café caliente.*

3. De lo explicado en el presente capítulo se desprende que las funciones sintácticas se asignan a las partes de la oración y no a las partes del discurso. ¿Podremos entonces decir que a *Juan* en *Juan llegó ayer*, le asignamos la función de sujeto?

4. Señale las *palabras llenas y las palabras vacías* de la siguiente oración: *Muchos de los alumnos han ido de visita al museo.*

5. Especifique el grado de prototipicalidad de las palabras señaladas con letra cursiva en las oraciones siguientes:

    (63)
    Castellano

    a) *Hablando* se entiende la gente
    b) Busco *piso*
    c) No calibró los *pros y los contras*
    d) Juan cogió *la pala*
    e) No es bueno *decir* mentiras

6. ¿Sería posible en malgache mantener que existe un constituyente SV sobre la base de oraciones como las que siguen?:

    (64)
    Malgache (Keenan 1978: 270)

    a) Manasa lamba ho'an ny ankizy ny zavazavy
       lavar rompa para los niños la chica
       'La chica lava la ropa para los niños'
    b) Nametraka ny harona teo ambon'ny latabatra Rabe
       puso la cesta allí en-la mesa Rabe
       'Rabe puso la cesta sobre la mesa'

CLAVE 1. Podemos igualar el concepto de *parte del discurso* con el de *clase de palabras* y el de *parte de la oración* con el del *sintagma*. En efecto, en el primer caso, las clases de palabras no son otra cosa que los diversos tipos en que se pueden clasificar los elementos léxicos de una lengua según sus propiedades intrínsecas; es claro que cualquier mensaje confeccionado en una lengua puede segmentarse en una serie de unidades mínimas y que cada una de ellas pertenece a una clase bien definida. En el segundo caso, si entendemos por *sintagma* cualquier expresión compleja compuesta de elementos que contraen una relación sintagmática, sintáctica en este caso, y nos percatamos de que las partes de la oración son unidades complejas entre las que necesariamente debe haber una determinada relación sintáctica y, por tanto, sintagmática, entoces podemos equiparar el concepto de *partes de la oración* con el concepto de *sintagma*. De todas maneras, la igualdad de estos conceptos dependerá en última instancia de cómo se definan.

2. La segmentación en partes del discurso es la siguiente:

   [$_{NP}$Juan] [$_V$quiere] [$_{ART}$el] [$_{NC}$café] [$_{ADJ}$caliente]

   donde NP = Nombre propio y NC = Nombre común.
   Esta oración puede segmentarse, desde el punto de vista de las partes de la oración, de dos maneras diferentes:

   (65)

   a) [$_O$ [$_{SN}$Juan] [$_{SV}$[$_V$quiere] [$_{SPron}$[$_{Pron}$el] [$_{SN}$[$_N$café] [$_{SADJ}$caliente]]]]]
   b) [$_O$[$_{SN}$Juan] [$_{SV}$[$_V$ quiere] [$_{SPron}$[$_{Pron}$el] [$_{SN}$[$_N$café]]] [$_{SADJ}$caliente]]]

   En el primer caso, la secuencia *el café caliente* constituye una parte de la oración; sin embargo, en el segundo, esta misma secuencia no constituye una parte de la oración, sino solamente la secuencia *quiere el café caliente*. La interpretación, en el primer caso, es 'quiere el café caliente (no el frío)' y la segunda se interpreta como 'quiere caliente (no frío) el café'. Como hemos visto, la segmentación en partes del discurso no es ambigua.

3. Sería inexacto decir que a la palabra *Juan* o a la parte del discurso en que se clasifica la palabra *Juan* se le asigna la función de sujeto. Más bien, la función de sujeto se asigna al sintagma nominal cuyo único constituyente es la palabra *Juan*. Por sí misma, *Juan* como palabra perteneciente a la parte del discurso que conocemos como *Nombre Propio*, no recibe ninguna función sintáctica; es cuando contrae determinadas relaciones sintácticas dentro de la oración cuando podemos hablar de esa asignación. *Juan* no recibe función de sujeto en tanto que tal palabra, sino en tanto que es el constituyente central o nuclear de una parte de la oración que se denomina *sintagma nominal*.

4. En la oración *muchos de los alumnos han ido de visita al museo*, podemos clasificar como *palabras llenas* o de *contenido léxico* las siguientes: *alumnos, ido, visita* y *museo*. Las palabras *vacías* o *gramaticales* son: *muchos, de, los, han, al*. Según Tesnière *muchos* sería una palabra llena general. Sin embargo, si aplicamos el criterio de *definibilidad enciclopédica* frente a *definibilidad gramatical*, está claro que el establecimiento del significado de *muchos* no es tarea del lexicógrafo, sino del gramático, dado que se trata de un exponente de la cuantificación nominal.

5. En (63a), el uso que se hace de *hablar* es poco prototípico de un verbo, ya que no se denota una accion particular y concreta, sino general y abstracta y, además, no se hace referencia a ella más que como una causa u origen de otra acción básica.

En (63b), el uso de *piso* tampoco es un uso prototípico de un nombre común, ya que los nombres comunes se suelen utilizar para caracterizar entidades concretas y aquí sirve para caracterizar un conjunto abierto y general de entidades.

(63c) el uso de *pros* y *contras* no es prototípico de la parte del discurso a que pertenecen estas palabras, ya que, en este caso, no se utilizan para expresar una determinada relación entre dos entidades, sino para denotar entidades concretas.

(63d) nos presenta un uso prototípico de *pala*, ya que ahora este nombre común se utiliza para caracterizar una entidad concreta denotada por el sintagma nominal *la pala*.

Por último, en (63e) vemos un uso poco prototípico del verbo *decir,* ya que no se denota ninguna acción concreta, sino una acción abstraída de sus circunstancias concretas constituyentes y exteriores.

6. Por los ejemplos que se proporcionan, se ve que el malgache es una lengua VObj(Compl)Suj. Es decir, un idioma en el que el sujeto va al final y el verbo es seguido del objeto directo y, opcionalmente, de los complementos. Este tipo de lenguas no plantea, en principio, problemas para la postulación de un SV, dado que el verbo y su objeto aparecen contiguos, formando una secuencia VObj, que puede conceptuarse como SV. Claro es, un estudio detenido de la sintaxis del malgache habrá de mostrar que, en efecto, en esta lengua se pueden formular generalizaciones sintácticas proponiendo la existencia de tal constituyente.

CUESTIONES PROPUESTAS

1. ¿Podría una lengua conocer partes de la oración equivalentes al SN sin tener ninguna parte del discurso análoga a la de *nombre común*?

2. ¿Sería correcto decir que, para estudiar las partes del discurso de una lengua, necesitamos conocer su morfología y para estudiar las partes de la oración, su sintaxis?

3. ¿Pueden concebirse las palabras gramaticales o vacías como indicadoras de que un elemento perteneciente a una parte del discurso es el representante de determinada parte de la oración? Ponga algunos ejemplos.

4. Detalle las ventajas e inconvenientes de la etiqueta *clases de palabras* respecto de *partes del discurso*.

5. Hemos visto que una parte del discurso puede transformarse en otra, ¿se puede dar lo mismo en el caso de las partes de la oración? Ponga algún ejemplo.

ORIENTACIÓN BIBLIOGRÁFICA

ALPATOV, V. M.: Алпатов, В М : Части речи. Теория и Типология [Las partes del discurso. Teoría y Tipología], Moscú, Nauka, 1990.

Es una interesante recopilación de artículos sobre la universalidad de las clases de palabras más habituales: nombre, verbo, adjetivo, conjunción. Contiene, además, capítulos monográficos sobre las partes del discurso en hindí, birmano, japonés, lenguas polinesias, chino y navajo.

ANDERSON, J. M.: *A notional Theory of Syntactic Categories*, Cambridge, Cambridge University Press, 1997.
En este libro se presenta de modo muy detallado un enfoque nocional de las categorías sintácticas. Es una obra que nos permitirá profundizar en un tipo de enfoque que resurge una y otra vez.

ANWARD, J.; E. MORAVCSIK, L. STASSEN: "Parts of speech: a challenge for typology" en *Linguistic Typology*, 1-2, 1997, pp. 167-183.
En este artículo se analiza la cuestión de las partes del discurso desde una perspectiva tipológica. Es muy útil como visión de conjunto de los problemas que plantea esta cuestión.

BOSQUE, I.: *Las categorías gramaticales: relaciones y diferencia*, Madrid, Síntesis, 1989.
Es una obra de conjunto muy recomendable, en la que se analizan detenidamente los criterios que han de usarse para distinguir las diversas partes del discurso o categorías gramaticales.

BROSCHART, J.: *Noun, Verb and Participation (a typology of noun/verb-distinction)* en H. Seiler y W. Premper (eds.) *Partizipation. Das sprachliche Erfassen von Sachverhalten*, Tubinga, Gunter Narr, 1991, pp. 65-137.
Excelente estudio sobre la validez interlingüística de la distinción entre nombre y verbo. Hemos basado nuestra presentación de la cuestión en gran medida en este trabajo.

BROSCHART, J.: "Why Tongan does it differently: categorial distinction in a language without nouns and verbs" en *Linguistic Typology*, vol 1-2, 1997, pp. 123-166.
Este artículo es un estudio detallado de los problemas que plantea el tongano, lengua polinesia, para la distinción entre nombre y verbo. Puede acudirse a él para profundizar en lo dicho aquí.

GARDE, P.: *Les parties du discours,* Aix-en- Pro vence, Université de Provence, 1983.
Recopilación de trabajos sobre las partes del discurso. Se estudian diversos aspectos de esta cuestión en alemán, bereber, esperanto, criollo de Guadalupe, inglés, árabe, indonesio y malgache. Es un libro adecuado para ampliar lo visto en este capítulo.

GIVÓN, T.: "Word Classes" en T. Givón, *Syntax. A Functional- Typological Introduction,* I, Amsterdam, Benjamins, 1984, pp. 47-84.
Excelente visión de conjunto interlingüístico de las diversas partes del discurso.

HALE, K.: "Warlpiri and the grammar of non-configurational languages" en *Natural Language and Linguistic Theory,* 1, 1983, pp. 5-47.
Éste es el artículo que dio origen al planteamiento del problema de la configuracionalidad. Es muy útil para iniciarse en la cuestión.

HEATH, J.: "Syntactic and lexical aspects of nonconfigurationality in Nunggubuyu (Australia)" en *Natural Language and Linguistic Theory,* 4, 1986, pp. 375-408.
En este artículo se estudia en profundidad el nungubyú, una lengua australiana que, según el autor, es menos configuracional aún que su vecina el valpirí. Dado que, al parecer, en esta lengua no tiene validez ni siquiera el concepto de *sintagma nominal,* estamos ante un estudio crucial para la definición del concepto de configuracionalidad. Un interés añadido del artículo es que la cuestión se aborda desde una perspectiva funcional y no generativista, como ocurre en el artículo de Hale. Con ello, tenemos un enfoque diferente del problema.

JELINEK, E.: "Empty categories, case, and configurationality" en *Natural Language and Linguistic Theory,* 2, 1984, pp. 39-76.
En este artículo se imprime un nuevo rumbo a la investigación sobre la configuracionalidad des-

de la teoría generativista. El mérito de este nuevo enfoque está en que se extiende el parámetro de forma bastante interesante a las lenguas europeas, concretamente, a las lenguas romances. Es un artículo clave para el estudio de esta cuestión.

LEMARÉCHAL, A.: *Les parties du Discours. Sémantique et syntaxe,* París, Presses Universitaires de France, 1989.
Detallado estudio tipológico sobre las partes del discurso y sus consecuencias sobre las relaciones sintácticas. Se analizan con detalle datos del inglés, francés, palavano, turco y tagalo y se manejan diferentes datos de otras muchas lenguas. Es una lectura muy recomendable por su claridad.

LÓPEZ GARCÍA, A: *Gramática del Español. III. Las partes de la oración*, Madrid, Arco, 1998.
El capítulo 23 de esta gramática está dedicado al estudio de las partes de la oración y los tipos de frase. Puede consultarse para profundizar en lo aquí explicado.

MARÁCZ, L., y P. MUYSKEN (eds.): *Configurationality. The Typology* of *Asymmetries,* Dordrecht, Foris, 1989.
Es una antología de estudios sobre el parámetro de la configuracionalidad, explicado en la última sección del presente capítulo. Se analizan el vasco, chacta, finés, georgiano, guniyandí, alemán, húngaro, coreano, jacalteco, inglés, japonés, navajo y valpirí. Además, hay un capítulo inicial, realizado por los editores, que es una excelente introducción a los problemas de la configuracionalidad. Es un libro imprescindible para profundizar en esta cuestión.

MORENO, J. C.: "Functional Structure, Word Order Typology and Linearity" en *Lingua e Stile,* XXII, 1987, pp. 179-196.
Propuesta de un principio que regula la linearización de las estructuras sintácticas a partir de una gramática de tipo categorial. Se analizan las consecuencias tipológicas de tal principio.

RÜFFER, N.: *Konfigurationalität. Zur phrasenstrukturellen Repräsentation von Argumentstrukturen in natürlichen Sprachen,* Tubinga, Niemeyer, 1987.
Estudio de la configuracionalidad desde el punto de vista de la Gramática Generativa. Es adecuado para profundizar en los aspectos teóricos del problema. No lo es para introducirse en la cuestión.

SCHACHTER, P.: "Parts-of-speech systems" en T. Shopen (ed.), *Language Typology and syntactic description. I Clause Structure,* Cambridge University Press, 1985, pp. 3-61.
Excelente repaso a las partes del discurso desde un punto de vista interlingüístico. Ideal para introducirse en la cuestión, por su claridad y amplitud.

SIEWIERSKA, A.: *Word Order rules,* Londres, Croom Helm, 1988.
En los capítulos segundo y quinto de este libro se estudian las diversas propuestas que ha habido sobre los procesos de linearización de una estructura sintagmática bidimensional en una estructura sintáctica lineal. Es un libro ideal para tener una visión de conjunto teórica y tipológica del problema.

SPEAS, M. J.: *Prase Structure in Natural Language,* Dordrecht, Reidel, 1990.
En el capítulo tercero y cuarto de este libro se ofrece una perspectiva nueva de los problemas de la configuracionalidad y se realiza una detenida exploración del navajo. Es un libro muy avanzado que debe leerse después de los artículos de Hale, Heath y Jelinek sobre la configuracionalidad, que hemos mencionado antes.

WALTER, H.: *Studien zur Nomen-Verb-Distinktion aus Typologischer Sicht,* Múnich, Fink., 1981.
Importante trabajo sobre la validez interlingüística de la distinción entre nombre y verbo. Hemos basado nuestra presentación de la cuestión, en buena medida, en este libro. Por ello, es adecuado para profundizar en este enfoque del problema.

20

RELACIONES SINTÁCTICAS: SUJETO, PREDICADO, NOMINATIVIDAD, ERGATIVIDAD, ACTIVIDAD. CONCORDANCIA, REFERENCIA CRUZADA, POLARIZACIÓN Y CONFIGURACIONALIDAD

1. Introducción

Como hemos visto, las lenguas configuracionales presentan una estructuración de la oración en dos constituyentes inmediatos: un sintagma (pro)nominal y un sintagma verbal. Esto se puede traducir a términos semánticos para decir que los dos elementos o constituyentes inmediatos de una oración son el sujeto y el predicado. Examinaremos, en este capítulo, la noción de sujeto, así como otras relacionadas, tales como tópico y pivote. También veremos el fenómeno de la concordancia verbal y el de la referencia cruzada. Los primeros conceptos son funciones típicas del sintagma (pro)nominal que es constituyente inmediato de la oración; los segundos, del sintagma que constituye lo que se denomina el predicado verbal.

2. Los conceptos de participante y participado. El participante privilegiado

En toda predicación existen dos aspectos que las lenguas suelen expresar mediante diferentes medios. Por un lado, están las entidades que toman parte en las acciones, experimentan procesos, están en un estado o situación o se relacionan de determinado modo y, por otro, están esas acciones, procesos, estados, situaciones o relaciones mismos. Las primeras entidades las denominamos, siguiendo la escuela de H. Seiler, *participantes* y las segundas constituyen el *participado*.

En general, en las lenguas, los participantes son denotados por sintagmas (pro)nominales o por nombres propios y los participados, por sintagmas verbales. Además, en las lenguas configuracionales, a uno de esos sintagmas (pro)nominales, que denota un participante concreto, se le da un *status* sintáctico especial y obtenemos lo que se suele denominar como *sujeto,* que señala el participante privilegiado en la oración. Ese sintagma (pro)nominal especial induce concordancia de persona, número y, a veces, género en el verbo y se dice que es el sujeto de la predicación. Los demás participantes se marcan de una forma u otra: están regidos por el verbo, a diferencia del sujeto, que no está en el ámbito de rección del verbo, y llevan una marca especial que los diferencia del sujeto.

En general, el sintagma (pro)nominal que se elige como sujeto está en una posicion sintáctica y morfológicamente no marcada, es decir, privilegiada frente a los sintagmas (pro)nominales que no se eligen como sujeto. Veamos un ejemplo del castellano. Si partimos de la oración siguiente:

(1)
Castellano

Juan vio a Pedro y habló con María

Observamos que *Juan* está en esa posición no marcada a que hacemos referencia y que recibe la función de sujeto. La no marcación morfológica está clara: mientras que *Juan* no posee preposición alguna, el objeto del verbo *ver* va precedido por una preposición que marca como no-sujeto (más concretamente, como objeto) a *Pedro.*

Desde el punto de vista de la sintaxis, la posición de sujeto es menos marcada que la de objeto; ello significa que esa posición está más favorecida para los procesos sintácticos que puedan experimentar los sintagmas (pro)nominales. Por ejemplo, si relativizamos las posición de sujeto, no hará falta introducir un pronombre relativo especial, bastará únicamente la conjunción *que*:

(2)
Castellano

El hombre *que* vio a Juan y a Pedro, está aquí

Pero si queremos relativizar la posición de objeto, en este caso, obligatoriamente, hemos de emplear un relativo y, además, hemos de marcar ese relativo del modo que corresponda.

Así, diremos:

(3)
Castellano

Juan y María, a quienes /*que/*a que vio el hombre, son hermanos

Veamos otros dos procesos en los que pueden verse implicados sujetos, aunque no necesariamente sintagmas que desempeñen una función distinta de ésta.

Sean las dos oraciones siguientes:

(4)
Castellano

a) Parece que Pedro ha visto a Juan
b) Pedro parece haber visto a Juan

Como se ve, estas dos oraciones se diferencian en que el sujeto del verbo *ha visto* aparece en la segunda como sujeto de *parece*. Esta relación se ha descrito, a veces, como un proceso de *ascenso* o *"raising"* a sujeto. Pero, si intentamos relacionar dos oraciones similares pero implicando un sintagma (pro)nominal en posición de objeto, obtenemos una expresión agramatical. Obsérvense los siguientes ejemplos:

(5)
Castellano

a) Parece que Pedro ha visto a Juan
b) *Juan parece haber visto Pedro

Una relación similar a la que acabamos de ver es la que se da entre las dos oraciones siguientes:

(6)
Castellano

a) Juan vio que Pedro le hablaba a Antonio
b) Juan vio a Pedro hablándole a Antonio

En este caso, el sujeto de la oración subordinada de (6a) aparece en la oración (6b) en función de objeto del verbo principal. Se trata de la llamada *elevación* o *"raising"* a posición de objeto.

Si intentamos relacionar las dos oraciones de manera similar, pero esta vez respecto del objeto de *hablaba* en (6a) y no de su sujeto, obtendremos una expresión agramatical, tal como vemos en (7b).

(7)
Castellano

a) Juan vio que Pedro le hablaba a Antonio
b) *Juan vio a Antonio hablándole Pedro

En todos los casos, hemos visto que, respecto de una serie de operaciones o relaciones sintácticas, el sintagma (pro)nominal sujeto es el que puede siempre ser afectado por ellas, mientras que los sintagmas con otras funciones no siempre pueden.

3. Estructuras morfosintácticas nominativas, ergativas y activas

Como ya hemos visto en el capítulo 11, no en todas las lenguas se agrupan de igual modo los participantes según el caso o marca que reciben los sintagmas (pro)nominales que los denotan. De los esquemas que vimos en ese capítulo, vamos a considerar ahora tres, que son los más frecuentes en las lenguas del mundo, así como los que tiene una pertinencia tipológica mayor:

(8)
Sistemas de marca de los sintagmas (pro)nominales según su función sintáctica:

a)
$$\begin{array}{ccc} & A\text{-I} & \\ A\text{-I} & & P\text{-II} \\ & P\text{-II} & \end{array}$$

b)
$$\begin{array}{ccc} & A\text{-I} & \\ A\text{-II} & & P\text{-I} \\ & P\text{-I} & \end{array}$$

c)
$$\begin{array}{ccc} & A\text{-I} & \\ A\text{-I} & & P\text{-II} \\ & P\text{-I} & \end{array}$$

En estos esquemas, A denota el participante que es agente y P denota el participante que es paciente. Los números romanos indican la marca que llevan los sintagmas (pro)nominales que los señalan. Se distinguen dos casos (el primero y el último) en el que el verbo aparece con un solo participante y uno (el segundo), en que el verbo requiere dos participantes.

En el tipo (8a), vemos que se marcan con la misma forma los agentes (A) y los pacientes (P), ya aparezcan en las oraciones con verbo transitivo (caso segundo), ya aparezcan en las oraciones con verbo intransitivo (casos primero y tercero). Este tipo es el tipo *activo*. El tipo (8b) se caracteriza porque el participante de la oración con verbo intransitivo se marca como los demás participantes y, sólo en el caso de las oraciones con verbo transitivo, se marca el agente con una forma especial. La forma I, en este caso, es la forma no marcada y la II, la forma marcada. Estamos ante estructuras sintácticas *ergativas*. Por último, puede ocurrir que los sintagmas (pro)nominales del participante de las oraciones con verbo intransitivo se marquen igual (sean estos agentes o pacientes) y que en las oraciones con verbo transitivo, sea el sintagma (pro)nominal que indica el participante que sufre la acción (el paciente) el que se marque. Como en el caso anterior, I es la no marca y II es la marca propiamente dicha. Estamos ante el caso (8c), que es el de las estructuras *nominativas* o *nominativo-acusativas*. Si mediante el signo Φ designamos la ausencia de marca y mediante M una marca morfológica, obtenemos los siguientes dos esquemas:

(9)
a) Sistema ergativo:
$$\begin{array}{ccc} & A\text{-}\Phi & \\ A\text{-}M & & P\text{-}\Phi \\ & P\text{-}\Phi & \end{array}$$

b) Sistema nominativo:
$$\begin{array}{ccc} & A\text{-}\Phi & \\ A\text{-}\Phi & & P\text{-}M \\ & P\text{-}\Phi & \end{array}$$

A modo de ilustración, veamos un ejemplo de cada uno de los tres casos. Como ejemplo de sistema activo, podemos proporcionar las siguientes dos oraciones del guaraní:

(10)
Guaraní (Bossong 1980: 374)

a) A - ñe'e^n
   1 sg- hablar
   'hablo'
b) Xe- mandu'a
   1 sg- recordar
   'Me acuerdo'

En esta lengua, las marcas no se añaden a los sintagmas (pro)nominales, sino que aparecen como afijos referenciales (véase la sección 6 de este mismo capítulo) en el verbo. Se observa que el sujeto agente se marca mediante *a* y el sujeto paciente, mediante *xe*.

Como ejemplo de una estructura ergativa, podemos ver las siguientes oraciones del vasco:

(11)
Vasco

a) Gizona-Φ etorri da
   el hombre llegado es
   'El hombre ha llegado'
b) Gizona-k gozokia-Φ jan du
   hombre-erg pastel comer ha
   'El hombre se ha comido el dulce'

Como se puede comprobar, la ausencia de marca afecta al agente del verbo intransitivo (11a) y al paciente del transitivo (11b); por su parte, el agente del verbo transitivo está marcado para caso mediante un afijo especial (11b). La posición sintáctica privilegiada, no marcada en este caso, es la de agente de verbo intransitivo de (11a) y la de paciente de verbo transitivo en (11b). El caso marcado se suele denominar *ergativo* y el no marcado, *absolutivo*.

En una estructura nominativa, lo que es marcado de modo explícito es la posición del participante paciente en las oraciones de verbo transitivo; en los demás casos, tenemos una posición privilegiada: es decir, agente o paciente de oración con verbo intransitivo y agente en oraciones de verbo transitivo.

Cuando en castellano tenemos objetos humanos, se da precisamente esta circunstancia, tal como podemos comprobar en los ejemplos siguientes:

(12)
Castellano

a) Φ Juan viene
b) Φ Juan vio a Pedro

Mediante Φ marcamos la ausencia de preposición en el caso de tratarse del primer argumento en un verbo transitivo o intransitivo; se ve que el segundo argumento de un verbo transitivo, en ocasiones, se marca explícitamente mediante una preposición. Se trata de la única posición marcada, por tanto.

4. El participante privilegiado: nominativo y absolutivo. Las nociones de sujeto, pivote y tópico

Muchos autores han intentado realizar una definición de *sujeto* que tenga validez interlingüística; sin embargo, veremos que hay lenguas en las que no se puede aplicar el concepto de sujeto tal como se entiende en las lenguas occidentales.

Antes que nada y siguiendo a Keenan (1976), vamos a ver cuáles son las características que nos ayudan a diagnosticar cuándo un sintagma es un sujeto en las lenguas indoeuropeas más conocidas. Un sintagma (pro)nominal con una función sintáctica tiene tres tipos de propiedades:

(13)
Tipos de propiedades asociadas a los sintagmas (pro)nominales que desempeñan una determinada función sintáctica

a) Propiedades de codificación.
b) Propiedades de comportamiento.
c) Propiedades semánticas.

Apliquemos esta tipología al caso de la función sintáctica de *sujeto*.
Las *propiedades de codificación* hacen referencia a aquellos rasgos morfosintácticos que caracterizan típicamente a un sintagma (pro)nominal sujeto; entre otras, podemos señalar las siguientes:

(14)
Rasgos morfosintácticos asociados a la función sintáctica de sujeto

a) Los sujetos suelen ser no marcados respecto a los demás sintagmas que desempeñan otras funciones. Si los sintagmas (pro)nominales-sujeto están marcados, entonces también lo estarán los sintagmas (pro)nominales que desempeñen otras funciones diferentes. Si una lengua tiene, por ejemplo, sólo dos casos, uno marcado y otro no marcado, entonces el no marcado será el del sujeto. Por ejemplo, en inglés hay sólo dos casos: uno marcado (el genitivo *man's* 'de hombre') y otro no marcado (*man* 'hombre'); este último es precisamente el del sujeto.
b) Si sólo un sintagma (pro)nominal induce concordancia en el verbo, ése será el sujeto. Si los sintagmas (pro)nominales con función de objeto o complemento inducen concordancia verbal, también la inducirá el sujeto.
c) En lenguas con casos, el sujeto está en un caso en el que se pone el sustantivo cuando se cita, independientemente de la función que desempeñe en la oración. Por ejemplo, en ruso, donde se distinguen varios casos, la palabra *panadería* como rótulo en una tienda se pondrá en el caso del sujeto, es decir, en nominativo.
d) El caso típico del sujeto, en las lenguas que conocen la declinación y que presentan varios temas morfológicos en ella, suele pertenecer a un tema distinto del de los demás casos. Por ejemplo, en latín el nominativo *homo* 'hombre' se

basa en un tema distinto a los demás casos: *hominem* (acusativo), *hominis* (genitivo)...

Las propiedades de comportamiento son aquellas que caracterizan la capacidad que tienen los sujetos de tomar parte en ciertos procesos sintácticos. En general, se pueden enunciar estas propiedades de la siguiente manera:

(15)
Caracterización general de las propiedades de comportamiento asociadas a la función sintáctica de sujeto

> Si en una lengua hay un proceso sintáctico que puede implicar a un sintagma (pro)nominal, entonces ese proceso sintáctico se podrá aplicar a ese sintagma (pro)nominal si tiene la función de sujeto. Si se aplica a sintagmas (pro)nominales con funciones distintas a las de sujeto, entonces también podrá aplicarse a los que tienen esa función de sujeto.

En efecto y tal como hemos visto antes, hay procesos sintácticos que sólo pueden afectar a los sujetos. Por ejemplo, sea el caso de la elisión de un sintagma (pro)nominal repetido. Dicho sintagma se puede elidir si tiene la función sintáctica de sujeto, pero no si tiene la de objeto. Sea, por ejemplo, la siguiente oración:

(16)
Castellano

Juan se sentó en el sillón y Φ abrió el periódico

En la oración (16) vemos que el símbolo Φ señala el lugar en el que debería estar *Juan* y que, según algunos, se ha dejado libre como resultado de la elisión del mismo. Obsérvese que *Juan* tiene función de sujeto en el segundo miembro coordinado. Pero consideremos ahora la oración siguiente:

(17)
Castellano

Juan dejó el periódico en la mesa y Pedro abrió el periódico

en este caso, no podemos eliminar el objeto de abrió *el periódico* y dejar el lugar vacío, tal como hicimos en el caso anterior:

(18)
Castellano

*Juan dejó el periódico en la mesa y Pedro abrió

Por otro lado, y para ilustrar la segunda parte de la definición de las propiedades de comportamiento, si podemos aplicar un proceso sintáctico a un objeto, también lo podremos aplicar a un sujeto. Por ejemplo, la posición de objeto se puede *relativizar*:

(19)
Castellano

El hombre *a quien* viste ayer

Se ve que *a quien* denota el objeto de *viste*. Pues bien, la definición que hemos dado predice que lo mismo podrá hacerse con la posición de sujeto; tal como, en efecto, ocurre:

(20)
Castellano

El hombre *que vio* ayer a Juan

En general, si en una lengua se puede *relativizar* un objeto, también podrá relativizarse un sujeto; pero no necesariamente a la inversa.

A esto hay que añadir las relaciones y procesos sintácticos ya observados al final de la sección anterior del presente capítulo.

Las propiedades semánticas que caracterizan esta función sintáctica son muy comunes también. Veamos algunas:

(21)
Propiedades semánticas asociadas a la función sintáctica de sujeto

a) El sintagma (pro)nominal con la función de sujeto denota una entidad independiente de la acción o estado denotado por el verbo. Ello no ocurre necesariamente con el objeto. Ejemplo: en *Pedro escribió una carta,* el sujeto, *Pedro,* denota una entidad independiente de la acción de escribir; sin embargo, *carta* denota una entidad dependiente de esa acción.

b) El sintagma (pro)nominal sujeto ha de poder denotar la entidad que interviene directamente en una acción o estado. En una frase como *Juan llegó tarde, Juan* ha de poder ser el sujeto en cualquier lengua que conozca esta función sintáctica.

c) El no sujeto debe poder eliminarse sin que necesariamente se obtenga una oración agramatical. Por ejemplo, podemos decir *Juan come bien*, donde el objeto de *comer* no es recuperable por el contexto. Podemos decir también *come bien*, pero, para que esto sea una oración con sentido, el sujeto debe poder recuperarse por el contexto.

d) La referencia del sintagma (pro)nominal que desempeña la función de sujeto no puede depender de la referencia de otros sintagmas (pro)nominales que le siguen. Por ejemplo, decimos *Juan se afeitó a sí mismo,* donde la referencia de *sí mismo* depende de *Juan*, que desempeña la función de sujeto. Pero el elemento *sí mismo* no puede nunca funcionar como sujeto: **Sí mismo afeitó a Juan*; es decir, la referencia del sujeto de la oración no puede depender de la de ningún sintagma (pro)nominal que tenga otra función sintáctica.

Vemos, pues, que los sujetos en las lenguas europeas son los sintagmas (pro)nominales privilegiados sintácticamente. En estas lenguas, estos sujetos suelen denotar el agente de la acción. Por ello, podemos decir que, en la mayoría de las lenguas europeas, el sintagma (pro)nominal que denota el agente de la acción es el sintagna no marcado sintácticamente. Téngase en cuenta que esto se debe a que los agentes se suelen expresar asociados a la función de sujeto y esta función es la privilegiada. Pero en los sistemas ergativos, tal como hemos hecho notar, el participante privilegiado es denotado por el sintagma (pro)nominal que denota el paciente y no el agente. Como se recordará, en las lenguas con estructuras ergativas, cuando tenemos una oración con verbo transitivo el agente aparece en un caso marcado llamado *ergativo* y el paciente está en un caso no marcado llamado *absolutivo*, que constituye la función privilegiada sintácticamente. Como tal función es comparable a la de objeto en las lenguas nominativo-acusativas, se necesita un término más general que *sujeto,* para denotar una función sintáctica privilegiada que abarque tanto el caso del nominativo, que es el del sujeto en las lenguas nominativas como el absolutivo en las lenguas ergativas, que es un caso que tiene el contenido semántico típico del objeto. El término que elegimos es, siguiendo a Foley y Van Valin (1984: 11), el de *pivote*. Una definición muy general de *pivote* es la siguiente:

(22)
Definición de "pivote"

El pivote de una construcción sintáctica es el sintagma (pro)nominal en torno al que está organizada toda esa construcción sintáctica.

Por ejemplo, en las construcciones de *elevación* vistas en (4), (5), (6) y (7), el pivote sintáctico es el sintagma (pro)nominal que se ha *movido* de sitio y, por tanto, en torno al cual está organizada la construcción sintáctica.

En las lenguas con estructuras nominativo-acusativas, el pivote posee la función de sujeto, y en las lenguas con estructuras ergativas, la de absolutivo.

Según esto, todas las propiedades que hemos observado respecto de los sujetos en las lenguas con estructuras nominativo-acusativas, deberán presentarlas los sintagmas (pro)nominales en caso absolutivo en las lenguas con estructuras ergativas, ya que, en ellas, estos sintagmas son precisamente los privilegiados sintácticamente.

En efecto, así ocurre, tal como demuestran Foley y van Valin (1984: 111-114*).* Veamos el ejemplo que dan estos autores de la lengua australiana yirbal. Partamos de la oración siguiente, que muestra que el yirbal es una lengua ergativa:

(23)
Yirbal

Balan dugumbil bangul yara-ngu bura-n
la mujer el hombre-erg ver-transitivo
'El hombre vio a la mujer'

El sintagma *bangul yarangu* 'el hombre' está en caso ergativo y el sintagma *balan dugumbil* 'la mujer', está en caso absolutivo; por tanto, es el sintagma (pro)nominal privilegiado, es decir, el pivote.

Pues bien, vamos a ver, a modo de ejemplo concreto, que la elisión en las cláusulas coordinadas puede afectar en esta lengua únicamente a los sintagmas (pro)nominales absolutivos, que son los pivotes.

Así, en yirbal, podemos decir:

(24)
Yirbal

Balan dugumbil bani- ñu bangul yara-ngu bura-n
              venir-trans
'La mujer vino y el hombre vio [a la mujer]'

pero no:

(25)
Yirbal

*Bayi yara bani-ñu balan dugumbil bura-n
El hombre vino y vio a la mujer'

En la oración (24), *mujer* es el pivote de la segunda cláusula y puede ser eliminado de ella; pero en (25) lo que se elimina de la segunda cláusula es el sintagma (pro)nominal ergativo *hombre,* que es el actor del verbo *buran* y se obtiene una oración agramatical, ya que dicho sintagma no es el pivote.

Como vemos, la noción de pivote ha de ser empleada para señalar ese sintagma (pro)nominal privilegiado en torno al cual se construyen las estructuras sintácticas o se relacionan diversas estructuras sintácticas entre sí.

Pero no en todas las lenguas tiene relevancia la noción de pivote; de hecho, hay muchas lenguas en el mundo que desconocen tal fenómeno y que presentan otro tipo de constituyente que se suele denominar tópico. Fueron Li y Thompson (1976) quienes propusieron que, en algunas lenguas, no tiene relevancia la noción de sujeto sino otra que denominaron *tópico* y que otras conocen ambas nociones.

Ahora la oración se estructura en dos elementos esenciales que son el *tópico* y el *comentario.* El primero es un sintagma que nos especifica sobre qué estamos hablando y el segundo es una oración completa que hace referencia a un suceso relativizado a lo denotado por el tópico. Veamos un ejemplo sencillo de nuestra lengua:

(26)
Castellano

Respecto de Juan, la paciencia ya se me ha acabado

En esta oración, *respecto de Juan* es el tópico y *la paciencia se me ha acabado* es el comentario. Como vemos, el comentario es una una oración completa y el tópico nos especifica aquello respecto de lo cual el suceso denotado por la oración es relevante.

Se puede entender, entonces, que, a diferencia del pivote, el tópico es un sintagma (pro)nominal externo a la oración que, como hemos dicho, suele denotar aquello sobre lo que se habla en el juicio expresado por la oración subsiguiente.

Veamos un par de ejemplos más:

(27)
Castellano

a) Juan vio a María
b) En cuanto a Juan, él vio a María

En (27a), *Juan* es el pivote, en este caso el sujeto, y está dentro de la oración; en (27b), *en cuanto a Juan* es el tópico y, como se ve, es un sintagma externo a la oración; existe una ruptura entonacional que lo separa de la entonación que se da a la oración; tal ruptura se refleja gráficamente mediante la coma vista.

Según Li y Thompson (1976), las diferencias entre tópico y sujeto son las siguientes:

(28)
Diferencias entre tópico y sujeto

a) El tópico ha de ser definido, pero el sujeto no tiene por qué serlo.
   EJEMPLO: (1) En cuanto a la tortilla, dejaré que María decida.
   (2) *En cuanto a una tortilla, dejaré que María decida.
b) El tópico no es un argumento del predicado, no está relacionado sintácticamente con él.
   EJEMPLO: (1) *Juan trabaja mucho para ganar tan poco.
   (2) Para ganar tan poco, Juan trabaja mucho.
c) El tópico no induce concordancia con el verbo.
   EJEMPLO: (1) En cuanto a Juan y Pedro, creo que...
   (2) *En cuanto a Juan y Pedro, creen [Juan y Pedro] que...
d) El tópico no es el sintagma en torno al cual se construyen las estructuras gramaticales o se relacionan diversas estructuras gramaticales. Es decir, los tópicos nunca son pivotes.
e) El tópico, a diferencia del sujeto, debe aparecer siempre en primer lugar.
f) Sólo puede haber un sujeto en una oración, pero puede haber varios tópicos:
   EJEMPLO: (1) *Juan vieron a Pedro Antonio.
   (2) Por lo que se refiere a tu amigo, en lo que concierne a su ascenso, he de darte una mala noticia.

En el primer caso, vemos una oración con dos sujetos, *Juan* y *Antonio,* que, naturalmente, es agramatical. En el segundo caso, hay dos tópicos, relacionados semánticamente entre sí; a saber: *por lo que se refiere a tu amigo* y *en lo que concierne a su ascenso.*

Estos diagnósticos sirven según Foley y van Valin (1984: 124- 134) para distinguir los tópicos de los pivotes.

En castellano, vemos que existen construcciones con tópico, pero éstas son construcciones marcadas en las que el tópico se *añade* a la oración ya constituida. Sin embargo, en las lenguas en las que el tópico está gramaticalizado, ese elemento forma parte de la oración en el sentido de que es necesario para formar esa oración y cumple las funciones que en otras lenguas son desempeñadas por el sujeto. Podemos distinguir en esta línea al menos los tres tipos de lenguas siguientes:

(29)
Tres tipos de lenguas

a) Lenguas en las que el tópico no está gramaticalizado y conocen el sujeto. Por ejemplo, el castellano.
b) Lenguas en las que el tópico está gramaticalizado y desconocen el sujeto. Por ejemplo, el chino.
c) Lenguas en las que el tópico está gramaticalizado y conocen el sujeto. Por ejemplo, el japonés y el coreano.

Veamos ahora algunas características de las lenguas que han gramaticalizado el tópico pero no el sujeto. En ellas, el tópico y no el sujeto es el primer participante que se expresa en una oración y en rigor no hay sujeto alguno. Según Li y Thompson, una de esas lenguas es el chino. En ella, en efecto, los tópicos ocupan la primera posición obligatoriamente en la oración. Estas lenguas desconocen las palabras-comodín típicas de las oraciones impersonales (véase el capítulo 22, sección 6), como el inglés *it*. Por ejemplo, la traducción al chino de (30) es (31):

(30)
Inglés

It is hot in here
ello está caliente en aquí
'Hace calor aquí'

(31)
Chino

这儿 很 热
Zhèr hên rè
aquí mucho calor
'Hace mucho calor'

Estas lenguas tienen la posibilidad de presentar dos sintagmas (pro)nominales o más como tópicos. Esto lo vemos en los siguientes ejemplos del chino:

(32)
Chino

那个 树 叶子 大
Nàge shú yèzi dà
aquel árbol hojas grandes
'Respecto de aquel árbol, sus hojas son grandes'

(33)
Chino

象 鼻子 长
Xiàng bízi cháng

elefante nariz larga
'Por lo que respecta al elefante, su nariz es larga'

La relación que hay entre los dos nombres no es de posesor/poseído, ya que existe la posibilidad de mostrar una relación de subordinación entre los dos sustantivos mediante la partícula 的 *de*:

(34)
Chino

象 的 鼻子长
Xiàng de bízi cháng
elefante de nariz larga
'La nariz del elefante es larga'

Como hemos visto, existen otro tipo de lenguas que tienen gramaticalizado tanto el tópico como el sujeto; se distinguen ambas cosas por morfemas especiales que se añaden a los sintagmas que tienen una u otra función. Tal es el caso del japonés y el coreano. En japonés, el tópico es señalado por la posposición *wa* y el sujeto, por la posposición *ka*. He aquí un ejemplo típico:

(35)
Japonés

Sakana wa tai ga oisii
pescado pez rojo delicioso
'Respecto al pescado, el pez rojo es delicioso'

En coreano, el sufijo *nîn* señala el sintagma (pro)nominal que es tópico y el afijo *ka,* el que es sujeto. Veamos un ejemplo de una oración perteneciente a esa lengua:

(36)
Coreano

Pihengi -nîn 747 - ka ki- ta
avión   es grande
'Respecto a los aviones, el 747 es grande'

Como se ve, la estructura típica es la siguiente:

(37)
Estructura típica de las oraciones con tópico

SN-tópico SN-sujeto Verbo

Como ocurría en el caso del chino, estos dos SN no se encuentran en una relación de subordinación entre sí; de hecho, existen medios para denotar tal relación, exactamente igual que en chino. Una situación típica de esta clase de lenguas es aquella en la que puede haber dos tópicos. Véase el siguiente ejemplo del coreano:

(38)
Coreano

Na-nîn kae-nîn musepta
yo perro asustar
'En cuanto a mí, el perro me asustó'

Pero, curiosamente, también puede haber un doble sujeto:

(39)
Coreano

Na -ka kae -ka musepta
yo perro asustar
'A mí me asustó el perro'

aunque lo no marcado es expresar esto mediante la secuencia SN-tópico + SNsujeto:

(40)
Coreano

Na - nîn kae -ka musepta
'En cuanto a mí, me asustó el perro'

Esta construcción con doble sujeto muestra una especie de situación intermedia en la que el tópico ha pasado a sujeto, pero todavía tiene algunas propiedades de aquél. Esto indica que esta lengua está a medio camino entre una lengua con tópico gramaticalizado y sin sujeto y una lengua con sujeto y sin tópico.

5. Ergatividad

Ya hemos visto en qué consiste la organización de las relaciones gramaticales típicas de las lenguas ergativas. Veamos, para ilustrarla una vez más, un ejemplo del tongano:

(41)
Tongano

a) Na'e ta:mate'i 'e Te:vita 'a ko:laiate
   pas matar   erg David abs Goliath
   'David mató a Goliath'
b) Na'e lea 'a Tolu
   pas hablar abs Tolu
   'Tolu ha hablado'

Como vemos, el único participante de una oración con verbo intransitivo (41b) se pone en el mismo caso que el segundo participante de una oración con verbo transitivo (41a): en absolutivo, que es el caso no marcado.

Pero ésta no es la única forma en que se puede marcar un sistema ergativo. A veces, los sintagma (pro)nominales van desprovistos de marca alguna y es sólo en la concordancia verbal donde se observa la estructuración ergativa de la oración. Para ilustrar esto parcialmente tomaremos la lengua caucásica avar, donde, a pesar de que no existen morfemas (pro)nominales, se observa la ergatividad en los morfemas verbales de concordancia. En las oraciones (42a) y (42b) vemos cómo el verbo lleva un marcador que concuerda con el sintagma (pro)nominal sujeto:

(42)
Avar

a) Vas v- ekerula
   chico sg-mas-abs correr
   'El chico corre'
b) Jas j- ekerula
   chica sg-fem-abs correr
   'La chica corre'

En la oración (43) observamos que el prefijo verbal no concuerda con el agente, sino con el paciente que correspondería al objeto en las lenguas nominativo-acusativas:

(43)
Avar

Vas-as   jas j- ec:ula
      erg sg-fem-abs lisonjear
'El chico lisonjea a la chica'

Como se ve, en (43) el verbo concuerda con *chica* y no con *chico*.
Que una lengua presente un sistema de marca de los sintagmas (pro)nominales de carácter ergativo, no implica necesariamente que también observe ese sistema en la concordancia verbal. De hecho, hay lenguas ergativas respecto al modo en que se marcan los sintagmas (pro)nominales, pero nominativo-acusativas respecto del modo en que se produce la concordancia de éstos con el verbo. Un caso típico es el de la lengua australiana valpirí. Consideremos los siguientes ejemplos:

(44)
Valpirí

a) Natyu ka - na pulami
   yo-abs aux 1sg-nom gritar
   'Grito'
b) Ngachululu ka - na   -ngku nyuntu ñiañi
   yo-erg aux   1sg-nom 2sg-ac tu-abs. ver
   'Te veo'
c) Ñuntululu ka -npa   -chu ngachu ñañi
   tú-erg aux   2sg-nom 1sg-ac yo-abs ver
   'Me ves'

Como se puede ver, en ambos casos el sintagma (pro)nominal ergativo, que equivale al sujeto de las lenguas nominativo-acusativas, induce en el verbo el afijo de concordancia que corresponde al sujeto y el absolutivo, el afijo de concordancia que corresponde al objeto. Tendría esta lengua un sistema de concordancia ergativo si el afijo de concordancia que va en primer lugar y que caracteriza el sintagma sintácticamente no marcado correspondiera, en ambos casos, al sintagma (pro)nominal en absolutivo; ello es precisamente lo que ocurre en la oración (44a), donde el afijo correspondiente del verbo concuerda con el sintagma (pro)nominal que está en absolutivo.

Con este ejemplo podemos ver que una lengua no es ergativa de modo absoluto sino respecto de alguna o algunas estructuras o relaciones sintácticas. De hecho, existe la llamada *ergatividad sintáctica,* que no se manifiesta en estructuras sintácticas determinadas sino en las relaciones entre diversas estructuras sintácticas.

(45)
Ergatividad sintáctica

>Podemos definir como ergativa cualquier relación o proceso sintáctico en el cual el sujeto de los verbos intransitivos y el objeto de los transitivos se traten de la misma manera, y de modo diferente a los sujetos de los verbos transitivos.

En la lengua australiana yirbal podemos observar relaciones sintácticas entre construcciones construidas sobre una base ergativa.

Consideremos las dos oraciones siguientes de esta lengua:

(46)
Yirbal

a) Bayi yara baniñu
    el-abs hombre-abs viene
    'El hombre viene'
b) Bayi yara bangun diugumbiru balgan
    el-abs hombre-abs la-erg mujer-erg pegó
    'La mujer ha pegado al hombre'

Pues bien, si queremos coordinar (46a) con (46b), podemos eliminar de (46b) *bayi yara* para obtener (47):

(47)
Yirbal

Bayi yara baniñu, bangun diugumbiru balgan
'*El hombre ha venido y la mujer ha pegado [al hombre]'

Obsérvese que esta oración no se puede obtener en castellano, ya que esta lengua, al ser nominativo-acusativa, no permite que se elida en la coordinación un objeto cuando éste es el mismo que otro elemento de la cláusula con la que se realiza dicha coordinación. En castellano sólo podríamos hacer eliminar el sujeto de la segunda oración y obtener:

(48)
Castellano

El hombre ha venido y [el hombre] ha pegado a la mujer

Esta oración no sería aceptable en yirbal, ya que no se puede eliminar de la segunda cláusula un sintagma (pro)nominal que habría de estar en caso ergativo.

La *ergatividad semántica* ha sido puesta de manifiesto, entre otros, por Keenan (1984). Este autor ha observado que, en lenguas en las que no existe la ergatividad morfológica o sintáctica, hay rasgos claros de ergatividad semántica.

La ergatividad semántica puede definirse fácilmente como sigue:

(49)
Ergatividad semántica

> Hay *ergatividad semántica* cuando los sujetos de los verbos intransitivos y los objetos de los transitivos comparten rasgos semánticos que los diferencian de los sujetos de los verbos transitivos.

Vamos a ver un caso citado por E. Keenan. Los sujetos de los verbos intransitivos modifican semánticamente a los verbos con los que están relacionados. Consideremos las siguientes oraciones:

(50)
Castellano

a) Juan se ha parado (ha dejado de andar)
b) El motor se ha parado (ha dejado de funcionar)
c) La propuesta se ha parado (ha dejado de tramitarse)
d) El tiempo se ha parado (ha dejado de transcurrir)

Está claro que la interpretación del verbo *parar* depende del sujeto que en cada caso lleve. Es decir, la oración (50d) no tiene sentido porque *parar* signifique *transcurrir* sino porque significa *transcurrir* a causa de que su sujeto es *tiempo*. Esto explica que podamos crear continuamente nuevos significados de *parar* dentro de un tipo de acciones o procesos que se caracterizan por su dinamismo. Esa creación de sentidos nuevos puede depender casi exclusivamente del contexto; así, podemos decir:

(51)
Castellano

El libro se ha parado

en un contexto en el que el libro se está escribiendo, imprimiendo o vendiendo y sería muy extraño decir que *parar* puede significar *dejar de escribirse, dejar de imprimirse* o *dejar de venderse*.

Pues bien, los objetos de los verbos transitivos se comportan respecto del verbo de una manera análoga. La interpretación del verbo transitivo va a depender de los objetos que presente. Sean las oraciones siguientes:

(52)
Castellano

a) Juan paró a Pedro (hizo que P. dejase de andar)
b) Juan paró el motor (hizo que dejara de funcionar)
c) Juan paró la propuesta (dejó de tramitarla)
d) Juan paró el tiempo (hizo que dejara de transcurrir)

Como vemos, se obtienen las mismas cuatro acepciones de *parar* aunque el sujeto de los cuatro verbos es el mismo; la diferencia de objeto es justamente lo que es aquí relevante. Precisamente son los mismos sintagmas que antes, en posición de sujeto, indujeron los mismos cambios semánticos en el verbo *parar*.

Por tanto, hemos visto que existen tres tipos de ergatividad:

(53)
Tres tipos de ergatividad

a) Ergatividad morfológica:
   Los sujetos de los verbos intransitivos y los objetos de los transitivos tienen el mismo morfema o adposición.
b) Ergatividad sintáctica:
   Los sujetos de los verbos intransitivos y los objetos de los transitivos se comportan de modo análogo respecto de los mismos procesos sintácticos o relaciones entre estructuras sintácticas.
c) Ergatividad semántica:
   Los sujetos de los verbos intransitivos y los objetos de los transitivos poseen iguales propiedades semánticas o inducen el mismo tipo de cambios semánticos.

Como hemos visto, una lengua puede ser morfológicamente ergativa, pero no sintácticamente, o morfológicamente nominativo-acusativa y semánticamente ergativa.

En general, las lenguas ergativas manifiestan el fenómeno de la *ergatividad parcial (split ergativity)* que consiste en que puede tener sólo cierto grado de ergatividad morfológica o sintáctica. Esto significa que, en unas ocasiones, se presenta una estructura ergativa y, en otras, una estructura nominativo-acusativa. Entre los factores más importantes que determinan la opción por una u otra estructuración figuran los siguientes:

(54)
Parámetros de ergatividad

a) Grado de animación de los sintagmas (pro)nominales que participan en la construcción.
b) El tiempo y aspecto verbales.

Respecto del primer punto, podemos proponer, como lengua ilustrativa, de nuevo la lengua australiana yirbal. En ella, cuando los participantes son la primera y la segunda persona, la estructura de la oración es nominativo-acusativa:

(55)
Yirbal

a) Ngadia nginuna balgan
yo-nom tú-acus pegar
'Te pego'
b) Nginda ngayguna balgan
tú-nom yo-ac pegar
'Me pegas'

pero cuando interviene una tercera persona, la estructura pasa a ser ergativa:

(56)
Yirbal

Ngayguna bangul yarangu balgan
yo-acus masc-erg hombre-erg pegar
'El hombre me ha pegado'

Esto se debe, a nuestro juicio, a que los pronombres de primera y segunda persona tienen un grado de animación más alto que los nombres de tercera persona. Téngase en cuenta que en la estructura ergativa, el agente está marcado, ocupa la posición menos *natural*: los pronombres de primera y segunda persona son refractarios a este tratamiento, ya que su intervención no marcada o natural es como agentes o controladores de la situación comunicativa, por encima de las tercera personas, que no controlan esa situación comunicativa.

Para ilustrar el segundo de los factores que determinan la elección de la estructuración ergativa en las lenguas que conocen la ergatividad parcial, podemos recurrir a los siguientes ejemplos del georgiano:

(57)
Georgiano

a) სტუდენტი წერილს წერს
Student-i ts'eril-s ts'ers
estudiante-nom carta-ac escribe
'El estudiante escribe una carta'
b) სტუდენტმა წერილი დაწერა
Student-ma ts'eril-i dats'era
        erg   abs   escribió
'El estudiante escribió una carta'

Como se ve, en el pasado se elige una estructura ergativa y en el presente, una estructura acusativa. Ya hemos visto que, en la estructura ergativa, el agente al estar marcado se coloca en una posición no natural, ya que controla semánticamente la situación pero, al no ser el pivote, no la controla sintácticamente. El pasado relata hechos ya ocurridos que no se pueden, por tanto, modificar; en este sentido, el agente tiene menor poder sobre los acontecimientos pasados vistos desde el presente (que es desde donde se realiza el acto enunciativo). Esta perspectiva hace que se elija el pasado como tiempo propicio para utilizar la construcción ergativa: al quitar al sintagma (pro)nominal agente la propiedad de pivote, se queda éste como un agente menos natural y menos «controlador» de la situación, en consonancia.

6. Concordancia verbal y referencia cruzada

Nos ocuparemos ahora de la concordancia entre verbo y sujeto, que es uno de los síntomas que se esgrimen habitualmente para localizar los sujetos. A diferencia de la concordancia (pro)nominal, que puede ser de caso, la concordancia verbal es, por antonomasia, de persona; ello indica que es un tipo de concordancia en la que son protagonistas los participantes, pues la *persona* es una categoría gramatical que afecta crucialmente a éstos. Ch. Lehmann (1982: 216-227) ha llamado la atención sobre la diferencia entre estos dos tipos de concordancia que denomina, respectivamente (227-228), *concordancia interna* y *concordancia externa*.

(58)
Dos tipos de concordancia

a) La *concordancia interna:* se puede manifestar cuando se da una relación de modificador –modificado dentro de un sintagma que denota un *participante*–. La concordancia interna se da dentro de la caracterización de un participante y supone una continuidad de ese participante.
b) La *concordancia externa:* se puede manifestar cuando hay una relación entre un elemento que denota un participante y el que denota el participado. La concordancia externa es un índice de la intervención de un participante en una acción, proceso o estado; expresa la intervención del participante en la acción.

Consideremos la siguiente oración:

(59)
Castellano

Los buenos profesores explican con claridad

Las relaciones entre *los, buenos* y *profesores* se manifiestan mediante la concordancia interna de género y número y supone una continuidad del participante denotado a través de todas las determinaciones que se realizan de él:

(60)
Continuidad del participante en la concordancia interna en (59)

Aquellas personas de género masculino (los), aquellos de género masculino que tienen la propiedad de ser buenos *(buenos)* y aquellos seres masculinos que enseñan una materia *(profesores)*.

Por otro lado, la relación entre *los buenos profesores* y *explican* es muy diferente: la concordancia de persona y número indica que las personas denotadas por *los bue-

nos profesores participan en la acción denotada por *explican con claridad*. Esto se expresa haciendo que la forma verbal señale por sí misma que se trata de un grupo de terceras personas, con lo que el sintagma (pro)nominal se utiliza para caracterizar ese conjunto de individuos denotado por la forma verbal.

Como hemos dicho, en la concordancia externa o de persona, se dice que el sujeto o pivote induce concordancia en el verbo. Esta posibilidad la observamos en español o en turco:

(61)
Turco (Ch. Lehmann 1984: 211)

Adam-lar çalîsh -îyor-lar
hombre-pl trabajar-presente-pl
'Los hombres trabajan'

Pero también pueden concordar con el objeto directo. Por ejemplo, en suahilí:

(62)
Suahilí (Ch. Lehmann 1984: 212)

a) Ni - li- mu - ona m-toto
 1 sg pas clas -ver clas-niño
 'He visto al niño'
b) Ni - li - ki - ona ki - tabu
 1 sg- pas - CL - ver clas-libro
 'He visto el libro'

Como se ve, en cada caso la forma verbal lleva una marca de concordancia con el objeto; en este caso, el prefijo de clase (pro)nominal de ese objeto.

También puede inducir concordancia en el verbo el objeto indirecto; esto es lo normal en vasco:

(63)
Vasco

Nik zuri liburua da-kar-kizu-t
yo-erg tu-dat libro7el 3sg-traer-2sg-1sg
'Te traigo el libro'

Observamos que la forma *dakarkizut* lleva una morfema que corresponde a cada uno de los tres participantes en la acción: a *liburua* le corresponde *da*, a *zuri* le corresponde *(ki)zu* y a *nik* le corresponde *t*.

Por último, hasta un complemento circunstancial puede inducir concordancia en el verbo. El siguiente ejemplo es de la lengua caucásica abjaso:

(64)
Abjaso

A-zhah'a s -a- la - ye - seyt
el martillo 1sg - 3sg - con - 3sghumano- golpear
'Le he golpeado con un martillo'

Por último, hay casos en los que los morfemas que señalan los participantes no aparecen en la raíz verbal sino en una forma verbal auxiliar. Ello ocurre en vasco, donde tenemos el siguiente ejemplo:

(65)
Vasco

Nik gizonari liburua eman d-i-o-t
yo-erg hombre-dat libro-el dado 3sg-haber-3sg-1sg
'Le he dado el libro al hombre'

El verbo auxiliar *diot* lleva una marca para cada participante: *d–* se refiere a *liburua*, *–o–*, se refiere a *gizonari* y *–t* se refiere a *nik*.

Otro caso lo podemos ver en la lengua australiana volmera, donde podemos tener una oración como la siguiente:

(66)
Volmera (Dixon 1980: 370)

Ña - ña ma- rna - ñ- piña -lu
ver-pas mod-1pl-2du- 2du - 1pl
'Nosotros os vimos a vosotros dos'

La forma auxiliar *marnañpiñalu* incluye dos afijos que denotan el sujeto en cuanto a su persona y número *(rna* –persona– y *lu* –número–) y otros dos que denotan el objeto *(ñ* –persona– y *piña* –número–).

Algo importante que hay que tener en cuenta es que la forma (66), que no tiene ningún sintagma (pro)nominal es una oración normal en volmera. Igual ocurre con una expresión como la siguiente:

(67)
Vasco

Eman d-i-o-t
dar 3sg-haber-3sg-1sg
'Se lo he dado'

Se trata una oración perfectamente formada en la que no aparece ningún sintagma (pro)nominal. De igual modo, podemos tener las siguientes oraciones completas:

(68)
a) *Suahilí:*
　　i) Milimuona
　　　'lo (persona) vi'

ii) Nilikiona
   'lo (cosa) vi'
b) *Vasco:*
   Dakarkizut
   'Te lo traigo'
c) *Abjaso:*
   Salayeseyt
   'Le he dado con ello'

Todo esto nos indica que los sintagmas (pro)nominales no son elementos imprescindibles de la oración en estos casos, sino que los participantes, al ser señalados mediante la forma verbal misma, pueden o no aparecer como sintagmas (pro)nominales en los que se les atribuyan determinadas propiedades.

De ello, se deduce que esos afijos personales son referenciales: son como pronombres mediante los que nos podemos referir a los participantes sin nombrarlos. Por ello, la existencia de estas formas verbales con afijos personales se dice que constituyen una *referencia cruzada* o *cross reference* con aquella referencia que se realiza mediante los sintagmas (pro)nominales. Pero estamos viendo que la referencia que se lleva a cabo mediante estos sintagmas (pro)nominales es prescindible y la necesaria es la que se lleva a cabo por medio de esos afijos verbales. Se dice que, si una lengua ha desarrollado ampliamente dichos afijos verbales, es una lengua que tiene *referencia cruzada* o *cross reference*.

Dentro de las lenguas en las que existe este fenómeno podemos diferenciar los diversos tipos de patrones a los que se atiene; éstos dependen de las diversas estructuraciones de la oración explicadas en este mismo capítulo. Por ello, podemos distinguir:

(69)
Tipos de referencia cruzada

   a) Referencia cruzada nominativo-acusativa.
   b) Referencia cruzada ergativa.
   c) Referencia cruzada activa.

Veamos un ejemplo de cada sistema. El latín nos ofrece un ejemplo de referencia cruzada nominativo-acusativa:

(70)
Latín (Mallinson y Blake 1981: 55)

   a) Rex agricola- m lauda- t
      rey granjero-ac alaba-3sg
      'El rey alaba al granjero'
   b) Reges agricola- m lauda- nt
                              3pl
      'Los reyes alaban al granjero'

Como se ve, el verbo lleva un morfema referencial que varía según el sujeto y que no concuerda en absoluto con el objeto.

El avar, una lengua caucásica, tiene un sistema de referencia cruzada de carácter ergativo:

(71)
Avar (Mallinson y Blake 1981: 56)

a) Chi v - ach?-ula
   hombre 3sg-venir-pres
   'El hombre viene'
b) Ebél -alda chi v - at -ula
   madre- sobre hombre 3sg-descubrir-pres
   'La madre descubre al hombre'

En la oración (71b), el verbo lleva un prefijo de concordancia con el objeto *chi*, ya que *v-* denota una participante masculino y el prefijo de participante femenino es *y-*. Por tanto, la forma verbal se está refiriendo al paciente y no al agente. Esto significa que en avar la forma verbal señala sólo el participante que es pivote, en este caso, como se trata de un sistema ergativo, el absolutivo.

Como ejemplo de sistema de referencia cruzada activo, pueden volverse a ver los ejemplos (10a) y (10b) del guaraní, donde el verbo lleva un afijo u otro para el mismo sujeto dependiendo de si el participante correspondiente es o no un participante activo.

Lo observado respecto de lenguas como el vasco, volmera o suahilí puede también aplicarse al castellano, si tenemos en cuenta que, en esta lengua, los elementos verbales que señalan los participantes no son afijos, sino pronombres clíticos que se apoyan fonéticamente en el verbo o en el auxiliar verbal.

Por ejemplo, las oraciones siguientes son perfectamente normales en nuestra lengua.

(72)
Castellano

a) Se lo di ayer
b) Me la traerán mañana
c) Te lo harán el lunes
d) Nos lo dirán pronto
e) Os los servirán en seguida

Formas como *se lo di* o *me la traerán* se diferencian de las de (64) sólo en un plano morfológico, ya que *me* y *la* no se pueden considerar morfemas del verbo correspondiente. De todas maneras, ello no obsta para que una forma como *se lo di* constituya una unidad más amplia que la palabra tanto a efectos sintácticos como a efectos prosódicos.

En este sentido, conviene tener en mente las diversas posibilidades que hay en las lenguas del mundo de expresar morfosintácticamente estos elementos que, dentro del sintagma verbal, se refieren a los participantes.

Existen, al menos, tres grados de gramaticalización de la relación entre el sintagma (pro)nominal que expresa un participante en la acción y el verbo que expresa la acción o proceso en sí. Tales grados van del extremo de la ausencia total de gramaticalización en el caso de la secuencia verbo más sintagma (pro)nominal, hasta el mayor extremo de gramaticalización, en el que el participante objeto es señalado por un morfema verbal. Visto así, el proceso se podría denominar *proceso de incorporación gradual del o los participantes al verbo*. Veamos esos tres grados ejemplificados con el castellano, cuando esto es posible:

(73)
Grados de incorporación del objeto al verbo

  a) Construcción *verbo + sintagma (pro)nominal objeto*:
    Ayer vi a *esa chica*.
  El elemento que denota el participante tiene independencia morfonológica total respecto del verbo y, además, posee un claro contenido descriptivo (se trata en este caso de un ser humano, más concretamente de una chica).
  b) Construcción *verbo + pronombre*:
    La vi ayer.
  El elemento que denota el participante no tiene independencia morfonológica total respecto del verbo, ya que, al ser un clítico, ha de apoyarse en éste; además posee un contenido descriptivo muy pequeño (podría tratarse tanto de un ser humano –la chica por ejemplo–, como de una cosa, una película, por ejemplo).
  c) Verbo con morfemas personales:
    Vasco: eman DIOT 'se lo he dado'.
  Los elementos que denotan los participantes no tienen ninguna independencia morfonológica; su contenido descriptivo es también mínimo y, simplemente, señalan los participantes.

Dependiendo del grado de incorporación morfológica de los participantes en el verbo, Groot y Limburg (1986) distinguen tres tipos de lenguas; a saber:

(74)
Tres tipos de lenguas según el grado de incorporación morfológica de los participantes en el verbo

  a) Tipo pronominal libre.
  b) Tipo clítico.
  c) Tipo apositivo.

Hay que advertir que ninguna lengua manifiesta de modo puro los tipos y que una misma lengua puede participar en mayor o menor medida de dos o tres de ellos.

El tipo *pronominal libre* es aquel en el que menos gramaticalizada está la incorporación de los participantes en el verbo. En estas lenguas, no hay afijos o morfemas pronominales en el verbo que expresen los participantes y los pronombres, además de los sintagmas (pro)nominales no pronominales, señalan esos participantes. Cuando se usan pronombres no se tiene en mente ningún matiz enfático o correctivo. El orden de los sintagmas que denotan los participantes suele ser fijo.

Un ejemplo de lengua pronominal libre más o menos pura es el chino; el inglés, el neerlandés o el francés estándar serían también lenguas de este tipo.

El tipo clítico se caracteriza porque, en las lenguas en las que predomina dicho tipo, los verbos llevan pronombres clíticos obligatorios que denotan a los participantes y, además, en ellas se complementa la oración con sintagmas (pro)nominales apositivos correferenciales con tales pronombres, que caracterizan esos participantes. Un ejemplo más o menos de este tipo podría ser el castellano, donde en la siguiente oración:

(75)
Castellano

El paquete se lo dieron ayer a Juan

Tanto *A Juan* como *el paquete* tendrían un *status* próximo al de *aposición* respecto de la forma verbal autónoma y autocontenida *se lo dieron.* Obsérvese que los pronombres clíticos tienen un carácter próximo a la obligatoriedad:

(76)
Castellano

a) *Dieron ayer
b) Se lo dieron ayer a Juan / *Lo dieron ayer a Juan
c) El paquete se lo dieron ayer / El paquete le dieron ayer

Se ve claro que *A Juan* tiene un carácter más apositivo que *el paquete,* ya que la oración *Lo dieron ayer a Juan* es claramente mucho menos gramatical que *El paquete le dieron ayer,* que es, más bien, una oración enfática.

El tipo *apositivo* está representado por lenguas como el vasco, el abjaso o el avar, en donde las formas verbales señalan, mediante morfemas, todos los participantes y los sintagmas (pro)nominales que indican que los participantes son meras aposiciones de las que se puede prescindir. En estas lenguas, como hemos visto en los ejemplos anteriores, el grado de gramaticalización de la incorporación de los participantes es muy grande y los sintagmas (pro)nominales que se refieran a ellos podrán aparecer a título de aposiciones; ello explica que en estas lenguas el orden de los sintagmas sea muy libre.

7. Sujeto y predicado. Excorporación e incorporación. Reconsideración de la concordancia externa. Juicios téticos y categóricos

Sin duda, una de las ideas que están más arraigadas en el estudio y enseñanza de la gramática de las lenguas occidentales es la de que la dicotomía *sujeto-predicado* es justificable en términos estrictamente gramaticales.

No vamos a entrar en la cuestión lógica de esta dicotomía, que se basa en la idea de que todo juicio consta de un predicando y un predicado y que se impone a la estructura oracional, ya que se insiste en que ésta sirve para expresar un juicio. Más adelante veremos que existen, de todos modos, otros tipos de juicios sobre los que no se establece una relación entre predicando y predicado. La consecuencia de este punto de vista es inmediata: hay que justificar la dicotomía en términos gramaticales.

Consiguientemente, una de las ideas básicas sobre las que se fundamenta la dicotomía sujeto/predicado aplicada a la gramática es la siguiente. Las oraciones expresan juicios; todo juicio está constituido por un sujeto y un predicado; luego las oraciones constan de un sujeto y un predicado. Esto no tiene por qué ser a priori correcto o falso, dependerá de si las lenguas humanas se atienen a ello o no; como hemos visto, hay suficientes ejemplos de lenguas en las que las oraciones no constan necesariamente de sujeto y de predicado, sino de una sola palabra compleja que expresa a la vez los participantes y el participado.

Como ejemplo de este enfoque tradicional basta acudir al *Esbozo de una nueva gramática de la lengua española* compuesto por la comisión de gramática de la Real Academia Española. En el número 3.1.3 de esta gramática se dice lo siguiente:

(77)
Definición académica de la dicotomía sujeto/predicado

Con mucha frecuencia la oración establece una relación lógica entre dos términos o miembros: *sujeto* y *predicado*. El sujeto es la persona o cosa de la cual decimos algo; por "predicado" entendemos todo lo que decimos (predicamos) del sujeto.

Está claro que esta definición de sujeto va a identificar como tales nombres o sintagmas que, desde el punto de vista estrictamente gramatical, no se pueden concebir como sujetos. Por ejemplo, si decimos:

(78)
Castellano

A Juan lo vi ayer

no será descabellado afirmar que estamos hablando sobre *Juan* y que de él predicamos la circunstancia de que fue visto por mí ayer. Sin embargo, *a Juan* no es el sujeto gramatical de (78).

Otra dificultad inmediata es observada en la obra de la Real Academia Española que estamos utilizando; se afirma en 3.1.4 que no siempre las oraciones son susceptibles de segmentarse en un sujeto y en un predicado y se esgrimen ejemplos como *llueve* (puede consultarse sobre este tipo de oraciones, el capítulo 22). Sin embargo, este aparente carácter excepcional de las oraciones provocado por verbos denominados *unipersonales* como *llover,* no tiene nada de tal, si tenemos en cuenta que expresiones como las que siguen:

(79)
Castellano

a) Mañana me voy a Barcelona
b) Tengo frío
c) Vendrá después de la primavera

son oraciones completas y perfectas del castellano y, en ellas, no es posible realizar la división sujeto/predicado en términos sintagmáticos.

La imposición de la dicotomía sujeto/predicado nos obliga a ver las oraciones antes señaladas como oraciones incompletas o mutiladas. Se dice que son oraciones en las que se ha eliminado el sujeto. Pero estas oraciones sin sujeto son perfectamente normales y no marcadas, como veremos, y son las más usadas exactamente por esa razón. Por ejemplo, sólo diremos:

(80)
Castellano

Mañana yo me voy a Barcelona

en contextos en los que, por alguna razón expresa o implícita, necesitamos hacer énfasis en que mi persona es la que se dirige a tal lugar, aunque en la versión sin el pronombre sujeto se nos dice exactamente eso de forma neutral y no enfática. Es decir, hay más posibilidades de que diga *mañana me voy a Barcelona* que (80).

Ello puede llevarnos a concluir dos cosas:

- Primero, que oraciones como las de (79) no son secundarias respecto de las que expresan el sujeto, sino que exactamente ocurre lo contrario, a juzgar por el uso que se hace de ellas.
- Segundo, que el hablante español no es un eliminador constante de sujetos. Es decir, parece bastante razonable la repugnancia a la idea de que nos pasamos la vida eliminando sujetos para que los gramáticos puedan justificar la dicotomía sujeto/predicado.

La cuestión de la concordancia puede también ser examinada a la luz de estas consideraciones. Se dice habitualmente que el sujeto induce concordancia con el núcleo del predicado, es decir, con el verbo. Dicho de otro modo, un aspecto flexivo del verbo está controlado por el sujeto que le corresponde. Esto no tiene por qué verse como algo natural del español, es decir, tal como se nos presenta, sino como una consecuencia del prejuicio logicista sujeto/predicado aplicado a la morfología. En efecto, si es el sujeto el que determina la concordancia con el verbo y no hay sujeto aparente, entonces hay que suponer que el sujeto ha estado, ha dejado su «huella» y luego se ha marchado o ha sido eliminado. Este enfoque se deriva entonces de la idea de que los sujetos se eliminan. Si consideramos una oración como:

(81)
Castellano

Se marchó ayer

dicha en un contexto en el que estamos hablando de determinada persona llamada Pedro que resulta ser el único electricista y músico identificable en el contexto, ¿qué es lo que se ha eliminado? *Pedro, el electricista, el músico* o, simplemente, el pronombre *él*; pero hay que establecerlo, ya que necesitamos un sujeto para explicar por qué aparece *marchó* y no *marcharon* o *marché*.

Algo menos deseable ocurre con los verbos denominados *unipersonales*: en *llueve* o *truena* no parece fácil suponer un sujeto elidido, ni siquiera el pronombre *él* o el pronombre neutro *ello*: *ello llueve es imposible en español. Entonces, ¿cómo explicamos la concordancia verbal si es imposible el sujeto?

¿Realmente se comporta la lengua española como regida por la dicotomía sujeto/predicado? La respuesta afirmativa a esta pregunta se presupone normalmente; pero, por los datos de lenguas no indoeuropeas que hemos ido viendo hasta ahora, podemos poner en duda que esa dicotomía sea necesaria o natural en las lenguas. Por otro lado, los datos internos del mismo español nos dan indicios de que algunos procesos que se tratan desde el punto de vista de esa dicotomía como, por ejemplo, la concordancia, no se describen de una manera que refleje fielmente su índole gramatical y su uso efectivo.

Podemos acudir ahora a la dicotomía que ya introdujimos antes de *participantes* y *participado* y que, al parecer, es común a todas las lenguas; es decir, todas las lenguas del mundo tienen medios para denotar los participantes y el participado. Nos interesa ahora plantearnos una pregunta, cuya contestación puede llevarnos al establecimiento de una nueva manera de considerar las cuestiones gramaticales que estamos examinando en este capítulo. La pregunta es la siguiente: ¿Qué relación gramatical existe entre participante y participado?

Vamos a señalar dos relaciones: una primaria y otra secundaria y las vamos a llamar *incorporación* y *excorporación*. Estos dos términos se deben al romanista y universalista alemán Georg Bossong. Diremos que la palabra que denota el participado, usualmente el verbo, incorpora morfológicamente uno o más participantes. En español, el verbo incorpora morfológicamente un solo participante; es decir, las diversas formas *amo*, *amas*, *ama*, *amamos*, etc., poseen un participante incorporado (el que se conceptuaba antes como sujeto). Pero esto no ocurre necesariamente en todas las lenguas. Ya hemos visto que el verbo en vasco incorpora morfológicamente tres participantes (sujeto, objeto directo e indirecto) y, en algunas lenguas caucásicas tales como el circasiano puede incorporarse morfológicamente hasta un complemento circunstancial; con ello, se obtienen –tal y como hemos explicado en el apartado anterior– complejos sistemas de referencia cruzada.

Volvamos a nuestra lengua. Decimos que una forma como *amo* señala un participante determinado que incorpora morfológicamente. Un participante también puede ser *incorporado sintácticamente*; esto ocurre cuando es señalado por un elemento adherido al verbo aunque no pueda considerarse como un morfema de éste. Es el caso de los objetos clíticos en las lenguas romances; un ejemplo lo vemos en el español *lo vio*, donde observamos dos participantes incorporados: uno morfológicamente y otro sintácticamente. Incluso se puede incorporar sintácticamente otro participante más (el llamado objeto indirecto). Con ello, obtenemos la frase:

(82)
Castellano

Te lo doy

Esta expresión castellana es una oración perfectamente completa y acabada en sí misma, que se puede utilizar libremente en un contexto adecuado para obtener un enunciado neutral y no marcado. En ella se hace referencia a tres participantes, dos incorporados sintácticamente y otro incorporado morfológicamente; el incorporado morfológicamente posee un carácter especial que lo distingue de los otros: en este caso, se trata del que realiza la acción. Despues, hay otros dos participantes incorporados sintácticamente y con su forma distintiva: los señalados por *lo* y *te*.

Todo esto supone afirmar que, en una forma como *doy,* hay una referencia deíctica en la terminación verbal de persona, que, además, satisface el requerimiento argumental del verbo. En estos términos, se expresó el profesor Alarcos Llorach:

En el signo morfológico del verbo se manifiestan, pues, variaciones de los morfemas de *persona* y *número*, que cumplen la función de sujeto gramatical y hacen referencia a un ente comprometido en la actividad o el proceso designado por el signo léxico del verbo (Alarcos Llorach 1994: 139).

En este pasaje, el profesor Alarcos enuncia las dos funciones que desempeña la terminación verbal de persona: la funcional, es el sujeto del predicado, y la referencial: denota una entidad que participa en la acción como sujeto.

Ahora necesitamos un nuevo elemento de análisis, se trata del concepto de *excorporación*; consiste en que un participante puede ser además precisado o caracterizado de una forma más concreta o enfática por una frase autónoma independiente del participado. Por ejemplo, en la oración (82) podemos tener tres excorporaciones: una por cada participante incorporado. Así, el participante incorporado morfológicamente se puede exteriorizar mediante *yo*:

(83)
Castellano

Yo te lo doy

el participante incorporado sintácticamente por *lo* se puede exteriorizar, por ejemplo, por *el regalo*:

(84)
Castellano

El regalo te lo doy

por último, el participante incorporado mediante *te* puede ser excorporado mediante *a ti*:

(85)
Castellano

Te lo doy el regalo a ti

También pueden darse simultáneamente las tres excorporaciones:

(86)
Castellano

El regalo te lo doy yo a ti

Está claro que cualquiera de las oraciones (83), (84), (85) o (86) es más marcada y enfática que la más sencilla (82). Es decir, son derivadas de ésta y se utilizan para hacer énfasis en un participante o caracterizarlo de un modo determinado.

Por tanto, no hay eliminación de sujeto, sino adición de sujeto o, en nuestros términos, excorporación del participante incorporado morfológicamente en el participado.

Esto es lo que mantiene el profesor Alarcos Llorach en su Gramática Española:

> Los términos adyacentes sirven para especificar con más precisión y en detalle la referencia a la realidad que efectúa el verbo o núcleo de la oración [...] Cuando la situación en que se habla no es suficiente para poder identificar qué ente real corresponde con la persona (o sujeto gramatical) incluido en el verbo, se agrega un sustantivo (o segmento equivalente) que la especifica: *El niño escribe, El maestro escribe* [...] especifican la alusión de la tercera persona inserta en el verbo y permiten identificarla (Alarcos Llorach 1994: 257-258).

Una generalización importante es que la incorporacion determina o restringe la excorporación. Por ejemplo, en la forma *te lo doy*, la única excorporación posible para el participado incorporado morfológicamente es *yo*, la única posible para el participante incorporado sintácticamente *te* es *a ti* y para el participante incorporado sintácticamente *lo*, las posibilidades son más amplias: van desde *a él* a sintagmas como *el lápiz*, o *el regalo*, pero no *los lápices* o *los regalos*.

Por tanto, vistas las cosas así, no existe la concordancia sujeto-verbo, sino que el participante incorporado limita las posibilidades de excorporación de una manera más o menos drástica. El sintagma sujeto no induce concordancia alguna, ya que su función es la de especificar opcionalmente una referencia ya realizada en la forma verbal. Se trata de lo que se puede denominar un *adjunto argumental*, es decir, un adjunto que es correferencial con uno de los argumentos verbales.

Ahora vamos a ver algunos aspectos gramaticales que son problemáticos desde el punto de vista de la dicotomía sujeto/predicado y desde la idea de que hay concordancia entre el sintagma sujeto y el verbo, pero que, desde el punto de vista que acabamos de esbozar, están lejos de serlo.

Hemos dicho que el participante incorporado morfológicamente es el que limita las posibilidades de excorporación. De aquí se deduce que si una forma verbal no presenta tal incorporación habrá libertad total en cuanto a las excorporaciones. Esto es precisamente lo que ocurre con las formas de infinitivo, gerundio o participio:

(87)
Castellano

Venir yo/tú/vosotros/los ladrones/Juan e irte tú fue todo uno

De modo análogo se comportan *viniendo* y *venido*. Conviene comentar que *venir yo* no es una oración, es una predicación. No es una oración porque el verbo no señala deícticamente su argumento requerido a través de la flexión de persona. El señalamiento deíctico de ese argumento por parte del pronombre no es suficiente para hacer que se satisfaga el requerimiento argumental de la forma verbal. En consecuencia, *yo* es el agente, pero no el sujeto de *venir*. Estos ejemplos, además, muestran que la presencia del argumento verbal no origina necesariamente la concordancia, ni garantiza que se asigne la función de sujeto sintáctico. Sólo la terminación verbal de persona puede hacer eso.

En segundo lugar, a veces la excorporación o no excorporación del sujeto no es algo facultativo sino obligatorio.

Hay restricciones muy claras en la aparición de sujetos pronominales: éstos sólo intervienen cuando se trata de personas y no de cosas; decimos de un cuadro *me gus-*

ta, pero no *él me gusta*, esto último sólo se puede decir de una persona. Ello indica que la oración en la que aparece el sujeto es marcada, ya que posee restricciones claras como la que acabamos de ver.

Otro ejemplo de estas restricciones lo constituyen los dos diálogos siguientes:

(88)
Castellano

– ¿Quieres canapés?
– Sí, quiero / *Sí, yo quiero

(89)
Castellano

– ¿Quién quiere canapés?
– Yo quiero / *Quiero

Obsérvese que, en este caso, el asterisco indica "no adecuado como contestación a la pregunta precedente" y no "agramatical".

Esto significa que, según los contextos de uso, se podrá exteriorizar o no el participante incorporado morfológicamente, que en ambos casos se encuentra presente.

De modo análogo, el que se excorpore o no el sujeto puede tener diferentes consecuencias semánticas.

Compárense las dos oraciones siguientes:

(90)
Castellano

a) Él habla ruso y estudia chino
b) Él habla ruso y ella estudia chino

La no excorporación del participante interiorizado morfológicamente en la segunda cláusula de la primera oración compuesta indica que se trata del mismo sujeto; si se excorpora, se abre la posibilidad de que los sujetos sean diferentes, como ocurre en el segundo caso. Si no hay excorporación, esta segunda posibilidad está descartada. La primera oración nunca puede significar lo mismo que la segunda.

Por otro lado, el tipo de participado será el que restrinja más o menos fuertemente las posibilidades de excorporación del participante incorporado morfológicamente. Los verbos llamados *unipersonales* no presentan en este sentido mayor peculiaridad que la de restringir las posibles excorporaciones. *Llueve* admite cosas como *piedras, cenizas, críticas, protestas*, etc. Los verbos meteorológicos no son problemáticos desde este punto de vista, ya que simplemente restringen, de modo análogo a como lo hacen otros verbos, el número posible y la calidad de las excorporaciones del participante incorporado morfológicamente; eso ocurre también con verbos intelectivos, perceptivos, emotivos o activos: también ellos imponen restricciones sobre la excorporación de los participantes incorporados morfológicamente.

Se podría argumentar que en *llueve* la terminación de persona no hace referencia deíctica a una entidad, tal como *escribe* o *camina*. El hecho de que no podamos excorporar la entidad a que se hace referencia, no significa que no exista dicha entidad. En el caso de *llueve*, *truena* o *graniza* no hay problema en decir que la entidad a que se hace referencia en la terminación deíctica de persona es el hecho mismo de que llueva, truene o granice.

Este enfoque también supone un tratamiento natural de casos de falta de concordancia tan normales como problemáticos para los gramáticos que defienden la existencia de concordancia externa.

Fijémonos en las oraciones que siguen:

(91)
Castellano

a) Los estudiantes pensamos que no tenéis razón
b) Los estudiantes pensáis que no tenemos razón
c) Los estudiantes piensan que no tenemos razón

El verbo debería concordar totalmente con su sujeto, pero en las dos primeras oraciones esto no ocurre así. Ello es fácilmente explicable, ya que, en el primer caso, el que emite la oración es estudiante y aparece en el *conjunto de referencia* (véase este concepto en el capítulo 15, sección 3) del participante incorporado morfológicamente en la forma verbal; en el segundo, el destinatario está incluido en ese conjunto de referencia y, en el tercero, no lo están ni el uno ni el otro. De hecho, es imposible emitir *los estudiantes pensamos que no tenéis razón* sin que el que lo dice dé a entender que él es estudiante; un profesor no podría decir eso (a no ser que fuera también estudiante).

Esto significa que las formas verbales de *primera y segunda persona del plural son menos restrictivas* respecto de la excorporación del participante incorporado morfológicamente que las de primera y segunda del singular.

Ello es natural, ya que el conjunto de participantes de las dos primeras puede incluir uno de los individuos de los dos centrales en el acto comunicativo: el hablante y el oyente. Por otro lado, esta explicación da cuenta de por qué son agramaticales las oraciones de (92).

(92)
Castellano

a) *Ellos pensamos que no tenéis razón
b) *Ellos pensáis que no tenéis razón

La explicación está en el hecho de que las formas de primera del plural y de segunda del plural no pueden admitir una excorporación con *ellos* debido a que, como sabemos desde el capítulo 15, sección 3, en el conjunto de referencia de *ellos* no está ni el hablante ni el oyente. Esta propiedad no la tiene el sintagma (pro)nominal *los estudiantes*, pues el conjunto de estudiantes puede contener al que habla o escucha.

Explicación similar puede darse para casos de concordancia *ad sensum* como el siguiente:

(93)
Castellano

La mayoría de los estudiantes estamos/estáis/están hartos

que se vuelven otra vez a poder explicar siguiendo el punto de vista que acabamos de desarrollar. Es decir, un verbo con participante plural incorporado morfológicamente, admite una excorporación en la que tenemos una palabra que denota una pluralidad.

Todos los ejemplos de concordancia *ad sensum* muestran claramente que estamos ante un fenómeno semántico y no morfosintáctico y que, por tanto, no hay concordancia gramatical, sino correferencia semántica. La relación entre el sujeto excorporado e incorporado es de correferencia: tanto uno como otro han de poder hacer referencia a la misma entidad singular o plural. Como *los estudiantes* y *pensamos* pueden hacer referencia a un conjunto en el que está el que habla, es posible que el primer sintagma sea sujeto excorporado del segundo. Esta relación de correferencia no ocurre entre *ellos* y *pensamos*, porque el conjunto *ellos* no está lo suficientemente caracterizado para incluir al que habla (que está en el conjunto de los estudiantes).

Sin embargo, en la concordancia interna, que es un fenómeno claramente morfosintáctico y no semántico, la concordancia *ad sensum* no parece poder darse. Por ejemplo, **El equipo grandes* o **Los estudiantes expulsado* son agramaticales, por más que el plural del primer adjetivo haga referencia a los componentes del grupo denotado por *el equipo* y que el singular del segundo quiera hacer referencia al grupo de estudiantes que fue expulsado en bloque.

Es evidente que las breves explicaciones dadas aquí no pueden suplantar una investigación más detenida de este enfoque que determine sus virtudes y sus defectos. Lo que no deja lugar a dudas es que este enfoque es capaz de integrar mejor la descripción de nuestra lengua respecto de la de otras lenguas tipológicamente muy diferentes. Se debe entender esto como un intento de aclarar la unidad gramatical de lenguas no emparentadas genéticamente.

Existe una manera, de relacionar la dicotomía sujeto/predicado que hemos estado examinando hasta ahora con la dicotomía entre tópico y comentario que expusimos en la sección tercera de este mismo capítulo. Diremos que, en realidad, son manifestaciones de dos tipos de juicios que denominaremos *juicios téticos y juicios categóricos*.

Esta oposición es incluso anterior a la dicotomía entre tópico y comentario, ya que fue propuesta por F. Brentano (1838-1917) y por su discípulo A. Marty (1847-1914) a finales del siglo XIX, en un intento más de superación de las limitaciones de la teoría aristotélica de la predicación. S.-Y. Kuroda (1972) demostró que esta dicotomía era útil para la descripción de la estructura de la predicación en japonés y J. Sasse (1987) ha demostrado que es tipológicamente relevante para proponer una tipología lingüística sobre la base de lenguas europeas, árabe y lenguas de América. Vamos a ejemplificar esta oposición y la vamos a definir en nuestros propios términos. Sean las siguientes oraciones:

(94)
Castellano

a) En este zoo, los elefantes son pequeños
      ―――――――   ――――――――――――
            C   P

b) Los elefantes de este zoo son pequeños
        P   C   P

c) Los elefantes tienen trompa
                 P

Daremos ahora una visión personal de esta dicotomía. En (94), el elemento identificado como C nos señala el *contexto* al que hay que relativizar la predicacion completa, señalada por P. P es verdadera respecto de C. Se *relativiza* la verdad de P a C.

(95)
O es verdadera si y sólo si P es verdadera *respecto* de C

donde O es una oración que se estructura en los dos elementos C y P.

No decimos que C sea aquello sobre lo que se habla, ni siquiera aquello sobre lo que se predica algo. Decimos que denota una entidad o elemento respecto del cual hay que evaluar la predicación subsiguiente. Como vemos en (94), en castellano C se realiza de dos modos: mediante una anteposición de un sintagma (94a) o como complemento del primer argumento de la proposición (94b). El primer modo es *extrapredicativo* y el segundo, *intrapredicativo*. Los juicios de (94) se denominan *categóricos* y, como se ve, tienen un carácter bipolar o bifronte.

El elemento C tiene dos características claras: *Puede ser extrapredicativo, y puede especificarse indefinidamente.*

Un ejemplo de la primera característica lo vemos en casos en los que el constituyente C aparece introducido de modo parentético, que es claramente extrapredicativo:

(96)
Castellano

Por lo que respecta al zoo, los elefantes son pequeños
             C   P

Un ejemplo de la segunda característica, lo vemos en los casos en los que vamos especificando o delimitando sucesivamente el elemento C:

(97)
Castellano

a) En este museo, las estatuillas tienen poco valor
          C   P

b) En la sección de antigüedad occidental de este museo,
                  C1   C2

$$\frac{\text{las estatuillas tienen poco valor}}{P}$$

c) $\underline{\text{En la vitrina micénica}}$ $\underline{\text{de la sección de antigüedad}}$ $\underline{\text{de este museo,}}$
   $C1C2C3$

$$\frac{\text{las estatuillas tienen poco valor}}{P}$$

El esquema del *juicio categórico* es éste:

(98)
Estructura del juicio categórico

(C1[C2[C3[... [CN] ...]]]) (P)

La oración de (94c) es un ejemplo de *juicio tético*. En ella, tenemos una predicación completa, *no relativizada* gramaticalmente o, por lo menos, neutral respecto de esta cuestión. Según Sasse (1987: 526) hay dos tipos de juicios téticos: *eventivos* (*llueve*, *hace viento*, *viene la policía*) e *individuativos* (*hay un hombre en el ascensor*) según se presente o «ponga» (de ahí la calificación de *tético*) un evento o una entidad.

Tenemos, entonces, la siguiente casuística:

(99)
Castellano

a) Viene la policía (juicio tético eventivo).
b) La policía viene (juicio categórico).
c) Hay un hombre en el ascensor (juicio tético individuativo).
d) En el ascensor hay un hombre (juicio categórico).

Como se ve, la inversión, sujeto/verbo puede servir en castellano para oponer un juicio tético a un juicio categórico. Este procedimiento parece utilizarse para lo mismo en otras lenguas romances, como el italiano. Según Sasse, el mismo procedimiento se utiliza en otras muchas lenguas con el mismo fin: ruso, serviocroata, búlgaro, húngaro, griego moderno, albanés, suahilí, tolái (Nueva Guinea), chino, dialectos árabes.

Otras lenguas utilizan procedimientos suprasegmentales, tales como un énfasis especial en alguna palabra; ello ocurre, por ejemplo, en inglés o alemán:

(100)
Inglés (Sasse 1987: 520)

a) My SISter died (juicio tético)
b) My SISter is DYing (juicio categórico)

(101)
Alemán (Sasse 1987: 527)

a) —Wie ist das Wetter? '¿Qué tiempo hace?'
—Die SONne scheint 'Brilla el sol'
—*Die SONne SCHEINT 'El sol brilla'
b) —Was ist draussen los? '¿Qué pasa afuera?'
—HARry SINGT 'Harry canta'
—*HARry singt 'Canta Harry'

Como se ve, en español la diferencia entre los dos tipos de juicios se expresa mediante la inversión/anteposición de sujeto y verbo.

(102)
Tipología de lenguas basada en la distinción entre juicio categórico y tético

a) Las que organizan su sintaxis sobre la base del juicio bimembre categórico (lenguas categóricas).
b) Las que organizan su sintaxis sobre la base del juicio tético (lenguas téticas).

La dicotomía de Li y Thompson (1976), vista en la sección cuarta de este capítulo, y en la que se distingue entre lenguas que gramaticalizan el pivote y lenguas que gramaticalizan el tópico, puede concebirse como basada en esta distinción semántica.

Apliquemos los principios de la *opacidad* y de la *perspectiva* a este caso concreto (Moreno Cabrera 1995: 14-26). Obtenemos este resultado:

(103)
Relación tipológica entre lenguas téticas y categóricas

a) Las lenguas categóricas son opacas téticamente.
b) Las lenguas téticas son opacas categóricamente.

Veremos, a continuación un ejemplo del coreano, que es una lengua categórica y por tanto, opaca téticamente. Por contra, el castellano es una lengua tética y, por consiguiente, opaca categóricamente.

La distinción entre categórico y tético se expresa en coreano y japonés mediante posposiciones casuales. Veamos los sistemas de ambas lenguas (cfr. Bossong 1989: 31-38):

(104)
Sistema japonés

	−C	+C
sujeto	−ga	−wa
objeto	−o	−wa
oblicuo	−X	−Xwa

(105)
Sistema coreano

	−C	+C
sujeto	−ka/-i	− (n)în
objeto	− (r)îl	− (n)în
oblicuo	−X	−Xnîn

Vamos a ilustrar ahora las posibilidades del coreano:

(106)
Coreano

a) Kî haksaeng-în yochîîm hakkyoo-sô hankukmal-îl kongpuhaeyo
   ese estud.-in ahora escuela-en coreano-îl estudia
   'Este estudiante (y no el otro) estudia ahora coreano en la escuela'
b) Yochîîm-în kî haksaeng-i hakkyoo-sô hankukmal-îl kongpuhaeyo
   'Ahora (y no antes) este estudiante estudia coreano en la escuela'
c) Hakkyo-sô-nîn kî haksaeng-i yochîîm hankukmal-îl kongpuhaeyo
   'En la escuela (no por su cuenta) estudia el estudiante coreano ahora'
d) Hankukmal-în kî haksaeng-i yochîîm hakkyoo-sô kongpuhaeyo
   'Coreano (y no inglés) estudia el estudiante ahora en la escuela'

Aquí puede empezar a verse que en coreano el juicio tético es opaco frente al categórico. Por ejemplo, en los casos de (106a) y (106d) se expresa el *C* directamente pero no el sujeto y objeto respectivamente de la predicación relativizada. Según Soo-young Choi (1986), existen las siguientes posibilidades en cuanto a la interacción del marcador de C *(n) în* y el marcador de sujeto *ka*:

(107)
Coreano

a) Khokkili- nîn kho- ka kilta
   elefante narices es largo
b) Kho- nîn khokkili- ka kilta
c) Khokkili-nîn kho-nîn kilta
d) Khokkili-ka kho-ka kilta
e) Khokkili-ka kho-nîn kilta
f) Khokkili-îi kho-nîn kilta

Estas oraciones se dan de más a menos marcadas. Las construcciones (107c) y (107d) se denominan a veces *construcciones de doble sujeto* (cfr. D. W. Yang 1971). En japonés también tenemos, al parecer, el mismo panorama:

(108)
Japonés

a) Zoo wa hana ga nagai
   elefante nariccs larga

b) Zoo wa hana wa nagai
c) Zoo ga hana ga nagai
d) Zoo ga hana wa nagai

Sobre *wa* en japonés pueden consultarse los trabajos incluidos en J. Hinds, S. Maynard y S. Iwasaki (eds.) 1987; una breve referencia a la construcción de doble sujeto en japonés puede encontrarse, además, en S. Kuno 1978: 74-78.

Según Choi, (107a) es la oración menos marcada y más usual; en ella hay un *C* y luego una predicación completa con su argumento sujeto; se puede parafrasear así: "Respecto de los elefantes, sus narices son largas». El caso de (107b) es igual al anterior pero con las posiciones de los sustantivos invertidas: literalmente se traduciría "Respecto de las narices, los elefantes son largos". Aquí se ve muy a las claras que, en este caso, "narices" es una limitación de la verdad de "Los elefantes son largos": lo son, pero respecto a sus narices, no respecto a sus colas. Vemos la subordinación del juicio tético al categórico; en una lengua tética esta construcción sería imposible. Veamos ahora (107c); esta oración muestra cómo tenemos un juicio categórico con dos *C* uno de los cuales especifica al otro y en el que no se expresa ningún argumento de la predicación *P*; se puede parafrasear así: "En lo que concierne a las narices de los elefantes, son largas". Esta construcción de doble sujeto, muestra cómo la posibilidad de delimitación del *C* ya vista se explota a costa de la especificación de los argumentos de la predicación. El caso (107d) es bastante marcado en coreano y japonés, pero muestra que, incluso el argumento sujeto puede enfocarse desde la perspectiva del *C* extraargumental y, por tanto, puede delimitarse. Este ejemplo muestra igualmente que incluso el *P* se estructura de acuerdo con la estructura bimembre del juicio categórico; una paráfrasis posible podría ser «Los elefantes, las narices son largas» o «Las narices de los elefantes son largas». Por último, el caso (107e) es el más marcado de todos y, según Choi, es una combinación de los dos precedentes. Lo que ha ocurrido es que el sujeto se ha visto desplazado de su posicion post-*C* a una posición pre-*C* y esto focaliza tal sujeto. Esta focalización hace que la oración adopte un sentido concesivo: "Respecto de las narices, incluso los elefantes la tienen larga", lo que le da un sentido sarcástico.

Por último, en (107f), vemos que en coreano el *C* puede expresarse intrapredicativamente como complemento de "narices", igual que ocurre en las lenguas europeas.

Con esto, hemos visto las características más llamativas de una lengua categórica. Son éstas: primero el *enmascaramiento* de las funciones sintácticas por parte de la función que hemos denominado *C*; en japonés y coreano este *enmascaramiento* afecta al sujeto y al objeto de la predicación y se concreta en la sustitución del sufijo de caso por el sufijo de *C*. En segundo lugar, ya que puede haber varios *C* que se delimitan sucesivamente en un juicio categórico, se producen construcciones como las denominadas de *doble sujeto*, que son extrañas a las lenguas téticas.

8. Polarización

Ahora vamos a presentar brevemente el concepto de polarización en el nivel oracional, propuesto por J. C. Moreno Cabrera 1990a y 1992; para ello, vamos a recurrir a una oración del vasco como las ya analizadas en la sección 6 de este mismo capítulo:

(109)
Vasco

Haiek ikusi zituzten   etxe asko
ellos ver 3pl-haber-pas-3pl casa mucho
'Habían visto muchas casas'

Ya hemos advertido que, en oraciones como éstas, nos encontramos con una palabra que nos indica todo el estado de hechos denotado por ella de manera esquemática: se trata, en este caso, de la palabra *zituzten*. En ella, están contenidas denotaciones extensionales de los participantes en el suceso referido y, además, se nos informa de que se trata de un estado dinámico (denotado por el morfema *u*) que contiene un agente y que se desarrolla en el pasado. Por tanto, esa palabra sirve para denominar extensionalmente o con un grado de extensionalidad muy alto *todo el suceso* denotado por la oración. Las demás palabras sirven para caracterizar intensionalmente, mediante una denominación intensional, los participantes y el participado. *Ikusi*, forma no personal del verbo que traduce nuestro *visto*, nos detalla la propiedad que define intensionalmente esa acción a la que se refería la raíz de la forma verbal. Se trata, por consiguiente, de un *adverbio de quiddidad* (véase el capítulo 18 para una definición de este tipo de adverbios). Por otro lado, *etxe* caracteriza intensionalmente (mediante una denominación intensional) al elemento al que nos referimos en la forma verbal.

La forma verbal predominantemente indicativa posee una cierta autonomía y una cierta prioridad sintáctica: es posible encontrar la forma extensional sola como única expresión de la oración. Esto se ve muy bien en formas vascas como la que aparece en la oración (63).

La polarización oracional consiste, pues, en la tendencia a la expresión de la parte predominantemente extensional en una forma lingüística autónoma e independiente y en la adición de precisiones intensionales como una especie de satélites o elementos opcionales, cuando éstos se necesiten. Esta tendencia se ve muy bien en castellano, en donde, modificando levemente la ortografía, podemos poner de manifiesto más inmediatamente el fenómeno que estamos estudiando: *melohá traído, osloshemos traído, oslohabrá dado, nosloshabrá contado, noslostendrá listos*; la última forma extensional, tiene independencia sintáctica: *noslostendrá mañana*. Los elementos que complementan esa forma indicativa *noslostendrá* son satélites o complementos opcionales de los que se puede prescindir sin alterar la gramaticalidad de la palabra-oración en cuestión.

Todos los fenómenos observados hasta ahora, ponen en cuestión la validez interlingüística de la dicotomía sujeto/predicado. Estamos ante dos elementos esenciales de la oración: la forma indicativa global y los elementos predicativos que pueden precisar intensionalmente esas denominaciones extensionales. Pero esto no coincide con el sujeto y el predicado, ya que la forma extensional hace referencia a todo el suceso con sus participantes y su acción. La dicotomía sujeto/predicado parece no encajar muy bien, de nuevo, en este tipo de disposición de los elementos oraciones que estamos examinando.

Vemos que la denominación extensional tiene prioridad sintáctica sobre la denominación intensional: se puede dar la primera sin que se dé la segunda. Las formas en las que predomina la denominación extensional pueden, por sí solas, formar una oración completa. Constituyen, pues, el núcleo de la oración. Parece que para que funcione la especificación intensional es necesaria la denominación extensional.

Es importante darse cuenta de la relevancia que tiene la polarización en la expresión de las relaciones sintácticas. Como ya hemos sugerido, se puede decir que la existencia de los elementos indicativos es lo que hace posible que los sintagmas (pro)nominales puedan contraer relaciones sintácticas. Esto se ve muy bien en las lenguas como el vasco, el volmera y las lenguas caucásicas, en las que la obligatoriedad de la palabra compleja indicativa nos delata que los elementos que la componen poseen prioridad sobre los sintagmas (pro)nominales opcionales y que, por tanto, es a través de éstos como esos sintagmas (pro)nominales contraen relaciones sintácticas. A la luz de esto, podemos enfocar desde un nuevo punto de vista la agramaticalidad de oraciones como las que siguen: *hombre llegó, *Juan vio a hombre, *mujer hizo maleta.

Estas oraciones son agramaticales porque los sustantivos que contienen no son capaces de contraer las relaciones sintácticas requeridas; sólo pueden contraerlas si hay un elemento indicativo dentro del sintagma (pro)nominal: un artículo o, en general, un determinante. Esto significa que lo que realmente contrae la relación sintáctica con el verbo es ese determinante y no el sustantivo, que no es otra cosa que una mera atribución a la entidad denotada por dicho determinante.

Vayamos por partes. En *la veo*, es *la* lo que recibe el papel sintáctico de objeto directo y este *la* se concibe como una variante fónica del pronombre *ella*. Consideremos ahora la frase *veo la casa*, si proponemos que ese *la* que aparece no se interpreta como determinante sino como variante de *ella*, entonces estamos ante un caso esencialmente igual al anterior: *la* es lo que contrae la relación sintáctica; la diferencia estriba en que ahora hay una caracterización intensional prototípica añadida que se expresa en el nombre común. Esto se enuncia formalmente mediante el concepto de *sintagma pronominal* o *sintagma determinante,* que es una proyección máxima de DET (véase el capítulo 6, sección 1). Obsérvese que *la casa* posee potencial referencial y anafórico (véase el capítulo 15, sección 5) igual que los pronombres *la* o *ella* y está claro que esas propiedades no proceden de *casa* que, en ningún caso, puede utilizarse de modo referencial ni anafórico. La adscripción categorial diferente de estos dos *la* nos impediría adoptar el enfoque que estamos aquí proponiendo.

Una objeción se puede plantear cuando observamos que a veces los objetos y sujetos no van asistidos de elemento indicativo alguno, por ejemplo: *busca piso, tiene novia, come carne, llueve ceniza*. Se puede argüir que estos nombres no reciben una relación sintáctica de objeto o sujeto, sino que que son modificadores o adjuntos de los respectivos verbos. Esto se puede sostener sobre bases tanto sintácticas como semánticas. Primero, no podemos decir *novia es tenida por Juan* o *piso es buscado por Juan*; esto se debe a que si sólo los nombres que posean la relación de objeto en la activa pueden ser sujetos en la pasiva, entonces, si *novia* no es objeto en la activa no puede ser sujeto en la correspondiente pasiva. En el plano semántico, está claro que estos objetos sólo pueden darse cuando se refieran a determinados tipos de situación aceptadas como prototípicas. Sea *busca piso*; si no podemos decir en un sentido análogo *busca zapato* es porque, en el primer caso, denotamos un tipo especial de acción de buscar: se trata de indagar la existencia de un posible lugar para vivir y, en el segundo, no existe tal tipo especial. Es claro que si *buscar piso* es un tipo de *buscar*, entonces *piso* no es objeto sino modificador: de igual modo *buscar lentamente* es un tipo de buscar. Está claro que *busca el piso* no es un tipo de buscar sino una acción que recae sobre un objeto determinado.

El profesor I. Bosque ha expresado perfectamente esta idea:

> Ciertamente, decir de alguien que "tiene coche" no equivale a señalar que posee este vehículo, sino que equivale a decir más bien que "está motorizado". [...] La oración *Juan tiene un yate* nos habla de uno de los objetos poseídos por Juan, mientras

que la oración *Juan tiene yate* no nos dice (únicamente) que Juan tiene un yate. Nos dice, además, que una de las propiedades caracterizadoras de Juan es "ser poseedor de yate" (I. Bosque 1996: 43).

En el marco de la Gramática Funcional de Dik, se ha propuesto un análisis de casos como estos utilizando un proceso de derivación de predicados conocido como *incorporación argumental* (véase Dik 1980: 39 y ss. y el capítulo 22, sección 2); consiste en obtener, a partir de un predicado de *n* argumentos, un nuevo predicado de *n* − 1 argumentos, en el que ese argumento que se ve afectado pasa a formar una especie de unidad semántica (y en algunos idiomas morfológica también) con el verbo que ha experimentado el proceso. Entonces si *buscar* es un verbo de dos argumentos, *buscar piso* es un verbo de un argumento. Estas construcciones presentan todas las características que Dik considera típicas del proceso: el argumento incorporado suele tener poca o nula capacidad de ser flexionado o modificado (cfr. *busca piso* con *busca el piso*, donde *piso* no está incorporado); se reduce el número de argumentos del predicado originario; la construcción resultante suele tener un significado habitual o genérico; el nominal incorporado no tiene autonomía referencial; las construcciones incorporadas tienden a desarrollar significados idiomáticos (compárese por ejemplo *hacer cola* con *hacer la cola*).

De este modo, se puede ver que los nominales que no van provistos de elemento indicativo no pueden contraer relaciones gramaticales. De hecho, se puede mantener que las relaciones gramaticales recaen sobre los elementos indicativos y que, en todo caso, los sustantivos las heredan en calidad de atributo (no olvidemos que la relación atributiva es, en general, preservadora del caso).

En la teoría de la Rección y el Ligamiento, nombre moderno de la Gramática Generativa, hay una investigadora que ha propuesto que los clíticos que aparecen en las formas verbales indicativas como las vistas son argumentos y que los sintagmas (pro)nominales son adjuntos. Esta hipótesis fue propuesta concretamente en Jelinek 1984: 39 y ss. En este artículo, en el que Jelinek examina las relaciones gramaticales en valpirí, se propone que en español en oraciones como *comí el pan* la función de sujeto se asigna al afijo personal del verbo y, por tanto, el sintagma (pro)nominal sujeto no es más que un adjunto opcional que ha de expresarse solamente por razones de énfasis o de tipo pragmático en general. Por ello, en este caso no sería necesario postular un elemento pronominal vacío al que se le asignase caso nominativo.

Podemos ahora relacionar el fenómeno de la polarización con el de la configuracionalidad explicado en el capítulo 19 sección 4.

Para Jelinek, el parámetro de la configuracionalidad reside en que en las lenguas configuracionales los sintagmas (pro)nominales están regidos por el verbo y en las no configuracionales los sintagmas (pro)nominales no son argumentos verbales, sino adjuntos a los clíticos pronominales que son los verdaderos argumentos verbales.

Si es plausible el análisis de Jelinek de oraciones castellanas como *comí el pan*, entonces el castellano tendría características de las lenguas configuracionales y de las no configuraciones, ya que el sujeto del verbo *comer* puede ser el afijo de persona y el sintagma (pro)nominal *el pan*. Pero, desde el punto de vista que hemos explicado en esta sección del presente capítulo, desaparece esta diferencia, ya que el verbo asigna la función de objeto al afijo pronominal denominado *artículo* por los tratadistas tradicionales; es decir, a el *el* de *el pan*. Todo ello viene a indicar que la configuracionalidad es una cuestión de grado (A. Marantz 1984: 11 y 70) y dependerá del grado de incorporación de los participantes en el participado: cuanto mayor sea éste menor será la configuracionalidad, y cuanto menor sea éste mayor será la configuracionalidad. Obtenemos el siguiente principio general:

(110)
Ley universal de la configuracionalidad

El grado de configuracionalidad es inversamente proporcional al grado de incorporación de los participantes en el participado.

Para ilustrar lo que aquí estamos proponiendo, vamos a mostrar cómo es el análisis de la oración *El banquero ha comprado la finca*. Antes veamos cómo R. D. van Valin Jr. y R. J. LaPolla (1997), analizan la oración siguiente de la lengua siu lakota:

(111)
Lakota (R. D. van Valin Jr. y R. J. LaPolla 1997: 331)

Igmú ki na– wicha– ya– xʔu
gato el oír– 3ªpl– 2ªsg– oír
'Has oído los gatos'

Estos autores adoptan en este caso un análisis similar al de Jelinek y al que defendemos aquí. En efecto, los dos afijos verbales de persona *wicha*, que indica un objeto de tercera persona de plural y *ya*, que indica un sujeto de segunda de singular, son los argumentos del verbo e *igmu*, un sintagma nominal es un adyacente que caracteriza la entidad a que se alude con *wicha*. El análisis que proponen es el siguiente:

(112)
Análisis de la oración del lakota (R. D. van Valin Jr. y R. J. LaPolla 1997: 331)

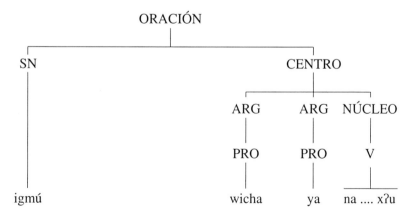

Como puede comprobarse en este árbol, la oración consta de un centro constituido por el verbo y todos sus argumentos y una periferia, constituida, en este caso, por un adjunto nominal.

En el análisis que vamos a proponer aquí para la oración española *El banquero ha comprado la finca*, vamos a aplicar un modo de análisis similar. La diferencia está en que *el banquero* es un adjunto argumental de *ha comprado la finca*, que es una oración del español completa y perfectamente formada y *la finca*, en cuanto a sintagma pronominal, es un argumento de *han comprado*. Además, *el banquero* es un adjunto diferente de otros adjuntos, oracionales como los adverbios, pues es correferencial con un argumento del verbo principal. Para señalar este importante punto, simplemente ponemos un índice de correferencia en los dos sintagmas referenciales implicados: el afijo verbal de persona y en el sintagma pronominal que funciona como adjunto argumental.

Veamos el análisis anunciado:

(113)
Análisis sintáctico de *El banquero ha comprado la finca*

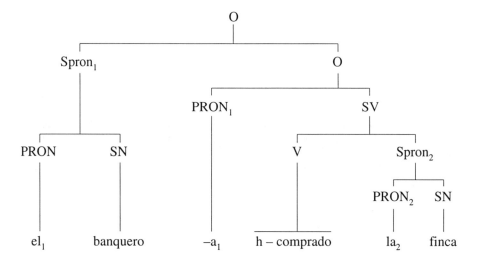

1. Distinga entre *sujeto* y *tópico* en las siguientes oraciones:

   (114)
   Castellano

   a) A Juan, no saben complacerle
   b) Pedro no ha llegado todavía
   c) Ayer, llegó Pedro por la tarde
   d) En esa frutería, no hay manzanas
   e) Manzanas, no hay
   f) De Juan, tú no me hables

2. A la vista de los ejemplos siguientes diga si la lengua nepalí es nominativa-acusativa o ergativa:

   (115)
   Nepalí (Tchekhoff 1978: 153-156)

   a) Tyo ma:nche a:un-cha
      este hombre venir-3sg
      'Este hombre viene'
   b) Tyo ma:nche a:yo
      este hombre venido
      'Este hombre ha venido'
   c) Tyo ma:nche ma:su kha:n-cha
      este hombre carne comer-3seg
      'Este hombre es un comedor de carne/carnívoro'
   d) Tyo ma:nche-le roti: kha:n-cha
      este hombre-ag pan comer-3sg
      'Este hombre come pan'
   e) Ma:nche- le kukhura: ma:ryo
      hombre-ag pollo ha matado
      'El hombre ha matado un pollo'
   f) Ma:nche- le ba:gh-la:i kukhura: diyo
      hombre-ag tigre-rec pollo ha dado
      'El hombre le ha dado un pollo al tigre'

3. Modifique el sistema de concordancia en persona y número del castellano para hacer que sea, en este aspecto, una lengua ergativa.

4. Diga qué tipos de juicios ejemplifican cada una de las siguientes oraciones:

   (116)
   Castellano

   a) Llegaron dos niños tarde
   b) Dos niños llegaron tarde
   c) Llueven piedras
   d) Un hombre muerto fue hallado en el piso
   e) Se encontraron un hombre muerto en el piso

5. Compare las dos expresiones siguientes desde el punto de vista de la polarización y la configuracionalidad:

   (117)
   Castellano

   a) Juan lo tiene hecho todo
   b) Juan lo ha hecho todo

CLAVE 1. Empecemos por (114a). En esta oración *a Juan* es el tópico pero no el sujeto, que está inespecificado. En (114b) *Pedro* es el sujeto. En (114c), *ayer* es el tópico y *Pedro* es el sujeto. En (114d), *en esa frutería* es el tópico y no hay sujeto, ya que tenemos una expresión existencial impersonal. En (114e) es *manzanas* el tópico; por último, en (114f), *de Juan* es el tópico y el sujeto es *tú*.

2. Como puede verse muy bien en los ejemplos de esta lengua, estamos ante un idioma ergativo. Vemos que en (115d), (115e), y (115f) el sintagma *tyo ma:nche* lleva un sufijo de agente *-le*; es decir, aparece ese sufijo en los casos de una oración con verbo transitivo. Por otro lado, en (115a), (115b) y (115c), ese sintagma no lleva afijo alguno igual que *roti:* en (115d), *kukhura:* en (115e) y (115f); está, pues, en absolutivo. Merece la pena resaltar el caso de (115c), en el que, a pesar de haber un verbo transitivo y un objeto en absolutivo, el agente no lleva ningún sufijo; como se comprende por la traducción, más que una acción que *tyo ma:nche* lleva a cabo, se denota una propiedad de ese individuo; por tanto, aquí *ma:su kha:ncha* funciona más bien como un verbo transitivo que incorpora (véase capítulo 22, sección 2) sintácticamente al objeto *ma:su* y que pasa a convertirse en intransitivo.

3. Una forma posible de modificar el castellano para que muestre una concordancia verbal ergativa sería la siguiente:

    (118)
    Ergatellano

    a) Ellos me veo
    b) Él nos vemos
    c) Juan y Pedro ve a María
    d) Juan ven a María y a Laura

    Puede comprobarse, en los ejemplos anteriores del ergatellano, que el verbo concuerda en persona y número con el objeto y no con el sujeto-experimentante.

4. En (116a) estamos ante un juicio tético de tipo eventivo: se introduce en el discurso el suceso descrito por la oración. En (116b) estamos ante un juicio categórico. En (116c) tenemos, de nuevo, un juicio tético eventivo. En (116d) vemos expresado un juicio categórico y, por último, en (116e) puede verse fácilmente la expresión de un juicio tético individuativo.

5. La oración de (117a) tiene un grado de polarización más alto que la de (117b). La razón está en el tipo de verbo auxiliar que se emplea en una y otra. En la primera, se emplea *tener* como auxiliar. Si tomamos el sintagma *lo tiene*, veremos que es el núcleo imprescindible de toda la oración y que podemos eliminar los demás elementos sin afectar la gramaticalidad de la misma. En efecto, *hecho* es un modificador de *tiene todo*, de *lo* y *Juan*, de la flexión verbal incluida en *tiene*; de ahí que *lo tiene* sea una oración perfecta y completa en castellano. El grado de configuracionalidad de esta estructura es, por tanto, muy bajo.

    En el caso de (117b), podemos comprobar que no se puede prescindir de *hecho* si queremos obtener una oración gramatical: no es posible **lo ha*. Esto se debe a que el verbo *haber* ya no puede funcionar como núcleo por sí solo en el castellano actual. Pero sí podemos prescindir de las demás palabras para obtener la oración gramatical *lo ha hecho*. El grado de configuracionalidad de esta oración es, pues, más alto.

CUESTIONES PROPUESTAS

1. Determine los tópicos y sujetos de las siguientes oraciones:

   (119)
   Castellano

   a) Hablando de Juan, respecto a Pedro, las cosas no han ido mal
   b) Juan, por lo que a Pedro concierne, no está nervioso
   c) Para Juan, ¿quién descubrió la penicilina?
   d) ¡¿Ir al cine?! Ni lo sueñes
   e) De eso, ¡Ni hablar!

2. Haga un estudio de la ergatividad en vasco utilizando los siguientes ejemplos (extraídos de J. C. Moreno Cabrera 1998b: pp. 104-109, donde, a su vez, se remite a las fuentes de donde se sacan los ejemplos):

   (120)
   1. Gizona etorri da 'El hombre ha venido'.
   2. Gizona-k gozokia jan du 'El hombre se ha comido el dulce'.
   3. Ni-k gozokia jan dut 'Me he comido el dulce'.
   4. Ura-k irakitzen du 'El agua hierve'.
   5. Ura irakiten ari da 'El agua está hirviendo'.
   6. Eri-ak luze sofritu du 'El enfermo ha sufrido largamente'.
   7. Euria egin du 'Llueve'.
   8. Motiko-ak laster egin du 'El chico ha corrido'.
   9. Gizona jaten ari da 'El hombre está comiendo'.
   10. Gizona-k jaten du 'El hombre ha comido'.
   11. Gizona ogia jaten ari da 'El hombre está comiendo el pan'.
   12. Ni-k poliziei harriak bota n-izki-e-n 'He arrojado piedras a la policía'.
   13. Gu-k ez g-en-u-en poliziarik ikusik 'No vimos ningún policía'.
   14. Ni-k harriak bota d-it-u-t 'He arrojado piedras'.
   15. Ni-k harriak bota n-it-u-en 'Arrojé piedras'.
   16. Gizona ekarri dio 'Le ha traído el hombre'.
   17. Gizonak ekarri dio 'El hombre se lo ha traído'.
   18. Gizonari ekarri dio 'Se lo ha traído al hombre'.
   19. Ekarri dion gizona 'El hombre a quien él se lo ha traído', 'El hombre que se lo ha traído a él', 'El hombre para quien se lo ha traído él'.
   20. Joan nahi dut 'Quiero ir'.
   21. Zu ikusi nahi zaitut 'Te quiero ver'.
   22. Zuri liburua eman nahi dizut 'Te quiero dar un libro'.
   23. Koldo joatea nahi dut 'Quiero que Koldo vaya'.
   24. Zuk Koldo ikustea nahi dut 'Quiero que veas a Koldo'.
   25. Koldok zuri liburua ematea nahi dut 'Quiero que Koldo te dé el libro'.
   26. Nahi dut Koldok ni ikustea 'Quiero que Koldo me vea'.
   27. Koldok nahi du Martinek bera ikustea 'Koldo quiere que Martín le vea'.
   28. Koldok nahi du Martinek ikustea 'Koldo quiere que le vea Martín'.
   29. Koldok Martin beregana etortzea nahi du 'Koldo quiere que Martin vaya hacia él'.
   30. Nahi dut Koldo neregana etortzea 'Quiero que Koldo venga hacia mí'.

3. Modifique el sistema de marcas nominales y pronominales de función en la lengua castellana para convertirla, en este aspecto, en una lengua ergativa.

4. ¿Qué tipo de juicio expresan las siguientes oraciones?:

(121)
Castellano

a) Vendrá otro día
b) Otro día vendrá
c) Salió un conejo del sombrero
d) Un conejo salió del sombrero
e) Hay agua para mucho tiempo

5. ¿Podría aplicarse el concepto de *polarización* también al sintagma (pro)nominal? Considere en este sentido los siguientes sintagmas (pro)nominales:

(122)
Castellano

a) Este hombre
b) Tres copas de cava
c) Todo el cava
d) Muchos de los alumnos
e) La vida

ORIENTACIÓN BIBLIOGRÁFICA

BAKER, M. C.: *The Polysynthesis Parameter*, Oxford, Oxford University Press, 1996.
Este extraordinario trabajo es una investigación en profundidad sobre la expresión de las relaciones gramaticales en una lengua polisintética, el mohaqués, en la que los argumentos del verbo se realizan mediante morfemas verbales pronominales. Se estudia detenidamente la no configuracionalidad de esta lengua iroquesa, así como los fenómenos de concordancia con los sintagmas nominales argumentales. Hay capítulos aparte sobre la incorporación nominal y sobre los predicados complejos, así como sobre las oraciones subordinadas. El marco teórico es el de la Gramática Generativa y el autor se opone a las tesis de Jelinek, que hemos defendido y adoptado en este capítulo. Muy recomendable para profundizar en los temas que hemos tratado. Es un libro avanzado.

BARLOW, M. y CH. A. FERGUSON (eds.): *Agreement in Natural Language. Approaches, Theories, Descriptions,* Stanford, CSLI, 1988.
Contiene dieciséis trabajos sobre la concordancia (pro)nominal y verbal en varias lenguas: eslavas, árabe, lituano, hebreo, lenguas celtas, chamorro, palavano, luiseño, ruso, sesoto y lenguas cravíes. Es una buena fuente de datos y análisis teóricos sobre este fenómeno.

COMRIE, B.: "Ergativity" en W. P. Lehmann (ed.), *Syntactic Typology. Studies in the Phenomenology of Language,* Sussex, The Harvester Press, 1978, pp. 329-394.
Claro y completo estudio sobre la ergatividad. Es ideal para iniciarse en la cuestión.

COMRIE, B.: *Universales del Lenguaje y Tipología Lingüística,* Madrid, Gredos, 1981 [1989].
Los capítulos 5 y 6 son claras exposiciones del concepto de *sujeto* y su validez interlingüística, así como de los problemas de los sistemas de marcación de los sintagmas (pro)nominales. Es una lectura excelente para introducirse en estas cuestiones.

DIXON, R. M. W.: "Ergativity" en *Language,* 55, 1979, pp. 58-137.
Importante estudio sobre la ergatividad enfocado en las lenguas australianas y en el fenómeno de la ergatividad parcial.

DIXON, R. M. W. (ed.): *Studies in Ergativity,* Arnsterdam, North Holland, 1987.
Este libro contiene trece artículos sobre la ergatividad en distintas lenguas: quiché, bácico, lenguas del daguestán, maya, hindí-urdú, lenguas australianas, chucoto, lenguas austronesias y georgiano.

DIXON, R. M. W.: *Ergativity*, Cambridge, Cambridge University Press, 1994.
Es un buen compendio sobre lo que se sabe hoy en día sobre la ergatividad. Se analiza la marcación de la ergatividad en la oración, la ergatividad parcial, la categoría de sujeto, la ergatividad interoracional y los aspectos diacrónicos de la ergatividad. Es una obra muy recomendable por su claridad, amplitud y exactitud.

GARCÍA MIGUEL, J. M.: *Las relaciones gramaticales entre predicado y participantes*, Lalia Series Maior 2, Universidad de Santiago de Compostela, 1995.
Este libro nos ofrece una panorámica accesible y enfocada interlingüísticamente de los diversos sistemas de relaciones gramaticales y de sus cambios.

GIVÓN, T.: "Pronouns and Grammatical Agreement" en T. Givón *Syntax. A Functional-Typological Introduction,* vol 1, Amsterdam, Benjamins, 1984, pp. 353-383.
Importante estudio sobre el significado e interpretación tipológicos de la concordancia verbal, en el que, en gran medida, nos hemos inspirado.

HINDS, J. y otros (eds.): *Perspectives on topicalization. The case of Japanese «wa»,* Arnsterdam, Benjamins, 1987.
Recopilación de once trabajos sobre la posposición *wa* en japonés que, como hemos visto, en este capítulo es un marcador de los juicios categóricos.

KIBRIK, A. E.: "Toward a Typology of Ergativity" en J. Nichols y A. C. Woodbury (eds.), *Grammar inside and outside the clause (Some approaches to the field),* Cambridge University Press, 1985, pp. 268-323.
Estudio sobre la ergatividad morfológica y sintáctica, enfocado en lenguas del Cáucaso.

LI, CH. N. (ed.): *Subject and Topic,* Nueva York, Academic Press, 1976.
Interesante recopilación de dieciocho trabajos sobre los conceptos de *tópico* y *sujeto* en diversas lenguas. En esta antología, se encuentran dos influyentes trabajos: el de W. Chafe y el de Li y Thompson, ambos sobre la oposición entre sujeto y tópico y su pertinencia tipológica. También hay un importante artículo de Givón sobre la concordancia verbal y otro sobre el tópico en las lenguas filipinas. Es una obra de inexcusable consulta para quien desee investigar estas cuestiones.

LÓPEZ GARCÍA, A.: *Gramática del Español. II. La oración Simple,* Madrid, Arco, 1996.
El capítulo 16 de esta gramática está por completo dedicado a las funciones oracionales incluyendo su relación con las categorías gramaticales y con la configuracionalidad. Se incluye una referencia al concepto de *polarización*, que hemos introducido en este capítulo. El autor afirma que este fenómeno no tiene que ver con la concordancia, lo cual suscribimos totalmente, ya que, según hemos propuesto, la concordancia externa no existe como tal concordancia. No mantenemos que el verbo induzca concordancia con el sujeto tal como parece atribuirnos el autor. Lo que decimos, como ha quedado claro en este capítulo, es que, en virtud de la relación semántica de correferencia entre el verbo personal y el sintagma adyacente argumental, hay una igualación denotativa que da cuenta de los casos que, desde el punto de vista tradicional, se denominan *concordancia ad sensum*. No vale el argumento que nos da López García en la nota 25 de la p. 135, ya que se basa en la concordancia interna, que es un fenómeno puramente gramatical y no semántico (lo que la opone de modo diametral a la llamada *concordancia externa* que, para nosotros, no es más que igualdad o nivelación semántica). No es correcto, según nuestro punto de vista, tomar como modelo la concordancia interna para analizar la externa y decir que, igual que el sustantivo impone sus rasgos de género y número al adjetivo, el sujeto impone al verbo sus rasgos de persona y número. Como hemos dicho, la concordancia externa, a diferencia de la interna, es referencial; mediante *ya viene* hacemos referencia a una entidad, sin que tenga que existir sintagma alguno que le imponga los rasgos de persona y número. La posibilidad de la llamada *concordancia ad sensum* provee la diferencia definitiva entre los dos tipos de concordancia: este tipo no es posible en el sintagma nominal y sí en la relación entre sujeto y verbo, por-

que ésta es de carácter semántico, no morfosintáctico. Si decimos que, en *los estudiantes estamos/estáis*, es *los estudiantes* quien impone los rasgos de persona y número al verbo, nos vemos obligados a decir que *los estudiantes* incluye tanto la primera como la segunda persona; ahora bien, sabemos que, cuando en un conjunto referencial están la primera y la segunda persona, la persona gramatical siempre será la primera: *nosotros*, que incluye a *tú*, es un nombre personal de primera persona y no de segunda. Vistas así las cosas, se predice que *los estudiantes estáis* no sería posible, a no ser que distinguiéramos tres acepciones de *los estudiantes*: como sintagma de 3.ª, de 2.ª o de 1.ª persona. Desde nuestro punto de vista, la persona del verbo es lo que determina aquí la interpretación de *los estudiantes*: la forma *estamos* obliga a que, en el conjunto de los estudiantes, esté la primera persona, la forma *estáis* obliga a que, en el conjunto de los estudiantes, esté la segunda persona y la forma *están* obliga a que, en el conjunto de los estudiantes, no esté ni la una ni la otra. Esta imposición de los rasgos denotativos del verbo sobre el sintagma pronominal es puramente semántica (ya que *los estudiantes* es morfosintácticamente tercera persona en las tres interpretaciones) y no tiene nada que ver con la concordancia morfosintáctica, por lo que mantenemos que no existe tal concordancia.

MALLINSON, G. y B. BLAKE: "Agent and Patient Marking" en G. Mallinson y B. Blake, *Language Typology. Cross-Linguistic Studies in Syntax,* Amsterdam, North Holland, 1981, pp. 39-120.
Se trata de una exposición nítida y documentada sobre el concepto de sujeto, ergatividad y tópico. Gracias a ella, se puede obtener una utilísima visión de conjunto de todos los problemas implicados y de sus relaciones. Es una lectura de profundización muy recomendable.

MARTÍNEZ, J. A.: "La concordancia" en I. Bosque y V. Demonte (dirs.) *Gramática de la Lengua Española*, Madrid, Espasa Calpe, 1999, capítulo 42, pp. 2.695-2.786.
Completa descripción de la concordancia en español. Debe consultarse para conocer en profundidad este fenómeno gramatical que aquí hemos tratado muy someramente.

MENDÍVIL GIRÓ, J. L.: *Las palabras disgregadas. Sintaxis de las expresiones idiomáticas y los predicados complejos*, Zaragoza, Prensas Universitarias de Zaragoza, 1999.
En esta impresionante monografía, se estudian precisamente aquellos casos en los que el sustantivo forma junto con el verbo un constituyente complejo mediante el proceso de incorporación que da origen típicamente a las frases hechas o idiotismos. En este notable trabajo, se analiza hasta qué punto son aplicables las relaciones gramaticales a este tipo de expresiones. Constituye una lectura muy recomendable para quienes deseen profundizar en cuestiones que hemos sólo esbozado en este capítulo y que forman un aspecto ineludible y revelador de las lenguas naturales.

MORENO, J. C.: "Polarización: ensayo de sintaxis universal" en C. M. Vide (ed.), *Actas del V Congreso de Lenguajes Naturales y Lenguajes Formales,* Barcelona, vol. I, 1990, pp. 217-231.
En este artículo proponemos el concepto de polarización que esbozamos al final del presente capítulo. Puede consultarlo aquella persona que desee ampliar esa exposición.

PALMER, F. R.: *Grammatical roles and relations*, Cambridge, Cambridge University Press, 1994.
Excelente presentación de conjunto sobre las funciones sintácticas en las lenguas naturales. Contiene una exposición de los sistemas acusativo, ergativo y agentivo, una explicación del concepto de pivote sintáctico y de tópico, además de exposiciones sobre los cambios de relación gramatical en las oraciones pasivas, antipasivas y causativas. Es un libro muy recomendable para profundizar en la mayoría de las cuestiones vistas en este capítulo.

PLANK, F. (ed.): *Ergativity. Towards a theory of Grammatical Relations,* Nueva York, Academic Press, 1979.
Se trata de una imprescindible recopilación de artículos sobre el fenómeno de la ergatividad. Tiene un buen estado de la cuestión de F. Plank, así como una completa bibliografía sobre el tema. Los artículos se agrupan en varias secciones. La primera está dedicada al estudio de las funciones de sujeto y objeto en relación con la ergatividad; se estudian las lenguas daguestánicas, el

finés y el chino. La segunda parte está dedicada a explorar las relaciones entre ergatividad y voz; se estudian el esquimal, el indonesio y las lenguas del antiguo próximo oriente. La tercera parte se ocupa del estudio de los grados de ergatividad, se analizan el chucoto, el tangut, el esquimal, las lenguas australianas, y las lenguas papúes. La cuarta parte trata de los correlatos tipológicos de la ergatividad e incluye un estudio sobre el vasco. Por último, se dedican otros varios artículos a la diacronía de la ergatividad, sobre la base del tongano, lenguas tibeto-birmanas, lenguas del Cáucaso y lenguas indoiranias. Es, por tanto, un libro muy útil para la profundización en el estudio interlingüístico de la ergatividad.

PLANK, F. (ed.): *Relational Typology,* Berlín, Mouton, 1985.
Recopilación que consta de veinte artículos que abordan algunos de los problemas que hemos revisado en este capítulo: la ergatividad, la acusatividad, la actividad y la concordancia verbal. Abarca muy diversas lenguas: guaraní, indonesio, nevarí, lezguio, birmano, latín, abjaso y algunas lenguas australianas.

SASSE, H.-J.: "The thetic/categorical distinction revisited" en *Linguistics,* 25, 1987, pp. 511-580.
Interesante trabajo donde se muestra la importancia tipológica de la distinción entre juicios téticos y juicios categóricos.

SILVERSTEIN, M.: "Hierarchy of Features and Ergativity" en P. Muysken y H. van Riemsdijk (eds.), *Features and Projections,* Dordrecht, Reidel, 1985 [1976], pp. 163-232.
Es éste un artículo capital, en el que se analiza la ergatividad parcial y los factores tipológicos que la controlan. Es un clásico de la cuestión.

TCHEKHOFF, C.: *Aux Fondements de la syntaxe: l'ergatif,* París, PUF, 1978.
Claro y completo libro sobre el fenómeno de la ergatividad. Contiene una primera parte introductoria de estudio muy recomendable para iniciarse en el tema. Después se analizan varias lenguas: tongano, avar, vasco, hurrita, hindí, nepalí y georgiano. Por su transparencia y amplitud, es una obra muy recomendable.

VILLAR, F.: *Ergatividad, Acusatividad y Género en la familia lingüística indoeuropea,* Salamanca, Ediciones de la Universidad de Salamanca, 1983.
La parte primera del libro es una introducción muy clara a las nociones de ergatividad y acusatividad. En la segunda parte, se analiza la teoría del ergativo indoeuropeo y, en la tercera, se propone un nuevo análisis de la cuestión basado en los conceptos de *agentividad* y *animación*.

21

TRANSITIVIDAD Y OBJETO DIRECTO E INDIRECTO. CAUSATIVIDAD

1. Introducción

El término *transitividad* procede terminológicamente del verbo latino *transire* 'ir a través'. Los verbos transitivos denotan sucesos en los que un objeto o individuo pasa de un sitio a otro o de un estado a otro, según se interprete este movimiento de modo literal o figurado. Por ejemplo, compárese:

(1)
Castellano

a) Juan puso todos los sellos en la carta
b) Juan puso toda su atención en la carta

Como vemos, en (1a) se nos dice que Juan cambió de lugar el sello y se nos especifica el lugar de destino de dichos sellos (la carta). Aquí hay un movimiento físico que se puede caracterizar como *ir a través*. En (1b) se nos hace referencia a un movimiento no físico, sino intelectivo. La atención de Juan pasa de concentrarse en un asunto u objeto que no se especifica a concentrarse en otro objeto, esta vez sí especificado. En este caso, si bien no puede hablarse de movimiento físico, sí que puede hablarse de un "movimiento intelectivo" o algo similar. Por otro lado, es evidente que tal movimiento intelectivo se expresa siguiendo el modelo del movimiento físico.

Una de las ideas actuales más importantes sobre el concepto de transitividad es que tal propiedad no es, en puridad, una característica de los verbos, sino, más bien, una propiedad de los predicados verbales y, a veces, de toda la oración. Aunque, como ya hemos visto, los verbos puedan clasificarse en transitivos e intransitivos, es más bien el predicado entero el que tiene la propiedad de la transitividad entendida desde el punto de vista estrictamente sintáctico. Es claro, por ejemplo, que en las dos oraciones siguientes:

(2)
Castellano

a) Juan duerme
b) Juan duerme al niño

tenemos dos predicados verbales con el mismo verbo pero con distinto grado de transitividad. El predicado verbal de (2b) es más transitivo que el de (2a), por más que el verbo sea el mismo. Esta afirmación nos sirve, además, para ilustrar la idea de que la transitividad, amén de ser una propiedad de los predicados, es una propiedad de carácter gradual: hay predicados más transitivos que otros.

Cano Aguilar (1981) ha enunciado algunas de las formas de expresión de la transitividad que van precisamente a poner de manifiesto el grado de transitividad de verbos y sintagmas verbales. Son los siguientes:

(3)
Formas de expresión de la transitividad

a) Indeterminación semántica del verbo cuando aparece sin objeto.
b) Cohesión verbo-objeto.
c) Pronominalización en los casos de anteposición del objeto (ejemplo: *a tu padre, lo vi ayer*).
d) La pregunta por el objeto presenta ¿*qué*...? o ¿*a quién*...?
e) Posibilidad de admisión de la pasiva.

Por ejemplo, el verbo *dormir* cumple las propiedades (3b), (3c), (3d), y (3e); pero no (3a), ya que, cuando aparece sin objeto, no está indeterminado semánticamente. Por otro lado *tener* cumple (3a), (3b), (3c), (3d), pero no (3e). *Informar* cumple (3b) y (3d) pero no cumple ni (3a), ni (3c) ni (3e), tal como podemos comprobar a continuación:

(4)
Castellano

a) Este periódico informa muy bien [*no hay objeto pero no existe indeterminación semántica*]
b) *Que todo salió bien nos lo informó [*no puede aparecer el pronombre clítico*]
c) *Que todo salió bien fue informado por el periódico [*no admite la pasiva*]

En general, el concepto de transitividad suele identificarse prototípicamente con el concepto de *actividad*: el verbo transitivo supone una actividad que, ejercida por un individuo, pasa a ser transmitida a un objeto, cambiando de sitio dicho objeto. A veces, ese cambio del objeto puede ser existencial: la acción ejercida por el individuo puede hacer que un objeto no existente pase a convertirse en existente. Un ejemplo de cada uno de los casos lo vemos en (5).

(5)
Castellano

a) Juan empujó la rueda
b) Juan hizo la rueda

En (5a), la rueda existía ya antes de que Juan la moviese. Desde el punto de vista semántico, a este objeto se le denominará *objeto afectado*. En (5b), el objeto no existía antes que Juan y aquél surge de la acción de éste. En este caso, hablaremos de *objeto efectuado*. De lo visto hasta ahora, podemos localizar tres niveles en los que se da el fenómeno de la transitividad:

(6)
Tres niveles de definición de la transitividad

a) Nivel léxico: Los verbos pueden tener la propiedad de exigir un sintagma nominal objeto. A los verbos que tienen esta propiedad se les denomina *transitivos*.
b) Nivel sintáctico: Hay construcciones predicativas compuestas de un verbo y un objeto regido sintácticamente por ese verbo.
c) Nivel semántico: Algunos acontecimientos de la realidad pueden concebirse en términos de un agente que ejerce una acción sobre un objeto, o que realiza una acción como resultado de la cual surge un objeto.

Si consideramos la transitividad como un fenómeno global, habrá que tener en cuenta los tres niveles simultáneamente y no cada uno de ellos de modo aislado.

Como conclusión a estas líneas de presentación del fenómeno de la transitividad, podemos decir que esta propiedad gramatical posee las dos características siguientes:

(7)
Dos propiedades del concepto de transitividad

a) Globalidad: porque recorre los niveles léxico, sintáctico y semántico.
b) Gradualidad: porque se puede descomponer en una serie de propiedades mínimas que no tienen por qué presentarse a la vez en todos los casos.

2. La transitividad en el nivel semántico: la propuesta de Hopper y Thompson

Vamos a empezar por examinar los aspectos semánticos de la transitividad, ya que van a ser determinantes de los sintácticos en más de una ocasión.

Hopper y Thompson (1980) consideran que existen diez factores mínimos de carácter semántico que determinan la transitividad. Son los siguientes:

(8)
Factores relevantes para la transitividad

a) Participantes: ha de haber al menos dos participantes para que haya transitividad.
b) Cinética: ha de haber denotación de una acción para que haya transitividad.
c) Telicidad: una acción orientada a su terminación [una acción télica] es más transitiva que una que no está orientada a su terminación [una acción atélica].

d) *Inmediatez:* las acciones que no poseen una fase intermedia entre su comienzo y su finalización son las más transitivas.
e) *Volición:* el efecto sobre el paciente es más transitivo cuando se actúa sobre él a propósito.
f) *Afirmación:* la afirmación posee mayor grado de transitividad que la negación.
g) *Modalidad:* una acción real es más transitiva que una concebida como irreal.
h) *Agentividad:* los participantes con propiedades de agente incrementan la transitividad.
i) *Afección:* el mayor grado de afección del objeto incrementa la transitividad.
j) *Individuación:* un participante concreto, singular y específico da mayor grado de transitividad que un participante abstracto, plural o inespecífico.

Cuantas más propiedades de las enumeradas presente una predicación, mayor grado de transitividad tendrá esa predicación. Consideremos ahora los ejemplos de (9):

(9)
Castellano

a) Un hombre veía la copa
b) Juan tiró la copa

En la oración (9b), el grado de transitividad es mucho mayor que en la oración (9a). Si queremos caracterizar (9b) respecto de los factores señalados tendremos:

(10)
Caracterización de (9b) respecto de los factores de transitividad

a) Cinesis = acción.
b) Telicidad = télico.
c) Inmediatez = momentánea.
d) Afección de objeto = total.
e) Individuación del participante agente = específico.

Respecto de la oración (9a), tendremos las siguientes determinaciones:

(11)
Caracterización de (9a) respectos de los factores de transitividad

a) Cinesis = proceso.
b) Telicidad = atélico.
c) Inmediatez = durativo.
d) Afección de objeto = ninguna.
e) Individuación del participante agente = inespecífico.

Hopper y Thompson establecen una relación entre las propiedades semánticas que determinan la transitividad y las propiedades sintácticas en las que se manifiestan. Tal relación es denominada por ellos como *hipótesis de la transitividad.*

(12)
Hipótesis de la transitividad

>Si dos oraciones *p* y *q* se distinguen en una lengua por tener *p* un mayor grado de transitividad que *q*, entonces, si hay alguna diferencia sintáctica entre las dos oraciones, la oración *p* presentará más propiedades sintácticas asociadas con la transitividad que la oración *q*.

Veamos algunos ejemplos de esta correlación de transitividad.

Un primer ejemplo lo tenemos en finés. En esta lengua, el objeto puede ponerse en uno de dos casos: en acusativo o en partitivo. El *acusativo* se usa para casos de mayor transitividad, ya que indica que el objeto se encuentra totalmente afectado por la acción denotada por el verbo. Este caso aparece, además, cuando la acción denotada es télica:

(13)
Finés (Hopper y Thompson 1980: 262)

Liikemies kirjoitti kirjeen valiokunnalle
negociante escribió carta-ac comité-al
'El negociante ha escrito la carta al comité'

El nombre *en partitivo* denota un objeto que se ve sólo parcialmente afectado por la acción; aparece cuando se da un aspecto atélico:

(14)
Finés

Liikemies kirjoitti *kirjettä* valiokunnalle
'El negociante estaba escribiendo una carta al comité'

La correlación aspecto *télico-atélico* con *transitivo-intransitivo* se da también en muchas otras lenguas. Por ejemplo, en húngaro el verbo *segít* 'ayudar' lleva como objeto una palabra en dativo: *segít valaki-nek* 'ayudar a alguien (dativo)'; pero si a ese verbo le afijamos el prefijo que indica acción télica *meg*, entonces el objeto ha de ponerse obligatoriamente en acusativo: *megsegít valaki-t* 'ayudar a alguien'.

La correlación de la transitividad con la oposición modal *realis-irrealis* (véase el capítulo 16, sección 8) se puede comprobar también en castellano. En las oraciones de (15), se puede comprobar que la preposición de objeto directo persona aparece sólo en el caso en el que se afirme la existencia de determinada persona (*realis*).

(15)
Castellano

a) Busco *(a) un empleado que habla inglés *(realis)*
b) Busco (*a) un empleado que hable inglés *(irrealis)*

Obsérvese que el objeto de (15a) puede pasar a ser sujeto de la correspondiente pasiva, mientras que el de (15b) no puede, tal como vemos en (16); ello indica claramente que (15b) posee un grado de transitividad más bajo que (15a).

(16)
Castellano

a) Un empleado que habla inglés fue buscado por toda la ciudad
b) *Un empleado que hable inglés fue buscado por toda la ciudad

Como último ejemplo de una correlación de transitividad, podemos citar la que se da en francés y en ruso respecto de la afirmación y la negación. El objeto de la oración afirmativa se pone en francés y en ruso en acusativo, pero el de la oración negativa se pone en genitivo, en ruso y en partitivo, en francés; véanse los ejemplos siguientes del ruso:

(17)
Ruso

a) Он поел хлеб
   On poyél jlieb
   él comió pan-ac
   'Ha comido pan'
b) Он не поел хлеба
   On nie poyél jlieba
   él no comió pan-gen
   'No ha comido pan'

Incluso, como observa Babby (1980), el sujeto de oraciones con verbo intransitivo negado se pone en ruso en genitivo y no en nominativo:

(18)
Ruso (Babby 1980: 3)

a) Слышатся раскаты грома
   Slyshatsia raskaty groma
   se oyen estampidos-nom trueno-gen
   'Se oyen truenos'
b) Раскатов грома не слышится
   Raskatov groma nie slyshitsia
   estampidos-gen trueno-gen no se oyen
   'No se oyen truenos'

3. El objeto directo y la MVO

Una primera cuestión que se plantea es cómo caracterizar el fenómeno de la transitividad en términos interlingüísticos.

Desde el punto de vista semántico, hemos visto que en la transitividad, el objeto suele denotar el paciente, aquella entidad que se ve afectada por la acción de un determinado participante.

En las diferentes lenguas, los objetos directos pueden marcarse de diversas maneras; fundamentalmente hay tres:

(19)
Formas de marcar el objeto directo

 a) Un afijo especial de acusativo; ej.: húngaro *-t*.
 b) Una adposición; ej.: japonés *o*.
 c) El orden de palabras; ej.: el inglés tiene la posición postverbal asignada a esta función.

(20)
Inglés

 a) John gave *a book* to Mary (*a book*: objeto directo).
 b) John gave *Mary* a book (*Mary*: objeto directo).

Pero, dentro de una misma lengua, hemos visto ya que el objeto puede marcarse de diversas maneras. Por ejemplo, en castellano, el objeto animado lleva la preposición *a* y el objeto no animado no la lleva. A este fenómeno, frecuentísimo en las lenguas, se le puede denominar *Marcación Variable de Objeto*, abreviadamente MVO.

Una pregunta que surge es qué tipos de MVO existen en las lenguas. Siguiendo a Lazard (1984), establecemos los siguientes:

(21)
Tipología de la MVO

 a) Caso I. *Marcación/no marcación*:
  El objeto se marca solamente cuando es definido. Ejemplos: turco *-i*, persa *ra*, hindí *ko* (estas dos últimas son posposiciones).
 b) Caso II. *Diferente marcación*:
  El objeto se puede poner en uno de dos casos; ejemplos (13) y (14) del finés.
 c) Caso III. *Marcación en el verbo*:
  Es el caso del húngaro, lengua en la que el objeto siempre lleva el afijo *-t*, pero en la que el verbo se conjuga de una manera especial cuando el objeto es definido:

(22)
Húngaro (Lazard 1984: 274)

 i) Könyve-t olvas-ok
  libro-ac leo-indef
  'Leo un libro'
 ii) Olvas-om a könyve-t
  leo-def el libro-ac
  'Leo el libro'

 d) Caso IV. *Diferentes construcciones diatéticas*:
  Esto lo vemos claramente en tagalo, donde el verbo se pone en pasiva cuando el objeto es definido:

(23)
Tagalo (Lazard 1984: 274)

i) Kumain ang bata ng isda
   comer-act niño pescado
   'El niño comió pescado'
ii) Kinain ng bata ang isda
    comer-pasiv niño pescado
    'El niño se comió el pescado'

e) Caso V. *Objeto excorporado o incorporado*:
Como veremos en el capítulo 22, sección 2, el objeto en algunas lenguas puede ser incorporado morfológicamente al verbo como un morfema suyo más. Veamos este ejemplo del nahua:

(24)
Nahua (Lazard 1984: 275)

i) Ni-naca- cua
   yo-carne-comer
   'Como carne'
ii) Niccua nacatl
    como carne
    'Como carne'

Los factores que determinan y regulan esta MVO son los siguientes:

(25)
Factores que controlan la MVO

a) Factor I. *Definitud*:
Cuando el objeto es definido suele recibir una marca especial de objeto.
b) Factor II. *Animación*:
El objeto animado o humano suele marcarse como objeto de un modo diferencial. Los pronombres de primera y segunda personas son típicamente humanos; por ello, están muy altos en la jerarqía de animación. En pasto, por ejemplo, si el objeto es de primera o segunda persona se pone en caso no acusativo.
c) Factor III. *Contabilidad*:
Los sustantivos continuos o de materia se suelen comportar de modo diferente respecto de la marcación de objeto que los sustantivos contables. En castellano, el nombre de materia puede funcionar como objeto sin determinación.
d) Factor IV. *Individuación*:
Los sustantivos que denotan una entidad bien individuada espacial y temporalmente tienden a ser marcados como objeto de modo diferente a los que denotan entidades menos individuadas espacial y temporalmente. Por ejemplo, *silla* posee mayor grado de individuación que *canción*.

4. El objeto cognado y la individuación del objeto

Acabamos de ver, en la sección anterior, que la individuación está íntimamente ligada a la transitividad. Sean las dos oraciones siguientes:

(26)
Castellano

a) Juan hizo una silla
b) Juan cantó una canción

La relación entre *hacer* y *una silla* es diferente de la que existe entre *cantó* y *una canción*. El sintagma *una silla* contribuye de modo decisivo al significado total de todo el sintagma verbal. Pero *una canción* no contribuye de modo tan decisivo al significado total del sintagma verbal en el que se encuentra. Lo cierto es que *canción* está ya semánticamente implícito dentro de lo denotado por *cantó*. Este tipo de objetos pueden denominarse *cognados*, ya que están emparentados de modo íntimo con el significado del verbo que los requiere; también pueden denominarse *objetos internos*. En realidad, el *objeto cognado* no es más que un subtipo de lo que antes hemos denominado *objeto efectuado*.

No adoptamos este término, sin embargo, para que no se confunda esto con la excorporación de un participante. En (26b), *canción* está excorporado a pesar de ser un objeto cognado.

En general, se puede decir que en (26a) se centra la acción más en un objeto que en (26b), donde éste está menos individuado. Por otro lado, *una silla* es claramente un *objeto efectuado* y no un *objeto cognado*. Existen muchos verbos, como *cantar,* que toman objetos cognados; enumeremos unos cuantos:

(27)
Algunos verbos de objeto cognado

escribir, leer, hablar, cantar, comer, beber, dormir, vivir, soñar, mear, cagar, vomitar...

Según la teoría de Hopper y Thompson, los verbos que requieren un objeto cognado inducirán un grado menor de transitividad que aquellos que piden un objeto no cognado o externo. Precisamente, una de las características de la intransitividad es la no presencia obligatoria del objeto directo.

Como era de esperar, los verbos de objeto cognado pueden, en general, aparecer sin ningún participante excorporado como objeto. Si se revisa la pequeña lista anterior, se verá que, en efecto, ello es así en nuestra lengua.

Otras lenguas del mundo presentan un cuadro similar pero invertido, en el que, al revés de lo que ocurre en castellano, no se excorpora sintácticamente el participante cognado, sino que se incorpora semánticamente el participante excorporado sintácticamente. Por ejemplo, en chino mandarín existen ciertas construcciones de verbo más objeto en las que el participante que denota éste ha perdido toda su individualidad y ha pasado a incorporarse semánticamente al verbo:

(28)
Chino

我 念 书
Wô niàn shu
yo leer libro
'Leo'

En (28) 念 书 *niàn shu* es un sintagma intransitivo en el que 书 *shu* ya no significa 'libro'; el sintagma en su totalidad significa simplemente *leer*. En las lenguas ergativas, las construcciones con objetos cognados suelen presentarse como estructuras intransitivas en las que el agente no está marcado con el caso ergativo; Austin (1982) nos da el siguiente ejemplo del diyarí, lengua australiana:

(29)
Diyarí (Austin 1982: 39)

Nganhi diyari yawada yatha-yi
yo-nom diyarí lengua-abs hablar-pres
'Hablo diyarí'

En esta lengua, los siguientes verbos aparecen en esta misma construcción:

(30)
Verbos de objeto cognado en diyarí (Austin 1982: 39)

a) yatha 'hablar (una lengua)'
b) kirli 'bailar'
c) thurrara 'dormir'
d) pirrki 'jugar'
e) wirri 'vestir'
f) widi 'estar pintado'

En manán (Lichtenberk 1982), los verbos que indican excreción o secreción aparecen en estructuras claramente intransitivas:

(31)
Manán (Lichtenberk 1982: 273)

a) Aine i - tabéʔa
     mujer 3sg-defecar
     'La mujer ha defecado'
b) Aine táʔe i- tabéʔa
            heces
     'La mujer ha defecado'
c) Aine pátu i -tabéʔá-raʔ - i
     mujer 3sg-defeca-trans-3sg
     'La mujer ha defecado una piedra'

Como se observa en (31c), cuando el objeto no es cognado, el verbo lleva un afijo de transitividad que está ausente tanto en (31a), como en (31b), donde hay objeto cognado. Nótese que *heces* tiene un menor grado de individuación que *piedra*, ya que la primera entidad puede definirse como el resultado del proceso de la defecación, mientras que la segunda es independiente completamente de tal proceso.

5. El doble objeto y la ditransitividad. El objeto indirecto, el complemento benefactivo y la construcción benefactiva

La ditransitividad se produce cuando, en una oración, aparece un verbo que requiere dos objetos. El problema está en determinar si estos dos objetos son directos o difieren en su función gramatical.

Veamos para empezar los dos ejemplos del inglés siguientes:

(32)
Inglés

a) Mary gave the book to John
María dio el libro a Juan
'María le ha dado el libro a Juan'
b) Mary gave John the book
María dio Juan el libro
'María le ha dado el libro a Juan'

En ambos casos, la traducción es idéntica, pero, como se ve, en (32b) parece que hay dos objetos directos de *gave* 'dio'. Esta situación se da típicamente en aquellas lenguas en las que el orden de palabras indica su función en la oración. En el caso de (32b), se puede establecer que el objeto directo genuino es *John*, ya que, por ejemplo, puede convertirse en sujeto de la pasiva (33a); por otro lado, *the book* no se considerará un objeto directo genuino, ya que no puede ser sujeto de la correspondiente oración pasiva, tal como vemos en (33b); tendremos que denominar esta función como *objeto secundario*.

(33)
Inglés

a) John was given the book by Mary
Juan fue dado el libro por María
'El libro fue dado por María a Juan'
b) *The book was given John by Mary
'El libro fue dado a Juan por María'

Es más claro decidir cuál es el objeto directo primario en las construcciones ditransitivas en los casos de lenguas con una morfología verbal que posea referencia cruzada (véase el capítulo 20, sección 6) respecto del objeto. Por ejemplo, en la lengua criolla de base bantú bravanés [Chimwi:ni], encontramos ejemplos como los siguientes:

(34)
Bravanés (Kisseberth y Abasheikh 1977: 192-193)

a) Nu:ru Φ- m - let - el -ele mwa:limu chibu:ku
   Nuru él-el - traer- dat -asp profesor libro
   'Nuru le trae el libro al profesor'
b) Mwa:limu Φ- let - el - el -a chibu:ku na Nu:ru
   profesor él-le-traer-dat-asp-pasiv libro ag Nuru
   *'El profesor fue traído el libro por Nuru'

Nótese que, en (34a), tenemos el verbo *mletelele* con dos objetos *mwa:limu* y *chibu:ku*. Además, el verbo lleva un afijo *el* que indica que la acción de dar posee un receptor. Obsérvese, además, que la forma verbal posee un morfema de referencia cruzada que concuerda precisamente con *mwa:limu* y no con *chibu:ku*; de hecho, si sustituimos este afijo de *referencia cruzada* (véase el capítulo 20, sección 6) por el que le corresponde a *chibu:ku*, que es *chi*, obtenemos una oración agramatical: (35a). Todo ello nos indica que *mwa: limu* es el objeto directo primario del verbo *mletelele*. Ello se ve confirmado por el hecho de que puede ser sujeto de la correspondiente forma pasiva del verbo, que es *letelela*, tal como vemos en (34b); por otro lado, *chibu:ku* tampoco puede ser el sujeto de la forma pasiva correspondiente, tal como comprobamos en (35b).

(35)
Bravanés (Kisseberth y Abasheikh 1977: 193)

a) *Nu:ru Φ- chi - letelele mwa:limu chibu:ku
b) *Chibu:ku chiletelel-a mwa:limu na Nu:ru

Ello nos indica que la forma de identificar el objeto directo primario es ver si posee un afijo de referencia cruzada en el verbo y comprobar si puede ser sujeto de la correspondiente forma pasiva.

El criterio de la referencia cruzada puede aplicarse a gran número de lenguas. Veamos el caso del manán:

(36)
Manán (Lichtenberk 1982: 264)

Tamóata tanépwa bóro tóli dí- a- ni
hombre jefe cerdo tres 3pl-dar a- 3sg
'Los hombres le dieron tres cerdos al jefe'

Se observa que el verbo concuerda con el sujeto (*tamóata*) y con un solo objeto; en este caso *tanépwa*, que se identificará aquí como el objeto directo primario.

Hay otras lenguas que presentan marca de caso y que permiten que dos sintagmas nominales estén marcados para el caso típico del objeto directo, es decir, el acusativo. El quechua imbabura es un ejemplo típico; vemos una muestra de ello en las oraciones de (37):

(37)
Quechua imbabura (Hermon 1985: 62)

a) Ñuka- ta - ka uma - ta nana - wa- nmi
    yo- ac- topic cabeza-ac doler - objeto-pres-3sg
    'Me duele la cabeza'
b) Ñukataka tanda - ta miku - naya - nmi
    pan-ac comer- deseo - prese-3sg
    'Tengo ganas de comer pan'

Por otro lado, hay lenguas bantúes en las que sería difícil distinguir sintácticamente los dos objetos que aparecen en las construcciones ditransitivas; en chicheva, los dos objetos pueden tener un afijo de referencia cruzada en el verbo y los dos pueden ser sujetos de la correspondiente pasiva. En estos casos, podemos hablar de construcciones de doble objeto.

La construcción con doble objeto es típica, como vemos, de los verbos que requieren tres argumentos, tales como *dar*. Precisamente el tercer argumento, además del sujeto y objeto directo, posee en estos casos la función sintáctica de objeto indirecto y, en las lenguas con caso, tal objeto indirecto suele ir en dativo. De hecho, la palabra *dativo* procede de una raíz verbal con el significado de *dar*.

Hay que distinguir el complemento indirecto requerido por verbos como *dar* o *doler* de otro complemento, normalmente no requerido por el verbo, que podemos denominar *benefactivo*. En español, el complemento indirecto se distingue del benefactivo por la preposición; en el primer caso, la preposición es *a* y, en el segundo, la preposición que conviene es *para*. Veamos unos ejemplos:

(38)
a) *Objetos indirectos:*
    i) Le$_i$ di el sobre a/*para Juan$_i$
    ii) La cabeza le duele a/*para Juan
b) *Complementos benefactivos:*
    i) Trabajo para /*a Juan
    ii) Escribe el libro para /a Juan

Obsérvese que en (38bii), tenemos dos posibilidades. Con el objeto indirecto, *a Juan* obtenemos el significado de que Juan es el destinatario del libro, en el sentido de que, una vez escrito, ese libro pasa a su control; con el complemento benefactivo ya no se denota que el destinatario del libro es Juan, sino más bien que Juan se va a ver beneficiado por el libro: intelectual, económica o moralmente, pero el libro no pasa a estar controlado necesariamente por este beneficiario. Los dos tipos de complemento pueden coaparecer en oraciones como *El cartero le entregó una carta a Pedro para Juan*.

Como vemos en los ejemplos de (38a), existen formas pronominales en español de objeto indirecto (*le-se*) que contrastan con las de objeto directo (*lo-la*); esto podría ser útil para identificar en nuestra lenguas los objetos indirectos, si no fuera por lo generalizado que está el uso de *le* como objeto directo masculino animado.

Hay también lenguas en las que el objeto indirecto se realiza mediante un caso dativo y el benefactivo, mediante una construcción compleja diferente. Por ejemplo, en húngaro existe al afijo *nak/nek* de dativo; un sustantivo con él expresa, entre otras, la función de objeto indirecto. Por otro lado, la función benefactiva se realiza mediante una construcción que consta del nombre que denota el benefactor seguido del sustantivo *szám* que concuerda en número y persona con ese nombre y que se pone en caso sublativo. Veamos dos ejemplos:

(39)
Húngaro

a) Pali köszöni meg barátjá- nak az ajándék- ot
   agradece perfvo-su amigo-dat el regalo-ac
   'Pali agradece a sus amigos el regalo'
b) Pali szám- á- ra dolgozok
   Pali 3sg-loc trabajo
   'Trabajo para Pali'

La función de objeto indirecto puede considerarse como nuclear, ya que la palabra que la desempeña denota un participante que interviene directamente en la acción denotada por el participado (el verbo). En efecto, en el caso del verbo *dar* o del verbo *doler*, vemos que el participante denotado por el sintagma que desempeña la función de objeto indirecto es un participante central o esencial en la acción o estado descrito.

Al denotar el objeto indirecto un participante central de la acción, habrá tres tipos de verbos:

(40)
Tres tipos de verbos transitivos

a) Verbos que requieren un objeto directo.
b) Verbos que requieren un objeto directo y otro indirecto.
c) Verbos que requieren un objeto indirecto.

El caso típico de (40b) es el verbo *dar*, el de (40c) es un verbo como *doler* o *hablar* y el de (40a), un verbo como *hacer*. Nótese que hay muchos verbos que requieren un objeto indirecto sin exigirlo (véase capítulo 17, sección 4); de hecho, son la mayoría de los verbos transitivios que denotan acción:

(41)
Castellano

a) Le escribí una carta a Juan
b) Le medí la cabeza a Pedro
c) Le ingresé el dinero a Juan

Pero, en general, los verbos intransitivos no requieren un objeto indirecto:

(42)
Castellano

a) Le corrí a Pedro
b) Le anduve a Juan

En valpirí, una lengua australiana que asocia la función de objeto indirecto a un sufijo de dativo, podemos ver un cuadro muy similar. En (43a) vemos un verbo que requiere un objeto directo y otro indirecto y, en (43b), un verbo que requiere únicamente objeto indirecto.

(43)
Valpirí

a) Ngayu-'ku kanpayu karli yinyi ñuntulu-rl
   yo-dat   aux bumerán dar tú-erg
   'Me das un bumerán'
b) Ngayu karnangku fiuntu-ku wangkami
   yo aux tú-dat hablar
   'Te hablo'

Por otro lado, el complemento benefactivo es un complemento opcional que denota un participante que no interviene de modo directo en la acción, proceso o estado denotado por el participado. De ahí que, prácticamente, a cualquier verbo se le puede añadir un complemento benefactivo. Por tanto, este complemento pertenece a la periferia y no al núcleo de la predicación y se parece más a un adverbio que denota una circunstancia que a un sintagma que denota un participante central.

Hay lenguas en las que el complemento benefactivo posee un *status* más central sintácticamente que en castellano o en húngaro. En la lengua bantú kiñarruanda, podemos tener una construcción tritransitiva en la que, por tanto, hay tres sintagmas nominales que parecen candidatos a tener la función de objeto. Veamos un ejemplo: extraído de

(44)
Kiñarruanda (Andrews 1985: 128)

Umugabo y - a -he - er - eye abagóre ábáana ibitabo
hombre él-pas-dar-ben- asp mujer niños libros
'El hombre les ha dado los libros a los niños para las mujeres'

En la lengua austronésica manán nos encontramos también con un caso similar de verbo tritransitivo, en el que se incluyen referencias morfemáticas a tres participantes:

(45)
Manán (Lichtenberk 1982: 267)

Tanépwa mang mi-an-Φ-áng-ʔo
jefe pollo lsg-dar a-3sg-ben-2sg
'Le daré un pollo al jefe para ti'

6. Causatividad

Una oración es *causativa* cuando tiene dos "agentes": uno que provoca una acción (el causante) y otro que lleva a cabo esa acción (el causado). Un verbo transitivo o intransitivo puede pasar a ser causativo mediante algún proceso morfológico o sintáctico. Antes que nada, veamos un ejemplo ilustrativo.

(46)
Castellano

a) Juan puso la mesa
b) María hizo a Juan poner la mesa

En (46b) tenemos una perífrasis causativa formada mediante el verbo *hacer* y que denota una acción en la que intervienen dos agentes: el que ordena y, por tanto, provoca la acción (María) y el que realiza esa acción (Juan).

Llamaremos *causante* al agente causador y *causado* al agente que realiza la acción causada por el causante.

Un verbo intransitivo también puede ser objeto de este proceso, tal como vemos en las oraciones de (47):

(47)
Castellano

a) Juan tosió
b) Pedro hizo toser a Juan

En la oración (47b) *Pedro* es el *causante* y *Juan* es el *causado*.

Como hemos podido comprobar, el proceso de causativización supone el incremento de argumentos requeridos por el verbo que se causativiza; por ello, se puede formular la siguiente regla general de causativización:

(48)
Regla general de causativización

>Mediante el proceso de causativización convertimos un predicado de n-argumentos requeridos en un predicado de $n + 1$ argumentos requeridos.

Veamos dos casos extremos de aplicación de esta definición. Sea, en primer lugar, el verbo *comprar*: vamos a suponer que es un verbo tetravalente que, por tanto, requiere los siguientes cuatro argumentos:

(49)
Argumentos requeridos por el verbo comprar

a) El sintagma que denota el comprador.
b) El sintagma que denota lo comprado.
c) El sintagma que denota el vendedor.
d) El sintagma que denota el precio.

En el ejemplo de (50), vemos un caso de realización de los cuatro argumentos requeridos, que van señalados por la letra que les corresponde en la enumeración anterior.

(50)
Castellano

Juan [a] compró un coche [b] a Pedro [c] por 100.000 pesetas [d]

Si aplicamos el proceso causativizador en este caso, entonces obtenemos el predicado causativo derivado *hacer comprar*, que será, según la formulación general 4 + 1 -valente, es decir, pentavalente. Detallamos a continuación los cinco argumentos:

(51)
Argumentos requeridos por hacer comprar

a) El sintagma que denota el causante de la transacción.
b) El sintagma que denota el comprador.
c) El sintagma que denota lo comprado.
d) El sintagma que denota el vendedor.
e) El sintagma que denota el precio.

La siguiente oración, en la que indicamos cuál es cada argumento, ejemplifica esta situación:

(52) *Castellano*
Antonio [a] hizo a Juan [b] comprar un coche [c] a Pedro [d] por 100. 000 pesetas [e].

El otro caso extremo es aquel en el que el verbo de partida es cero-valente; si convenimos en que *llover* es un verbo cerovalente (véase sobre esta cuestión el capítulo 22, sección 7), es decir, que no requiere ningún argumento (aunque pueda regir alguno; véase sobre esto el capítulo 17, sección 4), entonces, al aplicar el proceso de causativización a este predicado, vamos a obtener un predicado de 0 + 1 -valente, es decir, monovalente. En (53) vemos los ejemplos pertinentes para ilustrar esto:

(53)
a) Llueve
b) Sus plegarias hicieron llover

Siguiendo a Nedialkov y Sil'nitskiï (1973), podemos establecer los fundamentos de una tipología de la causatividad. Esta tipología puede ser morfológica o semántica. Definamos cada una de ellas:

(54)
a) Tipología morfológica de la causatividad:
   Se investiga cómo se realiza en las lenguas la oposición morfológica entre predicados causativos y no causativos.
b) Tipología semántica de la causatividad:
   Ahora se investigan los distintos tipos semánticos de relación causal y se relacionan con los tipos morfológicos.

La tipología morfológica se puede realizar sobre el criterio de cómo se establece la oposición morfológica entre un predicado causativo y otro no causativo. En este sentido, podemos establecer las siguientes clases:

(55)
Tipología morfológica de la causatividad

    a) Oposición morfológica derivativa: El predicado causativo se deriva a partir del no causativo a través de un morfema derivativo.
        EJEMPLO: En indonesio de *patah* 'romperse' obtenemos la forma causativa *mematah-kan* 'romper'; de *raya* 'rey' obtenemos *raya-kan* 'coronar' (= hacer rey).
    b) Oposición morfológica no derivativa: El predicado causativo se distingue del no causativo por algún morfema, sin que uno se derive del otro morfológicamente; o bien simplemente poseen la misma forma.
        EJEMPLO: abjaso: *–blueit* 'arder' y 'quemar'; español: *hervir* (es decir, *el agua hierve* y *María hierve el agua*).
    c) Oposición morfológica supletiva: El predicado causativo se distingue del no causativo porque posee una raíz diferente.
        EJEMPLO: español: *morir, matar.*
    d) Oposición sintagmática: En este caso, el predicado causativo se diferencia del no causativo, porque aquél está en una construcción sintagmática compleja en la que suele intervenir un verbo causativo.
        EJEMPLO: inglés: *laugh* 'reír' - *make laugh* 'hacer reír'; vietnamita: *cu'o'i* 'reír' - *lam cu'o'i* 'hacer reír'.

Es evidente que los procedimientos (55a), (55b) y (55c) se pueden agrupar bajo la etiqueta de *sintéticos*, mientras que el procedimiento de (55d) se puede concebir como *analítico*.

Pasemos ahora a la tipología semántica de la causatividad. Podemos clasificar las construcciones causativas mediante consideraciones que tienen que ver con los diversos matices semánticos que tal construcción puede conllevar; siguiendo a Nedialkov y Sil'nitskiĭ (1973) podemos establecer los siguientes:

(56)
Tipología semántica de la causatividad

    a) Causación factitiva / Causación permisiva:
    En la causación factitiva el causante adquiere la responsabilidad principal de la acción realizada por el causado.
        EJEMPLO: *Le hice transgredir las leyes.*
    En la causación permisiva, es el causado el que adquiere la responsabilidad principal de la acción instigada por el causante.
        EJEMPLO: *Le permití transgredir las leyes.*
    b) Causación directa / Causación indirecta:
    En la causación indirecta, la relación entre el causante y el causado está más mediatizada que en la causación directa.
        EJEMPLO: *El rey mató al bufón* [causación directa].

El rey hizo matar al bufón [causación indirecta: ordenó a alguien que lo matara; es decir, utilizó un intermediario].
c) *Causación intelectiva:*
En este caso, el causante no origina un estado, proceso o acción en el causado, sino que lo imagina.
EJEMPLO: árabe: *kazaba* 'ser mentiroso' - *kazzaba* 'considerar un mentiroso'; español: *me hizo mentiroso* en el sentido de *me consideró un mentiroso*. Otro ejemplo: *le hice en París* 'consideré que estaba en París'.
d) *Causación comitativa:*
Se produce cuando una acción realizada por el causante produce otra acción similar realizada por el causado.
EJEMPLO: indonesio: *datang* 'hablar' - *men-datang-kan* 'conversar con alguien'; guaraní: "a-cô' 'voy' - *ara- co* 'Llevo a alguien' (es decir, yo voy y hago que alguien más haga lo propio); en esta lengua, hay un afijo causativo no comitativo: *a-i-mo- ndo* 'envío'.
e) *Causación antirreflexiva:*
El causante realiza una acción en vez del causado sobre él mismo.
EJEMPLO: coreano: *sin* 'calzarse' - *sin-gi* 'calzar a otra persona'.

Existen algunos otros tipos semánticos, pero basten éstos para dar una idea de este tipo de caracterizaciones.

Dadas estas dos clasificaciones, podemos poner ahora algunos ejemplos de cómo se combinan ambas en las lenguas y de cómo actúa también el proceso de causativización que hemos definido antes. En la lengua túrquica chuvacho encontramos posibilidades de derivaciones causativas que no son muy frecuentes en las lenguas:

(57)
Causativización en chuvacho

a) A partir del verbo intransitivo *lar* 'estar sentado', podemos derivar el predicado causativo *lart* 'sentar a alguien', que es una causación directa; a partir de aquí, podemos seguir causativizando esa forma verbal para obtener *larttar* 'hacer a alguien sentar a alguien', donde la relación indirecta entre el causante y el causado nos muestra un caso de causación indirecta. Por último, podemos causativizar una vez más la forma resultante, para obtener *larttartar* 'hacer que alguien haga a alguien sentar a alguien', que incluye una nueva causación indirecta.
b) A partir del verbo *selet* 'coser', obtenemos, mediante el proceso de causativización, el verbo *seletter* 'hacer coser', que indica causación indirecta y, a partir de este último, obtenemos el verbo *selettertter* 'hacer que alguien cosa algo a través de alguna otra persona', que incluye dos causaciones indirectas.

La estructura sintáctica más compleja de las construcciones causativas consta de un sintagma nominal que denota el causante y que es el sujeto de un sintagma verbal cuyo núcleo es el verbo causativo (*hacer* o *permitir*) y cuyo complemento es una subordinada con su sintagma nominal sujeto y su sintagma verbal predicado.

A la oración (58a) le corresponde la estructura (58b):

(58)
Castellano

a) Juan hizo que Pedro diera un libro a Antonio
b) [$_O$[$_{NP}$Juan] [$_{SV}$[$_V$hizo][$_{O'}$ [$_{CONJ}$que][$_O$[$_{NP}$Pedro] [$_{SV}$diera] [$_{SPron}$un libro] [$_{SP}$a Antonio]]$_{SV}$]$_O$] $_{O'}$]$_{SV}$]$_O$

Como vemos, el objeto del verbo principal denota el causante y la cláusula subordinada contiene un sintagma nominal que denota el causado y la acción que éste controla y que ha sido causada por el causante.

Ahora bien, es normal en las lenguas que el verbo causativo forme una unidad con el verbo que denota la acción causada, ya sea porque no hay verbo causativo, sino un morfema causativo dentro del verbo que denota la acción o proceso causados, ya sea porque uno y otro están sintagmáticamente integrados en una perífrasis verbal causativa; tal perífrasis verbal puede ser el origen de un proceso de reanálisis sintáctico en el que la estructura de (58b) pasa a convertirse en una estructura como la de (59b) que corresponde a la forma más corriente de (59a):

(59)
Castellano

a) Juan hizo a Pedro dar un libro a Antonio
b) [$_O$ [$_{NP}$Juan] [$_{SV}$[$_V$hizo dar] [$_{SPron}$un libro] [$_{SP}$a Antonio] [$_{SP}$a Pedro]]$_{SV}$]$_O$

Obsérvese que en español es posible introducir el sintagma nominal que denota el causado entre los dos verbos de la perífrasis causativa. Ello no ocurre así en lenguas próximas a la nuestra tales como el francés [ejemplos de (60a)] y el italiano [ejemplos de (60b)]:

(60)
a) *Francés:*
   i) Je ferai planter les choux au jardinier
      yo haré plantar las coles al jardinero
      'Haré plantar las coles al jardinero'
   ii) *Je ferai le jardinier planter les choux
       yo haré el jardinero plantar las coles
       'Haré al jardinero plantar las coles'
b) *Italiano:*
   i) Faccio baciare le ragazze a Carlo
      hago besar alas chicas a Carlo
      'Hago besar a las chicas a Carlos'
   ii) *Faccio Carlo baciare le ragazze
       hago Carlo besar las chicas
       'Hago a Carlos besar a las chicas'

La posible razón de esto quizás esté en el hecho de que, como vamos a ver a continuación, el italiano y el francés tienen más posibilidades de expresar el causado que el español, que, para evitar ambigüedades como las que podrían surgir a partir de una oración como la siguiente:

(61)
Castellano

Juan hizo besar a Carlos a María

donde no se sabe muy bien quién es el causado, si Carlos o María, recurre a colocar el causado detrás del verbo causativo:

(62)
Castellano

a) Juan hizo a Carlos besar a María [causado = Carlos]
b) Juan hizo a María besar a Carlos [causado = María]

Vamos a ver ahora mismo que situaciones como las de (61) no se pueden producir en francés o italiano, ya que estas lenguas poseen otros modos de expresar el causado.

Ya hemos visto que el sujeto de la subordinada pasa a ser complemento sintáctico del verbo principal, en este caso, objeto indirecto. Una pregunta que surge es la siguiente: ¿ocurre esto siempre en las lenguas del mundo? La respuesta es que esto varía inter e intralingüísticamente según sea el verbo que se causativiza intransitivo o transitivo. Tenemos las siguientes posibilidades:

(63)
Formas de expresión sintáctica del causado

a) Si el verbo causativizado es intransitivo, entonces el causado es objeto directo del verbo causativo resultante.
b) Si el verbo causativizado es transitivo, entonces el causado es el objeto indirecto del verbo causativo resultante.
c) Si el verbo causativizado es ditransitivo (tiene dos objetos directos o uno directo y otro indirecto) entonces el causado será un complemento agentivo.

Veamos ejemplos de estas situaciones, extraídos de Comrie (1976b). En italiano y sánscrito tenemos dos ejemplos de la primera situación:

(64)
a) Italiano
   Gianni fa venire Pablo / lo fa venire
   Juan hace venir Pablo lo hace venir
   'Juan hace venir a Pablo / le hace venir'
b) Sánscrito
   Ra:mo madhuliham pa:tayati
   Rama abeja-ac volar-caus
   'Rama hace volar a la abeja'

La segunda situación está perfectamente ejemplificada en las oraciones que siguen:

(65)
a) Persa
   Yeki az a:nha: ca:y -ra: be-pesar-am musha:nid
   uno de ellos té -ac dat-hijo-mío beber-caus
   'Uno de ellos ha hecho beber té a un hijo mío'
b) Francés
   J'ai fait manger la pomme á Claude
   yo-he hecho comer la manzana a Claudio
   'He hecho comer la manzana a Claudio'

Por último, cuando el verbo que se causativiza exige un objeto directo y otro indirecto, el causado se pone normalmente en la forma que presente un complemento agente de la pasiva. Veamos tres ejemplos relevantes:

(66)
a) Italiano
   Ho fatto scrivere una lettera a Paolo da Maria
   He hecho escribir una carta a Pablo por María
   'He hecho a María escribir una carta a Pablo'
b) Francés
   Pierre fait donner un cadeau á Marie par Jean
   Pedro hace dar un regalo a María por Juan
   'Pedro hace a Juan dar un regalo a María'
c) Turco
   Dishçi Hasan-a mektub-u müdür tarafîndan göstertti
   dentista Hasan-dat carta-ac jefe por mostrar-caus
   'El dentista ha hecho al jefe mostrar la carta a Hasan'

Es muy interesante comprobar que, en algunas lenguas, el causado puede expresarse mediante un sintagma con función de objeto directo u, opcionalmente, mediante un sintagma con función de objeto indirecto, en la misma construcción. Esto es algo frecuente en lenguas muy diversas tipológicamente. Veamos algunos casos ilustrativos:

(67)
Francés

a) J'ai fait nettoyer les toilettes PAR le général
   Yo-he hecho limpiar los lavabos por el general
   'He hecho que el general limpie los lavabos'
b) J'ai fait nettoyer les toilettes AU général
   yo-he hecho limpiar los lavabos a-el general
   'He hecho al general limpiar los lavabos'

(68)
Japonés

a) Taroo ga Ziroo NI ikaseta
   Taroo suj Ziroo dat ir-caus
   'Taroo ha hecho que Ziroo se vaya'

b) Taroo ga Ziroo O ikaseta
Taroo suj Ziroo ac ir-caus
'Taroo ha hecho ir a Ziroo'

(69)
Húngaro

a) Köhög-te-ttem a gyer-ek-kel
toser-caus-pas art nifio-pl-instr
'He hecho que los niños tosieran'
b) Köhög-te-ttem a gyer-ek-et
toser-caus-pas art nifio-pl-ac
'He hecho toser a los niños'

(70)
Quechua boliviano

a) Nuqa Fan-wan rumi-ta apacini
yo Juan-instr roca-ac llevar-caus
'Hago que Juan lleve la roca'
b) Nuqa Fan-ta rumi-ta apacini
yo Juan-ac roca-ac llevar-caus
'Hago a Juan llevar la piedra'

Cuando se dan las dos posibilidades ilustradas en los pares (67) a (70), entonces al primer miembro del par se le asigna una causación indirecta y, al segundo, una causación directa. Esta diferencia se puede ver en los ejemplos de (67). En efecto, en (67a), el causante hace algo a resultas de lo cual el general limpia los lavabos sin que éste sea consciente de que su acción ha sido provocada por él; en (67b), el causante ha ordenado directamente al general que limpie los lavabos; se trata de una causación directa.

1. Determine el grado de transitividad de los siguientes sintagmas verbales según los criterios de la hipótesis de la transitividad de Hopper y Thompson:

    (71)
    Castellano

    a) Se detectan globos-sonda
    b) Siempre se canta así
    c) No se cree que hayan sobrevivido
    d) Juan no soporta a su tía
    e) El niño rompió los dos juguetes que le regalaron ayer

2. Determine los usos benefactivos y no benefactivos de *para* en las siguientes oraciones:

(72)
Castellano

  a) Juan trabaja para Pedro
  b) Muévete un poco para atrás
  c) Juan se esfuerza para esta causa
  d) Pedro va para ministro
  e) Juan no pide para el cáncer
  f) Va para la iglesia para ese santo

3. ¿Qué tipo de causatividad expresa el verbo *dejar* en las siguientes oraciones?:

(73)
Castellano

  a) Dejó morir a su padre
  b) ¡Déjame estudiar!
  c) La explosión le dejó sordo
  d) Dejó el asunto para otro día
  e) Dejó matar a su padre
  f) Nos dejó admirados
  g) Siempre le deja por idiota

CLAVE **1.** Según los criterios de transitividad vistos, está claro que (71e) contiene el sintagma verbal con mayor grado de transitividad. En efecto, denota una *acción* en la que interviene un *agente* que actúa sobre un participante muy *individualizado* al que *afecta*. En segundo lugar, podemos proponer que (71d) sigue en transitividad a la oración (71e). Hay ahora un menor grado de transitividad, ya que no se denota una *acción* y, además, estamos ante una *negación*. A continuación, proponemos (71a). En ella, existe una *acción* que afecta a un objeto, pero ni hay un participante que sea agente ni el único participante señalado está *individuado*. A continuación, proponemos (71b) en la escala de transitividad. Ahora estamos ante una *acción* genérica sin participantes especificados. Por último, conceptuamos (71c) como la oración que contiene un sintagma verbal de menor transitividad: no hay participantes individuales y no se denota una acción.

  2. En (72a), (72c) y (72e) la preposición *para* introduce claramente un participante benefactivo; obsérvese que, en algunos casos, existe una interpretación elíptica del sintagma nominal que rige la preposición. Así, *para el cáncer* en (72e) puede denotar algo así como *para la lucha contra el cáncer*. En los casos (72b) y (72d) *para* no introduce un complemento benefactivo sino un complemento locativo, en el primer caso, y atributivo, en el segundo. En el ejemplo de (72f) vemos dos sintagmas con *para*: el primero es claramente locativo y el segundo claramente benefactivo. Se emitiría cuando se describe una situación en la que alguien le ha ofrecido a algún santo ir a determinada iglesia.

  3. En estas oraciones podemos comprobar cómo las perífrasis construidas mediante el verbo *dejar* pueden tener distintos matices causativos. En (73a), (73b) y (73e) estamos ante una causación permisiva, que parece ser el uso no marcado de *dejar* en este tipo de perífrasis. En los tres casos, se puede sustituir este verbo por el verbo *permitir*. En los demás casos, esta sustitución no es posible, por lo que es claro que estamos ante otros tipos de causatividad. En (73c), (73d) y (73f) estamos ante causaciones factitivas: en el primer caso, puede sustituirse el verbo por *hacer* y, en los dos siguientes, se puede sustituir por verbos como *posponer* o *admirar*, ambos en su sentido causativo. Por último, la oración (73g) pudiera tratarse como un ejemplo de causación intelectiva; en este caso concreto, se dice que la persona en cuestión actúa como si creyese que la persona de quien hablamos es idiota.

CUESTIONES PROPUESTAS

1. Determine el grado de transitividad de los siguientes sintagmas verbales según los criterios de la hipótesis de la transitividad de Hopper y Thompson:

    (74)
    Castellano

    a) Juan y Pedro detectaron dos globos sonda
    b) Hoy cantaron sólo sevillanas
    c) Puede que crean a Pedro
    d) El niño escribió la carta
    e) Pedro suele escribir poemas

2. ¿Qué otras expresiones pueden en español denotar un participante benefactivo?

3. ¿Cómo se expresa la causatividad en las siguientes oraciones?:

    (75)
    Castellano

    a) Juan entristeció a Pedro
    b) Juan humilló a Pedro
    c) Juan acercó a Pedro a la ciudad
    d) El paro aumenta el descontento social
    e) Juan le forzó a hablar
    f) Pedro no logró convencerle
    g) Pedro impidió a Juan ganar
    h) La mala noticia le impidió mejorar a Juan
    i) Juan dio fin a la discusión
    j) Pedro puso a Juan nervioso

4. Caracterice los diversos usos y restricciones de la construcción causativa en húngaro, sobre la base de los ejemplos que siguen (extraídos de J. C. Moreno Cabrera 1998b: 135-136):

    (76)
    Húngaro
    1. A mosónővel kimosattam a ruhákat 'Le di a lavar la ropa a la lavandera'.
    2. A mosodával kimosattam a ruhákat 'Le di a la lavandería la ropa para lavar'.
    3. A mosógéppel kimosattam a ruhákat 'Puse la ropa en la lavadora para lavarla'.
    4. A mosógéppel kimostam a ruhákat 'Lavé la ropa con la lavadora'.
    5. A mosógép kimosta a ruhákat 'La lavadora lavó la ropa'.
    6. *A kővel betörettem az ablakot 'Hice que la piedra rompiera la ventana'.
    7. A kővel betörtem az ablakot 'Rompí con la piedra la ventana'.
    8. A kő betörte az ablakot 'La piedra rompió la ventana'.
    9. A kutyával felnyalattam a kiömlött ételt 'Hice que el perro lamiese la comida rebosada'.
    10. A robottal kimosattam a ruhákat 'Hice al robot lavar la ropa'.
    11. *A robottal kimostam a ruhákat 'Lavé la ropa con el robot'.
    12. *A számológéppel kiszámíttattam az eredményt 'Hice que la calculadora calcular el resultado'.

13. A számológéppel kiszámítottam az eredményt 'Calculé el resultado con la calculadora'.
14. A számítógéppel kiszámíttattam az eredményt 'Hice que el ordenador calculara el resultado'.

15. A számítógéppel kiszámítottam az eredményt 'Calculé el resultado con el ordenador'.

ORIENTACIÓN BIBLIOGRÁFICA

AISSEN, J.: *The syntax of causative constructions,* Nueva York, Garland, 1979.
En este trabajo se analiza la sintaxis de la construcciones causativas en lenguas romances como el español y el francés y en turco. Es un estudio recomendable para profundizar en la sintaxis de las construcciones causativas.

ARANDA, A.: *La expresión de la causatividad en español actual,* Zaragoza, Pórtico, 1990.
Se trata de un estudio monográfico sobre la transitividad en español; puede utilizarse para conocer más a fondo estas construcciones en español.

BOSSONG, G.: *Empirische Universalienforschung. Differentielle Objektmarkierung in den neuiranischen Sprachen,* Tubinga, Gunter Narr, 1985.
Este libro está dedicado al fenómeno que hemos denominado en este capítulo MVO. En él, se enuncian una serie de leyes universales que regulan la MVO y se realiza una investigación empírica detalladísima sobre las lenguas iranias. Se analizan con detenimiento veinte lenguas iranias modernas. Es un trabajo muy estimable por su amplitud e interés teórico.

CAMPOS, H.: "Transitividad e intransitividad" en I. Bosque y V. Demonte (dirs.), *Gramática Descriptiva de la Lengua Española*, Madrid, Espasa Calpe, 1999, capítulo 24, pp. 1.519-1.574.
Completo repaso descriptivo sobre la transitividad en español.

CANO AGUILAR, R.: *Estructuras Transitivas del español actual,* Madrid, Gredos, 1981.
Trabajo monográfico sobre la transitividad en español, que debe consultarse para tener una visión detallada y documentada de los problemas que plantea esta categoría en nuestra lengua.

CANO AGUILAR, R.: "Los complementos de régimen verbal" en I. Bosque y V. Demonte (dirs.) *Gramática Descriptiva de la Lengua Española*, Madrid, Espasa Calpe, 1999, capítulo 29, pp. 1.807-1.854.
Estudio descriptivo muy completo de los complementos regidos por el verbo en español.

COMRIE, B.: "Construcciones Causativas" en B. Comrie, *Universales del Lenguaje y Tipología Lingüística. Sintaxis y Morfología,* Madrid, Gredos, 1989 [1981], capítulo 8.
Breve y clara exposición de las propiedades sintácticas más importantes de las construcciones causativas en las lenguas del mundo.

COMRIE, B. y M. POLINSKY (eds.): *Causatives and Transitivity,* Amsterdam, John Benjamins, 1993.
Contiene este volumen dieciocho trabajos sobre la causatividad y transitividad en las lenguas del mundo. Nueve de estos trabajos tratan cuestiones teóricas de la causatividad y los restantes son estudios dedicados a la causatividad en esvano, ruso, yukaguiro, alutor, haruái, evén, aleuta y dogón.

EILFORT, W. H. y otros (eds.): *Papers from the Parasession on Causatives and Agentivity at the Twenty-First Regional Meeting,* Chicago Linguistic Society, 1985.
En este volumen, se recogen veintitrés trabajos sobre la causatividad en diferentes lenguas y se abordan distintas cuestiones teóricas relacionadas con este fenómeno.

GUTIÉRREZ ORDÓÑEZ, S.: "Los dativos" en I. Bosque y V. Demonte (dirs.), *Gramática Descriptiva de la Lengua Española,* Madrid, Espasa Calpe 1999, capítulo 30, 1.855-1.930.
Repaso exhaustivo sobre los dativos en español, que constituye una base imprescindible en el estudio de esta categoría.

HOEKSTRA, T.: *Transitivity. Grammatical Relations in Government-Binding Theory,* Dordrecht, Foris. 1984.
En este libro se expone el concepto teórico de transitividad de la Gramática Generativa. Es un exponente de otra forma de estudiar la cuestión distinta a la funcional-tipológica representada por algunas de las publicaciones que citamos aquí mismo.

JOLODOVICH, A. A. (ot. red.) Холодович. А А: Типология каузативных конструкций. Морфологический каузатив [Tipología de las construcciones causativas. El causativo morfológico], Moscú, Nauka, 1969.
Este libro es una recopilación ya clásica en la que se describen detalladamente las construcciones causativas en varias lenguas: chino antiguo, abjaso, árabe, bácico, húngaro, georgiano, indonesio, itelmeno, nivejí, suahilí, tayiquí, finés, chuvacho, chucoto y japonés.

LYONS, J.: "Transitividad y Ergatividad" en J. Lyons *Introducción en la Lingüística Teórica,* Barcelona, Teide, 1973 [1968], pp. 362-284.
En esta sección del famoso manual se hace una exposición de la transitividad y de la causatividad a la que puede recurrir el lector para comprobar otro punto de vista.

HOPPER, P. J. y S. A. THOMPSON: "Transitivity in Grammar and Discourse", *Language,* 56, 1980, pp. 251-299.
Importante artículo en el que se examina el fenómeno de la transitividad desde una perspectiva gramatical y discursiva y con una amplísima base empírica. Nos hemos basado en gran medida en este artículo para confeccionar el presente capítulo y, por tanto, es una lectura imprescindible para profundizar en conceptos que aquí han quedado sólo esbozados.

HOPPER, P. J. y S. A. THOMPSON (eds.): *Syntax and Semantics, vol. 15. Studies in Transitivity,* Nueva York, Academic Press, 1982.
Es ésta una recopilación de veinte trabajos sobre la transitividad en distintas lenguas, que supone una comprobación empírica de largo alcance de la hipótesis de la transitividad de Hopper y Thompson. Contienen estos artículos exposiciones detenidas del fenómeno de la transitividad en lenguas australianas, francés, huichol, hebreo, uté, armenio, hua, ocanogano, lenguas bantúes, checo, manán, chino, idoma, ruso, chicasa, apache y japonés. Muchos de los ejemplos de estas lenguas que damos en este capítulo están sacados de este libro.

MANNING, C. D.: *Ergativity. Argument Structure and Grammatical Relations,* Stanford, CSLI Publications, 1996.
En este libro se examinan con detalle los diversos análisis de la ergatividad propuestos y se hacen propuestas originales. La segunda parte del libro (pp. 79 a 192) se dedica a un estudio pormenorizado de la ergatividad en inuí.

PLANK, F. (ed.): *Objects. Toward a Theory of Grammatical Relations,* Nueva York, Academic Press, 1984.
Se trata de una importante recopilación de trece artículos sobre la función sintáctica de objeto directo en sus aspectos teóricos y tipológicos. Los trabajos de Anderson, Gil, Givón y Lazard son contribuciones importantes para la obtención de una definición de objeto tipológicamente

consistente. Se trata, pues, de una libro imprescindible para los que quieran profundizar en estas cuestiones.

SEILER, H. y W. PREMPER (eds.): *Partizipation. Das sprachliche Erfassen von Sachverhalten*, Tubinga, Gunter Narr, 1991.
Es un volumen que recoge veintún trabajos la mayoría de los cuales versan sobre la transitividad y la causatividad, entre algunas otras cuestiones, desde el punto de vista de la escuela del UNITYP. Tanto por la profundidad teórica de estos trabajos como por su amplitud empírica, estamos ante una obra-clave, necesaria para profundizar en todas las cuestiones que hemos tratado en este capítulo y en los siguientes.

SHIBATANI, M. (ed.): *Syntax and Semantics, vol. 6, The Grammar of Causative Constructions*, Nueva York, Academic Press, 1976.
Recopilación imprescindible de estudios tipológicos sobre la causatividad. Consta de dos partes; la primera contiene ocho trabajos sobre la definición teórica de distintos aspectos de la causatividad, precedidos por una importante introducción teórico-tipológica del editor. La segunda parte contiene diez trabajos sobre la sintaxis de la causatividad en las lenguas bantúes, en hindí-urdú, en húngaro, en turco, en lahú, en tai y en chino. Hay en esta parte un importante artículo de Comrie sobre la tipología sintáctica de la causatividad. Es una obra de inexcusable consulta.

SONG, J. J.: *Causatives and Causation. A Universal-Typological Perspective*, Londres, Longman, 1996.
Interesante monografía sobre la tipología de la causatividad. Se tienen en cuenta los aspectos diacrónicos de los afijos causativos y se analizan detalladamente las construcciones causativas en coreano. Sus casi cien páginas de bibliografía contienen un repertorio representativo de los estudios de causatividad. Es un libro recomendable para profundizar en el estudio de la causatividad.

TORREGO, E.: "El complemento directo preposicional" en I. Bosque y V. Demonte (dirs.), *Gramática Descriptiva de la Lengua Española*, Madrid, Espasa Calpe, 1999, capítulo 28, pp. 1.779-1.806.
Completo repaso a la problemática del complemento directo preposicional en español.

TSUNODA, T.: "Remarks on Transitivity", *Linguistics,* 21, 1985, pp. 385-396.
En este breve artículo, Tsunoda examina críticamente la hipótesis propuesta por Hopper y Thompson en el artículo que hemos citado. Por su claridad es una lectura que complementa muy bien dicho artículo.

22

INTRANSITIVIDAD: INCORPORACIÓN, REFLEXIVIDAD, PASIVIDAD, ANTIPASIVIDAD, ANTICAUSATIVIDAD, IMPERSONALIDAD E INACUSATIVIDAD

1. Introducción

En este capítulo vamos a estudiar algunas construcciones típicas que se caracterizan por poseer un grado muy bajo de transitividad y, por tanto, por ser típicamente intransitivas. En primer lugar, investigaremos un tipo de *intransitividad* que surge cuando el nombre que desempeña la función de objeto directo se *incorpora* al verbo y se crea, así, un verbo complejo derivado que posee un claro carácter intransitivo. Después estudiaremos otro tipo de incorporación semántica, en este caso, por correferencia, que se produce cuando el objeto directo tiene la misma referencia que el sujeto; estamos ante la *reflexividad*. A continuación, veremos la *pasividad*, que es un fenómeno que sirve para intransitivizar estructuras transitivas, ya que el sintagma nominal que habría de ser el objeto de un verbo transitivo pasa a ser sujeto de un verbo pasivizado que adquiere así un carácter intransitivo. Después analizaremos la *antipasividad*, que se da en las lenguas ergativas y que consiste en que el agente de un verbo transitivo pasa a ser tratado igual que el objeto de verbo transitivo, al intransitivarse este verbo. En la *anticausatividad*, el sujeto denota la entidad que experimenta un proceso causado. Por último, en la *impersonalidad* vamos a ver muchas características típicas de la intransitividad.

2. La incorporación

La incorporación es un mecanismo mediante el cual un sustantivo que tiene función de objeto (a veces, como veremos, de sujeto) pasa a convertirse en un modificador del verbo mediante el cual se obtiene un nuevo verbo complejo que tiene un argumento menos que el verbo original, de ahí el carácter claramente intransitivador de este proceso. Existen dos tipos esenciales de incorporación:

(1)
Dos tipos de incorporación

a) *Incorporación morfológica:*
El nombre pasa a convertirse en un morfema del verbo en el que se integra plenamente tanto morfológica como fonéticamente. Las lenguas que conocen este fenómeno fueron denominadas por Humboldt *incorporantes*; ejemplos son el nahua, el esquimal o el chucoto.

b) *Incorporación sintáctica:*
El nombre pasa a formar una unidad sintagmática con el verbo y sigue conservando su autonomía morfológica, aunque pierde las características sintácticas típicas de su antigua función de objeto directo. Se da este tipo en inglés o castellano.

Empezaremos viendo este fenómeno en aquellas lenguas que conocen la incorporación morfológica. Ésta consiste fundamentalmente en que un nominal objeto pasa a convertirse en un morfema del verbo que lo rige. El sustantivo incorporado pierde las características nominales de tipo morfológico y sintáctico y deja de ser referencial.

Veamos algunos casos de incorporación morfológica en algunas lenguas. Primero, en yucateco:

(2)
Yucateco (Mithun 1984: 857)

a) Kinch'akik che'
talo- 1 sg arbol
'Talo un árbol'
b) Kinch'ak-che'
talo- 1 sg-arbol
'Talo árboles'

En dasené tenemos este otro caso:

(3)
Dasené (Sasse 1984: 251):

a) ʔaːr a laːlla
canción foco canto
'Canto una canción'
b) A ʔaːr-laːlla
Foco canción-canto
'Canto'

En onondaga tenemos otro ejemplo similar:

(4)
Onondaga (Mardirussian 1975: 384):

a) Waʔhahninúʔ neʔ oyéʔkwaʔ
   compró art tabaco
   'Compró el tabaco'
b) Waʔha- yeʔkwa- hní:nu
   tabaco - compró
   'Compró tabaco'

En los tres casos, observamos que, en la oración de (b), el sustantivo que en la oración de (a) aparecía independientemente del verbo que lo regía ha pasado a convertirse en un morfema más del tema verbal y pasa a configurar con éste una oración que consta de una única palabra. La raíz nominal, además, ha de adecuarse a las leyes morfonológicas que actúan sobre el verbo y no a las que operan sobre el sustantivo; por ello, estamos ante una auténtica asimilación morfonológica. Por otro lado, se observa que, cuando existe la posibilidad de incorporación, la forma verbal con el nombre incorporado es la que tendrá un significado claramente más intransitivo. En efecto, en el primer caso, la forma incorporada nos está señalando, no un acto concreto, sino una actividad general, la de cortar árboles o, dicho con otras palabras, la de ser leñador. Según los criterios de transitividad vistos en el capítulo anterior, queda claro que es más transitiva la estructura que denota "yo talo el árbol" que "yo talo árboles", que vendría más o menos a equivaler a "yo soy talador de árboles". En el segundo caso, la primera oración hace referencia a una actividad más concreta que la segunda: en la primera oración, yo canto una canción, pero en la segunda canto canciones en general. En el tercer caso, observamos que tanto la oración a) como la oración b) denotan una acción concreta y específica; ahora bien, la diferencia está en que mientras que en la primera oración se está haciendo referencia a un tabaco determinado, en la segunda, el tabaco concreto que se comprase es irrelevante, basta sólo con señalar su característica de ser tabaco sin que se esté mencionando ningún tabaco concreto; es decir, el segundo "tabaco" está mucho menos individuado que el primero y, por tanto, la oración b) es mucho más intransitiva que la primera, lo cual se manifiesta en que esa oración posee incorporado un sustantivo.

Puede ocurrir que tanto la estructura incorporada como la estructura sin incorporar hagan referencia a una acción concreta ejercida sobre un objeto concreto. En estos casos, la diferencia de uso de una y otra construcción es discursiva y, precisamente, la estructura incorporada posee una función discursiva claramente menos transitiva. Veamos dos ejemplos del nahua extraídos de Mithun (1984), seguidos de la interpretación que esa autora da de dichos ejemplos:

(5)
Nahua (Mithun 1984: 860)

a) Ne' kica'ki kallaktli
   él cerró la puerta
b) Ne' kal-ca'ki
   él puerta-cerró
   'Cerró la puerta'

Si usamos (5a), lo hacemos para denotar que él cerró la puerta de una manera poco usual o de una forma no esperada; la puerta tiene un protagonismo relevante aquí. Por otro lado, (5b) hace referencia al acto de cerrar la puerta sin que se mencione especialmente la puerta en cuestión; por tanto, es la forma usual de denotar la acción de cerrar la puerta tal como la entendemos en el uso cotidiano no marcado.

Algunas lenguas morfológicamente incorporantes permiten también incorporar un nominal que en los términos de las lenguas europeas se puede conceptuar como sujeto. Por ejemplo, en la lengua paleosiberiana chucoto, podemos incorporar el sujeto de un verbo como *huir* en circunstancias como las que se muestran en las dos oraciones siguientes:

(6)
Chucoto (Nedialkov 1977: 127)

a) Etləg-epə k'aat gəntekvʔet
   padre-loc ciervos huyeron
   'Huyeron del padre ciervos'
b) Etləgen k'aa-gëntakvʔe
   padre ciervos-huyeron
   'Huyeron los ciervos del padre'

En el primer caso, sin el sujeto incorporado, *etləg-epə* 'del padre' indica a quién se le escaparon los ciervos, sin indicar si esos ciervos eran suyos o no; en el segundo caso, se incorpora *ciervo* como morfema del verbo y entonces se indica que los ciervos que se escaparon eran del padre. Obsérvese que, al incorporarse el sujeto del verbo *huir* en (6a), el complemento locativo (*del padre*) pasa a ser el sujeto del nuevo verbo transitivo resultante de la incorporación.

Pasemos ahora a la incorporación sintáctica. En este caso, el sustantivo incorporado sigue manteniendo su autonomía morfológica, pero cambian de modo radical las relaciones sintácticas y semánticas que tiene con el verbo al que se incorpora sintácticamente. Vamos a basar nuestra exposición de la incorporación sintáctica fundamentalmente en Dik (1980b: 39-52).

Partiremos de un ejemplo castellano de incorporación sintáctica para ilustrar el fenómeno:

(7)
Castellano

a) Juan busca el piso
b) Juan busca piso

Oraciones como (7b) siempre han sido problemáticas para cualquier análisis gramatical, ya que se suele decir que en (7b) *piso* es objeto directo de *busca*. Sin embargo, no parece funcionar ni sintáctica ni semánticamente como un argumento del verbo *buscar*. En efecto, ni se puede pronominalizar con *lo* ni pasar a sujeto de la pasiva, ni tampoco es un sintagma referencial, ya que no se hace referencia mediante él a ninguna entidad concreta.

(8)
Castellano

a) El piso, Juan lo ha estado buscando desde hace meses
b) *Piso, Juan lo ha estado buscando desde hace meses

(9)
Castellano

a) El piso fue buscado por Juan
b) *Piso fue buscado por Juan

Por otro lado, no se explica por qué (10a) está semánticamente bien formada, pero no lo está (10b):

(10)
Castellano

a) Juan busca el zapato
b) Juan busca zapato

La relación que existe entre *busca* y *piso* en (7b) no parece ser entonces la que hay entre un verbo y su objeto. Entonces, ¿qué relación mantienen? Vamos a proponer que *piso* está sintácticamente incorporado a busca (como ya explicamos en el capítulo 20, sección 8). Esto es lo que propone también I. Bosque:

> [...] el sustantivo discontinuo se incorpora en estos casos al verbo creando un solo predicado complejo que habrá de ser interpretado posteriormente si se dan las condiciones recursivas requeridas. Ello nos permite seguir pensando que no estamos ante sustantivos argumentales (Bosque 1996: 45).

En el mismo sentido se expresa Mendívil Giró, cuyas palabras suscribimos plenamente:

> Desde nuestro punto de vista, lo estructuralmente relevante es la ausencia del determinante, que imposibilita al SN para ser argumento del verbo y fuerza el reanálisis o "incorporación sintáctica" del nombre (Mendívil Giró 1999: 122).

Examinemos ahora, siguiendo a Dik (1980: 42-49), cuáles son las características de esta relación de incorporación, tanto morfológica como sintáctica.

(11)
Características del nombre incorporado

a) El nombre incorporado pierde su autonomía morfológica o sintáctica. Dentro del segundo aspecto, ello significa que ese nombre se ve severamente restringido sobre las modificaciones sintácticas que puede recibir.
En el ejemplo de (7b) vemos que *piso* no puede, por ejemplo, ser modificado por ningún determinante, ya que, de ser así, dejaría de estar incorporado: *Juan busca ese, aquel, algun, cierto piso* nos da una oración del tipo (7a) y no de tipo (7b).

b) El predicado, al que se ha incorporado un argumento, ve reducido el número de argumentos requeridos.

En efecto, *busca piso* como verbo con argumento incorporado se comporta como un verbo intransitivo, ya que no admite ningún argumento que sea objeto directo.

c) La construcción con predicado incorporado posee un significado más genérico o habitual que la construcción con predicado no incorporado.

En efecto, la oración (7a) nos dice que Juan está realizando una búsqueda sobre una entidad concreta; pero la oración (7b) nos dice que Juan está realizando una búsqueda más general, ya que ésta no se aplica a ninguna entidad concreta y específica. En lenguas con incorporación morfológica se observa el mismo fenómeno; sean, por ejemplo, las siguientes oraciones de la lengua nativa de América del Norte, chavanés:

(12)
Chavanés

a) Nipeshi:pi ninepa:ka
me duele mi codo
'Me duele el codo'
b) Ninepeshi:pi-pa:kane
me duele-mi codo
'Sufro de dolor en los codos'

Como se ve, en (12a), sin predicado con incorporación, se denota un suceso concreto y específico, pero en (12b), que presenta un predicado con incorporación, se denota un proceso habitual, en este caso, posiblemente reumático.

d) El nombre incorporado no posee carácter referencial. El ejemplo de (7b) es claro respecto de este punto, tal como hemos visto.

e) Las construcciones con predicado incorporado tienden a convertirse en modismos o frases hechas.

Si tenemos en cuenta modismos castellanos como los siguientes:

(13)
Castellano

a) Plantar cara.
b) Decir misa.
c) Abrir boca.
d) Saber latín.
e) Hacer caso.
f) Tener idea.
g) Hacer novillos.
h) Tener agallas.

Vemos que en todos los casos tenemos ejemplos que son equiparables sintácticamente a oraciones como la de (7b). El considerar que en esta oración *piso* no tiene función sintáctica de objeto directo es muy importante, tal como hemos visto en el capítulo 20, sección 8, para examinar en nuestra lengua la polarización y la configuracionalidad.

Una vez visto que la construcción de (7b) tiene rasgos típicos de incorporación, pasemos a ver cómo se concibe la incorporación sintáctica.

La *incorporación sintáctica* consiste en que derivamos un predicado de $n-1$ lugares a partir de otro de n lugares, al incorporar uno de sus argumentos. Esta regla se puede formular como sigue:

(14)
Regla de incorporación sintáctica

> Si P es un predicado de n lugares: $P(x_1, ..., x_n)$, entonces obtenemos el predicado derivado $\{P\,x_i\}\,(x_1, ..., x_{n-1})$, que tiene un argumento menos que el anterior y en el que i es mayor o igual que 1 o menor o igual que n.

Como puede comprobarse, lo que obtenemos es un predicado complejo que notamos como $\{P\,x_i\}$, en el que el argumento x_i ha dejado de ser un argumento del predicado original. Pero, ¿qué relación hay entre ese argumento incorporado y el predicado? Es una relación de carácter modificativo; el argumento incorporado modifica el sentido originario del predicado. Así, en (7b), *buscar piso* denota una serie de acciones encaminadas a encontrar un lugar en el que establecer un hogar o algo similar; por tanto, el sentido originario de *buscar* se ha visto modificado y especializado a partir de la incorporación de ese argumento. Se podría decir que *buscar piso* denota un tipo muy específico de búsqueda que se da en una sociedad determinada.

Ahora podemos entender por qué se puede decir (10a) sin problemas y, sin embargo, (10b) es claramente extraña. Ello se debe a que, en nuestra sociedad, no existe ningún sentido específico de *buscar* en el que el concepto de *zapato* desempeñe una función esencial. Si existiera o se creara, se podría usar normalmente. Por ello, habla I. Bosque de *normalidad cultural*:

> Parece más lógico suponer que el estereotipo se asocia con cierta condición de "normalidad cultural". De ello se sigue que será más esperable una oración como *llevaba pistola* en una comunidad en la que dicho uso sea relativamente normal, de forma análoga a como veíamos arriba que "tiene aeropuerto" designa una propiedad caracterizadora de *ciudad* (I. Bosque 1996: 44).

Igual diferencia vemos en casos como los que siguen:

(15)
Castellano

a) Juan no tiene televisor / *periódico
b) Juan no tiene el televisor / el periódico

(16)
Castellano

a) Juan no tiene DNI
b) Juan no tiene el DNI

Las diferencias entre los pares de oraciones de (15) y (16) son de lo más ilustrativo. En efecto, en (15a) se nos dice que Juan no tiene la propiedad de *tener televisor*, que es una propiedad reconocida socialmente y general; por otro lado, *tener periódico* no es una propiedad reconocida socialmente como propiedad de las personas y por ello no se puede decir en esa misma acepción.

En (15b) decimos que Juan no tiene un aparato de televisión concreto, sin implicar que es una de esas personas que no goza del privilegio de poder encender su receptor diariamente. Respecto de (16), vemos que, en la primera, podemos estar hablando muy bien de un niño que aún no posee un carnet de identidad; si nos referimos al mismo niño en (16b), entonces lo que decimos es que él no ha sido el que ha cogido el carnet en cuestión.

Es posible en español incorporar sustantivos en plural para obtener acepciones genéricas de determinados verbos. Por ejemplo, *vender televisores* o *pintar pisos* denotan actividades generales que caracterizan una profesión a un individuo. Lo mismo cabe decir de *lee libros de arte*.

Siguiendo la hipótesis que hemos defendido, según la cual un sintagma nominal sólo puede ser argumental si es complemento de un pronombre, en estos casos *televisores*, *pisos* o *libros de arte* son sintagmas nominales sintácticamente incorporados al verbo. Como dice López García:

> [...] pero lo que no se puede sostener es la idea de que en *Juan compró libros de Gramática*, el término *libros* es nuclear y en *Juan compró los libros de Gramática*, ha dejado de serlo y se transforma en un complemento marginal (López García 1998: 55).

3. Reflexividad

Uno de los procesos típicos que conduce a la intransitividad es el de la reflexividad. La situación reflexiva típica es aquella en la que el sujeto y el objeto son referencialmente idénticos; ello hace que la predicación sea semánticamente intransitiva a pesar de que posee, en principio, dos argumentos. Podemos expresar esto mediante la siguiente equivalencia (tomada de Faltz 1977: 14):

(17)
Fórmula lógica de la reflexividad

Pred $(x, x) = P_R (x)$

Es decir, cuando tenemos un predicado bivalente cuyos dos argumentos son la misma entidad, esto es equivalente a un nuevo predicado reflexivo (que se nota mediante P_R) que es de un solo argumento. Esta ecuación además nos posibilita ver los dos métodos esenciales que existen para marcar la reflexividad. En efecto, la reflexividad se puede marcar como indicamos a continuación:

(18)
Formas de marcación de la reflexividad

    a) Marcación en el argumento que es objeto, mediante la marca de tal argumento como correferencial al argumento primero del predicado transitivo.

b) Marcación en el propio predicado, mediante una marca morfológica que nos indique que ese predicado intransitivo se aplica reflexivamente a su argumento.

Al primer caso lo denominaremos *marcación reflexiva-nominal* y, al segundo caso, *marcación reflexiva verbal*. Por otro lado, llamaremos *antecedente* del reflexivo a aquel sintagma nominal cuyo referente es el mismo que el del reflexivo.

Siguiendo a Faltz (1977: capítulo 2) podemos establecer la siguiente tipología de las formas de realización de la reflexividad en las diversas lenguas del mundo:

(19)
Tipología de la expresión de la reflexividad

a) Reflexividad nominal nuclear: se da esta forma de expresar la reflexividad cuando en una lengua existe un nombre especial que señala el argumento sobre el que se verifica la reflexividad. Por ejemplo, en japonés existe el sustantivo reflexivo *zibun*, que se comporta como un sustantivo normal en esa lengua. Veamos dos ejemplos ilustrativos:

(20)
Japonés (Faltz 1977: 29)

a) Taroo wa Ziroo o mamotta
 topic ac defendió
 'Taro defendió a Ziro'
b) Taroo wa zibun o mamotta
 topic sí mismo ac defendió
 'Taroo se defendió a sí mismo'

El vasco es un idioma que utiliza también reflexivos nominales nucleares; en esta lengua, lo que indica la reflexividad es un sintagma nominal que consta de un posesivo más la palabra que significa 'cabeza'. Véanse los siguientes ejemplos:

(21)
Vasco (Faltz 1977: 32)

a) Aita-k bere semea hil du
 padre-erg su hijo matar ha
 "El padre ha matado a su hijo'
b) Aita-k bere burua hil du
 padre-erg su cabeza matar ha
 "El padre se ha matado a sí mismo'

b) Reflexividad nominal adyacente: en este caso, se añade a un pronombre un indicador de que se hace referencia a la misma entidad que el argumento primero de la predicación. En irlandés, si añadimos la palabra *féin* a un pronombre, obtendremos un pronombre reflexivo:

(22)
Irlandés (Faltz 1977: 34)

a) Ghortaigh Seán Séamas
   hirió Juan Jaime
   'Juan ha herido a Jaime'
b) Ghortaigh Seán é féin
   hirió Juan él mismo
   'Juan se ha herido a sí mismo'

En castellano, se puede usar secundariamente este mismo método:

(23)
Castellano

a) Juan vio una serpiente delante de él
b) Juan vio una serpiente delante de él mismo

c) *Reflexividad pronominal:* hay lenguas que conocen una serie de pronombres especiales de carácter reflexivo. Esto ocurre en ruso, que conoce el pronombre reflexivo себя *sebiá* o en alemán, que utiliza el pronombre reflexivo *sich* en la tercera persona:

(24)
Alemán (Faltz 1977: 42)

a) Hans sah ihn
   Hans vio lo
   'Hans lo ha visto'
b) Hans sah sich
   Han vio se
   'Hans se ha visto a sí mismo'

d) *Reflexividad verbal:* en este caso, la lengua dispone de una forma verbal reflexiva. Un ejemplo típico es el del ruso:

(25)
Ruso

a) Я одеваю сестру
   Ya odieváyu sestrú
   yo visto hermana-ac
   'Visto a mi hermana'
b) Я одеваюсь
   Ya odieváyu-s'
   yo visto-refl
   'Me visto'

Los pronombres o verbos reflexivos poseen una serie de interesantes propiedades respecto de la relación sintáctica que ha de existir entre el reflexivo y su antecedente. Vamos a ver algunas de éstas a continuación.

En muchas lenguas, es operativo un principio en el cual el antecedente del reflexivo ha de ser el *sujeto* de la oración; la vamos a denominar Condición del Antecedente Sujeto (CAS). Los reflexivos del inglés no se atienen a la CAS, pero sí los del alemán; para comprobarlo, vamos a ver las dos oraciones siguientes:

(26)
a) Inglés (Faltz 1977: 76)
John spoke to Bill about himself
Juan habló a Pedro sobre él mismo
'Juan le habló a Pedro sobre sí mismo'
b) Alemán (Faltz 1977: 76)
Hans sprach mit Fritz über sich
Hans habló con Fritz sobre sí mismo
'Hans ha hablado con Fritz sobre sí mismo'

El antecedente de *himself* en la oración (26a) del inglés puede ser *Bill* o *John*, pero, en la oración del alemán de (26b), el antecedente de *sich* sólo puede ser *Hans*. Por tanto, el *sich* alemán se atiene a la CAS, pero el *himself* inglés no se atiene a esta condición.

Una misma lengua puede respetar en general este principio, pero puede violarlo en determinadas circunstancias. Por ejemplo, en nuestra lengua, la oración (27a) muestra que el antecedente del reflexivo debe ser el sujeto, pero, con ciertos verbos como *proteger*, el antecedente puede desempeñar una función sintáctica diferente (véase 27b):

(27)
Castellano (Faltz 1977: 86 y 97)

a) Juan$_i$ le habló a Pedro$_j$ de sí mismo$_i$
b) La sociedad$_i$ protege al hombre$_j$ de sí mismo$_j$

En (27a) al antecedente del reflexivo sólo puede ser *Juan*, pero en (27b) sólo puede ser "el hombre", que es complemento de la oración y no sujeto. Algo similar ocurre en otras lenguas tales como el ruso o el hindí.

Una segunda constricción sintáctica sobre las relaciones entre el reflexivo y el antecedente consiste en que, cuando dos argumentos son correferentes dentro de la misma oración, uno de ellos ha de ser por fuerza reflexivo; llamaremos a esta condición la Condición de la Reflexividad Oracional (CRO).

Hay lenguas que se atienen a este CRO y otras que no. El castellano y el inglés constituyen un ejemplo de las segundas y el alemán, un ejemplo de las primeras. Veamos a modo de ilustración los ejemplos del castellano y alemán de (28):

(28)
a) Castellano
Juan$_i$ ha visto una serpiente cerca de él$_i$ / sí
b) Alemán (Faltz 1977: 100)
Hans$_i$ sah eine Schlange neben *ihm$_i$ / sich
Hans vio una serpiente al lado de él / sí
'Hans ha visto una serpiente al lado de él mismo'

Como se ve, en castellano podemos tener tanto un pronombre que es correferencial con el sujeto de la oración, como un reflexivo; por su parte, en alemán sólo el pronombre reflexivo es correcto en ese contexto. Por tanto, el alemán se atiene a la CRO y el castellano, no.

Como se habrá observado, el pronombre reflexivo alemán se atiene tanto a la CAS, como a la CRO; lo mismo parece ocurrir con el pronombre reflexivo себя *sebiá* del ruso.

Una tercera condición sintáctica que puede cumplir la relación entre el reflexivo y al antecedente es la de que tanto uno como el otro se encuentren en la misma cláusula. La vamos a denominar Condición de la Clausalidad (CC). El castellano, como las lenguas en general, se atiene a esta CC, tal como podemos comprobar en los ejemplos siguientes:

(29)
Castellano

a) *Juan dijo que María se había vestido a sí mismo
b) *Juan pidió a María que se vistiera a sí mismo

En las lenguas del mundo, las construcciones reflexivas pueden tener una serie de matices de significado que, como veremos en el capítulo 23, son diatéticamente relevantes. Seguiremos la tipología establecida por Geniušienė (1987).

(30)
Tipología semántica de la reflexividad

1. *Reflexividad pura:* es la reflexividad en la que se establece sin más la identidad entre el sujeto y el objeto. Los ejemplos vistos hasta ahora son de este tipo, que es el reflexivo neutral.
2. *Reflexividad de objeto partitivo:* el objeto no es idéntico al sujeto, sino que es parte de éste.

EJEMPLO:

(31)
Latín (Geniušienė 1987: 247)

a) Ille emungit nases
   el suena narices
   'El se suena las narices'
b) Ille emungit se
   él suena se
   'Se suena'

3. *Reflexividad intensiva:* el objeto no tiene ninguna relación con el sujeto y no se expresa léxicamente, para hacer énfasis en la acción por sí misma.

EJEMPLO:

(32)
Búlgaro (Geniušienė 1987: 249)

a) Той бута всички
   Toj buta vsichki
   él empuja todos
   'Empuja a todos'
b) Той се бута
   Toj se buta
   él se empuja
   'Empuja a todo el mundo' (= es un *empujador* habitual)

4. *Reflexividad autocausativa:* el objeto es movido por el sujeto.

EJEMPLO:

(33)
Alemán (Geniušienė 1987: 251)

Der mann bewegte sich
el hombre movió sí
'El hombre se movió'

5. *Reflexividad recíproca:* la acción se realiza de los objetos a los sujetos y viceversa.

EJEMPLO:

(34)
Castellano

Juan y María se aman.

6. *Reflexividad decausativa:* el sujeto de la reflexiva indica el *causado* (véase el capítulo 21, sección 5).

EJEMPLO:

(35)
Italiano (Geniušienė 1987: 259)

a) Mario rompe lo specchio
   Mario rompe el espejo
   'Mario rompe el espejo'
b) Lo specchio si rompe
   El espejo - se rompe
   'El espejo se rompe'

7. *Reflexividad cuasipasiva:* el verbo reflexivo indica una propiedad del sujeto.

    Ejemplo:

    (36)
    Danés (Geniušienė 1987: 247)

    Glas bøje-s ikke
    vidrio doblar-refl no
    'El vidrio no es flexible'

8. *Reflexividad pasiva:* la construcción reflexiva posee un claro sentido pasivo.

    Ejemplo:

    (37)
    Castellano

    La casa se construye

9. *Reflexividad inversa:* la estructura reflexiva refleja la situación inversa respecto de la no reflexiva.

    Ejemplo:

    (38)
    Rumano (Geniušienė 1987: 271)

    a) Apă reflectă luna
       agua refleja luna
       "El agua refleja la luna'
    b) Luna se reflectă in apă
       luna se refleja en agua
       'La luna se refleja en el agua'

10. *Reflexividad deagentiva modal:* los verbos reflexivos con este matiz llevan un complemento normalmente en dativo que indica la entidad afectada.

    Ejemplo:

    (39)
    Castellano

    Se me rompió el pantalón

11. *Reflexividad impersonal:* se manifiesta en los casos en que no hay un sujeto de la forma verbal reflexiva con contenido léxico.

EJEMPLO:

(40)
Sueco (Geniušienė 1987: 286).

a) Någon skjuter ute
   alguien dispara fuera
   'Alguien está disparando fuera'
b) Det skjut - s ute
   ello dispara-refl fuera
   'Se está disparando fuera'

12. *Reflexividad transitiva afectiva:* en este caso, la forma reflexiva no intransitiviza el predicado y aparece en forma de un dativo que indica el afectado por la acción denotada.

EJEMPLO:

(41)
Juan se construyó una casa

Obsérvese que todas las formas consideradas son formas reflexivas o, por lo menos, formas que tienen un origen reflexivo. Ya hemos dicho que la reflexividad es la forma más típica de intransitivizar predicados transitivos y que, por tanto, no es extraño que dicha forma sirva para expresar diversos contenidos intransitivos. En las secciones sucesivas de este capítulo, iremos examinando algunas de esas construcciones que hemos visto que se pueden expresar mediante la forma reflexiva.

4. Pasividad

Vamos primero a determinar cómo se manifiesta el fenómeno de la pasividad en las diferentes lenguas del mundo y a establecer una definición de este fenómeno sintáctico. Una definición de pasividad que puede ser válida interlingüísticamente es la siguiente:

(42)
Definición de pasividad

> La pasividad consiste en el proceso mediante el cual el sintagma nominal que denota el paciente de la acción a la que nos referimos mediante el verbo que se pasiviza, pasa a ser el participante privilegiado y, por tanto, a desempeñar la función de pivote sintáctico.

Es evidente que la pasivización nos lleva a la intransitividad, ya que la construcción sintáctica se centra en torno al segundo participante, es decir, el que se concibe normalmente como implicado directamente en la acción o proceso denotado por el verbo. Como quiera que el participante agente, instigador del proceso o controlador de la acción, ya no adquiere ese carácter de participante privilegiado, tal participante se desecha o se ve relegado a desempeñar una función sintáctica opcional y secundaria. La forma típica de hacer esto es intransitivizando el verbo; es decir, quitándole la posibilidad de que requiera dos argumentos y estableciendo que el único argumento que requerirá será el que haga referencia al participante implicado directamente en la acción o proceso que se denota.

A partir de aquí, podemos determinar cómo se manifiesta sintácticamente, en las diferentes lenguas del mundo, esta operación que acabamos de caracterizar.

Según los cambios morfológicos que se producen en el verbo que se pasiviza, podemos distinguir dos grandes tipos de pasivas:

(43)
Dos tipos de estructuras pasivas

a) Pasivas sintéticas:
El verbo adquiere un morfema especial o se conjuga según un paradigma especial que indica su uso pasivo.
b) Pasivas analíticas:
El verbo entra a formar parte de una perífrasis verbal en la que se utiliza un determinado verbo auxiliar.

Empecemos por las pasivas sintéticas. El cambio en el verbo puede ser un cambio de su estructura fonética interna. Ello ocurre típicamente en las lenguas semíticas. El siguiente ejemplo es ilustrativo de este punto:

(44)
Hebreo (Keenan 1985a: 252)

a) Hasaba gidel et hayeled
abuelo trajo ac niño
'El abuelo ha traído al niño'
b) Hayeled gudal al yedei hasaba
niño traer-pasiv a manos abuelo
'El niño ha sido traído por el abuelo'

En el siguiente ejemplo del tagalo, se ve que el proceso es de sustitución de un morfema infijo activo en el verbo que se pasiviza, por otro pasivo.

(45)
Tagalo (Keenan 1985a: 252)

a) S-um-ampal ng lalake ang babae
abofetear-act a hombre topic mujer
'La mujer ha abofeteado al hombre'
b) S-in-ampal ng babae ang lalake
abofetear-pasiv ag mujer topic hombre
'El hombre ha sido abofeteado por la mujer'

Otra posibilidad es que las formas verbales pasivas constituyan un paradigma de conjugación totalmente diferente al que configuran las formas verbales activas. Esto ocurre con la llamada voz pasiva del latín; en esta lengua, tenemos un presente indicativo activo para el verbo *amare* 'amar', como sigue:

(46)
Latín

Amo, amas, amat, amamus, amatis, amant

pero el presente de indicativo en voz pasiva es completamente diferente:

(47)
Latín

Amor, amaris, amatur, amamur, amamini, amantur

Las pasivas analíticas se denominan a veces también *perifrásticas* y, como hemos dicho, se forman con la ayuda de un verbo auxiliar que se construye sintácticamente con el verbo que se desea pasivizar. Siguiendo a Keenan (1985a: 257-261), podemos clasificar estas pasivas analíticas según el tipo de verbo auxiliar que se usa para la perífrasis pasiva. Sobre la base de este criterio, encontramos en las lenguas del mundo al menos cuatro tipos:

(48)
Tipos de estructuras pasivas analíticas

a) *Pasivas-"ser" y pasivas-"devenir":*
En este caso, la perífrasis se construye mediante un verbo que denota existencia o bien que denota "llegar a ser", "hacerse" o "devenir".
   Ejemplos de *pasivas-ser* los vemos en las siguientes dos oraciones del inglés y castellano, respectivamente:

   (49)
   a) *Inglés*
      John was hit
      Juan fue pegado
      'Juan ha sido pegado'
   b) *Castellano*
      Juan ha sido pegado

Las *pasivas-devenir* son también muy frecuentes; veamos dos ejemplos, esta vez del persa y del alemán:

   (50)
   a) *Persa* (Keenan 1985a: 257)
      Ahmed koshté shod
      Ahmed asesinado devino
      'Ahmed fue asesinado'

b) *Alemán* (Keenan 1985a: 257)
   Hans wurde bestraft
   Hans devino castigado
   'Hans fue castigado'

Existe una conexión muy estrecha entre estas construcciones y las que denominaremos, en el capítulo 24, *construcciones resultativas*, que indican el estado resultante de una acción o proceso ya llevado a cabo con anterioridad. Como observa Keenan (1985a: 258), la oración inglesa:

(51)
Inglés

The vase was broken
El jarro fue roto
'El vaso estaba / fue roto'

Es ambigua entre dos interpretaciones: o bien se denota la acción de romper el vaso o bien se denota el estado resultante de esa acción. En el primer caso, tenemos una construcción pasiva y, en el segundo, una construcción resultativa; el castellano resuelve esta ambigüedad utilizando la cópula *ser*, en el primer caso, y *estar*, en el segundo. Estudiaremos las construcciones resultativas en el capítulo 24.

b) *Pasivas-"recibir"*:
En algunas lenguas, las pasivas perifrásticas se forman con la ayuda de un verbo auxiliar que significa "recibir" o "conseguir"; un ejemplo de esto lo vemos en la lengua maya celdala:

(52)
Celdala (Keenan 1985a: 259)

La yich' 'utel te Ziake
pasiv recibió reprimenda el Ziake
'Ziak fue reprendido'

Otro ejemplo, esta vez con el verbo "conseguir", es una oración del galés:

(53)
Galés (Keenan 1985a: 259)

Cafodd Wyn ei rybuddio gan Ifor
obtuvo Wyn su advertencia por Ifor
'Wyn ha sido advertido por Ifor'

c) *Pasivas-"ir"*:
A veces, las pasivas perifrásticas se forman con verbos de movimiento tales como "ir" o "venir". Veamos un ejemplo del hindí:

(54)
Hindí (Keenan 1985a: 260)

Murgi mari gaye:
pollo muerto ha ido
'El pollo ha sido sacrificado'

d) *Pasivas-"experimentar":*
En este caso, se utiliza un verbo que significa algo como "sufrir", "tocar", o "experimentar". Esta formación de la pasiva analítica es típica de las lenguas de Asia sudoriental. Los dos ejemplos siguientes, que son del vietnamita, son suficientemente ilustrativos:

(55)
Vietnamita (Keenan 1985a: 260)

a) Quang bi ghet
   Quang sufrir detestar
   'Quang es detestado'
b) Quang duoc Bao thuong
   Quang disfrutar Bao amar
   'Quang es amado por Bao'

Tradicionalmente, se suele asociar la construcción pasiva con el verbo y se dice que un verbo se pone en voz pasiva. Sin embargo, parece claro que este proceso de pasivización puede también concebirse como un proceso que afecta a todo el sintagma verbal y no solamente al verbo. Para empezar a ver esto, podemos considerar el ejemplo siguiente del inglés:

(56)
Inglés (Keenan 1985a: 270)

John was believed to be an imposter
Juan fue creído ser un impostor
'Se creyó que Juan era un impostor'

En este caso, lo que parece pasivizarse no es sólo el verbo *believe* 'creer' sino, más bien, todo el sintagma verbal *believe to be an imposter*. Este punto de vista puede da cuenta del hecho de que, en algunas lenguas, cuando se pasiviza un sintagma verbal complejo tal como "empezar a leer" o "querer leer", aparecen ambos verbos con el afijo pasivo. Vamos a ver un ejemplo del turco:

(57)
Turco (Keenan 1985a: 271)

a) Ahmet kitabi okumaya başladi
   Ahmet libro leer empezó
   'Ahmet ha empezado a leer el libro'

b) Kitap oku-nmay başla-n-di
      Libro leer-pasiv empezar-pasiv
      'El libro ha sido empezado a leer'

Algo similar ocurre en la lengua malayo-polinesia malgache.

De ello, puede deducirse que la pasivización no se ha de concebir, en general, como un proceso que afecta únicamente a un verbo, sino más bien como un fenómeno sintáctico que afecta a todo el sintagma verbal, aunque la mayor parte de las veces no se refleje morfológicamente más que en la forma del verbo.

Otra idea frecuente es la de que sólo se pueden poner en pasiva los verbos transitivos. Sin embargo, los datos interlingüísticos muestran claramente que esto no es así.

Cuando aplicamos la pasivización a un verbo intransitivo obtenemos lo que se denomina normalmente como *pasiva impersonal*.

Como vemos en las oraciones que siguen, el verbo intransitivo neerlandés *fluiten* 'silbar' puede ponerse en pasiva e, incluso, llevar un complemento agente:

(58)
Neerlandés (Siewierska 1984: 94)

   a) De jongens fluiten
      los chicos silban
      'Los chicos silban'
   b) Er wordt door de jongens gefloten
      ello fue por los chicos silbado
      'Se silbó por los chicos'

En hindí vemos lo propio con el verbo intransitivo "dormir":

(59)
Hindí (Siewierska 1984: 105)

   a) Larke nahi: soe
      chicos no duermen
      'Los chicos no duermen'.
   b) Larko se soya: nahi: gaya:
      chicos por dormir no fue
      'No se durmió por los chicos'

En otros casos, una pasiva de verbo intransitivo no admite una frase con complemento agente. Veamos los dos siguientes grupos de ejemplos:

(60)
   a) *Polaco* (Comrie 1977: 49)
      Idzie się szybko (*przez uczniów)
      camina se rápido (por los escolares)
      'Se camina rápido por los escolares'

b) Finés (Comrie 1977: 50)
    Täällä eletään hauskasti (*tytöi-llä)
    aquí se vive bien (por las chicas)
    'Aquí se vive bien por las chicas'

(61)
Castellano (Comrie 1977: 49)

No se habla de música (*por los periodistas)
¿Por dónde se sale (*por los viajeros)?

Como se puede apreciar, tanto en polaco como en castellano, se utiliza la forma con el verbo reflexivo para producir esta pasivización. Todo ello nos vuelve a indicar que la pasivización no es más que un proceso de reducción de argumentos o participantes requeridos por el verbo, que produce estructuras intransitivas cuando se aplica a verbos o sintagmas verbales transitivos y estructuras impersonales cuando se aplica a verbos o sintagmas verbales intransitivos.

Se considera que el introducir un complemento opcional que indica el agente es típico de la construcción pasiva. En la gramática tradicional latina, se dice que las construcciones pasivas sin agentes son *segundas de pasiva* para dar a entender que las pasivas que no mencionan el agente en un complemento, son derivadas de las que las mencionan. La investigación interlingüística actual viene a mostrar justamente todo lo contrario: la pasiva no marcada no incluye un complemento agente y, de hecho, en muchas lenguas, entre las que se encuentran el letón, songái, árabe clásico, bereber, nandí o cupeño, no se puede expresar el agente en una construcción pasiva. No está claro que haya lenguas que exijan la expresión del agente en la pasiva.

El jacalteco es una lengua que no admite agente en la pasiva, como vemos en el siguiente ejemplo:

(62)
Jacalteco (Keenan 1985a: 249)

Es tieku macits (*no mates)
Yo soy enseñado por mi madre
'Soy enseñado por mi madre'

Que el sintagma preposicional agentivo no es necesariamente característico de la construcción pasiva, se ve muy claramente si comparamos las oraciones de (63) con las de (64):

(63)
Castellano

a) Juan es amado POR todos
b) Juan es amado DE todos

(64)
Castellano

a) La construcción de casas POR esa empresa no es segura
b) La inversión DE esa empresa

Como vemos, los dos ejemplos típicos de sintagma preposicional adjetivo pueden aparecer en construcciones que no son pasivas.

En otras lenguas pasa exactamente lo mismo. Por ejemplo, en japonés y en alemán pueden aparecer sintagmas agentivos en construcciones que nada tienen que ver con la pasiva. Veamos un ejemplo de cada lengua:

(65)
a) *Japonés* (Keenan 1985a: 262)
Juan ga Pedro ni aruk-ase-ta
Juan suj Pedro ag caminar-caus-sufijo
'Juan ha hecho caminar a Pedro'
b) *Alemán* (Keenan 1985a: 262)
Seine erste Frau liess sich von ihm scheiden
su primera mujer hizo a sí por él divorciarse
'Su primera mujer se hizo divorciar por él'

Tanto el sintagma japonés *Pedro ni,* como el alemán *von ihm,* se utilizan también para expresar el agente de la pasiva.

Por tanto, no hay razón para considerar al agente de la pasiva como otra cosa diferente a un complemento opcional más de los que puede llevar una construcción, pasiva o no.

5. Antipasividad

Las lenguas ergativas suelen poseer una construcción intransitiva que se denomina comúnmente *antipasiva.* Esta estructura debe oponerse a la estructura ergativa. Como se recordará, en ésta el pivote se pone en el caso no marcado e indica el paciente de la acción. Como hemos visto, ese caso no marcado se denomina *absoluti*vo. Por su parte, el sintagma nominal que denota el agente aparece en un caso marcado que se denomina *ergativo.*

En la construcción antipasiva, el sintagma nominal que denota el agente pasa a ser pivote y se pone en absolutivo y el sintagma nominal que denota el paciente se pone en un caso marcado especial, que puede ser, por ejemplo, el dativo. Por tanto, esta estructura antipasiva se caracteriza justo por lo contrario que la estructura pasiva; si en ésta es el agente el que pasa de ser el participante privilegiado a ser un complemento opcional, en aquélla ocurre exactamente lo contrario: el agente pasa a ser el participante privilegiado y el paciente se convierte en un complemento oblicuo, tambien opcional.

Vamos a ver un ejemplo de la lengua australiana yirbal:

(66)
Yirbal (Dixon 1979: 61 y 63)

a) Yabu enguma-ngu buran
madre-abs padre-erg vio
'El padre ha visto a la madre'
b) Enguma bural-ngañu yabu-gu
padre-abs vio-antipasiv madre-dat
'El padre ha visto a la madre'

Como se ve, la construcción antipasiva (66b) es claramente intransitiva, dado que no admite ningún participante en caso ergativo. Esta construcción se emplea, sobre todo, para que un sintagma nominal que no es el pivote, como el que se encuentra en ergativo, pueda experimentar una serie de procesos gramaticales que sólo pueden afectar a los pivotes; para ello, se hace uso de la construcción antipasiva mediante la cual el sintagma nominal en ergativo pasa a ser un sintagma nominal en absolutivo.

De esa manera, puede experimentar los procesos típicos de un participante que funciona como el pivote de una construcción.

Veamos un ejemplo de la misma lengua australiana, el yirbal:

(67)
Yirbal (Dixon 1979: 64)

a) Engana banagañu
nosotros regresamos
'Hemos regresado'
b) Engana ñurana buran
nosotros a ti vimos
'Te hemos visto'

En (67), a pesar de que el sujeto *engana* parece estar en el mismo caso, sin embargo, en (67a) es un sujeto de un verbo intransitivo y en (67b), lo es de un verbo transitivo. En este caso, no hay ergatividad morfológica pues *engana* está en el mismo caso en ambas oraciones; pero sí hay ergatividad sintáctica, dado que *engana* es pivote en (67a), pero no lo es en (67b). Ello hace imposible que se puedan combinar por coordinación las oraciones (67a) y (67b), eliminando en la segunda cláusula el sujeto *engana*. La única forma de poder realizar este proceso de coordinación con elisión del sujeto de la segunda cláusula es intransitivando (67b), para lo cual se le aplica el proceso de la *antipasividad*; el resultado de aplicar dicho proceso a (67b) es (68):

(68)
Yirbal (Dixon 1979: 64)

Engana bural-ngañu ñura-ngu
nosotros vimos-antipasiv tu-dat
'Te hemos visto'

Ahora en (68), *engana* es el sujeto de un verbo intransitivo y pasa a ser pivote. Por tanto, se puede realizar la coordinación con la oración (67a), tal como vemos en (69):

(69)
Yirbal (Dixon 1979: 64)

Engana banagañu buralngañu ñurangu
Nosotros regresamos vimos a ti
'Hemos regresado y te hemos visto'

Por supuesto, podemos también coordinarlas en el orden inverso:

(70)
Yirbal (Dixon 1979: 64)

Engana buralngañu ñurangu banagañu
nosotros vimos a ti regresamos
'Te hemos visto y hemos regresado'

En la lengua de Siberia oriental chucoto, la construcción con objeto incorporado (véase la sección primera de este capítulo), típicamente intransitiva, es la que se utiliza en la antipasividad. Compárese la oración de (71a) con la de (71b):

(71)
Chucoto

a) Tumg - e mantəwatən kupre -n
   amigo-erg pusieron red-abs
   'Los amigos han puesto la red'
b) Tumg-ət kopra-ntəwatgʔat
   amigos-abs red-pusieron'
   'Los amigos han puesto red'

En castellano hay un fenómeno que podría interpretarse en términos de antipasividad. Como es bien sabido, en nuestra lengua existe una fortísima tendencia a utilizar la forma pronominal de dativo *le* para los objetos directos masculinos y humanos. Pues bien, si vemos este *le* como un objeto indirecto, entonces estamos ante una construcción claramente antipasiva, ya que el sujeto es el pivote y el objeto directo pasa a convertirse en objeto indirecto. El verbo se habría, pues, convertido en intransitivo. Consideremos la oposición entre las dos oraciones siguientes:

(72)
Castellano

a) A Juan lo vi ayer
b) A Juan le vi ayer

En (72a) usamos la construcción activa e insistimos en el acto físico de ver; pero en (72b) estaríamos usando la antipasiva y aquí *ver* tiene un sentido intransitivo, normalmente el que se corresponde con *encontrarse con, encontrar a*. De aquí se deduciría que (72a) puede ponerse en pasiva, pero no (72b), ya que en (72b) tenemos un sintagma verbal intransitivo. En efecto, la oración (73)

(73)
Juan fue visto por mí ayer

sólo puede tener la acepción de (72a), es decir, la de que se produjo un contacto visual entre Juan y yo ayer. La acepción de *encontrarse con* no se puede asignar naturalmente a (73).

Sin embargo, tal como acertadamente nota López García (1996: 269, nota 54), no se ha desarrollado en español una construcción anticausativa, en estos casos, ya que, en femenino, tendríamos *Juan la ha visto ayer* con las dos acepciones vistas. Simplemente, constatamos que el desarrollo de *le* como objeto directo podría ser un paso hacia un desarrollo de la antipasiva en español, teniendo en cuenta que *le* no distingue género en su función de objeto indirecto: si en alguna variedad lingüística española se produce ahora o en el futuro el uso de *le* como objeto directo femenino, tendríamos un paso más hacia el establecimiento de esa estructura sintáctica en español, que no creemos exclusiva de las lenguas en las que predomina la construcción ergativa.

Se ha querido ver muchas veces una relación entre pasividad y ergatividad; de hecho, se ha concebido, en más de una ocasión, la construcción ergativa como una construcción pasiva. ¿En qué se parecen las construcciones pasiva y ergativa? Sencillamente en que, en ambas, el sintagma nominal que denota el participante agente no puede ser el pivote y, por tanto, aparece marcado sintácticamente. Por otro lado, en ambas, el sintagma nominal que denota el participante paciente es el pivote sintáctico de la construcción. La única diferencia se encontraría en que la construcción pasiva es opcional y, por tanto marcada, y la construcción ergativa sería obligatoria y, por tanto, no marcada. Desde el punto de vista diacrónico, parece haber pruebas de que, en algunas ocasiones, la construcción ergativa surgió de una construcción pasiva a través de la pérdida de la correspondiente construcción activa, a la que la ergativa vino a reemplazar. El siguiente esquema de evolución parece estar confirmado en las lenguas iranias y polinesias:

(74)
Relación diacrónica entre pasividad y ergatividad

a) Paso I: el sujeto de la activa y el de la pasiva son los pivotes sintácticos.
Activa:
    Agente (no marcado) Paciente (marcado) Verbo.
Pasiva:
    Paciente (no marcado) Agente (marcado) Verbo pas.
b) Paso II: el sujeto de la pasiva pierde gradualmente algunas de sus propiedades sintácticas y éstas pasan a ser adquiridas por el agente de la pasiva.
c) Paso III: el agente de la pasiva gana la mayoría de las propiedades sintácticas de sujeto al paciente de la pasiva y pasa a usarse como sujeto de la construcción pasiva.
d) Paso IV: la construcción activa desaparece y se reinterpreta la pasiva como activa.
Activa:
    Agente (marcado) Paciente (no marcado).

Este último estadio es el que han alcanzado algunas lenguas que han desarrollado una construcción ergativa a partir de la construcción pasiva.

6. Anticausatividad

Otro caso típico de intransitividad es el que muestran las construcciones que se suelen denominar *anticausativas*. Las construcciones anticausativas que, a veces se denominan también *decausativas*, se obtienen a partir de las causativas del siguiente modo:

(75)
Caracterización de una construcción anticausativa

a) El objeto causado pasa a ser sujeto del verbo principal.
b) El causante aparece como complemento opcional.

El verbo se pone en una forma intransitiva.
Como se ve, la relación entre construcciones causativas y anticausativas es muy similar a la que existe entre activas y pasivas; por ello, se ve que es una relación de intransitivización. Empecemos por un ejemplo ilustrativo del castellano.

(76)
Castellano

a) *Causativa:*
   Juan hizo firmar la carta
b) *Anticausativa* o *decausativa:*
   La carta se firmó por (causa de) Juan

Vemos que en (76a) tenemos un sujeto que es el causante y un objeto de lo causado, que, en este caso, es *la carta*. En (76b), el objeto causado pasa a sujeto y el causante se ve rebajado a un complemento opcional, en este caso de causa; por su parte, el verbo se ha intransitivizado: la anticausatividad se manifiesta en el verbo mediante la forma con *se*.

Esta relación entre construcciones causativas y anticausativas es frecuentísima en las lenguas. Veamos algunos ejemplos:

(77)
Ejemplos de oraciones anticausativas en algunas lenguas

a) *Alemán* (Haspelmath 1987:2)
   i) Die Frau öffnet die Tür
      la mujer abre la puerta
      'La mujer abre la puerta'
   ii) Die Tür öffnet sich
       la puerta abre anticaus
       'La puerta se abre'
b) Turco (Haspelmath 1987:2)
   i) Anne-m kapîyî açtî
      madre-1sg puerta-ac abrió
      'Mi madre ha abierto la puerta'
   ii) Kapî aç -îl- di
       puerta abrir-anticaus-pas
       'La puerta se abrió'
c) *Hausa* (Haspelmath 1987:2)
   i) Shawarar nan ta dama Audu
      cosa esta tiempo preocupar Audu
      'Este asunto preocupa a Audu'

ii) Audu ya dam-u da shawarar nan
   Audu pres preocupar-anticaus con cosa esta
   'Audu se preocupa por ese asunto'
d) Ruso (Haspelmath 1987: 2)
   i) Девушка сломала палку
   Dévushka slomala palku
   chica rompió el palo
   'La chica ha roto el palo'
   ii) Палка сломалась
   Palka slomala-s
   palo rompió-anticaus
   'El palo se ha roto'
e) *Húngaro* (Haspelmath 1987: 3)
   i) Édesanyá-m felold-otta a gyógyszert
   madre-1sg disolver-pas la medicina
   'Mi madre ha disuelto la medicina'
   ii) A gyógyszer felold-ód- ott
   la medicina disolver-anticaus-pas
   'La medicina se ha disuelto'

Como se observa, existe una marcada tendencia a que el verbo en la construcción anticausativa aparezca en forma reflexiva. Esto es lo normal en polaco, ruso, francés, italiano, neerlandés, noruego antiguo, húngaro, armenio, uzbeco, georgiano, nivejí y otras muchas lenguas (*vid.* Haspelmath 1987: 24 y 25). La forma verbal pasiva también puede realizar la causatividad; ello ocurre también en ruso, noruego antiguo, húngaro, armenio, uzbeco, árabe, evenquí, suahilí y otras muchas lenguas. En Moreno 1984 y 1985 se denomina, a las primeras, anticausativas *sintéticas* y, a las segundas, *analíticas*.

Puede ocurrir que ciertos verbos que se puedan usar tanto en construcciones causativas como en construcciones anticausativas sin que tengan ningún morfema intransitivo en las anticausativas.

Ello ocurre en inglés con verbos como *to break* 'romper o romperse' o en español, con verbos como *subir*. Veamos primero un ejemplo del inglés:

(78)
Inglés

a) He broke the glass
   él rompió el vaso
   'Ha roto el vaso'
b) The glass broke
   el vaso rompió
   'El vaso se ha roto'

En castellano podemos aportar el siguiente par de ejemplos:

(79)
Castellano

a) La inflación sube los precios
b) Los precios suben por la inflación

7. Impersonalidad

El concepto de *impersonalidad* se concibe de diversas maneras en la bibliografía de lingüística y ello porque se utiliza el término para hacer referencia a diversos fenómenos de las lenguas naturales.

En general, se habla o se podría hablar de *impersonalidad* en los siguientes casos:

(80)
Algunas posibles concepciones de la impersonalidad

a) Casos de ausencia de sujeto o sujeto "degradado":
  i) Una oración sin sujeto es una oración impersonal.
  ii) Una oración con un sujeto no referencial, puramente sintáctico y vacío de contenido léxico es una oración impersonal.
b) Casos de ausencia de agente:
  i) Una oración en la que hay un verbo que no puede tener agente es una oración impersonal.
  ii) Una oración en la que hay un verbo que puede tener agente, pero en la que no puede aparecer éste, es una oración impersonal.
  iii) Una oración en la que hay un verbo que tiene agente, pero el sintagma que denota este agente denota un agente genérico o no específico, es una oración impersonal.
c) Casos de imposibilidad de que el sujeto sea el agente:
  Una oración en la que se puede expresar el agente pero en la que el sintagma que lo denota no puede desempeñar la función de pivote es una oración impersonal.

Como vemos, la impersonalidad puede asociarse a tres tipos de fenómenos: un tipo tiene que ver con la función sintáctica de sujeto y se establece en virtud de dos tipos de "anomalías" respecto de esta función; o bien no puede haber ningún sintagma que desempeñe la función de sujeto, o bien lo hay pero éste es un pronombre no referencial que simplemente señala el lugar sintáctico al que se asigna esa función. Como ejemplo, podemos mencionar los verbos meteorológicos del español tales como *llover* o *tronar*, que no admiten ningún sujeto cuando se interpretan en sentido literal. Un caso de lo segundo nos lo proporcionan las formas en que se diría *llueve* en francés o inglés. En estas lenguas, el verbo tiene un sujeto, pero es un pronombre no referencial que, simplemente, llena un vacío sintáctico que, de otro modo, impediría obtener una oración bien formada.

(81)
a) Francés
  Il pleut
  Él llueve
  'Llueve'

b) Inglés
   lt rains
   Ello llover-3sg
   'Llueve'

Tanto el pronombre francés *il* como el inglés *it* están vacíos de referencia y simplemente llenan un hueco sintáctico. Si comparamos estas dos formas de decir "llover" con la del español, podemos llegar a la conclusión de que, en nuestra lengua, la forma verbal *llueve* tiene algo que no tienen las formas verbales francesa e inglesa. Se puede pensar que ese algo es la flexión verbal de persona y que el verbo *llover* es un verbo de un argumento y que es la flexión de persona, número y tiempo la que satisface ese requisito del verbo. En inglés y francés la forma verbal no satisface dicho requisito verbal y, por tanto, debe insertarse un pronombre argumental, pero semánticamente vacío, que satisfaga la valencia del verbo.

Esta idea se desprende de lo que hemos mantenido en el capítulo 20 a propósito de que la terminación personal del verbo es el auténtico argumento de los verbos (meteorológicos o no) que, como decíamos en ese capítulo, se refiere deícticamente al propio suceso meteorológico, en el caso de este tipo de verbos. La única diferencia entre el verbo *llover* y otros verbos no concebidos como unipersonales es la de que admiten como sujetos léxicos (adjuntos argumentales) un grupo muy reducido de palabras.

Esto, sin embargo no sirve para concluir que estamos ante un verbo impersonal, ya que verbos como *nacer*, *crecer* o *vomitar* también poseen, usados en su sentido literal, unas restricciones muy estrictas en cuanto a los elementos léxicos que pueden ser núcleos del complemento de sus sintagmas pronominales sujetos (véase sobre esta cuestión el capítulo 20, sección 7). Por otro lado, la idea de que el verbo *llover* es unipersonal porque sólo puede ir en tercera persona, tampoco parece ser acertada, ya que, otros verbos como *rebuznar* o *chirriar* tampoco parecen poder usarse en primera y segunda personas en su uso literal y no por ello se dice que estos dos verbos son unipersonales y, menos aún, impersonales.

De hecho, en muchas lenguas los verbos meteorológicos se comportan como verbos sintáctica y morfológicamente normales con, eso sí, una restriccion en cuanto a la clase de elementos léxicos que pueden constituir sus sintagmas (pro)nominales sujetos. Veamos unos cuantos ejemplos:

(82)
a) Ruso
   Шел дождь
   Shol dozhd'
   fue lluvia
   'Ha llovido'
b) Polaco
   Deszcz pada
   lluvia cae
   "Llueve'
c) Árabe
   Baraqa assama
   tronó el cielo
   'Ha tronado'

d) *Letón*
   Snigs snig
   nieve nieva
   'Nieva'

En muchas lenguas la construcción de verbo meteorológico incluye un sujeto de la misma raíz que el verbo; se obtiene, así, una construcción semánticamente tautológica pero sintácticamente regular.

De todas formas, parece haber construcciones oracionales en las que no existe sujeto. Al ejemplo del quechua imbabura ya citado en el capítulo 21 y que repetimos aquí:

(83)
Quechua Imbabura

Ñuka-TAka uma-TA nanawanmi
yo-ac cabeza-ac doler
'Me duele la cabeza'

donde se ve que los dos sintagmas aparecen en acusativo y, por tanto, no hay ningún sintagma que desempeñe la función de sujeto, podemos añadir construcciones del ruso tales como:

(84)
Ruso

Бурей повалило дерево
Burei povalilo derevo
tormenta-instr derribó árbol-ac
'La tormenta ha derribado el árbol'

donde los dos sustantivos que aparecen se encuentran en caso instrumental y acusativo, respectivamente y, por tanto, no hay ningún sintagma nominal al que se le pueda asignar la función de sujeto. En los dialectos rusos del norte encontramos ejemplos como el siguiente:

(85)
Ruso dialectal (Timberlake 1976: 9)

Ее мужа убито на войне
Yeyo muzha ubito na voine
su-ac marido-ac muerto en guerra
'Mataron a su marido en la guerra'

Tampoco hay en (85) ningún sujeto, ya que el sintagma nominal ее мужа *yeyó muzha* está en acusativo masculino; por otra parte, el participio verbal убито *ubito* está en género neutro y no concuerda en absoluto con ese sintagma nominal.

Un ejemplo parecido podemos encontrarlo en georgiano. Veamos la siguiente oración:

(86)
Georgiano (Harris 1981: 127)

ბელას უყვარს ნინო
Gela-s uqvars Nino
Gela-dat ama nino-nom
'Gela ama a Nino'

El sintagma nominal que sería el candidato a sujeto es ბელას *Gelas*, pero este nombre se encuentra en dativo, que no es el caso del sujeto en georgiano; por otro lado, ნინო *Nino* se encuentra en nominativo; sin embargo, no es el agente de la oración; por otro lado, el verbo no está en ninguna voz que se pueda identificar como pasiva. De hecho, una estructura como la siguiente en la que se ve implicado un verbo intransitivo:

(87)
Georgiano (Harris 1981: 132)

ტუსაღს შიოდა
Tusag-s shioda
preso-dat tiene hambre
'El preso tiene hambre'

también posee un sintagma en dativo que no puede, por tanto, ser el sujeto sintáctico. Estamos ante una estructura idéntica a la de (85), con la única diferencia de que, esta vez, se trata de un verbo intransitivo. Como antes, el verbo no se halla en voz pasiva alguna; de hecho, aquí es poco plausible una interpretación pasiva. Ejemplos similares al georgiano lo constituyen las siguientes oraciones del alemán:

(88)
Alemán

a) Mich dürstet
   yo-ac da sed
   'Tengo sed, me da sed'
b) Mich hungert
   yo-dat da hambre
   'Me da hambre, tengo hambre'

Como vemos en las traducciones de las oraciones anteriores, el castellano utiliza a menudo el verbo *dar* para expresar de modo impersonal estos procesos. Este mismo verbo también tiene usos que se refieren a sensaciones psíquicas o fisiológicas:

(89)
Castellano

a) Me dan ganas de llorar
b) Da vergüenza de oírle
c) Le dio por estudiar chino

El verbo *ir* puede utilizarse también para construir estas oraciones impersonales:

(90)
Castellano

a) ¿Cómo te va con el coche?
b) Me va bien en este trabajo

Pasemos, a continuación, al segundo caso introducido en (80); ahora estamos ante el concepto de impersonalidad asociado al de la *inagentividad*. Existen muchos verbos que no denotan acciones, sino procesos que no tienen agente y que se desarrollan de forma involuntaria. Precisamente, en estos casos, encontramos construcciones intransitivas en las que el sujeto es típicamente inanimado y en las que hay un objeto indirecto o circunstancial en el que aparece indicado el ser en el que se produce ese proceso. La estructura sintáctica típica de estas construcciones es, pues, la que sigue:

(91)
Estructura típica de las construcciones inagentivas

OI animado + Verbo intransitivo + Suj inanimado

Veamos algunos ejemplos de esta construcción:

(92)
a) Ruso
　У меня болит голова
　U mieniá bolít golová
　en mí duele cabeza
　'Me duele la cabeza'
b) Irlandés
　i) Tá ocras orm
　　está hambre de mí
　　'Tengo hambre'
　ii. Tá a fhios agam
　　está el conocimiento en mí
　　'Lo sé'
c) Castellano
　i) Me duele la cabeza
　ii) Le huelen los pies
　iii) Le aprietan los zapatos

Un estudio tipológico más amplio sobre esta clase de construcciones puede encontrarse en Moreno 1987c.

Una segunda "anomalía" en la que tiene que ver el agente se da en aquellas construcciones en las que hay agente, pero se trata de un agente genérico o inespecífico. Ese agente puede denotarse en algunas lenguas mediante una palabra pronominal que suele proceder diacrónicamente de la que significa 'hombre'. Véanse los ejemplos de (93):

(93)
a) Francés
   On parle française
   se habla francés
   'Se habla francés
b) Alemán
   Man spricht deutsch
   se habla alemán
   'Se habla alemán'

En húngaro, el sintagma (pro)nominal *az ember* 'el hombre' puede utilizarse precisamente para denotar este agente general o inespecífico. Véase el siguiente ejemplo, así como la traducción castellana:

(94)
Húngaro

Az ember sohasem tudja
el hombre nunca lo sabe
'Uno nunca sabe'

En castellano existe una construcción que tiene agente inespecífico o genérico, que es la construcción con tercera persona del plural; veamos un ejemplo de la misma:

(95)
Castellano

Ya traen la comida

En el sentido impersonal, podemos emitir esta oración cuando vemos que un único camarero nos está trayendo la comida, para informar a los comensales que se acercan las viandas sin especificar para nada quién es el que lo hace. Como vemos, aunque el verbo está en tercera persona del plural, puede aplicarse correctamente en aquellos contextos como el descrito en los que el que emite la oración sabe que es una sola persona la que está realizando la acción denotada. No siempre ocurre esto; por ejemplo, en

(96)
Castellano

Llaman a la puerta

por lo común, no sabemos de quién se trata. Esta construcción de tercera persona del plural se contrapone a otras dos en las que sí que aparece un sujeto que denota un agente inespecífico; las ilustramos en (97):

(97)
Castellano

a) Uno come bien aquí
b) (Tú) comes bien aquí
c) Comen bien aquí

Las tres oraciones son oraciones de agente inespecífico. La diferencia está en que, en el primer caso, ese agente inespecífico puede incluir al hablante, en el segundo puede incluir al oyente y en el tercero excluye a los dos. Por ejemplo, si alguien profiere (97c), está dando a entender que ni él ni su interlocutor son los que comen bien en ese lugar (véase para una explicación más detenida Moreno 1989b). Por otro lado, téngase en cuenta que mientras *uno* en (97a) es obligatoria para obtener la lectura impersonal, no ocurre así con *tú* en (97b), que puede o no aparecer manteniendo la lectura impersonal.

Pasemos ahora al caso tercero. Se puede expresar el agente en las construcciones a que hacemos referencia, pero, si se hace, ese agente no puede ser denotado por el sujeto; existe, pues, un divorcio entre la función sintáctica de sujeto y la semántica de agente. Algunos de los procesos de intransitivación de los que hemos hablado hasta ahora pueden conducir precisamente a estos casos. El ejemplo típico es, sin duda, el de la pasiva. Las oraciones pasivas pueden considerarse como el ejemplo paradigmático de impersonales entendidas en el tercer sentido que hemos propuesto. Veamos un par de ejemplos:

(98)
a) *Turco* (Siewierska 1984: 94)
Otobüse-e bin-il-di
autobús-dat subir-pasiv-pas
'Se subió al autobús'
b) *Alemán* (Siewierska 1984: 198)
lhm wurde von seinem Vater geglaubt
él-dat devino por su padre creído
'Él fue creído por su padre'
c) *Galés* (Siewierska 1984: 199)
Fe'i lladdwyd gan ddraig
a él fue-muerto por dragón
'Fue muerto por el dragón'

Como se ve en (98), estamos ante construcciones pasivas en las que, además de haber un agente expresado en un sintagma preposicional, no hay ningún sintagma al que se le asigne la función sintáctica de sujeto.

Otra forma de expresar estas construcciones es mediante la forma reflexiva. Tenemos, entonces, ejemplos como los siguientes:

(99)
a) *Alemán* (Siewierska 1984: 173)
Es liest sich in der Dämmerung schlecht
ello lee se en el ocaso mal
'Se lee mal en el ocaso'
b) *Checo* (Siewierska 1984: 173)
V tomto obchodě se prodává chleb

en aquel almacén se vende pan
'Se vende pan en aquel almacén'
c) *Rumano* (Siewierska 1984: 174)
Se citeşte mult acolo
'Se lee mucho aquí'
d) *Castellano*
i) Se acusó a los detenidos
ii) Se venden casas

Es habitual denominar a la construcción (99di) *impersonal refleja* mientras que se denomina la construcción (99dii) *pasiva refleja*. Al parecer, lo que determina esta terminología es la presencia o no de un sintagma nominal que pueda desempeñar la función de sujeto.

8. Inacusatividad

El lingüista D. Perlmutter propuso, a finales de los años setenta (Perlmutter 1978), que había al menos dos clases de verbos intransitivos: en una de esas dos clases se incluyen aquellos verbos cuyos sujetos poseen algunas de las características de los objetos de los verbos transitivos.

Veamos, para ilustrar esto, unos ejemplos reveladores:

(100)
Castellano

a) Juan llegó
b) El paquete llegó
c) Juan leyó
d) *El periódico leyó

Si observamos las oraciones (100a) y (100b) veremos que, en ambos casos, el sujeto denota aquello en torno a lo cual se desarrolla el acontecimiento denotado por *llegar*. Por otro lado, cuando se usa intransitivamente, *leer* no se comporta del mismo modo, ya que en (100c) está claro que *Juan* no es aquello en torno a lo cual se realiza la lectura; más bien es *el periódico*, pero, al contrario de lo que ocurre con *llegar*, este verbo no admite un sintagma que denote esa entidad cuando se usa intransitivamente.

Dado que *Juan* desempeña una función semántica similar a la que desempeña *el paquete* y dado que tal función semántica se asocia habitualmente al objeto y no al sujeto, Perlmutter propuso que un verbo como *llegar* se diferencia de un verbo como *leer* en que el primero requiere un argumento segundo como único participante, es decir, un objeto; el verbo *leer*, por su parte requiere un argumento primero, es decir, un sujeto, aun en su uso intransitivo. Por tanto, aunque tanto *Juan* como *el paquete* son sujetos de *llegó* igual que *Juan* de *leyó*, la agramaticalidad de (100d) nos viene a mostrar que esa aparente igualdad sintáctica esconde una diferencia profunda que no se manifiesta directamente, o, dicho de otro modo, que la relación sintáctica de sujeto enmascara. Por tanto, para Perlmutter, la oración (100a) es una oración sin sujeto en un nivel abstracto de análisis, cosa que no ocurre con la oración (100c). Sus representaciones, en ese nivel abstracto de análisis, serían respectivamente las de (101a) y (101b).

(101)
Representaciones sintácticas de (100a) y (100c)

a) [$_O$[$_{SN}$Φ] [$_{SV}$[$_V$llegó] [$_{SN}$ Juan]]]
b) [$_O$[$_{SN}$ Juan] [$_{SV}$[$_V$leyó]]]

Perlmutter denominó *inacusativa* la estructura (101a). Como puede apreciarse, se trata de una estructura impersonal en el sentido de que no aparece ningún sintagma nominal que desempeñe la función de sujeto. Por ello, hemos incluido el fenómeno de la inacusatividad en el capítulo dedicado a la impersonalidad. Por supuesto, la estructura (101a) habrá de ser relacionada con una similar a la de (101b), en la que el SN *Juan* habrá de ser "colocado" en la posición sintáctica de sujeto.

La denominación "inacusativo" se entiende porque estamos ante un caso de un sintagma que es semánticamente objeto del verbo (y, por tanto, debería estar en caso acusativo si hubiera casos en español), pero que se manifiesta como sujeto (es decir, en caso nominativo).

Esta diferente representación de (100a) y (100c) en un nivel de análisis más abstracto sirve para hacer explícita una diferencia que se manifiesta de modo indirecto en la gramática. Vamos a ver precisamente ahora cómo se manifiesta en castellano esta diferencia entre las estructuras inacusativas como la de (101a) y las estructuras acusativas como la de (101b). Para ello, comparemos un verbo inacusativo (o deponente: Bosque 1989: 169-170) como *llegar* con otro verbo como *cantar* que, en su uso intransitivo, no es inacusativo (es decir, no deponente). Una primera diferencia es que podemos obtener construcciones absolutas con el primer verbo, pero no con el segundo cuando presenta su uso intransitivo. Veamos los ejemplos:

(102)
Castellano

a) Llegado Juan, empezamos el trabajo
a) *Cantado Juan, empezamos el trabajo

Sobre las construcciones absolutas en relación con la inacusatividad en español puede consultarse de Miguel 1992: 63-131.

Por otro lado, cuando se nominaliza un verbo inacusativo, tal nominalización puede significar "el hecho de que" o "el modo de que"; pero, cuando se nominaliza un verbo acusativo, no se obtiene esta interpretación. Ello significa que *la llegada de Juan* puede significar 'el hecho de que haya llegado Juan', pero *la respuesta de Juan* no puede significar 'el hecho de que responda Juan'. Esto lo podemos ver si ponemos esas nominalizaciones como objetos de verbos que rigen un complemento que denota un hecho; uno de esos verbos es *verificar*. Por ello es correcto (103a), pero no lo es (103b), en el sentido relevante:

(103)
Castellano

a) Verifiqué la llegada de Juan
b) *Verifiqué la respuesta de Juan [sólo correcta en el sentido de que comprobé aquello que Juan respondió]

Obsérvese que lo importante aquí es que (103b) nunca puede significar 'verifiqué el hecho de que Juan respondiera'. Pueden verse más argumentos para el castellano en Bosque 1989: 168-171.

En otras lenguas, hay una forma de distinguir morfológica y no sintácticamente las estructuras inacusativas de las acusativas. Por ejemplo, en italiano los verbos inacusativos hacen el tiempo perfecto utilizando el auxiliar *essere* 'ser' y los acusativos lo hacen mediante el auxiliar *avere* 'haber'; veamos algunos ejemplos:

(104)
Italiano

a) Sono arrivato ora
   soy llegado ahora
   'He llegado ahora'
b) Ho passegiato un po'
   he paseado un poco
   'He paseado un poco'

Un mismo verbo puede seleccionar uno u otro auxiliar, según se use inacusativa o acusativamente. Por ejemplo, el verbo *cominciare* se utiliza acusativamente cuando es transitivo, pero es inacusativo cuando es intransitivo: en el primer uso, lleva el primer auxiliar y, en el segundo, el segundo de los auxiliares:

(105)
Italiano

a) Il maestro ha cominciato la lezione
   el maestro ha comenzado la lección
   'El maestro ha comenzado la lección'
b) La lezione è cominciata
   la lección es comenzada
   'La lección ha comenzado'

Algo similar ocurre en alemán, neerlandés o vasco.

El italiano nos provee de otro ejemplo de la manifestación de estructuras inacusativas. Existe en esta lengua el clítico *ne* que significa 'de ello' y que sólo puede usarse en construcciones acusativas como (106) y nunca en construcciones inacusativas como (107*)*:

(106)
Italiano (Perlmutter 1983: 152)

a) Giorgio ha comprato due macchine
   ha comprado dos coches
   'Jorge ha comprado dos coches'
b) Giorgio ne ha comprate due
   de ellos ha comprado dos
   'Jorge ha comprado dos (de ellos)'

(107)
Italiano (Perlmutter 1983: 152)

a) Due macchine sono state vendute
   Dos coches han sido vendidos
   'Se han vendido dos coches'
b) *Due ne sono state vendute
   dos de ellos son sidos vendido
   'Se han vendido dos de ellos'

1. Sean las dos oraciones castellanas siguientes:

   (108)
   a) Klaus habla español muy bien
   b) Klaus habla el español muy bien

   Intente determinar qué diferencia hay entre las dos oraciones utilizando, para ello, el concepto de incorporación sintáctica que hemos explicado en este capítulo.

2. ¿Qué tipo semántico de reflexividad encontramos en las siguientes oraciones castellanas?:

   (109)
   Castellano

   a) Se comió la tarta de dos bocados
   b) Juan se ha quitado el bigote
   c) Juan se levantó de la silla
   d) Aquí se entregan los impresos
   e) Estas fotos no se ven bien
   f) Esta marca se corresponde con aquella otra
   g) Se están cargando la casa
   h) Se torció un pie subiendo la escalera
   i) Se hizo la cama

3. Estudie la relación activa / pasiva en maorí sobre la base de los ejemplos siguientes:

   (110)
   Maorí (Siewierska 1984: 68-69)

   a) Ka inu te tangata i te wai
   asp beber art hombre ac art agua
   'El hombre bebe el agua'
   b) Ka inu-mia te wai e te tangata
   asp beber-pasiv art agua ag art hombre
   'El agua es bebida por el hombre'

c) E mo:hio ana te tangata ki te reo Ma:ori
   asp saber asp art hombre ac art lengua Maorí
   'El hombre sabe hablar maorí'
d) E mo:hio- tia ana te reo Ma:ori e te tangata
   asp saber-pasiv asp art lengua maorí ag art hombre
   'El maorí es sabido por el hombre'
e) Ka haere au i te ma:unga
   asp ir yo en art monte
   'Camino por el monte'
f) Ka haere- tia te ma:unga e au
   asp ir-pasiv art monte ag yo
   'El monte es caminado por mí'
g) Ka - haere au ki te ma:unga
   asp ir yo a art monte
   'Voy al monte'
h) *Ka haere- tia te ma:unga e au
   asp ir-pasiv art monte ag yo
   *'El monte es ido por mí'

4. Determine a qué tipo de impersonalidad de las presentadas en (80) corresponde cada una de las siguientes oraciones castellanas:

(111)
Castellano

a) Se sale por la puerta de atrás
b) Los presos no han sido maltratados
c) Uno nunca sabe qué hacer
d) Hay verduras frescas

CLAVE 1. Por lo estudiado en este capítulo, está claro que en la primera oración *español* está incorporado sintácticamente en el verbo *hablar* y que, en la segunda, *el español* es un objeto directo normal. Las diferencias entre ambas oraciones tienen que poder derivarse de la diferente caracterización que hemos realizado en este capítulo de los dos casos. En el primer caso, *hablar español* denota un determinado tipo de *hablar* y equivaldría a algo así como *hablar a la española* o *hablar al modo español*. En húngaro, esta oración se traduce como *spanyolul beszélni*, en donde *spanyolul* lleva una terminación adverbial de modo y no la terminación de objeto directo que se espera en un sustantivo que desempeñe esa función: la traducción literal es, también, *hablar a la española*. Ejemplos similares pueden encontrarse en otros idiomas. En el segundo caso, *hablar el español* significa que el resultado de las acciones de hablar son emisiones que pertenecen a la lengua española y no a otra lengua. Por ello *habla muy bien el español* se puede utilizar para insistir en que se trata de esta lengua y no otra: *habla el español muy bien y no el chino*. Como en la primera oración *español* está incorporado, la oración no puede tener este uso contrastivo **Habla español muy bien pero no el chino*.

2. Las oraciones de (109a) y (109g) presentan una reflexividad del tipo que hemos denominado *intensivo*. En ambos casos, se nos dice que el objeto de la acción

se ve afectado en su totalidad y no sólo en parte o en cierta medida. Los casos de (109h) y (109i) representan el uso del reflexivo que hemos denominado *transitivo afectivo:* se trata de giros transitivos en los que el *se* denota un individuo que se ve beneficiado o perjudicado por una acción. El de (109f) es un caso claro de uso *inverso* de la reflexividad. El caso (109c) es un ejemplo de uso autocausativo de la reflexividad. El uso (109b) es el que hemos denominado de *objeto partitivo,* ya que puede denotarse una acción en la que un individuo se afecte directamente a parte de sí mismo (en este caso, a la parte de sí mismo denominada habitualmente *bigote*). El caso de (109d) es claramente un ejemplo de uso pasivo de la reflexividad y el de (109e) ilustra la utilización que hemos denominado cuasipasiva, ya que más que especificarse que alguien no ve las fotos, lo que se quiere decir es que las fotos no son nítidas; es decir, se denota una propiedad del sujeto. Esto no ocurre en (109d), en donde no se predica propiedad alguna del sujeto.

3. Se observa, en primer lugar, que, en esta lengua, las pasivas se expresan de modo sintético, mediante un afijo verbal. El objeto de la pasiva aparece en la posición postverbal del sujeto y el sujeto de la activa aparece introducido por una preposición que indica el papel semántico de *agente.* Todo esto lo podemos ver en el ejemplo (110b). En el ejemplo (110d), podemos comprobar que el sintagma verbal *saber una lengua* puede pasivizarse en maorí, pero no en castellano. Es interesante comparar los ejemplos (110f) y (110h). Vemos que se puede pasivizar el sintagma verbal *caminar por el monte*, pero no el correspondiente a *ir al monte.* Esto muestra que, en esta lengua, la relación entre "el monte" y "caminar" en (110e) es una relación de verbo-objeto y la que se da entre las dos palabras en (110g) es una relación de verbo-complemento direccional. La pasivización es imposible, en ambos casos, en castellano. Esto sirve para mostrar que lo determinante aquí es la *concepción* lingüística de una determinada situación o acción real y no esa situación o acción misma.

4. En la oración (111a) tenemos un ejemplo de impersonalidad por imposibilidad de marcar el agente. En (111b) tenemos un caso de impersonalidad por imposibilidad de que el agente sea el sujeto. En (111c) estamos ante un ejemplo en el que existe un agente, pero éste es indefinido o genérico. Por último, (111d) es una oración sin sujeto o, si se quiere, un sujeto no referencial, si concebimos la flexión de *hay* como pronominal.

CUESTIONES PROPUESTAS

1. Intente explicar las limitaciones de la posibilidad de incorporación del objeto en castellano, sobre la base de ejemplos como los siguientes:

   (112)
   Castellano

   a) Juan sabe/aprende (*la) química, pero no (*la) física

   b) Juan se sabe/ aprende *(la) química, pero no *(la) física
   c) Juan conoce *(la) química
   d) Juan estudia (la) química

2. ¿Qué usos semánticos de la reflexividad se ven en las siguientes oraciones?:

(113)
Castellano

a) Juan se colocó a la derecha
b) Esta pieza se encaja en aquella
c) Juan y Pedro se escribieron una carta
d) La aspirina se disolvió rápidamente
e) Se habla inglés
f) Se amuebló su propio apartamento

3. Determine los factores que en castellano nos impiden tener oraciones pasivas como las siguientes:

(114)
Castellano

a) *Doscientos temas son contenidos por este temario
b) *Tres kilos son pesados por esta bolsa
c) *Cinco idiomas son hablados por Juan
d) *Diez son hechos por cinco más cinco
e) *Dos días de descanso fueron guardados por Antonio

4. Establezca a qué tipo de impersonalidad de los presentadas en (80) corresponden cada una de las siguientes oraciones castellanas:

(115)
Castellano

a) Se le da mal escribir
b) No son bien atendidos en esta clínica
c) En aquel ministerio trabajan demasiado
d) De este asunto no se sabe nada

5. En los ejemplos siguientes presentamos una oración pasiva en vasco y damos algunas variantes gramaticales y agramaticales de la misma. Trate de enunciar por qué se producen las restricciones observadas y saque conclusiones sobre la estructura de la pasiva en la lengua vasca. Los ejemplos se extraen de Moreno Cabrera 1998b: 157:

(116)
Vasco

1. Piarresek eginak dira etxe horiek
   'Esas casas han sido hechas por Pedro'.
2. Piarresek etxe hori egin du.
   'Pedro ha hecho esa casa'.
3. Etxe hori Piarresek egin du.
4. Etxe hori egin du Piarresek.
5. *Etxe hori du Piarresek egin.
6. Etxe hori Piarresek egina da.
7. *Piarresek etxe hori egina da.
8. *Etxe hori egina da Piarresek.

eginak = hecho (plural);
dira = son;
etxe = casa;
horiek = esas;
du = ha;
egin = hecho;
egina = hecho (singular);
hori = esa

ORIENTACIÓN BIBLIOGRÁFICA

BAKER, M. C.: *Incorporation. A Theory of Grammatical Function Changing,* Chicago, The University of Chicago Press, 1988.
Importante estudio sobre la tipología de la incorporación. El modelo teórico desde el que se desarrolla el estudio es el de la Gramática Generativa. Tanto por su profundidad teórica como por su cobertura empírica no sólo es un trabajo modélico, sino también un hito en la lingüística moderna. Imprescindible para ahondar en la cuestión de la incorporación.

CIFUENTES HONRUBIA, J. L.: "Inacusatividad, ergatividad y movimiento" capítulo I de J. L. Cifuentes Honrubia, *Sintaxis y Semántica del movimiento. Aspectos de gramática cognitiva,* Generalitat Valenciana, 1999, pp. 11-56.
Excelente visión de conjunto sobre la inacusatividad en español.

FALTZ, L. M.: *Reflexivization. A Study in Universal Syntax,* Nueva York, Garland, 1985 [1977].
Estudio inteligente y claro sobre la sintaxis de las oraciones reflexivas en las lenguas del mundo y sobre las generalizaciones universales que pueden enunciarse sobre ella. Contiene datos de diversas lenguas: japonés, hindí, finés, hausa, siu, calabar, yoruba, turco, acano, español, francés, hebreo, lisú, kiñarruanda, tuscarora, vietnamita, neerlandés, zapoteco, tagalo, pima, bereber, alemán, irlandés, fulaní, cantonés. Se complementa a la perfección con el libro de Geniušienė que incluimos en esta misma lista.

FERNÁNDEZ SORIANO, O. y S. TÁBOAS BAYLÍN: "Construcciones impersonales no reflejas" en I. Bosque y V. Demonte (dirs.), *Gramática Descriptiva de la Lengua Española,* Madrid, Espasa-Calpe, 1999, capítulo 27, pp. 1.723-1.778.
Descripción detallada de la impersonalidad no refleja en español.

FOX, B. y P. J. HOPPER (eds.): *Voice: Form and Function,* Amsterdam, John Benjamins, 1994.
Incluye este volumen doce trabajos sobre la voz en los que se aborda la voz media y la pasiva, la antipasiva, el sistema inverso y la ergatividad. Las lenguas estudiadas son el griego antiguo, el inglés, el chino mandarín, las lenguas filipinas, el irlandés y el tupí-guaraní, entre otras.

GENIUŠIENĖ, E.: *The Typology of Reflexives,* Berlín, Mouton de Gruyter, 1987.
Monumental estudio sobre la tipología de la reflexividad. Además de una descripción en detalle de la reflexividad en inglés y en las lenguas bálticas (lituano y letón), contiene datos de un centenar de lenguas, así como una clasificación exhaustiva de los tipos de reflexividad que se encuentran en las diversas lenguas. Imprescindible para profundizar en el tema.

GIVÓN, T.: "Voice and de-transivization" en T. Givón, *Syntax. A Functional-Typological Introduction, vol II,* 1990, capítulo XIV.
Este trabajo abarca prácticamente lo mismo que hemos visto en el presente capítulo. Se trata de una revisión tipológico-funcional de la pasividad, reflexividad, reciprocidad y antipasividad. Es recomendable para profundizar en estas cuestiones.

GIVÓN, T. (ed.): *Voice and Inversion,* Amsterdam, John Benjamins, 1994.
Colección de artículos sobre los sistemas diatéticos inversos, en los que se marca el verbo con un morfema especial cuando el paciente tiene mayor grado de topicalidad que el agente. Se analiza la inversión en kutenái, sahaptín, esquihuamés, bilcula, caribe, griego moderno, coreano, masái y cebuano.

HERMON, G.: "A Modular Approach to the Analysis of Experiencer Constructions in Imbabura Quechua, Huanca Quechua and Other Languages" en G. Hermon *Syntactic Modularity,* Dordrecht, Foris, 1985, pp. 169-241.
El estudio de las construcciones impersonales inagentivas ha suscitado la atención de los investigadores generativistas. Éste es un estudio, hecho desde el punto de vista de la teoría de la Rección y el Ligamiento, de este tipo de impersonales en varias lenguas quechuas, así como en hebreo, canarés e italiano.

KEENAN, E. L.: "Passive in the world's languages" en T. Shopen (ed.), *Language Typology and Syntactic Description, vol. I Clause Structure,* Londres, Cambridge University Press, 1985, pp. 243-281.
Se trata de un detallado estudio tipológico sobre las oraciones pasivas en un buen número de lenguas. Se enuncian muchas generalizaciones tipológicamente relevantes sobre la pasivización. Su lectura es muy recomendable tanto por su exactitud como por su claridad.

KEENAN, E. L.: "Passive is Phrasal (not Sentential or Lexical)" en E. L. Keenan, *Universal Grammar: 15 essays,* Londres, Croom Helm, 1987 [1980], pp. 214-144.
Es un importante trabajo sobre el análisis teórico de la pasiva. Ante un tratamiento inicial que supone que la pasiva es un proceso oracional hasta tratamientos más recientes que hacen de la

pasiva un fenómeno léxico, Keenan defiende la postura de que la pasiva surge de un proceso que afecta a todo el sintagma verbal. Muestra, además, que ésta es la única base desde la que se puede realizar una descripción tipológicamente consistente de este fenómeno. Es un artículo de lectura muy recomendable.

KEMMER, S.: *The middle Voice*, Amsterdam, John Benjamins, 1993.
Completo estudio sobre la voz media, hecho desde un punto de vista funcional-tipológico. Contiene un capítulo dedicado a los desarrollos diacrónicos. Se tienen en cuenta datos de más de 30 lenguas repartidas por todo el orbe.

KLAIMAN, M. H.: *Grammatical Voice*, Cambridge, Cambridge University Press, 1991.
Es un estudio teórico-tipológico de la voz morfosintáctica. Tiene un capítulo dedicado a la voz media y otro al parámetro del control en la voz, los sistemas diatéticos inversos merecen un capítulo aparte. Se estudian el fulaní, el tamil, el cupeño, el coreano, el apache, el algonquino, el tehua y otras lenguas tanoanas, las lenguas mayas y las filipinas.

MARTÍN ZORRAQUINO, M. A.: *Las construcciones pronominales en español. Paradigma y Desviaciones,* Madrid, Gredos, 1979.
El *se* español es uno de los índices formales de intransitividad más estudiados y también más difíciles de describir. Este libro contiene gran número de material muy útil para iniciarse o profundizar en las construcciones castellanas con *se*.

MENDIKOETXEA, A.: "Construcciones inacusativas y pasivas", "Construcciones con *se*: medias pasivas e impersonales" en I. Bosque y V. Demonte (dirs.), *Gramática Descriptiva de la Lengua Española*, Madrid, Espasa-Calpe, 1999, capítulos 25 (pp. 1.575-1.630) y 26 (pp. 1.631-1.722).
Descripción completa de las construcciones españolas con *se* imprescindible para adentrarse en su estudio y como referencia.

MIGUEL APARICIO, E. de: *El aspecto en la sintaxis del español: perfectividad e impersonalidad*, Madrid, Ediciones de la Universidad Autónoma de Madrid, 1992.
Es un trabajo que analiza detenidamente las construcciones de participio absoluto, las impersonales con *se* y la pasiva en español desde la perspectiva de la teoría generativa de la Rección y el Ligamiento. Recomendable para profundizar en el estudio de estos fenómenos en nuestra lengua.

MITHUN, M.: "The evolution of Noun Incorporation", *Language,* 60, 1984, pp. 847-894.
Importante e influyente artículo sobre la aparición en las lenguas de la incorporación. Debe ser conocido por todo aquel que desee estudiar la cuestión.

MORENO, J. C.: "Processes and Actions: internal agentless impersonals in some European languages" en J. Bechert, G. Bernini y C. Buridant (eds.), T*oward a Typology of European Languages,* Berlín, Mouton de Gruyter, 1990 [1989], pp. 255-272.
En este artículo, examinamos las construcciones impersonales inagentivas en las lenguas eslavas y célticas. Proponemos un haz de rasgos sintácticos tipológicamente relevante que está asociado a estas construcciones en las lenguas del mundo.

MORENO, J. C.: "Impersonal Constructions in Spanish" en M. Hannay y E. Vester (eds.), W*orking with Functional Grammar: Descriptive and Computational Applications,* Dordrecht, Foris, 1990, pp. 31-50.
En este breve trabajo, describimos dos tipos de oraciones impersonales castellanas dentro del marco de la Gramática Funcional de Dik. Tal descripción tiene una base tipológica.

PERLMUTTER, D. M.: "Impersonal passives and the Unaccusative Hypothesis" en J. Jaeger y otros (eds.), *Proceedings of the Fourth Annual Meeting of the Berkeley Linguistic Society,* 1978, pp. 157-189.

Éste es un artículo ya clásico donde se propone el concepto de inacusatividad y su relación con las construcciones pasivas impersonales.

PERLMUTTER, D. M.: "Personal vs. Impersonal Constructions" en *Natural Language and Linguistic Theory, vol. 1,* 1983, pp. 141-200.
Este artículo constituye una versión actualizada de la teoría expuesta en el anterior. Es imprescindible para profundizar en el tema de la inacusatividad y de la impersonalidad inagentiva.

SADOCK, J. M.: "Autolexical Syntax: a proposal for the treatment of noun incorporation and similar phenomena", *Natural Language and Linguistic Theory,* 3, 1985, pp. 379-439.
El estudio de la incorporación no es sólo necesario desde el punto de vista descriptivo, también es muy fructífero desde el punto de vista teórico. Ello se puede comprobar en el libro de Baker citado antes y en este artículo, en el que se desarrollan nuevas perspectivas teóricas para la descripción de las lenguas. La exposición está basada en el esquimal occidental.

SADOCK, J. M.: *Autolexical Syntax. A Theory of Parallel Grammatical Representations*, Chicago, The University of Chicago Press, 1991.
En este libro se desarrolla en profundidad el modelo de análisis avanzado en el artículo anterior. Debe consultarse para tener un conocimiento adecuado de esta propuesta. Contiene un capítulo completo dedicado a la incorporación.

SEEFRANZ-MONTAG, A. von: *Syntaktische Funktionen und Wortstellungsveränderung. Die Entwicklung 'subjektloser' Konstruktionen in einigen Sprachen,* Múnich, W. Fink, 1983.
Es ésta una interesante monografía sobre el desarrollo y evolución diacrónicos de las construcciones impersonales. Se centra en las lenguas germánicas y en el francés con un breve tratamiento del hebreo y del georgiano.

SIEWIERSKA, A.: *The passive. A Comparative Linguistic Analysis,* Londres, Croom Helm, 1984.
Se trata de una obra descriptiva dedicada a la tipología de las oraciones pasivas. Consta de siete capítulos. Hay uno dedicado a la pasiva personal, otro a la impersonal, otro a la perifrástica, otro a la reflexiva y un último capítulo dedicado a la pragmática de las oraciones pasivas. Por su sencillez y transparencia, es una lectura recomendable para adentrarse en la tipología de este fenómeno gramatical.

STASSEN, L.: *Intransitive Predication*, Oxford, Clarendon Press, 1997.
En este impresionante trabajo de poco menos de ochocientas páginas, se estudia la forma que adoptan los predicados intransitivos sobre la base de datos de 410 lenguas de todo el mundo. Es el mejor estudio tipológico de conjunto sobre la expresión de los predicados intransitivos y, sin duda, lo será por mucho tiempo. Se describen con todo detalle las estrategias de realización de estos predicados: la verbal, la locativa, la nominal y la adjetival y se proponen leyes tipológicas que explican su distribución, propiedades y relaciones en las lenguas del orbe. Es una obra clave de la lingüística tipológica del siglo XX, sin lugar a ninguna duda.

23

DIÁTESIS Y VOZ

1. Introducción

Vamos a diferenciar en este capítulo los conceptos de diátesis y de voz. Estos dos términos se suelen utilizar de modo sinónimo en los estudios gramaticales; pero se puede aprovechar el hecho de la existencia de dos vocablos diferentes para denotar dos fenómenos diferentes aunque claramente relacionados. Intentaremos a continuación exponerlos e ilustrarlos.

2. La diátesis

Primero observamos que un determinado verbo induce una asociación entre una determinada función semántica y una función sintáctica. Por ejemplo, comparemos los verbos *hacer* y *doler*; dadas sus especiales características sintácticas, vemos que, en cada caso, existe una asociación diferente entre relaciones semánticas y relaciones sintácticas. Podemos establecer que tanto *hacer* como *doler* requieren dos argumentos; en el caso de *hacer*, el sintagma nominal que desempeña la función gramatical de sujeto (SUJ) es aquel al que se le asigna el papel semántico de agente (AG) y el sintagma nominal que desempeña la función sintáctica de objeto directo es aquel al que se asigna el papel semántico de paciente (PA). Esta asignación es la normal o no marcada para el caso del verbo *hacer*. Consideremos ahora el verbo *doler*; también en este caso estamos ante un verbo bivalente, pero ahora la asignación entre papeles semánticos y relaciones sintácticas es diferente. En efecto, el sintagma nominal que desempeña la función de sujeto no es agente, en este caso, sino *localización* (LOC) y el sintagma nominal que desempeña la función de objeto no es paciente sino *experimentante* (EXP).

Vamos a llamar *diátesis* a la asociación inicial que cada verbo determina entre relaciones sintácticas de sus argumentos exigidos y las relaciones semánticas asociadas a ellos. Los verbos *hacer* y *doler* muestran dos diátesis diferentes, dado que, en cada caso, se asocia el sintagma nominal en la función sintáctica de sujeto con dos papeles semánticos diferentes: AG y LOC. Podemos resumir lo visto en el siguiente esquema:

(1)
Diátesis inducidas por *hacer* y *doler*

VERBO	SUJETO	OBJETO	EJEMPLO
Hacer	Agente	Paciente	Juan (ag) hace la tortilla (pac)
Doler	Localización	Experimentante	A Juan (exp) le duele la cabeza (loc)

Podemos clasificar la diátesis, en principio, por el papel semántico que se asocie a la función sintáctica de sujeto; para clasificaciones más completas, tendrán que considerarse también los objetos e incluso los complementos.

De modo preliminar podemos ver los siguientes tipos de diátesis:

(2)
a) Diátesis agentiva:
   Se basa en la asociación del agente con el sujeto.
      EJEMPLO: El carpintero   ha hecho la silla.
                 SUJ/AG

b) Diátesis locativa:
   Se basa en la asociación entre la función semántica de locativo y la función sintáctica de sujeto.
      EJEMPLO: El paquete   incluye tres cartas y dos bolsas.
                 SUJ/LOC

c) Diátesis afectiva:
   Se basa en la asociación entre la función semántica de paciente y la sintáctica de sujeto.
      EJEMPLO: Los precios   suben muy deprisa.
                 SUJ/PA

d) Diátesis instrumental:
   Se basa en la asociación entre la función semántica de instrumento y la sintáctica de sujeto.
      EJEMPLO: La llave   abrió la puerta.
                 SUJ/INSTR

e) Diátesis causativa:
   Se basa en la asociación del papel semántico de causante con el sintáctico de sujeto.
      EJEMPLO: El accidente   desvió el tráfico.
                 SUJ/CAUSANTE

Posteriormente, veremos otros tipos de diátesis.

3. La voz

Vamos a entender por *voz* otro fenómeno, esta vez de carácter morfológico. Un verbo puede variar en su forma según el tiempo, aspecto, persona o número en que se ponga; pero también puede variar según otro parámetro que es precisamente el que va a determinar la voz. Un verbo cualquiera que establezca una diátesis, en la cual al sujeto se le asigna el papel de agente, puede variar en su forma para indicar que, en esta ocasión, no se asigna el papel semántico de agente al sujeto, sino el paciente. Precisamente, ésa es la esencia del paradigma verbal morfológico que se conoce como voz pasiva.

Por ejemplo, comparemos las oraciones siguientes:

(3)
Castellano

a) Ese carpintero ha hecho aquella silla
b) Aquella silla ha sido hecha por ese carpintero

En el primer caso, tenemos la diátesis normal inducida por el verbo *hacer* en la que el sujeto es el agente; pero, en el segundo, tenemos una diátesis «anormal» para el verbo *hacer*, ya que el sujeto no es el agente, sino el paciente. Este carácter anormal de la diátesis se manifiesta en un cambio en el verbo, que está en una forma perifrástica especial que se puede denominar *voz pasiva perifrástica* (en otras lenguas como el latín o el árabe clásico no se recurre a una perífrasis sino a una forma especial del verbo, que se denomina también *voz pasiva*, véase el capítulo 21, sección 4). Diremos que la diátesis no marcada para el verbo *hacer* es la agentiva, en la que el agente se asocia con la función sintáctica de sujeto y que la diátesis afectiva, en la que el paciente se asocia con el sujeto, es marcada para este verbo.

Por tanto, queremos reservar el término *voz* para aquellos cambios morfológicos del verbo que están determinados por cambios diatéticos; es decir, cambios en las asociaciones entre papeles semánticos y relaciones sintácticas.

El sistema de voces de una lengua opone la voz no marcada o activa a las demás voces marcadas. La voz no marcada o activa no suele tener ningún morfema especial distintivo y es la forma "normal" del verbo o forma por defecto. Las voces marcadas, como la pasiva o la reflexiva, se distinguen por una forma especial característica.

(4)
Ley de la relación entre diátesis y voz

> La voz no marcada (la activa) realiza o se asocia con la diátesis no marcada de un verbo y las voces marcadas (como la pasiva o la reflexiva) realizan las diátesis marcadas de un verbo.

Como hemos visto en la sección anterior, la diátesis afectiva no siempre ha de manifestarse mediante voz pasiva. En efecto, en *los precios suben muy deprisa* está claro que el sujeto no es el agente ni el causante, sino aquella entidad que sufre el proceso de la subida; por tanto, estamos ante una diátesis afectiva. Sin embargo, la voz en que se manifiesta esa diátesis afectiva no es la pasiva sino la activa y ello porque para el verbo *subir* la diátesis afectiva es no marcada y, por tanto, se puede realizar mediante la voz no marcada o activa. Pero téngase en cuenta que esto no ocurre con todos los verbos. Por ejemplo, el verbo *modificar* no tiene una diátesis afectiva no marcada. Por ello no es gramatical la expresión siguiente:

(5)
Castellano

*Los precios modifican muy deprisa

El verbo *modificar* sólo admite la diátesis afectiva como marcada y, por ello, exige, en los casos en los que se opte por dicha diátesis, una realización mediante una voz marcada, como la pasiva (6a) o la reflexiva (6b):

(6)
Castellano

a) Los precios son modificados muy deprisa
b) Los precios se modifican muy deprisa

Consideremos ahora la diátesis instrumental. El verbo *abrir* admite la diátesis causativa como no marcada y, por tanto, aparece en voz activa (o no marcada) cuando el sujeto es el instrumento. Pero esto no ocurre con el verbo *leer*, que no admite la diátesis instrumental. Por ello, si bien podemos relacionar (7a) con (7b), no podemos relacionar (8a) con (8b):

(7)
Castellano

a) Abrieron la puerta con la llave
b) La llave abrió la puerta

(8)
Castellano

a) Leyeron el sello con la lupa
b) *La lupa leyó el sello

Consideremos ahora la diátesis causativa. El verbo *desviar* es no marcado para la diátesis causativa, pero no ocurre así con el verbo *venir*. No se puede decir, por ejemplo:

(9)
Castellano

*Juan vino a Pedro

sino sólo

(10)
Castellano

Juan hizo venir a Pedro

donde la forma *hizo venir* es la voz causativa del verbo *venir* que nos hace comprobar que la diátesis causativa es marcada para este verbo y, por tanto, no se puede expresar mediante la voz no marcada, la activa.

4. La dinámica de la diátesis

Vamos a estudiar, a continuación, los cambios diatéticos más importantes. Estos cambios consisten en que se transforma una diátesis exigida de modo no marcado por un verbo en otras diátesis derivadas que serán marcadas y que, por tanto, se manifestarán mediante una voz marcada. Vamos a establecer una tipología de los cambios diatéticos siguiendo la clasificación establecida por Sil'nitskiĭ (1974). En esta clasificación, se toman como base las transformaciones en la valencia de los verbos. Nosotros la vamos a adaptar para presentarla en su relación con los cambios diatéticos de diátesis no marcada a diátesis marcadas, tal como hemos explicado en la sección anterior.

Podemos establecer la base de la clasificación sobre el criterio del desplazamiento o variación de las asociaciones diatéticas. Empezamos por definir el concepto de asociación diatética.

(11)
Asociación diatética

> Se entiende por *asociación diatética* aquella asignación establecida por un verbo entre una función sintáctica y un papel semántico respecto de cada uno de los argumentos requeridos por ese verbo.

Los cambios en la asociaciones diatéticas de los verbos pueden ser de dos tipos:

(12)
Tipos de cambios en las asociaciones diatéticas

a) Desplazamiento de las asociaciones diatéticas:
En este caso se produce una nueva asociación entre relaciones sintácticas y papeles semánticos. Estos desplazamientos se clasifican en los siguientes subtipos.

En el *desplazamiento nuclear:* se ven implicadas las relaciones de sujeto y de objeto directo. El papel semántico asociado al sujeto se asocia ahora al objeto directo o viceversa.

En el *desplazamiento polar:* se ven implicadas las relaciones de sujeto y de objeto indirecto u oblicuo. El papel semántico asociado con el sujeto pasa a ser asociado con el objeto indirecto o complemento circunstancial o viceversa.

En el *desplazamiento marginal:* se ven implicadas las relaciones de objeto directo e indirecto o complemento circunstancial. El papel semántico asociado a la función de objeto directo pasa a asociarse con la función de objeto indirecto o complemento circunstancial o viceversa.

Cuando en cada caso un cambio conlleva otro cambio, hablamos de *desplazamiento doble*. Por ejemplo, en un desplazamiento marginal doble, la función sintáctica de objeto directo es asociada con el papel semántico que se asocia al objeto indirecto o al complemento circunstancial, y viceversa.

Tendremos un *desplazamiento doble asimétrico* cuando, como ocurre en la pasiva, se ven implicadas tres relaciones sintácticas y no dos. En efecto, el papel semántico que en la activa se asocia con el objeto, se asocia en la pasiva con el sujeto, y el papel semántico que se asocia en la activa con el sujeto, se asocia

en la pasiva con el complemento agente, que es un complemento circunstancial.
b) *Variación de las asociaciones diatéticas:*
En este caso se pierde o se gana una asociación diatética. Se pueden distinguir dos casos, por consiguiente:

   i) *Adición diatética:*
   Se añade una asociación diatética que no estaba presente en el verbo originalmente.
   ii) *Eliminación diatética:*
   Se elimina una asociación diatética que estaba presente originariamente en el verbo.
   Esto supone que, en el primer caso, se aumenta la valencia inicial del verbo y, en el segundo, se reduce esa valencia inicial.

Veamos ahora ejemplos de cada caso. Tratemos, en primer lugar, la desaparición de la asociación diatética "sujeto/agente":

(13)
Alemán (Sil'nitskiï 1974: 62)

a) Er raucht nicht im Raum
   él fuma no en-el recinto
   'No fuma en este recinto'
b) Im Raum wird nicht geraucht
   en-el recinto es no fumado
   'No se fuma en este recinto'

(14)
Árabe (Sil'nitskiï 1974: 62)

a) Al-muaZZafu zhaʔa bi: ʔila l-maTari
   el-funcionario llevó a-mí a el-aeropuerto
   'El funcionario me llevó al aeropuerto'
b) Zhiʔa bi: ʔila l-maTari
   llevaron a-mí a el-aeropuerto
   'Me llevaron al aeropuerto'

(15)
Castellano

a) El policía arrestó al sospechoso
a) Se arrestó al sospechoso

He aquí un posible caso de eliminación de la asociación diatética entre un complemento oblicuo y el papel semántico de agente:

(16)
Vasco (Sil'nitskiï 1974: 62)

a) Gizona-k txakurra galdu du
   hombre-erg perro perdido tiene
   'El hombre ha perdido el perro'
b) Txakurra galdu da
   perro perdido es
   'Se ha perdido el perro'

En los casos (13) y (14) se pierde la asociación diatética sujeto/agente y en el (16) tenemos la pérdida de la asociación diatética entre complemento ergativo y agente, ya que, como sabemos, *gizonak* en (16a) está en un caso marcado especial denominado *ergativo*.

Se habrá observado que en (13) y (15) el cambio diatético supone un cambio en la voz verbal (se recurre a las voces pasiva y reflexiva, respectivamente) y en (16), se asocia el verbo *perder* con una diátesis marcada para ese verbo, ya que normalmente construye su perfecto con el auxiliar *tener* (*du*) y no con el auxiliar *ser* (*da*).

Ahora veremos ejemplos de variaciones diatéticas por adición:

(17)
Chucoto (Sil'nitskiï 1974: 64)

a) ətləgən ayəlgavərkən
   padre se asusta
   'El padre se asusta'
b) Ekkete r-ayəlgavərkkən-en ətləgən
   hijo asusta padre
   'El hijo asusta al padre'

Aquí se ha introducido la asociación diatética complemento ergativo/causante (el nombre *ekkete* está en el caso marcado que se suele denominar ergativo y, por tanto, se considera como un sustantivo en caso oblicuo). Obsérvese que, al tratarse de una diátesis marcada para el verbo chucoto que corresponde a *asustar*, aparece este verbo en voz causativa (prefijo *r-* y sufijo *-en* de transitividad cuando se introduce esta asociación diatética).

(18)
Georgiano (Sil'nitskiï 1974: 64)

a) დედა რძეს ადუღებს
   Deda rdses a-dug-eb-s
   madre leche cuece
   'La madre cuece la leche'
b) დედა შვილს რძეს უდუღებს
   Deda shvil-s rdses u-dug-eb-s
   madre hijo-dat leche cuece-para
   'La madre cuece la leche para el niño'

Se introduce ahora la asociación diatética *objeto indirecto/benefactivo* y el verbo ha de ponerse en una voz especial que indica, en este caso, esa benefactividad de la acción.

Veamos casos ahora de desplazamientos de las relaciones diatéticas. El ejemplo más frecuente es el del *desplazamiento marginal doble,* que, como ya hemos indicado, se da en muchas lenguas en lo que se conoce como diátesis pasiva.

El *desplazamiento nuclear simple* es también muy frecuente en las lenguas del mundo. El caso más corriente es el que combina la asociación del papel semántico de objeto con el sujeto y la eliminación de la asociación diatética entre agente y sujeto. Se trata, pues, de una combinación de desplazamiento más elisión. Veamos unos ejemplos:

(19)
Inglés (Sil'nitskiï 1974: 69)

a) I broke the cup
yo rompí la taza
'He roto la taza'
b) The cup broke
la taza rompió
'La taza se rompió'

(20)
Castellano

a) El médico ha sanado al enfermo
b) El enfermo ha sanado

(21)
Italiano (Sil'nitskiï 1974: 68)

a) Il medico ha guarito il malato
el médico ha sanado el enfermo
'El médico ha sanado al enfermo'
b) Il malato è guarito
el enfermo es sanado
'El enfermo ha sanado'

Obsérvese que, mientras que, en castellano, el verbo *sanar* admite las dos diátesis como no marcadas (es decir, la diátesis que tiene la asociación diatética *sujeto/agente* y la que tiene *sujeto/paciente)* y, por tanto, se realizan ambas estructuras mediante la voz no marcada, es decir, la activa (como ocurre con el ejemplo del inglés para el verbo "romper" *break*), el italiano supone un cambio de voz, ya que el auxiliar en el segundo caso no es el verbo *haber,* sino *ser.*

Veamos ahora ejemplos de *desplazamientos polares.* Un caso es el que nos ilustra el siguiente ejemplo del ruso:

(22)
Ruso (Sil'nitskiï 1974: 66)

a) Он не работает
On nie rabótayet

él no trabaja
   'No trabaja'
b) Ему не работается
   Yemú nie rabótayet-sia
   el-dat no trabaja-pasiv
   'No tiene ganas de trabajar'

Como vemos, de la asociación diatética *sujeto/agente* se pasa a la asociación diatética *objeto indirecto/agente*.

Ahora vamos a ver un caso de *desplazamiento polar doble:*

(23)
Inglés (Sil'nitskiï 1974: 66)

a) He sent a letter to her
   él envió una carta a ella
   'Le ha enviado una carta'
b) She was sent a letter by him
   ella fue enviado una carta,por él
   'Una carta fue enviada a ella por él'

En este caso, se producen dos cambios de asociaciones polares: la asociación diatética *sujeto/agente* se sustituye por la de *complemento/agente* y la asociación *objeto indirecto/receptor* se sustituye por la de *sujeto/receptor*. Son frecuentes las combinaciones de desplazamiento diatético polar con la de variación diatética por eliminación. Veamos dos ejemplos:

(24)
Castellano

a) Él llenó la taza con agua
b) El agua llenó la taza

(25)
Ruso

a) Он наполнил чашку водой
   On napolnil chashku vodói
   él llenó taza-ac agua-instr
   'Llenó la taza con agua'
b) Вода наполнила чашку
   Vodá napolnila chashku
   agua llenó taza-ac
   'El agua llenó la taza'

Por último, veamos casos de *desplazamientos diatéticos marginales*. Los siguientes ejemplos ilustran casos de *desplazamiento marginal doble:*

(26)
Indonesio (Sil'nitskiï 1974: 67)

a) Ia menanburkan bunga dilantai
    él esparce flor suelo-loc
    'Esparce las flores por el suelo'
b) Ia menaburi lantai dengan bunga
    él esparce suelo con flor
    'Llena el suelo de flores'

(27)
Inglés (Sil'nitskiï 1974: 67)

a) He presented flowers to her
    él regaló flores a ella
    'Le regaló flores a ella'
b) He presented her with flowers
    él obsequió a ella con flores
    'La regaló con flores'

(28)
Castellano

a) Le obsequió flores a ella
b) La obsequió con flores

Como se ve, en los casos (27) y (28), la asociación diatética *objeto directo/ paciente* se sustituye por la asociación diatética *complemento/paciente* y la asociación *objeto indirecto/receptor* se sustituye por la asociación *objeto directo/receptor*. En el caso (26), se sustituye la asociación diatética *complemento/locativo* por la asociación diatética *objeto directo/locativo* y la asociación diatética *objeto directo/paciente* se sustituye por *complemento/paciente*.

Hay también casos de combinación de *desplazamiento diatético marginal* con casos de *variación diatética por eliminación*. Vamos a ver un ejemplo en el que el complemento pasa a objeto directo y en el que se elimina el objeto:

(29)
Ruso (Sil'nitskiï 1974: 70)

a) Он выбил пыль из ковра
    On vîbil pîl' iz kovrá
    él sacudió polvo de alfombra
    'Sacudió el polvo de la alfombra'
b) Он выбил ковер
    On vîbil kovior
    él sacudió la alfombra
    'Sacudió la alfombra'

(30)
Castellano

a) Sacudió el polvo de la alfombra
b) Sacudió la alfombra

Por supuesto, todo esto no es más que una taxonomía, probablemente incompleta, que podrá ser utilizada para el establecimiento de una teoría general de las diátesis o para la incorporación de ella dentro de otra teoría gramatical más amplia.

5. Relación entre diátesis y voces

Como ya hemos visto, las diátesis son una serie de asociaciones entre relaciones sintácticas y papeles semánticos. Por otro lado, por *voz* entendemos nada más que una serie de formas específicas verbales que realizan morfológicamente las diversas diátesis. En castellano, como mínimo, existen las siguientes voces:

(31)
Voces del castellano

a) Voz activa: lee.
b) Voz pasiva: es leído.
c) Voz media: se lee.
d) Voz causativa: hace leer.

Como vemos, estas voces, desde el punto devista morfológico, pueden agruparse en dos tipos: *voces sintéticas* y *voces analíticas*. Las primeras se realizan mediante la forma léxica del verbo y las segundas mediante una perífrasis (b) y (d) o una forma compleja del verbo (caso c). Tenemos una voz sintética, que es la voz activa y las demás son analíticas. Basándonos en esta situación, podemos establecer que la voz no marcada es sintética y que las voces marcadas son analíticas. Por ello, respecto de este subsistema, podemos establecer la siguiente correlación:

(32)
Correlación que regula las relaciones entre diátesis y voces en las lenguas indoeuropeas

a) Voz sintética ⟹ Diátesis no marcada
b) Voz analítica ⟹ Diátesis marcada

Como ya hemos dicho, tradicionalmente se suele identificar *diátesis* con *voz*, pero ello no debe hacernos pensar que no estamos ante dos tipos de fenómenos diferentes aunque estrechamente relacionados. Uno es el de las asociaciones entre relaciones sintácticas y papeles semánticos que induce cada verbo; otro es el de las diversas formas del verbo que están determinadas por razones de diátesis. En ambos planos, existe una marcación: hay diátesis no marcadas y marcadas y voces no marcadas y marcadas. Pero hay una diferencia importante. El hecho de que una diátesis sea marcada o no depende fundamentalmente del predicado verbal, en la mayor parte de los casos, sin embargo, hemos dicho que las voces son intrínsecamente marcadas o no marcadas. De aquí se deduce la asociación *diátesis/voz* ya explicada, según la cual las diátesis marcadas se manifiestan mediante voces marcadas y, por tanto, que la voz activa puede expresar, como voz no marcada, cualquier diátesis, siempre que esa diátesis sea no marcada para el verbo que aparece en esa voz activa.

Veamos a continuación algunos ejemplos del castellano para ilustrar estas relaciones.

Un verbo como *subir* posee dos diátesis no marcadas: una diátesis causativa y una diátesis agentiva, vamos a notar estas dos asociaciones posibles mediante $subir_{ag}$ y $subir_{ca}$. Veamos un ejemplo de cada diátesis en las oraciones siguientes:

(33)
Castellano

a) Juan subió la mesa
   Diátesis agentiva: sujeto/agente
                         objeto/paciente
   Voz sintética: activa
b) La inflación subió los precios
   Diátesis causativa: sujeto/causante
                         objeto/paciente
   Voz sintética: activa

A $subir_{ag}$ le podemos asociar una diátesis afectiva como diátesis marcada; ello hará que se utilice una voz marcada, que en este caso será la voz pasiva. En general, se puede decir que existe una regla que asocia la diátesis afectiva marcada con la voz pasiva:

(34)
Regla de asociación diátesis / voz del castellano

                Diátesis afectiva marcada ⟹ voz pasiva

Por otro lado, a $subir_{ca}$ le podemos asociar una diátesis anticausativa (véase capítulo 22, sección 6), en la que el sujeto es paciente y el causante es un complemento oblicuo, que se realiza como un sintagma preposicional encabezado por *por*, *con* o *a causa de*; pero, en este caso, esta diátesis también es no marcada y, por tanto, se realiza mediante la voz activa. Veamos los ejemplos relevantes:

(35)
Castellano

a) La mesa fue subida por Juan
   Diátesis marcada afectiva: sujeto/paciente
                                compl/agente
   Voz analítica: pasiva
b) Los precios subieron por / con / a causa de la inflación
   Diátesis no marcada anticausativa: sujeto/paciente
                                             compl/causante
   Voz sintética: activa

Por tanto, el verbo *subir* se caracteriza porque tiene tres diátesis no marcadas: la diátesis agentiva, causativa y anticausativa. Si consideramos que la diátesis anticausativa es derivada respecto de la causativa mediante desplazamiento diatético doble, se podría reformular esta propiedad de *subir*$_{ca}$ diciendo que este verbo, en esa acepción, permite la derivación diatética de la diátesis causativa a la no causativa mediante desplazamiento doble, de modo no marcado.

Esto último no ocurre con todos los verbos; los hay que admiten diátesis causativa como no marcada, pero que no admiten este desplazamiento diatético doble como una transformación no marcada. Por ejemplo, el verbo *elevar* pertenece a este grupo. Veamos los ejemplos relevantes:

(36)
Castellano

a) La moneda única elevó el nivel de vida
    Diátesis causativa no marcada: sujeto/causante
                                      objeto/paciente
b) El nivel de vida se debilitó con/por/a causa de la moneda única
    Diátesis anticausativa marcada: sujeto/paciente
                                  compl/causante
    Voz analítica: media
c) *El nivel de vida elevó con/por/a causa de la moneda única
    Diátesis anticausativa no marcada: sujeto/paciente
                                       compl/causante
    Voz sintética: activa

Como vemos, la clase de verbos a la que pertenece *elevar* se diferencia de aquella a la que pertenece *subir* por el hecho de que no admite la variación diatética por desplazamiento doble de las diátesis causativa como proceso no marcado, por más que su significado sea parecido.

Algo análogo ocurre con verbos como *romper*; estos verbos inducen una diátesis agentiva no marcada, pero no admiten como no marcada la derivación de una diátesis que se obtiene a partir de ésta mediante un desplazamiento y una eliminación de dos asociaciones diatéticas; la variación diatética en cuestión es la siguiente:

(37)
Relaciones diatéticas de verbos como romper

a) Sujeto/agente ⟹ Φ/agente
    [Eliminación de la asociación diatética]
b) Objeto/paciente ⟹ sujeto/paciente
    [Desplazamiento de la asociación diatética]

La diátesis derivada resultante podemos denominarla *diátesis antiagentiva*, y se puede definir como sigue:

(38)
Diátesis antiagentiva

    sujeto/paciente ⟹ Φ/agente

La asociación Φ con el papel semántico de agente indica que los verbos en diátesis inagentiva no admiten que se asigne ese papel a ninguna función sintáctica.

Volviendo al caso de *romper*, este verbo no admite, como hemos dicho, la diátesis antiagentiva como no marcada; ello significa que dicha diátesis derivada se realiza mediante una voz marcada.

(39)
Castellano

a) Juan rompió la silla
    Diátesis agentiva no marcada: sujeto/agente
                                              objeto/paciente
    Voz sintética: activa

b) La silla se rompió
    Diátesis antiagentiva marcada: sujeto/paciente
                                                Φ/agente
    Voz analítica: media

Por tanto, en castellano la diátesis antiagentiva se manifiesta con este tipo de verbos mediante la voz media. Obsérvese que la diátesis antiagentiva dice que el papel semántico de agente no se puede asignar a ninguna relación sintáctica. Por ello es agramatical:

(40)
Castellano

*La silla se rompió por Pedro

Por otro lado, en inglés, el verbo *break* 'romper' determina una diátesis antiagentiva no marcada, que, por tanto, se realiza mediante la voz activa:

(41)
Inglés

a) John broke the glass
    Juan rompió el vaso

    Diátesis agentiva no marcada: sujeto/agente
                                                objeto/paciente
    Voz sintética: activa

b) The glass broke
    el vaso rompió
    'El vaso se rompió'

    Diátesis antiagentiva no marcada: sujeto/paciente
                                                    Φ/agente
    Voz sintética: activa

Como en castellano, la diátesis antiagentiva no admite la aparición del papel semántico de agente:

(42)
Inglés

*The glass broke by John

Precisamente, esto distingue la diátesis afectiva de la diátesis antiagentiva: la primera admite el papel de agente (dado que se ha producido un doble desplazamiento de asociaciones diatéticas) y la segunda lo excluye; por ello, las dos oraciones siguientes de los idiomas considerados son correctas:

(43)
Castellano/Inglés

a) El vaso fue roto por Juan
b) The glass was broken by John

Obsérvese que, en este caso, tenemos tanto en inglés como en castellano una diátesis afectiva, que en los dos idiomas es marcada en esos verbos y que se realiza mediante una voz también marcada: la pasiva.

6. La voz en las lenguas filipinas

Hemos venido diciendo que la voz está constituida por una serie de alteraciones morfológicas del verbo que dependen de las asociaciones diatéticas. Precisamente, las lenguas filipinas presentan un caso muy claro e ilustrativo de este fenómeno y, por tanto, para ilustrar el concepto gramatical de voz será muy interesante examinar, aunque sea brevemente, el sistema de voces de una de estas lenguas.

Elegimos el tagalo tal como se presenta en Drossard (1984: 27-34). En toda oración tagala existe una relación sintáctica que algunos autores denominan *tópico y* que selecciona como pivote sintáctico un sintagma nominal de la oración. Esta función sintáctica aparece marcada por la preposición *ang*. Por otro lado, si el sintagma nominal no ha sido elegido para contraer esta relación sintáctica tiene una preposición que indica su papel semántico. Ésta es la tabla de preposiciones:

(44)
Sistema preposicional del tagalo (Drossard 1984: 29)

PREPOSICIÓN	*PAPEL SEMÁNTICO*
ng	agente
ng	paciente
para sa	benefactivo
sa	locativo
(sa pamamagitan) ng	instrumental

Cuando un sintagma que tiene alguno de estos papeles semánticos contrae la función sintáctica de *tópico*, entonces pierde la preposición que indica ese papel semántico y adquiere la preposición *ang*, que indica esa relación sintáctica. Pero, en este caso, el verbo adquiere un marcador que nos dice cuál es el papel semántico de ese constituyente que posee la función sintáctica. Ese marcador morfológico se puede denominar *marcador de voz* y, como vemos, es exponente de una asociación diatética entre la función sintáctica de *tópico* (véase el capítulo 20, seccion 2) y un papel semántico determinado. A continuacion, introducimos la tabla de morfemas verbales de voz:

(45)
Morfemas verbales de voz en tagalo (Drossard 1984: 29)

VOZ	AFIJO VERBAL
agentiva	mag- o -um
afectiva	-in
benefactiva	i–
locativa	–an
instrumental	ipang–

Ahora vamos a ver un ejemplo de cada voz (estos ejemplos están extraídos de Drossard 1984: 29-30):

(46)
Tagalo (Drossard 1984: 29-30)

a) *Voz agentiva:*
   B-um-ili ang bata ng saging sa tindahan para sa guro
   compró topic niño part plátano loc tienda para maestro
   'El niño compró un plátano en la tienda para el maestro'
b) *Voz afectiva:*
   B-in-ili ng bata ang saging sa tindahan para sa guro
   'El plátano, el niño lo compró en la tienda para el maestro'
c) *Voz locativa:*
   Binilh-an' ng bata ng saging ang tindahan para sa guro
   'En la tienda, el niño compró un plátano para el maestro'
d) *Voz benefactiva:*
   I-binili ng bata ang guro ng saging sa tindahan
   'Para el maestro, el niño compró en la tienda un plátano'
e) *Voz instrumental:*
   Ip-in-ang-bili ng bata ang pera ng saging sa tindahan para sa guro
   'Con el dinero, el niño compró en la tienda un plátano para el maestro'
   pera = dinero

Como se puede apreciar, en cada caso, el prefijo *ang* se añade a un solo SN en cada oración. Tal SN es el tópico, y el papel semántico que se asocia a ese sintagma nominal se señala en el verbo mediante un morfema especial. Respecto de los demás nombres, cada uno lleva un marcador que indica el papel semántico con que se asocia.

Podemos decir que las diversas formas verbales con que nos hemos tropezado hasta ahora: *bumili, binili, binilhan, ibinili, ipinambili* no indican diferencias de tiempo, aspecto o modo, sino simplemente el papel semántico que se ha de asociar al sintagma nominal que se elige como portador de la relación sintáctica de tópico.

Estas formas se pueden denominar *voces*, ya que expresan una asociación diatética entre una función sintáctica y un papel semántico.

De aquí obtenemos la siguiente definición de voz morfológica:

(47)
Voz morfológica

> Se entiende por *voz morfológica* cualquier variación morfológica verbal, ya sea sintética o analítica, que esté determinada por variaciones en las relaciones diatéticas; es decir, en las asociaciones entre relaciones sintácticas y papeles semánticos.

Esta definición está formulada con la suficiente generalidad como para ser considerada válida interlingüísticamente.

1. Especifique qué tipo de diátesis manifiestan cada una de las oraciones siguientes:

   (48)
   Castellano

   a) El piso primero de aquella casa cedió
   b) Juan cedió su puesto a Pedro
   c) El piso tiene cuatro dormitorios, un salón, una cocina y dos cuartos de aseo
   d) Aquellas ideas cambiaron el mundo
   e) Este lápiz escribe muy mal

2. Diga qué tipo de variación diatética hacen evidente los siguientes pares de oraciones:

   (49)
   Castellano

   a) i) Juan quemó la carta con la cerilla
      ii) La cerilla quemó la carta
   b) i) La oscuridad asusta a los niños
      ii) Los niños se asustan a causa de la oscuridad
   c) i) Todos los científicos estudiaron ese problema
      ii) Ese problema está estudiado por todos los científicos
   d) i) Los leñadores cargaron leña en el carro
      ii) Los leñadores cargaron el carro con leña

3. ¿Qué tipos de cambios diatéticos se manifiestan en las siguientes oraciones?:

(50)
Húngaro (K. Horváth 1983: 28)

a) Bök szarvá-val a föld-be
   clava cuerno-instr art tierra-loc
   'Cava en la tierra con su cuerno'
b) Bök-i szarvá-t a föld-be
   clava-def cuerno-ac art tierra-loc
   'Clava el cuerno en la tierra'
c) Böki szarvá-val a földe-t
   'Cava la tierra con el cuerno'

CLAVE 1. En la oración (48a) tenemos un caso de *diátesis afectiva*, ya que el sujeto tiene el papel semántico de paciente. En la oración (48b) vemos un ejemplo de *diátesis agentiva*, ya que el sujeto tiene la función semántica de agente. La oración (48c) es un caso de *diátesis locativa,* dado que, en ella, el sujeto tiene la función semántica de locativo. El ejemplo de (48d) manifiesta una *diátesis causativa*, dado que el sujeto tiene el papel semántico de causante. El último ejemplo es expresión clara de una *diátesis instrumental*, dado que asociamos con el sujeto el papel semántico de instrumento.

2. En el par (49a) estamos ante un *desplazamiento polar*, ya que el sujeto adquiere la función semántica de un complemento, en este caso la función semántica de instrumento; además, este desplazamiento es acompañado por la eliminación de la asociación diatética en la que se ve implicado el papel semántico de agente. El par (49b) es un caso de desplazamiento doble; el primero es de tipo nuclear y supone asociar al sujeto el papel semántico que se asigna al objeto directo, el segundo es de tipo polar y consiste en asociar el papel semántico que se asociaba al sujeto, a un complemento circunstancial. El par (49c) muestra otro caso de desplazamiento doble que consta de un primer desplazamiento nuclear y un segundo desplazamiento polar, igual que en el caso anterior. Por último, en el par (49d) tenemos un desplazamiento marginal doble y simétrico. Es marginal porque se ven implicadas las funciones de objeto directo y complemento circunstancial; es doble porque se producen dos desplazamientos: el papel semántico asociado a la función de objeto pasa a asignarse a la función de complemento circunstancial y el papel semántico asociado a la función de complemento circunstancial pasa a asociarse al objeto directo. Es simétrica, ya que cada función semántica se asocia a la función semántica que se queda «libre».

3. En la segunda oración se produce un desplazamiento marginal, ya que el papel semántico que en la primera oración se asociaba a un complemento circunstancial (el de instrumento) se asocia ahora al objeto directo. En la tercera oración, se produce otro desplazamiento marginal, ya que el papel semántico que se asignaba antes a un complemento circunstancial (el de *lugar en donde*), pasa de nuevo a asignarse al objeto directo. La primera oración presenta los dos papeles semánticos de instrumento y lugar asignados a dos complementos circunstanciales.

CUESTIONES PROPUESTAS

1. Especifique qué tipo de diátesis manifiestan cada una de las oraciones siguientes:

   (51)
   Castellano

   a) Este destornillador solamente desenrosca tornillos
   b) El mal tiempo asustó a los pescadores
   c) El agua se evapora a los cien grados
   d) Este libro recoge más de un millar de refranes

2. Diga qué tipos de variación diatética hacen evidentes los siguientes pares de oraciones:

   (52)
   Castellano

   a) i) Todos hablan inglés en este pueblo
      ii) Este pueblo habla inglés
   b) i) Juan y Pedro hablan francés
      ii) Juan y Pedro hablan en francés
   c) i) Este profesor da inglés a esa clase
      ii) Esa clase da inglés con ese profesor
   d) i) El libro no incluye los mapas
      ii) Los mapas no se incluyen en el libro

3. ¿Qué tipos de cambios diatéticos se expresan en las siguientes oraciones?:

   (52)
   Chucoto (M. Polinskaja y V. Nedialkov 1987: 240)

   a) ətləg-e mətqəmət kawkaw-ək kilinin
      padre-erg mantequilla-abs pan-loc untar
      'El padre untó mantequilla en el pan'
   b) Etləg-ən mətq-e kawkaw-ək ena-rkeleg?e
      padre-abs mantequilla-instr pan-loc antipasi-untó-en
      'El padre untó en el pan con mantequilla'
   c) ətləg-ən kawkaw- ək mətqə-rkeleg?e
      padre-abs pan-loc mantequilla-untó-en
      'El padre mantequilla-untó en el pan'
   d) ətləg-e kawkaw mətqə-rkelenen
      padre-erg pan-abs mantequilla-untó-en
      'El padre mantequilla-untó el pan'
   e) ətləg-e mətq-e kawkaw ena-rkelenen
      padre-erg mantequilla-instr pan-abs antipasiv-untó-en
      'El padre untó pan con mantequilla'

ORIENTACIÓN BIBLIOGRÁFICA

La distinción entre diátesis y voz que aquí hemos presentado está directamente inspirada en la teoría de la escuela tipológica de San Petersburgo. He aquí las referencias que hemos tenido en cuenta:

JOLODOVICH, A. A. (ot. red.): Холодович. А А Типология пассивных конструкций. Диатези и залоги [Tipología de las construcciones pasivas. Diátesis y Voces], Leningrado, Nauka, 1974. Es la referencia clásica sobre la teoría diatética de la escuela de San Petersburgo. Además de artículos teóricos de Jrakovskiĭ, Yajontov y Sil'nitskiĭ, hay estudios concretos sobre el armenio, birmano, vietnamita, griego antiguo, indonesio, español, chino, lituano, niveji, tamil, tártaro, francés y japonés.

JRAKOVSKIĬ, V. S. (ot. red.): Храковский. В С (1978) Проблеми теории грамматического залога [Problemas de la teoría de la voz gramatical], Leningrado, Nauka, 1978.
Contiene 20 artículos teóricos sobre las relaciones entre diátesis y voz. Los 22 capítulos restantes analizan construcciones concretas del ruso, ruso blanco, lituano, checo, polaco, alemán, georgiano, vietnamita, birmano, chino, indonesio y samí, entre otras.

JRAKOVSKIĬ, V. S. (ot. red.): Храковский. В С Залоговые конструкции в разноструктурных языках [Construcciones diatéticas en lenguas de diversa estructura], Leningrado, Nauka, 1981. Contiene 2 artículos teóricos de Jrakovskiĭ y Sil'nitskiĭ, más otros 12 artículos que estudian construcciones de distintas lenguas: inglés, armenio, birmano, vietnamita, griego, indonesio, chino, lituano, francés, hausa y esquimal.

KHRAKOVSKIJ, V. S.: "Passive Constructions. Definition, Calculus, Typology, Meaning" en F. Kiefer (ed.): Trends *in Soviet Theoretical Linguistics,* Reidel, Dordrecht, 1973, pp. 59-75.
Se trata de una presentación sumaria del cálculo diatético de la pasiva en la que se define esta construcción mediante la imposibilidad de la asocación diatética entre agente y sujeto. Contiene ejemplos de multitud de lenguas.

LÖTZSCH R. y R. RŮŽIČKA (hrsg.): *Satzstruktur und Genus Verbi,* Berlín, AkademieVerlag, 1976.
Contiene importantes artículos teóricos de V. Jrakovskiĭ, R. Lötzsch y M. Gujman sobre las cuestiones de la diátesis y la voz. Se estudian utilizando estos conceptos construcciones pasivas del inglés, alemán, ruso, checo, lituano, tayiquí y chucoto. El estudio de esta última lengua es de V. Nedialkov y se titula «Diathesen und Satzstruktur im Tschuktschischen»; a nuestro juicio es una de las aportaciones más significativas de toda la escuela tipológica de San Petersburgo, aparte de ofrecernos un detalladísimo estudio de la estructura diatética del chucoto.

MARTÍNEZ VÁZQUEZ, M.: *Diátesis. Alternancias oracionales en la lengua inglesa,* Publicaciones de la Universidad de Huelva, 1998.
En este libro se describe la diátesis en inglés desde los mismos puntos de vista que hemos adoptado aquí, por lo cual es un trabajo relevante. Se analizan las diátesis impersonales, causativas, anticausativas, reflexivas, recíprocas y resultativas.

MEL'ČUK, I.: "The inflectional category of voice: towards a more rigorous definition" en B. Comrie y M. Polinsky (eds.), *Causative and Transitivity,* Amsterdam, John Benjamins, 1993, pp. 1-46.
En este artículo se expone una teoría de las diátesis y voces en la que éstas se conciben como realización de una modificación de aquéllas, tal como hemos expuesto en este capítulo. Es muy recomendable para profundizar en lo visto.

MORENO CABRERA, J. C.: "Allocutivity and Voice in the Basque Verb" en L. Kulikov y H. Vater (eds.), *Typology of Verbal Categories,* Tubinga, Niemeyer, 1998, pp. 169-178.
En este artículo mostramos que al menos existe una lengua, el vasco, en la que hay cambios de voz sin cambios diatéticos asociados. Esto ocurre precisamente con las formas alocutivas vascas. Por ejemplo, la forma alocutiva *etorri duk* 'ha venido' es morfológicamente transitiva, pero presenta la misma diátesis que la expresión *etorri da* 'es venido', que es morfológicamente intransitiva. Dado que es bastante frecuente, tal como hemos visto, el hecho de que haya un cambio diatético sin cambio de voz, esta interpretación del alocutivo vasco sirve para demostrar que diátesis y voz son mecanismos gramaticales independientes, ya que uno puede darse sin el otro en las dos direcciones posibles.

SHIBATANI, M. (ed.): *Passive and Voice,* Amsterdam, John Benjamins, 1988.
Contiene mucho material relevante para lo que hemos estado viendo en este capítulo. Notables son los artículos teóricos de B. Comrie y M. Klaiman; la voz en las lenguas filipinas es estudiada por M. Shibatani y Ch. de Wolf en sendos capítulos. También se estudian construcciones diatéticas del húngaro, indonesio, lenguas eslavas, kiñarruanda, hausa, buruchasquí, nezpercés, chamorro, y algunas lenguas australianas. Destaca muy especialmente el estudio sobre la antipasividad en chucoto de I. Kozinsky, V. Nedialkov y M. Polinskaya.

TESNIÈRE, L.: "Valence" en L. Tesnière, *Éléments de Syntaxe Structurale,* París, Klincksieck, 1976 [1966], pp. 238-322 [versión española, Madrid, Gredos].
La teoría de Tesnière de las diátesis es un antecedente claro de la teoría de la escuela de San Petersburgo y también nos hemos inspirado directamente en ella para la confección de este capítulo.

24

LA PREDICACIÓN NO VERBAL. CONSTRUCCIONES EXISTENCIALES, LOCATIVAS Y POSESIVAS. CONSTRUCCIONES RESULTATIVAS

1. Predicado verbal y predicado nominal

Se suele oponer tradicionalmente el predicado verbal al predicado nominal o atributo. La diferencia estriba, esencialmente, en que, en el primer caso, se utiliza un sintagma verbal como predicado y, en el segundo, un nombre común o un sintagma nominal, adjetival o preposicional.

Comparemos, para ilustrar esto, las dos oraciones siguientes:

(1)
Castellano

a) Ha salido la luna
b) La luna es un satélite
c) La luna es bella

En el caso de (1a), hablamos de *predicado verbal* y en el caso de (1b), hablamos de *predicado nominal* o *atributo*. Existen obvias diferencias entre ambos. Las más llamativas son la necesidad de la aparición de un elemento verbal llamado cópula en el caso de la predicación nominal. Este elemento sirve fundamentalmente para que se puedan manifestar las categorías gramaticales de tiempo, persona y aspecto, típicas de la predicación verbal principal. En (1c), tenemos además un caso en el que el atributo es un sintagma adjetival. Podemos percatarnos, entonces, de que ese adjetivo concuerda en género con el sujeto, cosa que en castellano no ocurre en el caso de que el predicado sea un sintagma verbal. La concordancia de género es, como ya hemos visto (véase el capítulo 20, sección 6) típica del sintagma nominal, así como la concordancia de caso, que está excluida entre el sujeto y el predicado verbal. Precisamente esta concordancia es la que se observa en (1c).

Desde el punto de vista semántico, hay una distinción clara entre (1a), por una parte, y (1b) y (1c), por otra. La predicación nominal o adjetival, a diferencia de la predicación verbal, no se utiliza para hacer referencia a la participación de una entidad en una acción o proceso, sino más bien para caracterizar, dar una propiedad o situar una entidad.

Podemos ver que el atributo difiere tanto sintáctica como semánticamente del predicado verbal.

La hipótesis que vamos a manejar aquí es que el atributo o predicado nominal o, para ser mas exactos, predicado no verbal, no es más que una *predicación expandida* de un sintagma nominal.

Vamos a ver qué se entiende por *predicación expandida*. Consideremos la diferencia entre las expresiones de (2) y las de (3):

(2)
Castellano

a) La casa de Juan
b) La casa antigua
c) La casa de chocolate
d) El que viene
e) El hombre
f) Un hombre
g) Aquellos hombres
h) Algunos hombres libres

(3)
Castellano

a) La casa es de Juan
b) La casa es antigua
c) La casa es de chocolate
d) Él es quien viene
e) Él es hombre
f) Uno es hombre
g) Aquellos son hombres
h) Algunos son hombres libres

¿Qué diferencia existe entre las expresiones de (2) y las de (3)? Está claro que las expresiones de (2) sirven para hacer referencia a determinadas entidades y que las de (3) sirven para predicar propiedades de determinadas entidades. Ésta es una diferencia semántica importante que hay que sumar a las diferencias sintácticas y morfológicas que son evidentes. Pero ahora nos hacemos otra pregunta: ¿En qué se parecen las expresiones de (2) y las de (3)? Está claro que, en las expresiones de (3), se hace explícita una atribución que en las de (2) está implícita. Comparemos (2a) con (3a); en (3a) se nos dice que determinada casa es propiedad de Juan, y en (2a) se nos hace referencia a determinada casa y, para hacer la identificación que supone ese acto de referencia, se nos da una propiedad de dicha casa, en este caso, la de su pertenencia a Juan. Decimos que los sintagmas nominales de (2) contienen una predicación implícita y que la relación que existe entre los sintagmas nominales de (2) y las copulativas de (3) es una relación de expansión de la predicación. Por ello, diremos que las oraciones de (3) presentan *una predicación expandida*.

La relación entre la *predicación contraída* de los sintagmas nominales de (2) y la *predicación expandida* de las oraciones copulativas de (3) ha sido percibida en numerosas ocasiones en la investigación gramatical. Fue O. Jespersen (1924: 124-126) quien supo enunciarla de modo más sistemático y claro; esta diferencia entre la predicación contraída y expandida se señala mediante la oposición entre *unión* (= nuestra predicación contraída) y el *nexo* (= nuestra predicación expandida). Jespersen extiende estos conceptos también a la relación entre (4a) y (4b):

(4)
Castellano

a) El perro ladrador
b) El perro ladra

Nosotros, sin embargo, vamos a usarla sólo para estudiar las relaciones entre sintagmas nominales y oraciones de predicado no verbal.

Si existe esta relación tan íntima entre los sintagmas nominales y la predicación no verbal, entonces no sería de extrañar que en las lenguas los predicados no verbales se comporten en muchos aspectos de modo análogo a como se comportan los sintagmas nominales. Ya hemos notado un aspecto de esta similitud de comportamiento. Entre sujeto y predicado no verbal, se da el mismo tipo de concordancia que dentro del sintagma nominal: fundamentalmente concordancia de género y caso; en efecto, en las lenguas que tienen caso, el sujeto de un predicado no verbal concuerda con éste en caso. Esta concordancia está excluida si estamos ante un predicado verbal, tal como ya hemos tenido ocasión de ver anteriormente.

C. Lehmann (1982) nos proporciona algunos ejemplos interesantes en esta dirección.

En primer lugar, en árabe clásico, el orden básico no marcado de una oración declarativa es Verbo Sujeto Objeto; por ejemplo:

(5)
Árabe (Lehmann 1982: 225)

tala^{c}a 'l-qamaru
salió la-luna
'Ha salido la luna'

Sin embargo, en el predicado nominal el orden no marcado es diferente, ya que, en primer lugar, se pone el sujeto y luego aparece el predicado:

(6)
Árabe (Lehmann 1982: 225)

al-qamaru kabi:run
la-luna grande
'La luna es grande'

Pues bien, precisamente el orden que aparece en la predicación expandida de (6) es el mismo que aparece en la predicación contraída (7), que representa el orden de palabras típico del sintagma nominal:

(7)
Árabe (Lehmann 1982: 225)

al-qamaru al-kabi:ru
la-luna la-grande
'La luna grande'

Por tanto, en árabe, al pasar de la predicación contraída a la predicación expandida se preserva el orden de predicando / predicador. En segundo lugar, en mojave existe un sufijo de caso nominativo *ch* que adquiere el sujeto de un predicado verbal:

(8)
Mojave (Lehmann 1982: 225)

Jim-ch isva:rk
Juan-suj canta
'Juan canta'

Pues bien, tanto en la predicación no verbal expandida como en la contraída, aparece este sufijo en el atributo y no en el sujeto. He aquí un ejemplo con el caso de la predicación no verbal expandida:

(9)
Mojave (Lehmann 1982: 225)

Linda ʔiñep ʔnawah-ch
Linda mi amiga-suj
'Linda es mi amiga'

En tercer lugar, en suahilí hay dos series de prefijos de concordancia diferentes. Uno de ellos marca la concordancia entre sujeto y predicado verbal (10a) y, el otro, la concordancia entre sujeto y atributo en la predicación no verbal contraída (10b):

(10)
Suahilí (Lehmann 1982: 226)

a) Ma - tende ya - meoza
   dátil   podrir
   'Los dátiles se han podrido'
b) Ma- tende ma- bovu
                podrido
   'Los dátiles podridos'

Como se puede comprobar, *matende* induce como prefijo de concordancia *ya*, en el caso de la predicación verbal de (10a), y *ma*, en el caso de la predicación no verbal expandida de (10b). Pues bien, precisamente es el prefijo que aparece en la predicación no verbal expandida el que se da también en la predicación no verbal contraída:

(11)
Suahilí (Lehmann 1982: 226)

Ma- tende ni ma-bovu
'Los dátiles están podridos'

2. Las oraciones copulativas

En las oraciones de predicado no verbal, en muchas lenguas aparece un elemento que sirve de soporte para la realización de morfemas de persona, tiempo y número no expresables en el predicado no verbal, que puede ser un adjetivo, nombre común, sintagma nominal o sintagma adposicional.

Que la aparición de la cópula depende de estos factores se puede comprobar muy bien en lenguas en las que sólo aparece en determinados tiempos o aspectos. Sean los ejemplos siguientes:

(12)
Ruso

a) Он студент
   On student
   él estudiante
   'Es un estudiante'
b) Он был студент
   On byl student
   él era estudiante
   'Era un estudiante'

(13)
Árabe

a) Al-tilmidu muzhtájidun
   el-alumno aplicado
   'El alumno es aplicado'
b) Ka:na al-tilmidu muzhtájidun
   era el-alumno aplicado
   'El alumno era aplicado'

(14)
Húngaro (Kiefer 1968: 56)

a) Péter katona
   Pedro soldado
   'Pedro es soldado'

b) Péter katona volt (= era)
  'Pedro era soldado'
c) Péter katona lesz (= será)
  'Pedro será soldado'

Como se ve, en esta última lengua, la cópula ha de aparecer obligatoriamente cuando hay un tiempo distinto del presente.

Hay lenguas que no conocen la cópula: por ejemplo, el turco. Pero en todas las lenguas conocidas existe la predicación no verbal. Vamos ahora a ver los diversos significados de las predicaciones no verbales; tales diversos significados tienen pertinencia sintáctica, ya que, si en una lengua hay varias cópulas, cada una de ellas se especializa en uno de esos significados.

En primer lugar, tenemos la *predicación no verbal caracterizadora,* que en español se realiza mediante *ser* o *estar:*

(15)
Castellano

a) Juan es alto
b) Juan está alto

En ambos casos se nos caracteriza un individuo adjudicándole cierta propiedad. Siguiendo, en parte, a Hengeveld (1986) podemos decir que el predicado de (15b) manifiesta aspecto *resultativo*, frente a la predicación de (15a), que no está marcada para aspecto. Hablaremos de esta distinción más despacio en la última sección de este capítulo, en la que se estudian las construcciones resultativas.

En segundo lugar, podemos hablar de la *predicación no verbal clasificadora.* En este caso, lo que hacemos es incluir el sujeto de la predicación no verbal en una clase determinada de individuos. Ahora sólo podemos usar la cópula *ser*:

(16)
Castellano

Juan es médico

Dentro de lo que tradicionalmente se denominan usos predicativos y no atributivos de la predicación no verbal, tenemos la *predicación no verbal existencial* y *locativa,* que se ilustran con los siguientes ejemplos:

(17)
Castellano

a) El accidente fue ayer
b) Dios es
c) La manifestación es en la Plaza de Colón
d) La mesa está en la sala de reuniones

Como veremos, existe una íntima conexión entre existencia y locatividad. Tal conexión es natural desde el punto de vista semántico, ya que una forma de decir que algo existe es predicar de ella que está en un lugar determinado.

Un último uso de la predicación no verbal es el que se pone de manifiesto en la *predicación no verbal ecuativa*. Veamos un ejemplo de la misma:

(18)
Castellano

Juan es el médico

En este caso, ni atribuimos una propiedad a Juan, ni clasificamos a Juan dentro de una clase, sino que, simplemente, identificamos el individuo al que hacemos referencia mediante *Juan* con el individuo a que hacemos referencia mediante *el médico*. En este sentido, igualamos la referencia de uno de los sintagmas con la del otro: de ahí el adjetivo *ecuativo* para denotar estas construcciones.

Hasta ahora hemos visto los siguientes usos de la predicación no verbal:

(19)

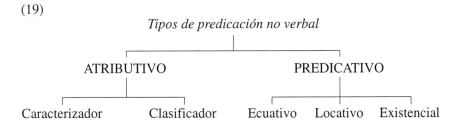

Tipos de predicación no verbal

Según el lingüista estadounidense N. Rude (1978), que ha estudiado los tipos de predicaciones no verbales en una variada serie de lenguas, los diversos tipos de construcciones copulativas pueden disponerse en un *continuum* que tiene interesantes consecuencias tanto inter como intralingüísticamente y tanto sincrónica como diacrónicamente. A los significados ya vistos de la construcción copulativa, él añade otros dos: *predicación no verbal de producción* y *predicación no verbal de adquisición*. Si utilizamos las siguientes abreviaciones:

Pro = producción.
Ad = adquisición.
Pos = posesión.
Loc = locación.
At = atribución temporal.
Ap = atribución permanente.
Ec = ecuación.

Podemos proponer el siguiente esquema circular:

(20)
Continuum *de la predicación no verbal:*

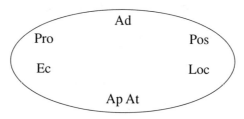

Esta disposición define una serie de relaciones de contigüidad entre los diversos tipos. Por ejemplo, Pro está contiguo a Ec y a Ad, pero no a Loc y a At; por su parte, Loc está contiguo a Pos y a At, pero no a Ad.

La hipótesis de la contigüidad conduce al siguiente resultado:

(21)
Ley universal sobre las significaciones de la cópula (N. Rude)

> Si una lengua posee una construcción predicativa no verbal con varios de los significados enumerados en el *continuum*, estos significados deberán ser contiguos en tal *continuum*.

Según este principio, una construcción predicativa no verbal puede tener en una lengua los significados: Ad, Pos, Loc. Sin embargo, si este principio es correcto, nunca encontraremos una lengua en la que una construcción predicativa tenga los significados Ad, Pos y At sin tener a la vez el significado Loc, ya que esto rompería la contigüidad.

Si seguimos el *continuum* mediante el movimiento de las agujas del reloj, veremos que de la producción, pasamos a la adquisición. Ello significa que podemos esperar encontrar cópulas que provengan de verbos que significan producción y que estas cópulas pueden tener el significado de la adquisición también. Esto es precisamente lo que ocurre en castellano con el verbo *hacer*. Este verbo se puede usar en usos muy cercanos a los de la cópula en casos como los siguientes:

(22)
Castellano

a) Ella les hace felices
b) Esta medicina hace bien
c) Hace bueno (buen tiempo)
d) Hace dos años que no te he visto
e) Dos y dos hacen cuatro
f) Juan hace de rey en esta obra
g) No hace amigos

Los ejemplos (22e), (22f) y (22g) son muy significativos, ya que vemos la vecindad entre el uso de producción y el ecuativo (22e = *dos y dos es igual a cuatro*; 22f = *Juan es el rey*), y entre los usos de producción y adquisición (22g = *adquiere amigos*). Por tanto, en castellano, los usos cuasicopulativos de *hacer* incluyen:

(23)
Usos de hacer *en castellano*

$$Ec + Pro + Ad$$

En persa encontramos también la polivalencia Pro-Ad en usos copulativos del verbo 'hacer' correspondiente *kardan*:

(24)
Persa (Rude 1978: 205)

a) Paervi:n yek miz dorost kaerd
una mesa realizada hizo
'Paervin hizo una mesa'
a) Paervin yek ketab daeryaft kaerd
un libro recibido hizo
'Paervin recibió un libro'

Si seguimos adelante, veremos que la contigüidad entre Ad y Pos es bastante natural, ya que lo que se adquiere, generalmente, se posee. A su vez, Pos es contiguo a Loc; ello es esperable, ya que lo poseído está localizado en el posesor. Este doble uso de la cópula como indicador de Pos y Loc lo podemos ver en inglés:

(25)
Inglés

a) This book IS John's
este libro es Juan-gen
'Este libro es de Juan'
b) John IS in the bathroom
Juan está en el baño
'Juan está en el baño'

A su vez, Loc es contiguo a At o atribución temporal. Las propiedades temporales se pueden concebir como entidades que habitan temporalmente en individuos, es decir, que están localizadas en ellos. Esta contigüidad la vemos en la cópula castellana:

(26)
Castellano

a) Juanito está en la cocina
b) Juanito está alto

Por último, la atribución temporal y la permanente están obviamente próximas, así como la Ap y la ecuación. Por tanto, en castellano, tenemos estos usos de las cópulas:

(27)
Usos de la cópula en castellano

ser = Pos + Loc + At + Ap + Ec.
estar = Loc + At.
hacer = Ec + Pro + Ad.

En inglés tenemos una sola cópula:

(28)
Usos de la cópula en inglés: be = Pos + Loc + At + Ap + Ec

3. Predicación no verbal expandida secundaria

Calificamos como *predicación no verbal expandida secundaria* aquellos casos en los que a una predicación verbal se le superpone una predicación no verbal secundaria que se verifica sobre uno de los argumentos del verbo principal. Para abreviar, podemos denominar esta construcción como *atribución secundaria*. Los tipos más comunes de atribución secundaria son los referidos al sujeto y al objeto de una predicación verbal. Ilustramos con dos ejemplos los tipos:

(29)
Castellano

a) La multitud desfiló silenciosa
b) Hicieron a Juan presidente

Observamos que, además de la predicación verbal que se realiza mediante los verbos *desfilar* y *hacer*, existe una predicación no verbal secundaria que relaciona *la multitud* con *silenciosa* y *Juan* con *presidente*. El tipo ilustrado por (29a) se puede denominar *Complemento Atributivo* (CA) y el ilustrado por (29b), *Atributo del Complemento* (AC). En este último caso, se ha dicho, a veces, que hay una especie de *oración reducida*; sin embargo, es evidente que *a Juan* es el complemento de *hicieron* y no el sujeto sintáctico de ninguna oracion reducida.

Lo que sí está claro es que *presidente* se atribuye a *Juan*; por ello, no es desacertado denominar este *"presidente" atributo del complemento*.

A veces, es posible que se dé una ambigüedad entre los dos tipos de construcción:

(30)
Castellano

Los vecinos sorprendieron desconcertados a los ladrones

Esta oración puede tener dos significados:

(31)
Dos acepciones de (30)

a) Los vecinos sorprendieron a los ladrones y aquéllos estaban desconcertados
b) Los vecinos sorprendieron a los ladrones y éstos estaban desconcertados

Estas dos construcciones son frecuentes en las lenguas; veamos dos ejemplos del ruso:

(32)
Ruso

a) Он вернулся пьяный
On viernulsia pianïĭ (CA)
él regresó borracho
'Ha vuelto borracho'
b) Он считал его дураком
On schitál yevó durakóm (AC)
él consideró él-ac tonto-instr
'Le consideró tonto'

En estas construcciones se utiliza en ruso el caso nominativo en el atributo (32a) y el instrumental (32b); ambos son típicos de la predicación no verbal normal.

4. Construcciones existenciales, locativas y posesivas

Es lugar común en lingüística el reconocer que las construcciones existenciales, locativas y posesivas están íntimamente unidas en las lenguas más diversas del orbe. Para verlo, empecemos por dos ejemplos del inglés:

(33)
Inglés

a) There are lions in Africa
allí son leones en África
'Hay leones en África'
b) There is a book on the table
allí es un libro en la mesa
'Hay un libro en la mesa'

Podemos comprobar que ambas son oraciones copulativas. (33b) es una oración claramente locativa en la que el adverbio *there* indica un lugar y la cópula *is* la existencia en ese lugar. Sin embargo existe una marcada tendencia a interpretar *there is* como una construcción existencial independientemente de una localización particular. De este modo, obtenemos la oración (33a), de la misma estructura que la oración (33b), pero en la cual no se afirma la localización de los leones en África, sino simplemente su existencia. En español usamos *hay*, que procede de una amalgama del verbo *haber* más el adverbio clítico *y* 'allí', que procede del *ibi* latino. Por tanto, diacrónicamente la construccion española con *hay* es muy similar a la inglesa que acabamos de ver. En francés *hay* se traduce como *il y a*, donde tenemos: un pronombre *il* 'ello' y el adverbio clítico de lugar, que ya conocemos, seguido del verbo 'haber'.

Parece que la localización es perceptiva y cognitivamente anterior al concepto de existencialidad, dado que éste se expresa mediante las construcciones típicas de aquélla.

Pero no sólo la existencia; hay lenguas en las que la predicación no verbal o atribución sigue unas pautas inequívocamente locativas. El ejemplo más espectacular de esto nos lo proporciona el galés, una de las lenguas celtas. Veamos algunos ejemplos:

(34)
Galés (Rhys Jones, 1977)

a) Mae Tom yn dda
   aux   en bueno
   'Tom es bueno'
b) Mae Tom yn dawel
   aux   en tranquilo
   'Tom es tranquilo'
c) Mae'r coffi yn boeth
   aux el café en caliente
   'El café está caliente'

Este mismo modelo se emplea también para la predicación nominal:

(35)
Galés (Rhys Jones, 1977)

Mae Tom yn athro
aux en maestro
'Tom es maestro'

Podemos comparar estas frases con dos oraciones claramente locativas como las siguientes:

(36)
Galés (Rhys Jones, 1977)

a) Mae e yn y stafell
   aux él en art habitación
   'Está en la habitación'
b) Mae Gwen yn y dre
   aux   en la ciudad
   'Gwen está en la ciudad'

Las construcciones locativas pueden convertirse en existenciales simplemente prescindiendo del artículo, tal como vemos si comparamos las oraciones de (37) con las de (38):

(37)
Galés (Rhys Jones, 1977)

a) Mae'r car yma
   aux el coche aquí
   'El coche está aquí'

b) Mae' r deisen yma
   aux el pastel aquí
   'El pastel está aquí'

(38)
Galés (Rhys Jones, 1977)

a) Mae car yma
   aux coche aquí
   'Hay un coche aquí'
b) Ma teisen yma
   aux pastel aquí
   'Hay un pastel aquí'

Vemos, pues, que en galés existe una clarísima interconexión entre locatividad, existencia y atribución.

En general, la predicación no verbal posesiva posee en las más diferentes lenguas un claro sesgo locativo. Para cerciorarnos de ello, podemos citar los ejemplos siguientes:

(39)
Construcciones posesivas locativas

a) Francés
   Le livre est á Jean
   el libro está en Juan
   'El libro es de Juan'
b) Ruso
   У меня книга
   U mieniá kniga
   en mí libro
   'Tengo un libro'
c) Turco
   Ben- de kitap var
   yo- Loc libro es
   'Tengo un libro'
d) Cahuilla
   Né? ne-cípatmal qál
   yo mi-cesta está situado
   'Tengo una cesta'

Ya hemos visto que las expresiones existenciales se construyen de modo análogo a como se construyen las expresiones locativas. No es extraño que, si existe una relación entre existencia y locatividad, también exista entre posesión y existencia. Los ejemplos siguientes ilustran esta clara relación:

(40)
Construcción posesiva existencial

a) *Castellano*
El libro ES de Juan
b) *Inglés*
The book IS John's
el libro es Juan-gen
'El libro es de Juan'
c) *Turco*
Kitab-îm var
libro- 1 sg existe
'Tengo un libro'
d) *Húngaro*
Nekem van könyv-em
yo-dat existe libro-1sg
'Tengo un libro'
e) *Latín*
Mihi est liber
yo-dat es libro
'Tengo un libro'

Como hemos visto, la localización implica la existencia, ya que si somos capaces de localizar o ubicar algo es precisamente debido a que ese algo existe.

La posesión tiene también claramente que ver con la localización, pues lo poseído está localizado en el poseedor. Ahora bien, la posesión es una localización muy especial que sobresale sobre cualquier otro tipo de localización por dos notas distintivas:

(41)
Características de la localización posesiva

a) El lugar de localización es frecuentemente un ser animado. Esto ocasiona que el sintagma nominal que denota el posesor tenga un comportamiento sintáctico-semántico distintivo que pasa a ser propiedad de la relación de posesión independientemente de que el poseedor sea animado. El lugar en la construcción posesiva se suele concebir como un receptor o un beneficiario.
b) La relación entre el posesor y lo poseído no necesariamente es accidental, sino que puede ser esencial: lo poseído puede ser parte esencial del posesor.

Ambas características hacen que la relación de posesión tenga una serie de propiedades que la hacen distinguirse de forma evidente de la construcción locativa. En primer lugar, el hecho de que la localización sea animada posibilita que dicha localización no se exprese mediante un afijo o marca de caso locativo, sino también mediante un afijo o marca de caso que indica el benefactor o receptor: es lo que ocurre en húngaro o en latín. Por otro lado, este hecho hace que el sintagma que expresa el posesor pueda adquirir diversas funciones en la oración; comparemos los siguientes pares de oraciones:

(42)
Castellano

a) Hirieron el *ojo* izquierdo de Pedro
b) A Pedro le hirieron el *ojo* izquierdo

(43)
Castellano

a) Quité el esparadrapo del brazo de Pedro
b) Le quité a Pedro el esparadrapo del brazo

Podemos considerar que *el ojo izquierdo de Pedro* y *el brazo de Pedro* son localizaciones en las que se sitúa el ojo y el brazo en cuestión en el lugar que es Pedro. Pues bien, el hecho de que sea un sintagma nominal animado posibilita que las oraciones de (42b) y (43b) expresen esa idea de localización con lugar animado que estamos llamando posesión.

La relación que se da entre las oraciones de (a) y (b) en (42) y (43) se ha denominado en alguna ocasión *elevación del posesor*. En las oraciones de (a) el posesor es expresado como un complemento nominal de lo poseído, pero en las oraciones de (b) el posesor ha pasado a convertirse en un complemento del verbo independiente del sintagma que expresa lo poseído, preservándose de todas maneras esa relación de posesión.

Cuando tenemos sintagmas similares a los anteriores, en los que el lugar no es un ser animado, la construcción locativa no se puede interpretar como posesiva y, por tanto, no es posible la ascensión del posesor:

(44)
Castellano

a) Quité el cartel de la pared de esa habitación
b) *Le quité a esa habitación el cartel de la pared

(45)
Castellano

a) Saqué el sello de la caja de la tercera gaveta
b) *Le saqué a la tercera gaveta el sello de la caja

Obsérvese que para entender el juicio de agramaticalidad dado en las cuatro oraciones el *de* de *de la pared* y el *de* de *de la caja* han de entenderse como el locativo de procedencia regido por *quité* y *saqué* y no como la preposición que introduce un complemento nominal.

En la oración de (44a), tenemos el sintagma *pared de esa habitación*, donde *de esa habitación* expresa dónde está situada la pared, pero no podemos convertir *esa habitación* en un receptor del verbo principal, para obtener (44b). Algo análogo ocurre con (45a) y (45b). En cuanto ponemos un ser animado como complemento nominal estamos pasando automáticamente de una localización a una posesión y, por tanto, puede llevarse a cabo la ascensión del posesor:

(46)
Castellano

a) Quité el cartel de la habitación de Juan
b) Le quité a Juan el cartel de la habitación

(47)
Castellano

a) Saqué el sello del cajón de Juan
b) Le saqué a Juan el sello del cajón

Cuando la relación entre los componentes de un sintagma nominal no es de localización, sino de posesión, entonces se permite el ascenso del poseedor:

(48)
Castellano

a) Rompí el mango del cuchillo
b) Le rompí el mango al cuchillo

Lo interesante es que si hay una relación de localización entre los dos elementos del sintagma nominal y la localización es animada, entonces pasamos automáticamente a una relación de posesión. Dicho de otro modo, la localización animada equivale, en estos casos, a una posesión.

Esta relación sintáctica que se da entre dos oraciones que se distinguen por la diferente función sintáctica que desempeña el sintagma que denota el posesor y que hemos denominado *ascenso del posesor*, es frecuente en muchas lenguas del mundo. Vamos a ver dos casos en los que el posesor asciende a la posición de objeto directo y no de objeto indirecto, tal como hemos visto hasta ahora. Se trata de la lengua bantú kiñarruanda y de la lengua austronesia chamorro.

(49)
Kiñarruanda (Baker 1988: 270)

a) Umugore yavunñe ukuboko k'uumwa:na
   mujer rompió brazo de niño
   'La mujer rompió el brazo del niño'
b) Umugore yavunñe umwa:na ukuboko
   mujer rompió niño brazo
   'La mujer le rompió el brazo al niño'

En este caso, *umwa:na* de ser un complemento posesor en (49a) ha pasado a ser un objeto directo en (49b), con lo que (49b) queda con dos objetos directos: uno primario (*umwa:na*) y otro secundario (*ukuboko*).

(50)
Chamorro (Baker 1988: 272)

a) Ha fa'gasi si Flory i magagu-hu
   aux lavar art F. art vestidos-mis
   'Flory lavó mis vestidos'

b) Ha fa'gasi-yi yu' si Flory ni magagu-hu
   aux lavar-trans yo-dat art
   Flory me lavó mis vestidos'

En (50a), *si* es una especie de artículo que llevan los nombres propios y en (50b), el sufijo *yi* en el verbo posibilita que éste tenga como objeto directo un receptor. Es decir, el posesor pasa a ser objeto directo.

Pasamos ahora a la segunda de las características que hacen distinguirse a la relación posesiva sobre la localización. La relación posesor-poseído puede ser esencial, en el sentido de que lo poseído sea una parte esencial del posesor. Esto no ocurre en la localización, donde el lugar de localización tiene una relación mucho menos íntima con lo localizado. Con todo, existe un tipo de posesión más parecido a la localización en la que lo poseído no es parte esencial del posesor. Llamaremos *posesión alienable* al caso en que entre el poseedor y el poseído existe una relación de carácter extrínseco, esporádico u ocasional (por ejemplo, *el libro de Juan*) y *posesión inalienable* al caso en el cual entre el poseedor y lo poseído existe un vínculo intrínseco, permanente y constante (por ejemplo, *la cabeza de Juan*). En cada lengua se establece de modo idiosincrásico qué posesiones se consideran alienables y qué otras se consideran inalienables. Es decir, que una relación de posesión se considere inalienable o alienable depende de cada lengua. Lo que parece ser constante es que la posesión inalienable es no marcada frente a la alienable. Esto se comprueba mediante la siguiente consideración: si en una lengua sólo se marca explícitamente (mediante un morfema o afijo, por ejemplo) uno de los dos tipos de posesión, entonces será siempre la posesión alienable la que se exprese mediante esa marca explícita.

Vamos a ver dos casos que ilustran esta suposición. En la lengua australiana yuculta, la posesión alienable se expresa mediante un afijo de genitivo (*-kara*) y la posesión inalienable se expresa por mera yuxtaposición:

(51)
Yuculta (Keen 1983: 232)

a) Tanpa-kara mantuwara-kara ngamatunka puka kutiwiti
   este-gen   chico-gen   madre   murió hace mucho
   La madre de este chico murió hace mucho'
        (posesión alienable y marcada)
b) Kunawunalingka witicha pangaya kitili
   niños   sentarse tortuga espalda
   'Los niños se han sentado en la concha de la tortuga'
        (posesión inalienable y no marcada)

Veamos un segundo ejemplo, en nomachiguenga, lengua preandina arahuaca, la posesión inalinable se expresa mediante simple yuxtaposición, mientras que la alienable exige un marcador de caso genitivo. He aquí dos ejemplos:

(52)
Nomachiguenga (Wise 1986: 574)

a) Na-gechi
   1 sg-naríz
   'Mi nariz'

b) No-bian-e
1 sg-arco-gen
'Mi arco'

En canela, lengua nativa de Brasil de la familia ge-pano, tenemos una situación idéntica:

(53)
Canela (Popjes 1986: 168-169)

a) Capi to
Capi *ojos*
'Los ojos de Capi'
(posesión inalienable no marcada)
b) Capi yo pur
Capi gen campo
'El campo de Capi'
(posesión alienable marcada)

Se podrían extraer datos similares de infinidad de lenguas más.

En castellano, lo normal es no marcar la posesión inalienable y marcar la alienable. Esto se puede comprobar viendo los diversos verbos que pueden expresar posesión en nuestra lengua: el verbo *tener* puede utilizarse en el caso de la posesión alienable e inalienable, pero *poseer* se utiliza únicamente en el de la posesión alienable.

Veamos unos ejemplos:

(54)
Castellano

a) Juan tiene sólo un ojo (posesión inalienable)
b) *Juan posee sólo un ojo (posesión inalienable)

(55)
Castellano

a) Juan tiene sólo una finca (posesión alienable)
b) Juan posee sólo una finca (posesión alineable)

Está claro que el verbo *tener* no está marcado para la alienabilidad y el verbo *poseer* sí lo está.

Hemos dicho antes que lo importante aquí no es la relación *real* que exista entre ojos y personas sino cómo se conciba lingüísticamente esa relación. Por ejemplo, podemos concebir la relación entre ojos y personas como alienable, en el caso siguiente:

(56)
Castellano

María posee unos ojos enigmáticos

Esto se debe a que se supone que no todo el mundo tiene ojos enigmáticos. Si bien todo el mundo tiene o ha tenido ojos, hay gente que no ha tenido, no tiene y probablemente no tendrá nunca ojos enigmáticos.

5. Construcciones resultativas

Vamos a ocuparnos ahora de un tipo de construcción aspectual que aparece en muchas lenguas del mundo y que se expresa básicamente mediante una predicación no verbal. Se trata de la construcción resultativa. En esta construcción, se denota un estado que es consecuencia de una acción o proceso anterior. Se trata fundamentalmente de una construcción aspectual, que en español aparece representada como una predicación no verbal (entre las que incluimos las que suponen una forma no flexionada del verbo) en la que interviene el verbo *estar*:

(57)
Castellano

a) La cama está hecha
b) El documento está firmado

Hay que distinguir el aspecto resultativo del tiempo perfecto (sobre este tiempo véase el capítulo 16), que puede usarse también en esta construcción aspectual; comparemos (57a) y (57b) con (58a) y (58b):

(58)
Castellano

a) La cama ha sido hecha
b) El documento ha sido firmado

Se trata de dos construcciones pasivas en tiempo perfecto; en ellas y siguiendo a Hengeveld (1986: 409), vemos que se enfoca la acción como un hecho pasado que colinda con el presente, tal como se desprende de la definición de perfecto vista en el capítulo 16. Por otro lado, en (57a) y (57b) se enfoca un estado que resulta de una accion anterior. Por tanto, la acción que da origen a los estados denotados por (57a) y (57b) puede denotarse mediante (58a) y (58b). En Nedialkov y Yajontov 1983: 15-17, se dan unos criterios para distinguir el tiempo perfecto del aspecto resultativo y en Maslov (1983) se investigan pormenorizadamente las relaciones entre tiempo perfecto y aspecto resultativo. Por otra parte, (57a) y (57b) pueden oponerse a las pasivas en presente de (59):

(59)
Castellano

a) La cama es hecha
b) El documento es firmado

La única diferencia entre las oraciones de (57) y (59), está en que en las primeras aparece *estar* y en las segundas *ser*. Estas últimas son construcciones pasivas y en ellas se denota un acción vista en su desarrollo y coincidente con el momento de la enunciación, tal como hay que decir en consonancia con la definición de presente vista en el capítulo 16. Por tanto, en (57a), se enfoca el estado resultante de una acción anterior y, en (59a), se enfoca una acción cuyo resultado todavía no se ha producido.

La comparación de las oraciones de (57) y las de (59) nos puede dar pistas sobre la diferencia que existe en español entre la predicación adjetival con *ser* y la predicación adjetival con *estar*. Comparemos los ejemplos de (60), desde el punto de vista de los hechos que acabamos de observar:

(60)
a) Juan es alto
b) Juan está alto

En ambos casos, adjudicamos una propiedad a Juan, pero en el de (60b), también podemos decir que *estar* aporta un sentido de resultatividad que no aparece en la oración con *ser*. Es decir, se utiliza en castellano (60b) para denotar un estado resultante de un proceso anterior. Se emite (60b), cuando queremos dar a entender que ha habido un proceso de crecimiento anterior cuyo resultado es visible en Juan. Por otro lado, en (60a) no especificamos nada de esto: simplemente enunciamos que Juan es alto sin ningún matiz aspectual añadido. Por tanto, (60a) es una atribución no marcada aspectualmente y (60b) es una atribución marcada aspectualmente. La conclusión de todo esto es que en castellano *estar* es un índice de aspecto resultativo.

Hemos dicho que la construcción resultativa es típicamente de predicado no verbal; ello no es extraño ya que, como hemos dicho, en esta construcción se denota un estado resultante de una acción o proceso anterior. Para ver esto, vamos a dar una serie de ejemplos de construcciones resultativas de diversas lenguas [extraídas de Nedialkov (ed.) 1983].

(61)
Algunos ejemplos de construcciones resultativas

a) Ebe (Nedialkov (ed.) 1983: 231):
Xo- a le gba -gba
casa-la ser destruida -destruida
'La casa está destruida'
b) Georgiano (Nedialkov (ed.) 1983: 261):
მე დახატული ვარ
Me da - jat'ul - i var
yo dibujar-particip,nom. soy
'Estoy dibujado'
c) Árabe (Nedialkov (ed.) 1983: 328):
Al-babu muglaqun
la-puerta cerrada
'La puerta está cerrada'
d) Ruso (Nedialkov (ed.) 1983: 344):
Рана воспалена
Ran -a vospal -en -a
herida- fem-sg inflam- ad -a
'La herida está inflamada'

e) *Lituano* (Nedialkov (ed.) 1983: 369):
Lang - as yra uždary - t -as
ventana-nom es abrir-partici.pio- nom-sg
'La ventana está abierta'

f) *Alemán* (Nedialkov (ed.) 1983: 411):
Die Äpfel sind ganz verfault
las manzanas son totalmente podridas
'Las manzanas están completamente podridas'

g) *Finés* (Nedialkov (ed.) 1983: 469):
Hän on kamma- ttu
ella es pein- ada
'Ella está peinada'

h) *Dogón* (Nedialkov (ed.) 1983: 482):
Nama gè yam - a wó
carne la estropear-da es
'La carne está estropeada'

Como vemos, en estas ocho lenguas las construcciones resultativas son claramente construcciones de predicado no verbal, en las que interviene la cópula cuando ésta existe en la lengua de que se trate.

Existe una relación evidente entre resultatividad y posesión, ya que en algunas ocasiones las construcciones resultativas son similares a las construcciones posesivas. Una ilustración muy clara de esto la vemos en castellano, donde a las oraciones de (57a) y (57b) cabe contraponer las de (63a) y (63b):

(63)
Castellano

a) Él tiene hecha la cama
b) El ministro tiene firmado el documento

Aquí se emplea el verbo posesivo *tener* para indicar el aspecto resultativo. Dado que el estado alcanzado se ha producido por la actuación de un agente en una acción anterior, se concibe ese agente como el posesor o responsable de ese estado. Por consiguiente, tanto *tener* como *estar* pueden ser utilizados para construir una oración resultativa. La diferencia entre ambos es muy evidente: *estar* es un verbo intransitivo y *tener* es transitivo y, por tanto, obtenemos el siguiente esquema:

(64)
Verbos utilizados en las construcciones resultativas castellanas

ESTAR 'construcción resultativa intransitiva': Se atribuye a la entidad denotada por el argumento, una propiedad o es-tado que se ha originado de una acción ejercida anteriormente sobre ella.
TENER 'construcción resultativa transitiva': Se atribuye al individuo denotado por el argumento primero o posesor la responsabilidad de la acción que ha originado la propiedad o estado en que se encuentra la entidad denotada por el argumento segundo.

Una situación muy similar a ésta se da en vasco; siguiendo a Shiratsuki (1985), podemos extraer dos construcciones de esta lengua que son muy relevantes para las consideraciones que estamos realizando sobre resultatividad, posesión y atribución. Son las siguientes:

(65)
Vasco

a) Liburu hori ni-k irakurri - a da
   libro ese yo-erg leer - art es
   'Ese libro es/está leído por mí'
b) Ni-k liburu hori irakurri - a dut
   yo-erg libro ese leer -art lo tengo
   'Yo tengo leído ese libro'

Según Shiratsuki, ambas construcciones son resultativas; sus diferencias radican en que, en el primer caso, estamos ante una predicación no verbal que denota el estado resultante de un proceso de lectura a que se ha sometido al libro; en el segundo caso, tenemos una estructura posesiva en la que un agente se concibe como responsable del estado en el que se encuentra el objeto que ha sido sometido a un proceso. Por tanto, la diferencia que Shiratsuki postula para el par de (65) es exactamente la misma que hemos observado antes respecto de los ejemplos de (57) y (63).

Hemos visto que la resultatividad tiene mucho que ver con la atribución y la posesión, haciendo transparente, una vez más, que tanto una como la otra están íntimamente unidas en muchas lenguas del mundo.

1. Determine si las siguientes expresiones contienen predicaciones expandidas o contraídas y si están relacionadas entre sí según este criterio:

   (66)
   Castellano

   a) Ese hombre alto
   b) Ese hombre es alto
   c) Ese hombre es el alto
   d) Es ese hombre alto
   e) El alto es ese hombre
   f) Ese hombre, el alto
   g) El alto, ese hombre

2. Especifique qué tipo de predicación no verbal se da en cada una de las siguientes oraciones:

(67)
Castellano

a) Juan es alto
b) Juan es médico
c) El perro es un mamífero
d) Juan no es ése
e) La fiesta es en el otro piso

3. Aporte algunos argumentos que justifiquen que el CA y el AC son funciones sintácticamente diferentes.

4. Establezca la diferencia entre las oraciones de (68) y las de (69):

(68)
Castellano

a) Éste es de Juan
b) Éste es el mío

(69)
Castellano

a) Éste es el de Juan
b) Éste es mío

5. Si es verdad que el verbo *estar* en castellano expresa siempre el aspecto resultativo, han de poder explicarse mediante este concepto algunos de los usos de este verbo. Intente hacerlo con los siguientes:

(70)
Castellano

a) Juan no está/*es de permiso
b) Juan está/ *es harto
c) Esta carne es buena pero no está buena
d) Esta carne está buena pero no es buena
e) Está claro / es claro que no lo sabe

CLAVE 1. Está claro que (66a) y (66b) están relacionados en términos del criterio establecido, ya que la segunda expresión es una expansión de la predicación de la primera. La misma relación se da entre (66c) y (66f): la primera es una expansión de un sintagma apositivo que da como resultado una predicación no verbal ecuativa. Esta misma relación se da también entre (66e) y (66g), sólo que los dos elementos en aposición o igualados cambian de lugar. Por último, merece la pena detenerse en (66d); a pesar de que hay una cópula, en esta oración estamos ante una predicación contraída y no expandida; la oración en cuestión puede parafrasearse del siguiente modo: *se trata de ese hombre alto*. Aquí la cópula se usa de modo predicativo como presentador o introductor de una entidad y no expresa la relación de atribución entre *ese hombre* y *alto*. La predicación no verbal no se puede expandir en este caso para obtener *Es ese hombre es alto*, ya que, cuando el verbo *ser* tiene esa función de introducción o presentación de entidades, si lo que se quiere presentar es un suceso o evento, entonces debe usarse *es que* y, por supuesto, sí que podemos decir *es que ese hombre es alto*, en la que sí está la predicación expandida correspondiente.

2. En (67a) estamos ante una predicación no verbal de tipo caracterizador. En (67b) tenemos una predicación no verbal de tipo clasificador. (67c) es una predicación no verbal de tipo clasificador. (67d) es una predicación verbal de tipo ecuativo. Por último, (67e) es una predicación verbal de tipo locativo.

3. Se pueden ofrecer múltiples argumentos que muestran esta diferencia sintáctica. Pongamos algunos partiendo de las dos oraciones de (29). Los sintagmas CA, cuando se interrogan, seleccionan el pronombre interrogativo *cómo* y los sintagmas AC seleccionan el pronombre interrogativo *qué*. Esto podemos mostrarlo si tenemos en cuenta que las únicas preguntas posibles en castellano son las que se ponen en primer lugar en cada uno de los pares:

(71)
Castellano

a) ¿Cómo desfiló la multitud? Silenciosa
b) *¿Qué desfiló la multitud? Silenciosa

(72)
Castellano

a) ¿Qué hicieron a Juan? Presidente
b) *¿Cómo hicieron a Juan? Presidente

En segundo lugar, podemos percatarnos de que el CA es opcional pero el AC es exigido por el verbo:

(73)
Castellano

a) La multitud desfiló
b) *Hicieron a Juan

En tercer lugar, las posibilidades de colocación del CA y del AC son diferentes. El AC sólo puede colocarse en su sitio además de aquel en el que aparece en (29b); se trata de la posición postverbal. El CA no puede aparecer en esa posición:

(74)
Castellano

a) Hicieron presidente a Juan
b) *La multitud silenciosa desfiló [si la secuencia *multitud silenciosa* no forma un sintagma nominal]

Por otro lado, el CA puede aparecer en posición preverbal y el AC no puede, a no ser en contextos muy marcados:

(75)
Castellano

a) Silenciosa, la multitud desfiló
b) *Presidente, hicieron a Juan

4. Es bastante fácil explicar la diferencia entre las oraciones de (68) y (69). En el primer caso, estamos ante una predicación no verbal caracterizadora y en el segundo, ante una predicación no verbal clasificadora. En efecto, por ejemplo, en (68a) se dice que aquello a lo que nos referimos mediante *éste* tiene la propiedad de pertenecerle a Juan: es decir, caracterizamos ese objeto mediante la propiedad de ser perteneciente a Juan. En contraposición, en (69a) no estamos caracterizando al objeto denotado por *éste*, sino que estamos clasificándolo. En efecto, lo que significa (69a) es que el objeto en cuestión pertenece al conjunto de objetos que son de Juan; por ello, denota aquel único objeto que pertenece a ese conjunto dentro de un conjunto de objetos determinado por el contexto. Dicho de otro modo, *el de Juan* no es otra cosa que la intersección de dos conjuntos: uno determinado contextualmente y otro que es el formado por aquellas cosas que son de Juan. Se emplea *el*, porque el conjunto que se obtiene de esa intersección es un conjunto unitario. De forma análoga, se puede razonar respecto de las oraciones (68b) y (69b).

5. Está claro que *de permiso* y *harto* denotan dos propiedades que se adquieren como resultado de acciones o procesos precedentes. Por ello, estas expresiones se clasifican en nuestra lengua como *predicados resultativos* y, consiguientemente, sólo admiten *estar*. El caso de (70c) y (70d) es diferente. Hay sentidos del vocablo *bueno*; uno de ellos es resultativo y el otro no lo es. Como propiedad intrínseca de algo, *bueno* no es un predicado resultativo, pero sí lo es como propiedad adquirida de algo y éste es el sentido que tiene la expresión culinaria *está bueno*. Por ello, las oraciones de (70c) y (70d) no son contradictorias. El caso de (70e) es diferente, ya que ahora no se ven implicados dos sentidos de *claro* sino sólo uno de sus significados. Lo que ocurre ahora es que *claro* en este significado no está marcado para el rasgo de *predicado resultativo* y, por consiguiente, puede ser tanto una cosa como otra. Por un lado, *es claro* denota una propiedad intrínseca de algo y, por otro, *está claro* denota esa misma propiedad pero como resultado de un proceso anterior.

CUESTIONES PROPUESTAS

1. ¿Qué diferencias hay entre las expresiones siguientes?:

(76)
Castellano

a) Es ése que dices
b) Ése es el que dices
c) Ése que dices
d) Él es ése que dices
e) Es que ése es el que dices
f) Es ése, el que dices
g) Es que él es ése que dices

2. Explique por qué de las dos oraciones siguientes una está bien formada y otra no:

(77)
Castellano

a) Dos y dos son/ hacen cuatro
b) *El dos y el dos son/ hacen el cuatro

3. Para completar el ejercicio tercero, dé algún argumento más para probar la diferencia sintáctica entre CA y AC.

4. Establezca las relaciones entre los dos tipos de posesión y la gramaticalidad de las oraciones siguientes con especial referencia a las posibilidades de aparición de los artículos:

(78)
Castellano

a) *Llegó un hombre con cabeza / la cabeza / una cabeza
b) Llegó un hombre con *(la) / (*una) cabeza vendada
c) *Llegó un hombre con (*la) pierna
d) Llegó un hombre con la/una pierna rota
e) Llegó un hombre con (un) perro
f) *Llegó un hombre con *(el) perro suelto [no se ha hablado para nada de un perro anteriormente]

5. En castellano decimos: *estar vivo, estar soltero, estar joven, estar joven, está lejano,* ¿cómo puede reconciliarse esto con la idea de que el verbo *estar* expresa el aspecto resultativo?

ORIENTACIÓN BIBLIOGRÁFICA

BOSQUE, I. y V. DEMONTE (dirs.): *Gramática Descriptiva de la Lengua Española*, Madrid, Espasa Calpe, 1999, capítulos 37, 38 y 39.
Estos tres capítulos constituyen la exposición descriptiva más detallada existente sobre la predicación no verbal del español. El capítulo 37 (2.357-2.460) es de M. Jesús Fernández Leborans y trata de las oraciones copulativas propiamente dichas. El capítulo 38 (2.461-2.524) es de V. Demonte y P. J. Masullo y versa sobre los complementos predicativos. El capítulo 39 (2.525-2.560) está hecho por M. L. Hernanz y A. Suñer y se ocupa de la predicación no copulativa y de las construcciones absolutas.

CHAPPELL, H. y W. McGREGOR (eds.): *The Grammar of Inalienability. A Typological Perspective on Body Part Terms and the Part-Whole Relation*, Berlín, Mouton de Gruyter, 1996.
Sin duda es la obra más amplia existente sobre la tipología de la expresión de la posesión inalienable. Se estudian muchas lenguas de Australia, Oceanía, Asia, Norteamérica, Europa y África desde esta perspectiva. Es un libro imprescindible para profundizar en la cuestión.

CLARK, E. V. (1978): "Locationals: Existential, Locative, and Possessive Constructions" en J. H. Greenberg (ed.), *Universals of Human Language, vol 4. Syntax,* Stanford, Stanford University Press, 1978, pp. 85-126.
Se trata de un trabajo en el que se realiza una tipología de las lenguas respecto de las construcciones existenciales, locativas y posesivas y se analizan sus semejanzas y diferencias. La base empírica es muy amplia y el punto de vista teórico desde el que se analizan estas construcciones tiene en cuenta fundamentalmente los parámetros de la definitud y la animación.

DEMONTE, V.: "Predicación secundaria" en V. Demonte *Detrás de la Palabra. Estudios de gramática del español*, Madrid, Alianza, 1991, pp. 157-234.
Contiene este apartado tres interesantes trabajos, realizados en el marco de la Gramática Generativa, sobre los complementos atributivos y los atributos del complemento en español. Leyéndolos, el lector profundizará en el conocimiento de las propiedades sintácticas y semánticas de las estructuras correspondientes.

GUTIÉRREZ ORDÓÑEZ, S.: *Variaciones sobre la atribución,* Universidad de León, 1986.
Importante estudio sobre las construcciones atributivas en español. Es una lectura muy recomendable y aprovechable, una vez que se haya asimilado el libro de Navas Ruiz.

HEINE, B.: *Possession. Cognitives sources, forces and Grammaticalization,* Cambridge, Cambridge University Press, 1997.
Útil e interesante trabajo sobre la expresión de la posesión en las lenguas naturales teniendo en cuenta los aspectos cognitivos y diacrónicos. Contiene un resumen sobre los tipos de construcciones posesivas en las lenguas del mundo.

HENGEVELD, K.: "Copular verbs in a functional grammar of Spanish", *Linguistics,* 24, 1986, pp. 393-420
Se trata de un estudio muy importante sobre la oposición *ser / estar* en español. En él se propone que *estar* es una marca de aspecto resultativo. Pero, a diferencia del análisis que hemos sugerido en este capítulo, el *estar* de la atribución adjetival es para el autor una realización del aspecto progresivo. Debe consultarse este artículo para ver los argumentos a favor de esta última propuesta, que no hemos adoptado nosotros.

HENGEVELD, K.: *Non-Verbal Predication. Theory, Typology and Diachrony,* Berlín, Mouton de Gruyter, 1992.
Completo y documentado estudio sobre la atribución nominal y adjetival en las lenguas del mundo. Se ofrece una clasificación tipológica de estas construcciones y se enuncian generalizaciones gramaticales de gran alcance. Imprescindible para profundizar en lo visto en este capítulo.

LYONS, J.: "La construcciones existenciales, locativas y posesivas", sección 8, 4 de J. Lyons, *Introducción en la lingüística teórica,* Barcelona, Teide, 1973 [1968], pp. 401-412.
Clara e interesante presentación de la cuestión que constituye una excelente introducción al tema.

MANOLIU, M.: *Tipología e Historia. Elementos de sintaxis comparada románica,* Gredos, Madrid, 1985.
Nos interesan ahora el capítulo 3, secciones 3.1 y 3.2 y el capítulo 6. Ambos tratan de la posesión, la existencia y la locación. Contiene una presentación clara de algunos problemas y datos de diversas lenguas romances, incluyendo el rumano.

MORENO, J. C.: "Atribución, Ecuación y Especificación: tres aspectos de la semántica de la cópula en español", *Revista Española de Lingüística,* 12, 1984, pp. 229-245.
Artículo aprovechable para profundizar en el significado de las oraciones copulativas con *ser*.

NAVAS RUIZ, R.: *Ser y Estar. El Sistema Atributivo Español,* Salamanca, Almar, 1977.
Buena descripción del uso de *ser* y *estar* en nuestra lengua.

NEDIALKOV, V. P.: *Typology of resultative constructions,* Amsterdam, John Benjamins, 1986 [1983].
Impresionante colección de artículos teóricos y empíricos sobre la construcción resultativa. Además de analizar las conexiones entre resultatividad, aspecto y voz, se ofrecen detallados estudios sobre las construcciones resultativas en chino, niveji, chucoto, archí, aleuta, esquimal, mongol, ebe, evenquí, georgiano, griego homérico, tongano, indonesio, árabe clásico, ruso, ruso dialectal, lituano, alemán, noruego, armenio y finés.

RUWET, N.: "Les phrases copulatives" en N. Ruwet *Grammaire des insults et autres études,* París, Seuil, 1982 [1975], pp. 207-236.
Interesante estudio sobre el francés, que puede serle de mucha utilidad al estudiante español.

SEILER, H.: *Possession as an operational Dimension of Language,* Tubinga, Gunter Narr, 1983.
Importantísimo estudio sobre la posesión desde el punto de vista de la lingüística general que se sitúa en el marco teórico del UNYTIP.

VERHAAR J. W. M.: *The verb 'be' and its synonyms. Philosophical and Grammatical Studies*, Dordrecht, Reidel, 1967-1973, 6 vols.
En estos seis tomos se estudia la cópula en diversas lenguas: chino clásico, chino moderno, mundarí, lenguas atabascanas, esquimal, hindí, zuñí, griego moderno, griego antiguo, malabar, curuj, japonés, cachemir, armenio, húngaro, sumerio, chona, árabe, urdú, turco, bengalí, amárico, indonesio, telugu y estonio; es, pues, una fuente de datos rica e ilustrativa.

25

TIPOS DE ORACIÓN SIMPLE. ORACIONES NEGATIVAS, INTERROGATIVAS E IMPERATIVAS

1. Introducción

Hasta ahora, hemos estado hablando de la estructura de la oración, teniendo siempre en cuenta el tipo menos marcado de oración: a saber, la declarativa afirmativa, en la que se realiza el enunciado de un hecho, estado o proceso. En este capítulo, vamos a tratar de los tipos de oraciones simples más marcados en sus peculiaridades y propiedades distintivas. Concretamente, empezaremos por un tipo característico de oraciones declarativas: aquellas en las que no se afirma que se da un hecho, estado o proceso, sino en las que se afirma que no se dan tales cosas. A continuación, veremos dos tipos de oraciones que no se utilizan para realizar un acto declarativo. En el tipo interrogativo, no se produce una declaración, sino la petición de información; por su parte, en el tipo imperativo, no se realiza una declaración, sino que se da una orden.

En general, se puede decir que las interrogativas e imperativas son marcadas frente a las declarativas. Ello significa que, cuando no se indica otra cosa, la oración es declarativa y que, para indicar interrogación o mandato, es necesario recurrir a una serie de marcas específicas que señalen explícitamente esa interrogación o mandato. Esa indicación puede hacerse mediante alguno de estos medios:

(1)
Medios de marcación de las oraciones no declarativas

a) Medios sintácticos: orden de palabras, por ejemplo.
b) Medios morfológicos: partículas oracionales, por ejemplo.
c) Medios léxicos: determinado tipo de palabras, como los pronombres interrogativos.
d) Medios suprasegmentales: la entonación y el acento, por ejemplo.

Vamos a dar un ejemplo de cada caso en castellano. En nuestra lengua, las interrogativas pueden formarse combinando estos medios. Primero, tenemos unos patrones típicos de entonación interrogativa, diferentes de los de la aserción; además, se puede usar simultánemanente uno de los medios enumerados. Veamos unos sencillos ejemplos:

(2)
Castellano

a) *Juan vino ayer*
   Orden sintáctico: declarativo.
   Entonación: aseverativa (tono descendente al final).
b) *¿Vino Juan ayer?*
   Orden sintáctico: interrogativo (sujeto postverbal).
   Entonación: interrogativa total (tono ascendente al final).
c) *A que Juan vino ayer*
   Orden sintáctico: no marcado.
   Locución oracional: Utilización de la secuencia *a que*.
d) *¿Quién vino ayer?*
   Medio léxico: utilización de pronombre interrogativo.
   Entonación: interrogativa parcial (tono semidescendente al final).
e) *¿JUAN vino ayer?*
   Medio suprasegmental: énfasis en JUAN.
   Entonación: interrogativa total.

Como vemos, en cada caso, además de la entonación, se utiliza un medio diferente para indicar o precisar la interrogación. En (2b) tenemos una interrogación neutral; en (2c), una interrogación en la que se espera una respuesta afirmativa; en (2d), una interrogación parcial en la que no se pregunta si alguien vino ayer, sino la identidad de alguien que vino ayer y, por último, en (2e) tenemos una interrogación en la que se pide confirmación sobre el hecho de que fuera Juan y no otro el que viniese ayer. Podemos ver algo análogo con las oraciones declarativas.

(3)
Castellano

a) *Juan se fue a París*
   Entonación: declarativa neutra (tono final descendente).
b) *A París se fue Juan*
   Orden: marcado (circunstancial preverbal).
   Entonación: declarativa neutra.
c) *Es que Juan se fue a París*
   Locución oracional: anteposición de la secuencia *es que* para dar un matiz explicativo a la aserción.
d) *Juan sí se fue ayer*
   Elemento léxico: se inserta el adverbio *sí* para insistir en la corrección de la aseveración. Entonación: declarativa enfática.
e) *JUAN se fue ayer*
   Medio suprasegmental: énfasis en Juan.
   Entonación: declarativa.

En castellano, el carácter interrogativo o declarativo de las emisiones se señala obligadamente mediante la entonación y, opcionalmente, mediante alguno de los procedimientos señalados. Pero esto no es necesariamente así en las lenguas del mundo. Vamos a ver unos ejemplos del coreano, lengua en la que hay que marcar morfológicamente de modo obligado si estamos profiriendo una aseveración, una interrogación o un mandato, además de caracterizar cada expresión con su entonación correspondiente.

En efecto, consideremos los siguientes ejemplos:

(4)
Coreano (Lee 1989: 99)

a) Bami gibni- da
   noche larga- DECL
   'La noche es larga' [aseveración]
b) Giri chopsîbni- ka
   camino estrecho- INT
   ¿Es estrecho el camino?' [pregunta]
c) Palli hasipsi- o
   rápido hacer- IMP
   'Hazlo rápidamente' [orden]

Como se puede apreciar, existen tres sufijos verbales *da*, *ka* y *o*, que indican, respectivamente, que estamos ante una aseveración, pregunta o petición. Estos sufijos son obligatorios y señalan precisamente que ya se ha descrito lo aseverado, lo preguntado o lo ordenado. Son, por tanto, indicadores del fin del acto enunciativo. Es interesante observar que estos marcadores varían según el habla sea más formal o informal. En coreano hay cinco estilos de enunciación: solemne, formal, corriente educado, corriente vulgar y medio. Cada uno de estos estilos, que se usan en un contexto diferente, posee sus marcadores característicos de aseveración, interrogación y petición. Los que acabamos de ver pertenecen al estilo solemne. En la sección 2 del capítulo 11 del tomo segundo exponemos con más detalle la morfología verbal del enunciado coreano.

2. Las oraciones negativas

Es algo establecido en la lingüística actual que las oraciones negativas son derivadas o no marcadas respecto de las oraciones afirmativas. Esto puede comprobarse teniendo en cuenta que, en la mayoría de las lenguas conocidas, las oraciones negativas se marcan mediante una palabra o morfema especial y las oraciones afirmativas no conocen, en general, un marcador obligatorio de afirmación. Por otro lado, no existe ninguna lengua en el mundo en que las oraciones negativas sean no marcadas y en las que las afirmativas se deriven de éstas mediante un morfema o palabra afirmativa especial. Es decir, no existe ninguna lengua en la que se opongan, por ejemplo, las dos oraciones siguientes:

(5)
Marcación de las oraciones afirmativas frente a las negativas

a) Juan vino (no marcada y negativa = *Juan no vino*)
b) Juan sí vino (marcada y afirmativa = *Juan vino*)

Este universal se debe al carácter pragmáticamente marcado de la negación (véase Givón 1984: 321-351 y, sobre todo, L. Horn 1989: 154-203).

Debemos comenzar, además, por diferenciar dos usos diferentes de la negación: la *absoluta* y *la relativa*. La primera suele ser una expresión que se utiliza para indicar un *rechazo* en su totalidad de una aseveración completa o petición anterior. Su emisión constituye un acto completo de enunciación. Veamos un ejemplo:

(6)
Castellano

a) ¿Vienes al cine?
b) No

Existen expresiones más complejas que cumplen esta función, tales como *de ninguna manera, en ningún modo, en absoluto, ni hablar, ni lo sueñes* y muchas otras con distinto grado de formalidad o vulgaridad.

La *negación relativa* es un adverbio que afecta a un sintagma verbal o nominal y que sirve para negar un predicado que ha sido antes afirmado: éste es el caso de la denominada *negación metalingüística*:

(7)
Castellano

a) Juan no ha venido
b) Juan ha venido
c) No es cierto que Juan haya venido
d) No, Juan no ha venido
e) No, no es cierto que Juan haya venido
f) Rechazo la oración *Juan ha venido* porque esa oración es falsa

La oración (7a) suele utilizarse para afirmar que la oración (7b) es falsa, ya que se niega que el predicado conviene a Juan; por tanto, (7a) es equivalente semánticamente a (7c), que, como se ve, es una negación de alcance oracional. Puede comprobarse, en (7d) y (7e), que la negación absoluta es compatible con la negación relativa metalingüística. De hecho, (7d) y (7e) pueden parafrasearse mediante la expresión de (7f).

Sobre este tipo de negación metalingüística puede consultarse L. R. Horn 1989: 362-44.

La *negación descriptiva* es un subtipo de negación relativa que se produce cuando se caracteriza negativamente alguna entidad sin que se produzca la negación como rechazo de una predicación anterior. No es muy frecuente este uso, pero es posible. Veamos un par de ejemplos:

(8)
Castellano

a) Los pájaros no tienen mamas
b) Estos ordenadores no tienen unidad de disco
c) Juan no es padre

Los usos más frecuentes de estas oraciones serán los de describir unas determinadas entidades, sin que haga falta que antes se hayan afirmado las propiedades correspondientes.

Este uso de la negación no es muy frecuente porque, precisamente, lo normal es caracterizar las entidades por la posesión de determinadas propiedades, no por la ausencia de propiedades: si hiciéramos esto último, difícilmente podría caracterizar con éxito la mayoría de las entidades. Téngase en cuenta que, de todas formas, las negaciones de las oraciones de (8) tienen un carácter relativo, aunque algo más escondido que el que presentan las oraciones de (7). Esto hace que las oraciones de (8) sean normales, pero las de (9) suenen extrañas:

(9)
Castellano

a) Los ordenadores no tienen mamas
b) Los pájaros no tienen unidades de disco
c) Juan no es madre

Las oraciones de (9) son tan verdaderas como las de (8), pero las primeras suenan muy extrañas. Ello es porque no se dan las condiciones que hacen posible la relatividad de las negaciones que aparecen en (8). En efecto, en (8) se niegan propiedades *esperables* de los animales, ordenadores y de Juan; en cambio, en (9), se niegan propiedades *no esperables* de esas entidades. Es claro que este sentido de *esperables* se determina por el conocimiento enciclopédico y no gramatical, pero no es menos cierto que ese conocimiento es el que determina la relatividad de esas negaciones.

Por tanto, la negación descriptiva se puede concebir como un subtipo de negación relativa, en el que no se produce la negacion de que una entidad tenga una propiedad cualquiera, sino una propiedad extraída de un conjunto de propiedades adscrito a una subclase de la clase a la que pertenece la entidad.

El español no distingue morfológicamente la *negación absoluta* de la *relativa,* pero otros muchos idiomas sí la distinguen. Por ejemplo, en ruso не *nie* es la negación relativa y нет *niet* es la negación absoluta; es ilustrativo recordar que нет *niet* no es otra cosa que la contracción de не *nie* + есть *yest'*, literalmente, 'no hay'. En ruso, a la pregunta (10a), se debe contestar con (10b) y no con (10c) y la negación de (11a) es (11b) y no (11c):

(10)
Ruso

a) Вы голодный
   Vy golodnĭĭ?
   Usted hambriento
   '¿Está Vd. hambriento?'

b) Нет
   Niet
   'No'
c) *Не
   *Nie
   'No'

(11)
Ruso

a) Иван не приехал
   Iván nie priyéjal
   Iván no vino
   'Juan no ha venido'
b) *Иван нет приехал
   *Iván niet priyéjal
   'Juan no ha venido'

La negación relativa puede manifestarse sintáctico-morfológicamente de las siguientes formas (véase Payne 1985a: 208 y ss.):

(12)
Manifestaciones posibles de la negación relativa

a) Verbo negativo principal.
b) Verbo negativo auxiliar.
c) Averbios negativos.
d) Morfemas negativos.

Veamos un caso ejemplificativo de cada una de estas posibilidades: el primer caso es el de los verbos negativos; es decir, el de un verbo principal que niega una proposición subordinada. Los ejemplos de (13) son de la lengua austronésica tongano:

(13)
Tongano (Payne 1985a: 208)

a) Na'e 'alu'a Siale
   asp ir Carlos
   'Carlos se ha ido'
b) Na'e ikai ke 'alu'a Siale
   asp no asp ir Carlos
   'Carlos no se ha ido'

El verbo *ikai* se comporta como un verbo principal que toma el marcador aspectual *na'e*; por su parte, *'alu'a* en (13b), lleva un marcador aspectual *ke*, que sólo aparece en las proposiciones subordinadas. Por tanto, en tongano la negación relativa es un predicado más o menos equivalente a nuestro *no es cierto que*.

En el segundo caso, estamos ante un verbo negativo que se comporta como un verbo auxiliar. Ahora el auxiliar lleva los morfemas de tiempo, persona y número y el verbo léxicamente significativo aparece en una forma invariable [como ocurre en castellano en *he hecho*]. Por ejemplo, en la lengua tungusa néncico, tenemos el siguiente paradigma verbal:

(14)
Néncicok (Payne 1985a: 216)

a) Xane-m 'yo comercio' ⟹ ni-m xane,'yo no comercio'
b) Xane-n 'tú comercias' ⟹ ni-n xane 'tú no comercias'
c) Xane 'él comercia' ⟹ ni xane "él no comercia"

Como puede apreciarse, es el verbo auxiliar negativo el que lleva las terminaciones de persona.

La estrategia de los adverbios de negación es bien conocida en las lenguas europeas; por ello no la vamos a ejemplificar ahora. Sin embargo, sí que vamos a hacer referencia a un fenómeno bastante llamativo, que es el de adverbios negativos reforzados con algún complemento que, cuando se gramaticalizan, pasan a convertirse en una negación compleja discontinua. Es el caso de la negación francesa *ne... pas*, donde *pas* procede de un sustantivo que se podría traducir como 'paso'. Si *pas* es el postfijo negativo no marcado, en francés, *términos de polaridad negativa* (TPN; es decir, sintagmas que deben estar dentro del alcance de un operador negativo) como *rien* 'nada', *personne* 'nadie', *plus* 'más' o *point* 'punto' pueden funcionar también como postfijos negativos:

(15)
Francés

a) Alfred ne chante pas
   A. no canta pas
   'Alfredo no canta'
b) Alfred ne fait rien
   A. no hace nada
   'Alfred no hace nada'
c) Alfred ne frappe personne
   A. no pega nadie
   'Alfred no pega a nadie'

Este fenómeno no es desconocido en otras lenguas. En galés coloquial aparece la misma negación reforzada obligatoriamente:

(16)
Galés coloquial (Payne 1985a: 225)

Dyw'r bachgen ddim yn hoffi coffi
neg-ser-el chico neg en querer café
'Al chico no le gusta el café'

Téngase en cuenta que *dyw'r* es el verbo copulativo *yw* negado mediante *nid* 'no'(del que sólo queda la *d* final) y que *-r* es el artículo que afecta a *bachgen* 'niño'. Como se ve, la cópula negativa *dyw'r* es reforzada mediante *ddim*.

En otras lenguas se repite también la negación; el siguiente ejemplo es ilustrativo:

(17)
Hausa (Payne 1985a: 225)

Yarinyà bà tà tàfi, gona ba
chica neg ella ir granja neg
'La chica no ha ido a la granja'

Por último, en muchas lenguas, la negación se expresa mediante un morfema normalmente integrado en el verbo. Esto se puede comprobar en turco, lengua en la que existe un infijo negativo *ma* con una serie de variantes morfonológicas, que se incluye en el verbo, tal como mostramos en los siguientes ejemplos:

(18)
Turco

a) Gel-mek = venir ⟹ gel-me-mek = no venir
b) Konush-mak = entender ⟹ konush-ma-mak = no entender

La lengua bantú suahilí también conoce la negación morfemática, que, al igual que en el caso del turco, también aparece en el verbo. Veamos dos ejemplos:

(19)
Suahilí

a) Chakula hiki ha-kitoshi
   comida está neg-ser suficiente
   'Esta comida es insuficiente'
b) Vitabu hivi ha-vitoshi
   libros estos neg-ser suficiente
   'Estos libros son pocos'

Tal como vimos en el capítulo 7, sección 4, la negación es un *operador sintáctico*: ello significa que, como todo operador, tiene un determinado *alcance*. El alcance de la negación es el constituyente sobre el que actúa. Las lenguas poseen diversos mecanismos para indicar el alcance de la negación; comparemos, para empezar, las dos oraciones que siguen:

(20)
Castellano

a) Juan no leyó el periódico
b) Juan no leyó nada
c) *Juan leyó nada
d) No leyó nadie nada en ningún lugar
e) Nadie leyó nada
f) Nada leyó nadie

En (20a), la negación afecta únicamente a la relación entre *leyó* y *el periódico*; por ello, en (20a), no se excluye que Juan leyera, sino sólo que Juan leyera el periódico.

En (20b), se niega el verbo independientemente del complemento que lleve; se emplea la oración en cuestión cuando Juan no leyó en absoluto. Aquí, el alcance de la negación es todo el sintagma verbal y precisamente *nada* puede aparecer dentro de un sintagma verbal negado. De aquí que (20c) sea agramatical. Por tanto, palabras como *nada* deben aparecer dentro del alcance de una negación y se denominan *términos de polaridad negativa* (TPN); existen palabras y expresiones que tienen esta característica tales como *en absoluto*, *ni pizca*, *ni gota*, etc. El alcance de la negación puede ser toda la oración, incluidos complementos circunstanciales. En este caso, como vemos en la oración (20d), los elementos que aparecen en los diversos sintagmas son negativos. En castellano, entonces, una forma de expresar el alcance de la negación es mediante la utilización de TPN es que nos ofrecen una especie de *concordancia negativa*. Obsérvese, además, que los TPN *nadie* o *nada* pueden crear por sí mismos un entorno negativo, tal como se ve en (20e) y (20f) aunque ello sólo ocurre en la posición preverbal. La utilización de TPN para indicar el alcance de la negación es frecuente en las lenguas del mundo. Se trata de lo que Tesnière denominó *negación permeable*. El ruso conoce también este tipo de manifestación del alcance de la negación, tal como comprobamos en el siguiente ejemplo aportado por el propio Tesnière:

(21)
Ruso

Никто нигде никогда этого не сказал
ni-kto ni-gdie ni-kogdá ètovo nie skazál
neg-quien neg-donde neg-cuando esto no dijo
'Nadie ha dicho esto en ninguna parte'

Se observa que existe una especie de concordancia negativa que se obtiene anteponiendo ни *ni* a las palabras кто *kto* 'quien', где *gdie* 'donde' y когда *kogdá* 'cuando' y que indica que el alcance de la negación es toda la oración. En griego antiguo se da el mismo fenómeno:

(22)
Griego clásico

Oudeís oudén hypopteúei
nadie nada supone
'Nadie sospecha nada'

Hay que decir que no todas las lenguas utilizan este sistema para expresar el alcance de la negación. En ellas, se manifiesta lo que Tesnière denomina *negación impermeable*. En inglés y alemán, tenemos oraciones como las siguientes:

(23)
Inglés

a) Nobody ever said so
   nadie alguna vez dijo así
   'Nadie ha dicho eso nunca'

b) Never did anybody say so
   Ninguna vez hizo cualquiera decir así
   'Nadie ha dicho eso nunca'

(24)
Alemán

a) Das hat keiner je gesagt
   esto ha ninguno alguna vez dicho
   'Nadie ha dicho esto nunca'
b) Das hat niemals einer gesagt
   esto ha nunca uno dicho
   'Nadie ha dicho esto nunca'

Como vemos, en inglés y alemán sólo podemos negar una palabra en cada frase: en (23a) negamos *alguien* y en (23b) negamos *alguna vez*; lo mismo ocurre en alemán, como podemos comprobar en (24b).

Obsérvese que, en realidad, cuando decimos en castellano:

(25)
Castellano

No vino nadie

no estamos negando que nadie viniera, es decir, afirmando que vino alguien; ello sería lo lógico, ya que una doble negación nos da como resultado una afirmación. Esta ley actúa en nuestra lengua: si decimos *no es inútil*, estamos negando que sea inútil y, por tanto, que tiene alguna utilidad. Pero, según lo que hemos visto hasta ahora, en (25) no hay una doble negación, sino una *concordancia negativa* que nos muestra que el alcance de la negación es la oración entera.

Un fenómeno muy extendido en las lenguas del mundo es el que se suele denominar *anticipación de la negación*. Se debe a una fuerte tendencia que presentan las lenguas a colocar en el verbo principal la negación que afecta al verbo de la subordinada. Por ejemplo, comparemos las dos oraciones siguientes:

(26)
Castellano

a) No creo que lo sepa
b) Creo que no lo sabe
c) *No creo que lo sabe

Usualmente, en (26a) no estamos expresando la no creencia de una afirmación sino más bien la creencia de una negación; por ello, (26a) se puede parafrasear mediante (26b). Es evidente que existen diferencias de uso entre (26a) y (26b); en general, (26a) es una afirmación más débil que (26b). En (26a) se hace más énfasis en las conjeturas personales del que habla sobre lo que él sabe, en (26b) se da a entender que existen datos objetivos que me autorizan a decir que no lo sabe. Una diferencia similar se observa en turco:

(27)
Turco (Horn 1978: 132)

a) Gelme-sini ist-em-iyor-um
   venida-3sg querer-neg-asp-1sg
   'No quiero que venga'
b) Gel-me-mesini ist-iyor-um
   venida-neg-3sg querer-asp-1sg
   'Quiero que no venga'

En (27b) se entiende que expreso un deseo en favor o en contra de él; en (27a), se trata de un deseo en favor o en contra de mí.

Por otro lado, debemos contrastar la oración castellana de (26a) con (26c), ya que esta última no es sinónima a (26b), pues expresa una creencia negativa; en este caso, no hay anticipación de la negación, ya que se está expresando que no se cree en la verdad de la subordinada. Como se puede comprender, esta diferencia se expresa además por el modo. ¿Por qué (26a) aparece en subjuntivo la subordinada y (26c), en indicativo? La razón está en que, en el primer caso, no se asevera *lo sabe* y en el segundo caso sí que se asevera, para expresar que no se cree en dicha aseveración. De aquí que en (26a) no se exprese la no creencia respecto de la aseveración *lo sabe*, sino la creencia mitigada o subjetiva de la aseveración *no lo sabe*, mientras que en (26c) se expresa la no creencia de la aseveración *lo sabe*.

Hay que tener en cuenta que no todos los verbos admiten esta doble posición de la negación. Por ejemplo, si tenemos en cuenta el verbo *demostrar*, nos encontraremos con las oraciones de (28):

(28)
Castellano

a) El fiscal no demostró que la coartada era creíble
b) El fiscal demostró que la coartada no era creíble

Es claro que (28a) y (28b) no son sinónimas. En el primer caso, se nos dice que el fiscal no demostró la credibilidad de la coartada y, en el segundo, se nos dice que demostró la no credibilidad de la coartada; como se ve, son cosas diferentes.

Según Bosque (1980: 55-56), que sigue a Horn 1978, los verbos que admiten esta anticipación de la negación se pueden clasificar en tres tipos fundamentales desde un punto de vista semántico:

(29)
Verbos que admiten la anticipación de la negación

a) Verbos de opinión y expectación: *creer, imaginar, calcular*.
b) Verbos de intención y volición: *querer, desear, apetecer, tener intención de*.
c) Verbos de aproximación perceptiva: *parecer, ser probable, ser plausible*.

Como señala Horn (1978: 187-188), estas clases tienen cierta validez interlingüística. Por ejemplo, en ruso, admiten la anticipación de la negación verbos como: думать *dúmat* 'creer', показаться *pokazát'sia* 'parecer' о намереваться *namerevát'sia* 'tener la intención de'.

Se ha propuesto a veces un proceso sintáctico que "mueve" la negación desde la proposición más incrustada hasta la principal; este proceso, que se ha dado en llamar *transporte de la negación*, puede repetirse varias veces si las sucesivas proposiciones superiores poseen un verbo que permite tal desplazamiento. Por ejemplo, Horn (1978: 130) cita el siguiente ejemplo inglés:

(30)
Inglés

I don't think that he wants me to think that he did it
yo no creo que él quiera yo pensar él hizo lo
'No creo que él quiera que piense que lo hizo

En castellano, a nuestro juicio, existen las siguientes posibilidades:

(31)
Castellano

a) No creo que él quiera que yo piense que lo hizo
b) Creo que él no quiere que yo piense que lo hizo
c) Creo que él quiere que yo no piense que lo hizo
d) Creo que él quiere que yo piense que no lo hizo

A parte de las diferencias estilísticas de uso de las cuatro oraciones de (31), podemos ver que las cuatro oraciones pueden describir exactamente el mismo estado de hechos. En este sentido, sólo hay una negación: la que corresponde a *hizo,* y ésta puede irse transportando sucesivamente a cada verbo superior, dado que este verbo admite esa anticipación de la negación.

Como ya sabemos, hay determinados elementos que sólo pueden aparecer en el alcance de una negación, por ejemplo, *nada*. Según lo que hemos visto hasta ahora, *nada* sólo puede aparecer como objeto de *saber* en (32a) y (32b) y nunca en (32c):

(32)
Castellano

a) No creo que sepa nada
b) Creo que no sabe nada
c) *No creo que sabe nada
d) No creo que lo sabe todo

En efecto, si decimos que en (32a) se ha anticipado la negación de (32b), entonces podemos explicar por qué es posible la aparición de *nada* en (32a), dado que *sepa nada* está bajo el alcance de dicha operación. Pero, en (32c), *no* afecta sólo a *creo* y no a la subordinada y, por tanto, no es posible la aparición de *nada*, ya que no hay transporte alguno de la negación, la negación está negando a *creo* originariamente, tal como vemos en (32d). Ejemplos como el de (32a) justifican la idea de una operación de transporte de la negación, dado que podemos decir que *nada* está justificado por la posición primigenia del *no* como operador negativo de la oración *sepa nada*. Podemos aplicar este mismo criterio para casos de transporte múltiple de la negación:

(33)
Castellano

a) No creo que él piense que tu hermano sepa nada de lo ocurrido
b) Creo que él no piensa que tu hermano sepa nada de lo ocurrido
c) Creo que él piensa que tu hermano no sabe nada de lo ocurrido

La posibilidad de que *nada* aparezca como objeto del verbo más incrustado, *saber*, en (33a), se debe a que la negación se ha ido transportando desde la proposición más incrustada hasta la principal, tal como se puede comprobar en las oraciones de (33b) y (33c). Obsérvese que el hecho de que todos los verbos intermedios estén en subjuntivo posibilita este análisis, de lo contrario obtendríamos oraciones agramaticales, tal como ya hemos explicado anteriormente:

(34)
Castellano

a) *No creo que él piensa que tu hermano sepa nada
b) No creo que él piensa que tu hermano no sabe nada

Como puede comprobarse fácilmente, en (34a) se expresa una no creencia de un hecho positivo respecto de otro negativo y, por tanto, la negación ha de insertarse en la proposición más incrustada, tal como vemos en (34b), automáticamente el verbo se pone en indicativo, ya que el pensamiento de él recae sobre la proposición correspondiente a *tu hermano no sabe nada*.

Veamos, para finalizar, un ejemplo del vasco. En vasco *mikorik* 'pizca de' es un término de polaridad negativa que, por tanto, debe aparecer en el alcance de una negación. Esto lo comprobamos en (35a); en esta oración, vemos que aparece esta expresión en una subordinada y que la negación está explícita en la principal; esta situación también se origina consiguientemente por la actuación del transporte de la negación:

(35)
Vasco (Horn 1978: 139)

a) Uste d-u-t   Patxi-k ogi miko-rik ez due- la
   creer 3seg-tener-1sg Patxi-erg pan pizca-part no tiene-que
   'Creo que Patxi no tiene una migaja de pan'
b) Ez d-u-t   uste Patxi-k ogi miko-rik ba-due-la
   no 3sg-tener-1sg creer Patxi-erg pan pizca-part si-tiene-que
   'No creo que Patxi tenga una migaja dc pan'

3. Las oraciones interrogativas

Las oraciones interrogativas se realizan en las lenguas del mundo mediante una serie de procedimientos que ya conocemos. Son, en esencia, los siguientes:

(36)
Procedimientos de la formación de oraciones interrogativas

a) Entonación.
b) Orden de palabras.
c) Elementos segmentales:
   i) Palabras.
   ii) Afijos.
   iii) Partículas interrogativas.

La interrogación es una modalidad oracional. Por ello, los medios mediante los cuales se manifiesta son medios también que poseen o pueden poseer un ámbito oracional: la entonación, el orden de palabras o el uso de ciertas partículas oracionales como las que se usan en árabe o japonés, muestran esta regularidad de la relación entre forma y significado y que puede enunciarse de acuerdo con el siguiente principio.

(37)
Ley de la expresión de los operadores oracionales

      Las operaciones semánticas de ámbito oracional se manifestarán mediante medios morfosintácticos de ámbito oracional.

Hay dos tipos esenciales de oraciones interrogativas:

(38)
Tipos de interrogativas

a) Interrogativas absolutas:
También se denominan *preguntas sí/no*. La contestación adecuada a ellas es la de un *sí* o un *no* según sea el caso. Dentro de este grupo, son frecuentes en las lenguas las interrogativas alternativas, en las que se ofrece una alternativa para que elija el interlocutor. La respuesta en este caso no es *sí* o *no*, sino una de las opciones que constituyen la alternativa. En (39a) vemos una interrogativa absoluta y en (39b), una interrogativa absoluta alternativa.
a) Interrogativas relativas:
En este caso, se pide información sobre la identidad de uno de los elementos que forman parte de un estado de hechos determinado. Se caracterizan por presentar un palabra interrogativa especial, que suele ser un pronombre, que, precisamente, hace enfocar la atención sobre el elemento del estado de hechos cuya especificación se pide. Un ejemplo lo vemos en (39c).

(39)
Castellano

a) ¿Te vienes al cine?
b) ¿Está lloviendo o nevando?
c) ¿Quién ha llamado?

La interrogación absoluta se suele indicar en muchas lenguas del mundo mediante una entonación final ascendente de la oración. Esto lo podemos constatar en lenguas como el castellano, inglés o ruso. Este procedimiento suele combinarse con otros, tales como el cambio del orden de palabras o la utilización de una partícula pre- o post-oracional. Sadock y Zwicky (1985) dan un ejemplo del yidis, lengua en la que se usan tres procedimientos simultáneamente:

(40)
Modos de expresión de la interrogación absoluta en yidis

a) Partícula preoracional.
b) Cambio del orden de palabras.
c) Entonación final ascendente.

Veamos el ejemplo que nos proporcionan estos autores:

(41)
Yidis (Sadock y Zwicky 1985: 181)

Ci hot Moishe gekoift a hunt?
INT ha Moisés comprado un perro
'¿Ha comprado Moisés un perro?'

La partícula *ci* es interrogativa y el orden se ha alterado, ya que *Moishe* aparece detrás de *hot*, cuando en la versión declarativa habría aparecido antes. Por último, el signo de interrogación señala la entonación final ascendente.
En castellano vemos que también puede hacerse uso de estos tres procedimientos:

(42)
Castellano

¿A que vino María ayer?

La locución *a que* indica que lo que viene después es una oración interrogativa, el sujeto *María* aparece en posición postverbal y la entonación final es interrogativa. Debe distinguirse esta oración interrogativa absoluta de la interrogativa relativa '¿A qué vino María ayer?'.
Existen otras dos formas posibles de construir oraciones interrogativas absolutas. Una se da en chino y japonés, por ejemplo, y consiste en utilizar en la interrogación las dos contestaciones posibles. Veamos un ejemplo del chino:

(43)
Chino (Li y Thompson 1984: 53)

a) 他在家不在家
Ta zà jia bù zài jia
él está casa no está casa
'¿Está en casa?

b) 他 在 不 在 家
Ta zài bù zài jia
él está no está casa
'¿Está en casa?'

La forma abreviada (43b) es más frecuente que la completa de (43a). Veamos un ejemplo ahora del japonés:

(44)
Japonés (Hinds 1984: 160)

sono hon wa omoshiroi desu ka, omoshiroiku-naidesu ka?
ese libro tema interesante es INT interesante-no es INT
'¿Es ese libro interesante?'

Como se puede comprobar, el japonés utiliza además la partícula interrogativa postoracional *ka*.

El otro método que se utiliza con alguna frecuencia en diversas lenguas es el de las partículas interrogativas movibles. Por ejemplo, en ruso, la partícula interrogativa ли *li* puede afectar a diversos constituyentes de una oración, tal como vemos en (45).

(45)
Ruso (Comrie 1984: 20),

a) Читал ли эту книгу?
Chital li ty etu knigu?
leíste tu este libro
'¿Has leído este libro?'
b) Ты ли читал эту книгу?
Ty li chital etu knigu?
tú leíste este libro
'¿Has leído tú este libro?'
c) Эту ли книгу ты читал?
Etu li knigu ty chitál?
este libro tú leíste
'¿Has leído este libro?'

Como puede apreciarse por las traducciones españolas, la partícula ли *li* se pone detrás del constituyente focal en cada caso: la acción de leer, el agente *tú* y *este*, respectivamente.

Sadock y Zwicky (1985) observan que la partícula latina *ne* tiene un comportamiento similar:

(46)
Latín (Sadock y Zwicky 1985: 182)

a) Est-ne puer bonus?
es no niño bueno
'¿Es bueno el niño?'

b) Puer-ne bonus est?
niño-no bueno es
'¿Es el niño quien es bueno?'
c) Bonus-ne puer est
bueno-es niño es
'¿Es bueno lo que es el niño?

Como se ve, la partícula *ne* se añade a la palabra que indica el elemento sobre el que versa el discurso. En (46a) preguntamos si el niño es bueno o no; en (46b), sabemos que hay alguien bueno, pero no sabemos si se trata del niño; por último, en (46c), hablamos sobre las cualidades del niño y queremos saber si entre ellas está la de ser bueno.

Las partículas interrogativas pre y postoracionales son frecuentes como medio de formar interrogativas absolutas. En árabe existe la partícula interrogativa preoracional:

(47)
Árabe

hal turi:d zhari:da?
INT quiere periódico
'¿Quiere un periódico?'

En chino se usa la partícula interrogativa postoracional *ma*:

(48)
Chino (Zadoyenko y Shuin 1986: 50 y 212)

a) 你还要别的吗?
nî hái yào biéde ma?
usted aún necesitar otro
'¿Le hace falta algo más?'
b) 电视机没开着吗?
diànshìji méi kaizhe ma?
televisor no encendido
'¿No está encendido el televisor?'

Estas partículas interrogativas oracionales suelen ser invariables, pero esto no ocurre siempre así, en turco se conjugan para persona y número; veamos un ejemplo:

(49)
Turco (Wendt 1972: 72)

a) Bunu biliyor mu-yum?
eso saber INT- 1 sg
'¿Lo sé?'
b) Onu görüyor mu-sun?
le ver INT-2sg
'¿Le ves?'
c) Geliyor mu-Φ?
venir INT-3sg
'¿Viene él?'

d) Bunu yapîyor mu-yuz?
   eso hacer INT- 1 pl
   '¿Hacemos eso?'
   e) Fran'sîzca konuçuyor mu-sunuz
   francés hablar INT-2pl
   '¿Habláis francés?'

La partícula interrogativa *mu* adopta las terminaciones de persona y número del verbo, que queda desprovisto de ellas.

La *interrogación relativa* se forma habitualmente mediante un pronombre interrogativo. En algunas lenguas, este pronombre interrogativo se coloca en la posición preoracional de la proposición principal. Veamos unos ejemplos del inglés:

(50)
Inglés (Chomsky 1977: 105, 113, 117)

   a) What was John told to play on his violin?
   qué fue Juan dicho a tocar en su violín
   ¿Qué le dijeron a Juan que tocara con su violín?
   b) Who did John write a book about?
   quién aux Juan escribir un libro sobre
   ¿Sobre quién escribió Juan un libro?
   c) Who do you believe that John saw?
   quién aux tu crees que Juan vio
   ¿A quién crees que vio Juan?

Una pregunta es dónde se coloca exactamente este pronombre interrogativo en inglés o español. Se ha propuesto que se coloca dentro del especificador del sintagma complementante (Chomsky 1986: 28) [sobre el concepto de sintagma complementante, véase el capítulo 6]. En la gramática funcional de Dik, se ha propuesto que esta palabra interrogativa se desplaza a una posición especial fuera de la oración, denominada P1 (Dik 1989: 348) y que se considera universal. Esa misma posición extraoracional es la que suelen ocupar según Dik el sujeto y, en general, el tópico de la predicación.

En ambos casos, estamos ante dos posiciones extraoracionales o no argumentales. Las diferencias entre ambos análisis se derivan de las diferencias teóricas internas entre ambos modos de hacer gramática.

No siempre se mueven de sitio los pronombres interrogativos. Es válido generalmente que, cuando hay dos o más pronombres interrogativos en una oración, sólo uno de ellos puede anteponerse; véanse los siguientes ejemplos del español:

(51)
Castellano

   a) ¿Quién ha dicho qué? / *¿Quién qué ha dicho?
   b) ¿Qué ha dicho quién? / *¿Qué quién ha dicho?

Esto se puede describir diciendo que la posición de especificador del sintagma complementante o esa posición especial P1 no se puede ocupar con dos elementos. En el caso de la posición P1 postulada por la Gramática Funcional, este principio explica por qué el sujeto no se antepone en las oraciones interrogativas del castellano:

(52)
Castellano

  a) ¿Qué hace Juan?
  b) *¿Qué Juan hace?

En (52a), si ocupa la posición P1, que es la que normalmente ocupa el sujeto, entonces, se predice que el sujeto no puede ser preverbal y deberá aparecer en la posición argumental postverbal (recuérdese que, en Gramática Funcional, el argumento que será sujeto aparece inmediatamente después del verbo en la estructura predicativa; véase el capítulo 7, sección 5).

Pero hay lenguas en las que los pronombres interrogativos no se colocan en la posición inicial de la oración, sino que permanecen en el lugar que su función sintáctica o semántica les asigna. Esto ocurre, por ejemplo, en lenguas como el chino o el japonés. Veamos primero unos ejemplos del chino:

(52)
Chino (Li & Thompson 1984: 51y 52)

  a) 你 看 谁？
    Nî kàn shuí
    tú mirar quién
    '¿A quién miras?'
  b) 你们 吃 什么?
    Nimen chi shénme
    vosotros comer qué
    '¿Qué coméis?'
  c) 你 要 那本 书?
    Nî yào nà- bên shu
    tú querer qué-clas libro
    '¿Qué libro quieres?'

En japonés, además de aparecer el pronombre interrogativo en el lugar que le corresponde, la oración lleva la partícula interrogativa postoracional *ka*:

(54)
Japonés (Hinds 1984: 159)

  a) Mariko- san wa nani o kaimashita ka?
    Mariko-señor tópico qué acus comprar-pas INT
    '¿Qué compró el señor Mariko?'
  b) Ano se:ta: o doko de kaimashita ka?
    ese suéter acus donde en comprar-pas INT
    '¿Dónde compraste ese suéter?'

Pasemos ahora a la cuestión de las interrogativas indirectas. Está generalizado en las lenguas del mundo el hecho de que existan cláusulas subordinadas que inequívocamente tienen la forma de una interrogativa.

Keenan y Hull (1973) han estudiado en diversas lenguas cómo se realizan las interrogativas indirectas y de qué modo aparecen en ellas. Esto autores parten de pares como los siguientes:

(55)
Castellano

a) Juan sabe qué ruta tomará el barco
b) Juan sabe la ruta que tomará el barco

En el primer caso, tenemos una interrogativa indirecta y, en el segundo caso, una cláusula de relativo (véase el capítulo 27, sección 3) cuyo antecedente es *la ruta*. Como puede comprobarse, las dos oraciones son sinónimas. Esta sinonimia se basa en la siguiente consideración:

(56)
Relación entre las oraciones de (55)

Saber la ruta que tomará el barco es conocer la respuesta a la pregunta *¿Qué ruta tomará el barco?* Es decir, en (55b) se nos dice que Juan conoce la respuesta a la pregunta que aparece incrustada en (55a). Y, precisamente, lo que (55a) significa es que Juan sabe la ruta que tomará el barco.

Por tanto, (55a) y (55b) son lógicamente equivalentes y, consiguientemente, es de esperar que haya lenguas que expresen las interrogativas indirectas ya como relativas, ya como interrogativas incrustadas.

Por tanto, establecemos tres tipos posibles de lenguas:

(57)
Tres tipos de lenguas respecto de la expresión de las interrogativas indirectas

a) Lenguas que utilizan las dos estrategias de (55).
b) Lenguas que utilizan la estrategia de (55a).
c) Lenguas que utilizan la estrategia de (55b).

Veamos algunos casos de cada grupo:

(58)
Lenguas que utilizan sólo las interrogativas

a) Finés (Keenan & Hull 1973: 355):
   i) Ketä miestä nainen löi?
       qué hombre mujer pegó
       '¿A qué hombre pegó la mujer?'

    ii) Jussi tietää ketä miestä nainen löi
        Jussi sabe qué hombre mujer pegó
        'Jussi sabe a qué hombre pegó la mujer'
b) *Gilbertésk* (Keenan & Hull 1973: 356):
    i) Antai are oro- ia te aine?
        quién que pegó-le mujer
        '¿A quién pegó la mujer?'
    ii) E-ataia Kumon ba antai are oro- ia te aine
        él-sabe Kumon part quién que pegó-le la mujer
        'Wumon sabe a quién pegó la mujer'
c) *Coreano* (Keenan & Hull 1973: 357):
    i) Juan-in eotteon kal - lo tag- îl yugeusseubnika?
        Juan-topic qué cuchillo-instr pollo-ac mató
        '¿Con qué cuchillo mató Juan el pollo?'
    ii) María-nîn Juan-i eotteon kal - lo , tag-îl yugînchi abnita
        suj qué cuchillo-instr pollo-ac matar sabe
        'María sabe con qué cuchillo Juan mató el pollo'

(59)
Lenguas que utilizan sólo las relativas

a) *Roviana* (lengua melanesia) [Keenan & Hull 1973: 364-365]:
    i) Dogoria Mere sa magu sapu va mate - nia sa kokorako Jone
        ve María el cuchillo que mató con el pollo Juan
        'María ve el cuchillo con el que Juan mató el pollo'
    ii) Gilania Mere sa magu sapu va mate - nia kokorako Jone
        sabe María el cuchillo que mató con pollo Juan
        'María sabe con qué cuchillo mató Juan al pollo'
b) *Sa* (lengua austronesia) [Keenan & Hull 1973: 366]:
    i) Ni marlsi artmun eni esen anre rigi
        yo veo hombre que mujer la pegó
        'Veo al hombre a quien pegó la mujer'
    ii) John marcili artmun eni esen anre rigi
        Juan sabe hombre que mujer la pegó
        'Juan sabe a qué hombre pegó la mujer'
c) *Urobo* (lengua níger-congo) [Keenan & Hull 1973: 369-370]:
    i) John mle oshale na l- aye na teye le
        Juan vio hombre la que- mujer la pegó le
        'Juan vio al hombre al que la mujer pegó'
    ii) John li' - oshale l' -aye na teye le
        Juan sabe hombre que mujer la pegó le
        'Juan sabe a qué hombre pegó la mujer'

    Como ya hemos visto, el inglés y el castellano utilizan las dos opciones de formación de las interrogativas indirectas: la propiamente interrogativa y la relativa.

4. Las oraciones imperativas

En todas las lenguas humanas hay formas especiales del verbo o expresiones sintácticas complejas que se usan para dar órdenes o peticiones. La estructura y el comportamiento de dichas expresiones está determinado en bastante medida por las condiciones-estándar que definen esos tipos de acto de habla. Debemos partir, pues, de una definición preliminar de dichas condiciones de los actos de habla *directivos* (es decir, de las peticiones, los ruegos, las órdenes, las sugerencias son actos de habla directivos). Podemos darlas en el siguiente esquema:

(60)
Condiciones del acto de habla directivo

- *a)* Un hablante (primera persona) llama la atención de un oyente (segunda persona).
- *b)* Un hablante denota un determinado evento que no se ha verificado aún en la realidad.
- *c)* El hablante expresa, además, su deseo de que el oyente sea quien haga realidad ese evento denotado.

De estas características de la pragmática de los actos de habla directivos se desprende que la forma no marcada o más normal, en la que se expresarán las oraciones imperativas en las lenguas del mundo, será la siguiente:

(61)
Forma no marcada de expresión de actos directivos

- *a)* Un sintagma verbal o cláusula que denote el evento no verificado aún.
- *b)* Un indicador que nos dé alguna característica de la persona de la que se espera que realice dicho acto.
- *c)* El sintagma verbal no estará especificado para tiempo ni modo, ya que el evento no se ha dado ni se está dando (pasado y presente) y pertenece a lo no verificado aún (modo *irrealis*). Por tanto, el tiempo sólo puede ser futuro y el modo, el *irrealis* y no hace falta señalarlo.
- *d)* El sintagma verbal no estará especificado para la persona que da la orden, ya que ésta es inequívocamente el emisor de la oración imperativa.

Lo que esperamos encontrar es, pues, formas imperativas que no indiquen tiempo y modo y que diferencien entre distintos tipos de oyentes, que son los que han de hacer que se verifique determinado estado de hechos; por otra parte, siguiendo (61a), una oración imperativa típica tendrá un verbo intransitivo o un sintagma verbal que contenga un verbo transitivo.

La forma verbal que realiza el imperativo suele ser una que consta del tema verbal puro sin ningún tipo de morfema cuando el que va a realizar la acción es un oyente singular. Por ejemplo, en castellano, el imperativo singular del verbo *venir* es *ven*, que coincide con el tema verbal puro sin ningún tipo de afijo flexivo. En muchos otros idiomas ocurre lo mismo; veamos algunos ejemplos extraídos de Wachtel, 1979:

(62)
Tema verbal desnudo usado como imperativo

a) *Danés*
   sove 'dormir' / sover 'duermo' / sov '¡duerme!'
b) *Finés*
   ottaa 'tomar' / ota '¡toma!'
c) *Suahilí*
   kungoja 'esperar' / Ngoja '¡espera!'
d) *Latín*
   vocare 'gritar' / voca '¡grita!'

Esto es un reflejo del tipo de acto de habla en que se utiliza la forma directiva: tanto el hablante como el oyente los proporciona el contexto; por ello, sólo hace falta especificar el sintagma verbal sin tiempo, porque la acción no es pasada ni presente; ni persona, porque ésta viene dada por la misma definición del acto directivo al que va asociada la oración de imperativo: el sujeto del verbo será el oyente.

Pero, ¿cómo se realizan las oraciones imperativas en las diversas lenguas del mundo? Para contestar esta pregunta vamos a seguir de cerca el importante estudio de V. S. Jrakovskiï y A. P. Volodín (1986); en él, se establece el siguiente esquema de las diversas posibilidades de realización de los sintagmas verbales imperativos. En el esquema en cuestión se tienen en cuenta los siguientes factores:

(63)
Elementos de una semántica de las oraciones imperativas

a) Hablante (H).
b) Oyente (O).
c) El encargado de hacer que se verifique el estado de hechos descrito en la enunciación del hablante (A).
d) Un tercero que no interviene en el acto de habla (S).

(64)
Cuadro de los diversos tipos de oraciones imperativas (Jrakovskiï y A. P. Volodín 1986: 27):

PAR	*N.º*	*H*	*O*	*A*	*EJEMPLO*
I	1	H	O	A = O	'canta tú'
	2	H	OO	A = OO	'cantad vosotros'
II	3	H	O/OO	A = S	'que cante él'
	4	H	O/OO	A = SS	'que canten ellos'
III	5	H	O	A = H + O	'vamos a cantar (tú y yo)'
	6	H	OO	A = H + OO	'vamos a cantar (vosotros y yo)'
IV	7	H	O	A = H	'que cante yo'
	8	H	OO	A = H	'haced que cante yo'

Vamos a presentar cómo se realiza este esquema en algunas de las lenguas del mundo siguiendo a Jrakovskiï y Volodín (1986). Para ello veremos si las lenguas expresan cada uno de los ocho tipos mediante una forma verbal diferente o si bien expresan algunos tipos mediante la misma forma. Vamos a considerar, en primer lugar, el esquema siguiente:

(65)
TIPO I

$$\begin{array}{c|ccc|c} 1 & + & & + & 2 \\ 3 & + & & + & 4 \\ 5 & + & & + & 6 \\ 7 & & + & & 8 \end{array}$$

Este esquema significa que se utilizan formas diferentes en los casos 1 a 6; es decir, en los pares I, II y III, pero que se da la misma forma para el par 7/8, es decir, en el par IV.

Un ejemplo de este esquema nos lo proporciona el yacuto. En esta lengua tenemos el siguiente sistema de formas imperativas:

(66)
Yacuto (Jrakovskiï y A. P. Volodín 1986: 32)

1. bar 'ven'
2. baryng 'venid'
3. bardyn 'que venga él'
4. bardynnar 'que vengan ellos'
5. baryaj 'vamos tú y yo'
6. baryadzyng 'vamos vosotros y yo'
7./8. baryym 'venga yo'

Veamos otros cuatro esquemas posibles y sus respectivas ejemplificaciones:

(67)
TIPO II

$$\begin{array}{c|ccc|c} 1 & + & & + & 2 \\ 3 & + & & + & 4 \\ 5 & & + & & 6 \\ 7 & & + & & 8 \end{array}$$

(68)
Húngaro (Jrakovskiï y A. P. Volodín 1986: 33)

1. írj 'escribe'
2. írjatok 'escribid'
3. írjon 'que escriba él'
4. írjanak 'que escriban ellos'
5/6. írjunk 'escribamos'
7/8. írjak 'escriba yo'

(69)
TIPO III

1	+	+	2
3		+	4
5		+	6
7		Φ	8

(70)
Estonio (Jrakovskiï y A. P. Volodín 1986: 38)

1. loe 'lee'
2. lugege 'leed'
3/4. lugegu 'que él/ellos lean'
5/6. lugegem 'leamos'

(71)
TIPO IV

1	+	2
3	Φ	4
5	+	6
7	Φ	8

(72)
Coreano (Jrakovskiï y A. P. Volodín 1986: 41)

1/2 kasio 've/id'
5/6 kasida 'vamos'

Hasta ahora hemos tenido en cuenta únicamente las formas sintéticas del verbo imperativo; pero si incluimos también las formas analíticas, entonces vemos ampliado de forma drástica el número de elementos del paradigma. Por ejemplo, en inglés sólo existe una forma imperativa sintética: por ejemplo, *take* 'toma / tomad'; pero si tenemos en cuenta también los giros con el verbo *let* 'dejar, permitir', entonces tendremos un paradigma como el siguiente:

(73)
TIPO V

1		+	2
3	+	+	4
5		+	6
7		+	8

(74)
Inglés (Jrakovskiï y A. P. Volodín 1986: 51-52)

1/2. take 'toma/ tomad'
3a. let him take 'que tome él'

3b. let her take 'que tome ella'
4. let them take 'que tomen ellos'
5/6. let us take 'tomemos'
7/8. let me take 'tome yo'

Estas locuciones que acabamos de ver en inglés a veces se llaman exhortativas, aunque nosotros las estamos agrupando bajo la calificación de *imperativas*. Teniendo en cuenta este enfoque, otras lenguas pueden presentar un paradigma riquísimo de locuciones imperativas. Jrakovskiï y Volodín (1986) proponen la siguiente estructuración del imperativo en árabe clásico, que conoce un sinfín de locuciones exhortativas:

(75)

1	+		+	2
3	+		+	4
5	+	+	+	6
7	+	+	+	8

(76)
Árabe clásico (Jrakovskiï y A. P. Volodín 1986: 48)

(1a)   uktub 'escribe tú (masculino)'
(1b)   uktubi: 'escribe tú (femenino)'
(2a)   uktubu: 'escribid (masculino)'
(2b)   uktubna 'escribid (femenino)'
(2c)   uktuba: 'escribid los dos'
(3a1)   li yaktub 'que escriba él'
(3a2)   daᶜhu yaktubu 'que escriba él'
(3a3)   daᶜi:hi yaktubu 'mujer, que escriba él'
(3b3)   daᶜi:ha: taktubu 'mujer, que escriba ella'
(3'a)   daᶜu:hu yaktubu 'escuchad, que escriba él'
(3'b)   daᶜu:ha: taktubu 'escuchad, que escriba ella'
(3b1)   li taktub 'que escriba ella'
(3b2)   daᶜha: taktubu 'que escriba ella'
(4a1)   li yaktubu: 'que escriban ellos'
(4a2)   daᶜhum yaktubu:na 'que escriban ellos'
(4a3)   daᶜi:him yaktubuna 'mujeres, que escriban ellos'
(4b1)   li yaktubna 'que escriban ellas'
(4b2)   daᶜhunna yaktubna 'que escriban ellas'
(4b3)   daᶜi:hunna yaktu:bna 'mujeres, que escriban ellas'
(4c1)   li yaktuba: 'que escriban ellos dos'
(4c2)   li taktuba: 'que escriban ellas dos'
(4'a)   daᶜu:hum yaktubu:na 'escuchad, que escriban ellos'
(4'b)   daᶜu:hunna yaktubna 'escuchad, que escriban ellas'
(5a)   daᶜna: naktubu 'escribamos tú (masc) y yo'
(5b)   daᶜi:na: naktubu 'escribamos tú (fem) y yo'
(5/6a1) li naktub 'escribamos'
(5/6a2) hayya: naktubu 'escribamos'

(6)   daᶜu: na: naktubu 'escribamos vosotros y yo'
(7a)   daᶜni: aktubu 'que escriba yo (masc)'
(7b)   daᶜi:ni: aktubu 'que escriba yo (fem)'
(7/8a1) li aktub 'que escriba yo'
(7/8a2) daᶜni: aktubu 'que escriba yo'
(8)   daᶜu:ni: aktubi 'que escriba yo (dicho a vosotros)'

Vamos ahora a referirnos brevemente a algunos aspectos peculiares de la sintaxis de las oraciones imperativas.

Un primer rasgo hace referencia a las relaciones entre ergatividad y oraciones imperativas.

Como ya hemos visto en el capítulo 20, en las lenguas ergativas el sujeto de los verbos intransitivos y el objeto de los transitivos aparecen en un caso no marcado denominado *absolutivo*. Si la construcción imperativa se atuviera al patrón ergativo, entonces, el argumento absolutivo debería representar al oyente tanto en los verbos intransitivos como transitivos. Sin embargo, en las lenguas ergativas conocidas, el imperativo de los verbos transitivos no presenta una referencia al oyente mediante el sintagma nominal absolutivo, sino mediante el sintagma nominal en ergativo.

Vemos un ejemplo, en este sentido, del esquimal. Sea, primero, una muestra de la sintaxis ergativa de esta lengua:

(77)
Esquimal (J. M Sadock & A. M. Zwicky 1985: 171)

a) Palasi   igavoq
    cura = abs cocinar-ind-3sg
    'El cura está cocinando (algo)'
b) Anguti-p   palasi   igavaa
    hombre-erg cura-abs cocinar-ind-3sg
    'El hombre está cocinando al cura'

Como puede apreciarse, el sujeto del verbo intransitivo *palasi* aparece en el mismo caso, el absolutivo, que el objeto del transitivo y el sujeto del verbo transitivo *angutip* aparece en un caso especial ergativo.

Pero, en las formas imperativas, el oyente es designado siempre por el sujeto del verbo intransitivo o transitivo y no por el sintagma nominal que esté en caso absolutivo. Veamos los dos ejemplos siguientes:

(78)
Esquimal (J. M Sadock & A. M. Zwicky 1985: 171)

a) Igagit
    cocinar-IMP-2sg
    'Cocina algo'
b) Igaguk
    cocinar-IMP-2sg-3sg
    'Cocínalo tú'

Si la construcción imperativa del esquimal estuviera regida por la distinción entre ergativo/absolutivo, y decimos que el oyente ha de ser denotado por el sintagma nominal o afijo verbal que corresponde al absolutivo, entonces la expresión (78b) tendría que significar algo así como 'que te cocine él' y no 'cocínalo tú'; es decir, el oyente sería denotado por aquel sintagma nominal o aquel afijo que es índice del caso absolutivo.

Una segunda característica que distingue a la construcción imperativa es que, en algunas lenguas, existe la tendencia a que la marca de objeto en dicha construcción no sea la usual. Por ejemplo, J. M. Sadock y A. Zwicky (1985: 175) se percatan de que, en determinadas lenguas, el objeto de los verbos transitivos imperativos se pone en nominativo y no en acusativo, como sería lo canónico. Véase el siguiente ejemplo del finés:

(79)
Finés (J. M Sadock & A. M. Zwicky 1985: 175)

a) Maija söi kalan
    Maija comió pescado-ac
    'Maija ha comido pescado'
b) Syö kala
    come pescado-nom
    '¡Come pescado!'

En las lenguas que conocen el desplazamiento de los clíticos, tales como el castellano contemporáneo, tal desplazamiento no se puede dar con las formas imperativas. Compárese el par de oraciones de (80) con el de (81):

(80)
Castellano actual

a) Me lo dio ayer
b) Diómelo ayer (afectado)

(81)
Castellano actual

a) ¡Dádmelo ya!
b) *¡Me lo dad ya!

Una forma de imperativo que no hemos considerado hasta ahora es el imperativo negativo que, normalmente, se designa como *prohibitivo*.

En primer lugar, hay que decir que existen muchas lenguas en las que el prohibitivo no se deriva del imperativo negándolo, sino que se deriva mediante la negación de un verbo en un modo diferente al de imperativo. Tal ocurre, por ejemplo, en castellano, en donde la negación de *ven* es *no vengas*, con el verbo en subjuntivo; también existe la posibilidad de que el verbo aparezca en infinitivo en nuestra lengua: *no fumar*. Algo similar ocurre en esquimal, donde la forma negativa del imperativo es frecuentemente sustituida por un infinitivo negado (J. M. Sadock & A. M. Zwicky 1985: 176). En hebreo, sólo una forma del futuro, que también se utiliza en el imperativo, se admite con la negación en la construcción prohibitiva:

(82)
Hebreo (J. M Sadock y A. M. Zwicky 1985: 176-177)

a) Shev
   sentar-IMP
   'Siéntate'
b) Teshev
   sentar-2sg-fut-ind
   'Siéntate'
c) Al teshev
   no sentar-2sg-fut-ind
   'No te sientes'

Siguiendo ahora a Jrakovskiï y Volodin (1986) podemos ver que existen lenguas, como las túrquicas, en las que hay una identidad entre la forma imperativa y prohibitiva, ya que la primera se deriva de la segunda añadiendo el indicador negativo usual. El siguiente ejemplo es del azerí:

(83)
Azerí (Jrakovskiï y Volodin 1986: 102-107)

IMPERATIVO	PROHIBITIVO
al 'toma'	al-ma 'no tomes'
alîn 'tomad'	al-ma-yîm 'no toméis'

El extremo contrario está representado por lenguas como el itelmeno, donde la forma del imperativo no coincide con la del prohibitivo y el indicador negativo para el prohibitivo es diferente del usado para el modo indicativo:

(84)
Itelmeno (Jrakovskiï y Volodin 1986: 105)

IMPERATIVO	PROHIBITIVO
q'nusjch 'come'	zaq nukaq (ksijch) 'no comas'
q'nussj 'comed'	zaq nukaq (ksisj) 'no comáis'

Un lugar intermedio lo ocupa el finés, donde el signo de negación es el canónico, pero las formas indicativa y prohibitiva difieren en alguna medida. Veamos el ejemplo pertinente:

(85)
Finés (Jrakovskiï y Volodin 1986: 106)

IMPERATIVO	PROHIBITIVO
anna 'da'	älä anna 'no des'
antakaa 'dad'	älkää antako 'no deis'
antakoon 'que dé'	älköön antako 'que no dé'
antakoot 'que den'	älkööt antako 'que no den'
antakaamme 'que demos'	älkäämme antako 'que no demos'

5. Las oraciones exclamativas

Las oraciones exclamativas se podrían ver como un subtipo de las declarativas en las que la afirmación va acompañada de un énfasis especial, pero por su forma y sus características sintácticas podrían clasificarse como un grupo aparte. Al igual que en las ocasiones anteriores, podemos transformar una oración declarativa en exclamativa mediante la entonación, pero también mediante determinadas palabras y locuciones especiales que sirven exclusivamente para introducir este tipo de oraciones; en castellano tenemos palabras como: *y encima..., ojalá que..., mira que si..., a ver si..., sólo nos faltaba que...* Estas locuciones introducen lo que podríamos denominar exclamativas absolutas; las exclamativas relativas se forman utilizando determinados pronombre interrogativos tales como *qué, cómo, cuánto*; de hecho, se ha señalado más de una vez la estrecha relación entre las oraciones exclamativas y las oraciones interrogativas y las imperativas: por lo general, tanto unas como otras pueden usarse como exclamativas.

(86)
Tipos de exclamativas castellanas

a) *Absolutas:*
    i) ¡Menudo lío has armado!
    ii) ¡Que te estés quieto ya!
    iii) ¡¿Que no lo sabes todavía?!
    iv) ¡Mira que si no apruebas el curso!
    v) ¡Y encima te pillaron fumando!
    vi) ¡Me río yo de tus historias!

b) *Relativas:*
    i) ¡Cómo le han puesto la cara!
    ii) ¡Lo que le ha costado el piso!
    iii) ¡Qué desgraciado es!
    iv) ¡Cuánto me alegro!
    v) ¡Cuánto sabe!
    vi) ¡Adónde vamos a ir a parar!
    vii) ¡Lo fuertes que eran!
    viii) ¡La de regalos que te han dado!

En general, existe una correlación muy estrecha entre las oraciones exclamativas y las oraciones interrogativas también en otras lenguas como el inglés, francés, rumano, alemán, chino, ruso, japonés y turco, además de en otras muchas.

Hay lenguas que conocen una forma verbal exclamativa especial. Por ejemplo, en menómini tenemos dos: una para indicar sorpresa y otra para indicar decepción.

(87)
Formas verbales exclamativas del menómini (Bloomfield 1933: 176)

a) *Formas exclamativas que expresan sorpresa:*
    i) Narrativa: *piasah* '¡Viene!'
    ii) Ecuativa: *enusa/ payiat* '¡Es él el que viene!'
    iii) Negativa: *kasa/ upianan* '¡No viene!'

b) *Formas exclamativas que expresan decepción:*
   i) Narrativa: *piapah* '¡Pero vino!'
   ii) Ecuativa: *enupa/ payiat* '¡Pero es él quien venía!'
   iii) Negativa: *kapa/ upianan* '¡Pero no vino!'

Un uso muy frecuente de las oraciones exclamativas es el de la imprecación. También podemos distinguir dentro de las exclamativas imprecativas un tipo absoluto y uno relativo. En el primer caso, se utilizan determinados giros sintácticos y, en el segundo, determinadas palabras como *diablos, demonios, diantres, rayos* o *coño,* insertando las cuales después del pronombre interrogativo, convertimos una interrogativa en una interrogativa imprecativa.

(88)
Oraciones exclamativas imprecativas

a) Absolutas:
   i) ¡Que te den por el culo!
   ii) ¡Te vas a enterar!
   iii) ¡Jódete y calla!
   iv) ¡Vete a la porra!
b) Relativas (interrogativas imprecativas):
   i) ¿Qué diablos quieres?
   ii) ¿Cómo demonios lo vas a hacer?
   iii) ¿Dónde coño se ha metido?
   iv) ¿Por qué rayos no lo dice?

Igual que veíamos antes la posibilidad de incrustar una interrogativa, también tenemos exclamativas incrustadas o indirectas; estas exclamativas indirectas son seleccionadas por verbos tales como *sorprenderse, extrañarse* o *admirarse.* De este modo, una interrogativa como *¿Cuánto cuesta?* puede funcionar como interrogativa indirecta (por ejemplo, en *me ha preguntado cuánto cuesta*) o como una exclamativa indirecta (por ejemplo, en *me sorprende cuánto cuesta*) dependiendo del verbo al que vaya complementando tal interrogativa.

1. En castellano, como en muchas otras lenguas, hay partículas y locuciones de alcance oracional que sirven para señalar si estamos ante una declaración, una interrogación o una orden o petición. Analice las siguientes desde esta perspectiva y proponga algunas más:

   (89)
   Castellano

   a) Con que...
   b) A ver si...

c) Por lo visto...
d) No me digas que...

2. Intente dar una explicación para la imposibilidad de la relación de anticipacion de la negación en cada par:

(90)
Castellano

a) Juan no le vio comer
b) *Juan le vio no comer

(91)
Castellano

a) Juan le ordenó no hacerlo
b) Juan no le ordenó hacerlo

3. Diga si en las siguientes oraciones hay interrogativas indirectas o exclamativas indirectas:

(92)
Castellano

a) ¡No sabes lo feliz que me haces!
b) Me pregunto cuántas veces lo habrá dicho
c) A que no sabes cuántas veces lo dijo
d) Me preguntó cuántas veces lo dijo
e) No sabes cuánto me preguntó por ti

4. Ya hemos visto que el infinitivo puede utilizarse en el habla coloquial para expresar enunciados imperativos. El infinitivo negado puede servir para las oraciones prohibitivas: *no fumar*. Es claro que una oración como *¡A jugar!* es una oración imperativa, pero ¿por qué, sin embargo, no es posible *¡A no jugar!*?

CLAVE 1. La locución preoracional *con que* sirve fundamentalmente para introducir interrogaciones. La locución *a ver si* suele utilizarse para presentar peticiones u órdenes, es decir, es un índice de oración imperativa. La locución *por lo visto* se usa para introducir una oración declarativa de tipo evidencial. La locución *no me digas que* sirve para introducir una interrogación para la que se espera una respuesta negativa. Estas locuciones oracionales que nos anuncian el tipo de oración que viene inmediatamente son muy frecuentes en todas las lenguas; en la nuestra, se pueden proponer algunas otras, tales como: *al parecer, será cierto que, a + infinitivo, pero es que, al fin y al cabo, vamos a + infinitivo...*

2. En el par de (90) no podemos considerar que la oración (90a) se obtiene a partir de (90b) mediante el transporte de la negación. Hemos visto que dicho movimiento está determinado por los verbos de la oración principal. En este caso, el verbo *ver* no puede tener como objeto un evento negado, ya que un evento negado no es un evento: no se puede ver un no-evento. Por tanto, lo único que puede hacerse es negar la propia acción de *ver*, que es lo que pasa en (90a). Téngase en

cuenta que sí podemos decir *Juan vio que no comía*; pero, en este caso, lo que se ve no es un evento sino el hecho de que un evento no se produce: la subordinada introducida por *que* no denota un evento como la subordinada de infinitivo, sino una proposición, que como tal se puede afirmar o negar. Como veremos en el capítulo 27, sección 2, esta diferencia entre subordinación proposicional y eventiva es crucial para el estudio de la subordinación completiva.

El caso de (91) es diferente. Ahora la imposibilidad de la actuación del transporte de la negación se debe a que el verbo principal afirmado y el negado significan cosas diferentes: no es lo mismo *ordenar* que *no ordenar*. Por tanto, no podemos decir que (91a) se deriva de (91b) mediante transporte de la negación, ya que las dos oraciones no significan obviamente lo mismo.

3. La oración (92a) contiene la exclamativa indirecta *lo feliz que me haces*; la oración en su totalidad es exclamativa. La oración (92b) contiene una interrogativa indirecta (*cuántas veces lo habrá dicho*), pero la oración es exclamativa. Por su lado, la oración (92d) contiene también la interrogativa indirecta *cuántas veces lo dijo* y es enunciativa. La oración (92c) contiene la interrogativa indirecta *cuántas veces lo dijo* y es una interrogación. Por último, (92e) contiene la exclamativa indirecta *cuánto me preguntó por ti* y es también exclamativa.

4. La imposibilidad de obtener un enunciado prohibitivo como *¡A no jugar!* siendo, sin embargo, posible el enunciado prohibitivo *no fumar*, se debe a que esta última expresión tiene un matiz modal de permisividad que no tiene la primera. En efecto, *no fumar* viene a equivaler a *no está permitido fumar*; sin embargo, una expresión como *¡A jugar!* no tiene nunca un sentido de permisividad, no significa 'está permitido jugar' sino más bien algo así como 'se le invita o provoca a jugar'; normalmente, no se invita o provoca a la gente a no hacer algo sino a hacer algo. La diferencia, pues, entre *¡Jugar!* (uso del infinitivo tildado de vulgar) y *¡A jugar!* está en que, en el primer caso, podemos tener el sentido permisivo de 'ya podéis jugar' y, en el segundo, tenemos el sentido provocativo de '¡venga, juguemos!'.

CUESTIONES PROPUESTAS

1. Enumere algunas locuciones postoracionales castellanas que señalen el tipo de oración utilizado.

2. Determine los factores que hacen imposible la anticipación de la negación en los siguientes casos:

(93
Castellano

a) No aspiro a que todos lo digan
b) No todos quieren que se sepa
c) No lo dijo para molestar
d) No le preguntes cuántas películas ha visto

3. ¿Qué diferencia hay entre las dos oraciones de cada uno de los pares?:

(94)
Castellano

a) Me sorprendió lo difícil del temario
b) Me estudié solamente lo difícil del temario

(95)
Castellano

a) Me extrañó la magnitud del terremoto
b) Calculamos la magnitud del terremoto

4. Hemos visto que palabras como *demonios*, *diantres* o *rayos* pueden añadirse a un pronombre interrogativo para obtener una exclamativa imprecativa. ¿Existen palabras relacionadas o no con estas que sirvan para dar un carácter imprecativo a las oraciones declarativas?

ORIENTACIÓN BIBLIOGRÁFICA

ALONSO-CORTÉS, A.: *La exclamación en español. Estudio sintáctico y pragmático*, Madrid. Minerva, 1999.
Interesante trabajo sobre las oraciones exclamativas y la interjección. Después de un primer capítulo teórico-tipológico, viene un segundo dedicado en su totalidad a las oraciones exclamativas y un tercero dedicado a la interjección. El último capítulo se centra en el vocativo.

BERNINI, G. y P. RAMAT: *Negative Sentences in the Languages of Europe*, Berlín, Mouton de Gruyter, 1996.
Excelente estudio tipológico de las oraciones negativas en las lenguas europeas. Incluye también útiles consideraciones diacrónicas y examina, entre otras cuestiones, la negación oracional, el prohibitivo, los indefinidos negativos y el desplazamiento de la negación.

BOSQUE, I.: *Sobre la negación,* Madrid, Cátedra, 1980.
En este libro, basado en la tesis doctoral del autor, se analizan numerosos problemas que tienen que ver con la negación en español. En el capítulo segundo se estudia el transporte de la negación y, en el tercero, los activadores negativos, incluidos los cuantificadores negativos y las relaciones entre comparación y negación. En el capítulo cuarto se estudian los términos de polaridad negativa en español, así como algunas conjunciones y adverbios negativos. El último capítulo se dedica al estudio de las relaciones entre negación y duratividad. Es un libro avanzado, pero a la vez claro y conciso.

BOSQUE, I.: "Sobre la interrogación indirecta" en *Dicenda*, 1, 1982, pp. 13-34.
Clarificador trabajo sobre la sintaxis de las interrogativas indirectas que debe consultar todo aquel que quiera profundizar en esta cuestión.

BOSQUE, I.: "Sobre la sintaxis de las oraciones exclamativas" en *Hispanic Linguistics,* 1: 2, 1984, pp. 283-304.
En este capítulo hemos tratado brevemente la sintaxis de las oraciones exclamativas. Tanto para profundizar en tal tema como para realizar los ejercicios; la consulta de este artículo puede resultar muy provechosa.

BOSQUE, I. y V. DEMONTE (dirs.): *Gramática descriptiva de la Lengua Española*, Madrid, Espasa Calpe, 1999.
Nos interesan ahora los siguientes capítulos de esta enciclopédica obra. El capítulo 31 (1931-1964) está escrito por Heles Contreras y se centra en el estudio de las construcciones interrogativas, exclamativas y relativas. El capítulo 40 (2.561-2.634) está dedicado a la negación y es de Cristina Sánchez López. El capítulo 55 (3.549-3.596) es de Concepción Maldonado y está dedicado al discurso directo e indirecto. El capítulo 60 (3.879-3.928) se centra en las oraciones imperativas y ha sido realizado por Joaquín Garrido Medina. El capítulo 61 (3.929-3.992) tiene como

tema el de los enunciados interrogativos y ha sido escrito por M.ª Victorial Escandell Vidal. El capítulo 62 (3.993-4.050) se centra en las construcciones exclamativas, la interjección y las expresiones vocativas, y ha sido escrito por A. Alonso-Cortés.

CHISHOLM, W. S. (ed.): *Interrogativity. A Colloquium on the grammar, typology and pragmatics of questions in seven diverse languages,* Amsterdam, John Benjamins, 1984.
En este libro se estudian las oraciones interrogativas en ruso, chino, georgiano, bengalí, groenlandés occidental y ute.

CONRAD, R.: *Studien zur Syntax und Semantik von Frage und Antwort,* Berlín, Akademie Verlag, 1978.
Es un estudio sobre la sintaxis y semántica de la interrogación y la contestación en alemán contemporáneo, contiene además algunos datos sobre las lenguas eslavas.

CORNISH, F.: *The English Imperative,* Londres, Croom Helm, 1986.
Útil estudio sobre las oraciones imperativas en la lengua inglesa.

COULMAS, F. (ed.): *Direct and Indirect Speech,* Berlín, Mouton de Gruyter, 1986.
Hemos visto en este capítulo algunos casos en los que tenemos interrogaciones o exclamaciones incrustadas. También pueden tenerse declaraciones incrustadas. Se trata de lo que se denomina el *estilo indirecto,* que no hemos estudiado en este manual. Para ampliar este punto desde una perspectiva tipológica puede utilizarse este libro. En él se analizan los rasgos distintivos del discurso indirecto en las lenguas eslavas, lenguas del Cáucaso, yoruba, suahilí, nepalí, japonés, húngaro, danés, griego y español. Además, hay dos estudios teóricos muy clarificadores.

DAHL, Ö.: "Typology of sentence negation", *Linguistics,* 17, 1979, pp. 79-106.
Estudio tipológico en el que se tienen en cuenta unas 240 lenguas. Se estudian, en él las diversas manifestaciones formales de la negación en las lenguas del mundo, así como la posición de la negación y sus leyes generales.

DRYER, M. S.: "Universals of Negative Position" en M. Hammond, E. A. Moravcsik y J. Wirth (eds.), *Studies in Syntatic Typology,* Amsterdam, John Benjamins, 1988, pp. 93-124.
Estudio similar al de Dahl (1979) basado en un *corpus* de 345 lenguas. Su enfoque es algo más teórico que el de Dahl, aunque los resultados a que se llega son similares.

FERNÁNDEZ PARICIO, F.: *Aspectos de la negación,* Universidad de León, 1985.
En la primera parte de esta obra, se pasa revista a diversas teorías sobre la negación en las lenguas naturales. Incluye referencias a Jespersen, Tesnière, a la escuela de la psicomecánica francesa, así como a algunas versiones clásicas de la Gramática Generativa. En la segunda parte se estudia la negacion en el discurso, la anticipación de la negación y la operación que ha sido denominada en español.

GIVÓN, T. (1979): "Logic versus language. Negation in Language: pragmatics, function, ontology" en T. Givó, *On Understanding Grammar,* Nueva York, Academic Press, 1979, pp. 91-143.
Es un importante estudio sobre la negación desde un punto de vista pragmático y discursivo que contiene datos de diversas lenguas.

HIŻ, H. (ed.): *Questions,* Dordrecht, Reide, 1978.
Colección de artículos teóricos sobre la interrogación. No apto para principiantes.

HORN, L. F.: "Remarks on Neg-Raising" en P. Cole (ed.), *Syntax and Semantics, 9, Pragmatics,* Nueva York, Academic Press, 1978, pp. 129-220.
Amplio estudio sobre el transporte de la negación y su interacción con diversos fenómenos gramaticales. Incluye datos de muy diversas lenguas y es, por tanto, una contribución importante a la tipología de la negación.

HORN, L. F.: *A Natural History of Negation,* Chicago, The University of Chicago Press, 1989.
Monumental estudio en el que se profundiza muy detalladamente, adoptando una perspectiva histórica, en los principales problemas lingüísticos que plantea la negación. Contiene datos de muy diversas lenguas, así como abundantes consideraciones de tipo lógico y filosófico. En el primer capítulo, se analiza la negación en la lógica clásica; en el segundo, se tratan las relaciones entre la negación, la presuposición y la ley de tercio excluso; en el tercero, se diserta sobre los aspectos psicológicos de la negación; en el cuarto, sobre las relaciones entre negación y cantidad; en el quinto se habla sobre los aspectos pragmáticos de la negación contra(dicto)ria; en el sexto, de la negación metalingüística, y en el séptimo se analiza la relación entre forma negativa y función negativa. Es una obra de más de seiscientas páginas apretadísimas, no recomendable para principiantes y que constituye un hito en la historia de los estudios gramaticales sobre la negación.

JRAKOVSKIĬ, V. S. y A. P. VOLODIN: ХРАКОВСКИЙ. В. С. А. П. ВОЛОДИН, Семантика и Типология Императива. Русский Императив [Semántica y Tipología del Imperativo. El Imperativo ruso], Leningrado, Nauka, 1986.
Es éste uno de los pocos libros que tratan sobre las oraciones imperativas desde una perspectiva tipológica. La riqueza de datos es muy grande y la clasificación de las formas verbales y locuciones imperativas que realiza es muy útil. Todo esto se refiere a la parte primera del libro (pp. 3-107). La segunda parte (pp. 108-262) está dedicada íntegramente al imperativo en ruso y constituye un estudio exhaustivo sobre esta parte de la gramática de la lengua rusa: los ejemplos son innumerables y utilísimos.

LÓPEZ GARCÍA, A.: *Gramática del Español,* vol. II. *La oración simple*, Madrid, Arco, 1996.
El capítulo 22 de esta detallada gramática del español está dedicado a las oraciones negativas, interrogativas, desiderativas, exhortativas y exclamativas. También hay secciones para la interjección y el vocativo. Por todo ello, es una lectura muy interesante para quien desee profundizar en los diferentes temas estudiados en este capítulo.

MALDONADO, C.: *Discurso directo y discurso indirecto*, Madrid, Taurus, 1991.
Completo estudio sobre el discurso indirecto en español que debe consultar todo aquel que quiere saber más sobre estas estructuras, que hemos mencionado de modo tangencial en este capítulo.

MANOLIU, M.: *Tipología e Historia. Elementos de Sintaxis Comparada Románica,* Madrid, Gredos, 1985.
Nos interesan ahora el capítulo 8, dedicado a la interrogación, y el capítulo 9, dedicado a la negación. Contiene muchos datos y análsis útiles sobre la interrogación y la negación en las lenguas romances, incluido el rumano.

PAYNE, J. R.: "Negation" en T. Shopen (ed.), *Language Typology, and Syntactic Description,* vol. I, *Clause Structure,* Cambridge University Press, 1985, pp. 197-242.
Es un estudio tipológico de la negación en el que se pasa revista a muy variadas lenguas. Es una contribución importante a la tipología de la negación.

SADOCK, J. y A. ZWICKY: "Speech act distinctions in syntax" en T. Shopen (ed.) *Language Tipologj, and Syntactic Description,* vol. I. *Clause Structure,* Cambridge University Press, 1985, pp. 155-196.
Este artículo es un repaso sobre la manera en que en las lenguas se expresan los diferentes tipos de enunciados de que hemos hablado en este capítulo. Por su claridad, es una lectura muy recomendable.

26

LA ORACIÓN COMPUESTA: LA COORDINACIÓN

1. Introducción a las relaciones interoracionales: coordinación, subordinación y cosubordinación

Conviene, antes que nada, distinguir entre oración compleja y oración compuesta. En la primera, existe una predicación principal y otra u otras subordinadas a ésta, adyacentes o regidas por ella. Esas predicaciones incrustadas realizan, pues, funciones análogas a las que tienen otros constituyentes que no incluyen predicación alguna. En el segundo caso, tenemos varias oraciones simples o complejas que se relacionan entre sí mediante una operación que, a veces, añade diversos matices semánticos y que se suele expresar mediante una conjunción.

Veamos algunos ejemplos preliminares e ilustrativos:

(1)
Castellano

a) Juan quiere *que todos sus amigos le inviten*
b) Es deseable *que no venga nadie*
c) Juan no le ayudó para *que él se lo agradeciera*

(2)
Castellano

a) *Juan entró en la habitación* y *María le miró*
b) *Pedro sabe la verdad* pero *no se atreve a decirla*
c) *Juan lo sabe todo* o *es más listo de lo que creíamos*
d) *Ni Pedro es rico* ni *Juan es pobre*

Como puede apreciarse, todas las oraciones de (1) son complejas y todas las oraciones de (2) son compuestas. Por tanto, ni las oraciones de (1) son compuestas ni las de (2) son complejas. Las oraciones de (1) presentan una predicación completa incrustada que vamos a denominar *cláusula subordinada*: todas las cláusulas subordinadas de (1) están señaladas en cursiva. Todas las oraciones complejas de (1) constan de una cláusula subordinada o simplemente *cláusula,* ya que definimos este término como *oración subordinada.* A veces, se habla de una oración principal en los casos de (1). Si por *oración principal* entendemos las propias oraciones de (1a-d), entonces es mejor denominarlas simplemente *oraciones complejas*, que no son cláusulas, pues no están subordinadas a nada. Si por *oración principal* entendemos secuencias como: *Juan quiere*, entonces obtenemos un absurdo, ya que esa secuencia no es una oración, ni siquiera forma un constituyente. De lo que sí podemos hablar es de *verbo principal* de una oración compleja: será precisamente aquel verbo o sintagma verbal que toma como argumento suyo la cláusula subordinada.

Por tanto, tenemos como oraciones complejas aquellas que presentan incrustadas sintácticamente otras oraciones que desempeñan una determinada función gramatical y que denominamos *cláusulas*. Como se podrá apreciar, las relaciones que existen entre las cláusulas y el verbo o sintagma verbal de la oración compleja son diversas. En (1a), la cláusula es el objeto directo del verbo de la oración compleja; en (1b), la cláusula es el sujeto del sintagma verbal de la oración compleja; en (1c), la cláusula es un complemento circunstancial que expresa la finalidad de la acción denotada por el verbo de la oración compleja.

En (2) vemos cuatro oraciones compuestas cada una de las cuales consta de dos oraciones simples. Por supuesto, las oraciones complejas pueden componerse entre sí:

(3)
Castellano

a) *Juan quiere que Pedro venga* pero *Pedro no viene*
b) Juan quiere que Pedro venga y Pedro *no quiere que Juan venga*

En el caso de (3a) tenemos una oración compuesta de dos oraciones, la primera es una oración compleja y la segunda es una oración simple. En el caso de (3b), tenemos otra oración compuesta de dos oraciones, esta vez complejas las dos.

W. Foley y R. D. van Valin (1984) han propuesto un enfoque tipológico de las relaciones oracionales que nos va a servir de base para hacer una introducción al concepto de oración compuesta. Estos autores han notado que, en las lenguas del mundo, además de existir una coordinación que da origen a oraciones compuestas y una subordinación, que da origen a oraciones complejas, hay un caso intermedio que ellos denominan *cosubordinación*; esto se da cuando no existe una incrustación sintáctica pero sí hay una determinada dependencia.

Vamos a denominar *coordinadas* a aquellas oraciones que forman parte de una oración compuesta, y vamos a llamar *cocláusulas* a las cláusulas cosubordinadas. Podríamos establecer, entonces la siguiente tipología:

(4)
Tipología de las oraciones

a) *Simples*
b) *Compuestas,* que constan de:
    Oraciones simples [-incrustadas, -dependientes].

c) *Complejas:*
　　　　i) *Cosubordinativas,* que constan de:
　　　　　Cocláusulas [–incrustadas, +dependientes].
　　　　ii) *Subordinativas,* que constan de:
　　　　　Cláusulas [+incrustadas, +dependientes].

Veamos un caso de cosubordinación aportado por W. Foley y R. D. van Valin (1984); en la lengua yoruba tenemos estructuras cosubordinadas:

(5)
Yoruba (Foley y van Valin 1984: 241)

　　a) Fémí *failèkùn* náà *sí*
　　　Femi empujar puerta la abrir
　　　'Femi abrió la puerta'
　　b) Ebí *pa* omo n·à *kú*
　　　golpear niño el matar
　　　'Ebi mató al niño'

La cocláusula está en cursiva en ambas oraciones. Decimos que (5a) y (5b) son dos oraciones complejas por cosubordinación.

Tanto la coordinacion como la subordinación y la cosubordinación pueden realizarse en tres niveles de la construcción oracional: en el nivel de la periferia, en el que ya se han realizado las especificaciones adverbiales, en el nivel de la predicación nuclear, en el que tenemos un predicado y todos su argumentos (verbos y argumentos) y en el nivel del predicado. Denotaremos estos tres niveles mediante números romanos: I, II y III.

(6)
Niveles de la oración

　　I. *Nivel de la predicación periférica:* nivel en el que operan las modificaciones adverbiales.
　　II. *Nivel de la predicación nuclear:* nivel en el que aparecen especificados el predicado y los argumentos.
　　III. *Nivel del predicado:* nivel en el que se especifica sólo el predicado y sus operadores.

La coordinación I es muy frecuente en las lenguas del mundo; veamos un par de ejemplos:

(7)
Castellano

　　a) Hazlo en tu casa y él me lo entregará en la oficina
　　b) Juan trabaja en Madrid y Pedro descansa en Marbella

Como vemos, en ambos casos coordinamos dos oraciones en las que está especificado un complemento adverbial periférico (nivel I). Veamos ahora un ejemplo del barái:

(8)
Barái (W. Foley-van Valin 1984: 244)

Fu iviama va-ko ro na nituage va-ke
3sg ahora ir-fut. pero Isg pasado mañana ir-futuro
'Él se va a ir ahora, pero yo me iré pasado mañana'

La coordinación en el nivel II se da también en muchas lenguas, el castellano entre ellas. Como ejemplo, en nuestra lengua, podemos proponer la siguiente oración:

(9)
Castellano

En el salón, Juan canta y Pedro baila

Vemos que el complemento circunstancial *en el salón* afecta tanto a *Juan canta* como a *Juan baila*. Para que esto sea posible, es necesario que la coordinación de estas dos oraciones se produzca en el nivel II, en el que tenemos el verbo y sus argumentos. Si observamos la oración siguiente:

(10)
Juan canta en el salón y Pedro baila en la azotea

nos percataremos que la coordinación se ha producido en el nivel I, ya que se une *Juan canta en el salón* y *Pedro baila en la azotea*, cada una con sus complementos circunstanciales. Lo mismo ocurre en la oración siguiente:

(11)
En el salón, Juan canta por la tarde y Pedro baila por la mañana

Aquí *en el salón* afecta a las dos oraciones, como en (9), pero, a su vez, esas oraciones llevan un complemento circunstancial, en este caso de tiempo, por lo que estamos ya en el nivel I.

Fijémonos ahora en la siguiente oración:

(12)
Por la mañana, Juan canta y Pedro baila en el salón

Aquí tenemos una coordinación en el nivel II, si interpretamos la oración en el sentido de que por las mañanas Juan canta en el salón y Pedro baila en el salón. Sin embargo, tendremos una coordinación en el nivel I, si interpretamos que Pedro baila en el salón, sin que quede especificado dónde canta Juan.

Por último, consideremos la siguiente oración:

(13)
En el piso, Juan canta en el salón y Pedro baila en la azotea

Aquí volvemos a tener coordinación en el nivel I, ya que, en esta oración, *Juan canta en el salón* se localiza en el piso y no sólo *Juan canta*.

Vamos ahora a ver un caso de coordinación en el nivel II de la lengua barái:

(14)
Barái (Foley y van Valin 1984: 246)

Na e ije k -ia , bu - me va - e
1sg gente def hablar-3pl 3pl-caus ir- pasado
'Yo le hablé a la gente y ellos se marcharon'

Por último, la coordinación en el nivel del predicado puro, hecha antes de recibir todos los morfemas de persona y tiempo es poco frecuente. Veamos un ejemplo de esta misma lengua:

(15)
Barái (Foley y van Valin 1984: 248)

Fu vazai ufu furi numu akoe
3sg hierba cortar terminar apilar arrojar
'Terminaron de cortar, apilaron y arrojaron la hierba'

Una traducción más literal para el ejemplo (15) del barái sería algo así como lo siguiente: *terminocortapilarrojaron la hierba*.

Dentro de la subordinación, el caso más frecuente es el de la subordinación en el nivel I, que se ve ejemplificada en muy diversas lenguas del mundo. En este caso, la cláusula desempeña una función adverbial circunstancial en la oración compleja; veamos algunos ejemplos de nuestra lengua:

(16)
Castellano

a) Trabajan en *donde les han dicho*
b) Vinieron *cuando les dijeron*
c) Lo hicieron *como les habían indicado*

La subordinación en el nivel II, o de la predicación nuclear, lo tenemos cuando una cláusula funciona como argumento de un predicado; también es muy frecuente en las lenguas. Veamos algunos ejemplos de la nuestra:

(17)
Castellano

a) Juan dijo a María *que todo funcionaba bien*
b) Juan tiende a *tomárselo todo mal*
c) *Que nadie le contradiga* es su única preocupación

La cosubordinación es un fenómeno típico de algunas lenguas de las denominadas *exóticas*. Como ya hemos dicho, consiste en que existe una relación de dependencia semántica entre dos oraciones sin que exista ninguna relación de subordinación sintáctica entre ellas. Para ejemplificar este concepto vamos a dar los siguientes dos ejemplos del quevá; en este caso, se trata de cosubordinación en el nivel I de la predicación periférica.

(18)
Quevá (Foley y van Valin 1984: 257)

 a) Nipú ípu -la pare ni, pa:lá na- pía
    3sg venir-3sg-pres pero 1sg-asustado no-ser-3sg
    'Viene, pero yo no estoy asustado'
 b) Ní réka-no ága: lá-a
    1sg estar de pie CR discurso decir-3sg-Pas
    'Yo estaba de pie y él hablaba'

Si comparamos (18a) con (18b), caeremos en la cuenta de lo siguiente. En (18b) el primer verbo no lleva afijos de persona y número, sino, simplemente, un afijo heterofórico; (para este concepto, véase el capítulo 27, sección 5). Sin embargo, ambos verbos y ambas oraciones deben tener idénticos operadores temporales y modales, y ello demuestra que existe una dependencia semántica entre ambos aunque no existe, en puridad, ninguna relación sintáctica de dependencia. Obsérvese, además, que el verbo de la primera oración lleva un indicador que relaciona referencialmente (en este caso, respecto de la referencia del sujeto) tal oración con la segunda.

En lenguas como el castellano la cosubordinación en el nivel de la predicación periférica se da en los casos de las adverbiales relacionales en los que la cláusula tiene una relación semántica referencial clara con el predicado principal sin que esté incrustado sintácticamente en él; veamos algunos ejemplos:

(19)
Castellano

 a) Si *no lo haces bien,* no podrás salir de paseo
 b) Te lo decimos así *para que lo hagas bien*
 c) Vendrá pronto a la oficina *porque tiene mucho trabajo*

(20)
Castellano

 a) Juan dijo *que no lo sabía*
 b) Pedro insiste en *venir acompañado*
 c) Depende de *si vamos juntos o no*

En todos los casos de (19), tenemos dos oraciones ninguna de las cuales es una cláusula, en el sentido en que aquí definimos éstas, pues no aparecen una incrustada sintácticamente en la otra, pero entre las que existe una dependencia semántica, ya que la cocláusula nos especifica una condición, un fin o una causa del evento denotado en la predicación principal. La oración cosubordinada o cocláusula la hemos señalado en los ejemplos de (19). En (20) vemos oraciones complejas por subordinación en las que la cláusula subordinada es un argumento requerido por el verbo de la predicación principal.

La cosubordinación en el nivel de la predicación nuclear o nivel II se ve en la polirremia (véase, para este concepto, el capítulo 27, sección 5), en donde ningún verbo está incrustado en el otro, pero existe una clara dependencia semántica de uno con respecto al otro. Veamos algunos ejemplos:

(21)
Yoruba (Foley y van Valin 1984: 193)

Mo mú ìwé wá ilé
1sg tomar libro venir casa
'He traído un libro a casa'

(22)
Tai (Foley y van Valin 1984: 193)

Súk ʔaw máy ma:
Suk tomar leña casa
'Suk ha traído la leña'

En castellano, una construcción como la de (23) podría ser un ejemplo de cosubordinación en el nivel II o de la predicación nuclear.

(23)
Castellano

Juan fue *corriendo* al parque

En primer lugar, está claro que *corriendo* es dependiente de *fue* y, por tanto, no estamos ante un caso de coordinación. Tampoco hay subordinación adverbial en el nivel de la predicación periférica, ya que los complementos de *fue* han de ser los mismos que los de *corriendo*; no podríamos tener algo así como: **Juan fue al parque corriendo a la ciudad*. Podemos, por consiguiente, pensar que se trata de un ejemplo de cosubordinación en el nivel II.

Por último, la cosubordinación en el nivel III, el del predicado, puede ejemplificarse mediante la siguiente oración del fiyiano:

(24)
Fiyiano (Foley y van Valin 1984: 211)

E viri - tu: - ra na duru na tu:raga
Modo poner-estar-trans art poste art jefe
'El jefe ha levantado el poste'

En este caso tenemos una secuencia de dos predicados *viri* y *tu*: que tienen una dependencia semántica mutua y que reciben conjuntamente los morfemas verbales (en este caso, el indicador de transitividad verbal *ra*). Por tanto, tenemos un ejemplo de cosubordinación en el nivel III del predicado puro.

2. La coordinación

La coordinación es un mecanismo para formar oraciones compuestas que aparece en todas las lenguas conocidas realizada de un modo u otro. Antes de ver la tipología de la coordinación conviene hacer algunas consideraciones teóricas sobre la estructura de las oraciones compuestas, es decir, que se obtienen mediante el mecanismo de la coordinación.

A priori existen tres posibilidades teóricas sobre dicha estructura. Las vemos esquematizadas en el siguiente gráfico:

(25)
Posibles estructuraciones de la coordinación

a) $[O_1]$ y $[O_2]$
b) $[[O_1]$ y$] [O_2]$
c) $[O_1]$ [y $[O_2]]$

La diferencia es muy clara. En el caso (25a), existe una estructuración neutral respecto de las dos oraciones, ya que la conjunción se realiza *a la vez* respecto de las dos oraciones. Podríamos decir que la conjunción es una operación binaria que toma dos argumentos, en este caso, dos oraciones. En (25b, c) la conjunción es una operación de un solo lugar que produce un predicado de un lugar que denominamos *oración coordinada*. En (25b) la operación de coordinación afecta primero a la primera oración y luego el resultado se une con la segunda y, en (25c), ocurre lo contrario: la conjunción afecta primero a la segunda oración que se coordina con la primera. Aunque autores como Dik (1972: 53 y ss.) abogan por el esquema (25a), nosotros mantendremos que los correctos son los de (25b) o (25c), según el orden predominante en una lengua sea Objeto + Verbo o Verbo + Objeto.

En efecto, parece claro que, en las lenguas Verbo + Objeto, la conjunción y la segunda oración forman un constituyente y que la primera oración y la conjunción no lo forman. Por ejemplo, podemos encontrar muchas veces oraciones encabezadas por la conjunción *y* en castellano, pero no se dan oraciones que finalicen con esa conjunción. Compárense los ejemplos de (26):

(26)
Castellano

a) ¡Y encima todo le salió bien!
b) *¡Encima todo le salió bien y!
c) ¡Y Pedro!
d) *¡Pedro y!

Podemos emitir una oración como (26a), sin que aparezca el primer miembro de la coordinación, en un contexto determinado, pero no podemos emitir la oración (26b) como oración autónoma en ese mismo contexto. Por otro lado, podemos exclamar (26c) como expresión autónoma en un contexto determinado, pero (26d) no es una expresión completa en ese mismo contexto.

Por otro lado, es claro que, al emitir una oración como (27a), se hace una pausa antes de la conjunción y se agrupa ésta con la oración siguiente y no al revés: esa agrupación fonética la anotamos mediante el signo +; algo análogo puede decirse de la coordinación de sustantivos que vemos en (27c) y (27d):

(27)
Castellano

a) *Juan llegó tarde y + María también llegó tarde
b) Juan llegó tarde + y María llegó tarde
c) *Juan y + Pedro
d) Juan + y Pedro

El vasco es una lengua Objeto + Verbo y, en ella, observamos que la conjunción copulativa se comporta de manera diametralmente opuesta a la del castellano, según predice el esquema de (25b), que asociamos a este tipo de lenguas.

En vasco, la conjunción *eta* 'y' sirve para unir oraciones, pero, a diferencia del castellano, puede aparecer al final de la segunda coordinada y no necesariamente entre ambas. Veamos los tres pares de oraciones siguientes:

(28)
Vasco (Letamendia, 1988: 146)

a) i) Eguraldi ona dago eta kanpora aterako gara
   tiempo bueno está y fuera salir-fut somos
   'Hace buen tiempo y saldremos fuera'
   ii) Kanpora aterako gara, eguraldi ona dago eta
   'Saldremos fuera, pues hace buen tiempo'
b) i) Haserre dago eta ez d-u hitz egin nahi
   enfadado está y no 3sg-tener palabra hacer querer
   'Está enfadado y no quiere hablar'
   ii) Ez du hitz egin nahi, haserre dago eta
   'No quiere hablar porque está enfadado'
c) i) Aberatsa da eta etxe dotorea erosi d-u
   rico es y casa elegante comprado 3sg-tener
   'Es rico y se ha comprado una casa elegante'
   ii) Etxe dotorea erosi du, aberatsa da eta
   'Se ha comprado una casa elegante, pues es rico'

En los tres casos anteriores, vemos que la primera de las oraciones puede posponerse *llevándose la conjunción* eta, lo cual prueba fehacientemente que, en vasco, el análisis válido es el de (25b). Siguiendo a J. Payne (1985b) estableceremos ahora una tipología de la coordinación y veremos cómo se expresa esta operación en diversas lenguas del mundo. Se pueden establecer los siguientes tipos:

(29)
Tipos de coordinación

a) Conjunción: *p y q*.
b) Postsección: *p y no q*.

c) Presección: *no p y q.*
d) Disyunción: *p o q.*
e) Rechazo: *no y/o no q.*

Además, en estos tipos se tendrán en cuenta los siguientes matices semánticos:

(30)
Matices semánticos de la coordinación

a) Adversión: contraste de los miembros [± Adv].
b) Separación: separación de los miembros [± Sep].
c) Énfasis [±Enf].

Estos matices proceden de Dik 1972; el signo [±] indica que la coordinación no está marcada para este rasgo.

El esquema es, pues, el siguiente:

(31)
Esquema de los tipos de coordinación (cfr. Payne 1985: 4)

a) *Conjunción (p y q)*
   i) ± Adv
      (1) ± Sep
         (a) ± Enf: *rico, feliz y sabio*
         (b) + Enf: *rico y feliz y sabio*
      (2) + Sep
         (a) ± Enf: *tanto rico y feliz como sabio*
         (b) + Enf: *tanto rico como feliz como sabio*
   ii) + Adv: *rico pero feliz*

b) *Postsección (p y no q)*
   i) ± Adv
      (1) ± Enf: *rico, feliz y no sabio*
      (2) + Enf: *rico y feliz y no sabio*
   ii) + Adv: *rico pero no feliz*

c) *Presección (no p y q)*
   i) ± Adv
      (1) ± Enf: *no rico, feliz y sabio*
      (2) + Enf: *no rico y feliz y sabio*
   ii) + Adv: *no rico pero feliz*

d) *Disyunción (p o q)*
   i) ± Sep
      (1) ± Enf: *rico, feliz o sabio*
      (2) + Enf: *rico o feliz o sabio*
   ii) + Sep
      (1) ± Enf: *o rico, feliz o sabio*
      (2) + Enf: *o rico o feliz o sabio*

e) Rechazo (no p y no q)
  i) ± Adv
    (1) ± Enf: ni *rico, feliz* ni *sabio*
    (2) + Enf: *ni rico, ni feliz ni sabio*
  ii) + Adv: *no rico, pero no feliz*

A continuación, vamos a ver cómo se realizan estos tipos en diversas lenguas del mundo siguiendo el trabajo de Payne (1985).

En primer lugar, examinaremos la expresión de la conjunción copulativa. Si observamos los ejemplos siguientes, nos percataremos de que la misma conjunción se usa para unir diversos tipos de sintagmas:

(32)
Castellano

a) Oraciones:
  Juan vino y María se fue.
b) Sintagmas verbales:
  Juan *se levantó y se fue.*
c) Sintagmas preposicionales:
  Juan se lo pidió *a Pedro y a María.*
d) Sintagmas adjetivales:
  Juan es *rico y famoso.*
e) Sintagma nominales:
  Juan y María se fueron.
f) Preposiciones:
  Lo hace *por y para* ganar dinero.
g) Adverbios:
  Lo hizo *lenta y cuidadosamente.*

Sin embargo, no en todas las lenguas la conjunción copulativa es polivalente. Por ejemplo, en fiyiano la conjunción *ka* sirve para unir oraciones, sintagmas verbales, adjetivales y preposicionales, pero no sintagmas nominales; para ello se usa la preposición *kei*.

Examinemos primero el rasgo [+ Adv]. Aquí algunas lenguas hacen más distinciones que otras; en castellano se distingue una *conjunción adversativa contrapositiva (pero)* frente a otra *rectificativa (sino)*; ello no ocurre en inglés, que emplea *but* 'pero' en ambos casos. Véanse los siguientes ejemplos:

(33)
Castellano

a) El plan fue objetado no por Federico *sino* por María
b) *El plan fue objetado no por Federico *pero* por María
c) El plan fue objetado por Federico, *pero* no por María
d) *El plan fue objetado por Federico, *sino* no por María

(34)
*Inglés (*R. Quirk *et al.* 1985: 952-953)

a) The plan was opposed not by Frederick *but* by María
El plan fue opuesto no por F. pero por M.
'Federico no se opuso al plan, *sino* María'
b) The plan was opposed by Frederick *but* not María
El plan fue opuesto por F. pero no María
'Federico se opuso al plan, pero no María'

Como se ve, en castellano hay que utilizar *sino* cuando la adversación supone una rectificación a algo anterior (33a); esto no ocurre en inglés, donde en ese mismo caso se usa la conjunción adversativa canónica (34a).

En ruso existen dos conjunciones adversativas: una indica la mera contraposición y es no marcada (*a a*) y la otra (*но no*) está excluida cuando hay una contraposición opositiva. Tenemos, pues, una conjunción no marcada para no contraposición opositiva (*a a*) y otra marcada para no contraposición opositiva (*но no*), veamos unos ejemplos:

(35)
Ruso (Payne 1985b: 10)

a) Утром мы спешили на работу, а вечером мы сидели дома
Utrom mî speshili na rabotu, *a* vécherom mî sideli doma
'Por la mañana nos íbamos corriendo al trabajo, pero por la tarde nos quedábamos en casa'
b) Он поступил правильно, а/но отец недоволен им
On postupil pravilno, *a/no* otiets niedovolen im
Él actuó correctamente padre insatisfecho él-instr
'Actuó correctamente, pero su padre estaba insatisfecho con él'
c) Я уехал бы, а/но не было денег
Ya uyéjal by, *a/no* ne bylo dieneg
yo fui subj no era dinero
'Me habría ido, pero no tenía dinero'

Como vemos, *no* se admite con el matiz impeditivo (35c), el matiz expectativo (35b), pero no admite el de oposición semántica. En todos los ejemplos de (35) se admite *a* ya que existe una contraposición entre las oraciones: opositiva (35a), expectativa (35b) e impeditiva (35c). Por otro lado, но *no* se admite en los dos últimos matices de la contraposición, pero no en el primero. Examinemos ahora cómo se realiza tipológicamente el rasgo [±Sep].

En general, existe una tendencia a asociar la especificación positiva de dicho rasgo con el uso de una conjunción para cada elemento unido o de dos conjunciones correlativas: es el caso del castellano *tanto... como* o del inglés *both... and* 'ambos... y'. La repetición de la misma conjunción delante de cada elemento unido es frecuente en muchas lenguas:

(36)
Payne 1985b: 19, 21

a) *Latín*
et tragoediae et comoediae
y tragedias y comedias
'Tanto tragedias como comedias'

b) *Ruso*
и трагедии и комедии
i tragedii i komedii
y tragedias y comedias
'Tanto tragedias como comedias'
c) *Rumano*
şi tragedii şi comedii
y tragedias y comedias
'Tanto tragedias como comedias'
d) *Turco*
ben de sen de kardesh- in de
yo y tú y hermano-tu y
'Tanto tú y yo como tu hermano'

El rasgo [±Enf] también se correlaciona con la repetición de la conjunción delante de cada elemento unido. Comparemos, por ejemplo:

(37)
Castellano

a) Trajeron un vino, otro vino y un tercer vino
b) Trajeron un vino y otro vino y un tercer vino

Es más lógico que se enuncie (37a) cuando no se hace énfasis en los vinos que se trajeron; (37a) es una descripción más bien neutra. Pero en (37b) se pone un claro énfasis en las diversas aportaciones de vino; normalmente, este énfasis se suele interpretar de modo peyorativo: la emisión de (37b) expresa un claro matiz de fastidio o hastío que no tiene (37a).

El énfasis suele ir unido a la separación, pero esto no siempre se da; compárense las dos oraciones siguientes:

(38)
Castellano

a) Juan, Pedro y Antonio pertenecen al mismo equipo
b) Pertenecen al mismo equipo Juan y Pedro y Antonio

Está claro que (38b) es más enfática que (38a), aunque no expresa una situación diferente de la que denota (38a), en la que media el rasgo de separación.

Veamos las formas no marcadas de coordinación. Existen, según Payne (1985b), las siguientes posibilidades documentadas en diversas lenguas del mundo:

(39)
Formas no marcadas de coordinación

a) Mera yuxtaposición sin conjunción.
b) Conjunción copulativa neutra.
c) Uso de morfema o adposición con el significado de 'compañía'.
d) Uso de un pronombre.

Veamos un caso de cada uno de estos métodos de expresar la conjunción de forma neutral, sin ningún matiz añadido.

Vamos a ver dos ejemplos de (39a) en dos lenguas clásicas, latín y sánscrito:

(40)
Latín (Payne 1985b: 25)

Veni, vidi, vici
'vine, vi y vencí'

(41)
Sánscrito (Payne 1985b: 26)

devagandharvama:anusoragara:ksasa:n
deva- gandharva- ma:nu- uraga - ra: ksasa: - a: n
dios- cantores- hombres- serpiente-demonio- ac
'Dioses, cantores celestiales, hombres, serpientes y demonios'

En castellano también es posible acudir a esta estrategia: *hombres, mujeres, niños*.

La segunda manera de expresar la conjunción es la estándar en las lenguas indoeuropeas y, por supuesto, en castellano también.

La tercera estrategia es frecuente tanto en algunas lenguas europeas como extraeuropeas. Veamos algunos ejemplos:

(42)
Ruso (Payne 1985b: 32-33)

a) Мы с тобой идем
My s toboi idiom
nosotros contigo vamos
'Vamos tú y yo'
b) Петр с Иваном сотрудничают
Piotr s Ivanom sotrudnichaiut
Pedro con Iván-instr colaboran
'Pedro e Iván colaboran'
c) Петр сотрудничает с Иваном
Piotr sotrudnichayet s Ivanom
Pedro colabora con Iván-instr
'Pedro colabora con Iván'

(43)
Coreano (Payne 1985b: 30)

Hwan kua Maria nîn kongwon-îl kotko issottha
Juan con María topic parque-ac paseo hacen
'Juan y María pasean por el parque'

Dos observaciones sobre los ejemplos del ruso. En primer lugar, se ve, por (42b) y (42c), que la construcción propiamente copulativa (42b) se distingue de la construcción comitativa (42a) por el orden de palabras. En segundo lugar, en el ejemplo (42a) tiene lugar un curioso fenómeno que Lyons (1968: 7. 2. 4) denominaba *atracción de persona y número*. Según lo visto en el capítulo 15, sección 3, podemos reformular esto en otros términos. Lo que hacemos aquí es, simplemente, especificar uno de los elementos señalados del conjunto referencial de *nosotros* cuando éste tiene únicamente dos individuos. En efecto, como ya sabemos por lo visto en el capítulo citado, *nosotros* puede tener dos conjuntos referenciales de dos individuos: el conjunto {l, 2} y el conjunto {l, 3}. Mediante la preposición *con* expresamos de cuál de los dos conjuntos se trata. No hay, pues, atracción de persona y número: más bien hay especificación de uno de los elementos del conjunto referencial que se utiliza.

La estrategia del pronombre es adoptada en algunas lenguas. Por ejemplo, en tahitiano, entre los dos nombres que se unen, aparece un pronombre dual que no añade nada nuevo al sentido del sintagma completo.

(44)
Tahitiano (Payne 1985b: 35)

'Ua reva a:tu Peu ra:ua 'o Terii
perfvo salir fuera Peu 3-du art Terfi
'Peu y Teri se han ido'

En kepelés podemos observar un caso similar:

(45)
Kepelés (Payne 1985b: 36)

Surông 'tà nenî 'tí pà
hombre ellos mujer ellos venir
'Ha venido un hombre y una mujer'

3. La disyunción

Según Döhmann (1974: 42) no todas las lenguas expresan de modo explícito la disyunción. En algunas, como el castellano o alemán, puede dejar de expresarse en el habla coloquial:

(46)
Castellano

Tendrá siete, ocho años como mucho

(47)
Alemán

Sieben acht Stück
siete ocho piezas
'Siete, ocho piezas'

En chino, aunque existen conjunciones disyuntivas, lo normal es no expresar la disyunción mediante ningún tipo de conjunción.

Es interesante observar que, en algunos casos, no existe distinción entre disyunción y conjunción, Döhmann (1974: 42) cita los casos del tarahumara, dacota y aimará, que conocen un solo clítico tanto para *y* como para *o*.

Existen dos tipos de disyunciones: la inclusiva y la exclusiva. En el primer caso, las dos opciones de la alternativa son compatibles y, en el segundo, no ocurre así.

(48)
Castellano

a) Que lo hagan Juan o María (o los dos) [incluyente]
b) Que lo haga Juan o María (uno de los dos) [excluyente]

En castellano, lo no marcado es la disyunción excluyente, ya que cuando se emite *que lo haga Juan o María* se entiende que lo haga uno u otro; si queremos eliminar la exclusión, deberemos añadir una coletilla como la sugerida en (48a).

Hay lenguas que, al parecer, distinguen estos dos sentidos de la disyunción mediante diferentes conjunciones. Tal caso parece darse en latín, donde *aut* es la conjunción disyuntiva excluyente y *vel* la conjunción disyuntiva incluyente; en polaco se utilizan para uno y otro caso las conjunciones *albo* y *lubo*.

Cuando la disyunción es enfática, entonces obtenemos siempre el sentido excluyente:

(49)
Castellano

Que lo haga o bien Juan o bien María (*o los dos)

4. La coordinación irreversible: algunos aspectos interlingüísticos

Vamos a estudiar en esta sección algunos aspectos interlingüísticos de un tipo de construcciones que habitualmente se dice que son el resultado de una operación denominada *reducción de coordinadas*. Esta operación, que en principio sería un tipo de *elisión,* se puede ilustrar mediante el siguiente par de oraciones:

(50)
Castellano

a) Mi hermano compró huevos y mi hermana compró pan
b) Mi hermano compró huevos y mi hermana pan

Se podría decir que hemos obtenido (50b) eliminando el verbo *compró* de la segunda oración de la oración compuesta de (50a).

El caso de (50b) es un caso especial de coordinación que vamos a denominar *coordinación irreversible*. El nombre procede de la siguiente consideración. La oración compuesta de (50a) es reversible, ya que podemos decir sin problemas *mi hermana compró pan y mi hermano compró huevos*; pero esto es imposible con (50b), ya que no podemos decir **Mi hermana pan y mi hermano compró huevos*. Es decir, en (50b) existe una descompensación del equilibrio típico de la coordinación sintáctica entre *mi hermano compró huevos* y *mi hermana pan*, ya que la segunda expresión muestra una clara dependencia semántica respecto de la primera, dado que se entiende obligadamente que la relación semántica entre lo denotado por *mi hermana* y lo denotado por *pan*, es la relación semántica denotada por *compró*. Estamos, claramente, ante un subcaso específico de coordinación. Podemos clasificar la coordinación irreversible según el sintagma que *falta* y que es idéntico al de la oración de la que depende semánticamente. Tenemos en castellano los siguientes tipos:

(51)
Tipos de coordinación irreversible

a) *Subjetiva:*
   La flor se abre por la noche y _____ se cierra por la mañana.
b) *Predicativa:*
   La guerra trajo el hambre y la paz _____ la abundancia.
c) *Objetiva:*
   Las fieras devoran _____ y los hombres se comen los animales.

Obsérvese que hay opciones que serían lógicamente posibles, pero que están excluidas por la sintaxis del castellano. Por ejemplo, en (52a) vemos un caso en el que la coordinación irreversible predicativa no se puede realizar cuando el segundo elemento de la coordinación antecede a la oración dominante; por otro lado, en (52b) vemos un caso de coordinación irreversible objetiva en la que el elemento *dominado* de la coordinación aparece antes de la oración dominante. En cada caso, si variamos el orden de (51), obtenemos expresiones agramaticales:

(52)
Castellano

a) *La paz _____ la abundancia y la guerra trajo el hambre.
b) * Los hombres se comen los animales y las fieras devoran _____.

Una pregunta que surge inmediatamente es si esto es un fenómeno exclusivo de las lenguas como el castellano o es general. Vamos a ver que todo depende de si la lengua que se examina presenta el orden Verbo + Objeto o el orden Objeto + Verbo, tal como pudimos comprobar en el caso de la estructuración de las oraciones coordinadas canónicas, en la sección primera del presente capítulo.

Tal como esperamos, en algunas lenguas ocurre exactamente lo contrario que en castellano. Consideremos los ejemplos del japonés de (53); como podemos observar, en la coordinación irreversible predicativa, el segundo elemento de la conjunción debe preceder a la oración dominante (53a) y en la coordinación irreversible objetiva, el segundo elemento de la conjuncion debe ir después de la oración dominante (53c).

(53)
Japonés (Mallinson y Blake 1981: 218 y 221)

a) Taroo wa inu o sensei wa ki o mita
   Taroo tema perro obj profesor tema árbol obj vio
   '*Taroo _____ al perro y el profesor el árbol vio'
   'Taroo ha visto al perro y el profesor _____ el árbol'
b) *Taroo wa inu o mita sensei wa ki o
   Taroo tema perro obj vio profesor tema árbol obj.
   'Taroo ha visto al perro y el profesor _____ el árbol'
c) Sumie wa inu o nadete, Norio wa tataita
   Sumie tema perro obj acarició Norio tema pegó
   '*Sumie acarició al perro y Norio _____ pegó'
   'Sumie acarició _____ y Norio pegó al perro'
d) *Sumie wa _____ nadete, Norio wa inu o tataita
   Sumi tema acarició, Norio tema perro obj pegó
   'Sumi acarició _____ y Norio pegó al perro'

Algo similar ocurre en coreano y en vasco que, como el japonés, son lenguas de orden Objeto + Verbo. Está claro que el orden no marcado de los constituyentes oracionales tiene que ver con las posibilidades que ofrecen respecto de la colocación del segundo elemento de la coordinación irreversible lenguas como el japonés y el vasco o el castellano y el francés.

P. Ramat (1985: 105) ha sugerido que esta correlación se debe a un principio de procesamiento de la sintaxis que no tiene, pues, un carácter puramente formal o autónomo. Las estructuras de las oraciones castellanas (50b) y (52a) son las siguientes:

(54)
Estructuras de coordinación irreversible predicativa

a) Estructura de (50b) y de (53b)
   (50b) SVO + S _____ O
   (53b) *SOV + S O _____
b) Estructura de (52a) y de (53a)
   (52a) *S _____ O + SVO
   (53a) S O _____ + SOV

En nuestra lengua, el orden no marcado es SVO: procesamos el objeto después que el verbo. Esta estrategia es compatible con (54a), ya que, en el segundo elemento de la coordinación irreversible, ponemos primero el verbo, que retenemos de la oración dominante, y, a continuación, procesamos el objeto. La estrategia de (54b) va en contra de nuestra tendencia a procesar el objeto después que el verbo, ya que el verbo sólo puede añadirse una vez procesado el segundo elemento de la coordinación irreversible y, por tanto, el objeto.

Pero consideremos ahora una lengua como el japonés. En ella, lo normal es procesar el objeto antes que el verbo; de aquí se deduce que la estrategia que utilizarán los japoneses será la de (54b) y no la de (54a). Primero se procesa el objeto de la oración dominada y luego, una vez procesada la dominante, se restituye el verbo correspondiente, que se procesa al final. Pasemos ahora a la coordinación irreversible objetiva; tenemos las siguientes estructuras:

(55)
Estructuras de coordinación irreversible objetiva

a) Estructura de (51c) y (53d)
   (51c) SV ____ + SVO
   (53d) *S ____ V + SOV
b) Estructura de (52b) y (53c)
   (52b) *SVO + SV ____
   (53c) SOV + S ____ V

En este caso, la lengua en la que el objeto se procesa después que el verbo ve natural dejar en suspenso tal objeto y recuperarlo luego en la oración dominante, una vez procesado el verbo de ésta (55a). Las lenguas OV preferirán la segunda estrategia, (55b), ya que, en ellas, el objeto se procesa antes que el verbo y éste será trasladado al segundo elemento de la coordinación irreversible.

1. ¿Qué tipos de oraciones tenemos en los siguientes ejemplos?:

   (56)
   Castellano

   a) Juan salió pero Pedro no le dijo nada
   b) Pedro veía que nadie le hacía caso y que todos disimulaban
   c) Él lo hace cuando le da la gana y cuando se lo ordenan
   d) Juan estudia ruso
   e) Juan salió pero no dijo nada
   f) Juan sabe ruso y María dice que lo va a estudiar si tiene tiempo
   g) Iremos donde digáis

2. ¿Qué tipo de relación sintáctica se da entre las subordinadas de las siguientes oraciones y su verbo principal?:

   (57)
   Castellano

   a) i) Si Juan viene, nos iremos
      ii) Si Juan viniera, nos iríamos
   b) i) Aunque lo sabe, se lo diremos
      ii) Aunque lo supiera, se lo diríamos

3. ¿En qué nivel de la oración se da cada una de las siguientes coordinaciones?:

(58)
Castellano

a) Juan quiere nadar y guardar la ropa
b) Juan se puso a leer y archivar los informes
c) Juan come mucho en los restaurantes y muy poco en casa

4. ¿Qué tipo de coordinación o cosubordinación se da en las siguientes oraciones?:

(59)
Castellano

a) Juan no es muy inteligente pero su modo de actuar es válido
b) Juan no sólo es rico, sino también es inteligente y emprendedor
c) Juan es feliz, pero su mujer no es dichosa
d) María enseña inglés, escribe novelas o actúa en el teatro

CLAVE 1. La oración (56a) consta de dos oraciones simples. La oración (56b) es compleja cuyo verbo principal es *veía* y su objeto está constituido por una cláusula compuesta de dos cláusulas: *que nadie le hacía caso* y *que todos disimulaban*. Cada una de estas cláusulas está formada a partir de una oración simple. La oración (56c) es una oración compleja que consta de la oración simple *él lo hace* y la subordinada adverbial *cuando le da la gana* y *cuando se lo ordenan*; esta cláusula está también compuesta de dos cláusulas que, a su vez, como en el caso anterior, están formadas por dos oraciones simples. En (56d) tenemos una oración simple. En (56e) tenemos una oración compuesta por coordinación adversativa. (56f) es un ejemplo de oración compuesta por coordinación cuyo segundo elemento es una oración compleja que consta del verbo principal *dice* y de una cláusula que consta de una oración compuesta condicional. Por último, (56g) es una oración compleja que consta de la cláusula *donde digáis*, que es complemento del verbo principal.

2. Primero hemos de determinar qué tipo de oraciones son (57ai) y (57bi). Es evidente que no se trata de oraciones simples. Hay que determinar si son compuestas o complejas. Para ello, hemos de establecer qué relación sintáctica hay entre los dos elementos que la constituyen. Si partimos de la idea de que la oración que contiene el verbo principal es *nos iremos*, entonces hay que determinar qué función desempeña *si Juan viene* respecto de ese verbo principal. Es claro que no se trata de ningún argumento suyo. Más bien, denota una condición. Algo similar puede argumentarse respecto de (57bi). Parece que la relación entre *Juan viene* y *nos iremos* o entre *lo sabe* y *se lo diremos*, desde un punto de vista sintáctico, es más bien similar a la de la coordinación: *si* y *aunque*, en estos casos, son conjunciones que expresan explícitamente una condición o una concesión. No parece haber incrustación sintáctica en las oraciones (57ai) y (57bi), sino solamente una cierta (inter)dependencia semántica. Algo parecido ocurre con los segundos miembros de cada par. En este caso, también existe una clara interdependencia semántica de carácter más fuerte entre las dos oraciones, sin que exista propiamente incrustación sintáctica; se trata de lo que hemos denominado, siguiendo a Foley y van Valin, *cosubordinación*. Por tanto, (57ai, ii) y (57bi, ii) son oraciones complejas cosubordinadas formadas por dos ocláusulas. En el capítulo 27, sección 4, veremos las diferencias entre ambos tipos de cosubordinadas. En nuestro ámbito científico, a las oraciones complejas con cosubordinación se las denomina a veces *bipolares* (cfr. Rojo 1978: 103-108).

3. En (58a) tenemos una coordinación en el nivel II, ya que coordinamos dos sintagmas verbales con sus argumentos (si los tienen): *nadar* y *guardar la ropa*. En (58b) tenemos coordinación en el nivel III, ya que coordinamos dos predicados (*leer* y *archivar*) antes de aportar los argumentos de los mismos. Por último, en (58c), tenemos una coordinación en el nivel I, ya que unimos dos predicaciones con sus complementos.

4. La coordinación de (59a) es una *presección adversativa*. En (59b) tenemos una coordinación por *conjunción separativa enfática*. En (59c) tenemos una coordinación *postsectiva adversativa*. Por último, en (59d) tenemos una coordinación *disyuntiva no separativa no enfática*.

CUESTIONES PROPUESTAS

1. ¿Qué tipos de oraciones tenemos en los siguientes ejemplos?:

(60)
Castellano

a) Juan ordenó y archivó los documentos
b) No es suficiente con que lleguen pronto los invitados
c) No hemos leído aún lo que entregaste
d) Es evidente que Juan llegó tarde y María, temprano
e) No lo hace para que todos sepan que Juan es el culpable
f) Venid cuando queráis

2. ¿Qué tipo de subordinación se observa en las oraciones siguientes?:

(61)
Castellano

a) i) Si lo haces así, saldrás malparado
   ii) Si lo hicieras así, saldrías malparado
b) i) Cuando viene él, todo el mundo se anima
   ii) En viniendo él, todo el mundo se anima

c) i) Si se da esa circunstancia, habrá que cambiar los planes
   ii) Habrá que cambiar los planes de darse esa circunstancia

3. ¿En qué nivel de la oración se da cada una de las siguientes coordinaciones?:

(62)
Castellano

a) No planearlo y ejecutarlo así, sería un suicidio
b) Escuchar y tararear una canción al mismo tiempo es muy difícil
c) Habla inglés bien y alemán, regular

4. ¿Qué tipo de coordinación se da en las siguientes oraciones?:

(63)
Castellano

a) Juan o habla deprisa o no habla
b) Juan habla bien y María también habla bien
c) No sólo el director no está de vacaciones, sino que tampoco ha salido el vicedirector, ni se ha marchado el secretario
d) O no saben nada o es que todo el mundo se ha puesto de acuerdo

ORIENTACIÓN BIBLIOGRÁFICA

BOSQUE, I. y V. DEMONTE: *Gramática descriptiva de la lengua española*, Madrid, Espasa Calpe, 1999.
Nos interesan ahora los capítulos 41 (2.635-2.694), dedicado a la coordinación y compuesto por José Camacho y 43 (2.787-2.866), dedicado a la elisión y escrito por J. M. Brucart.

BRUCART, J. M.: *La elisión sintáctica en español,* Bellaterra, Publicacions de la Universitat Autónoma de Barcelona, 1987.
Este libro es un estudio monográfico desde la perspectiva de la Gramática Generativa de las estructuras que hemos denominado en este capítulo *coordinaciones irreversibles*. Aunque el enfoque es completamente diferente del que aquí hemos dado, los datos de los que hay que dar cuenta son exactamente los mismos. De ahí la utilidad de este trabajo.

COYAUD, M.: "Conectores y cuantificadores en las lenguas documentales y en las lenguas naturales" en B. Pottier *Semántica y Lógica,* Madrid, Gredos, 1973, pp. 274-310.
En este artículo, el especialista en lenguas orientales, M. Coyaud examina los conjunciones copulativas en las siguientes lenguas: japonés, coreano, ilocano, chino y vietnamita. Es un artículo de fácil lectura y consulta.

DIK, S. C.: *Coordination. Its implications for the theory of General Linguistics,* Amsterdam, North Holland, 1972.
Estudio clásico sobre la coordinación que plantea muchas cuestiones de interés general. Supone una formulación embrionaria de lo que más tarde se conocerá con el nombre de *Gramática Funcional.*

FOLEY, W. A. y R. D. VAN VALIN: *Functional Syntax and Universal Grammar,* Cambridge University Press, 1985.
Nos interesa ahora el capítulo 6 de esta importante obra, que intenta revisar los conceptos de sintaxis tradicionales sin el sesgo indoeuropeo heredado de una tradición de siglos. En este libro se introduce la distinción coordinación, subordinación, cosubordinación que hemos empleado en el presente capítulo. Puede consultarse esta obra, por tanto, para estudiar más detenidamente estos conceptos.

HARRIES, H.: "Coordination reduction" en J. Greenberg (ed.), *Universals of Human Language,* vol. 4. *Syntax,* Stanford University Press, 1978, pp. 516-583.
Es éste un importante trabajo en el que se estudian en muy diversas lenguas las estructuras que hemos denominado *coordinadas irreversibles*. Se debe consultar para una visión mucho más detenida y ejemplificada de la cuestión.

LONGACRE, R. E.: "Sentences as combinations of clauses" en T. Shopen (ed.) *Language Typology and Syntactic Description,* vol. II. *Complex Constructions,* Cambridge Universityy Press, 1985, pp. 235-283.
Interesante trabajo tipológico sobre la oración compleja y compuesta.

LÓPEZ GARCÍA, A.: *Gramática del Español I. La oración compuesta*, Madrid, Arco, 1994.
Son pertinentes para lo que hemos tratado aquí el capítulo 5, dedicado a las relaciones entre coordinación y subordinación, el capítulo 10, dedicado a las coordinadas copulativas, el 11, dedicado a las disyuntivas y el 12, dedicado a las adversativas.

MALLINSON, G. y B. BLAKE: *Language Typology. Cross- Linguistic Studies in Syntax,* Amsterdam, North Holland, 1981.
El capítulo cuarto de este libro, que se titula *coordination,* es una excelente visión interlingüística del problema de la coordinación; se examinan en detalle las construcciones que denominamos aquí de coordinación irreversible.

MANOLIU, M.: "Coordinación" en M. Manoliu, *Tipología e Historia. Elementos de Sintaxis Comparada Románica,* Madrid, Gredos, 1985, pp. 373-388.
Este capítulo es un breve repaso de algunos de los problemas que plantea la coordinación en las lenguas romances, incluido el rumano.

NEJT, A.: *Gapping. A contribution to Sentence Grammar,* Dordrecht, Foris, 1979.
Libro imprescindible para profundizar en el fenómeno que aquí denominamos *coordinación irreversible*.

OIRSOUW, R. VAN: *The Syntax of Coordination,* Londres, Croom Helm, 1987.
Estudio sobre la sintaxis de la coordinación. Tiene un capítulo dedicado a la coordinación irreversible e incluye datos sobre el cheroquí, checo, neerlandés, fore, francés, alemán, hopí, islandés, japonés, craví, árabe, chino, servio-croata, suahilí, vietnamita y zapoteco.

PAYNE, J. R.: "Complex phrases and complex sentences" en T. Shopen (ed.) *Language Typology and syntactic description. II. Complex constructions,* Cambridge University Press, 1985, pp. 3-42.
Es éste un excelente estudio interlingüístico sobre la coordinación en el que nos hemos basado para la confección del presente capítulo.

ROJO, G.: *Cláusulas y Oraciones,* Santiago de Compostela, Verba, Anejo 14, 1978.
Es éste un trabajo importante desde el punto de vista teórico, ya que en él se examinan los conceptos de oración, cláusula, coordinación, subordinación y oración compuesta con mucha sensatez y claridad. Interesa leer ahora los capítulos 1 a 5. Se introduce el concepto de *oración bipolar*, análogo al de cosubordinación de Foley y van Valin. Ha sido un trabajo muy influyente en la teoría gramatical española contemporánea.

SERRA ALEGRE, E. N.: *La coordinación copulativa con "y": condiciones de coordinabilidad,* Castelló, Anejo Millars, Filología, 1987.
En esta monografía se analizan los diversos factores sintácticos, semánticos, pragmáticos y discursivos que regulan la coordinación. Contiene numerosos ejemplos.

SOLÍAS ARÍS, M.ª T.: *Coordinación sintáctica*, Universidad de Valladolid, 1998.
En este trabajo se hace un interesante análisis de la coordinación irreversible sin utilizar ningún tipo de regla de elisión, con los instrumentos de análisis de la Gramática Categorial. Se exponen primero los fenómenos que se van a estudiar y el tratamiento que le han dado diversas teorías gramaticales. A continuación, hay una introducción a las gramáticas categoriales. En los capítulos 4 y 5 se presenta detenidamente el análisis categorial de estas coordinadas. Es el mejor estudio que existe en español sobre este enfoque de la coordinación.

TALMY, L.: "Relations between coordination and subordination" en J. G. Greenberg (ed.), *Universals of Human Language,* vol. 4. *Syntax,* Stanford University Press, 1978, pp. 487-514.
Se trata de un interesante estudio interlingüístico sobre las relaciones entre coordinación y subordinación.

TATO, J.-L.: "Sobre la coordinación" en V. Sánchez de Zavala (dir.), *Estudios de Gramática Generativa,* Barcelona, Labor, 1976 [1974], pp. 255-276.
Breve trabajo que puede consultar el interesado en profundizar en los complejos problemas suscitados por la coordinación.

VALIN, R. D. van Jr. y R. J. LaPOLLA: *Syntax. Structure, Meaning and Function*, Cambridge, Cambridge University Press, 1997.
En el capítulo 8 de este libro, dedicado a las oraciones compuestas y complejas, puede el lector ver una versión actualizada de la propuesta del libro de Foley y van Valin, que hemos comentado antes.

27

LA ORACIÓN COMPLEJA: SUBORDINACIÓN Y COSUBORDINACIÓN. DIÁFORA Y POLIRREMIA

1. Introducción

Vimos en el capítulo anterior el concepto de *oración compleja*; ésta contiene una o más *cláusulas subordinadas o cosubordinadas* que desempeñan una determinada función sintáctica. En este capítulo vamos a analizar, desde un punto de vista interlingüístico, las diversas maneras en las que aparecen las cláusulas subordinadas.

Podemos clasificar las cláusulas (co)subordinadas de acuerdo con la función que desempeñen respecto del verbo principal. En este sentido, podemos distinguir tres tipos:

(1)
Tipos de cláusula

a) *Completivas:* desempeñan la función sintáctica típica de un sintagma nominal; se trata normalmente de la función de sujeto y de objeto directo.
   EJEMPLOS:

   a) Juan dice *que está bien*
   b) Es difícil *que lo sepa*

b) *Relativas:* desempeñan una función sintáctica similar a la de un sintagma adjetival; es decir, sirven para determinar o precisar el significado de un nombre.
   EJEMPLOS:

   a) El hombre *que conociste ayer* es mi hermano
   b) Vimos la película *de que nos hablaste*

c) *Adverbiales:* desempeñan una función sintáctica análoga a la de un sintagma adverbial; es decir, sirven para especificar circunstancias relativas al evento denotado en la predicación principal.

EJEMPLOS:

a) *Vimos* a Pedro *cuando entró en la habitación*
b) Lo hicimos así *ya que nadie nos advirtió*

En el presente capítulo vamos a examinar estos tres tipos de cláusulas subordinadas adoptando una perspectiva interlingüística; es decir, se trata de examinar de qué modo se realizan en las diversas lenguas estos tres tipos de cláusulas subordinadas. Suponemos, además, que tales tipos son universales.

2. Cláusulas completivas

Primero hemos de tener en cuenta que, en las diversas lenguas del mundo, la cláusula completiva puede estar más o menos cerca de uno de los dos polos *oración / sintagma nominal*. Para ilustrar esto podemos comparar el par de oraciones de (2):

(2)
Castellano

a) Me alegro de que *Juan haya llegado pronto*
b) Me alegro de *la pronta llegada de Juan*

En el caso (2a), tenemos una cláusula subordinada cuya estructura interna es exactamente la de una oración simple normal que, en este caso, está dependiendo de la conjunción subordinante *que*. Pero, en el caso (2b), observamos que el complemento es claramente un sintagma nominal que contiene una nombre –*llegada*– derivado del verbo *llegar*; se trata de una nominalización de tal verbo. Está claro que en (2a) tenemos un complemento de carácter claramente oracional y, en (2b), un complemento de carácter nominal, obtenido a través de un proceso de nominalización. Pues bien, las cláusulas completivas se expresan mediante mecanismos que se identifican con uno de los dos polos nominal/oracional o que se sitúan a medio camino entre ellos. Veremos más adelante la nominalización como mecanismo de construcción de oraciones complejas; ahora vamos a ver los principales tipos de cláusulas completivas en las lenguas del mundo.

Siguiendo a Noonan (1985), distinguimos los siguientes casos: *completivas oracionales, completivas infinitivas, completivas participiales* y *completivas nominales*. Cada uno de los tipos supone un acercamiento hacia el polo nominal a partir del polo oracional. Esta progresiva nominalización da los siguientes pasos, en un proceso de abstracción que parte del suceso denotado por la cláusula completiva, que se va viendo abstraído progresivamente de algunos de sus elementos y relaciones para ir convirtiéndose en un objeto abstracto, en una nominalización completa (véase capítulo 12, sección 5):

(3)
Proceso de abstracción en cláusulas completivas

a) Estado de hechos completo tomado como paciente o agente de otro estado de hechos (completivas oracionales).

b) Estado de hechos aislado de sus circunstancias temporales (completivas infinitivas).
c) Estado de hechos visto como propiedad de entidades o de otros estados de hechos (completivas participiales).
d) Estado de hechos visto como objeto abstracto independiente de los participantes en que toman parte (completivas nominales).

Veamos ejemplos de cada uno de estos tipos. En primer lugar, incluimos en (4) y (5) dos ejemplos de completivas oracionales:

Cláusulas completivas oracionales:

(4)
Alemán (Noonan 1985: 50)

Es ist wahr, *dass er schlau ist*
 ello es verdad que él listo es
'Es verdad que es listo'

(5)
Irlandés (Noonan 1985: 50)

Tá a fhios agam go bhfuil sé ina dhochtúir
está su saber en-mí que es él en-su doctor
'Sé que es médico'

En ambos casos, las completivas aparecen en cursiva y tienen las propiedades típicas de una construcción oracional tanto del alemán (caso 4) como del gaélico irlandés (caso 5). Veamos ahora dos ejemplos de subordinadas completivas infinitivas:

Cláusulas completivas infinitivas:

(6)
Griego clásico (Noonan 1985: 58)

Fe:sì grápsai
dice escribir (inf-aor)
'Dice que escribió'

(7)
Ruso (Noonan 1985: 508)

Я хочу каждый день играть на рояле
Ya jochú kazhdři dien'igrat' na royale
yo quiero cada día tocar en piano
'Quiero tocar el piano todos los días'

Aunque el infinitivo griego tiene morfemas para tiempo y aspecto, lo cierto es que esta forma se utilizaba normalmente con valor aspectual y no temporal, esto ocurre, sobre todo, con el infinitivo presente y aoristo (cfr. Noonan 1985: 58).

Por otro lado, el infinitivo del ruso sólo diferencia entre aspectos y no entre tiempos. Esto se debe al proceso de abstracción mencionado, ya que el aspecto tiene que ver con la acción o proceso denotado y es teóricamente independiente del tiempo (aunque ambas cosas aparezcan imbricadas de modo muy complejo en las lenguas, como hemos tenido ocasión de comprobar en el capítulo 16).

A continuación, examinaremos dos ejemplos de subordinadas completivas participiales:

Cláusulas completivas participiales:

(8)
Catalán (Noonan 1985: 64)

Vaig veure la dona passant per la duana
voy ver la mujer pasando por la aduana
'Vi a la mujer pasando por la aduana'

(9)
Griego clásico (Noonan 1985: 63)

Eîde autè:n paúsa:san
vio ella-ac parada-ac
'La vio parar'

Estos dos ejemplos ilustran muy bien el siguiente paso del proceso de abstracción tal y como lo hemos esbozado antes. En efecto, en el caso del catalán, tenemos un participio adverbial que nos indica que se concibe el estado de hechos como una propiedad de otro estado de hechos; es decir, *passant per la duana* es una propiedad del suceso denotado por *vaig veure la dona*. Por otro lado, en el caso del griego clásico, tenemos un participio adjetival que manifiesta un paso más en la escala de abstracción, ya que ahora el estado de hechos se concibe como una propiedad de una entidad que participa en otro estado de hechos. Por ello, en griego observamos concordancia de género, número y caso entre el objeto directo de la oración compleja *auté:n* y el participio *paúsa:san*.

Por último, veamos dos ejemplos de subordinación completiva nominal; tal tipo de subordinación es típica de las lenguas túrquicas y de esta familia son las dos lenguas aducidas.

Cláusulas completivas nominales:

(10)
Uzbeco (Noonan 1985: 60)

Xatin bu adam-ning zhozha-ni ogirla-sh-i-ni
mujer este hombre-gen pollo-ac robar-nomi-3sg-obj
'La mujer quería que el hombre robara el pollo'

(11)
Turco (Noonan 1985: 62)

Yürü-meg-e başladik
caminar-nomi-dat empezamos
'Empezamos a caminar'

En el primer ejemplo, vemos que se ha nominalizado el verbo *ogirla* mediante el sufijo *-sh* y que lleva un afijo de caso acusativo aunque esta forma verbal siga rigiendo un objeto directo con su caso correspondiente (*zhozhi*). Algo similar ocurre con la forma *yürümege* del turco, que también lleva un afijo casual, aunque esta vez no hay objeto regido, ya que se trata de una forma nominal de verbo intransitivo.

El proceso de nominalización que hemos visto ejemplificado tiene, a su vez, varios grados, como se muestra en las diferentes formas en que se da en las diversas lenguas.

Decimos que la nominalización se obtiene a través de un proceso de abstracción a partir de la acción o proceso. En estos pasos de abstracción podemos eliminar cada uno de los siguientes aspectos:

(12)
Factores afectados en la abstracción de la nominalización

a) Tiempo.
b) Aspecto.
c) Voz.
d) Valencia.

La abstracción temporal es la más frecuente en el proceso de nominalización. Esto se puede ilustrar con el castellano; las oraciones de (13) se nominalizan mediante (14) y se pierde toda indicación de tiempo:

(13)
Castellano

a) El enemigo asedió la ciudad
b) El enemigo asedia la ciudad

(14)
Castellano

El asedio de la ciudad

Pero hay algunas lenguas en las que se conservan indicaciones temporales aunque siempre menos que en la oración (esa restricción indica que se ha producido un proceso de abstracción).

En turco vemos un caso concreto de esta supervivencia parcial de las indicaciones temporales en la nominalización:

(15)
Turco (Comrie-Thompson 1985: 362)

a) Çocuklar-a asagîya inip kendisini sokakta bekle- dik-leri- ni söyledi
niños-a abajo bajando calle-en esperar-nomi-pres-3pl-OD dijo
'Dijo a los niños que bajaran y la esperaran en la calle'
b) Çocuklar-a asagîya inip kendisini sokakta bekli-yecek - leri-ni söyledi
'Dijo a los niños que bajaran para esperarla en la calle'

En (15a) vemos un afijo nominalizador en presente *dik* y en (15b), un sufijo nominalizador de futuro *yecek*.

En cuanto al aspecto, algunas lenguas que tienen un sistema aspectual desarrollado conservan la distinción aspectual en las nominalizaciones. Veamos un ejemplo del polaco:

(16)
Polaco (Comrie-Thompson 1985: 363).

a) Czytanie tej książki dało dużo radości
lectura-impfvo este-gen libro-gen dio mucho placer
'Leer este libro ha resultado agradable'
b) Przeczytanie tej książki dało dużo radości
Lectura-perfvo
'La lectura de este libro me ha resultado muy agradable'

En (16a), tenemos *czytanie*, que es una nominalización imperfectiva y, en (16b), tenemos *przeczytanie*, que es una nominalización perfectiva. La diferencia está en que, en el primer caso, se enfoca el proceso de lectura, de ahí la traducción mediante un infinitivo, pero, en el segundo, se enfoca el acto en su totalidad, no en su desarrollo, de ahí la traducción mediante una nominalización pura.

La voz y la valencia se concentran en las relaciones entre los participantes y el predicado. En general, las distinciones de voz no se realizan en la nominalización. Pero hay lenguas en las que sí que se realizan. Una de ellas es el turco. Veamos un ejemplo extraído igualmente de:

(17)
Turco (Comrie-Thompson 1985: 365)

a) Hasan-în mektub- u yaz - ma - sî
Hasan-de carta-OD escribir-nomi-3sg
'La escritura por Juan de la carta'
b) Mektub- un Hasan tarafîndan yaz-îl - ma-sî
Carta- de por escribir-pasiv-nomi-3sg
'La escritura de la carta por Juan'

En cuanto a la valencia verbal, podemos observar, por ejemplo, que en español hay verbos que para pasar a tener valencia uno a partir de una situación en la que tienen valencia dos, requieren la partícula *se*. Lo vemos en (18).

(18)
Castellano

a) Juan ha clausurado el congreso
b) El congreso se ha clausurado

Pero al nominalizar el verbo, tal partícula no es necesaria:

(19)
Castellano

a) La clausura del congreso (por Juan)
b) La clausura del congreso

En polaco se utiliza, en estos casos, la partícula reflexiva *się*, que ha de aparecer también en las nominalizaciones correspondientes. Veamos un ejemplo:

(20)
Polaco (Comrie-Thompson 1985: 366)

a) Ktoś otworzył drzwi
    alguien abrió puerta
    'Alguien ha abierto la puerta'
b) Drzwi otworzył y *się*
    puerta abrió se
    'La puerta se ha abierto'

Como vemos en (21), existe una nominalización con *się*, y otra sin ella:

(21)
Polaco (Comrie-Thompson 1985: 366)

a) Otwieranie drzwi
    'Apertura de la puerta' (por alguien)
b) Otwieranie *się* drzwi
    'Apertura de la puerta' (posiblemente espontánea)

Si la nominalización conserva algunos complementos que son los participantes del predicado sometido a ese proceso, entonces un mayor o menor grado de nominalización se manifestará en el hecho de que la relación sintáctica entre el verbo nominalizado y los argumentos se manifieste más como una relación oracional que como una relación del sintagma nominal. En este aspecto, hay dos casos extremos y uno intermedio:

(22)
Relaciones sintácticas en nominalización

a) Los complementos de la nominalización se comportan como complementos nominales.

b) Los complementos de la nominalización se comportan como complementos oracionales.
c) Los complementos de la nominalización tienen algunos rasgos de los complementos nominales y algunos rasgos de los complementos oracionales.

La situación (22a) la vemos en castellano, lengua en la que los complementos de la nominalización son claramente nominales. Por ejemplo, en nuestra lengua, el sujeto no lleva preposición alguna, pero, cuando el predicado se ha nominalizado, se inserta la preposición no marcada para los complementos nominales, que es *de*.

(23)
Castellano

a) Juan confesó
b) La confesión de Juan

El caso de (22b) lo observamos cuando los complementos de la nominalización se comportan como complementos verbales y no como complementos nominales. Veamos el caso de la lengua drávida tamil:

(24)
Tamil (Comrie-Thompson 1985: 372-373)

a) Ninkal it-ai cey- t - i:rkal
   vosotros esto-OD hacer-pasado-2pl
   'Hicisteis esto'
b) Ninkal it - ai cey- tal tarmam
   vosotros esto-OD hacer-nomi buena conducta
   'El hacer vosotros esto está bien'

Se observa en (24b) que el objeto directo lleva el mismo afijo casual (*ai*) que el que aparece en una oración sin nominalización alguna.

La situación de (22c) la vemos, por ejemplo, en árabe clásico. En esta lengua, en la nominalización, cuando aparecen como complementos tanto el sujeto como el objeto, el primero se pone en genitivo, caso típico del complemento nominal, pero el segundo se pone en acusativo, caso típico del complemento verbal. Veamos un ejemplo:

(25)
Árabe clásico (Comrie-Thompson 1985: 380)

a) Qatala zayd- un muhammad- an
   mató nom ac
   'Zayd ha matado a Mohamed'
b) Qatl - u zayd - in muhammad - an
   mató-nom Zayd-gen Muhammada-ac
   'El matar Zayd a Mohamed'

A veces, un complemento se conserva en la versión nominalizada; es el caso del *por* agentivo del castellano:

(26)
Castellano

a) La ciudad fue asediada por las tropas hostiles
b) El asedio de la ciudad por las tropas hostiles

Esto no siempre es así. Por ejemplo, en alemán el complemento agente oracional está encabezado por la preposición *von*, pero el nominal lo está por la preposición *durch*. Veamos un ejemplo ilustrativo:

(27)
Alemán (Comrie-Thompson 1985: 386)

a) Das Haus wurde vom (= von dem) Feind zerstört
   la casa fue por-el (= por el) enemigo -destruida
   'La casa fue destruida por el enemigo'
b) Die Zerstörung des Hauses durch den Feind
   la destrucción la-gen casa-gen por el enemigo
   'La destrucción de la casa por el enemigo'

Por otro lado, cuando un verbo rige un tipo especial de complemento, la correspondiente nominalización puede retenerlo, tal como vemos en los siguientes ejemplos del castellano:

(28)
Castellano

a) El ministro carece de vergüenza
b) La carencia de vergüenza del ministro

(29)
Castellano

a) El ministro insiste en su inocencia
b) La insistencia en su inocencia del ministro

Hay lenguas en las que esto no es así. Por ejemplo, en ruso el verbo любить *liubit* 'amar' rige acusativo y, cuando se nominaliza, exige un complemento precedido por la preposición к *k* 'hacia':

(30)
Ruso (Comrie-Thompson 1985: 388)

a) Андрей любит царицу
   Andrei liubit tsaritsu
   Andrés ama zarina (acusativo)
   'Andrés ama a la zarina'

b) Любовь Андрея к царице
Liubov Andreya k tsaritse
amor Andrés-gen a zarina-dat
'El amor de Andrés por la zarina'

Por la traducción española de (30), vemos que la misma situación puede darse en nuestra lengua.

La subordinación completiva es sensible a diversos parámetros de carácter semántico. Veamos primero el parámetro de la aserción.

(31)
Dos tipos de cláusulas completivas

a) *Cláusulas completivas aseverativas:* con ellas, se afirma o niega la verdad de un estado de hechos denotado por la subordinada.
b) *Cáusulas completivas no aseverativas:* con ellas, no se afirma ni niega la verdad del estado de hechos denotado por la subordinada.

Como vamos a ver, las diferentes lenguas del mundo suelen diferenciar de modo sintáctico estos dos tipos de subordinación.

Para ilustrar estos dos tipos de subordinación completiva, podemos considerar, en primer lugar, unos ejemplos del castellano:

(32)
Castellano

a) Juan ve *que Pedro lo descubre*
b) Juan ve *a Pedro descubrirlo*
c) Juan propone *que Pedro lo descubra*
d) Juan propone *a Pedro descubrirlo*

Como vemos, en castellano, podemos diferenciar al menos dos tipos de subordinación completiva, que se distinguen por el modo. En (32a) vemos una subordinada completiva aseverativa, que presenta el verbo de la subordinada en indicativo y en (32c), una subordinada completiva no aseverativa, que presenta una forma verbal subordinada en subjuntivo. Por tanto, en castellano la aseveración se asocia al modo indicativo y la no aseveración, al modo subjuntivo. Por otro lado, tenemos las oraciones de (32b) y (32d), en las que el modo no es relevante, ya que aparece una forma verbal no personal, en este caso, el infinitivo. Vemos que, ahora, la oposición entre aseverativo y no aseverativo desaparece en nuestra lengua. Por otro lado, lo que hay de común entre (32b) y (32d) es que ahora no se constata o propone un suceso completo, sino una acción constituyente de un suceso que no es objeto de la constatación o proposición. En efecto, la diferencia entre (32a) y (32c), por un lado, y (32b) y (32d), por otro, estriba en que, en el primer caso, se ve que un evento tiene lugar o se propone que ocurra; se trata del suceso denotado por la oración *Pedro lo descubre*; en el segundo caso, se ve o se propone una acción realizada por Pedro pero no necesariamente se considera esa acción como ejemplificadora del suceso denotado por la oración *Pedro lo descubre*. Para mostrar esto, basta decir que podemos emitir (32b), en el caso de que Juan vea a

Pedro realizando una acción sin que Juan sea consciente de que se trata de la acción de *descubrirlo*. Esto no es posible en el caso de (32a), donde lo que queremos decir es que Juan se da cuenta del evento de que Pedro lo descubre. De modo análogo, para decir (32c) con verdad es necesario que Juan diga algo como esto: *propongo que Pedro lo descubra*. Sin embargo en el caso de (32d), Juan debe haber dicho a Pedro que hiciera alguna cosa aunque él mismo no lo conceptuase necesariamente como la acción de descubrir algo. Lo que diferencia a (32a, c) de (32b, d) es precisamente que estamos, en el primer caso, ante una subordinación completiva propositiva (aseverativa o no aseverativa), ya que entra en juego una proposición denotadora de un suceso y, en el segundo, ante una subordinación completiva eventiva, ya que entra en juego un tipo de suceso que puede servir para caracterizar un determinado suceso. En español, la distinción *aseverativo/no aseverativo* en la subordinación propositiva se neutraliza en el caso de la subordinación completiva eventiva, pues, como podemos comprobar en (32b) y (32d), se emplea en ambos casos una construcción idéntica. Por tanto, obtenemos este esquema de tipos de subordinación completiva:

(33)
Esquema de los tipos de subordinación completiva

        PROPOSITIVA   EVENTIVA
        asever./no asever.   asever./no asever.

La forma de realización de los tipos de subordinación completiva característica de español es una posibilidad entre otras muchas. Por ejemplo, en vasco encontramos que los distintos tipos de subordinación se señalan mediante distintos tipos de conjunciones subordinantes, que, en el caso de esta lengua, son sufijos que se colocan en el verbo de la subordinada.

Concretamente, tenemos en vasco el siguiente cuadro:

(34)
Dos tipos de conjunciones completivas vascas

Completivas propositivas aseverativas: (-e)la.
Completivas eventivas aseverativas: -t(z)eko.
Completivas propositivas no aseverativas: -(e)la.
Completivas eventivas no aseverativas: -t(z)eko.

Por tanto, y sobre la base de estos datos, se puede conjeturar que en vasco se expresa mediante el afijo-conjunción la oposición entre completivas propositivas y eventivas; pero no la oposición entre no aseverativas y aseverativas.

Veamos algunos ejemplos relevantes:

(35)
Vasco (Ransom 1986: 90)

   a) Uste dut Jon Leo de-la
       esperar he ser-conj

'Confío en que Juan sea Leo'
(Completiva propositiva no aseverativa)
b) Nik esan dut Jon   joa-teko
yo decir he   salir-conj
'He dicho a Juan que se saliera'
(Completiva eventiva no aseverativa)
c) Mariak Jon bultzatu zuen informea idaz-teko
María Juan forzar hizo informe escribir-conj
'María forzó a Juan a escribir el informe'
(Completiva eventiva aseverativa)
d) Nik esan dut Jon joan de-la
yo decir he Jon ido ser-conj
'He dicho que Juan se ha ido'
(Completiva propositiva aseverativa)

Veamos, para finalizar, el caso de otra lengua. Se trata del coreano. En este idioma también hay diferentes conjunciones según el tipo de completiva de que se trate. Obtenemos un cuadro opuesto al del vasco, ya que en coreano el subordinante *kes* se utiliza para las completivas aseverativas y el subordinante *ko/ki*, para las no aseverativas y, por tanto, no se señala la oposición entre propositivo y eventivo:

(36)
Coreano (Ransom 1986: 88-89)

a) Juan-în ssileyki-lîl peliessta-nin-*kes*-îl ichessta
Juan-topic basura-ac sacó-conj-ac olvido
'Juan ha olvidado que sacó la basura'
(Completiva propositiva aseverativa)
b) Juan-în ssileyki-lîl pelinin-*kes*-îl ichessta
Juan-topic basura-ac sacar-conj-ac olvidó
'Juan ha olvidado sacar la basura'
(Completiva eventiva aseverativa)
c) Na- nîn ki-eke ka ttenessta-*ko* ceanhaessta
yo-topic el-a suj irse conj sugerir
'Le sugerí irse'
(Completiva eventiva no aseverativa)
d) Han- ka Jon - ka ttenaess - *ki* - lîl palaessta
el-suj Juan-suj salir-conj -objeto esperar-pas
'Él esperaba que Juan se habría ido'
(Completiva propositiva no aseverativa)

3. Cláusulas relativas

Vamos a estudiar, a continuación, la subordinación adjetiva. Empecemos por introducir una terminología que nos será muy útil en lo que sigue. Sea la oración (37):

(37)
Castellano

El hombre *al que viste* es un ladrón

Normalmente, se dice que *el hombre* es el antecedente de la relativa, que la cláusula relativa es *al que viste* y que en tal cláusula *el que* es el pronombre relativo. Vemos que en el caso de las oraciones complejas por relativización, la cláusula está incrustada dentro de un sintagma nominal como modificador de un sustantivo. Es decir, *al que viste* es un modificador del sustantivo "hombre".

Utilizamos una terminología distinta a la tradicional en lo que sigue, ya que vamos a estudiar las relativas desde un punto de vista interlingüístico y ni *antecedente* ni *pronombre relativo* caracterizan en todos los casos adecuadamente los elementos que habría que calificar de este modo.

A lo que se llama habitualmente *antecedente*, lo vamos a denominar *núcleo de la relativa* y a lo que se denomina *pronombre relativo* lo vamos a denominar *relativizador*.

En el primer caso, hemos visto que el antecedente no es más que el núcleo del sintagma nominal complejo en el que está incrustada la cláusula de relativo.

Por lo que respecta al segundo caso, veremos que, en muchas lenguas, no hay pronombres relativos, sino otro tipo de elemento que puede variar desde un sintagma hasta un afijo. A todos estos elementos que señalan la posición estructural o la función que desempeña el núcleo en la relativa los podemos denominar simplemente *relativizadores*.

En la selección de ejemplos que daremos a continuación y en la clasificación de las cláusulas de relativo, seguiremos fundamentalmente la transparente y eficaz exposición de Keenan (1985b). Una primera clasificación de las relativas es ésta:

Clasificación de las cláusulas relativas:

(38)
a) *Relativas de núcleo externo:*
   i) prenucleares.
   ii) postnucleares.
b) *Relativas de núcleo interno.*

En primer lugar tenemos una dicotomía entre relativas de núcleo externo e interno; la oración de (37) presenta una cláusula relativa con núcleo externo, dado que el núcleo no está dentro de la propia cláusula de relativo. Pero hay lenguas en las que el núcleo de la cláusula de relativo está dentro de ella. Veamos tres ejemplos ilustrativos.

(39)
Navajo (Keenan 1985b: 143)

Tl'e:da:' hasti:n yallti'e: allhosh
anoche hombre habló-rel duerme
'El hombre que habló anoche duerme'

(40)
Tibetano (Keenan 1985b: 161)

Peeme thep khi:-pa the ne: yin
Pe:m-erg libro-abs lleva-rel el de mí ser
'El libro que llevaba Pe:m es mío'

(41)
Diegueño (Keenan 1985b: 162)

Tənay ʔewa: ʔewu:w-pu-ll ʔciyawx
ayer casa vi-def-en cantaré
'Cantaré en la casa que vi ayer'

En el ejemplo de (39) vemos que el núcleo de la relativa, que es *hasti:n*, está dentro de la misma y que el verbo de la cláusula lleva un relativizador, que, en este caso, es el sufijo "-e:". El núcleo es, a su vez, sujeto del verbo principal *allhosh* y está incrustado entre los dos elementos de la cláusula adjetival.

En el ejemplo de (40), observamos que *thep* 'libro' es el sujeto del predicado principal *ne: yin* 'es mío' y que además se encuentra incrustado en la relativa cuyo predicado lleva el sufijo participial *-pa*, con la función de objeto en caso absolutivo.

Por último, en el ejemplo (41) vemos que el núcleo de la relativa es *ʔewa:* 'casa', que desempeña la función locativa en la oración compleja y que además está integrada en la relativa como objeto directo del verbo *ʔewu:w-pu-ll*.

Por su parte, las cláusulas relativas de núcleo externo pueden ser prenucleares o postnucleares. En la oración de (37) tenemos un caso claro de relativa de núcleo externo postnuclear; ello se da, tal como puede apreciarse, cuando la relativa sigue al núcleo, que en este caso sí podría denominarse propiamente *antecedente*. Pero ahora vamos a ver un caso en el que la relativa es prenuclear y, por tanto, el núcleo aparece después de la relativa; en este caso, habría que hablar de *antecedido* y no de *antecedente*.

(42)
Japonés (Keenan 1985b: 143)

Yamada-san ga kat-te iru saru
Yamada-señor suj cuida-rel es mono
'El mono que cuida el señor Yamada'

Se observa en (42) que *saru* es el núcleo de la relativa, pero también que aparece después de la relativa. Por tanto, la de (42) es una relativa prenuclear y el núcleo es un *antecedido*. Podemos clasificar los núcleos de las relativas del siguiente modo:

(43)
Tipología de los núcleos de las relativas

a) No incrustados
   i) Antecedentes:
      EJEMPLO: *hombre* en (37)
   ii) Antecedidos:
      EJEMPLO: *saru* en (42)

b) Incrustados
EJEMPLO: *hasti:n* en (39)

Vamos a ver, a continuación, los tipos de relativizador que se dan en las lenguas del mundo siguiendo también a Keenan (1985b). Las posibilidades comprobadas son las siguientes:

(44)
Tipos de relativizador

a) Pronombre personal.
b) Pronombre relativo.
c) Sintagma nominal completo.
d) Relativizador cero (ausencia de relativizador).

El caso de (44a) lo presentan todas aquellas lenguas en las que el relativizador es un pronombre personal normal. En (45) vemos un caso de este tipo.

(45)
Persa (Keenan 1985b: 146)

Man zan-i- râ ke Juan be u sibe zamini dâd mishenasam
Yo mujer-la-OD que Juan a ella patata dar conozco
'Conozco a la mujer a la que Juan le dio la patata'

En (45) notamos que en la relativa hay un pronombre personal canónico *u* 'ella' y no un pronombre especial relativo, como en otras lenguas indoeuropeas. El caso de (44b) es el típico de las lenguas indoeuropeas; en ellas, existe un tipo especial de pronombre relativo, que puede ser similar al interrogativo y que actúa de relativizador en la subordinada adjetiva. Veamos algunos ejemplos:

(46)
Alemán (Keenan 1985b: 149)

Der Mann den Marie liebt...
El hombre, pron-rel María ama
'El hombre al que ama María...'

(47)
Castellano

a) ¿A quién viste en el cine?
b) El hombre, a quien viste en el cine...

(48)
Indonesio (Keenan 1985b: 150)

a) Kapada siapa yang Ali memberi ubi kentang itu
    a quién que dio patata esta
    '¿A quién le dio Ali la patata?'

b) Perempuan kapada siapa Ali beri ubi kentang itu...
mujer a quien dio patata esta
'La mujer a quien Ali dio la patata...'

Se puede comprobar, tanto en (47) como en (48), que el pronombre relativo posee una forma idéntica a la del interrogativo.

Hay lenguas, como el checo, que utilizan las estrategias (44a) y (44b) simultáneamente:

(49)
Checo (Keenan 1985b: 151)

a) Jan viděl toho muže, co ho to děvče uhodilo
Juan vio a ese hombre, que le esa chica pegó
'Juan vio al hombre que la chica le pegó (coloquial)'
b) Jan viděl toho muže, ktereho to děvče uhodilo
Juan vio a ese hombre, al cual esa chica pegó
'Juan vio al hombre al que pegó la chica'

Como vemos, en (49a) la relativa va encabezada por una conjunción subordinante *co* 'que' seguida de un pronombre personal que funciona como relativizador y en (49b) encontramos una subordinada de relativo encabezada por un pronombre relativo (*ktereho*) como relativizador.

En español hablado se da una situación similar, ya que se sustituye la relativa encabezada por *cuyo* por la encabezada por una conjunción seguida de un pronombre posesivo canónico como relativizador. Veamos un ejemplo de esto:

(50)
Castellano

a) El hombre cuyo hijo desapareció...
b) El hombre que su hijo desapareció... (castellano coloquial)

Pasemos ahora al caso (44c). En él, el núcleo de la relativa se repite dentro de la relativa. He aquí un ejemplo del tibetano:

(51)
Tibetano (Keenan 1985b: 152)

Pe:m-e coqtse wa:la kurka thi:pe coqtse the na no:qi yin
Peeme-erg de mesa bajo cruz escrito mesa la yo compraré ser
'Compraré la mesa bajo la que Pe:m ha hecho una cruz'

Por último, el caso (44d) se produce cuando en la relativa no hay relativizador alguno. Esto aparece en algunas ocasiones en las lenguas, de modo opcional. Veamos dos ejemplos ilustrativos:

(52)
Hebreo (Keenan 1985b: 153)

Ha-nashim she-ani makir
las-mujeres que-yo conozco
'Las mujeres que conozco'

(53)
Inglés

The women that I know
Las mujeres que yo conozco
'Las mujeres que conozco'

Nótese que, si consideramos que en nuestra lengua el *que* es siempre conjunción, entonces la traducción de (53) sería también un caso de ausencia del relativizador en español. Tal ausencia sería obligatoria cuando el relativizador de la subordinada relativa es sujeto y opcional cuando es objeto directo sin la preposición *a*; con otras preposiciones, también es opcional. Veamos unos ejemplos:

(54)
Castellano

a) El hombre que / *quien / *el que vino...
b) La puerta que / *la que abriste...
c) La habitación en que / la que estás...
d) La puerta por que / la que salió...

En muchas lenguas se hace una distinción entre relativas apositivas y restrictivas (véase Lehmann 1984: 270- 280). Vamos a partir de un par de ejemplos del castellano para ilustrar esta diferencia:

(55)
Castellano

a) El hombre que es alto ...
b) El hombre, que es alto ...

En el caso de (55a) estamos especificando la referencia de *el hombre*, pero en (55b), la estamos explicando. En el segundo sintagma estamos ante un inciso explicativo en el que se nos da una propiedad de la entidad a que hacemos referencia mediante *el hombre* sin que esta propiedad se haya utilizado para establecer dicho acto de referencia; esto último es exactamente lo que ocurre en el ejemplo de (55a), en donde tiene lugar un proceso de restricción de las denotaciones posibles como el siguiente: nos referimos a una entidad que está en el conjunto de los que son hombres y dentro de ese conjunto a los que son altos.

Este diferente *status* semántico se refleja sintácticamente en el hecho de que la relativa restrictiva ocupa un lugar jerárquico diferente dentro del sintagma nominal. Siguiendo a Lehmann (1984: 262), podríamos proponer (56a) como estructura sintáctica de (55a), y (56b) como estructura sintáctica de (55b).

(56)
Estructuras sintácticas de (55)

a) [$_{SPron}$ [$_{Pron}$el] [$_{SN}$ [$_N$hombre] [$_{Rel}$ que es alto]]]
b) [$_{Spron}$[$_{Spron}$[$_{Pron}$el][$_{SN}$[$_N$hombre]]] [$_{Rel}$ que es alto]]

Estudiemos ahora brevemente las relativas libres: se trata de cláusulas relativas sin núcleo, por ello, podrían también denominarse cláusulas relativas anucleares.

Vamos a ver unos ejemplos de este tipo de relativas anucleares:

(57)
Castellano

a) Quien bien te quiere, te hará llorar
b) El que va a sus clases, aprende mucho

(58)
Alemán (Engel 1988: 249-250)

a) Wer das gesagt hat, ist mir unbekannt
   quien esto dicho ha, es a mí desconocido
   'Quien ha dicho esto me es desconocido'
b) Was dir gefällt, wollte ich auch gerne sehen
   que a ti gusta, quisiera yo también con gusto ver
   'Vería con gusto yo también lo que te gusta a ti'

(59)
Mongol (Lehmann 1984: 295)

Yabə- sə- d ir- lee
ir- rel-pl venir-perfecto
'Los que se fueron han venido'

(60)
Canarés (Lehmann 1984: 296)

Na:nu he:l -idd - a- nnu kel- id- anu
yo decir-pas-rel-ac oír-pas-3sg
'Ha escuchado lo que he dicho'

(61)
Volofo (Lehmann 1984: 296)

Li nga uax dögga la
clas tú decir verdad es
'Lo que tú dices es verdad'

Como puede comprobarse, la relativa anuclear parece ser frecuente en las lenguas del mundo.

La construcción típica en la que aparecen las relativas libres es la denominada por los gramáticos anglosajones *cleft sentence*; que nosotros llamamos *perífrasis de relativo* (Moreno Cabrera 1999). Las perífrasis de relativo tienen la siguiente estructura:

(62)
Estructura de las perífrasis de relativo

Las perífrasis de relativo constan de:

a) Una cláusula relativa anuclear o de núcleo restringido.
b) Una cópula.
c) Un sintagma nominal o adposicional especificador.

Veamos primero un ejemplo ilustrativo del castellano:

(63)
Castellano

El que llegó tarde fue mi amigo

En (63) observamos las tres partes enunciadas en (62): la cláusula relativa anuclear es *el que llegó tarde*, la cópula es, en este caso, el verbo *ser* y *mi amigo* es el sintagma que especifica, en este caso, quién llegó tarde. El proceso semántico existente es el siguiente: la relativa anuclear señala, mediante el relativizador, una entidad como participante en un estado, acción o proceso y el sintagma especificador nos concreta de qué entidad se trata. Por tanto, la cópula no tiene en esta construcción una función atributiva sino más bien especificativa o, mejor, ecuativa. Es decir, en el caso de (63) se nos dice que *aquel que llegó tarde* y *mi amigo* denotan en el contexto de uso la misma persona.
Las perífrasis de relativo son, pues, estructuras copulativas especificativas y aparecen en muchas lenguas del mundo. Veamos ahora varios ejemplos de algunos de los tipos de perífrasis de relativo que se encuentran en las lenguas del mundo:

(64)
Hebreo (H. Harries 1978: 446)

Ze haya Yonatan she pagash et axiv
este fue Juan quien encontró ac su hermano
'Fue Juan quien se encontró con su hermano'

(65)
Francés (H. Harries 1978: 447)

Celui qui est venu est François
este que es venido es Francisco
'El que ha venido es Francisco'

(66)
Suahilí (H. Harries 1978: 447)

Ni mwalimu mtu aliye fika
es profesor hombre quien llegó
'Es el profesor el que llegó'

(67)
Chino (H. Harries 1978: 448)

是 宧 看见 那个 男人
Shì Huàn kàn-jiàn nà-ge nánrén
es Juan vio ese-cl hombre
'Es Juan quien vio a ese hombre'

(68)
Húngaro (H. Harries 1978: 448)

Az aki New York-ba repűlt János volt
Ese quien N. Y.a voló Juan fue
'El que voló a Nueva York fue Juan'

(69)
Amárico (H. Harries 1978: 448)

Essu naw ye mattaw
él es rel vino
'Él es quien vino'

En estos ejemplos pueden verse algunas variaciones de las perífrasis de relativo. En (64), (65), (66) y (68) observamos que la relativa no es anuclear, sino que tiene un núcleo; este núcleo suele ser un pronombre demostrativo, como en hebreo, francés o en húngaro, o bien una palabra de significado más o menos general, como ocurre en suahilí, lengua en la que en este caso se utiliza el sustantivo *mtu* 'hombre'. El ejemplo del chino nos hace ver que puede no haber cláusula de relativo alguna, simplemente tenemos una oración normal sin sujeto especificado. Por tanto, debemos generalizar el concepto de perífrasis de relativo al de *oración especificativa*; una oración especificativa tendrá los siguientes elementos constituyentes:

(70)
Constituyentes de una oración especificativa

a) Una cláusula con un constituyente especificable.
b) Un elemento copulativo (un verbo, un afijo, una conjunción, una partícula).
c) Un sintagma especificador.

Una cláusula con constituyente especificable puede ser una relativa con núcleo restringido o una relativa sin núcleo, tal como hemos visto que ocurre en general en las lenguas indoeuropeas.

4. Cláusulas y cocláusulas adverbiales

Podemos establecer dos subtipos de cláusulas adverbiales: *accidentales* y *relacionales*.

Las primeras sirven para especificar la localización temporal o espacial o la manera en que se verifica el evento denotado por la oración compleja.

Las segundas sirven para indicar una relación entre el evento principal denotado por la oración compleja y otro evento (co)subordinado denotado por la cláusula (co)subordinada.

Una prueba para la distinción de estos dos grupos ha sido propuesta, entre otros muchos autores, por Thompson y Longacre (1985). Según estos autores, en el primer caso, la subordinada podría sustituirse por una palabra y, en el segundo, no.

Podemos comprobar esto en castellano fácilmente. Vemos en (71) tres pares de oraciones; cada par contiene una primera oración compleja con una cláusula subordinada y una segunda oración simple en la que se ha puesto una palabra equivalente a la cláusula adverbial accidental.

(71)
Cláusulas adverbiales accidentales

  a) Juan irá al cine *cuando termine el trabajo*
  a') Juan irá al cine *mañana*
  b) Juan vive *donde termina la calle Goya*
  b') Juan vive *allí*
  c) Juan habla *como si no se acordara de nada*
  c') Juan habla *desmemoriadamente*

Esta posibilidad ilustrada en (71) no se produce con las oraciones complejas que presentan cláusulas adverbiales relacionales. Una diferencia entre las adverbiales accidentales y relacionales es que éstas suelen expresarse en las lenguas europeas mediante estructuras de cosubordinación (véase el capítulo 26, sección 1) y aquéllas, mediante estructuras de subordinación.

A continuación, y siguiendo fundamentalmente el claro estudio de Thompson y Longacre (1985), veremos cómo se manifiestan en las lenguas del mundo estos dos tipos de subordinadas.

Las cláusulas de tiempo, lugar y modo, es decir, las subordinadas accidentales, se expresan de muy diversa forma en las lenguas del mundo.

En muchas lenguas existe una conjunción temporal, locativa o modal que introduce la cláusula adverbial. Veamos unos ejemplos del inglés:

(72)
Cláusulas adverbiales accidentales introducidas por conjunciones

Inglés (Thompson y Longacre 1985: 179)

  a) Temporales:
   We will go *when Tom gets here*
   nosotros aux-fut ir cuando llegue aquí
   'Iremos cuando Tom llegue aquí'

b) Locativas:
I will meet you *where the statue used to be*
yo fut encontrar tu donde la estatua solía estar
'Me encontraré contigo donde estaba la estatua'
c) Modales:
She spoke *as he had taught her to*
ella habló como él había enseñado la a
'Ella habló como le había enseñado él'

A continuación, veremos un caso en el que las cláusulas adverbiales accidentales se expresan mediante afijos verbales que aparecen en el verbo subordinado. La lengua elegida es el abjaso:

(73)
Cláusulas adverbiales accidentales introducidas por afijos verbales

Abjaso (Hewitt 1987: 119 y 138)

a) Modal:
Də - shə- z- ba- z də- q'a - w - p'
le- como-yo-ver-pasado el- es- estativo-presente
'Él es como le vi'
b) Temporal:
D-anə-zba a-shºqº'ə lə-s-tayt'
la-cuando- vi el-libro la-yo-di
'Cuando la vi, le di el libro'

Veamos ahora otros ejemplos de subordinación adverbial accidental introducidas por afijos verbales del quechua de junín-huanca.

(74)
Cláusulas adverbiales accidentales introducidas por afijos verbales

Quechua junín-huanca (Cerrón-Palomino 1976: 269- 270):

a) Locativa:
Miku-sha-apiqtam yalqaykaamuu
comer-que-de estoy saliendo
'Estoy saliendo de donde comí'
b) Temporal:
Mikuyka- ptiimi traqlamulqanki
comer yo-cuando llegaste
'Llegaste cuando estaba yo comiendo'
c) Modale:
Asi-shtinmi takikuykalkan
rien-modo cantan
'Están cantando riéndose'

Lo interesante en el ejemplo de la adverbial locativa está en que, simplemente, se añade la terminación del caso nominal *ablativo* a la forma verbal completiva, en la que *sha* es el afijo subordinante.

Siguiendo parcialmente a Thompson y Longacre (1985: 185-203), podemos distinguir los siguientes subtipos de subordinadas adverbiales relacionales. Estas adverbiales suelen expresarse en las lenguas indoeuropeas mediante estructuras *cosubordinadas* o *bipolares,* es decir, estructuras en las que no hay una dependencia o incrustación sintáctica, sino una dependencia o interdependencia semántica.

(75)
Algunos tipos de adverbiales relacionales

a) Finales.
b) Causales.
c) Condicionales.
d) Consecutivas.
e) Aditivas.
f) Concesivas.
g) Sustitutivas.

Cada una de ellas denota un evento y la relación de ese evento con el principal expresado en la cláusula compleja subordinada o cosubordinada.

Podemos establecer dos tipos de relación lógica entre dos eventos: la *antecedencia* y la *sucesión lógica.*

En el primer caso, tenemos que un suceso se concibe como lógicamente anterior a otro, bien porque es una condición suya (*antecedencia condicional*), bien porque es una causa suya (*antecedencia causal*), o bien porque es un evento preexistente que puede impedir o estorba la relación de otro (*antecedencia concesiva*). Estos tipos lógicos se manifiestan en los siguientes tipos de adverbiales relacionales:

(76)
Adverbiales relacionales que expresan antecedencia

a) Antecedencia condicional:
   Adverbiales condicionales.
b) Antecedencia causal:
   Adverbiales causales.
c) Antecedencia concesiva:
   Adverbiales concesivas.

En cuanto a la sucesión lógica, tenemos también varias posibilidades. En primer lugar, un suceso puede verse como sucesivo lógicamente respecto de otro, si ha sido originado intencionadamente a partir del otro (*sucesión final*) o si es una consecuencia de éste (*sucesión consecutiva*), o si se da además del otro (*sucesión aditiva*) o, por último, si se da en vez de otro (*sucesión sustitutiva*).

Tenemos los siguientes tipos de subordinadas adverbiales relacionales, según estos diversos tipos de sucesión lógica:

(77)
Adverbiales relacionales que expresan sucesión

a) Sucesión final:
   Adverbiales finales.
b) Sucesión consecutiva:
   Adverbiales consecutivas.
c) Sucesión aditiva:
   Adverbiales aditivas.
d) Sucesión sustitutiva:
   Adverbiales sustitutivas.

Tenemos, según estos criterios, los siguientes pares afines:

(78)
Correspondencias entre los tipos de adverbiales relacionales de antecedencia y sucesión

a) Causales - finales.
b) Condicionales - consecutivas y aditivas.

Estas relaciones pueden hacerse evidentes mediante los siguientes ejemplos del castellano:

(79)
Ejemplos de las correspondencias de (78)

Castellano

a) Finalidad/Causalidad:
   i) Viene aquí porque se lo han recomendado
       (CAUSALIDAD)
   ii) Viene aquí por distraerse
       (FINALIDAD CAUSAL)
   iii) Viene aquí para distraerse
       (FINALIDAD)
b) Condicionalidad/consecutividad/adición:
   i) Si lo haces así, nunca te saldrá bien
       (CONDICIONALIDAD)
   ii) Si calientas demasiado el agua, se evaporará
       (CONSECUTIVIDAD CONDICIONAL)
   iii) Calentó tanto el agua, que se evaporó
       (CONSECUTIVIDAD)
   iv) Si bien estudió, también se divirtió algo
       (CONDICIONALIDAD ADITIVA)
   v) Estudió; también se divirtió algo
       (ADICIÓN)

En cada caso, observamos cómo la relación entre uno y otro concepto se manifiesta al comprobar que los dos pueden expresarse mediante una forma de subordinación similar.

Las cláusulas adverbiales finales y causales se expresan en muchas lenguas del mismo modo. Acabamos de ver que, en realidad, están semánticamente relacionadas. Veamos un ejemplo de esto.

(80)
Canurí (Thompson-Longacre 1985: 186)

a) *Final:*
   Biska Monguno-ro lete-ro tawange ciwoko
   ayer Monguno-a ir-para temprano levanté
   'Ayer me levanté temprano para ir a Monguno'
b) *Causal:*
   Biska Monguno-ro lengin-do-ro tawange ciwoko
   ayer Monguno-a ir-defin-por temprano levanté
   'Ayer me levanté temprano porque iba a ir a Monguno'

Como se ve, la única diferencia está en el marcador de definitud que lleva el verbo en la segunda oración.

Hay lenguas en las que la subordinada adverbial final se realiza mediante una forma nominalizada del verbo más el caso de dativo. En este caso estamos, pues, ante una cláusula subordinada y no cosubordinada. Veamos un ejemplo:

(81)
Tamil (Thompson-Longacre 1985: 186)

Avan poo-R-atu-kku kutu-tt-en
él ir-pres-nomi-dat dar- pas-1 sg
'Lo daré para que pueda ir'

Respecto a las adverbiales condicionales establezcamos primero unas precisiones terminológicas. En primer lugar, hablaremos de prótasis y de apódosis para referirnos a los dos elementos de una oración compleja condicional.

(82)
Castellano

Si Juan vuelve pronto, iremos al cine

En (82), la subordinada adverbial condicional o *prótasis* es *Si Juan vuelve pronto,* y la *apódosis* es la oración simple que queda al eliminar la prótasis; en este caso, *iremos al cine.*

Desde el punto de vista semántico, las oraciones complejas condicionales pueden presentar dos tipos principales:

(83)
Dos tipos de adverbiales relacionales condicionales

a) *Condicionales fácticas:* son aquellas en las que la prótasis denota un estado de hechos, acción o proceso posible o habitual; es decir, que es consistente con el mundo en el que se realizan las aseveraciones de la oración. En español, el verbo de la apódosis suele ir en futuro.

EJEMPLOS:
Si vienes al cine, te divertirás
Si fuerzas el muelle, se romperá

b) *Condicionales contrafácticas:* son aquellas en las que la prótasis denota un suceso en un mundo alternativo a aquel en el que se realizan las aserciones de la oración. En español, el verbo de la apódosis suele ir en potencial, y mediante él se asevera algo en un mundo alternativo distinto del real.

EJEMPLOS:
Si tuviera dinero, me compraría el coche
Si hubiera ganado, estaría más contento

Lo más común en las lenguas es que la prótasis se marque mediante una conjunción (co)subordinante, como ocurre en español; a veces esta conjunción es claramente temporal. Ello ocurre, por ejemplo, en vai.

(84)
Vai (Thompson-Longacre 1985: 193)

Á à ná 'éè í-ì á fé'ae-íà
El venir tú -fut le ver-fut
'Si viene, le verás' y también 'Cuando venga, le verás'

La conjunción condicional procede de una conjunción temporal, según Closs Traugott (1985: 292), en hitita, suahilí, tagalo, tuvalu, indonesio, gumbainguiri, yaquí, oneida, hebreo y otras muchas lenguas. Los condicionales contrafácticos suelen expresarse de un modo explícito en las lenguas; en español, hemos visto que, en ellos, el verbo de la prótasis aparece en subjuntivo y el de la apódosis, en potencial. Otras lenguas utilizan un marcador especial para este tipo de condicionales. Veamos un ejemplo:

(85)
Chaga (Thompson-Longacre 1985: 193)

Juan a-*wé*-icha inú ngí-*we*-korá machalári
Juan él-irreal-venir hoy yo-irreal-cocinar plátanos
'Si Juan viniera hoy, cocinaría plátanos'

Se observa que tanto el verbo de la prótasis como el de la apódosis van provistos del marcador de mundo alternativo o irreal *wé*.

La prótasis puede establecer una condición negativa; en este caso, el español recurre a una negación verbal normal, pero otras lenguas, como el inglés o el chino, disponen de una conjunción condicional negativa. En inglés, es la conjunción *unless* y, en chino, la conjunción 除非 *chúfei*. Compárense las tres oraciones siguientes, que se traducen entre sí:

(86)
Condicionales negativas

a) *Inglés* (Thompson-Longacre 1985: 196)
   Unless it is cheap,I will not buy it
   si no ello es barato, yo fut no comprar lo
b) *Chino* (Thompson-Longacre 1985: 193)
   除非 便宜 我 不 买
   Chúfei piányi wô bù mâi
   si no barato yo no comprar
c) *Castellano*
   Si no está barato, no lo compro

En general, los restantes tipos de adverbiales relacionales suelen ser introducidos por una conjunción especializada. Veamos algunos ejemplos de subordinadas concesivas, sustitutivas y aditivas:

(87)
Concesivas

a) *Neerlandés* (E. König-Johan van der Auwera 1988: 125)
   Hoewel ik Fred niet verdragen kan, haten doe
   aunque yo Fred no soportar puedo, odio hago
   ik hem ook niet
   yo le también no
   'Aunque no puedo aguantar a Fred, tampoco le odio'
b) *Tagalo* (S. Thompson-R. Longacre 1985: 198)
   Bagaman at hindi sila mag-aaral, umaasa silang pumasa
   aunque no ellos fut-estudiar esperan ellos aprobar
   'Aunque no van a estudiar, esperan aprobar'
c) *Chino* (S. Thompson-R. Longacre 1985: 199)
   无论 他 是 谁 我 还是 不 去
   Wúlùn ta shí shuí wô háishì bù qù
   no importa él ser quién yo aun así no ir
   'No importa quién sea, aun así no iré'

Como vemos en el caso del chino y en la correspondiente traducción castellana, las cláusulas concesivas indefinidas toman la forma de una interrogativa indirecta.

(88)
Sustitutivas

a) *Castellano*
   Fuimos al cine en lugar de quedarnos en casa
b) *Zapoteco* (S. Thompson-R. Longacre 1985: 199)
   Lugar de nuni-be ni zaka nuni-be ni sikari'
   en vez de hacer-irreal-él ello así hacer-irreal-él ello este modo
   'En vez de hacerlo de esta manera, deberíamos haberlo hecho de esta otra'

(89)
Aditivas

a) *Castellano*
Además de perder el autobús, perdimos la cartera
b) *Tagalo* (S. Thompson-R. Longacre 1985: 200)
Nagaalaga siya ng hayop, bukod sa nagtatrabaho siya sa bukid
criar él art animales además trabajar él art campo
'Cría animales, además de trabajar en el campo'

(90)
Consecutivas

a) *Castellano*
Corrió tanto que se cansó
b) *Inglés* (Bolinger 1972: 170)
The papers had been so messed up that it took an hour to put them in order
los papeles habían sido tan revueltos asp que ello llevó una hora para poner los en orden
'Los papeles estaban tan revueltos que llevó una hora ordenarlos'

Cuando no se quiere especificar el tipo de relación que existe entre el estado de hechos denotado por la subordinada y el denotado por la oración compleja, entonces puede echarse mano de una *cláusula subordinada absoluta*.

En estas cláusulas, hay una marca de subordinación, ya que el verbo de la subordinada suele estar en una forma especial, pero no existe un nexo conjuntivo que indique el tipo de subordinación. La relación de los estados de hechos o eventos implicados se infiere a partir del contexto de uso.

En latín clásico se utiliza con profusión la llamada *construcción de ablativo absoluto*. En ella, la subordinada tiene su verbo en participio, que es una forma adjetival del verbo. Según observan Thompson y Longacre (1985: 201) si el sujeto de la subordinada absoluta y el sujeto de la principal son idénticos, el verbo en participio concuerda con el sujeto en género, número y caso; si no ocurre así, el verbo en participio y sus complementos aparecen en caso ablativo.

(91)
Dos tipos de subordinadas absolutas en latín (Thompson y Longacre 1985: 201)

a) Ab oppid-o duct-a femin-a, prope templ-um habita-ba-t
de ciudad-abl llevada-nom mujer-nom cerca templo-ac vivía-asp-3sg
'Habiendo sido traída desde la ciudad, la mujer vivía cerca del templo'
b) Caesar, accept-is litter-is, nuntium misit
César, recibidos-abl cartas-abl mensajero envió
'Habiendo sido recibida la carta, César envió un mensajero'

Algunas lenguas pueden utilizar una conjunción neutral, sin ningún significado especial, para denotar una subordinación sin indicar matiz alguno. Veamos un ejemplo:

(92)
Godié (S. A. Thompson y R. E. Longacre 1985: 202)

O yi mo Dakpaduu'na gbesi o tla a
él vino a Dakpadu que trampas él puso reciente
'Habiendo ido a Dakpadu, puso varias trampas'

En castellano, la subordinación mediante *que* puede tener muy diversos valores, tal como podemos comprobar en (93).

(93)
Algunos valores de "que" en castellano

a) Causal:
   No lo hagas así, que nunca sale bien
b) Final:
   Ve a esa academia, que te enseñen bien informática
c) Consecutivo:
   No corras tanto, que te vas a caer
d) Condicional:
   Divídelo por dos, que así obtendrás la solución

5. Diáfora y polirremia

En las oraciones complejas de algunas lenguas del mundo, se señala, explícitamente si el sujeto o pivote de la cláusula subordinada o coordinada es idéntico o no al sujeto o pivote (véase capítulo 20) del verbo principal o rector. Este fenómeno se conoce habitualmente en el mundo anglosajón como *switch reference*. Nosotros lo denominamos *diáfora* (Moreno Cabrera 1998a: 18-19, para una justificación de este término). Sirve, fundamentalmente, para mostrar la continuidad o discontinuidad referencial respecto de un participante señalado de una oración compuesta o compleja.

Para ilustrar el fenómeno en las oraciones compuestas, tomemos un ejemplo del koita, una lengua papú de Nueva Guinea Papúa.

(94)
Koita (Lynch 1983: 210)

a) Daka   oro-go- i   era- ga- nu
   yo   venir-Sg-HO   ver-Sg-Pas
   'Vine y le vi'
b) Daka   oro-go-nuge, auki   da   era-ga-nu
   yo   venir-Sg-HE él   me   ver-Sg-Pas
   'Vine y él me vio'

Se puede comprobar que existe un sufijo *i* que indica diáfora homofórica u homófora (HO), es decir, que el sujeto del segundo coordinando es idéntico al del primero. Por otro lado, en (94b) podemos comprobar el sufijo verbal *nuge*, que indica que el sujeto de la siguiente oración coordinada es diferente al del sujeto de la inmediatamente anterior. Éste es un caso de diáfora heterofórica o heterófora (HE).

Este fenómeno se da también en oraciones complejas, como hemos dicho antes. Veamos un ejemplo:

(95)
Chicasa (P. Munro 1983: 223)

a) Hilha- kat ithaana
danzar-HO sabe
'Sabe que danzó (él mismo)'
b) Hilha- kaa ithaana
danzar-HE sabe
'Sabe que él danzó (otra persona)'

Este mecanismo se da en lenguas de muchos rincones del planeta: en Australia, Asia, América, Europa, Nueva Guinea Papúa.

Según Foley y Van Valin (1984: 339-354), hay, al menos, cuatro tipos de sistemas diafóricos, que pasamos a exponer a continuación.

Utilizaremos la expresión *predicación segunda* para referirnos a una cláusula subordinada o a una oración coordinada con otra, y *predicación primera* para referirnos a la oración del verbo principal o a la oración con la que se coordina la oración coordinada.

En el primer tipo, sólo se marca el verbo de la predicación primera cuando su sujeto es idéntico al de la predicación segunda.

Un ejemplo es la lengua de Nueva Guinea Papúa sirói:

(96)
Sirói (Foley y Van Valin 1984: 340)

Mbaduwang   ngur-mba   buk- ngima
arco   romper-HO   tirar-3sg-pas
'Rompió y tiró el arco'

Si el sujeto es diferente, entonces se han de utilizar dos verbos unidos por una conjunción copulativa.

En el segundo tipo, existe un afijo para expresar HO y otro para expresar HE. Veamos un ejemplo.

(97)
Barái (Foley y Van Valin 1984: 341-342)

a) Bu   ire   i-kinu   vua   kuae
3pl comida   comer-HO   charla decir
'Estaban comiendo y hablando'
b) Bu   Ire   i-ko   no vua kuae
3pl comida   comer-HE   1pl charla decir
'Mientras ellos comían, nosotros hablábamos'

En el tercer tipo, el afijo que indica HE señala además persona y número, mientras que el que indica HO, no lo indica. Veamos un ejemplo.

(98)
Queva (Foley y Van Valin 1984: 342)

a) Ní   réko-a   ágaa   lá-lo
   1sg estar en pie-HO charla decir-1sgPres
   'Me he puesto en pie y estoy hablando'
b) Ní   réka-no   ágaa   lá-a
   1sg estar en pie-HE charla decir-3sg-pas
   'Me he puesto en pie y él ha hablado'
c) Nipú réko-na   ágaa   lá-ma
   3sg estar de pie-HE charla decir-1pl-pas
   'Él se ha puesto en pie y nosotros hemos hablado'

Como es fácil comprobar, el afijo heterofórico indica la persona y número del sujeto de la predicación primera.

En el cuarto tipo, tenemos la indicación de persona y número también para el afijo de HO. Veamos un ejemplo de esta situación:

(99)
Fore (Foley y Van Valin 1984: 343)

a) Mae-ma-kina   kana- ye
   obtener-SEC-HO3sg venir-3sg
   'Lo obtiene y después viene'
b) Mae-ʔte-iʔta   kana-ʔku-une
   obtener-SIM-HO1pl venir-Fut-1pl
   'Lo obtendremos'

Donde SEC indica secuencialidad y SIM indica simultaneidad de las acciones. Como se ve, el indicador de HO especifica la persona y número de la persona implicada.

Según estos datos, podemos establecer una jerarquía de señalamiento de cambio de pivote en la oración compuesta y compleja. Es la siguiente:

(100)
Jerarquía de señalamiento interoracional del pivote

a) HOpn > HEpn > HE > HO
b) Fore > queva > barái > sirói

donde p = persona, y n = número.

Según esta jerarquía, habrá lenguas que conozcan sólo la marca HO y ninguna de las otras; si conocen la marca HE también conocerán la de HO y si conocen la marca HEpn (es decir, con persona y número) tendrán las marcas HE y HO. Por último, si una lengua presenta la marca HOpn también tendrá las demás marcas de la escala. En (100b), vemos que, respecto de esta cuestión, las lenguas examinadas hasta ahora están en distintos lugares de esa jerarquía. Naturalmente, habrá que estudiar los sistemas diafóricos de muchas más lenguas para poder decidir si esta jerarquía es universal o no, o cómo habría que modificarla para que sea válida interlingüísticamente.

Pasemos ahora a la *polirremia*. Este fenómeno es bastante habitual en lenguas de África Occidental, Asia sudoriental y oriental o Nueva Guinea Papúa y, en el mundo anglosajón, se denomina *serial verb construction*. Para una justificación del término *polirremático* ha de consultarse Moreno Cabrera 1998a: 19. La construcción polirremática se caracteriza porque hay uno o más verbos yuxtapuestos, sin signos de subordinación alguna, y que comparten algún argumento. Veamos algunos ejemplos:

(101)
Ejemplos de construcción polirremática

a) *Yoruba* (Foley & Olson 1985: 18)
 ó mú ìwé wá
 él tomó libro vino
 'Trajo el libro'
b) Iyo (Sebba 1987: 145)
 Eri wenini ama suomi
 él caminó pueblo entró
 'Entró en el pueblo'
c) *Chino* (Sebba 1987: 172)
 他 用 筷子 吃 饭
 Ta yòng kuàizi chi fàn
 él usó palillos comió comida
 'Comió comida con palillos'
d) *Yesán-mayo* (Foley & Olson 1985: 18)
 An rini peti wur-tí
 yo le enviar entrar-fut'
 'Le enviaré dentro'

Estas construcciones son birremáticas, pues hay dos verbos implicados. Un problema que se plantea es el de saber si, en estos casos, estamos ante oraciones complejas o ante oraciones simples con sintagmas verbales compuestos de dos verbos. Existen algunos argumentos que muestran que se trata de la segunda opción. Indicio de esto es que la construcción polirremática es diferente, en muchas lenguas, de una construcción de oraciones. Un ejemplo lo podemos ver en lahú.

(102)
Lahú (Foley & Olson 1985: 20)

a) Pokhû qay bo ve yò
 cura ir cansado declarativo
 'El cura está cansado de ir'
b) Pokhû qay le bò ve yò
 cura ir y cansado declarativo
 'Habiéndose ido, el cura se cansó'

En el primer caso, tenemos una construcción polirremática y una oración simple, pero, en el segundo, estamos ante una construcción coordinada y, por tanto, una oración compuesta. Pero un rasgo decisivo que diferencia las construcciones polirremáticas de las oraciones compuestas o complejas es que los verbos, en este tipo de construcciones, suelen tener un sentido diferente al que presentan cuando no aparecen en ellas. Un ejemplo lo vemos en la lengua de Nueva Guinea Papúa yimaso.

(103)
Yimaso

Namarawt tîkîrgat ya-na-pay-pu-t
hombre sillas los-él-estar-ir-perf
'El hombre se llevó las sillas'

El verbo *pay* significa cuando aparece solo 'estar en posición horizontal (por ejemplo, un libro en una mesa)'. Una forma de parafrasear la oración sería 'el hombre se fue con las sillas transportándolas en posición horizontal'. La cuestión es que el significado del verbo complejo *yanapayput* debe ser obtenido de modo más o menos idiosincrásico a partir de los significados de los dos verbos que incluye; estamos claramente ante una especificación léxica y no ante una relación entre oraciones.

Obsérvese, además, que, en esta lengua, estamos ante una sola unidad léxica verbal construida con dos raíces verbales, lo que muestra, una vez más, que se trata de un verbo complejo y no ante una oración compuesta o compleja. De hecho, en esta misma lengua se pueden obtener verbos complejos compuestos de más de dos raíces verbales. Veamos un par de ejemplos de esto:

(104)
Yimaso (Foley & Olson 1985: 43)

a) Awt nga-kra-yarabi- warasa-nga- n
    fuego tu-nos-conseguir-regresar-dar-presente
    'Consigues y vuelves con fuego para nosotros'
b) Mabargat ya-na-park-bi-kapikbi-warkî-k
    coco los-él-partir-romper-atar-pasado
    'Partió, desmenuzó y ató las ramas de coco'

Las dos construcciones polirremáticas son trirremáticas, pues constan de tres verbos. Lo que se observa en las lenguas que presentan esta posibilidad es que uno de los verbos que aparece en la construcción polirremática suele tener un significado más gramaticalizado que el otro y, por tanto, se asemeja grandemente a un verbo auxiliar como los de las lenguas europeas.

El tipo de verbo que frecuentemente aparece en la construcción polirremática es el verbo de movimiento, que se usa para indicar movimiento desde o hacia el hablante (M. Sebba 1987: 184 y Foley y Olson 1985: 41). Los verbos que aparecen más habitualmente en este tipo de construcciones son, por tanto, los que significan 'ir' y 'venir'. Veamos un par de ejemplos:

(105)
Construcción de verbos en serie con verbos de movimiento

a) Acano (Sebba 1987: 184)
    Oguang koo ahabang mu
    huyó fue arbusto en
    'Huyó a los arbustos'

b) *Yoruba* (Sebba 1987: 186)
   Olú gbé àga wá
   Olu toma silla viene
   'Olu trajo la silla'
c) *Papiamento* (Sebba 1987: 191)
   Sali bin kontra nan
   sal ven encontrar le
   'Sal a su encuentro'

La oración del papiamento, que presenta una construcción trirremática, puede ser comparada con la oración siguiente que, a través de una conjuncion, nos presenta una genuina oración compleja:

(106)
Papiamento (Sebba 1987: 191)

Sali bin pa kontra nan
sal ven para encontrar le
'Sal para salir a su encuentro'

Este carácter auxiliar de uno de los verbos de la construcción polirremática se puede apreciar con mucha claridad cuando los dos verbos de la serie son el verbo 'ir'. Uno de ellos, tiene un sentido propio de verbo de movimiento, pero el otro tiene más bien el sentido de un auxiliar y suele indicar propósito o finalidad. Estas construcciones se pueden denominar *construcciones dirremáticas con ir*.

(107)
Construcciones dirremáticas con "ir"

a) *Surinamés* (Sebba 1987: 194)
   Mi go na wowoyo go bay krosi
   yo ir a mercado ir comprar ropa
   'Fui al mercado a comprar ropa'
b) *Chino* (Sebba 1987: 196)
   他门 到 北京 去 念书 去了
   Tamen dào Béijing qù niàn shu qù-le
   ellos a Pekín ir leer libro ir-perf.
   'Fueron a Pekín a estudiar'

En segundo lugar, se emplean en construcciones polirremáticas verbos intransitivos activos como los que indican el mantenimiento de una posición. Por ejemplo:

(108)
Fiyiano (Foley & Olson 1985: 42)

E viri-koto- ra na duru na turaga
asp poner-yacer-trans el poste el jefe
'El jefe colocó el poste en la tierra'

En tercer lugar, los verbos intransitivos que denotan procesos o que tienen significado estativo aparecen también en estas construcciones. Veamos un ejemplo del ibo:

(109)
Ibo (Foley & Olson 1985: 43)

ó tù- fùrù íté
él tiró-estar perdido olla
'Tiró la olla'

Por último, algunos verbos transitivos pueden aparecer en la construcción polirremática. Los más usuales son "tomar" y "dar"; también en estos dos casos tendríamos un uso auxiliar de estos verbos, según se denote que algo se mueva desde el hablante o agente ("dar") o hacia el hablante o agente ("tomar").
Por tanto, "tomar" y "dar" serían los verbos que corresponden a los intransitivos "venir" e "ir".
La construcción polirremática del tipo "tomar" se suele usar normalmente con sentido instrumental. Esto se deriva del sentido general que acabamos de esbozar, si tenemos en cuenta que el instrumento se mueve hacia el agente o hablante, formando parte transitoria y alienable de él.
La construcción con verbos en serie del tipo "dar" se suele interpretar para denotar un complemento indirecto o benefactivo. En este caso, el objeto implicado se mueve desde el hablante o agente hacia un tercero que recibe el beneficio o maleficio de la acción.

(110)
Construcciones dirremáticas con "tomar"

a) Iyo (Sebba 1987: 169)
   Eri edein-bí àku bómi
   él cuchillo-el toma vino
   'Ha traído el cuchillo'
b) *Papiamento* (Sebba 1987: 171)
   El-a tuma e kuchu korta e karni
   ella-pas toma el cuchillo cortar la carne
   'Ha cortado la carne con el cuchillo'
c) *Barái* (Foley & Olson 1985: 44)
   Fu burede ije sime abe ufu
   él pan def cuchillo tomar cortó
   'Ha cortado el pan con el cuchillo'

(111)
Construcciones dirremáticas con "dar"

a) Acano (Sebba 1987: 174)
   Oyee adwuma ma ne nua
   el-hacer trabajo dar su hermano
   'Trabaja con su hermano'

b) *Yoruba* (Sebba 1987: 176)
   Mo so fún o
   yo dije dar ti
   'Te dije'
c) *Chino* (Sebba 1987: 180)

   Ta gêi wô xiêle xìn
   él dar yo ha escrito carta
   'Me ha escrito cartas'

Existe, pues, una jerarquía de los tipos de verbos que pueden comportarse como auxiliares en una construcción polirremática.
La jerarquía es la siguiente:

(112)
Jerarquía de los verbos polirrémicos (Foley y Olson 1985: 48)

> Verbos de movimiento > verbos de posición >
> > verbos estativos intransitivos > verbos transitivos

Esta jerarquía se explica fácilmente si se tiene en cuenta que los verbos intransitivos son más fáciles de incrustar en una construcción polirremática con otros verbos, ya que sólo tienen un argumento y ese argumento es compartido por los otros. Los verbos transitivos son más problemáticos, ya que tienen dos argumentos: uno de ellos es compartido con el verbo con el que entran en polirremia y el otro es un nuevo argumento. Esta construcción sirve para introducir un argumento más en la oración, sobre todo cuando el verbo de la serie está ya saturado argumentalmente. Un ejemplo de esto lo vemos en (111c), en donde el verbo "escribir" está saturado argumentalmente y el verbo "dar" sirve para introducir un nuevo argumento en la predicación; en este caso, el verbo benefactivo, ya que el sujeto de "dar" es un argumento compartido por "escribir".

EJERCICIOS

1. ¿Qué tipo de subordinaciones complejas son las siguientes oraciones?:

   (113)
   Castellano

   a) Todo consiste en obedecer las órdenes sin rechistar
   b) La puerta por que salió nunca se deja abierta
   c) Insistió en que nos quedáramos a cenar
   d) Hay que verlo como lo que es
   e) Te lo diré en cuanto lo sepa

2. ¿Qué tipo de subordinación completiva se da en cada una de las siguientes oraciones complejas?:

(114)
Castellano

a) Confesó haber robado el dinero
b) Confesó que había robado el dinero
c) Le sugirió que se marchara
d) Le sugirió marcharse
e) Le aconsejó descansar
f) Le aconsejó que no hiciera nada

3. ¿Qué estrategia para formar las subordinadas relativas utiliza el árabe?:

(115)
Árabe (Killean 1972: 145)

a) L-wazi:ru l-ladi raqasat zha:riyatu-hu
   art-visir-masc art-cual-masc danzar-3sg-fem esclava-esg-masc
   'El visir cuya esclava bailó...'
b) L-zha:riyatu l-lati raqasat
   art-esclava art-cual-fem bailar-3sg-fem
   'La esclava que bailó...'
c) L-zha:riyatu l-lati hiya fi l-hari:mi
   art-esclava art-cual-fem ella en art-harén
   'La esclava que está en el harén'
d) L-wazi:ru l-ladi fi l-hari:mi zha:riyatu-hu
   art-visir art-cual-masc en art-harén esclava- 3 sg-masc
   'El visir cuya esclava está en el harén...'
e) L-wazi:ru l-ladi qatalat-hu l-zha:riyatu
   art-visir art-cual-masc mató- 3 sgfem- 3 sgrmsc art-esclava
   'El visir al que mató la esclava'

4. ¿Qué tipo de subordinación o cosurbodinación hay en las siguientes oraciones?:

(116)
Castellano

a) De no hacerlo así, obtendremos malos resultados
b) Cuando vuelvan de América, los veremos
c) Lo hace así porque quiere
d) Juan vive como quiere
e) En vez de trabajar, se pasa el día tumbado
f) Cuando lo hace así, por algo será
g) Por más que lo intenta, no lo consigue
h) De tanto inflar el globo, lo reventó

CLAVE 1. En (113a) tenemos una oración compleja que presenta una cláusula subordinada completiva (*obedecer las órdenes sin rechistar*). Por su parte, (113b) es una oración compleja que contiene una cláusula subordinada relativa (*por que salió*).

En (113c) tenemos una oración compleja que contiene una cláusula subordinada completiva (*que nos quedáramos a cenar*). (113d) es una oración compleja que contiene una cláusula subordinada completiva (*que verlo como lo que es*). Por último, (113e) contiene una cláusula subordinada adverbial de tiempo (*en cuanto lo sepa*).

2. (114a) contiene una completiva eventiva aseverativa (*haber robado el dinero*). (114b) contiene una completiva propositiva aseverativa (*que había robado el dinero*). (114c) contiene una completiva propositiva no aseverativa (*que se marchara*). (114d) contiene una completiva eventiva no aseverativa (*marcharse*). (114e) contiene una completiva eventiva no aseverativa (*descansar*) y, por último, (114f) contiene una completiva propositiva no aseverativa (*que no hiciera nada*).

3. Por las oraciones aducidas, pueden deducirse fácilmente las características de las subordinadas relativas del árabe. La relativa en árabe consta de un adjetivo relativo que concuerda en género, número y caso con el núcleo de la relativa o antecedente. Esto se deduce del hecho de que cuando el núcleo o antecedente de la relativa es *zha:riyatu* entonces el adjetivo relativo está en femenino; por otro lado, la presencia del artículo en el relativo nos hace ver que se trata de un adjetivo [véase el sintagma (7) del capítulo 24, que es el ejemplo árabe pertinente]. También se habrá visto que el adjetivo relativo no señala la función que tiene el núcleo de la relativa en la subordinada. Esta función está señalada por un afijo pronominal en todos los casos menos en el caso (115b).

En las oraciones (115a, d, e) el afijo pronominal *hu*, que concuerda con el núcleo de la relativa nos dice que ese núcleo tiene la función de completo u objeto del nombre o verbo al que va afijado.

Los casos de no aparición del afijo son dos. Consideremos primero (115c); ahora el núcleo no tiene función de complemento en la relativa sino de sujeto: por ello, se utiliza un pronombre autónomo de tercera persona del singular femenino. El caso de (115b) es diferente, ya que no aparece pronombre alguno; sin embargo, es muy fácil recuperar la función sintáctica que desempeña el núcleo en la relativa, ya que su verbo es intransitivo y, por tanto, sólo puede ser el sujeto. En castellano pasa algo similar: decimos *el hombre que vino,* sin que se exprese la función sintáctica del núcleo en la relativa, pero *el hombre al que viste*, en la que sí que se expresa esa función sintáctica, ya que es un verbo transitivo.

4. En la oracion compleja de (116a) tenemos una subordinación adverbial relacional condicional, la cláusula es *de no hacerlo así*. La oración compleja de (116b) contiene una cosubordinación adverbial accidental temporal (*cuando vuelvan de América*). Por su parte, (116c) presenta una cosubordinación adverbial relacional causal; la cocláusula es *porque quiere*. En (116d) tenemos una cosubordinación adverbial accidental modal (*como quiere*). En (116e) vemos una subordinación adverbial relacional sustitutiva (*en vez de trabajar*). (116f) presenta una cosubordinación adverbial relacional condicional; la cocláusula que expresa la condición es *cuando lo haces así*. (116g) contiene una cosubordinación adverbial relacional concesiva (*por más que lo intenta*). Por último, (116h) presenta una subordinación adverbial relacional consecutiva; la cláusula que expresa la acción cuyas consecuencias se enuncian es *de tanto inflar el globo*.

CUESTIONES PROPUESTAS

1. ¿Qué tipo de subordinaciones complejas hay en las siguientes oraciones?:

   (117)
   Castellano

   a) Lo haré en el momento que elijas
   b) No sabemos para quién trabaja
   c) Que no digamos nada no significa que estemos de acuerdo
   d) Hace falta estudiar mucho para ser ingeniero
   e) Nos encontraremos donde digas

2. ¿Qué tipo de subordinación completiva se da en cada una de las siguientes oraciones complejas?:

   (118)

   a) Juan no se dio cuenta de que Pedro había llegado tarde
   b) Juan no cree haber hecho nada malo
   c) Juan aconsejó a Pedro que se quedara
   d) Le ilusionó recoger el premio
   e) Le pidió que recogiera el premio
   f) Juan prohibió a Pedro hablar con los niños

3. ¿Qué estrategias para formar subordinadas relativas usa el malgache? ¿Qué diferencias y similitudes se observan respecto de la adoptada en nuestra lengua?:

   (119)
   Malgache (Keenan 1985b: 157)

   a) Manasa ny lamba ny vehivavy
      lavar art ropa art mujer
      'La mujer lava la ropa'
   b) Ny vehivavy izay manasa ny lamba
      art mujer que lavar art ropa
      'La mujer que lava la ropa'
   c) *Ny lamba izay manasa ny vehivavy
      'La ropa que lava la mujer'
   d) Sasan'-ny vehivavy ny lamba
      lavado-apor mujer art ropa
      'La ropa es lavada por la mujer'
   e) Ny lamba izay sasan'-ny vehivavy
      La ropa que lavado-por mujer
      'La ropa lavada por la mujer'
   f) Manasa lamba amin'-ny savony Rasoa
      lavar ropa con art jabón Rasoa
      'Rasoa lava la ropa con el jabón'
   g) Anasan-dRasoa lamba ny savony
      lavar-con-por-Rasoa ropa art jabón
   h) Ny savony izay anasan-dRasoa lamba
      'El jabón con el que Rasoa lava la ropa'

4. ¿Qué tipos de adverbiales aparecen en las siguientes oraciones castellanas?:

   (120)
   Castellano

   a) De haberlo sabido no hubiera ido
   b) Lo haga como lo haga, siempre me sale mal
   c) La astronave llegó hasta donde acababa la galaxia
   d) Amén de ganar el premio, obtuvo muchas felicitaciones
   e) Lo hicimos así para que no se dieran cuenta
   f) Comprando un televisor, regalamos un magnetófono portátil
   g) Como llegó tan tarde, no nos encontró despiertos
   h) Pese a que no se lo dijimos, descubrió todo el plan

ORIENTACIÓN BIBLIOGRÁFICA

AUSTIN, P. (ed.): *Complex sentence constructions in Australian Languages,* Amsterdam, John Benjamins, 1988.
Incluye 10 estudios sobre la subordinación en otras tantas lenguas australianas. Es imprescindible para conocer cómo es la subordinación sustantiva, adjetiva y adverbial en las lenguas del continente australiano. Incluye también información sobre los sistemas diafóricos del martutunira y del aranda.

BISANG, W.: *Das Verb in Chinesischen, Hmong, Vietnamesischen, Thai und Khmer. Vergleichende Grammatik im Rahmen der Verbserialisierung, der Grammatikalisierung und der Attraktorpositionen,* Tubinga, Gunter Narr, 1992.
Es el trabajo más completo que hay sobre las construcciones polirremáticas en las lenguas de Asia Oriental. El capítulo 2 se dedica en su integridad al chino y constituye una fuente muy completa de las construcciones polirremáticas en esta lengua.

BOSQUE, I. y V. DEMONTE (dirs.): *Gramática de la Lengua Española,* Madrid, Espasa Calpe, 1999.
Los capítulos 7, 32, 33, 34, 35, 36 y 48 de esta gramática están dedicados a una descripción en profundidad de la subordinación oracional en español. La subordinación sustantiva ocupa los dos primeros; uno de ellos (32, 1.965-2.082) se dedica a las completivas de verbos (N. Delbecque y B. Lamiroy) y el otro (33, 2.083-2.104), a las completivas nominales (M. Leonetti). El capítulo 34 (2.105-2.148) describe la variación en las subordinadas sustantivas (L. Gómez Torrego) y el 35 (2.149-2.196) se ocupa de la interrogación indirecta (M. Suñer). Las construcciones de infinitivo llenan un capítulo más, el 36 (2.197-2.356) de M. L. Hernanz. El capítulo 7 (395-522), escrito por J. M. Brucart, detalla la subordinación de relativo en español. El capítulo 48 (3.129-3.208) es de Luis García Fernández y describe la subordinación temporal. El capítulo 54 (3.507-3.548) es de A. López García y está dedicado al examen de las relaciones entre las construcciones paratácticas e hipotácticas. La subordinación causal y final es analizada por C. Galán Rodríguez, en el capítulo 56 (3.597-3.642). E. Montolío se ocupa de las construcciones condicionales en el capítulo 57 (3.643-3.738). Las construcciones consecutivas se tratan en el capítulo 58 (3.739-3.804), escrito por A. I. Álvarez. Las oraciones concesivas y adversativas son el tema del capítulo 59 (3.805-3.878), desarrollado por L. Flamenco García.

CLOSS TRAUGOTT, E. *et al.* (eds.): *On Conditionals,* Cambridge University Press, 1986.
Dado que la bibliografía lingüística y, sobre todo lógica, sobre los condicionales es amplísima, recogemos como buena muestra este libro, que consta de capítulos redactados por varios autores y que tratan sobre los enfoques más importantes de las oraciones condicionales: lógico, semántico, cognitivo, sintáctico, pragmático, discursivo y tipológico. Es un buen libro para introducirse en los problemas de las oraciones condicionales en las lenguas naturales.

COMRIE, B.: "Cláusulas relativas" en B. Comrie, *Universales del Lenguaje y Tipología Lingüística,* Madrid, Gredos, 1989 [1981], capítulo 7.
Breve panorama de la subordinación relativa en las lenguas del mundo; es muy recomendable por su claridad.

DOWNING, B. T.: "Some Universals of Relative Clause Structure" en J. Greenberg, *Universals of Human Language, vol. 4. Syntax,* Stanford University Press, 1978, pp. 375-418.
Es éste un interesante trabajo en el que se enuncian algunas generalizaciones interlingüísticas sobre las relativas; se presta especial atención a las relaciones entre relativas y orden de palabras.

FOLEY, W. A. y M. OLSON: "Clausehood and verb serialization" en J. Nichols & A. C. Woodbury (eds.), *Grammar inside and outside the clause. Some approaches to theory from the field.* Cambridge University Press, 1985, pp. 17-60.
Es uno de los mejores estudios tipológicos sobre la construcción polirremática.

HAIMAN, J. y S. A. THOMPSON: *Clause Combining in Grammar and Discourse,* Amsterdam, John Benjamins, 1988.
Excelente recopilación de trabajos sobre cláusulas subordinadas desde un punto de vista fundamentalmente tipológico; también hay un trabajo dedicado a la coordinación.

HAIMAN, J. y P. MUNRO: *Switch Reference and Universal Grammar,* Amsterdam, John Benjamins, 1983.
Contiene este libro quince estudios sobre la diáfora en lenguas amerindias, australianas, papúes, caucásicas, esquimales. Ello da una idea de lo extendido que está este fenómeno en las lenguas del mundo. Constituye una presentación muy interesante y completa.

HARRIES-DELISLE, H.: "Contrastive Emphasis and Cleft Sentences" en J. Greenberg, *Universals of Human Language,* vol. 4. *Syntax,* Stanford University Press, 1978, pp. 419-486.
Se trata de uno de los pocos estudios interlingüísticos existentes sobre las perífrasis de relativo. Dada la gran cantidad de ejemplos que contiene, es muy útil para un enfoque tipológico de la cuestión.

HEWITT, B. G.: *The Typology of Subordination in Georgian and Abkhaz,* Nueva York, Mouton, 1987.
Excelente estudio sobre diversos tipos de subordinadas sustantivas, adjetivas y adverbiales en dos lenguas del Cáucaso. El hecho de tratar fenómenos de diacronía hace muy interesante este trabajo.

KEENAN, E. L. y B. COMRIE (1977): "NP accessibility and Universal Grammar", *Linguistic Inquiry* 8: 63-100.
En este artículo, muy influyente durante una época, se hace una generalización universal sobre las posibilidades de relativización en las lenguas del mundo.

KÖNIG, E.: "Concessive Connectives and Concessive Sentences: Cross-Linguistic Regularities and Pragmatic Principles" en J. A. Hawkins, *Explaining Language Universals,* Londres, Basil Blackwell, 1988, pp. 145-166.
Se trata del mejor estudio existente sobre la tipología de las adverbiales concesivas. Imprescindible para profundizar en la cuestión.

KÖNIG, E. y J. VAN DER AUWERA: "Adverbial participles, gerunds and absolute constructions in the Languages of Europe" en J. Bechert, G. Bernini y C. Buridant (eds.) *Towards a Typology of European Languages,* Berlín, Mouton de Gruyter, 1990 [1988], pp. 337-356.
Trabajo sobre las subordinadas absolutas en las lenguas de Europa. Muy recomendable para iniciarse en su estudio.

KOPTJEVSKAJA-TAMM, M.: *Nominalizations,* Londres, Routledge, 1993.
Es el mejor estudio interlingüístico que existe sobre la nominalización, en el que se tienen en cuenta datos de más de 130 idiomas.

LEFEBVRE, C. (ed.): *Serial Verbs. Grammatical, Comparative and Cognitive Approaches*, Amsterdam, John Benjamins, 1991.
Interesante recopilación de trabajos sobre la construcción polirremática en diversas lenguas: misumalpán (K. Hale), fon (C. Lefebvre), lenguas níger-congo (M. Baker). Además, hay artículos de contenido más general, como los de Y. Li, T. Givón y R. K. Larson.

LEHMANN, CH.: *Der Relativsatz. Typologie seiner Strukturen. Theorie seiner Funktionen. Kompendium seiner Grammatik,* Tubinga, Gunter Narr, 1984.
Se trata de la monografía sobre la subordinación adjetival desde el punto de vista tipológico más completa que existe. En este trabajo, se pasa revista a las subordinadas relativas en cerca de un centenar de lenguas. No es adecuado para principiantes.

LÓPEZ GARCÍA, A.: *Gramática del español. I. La oración compuesta*, Madrid, Arco, 1994.
Las construcciones concesivas y finales ocupan, respectivamente, los capítulos 7 y 8 de este libro. Las expresiones causales son objeto del capítulo 13 y las relativas ocupan todo el capítulo 14, de esta completa e interesante gramática del español.

LORD, C.: *Historical Change in Serial verb Constructions*, Amsterdam, John Benjamins, 1993.
Es un interesante trabajo en el que se analiza la gramaticalización de la construcción polirremática en las lenguas níger-congoleñas, con referencias ocasionales a otras lenguas. De consulta obligada para profundizar en lo aquí visto.

MALLINSON, G. y B. BLAKE: "Relative Clauses" en G. Mallinson y B. J. Blake, Language Typology. *Cross- Linguistic Studies in Syntax,* Amsterdam, North Holland, 1981, pp. 261-372.
Completa y accesible exposición de la subordinación relativa desde el punto de vista interlingüístico. Entre otras cuestiones, se analiza la jerarquía de accesibilidad de Keenan-Comrie.

MANOLIU, M.: *Tipología e Historia. Elementos de sintaxis comparada románica,* Madrid, Gredos, 1985.
Los capítulos 5 y 7 están dedicados, respectivamente, a las relativas y a las completivas en las lenguas romances, incluido el rumano.

MORENO, J. C.: "Las funciones informativas: las perífrasis de relativo y otras construcciones perifrásticas" en I. Bosque y V. Demonte (dirs.), *Gramática de la Lengua Española*, Madrid, Espasa Calpe, 1999, capítulo 65, pp. 4.245-4.304.
Puede consultarse este trabajo para ampliar lo visto aquí sobre las perífrasis de relativo.

MORENO, J. C.: "Usos retóricos del condicional en la lengua usual" en *Investigaciones Semióticas. III. Retórica y Lenguajes (Actas del III Simposio Internacional.* Madrid, 5-7 de diciembre de 1988), Madrid, UNED, 1990 [1998], vol. II, pp. 201-208.
En este breve trabajo presentamos y clasificamos algunos usos de las adverbiales condicionales que no hemos mencionado en el presente capítulo.

MÜLLER-BARDEY, TH. (1988): *Typologie der Subjektverkettung ("Switch reference"),* Arbeiten der Kölner Universalien-Projekts, n.º 70.
Es éste un concienzudo estudio sobre la diáfora en algunas lenguas de Nueva Guinea Papúa.

NARBONA, A.: *Las subordinadas adverbiales impropias del español. I. Bases para su estudio; II Causales, finales, comparativas y consecutivas, condicionales y concesivas,* Málaga, Ágora, 1989-1990.
En estos dos breves tomos se exponen y analizan muy claramente algunos de los principales problemas del análisis sintáctico de la subordinación adverbial. Es una obra muy conveniente para iniciarse en la cuestión.

PARENTEAU, P. M. *et al.* (eds.): *The Chicago which hunt. Papers from the Relative Clause Festival,* Chicago Linguistic Society, 1972.
Es una colección de artículos donde se describe la estructura de las relativas en hitita, griego antiguo, latín, lenguas eslavas, alemán, danés, albanés, francés, finés, vasco, georgiano, árabe, sumerio, malgache, lenguas bantúes, japonés, coreano, lenguas uto-aztecas, nahua y yuroco.

RANSOM, E. R.: *Complementation: its meanings and forms,* Amsterdam, John Benjamins, 1986.
Es un estudio sobre la subordinación completiva que ofrece una perspectiva semántica, ya que en él se describen los diversos tipos de significado que se asocian con las construcciones completivas. Es de interés tipológico, pues reúne datos de muy diversas lenguas.

ROHRER, CH.: *Lingüística Funcional y Gramática Transformativa. La transformación en francés de oraciones en miembros de oración,* Madrid, Gredos, 1978 [1971].

Interesan de este libro los capítulos 5 y 6. El primero se dedica a la subordinación en general y el segundo, a la subordinación relativa. Es un trabajo útil porque nos ofrece, de una manera bastante accesible, un enfoque lógico de la subordinación. Además, los ejemplos son todos del francés, lo cual facilitará la consulta al estudiante de habla hispana.

SEBBA, M.: *The Syntax of Serial Verbs. An investigation into serialisation in Sranan and other languages,* Amsterdam, John Benjamins, 1987.
Se trata de un detallado estudio sobre la construcción polirremática en surinamés. También se analizan otras lenguas como el saramacano, el tui, el iyo, el yoruba, el chino, y el papiamento. Es un trabajo muy valioso para el conocimiento de esta construcción sintáctica de las lenguas naturales.

SHOPEN, T.: *Language Typology and Syntactic Description,* vol. II. *Complex Constructions,* Cambridge University Press, 1985.
En este libro se recopilan artículos de descripción de la subordinación en una apreciable cantidad de lenguas. El artículo de Noonan es una de las mejores descripciones de la tipología de la subordinación completiva con las que contamos. E. L. Keenan hace una descripción de la tipología de las relativas y, Thompson y Longacre, otra de las subordinadas adverbiales. El libro se cierra con un interesante estudio de R. E. Longacre sobre las oraciones complejas y compuestas. Se trata de un libro imprescindible para todo aquel interesado en la tipología de la subordinación.

STIRLING, L.: *Switch-Reference and Discourse Representation*, Cambridge, Cambridge University Press, 1993.
Sin lugar a dudas, es el mejor estudio sobre la diáfora que existe en la actualidad. Su mérito consiste sobre todo en el enfoque teórico de la cuestión, que ve la diáfora como un mecanismo de cohesión textual. Se estudia la diáfora en la lengua papú amele con mucho detenimiento y brillantez. Tiene, además, un capítulo sobre la logófora, fenómeno anafórico en el que hay una referencia a algo dicho. El modelo de análisis discursivo es el de la Teoría de la Representación del Discurso, que expondremos brevemente en el tomo segundo, en la sección segunda del capítulo 8.

TOURATIER, CH.: *La relative. Essai de Théorie Syntaxique,* París, Kliencksiek, 1980.
Monumental obra sobre la subordinación relativa en francés, latín, alemán, inglés, griego, hebreo, más datos sueltos sobre muy diversas lenguas. Imprescindible para profundizar en la cuestión.

VINCENT, N. (ed.): *Subordination and Complementation in the Languages of Europe,* Berlín, Mouton de Gruyter, 2000.
Completísimo repaso a las estructuras oracionales subordinadas en las lenguas de Europa. Es una referencia imprescindible en este terreno.

ZIMMERMANN, L.: *Subordinate Clauses in Australian Aboriginal Languages,* Working Papers in Functional Grammar, 5, Universidad de Amsterdam, 1985.
Se estudia la subordinación en las lenguas australianas diyarí, yidín, yacunchachara y gumbainguirí. Contiene datos también sobre la construcción polirremática y sobre la diáfora. Como marco de referencia teórica, se utiliza la Gramática Funcional de S. C. Dik.

28

ASPECTOS FORMATIVOS E INFORMATIVOS DEL ORDEN DE PALABRAS

1. Introducción

Al menos desde principios de siglo, observaron los lingüistas que en las lenguas del mundo las palabras y sintagmas no se colocan de modo arbitrario en la oración sino que su disposición obedece a unos patrones sistemáticos y determinables. Desde entonces, numerosos gramáticos y lingüistas han intentado enunciar, sistematizar y generalizar esos patrones. El primer intento sistemático de establecimiento de una tipología lingüística sobre la base del orden de palabras fue el de W. Schmidt (1926: 381-496), iniciador de la moderna tipología del orden de palabras; después fue J. Greenberg (1963) quien enunció de forma más precisa y sistemática esa tipología. A la par, en la Escuela de Praga surgió el análisis de lo que se denominó *Perspectiva Funcional de la oración* en los trabajos de V. Mathesius, J. Firbas y F. Daneš.

Estas dos tradiciones han desarrollado el estudio de dos aspectos del orden de palabras que confluyen de modo sistemático en todas las lenguas del mundo. Estos dos aspectos los denominamos "formativos" e "informativos". Vamos a explicarlos a continuación.

(1)
Aspectos formativos del orden de palabras

Los diversos órdenes de palabras que se observan en las lenguas son exponentes de unos principios estructuradores de las relaciones de precedencia de los elementos léxicos y sintagmáticos de las lenguas.

(2)
Aspectos informativos del orden de palabras

En las lenguas, la disposición de los elementos significativos en las oraciones está regulada por el diferente peso informativo o grado de aportación de información que adquieren los elementos de la oración en el discurso.

En el orden de palabras confluyen estos dos aspectos cruciales de la lengua: el factor estructurador y sistemático de las mismas y el aspecto informativo. En el primer caso, las lenguas se estructuran respecto de unos patrones definibles que posibilitan su memorización, uso y aprendizaje (como ya vimos en el capítulo 4, sección 5, la *estructuración* se deriva directamente de requisitos funcionales sobre las lenguas). En el segundo caso, las lenguas funcionan o se usan para transmitir información. En la disposición de los elementos significativos de la oración se hacen evidentes ambos factores. Veamos unos sencillos ejemplos:

(3)
Dos sintagmas adposicionales

a) *Castellano:*
  i) Contra su padre
  ii)*Su padre contra
b) *Vasco:*
  i) Aita-ren kontra
     padre-gen contra
     'Contra su padre'
  ii) *Kontra aitaren

Esta colocación diferente de la adposición *contra/kontra* en castellano y en vasco no es caprichosa. Se relaciona directamente con el hecho de que en vasco el objeto directo va antes que el verbo, el complemento del nombre va antes del nombre complementado y el determinante va después del nombre, y de que en castellano ocurre lo contrario. Esta situación se debe, en cada caso, a una diferente disposición en las dos lenguas de los elementos regentes o modificados respecto de los elementos regidos o modificadores. En vasco, el elemento regido precede al rector (o el modificador al modificado) y, en castellano, ocurre exactamente lo contrario. En este caso, la disposición de los elementos significativos está determinada por su funcionamiento sintáctico.

Por otro lado, en castellano podemos emitir la misma oración con disposiciones diferentes de sus constituyentes.

(4)
Castellano

a) Juan ha venido
b) Ha venido Juan

Las oraciones de (4) son equivalentes desde el punto de vista estrictamente sintáctico, ya que, en las dos, *Juan* desempeña exactamente la misma función sintáctica. Pero, desde el punto de vista informativo, las dos oraciones no son en modo alguno equivalentes. En los dos diálogos siguientes, vemos que sólo una de las dos disposiciones de (4) es aceptable:

(5)
Castellano

– Parece que Juan no ha venido
– Estás equivocado. Juan (sí) ha venido
– Estás equivocado. *Ha venido Juan

(6)
Castellano

– No sé si ha venido Juan o María
– Ha venido Juan
– *Juan ha venido

En el diálogo (5) se habla sobre Juan, pero en el (6) no se habla sobre Juan, sino sobre la venida de una persona. El orden que ha de mantener la oración mediante la que se contesta viene determinado por esta circunstancia. Cuando se habla sobre Juan, entonces la respuesta adecuada es aquella en la que *Juan* aparece en primer lugar, tal como podemos ver en (5); por otra parte, cuando se habla sobre la venida de alguien, entonces la respuesta adecuada es aquella en la que *Juan* aparece después del verbo, tal como podemos ver en (6).

En vasco también podemos verificar los factores informativos en la disposición de los elementos oracionales. Consideremos las dos oraciones siguientes:

(7)
Vasco (Salaburu, 1987: 11-12)

a) Jon berandu etorri da
Jon tarde venido es
'Jon ha venido tarde'
b) Berandu Jon etorri da
tarde Jon venido es
'Tarde ha venido Jon'

El orden que se aprecia en (7a) se da cuando queremos decir que Jon llegó tarde y no pronto y el orden de (7b) se da cuando queremos decir que quien llegó tarde fue Jon y no otra persona. En el primer caso, hablamos sobre la llegada de Jon y decimos que ésta se verificó tarde, pero, en el segundo caso, hablamos sobre quién llegó tarde y decimos que fue Jon quien llegó tarde. Es el tipo de información que transmite la oración lo que determina el orden de palabras.

En las secciones que siguen, estudiaremos por separado estos dos aspectos de la disposición de los elementos significativos de la oración.

2. Aspectos formativos (estructurantes) del orden de palabras

Según W. P. Lehmann (1973), el hecho de que una lengua presente de modo no marcado el orden de palabras Objeto + Verbo (OV) o el orden Verbo + Objeto (VO) es un síntoma que muestra que esa lengua se atiene al orden *regido + rector* o al orden *rector + regido*, respectivamente. Ello tiene consecuencias para la determinación del orden de los elementos sintácticos en la oración. Para mostrarlo, Lehmann (1978: 16-18) compara desde esta perspectiva una lengua de tipo OV con otra de tipo VO: las lenguas en cuestión son el cingalés y el irlandés.

(8)
Comparación de una lengua OV con una lengua VO

a) *Estructura básica de la oración:*
   Cingalés (OV)
      Jo:n ballavə däkka
      Juan perro vio
      'Juan ha visto el perro'
   Irlandés (VO)
      Chonaic Seán an madadh
      vio Juan el perro
      'Juan ha visto el perro'

b) *Sintagma adpositivo:*
   Cingalés (posposición)
      Jo:n jane:le iñdəla ballavə däkka
      Juan ventana desde perro vio
      'Juan ha visto el perro desde la ventana'
   Irlandés (preposición)
      Chonaic Seán an madadh ón fhuinneog
      vio Juan el perro desde-la ventana
      'Juan ha visto el perro desde la ventana'

c) *Estructuras comparativas:*
   Cingalés (segundo término de la comparacion + predicado)
      Balla baləlätə vada: loku y
      perro gato-desde más grande es
      'El perro es más grande que el gato'
   Irlandés (predicado + segundo término de la comparación)
      Tá an madadh níos mo ná an cat
      es el perro más grande que el gato
      'El perro es más grande que el gato'

d) *Cláusulas de relativo:*
   Cingalés (cláusula de relativo + núcleo)
      Mas ka:pu ballavə Jo:n däkka
      carne comió perro Juan vio
      'Juan ha visto al perro que se comió la carne'
   Irlandés (núcleo + cláusula de relativo)
      Chonaic Seán an madadh a d'ith an fheoil
      vio Juan el perro que comió la carne
      'Juan ha visto el perro que se comió la carne'

e) *Complemento del nombre:*
   Cingalés (complemento + nombre)
      Jo:n eya:ge asalväsiyage ballavə däkka
      Juan su vecino-gen perro vio
      'Juan ha visto el perro de su vecino'

Irlandés (nombre + complemento)
      Chonaic Seán madadh a chomharsan
      vio Juan perro su vecino-gen
      'Juan ha visto el perro de su vecino'
f) *Adjetivos descriptivos:*
   Cingalés (Adjetivo + nombre)
      Jo:n tadi ballavə däkka
      Juan grande perro vio
      'Juan ha visto el perro grande'
   Irlandés (Nombre + adjetivo)
      Chonaic Seán an madadh mór
      vio Juan el perro grande
      'Juan ha visto el perro grande'
g) *Oraciones interrogativas:*
   Cingalés (partícula interrogativa postoracional)
      Jo:n ballavə däkka də?
      Juan perro vio INT
      '¿Ha visto Juan el perro?'
   Irlandés (partícula interrogativa preoracional)
      An bhfaca Seán an madadh?
      INT vio Juan el perro
      '¿Ha visto Juan el perro?'
h) *Oraciones negativas:*
   Cingalés (partícula negativa postoracional)
      Jo:n ballavə däkke nä:
      Juan perro vio neg
      'Juan no ha visto el perro'
   Irlandés (partícula negativa preoracional)
      Ní fhaca Seán an madadh
      neg vio Juan el perro
      'Juan no ha visto el perro'
i) *Cláusulas:*
   Cingalés (cláusula + verbo principal)
      Ballatə kä:m dennə kiyəla Me:ri Jo:ntə ki:va
      perro comer causar que María a Juan dijo
      'María le ha dicho a Juan que dé de comer al perro'
   Irlandés (verbo principal + cláusula)
      Dúirt Máire le Seán an madadh a chothú
      dijo María a Juan el perro a darle
      'María le ha dicho a Juan que él dé de comer al perro'

Por los ejemplos, podemos comprobar que no se obtiene un cuadro arbitrario sino un panorama en el que las lenguas se atienen, con mayor o menor consistencia, a uno de los dos principios estructurales que hemos visto.

J. Greenberg (1963) propuso 45 universales que tienen que ver con el orden de palabras en las lenguas, posteriormente J. A. Hawkins (1983) ha reformulado, ampliado empíricamente y mejorado algunos de los universales de Greenberg, con lo cual ha establecido una tipología del orden de palabras muy precisa y atractiva. Las generalizaciones de Hawkins, a diferencia de las de Greenberg, poseen una estructura condicional compleja como la anotada en el siguiente esquema:

(9)
Estructura lógica de las generalizaciones universales de Hawkins

$$A \Rightarrow (B \Rightarrow C)$$

Esta estructura lógica compleja se interpreta del siguiente modo. "A", "B" y "C" son propiedades del orden de palabras de las lenguas y en (9) se nos dice que si una lengua tiene la propiedad A, entonces si tiene la propiedad B también tendrá la propiedad C.

La generalización de (9) permite la existencia de los casos (10a), (10b) y (10c), y descarta la existencia del caso (10d).

(10)
Casos permitidos y excluidos por la generalización de (9)

a) A y B y C
b) A y no B y no C
c) A y no B y C
d) A y B y no C

Es decir, si una lengua tiene A, entonces existen las siguientes posibilidades. Primero que tenga B y C (10a), que no tenga B (10b) y (10c): en estas dos circunstancias, la generalización permite tanto que se tenga C (10c) como que no se tenga (10b). Por último, el único caso que no permite es aquel en el que una lengua tiene A, B y no tiene C (10d).

Siguiendo esta estructura y sobre un *corpus* cercano a las 400 lenguas, Hawkins, establece, entre otras, las siguientes generalizaciones universales del orden de palabras. Citaremos lenguas que se atienen a cada una de esas generalizaciones universales y especificaremos en cada caso cuál de las tres situaciones permitidas (a, b, c) ejemplifican esas lenguas.

(11)
Generalizaciones universales del orden de palabras de Hawkins

1. SOV $\Longrightarrow$ (AN $\Longrightarrow$ GN)
   Esta primera generalización universal dice que si una lengua presenta el orden Sujeto + Verbo + Objeto y además en ella el Adjetivo va delante del Nombre, entonces el complemento del nombre G, precederá también al nombre.
   EJEMPLOS: (a) amárico, hindí, armenio, coreano, nama, buruchasquí, nevari, navajo, quechua.
2. VSO $\Longrightarrow$ (NA $\Longrightarrow$ NG)
   Esta segunda generalización dice que si una lengua presenta el orden Verbo + Sujeto + Objeto y, en ella, el Adjetivo va después del Nombre, el complemento del nombre (G) irá también después de éste.
   EJEMPLOS: (c) hebreo, arameo, árabe, masái, lotuco, turcana, didinga, chinuco, chimesiano, zapoteco.

3. PREP ⟹ (NA ⟹ NG)
   Este tercera generalización dice que si una lengua presenta PREPosiciones y en ella el Nombre precede al Adjetivo, entonces el complemento del nombre irá después del nombre.
   EJEMPLOS: (a) lenguas romances, albanés, griego moderno, nicobarés, kemer, vietnamita, acholí, barí.
4. POST ⟹ (AN ⟹ GN)
   Esta cuarta generalización dice que si una lengua tiene POSTposiciones y en ella el Adjetivo aparece antes del Nombre, el complemento del nombre (G) aparecerá antes del Nombre.
   EJEMPLOS: (a) finés, estonio, iyo, chino.
5. PREP ⟹ (NDEM ⟹ NA)
   Si una lengua tiene PREPosiciones y, si en ella el Nombre precede al DEMostrativo, entonces el Adjetivo irá detrás del Nombre.
   EJEMPLOS: (a) bereber, fulaní, hebreo, italiano, malayo, maorí, masái, suahilí, tai, galés, yoruba, zapoteco.
6. PREP ⟹ (NNUM ⟹ NA)
   Si en una lengua hay PREPosiciones y los NUMerales van después del nombre, entonces el Adjetivo irá después del Nombre.
   EJEMPLOS: (a) fulaní, masái, suahilí, yoruba, ibo, kemer, marsalés, moquilés, niveano, rotumano, tongano.
7. PREP ⟹ (NG ⟹ NREL)
   Si una lengua tiene PREPosiciones y en ella el Nombre precede al complemento del nombre (G), entonces la cláusula RELativa va después del Nombre.
   EJEMPLOS: (a) fulaní, griego, hebreo, italiano, malayo, maorí, masái, suahilí, tai, albanés, pascuense, hawayano, islandés, indonesio, persa, portugués, otomí, niveano, rumano, castellano, gaélico, árabe de Siria, tongano, vietnamita, ulitio, josa, zulú.
8. PREP ⟹ (~SOV ⟹ NREL)
   Si una lengua tiene PREPosiciones y, en ella, el orden no es el de Sujeto + Objeto + Verbo, entonces la cláusula RELativa aparecerá después del Nombre.
   EJEMPLOS: (a) lenguas celtas, hebreo, masái, lotuco, zapoteco, lenguas romances, yoruba, chiluco, acholí.
9. POST ⟹ (DEMN ⟹ GN)
   Si una lengua tiene POSTposiciones y, en ella, el DEMostrativo va delante del Nombre, entonces el complemento del nombre (G) va delante del nombre.
   EJEMPLOS: (a) birmano, buruchasquí, chibcha, finés, guaraní, hindí, japonés, canarés, quechua, evenquí, fore, húngaro, cabardiano, armenio, penyabí, riuquiuvano, ubijés, esvano, yaquí.
10. POST ⟹ (NUMN ⟹ GN)
    Si una lengua tiene POSTposiciones y, en ella, el adjetivo NUMeral va delante del Nombre, el complemento del nombre (G) irá antes del Nombre.
    EJEMPLOS: (a) vasco, birmano, buruchasquí, finés, japonés, canarés, hixcariana, penyabí, esvano, yaquí, lazo, húngaro, iyo.
11. PREP ⟹ (ADJADV ⟹ ASTC)
    Si una lengua tiene PREPosiciones y si, en ella, el ADVerbio va después del ADJetivo, entonces el Segundo Término de la Comparación sigue al Adjetivo.
    EJEMPLOS: (a) fulaní, hebreo, malayo, suahilí, tai, zapoteco.

12. POST $\implies$ (ADVADJ $\implies$ STCA)
Si una lengua tiene POSTposiciones y si, en ella, el ADJetivo sigue al ADVerbio, entonces el Segundo Término de la Comparación sigue al Adjetivo.
EJEMPLOS: (a) vasco, birmano, buruchasquí, chibcha, hindí, japonés, canarés, turco.

Estos principios dan cuenta de la estructuración del orden de palabras en las lenguas, pero, como ya hemos visto, su carácter implicativo deja algunas posibilidades abiertas. Por ejemplo, las generalizaciones (1) y (4) permiten las siguientes disposiciones:

(12)
Ordenamiento de los elementos permitidos por las generalizaciones (1) y (4)

a) SOV y POST y AN y GN
b) SOV y POST y NA y GN
c) SOV y POST y NA y NG

Pero si examinamos las 336 lenguas tenidas en cuenta por Hawkins veremos que las tres posibilidades no cuentan con el mismo porcentaje. Dentro de esas 336 lenguas, 96 se atienen a la situación (12a), 55 a la ordenación (12b) y tan sólo 11 a la ordenación (12c). ¿Cómo explicar esta desigual distribución de las posibilidades que las generalizaciones universales permiten lógicamente?
Para ello, Hawkins ha propuesto la existencia en las lenguas del mundo de una tendencia general que denomina *principio de la armonía intercategorial*.

(13)
Principio de la armonía intercategorial

> Existe, en las lenguas del mundo, una tendencia cuantificable a que la posición de los elementos regidos o de los modificadores en una categoría sintagmática se generalice a las demás categorías sintagmáticas.

Esta tendencia general puede comprobarse fácilmente en el caso de (12). En la situación (12a), los elementos regidos aparecen antes de los rectores en el sintagma verbal y en el sintagma adposicional (objeto antes de verbo, sintagma nominal antes que adposición) y los modificadores aparecen antes que el modificado en el sintagma nominal. Según el principio de la armonía intercategorial, este tipo de lenguas será el más frecuente; así ocurre, cerca de una tercera parte de las 336 lenguas presentan esta estructuración. Por su parte, la disposición (12c) presenta una inconsistencia, ya que dentro del sintagma nominal se observa el orden modificado + modificador, pero en el sintagma verbal tenemos el orden regido + rector que, según lo supuesto, no armoniza con el primero. El resultado es que obtenemos sólo un quinto de lenguas que presentan este orden del *corpus* de más de 300.
Podría pensarse en la corrección de identificar, de cara a este principio de armonía intercategorial, el elemento modificado con el elemento rector y el elemento modificador con el elemento regido. ¿Qué tienen en común el elemento modificado y el rector, por una parte, y el modificador y el regido, por otra? El elemento modificado y el

rector son *núcleos de sus sintagmas*, son los elementos en torno a los cuales se construye y gira todo el sintagma, los elementos que le dan las características principales al mismo. Por su parte, el modificador y el elemento regido son constituyentes *adyacentes* del sintagma, son elementos complementarios. Esto hace posible que, a los efectos del principio de la armonía intercategorial, el elemento modificado y el rector se traten de igual modo y que ocurra lo propio con el modificador y el regido.

Hemos visto que se pueden realizar generalizaciones tipológicas de gran alcance mediante consideraciones relativas al orden de palabras en las lenguas.

Cabe preguntarse por qué es un índice tan importante estructuralmente la posición del objeto respecto del verbo en una lengua. El carácter conformador de la relación objeto directo + verbo ha sido señalado como un parámetro fundamental de la tipología del orden de palabras sobre bases funcionales (Tomlin 1986: 73-101). Tomlin propone el siguiente principio:

(14)
Principio de la cohesión objeto-verbo (Tomlin 1986: 74)

> El objeto de un verbo transitivo está más fuertemente ligado al verbo que su sujeto.

Esta cohesión mayor del objeto con el verbo suele manifestarse en las lenguas del mundo por el hecho de que, frecuentemente, el verbo rige sintácticamente al objeto y no al sujeto (véase el capítulo 6, sección 1), de modo que se crea una asimetría estructural sujeto/verbo. Decir que el verbo rige al objeto y no al sujeto no es una explicación del principio de la cohesión entre verbo y objeto sino una descripción en términos estructurales de la misma.

La razón por la que se da esta mayor intimidad del verbo con el objeto que con el sujeto está en que lo no marcado en una lengua es que el sintagma nominal que desempeña la función de objeto directo denote aquella entidad que toma parte de modo más inmediato en la acción o proceso denotado por el verbo, y sin la cual no se podría concebir dicha acción o proceso. En este sentido, el participante (véase el capítulo 20, sección 2) denotado por el sintagma nominal objeto es el afectado o efectuado por la acción o proceso. Es decir, es un participante que se ve inmediatamente implicado en la acción o proceso. Sobre la base de esto, tenemos la dicotomía entre objeto afectado y objeto efectuado, implicados en una acción afectadora o efectuadora (véase el capítulo 17, sección 6).

La colocación preverbal o postverbal del objeto es tan importante porque, a nuestro juicio, es una expresión icónica de la acción afectadora y la acción efectuadora. En efecto, en la acción afectadora, el participante afectado es anterior a la acción o proceso que va a experimentar; de hecho éste no podría darse sin aquél. Esta anterioridad ontológica va a ser reflejada icónicamente mediante una posición preverbal. Por su parte, en la acción efectuadora, el participante es posterior o es una consecuencia de la acción o proceso. El participante no existía antes que la acción o proceso: es creado por ella y, por tanto, es lógicamente posterior. Esta relación de posterioridad ontológica se ve reflejada icónicamente mediante la posición postverbal.

Estas razones de carácter semántico-conceptual son las que hacen que la disposición del objeto respecto del verbo sea tan importante en las lenguas del mundo, ya que éstas tienden a tomar como patrón de ordenación uno u otro tipo de acción o proceso.

Las consecuencias de la adopción de uno de los dos tipos de acción o proceso como modelo de estructuración sintáctica se pueden percibir, a nuestro juicio, en muchas de las características morfosintácticas de las lenguas que realizan este tipo de elección. Para comprobarlo, vamos a ver un caso concreto. Pero, antes, sistematicemos brevemente el punto de vista adoptado aquí.

(15)
Patrones de ordenación objeto/verbo

a) *Patrón de la acción o proceso afectador:*
  - *Aspecto semántico:* El participante denotado por el objeto es anterior o preexiste a la acción o proceso denotados por el verbo.
  - *Aspecto sintáctico:* El sintagma que denota el participante afectado precede al verbo.
b) *Patrón de la acción o proceso efectuador:*
  - *Aspecto semántico:* El participante denotado por el objeto es posterior a la acción o proceso denotado por el verbo, ya que surge de él.
  - *Aspecto sintáctico:* El sintagma que denota el participante efectuado precede al verbo.

En resumidas cuentas, las lenguas OV toman como patrón estructurador el de la acción afectadora y las lenguas VO toman como patrón estructurador el de la acción efectuadora.

En muchas lenguas OV estrictas es muy fácil encontrar muy abundantemente ejemplos de los llamados *verbos compuestos*. Se trata de sintagmas compuestos por un verbo de significado genérico o gramatical, muchas veces un auxiliar, precedido de un nombre común, adjetivo o adverbio de contenido léxico; en muchas lenguas, estos sintagmas complejos se traducen a otras mediante un solo verbo. El vasco y el coreano, dos lenguas OV, presentan una proliferación realmente curiosa de estos verbos compuestos. Veamos unos ejemplos vascos de lo que Luis Villasante (1980: 172-174) denomina *locuciones verbales operativas*, que contienen el verbo *egin* 'hacer'.

(16)
Locuciones verbales operativas del vasco (L. Villasante 1980: 172-174)

a) *Agur egin*
   saludo hacer
   'saludar'
b) *Bat egin*
   uno hacer
   'unir'
c) *Bela egin*
   vela hacer
   'hacerse a la vela'
d) *Duda egin*
   duda hacer
   'dudar'

e) Eskarnio egin
escarnio hacer
'Burlar'
f) Gald-egin
pregunta-hacer
'preguntar'
g) Gezur egin
mentira hacer
'mentir'
h) Irri egin
risa hacer
'reír'
i) Kolpe egin
golpe hacer
'golpear'
j) Kasu egin
caso hacer
'hacer caso'
k) Lo egin
sueño hacer
'dormir'
l) Min egin
dolor hacer
'causar dolor'
m) Pot egin
beso hacer
'besar'

Esto no es más que una pequeñísima muestra de la riqueza de estas construcciones vascas (en coreano también encontramos una cantidad ingente de construcciones análogas).

Este tipo de construcciones son las que esperamos en una lengua que organiza su sintaxis sobre la base de la acción afectadora. Se parte de un sintagma que denota una entidad y se le hace objeto de un verbo de significado general que nos da la idea de acción, en este caso, el verbo *egin*. De este modo, en la expresión *lo egin* se parte de la entidad que es el sueño y luego se especifica que esa entidad interviene crucialmente en un proceso: es evidente que el proceso en el que interviene crucialmente el sueño es el proceso de dormir, que es el verbo castellano al que equivale la locución vasca.

Sería interesante comprobar si encontramos un fenómeno opuesto a éste en las lenguas que estructuran su sintaxis siguiendo el modelo de la acción o proceso efectuador, que son las lenguas VO puras. Lo que buscamos ahora son locuciones verbales que consten de un verbo seguido de un objeto directo que se derive directamente morfológica y semánticamente de ese verbo. Y esto es exactamente lo que ocurre en la lengua africana ibo. Ésta es una lengua VO en la que hay una infinidad de locuciones verbales que constan de un verbo seguido de un objeto formado de la misma raíz de ese verbo, con lo que tenemos un caso generalizado de acusativos internos conocidos en griego y latín clásicos y en otras muchas lenguas como el árabe clásico. Veamos algunos ejemplos:

(17)
Locuciones verbales del ibo (Uwalaka 1988: 33, 43, 163, 170, 178)

a) iga: ijhè
andar pasos
'caminar'
b) itha: utha
culpar culpa
'culpar'
c) idhà adhà
caer caída
'caer'
d) izu: ohi
robar robo
'robar'
e) ikwa: ukwarà
toser tos
'toser'
f) ighe ughere
bostezar bostezo
'bostezar'
g) iró ura
dormir sueño
'dormir'
h) iwe: iwe
enfadar enfado
'estar enfadado'
i) igha: oghigha
crecer crecimiento
'crecer'
j) ihwu iro
odiar odio
'odiar'
k) icè ucè
ansiar ansia
'ponerse ansioso'
l) ikwu: okwu
hablar habla
'conversar'
m) ito: uto
dulcear dulce
'Estar dulce'

Es revelador comparar la locución vasca *lo egin* 'dormir' con la correspondiente del ibo *iró ura* 'dormir' o la *hitz egin* 'hablar' con *ikwu: okwu*. Se observa fácilmente que, en el caso del ibo, el objeto es un objeto interno que es una extensión morfosintáctica del propio verbo; es un caso de *excorporación* (véase el capítulo 20, sección 6) tautológica. En vasco, sin embargo, lo que tenemos es un sustantivo que no tiene relación alguna con el verbo y que supone una *incorporación* (en el sentido del capítulo 20 sección 6) del participante en el participado.

A las locuciones verbales como las del vasco, típicas de las lenguas OV, las vamos a denominar *locuciones verbales afectadoras* y a las locuciones verbales como las del ibo, típica de las lenguas VO, las vamos a llamar *locuciones verbales efectuadoras*

En castellano, como en muchas otras lenguas, podemos encontrar locuciones verbales de ambos tipos, con un predominio de las afectadoras sobre las efectuadoras:

(18)
Locuciones verbales afectadoras del castellano (Solé 1966: 61-63)

a) Hacer de vientre
b) Hacer estragos
c) Hacer el amor
d) Hacer frente
e) Hacer falta
f) Hacer furor
g) Hacer mella
h) Hacer pie
i) Hacer polvo

(19)
Locuciones verbales efectuadoras del castellano

a) Planear un plan
b) Producir una producción
c) Dictar un dictado
d) Cantar una canción
e) Rezar un rezo
f) Freír una fritura (un huevo frito)
g) Comer una comida
h) Leer una lectura
i) Plantar una planta

Es fácil observar que muchas de las locuciones verbales afectadoras tienen un carácter idiomático específico y no se obtienen de modo regular. Esto quiere decir que, en nuestra lengua, que no es una lengua OV predominante, este mecanismo se utiliza fundamentalmente para locuciones hechas de valor idiosincrásico y no de modo sistemático y regular, como ocurre en vasco. Por otro lado, las locuciones verbales efectuadoras del castellano, aunque poco frecuentes, están desprovistas de ese carácter idiomático presente en las locuciones verbales afectadoras. Esto quizás se deba al hecho de que el castellano es una lengua en la que el patrón VO predomina sobre el patrón OV.

3. Aspectos informativos del orden de palabras

Ahora vamos a ocuparnos de los aspectos informativos del orden de palabras. Ya señalamos en la introducción de este capítulo que en el marco de la escuela de Praga, sobre todo por parte de Daneš y Firbas, se desarrolló lo que se ha dado en denominar la *perspectiva funcional de la oración*. En este sentido, se estableció una dicotomía entre *tema* y *rema*. El *tema* expresa la información ya conocida y el *rema* la información nueva. En los siguientes ejemplos señalamos el rema mediante la letra cursiva:

(20)
Castellano

a) Juan *vino ayer*
b) Ayer *vino Juan*
c) Vino ayer *Juan*

Esta dicotomía y la definición que hemos dado deben manejarse con cuidado, ya que la división bimembre que realizamos en las oraciones de (20) está mediatizada por la distinción entre juicios téticos y categóricos que explicamos en el capítulo 20, sección 7, y esta distinción es un aspecto formativo y no informativo de la oración.

Detrás de la distinción entre tema y rema hay un principio fundamental de las lenguas humanas de carácter informativo y no formativo, se trata del principio que Bolinger (1952) ha denominado *principio de la modicación lineal*. Podríamos definirlo del siguiente modo:

(21)
Principio de la modificación lineal

En el discurso lingüístico, un elemento restringe informativamente al elemento que le precede inmediatamente.

Hemos tenido buen cuidado en precisar "restringe informativamente" y no "restringe" a secas, ya que esta relación de restricción no es gramatical (es informativa y no formativa), sino que se deriva de la disposición linear de la información que podemos apreciar igualmente en medios de comunicación no lingüísticos.

Pongamos primero un sencillo ejemplo de una película muda sin rótulos. Está claro que los planos sucesivos de la película restringen a los anteriores. Sea un plano en el que una mujer tiene una maleta abierta y con ropa encima de la cama, mientras enciende un cigarrillo. Este plano puede tener distinto contenido informativo según los que le preceden. Por ejemplo, si en la escena anterior nos han mostrado que la señora ha entrado en la habitación con la maleta en la mano, entonces sabremos que esa mujer está deshaciendo la maleta; pero si la escena anterior nos ha mostrado cómo la mujer iba sacando su ropa del armario, entonces sabemos que está haciendo la maleta. Este plano adquiere un sentido u otro según el plano o escena que le precede y esto se debe al principio no lingüístico de la modificación lineal.

Exactamente, el mismo principio es operativo en la lengua. Comparemos las dos oraciones castellanas siguientes:

(22)
Castellano

a) Juan canta
b) Canta Juan

Vamos a hacer ahora una serie de consideraciones independientes de las relaciones gramaticales o de los tipos de juicios que se expresan en las oraciones de (22). Estas consideraciones se derivan únicamente de la disposición lineal de los dos elementos de las oraciones de (22) aplicando el principio de la modificación lineal. En la expresión (22a) la palabra *canta* restringe informativamente –repetimos, no gramaticalmente– a *Juan*: entre todas las acciones que podría realizar Juan se elige aquí la denotada por *cantar*. Por tanto, este "canta" adquiere el contenido informativo que se deriva de que especifica una de las cosas que hace Juan. Pasemos ahora a (22b); en esta oración *Juan* restringe informativamente a *canta*: entre todas las personas que pueden realizar la acción de cantar se elige aquí a Juan. Por tanto, ahora *Juan* adquiere el contenido informativo que se deriva de la especificación de que se trata de uno de los individuos que realiza la acción de cantar. En resumidas cuentas, obtenemos el esquema siguiente:

(23)
Estructuración informativa de las oraciones de (22)

 a) Paráfrasis de (22a): una de las cosas que realiza Juan es cantar. La palabra *cantar* especifica aquí una de las acciones realizadas por Juan.
 b) Paráfrasis de (22b): una de las personas que canta es Juan. La palabra *Juan* especifica aquí una de las personas que realiza la acción de cantar.

Podríamos decir que, en (22a), *Juan* es el tema y *canta* el rema y que, en (22b), *canta* es el tema y *Juan* es el rema. Pero la cuestión es que *no se trata de una dicotomía,* ya que el principio de modificación lineal afecta a todas y cada una de las palabras de una oración independientemente de la relación sintáctica que haya entre ellas. Esto puede apreciarse si consideramos oraciones con tres o más elementos. Veamos ahora dos oraciones con tres elementos.

(24)
Castellano

 a) Juan llegó ayer
 b) Ayer llegó Juan

Apliquemos el principio de modificación lineal a las oraciones de (24). Empecemos por (24a); analizamos primero *Juan llegó*: *llegó* restringe informativamente a *Juan*, ya que se nos dice que, entre las acciones que llevó a cabo esta persona, está la de llegar; a continuación, tomemos la expresión *Juan llegó ayer*, ahora *ayer* restringe informativamente a *Juan llegó* en el sentido de que entre los posibles momentos en que puede situarse la llegada de Juan, se elige o especifica el momento denotado por *ayer*. Sería engañoso decir que *ayer* es el rema y *Juan* o *Juan llegó* es el tema, ya que, si bien *llegó* podría considerarse tema respecto de *ayer* es rema respecto de *Juan*. Por otro lado, el hecho de que *Juan* aparezca en posición inicial de la oración no quiere decir que funcione sólo como tema, ya que la oración aparecerá integrada en un discurso y *Juan* podrá ser rema respecto de ese discurso anterior. Hay que hacer hincapié en que las relaciones de incremento de la información en que estamos basando este razonamiento son extralingüísticas, en el sentido de que regulan todo el flujo de información, del tipo que sea, que se disponga de modo lineal.

Consideremos a continuación la oracion (24b). Ahora *llegó* restringe informativamente a *ayer*; de entre todos los sucesos situados en ese momento de tiempo se elige uno de ellos: el denotado por *llegó*. Por su parte, *Juan* restringe informativamente a *ayer llegó*: de entre todos los individuos que realizaron ayer la acción de llegar, elegimos a Juan.

¿Qué relación tienen los fenómenos derivados del principio de modificación lineal con la distinción entre juicios téticos y categóricos explicada en el capítulo 20, sección 7? Vimos que el castellano es una lengua tética y, por tanto, opaca categóricamente. En efecto, en nuestra lengua la distinción entre el elemento que denominamos "C" y el resto de la predicación puede realizarse mediante la posposición del sujeto, aunque no siempre puede recurrirse a este procedimiento, cosa lógica, ya que, como decimos, el castellano es opaco categóricamente. En la oración (22a) vemos un juicio categórico y en (22b) vemos un juicio tético: en efecto, en (22a) predicamos *canta* de *Juan*. Hay una diferencia crucial entre *canta* y *Juan* que impide que (22a) sea un juicio tético y que hace de (22b) un juicio tético. La sola palabra *canta* expresa una predicación completa, ya que está flexionada para sujeto (véase el capítulo 20, sección 6), mientras que *Juan* no puede expresar predicación completa alguna.

Hemos visto en el capítulo 20, en la sección 2, que el *tópico* es una noción central en muchas lenguas; el tópico es un elemento extrapredicativo en las lenguas téticas e intrapredicativo en las lenguas categóricas. Podríamos añadir un tópico a las oraciones de (22) para obtener las siguientes expresiones:

(25)
Castellano

a) En cuanto a habilidades, Juan canta (y Pedro compone)
b) En cuanto a habilidades, canta Juan (y compone Pedro)

En (25a) tenemos un juicio categórico que contiene otro juicio categórico; el primer juicio categórico es toda la oración y el elemento "C" es *habilidades*; el segundo juicio categórico es *Juan canta* y su elemento "C" es *Juan*. La sintaxis del castellano no permite que los dos elementos "C" de los dos juicios categóricos incrustados estén integrados en la oración a no ser que uno sea un complemento del otro, como vimos en la sección 7 del capítulo 20. Por otro lado, en (25b) tenemos un juicio categórico en el que está incrustado un juicio tético. Por tanto, el *tópico* es aquel elemento extrapredicativo que se identifica con el elemento "C" de los juicios categóricos. La situación de (25) podemos comprobarla en otras lenguas téticas como el árabe. En árabe, el tópico también es un elemento extrapredicativo que puede señalarse mediante la partícula *ʔamma:*. Veamos un par de ejemplos:

(26)
Árabe (Moutaouakil, 1989:101-102)

a) ʔamma: Zaydun faqad zawwaja-hu ʔabu:-hu Hinda-n
    en cuanto Zayd cierto casó-3sg-masc padre-3sg-masc Hinda-ac
    'En cuanto a Zayd, su padre le ha casado ciertamente con Hinda'
b) Zaydun, sa:fara ʔila: l-zhanu:bi
    Zayd, viajó hacia art-sur
    'Zayd, (él) ha viajado hacia el sur'

Debe quedar claro que los aspectos derivados de la estructuración de los juicios téticos y categóricos no constituyen los aspectos informativos del orden de palabras a que nos estamos refiriendo ahora. La modificación lineal afecta a todos los elementos de una expresión, sea cual sea su *status* respecto de los juicios. Por ejemplo, en (25a) *Juan* restringe informativamente a *en cuanto a sus habilidades,* exactamente de la misma manera que *canta* restringe informativamente a *Juan*.

La modificación lineal es un principio general que todas las lenguas siguen por igual, pero la disposición regulada por la calidad categorial o tética de los juicios expresados, o por una función predicativa como el sujeto, o extrapredicativa, como el tópico, está regulada por aspectos formativos que varían de lengua a lengua como ya hemos visto. La confusión de estos dos factores es lo que hace que el principio de la modificación lineal no se vea claro en el análisis de las lenguas.

Pasemos ahora a exponer un concepto importante en relación con la aportación informativa de los elementos oracionales. Se trata del concepto de foco. Hemos visto que, por el principio de la modificación lineal, la interacción de una palabra con la anterior daba contenido informativo a esa palabra. Ahora bien, este principio de la linealidad puede ser salvado o remontado mediante el foco. El *foco* es aquella palabra o constituyente sintáctico más sobresaliente o relevante de la oración, aquél sobre el que se centra informativamente la misma. Un ejemplo típico de foco lo vemos en el siguiente par de oraciones.

(27)
Castellano

a) ¿Qué hace Juan?
b) Juan CANTA

En (27a) podemos percatarnos de la existencia de una palabra especial, un pronombre interrogativo, que aparece en la posición inicial de la oración. Este *qué* es el foco de la oración interrogativa. Se trata del elemento más sobresaliente informativamente de la oración, del elemento en torno al cual gravita la oración desde el punto de vista informativo: sabemos que Juan hace algo y queremos saber qué hace. Por su parte, en (27b) vemos que *canta* puede ser señalado como foco si es dotado de un acento de intensidad, como contestación a (27a). Podemos comprobar que el foco supone el señalamiento especial de un elemento que adquiere una relevancia comunicativa añadida además de la relevancia que pudiera tener por el principio de modificación lineal. En el ejemplo de (27a), vemos que ese elemento especial se señala como foco mediante tres procedimientos simultáneos: pertenencia del elemento a una clase especial de partes del discurso (pronombre interrogativo), acento de intensidad añadido (señalado por la tilde) y posición preoracional. El elemento focal de (27b) está indicado únicamente por el segundo de los procedimientos.

En general, las lenguas conocen los siguientes procedimientos para expresar el foco:

(28)
Procedimientos para señalar el foco

a) Prominencia prosódica. Por ejemplo, el acento de intensidad.
b) Pertenencia del elemento focal a una clase de palabras especial.

c) Posición especial en la oración.
d) Marcador focal especial. Por ejemplo, un morfema, una palabra o una locución focal.
e) Construcción sintáctica especial. Construcciones en las que se señala mediante procedimientos de estructura sintáctica el elemento que funciona como foco.

Hemos visto ya un ejemplo que muestra los métodos (28a), (28b) y (28c). Hay lenguas que hacen un uso sistemático del procedimiento (28c). Por ejemplo, en vasco vimos que el elemento más importante informativamente de la oración debe preceder al verbo. Algo similar ocurre en húngaro; en esta lengua, el elemento focal debe ir inmediatamente antes del verbo. Veamos dos ejemplos:

(29)
Húngaro (Horváth 1985: 91-92)

a) Attila félt a földrengés-től
Attila temía art terremoto-desde
'Attila le temía a los terremotos'
b) Attila *a földrengés-től* fél
Attila art terremoto-desde temía
'Attila le temía a *los terremotos*'
c) *Attila félt *a földrengés-től*

(30)
Húngaro (Horváth 1985: 91-92)

a) Mari az asztal-ra tette az edény-ek-et
María art mesa-a colocó art recipiente-pl-ac
'María colocó la vajilla en la mesa'
b) Mari *az edény-ek-et* tette az asztal-ra
María art recipiente-pl-ac colocó art mesa-a
'María colocó *la vajilla* en la mesa'
c) *Mari az asztalra tette *az edényeket*

En los ejemplos anteriores, los sintagmas en cursiva son sintagmas dotados de un acento de intensidad que los identifica como focos. Se ve fácilmente en la última oración de cada trío que ese elemento focal debe ir inmediatamente antes del verbo.

En árabe vemos un uso del procedimiento enumerado en tercer lugar. En esta lengua, los operadores ʔinna(ma:) y (la)qad sirven para señalar el foco de una oración. Veamos unos ejemplos:

(31)
Árabe (Moutaouakil, 1989: 28-29)

a) ʔinna ᶜAmr-an musa:firun
part 'Amr-ac viajando
'*Amr* está viajando'

b) ?innama: Ha:lidun musa:firun
part Ha:lid viajando
'*Ha:lid* está viajando'
c) Laqad ?allafa Ha:lidun kita:ban
part escribió Ha:lid libro-ac
'Ha:lid *ha escrito* un libro'

El último de los procedimientos que se suele utilizar es el del empleo de una construcción sintáctica especial en la que el elemento que es focalizado es separado de la oración y unido a ésta mediante una atribución. Esto es lo que ocurre exactamente en el caso de la construcción que hemos denominado en el capítulo 27 sección 3, *perífrasis de relativo* o, de modo más general, *oración especificativa*. Como ejemplos, pueden servir perfectamente los de (64) a (69) de la mencionada sección 3 del capítulo 27.

Podemos distinguir, siguiendo a Dik (1997-I: 335), conceptual aunque no terminológicamente, diferentes tipos de foco.

En primer lugar, tenemos el *foco especificativo*, en el que se señala una palabra que nos precisa algún elemento de un suceso; es el foco que hemos visto en el par pregunta/respuesta.

Los demás tipos de foco son *contrastivos*; el foco *contrastivo alternativo* se da en una situación en la que oponemos dos elementos focales que van en paralelo, como en la situación siguiente:

(32)
Foco contrastivo alternativo

Juan es alto pero Pedro es bajo

En esta oración *alto* y *bajo* constituyen focos contrastivos paralelos.

Los demás focos paralelos se pueden denominar *rectificativos* y tienen en común el hecho de que sirven para rectificar parte de una aseveración hecha con anterioridad. Esta rectificación puede consistir en una sustitución, una ampliación, una restricción o una selección, con lo que obtendremos focos rectificativos sustitutivos, expansivos, restrictivos y selectivos. Vamos a ver un ejemplo de cada uno de los tipos:

(33)
Foco rectificativo sustitutivo

– Juan ha comprado pan.
– No, no ha comprado pan, ha comprado leche.

(34)
Foco rectificativo expansivo

– Juan ha comprado pan.
– No sólo ha comprado pan sino también leche.

(35)
Foco rectificativo restrictivo

– Juan ha comprado pan y leche.
– No, Juan no ha comprado leche, sólo ha comprado pan.

(36)
Foco rectificativo selectivo

– ¿Ha comprado Juan pan o leche?
– Ha comprado pan, no leche.

Obtenemos, pues, el siguiente esquema de los tipos de foco:

(37)
Tipos de foco

a) Especificativo.
b) Contrastivo:
   i) Alternativo.
   ii) Rectificativo:
      1. Sustitutivo.
      2. Expansivo.
      3. Restrictivo.
      4. Selectivo.

1. Señale cuáles de los siguientes aspectos del orden de palabras son formativos y cuáles son informativos:

   (38)
   a) En castellano el adverbio oracional puede colocarse en cualquier posición excepto entre los pronombres clíticos y el verbo, y entre los determinantes y el nombre.
   b) En castellano los adjetivos pueden ir a veces delante o detrás del sustantivo.
   c) En la lengua literaria a veces encontramos casos de hipérbaton como el siguiente: *pidió las llaves a la sobrina del aposento*.

2. Teniendo en cuenta los universales implicativos de Hawkins, diga si los siguientes enunciados implicativos son compatibles o no con dichos universales:

   (39)
   a) PREP ⇒ (NDEM ⇒ NG)
   b) PREP ⇒ (NNUM ⇒ NG)
   c) PREP ⇒ (NA ⇒ NREL)
   d) PREP ⇒ (NDEM ⇒ NREL)
   e) PREP ⇒ (NNUM ⇒ NREL)

3. ¿Cómo se explica, mediante la ley de modificación lineal, la existencia de ejemplos como los que siguen?:

(40)
Castellano

   a) Esto es café café
   b) El examen fue fácil fácil
   c) Espera, espera y ya verás lo que ocurre

4. ¿Qué tipos de foco se verifican en las respuestas de cada uno de los diálogos?:

(41)
– Parece que Juan compone canciones y las canta
– No, sólo las *canta*

(42)
– Juan sólo compone canciones
– No, Juan no sólo *compone* canciones, sino que también las *canta*

(43)
– Parece que Juan compone canciones
– No, sólo las *canta*

(44)
– ¿Qué hace Juan en el escenario?
– *Canta canciones*

(45)
– Juan compone o canta
– Juan *compone*

CLAVE 1. En el primer caso, están implicados ambos aspectos. En efecto, el adverbio oracional puede moverse con gran libertad en la oración a la que afecta. Ello lo podemos comprobar en las siguientes oraciones:

(46)
Castellano

   a) Probablemente, mis amigos nos visitarán a las cinco
   b) Mis amigos, probablemente, nos visitarán a las cinco
   c) Mis amigos nos visitarán a las cinco, probablemente

La diferencia entre las oraciones anteriores es claramente informativa. Sin embargo, *probablemente* no puede aparecer en las posiciones exceptuadas. En efecto, ninguna de las siguientes expresiones es gramatical en el sentido relevante:

(47)
   a) *Mis probablemente amigos nos visitarán a las cinco
   b) *Mis amigos nos probablemente visitarán a las cinco
   c) *Mis amigos nos visitarán a las probablemente cinco

Estos casos se explican por aspectos formativos del orden de palabras, ya que la secuencia de determinante más nombre o de clítico más verbo está determinada por principios formativos o estructurales del orden de palabras y la posición intermedia implicada no cuenta a la hora de establecer los aspectos del orden de palabras de tipo informativo.

El aspecto (b) es claramente formativo, ya que no se trata sólo de una diferencia de contenido informativo, sino que hay también implicada una diferencia gramatical entre explicación y especificación.

El aspecto (c) implica también crucialmente los aspectos formativos de la disposición del orden de palabras. El efecto del hipérbaton se consigue cuando violamos una restricción del orden de palabras que está determinada por los aspectos estructurales o formativos de la sintaxis. Si no fuera así, no se conseguiría efecto artístico alguno.

2. La implicación de (39a) se deriva de los universales (3) y (5) por la relación de transitividad: si A $\Rightarrow$ (B $\Rightarrow$ C) y además de A $\Rightarrow$ (D $\Rightarrow$ B), entonces se deduce que A $\Rightarrow$ (D $\Rightarrow$ C). La implicación de (39b) se deriva de los universales (3) y (6). La implicación (39c) se deriva de los universales (3) y (7); la implicación (39d) se deriva de los universales (5) y (39c) y, por último, la implicación (39e) se deriva de los universales (6) y (39c).

3. Los ejemplos aducidos son una muestra precisamente de la inescapabilidad del principio de la linearidad. En efecto, lejos de ser construcciones tautológicas, son informativas gracias precisamente a este principio. En el caso (a) vemos que el segundo *café* restringe al primero informativamente: dentro de los cafés, elegimos aquellos que se pueden tildar de tales con más propiedad, es decir un tipo de café. En el caso (b) el segundo *fácil* restringe al primero informativamente en el sentido de que el grado de facilidad del examen fue alto: en este caso, se especifica el grado de una propiedad mediante esta modificación tautológica. En el ejemplo de (c), el segundo *espera* nos dice que el tiempo de espera es de mayor duración. En los tres casos, el segundo elemento restringe informativamente al primero respecto de una de las propiedades que queda abierta o indeterminada en el primero: de qué propiedad se trata depende del elemento que antecede. Si es un sustantivo, como en el caso (a), lo que se especifica es un subtipo; si es un adjetivo, como en el caso (b), se especifica un grado y, por último, si es un verbo, se especifica su cuantificación temporal.

4. En la primera oración, tenemos un foco contrastivo rectificativo restrictivo. En la segunda oración, estamos ante un foco contrastivo rectificativo expansivo. En la tercera oración, tenemos un foco contrastivo rectificativo sustitutivo. La cuarta contiene un foco especificativo, y la quinta, un foco contrastivo rectificativo selectivo.

CUESTIONES PROPUESTAS

1. Distinga los aspectos formativos e informativos de los órdenes posibles e imposibles ilustrados en los siguientes ejemplos:

(48)
Castellano

a) El que viene es Juan
b) Juan es el que viene

c) Es Juan el que viene
d) *Es el que viene Juan
e) *Es el que Juan viene
f) *Es el Juan que viene
g) *Juan el que viene es
h) *El es que viene Juan
i) *Es que el viene Juan
j) *El es viene que Juan

2. Razone si las siguientes situaciones son o no compatibles con los universales implicativos de Hawkins:

(49)
a) *NumN y AN:* griego, maya, noruego, servio, checo, danés, hiligainón, quirivina, ruso, esloveno, sueco, celdala
b) *GN y NREL:* noruego, danés, careno, lituano, nahua, sueco
c) *NDEM y GN:* vasco, loricha, sion gái, daga, diegueño, havasupái, lisú, mojave, paipái, siróí, yuma
d) *NNUM y GN:* chibcha, nubio, songái, adigua, havasupái, diegueño, cabardiano
e) *ADVADJ y ASTC:* griego, italiano, noruego, servio
f) *ADJADV y STCA:* guaraní

3. Indique, según el principio de la modificación lineal, la diferencia entre las dos oraciones siguientes y las dificultades con que puede tropezar esta explicación:

(50)
Castellano

a) No viene deprisa
b) Deprisa no viene

4. ¿Qué tipo de foco encontramos en los siguientes contextos?:

(51)
– ¿Qué quiere Juan?
– Traer la guitarra

(52)
– ¿Vienes o te quedas?
– Me quedo

(53)
– Juan trabaja y estudia
– Juan no sólo trabaja y estudia, también se divierte

(54)
– Juan estudia ruso
– No, Juan no estudia ruso, estudia chino

(55)
– Juan y Pedro son médicos
– No, Juan es médico, pero Pedro es sólo ATS

ORIENTACIÓN BIBLIOGRÁFICA

ABRAHAM, W. y S. DeMEIJ (eds.): *Topic, Focus and Configurationality,* Amsterdam, Benjamins, 1986.
Se trata de una recopilación de trabajos sobre los conceptos de tópico, foco y sobre el problema de la configuracionalidad. Es una lectura muy recomendable para el estudio de las interrelaciones de tres conceptos que hemos estudiado en diversos capítulos de este libro.

COMRIE, B.: "Orden de palabras" en B. Comrie *Universales del lenguaje y tipología lingüística,* Madrid, Gredos, 1989 [1981], capítulo 4.
Breve exposición de la tipología del orden de palabras, recomendable por su claridad.

CONTRERAS, H.: *El Orden de Palabras en Español,* Madrid, Cátedra, 1977.
Es éste un estudio importante sobre la integración de los aspectos informativos del orden de palabras dentro de una teoría gramatical formalizada. Se propone una jerarquía remática que regula la disposición lineal de los elementos de la oración según su contenido informativo.

DANEŠ, F. (ed.) : *Papers on Functional Sentence Perspective,* Praga, Academia, 1974.
Contiene este libro 19 trabajos realizados dentro de la teoría de la perspectiva funcional de la oración que surgió en la escuela de Praga. Los artículos tratan sobre diversos aspectos teóricos y empíricos de la perspectiva funcional de la oración y son muy recomendables para conocer las bases e implicaciones de este tipo de análisis.

DEZSŐ, L.: "Word Order Types, Topic and Comment in Hungarian and Russian" en L. Dezső, *Studies in Syntactic Typology and Contrastive Grammar,* La Haya, Mouton, 1982, pp. 103-210.
Se trata de un estudio comparativo detenido del orden de palabras en dos lenguas que conocen una ordenación relativamente libre de los elementos constituyentes de la oración: el ruso y el húngaro. El enfoque está inspirado directamente en las ideas de la escuela de Praga.

ERTESCHIK-SHIR, N.: *The Dynamics of Focus Structure*, Cambridge, Cambridge University Press, 1998.
Exposición de una teoría innovadora sobre el foco, en la que se define un nivel focal de reprentación sintáctica. Muy interesante para profundizar teóricamente en el concepto de foco.

GIVÓN, T.: "Word Order Typology" en T. Givón, *Syntax. A Functional-Typological Introduction,* vol. I. Amsterdam, John Benjamins, 1984, pp. 187-238.
Excelente exposición de la tipología del orden de palabras en sus implicaciones sintácticas y morfológicas. Muy recomendable para profundizar en las cuestiones explicadas aquí. Puede leerse después del trabajo de Comrie recién citado.

GIVÓN, T.: *Syntax. A Functional Typological Introduction,* vol. II. Amsterdam, John Benjamins, 1990.
Nos interesan ahora los capítulos 16 y 17 de este libro. El primero está dedicado a las construcciones con tópico y el segundo a las construcciones con foco. Se trata de un compendio tipológico-funcional en la misma línea que la cita anterior.

HAWKINS, J.: *Word Order Universals,* Nueva York, Academic Press, 1983.
Obra imprescindible para el estudio de la tipología del orden de palabras. Supone un desarrollo y perfeccionamiento muy considerables del método propuesto por Greenberg. Quien desee profundizar en la tipología del orden de palabras debe consultar este libro fundamental.

HAWKINS, J.: *A performance theory of Order and Constituency*, Cambridge, Cambridge University Press, 1994.
Monografía ya clásica, en la que se analizan las constricciones sobre la producción y procesamiento de los constituyentes de la oración.

HORVÁTH, J.: *Focus in the Theory of Grammar and the Syntax of Hungarian,* Dordrecht, Foris, 1986.
Este estudio es un intento de integrar el concepto de foco dentro de la teoría Gramatical Generativista y sobre la base de una lengua en la que este concepto es determinante en la ordenación de los elementos significativos de la oración. Puede contrastarse este estudio generativista del foco en húngaro con el estudio funcionalista que lleva a cabo L. Dezső en la cita bibliográfica de este autor que incluimos en la presente lista.

LAMBRECHT, K.: *Information Structure and Sentece Form. Topic, Focus, and the Mental Representations of Discourse Referents.* Cambridge, Cambridge University Press, 1996.
Muy interesante trabajo en el que se enfocan las estructuras focales desde un punto de vista conceptual-pragmático. Muy interesante para profundizar en la cuestión.

LI, CH. N. (ed.): *Word Order and Word Order Change,* Austin, University of Texas Press, 1975.
Contiene este libro una docena de estudios sobre aspectos sincrónicos y diacrónicos del orden de palabras en diversas lenguas.

MALLINSON, G. y B. BLAKE: "Word Order" en Mallinson-Blake, *Language Typology. Cross-Linguistic Studies in Syntax*. Amsterdam, North Holland, 1981, pp. 121-181.
Excelente compendio de la tipología del orden de palabras. Por su brevedad, es adecuado para una iniciación rápida en la cuestión.

MANOLIU, M.: "Tematización" en M. Manoliu, *Tipología e Historia. Elementos de Sintaxis Comparada Románica*, Madrid, Gredos, 1985, pp. 75-87.
Breve exposición del orden de palabras y la tematización en las lenguas romances.

MEISEL, J. M. y M. D. PAM (eds.): *Linear Order and Generative Theory*, Amsterdam, John Benjamins, 1979.
Contiene este libro 9 trabajos sobre la integración del estudio de la disposición linear de los elementos de la oración en las gramáticas formales, incluyendo la gramática de Montague. Hay dos artículos sobre el foco y su influencia en el orden de palabras.

ROCHEMONT, M. S.: *Focus in Generative Grammar*, Amsterdam, John Benjamins, 1986.
Constituye éste un intento de integrar dentro de la Gramática Generativa el concepto de foco. Dada la amplitud del trabajo, puede ser utilizado para profundizar en la cuestión tanto teórica como empíricamente.

SGALL, R, E. HAJIČOVÁ y E. BENESOVÁ: *Topic, Focus, and Generative Semantics*, Kronberg, 1973.
Es una obra útil porque en ella se sistematizan las propuestas de la escuela de Praga y se intentan formular de modo preciso dentro del marco de la llamada Semántica Generativa.

SIEWIERSKA, A.: *Word Order Rules,* Londres, Croom Helm, 1988.
Éste es un utilísimo libro desde los puntos de vista teórico y tipológico. En el primer aspecto, contiene una exposición de la forma en que abordan los problemas de linealización varios modelos gramaticales: los funcionalistas y los formalistas (entre estos últimos, el modelo de la Rección y el Ligamiento y el modelo de la Gramática Léxico Funcional, así como el de la Gramática de Estructura Sintagmática Generalizada). En el segundo aspecto, el libro está lleno de ejemplos de más de un centenar de lenguas.

SIEWIERSKA, A. (ed.): *Constituent Order in the Languages of Europe*, Berlín, Mouton de Gruyter, 1997.
Este volumen de más de 800 páginas contiene una serie de trabajos que, en conjunto, constituyen la descripción más completa que existe sobre el orden de palabras en las lenguas europeas.

TOMLIN, R. S.: *Basic Word Order. Functional Principles,* Londres, Croom Helm, 1986.
Se trata de un trabajo de análisis empírico del orden de palabras desde la perspectiva de tres principios funcionales: el de la prioridad posicional del tópico, el de la cohesión del verbo con el objeto y el de la prioridad posicional del participante animado. Está basado en un amplio *corpus* empírico de 1.063 lenguas.

ZUBIZARRETA, M. L.: "Las funciones informativas: Tema y Foco" en I. Bosque y V. Demonte (dirs.), *Gramática Descriptiva de la Lengua Española*, Madrid, Espasa Calpe, 1999, capítulo 64, pp. 4.215-4.244.
Repaso completo de las estructuras focales y topicales del español.

29

FORMA Y SENTIDO EN SINTAXIS: HACIA UNA TEORÍA DE LA MARCACIÓN SINTÁCTICA

1. Introducción

Hasta ahora hemos ido viendo una serie de estructuras sintácticas tal como se manifiestan en diversas lenguas del mundo. Podemos preguntarnos si son independientes del carácter *representativo* o *simbólico* (véase el capítulo 2, sección 4) o si, de una forma u otra, tienen que ver con ese carácter *simbólico* de la lengua. Vamos a examinar la cuestión mediante la inspección de un ejemplo concreto. Sea la oración siguiente:

(1)
Castellano

Mi hermano llegó de América ayer

Desde un punto de vista léxico y adoptando una perspectiva muy simplista, decimos que palabras como *hermano*, *llegó* o *América* representan algún elemento de la realidad en cuanto palabras de nuestro acervo léxico. Pero no es por esto por lo que estamos interesados ahora sino por la forma sintáctica. Sabemos que *hermano* pertenece a la categoría sintáctica de *nombre común*, o que *América* pertenece a la categoría sintáctica de *nombre propio*, o que *llegó* pertenece a la categoría sintáctica de *verbo*. ¿Tienen estas categorías sintácticas también un carácter simbólico? Es decir, ¿remiten a una realidad diferente de ellas mismas? La misma pregunta se puede realizar sobre las categorías de las palabras gramaticales tales como *determinante posesivo* (*mi*) o *preposición* (*de*). Idéntica pregunta nos podemos hacer, igualmente, respecto de las relaciones sintácticas que podemos ver en la oración de (1). *Mi hermano* es el sujeto de la oración, pero ¿tiene la relación de sujeto también un carácter simbólico? ¿representa alguna realidad distinta a la propia relación sintáctica?

Todas estas preguntas pueden contestarse diciendo que no. Que la forma sintáctica (categorías y relaciones sintácticas) no tienen ningún carácter representativo, que simplemente son procedimientos para combinar los elementos léxicos que sí tienen una propiedad representiva. En este caso, la hechura de la forma sintáctica sólo puede describirse mediante un mecanismo impositivo que ha de tomarse tal cual, que no tiene ningún cometido más allá del puramente sintáctico.

El punto de vista que vamos a adoptar ahora es diametralmente opuesto. Vamos a mantener que la forma sintáctica tiene también carácter representativo, remite a una realidad diferente a la de la pura agrupación de elementos en categorías paradigmáticas o la pura relación de elementos en relaciones sintagmáticas.

La forma sintáctica es el modo de expresión de una serie de categorías y relaciones conceptuales, cognitivas o mentales en términos de las cuales describimos el mundo extralingüístico. Esto significa que las categorías sintácticas expresan determinadas categorías mentales o cognitivas.

A las categorías sintácticas las vamos a llamar *internas* al lenguaje y a las cognitivas o mentales, las vamos a denominar *externas*. Para simplificar terminológicamente la exposición que sigue, vamos a denotar mediante *categoría* tanto las partes del discurso como las relaciones sintácticas. Partimos del siguiente esquema de las categorías internas:

(2)
Esquema de las categorías internas (CI)

a) Paradigmáticas:
   i) Explícitas (CIPE).
   ii) Implícitas (CIPI).
b) Sintagmáticas:
   i) Explícitas (CISE).
   ii) Implícitas (CISI).

La distinción entre las categorías internas explícitas e implícitas obedece a la diferencia que hay en las lenguas respecto de la manifestación de las categorías y relaciones sintácticas: algunas se expresan de modo explícito, mediante un morfema determinado o un mecanismo sintagmático concreto como el orden de palabras y otras se expresan de modo indirecto, mediante el comportamiento de las categorías implicadas. Por ejemplo, el género en inglés (véase el capítulo 10, sección 3) es una categoría gramatical implícita; precisamente, en el capítulo 10, en la sección 3, distinguíamos entre clases gramaticales encubiertas y manifiestas que, en este capítulo denominamos *implícitas* y *explícitas*. Como ejemplo, en sintaxis hay muchas lenguas en las que la diferencia entre posesión alienable e inalienable (véase el capítulo 24, sección 4) se manifiesta de modo explícito, mediante un morfema relacionador especial (lenguas australianas) y en otras (lenguas romances) no se manifiesta más que indirectamente, a través del comportamiento de la construcción posesiva respecto de otras análogas.

La diferencia entre *paradigmático* y *sintagmático* obedece a la distinción entre clases gramaticales tales como *nombre, verbo, adverbio* y relaciones gramaticales, tales como *sujeto, objeto, causalidad, finalidad*.

Pasamos a las categorías *externas*. Éstas son las categorías mentales o cognitivas en términos de las cuales categorizamos la realidad. Son expresadas por las internas o lingüísticas. Proponemos la siguiente clasificación:

(3)
Esquema de las categorías externas (CE)

a) *Ontivas:*
   i) Intrínsecas (CEOI).
   ii) Relacionales (CEOR).
b) *Eventivas:*
   i) Intrínsecas (CEEI).
   ii) Relacionales (CEER).
c) *Propositivas:*
   i) Intrínsecas (CEPI).
   ii) Relacionales (CEPR).

Vamos a explicar brevemente cada una de ellas. Las categorías *ontivas* son los tipos de entidades o individuos en que clasificamos las entidades del mundo exterior. Las *intrínsecas* son aquellas propiedades que caracterizan a los individuos y las *relacionales* son aquellas relaciones que se conciben entre los individuos. Por ejemplo, el individuo humano es una categoría ontiva, igual que la entidad de materia. El individuo humano, como CEOI, suele expresarse en las lenguas mediante una categoría interna paradigmática (la de nombre propio) y la entidad de materia se suele expresar mediante una categoría interna paradigmática denominada *nombre de materia*. Téngase en cuenta que otras CEOI, tales como individuo inanimado, pueden también expresarse mediante la misma categoría interna, la de nombre propio. Por ejemplo, *Francia* denota un país, es un nombre propio, pero expresa la categoría externa de individuo inanimado o no humano. Las diferentes categorías externas a las que asociamos la categoría interna de nombre propio tienen una pertinencia sintáctica clara en español: decimos *visité a Juan*, pero no *visité a Francia*.

Las categorías *ontivas relacionales* (CEOR) son los diversos tipos de relación que se conciben entre individuos: la posesión es una de ellas, también la localización (véase el capítulo 24, sección 4). Otras categorías ontivas relacionales son las que establecen el número de entidades participantes en una acción o proceso, tales como la cuantificación (véase el capítulo 13) o el grado de posesión de una propiedad, tales como la modificación atributiva (véase el capítulo 14), en la que se establecen relaciones entre individuos y propiedades.

Las categorías *eventivas* son los sucesos entendidos como situaciones, estados de hechos, acontecimientos o procesos (todas ellas categorías mentales o cognitivas en términos de las cuales estructuramos los acontecimientos que se dan en el mundo extralingüístico). Las categorías *eventivas intrínsecas* son propiedades de los sucesos, tales como el tiempo, el aspecto o el modo de acción. Las categorías *eventivas relacionales* son las diversas concepciones de las relaciones entre eventos: un evento puede ir acompañado de otro, puede estar incrustado en otro, puede ser causa de otro o consecuencia de otro. Las relaciones entre eventos se suelen expresar mediante los diferentes mecanismos de coordinación y subordinación que hemos ido explicando a lo largo de los capítulos precedentes.

Las categorías *propositivas* son las proposiciones entendidas como relaciones entre sucesos, la realidad extralingüística y los participantes en el acto comunicativo. Por ejemplo, una interrogación absoluta es una determinada relación entre un hablante, un oyente y una aseveración en la que el primero pide al segundo que le especifique si el evento denotado en tal aseveración se da o no en el mundo extralingüístico. Los diferentes tipos de oración simple estudiados en el capítulo 25 son formas de expresión gramatical de estas categorías externas. Las categorías propositivas intrínsecas son las propiedades de las proposiciones y las relacionales, los tipos de relación de las proposiciones.

Las categorías externas sirven de puente entre la realidad transmitida por el lenguaje y la forma lingüística. Tal mediación puede ser *transparente* u *opaca*. Es transparente si la entidad o evento denotado por la expresión lingüística tiene la propiedad o característica que se asocia por nuestro conocimiento del mundo a la categoría externa mediadora, y es *opaca* si no la tiene. Por ejemplo, sea el género y el sexo. Decimos que *mujer* es un nombre que pertenece a la categoría interna paradigmática de *nombre común femenino*; tal nombre puede utilizarse en la denotación de una hembra humana. La categoría externa que corresponde a la gramatical de *nombre común femenino* es la de *individuo de género femenino* y esta categoría está relacionada, a través de nuestro conocimiento enciclopédico, con el sexo hembra. Un uso opaco se ve en el término *puerta*. Ahora también tenemos una palabra que pertenece a la categoría interna paradigmática de nombre común femenino. Ahora bien, esta palabra se utiliza para denotar una entidad que no es hembra, ni siquiera es sexuada. La categoría externa que corresponde a esta categoría gramatical es, como ya hemos dicho, la de individuo de género femenino. La relación entre la categoría interna y externa es transparente, ya que es la misma que antes, lo que introduce la opacidad es que a la categoría externa no se asocia ahora la característica del sexo, como en el caso anterior, por una imposibilidad derivada de nuestro conocimiento del mundo. En todo caso, podemos decir que *puerta* se asocia con una entidad que tiene un *nombre* femenino, con lo que la opacidad consiste, en realidad, en una remisión metalingüística de la categoría externa a la interna.

Existe una ley general que relaciona las categorías externas con las internas que las expresan:

(4)
Ley de relación entre categorías externas y internas

> En las lenguas del mundo las categorías externas intrínsecas se manifiestan de modo no marcado mediante categorías internas paradigmáticas y las categorías externas relacionales se realizan mediante categorías internas sintagmáticas.

Éste es un claro principio icónico, ya que las propiedades intrínsecas de las CE se manifiestan mediante características individuales que oponen a los diversos elementos de un mismo paradigma. Por su parte, las CE relacionales se expresan mediante las diversas relaciones entre los elementos copresentes en la oración.

2. Las categorías ontivas y su expresión sintáctica

Vamos a examinar en esta seccion las categorías ontivas y su manifestación sintáctica. La primera categoría ontiva que examinamos (capítulo 10, sección 3) fue la de género y la animación. El género, como tal categoría ontiva intrínseca, se suele manifestar mediante una categoría interna de tipo paradigmático; es decir, se suelen agrupar los sustantivos de una lengua que conoce el género u otra clasificación análoga en clases gramaticales. Estas clases pueden ser explícitas o implícitas, tal como explicamos al principio de la sección tercera del capítulo 10, según cada elemento perteneciente a cada clase lleve una marca explícita o no la lleve. Las clases nominales de las lenguas bantúes son explícitas, por ejemplo.

La oposición entre animado y no animado también es una oposición entre dos CEOI y se concreta en una jerarquía de animación como la que vimos en el capítulo 10, sección 4. Esta jerarquía de animación en el nivel externo ordena según su grado de animación las diversas categorías externas ontivas y, como los sustantivos, realizan estas categorías externas, se ordenan paralelamente de acuerdo con tal jerarquía:

(5)
Jerarquía de la animación

>Pronombre > nombre propio humano > nombre común humano masculino > nombre humano > nombre animal > nombre animado > nombre inanimado

Los diversos tipos de nombre que examinamos en el capítulo 12 son expresiones de diversas CEOI tales como las que podemos denominar *entidades contables*, *entidades de materia* o *entidades colectivas*. Como se trata de categorías inherentes, su expresión suele realizarse mediante CIP, normalmente implícitas.

Los clasificadores (capítulo 10, sección 5) realizan diversas CEOI, ya que, como vimos en el capítulo correspondiente, se asocia cada sustantivo de la lengua a cada clasificador. De hecho, los clasificadores pueden concebirse como nombres de CEOI que forman un paradigma cerrado en una lengua determinada.

Puede ocurrir que un clasificador coincida en su expresión formal con un sustantivo de su lengua: en esta situación obtenemos la construcción que hemos llamado *clasificación tautológica*. En estos casos, una misma palabra denota tanto un objeto de la realidad unido a esa palabra a través de la CEOI que le corresponda y la CEOI misma. En general, las palabras que Tesnière denomina *palabras llenas generales,* tales como *alguien,* expresan una CEOI elemental, es decir, una categoría externa primitiva. Lo mismo puede decirse de un pronombre como *él* o *ella*. Por ejemplo, *él* expresa la CEOI de los individuos masculinos, que es una de las CEOI elementales.

Por tanto, una primera idea sobre la relación entre categorías externas e internas es la siguiente:

(6)
CI simples y complejas

>Las CI están asociadas con una combinación de CE que, a su vez, está denotativamente relacionada con entidades de la realidad extralingüística; son las CI complejas. Hay además algunos elementos especiales que pertenecen a determinada CI y que expresan una de CE primitiva; se trata de las CI simples.

Por ejemplo, la CI de los pronombres está asociada a CEOI primitivas tales como *individuo masculino* u *objeto masculino*. El pronombre *él* expresa precisamente la CEOI *entidad masculina* y *alguien* la CEOI de *individuo humano*.

Vimos en el capítulo 15 que el pronombre es una categoría deíctica, ya que mediante él se hace referencia directamente a entidades localizadas respecto de las coordenadas comunicativas. Precisamente, de acuerdo con lo que acabamos de explicar, podemos dar cuenta de la idea de que los pronombres denotan de modo más *directo* que los nombres o sintagmas nominales. En efecto, los pronombres expresan CEOI simples o primitivas; por ejemplo, el pronombre *él* denota la CEOI de *individuo masculino* y *ella* la CEOI de *individuo femenino*. Sabemos que las CEOI están directamente asociadas con las entidades del mundo real, en el sentido de que éstas son vistas, concebidas y clasificadas cognitivamente en términos de aquéllas. Pues bien, los pronombres tienen un modo de referir directo gracias a esa asociación entre la CEOI y las entidades de la realidad extralingüística, ya que, como decimos, expresan directamente una CEOI simple. Comparemos, por ejemplo, un nombre propio y un pronombre. Un nombre propio está asociado con una CEOI, pero no simple, ya que *individuo humano masculino llamado Juan* es una combinación de CEOI; sin embargo, un pronombre como *ella* expresa una CEOI simple y de aquí se sigue ese carácter de denotación directa o primitiva.

Esto es lo que hace que los pronombres tengan capacidad anafórica: como están asociados a CEOI elementales, pueden *incluir* referencialmente a otras palabras que expresan combinaciones complejas de CEOI. Por ejemplo, en la siguiente oración:

(7)
Castellano

Cuando Juan$_i$ vino, todavía no sabía él$_i$ nada

el pronombre *él* se relaciona denotativamente con *Juan*, ya que la CEOI que expresa este pronombre está incluida en la CEOI que expresa el nombre propio. En el discurso, para que dos elementos sean correferenciales y tengan entre sí esta relación de inclusión, el más general debe estar subordinado al más concreto y no al revés. Esta subordinación puede manifestarse mediante una precedencia en el discurso; por ejemplo, sean los dos ejemplos siguientes:

(8)
Castellano

a) La casa de Juan estaba recién construida. Sin embargo, la casa estaba ya muy deteriorada
b) La casa estaba recién construida. Sin embargo, la casa de Juan estaba ya muy deteriorada

Puede comprobarse que sólo el primer discurso nos sugiere que estamos hablando de una sola casa; el segundo nos da a entender que estamos hablando de dos casas diferentes. Esto puede confirmarse claramente si tenemos en cuenta la conjunción adversativa *sin embargo*. En el primer caso, esta conjunción no opone la casa mencionada en primer lugar con la mencionada en segundo lugar, dado que se trata de la misma casa; opone más bien la reciente construcción al mal estado. Pero sí que induce claramente esta oposición en el segundo ejemplo. Estamos hablando de dos casas diferentes, y ahora *sin embargo* sí induce, además, esta diferencia añadida a la oposición que expresa en la primera oración.

La razón de este comportamiento está en que *la casa* expresa una CEOI que está incluida en la expresada por *la casa de Juan*. Hemos dicho que el elemento más general debe estar dominado por el más concreto para que se pueda producir esa relación. Precisamente el dominio se expresa aquí mediante la antecedencia discursiva. Como en el segundo discurso, es el elemento más general el que precede al más concreto, la correferencia no es inducida.

Este dominio que debe tener el elemento más concreto sobre el más general se manifiesta también en la sintaxis intraoracional en el hecho de que el pronombre no puede dominar sintácticamente al antecendente. Es el *principio de la correferencialidad* que vimos en la sección 5 del capítulo 15, que se formulaba mediante la noción estructural del mando-c.

Tanto la condición intrasintáctica del mando-c, como la discursiva de antecedencia que acabamos de esbozar son manifestaciones concretas de los dos principios complementarios siguientes:

(9)
Las dos leyes del flujo discursivo de la información

a) En el discurso, el *incremento* de la información va de lo menos específico a lo más específico.
b) En el discurso, *la asunción* de la información precedente va de lo más específico a lo menos específico.

En el discurso (8a) tenemos la secuencia *la casa de Juan + la casa*; se trata de una secuencia *más específico + menos específico*. Por tanto, el principio (9b) predice que tendremos una *asunción* de la información anterior y, por tanto, se verá implicada la misma casa. En el discurso (8b) tenemos la secuencia *la casa + la casa de Juan*, es decir, una secuencia *menos específico + más específico*; el principio (9a) predice que tendremos un *incremento* de la información anterior y, por tanto, estaremos hablando de una casa diferente.

La condición de correferencialidad a que antes hemos hecho referencia no es más que una manifestación intraoracional y condicionada estructuralmente de este principio general que rige el flujo de información. La idea de que el pronombre no debe *dominar* el nombre con el que es correferencial no es más que una manifestación sintáctica del principio funcional de (9b) que, como hemos visto, es también operativo en el discurso.

El número es una CIPE que expresa habitualmente la CEOI de la cantidad; lo hemos estudiado en el capítulo 10, en la sección 6. Dado que las entidades plurales suelen concebirse como derivadas de las entidades singulares, la pluralidad está cognitivamente marcada frente a la singularidad y eso se refleja de modo inmediato en las lenguas del mundo. En efecto, en todas las que oponen una CIPE de singular a una plural, es el elemento plural el que está marcado frente al singular.

Dentro de la pluralidad, vemos que una entidad plural es tanto más marcada cognitivamente cuantos más elementos tenga. Por ello, la dualidad es menos marcada que la trialidad y ésta menos aún que la cuadralidad. Esta marcación o complejidad cognitiva se manifiesta en la jerarquía del número gramatical que propusimos en el capítulo 10, sección 6:

(10)
Jerarquía del número gramatical

$$\text{dual} > \text{trial} > \text{cuadral}$$

Los casos son CIS o CIP que se pueden manifestar explícita o implícitamente según las lenguas y que expresan CEOR. Algunas lenguas expresan esas CEOR mediante terminaciones paradigmáticas de caso (CIP) y otras mediante adposiciones o el orden de plabras (CIS). En el cambio lingüístico, el caso morfológico tiende a perderse, dado que las CEOR tienden a expresarse sintagmáticamente, tal como hemos notado antes.

Las CEOR son categorías externas mediante las que ponemos en relación los participantes con el participado (véase el capítulo 20, sección 2); de esta manera organizamos la estructura interna de los eventos. Vimos en el capítulo 11 que había tres tipos de casos: formales, relacionales y posicionales. Estos tres tipos de caso obedecen a tres tipos de características relacionales de los participantes en relación con el participado. El participante puede tener una relación constituyente con el participado en el sentido de que es uno de los elementos esenciales o nucleares del participado. Esta relación, que podemos denominar *directa,* es una relación externa que se manifiesta mediante la CI de caso formal. Por otro lado, el participante puede estar relacionado con el participado sin desempeñar una función esencial en el mismo. Tenemos una relación que puede denominarse *indirecta* y que se manifiesta mediante la CIS del caso relacional. Por otra parte, una entidad normalmente inanimada puede servir de localización del evento con sus participantes y participados. Estamos entonces ante una relación de tipo *circunstancial* y asociamos tal relación con la CIS de los casos posicionales. Tenemos el siguiente cuadro:

(11)
Categorías externas que expresan los casos

CEOR	CIS/P
Directa	Caso formal
Indirecta	Caso relacional
Circunstancial	Caso posicional

A su vez, estos tipos de CEOR están jerarquizados según su nivel de importancia respecto de la relación entre participantes y participados. Lógicamente, la relación directa es más importante que la indirecta y ésta lo es más que la posicional. Ello significa que la directa es la menos marcada cognitivamente, seguida por la indirecta y por la posicional. Esto es fácilmente explicable. En efecto, la relación directa es la que pone en contacto participantes esenciales para el participado (agente, paciente, etc.). Por su parte, la relación indirecta une participantes adyacentes o anejos del participado con éste, que no son esenciales para él (complemento benefactivo, por ejemplo). Por último, las relaciones locativas asocian al participado entidades que no son propiamente participantes, sino más bien localizaciones del evento denotado. La jerarquía de los casos que vimos en la sección 6 del capítulo 11 expresa este diferente grado de marcación de estas tres relaciones ontivas.

(12)
Grado de marcación de las relaciones ontivas

$$\text{directas} > \text{indirectas} > \text{circunstanciales}$$

La cuantificación nominal, que hemos estudiado en el capítulo 13, expresa una CEOR que sirve para establecer la cantidad de elementos que participan de una misma manera en el participado. Al ser una categoría relacional, la categoría gramatical de los cuantificadores, si bien está constituida por una serie de paradigmas –los diversos tipos de cuantificadores–, consta de *determinantes*, es decir, elementos que funcionan sintagmáticamente para especificar la cantidad de individuos que participan en una acción.

Los adjetivos, que estudiamos en el capítulo 14, son CIP que se asocian a CEOI unas veces y otras a CEOR. Por ejemplo, un adjetivo color como *rojo* corresponde a una CEOI, pero un adjetivo relacional tal como *ministerial* está asociado a una CEOR, ya que pone en relación dos entidades: *informe ministerial* es un informe que está relacionado de una u otra forma con el ministerio. La colocación de los diversos adjetivos respecto del nombre parece estar regulada, entre otros factores, por el tipo de CE que se expresa en cada caso. Las diversas CEOI que expresan diversos adjetivos denotarán muchas propiedades que tengan un mayor o menor grado de inherencia respecto de lo denotado por el sustantivo. Los adjetivos relacionales presentan el menor grado de inherencia y ésta parece ser la razón por la cual en castellano no puede aparecer en la posición prenominal. Si examinamos la jerarquía de los adjetivos propuesta por Dixon, y que explicamos en la sección segunda del capítulo 14, observaremos que los adjetivos más cercanos expresan propiedades más inherentes que los adjetivos más lejanos. En nuestros términos, el adjetivo superior se asocia a una CEOI que expresa un grado de inherencia menor que la CEOI asociada al adjetivo que aparece inmediatamente debajo de él. Obsérvese que esta jerarquización de grados de inherencia se establece cognitivamente y la realidad denotada no siempre parece coincidir o concordar exactamente con esas apreciaciones. Por ejemplo, en una lengua una propiedad física distinta del color puede considerarse menos intrínseca que la del color, o la edad puede considerarse menos intrínseca que el color.

3. Las categorías eventivas y su forma sintáctica

Vamos a examinar ahora las categorías eventivas. Empezaremos por las CEEI. Estamos ante las propiedades internas de los eventos. Todo suceso es realización de un tipo de evento y se da en unas circunstancias espacio-temporales y modales. El aspecto y el modo de acción, estudiados en las secciones 6 y 7 del capítulo 16 son CIP que expresan CEEI; el aspecto suele ser una CIPE y el modo de acción, una CIPI; en estos casos, estamos ante diversos tipos de suceso. Como ya hemos visto en el capítulo 17, sección 7, el tipo de evento es muy importante a la hora de determinar las propiedades de selección semántica de los verbos. Por otro lado, el tiempo suele ser una CIP, normalmente una CIPE, que expresa también una CEEI, la que sitúa los eventos de un determinado tipo en una localización temporal. Por último, el modo suele ser una CIP, normalmente también una CIPE, que expresa una CEEI consistente en la relación entre los sucesos y la realidad extralingüística, relación que se suele denominar *proposición*. Una proposición será verdadera o falsa, por ejemplo, según el evento denotado coincida o no con una realidad extralingüística; una proposición será asertada o no según el hablante enuncie que el evento denotado coincide o no con una realidad extralingüística o no lo enuncie. En estos casos, estamos ante CEEI que hemos denominado *modalidades* en la sección 8 del capítulo 16.

Los adverbios, estudiados en el capítulo 18, como atribuciones de los eventos y de las proposiciones, son CIPE que expresan diversos tipos de CEEI; estas CEEI son especificaciones o propiedades concretas de las CEEI que expresaban el tiempo, modo y aspecto en el verbo, de modo análogo a como los adjetivos son CIPE que expresan diversas especificaciones de las CEOI asociadas a los nombres comunes. El diverso alcance sintáctico de los adverbios, visto en la sección 3 del capítulo 18, no es más que un reflejo de los diversos grados de inherencia de las propiedades de los eventos. Por ejemplo, la CEEI asociada al modo de acción o al aspecto es más inherente al evento que la CEEI asociada a la modalidad. Por ello no es extraño que los adverbios de aspecto o modo de acción estén dentro del alcance de los adverbios modales.

En general, las propiedades relacionadas con los tipos de evento son más intrínsecas respecto del evento que las propiedades propiamente eventivas. En efecto, el aspecto y, sobre todo, el modo de acción, son propiedades mediante las que se tipifican eventos: por ejemplo, *correr* y *cantar* son tipos de eventos denominados *acciones* y *destapar* y *abrir* son tipos de eventos denominados *realizaciones*. Pero el tiempo es una propiedad de todo un evento y no sirve para tipificar sucesos: los sucesos no se clasifican en pasados, presentes o futuros, sino que se sitúan en el pasado, el presente o el futuro. Por tanto, el tiempo es una propiedad eventiva menos intrínseca o inherente que el modo de acción. ¿Cómo se refleja esto morfosintácticamente en las lenguas? Pues en el hecho de que la asignación de un modo de acción a un verbo se realiza en el léxico, mientras que la conjugación temporal de los verbos no se realiza en el léxico sino en la morfología. Es decir, no hay morfemas de modo de acción, pero sí los hay de tiempo y aspecto. Hemos visto que el modo de acción de un verbo puede ser modificado sintagmáticamente, pero ello sobre la base de una asignación léxica anterior.

Por otro lado, las propiedades relacionadas con la proposición son menos intrínsecas respecto de un evento que las temporales y aspectuales. Ello porque ahora estas propiedades vienen determinadas por las relaciones entre los eventos, la realidad extralingüística y el usuario de la lengua.

La transitividad e intransitividad, que hemos estudiado en los capítulos 21 y 22, son CIS, unas veces CISE y otras CISI, según como las lenguas expresen las CEEI. Pero estas CEEI son complejas y están determinadas por muy diversos factores más simples. Hemos visto que, en la cuestión de la transitividad e intransitividad, se dan consideraciones de modo de acción, aspecto, relaciones entre participantes y participado, etc. En general, estas CEEI están relacionadas directamente con las diversas propiedades de los eventos que tienen que ver con el modo de participación de los participantes en el participado, que es algo cuya explicación hemos intentado esbozar en el capítulo 20.

A diferencia de las CEEI a que hemos aludido al hablar del tiempo, aspecto y modo, que podemos denominar *constitutivas* del participado, estas CEEI estructuran las relaciones entre los participantes y el participado y podemos denominarlas *constructivas*. Es evidente que las CEEI constructivas tienen un carácter más relacional que las CEEI constitutivas respecto de la acción, proceso o estado, que es lo que denota el participado, aunque son internas al propio evento que, claro es, consta de participantes y participados. No es extraño que las CEEI constitutivas del participado se expresen mediante CIP y las CEEI constructivas de las relaciones entre participante y participado, se expresen mediante CIS, tales como las relaciones sintácticas de sujeto, objeto y complemento. Nótese –insistimos en ello– que las CEEI constructivas son relaciones respecto del participado, pero no respecto de los eventos, ya que les dan forma; por ello, estas relaciones sintácticas se asocian a CEEI, puesto que constituyen propiedades intrínsecas de los eventos. Por otro lado, su manifestación mediante CIS no contradice la *ley de la relación entre las categorías internas y externas,* introducida antes, ya que tal manifestación es coherente con la idea de que las CEEI constructivas son relacionales y no inherentes sólo respecto de las propiedades del participado, es decir, de las CEEI constitutivas y no respecto de los eventos.

El carácter doble de las CEEI constructivas: inherentes respecto de los eventos y relacionales respecto de los participados, se refleja en la sintaxis de las lenguas naturales mediante la combinación de dos hechos claros. Primero, las CEEI constructivas se manifiestan en las lenguas mediante relaciones sintagmáticas y esto refleja el carácter relacional de las mismas respecto de los participados, en los que se expresan las CEEI constitutivas. Pero, por otro lado, esas relaciones sintagmáticas están fuertemente restringidas mediante posiciones estructurales precisas y tienen un carácter formativo o constructivo (véase el capítulo 28, sección 2). Este carácter restringido y estructurante de esas relaciones sintagmáticas es un reflejo de la inherencia de las mismas respecto de los eventos.

De este doble aspecto de las CEEI constructivas surgen precisamente las relaciones sintácticas. Las relaciones sintácticas son sintagmáticas (es decir, las contraen diversos elementos de la oración) como las relaciones discursivas, pero son también estructuradoras o formativas porque los elementos que las contraen son estructuralmente identificables o, dicho desde otra perspectiva, deben ocupar una determinada posición estructural. Pero todo ello no es sino un reflejo de su doble carácter: relacional respecto del participado e inherente respecto del evento.

(13)
Origen externo de las relaciones sintácticas

>Las relaciones sintácticas expresan propiedades relacionales respecto de los participantes pero inherentes respecto de los eventos.

El parámetro de la configuracionalidad, estudiado en la sección 4 del capítulo 19 y en la sección 8 del capítulo 20, no es más que la constatación de los diferentes tratamientos que dan las lenguas a este doble aspecto de las CEEI expresadas por las relaciones sintácticas.

En la diátesis y la voz, estudiadas en el capítulo 23, es donde se expresa la relación entre las CEEI constitutivas y las CEEI constructivas. En efecto, en virtud de las CEEI constitutivas del participado, éste denota un determinado tipo de suceso. Como ya vimos en la sección 7 del capítulo 17, cada verbo asocia una función semántica a cada uno de los argumentos requeridos según el tipo de suceso denotado. Las relaciones sintácticas, o relaciones entre los participantes y el participado, están configuradas por estas propiedades constitutivas del participado. Por eso, se asignan a elementos que pueden funcionar como argumentos de los verbos –son requeridos, por tanto, por las propiedades valenciales del participado– y se asocian con papeles semánticos asignados también por los verbos (he aquí otra propiedad constitutiva del participado). La diátesis es el lazo de unión, por tanto, entre las CEEI constitutivas y las CEEI constructivas: de hecho, las CEEI constitutivas informan esas CEEI constructivas. La voz es la manifestación morfológica de la diátesis, que, al estar inducida por las CEEI constitutivas, se realiza mediante CISE.

El principio de proyección, expuesto en la sección 4 del capítulo 9, no es más que el reflejo de las restricciones impuestas por las diátesis en todos los niveles de representación sintáctica.

Consideremos ahora las categorías eventivas relacionales. Ahora estamos ante relaciones entre eventos y esto se expresa en las lenguas mediante las oraciones compuestas y complejas. También en este caso podemos establecer una dicotomía entre CEER constitutivas y constructivas. Las CEER constitutivas se manifiestan en las lenguas mediante lo que hemos denominado *subordinación* y las constructivas, mediante lo que hemos denominado *cosubordinación* y *coordinación*. En la subordinación propiamente dicha tenemos que en un suceso toman parte como participantes otros sucesos. Como ya hemos visto en el capítulo 27, sección 2, hay una marcada tendencia en las lenguas del mundo a que estos participantes oracionales se vean nominalizados en el caso de las cláusulas completivas: es decir, se estructura esta relación participante-participado entre sucesos de modo análogo a como se estructuraba entre un participante individual y un participado. Algo similar ocurre con las cláusulas de relativo o adjetivas que, en las lenguas del mundo, tienen una marcada tendencia a aparecer en forma de complementos del nombre, como ya vimos en la seccion 3 del mismo capítulo 27.

Consideremos ahora brevemente las cláusulas adverbiales. Distinguimos, en la sección 4 del capítulo 27, entre adverbiales accidentales y relacionales. Las primeras suelen manifestarse mediante subordinación, pero las segundas se manifiestan habitualmente mediante la cosubordinación. Esta diferencia es expresión de la oposición entre las dos CEER que realizan; en efecto, las adverbiales accidentales expresan CEER constitutivas, pero las relacionales expresan CEER constructivas. En efecto, las accidentales expresan CEER constitutivas del evento principal en el que están incrustadas. Por ejemplo, sea la siguiente oración castellana:

(14)
Castellano

Lo harán cuando vengan

La cláusula *cuando vengan* forma parte constituyente del suceso denotado por toda la oración. Se trata de un suceso que constituye o forma parte de otro.

Las relacionales, expresan, por otro lado, CEER constructivas. Vamos a explicar esto brevemente con otro ejemplo. Sea la siguiente oración del castellano:

(15)
Castellano

Si vienen, lo hacen

Tenemos aquí también dos sucesos denotados y una determinada relación entre ellos: en este caso, uno es una condición del otro. No se trata, como en el caso anterior, de que uno de los eventos forma parte constituyente del otro, ya que tanto *lo hacen* como *vienen* denotan sucesos completos y autónomos. Ahora bien, mediante la conjunción condicional lo que hacemos es establecer una determinada relación semántica entre ellos, se trata de una CEER constructiva de una situación compleja en la que un evento es condición de otro. A diferencia del caso de la subordinación propiamente dicha, en donde la oración completa denota un único suceso constituido, entre otras cosas, por otro suceso, ahora se *construye una relación compleja* entre dos sucesos y se expresa, por tanto, una CEER de tipo constructivo. Esta distinción entre las CEER constitutivas y las CEER constructivas se correlaciona en las lenguas mediante dos CISE, que son las que se caracterizan como estructuras de subordinación y las que se caracterizan sintácticamente como estructuras de cosubordinación. En la cosubordinación, tal como hemos visto en la sección 4 del capítulo 27, hay sólo una interdependencia semántica, mientras que, en la subordinación, tenemos también una clara incrustación o dependencia sintáctica. En la cosubordinación hay una interdependencia semántica que no se expresa mediante una dependencia sintáctica: ello se debe, como acabamos de ver, a que las CEER constructivas no sirven para construir sucesos complejos sino relaciones entre sucesos, mientras que las CEER constitutivas sirven para construir sucesos complejos, es decir, que están en parte constituidos por otros sucesos.

La coordinación se utiliza para expresar una relación entre sucesos de modo más o menos neutral.

4. Las categorías propositivas y su forma sintáctica

Las CEP son aquellas que expresan propiedades del enunciado. Antes tenemos que ver qué ha de entenderse por *enunciado*. Las predicaciones, es decir, la unión de participantes y participados denota eventos; alcanzamos el nivel del enunciado cuando relacionamos los eventos con la realidad y con la actitud del hablante.

Por ejemplo, cuando un hablante emite la oración: *Juan llegó tarde ayer* lo que está haciendo es manifestar su creencia o seguridad de que el suceso denotado por *Juan llegó ayer* ha coincidido con una realidad pasada situada en el día de ayer. Cuando hacemos declaraciones, preguntas o emitimos órdenes, estamos en el nivel del enunciado y no del evento (véase el capítulo 9, sección 5). Por ejemplo, cuando decimos a alguien ¡*Que salgas de ahí!* estamos expresando nuestro deseo de que el oyente haga que el suceso denotado por *tú sales de ahí* coincida con una realidad temporalmente inmediata respecto de la expresión lingüística. De modo análogo, cuando decimos a alguien: *¿Has encontrado ya el libro?*, expresamos el deseo de que el oyente nos informe de si el evento denotado por *tú has encontrado el libro* ha coincidido ya con la realidad.

Pues bien, estas propiedades del enunciado a que hacemos referencia mediante los conceptos de *declaración, interrogación* y *orden*, son precisamente otras tantas CEPI. Como hemos visto en el capítulo 25, estas CEPI se manifiestan mediante los diversos tipos de oración simple examinados en ese capítulo: declarativas, afirmativas y negativas, interrogativas o imperativas.

También tenemos CEP relacionales; es decir, relaciones entre proposiciones. Estas CEPR también pueden ser constitutivas y constructivas. Vamos a ejemplificar primero las CEPR constitutivas. Para ello, comparemos las dos oraciones siguientes:

(16)
Castellano

a) Juan vio a Pedro comer
b) Juan vio que Pedro comía

En la sección 2 del capítulo 27, vimos que la diferencia entre las dos subordinaciones es que, en el primer caso, tenemos una subordinación eventiva y, en el segundo, una subordinación propositiva. En efecto, en la primera oración se dice que Juan ve a alguien en el acto de llevar a cabo una acción, pero en la segunda se dice que Juan se dio cuenta de que el suceso denotado por *Pedro comía* coincidía con la realidad, es decir, estamos ahora en el nivel de la proposición. Por tanto, la relación semántica de incrustación se produce en la primera oración en el nivel de los sucesos y en la segunda oración, en el nivel de la proposición. Ello nos indica que en la segunda oración vemos una manifestación de una CEPR de tipo constitutivo.

Vamos a ver ahora un ejemplo de CEPR de tipo constructivo. Sea, por ejemplo, la siguiente oración:

(17)
Castellano

Si tienes sed, hay refrescos en la nevera

Está claro que en esta oración condicional el antecedente no expresa una condición de la situación denotada por el consecuente, ya que el que haya o no refrescos en la nevera no depende de si tienes sed. La condición que se establece en *si tienes sed* lo es de la proposición declarativa que la sigue: es decir, el hecho de que tengas sed sí puede ser una condición para la declaración o afirmación de que el suceso denotado por *hay refrescos en la nevera* coincide con la realidad. También sería igualmente relevante el decir que no coincide con la realidad; por ello, también se podría proferir:

(18)
Castellano

Si tienes sed, no hay refrescos en la nevera

para indicar al hablante que no vaya a buscar los refrescos en cuestión al frigorífico. Hemos visto, pues, que la distinción entre *constitución* y *construcción* puede aplicarse tanto a los eventos como a las proposiciones.

Obtenemos, por tanto, la siguiente tabla general:

(19)
Categorías Ontivas Intrínsecas (CEOI)

  a) Género.
  b) Cuantificación: número.
  c) Animación.
  d) Contabilidad nominal.
  e) Colectividad nominal.
  f) Clasificación nominal.
  g) Deíxis pronominal.
  h) Adjetivación atributiva.

(20)
Categorías Ontivas Relacionales (CEOR)

a) Caso.
b) Cuantificación nominal: cuantificadores.
c) Adjetivación relacional.

(21)
Categorías Eventivas Intrínsecas (CEEI)

a) Constitutivas:
  i) Tiempo.
  ii) Aspecto.
  iii) Modo de acción.
  iv) Modalidades.
  v) Atribución adverbial.
b) Constructivas: Relaciones sintácticas.

(22)
Categorías Eventivas Relacionales (CEER)

a) Constitutivas: Subordinación eventiva.
b) Constructivas: Coordinación y cosubordinación eventivas.

(23)
Categorías Proposicionales Intrínsecas (CEPI)

Declaración, interrogación y orden.

(24)
Categorías Proposicionales Relacionales (CEPR)

a) Constitutivas: Subordinación propositiva.
b) Constructivas: Coordinación y cosubordinación propositivas.

5. Conclusión: marcación e iconicidad sintácticas

Hemos intentado explicar en este capítulo dónde se encuentra la fundamentación de la sintaxis de las lenguas naturales. Hemos partido de la idea de que la sintaxis de las lenguas naturales está motivada semánticamente en el sentido de que es la expresión de las propiedades formales de los eventos y proposiciones que aparecen en las enunciaciones lingüísticas. ¿Qué propiedades formales son ésas? Hemos visto que los eventos se estructuran en participantes y participados y que cada uno de ellos tiene propiedades intrínsecas y relacionales. Las propiedades de los participantes se conciben a través de categorías cognitivas ontivas y las de los participados, a través de las categorías cognitivas eventivas y propositivas: las diversas categorías y relaciones sintácticas sirven para expresar estas categorías cognitivas y su forma y funcionamiento está determinado por ellas. El hecho de que en algunas lenguas del globo las relaciones sintácticas están determinadas por configuraciones estructurales muy restrictivas se debe, según la perspectiva adoptada, a la necesidad de expresión de las categorías eventivas intrínsecas constructivas: estas categorías son las que nos ayudan a construir los eventos a través de la relación entre participantes y participado; se trata claramente de una relación intrínseca respecto del propio evento, pero relacional respecto del participado. El carácter relacional se expresa a través de una relación sintagmática entre dos palabras autónomas (normalmente, un verbo y un objeto), pero el intrínseco se expresa a través de una limitación de esa relación mediante una configuración sintáctica precisa que se asocia a una determinada función gramatical.

La forma de marcar las diversas relaciones sintácticas está, a nuestro juicio, determinada por el tipo de categorización conceptual cuyas propiedades formales están expresadas en la sintaxis de las lenguas naturales. En este sentido, la sintaxis es icónica y motivada. Para hacer esta conclusión más clara, vamos a analizar un sencillo ejemplo:

(25)
Juan salió corriendo y se cayó

En esta oración compuesta por coordinación irreversible podemos establecer la siguiente estructuración cognitiva:

(26)
Estructuración cognitiva de (25)

Hay un ser humano masculino llamado *Juan* (Categoría compleja ontiva intrínseca).
Ese ser humano es un participante (Categoría ontiva relacional) en una acción completa que se da en el pasado y que consiste en el movimiento que supone el abandono de un lugar cerrado (Categorías eventivas intrínsecas constitutivas).
Ese ser humano participa como protagonista del evento: en este caso, es el elemento que se mueve en el evento (Categoría eventiva intrínseca constructiva).
Ese ser humano es un participante (Categoría ontiva relacional) en una acción completa que se da en el pasado y consiste en el movimiento que supone pasar de un sitio más alto a otro más bajo de modo repentino (Categorías eventivas intrínsecas constitutivas); los dos eventos simples comparten el participante y constituyen un evento complejo (Categoría eventiva relacional).

Dada esta paráfrasis, nos preguntamos mediante qué medios sintácticos y morfológicos se expresa toda esta estructuración del evento. Los contenidos referenciales se expresan mediante elementos léxicos: los elementos léxicos son unidades inanalizables y primitivas que tienen sus propiedades fonológicas, morfológicas y sintácticas expresadas en la entrada léxica correspondiente. En efecto, dichos contenidos se expresan de forma léxica, mediante palabras como *Juan*, *salir*, y *caerse*. Por tanto, la expresión es icónica: el contenido referencial del participante y del participado se manifiestan mediante piezas léxicas con características fonológicas, morfológicas, sintácticas y semánticas idiosincrásicas.

Las categorías cognitivas o nocionales se expresan mediante procedimientos sintácticos no idiosincrásicos sino sistemáticos y generales: el tiempo y el aspecto no son algo intrínseco a la acción de *salir* o *caerse*; el ser participante en una acción no es algo intrínseco a Juan. Estos aspectos se expresan mediante morfemas o palabras gramaticales que tienen un carácter relacional y que, por tanto, no pueden aparecer aislados en la oración, ya que sirven precisamente para relacionar. El orden de palabras también es otro método de expresar estas propiedades relacionales. Aquí hay también una justificación icónica de la marcación: las propiedades relacionales de los participantes y del participado se expresan mediante palabras no autónomas ni idiosincrásicas sino dependientes y sistemáticas, dos de las propiedades de las relaciones en general.

ORIENTACIÓN BIBLIOGRÁFICA

CIFUENTES HONRUBIA, J. L.: *Gramática Cognitiva. Fundamentos Críticos*, Madrid, Eudema, 1994.
La lingüística cognitiva es hoy por hoy uno de los enfoques lingüísticos más investigados. En este libro, de carácter fundamentalmente metodológico, el lector podrá encontrar un panorama amplio y documentado de algunas de las propuestas más interesantes.

CUENCA, M. J. y J. HILFERTY: *Introducción a la Lingüística Cognitiva*, Barcelona, Ariel, 1999.
Se trata de un claro y útil manual introductorio a la lingüística cognitiva muy recomendable para obtener una visión panorámica de lo que se propone actualmente en este campo.

GIVÓN, T.: "Language and Ontology" en T. Givón, *On Understanding Grammar*, Nueva York, Academic Press, 1979, capítulo 8.
Este trabajo es un intento de esbozar una teoría sobre lo que nosotros hemos denominado en este capítulo *categorías externas*. Es muy recomendable su consulta para obtener un punto de vista diferente sobre las cuestiones tratadas en este capítulo.

GIVÓN, T.: "Markedness and Iconicity in Syntax" en T. Givón, *Syntax. A Functional Typological Introduction, vol. II*, Amsterdam, John Benjamins, 1990, capítulo 21.
Se trata de una visión integradora de los aspectos icónicos de la sintaxis. Muy recomendable para obtener una visión general y empíricamente contrastada de las cuestiones y problemas planteados en este capítulo.

GIVÓN, T.: *Functionalism and Grammar*, Amsterdam, John Benjamins, 1995.
En este importante e interesante libro, el profesor Givón nos ofrece una visión de las categorías y relaciones gramaticales funcional, icónica y cognitiva. Puede usarse para profundizar en el enfoque aquí presentado y para ampliarlo.

HAIMAN, J.: *Natural Syntax. Iconicity and Erosion,* Londres, Cambridge University Press, 1985.
El estudio icónico de la sintaxis ha sido desarrollado por este autor a lo largo de una serie de artículos que han mostrado una vía de investigación que alcanza su expresión más desarrollada en este libro. En él se examina la motivación de la sintaxis de las lenguas naturales respecto de los tipos de contenido que expresan, así como la opacidad respecto de dicha motivacion y cómo se produce ésta. En el libro se analizan, utilizando ejemplos de multitud de lenguas, muy diversos fenómenos concretos de la sintaxis de las lenguas naturales desde esta perspectiva; entre ellas, las relaciones anafóricas, la subordinación y la concordancia.

HAIMAN, J. (ed.): *Iconicity in Syntax,* Amsterdam, Benjamins, 1985.
En este libro se recogen 14 estudios sobre cuestiones de iconicidad y motivación en sintaxis, semántica y morfología que se sitúan más o menos dentro de la línea de investigación explorada por Haiman en el libro precedente. Se tienen en cuenta datos de unas 100 lenguas.

KATSNIEL'SON, S. D. RFWYTKMCJY- C L: Типология Языка и Речевое Мышление *[Tipología del lenguaje y pensamiento discursivo],* Leningrado, Nauka, 1972 [versión alemana con el título *Sprachtypologie und Sprachdenken,* Múnich, Hueber, 1974].

En este libro se realiza una exposición de ciertos aspectos de la sintaxis tipológica desde una perspectiva que el autor denomina *funcional-semántica* y que está dentro del mismo tipo de enfoque que el adoptado en este capítulo. Lo más relevante del libro es el capítulo cuarto, dedicado a la fundamentación semántico-funcional de las partes del discurso y de las relaciones oracionales.

MORENO CABRERA, J. C.: *Fundamentos de Sintaxis General,* Madrid, Síntesis, 1987.
Constituye este libro una propuesta muy tentativa para poner de manifiesto lo que aquí hemos llamado *categorías externas* y que en él se denominan *funciones*. En el libro se intentan establecer las bases teóricas sobre las que podría fundamentarse una sintaxis general, enumerando las funciones que regulan la sintaxis en las diversas lenguas. El nivel del libro es elemental, pero el lector ha de tener cuidado porque se presentan de modo simplista, por motivos pedagógicos, cuestiones y problemas que necesitan una investigación en profundidad.

PANFILOV, V. Z.: *Gramática y Lógica,* Buenos Aires, Paidós, 1972 [1963].
En este breve opúsculo se pasa revista a algunas cuestiones de tipología sintáctica desde una perspectiva semántica o lógica que puede equipararse al enfoque que hemos dado a este capítulo. La brevedad y claridad de esta obra la hacen muy adecuada para el principiante, que tendrá una visión general de algunos problemas una vez leídas las 92 páginas de que consta.

SAPIR, E.: *El Lenguaje. Introducción al estudio del habla.* México, FCE, 1974 [1921].
El capítulo quinto de este importante libro está dedicado a los conceptos gramaticales y constituye uno de los antecedentes más inmediatos del tipo de enfoque de la sintaxis que se ve desarrollado en autores como Haiman o Givón y que también nosotros hemos intentado exponer muy tentativamente en estas páginas. La pasmosa claridad y profundidad del libro hacen de él una lectura muy apta para todo aquel que quiera conocer este enfoque de la sintaxis. En el capítulo sexto del libro, se aplican los puntos de vista del capítulo anterior al establecimiento de una original e interesante tipología de las lenguas.

30

SINTAXIS Y DISCURSO

1. Introducción

> Las lenguas son *sistemas*, no colecciones arbitrarias de construcciones gramaticales. Cuando las estudiamos desde el punto de vista de cómo satisfacen una finalidad comunicativa, vemos su naturaleza sistemática de modo más claro. Si quieren aclarar el concepto de "lengua humana posible" no es suficiente que los lingüistas nos presenten un inventario de reglas y de constricciones sobre ellas. Debemos dar cuenta de los "sistemas lingüísticos posibles humanos" y responder a cuestiones como la de por qué una lengua X tiene tales y tales construcciones y otra tiene un conjunto diferente de formas, en un dominio funcional y no simplemente a preguntas como la de qué construcciones se observan. (Foley y van Valin 1984: 374.)

Esta cita nos sirve a la perfección para presentar este último capítulo del presente volumen. Hemos ido viendo a lo largo del presente manual multitud de construcciones de las lenguas naturales: hemos establecido algo así como un inventario de las mismas y de los conceptos teóricos que se suelen emplear para describirlas y estudiarlas. Todo esto no es más que un primer paso necesario pero insuficiente. Las lenguas humanas pueden describirse mediante multitud de mecanismos formales. Pero, ante todo, los idiomas no son objetos sino actividades. Las lenguas no son, funcionan. Y si las lenguas llegan a ser algo estable es a través de las pautas recurrentes en su funcionamiento. Pensar que el discurso es un asunto de interés tangencial al lingüista es equivocarse de medio a medio. El lenguaje humano es una encrucijada donde se encuentran dos caminos que el ser humano recorre a la vez: la categorización conceptual de la realidad y la expresión de esa realidad. Las dos cosas están detrás de todas las lenguas humanas. De hecho, éstas no son sino mecanismos más o menos estables para categorizar y exponer la realidad. En el capítulo 29 expusimos el primer aspecto: las lenguas como expresión de categorías cognitivas o conceptuales; vimos, entre otras cosas, cómo las relaciones sintácticas surgían de la necesidad de expresar categorías eventivas internas de tipo constructivo, que son internas al evento y relacionales respecto del participado. He aquí un esbozo de explicación cognitiva de por qué las lenguas categorizan de modo estricto las relaciones sintácticas dentro de la oración. Este aspecto de las lenguas obedece fundamentalmente a su funcionamiento en tanto en cuanto expresion de las categorías mentales o cognitivas. Éste es un esbozo o proyecto de explicación funcional de las relaciones sintácticas. No es justo decir que la explicación funcional se basa sólo en la idea de que la función primordial de la lengua es la de transmitir información y decir a continuación que las estructuras sintácticas no se pueden explicar así. No se puede simplificar a propósito el concepto de explicación funcional para luego criticarlo. Este tipo de motivación cognitiva de las relaciones sintácticas es también funcional y, por supuesto, es independiente de la asunción más fuerte de que esas categorías cognitivas son innatas. La asunción no probada, y, por tanto, no necesariamente incorrecta, de ese carácter innato no convierte las descripciones de los principios y estructuras sintácticas en explicaciones de los mismos: en ello deberían reparar quienes critican un funcionalismo capciosamente simplificado por ellos mismos.

El otro factor que regula el funcionamiento de las lenguas es la expresión de la realidad y en ese aspecto nos vamos a centrar en este último capítulo. La expresión de la realidad se realiza mediante la actividad lingüística cuyo resultado se denomina habitualmente "discurso". Y exactamente igual que sería equivocado decir que nuestra categorización cognitiva de la realidad está determinada por las categorías gramaticales (que es la suposición que dio origen a la famosa *hipótesis de Sapir y Whorf*) –más bien parece darse lo contrario, como pudimos comprobar en el capítulo anterior–, sería un error decir que el discurso está determinado por las categorías gramaticales. Ocurre más bien al contrario, las categorías gramaticales surgen en y del discurso y no al revés. En este capítulo vamos a ver ejemplos de este punto de vista.

Ello no significa que *toda* la gramática surja del discurso; ya hemos visto que la gramática surge de la interacción entre los requisitos de categorización cognitiva de la realidad y de la expresión (normalmente, por motivos de comunicación) de esa realidad.

La explicación en sintaxis hay que buscarla en los fenómenos, cuestiones y problemas planteados en el capítulo anterior y en los que vamos a ver en éste. La sintaxis puede ser autónoma si aceptamos un punto de vista descriptivo, pero no puede nunca serlo si adoptamos un punto de vista explicativo. La hipótesis de la autonomía de la sintaxis supuso un avance espectacular en la capacidad descriptiva de las gramáticas de las lenguas naturales, pero, si se adopta de modo dogmático este postulado, puede constituir un serio impedimento para alcanzar el nivel explicativo en teoría sintáctica.

2. El origen discursivo de las categorías gramaticales

En la sección 2 del capítulo 19 expusimos brevemente la teoría del origen discursivo de las categorías gramaticales de Hopper y Thompson. Esta teoría de carácter prototípico pone de manifiesto cómo las partes del discurso van surgiendo de los diferentes aspectos que constituyen el discurso. Típicamente, en un discurso nos referimos a situaciones o sucesos de la realidad extralingüística. En los sucesos y situaciones participan individuos. Habrá partes del discurso donde se especifiquen los eventos o situaciones descritas y otras en las que se especifiquen los participantes en esos eventos. Esta exposición de la realidad, basada en categorías cognitivas, es lo que hace que haya zonas del discurso en donde se hace referencia a participantes y zonas del discurso en donde se hace referencia a participados. En las zonas discursivas donde se hace referencia a los participantes se intentará ayudar a identificar esos participantes y esto se realiza mediante operaciones como la caracterización extensional o cuantificación y la caracterización intensional o atribución. Los lugares de caracterización intensional se cristalizan en las categorías de nombre y adjetivo y los lugares de caracterización extensional se cristalizan en categorías gramaticales tales como los determinantes. La caracterización extensional puede realizarse en términos de clases o de propiedades. En el primer caso tenemos la categoría gramatical de nombre común y, en el segundo, la categoría gramatical de adjetivo.

En las zonas discursivas donde se hace referencia al participado se intentará caracterizar ese participado de acuerdo con sus propiedades constitutivas y constructivas (véase la sección 3 del capítulo 29). Las categorías de tiempo, modo y aspecto son la expresión gramatical de esas categorías constitutivas, y las diversas relaciones sintácticas expresan las categorías constructivas del evento, tal como vimos en la sección 3 del capítulo anterior.

Por tanto, la explicación de por qué hay determinadas partes del discurso en las lenguas y no otras viene determinada por la interacción entre los aspectos cognitivos y comunicativos que regulan la lengua que, como hemos visto, no se trata de algo que es, sino de algo que funciona.

S. A. Thompson (1988) ha puesto de manifiesto que el principio que da cuenta de la distribución de la categoría de adjetivo en las lenguas del mundo está basado en consideraciones discursivas. Como ya expusimos en la sección 2 del capítulo 14, no todas las lenguas conocen la parte del discurso que denominamos "adjetivo". De hecho, lo que en una lengua es un adjetivo en otra puede ser un nombre o un verbo. En general, las palabras que en una lengua que conoce muchos adjetivos son adjetivos en otras que apenas conocen adjetivos son nombres o verbos. Por ejemplo, según Thompson (1988), en achenés, aguén, chino, siu, noní, tai, turcana, samoano, indonesio, moquilés, palavano y ulitio, entre muchas otras, las propiedades se expresan mediante palabras que son inconfundiblemente verbos. Por otro lado, en lenguas como el árabe, asmato, hausa, suahilí, yirbal, fore, persa, calcatungú, quechua, tagalo, canarés, malabar y otras muchas, muy diversas propiedades se expresan mediante verbos y no mediante adjetivos. También hay lenguas en las que unas propiedades aparecen como nombres y otras como verbos; entre ellas, el yoruba y el japonés. La pregunta que surge es el porqué de este doble comportamiento de las partes del discurso que denotan propiedades, que contrasta con el comportamiento mucho más uniforme de la parte del discurso que denota clases, que es el nombre común. Es decir, no encontramos en las lenguas situaciones en las que para expresar clases se utilicen en unas lenguas nombres comunes y en otras verbos o adjetivos. La parte del discurso que denota clases es mucho más uniforme interlingüísticamente que la que denota propiedades. Hay que dar una explicación para este diferente comportamiento en la expresión de dos categorías ontivas intrínsecas.

Según Thompson (1988), esa explicación está en el funcionamiento del discurso. La pregunta de partida es: ¿Cuál es la función discursiva de las palabras que expresan propiedades? Hay dos funciones de las propiedades muy claras en el discurso. Una de ellas es que sirven para predicar propiedades de los participantes y así caracterizar un determinado estado; esta función se manifiesta claramente en las oraciones copulativas (que se estudian en el capítulo 24). Un ejemplo de este uso del adjetivo es la oración "Juan es alto". La caracterización de estados tiene mucha importancia para la descripción del entorno en el que se produce un suceso (véase la sección 4 de este mismo capítulo). La segunda función consiste en caracterizar participantes en los sucesos: la atribución de propiedades facilita la determinación referencial de los participantes. Este uso lo vemos en un sintagma como *el alto*. La diferencia que examinamos en la sección 1 del capítulo 24 entre predicación contraída y expandida y que opone la expresión "el alto" a la expresión *él es alto*, está basada en estas dos funciones discursivas: denotación de estados y especificación referencial de participantes.

Pero estas dos funciones discursivas a las que acabamos de hacer referencia se expresan prototípicamente mediante verbos y nombres, respectivamente. En efecto, es el verbo la categoría que típicamente sirve para denotar estados, acciones o procesos y es el nombre la categoría que típicamente sirve para especificar referencialmente participantes. No es extraño, pues, que las lenguas en las que no ha llegado a cristalizar la parte del discurso que denominamos "adjetivo" repartan los significados que en otras lenguas se expresan mediante esa parte del discurso entre las dos partes del discurso que llevan el peso típicamente de las dos funciones discursivas explicadas: es decir, el nombre y el verbo.

Hemos esbozado, pues, una explicación basándonos en consideraciones de carácter discursivo.

Pero no sólo en las partes del discurso podemos ver la cristalización morfosintáctica de las funciones discursivas, también podemos comprobar esta cristalización en otros fenómenos sintácticos. T. Givón (1979) ha puesto de manifiesto de modo muy claro cómo muchas de las categorías y funciones sintácticas surgen de la dinámica discursiva. Vamos a poner algunos ejemplos aducidos por este y otros estudiosos.

La idea es que determinadas estructuraciones discursivas de uso muy frecuente y general se van cristalizando y petrificando hasta convertirse en estructuras sintácticas fijas caracterizables en términos de configuraciones y relaciones sintácticas intraoracionales. Un ejemplo de este proceso es el del paso de la función discursiva de tópico a la función oracional del sujeto estudiado detenidamente en Givón 1976. Esta evolución supone el surgimiento de la concordancia verbal. En un primer estadio tenemos una estructura discursiva en la que se señala el tópico y luego tenemos un pronombre correferencial del que se predica algo, pero ese tópico no es sujeto en sentido sintáctico, ya que no induce concordancia en la palabra que denota el predicado. Posteriormente, el tópico pasa a interpretarse como sujeto sintáctico de la oración y el pronombre pasa a convertirse en un morfema del verbo que expresa lo que se denomina *concordancia del verbo con el sujeto*. Obtenemos, pues, una construcción sintáctica en la que un sintagma nominal sujeto "induce" concordancia verbal. El proceso puede esquematizarse como sigue:

(1)
De la construcción de tópico y oración con verbo sin concordancia a la construcción oracional con sujeto y verbo con concordancia

 a) Tópico + pronombre + verbo ⟹
 b) Sujeto + [pronombre + verbo] ⟹
 c) Sujeto + verbo con concordancia

Un ejemplo muy notable de este proceso se está produciendo en el francés hablado contemporáneo, donde se han registrado expresiones como las siguientes:

(2)
Francés hablado (Lambrecht, 1980: 337-339)

a) Pierre il-mange
   Pedro él-come
   'Pedro está comiendo'
b) Moi je-mange
   Yo Yo-como
   'Estoy comiendo'

Según la interpretación que M. Harris (1988: 232) nos da de este fenómeno, los pronombres adjuntados al verbo se han convertido en prefijos verbales, de modo que una forma como *ils aiment* equivale a nuestra forma verbal *aman* o a la latina *amant*. En la oración de (2b) estamos ante un pronombre de primera persona autónomo (*moi*) y una marca pronominal clítica también de primera persona (*je*); esta marca pronominal ha perdido toda autonomía sintáctica y aparece sólo como un morfema de otras palabras autónomas tales como los verbos.

Este mismo proceso, cuando implica un sintagma nominal objeto puede dar origen a estructuras sintácticas pasivas. Givón (1976) nos proporciona un ejemplo del indonesio. Sea la siguiente oración:

(3)
Indonesio (Givón, 1976: 178)

Buku itu di-batja (oleh) saja
libro ese él -leyó (por) yo
'El libro ha sido leído por mí'

Lo interesante de esta construcción es que el prefijo *di* procede de un pronombre de tercera persona que servía para referir al tópico-agente de tercera persona; al utilizarse con otros tópicos no agentivos de la misma persona gramatical, el pronombre, cuando se morfologiza, pasa a ser reinterpretado como un marcador de voz pasiva cuando se convierte en sujeto el sintagma nominal no agentivo y el sintagma nominal agentivo se reinterpreta como un complemento agente que, al hacerse opcional, deja vía libre para la interpretación intransitiva y, por tanto, pasiva. El siguiente esquema explica este hipotético proceso (que habría que intentar atestiguar en la gramática histórica del indonesio):

(4)
De la construcción con tópico no agentivo a la construcción pasiva

a) Tópico-agentivo + pronombre + verbo.
b) Sujeto-agentivo + pronombre-verbo.
c) Tópico-no agentivo + pronombre + verbo + sujeto agentivo.
d) Sujeto-no agentivo + pronombre-verbo + complemento agente.
e) Sujeto-no agentivo + pasiv-verbo + complemento agente.
f) Sujeto-no agentivo + pasiv-verbo.

Un proceso análogo ha sido postulado para el bemba (Givón 1976: 179-180).

Las subordinación oracional también parece tener un origen claramente discursivo en muchas lenguas. Por ejemplo, muchas conjunciones subordinantes surgen de construcciones coordinantes o paratácticas típicamente discursivas. En Moreno Cabrera 1985-1986 se postula que, en diversas lenguas, la subordinación oracional ha surgido de una parataxis catafórica (véase sobre la catáfora el capítulo 15, sección 5) en la que un elemento deíctico de la primera oración se refiere a la oración siguiente. El francés, de nuevo, nos proporciona un ejemplo revelador: la conjunción causal *parce que* procede de la secuencia *par ce* 'por esto' que aparece en la primera oración y *que*, que introduce la segunda. A partir de aquí, el *par ce* se adjunta morfológicamente al *que* y se obtiene un único elemento *parce que* que subordina la oración que sigue a la antecedente. En muchas lenguas, la subordinación presenta a veces una forma paratáctica y no subordinada. Por ejemplo, sea la siguiente oración del húngaro:

(5)
Húngaro (Moreno Cabrera 1985-1986: 184)

Az-t Péter mondta, hogy Éva téged várt
eso-ac Pedro dijo que Eva tu-ac esperó
'Pedro dijo que Eva te esperaba'

En la oración húngara no hay propiamente subordinación sustantiva, ya que el objeto de *mondta* es *azt* que está, consiguientemente, en acusativo, y ese pronombre objeto se refiere a la oración que sigue. Esta forma de subordinación discursiva y no sintáctica se da, con mayor o menor amplitud, en griego, finés, ruso, alemán, lenguas túrquicas, inglés, castellano antiguo, hebreo bíblico y muchas otras lenguas, y vuelve a poner claro el origen discursivo de las estructuras de subordinación.

La conjunción subordinante inglesa *that* coincide diacrónicamente con el determinante *that* 'esto' y podemos ver, por tanto, con mucha claridad el proceso en inglés:

(6)
Inglés (Givón, 1979: 94)

a) I know that, it is true
   yo saber eso, ello es verdad
   'Lo sé, es verdad'
b) I know that it is true
   yo saber que ello es verdad
   Sé que es verdad'

De dos oraciones contiguas en el discurso relacionadas entre sí mediante una referencia catafórica –uno de los principales medios de cohesión discursiva tal como veremos en la sección siguiente de este capítulo– pasamos a una subordinación completiva gracias a la interpretación del pronombre como conjunción.

También la subordinación relativa tiene sus orígenes en el discurso tal como ha demostrado C. Justus (1976: 231-239) para el hitita. Este mismo caso parece haberse dado en yuma, neomelanesio y bambara, entre otras lenguas. Veamos un ejemplo del bambara:

(7)
Bambara (Givón 1979: 87-88)

a) Ce min ye mùru sàn n ye o ye
hombre rel pas cuchillo comprar yo pas lo ver
'El hombre que compró el cuchillo, lo he visto'
b) N ye cè min ye mùru sàn ye
yo pas hombre rel pas cuchillo comprar ver
'He visto al hombre que compró el cuchillo'

En la primera oración, tenemos una yuxtaposición sin subordinación en la que la palabra *min* indica que la oración es el tópico de la oración yuxtapuesta siguiente; sin embargo, en la segunda oración tenemos una subordinación relativa en la que esa misma palabra toma el valor de un pronombre relativo.

También se ha mostrado que las marcas de caso proceden en muy diversas lenguas de construcciones polirremáticas en las que uno de los verbos se convierte en un afijo de uno de los sintagmas que intervienen en la construcción (Givón 1979: 95-96).

Todo esto vuelve a indicarnos que no es exacto decir que la sintaxis se usa para construir el discurso. Más bien resulta que la sintaxis ha surgido como codificación estricta de ciertas estrategias de cohesión discursiva muy frecuentemente utilizadas y que pasan a formar parte de un *corpus* reglamentado y fuertemente constreñido por propiedades estructurales sintácticas y morfológicas. Nadie duda que la sintaxis reglamenta el discurso, pero no es menos cierto que esas reglamentaciones surgen de la organización discursiva: las lenguas humanas como fenómenos dinámicos empiezan y acaban en el discurso. El estudio de los patrones sintácticos y morfológicos sistemáticos y recurrentes –posible y necesario como estudio autónomo– no debe hacernos olvidar este hecho.

3. La cohesión discursiva

La cohesión discursiva es la característica más sobresaliente del discurso y hace posible que éste pueda ser verdaderamente comunicativo. Se deriva directamente de la *continuidad referencial*: el discurso está cohesionado si a lo largo de él hay una continuidad de los elementos referidos en él. Esto es lo que diferencia, por ejemplo, los dos párrafos siguientes:

(8)

a) La casa está en colina. El lápiz está afilado. La película que ha visto Joaquín es de Pedro Almodóvar. Ayer pusieron a Juan un diez en matemáticas. Mi ordenador tiene una memoria RAM de cien megas. Los castores construyen diques. No soy japonés. El Real Madrid es el mejor equipo de fútbol del mundo. Las galletas son laxantes. Los homomorfismos reticulares son útiles en semántica. Ayer se me estropeó el televisor. No es probable que el hombre llegue a Marte durante este siglo.
b) En la casa de la colina vive un pastor con su perro. Por la mañana temprano, sale el pastor a llevar a sus ovejas a los pastos. El perro le ayuda en esta tarea

y, además, le ofrece compañía y amistad. Para mediodía, ya ha vuelto a su casa. El nombre del pastor es Antonio y las tardes en que voy a visitarle suelo tener una agradable conversación con él, en la que me relata sus andanzas, aventuras y desventuras. Me complace la vida sencilla y reposada de este hombre.

El primer párrafo no es más que una serie de oraciones unidas entre sí. No es un texto, no constituye un discurso típico. El segundo sí que es un discurso bien trabado y coherente. La diferencia crucial entre los dos párrafos es que en el segundo hay una continuidad referencial que está ausente en el primero. Esta continuidad referencial es esencial para que el discurso pueda ser informativo. En el primer párrafo se nos informa en cada oración de un acontecimiento o hecho completamente diferente. Esta información se va almacenando como cajas de galletas y es probable que, cuando llevemos varias oraciones más, olvidemos fácilmente lo que decían las que iniciaron el párrafo. El progreso de la información es muy difícil cuando se trata de sartas o, secuencias de oraciones que nada tienen que ver referencialmente entre sí, ya que nuestra memoria a corto plazo se recarga de modo insoportable. El segundo párrafo, sin embargo, está muy cohesionado referencialmente: existe continuidad referencial a lo largo de todas las oraciones y, por tanto, constituye un discurso plenamente eficaz desde el punto de vista informativo. Forma un texto perfectamente cohesionado y coherente en el que la información progresa de modo creciente y gradual. Para comprobar que el segundo párrafo es mucho más fácil de procesar que el primero, podemos hacer el siguiente experimento. Leemos en voz alta varias veces los dos párrafos a una audiencia. Después pedimos a la audiencia que los reproduzca de memoria. El segundo será reproducido con mucha más exactitud que el primero, para retener el cual hace falta un considerable esfuerzo de memoria.

Decimos que la continuidad referencial es el elemento clave de la cohesión discursiva. Ésta puede manifestarse en el discurso de dos formas que denominaremos *explícita* e *implícita*; ambas son necesarias para alcanzar una trabazón discursiva que, a la vez, permita un incremento progresivo de la información. Vamos a explicar en qué consiste cada uno de los dos tipos de continuidad referencial. La *continuidad referencial explícita* consiste en la utilización de procedimiento gramaticales especializados en remitir a los referentes de expresiones que aparecen en el discurso: los pronombres y la concordancia verbal o referencia cruzada (véase el capítulo 20, sección 6) son precisamente los principales medios de referencia fórica (véase el capítulo 15, sección 5) que están especializados en la expresión de la continuidad referencial discursiva. Otro medio clave para mantener la continuidad referencial utilizado por muchas lenguas es el de la clasificación nominal (véase el capítulo 10, sección 5), especialmente la clasificación que denominamos de concordancia. En otras lenguas, hay otros medios de carácter deíctico que sirven para establecer la continuidad referencial explícitamente, tales como los sufijos verbales honoríficos del japonés y del coreano.

La repetición léxica es el otro medio fundamental de expresión explícita de la continuidad referencial, que, en algunas lenguas, está gramaticalizado para expresar la pluralidad.

La *continuidad referencial implícita* consiste en el aprovechamiento de ciertas relaciones y estructuras sintácticas para conectar una determinada parte del discurso con otra. Consiste en dejar incompleta sintácticamente una expresión de modo que la oración anterior sirva para completarla: la parte completada de modo indirecto o implícito es la que establece la continuidad referencial y la restante es la parte que aporta la información nueva. La coordinación irreversible (véase el capítulo 26, sección 4) es un ejemplo típico de este procedimiento mediante el que se obtiene una continuidad referencial implícita. Consideremos, por ejemplo, las siguientes oraciones:

(9)
Castellano

a) Juan regaló un perfume a María y Pedro un pañuelo
b) Juan regaló un perfume a María y a Pedro un panuelo

La expresión *Pedro un pañuelo* de la primera de las oraciones sirve para establecer una continuidad referencial implícita, ya que esa expresión necesita, por las reglas sintácticas, un verbo y ese verbo se extrae de la oración anterior: hay una continuidad del tipo de evento implicado que es señalada de modo implícito aprovechando determinada estructura sintáctica y que se caracteriza semánticamente mediante el tipo de evento en el que alguien regala algo a María. En la segunda oración, tenemos la expresión *a Pedro un pañuelo*: en este caso, la continuidad referencial es diferente, ya que lo que ahora se repite es el tipo de evento en el que Juan regala algo a alguien. Obtenemos, pues, una continuidad referencial diferente debido a las distintas relaciones sintácticas implicadas: sujeto y objeto directo, en el primer caso, y objeto directo e indirecto, en el segundo.

Hay muchos fenómenos sintácticos que suponen una continuidad referencial implícita tales como determinadas estructuras subordinativas (por ejemplo, en *Juan quiere venir*, el sujeto de *venir* es el mismo que el de *quiere*), la construcción polirremática y la diáfora (véase el capítulo 27, sección 5); estos últimos fenómenos son descritos desde el punto de vista de la coherencia discursiva por Foley y Van Valin (1984: 321-374).

Otro tipo de continuidad referencial implícita nos lo proporcionan las diversas relaciones, léxicas. Podemos aprovechar las diversas relaciones semánticas entre los elementos léxicos para realizar una continuidad referencial indirecta. Por ejemplo, la relación de hiponimia (véase la sección 3 del capítulo 9 del segundo volumen del presente Curso) para establecer una continuidad referencial implícita. Veamos un ejemplo:

(10)
Castellano

Los tilos adornan el bulevar. Estos árboles son especialmente bellos.

En este trozo de texto vemos cómo se aprovecha la relación de hiponimia entre *tilo* y *árbol* para establecer una continuidad referencial implícita que da cohesión al discurso. También se pueden aprovechar estas relaciones de hiponimia en los verbos:

(11)
Castellano

Juan va al oculista todos lo años, pero Pedro lo hace sólo una vez cada dos años.

El sintagma verbal *lo hace* de la segunda oración es un hiperónimo respecto del sintagma *ir al oculista*; se realiza, pues, esta continuidad referencial indirectamente a través de la relación de hiponimia entre las dos piezas léxicas.

Obtenemos, pues, el siguiente esquema de la continuidad referencial:

(12)
Formas de expresión de la continuidad referencial

a) Explícita:
   i) Gramatical: anáfora, referencia cruzada, concordancia externa, clasificadores de concordancia.
   ii) Léxica: repetición léxica.
b) Implícita:
   i) Gramatical: elipsis nominal, verbal, oracional; conjunción y subordinación, polirremia, diáfora, coordinación irreversible.
   ii) Léxica: explotación de las relaciones léxicas.

Un subtipo especial de continuidad referencial es lo que se suele denominar en los estudios tipológicos actuales *continuidad temática* (*topic continuity*). Se trata de la continuidad referencial que expresa el tema del que trata el discurso. Según Givón (1983: 9), se pueden distinguir los siguientes tipos de continuidad temática:

(13)
Tipos de continuidad temática

a) *Continuidad temática inicial:*
   i) Tema introducido, modificado o retomado.
   ii) Tema discontinuo, parte del cual ya ha sido introducido en el discurso anterior.
   iii) Tema potencial: tema persistente respecto del discurso que va a seguir.
b) *Continuidad temática intermedia:*
   i) Tema continuado respecto del discurso precedente.
   ii) Tema persistente en términos del discurso siguiente.
c) *Continuidad temática final:*
   i) Tema continuado respecto de la parte del discurso precedente.
   ii) Tema no persistente en términos del discurso siguiente.

Ilustremos estos conceptos con el siguiente discurso:

(14)
Castellano

Hablando de los nuevos pisos, en más de una ocasión han sido anunciados de modo engañoso, ya que las condiciones de venta que figuraban en el folleto no aparecían enunciadas del mismo modo en los contratos de compra-venta que se propusieron a los clientes; eso es típico de los contratos de compra-venta en general. Volviendo a los pisos, ...

En este breve texto pueden observarse todos los tipos de continuidad temática que enunciamos antes. En primer lugar, tenemos la expresión *hablando de los nuevos pisos*, que es un *tema inicial retomado*; a continuación, tenemos una oración pasiva *han sido anunciados de modo engañoso*, que se utiliza aquí para expresar un tema intermedio, continuado de la parte del discurso precedente. La expresión *las condiciones de venta* supone la introducción de un tema intermedio persistente en lo que sigue de discurso, que, al final, mediante la oración *eso es típico de los contratos de compra-venta en general*, pasa a ser un tema final no persistente respecto del discurso siguiente, ya que a continuación se retoma el tema de los pisos. En el texto, la continuidad temática está incluida en las diversas continuidades referenciales que aparecen. Además de la continuidad referencial inducida por *los nuevos pisos* y *los contratos*, que son la base para las continuidades temáticas que hemos observado, hay otras continuidades referenciales como las inducidas por *folletos, clientes, anunciados, condiciones de venta*.

La continuidad temática no es, pues, más que un caso particular especialmente importante de la continuidad referencial que caracteriza la cohesión discursiva.

4. La dinámica sintáctica discursiva

Las estructuras sintácticas que hemos ido analizando a lo largo de los últimos capítulos se utilizan en el discurso de una manera determinable a partir de la dinámica del mismo.

R. E. Longacre (1989) ha propuesto una estructuración del discurso que sirve para establecer la función de las diversas estructuras sintácticas en el mismo. Propone, en concreto, la siguiente disposición del discurso:

(15)
Estructuración del discurso (Longacre, 1989: 416)

a) Estrato I. Línea argumental:
Incluye la narración de todos aquellos acontecimientos puntuales que hacen avanzar el discurso. Las acciones, los movimientos y los eventos cognitivos predominan en este estrato del discurso. El aspecto perfectivo y el tiempo pasado son característicos de él.

b) Estrato II. Fondo argumental:
Incluye las actividades y sucesos cognitivos que no hacen avanzar la historia, sino que constituyen el contexto en el que ésta se desarrolla. Son típicas de este estrato las actividades y estados no secuenciales ni puntuales que se solapan con los descritos en la línea argumental. El aspecto progresivo y los verbos durativos son característicos de este estrato.

c) Estrato III. Retrospectiva argumental:
En este estrato se sitúan aquellos acontecimientos puntuales lejanamente relacionados con los de la línea argumental. El tiempo pluscuamperfecto es característico de este estrato.

d) Estrato IV. Escenario argumental:
Incluye todos aquellas aspectos descriptivos que configuran el escenario en el que se desarrollan los acontecimientos de la línea argumental. Los verbos estativos y las oraciones copulativas existenciales, ecuativas y locativas son típicas de este estrato.

e) Estrato V. Alternativas argumentales:
Presenta material que no es parte del propio argumento en sí mismo, ya que presenta reconstrucciones posibles del mundo descrito en el discurso. Los modos

irreales son típicos de este estrato, así como las oraciones negativas y el tiempo futuro.

f) Estrato VI. Evaluación argumental:
   En este caso, el que realiza el discurso pone de manifiesto su punto de vista sobre el mismo al realizar una evaluación de lo narrado o descrito. El presente gnómico es típico de este estrato.

g) Estrato VII. Cohesión argumental:
   En este estrato se incluye el "tejido conectivo" del discurso, en el que se recapitula lo dicho anteriormente para seguir el discurso hacia adelante.

Esta estructuración quizás no sea completa, pero es lo suficientemente detallada como para realizar la investigacion de cómo funcionan las diversas construcciones sintácticas estudiadas en el discurso.

Vamos a poner ahora un ejemplo concreto de esta estructuración discursiva en estratos. Sea el siguiente discurso:

(16)
Subimos al coche; el policía ordenó que nos detuviéramos. Conseguí arrancar el coche pisando con fuerza el acelerador varias veces. Después saqué del bolsillo el mapa que Pedro me había dado. Mientras tanto, el coche de la policía nos había estado siguiendo rápidamente. Era un barrio tranquilo y el suave motor de nuestro coche apenas perturbaba el silencio de aquella noche. Si no hubiera sido por la torpeza de Pedro, nada de esto habría ocurrido; recuerdo que nuestro plan era perfecto y que era casi imposible que la policía se percatara de nuestra presencia. Cuando logramos burlar el coche de la policía, tuvimos que decidir qué hacer con el botín.

Podemos establecer la estructuración en estratos del texto de la siguiente manera:

(17)
a) Línea argumental:
   Subimos al coche; el policía ordenó que nos detuviéramos.
b) Fondo argumental:
   [Conseguí arrancar el coche] pisando con fuerza el acelerador varias veces. [Después saqué del bolsillo el mapa] que Pedro me había dado.
c) Retrospectiva argumental:
   Mientras tanto, el coche de policía nos había estado siguiendo rápidamente.
d) Escenario argumental:
   Era un barrio tranquilo y el suave motor de nuestro coche apenas perturbaba el silencio de aquella noche.
e) Alternativa argumental:
   Si no hubiera sido por la torpeza de Pedro, nada de esto habría ocurrido.
f) Evaluación argumental:
   Recuerdo que nuestro plan era perfecto y que era casi imposible que la policía se percatara de nuestra presencia.
g) Cohesión argumental:
   Cuando logramos burlar el coche de la policía, tuvimos que decidir qué hacer con el botín.

Podemos observar la especialización de determinadas construcciones y categorías gramaticales en cada estrato. En el estrato de la línea argumental comprobamos el uso del aspecto perfectivo. En el fondo argumental observamos un gerundio, que es muy usado en nuestra lengua para denotar fondos argumentales. En el estrato de la retrospectiva argumental, vemos el uso del pluscuamperfecto. En el estrato del escenario argumental, nos encontramos con una oración copulativa y con el aspecto imperfectivo. En el estrato de la alternativa argumental encontramos una oración condicional *irrealis* con la prótasis y apódosis negada. En el estrato de la evaluación argumental, nos econtramos con un verbo intelectivo y con subordinación completiva, típica de este tipo de verbos. Por último, en el estrato de la cohesión argumental, nos encontramos con una subordinada temporal que sirve para situar la acción siguiente en el contexto determinado por el discurso inmediatamente precedente.

Mediante este tipo de análisis podemos comprobar cómo las categorías y estructuras sintácticas funcionan en la realización de un discurso. Podemos también ver claramente que las propiedades sintácticas y semánticas de esas construcciones se derivan de sus usos discursivos y no al revés. Preguntémonos, por ejemplo, por qué el gerundio es tal como es. El gerundio no tiene formas de persona y es neutral respecto del tiempo ya que puede denotar anterioridad, simultaneidad y posterioridad. ¿De dónde surgen estas características del gerundio? Sin duda alguna, del discurso. Como ya hemos visto, el gerundio se suele utilizar en el estrato del fondo argumental. En el fondo argumental se hace referencia a acciones o procesos que acompañan una acción o proceso principales: no hay que especificar la persona, ya que se enfoca en este caso una acción o proceso y no el que la ejecuta o experimenta; tampoco el tiempo, porque se quiere denotar una contigüidad con esa acción o proceso principales: el actor y el tiempo vendrán dados en la acción o proceso principales.

La pregunta es: ¿utilizamos así el gerundio porque constituye una categoría gramatical apriorística que resulta ser útil para el estrato discursivo denominado *fondo argumental*? o ¿es el gerundio así porque lo utilizamos en ese estrato argumental? Las respuestas a estas dos preguntas pueden ser más o menos acertadas o más menos elaboradas. Pero a nosotros no nos cabe duda de que la segunda debe ser considerada antes que la primera.

ORIENTACIÓN BIBLIOGRÁFICA

BERNÁRDEZ, E.: *Introducción a la lingüística del texto,* Madrid, Espasa-Calpe, 1982.
    Magnífica introducción al estudio de las estructuras y dinámica discursivas. En el libro se tienen muy en cuenta las aportaciones de lingüistas rusos al conjunto de problemas de análisis textual y, además, se ofrece una ejemplificación interlingüística de los principios de análisis textual expuestos. Por las dos cosas, es un libro muy recomendable y valioso en el panorama de la lingüística española.

BROWN, G. y G. YULE: *Análisis del discurso*, Madrid, Visor, 1993 [1983].
    Excelente introducción al análisis del discurso que puede utilizarse tanto para introducirse en el tema como para profundizar en él.

CALSAMIGLIA BLANCAFORT, H. y A, TUSÓN VALLS: *Las cosas del decir. Manual de análisis del discurso*, Barcelona, Ariel, 1999.

Excelente manual de introducción al análisis del discurso que puede utilizar el lector para ampliar la perspectiva estrictamente gramatical que hemos adoptado en este capítulo.

GIVÓN, T.: "Grammar and function. Toward a discourse definition of syntax" en T. Givón, *On Understanding Grammar*, Nueva York, Academic Press, 1979, pp. 45-90.
En este trabajo, se intenta fundamentar discursivamente la sintaxis. Es una lectura muy densa y no siempre clara, por lo que no es recomendable para iniciarse en la cuestión, aunque, por supuesto, sí para profundizar en ella.

GIVÓN, T. (ED.): *Syntax and Semantics, vol. 12. Discourse and Syntax*, Nueva York, Academic Press, 1979.
Esta importante recopilación de trabajos sobre las relaciones entre sintaxis y discurso está dividida en cinco partes. En la primera, se exploran algunos de los aspectos teóricos que suscita la cuestión de las relaciones entre sintaxis y discurso. Conviene resaltar el artículo del propio Givón, en el que nos hemos basado para elaborar la segunda parte de este capítulo. La parte segunda del libro recoge cuatro contribuciones en las que se analiza la organización o disposición del discurso. La parte tercera consta de tres capítulos en los que se analiza la dinámica informativa del discurso en relación con categorías gramaticales como el aspecto, la voz, el orden de palabras y respecto de la estructura de la conversación. La parte cuarta está dedicada al funcionamiento discursivo de los pronombres en inglés, chino, neerlandés e italiano. Por último, la quinta parte está consagrada a los factores discursivos que controlan determinados fenómenos sintácticos. Destacan dos estudios sobre lenguas particulares: uno sobre la focalización en alemán y otro sobre la marca de objeto en suahilí. Baste este comentario para dar una pequeña idea de la riqueza de material que el lector interesado encontrará en este libro.

GIVÓN, T. (ed.): *Topic continuity in discourse: a quantitative cross-language study*, Amsterdam, John Benjamins, 1983.
Recoge este libro 10 estudios sobre la continuidad temática en el discurso y su descripción en japonés, amárico, ute, hebreo, español hispanoamericano, inglés escrito, inglés hablado, hausa y chamorro.

HALLIDAY, M. A. K. y R. HASAN: *Cohesion in English*, Londres, Longman, 1976.
Se trata de un completísimo tratado sobre los mecanismos de cohesión discursiva del inglés. Imprescindible para entender la dinámica del discurso en las lenguas naturales.

LONGACRE, R. E.: *The Grammar of Discourse*, Nueva York, Plenum, 1983.
Este lingüista ha estudiado la estructura del discurso sobre una base muy amplia de lenguas. En este libro, se sistematizan algunas de sus propuestas más relevantes. Es muy recomendable para profundizar en el tema del análisis del discurso desde un punto de vista interlingüístico.

LONGACRE, R. E.: "Two Hypotheses Regarding Text Generation and Analysis" en *Discourse Processes*, 12, 1989, pp. 413-460.
En este artículo se explica detalladamente la estructuración del discurso que hemos esbozado brevemente en la última sección del presente capítulo. Debe consultarse para saber más sobre ella.

LONGACRE, R. E.: *Storyline Concerns and Word Order Typology in East and West Africa*, Los Ángeles, University of California, 1990.
En este libro se ejemplifica con diversas lenguas de África cómo funcionan las diversas categorías y estructuras sintácticas, en los diversos estratos del discurso propuestos por el autor en el artículo anterior y esbozados en la última sección del presente capítulo. Se analizan las siguientes lenguas; Etiopía: coreté, afaro, guimira, cambata, hadiya, amárico, siltí; Sudán: toposa, sabaot, murlé, luvo, anivaco, avocaya, chur-modo; Níger-Congo: mundú, encema, obolo, cotocolí, pila-pila, belanda virí, icí, mumuye, caye, ebe, muagavul, árabe meridional, naudán, gangamo.

MARTÍN ZORRAQUINO, M. A. y E. MONTOLÍO (eds.): *Los marcadores del discurso. Teoría y Análisis*, Madrid, Arco, 1999.
Interesante recopilación de artículos sobre los marcadores del discurso en español.

MARTÍN ZORRAQUINO, M. A y J. PORTOLÉS LÁZARO: "Los marcadores del discurso" en I. Bosque y V. Demonte (dirs.), *Gramática Descriptiva de la Lengua Española*, Madrid, Espasa Calpe, 1999. Capítulo 63, pp. 4.051-4.214.
Descripción muy completa de los marcadores del discurso del español.

PORTOLÉS LÁZARO, J.: *Los marcadores del discurso*, Barcelona, Ariel, 1998.
Clara y completa monografía sobre los marcadores discursivos del español en sus aspectos gramaticales, semánticos y pragmáticos. El último capítulo contiene una útil y aclarativa clasificación de estos marcadores.

SANKOFF, G. y P. BROWN: "The origin of syntax in discourse: a case study of Tok Pisin Relatives", *Language*, 52, 1976, pp. 631-666.
Este artículo es particularmente interesante, ya que estudia el origen discursivo de las cláusulas relativas en una lengua criolla: el nuguiniano o neomelanesio. Como es sabido, los sabires y lenguas criollas presentan a veces reconstrucciones de procesos diacrónicos que han experimentado las lenguas en estadios anteriores de su desarrollo. De ahí el interés del estudio de esta cuestión en este tipo de lenguas.

TOMLIN, R. S. (ed.): *Coherence and Grounding in Discourse,* Amsterdam, John Benjamins, 1987.
Contiene este libro 19 estudios sobre el fenómeno de la coherencia textual. Los artículos se centran en la explicación y manifestación de la coherencia discursiva, en la expresión discursiva de categorías eventivas, en la relación entre categorías eventivas y categorías gramaticales y en los correlatos cognitivos de la organización discursiva. Se analizan datos del sesoto, polaco, francés, godié, calán, malayo y japonés.

VAN DIJK, T. A.: *Texto y contexto. Semántica y pragmática del discurso,* Madrid, Cátedra, 1980.
Manual general útil para profundizar en el estudio de las estructuras discursivas. Para comprender algunas partes del libro se requiere un conocimiento elemental de lógica.

REFERENCIAS BIBLIOGRÁFICAS

Se incluyen en esta lista sólo aquellas referencias bibliográficas que aparecen en el texto de cada capítulo. No aparecen aquí, por consiguiente, todos los libros y artículos comentados en la orientación bibliográfica de cada capítulo.

AGUD, A. (1980): *Historia y Teoría de los Casos*, Madrid, Gredos.
AGUIRRE BEREZIBAR, J. M (1991): *Euskal Gramatika Deskriptiboa* [Gramática descriptiva del vasco], Bizkaiko Foru Aldundia-Labayru Ikastegia, Bilbao.
ALARCOS LLORACH, E. (1994): *Gramática de la Lengua Española*, Madrid, Espasa Calpe.
ALCARAZ VARÓ E. y M. A. MARTÍNEZ LINARES (1997): *Diccionario de Lingüística Moderna*, Barcelona, Ariel.
ALLAN, K. (1977) "Classifiers", *Language* 53, n.º 2, pp. 285-311.
ALONSO CORTÉS, A. (1999): *La exclamación en español*, Madrid, Minerva.
ALONSO RAYA, R. (1998): *Sintaxis y Discurso: a propósito de las "fórmulas perifrásticas de relativo"*, Granada, Serie Granada Lingüística, Granada Lingüística y Método Ediciones.
ANDERSON, S. & E. L. KEENAN (1985): "Deixis" en T. Shopen (ed.) *Language Typology and Syntactic Description, vol. 3: Grammatical Categories and the Lexicon*, Cambridge, Cambridge University Press, 1985, pp. 259-309.
ANDREWS, A. (1985): "The major functions of the noun phrase" en T. Shopen (ed.) 1985, vol. 1, pp. *62-154*.
AUSTIN, P. (1982): "Transitivity and cognate objects in Australian Languages" en P. J. Hopper y S. A. Thompson (eds.) 1982, pp. 37-49.
BABBY, L. (1980): *Existential sentences and negation in Russian*, Ann Arbor, Karoma, 1980.
BAKER, M. (1988): *Incorporation. A Theory of Grammatical Function Changing*, The University of Chicago Press, Chicago.
BÁNHIDI, Z. *et al.* (1980): *Learn Hungarian*, Budapest, Tankönyvkiadó.
BARRON, R. (1982): "Das Phänomen Klassifikatorischer Verben" en Seiler, H. y C. Lehmann (eds.) (1982): *Apprehension. Das sprachliche Erfassen von Gegenstanden. Teil I Bereich und Ordnung der Phänomene*, Tubinga, Gunter Narr, pp. 133-146

CORBETT, G. (1991): *Gender*, Cambridge University Press.
BARWISE, J. y R. COOPER (1981): "Generalized Quantifiers and Natural Language" en *Linguistics and Philosophy*, 4, pp. 159-219.
BARWISE, J. y J. PERRY (1983): *Situations and Attitudes*, Cambridge, The MIT Press 1986.
BECHERT, J. et al. (eds.) (1990): *Toward a Typology of European Languages*, Berlín, Mouton de Gruyter.
BELLO, A. (1860): *Gramática de la lengua castellana destinada al uso de los americanos*, edición crítica de Ramón Trujillo, Instituto Universitario de Lingüística Andrés Bello, Cabildo Insular de Tenerife, 1981.
BENCÉDY, J. et al. (1985): *A Mai Magyar Nyelv [La Lengua Húngara Actual]*, Budapest, Tankönyvkiadó.
BENVENISTE, E. (1946): "Estructura de las relaciones de persona en el verbo" en E. Benveniste, *Problemas de lingüística General*, México, Siglo XXI, 1974 (4), pp. 161-172.
BIERMANN, A. (1985): *Possession und Zuschreibung im Ungarischen*, Tubinga, Gunter Narr.
BLOOMFIELD, L. (1933): *Language*, Nueva York, Holt, 1961 [vers. esp. *Lenguaje*, Lima, 1964].
BOLINGER, D. (1952): "Linear Modification" en F. W. Householder (ed.), *Syntatic Theory 1. Structuralist*, Harmondsworth, Penguin Books, 1972, pp. 31-50.
BOLINGER, D. (1972): *Degree Words*, La Haya, Mouton.
BOSQUE, I. (1980): *Sobre la negación*, Madrid, Cátedra.
BOSQUE, I. (1983a): "Clases de Nombres comunes" en *Serta Philologica. F. Lázaro Carreter. I Estudios de lingüística y lengua literaria*, Madrid, Cátedra, 1983, pp. 75-88.
BOSQUE, I. (1983b): "El complemento del adjetivo" en *Lingüística Española Actual*, V, pp. 1-14.
BOSQUE, I. (1989): *Las Categorias Gramaticales*, Madrid, Síntesis, 1989.
BOSQUE, I. (1996): "Por qué determinados sustantivos no son sustantivos determinados. Repaso y Balance" en I. Bosque (ed.), *El sustantivo sin determinación. La ausencia de determinante en la lengua española*, Madrid, Visor, 1996.
BOSQUE, I. y J. C. MORENO (1990): "Las construcciones con *lo* y la denotación del neutro" *Lingüística*, vol. 2, 1990, pp. 5-50.
BOSSONG, G. (1980): "Syntax und Semantik der Fundamentalrelation. Das Guarani als Sprache des aktiven Typus" en *Lingua*, 50, pp. 359-379.
BOSSONG, G. (1989): "Morphemic Marking of Topic and Focus" en M. Kefer y J. van der Auwera (eds.), 1989, pp. 27-52.
BOSSUYT, A. (ed.) (1986): *Functional Explanations in Linguistics*, Editions de l'Université de Bruxelles, 1986.
BOTHA, R. P. (1981): *The Conduct of Linguistic Inquiry*, La Haya, Mouton, 1981.
BROSCHART, J. (1991): *Noun, Verb and Participation (a typology of noun/verb-distinction)*, en H. Seiler y W. Premper (eds.) *Partizipation. Das sprachliche Erfassen von Sachverhalten*, Tubinga, Gunter Narr 1991, pp. 65-137.
BUSTOS GISBERT, E. A.; PUIGVERT OCAL, R., Y SANTIAGO LACUESTA (1993): *Práctica y Teoría de Historia de la Lengua Española*, Madrid, Síntesis.
BUTTERWORTH et al. (eds.) (1984): *Explanations for Language Universals*, La Haya.
CABEZA PEREIRO, C. (1997): *Las Completivas de Sujeto en Español*, Universidad de Santiago de Compostela.
CANO AGUILAR, R. (198l): *Estructuras transitivas en el español actual*, Madrid, Gredos.
CERRÓN PALOMINO, R. (1976): *Gramática Quechua: Junín-Huanca*, Lima, IEP.
CASSIRER, E. (1964): *Filosofía de las Formas Simbólicas, I, El Lenguaje*, México, FCE, 1971.
CHISHOLM W. S., Jr. (ed.) (1984): *Interrogativity. A Colloquium on the grammar, typology and pragmatics of questions in seven diverse languages*, Amsterdam, John Benjamins.

CHOI, S.-Y. (1986): "Solving the problem of the Korean topic/subject particles *nun* and *ka*: a paradigm and a text analysis", *Linguistics*, 24, pp. 351-369.
CHOMSKY, N. (1957): *Estructuras Sintácticas*, México, Siglo XXI, 1974.
CHOMSKY, N. (1961): "Degrees of Grammaticalness" en L. A. Fodor/L. J. Katz (eds.), *The Structure of language*, New Jersey, Prentice Hall, 1964, pp. 384-390.
CHOMSKY, N. (1965): *Aspectos de la teoría de la Sintaxis*, Madrid, Aguilar 1971 [Barcelona, Gedisa, 1999].
CHOMSKY, N. (1977): "On WH-movement" en P. W. Culicover *et al.* (eds.) *Formal Syntax*, Nueva York, Academic Press, pp. 71-132.
CHOMSKY, N. (1986): *Knowledge of language*: *Its Nature, Origin and Use*, Nueva York, Praeger [vers. esp. *Conocimiento del Lenguaje*, Madrid, Alianza].
CHUNG, S. y A. TIMBERLAKE (1985): "Tense, Aspect and Mood" en T. Shopen (ed.), 1985, vol. III, pp. 202-258.
CIFUENTES HONRUBIA J. L. (1999): *Sintaxis y Semántica del movimiento. Aspectos de Gramática cognitiva*, Instituto de Cultura "Juan Gil-Albert", Alicante.
CLOSS TRAUGOTT, E. (1985): "Conditional Markers"en J. Haiman (ed.), *Iconicity in Syntax*, Amsterdam, John Benjamins, pp. 289-310.
COLE, P. y J. M. SADOCK (1977): *Syntax and Semantics. Grammatical Relations*, Nueva York, Academic Press.
COMRIE, B. (1976a): *Aspect*, Cambridge University Press.
COMRIE, B. (1976b): "The syntax of causative constructions: cross language similarities and divergences" en M. Shibatani (ed.), 1976, pp. 261-312.
COMRIE, B. (1977): "In defense of spontaneous demotion: The Impersonal Passive" en P. Cole y J. M. Sadock (eds.), 1977, pp. 47- 58.
COMRIE, B. (1984): "Russian" en W. S. Chisholm, Jr. (ed.), 1984, pp. 7-46.
COMRIE, B. (1985): *Tense,* Cambridge University Press.
COMRIE, B. y S. THOMPSON (1985): "Lexical Nominalization" en T. Shopen (ed.), 1985, vol. III, pp. 349-398.
COSERIU, E. (1952): "Sistema, Norma y Habla" en E. Coseriu, *Teoría del Lenguaje y Lingüística General*, Madrid, Gredos, 1973, pp. 11-113.
COSERIU, E. (1955): "El plural en los nombres propios" en E. Coseriu, *Teoría del Lenguaje y Lingüística General*, Madrid, Gredos, 1973, pp. 261-281.
COSERIU, E. (1965): "Sincronía, Diacronía y Tipología" en E. Coseriu, *El Hombre y su Lenguaje*, Madrid, Gredos, 1977, pp. 186-200.
COSERIU, E. (1973): *Lecciones de Lingüística General*, Madrid, Gredos, 1981.
CURRY, H. (1961): "Some Logical Aspects of Grammatical Structure" en R. Jakobson (ed.), *Structure of Language and its Mathematical Aspects*, Providence, pp. 56-68.
DEMONTE, V. (1977): *La Subordinación Sustantiva*, Madrid, Cátedra.
DEZ, J. (1980): *La Syntax du Malgache*, Universidad de Lille III, Lille.
DIK, S. C. (1972): *Coordination*, Amsterdam, North Holland.
DIK, S. C. (1978): *Functional Grammar*, Amsterdam, North Holland (vers. esp. *Gramática Funcional*, Madrid, SGEL).
DIK, S. C. (1980a): *Studies in Functional Grammar*, Nueva York, Academic Press.
DIK, S. C. (1980b): "On Predicate Formation" en S. C. Dik, 1980a, pp. 25-52.
DIK, S. C. (1983): "Two constraints on relators and what they can do for us" en S. C. Dik (ed.), 1983, pp. 267- 298.
DIK, S. C. (ed.) (1983): *Advances in Functional Grammar*, Dordrecht.

DIK, S. C. (1986): "On the notion 'Functional Explanation'" en A. Bossuyt (ed.), 1986, pp. 11-52.
DIK, S. C. (1997): *The Theory of Functional Grammar. Part I. The Structure of the Clause. Part II. Complex and Derived Constructions*, Berlín, Mouton de Gruyter.
DIXON, R. M. W. (1977): "Where have all the adjectives gone?" en *Studies in Language, 1*, pp. 19-80.
DIXON, R. M. W. (1979): "Ergativity" *Language*, 55, n.º 1, pp. 59-138.
DIXON, R. M. W. (1980): *The Languages of Australia*, Cambridge University Press, 1980.
DIXON, R. M. W. (ed.) (1987): *Studies in Ergativity*, Amsterdam, North Holland.
DÖHMANN, K. (1974a): "Die Sprachliche Darstellung der Quantifikatoren" en A. Menne y G. Frey (hrsg.) *Logik und Sprache*, Múnich, Francke, pp. 92-118.
DÖHMANN, K. (1974b): "Die sprachliche Darstellung logischer Funktoren" en A. Menne y G. Frey (hrsg.), *Logik und Sprache*, Múnich, Francke, pp. 28-56.
DROSSARD, W. (1984): *Das Tagalog als Repräsentant des aktivischen Sprachbaus*, Tubinga, Gunter Narr.
ENGEL, U. (1988): *Deutsche Grammatik*, Heidelberg, J. Groos.
EUSKALTZAINDIA (1985): *Euskal Gramatika. Lehen Urratsak-I*, Iruñea.
FALTZ, L. (1977): *Reflexivization. A Study in Universal Syntax*, Nueva York, Garland 1985.
FERNÁNDEZ LAGUNILLA, M. y A. ANULA REBOLLO (1995): *Sintaxis y Cognición*, Madrid, Síntesis.
FERNÁNDEZ PÉREZ, M. (1999): *Introducción a la Lingüística. Dimensiones del lenguaje y vías de Estudio*, Barcelona, Ariel.
FOLEY, W. A. (1986): *The Papuan Languages of New Guinea*, Cambridge University Press.
FOLEY, W. y R. D. VAN VALIN (1984): *Functional Syntax and Universal Grammar*, Cambridge University Press.
FOLEY, W. y M. OLSON (1985): "Clausehood and verb serialization" en J. Nichols y A. C. Woodbury (eds.), *Grammar inside and outside the clause. Some approaches to theory from the field*, Cambridge University Press, pp. 17-60.
GARCÍA-MIGUEL, J. M. (1995): *Las relaciones gramaticales entre predicado y participantes*, Universidade de Santiago de Compostela, LALIA, series mayor 2.
GAZDAR, G.; E. KLEIN, y G. PULLUM (eds.) (1983): *Order, Concord and Constituency*, Dordrecht, Foris, 1983.
GENIUŠIENE, E. (1987): *The Typology of Reflexives*, Berlín, Mouton de Gruyter.
GIVÓN, T. (1976): "Topic, Pronoun and Grammatical Agreement" en Ch. N. Li (ed.), 1976, pp. 149-188.
GIVÓN, T. (1979): "From discourse to syntax: grammar as a processing strategy" en T. Givón (ed.), *Syntax and Semantics,* vol 12. *Discourse and Syntax*, Nueva York, Academic Press, pp. 81-114.
GIVÓN, T. (1984): *Syntax. A functional-typological Introduction,* vol. I, Amsterdam, John Benjamins.
GIVÓN, T. (ed.) (1983): *Topic Continuity in Discourse*: *A Quantitative cross-language Study*, Amsterdam, John Benjamins.
GOLOVKO, E. V. (1989): "Выражение множественности ситуаций в алеутском языке" [La expresión de las situaciones multiplicativas en la lengua aleuta] en Jrakovskii (ot. red.), 1989, pp. 54-62.
GREENBERG. J. (1963): "Some Universals of Grammar with Particular Reference to the Order of Meaningful Elements" en J. H. Greenberg (ed.), *Universals of Language*, The MIT Press 1978, pp. 73-113.

GREENBERG, J. (1978): "How does a language acquire gender markers?" en J. Greenberg (ed.) *Universals of Human Language,* vol. 3, *Word Structure*, California, Stanford University Press, pp. 47-82.
GROOT, C. DE y M. LIMBURG (1986): *Pronominal Elements: diachrony, typology, and formalization in Functional Grammar, Working Papers in Functional Grammar*, 12, 1986.
GUTIÉRREZ ORDÓÑEZ, S. (1991): "El artículo sí sustantiva" en S. Gutiérrez Ordóñez (1997), pp. 229-255.
GUTIÉRREZ ORDÓÑEZ, S. (1997): *Principios de Sintaxis Funcional*, Madrid, Arco Libros.
HAGÈGE, C. (1975): *Le problème linguistique des propositions et la solution chinoise (avec un essai de typologie* a *travers plusieurs groupes de langues)*, París, Société Linguistique de París.
HALE, K. (1983): "Warlpiri and the grammar of nonconfigurational languages" en *Natural Language and Linguistic Theory*, 1, pp. 5-47.
HANNAY, M. y E. VESTER (eds.) (1990): *Working with Functional Grammar: descriptive and computational applications*, Dordrecht, Foris.
HARRIES, H. (1978): "Contrastive emphasis and cleft sentences" en J. Greenberg (ed.) *Universals of Human Language,* vol. 4. *Syntax*, Stanford, Stanford University Press, pp. 515-584.
HARRIS, A. (1981): *Georgian Syntax. A Study in relational grammar*, Londres, Cambridge University Press.
HARRIS, M. (1988): "French" en M. Harris y N. Vincent (eds.), *The Romance Languages*, Londres, Routledge, pp. 209-245.
HARTO TRUJILLO, M.ª L. (1994): *Los verbos neutros y la transitividad de la antigüedad al renacimiento. Análisis histórico-gramatical y lingüístico*, Universidad de Extremadura, Anejos del Anuario de Estudios Filológicos, nº 14.
HASPELMATH, M. (1987): *Transitivity Alternations of the Anticausative Type*, Universidad de Colonia, Arbeitspapier, n.º 5, 1987.
HAWKINS, J. A. (1983): *Word Order Universals*, Nueva York, Academic Press.
HAWKINS, J. A. (ed.): *Explaining Language Universals*, Oxford, Basil Blackwell.
HENGEVELD, K. (1986): "Copular verbs in a Functional Grammar of Spanish" en *Linguistics*, 24, pp. 393-420.
HENGEVELD, K. (1990): "The Hierarchical structure of utterances" en J. Nuyts *et al.* (eds.), *Layers and Levels of Representation in Language Theory. A Functional View*, Amsterdam, John Benjamins, pp. 1-24.
HERNÁNDEZ ALONSO, C. (1985) "'LO', ¿artículo o pronombre?" *Anuario de Lingüística Hispánica*, 1, pp. 115-127.
HERMON, G. (1985): *Syntactic Modularity*, Dordrecht, Foris.
HETZRON, R. (1978): "On the relative order of adjectives" en M. Seiler (ed.), *Language Universals*, Tubinga, G. Narr., pp., 165-184.
HEWITT, B. (1987): *The Typology of Subordination in Georgian and Abkhaz*, Berlín, Mouton de Gruyter.
HINDS, J. (1984): "Japanese" en W. S. Chisholm, Jr. (ed.), 1984, pp. 145-188.
HINDS, L.; S. K. MAYNARD y S. IWASAKI (eds.): *Perspectives on topicalization: the case of Japanese 'wa'*, Amsterdam, John Benjamins.
HJELMSLEV, L. (1935-1937): *La categoría de los casos. Estudio de Gramática General*, Madrid, Gredos, 1978.
HJELMSLEV, L. (1943): "Lengua y Habla" en L. Hjelmslev, *Ensayos Lingüísticos*, Madrid, Gredos, 1974, pp. 90-106.
HOCKETT, CH. F. (1965): "The Problem of Universals in Language" en J. Greenberg (ed.), *Universals of Language*, The M.I.T. Press, pp. 1-29.

HOPPER, P. J. y S. A. THOMPSON (1980): "Transitivity in Grammar and Discourse", *Language*, 56, n. 2, pp. 251-299.
HOPPER, P. J. y S. A. THOMPSON (eds.) (1982): *Syntax and Semantics, 15. Studies in Transivity*, Nueva York, Academic Press.
HOPPER, P. J. y S. A. THOMPSON (1984): "The discourse basis for lexical categories in Universal Grammar" *Language*, 60, 4, pp. 703-752.
HORN, L. (1978): "Remarks on Neg-Raising" en P. Cole (ed.) *Syntax and Semantics*, vol. 9, *Pragmatics*, Nueva York, Academic Press, pp. 129-220.
HORN, L. (1989): *A Natural History of Negation*, Chicago, The University of Chicago Press.
HORNSTEIN, N. (1986): *Logic as Grammar. An Approach to Meaning in Natural Language*, The MIT Press.
HORVÁTH, J. (1985): FOCUS *in the theory of Grammar and the Syntax of Hungarian*, Dordrecht, Foris.
HORVÁTH, K. (1983): *Transzformációs csoportok a magyarban* [Grupos transformacionales en húngaro], Budapest, Editorial Académica.
HUDSON, R. A. (1987): "Zwicky on heads", *Journal of Linguistics*, 23, pp. 109-132.
HUTCHISSON, D. (1986): "Sursurunga Pronouns and the Special Uses of Quadral Number" en U. Wiesemann (ed.), *Pronominal Systems*, Tubinga, Gunter Narr, pp. 1-20.
IOUP, G. (1974): "Some Universals of Quantifier Scope" en J. P. Kimball (ed.), *Syntax and Semantics*, vol. 4, Nueva York, Academic Press, pp. 37-58.
JAKOBSON, R. (1936): "Contribución a la teoría general de los casos" en R. Jakobson, *Ensayos de Lingüística General*, Seix Barral, Barcelona, 1974, pp. 235-306.
JAKOBSON, R. (1956): "Los conmutadores, las categorías verbales y el verbo ruso" en R. Jakobson, *Ensayos de lingüística general*, Barcelona, Seix Barral, 1975, pp. 307-311.
JANUCCI, J. E. (1952): *Lexical Number in Spanish Nouns with Reference to their English Equivalents*, Philadelphia, University of Pennsylvania.
JELINEK, E. (1984): "Empty categories, Case, and Configurationality" en *Natural Language and Linguistic Theory*, 2, pp. 39-76.
JESPERSEN, O. (1924): *La Filosofía de la Gramática*, Barcelona, Anagrama, 1975.
JOLODOVICH, A. A. (ot. red.) (1974): Типология пассивных конструкции, диатези и залоги [*Tipolog*ia de las construcciones pasivas. Diátesis y Voces], Leningrado, Nauka.
JRAKOVSKIĬ, V. S. (ot. red.) (1977): Проблемы лингвистической типологии и структури языка [Problemas de tipología lingüística y de la estructura de la lengua], Moscú, Nauka.
JRAKOVSKIĬ, V. S. (ot. red.) (1989): Типология итеративных конструкций [Tipología de las construcciones iterativas], Leningrado, Nauka.
JRAKOVSKIĬ, V. S. y A. P. VOLODIN (1986): Семантика и типология императива [Tipología y semántica del imperativo], Leningrado, Nauka.
JUSTUS, C. (1976): "Relativization and Topicalization in Hittite" en Ch.N. Li (ed.), (1976), pp. 213-246.
KATZ, J. J. (1974): *Semantic Theory*, Nueva York, Harper y Row [vers. esp. *Teoría Semántica*, Madrid, Aguilar].
KEEN, S. (1983): "Yukulta" en R. M. W. Dixon y B. J. Blake (eds.), *Handbook of Australian Languages*, 3, Amsterdam, John Benjamins, pp. 190-306.
KEENAN, E. L. (1974): "The Functional Principle" en E. L. Keenan, 1987, pp. 361-374.
KEENAN, E. L. (1976): "Towards a universal definition of 'Subject'" en CH. L. Li (ed.), 1976, pp. 303-334.
KEENAN, E. L. (1978): "The Syntax of Subject-Final Languages" en W. Lehmann (ed.), 1978, pp. 267-327.

KEENAN, E. L. (1984): "Semantic correlates to the Ergative/Absolutive Distinction" en E. L. Keenan, 1987, pp. 166-196.
KEENAN, E. L. (1985a): "Passive in the world's languages" en T. Shopen (ed.), 1985, vol. 1, pp. 243-281.
KEENAN, E. L. (1985b): "Relative clauses" en T. Shopen (ed.), 1985, vol. 2, pp. 141-171.
KEENAN, E. L. (1987): *Universal Grammar: 15 Essays*, Londres, Croom Helm, 1987.
KEENAN, E. L. y R. D. HULL (1973): "The logical syntax of direct and indirect questions" en C. Corum *et al.* (eds.), *You take the high node and I'll take the low node. Papers from the Comparative Syntax Festival. The differences between Main and Subordinate Clauses*, Chicago Linguistic Society, pp. 348-371.
KEFER, M. y J. VAN DER AUWERA (eds.) (1989): "Universals of Language" en *Belgian Journal of Linguistics,* 4.
KENT ANDERSEN, P. (1983): *Word Order Typology and Comparative Constructions*, Amsterdam, John Benjamins.
KIBRIK, A. E. (1979): "Canonical Ergativity and Daghestan Languages" en F. Plank (ed.), *Ergativity. Towards a Theory of Grammatical Relations*, Nueva York, Academic Press, pp. 61-77.
KIEFER, F. (1968): "A transformational approach to the verb *van* 'to be' in Hungarian" en J. W. M. Verhaar (ed.), *The Verb 'Be' and Its Synonyms,* 3, Dordrecht, Reidel, 1968, pp. 53-85.
KILLEAN, C. G. (1972): "Arabic relative clauses" en P. M. Parenteau *et al.* (eds.), *The Chicago Which Hunt. Papers from the Relative Clause Festival*, Chicago Linguistic Society, pp. 144-152.
KISSEBERTH, CH. W. y M. 1. ABASHEIKH (1977): "The object relationship in Chi-Mwi:ni, A Bantu Language" en P. Cole y J. M. Sadock (eds.), 1977, pp. 179-219.
KLIMOV, G. A. (1977): Типология языков активного строя [Tipología de las lenguas de carácter activo], Moscú, Nauka.
KÖNIG, E. y J. VAN DER AUWERA (1988): "Clause integration in German and Dutch. Conditionals, concessive conditionals and concessives" en J. Haiman y S. A. Thompson (eds.), *Clause Combining in Grammar and Discourse*, Amsterdam, John Benjamins.
KRÁMSKÝ, J. (1972): *The Article and the concept of definiteness in language*, La Haya, Mouton.
KUHN, W. y F. SERZISKO (1981): "Eigennamen im Rahmen der Dimension der Apprehension" en H. Seiler y Ch. Lehmann (eds.), *Apprehension. Das sprachliche Erfassen von Gegenständen. Teil I. Bereich und Ordnung der Phänomene*, Tubinga, G. Narr, pp. 277-294.
KUNO, S. (1978): "Japanese: a characteristic OV language" en W. Lehmann (ed.), 1978, pp. 57-138.
KURODA, S. Y. (1972): "The categorical and the thetic judgement", *Foundations of Language,* 9, pp. 153-185.
KURYŁOWICZ, J. (1949): "Le problème du classement des cas" en J. Kuryłowicz, *Esquisses Linguistiques I*, Wilhelm Fink, Múnich, 1973, pp. 131-150.
KURYŁOWICZ, J. (1956): "La position linguistique du nom propre" en J. Kuryłowicz, *Esquisses Linguistiques I*, Múnich, Wilhelm Fink, 1973, pp. 182-192.
LAMBRECHT, K. (1980): "Remarks about a Basic Sentence Type of Modern Non-Standard French" en *Proceedings of the 6th Annual Meeting. Berkeley Linguistic Society*, pp. 337-360.
LARSON, R. K. (1985): "Bare-NP Adverbs" en *Linguistic Inquiry,* 16, 4, pp. 595-621.
LAZARD, G. (1984): "Actance Variations and Categories of the Object" en F. Plank (ed.), *Objects: Towards a Theory of Grammatical Relations*, Nueva York, Academic Press, pp. 269-292.

LE BIDOIS, G. y R. (1971): *Syntaxe du Français Moderne*, 2 vols., París, Picard.
LECOMTE, G. (1968): *Grammaire de l'arabe*, París, PUF.
LEE, H. B. (1989): *Korean Grammar*, Oxford University Press.
LEHMANN, W. (1973): "A Structural Principle of Language and Its Implications" en *Language,* 49, pp. 47-66.
LEHMANN, W. (1978): *Syntactic Typology. Studies in the Phenomenology of Language*, Sussex, The Harvester Press.
LEHMANN, CH. (1982): "Universal and typological aspects of agreement" en H. Seiler/F. J. Stachowiak (eds.), 1982, pp., 201-267.
LEHMANN, CH. (1984): *Der Relativsatz*, Tubinga, Gunter Narr.
LETAMENDIA, J. A. (1988): *Bakarka. Euskera a distancia. 2*, Vitoria, Eusko Jaurlaritzaren Argitalpen-Zerbitzu Nagusia.
LEWANDOWSKI, TH. (1982): *Diccionario de Lingüística*, Madrid, Cátedra.
Li, CH. N. (ed.) (1976): *Subject and Topic*, Nueva York, Academic Press.
Li, CH. N. y S. A. THOMPSON (1976): "Subject and Topic: A New Typology of Language" en Ch. N. Li (ed.), 1976, pp. 457-490.
Li, CH. y S. THOMPSON (1984): "Mandarin" en W. S. Chisholm, Jr. (ed.), 1984, pp. 47-62.
LICHTENBERK, F. (1982): "Individuation hierarchies in Manam" en Hopper & Thomson (eds.), 1982, pp. 261-277.
LICHTENBERK, F. (1983): "Relational Classifiers" en *Lingua 60*, pp. 147-176
LIEB, H. H. (1976): "Zum Verhältnis von Sprachtheorien Grammatiktheorien und Grammatiken" en D. Wunderlich (hrsg.), 1976, pp. 200-213.
LONGACRE, R. E. (1989): "Two Hypotheses Regarding Text Generation and Analysis" en *Discourse Processes*, 12, pp. 413-460.
LÓPEZ GARCÍA, A. (1996): *Gramática del Español II. La oración simple*, Madrid, Arco.
LÓPEZ GARCÍA, A. (1998): *Gramática del Español. III. Las partes de la oración*, Madrid, Arco.
LÓPEZ PALMA, H. (1985): "Las oraciones distributivas: la gramática de *cada*" en *Dicenda* 1985: 57-83.
LÓPEZ PALMA, H. (1999) *La interpretación de los cuantificadores. Aspectos sintácticos y semánticos*, Madrid, Visor.
LUJÁN, M. (1980): *Sintaxis y Semántica del Adjetivo*, Madrid, Cátedra.
LUQUE DURÁN, J. de D. y A. PAMIES BERTRÁN (eds.) (1997): *Panorama de la lingüística actual*, Granada Lingüística, Granada.
LÜDTKE, H. (1977): "Die Mundart von Ripatransone-ein sprachtypologisches Kuriosum" en M. Romportl *et al.* (eds.), *Linguistica Generalia I. Studies in Linguistic Typology*, Praga, Universidad Carolina, pp. 173-179.
LYNCH, J. (1983): "Switch-reference in Lenakel" en J. Haiman y P. Munro (eds.), *Switch Reference and Universal Grammar*, Amsterdam, John Benjamins.
LYONS, J. (1968): *Introducción en la lingüística teórica*, Barcelona, Teide, 1973.
LYONS, J. (1977): *Semántica*, Barcelona, Teide, 1980.
MAITINSKAYA, K. E. (1969): Местоимения в языках разных систем [Los pronombres en lenguas de diferente estructura], Moscú, Nauka.
MALLINSON, G. y B. J. BLAKE (1981): *Language Typology. Cross-linguistic Studies in Syntax*, Amsterdam, North Holland.
MARANTZ, A. (1984): *On the nature of grammatical relations*, The MIT Press.
MARCOS MARÍN, F. (1990): *Introducción a la lingüística: Historia y Modelos*, Madrid, Síntesis.

MARCOS MARÍN, F. (1980): *Curso de Gramática Española*, Madrid, Cincel.
MARDIRUSSIAN, G. (1975): "Noun Incorporation in Universal Grammar" en *Papers from the Eleventh Regional Meeting*, Chicago Linguistics Society, pp. 383-389.
MARINA, J. A. (1998): *La Selva del Lenguaje. Introducción a un diccionario de los sentimientos*, Barcelona, Anagrama.
MARTÍN GARCÍA, J. (1998): *La Morfología Léxico-Conceptual: las palabras derivadas con RE-*, Madrid, Ediciones de la Universidad Autónoma de Madrid.
MARTINET, A. (1960): *Elementos de Lingüística General*, Madrid, Gredos, 1974.
MARTINET, A. (1965): "La doble articulación del lenguaje" en A. Martinet, *La Lingüística Sincrónica*, Madrid, Gredos, 1971, pp. 9-41.
MARTINET, A. (1985): *Sintaxis General*, Madrid, Gredos, 1987.
MARTÍNEZ, J. A. (1981): "Acerca de la transposición y el aditamento sin preposición" en *Archivum*, 31-32, pp. 493-512.
MARTÍNEZ CELDRÁN, E. (1995): Bases *para el estudio del lenguaje*, Barcelona, Octaedro.
MARTÍNEZ VÁZQUEZ, M. (1998): *Diátesis. Alternancias oracionales en la lengua inglesa*, Publicaciones de la Universidad de Huelva.
MASLOV, J. S. (1983): "Resultative, Perfect and Aspect" en V. P. Nedialkov (ed.), 1983, pp. 63-86.
MAXWELL, D. (1984): "A typologically based principle of linearization" en *Language*, 60, n.º 2, 1984, pp. 251-285.
McCLOSKEY, J. (1983): "A VP in a VSO language?" en G. Gazdar, E. Klein y G. Pullum (eds.), 1983, pp. 9-55.
MENDÍVIL GIRÓ, J. L. (1999): *Las palabras disgregadas. Sintaxis de las expresiones idiomáticas y los predicados complejos*, Zaragoza, Prensas Universitarias de Zaragoza.
MIGUEL APARICIO, E. de (1992): *El aspecto en la sintaxis del español: perfectividad e impersonalidad*. Madrid, Ediciones de la Universidad Autónoma de Madrid.
MISTELI, F. (1893): *Charakteristik der hauptsächlichsten Typen des Sprachbaues*, Nueva York, Georg Olms, 1972.
MITHUN, M. (1984): "The evolution of Noun Incorporation" en *Language*, 60, n.º 4, 1984, pp. 847-894.
MOLINA REDONDO, J. A. de (1991): "De la 'sustantivación' mediante el artículo y de algunos usos de la forma 'lo'" en *GLOSA*, 2, 1991, pp. 429-444.
MORANT I MARCO, R. (1993): *La Negación en Catalán*, Lynx, Annexa 5, Universidad de Valencia.
MORENO CABRERA, J. C. (1984): "La Diátesis Anticausativa. Ensayo de Sintaxis General", *Revista Española de Lingüística*, 14, n.º 1, 1984, pp. 21-43.
MORENO CABRERA, J. C. (1985): "Anticausatives: a typological sketch" en *Papers from the Parasession on Causatives and Agentivity at the Twenty-First Regional Meeting*, Chicago Linguistics Society, pp. 172-181.
MORENO CABRERA, J. C. (1985-1986): "Tipología de la catáfora paratáctica: entre la sintaxis del discurso y la sintaxis de la oración" en *Estudios de Lingüística*, 3, pp. 165-192.
MORENO CABRERA, J. C. (1987a): "Typological and Universal Aspects of Impersonality" en *Proceedings of the XIVth International Congress of Linguistics*, Berlín, 1991, pp. 2.395-2.398.
MORENO CABRERA, J. C. (1987b): "Aspectos lógico-sintácticos de los cuantificadores en español" en V. Demonte y M. Fernández Lagunilla (eds.), *Sintaxis de las Lenguas Románicas*, Madrid, El Arquero, pp. 408-416.
MORENO CABRERA, J. C. (1987c): "Processes and actions: internal agentless impersonals in some European Languages" en J. Bechert *et al.* (eds.), 1990, pp. 255-272.

MORENO CABRERA, J. C. (1987d): *Fundamentos de Sintaxis General*, Madrid, Síntesis.
MORENO CABRERA, J. C. (1989a): "Hacia una explicación funcional de la tipología del orden de palabras" en *Actas de las I Jornadas de Lengua y Literatura Inglesa y Norteamericana*, Logroño, pp. 139-149.
MORENO CABRERA, J. C. (1989b): "Impersonal constructions in Spanish" en M. Hannay y E. Vester (eds.), 1990, pp. 31-40.
MORENO CABRERA, J. C. (1990a): "Polarización: ensayo de sintaxis universal" en C. M. Vide (ed.), *Lenguajes Naturales y Lenguajes Formales*, Barcelona, pp. 217-232.
MORENO CABRERA, J. C. (1990b): *Lenguas del Mundo*, Madrid, Visor.
MORENO CABRERA, J. C. (1992): "Polarization as a universal of linguistic organization" en M. Kefer y J. van der Auwera (eds.), *Meaning and Grammar. Cross-Linguistic Perspectives*, Berlín, Mouton de Gruyter, 1992, pp. 123-136.
MORENO CABRERA, J. C. (1995): *La Lingüística Teórico-Tipológica*, Madrid, Gredos.
MORENO CABRERA, J. C. (1998a): *Diccionario de Lingüística Neológico y Multilingüe*, Madrid, Síntesis.
MORENO CABRERA, J. C. (1998b): *Materiales para un curso de sintaxis general sobre la base de cuatro lenguas eurasiáticas*, Ediciones de la Universidad Autónoma de Madrid, Documentos de Trabajo, 31, Ediciones de la Universidad Autónoma de Madrid.
MORENO CABRERA, J. C. (1999): "Las perífrasis de relativo y otras construcciones perifrásticas" en I. Bosque y V. Demonte (dirs.), *Gramática descriptiva de la Lengua Española*, capítulo 65, pp. 4.245-4.302.
MOUTAOUAKIL, A. (1989): *Pragmatic Functions in a Functional Grammar of Arabic*, Dordrecht, Foris.
MUNRO, P. (1983): "When 'same' is not 'not different'" en J. Haiman y P. Munro (eds.), *Switch Reference and Universal Grammar*, Amsterdam, John Benjamins, pp. 223-244.
NEDIALKOV, V. P. (1977): "Посессивность и инкорпорация в чукотском языке (инкорпорация подлежащего)" [Posesión e incorporación en chucoto (la incorporación del sujeto)] en V. S. Jrakovskii (ot. red.), 1977, pp. 108-138.
NEDIALKOV, V. P. (ed.) (1983): *Typology of Resultative Constructions*, Amsterdam, John Benjamins.
NEDIALKOV, V. P. y G. G. SILNITSKII, (1973): "The Typology of morphological and lexical causatives" en F. Kiefer (ed.), *Trends in Soviet Theoretical Linguistics*, Reidel, pp. 1-32.
NEDIALKOV, V. P. y YAKHONTOV, S. J. (1983): "The Typology of Resultative Constructions" en V. P. Nedialkov (ed.), 1983, pp. 3-63.
NOONAN, M. (1985): "Complementation" en T. Shopen (ed.), 1985, vol. 11, pp. 42-140.
OLZA, J. y FRAY CESÁREO DE ARMELLADA (1994): *Gramática de la lengua pemón (morfosintaxis)*. Caracas, Universidad Católica del Táchira.
PALMER, F. R. (1986): *Mood and Modality*, Cambridge University Press.
PAYNE, J. R. (1985a): "Negation" en T. Shopen (ed.), vol. 1, pp. 197-242.
PAYNE, J. R. (1985b): "Complex phrases and complex sentences" en T. Shopen (ed.), 1985, vol. 11, pp. 3- 42.
PENSADO, C. (ed.) (1995): *El Complemento Directo Preposicional*, Madrid, Visor.
PERLMUTTER, D. M. (1978): "Impersonal passives and the unaccusative hypothesis" en *Proceedings of the Fourth Annual Meeting of the Berkeley Linguistics Society*, Berkeley, California, 1978, pp. 157-189.
PERLMUTTER, D. M. (1983): "Personal vs. Impersonal Constructions" en *Natural Language and Linguistic Theory*, vol. 1, pp. 141-200.
PLANK, F. (ed.) (1984): *Objects. Towards a theory of Grammatical Relations*, Nueva York, Academic Press.

POLINSKAJA, M., y V. NEDIALKOV (1987): "Contrasting the absolutive in Chukchee, semantics and pragmatics" en Dixon (ed.), 1987, pp. 239-270.
POPJES, J. y J. (1986): "Canela-Kraho" en D. C. Derbyshire y G. K. Pullum (eds.), *Handbook of Amazonian Languages*, vol. I, Berlín, Mouton de Gruyter, pp. 128-200.
QUIRK, R. *et al.* (1985): A *Comprehensive Grammar of the English Language*, Londres, Longman.
RAMAT, P. (1985): *Typologie Linguistique*, París, PUF.
RANSOM, E. N. (1986): *Complementation: its meanings and forms*, Amsterdam, John Benjamins.
REINHART, T. (1983): *Anaphora and Semantic Interpretation*, Londres, Croom Helm.
RHYS JONES, T. J. (1977): *Living Welsh*. Kent, Hodder and Stoughton, 1988.
ROJO, G. (1978): *Cláusulas y Oraciones*, Verba, Anejo 14.
ROMERA, L.; V. SALCIOLI y J. ROSELLÓ (1997): *Tipología Lingüística*, Edicions Universitat de Barcelona.
ROWLANDS, E. C. (1969): *Yoruba*, Bristol, Hodder and Stoughton, 1985.
ROYEN, G. (1929): *Die nominalen Klassifikations-Systeme in den Sprachen der Erde. Historisch-kritische Studie, mit besonderer Berücksichtigung des Indogermanischen*, Viena.
RUDE, N. (1978): "A continuum of meaning in the copula" en J. Jaeger *et al.* (eds.), *Proceedings of the Fourth Annual Meeting of the Berkeley Linguistics Society*, Berkeley, 1978, pp. 202-210.
SADOCK, J. M. y A. M. ZWICKY (1985): "Speech act distinctions in syntax" en T. Shopen (ed.), vol. 1, pp. 155-196.
SALABURU, P. (1987): *Ikaslearen esku-gramatika*, Bilbao, Mensajero.
SASSE, H. J. (1984): "The Pragmatics of Noun Incorporation in Eastern Cushitic" en F. Plank (ed.), 1984, pp. 243-268.
SASSE, H. J. (1987): "The thetic/categorical distinction revisited", *Linguistics*, 25, pp. 511-580.
DE SAUSSURE, F. (1915): *Cours de Linguistique Général*, París, Payot 1979 [vers. esp. *Curso de Lingüística General*, Madrid, Alianza].
SCHMIDT, W. (1926): *Die Sprachfamilien und Sprachenkreise der Erde*, Heidelberg, Carl Winter.
SEBBA, M. (1987): *The syntax of serial verbs. An investigation into serialisation in Sranan and other languages*, Amsterdam, John Benjamins.
SEILER, H. (1972): "Das Universalien-Konzept" en H. Seiler (Hrsg.), *Linguistic Workshop I*, Múnich, Fink, 1972.
SEILER, H. (1986): *Apprehension. Language, Object and Order*, Tubinga, Gunter Narr.
SEILER, H. y F. J. STACHOWIAK (eds.) (1982): *Apprehension. Das Sprachliche Erfassen von Gegenständen. Teil II. Die Techniken und ihr Zusammenhang in Einzelsprachen*. Tubinga, Gunter Narr.
SHIBATANI, M. (ed.) (1976): *Syntax and Semantics*, vol. 6: *The grammar of causative constructions*, Nueva York, Academic Press.
SHIRATSUKI, N. (1985): "Two types of resultative construction in Basque and their non-aspectual meanings" en A. M. Bolkestein; C. de Groot y J. L. MacKenzie (eds.), *Predicates and Terms in Functional Grammar*, Dordrecht, Foris, 1985, pp. 183-202.
SHOPEN, T. (ed.) (1985): *Language Typology and Syntactic Description,* 3 vols. Cambridge, Cambridge University Press, 1985.
SIEGEL, M. (1976): "Capturing the Russian adjective" en B. Partee (ed.), *Montague Grammar*, Nueva York, Academic Press, 1976, pp. 293-310.
SIEWIERSKA, A. (1984): *The Passive. A Comparative Linguistic Analysis*, Londres, Croom Helm.

SIL'NITSKIĬ, G. G. (1974): "Глагольная валентность и залог" [*"Valencia verbal y voz"*] en A. A. Jolodovich (ot. red.), 1974, pp. 54-72.
SILVERSTEIN, M. (1976): "Hierarchy of features and ergativity" en P. Muysken, y H. van Riemsdijk (eds.) *Features and Projections*, Dordrecht, Foris, 1986, pp. 163-232.
SKORIK, P. Y. (1961): Грамматика чукотского языка. Часть первая. Фонетика и морфология. Именных частей речи [*Gramática del chucoto. Parte primera. Fonética y morfología. Clases de palabras nominales*], Moscú, Akademia Nauk SSSR.
SOLÉ, Y. R. (1966): *Hacer: verbo funcional y lexical*, Georgetown University Press.
SPROAT, R. (1985): "Welsh syntax and VSO structure" en *Natural Language and Linguistic Theory*, 3, 1985, pp. 173- 216.
STASSEN, L. (1985): *Comparison and Universal Grammar*, Oxford, Basil Blackwell.
TAGLIAVINI, G. (1969): *Introduzione alla glottologia,* vol. II. Bolonia, Pàtron.
TCHEKHOFF, C. (1978): *Aux fondements de la syntaxe: l'ergatif*, París, PUF.
TESNIÈRE, L. (1966): *Éléments de Syntaxe Structurale*, París, Kliencksieck.
THOMPSON, S. A. (1988): "A discourse approach to the Cross-Linguistic Category 'Adjective'" en J. A. Hawkins (ed.), 1988, pp. 167-185.
THOMPSON, S. A. y R. E. LONGACRE (1985): "Adverbial clauses en T. Shopen (ed.), 1985, vol. II, pp. 171-205.
TIMBERLAKE, A. (1976): "Subject Properties in the North Russian Passive" en Ch. N. Li (ed.), 1976, pp. 545-570.
TOMLIN, R. S. (1986): *Basic Word Order. Functional Principles*, Londres, Croom Helm.
TOMPA, J. (1972): *Kleine Ungarische Grammatik*, Leipzig, VEB Verlag Enzyklopädie.
ULTAN, R. (1978): "On the development of a definite article" en H. Seiler (ed.), *Language Universals,* Tubinga, Gunter Narr, pp. 249-265.
UWALAKA, M. A. A. N. (1988): The Igbo Verb. A semantico-syntactic analysis, Viena, Beitriige zur Afrikanistik, 35.
VALIN, R. D. VAN y R. LaPOLLA (1997): *Syntax. Structure, Meaning and Function,* Cambridge, Cambridge University Press.
VENDLER, Z. (1967): *Linguistics and Philosophy,* Nueva York, Cornell University Press.
VILLASANTE, L. (1980): *Sintaxis de la Oración Simple,* Oñate, Aránzazu.
WACHTEL, T. (1979): "A Question of Imperatives" en J. Fisiak (ed.), *Papers and Studies in Contrastive Linguistics,* X. Poznań, pp. 5-31.
WALTER, H. (1981): *Studien zur Nomen-Verb-Distinktion aus typologischer Sicht,* Múnich, W. Fink.
WENDT, H. (1972): *Langenscheidts praktisches Lehrbuch Türkisch,* Berlín, Langenscheidt.
WHORF, B. L. (1945): "Grammatical Categories" en B. L. Whorf, *Language, Thought and Reality,* The MIT Press 1979, pp. 87-101.
WIERZBICKA, A. (1980): *The Case for Surface Case,* Ann Arbor, Karoma.
WISE, M. R. (1986): "Grammatical Characteristics of Pre-Andine Arawakan languages of Perú" en D. C. Derbyshire y G. K. Pullum (eds.), *Handbook of Amazonian Languages,* vol. I, Berlín, Mouton de Gruyter, 1986, pp. 567-642.
WUNDERLICH, D. (1974): *Foundations of Linguistics,* Cambridge University Press, 1979.
WUNDERLICH, D. (hrsg.) (1976): *Wissenschaftstheorie der Linguistik,* Kronberg, Athenäum.
YANG, D.-W. (1971): "Double Subject Verbs in Korean" en *Working Papers in Linguistics.* Ohio State University, 10, pp. 231-244.
ZADOYENKO, T. P. y H. SHUIN (1986): Основы Китайского Языка [*Fundamentos de lengua china*], Moscú, Nauka.

ZIMMER, K. E. (1976): "Some constraints on Turkish Causativization" en M. Shibatani (ed.), *Syntax and Semantics 6. The Grammar of Causative constructions,* Nueva York, Academic Press, pp. 399-412.
ZWICKY, A. W. (1977): "Hierarchies of person" en W. Beach *et al.* (eds.), *Papers from the 13th Regional Meeting.* Chicago Linguistics Society, Chicago, pp. 714-733.
ZWICKY, A. (1985): "Heads", *Journal of Linguistics,* 23, pp. 1-29.

ÍNDICES

ÍNDICE DE NOMBRES

Abad, F., 80
Abasheikh, M. I., 500
Abraham, W., 36, 347, 737
Acero, J. J., 347
Agud, A., 195, 217
Aguirre Berezibar, J. M., 215
Aikhenvald, A., 234
Aissen, J., 514
Akmajian, A., 33, 46
Alarcos Llorach, E., 465-467
Alcaraz Varó, E., 36, 80
Algeo, J., 234
Allan, K., 183, 192
Allwood, J., 141
Alonso-Cortés, A., 33, 80, 198, 350, 644-645
Alonso Raya, R., 28
Andrews, A., 775
Alpatov, V. M., 434
Álvarez, A. I., 710
Amo, T. del, 34
Anderson, J. M., 217, 435
Andersson, L. G., 217, 435
Anderson, S. R., 277
Anula Rebollo, A., 121, 152, 171, 217, 305
Anward, J., 435
Aranda, A., 514
Asher, R. E., 36
Atkinson, M., 33, 35
Austin, P., 498, 710
Auwera, J. van der, 399, 711

Babby, L., 494
Bach, E., 285
Báez San José, V., 98, 376
Baker, M. C., 484, 557, 560, 598-599, 711
Bánhidi, Z., 201, 336
Barlow, M., 484
Barron, R., 184
Bartsch, R., 400
Barwise, J., 39, 40, 243
Belle, W. van, 218
Bello, A., 298, 300, 314, 315
Belloso, F., 26
Bencédy, J., 200
Benesová, E., 739
Benthem, J. van, 253
Benveniste, E., 46, 275, 278
Bernárdez, E., 771
Bernini, G., 644
Biermann, A., 210-211
Bierwisch M., 271
Binnick, R. I., 347
Bisang, W., 710
Blake, B. J., 217, 459, 486, 663, 668, 712, 739
Bloomfield, L., 34, 55, 640
Bolkestein, A. M., 141, 172
Bolinger, D., 271, 698, 728
Borger, R., 80
Bosque, I., 75, 80, 226, 234, 253, 261, 271, 272, 300, 304, 347, 400, 401, 436, 477-478, 486, 514, 515, 521, 523, 552, 553,

558, 559, 608, 621, 644, 668, 710
Bossong, G., 441, 465, 473, 514
Bossuyt, A., 80
Botha, R. P., 67, 80, 81
Brentano, F., 470
Britain, D., 35
Broschart, J., 412, 414, 416, 417, 418, 435
Brown, D. R., 141
Brown, G., 771
Brown, P., 773
Brucart, J. M., 122, 152, 668, 710
Bruyn, J. de, 400
Bunt, H. C., 234
Bustos Gisbert, E., 28
Butterworth, B., 80
Cabeza Pereiro, C., 28
Calsamiglia Blancafort, H., 771-772
Calvo, J., 272
Camacho, J., 668
Campe, P., 218
Campos, H., 514
Cano Aguilar, R., 490, 514
Carbonero Cano, P., 304
Cardona, G. R., 36
Carrasco Gutiérrez, A., 347
Cartagena, N., 347
Cassirer, E., 39, 46
Cerdá, R., 34, 305
Cerrón Palomino, R., 692
Chappell, H., 608
Chatterjee, R., 347
Chisholm, W. S., 645
Choi, S., 474, 475
Chomsky, N., 47, 50, 54, 55, 57, 61, 62, 69, 80, 105, 121, 146, 152, 158, 162, 171, 172, 219, 377, 628
Chung, S., 346, 348
Cifuentes Honrubia, J. L., 304, 557, 757
Cioffi, F., 80
Clahsen, H., 35
Clark, E. V., 608
Closs Traugott, E., 696, 710
Cohen, D., 348
Comrie, B., 69, 192, 317, 318, 348, 484, 509, 514, 516, 536, 537, 580, 626, 676-680, 710, 711, 737
Conrad, R., 645
Contreras, H., 304, 644, 737

Cook, V. J., 121, 152, 171
Cooper, R., 243, 254
Corbett, G., 184, 192
Cornish, F., 645
Corriente, F., 192
Coseriu, E., 34, 50, 57, 228, 234
Coulmas, F., 645
Coyaud, M., 254, 668
Craig, C., 192
Cresswell, M. J., 400
Crystal, D., 34
Cuenca, M. J., 757
Curry, H., 166, 171
Dahl, Ö., 141, 348, 645
Daneš, F., 715
Delbecque, N., 710
DeMeij, S., 737
Demonte, V., 74, 80, 121, 152, 171, 234, 253, 254, 272, 304, 347, 376, 401, 486, 514, 515, 558, 559, 608, 644, 668, 710
Dez, J., 407
Dezső, L., 738
Dietrich, W., 348
Díez Orzas, P. L., 26
Dijk, T. van, 773
Dik, S. C., 69, 70, 71, 80, 132, 135, 136, 141, 142, 370, 376, 426, 478, 520, 628, 654, 668, 733
Dixon, R. M. W., 192, 193, 256, 257, 272, 458, 484, 485, 538-540, 749
Dobrovolsky, M., 35
Döhmann, K., 238, 254, 661-662
Dougherty, R., 80, 81
Downing, B. T., 710
Dowty, D., 348
Dressler, W. U., 400
Drossard, W., 575-576
Dryer, M. S., 645
Dubois, J., 37
Ducrot, O., 37
Eguren, L., 304
Ehrich, V., 348
Eilfort, W. H., 515
Engel, U., 240, 242, 262, 688
Erteschik-Shir, N., 738
Escandell, M.ª V., 34, 644
Falguera López, J. L., 141
Faltz, L., 524-527, 558

Fauconnier, G., 305
Ferguson, Ch. A., 484
Fernández Lagunilla, M., 121, 152, 171, 217, 254, 305, 347
Fernández Leborans, M.ª J., 234, 608
Fernández Ordóñez, I., 304
Fernández Paricio, F., 645
Fernández Pérez, M., 34
Fernández Soriano, O., 304, 558
Feuillet, J., 376
Fiengo, R., 305
Fillmore, Ch. J., 217
Firbas, J., 715
Flamenco García, L., 710
Foley, W., 341, 343, 445, 447, 648, 649-653, 666, 668-669, 700-705, 710, 759, 767
Fontanella de Weinberg, M.ª B., 304
Fox, B., 558
Fuchs, V., 348
Galán Rodríguez, C., 710
García Fernández, L., 710
García Miguel, J. M., 485
Garde, P., 435
Gärdenfors, P., 254
Gardiner, A., 235
Garrido Medina, J., 141, 142, 299, 304, 644
Geniušiene, E., 528-531
Giorgi, A., 349
Givón, T., 69, 182, 192, 305, 343, 346, 349, 435, 485, 515, 558, 614, 645, 711, 738, 757, 758, 762-765, 768, 772
Gleason, H. A. Jr., 34
Golovko, E. V., 390
Gómez Torrego, L., 347, 710
Grácia i Solé, L., 376
Greenbaum, S., 239, 330
Greenberg, J., 47, 191, 289, 290, 715, 719, 738
Gregores, E., 34
Groot, C. de, 141, 278, 349, 461
Gutiérrez Ordóñez, S., 121, 122, 276, 298, 299, 300, 515, 609
Haegeman, L., 122, 152, 172, 217
Hagège, C., 393, 396, 400
Haiman, J., 711, 757, 758
Hajičová, E., 739

Hale, K., 429-430, 435, 711
Halliday, M. A. K., 772
Harré, R., 306
Harries, H., 668, 689-690
Harris, A., 547
Harris, M., 763
Harto Trujillo, M. L., 28
Hasan, R., 772
Haspelmath, M., 305, 542-543
Hawkins, J. A., 80, 305, 719, 720, 722, 734, 737, 738
Heath, J., 435
Heine, B., 349, 609
Hengeveld, K., 141, 163, 588, 601, 609
Hempel, C. G., 81
Hermon, G., 501, 558
Hernández, C., 300
Hernanz, M. L., 122, 152, 608, 710
Hetzron, R., 257
Hewitt, B., 692, 711
Hierro S. Pescador, J., 57
Hilferty, J., 757
Hinds, J., 475, 485, 626, 629
Hiż, H., 645
Hjelmslev, L., 57, 198, 199, 217
Hockett, H. F., 34, 39, 40, 41, 47, 99, 171
Hoekstra, T., 515
Hopper, P. J., 349, 421, 491-493, 497, 511, 513, 515, 516, 558, 760
Horn, L. R., 614, 621, 622-623, 645, 646
Horváth, J., 578, 732, 738
Hornstein, N., 142, 247, 349
Huang, S. F., 400
Hudson, G, 34
Hudson, R. A, 99, 107, 123
Hull, R. D., 630, 631
Humboldt, W., 518
Hutchinsson, D., 188
Ibrahim, M., 193
Ioup, G., 248
Itkonen, E., 81
Iwasaki, S., 475
Jackendoff, R., 123
Jakobson, R., 171, 209, 210, 217-218, 228
Janssen, T., 347
Janucci, E., 75
Jelinek, E., 435, 478, 479, 484
Jespersen, O., 177, 263, 585, 645

Jiménez Juliá, T., 99
Jolodovich, A. A., 579
Jrakovskiï, V. S., 330, 331, 400, 579, 580, 633-639
Justus, C., 764
Katamba, F., 35
Katsniel'son, S. D., 757-758
Katz, J. J., 260
Keen, S., 599
Keenan, E., 152, 277, 401, 432, 442, 453, 532-535, 537, 537, 558-559, 630, 631, 683-686, 709, 711, 713
Kemmer, S., 559
Kent Andersen, P., 269
Khrakovskij véase Jrakovskiï
Kibrik, A., 203, 485
Kiefer, F., 580, 587
Kilby, D., 33
Killean, C. G., 707
Kisseberth, Ch. W., 500
Klaiman, M. H., 559, 580
Klimov, G. A., 207
Koktova, E., 401
König, E., 711
Koptjevskaja-Tamm, M., 711
Kovacci, O., 401
Krámský, J., 288, 291
Krifka, M., 349
Kuhn, W., 229, 231, 235
kulikov, L., 580
Kuno, S., 475
Kuroda, S. Y., 470, 208, 209, 218, 230, 235
Kuryłowicz, J., 47, 208, 209, 218, 230, 235
Laca, B., 304
Lakoff, G., 192
Lambrecht, K., 738, 763
Lamiroy, B., 710
Langendonck, W. van, 218
LaPolla, R. J., 142, 377, 479, 669
Larson, R. K., 397, 401, 711
Larsson, L. G., 350
Lasnik, H., 305
Lazard, G., 294, 377, 495, 496, 515
Lázaro Carreter, F., 37, 403
Le Bidois, G., 295
Le Bidois, R., 295
Lecomte, G., 256
Lee, H. B., 613

Leech, L., 239, 330
Lefebvre, C., 711
Lehmann, Ch., 193, 235, 456, 457, 585-587, 687-688, 711
Lehmann, W. P., 717
Lemaréchal, A., 436
Léonard, A. M., 348
Leonetti, M., 34, 304, 305, 710
Letamendia, J. A., 655
Lewandowski, Th., 37, 403
Lewis, D., 401
Li, Ch. N., 446, 447, 448, 473, 485, 625, 629, 738
Lichtenberk, F., 185, 498, 503
Lieb, H. H., 76
Limburg, M., 278, 461
Ljujić, Marina, 28
Longa, V. M., 123, 152, 172, 218
Longacre, R. E., 668, 691, 693, 695, 696, 697, 698, 699, 713, 769, 772
López García, A., 34, 99, 235, 272, 305, 350, 401, 436, 485, 524, 540, 548, 646, 668, 710, 712
López Palma H., 247, 254
Lord, C., 712
Lorenzo, G., 123, 152, 172, 218
Lötzsch R., 580
Lüdtke, H., 189
Luján, M., 73, 272, 304
Luque Durán, J. de Dios, 28
Lynch, J., 699
Lyons, Ch., 305, 515
Lyons, J., 34, 61, 99, 123, 275, 183, 284, 299, 305, 609
Mackenzie, J. L., 141
Maitinskaya, K. E., 287, 303, 305
Maldonado, C., 644, 646
Mallinson, G., 459, 460, 486, 664, 668, 712, 739
Manning, C. D., 515
Manoliu, M., 609, 646, 669, 712, 739
Manteca, A. (véase *Alonso, A.*)
Marácz, L., 436
Marantz, A., 778
Marcos Marín, F., 35, 99, 253, 306
Mardirussian, G., 519
Marina J. A., 28
Markus, M., 350

Martín García, J., 28
Martín Vide, C., 35
Martín Zorraquino, M. A., 559, 773
Martinet, A., 35, 39, 40, 47, 404
Martínez, J. A., 396, 401, 486
Martínez Celdrán, E., 28
Martínez Linares, M. A., 36
Martínez Vázquez, M., 580
Martínez Vidal, C., 141
Marty, A., 470
Maslov, Y. S., 350, 601
Masullo, P., 304, 608
Mathesius, W., 715
Maxwell, D., 426
May, R., 305
Maynard, S., 475
McCawley, J. D., 142, 254
McCloskey, J., 427-428
McGregor, W., 608
Meisel, J. M., 739
Mel'čuk, I., 580
Mendikoetxea, A., 559
Mendívil Giró, J. L., 486, 521
Meulen, A. Ter, 142, 253, 254
Miguel, E. de, 347, 552, 559
Millán, J. A., 34
Milner, J. C., 81
Misteli, F., 407-408, 409, 410
Mithun, M., 518, 519
Molina, J. A. de, 276
Montolío, E., 710, 773
Morant i Marco, R., 28
Moravcsik, E., 435
Moreno Cabrera, J. C., 35, 37, 71, 123, 243, 265, 300, 401, 436, 473, 475, 483, 486, 513, 543, 550, 557, 559, 580, 609, 661, 689, 699, 702, 712, 758, 764
Mounin, G., 37
Moutaouakil, A., 730, 732
Munro, P., 700, 711
Muysken, P., 436, 487
Mühlhäusler, P., 306
Müller-Bardey, Th., 712
Narbona, A., 712
Navas Ruiz, R., 347, 609
Nedialkov, V., 361, 505, 506, 579, 580, 581, 601, 602-603, 608
Nejt, A., 669

Newmeyer, F., 35
Newson, M., 121, 152, 171
Noonan, M., 672-675, 713
Nuyts, L. A., 172
O'Grady, W., 35
Oehrle, R. T., 123
Oirsouw, R. van, 669
Ojeda, A., 235
Olson, M., 702-705, 710
Olza, J., 306
Orosio, 310
Otero, C. P., 304
Ouhalla, J., 172
Palmer, F. R., 335, 336, 346, 350, 486
Pam, M. D., 739
Pamies Bertrán, A., 28
Panfilov, V. Z., 758
Parenteau, P. M., 712
Partee, B. H., 47, 142, 254
Pavón, Lucero, M. V., 27, 401
Payne, D., 192, 646
Payne, J. R., 616-618, 655-661, 669
Pelletier, F. J., 235
Penadés Martínez, I., 99
Pensado, C., 28
Pérez Saldanya, M., 347
Perlmutter, D. M., 81, 551, 553, 554, 559-560
Perry, J., 39, 40
Perry, Th. A., 81
Peters, S., 285
Picallo, C., 272, 304, 347
Plank, F., 193, 218, 486-487, 515
Polinskaja, M., 579, 581
Polinsky, M., 514
Popjes, J. y J., 600
Portolés, J., 34, 773
Posner, M., 192
Postal, P. M., 99
Pott, A. F., 193
Pottier, B., 37, 254, 401
Premper, W., 516
Price, S., 272
Puigvert Ocal, A., 28
Quintanilla, M.ª A., 80
Quirk, R., 239, 261, 330
Radford, A., 35, 123, 152, 172
Ramat, P., 644, 664

Ransom, E. N., 681-682, 711
Rauh, G., 377
Reichenbach, H., 142, 318, 347, 349, 351
Reinhart, T., 89, 286, 306
Rhys Jones, T. J., 342, 594-595
Ridruejo, E., 347
Riemsdijk, H. van, 124, 153, 218, 254, 377, 487
Rigau, G., 272, 304, 306
Robins, H. R., 35
Roca, I., 33, 377
Rochemont, M. S., 739
Rodríguez Adrados, F., 35
Rohrer, Ch., 713
Rojo, G., 99, 347, 666, 669
Romera, L., 28
Roselló, J., 28
Rowlands, E. C., 222
Royen, G., 191, 193
Rude, N., 192, 589-591
Rüffer, N., 436
Ruwet, N., 609
Růžička, R., 580
Sadock, J. M., 560, 625-626, 637, 639, 646
Sáez, L. A., 272
Salaburu, P., 717
Salcioli, V., 28
Sánchez López, C., 253, 644
Sánchez Ruipérez, M., 350
Sánchez de Zavala, V., 80
Sankoff, G., 773
Santiago Lacuesta, R., 28
Sapir, E., 36, 758
Sasse, H. J., 470, 472, 473, 487, 518
Saussure, F. de, 50, 424
Schachter, P., 436
Schaeffer J.-M., 37
Schmidt, W., 715
Sebba, M., 702-705, 713
Seefranz-Montag, A. von, 560
Serebrennikov, B. A., 36
Seiler, H., 69, 70, 193, 221, 226, 228, 235, 437, 516, 609
Sells, P., 124
Serbat, G., 217, 218
Serra Alegre, E. N., 669
Serzisko, F., 229, 231, 235

Sgall, R., 739
Shibatani, M., 516, 580
Shiratsuki, N., 604
Shopen, T., 348, 713
Shuin, H., 627
Siegel, M., 259, 260, 272
Siewierska, A., 436, 536, 554, 560, 739
Sil'nitskiï, G. G., 361, 505, 506, 550-551, 565, 566-571, 579, 580
Silverstein, M., 182, 487
Simone, R., 36
Singler, J. V., 350
Skinner, B. F., 47
Skorik, P. Y., 266
Smith, C., 350, 715
Soames, S., 81
Solé, Y. R., 727
Solías Arís, M.ª T., 124, 669
Song, J. J., 516
Speas, M. J., 436
Spencer, A., 35
Sproat, R., 428-429
Stachowiak, F. J., 193
Stassen, L., 264-268, 271, 272, 435, 560
Stegu, M., 350
Stirling, L., 713
Suárez, J. A., 34
Suñer, A., 272, 608
Suñer, M., 710
Svartvik, J., 239, 330
Táboas Baylín, S., 558
Tagliavini, G., 198, 290
Talmy, L., 669
Tato, J.-L., 669
Tchekhoff, C., 481, 487
Tedeschi, P. J., 350
Tesnière, L., 99, 107, 338, 381, 384-385, 410, 411, 424, 433, 581, 619, 645, 745
Thompson, S. A., 421, 446, 447, 448, 473, 485, 491-493, 497, 511, 513, 515, 516, 625, 629, 676-680, 691, 693, 695-699, 711, 713, 760, 761
Timberlake, A., 346, 348, 546
Tomlin, R. S., 723, 739
Tommola, H., 349
Tompa, J., 200, 201, 263
Tordesillas, M., 37
Torrego, E., 516

Touratier, Ch., 713
Toulmin, S., 72
Tsunoda, T., 516
Tusón, J., 36
Tusón Valls, A., 771-772
Tversky, B., 192
Ultan, R., 289
Urban, W. M., 47
Uriagereka, J., 172
Uwalaka, M. A. A. N., 726
Valin, R. D. van, 142, 377, 445, 447, 479, 648-653, 666, 668-701, 759, 767
Vallejo, C., 56
Vater, H., 348, 580
Veiga, A., 347
Vendler, Z., 325
Verhaar, J. W. M., 610
Verkuyl, H. J., 350, 351
Vet, C., 172, 351
Veyrenc, J., 351
Viejo Sánchez, M.ª L., 28
Villar, F., 487
Villasante, L., 724
Vincent, N., 713
Volodin, A. P., 330-331, 633-636, 639
Voorst, J. van, 351
Wachtel, T., 632
Wall, R. E., 142, 253, 254
Walter, H., 412, 415, 418, 419, 436
Wasow, T., 306
Weinrich, H., 351
Wells, R. S., 99
Welte, W., 37
Wendt, H., 626-628
Whaley, L. J., 194
Wierzbicka, A., 212
Wiesemann, U., 306
Williams, E., 124, 153, 218, 254, 377
Wirth, J., 81
Wise, M. R., 599
Whorf, B. L., 171, 172, 174, 175
Wunderlich, D., 67, 81
Yajontov, S. J., 579, 601
Yang, D. W., 474
Yllera, A., 347
Yule, G., 36, 771
Zadoyenko, T. P., 627
Zaenen, A., 350
Zimmer, K., 360
Zimmermann, L., 713
Zubizarreta, M. L., 739
Zwicky, A. M., 102, 103, 124, 278, 625-626, 637-639, 646

ÍNDICE DE MATERIAS

ablativo, 197, 198, 199, 383, 385, 698
ablativo absoluto, 698
absolutivo, 206, 207, 208, 431, 441, 538
abstracción, 226-228, 233
acciones, 59, 126, 233, 324, 325, 363, 367-371, 420-421, 750
aceptabilidad, 56, 62
actividades, 325, 326
actuación, 54, 61
acusativo, 71, 120, 197, 198, 202-203, 206, 209, 218, 493, 494
adecuación descriptiva, 60, 64, 65, 69
adecuación explicativa, 60, 64, 67-72
adecuación observacional, 60, 64
adesivo, 199
aditivas (cocláusulas), 693-694
adjetivo, 59, 71, 73, 75, 101, 102, 112, 131, 167, 174, 178, 237, 141, 255-272, 297, 384, 388, 391, 411, 720-721, 761
adjetivo epíteto, 71, 258
adjetivo posesivo, 281
adjetivo relacional, 261-262
adjetivo relativo, 260-261
adlativo, 199, 209, 385
adposición, 166, 391-396, 716
adverbiales (cláusulas y cocláusulas), 691-693, 710
adverbio, 78, 117, 118, 119, 131, 139, 167, 274, 379-401, 411, 617, 721, 749-750

adverbio de *quiddidad,* 338, 381, 385, 386, 398
adverbio evaluativo, 381
adverbio ilocutivo, 381, 388-389
adverbio iterativo, 381
adverbio locativo, 381
adverbio modal, 381-388
adverbio multipicativo, 381
adverbio relatorio, 381
adverbio temporal, 164, 381, 383
afección de predicados, 147-149, 152
agente, 71, 77, 107, 132, 146, 160-161, 163, 168, 203, 207, 213, 227, 339-340, 371, 421, 440, 441, 531, 537, 538, 540-541, 544, 548-551, 561-562, 748
aktionsart, véase *modo de acción*
alcance, 129, 245-250, 379, 386-389, 618-620
alotaxis, 429
anáfora, 282-287, 305-306, 757
analogía, 68
animación, 71, 179-182, 192, 194, 496, 745
animado, véase *animación*
antecedente, 282, 525-526
ante-presente, 314, 315
anticausatividad, 541-544
anticipación de la negación, 620
antipasiva, 538-541

antropología, 80
apódosis, 335, 695
apofonía, 51, 54
arbitrariedad, 41, 42, 43, 47
argumentación gramatical, 72-75
argumento, 95, 112, 113, 125-127, 166-167
argumento discontinuo, 146
armazón predicativo, 132, 163
armonía intercategorial (principio de), 722
armonía vocálica, 51, 200, 201, 209
artículo, 73, 79, 103, 108, 116, 122, 130, 133, 183, 237, 242, 288-300, 417
ascenso de categoría, 113-115, 123
aspecto, 107, 134, 320-325, 328, 329, 384, 476, 743, 749, 750, 752, 761, 772, 793
auxiliar, 107, 123, 337-341, 354-355
barrera, 106
benefactivo, 140, 499-503, 567
bipolar (oración), 666
cabeza silábica, 84, 86, 88
cadena, 146, 152
capacidad generativa débil, 66-67
capacidad generativa fuerte, 66-67
cardinal de un conjunto, 135
caso, 30, 120, 121, 167, 195-218, 583, 748
caso formal, 197, 202-208
caso posicional, 177-199
caso relacional, 197, 199-202
catáfora, 282, 286, 764
categoría argumental, 111
categoría funcional, 111
categóricos (juicios), 470-475, 728-730
causado, 504
causalidad, 81
causalis-finalis, 201
causales, 693
causante, 503, 504, 507
causatividad, 503-511
circumposición, 392, 393
clase nominal, 182-185
clasificación, 182-185, 193, 234, 766
clasificador, 182-185, 193, 222, 745
cláusula, 648-649
cocláusula, 648-649, 652
coda silábica, 86
colectivo, véase *nombre colectivo*
comentario, 446

comparativas (oraciones), 263-268
comparativos, 262-268
competencia, 54, 57, 60, 61, 62, 64
compleja (oración), 647, 671-706
complementante, 106-109, 123, 145
complemento, 102-105
complemento benefactivo, véase *benefactivo*
complemento circunstancial, 137
complemento regido, 84, 423
completivas (cláusulas), 74, 364, 672-682, 710, 771
composición de funciones, 116-117, 123
composicionalidad, 41, 42, 43, 44, 47
compuesta (oración), 40, 45, 647
concesivas, 693
concordancia, 30, 31, 32, 56, 65-66, 77, 102, 113, 178, 186, 190, 218, 305, 442, 451, 452, 456-462, 464, 467, 469, 485, 486, 583, 585, 586, 757, 762-763, 766
concordancia externa, 456
concordancia interna, 456, 470
concordancia negativa, 619
concordancia verbal, 456-462
condicionales (oraciones), 334-335, 693, 699, 710, 712, 771
condiciones de refutación, 72-75, 78
conector, 127
configuracionalidad, 107, 429-432, 478-479, 737, 751
conjunción, 74-75, 106, 127, 296, 394
conjunto de referencia, 135, 278-280, 469
conjunto referencial, véase *conjunto de referencia*
consecutivas, 693
constituyentes inmediatos (CCII), 85-91, 99, 405
constituyente mediato, 88
construcción asociativa, 221
construcción benefactiva, véase *benefactivo*
construcción individutativa, véase *construcción disociativa*
contigüidad (relaciones de), 83-85, 425
coordinación, 40-41, 43, 45, 77-78, 654-665, 752
coordinación irreversible, 662-665, 756, 766

cópula, 76, 411, 587, 592
copulativas, 587-592, 761, 769, 771
corchete rotulado, 91-92
correferencialidad, 283, 284, 747
cosubordinación, 648, 666, 752
creatividad, 39, 40-41, 42, 43, 46
criptotipo, 172
cuadral, 188, 747
cualificador, 72-75
cuantificación adverbial, 389-391
cuantificación restringida, 129
cuantificador, 127-130, 133, 135-137, 142, 238-250, 253-254
cuantificador débil, 244-245
cuantificador existencial, 128-129, 238, 242
cuantificador fuerte, 244-245
cuantificador multal, 136, 137, 240
cuantificador paucal, 240, 241
cuantificador universal, 128-129, 238-242
dativo, 134, 197, 198, 200, 211, 218, 431, 501
datos, 60, 72-75
datos empíricos, 60
datos externos, 60
datos internos, 60
datos teóricos, 60
definitud, 289, 291-295, 496
deíxis, 273-274
deíxis pronominal, 274-280
deíxis temporal, 307-320
delativo, 199
demostrativo, 287-291
denominación, 228
dependencia (relaciones de), 83, 93-95
descripción, véase *adecuación descriptiva*
desplazamiento, 41, 42, 43, 46, 47
determinación, 67, 121, 182, 238, 761
determinante, 73, 74, 87, 103, 108-109, 111, 123, 128, 130, 137, 187, 304, 421, 741, 749
diafásicas (variedades), 50-51
diáfora, 699-701, 712, 713, 767
dialecto, 50, 52, 53
diastráticas (variedades), 50, 51
diátesis, 561-562, 565-575, 751
diatópicas (variedades), 50, 51

diminutivo, 230
dirección, 371
discontinuativo (aspecto), 325
disyunción, 127, 661-662
ditransitividad, 499-503
doble articulación, véase *dualidad*
dominio (relaciones de), 88-89
dual, 187-188, 278, 747
dualidad, 39, 40, 42, 43, 47, 403
durativo (aspecto), 324
economía, 39, 41, 42, 43, 46
efabilidad, 42
eficiencia, 39, 40, 43, 46
elativo, 199
elevación, 68, 169, 439, 445, 597
elevación de categoría, véase *ascenso de categoría*
elevación de tipo, véase *ascenso de categoría*
endófora, 283
enunciado-conclusión, 72-75, 78
enunciativa (oración), 85
ergatividad, 450-456, 484-486, 637
ergativo, 206, 207, 208, 431, 441, 538, 567
especialización, 41, 43, 44, 47
especificador, 103
especificativa (oración), 390
especificidad, 293-295
estados, 126, 324, 325, 326, 363, 370-371
estrato, 155-168
estructura profunda, 158-162, 171
estructura superficial, 158-162, 166, 171
estructuración arbitraria, 71
estructuración icónica, 71
etología, 80
evento, 163-164, 389-391
exclamativas, 640-641, 646
excorporación, 465-466
exófora, 283
experimentador, 371, 561
explicación, véase *adecuación explicativa*
femenino, véase *género*
fenogramática, 166-67
fenotipo, 172
finales, 693
foco, 69, 71, 731-734, 738, 739
forma lógica, 146, 160-162, 246

fora, 283
frecuentativo (aspecto), 325
fuerza, 371
función, 112, 113, 135, 166
función metalingüística, 44
función sintáctica, 121, 406
futuro, 68-69, 163, 308, 311-314, 770
garantizador, 72-75, 78
género, 30, 109, 173-182, 255, 413, 583, 742, 744
genitivo, 197, 198, 199-200, 209, 210, 218, 494
genitivo objetivo, 227
genitivo sajón, 179
genitivo subjetivo, 227
gerundio, 319, 347, 771
gramática, 49, 55, 59, 76
Gramática Funcional, 132-138, 141, 142, 163, 165, 278, 478, 559, 629
gramática general, 60
Gramática Generativa, 59, 69-70, 80, 105, 123, 145, 152, 153, 160, 161, 171, 172, 217, 218, 254, 306, 401, 436, 478, 484, 515, 557, 608, 645, 668, 738, 739
gramática universal, 54-55, 56, 57, 70
gramaticalidad, 60, 61-64
habitual (aspecto), 325
habla, 49, 50, 55, 56, 57
heterófora, 652, 699-701
hipérbole, 44, 45
hipocorístico, 230
homófora, 699-701
huella, 143-147, 152, 153, 160, 162
idiolecto, 51, 52, 56
imperativa (oración), 632-639, 646
imperativo, 320-321, 420, 753
imperfectivo, 321-323, 771
impersonales, 360, 544-551
inanimado, véase *animación*
inceptivo (aspecto), 324, 384
incoativo, véase *inceptivo*
incorporación, 465-466, 478, 517-524, 557, 559, 560
indicativo, 331-337, 420
individuación, 492, 497-499
inesivo, 199
inflexión, 106-109
infinitivo, 673, 680

inlativo, 199
instrumental, 210, 212-213, 214, 215-217
instrumental-comitativo, 201
intercambiabilidad, 39, 40, 43
interesivo, 199
interlativo, 199
interrogación absoluta, 624, 743
interrogación relativa, 624
interrogativa (oración), 66, 69, 84, 85, 143-144, 623-631, 753
interrogativa indirecta, 630-632,
interrogativo (pronombre), 106, 254
intervalo, 316-318
ironía, 44, 45
irrealis (modo), 331, 493, 769-770
iterativo (aspecto), 323, 325
jerga, 50, 51
lengua activa, 207
lengua ergativa, 207
lengua exterior, 54-55, 57
lengua interior, 54-55, 56, 57, 60, 61, 62, 64
léxico, 167
lingüística externa, 30-31, 33, 34, 35, 36, 37
lingüística interna, 31, 33, 34, 35, 36, 37
localización espacial, 137, 743
logros, 325, 327
mando de constituyentes, véase *mando-c*
mando-c, 89-91, 94, 97, 105, 121, 122, 281, 306, 747
masculino, véase *género*
metáfora, 44, 45
metalengua, 44
modalidad, 329-337
modalidad deóntica, 336
modalidad epistémica, 336
modificación lineal (principio de la), 728
modificado, 70
modificador, 70, 130-132
modo, 329-337, 761
modo de acción, 325-329, 743, 749, 750
monema, 404
movimiento (reglas de), 144, 160
motivación, véase *arbitrariedad*
negación, 54, 130, 254, 614-623, 644-646
negativa (oración), 613-623, 770
neutro, véase *género*

nivel de representación, 155-162
nombre abstracto, 226-228
nombre colectivo, 75, 224-226, 232-233
nombre común, 110-111, 219-231, 761-762
nombre concreto, 226-228
nombre contable, 220-222
nombre continuo, véase *nombre de materia*
nombre de materia, 67, 743
nombre discontinuo, véase *nombre contable*
nombre no contable, véase *nombre de materia*
nombre personal, 123, 274-276, 278, 280, 299
nombre propio, 62, 63, 79, 102, 133, 228-231, 234, 235, 276, 743
nominalización, 226-228, 672
nominativo, 120, 197, 198, 202-203, 206, 210-211, 218
norma, 49, 50, 51, 52, 55, 56, 57
núcleo, 101-104, 121, 122
núcleo silábico, 84, 86
número, 30, 107, 133, 185-189, 255, 419, 747
objeto, 55, 94, 126, 144, 150-151, 166, 169, 248, 357, 425, 431, 438, 491
objeto cognado, 497-499
objeto directo, 64, 68, 69, 71, 77, 94, 113, 120, 157, 158, 159, 163, 166-167, 181, 196, 202, 208, 220, 296, 406, 494-497, 518, 565, 671, 723
objeto indirecto, 79, 113, 139, 196, 423, 499-503, 565, 567
observación, véase *adecuación observacional*
omnial, 188-189
operador, 130-132, 134-137, 141
optativo, 334, 420
oración, 31, 32, 45, 54, 61, 74, 85, 106, 107-108, 110-111, 163
orden de palabras, 54, 196, 715-739, 772
orden lineal, 422
origen, 371
paciente, 77, 107, 132, 168, 203, 207, 213, 371, 421, 440, 441, 531, 561, 562, 748
palabra, 61, 404

palabra gramatical, 410
palabra léxica, 410, 745
palabra llena, véase *palabra léxica*
palabra vacía, véase *palabra gramatical*
papel semántico, 121, 132, 146, 163, 167-168, 370, 372, 561, 581
papel-theta, véase *papel semántico*
paradoja de Bach y Peters, 285
partes del discurso, 403-422
partes de la oración, 403-406, 422-429
participado, 412, 437-439, 748, 750-752, 760
participante, 71, 107, 412, 437-439, 748, 750-751, 752, 760
participio, 414
partitivo, 295, 493, 494
pasado, 68, 69, 163-164, 308, 309-310, 317, 769
pasiva, 77, 340-341, 490, 531-538, 541, 550, 551, 563, 568, 572, 575, 763
paucal, 187, 188
perfectivo, 321-323, 384, 420, 769, 771
perfecto, 314-318, 320, 323, 341, 601
perífrasis de relativo, 76-77, 689-690, 711, 712
persona, 107, 274-282, 419-420
perspectiva funcional de la oración, 728, 730
pivote, 445-446, 447, 538-539, 701
plural, 71, 186-188, 766
plural fracto, 186
pluscuamperfecto, 320, 769-771
polarización, 107, 475-480, 486
polirremia, 653, 701-706, 711, 713, 765, 767
poseedor, véase *posesión*
poseído, véase *posesión*
posesión, 179-180, 197, 199, 200, 210-211, 367, 391, 420-421, 595-596, 597-601, 603-604, 609, 742, 743
posicionado, 371
posición estructural, 405-406
posiciones, 370-371
posposición, 196, 392, 426, 721-722
postesivo, 199
postlativo, 199
potencial (modo), 334-335
predicación, 131, 132-134, 170, 584-587

predicado, 43, 95, 125-127, 131, 132, 166-167, 462
predicado nominal, 583-585
predicado verbal, 583-585
preposición, 62, 64, 76, 87, 94, 106, 116, 134, 296, 392, 394, 411, 426, 720, 741
presente, 307-309
presente gnómico, 310, 770
presente histórico, 310
prevaricación, 41, 42, 44, 45, 47
principio de la contigüidad, 84
principio funcional, 113
procesos, 324-325, 370-371
progresivo (aspecto), 323, 324, 327, 769
promoción, véase *elevación*
pronombre, 71-72, 108, 122, 133, 169, 175, 179, 187, 188, 189, 273-280, 295-600, 745, 746, 747, 762-763, 766
pronombre de pereza, 285
pronombre relativo, 76, 683
proposición, 133, 165, 749
proposicionales (categorías), 753-755
proyección máxima, 105
psicología del lenguaje, 30
psicolingüística, 30, 35
rango, 128, 134
raritivo (aspecto), 324
realis (modo), 331, 493
realizaciones, 325, 326, 750
recategorización, 208-211, 222-224
rección, 91, 105-106, 117-118, 121, 123, 124, 357, 358
receptor, 132, 371
rector, 105
recurrencia, 41, 42, 43, 45, 47
recursividad, 45
reducción de coordinadas, 662
reducción de valencia, 147
referencia, 282-287
referencia cruzada, 459-462, 766
referencia temporal, 309
reflexividad, 41, 42, 43, 44, 47, 524-531
regido, 105
regla gramatical, 33
regla sintagmática, 92-93
relativas (cláusulas), 630-631, 682-690, 710, 711, 712, 721
relativizador, 683-685

rema, 248, 728-729
resultatividad, 601-604
resultativas (construcciones), 341, 534, 588, 601-604
retorno, 72-75, 78
Sapir y Whorf (hipótesis de), 760
satélites, 137-138
semanticidad, 41, 42, 45
semelfactivo (aspecto), 324
sepetivo (aspecto), 324
sexo, 174-179
sílaba, 85-86
simbolismo, 39, 41-42, 43, 46, 47
singular, véase *número*
sintagma adjetival, 101, 104, 121, 671
sintagma adverbial, 101, 118, 671
sintagma COMP, 106-109
sintagma determinante, 103-104
sintagma endocéntrico, 105
sintagma exocéntrico, 105
sintagma nominal, 66, 74, 79, 87, 101, 103, 144, 173-174, 671
sintagma preposicional, 76-78, 87, 105, 109, 118, 121, 173
sintagma verbal, 66, 69, 87, 101, 144, 183, 427-429
sintagmáticas (relaciones), 83
sintema, 409
sistema, 50
sociolecto, 50, 52, 53
sociología, 80
sociología del lenguaje, 30, 33
sociolingüística, 30, 33, 35
subesivo, 199
subjuntivo, 164, 331-337, 346-347
sublativo, 199
subordinación, 648, 752, 757
subordinada completiva, 672-682
subtipo, 52
sucesión, 85
sujeto, 30, 31, 43, 55, 65, 66, 68, 71, 76, 77, 94, 107, 113, 126, 143-145, 146, 150-151, 160-161, 166-167, 169, 196, 197, 198, 202, 241, 248, 296, 357, 406, 431, 438, 442-450, 484, 520, 527, 544, 550, 551, 561-562, 565, 628-629, 671, 699-701, 723, 741, 750, 762-763
superesivo, 199

supralativo, 199
sustantivación, 73-74
sustantivo, 59, 71, 73, 255-256, 258, 261, 408, 421
sustantivo colectivo, véase *nombre colectivo*
sustitutivas (cocláusulas), 693
tectogramática, 166-187
telicidad, 401
télico, véase *telicidad*
tema, 248, 728, 729
temática (continuidad), 768
teoría (general) de la gramática, 29, 31, 32, 59, 60, 72, 81, 83
teoría general de las lenguas, 30, 31, 32
teoría general del lenguaje humano, 30, 31, 32, 49, 74, 75, 76
teoría lingüística, 29-33, 59, 81
terminativo (aspecto), 324, 384
término, 110-111, 133, 134-137
término de polaridad negativa, 617
téticos (juicios), 470-475, 729-730
tiempo, 31, 32, 46, 54, 68, 107, 134, 274, 307-320, 383, 743, 749, 750, 761
tipo, 49, 50, 51, 52, 53, 56, 57

tópico, 446-450, 575-576, 628, 730, 762-763
transformación, 143-147, 152, 153, 160
transitividad, 203, 489-494, 750
translativo-factitivo, 201
transporte de la negación, 622-623
traza, véase *huella*
trial, 187-188, 278, 747
usitativo (aspecto), 325
uso creativo, véase *creatividad*
valencia, 147-149, 167, 355-363, 676-677
variable, 127-130
variable libre, 128-129
variable ligada, 128-129
verbo, 31, 44, 59, 62, 63, 65, 68, 76, 79, 94, 126, 132, 163, 167, 168, 202, 280-282, 353-377, 408, 411, 412-422, 762
verbos ilocutivos, 369
verbos intransitivos, 110-111, 113
verbos transitivos, 62, 63, 110-111, 113, 166, 489-491
vocativo, 198, 202-203, 331, 644
voz, 563-565, 571-577, 676, 751, 772
voz pasiva, véase *pasiva*

ÍNDICE DE LENGUAS Y FAMILIAS LINGÜÍSTICAS

abjaso [Abkhaz], 457-458, 459, 462, 487, 506, 515, 692
acano [Akan], 272, 558, 703, 705
achenés, 761
acholí, 721
adigue [Adyghe], 737
afaro, 772
africano, 218
aguén, 761
aimara, 662
albanés, 472, 712, 721
alemán, 25, 49, 51, 176, 177, 180, 196, 218, 238, 239-240, 241, 242, 243, 262, 272, 288, 290, 311, 312, 339, 348, 349, 350, 365, 382, 383, 392-393, 395, 400, 401, 408, 409, 410, 413, 435, 436, 472, 526, 527, 529, 534, 538, 542, 547, 549, 550, 553, 558, 566, 580, 603, 609, 619-629, 640, 645, 661, 669, 673, 679, 685, 688, 712, 713, 764, 772
aleuta, 390-391, 401, 514, 609
alutor, 514
amárico [Amharic], 348, 610, 690, 720, 772
amele, 713
amerindias, 711
anivaco, 772
antiguo eslavo, 426
apache, 515, 559

árabe clásico, 177, 186, 188, 239, 256, 272, 277, 281, 290-291, 306, 323-324, 330, 349, 351, 361-363, 400, 401, 407-409, 410, 426, 470, 484, 507, 515, 537, 543, 545, 563, 566, 585-586, 587, 609, 610, 624, 627, 636-637, 669, 678, 707, 708, 712, 720, 725, 730, 732-733, 761
árabe meridional (yuba), 772
árabe de Siria, 721
arahuaco [Arawak], 400
arameo, 348, 426, 720
aranda, 400, 710
archí, 609
armenio, 401, 515, 543, 579, 580, 609, 610, 720, 721
asmato, 761
australianas, 193, 218, 301, 338, 350, 484, 487, 515, 581, 710, 711
austronesias, 484
avar, 451, 460, 462, 487
avocaya, 772
azerí, 51, 531, 639
bácico [Bats], 484, 515
bambara, 349, 764-765
bantúes, 184, 190, 192, 193, 289, 501, 515, 516, 712, 745
barái, 649-650, 651, 700, 705
barí, 721
belanda virí, 772

bemba, 257, 346, 764
bengalí, 183, 348, 610, 645
bereber, 435, 537, 558, 721
bicol, 343
bilcula, 558
birmano, 183, 184-185, 435, 487, 579, 580, 721, 722
bravanés [Chimwi:ni], 499-500
bretón, 265, 426
búlgaro, 288, 291, 350, 472, 529
buruchasquí [Burushaski], 580, 720, 721, 722
cabardiano, 721, 737
cachemir [Kashmiri], 191, 218, 610
cahuilla, 595
calabar, 558
calán, 773
calcatungu [Kalkatungu], 761
calispel [Kalispel], 416
cambata, 772
canarés [Kannada], 558, 688, 721, 722, 761
candochí [Kandoshi], 400
canela, 600
cantonés, 558
canurí [Kanuri], 695
careno, 737
castellano, 24, 40, 44, 50, 53, 54, 63, 65, 68, 70-71, 85, 89, 113, 116, 148, 166, 169, 174, 178, 179, 181, 186, 187, 189, 190, 191, 202, 209, 210, 218, 220, 222, 223, 224, 225, 226, 227, 228, 230, 238, 239, 240, 241, 242, 243, 244, 245, 246, 247, 248, 249, 250, 251, 254, 255, 258, 259, 260-261, 262, 263, 264, 274, 276, 277, 281, 282-287, 288, 290, 291, 292-293, 295-300, 304, 305, 306, 307-313, 314, 315, 316-318, 323, 323, 326-329, 331, 333, 334, 335, 336, 337, 348, 349, 350, 351, 353-355, 359, 360, 363-364, 366-367, 368-369, 379-380, 382, 383, 390, 394, 396-397, 401, 403-406, 408, 410, 421, 423, 426, 438-439, 441, 443-444, 446-447, 448, 453-454, 460, 461, 462, 463-472, 476-478, 480, 482, 486, 489-491, 493-494, 497, 502, 504, 506, 507, 508, 514, 515, 516, 518, 520-521, 523-524, 527-528, 529, 530, 531, 533, 537, 540, 542, 543, 545, 547-548, 549, 550, 551-552, 558, 559, 563-564, 566, 568-575, 579, 583-585, 588-590, 591-592, 593, 596-598, 600-608, 612, 614, 615, 618-619, 620-623, 625, 628-629, 638, 640-641, 645, 659-652, 654-655, 657, 661, 663, 672, 675, 676-677, 678, 679, 680, 685, 686, 687, 688, 689, 691, 694, 695, 696, 698, 699, 716-717, 721, 727, 728-729, 731, 735, 739, 741, 752-754, 767-768
castellano antiguo, 764
catalán, 86, 272, 347, 674
caucásicas, 193, 477, 485, 487, 645, 710
caye [Kaje], 772
cebuano, 426, 558
celdala [Tzeltal], 193, 230, 400, 534, 737
céltica, 71, 306, 427, 484, 559, 721
chacta [Choctaw], 436
chádica, 306
chaga [Chagga], 696
chamal [Chamalal], 401
chamorro, 484, 581, 598-599, 772
chavanés [Shawnee], 522
checo, 86, 239, 288, 291, 348, 401, 515, 556, 580, 669, 686, 739
cheroquí, 669
chibcha, 721, 722, 737
chicasa [Chickasaw], 515, 700
chicheva [Chichewa], 501
chiluco [Shilluk], 721
chimesiano [Tsimshian], 720
chino, 85, 182, 183, 186, 193, 195, 197, 222, 265, 272, 349, 350, 393, 396, 400, 401, 411, 422, 435, 448-449, 461, 472, 487, 497-498, 515, 516, 558, 579, 580, 609, 610, 625-626, 627, 629, 640, 645, 662, 668, 669, 690, 696-697, 702, 704, 706, 710, 713, 721, 761, 772
chino antiguo, 515, 610
chinuco [Chinook], 192, 426, 720
chipeva [Ojibwe], 306
chona [Shona], 610
chucoto [Chukchee], 218, 266, 484, 487, 515, 518, 520, 540, 567, 579, 580, 581, 609
chur-modo, 772
chusvapo [Shuswap], 417

chuvacho [Chuvash], 361, 507, 515
cingalés [Sinhalese], 718-719
circasiano, 465
concime [Konzime], 306
coreano, 186, 196, 265, 359, 400, 436, 448, 449-450, 473-474, 507, 516, 558, 559, 613, 631, 635, 660, 664, 668, 682, 712, 720, 724, 725, 766
coreté, 772
cotocolí, 772
cravíes, lenguas [Kru], 484, 669
cupeño, 537, 559
curuj [Kurukh], 610
cusitas, lenguas [Cushitic], 193
dacota, 662
daga, 737
daguestánicas, 218, 484, 487
danés, 530, 633, 645, 712, 739
daní, 341
dasené [Dasenech], 518
didinga, 720
diegueño, 684, 737
diyarí, 498, 713
dogón, 514, 603
ebe [Ewe], 400, 602, 609, 772
encema [Nzema], 772
enchumuru [Nchumburu], 272
ergatellano, 482
escocés, 426
eslavas, 52, 288, 331, 348, 401, 484, 559, 580, 645, 712
eslovaco, 400
esloveno, 737
español, véase *castellano*
esquihuamés [Squamish], 415, 417, 558
esquimal, 217, 287-288, 313, 330-331, 400, 415, 418-419, 487, 518, 560, 580, 609, 610, 637, 638, 711
estonio, 610, 635, 721
esvano [Svan], 514, 721
evén, 514
evenquí [Evenki], 401, 543, 609, 721
finés, 193, 198, 272, 289, 350, 409, 436, 487, 493, 495, 515, 536-537, 558, 603, 609, 630-631, 633, 638, 639, 712, 721, 764
fiyiano [Fijian], 188, 277, 653, 657, 705
fon, 711

fore, 669, 701, 721
fox, 426
francés, 25, 50, 52, 177, 180, 218, 242, 258, 272, 287, 295, 310, 312, 313, 314, 322, 348, 350, 382, 395, 400, 401, 410, 421, 436, 461, 494, 508, 510, 514, 515, 543, 544, 545, 549, 558, 560, 579, 580, 593, 595, 609, 617, 640, 664, 669, 689, 712, 713, 762-763, 764, 773
friulano, 272
fulaní [Peul], 348, 558, 559, 721
galés, 322, 342, 426, 428-429, 534, 550, 594-595, 721
galés coloquial, 617
gallego, 272
gangamo, 772
georgiano, 218, 350, 361, 365, 400, 436, 455, 484, 487, 515, 546-547, 560, 567, 580, 602, 609, 645, 712
germánicas, 52, 122, 349, 560
gilbertés [Gilbertese], 631
godié, 306, 699, 773
griego antiguo, 177, 188, 195, 196, 199, 202-203, 256, 287, 330, 331, 334, 348, 350, 409, 410, 472, 558, 579, 580, 610, 619, 645, 673-674, 712, 713, 725, 737, 764
griego clásico, véase *griego antiguo*
griego homérico, 609
griego moderno, 558, 610, 721
groenlandés occidental, 655
guaraní, 207, 440-441, 460, 487, 507, 558, 721, 737
gueez, 426
guimira [Gimira], 306, 772
gumbainguiri [Gumbainggit], 696, 713
guniyandi [Gooniyandi], 436
habla de Ripatransone, 189-190
hadiya, 772
haruái, 514
hausa, 134, 186, 257, 323, 400, 401, 542-543, 558, 580, 618, 761, 772
havasupái, 737
hawayano [Hawaiian], 426, 721
hebreo, 348, 400, 414, 484, 515, 532, 558, 560, 638-639, 687, 689, 696, 713, 720, 721, 764, 772
hiligainón, 737

hindí, 348, 365, 400, 401, 435, 484, 487, 495, 516, 527, 534, 535, 536, 538, 720, 721, 722
hitita, 400, 696, 712, 764
hixcariana [Hixcaryana], 266, 721
hopí, 669
hua, 515
huichol, 515
huisteco, 426
húngaro, 134, 175, 186-187, 189, 190, 197, 198, 200, 201-202, 203, 209, 210-211, 231, 242, 258, 263, 276, 280, 281, 287, 288, 336, 350, 354, 383-384, 385, 392, 394-395, 400, 407, 409, 410, 418-419, 421, 436, 472, 493, 495, 501-502, 511, 515, 516, 543, 549, 555, 578, 580, 587-588, 596, 610, 634, 645, 690, 721, 732, 738, 764
hurrita, 218, 487
ibo [Igbo], 257, 268, 322, 721, 725-726
icí [Izi], 772
idoma, 515
ilocano, 668
indoiranias, 487
indonesio, 193, 349, 401, 421, 435, 487, 506, 507, 515, 570, 579, 580, 609, 610, 685-686, 696, 721, 761, 763
inglés, 23, 25, 50, 70, 123, 175, 179, 188, 189, 196, 218, 230, 239, 241, 255, 258, 261, 262, 263, 264, 272, 281, 287, 291, 309, 310, 311, 313, 314, 315, 321, 330, 337, 338, 348, 349, 350, 359, 385, 394, 395, 396-397, 401, 408, 409, 410, 413, 435, 436, 442, 461, 472, 495, 499, 506, 518, 527, 533, 534, 535, 543, 545, 558, 568, 569, 574-575, 580, 591-592, 593, 596, 619-620, 622, 625, 628, 635-636, 640, 645, 658, 687-691, 692, 696-697, 698, 713, 742, 764, 772
inuí, 349, 515
irlandés antiguo, 191
irlandés, 322, 426, 427-428, 525-526, 548, 558, 673, 718-719
islandés, 322, 350, 669, 721
italiano, 52, 272, 287, 295, 312, 339, 340, 348, 350, 410, 472, 508, 509, 510, 529, 543, 553-554, 558, 568, 721, 737, 772
itelmeno, 401, 515, 639

iyo [Ijo], 702, 705, 713, 721
jacalteco, 182, 192, 193, 426, 436, 537
japonés, 25, 49, 71, 166, 183, 186, 313, 394, 400, 401, 421, 423, 426, 435, 436, 449-450, 470, 473-474, 475, 485, 495, 510-511, 515, 524, 538, 558, 579, 610, 624, 626, 629, 640, 645, 663-664, 668, 669, 684, 712, 721, 722, 761, 766, 772, 773
javanés, 186
Jkobón [Kobon], 268
josa [Xhosa], 721
kemer [Khmer], 401, 721
kepelés [Kpelle], 661
kiñarruanda [KinyaRwanda], 229, 230, 503, 558, 580, 598
kobón [Kobon], 268
kogui, 346
koisana [Khoisan], 193
koita, 699
kutenái, 558
lahú [Lahu], 516, 702
lakota, 479
lardil, 301
latín, 51, 134, 176, 191, 195, 196, 197, 198, 199, 202-203, 209, 218, 239, 256, 288, 310, 312, 313, 330, 331, 348, 382, 393, 400, 401, 408, 409, 410, 442-443, 459, 487, 533, 563, 596, 626-627, 633, 658, 660, 662, 698, 712, 713, 725
lazo [Laz], 721
letón, 537, 545, 558
lezguio, 485
liele [Lyele], 306
lisú, 558
lituano, 322, 400, 401, 484, 558, 579, 580, 603, 609, 737
loricha [Loritja], 737
lotuco, 720, 721
luganda, 400
luiseño, 484
lutuamí [Klamath], 193, 400, 401
luvo, 772
macedonio, 288
malabar [Malayalam], 365, 610, 761
malayo, 71, 186, 400, 721, 773
malgache [Malagasy], 407-408, 432, 434, 435, 535, 709, 712

manán [Manam], 185, 498, 500, 503, 515
mandinka, 271
maorí, 400, 426, 554-555, 556
marsalés, 721
martutunira, 710
masái, 191, 558, 720, 721
maxacalí, 306
maya, 484, 559, 737
menómini [Menomini], 640-641
mohaqués, 484
mojave [Mohave], 586, 737
mongol, 688
mokilés [Mokilese], 346, 721, 761
muagavul [Mwaghavul], 772
mumuyé, 772
mundaní, 306, 610
mundarí, 265, 271
mundú, 772
murlé, 772
muscógana [Muskogean], 207
na-dené, 207
nahua [Nahuatl], 186, 218, 496, 518, 519, 712, 737
nama, 191-192, 720
nambicuara, 336-337
nandí, 537
naudán, 772
navajo, 184, 193, 350, 400, 435, 436, 683, 720
neerlandés [Dutch], 53, 54, 218, 242, 272, 287, 312, 322, 339, 348, 351, 360, 461, 536, 543, 553, 558, 669, 697, 772
néncico [Nenets], 616-617
neomelanesio [Tok Pisin], 764-773
nepalí, 481, 487, 645
nevarí [Newari], 487, 720
nezpercés [Nez Perce], 580
nicobarés, 721
niveano [Niuean], 721
nivejí [Nivkh], 515, 579, 609
nomachiguenga, 599-600
noní, 761
noruego, 543, 609, 737
nubio, 737
nuer, 268
nungubuyu, 435
nutca, 426
ñandía [Nyandya], 269

obolo, 772
ocanogano, 515
occitano, 272
oneida, 696
onondaga, 518-519
otí, 306
otomí, 721
paipái, 737
palavano [Palauan], 436, 484, 761
papúes, 487, 711
papiamento, 704, 705, 713
pascuense, 721
pasto, 218, 496
penyabí [Punjabi], 721
persa, 187, 294, 410, 495, 510, 533, 543, 591, 685, 721, 761
pila-pila, 772
pima, 558
polaco, 218, 230, 239, 277, 289, 331, 348, 536, 545, 580, 662, 676, 677, 773
portugués, 50, 52, 53, 54, 218, 272, 348, 721
quechua, 306, 720, 721, 761
quechua boliviano, 511
quechua imbabura, 365, 500-501, 546, 558
quechua junín-huanca, 558, 692
queva, 652, 701
quiché, 400, 484
quileutés [Quileute], 400
quirguiso [Kirgiz], 287
quirivina [Kiriwina], 183, 737
rarotongano, 426
riuquivano [Ryukyuan], 721
romances (lenguas), 52, 122, 306, 347, 348, 349, 436, 465, 472, 514, 609, 646, 669, 712, 721, 739
rotumano, 721
roviana, 631
rumano, 182, 191, 272, 290, 291, 347, 348, 530, 551, 609, 646, 659, 669, 712, 721
ruso, 25, 51, 86, 180, 196, 200, 210, 212-213, 218, 230, 239, 242, 259, 262, 263, 272, 281-282, 285, 321, 323, 328-329, 331, 332-333, 334, 348, 349, 350, 351, 384-385, 393-394, 400, 414, 442, 472, 484, 494, 514, 515, 526, 527, 528, 543, 545, 546, 548, 568+569, 580, 587, 593, 595, 603, 609, 615-616, 619, 621-622,

625, 626, 640, 645, 646, 658-659, 660, 673-674, 679-680, 737, 738, 764
ruso dialectal, 546, 609
sa, 631
sabaot, 772
sahaptín, 558
samí [lapón], 580
samoano, 427, 761
sánscrito, 188, 409, 509, 660
saramacano [Saramaccan], 713
sélicas [Salish], 400, 415, 417
sélico [Salish], 415, 417
servio-croata, 272, 331, 472, 669, 739
sesoto, 448, 773
sierra popoluca, 400
siltí, 772
sirói, 700, 737
siu [Sioux], 193, 207, 558, 761
songái, 537, 737
suahilí [Swahíli], 184, 289, 400 457, 459, 476, 515, 543, 586-587, 618, 633, 645, 669, 690, 696, 721, 761, 772
sueco, 280, 291, 313, 531, 737
sumerio, 610, 712
sundanés, 303
surinamés [Sranan], 704, 713
sursurunga, 188
tabasarán, 198, 400
tagalo [Tagalog], 187, 231, 426, 436, 495-496, 532, 558, 575, 577, 696, 697, 761
tahitiano, 660
tai, 183, 193, 516, 653, 721, 761
tamazit, 426
tamil, 559, 579, 678, 695
tangut, 487
tanoanas, 559
tarahumara, 186, 662
tártaro, 579
tayiquí [Tadjik], 515, 580
telugu, 187, 610
tibetano, 267, 684, 686
tibeto-birmanas, lenguas 487
toabaita [To'abaita], 306
toba, 193
tolái, 472
tongano, 417-418, 435, 450, 487, 609, 616, 721
toposa, 772

tuareg, 426
tubatulabal [Tübatulabal], 400
tui [Twi], 713
tupí, 207, 271, 558
turcana, 761
túrquicas, 287, 401, 639, 720
turco, 51, 175, 203, 215, 256, 268, 272, 280, 281, 349, 354, 359, 360, 400, 414, 418-419, 436, 457, 495, 510, 514, 516, 535-536, 542, 550, 558, 588, 595, 596, 610, 618, 620-621, 627-628, 640, 659, 675-676, 722
tuscarora, 558
tuvalu, 696
ubijés [Ubykh], 721
ugarítico, 348
uhobo, 631
ulitio [Ulithian], 721, 761
urartiano, 218
urdú, 272, 401, 484, 516, 610
ute, 515, 655, 772
uto-aztecas, 712
uzbeco, 51, 543, 674
vai, 696
valpirí [Walpiri], 430-431, 436, 451-452, 478, 503
vasco [euskera], 113, 187, 198, 200, 207-208, 215-217, 272, 306, 338-340, 385, 400, 436, 441, 457-459, 461, 462, 465, 476, 477, 483, 487, 525, 553, 557, 567, 580, 604, 623, 655, 664, 681-682, 716, 717, 721, 722, 724-727, 732, 737
vietnamita, 183, 193, 266, 400, 401, 506, 535, 558, 579, 580, 669, 680, 721
volmera [Walmatjari], 338, 458, 477
volofo [Wolof], 688
yacunchachara [Yakunytjatjara], 713
yacuto, 634
yaquí, 696, 721
yauré [Yaouré], 306
yesán-mayo [Yessan Mayo], 702
yidín [Yidiny], 193, 713
yidis [Yiddish], 625
yimaso [Yimas], 703
yirbal [Dyirbal], 445-446, 454-455, 538-540, 761
yoruba, 222, 322, 558, 645, 649, 653, 702, 704, 706, 721, 761

yucateco, 518
yuculta, 599
yukaguiro, 514
yuma, 737, 764

yuroco, 712
zapoteco, 426, 558, 669, 697, 720, 721
zulú, 229, 230, 721
zuñí, 610